Erich Honecker

Revolutionäre Theorie
und geschichtliche Erfahrungen
in der Politik der SED

Institut für Marxismus-Leninismus
beim ZK der SED

Erich Honecker

Revolutionäre Theorie und geschichtliche Erfahrungen in der Politik der SED

Dietz Verlag Berlin 1987

ISBN 3-320-00889-7 © Dietz Verlag Berlin 1987

Vorbemerkung

Dieser Band ausgewählter Reden und Aufsätze Erich Honeckers erscheint anläßlich des 75. Geburtstages des Generalsekretärs des ZK der SED und Vorsitzenden des Staatsrates der DDR. Seit 1946 im Zentralkomitee, seit 1950 im Politbüro, war Erich Honecker in allen Etappen des einheitlichen revolutionären Prozesses in wachsendem Maße an der Ausarbeitung und Verwirklichung der Politik der Partei beteiligt. Seit 1971 an der Spitze der SED, hat er entscheidenden Anteil an der Ausarbeitung der wissenschaftlich begründeten Generallinie unseres Kampfbundes, an ihrer Umsetzung in gesellschaftliche Realität, an der Analyse und Verallgemeinerung der dabei gewonnenen Erfahrungen und an der schöpferischen Weiterentwicklung unseres bewährten Kurses. Die in diesen Band aufgenommenen Arbeiten aus den Jahren 1971 bis 1986 veranschaulichen eindrucksvoll, wie sich die SED in ihrer gesamten Politik und praktischen Tätigkeit von der marxistisch-leninistischen Theorie und den geschichtlichen Erfahrungen des Kampfes für die revolutionäre Umgestaltung der Gesellschaft, für Sozialismus und Frieden leiten läßt.

Eindringlich belegen diese Arbeiten: Die weltverändernde Lehre des Marxismus-Leninismus war, ist und bleibt der zuverlässige Kompaß des Wirkens unserer Partei. Unumstößlich läßt sie sich davon leiten, daß es ohne die revolutionäre Theorie von Karl Marx, Friedrich Engels und Wladimir Iljitsch Lenin keine revolutionäre Praxis geben kann. Das um so mehr, als alle Erfahrungen, die die internationale Arbeiterbewegung in diesem Jahrhundert sammelte, die Richtigkeit und die Allgemeingültigkeit des Marxismus-Leninismus bestätigen. Sie beweisen, daß es allein auf der Grundlage dieser Lehre, ihrer schöpferischen Anwendung und Weiterentwicklung möglich ist, fundierte Antworten auf alle Fragen unserer Zeit zu geben.

So wie Erich Honecker in vielen seiner Arbeiten grundlegende Fragen der marxistisch-leninistischen Theorie und ihrer Anwendung in der Politik der SED behandelt, analysiert er in ihnen grundlegende Erfahrungen der Geschichte, insbesondere der revolutionären Arbeiterbewegung und die Lehren daraus für den gegenwärtigen und künftigen Kampf der Partei. Die Reden und Aufsätze Erich Honeckers verdeutlichen, daß die Beschäftigung mit der Geschichte ein notwendiger, unverzichtbarer Bestandteil der theoretischen wie der praktischen Tätigkeit der Partei, der Verwirklichung ihrer führenden Rolle in jeder Etappe ihres revolutionären Wirkens ist. Für die Partei waren und sind historische Ereignisse und Jahrestage nicht in erster Linie Jubiläen zur Rückbesinnung; vielmehr schöpft sie daraus das Wissen um die heutigen und künftigen gesellschaftlichen Entwicklungsprozesse und die Kraft für die Bewältigung der aktuellen Aufgaben und für das Erreichen der nächsten Ziele. Die Arbeiten Erich Honeckers belegen, daß die DDR einen an Erfolgen und Erfahrungen reichen Entwicklungsweg zurückgelegt hat. Unter Führung ihrer revolutionären Vorhut vollzog die Arbeiterklasse im Bündnis mit allen werktätigen Klassen und Schichten des Landes unwiderruflich grundlegende revolutionäre Veränderungen, die von wahrhaft geschichtlicher Leistung zeugen.

Erich Honecker verdeutlicht es als eine der wichtigsten Erfahrungen der Partei, daß die Aufgaben im eigenen Land um so besser zu lösen sind, je breiter und wirksamer sich die internationalistische Zusammenarbeit mit der Sowjetunion und den anderen sozialistischen Staaten auf den verschiedensten gesellschaftlichen Gebieten gestaltet. Er läßt keinen Zweifel daran, daß die Geschichte der SED vor allem auch die Geschichte ihrer Kampfgemeinschaft mit der KPdSU und den anderen marxistisch-leninistischen Parteien der Länder des Sozialismus ist. Der erfolgreiche Weg unseres Landes ist unlöslich mit dem Bruderbund mit der Partei Lenins und dem Land des Roten Oktober verknüpft. Wie in der Vergangenheit beide Parteien in ihrer Zusammenarbeit den jeweils drängenden Problemen der Weltpolitik und der Errichtung der neuen Gesellschaft besonderes Augenmerk schenkten, so rücken sie heute ins Zentrum ihres gemeinsamen Wirkens die dauerhafte Sicherung des Friedens und die Bewältigung jener Probleme, die sich aus der organischen Verbindung der Vorzüge des Sozialismus mit der wissenschaftlich-technischen Revolution ergeben. Am geschichtlichen Weg der DDR und den jeweils dabei zu lösenden Aufgaben weist Erich Honecker nach, daß die reichen Erfahrungen der KPdSU und der anderen Bruderparteien sozialistischer Länder bei der Errichtung der neuen Gesellschaft von unschätzbarem Wert sind, daß ihre schöpferische Anwendung ein wichtiges Unterpfand erfolgreichen Voranschreitens auf dem Weg des Sozialismus in der DDR ist.

Für die SED waren und bleiben Wissenschaft und Politik immer aufs engste miteinander verbunden, sie durchdringen sich gegenseitig. Davon zeugt augenfällig der qualitativ neue gesellschaftliche Entwicklungsabschnitt, den der VIII. Parteitag der SED einleitete. Gestützt auf die Theorie des Marxismus-Leninismus, die umfangreichen geschichtlichen Erfahrungen unserer Partei und von Bruderparteien sozialistischer Länder, die gründliche Analyse des Standes und der Tendenzen der gesellschaftlichen Entwicklung, arbeitet die SED seit Anfang der siebziger Jahre ihre Strategie und Taktik für die Gestaltung der entwickelten sozialistischen Gesellschaft in der DDR aus. Aufbauend auf den Ergebnissen des vom VIII. Parteitag eingeschlagenen Kurses, begründete Erich Honecker auf dem IX. Parteitag wissenschaftlich tiefgründig und umfassend die Fortführung dieser Generallinie der Partei für einen längeren Zeitraum. Sie fand ihren Niederschlag in dem vom IX. Parteitag angenommenen Programm der SED. Das Kernstück dieser Generallinie ist die Hauptaufgabe in der Einheit von Wirtschafts- und Sozialpolitik. Deren kontinuierliche Verwirklichung setzt die ständige Erhöhung der führenden Rolle der Arbeiterklasse, die Festigung ihres Bündnisses mit den anderen Klassen und Schichten, die unablässige Stärkung der Arbeiter-und-Bauern-Macht und die immer breitere Entfaltung der sozialistischen Demokratie voraus. Sie erfordert die Überleitung der Volkswirtschaft auf den Weg der umfassenden Intensivierung, die immer wirksamere Verbindung der Vorzüge des Sozialismus mit den Ergebnissen der wissenschaftlich-technischen Revolution, die weitere Ausgestaltung und Vervollkommnung der sozialistischen Produktionsverhältnisse und der Leitungs- und Planungsprozesse. Erich Honecker weist in seinen Arbeiten immer wieder darauf hin, daß die Gestaltung der entwickelten sozialistischen Gesellschaft in der DDR ein historischer Prozeß tiefgreifender politischer, ökonomischer, sozialer und geistig-kultureller Wandlungen ist, in deren Verlauf der Sozialismus seine Vorzüge und die ihm eigenen Triebkräfte voll zur Geltung bringt.

Über nunmehr eineinhalb Jahrzehnte hinweg hat sich die auf das Wohl des Volkes gerichtete Gesellschaftsstrategie unserer Partei im Leben voll und ganz bewährt und das enge Vertrauensverhältnis zwischen Partei und Volk gefestigt. Allen Bürgern der DDR erwuchs daraus die Gewißheit, daß sich gute Arbeit lohnt – für jeden einzelnen wie für die ganze Gesellschaft. Der Sozialismus gewährleistet politische Stabilität, kontinuierliches Wirtschaftswachstum, Vollbeschäftigung, soziale Sicherheit und Gerechtigkeit, gleiche Bildungschancen und ein kulturvolles Leben für alle sowie ihre aktive Mitwirkung an der Leitung der gesellschaftlichen Prozesse. Das wiederum stimuliert das Leistungsstreben der Werktätigen für die weitere Stärkung und den zuverlässigen Schutz der DDR.

Auf dem XI. Parteitag bekräftigte Erich Honecker, daß das Hauptfeld des Kampfes der Partei die Einheit von Wirtschafts- und Sozialpolitik bleibt. Diese aus den objektiven Gesetzmäßigkeiten abgeleitete vorwärtsweisende Orientierung wird auch künftig zielstrebig in gesellschaftliche Realität verwandelt. Diese Gewißheit gründet Erich Honecker in seinen Arbeiten auf die Erfahrungen, die Schöpferkraft und Initiativen der Arbeiterklasse, der Genossenschaftsbauern, der Angehörigen der Intelligenz und der anderen Werktätigen, auf die großen materiellen und geistigen Potenzen der sozialistischen Gesellschaft und auf die unlösliche Zugehörigkeit der DDR zur sozialistischen Gemeinschaft. Wichtigster Bestandteil der Gesellschaftspolitik der SED ist die Wirtschaftsstrategie, fallen doch auf dem Felde der Ökonomie jene Entscheidungen, die für die weitere erfolgreiche Gestaltung des Sozialismus in der DDR ausschlaggebend sind. Immer größeres Gewicht erlangen dabei, so betont Erich Honecker, die noch engere Verflechtung von Wissenschaft und Produktion und die umfassende Einführung und Anwendung modernster Schlüsseltechnologien. Mit dieser klaren Orientierung für Gegenwart und Zukunft meistert das Volk der DDR immer stärker bereits mit dem Blick auf das Jahr 2000 die Aufgaben bei der weiteren Gestaltung der entwickelten sozialistischen Gesellschaft.

Erich Honecker geht in seinen Arbeiten stets von der von Karl Marx und Friedrich Engels theoretisch begründeten und in den 70 Jahren seit der Großen Sozialistischen Oktoberrevolution vielfach praktisch erhärteten Erkenntnis aus, daß Sozialismus und Frieden eine Einheit bilden. Aus der Analyse aller grundlegenden gesellschaftlichen Prozesse in Vergangenheit und Gegenwart zog die SED die entscheidende Lehre, gegen den Krieg zu kämpfen, bevor er ausgebrochen ist. Die außerordentliche Gefährdung des Weltfriedens durch den Konfrontations- und Hochrüstungskurs der aggressivsten Kreise des Imperialismus erfordert, so begründet Erich Honecker, ein neues Herangehen an die brennendsten internationalen Probleme. Für die Bewahrung des Friedens ist es mehr denn je notwendig, das Zusammengehen aller Kräfte in der Welt zu erreichen, die der Vernunft und dem Realismus folgen, der Zusammenarbeit den Vorzug vor der Konfrontation, der Abrüstung den Vorzug vor der Hochrüstung geben. Die DDR und die anderen Staaten der sozialistischen Gemeinschaft fördern diesen Prozeß durch eine initiativreiche, konstruktive Politik des ergebnisorientierten Dialogs. Damit leisten sie einen Beitrag zur Gesundung der angespannten internationalen Lage und zur Entwicklung von Beziehungen der friedlichen Koexistenz.

Die SED und die DDR unterstützen völlig das vom XXVII. Parteitag der

KPdSU beschlossene Programm zur Befreiung der Welt von allen Atomwaffen bis zum Jahr 2000 sowie zur Schaffung eines Systems der internationalen Sicherheit sowie die weitreichenden Vorschläge der Staaten des Warschauer Vertrages für Abrüstung. Erich Honecker bekräftigt, daß Partei, Staat und Volk der DDR alles in ihren Kräften Stehende tun, damit von deutschem Boden nie wieder ein Krieg ausgeht. Darin sieht Erich Honecker, entsprechend den geschichtlichen Lehren unseres Jahrhunderts, die besondere historische Verantwortung der beiden deutschen Staaten vor der gesamten Menschheit. Leidenschaftlich und mit hohem persönlichem Einsatz wirkt Erich Honecker unablässig für die Abwendung der Gefahr eines nuklearen Infernos, das die Existenz der Menschheit vernichten würde, für die Beendigung des Wettrüstens auf der Erde und seine Verhinderung im Weltraum. Die Erhaltung des Friedens, so betont er mit Nachdruck, ist die wichtigste Bedingung für die Lösung aller Menschheitsprobleme.

Aus den Arbeiten Erich Honeckers sprechen Optimismus und Zukunftszuversicht, die sich auf die historischen Erfahrungen eines langen und erfolgreichen Kampfes der Arbeiterklasse und ihrer Bündnispartner und auf die wissenschaftlichen Erkenntnisse der marxistisch-leninistischen Weltanschauung gründen. Der Autor hebt hervor, daß die erfolgreiche Entwicklung des realen Sozialismus in der Sowjetunion, in der DDR und in den Ländern der sozialistischen Gemeinschaft beweist, daß sich ungeachtet aller Gegenstöße der imperialistischen Reaktion die menschliche Gesellschaft gesetzmäßig zum Sozialismus und Kommunismus bewegt.

Viele Arbeiten in diesem Band belegen, daß die SED die revolutionären Traditionen der deutschen Arbeiterbewegung – des Bundes der Kommunisten, der revolutionären deutschen Sozialdemokratie und der Kommunistischen Partei Deutschlands – verkörpert und fortsetzt. Die DDR ist tief in der deutschen Geschichte verwurzelt und dokumentiert den endgültigen Sieg aller progressiven, humanistischen und revolutionären Traditionen des deutschen Volkes. Darin eingeschlossen sind viele bedeutende Kampferfahrungen, die die revolutionäre Vorhut der deutschen Arbeiterklasse in ihrer nun bald einhundertfünfzigjährigen Geschichte erworben hat. Besonderes Augenmerk widmet Erich Honecker den umfangreichen Erfahrungen des Kampfes der Partei Ernst Thälmanns gegen Imperialismus, Militarismus, Faschismus und Krieg. Die DDR erfüllt sein Vermächtnis. Sein Denken und Tun sind in unserem Lande lebendig, und wofür er kämpfte, wurde Wirklichkeit. Erich Honecker vermittelt in seinen Arbeiten besonders jene Erfahrungen, die unsere Partei im Kampf um die politische Macht der Arbeiterklasse, bei der Errichtung und Festigung des Arbeiter-und-Bauern-Staates, beim Aufbau und der Gestaltung der sozialistischen Gesellschaft und im Ringen um Frieden und Sicherheit sammelte. All diese Erfahrungen, so hebt er hervor, bestätigen die Richtigkeit der marxistisch-leninistischen Revolutionstheorie, die von der SED auf die konkreten Bedingungen der DDR schöpferisch angewendet wird.

Die DDR konnte in den vergangenen anderthalb Jahrzehnten einen so erfolgreichen Weg beschreiten, weil die SED auf ihrem VIII. Parteitag im völligen Einklang mit den Lehren von Marx, Engels und Lenin und mit den besten Traditionen unseres revolutionären Kampfbundes als obersten Grundsatz ihrer Politik bekräftigte, alles zu tun für das Wohl des Volkes, für die Interessen der Arbeiterklasse und der anderen Werktätigen. Darin, so betont Erich Honecker immer wieder, besteht der Sinn des Sozialismus, dafür kämpfen wir. Davon läßt sich die Partei in ihrem gesamten Tun leiten. Deshalb auch richtet sie das besondere Augenmerk ihrer Massenpolitik darauf, die führende Rolle der Arbeiterklasse als der politischen und sozialen Hauptkraft des gesellschaftlichen Fortschritts zu erhöhen und die enge Verbundenheit der gesamten Partei, jeder Parteiorganisation und jedes Kommunisten mit allen Werktätigen, mit dem ganzen Volk unablässig zu festigen. Die Arbeiten in diesem Band weisen überzeugend nach, wie das Kollektiv der Parteiführung nach diesem Grundsatz handelt und welchen entscheidenden Anteil Genosse Erich Honecker an der Ausarbeitung und Verwirklichung der wissenschaftlich begründeten, wahrhaft volksverbundenen Politik der SED, am kontinuierlichen Werden und Wachsen unseres sozialistischen deutschen Staates hat.

Institut für Marxismus-Leninismus
beim Zentralkomitee der SED

Unsere Partei – die große umgestaltende Kraft der Gesellschaft

Aus dem Artikel in der »Einheit«
März 1971

Die SED ist der bewußte und organisierte Vortrupp der Arbeiterklasse und des werktätigen Volkes. Sie stützt sich auf den Marxismus-Leninismus, die wissenschaftliche Weltanschauung der Arbeiterklasse, den sie – in Übereinstimmung mit Marx, Engels und Lenin – nicht als eine Sammlung starrer Formeln, sondern als lebendige Anleitung zum Handeln betrachtet. In ihrer Tätigkeit verkörpert sich die Einheit von revolutionärer Theorie und revolutionärer Praxis. Denn »wie die Philosophie im Proletariat ihre *materiellen*, so findet das Proletariat«, nach einer Feststellung von Karl Marx, »in der Philosophie seine *geistigen* Waffen«[1]. Bei der Vorbereitung und Verwirklichung aller jeweiligen Maßnahmen ihrer Politik verbindet sich unsere Partei immer wieder erneut und jedes Mal tiefer mit dem Volk, dessen Teil sie ist und für dessen Daseinsinteressen sie arbeitet und kämpft. Sie festigt das Bündnis der Arbeiterklasse mit den Genossenschaftsbauern, der Intelligenz und den anderen Werktätigen und entwickelt ständig die kameradschaftliche Zusammenarbeit mit den in der Nationalen Front vereinten Parteien und Organisationen. In ihrer auf die Gesetzmäßigkeiten der Entwicklung begründeten, führenden Rolle als revolutionäre Vorhut der Arbeiterklasse und des werktätigen Volkes wird sie von allen gesellschaftlichen Kräften nicht nur erkannt, sondern auch anerkannt.

Für die bewußte und planmäßige Gestaltung der sozialistischen Gesellschaft unter den Bedingungen der wissenschaftlich-technischen Revolution, für die Leitung des gesellschaftlichen Fortschritts entsprechend den

---

1 Karl Marx: Zur Kritik der Hegelschen Rechtsphilosophie. Einleitung. In: Karl Marx/Friedrich Engels: Werke, Bd. 1, S. 391.

Erfordernissen seiner Dialektik, für die Freilegung aller Fähigkeiten und Talente des Volkes gewinnt die Tatsache zunehmend an Bedeutung, daß die Rolle der Arbeiterklasse und damit auch ihrer Partei ständig wächst. Gesetzmäßig ergibt sich dieses Wachstum aus der historischen Mission der Arbeiterklasse und ihrem Kampf, aus der Rolle der Volksmassen in der Geschichte und aus der Notwendigkeit, immer neuen Anforderungen der gesellschaftlichen Entwicklung in immer höherer Qualität gerecht zu werden.

Als die revolutionärste und am entschiedensten vorwärtsdrängende, zahlenmäßig größte, am besten organisierte und disziplinierte Klasse ist die Arbeiterklasse in der DDR produktiv tätige und machtausübende Klasse zugleich. Sie lenkt und leitet ihren sozialistischen Staat, festigt ihn gemeinsam mit allen Werktätigen durch ihre Leistungen bei der Erfüllung der volkswirtschaftlichen und anderen Aufgaben, fördert die sozialistische Demokratie und schafft die entscheidenden Voraussetzungen, das Lebensniveau des Volkes weiter zu erhöhen. Der Wandel des Charakters der Arbeit im Sozialismus, die zunehmende Herausbildung geistig-schöpferischer Funktionen in der materiellen Produktion und die allseitige Entwicklung der sozialistischen Persönlichkeit, die für das gesellschaftliche Ganze hohe Verantwortung trägt, finden im Leben und Streben der Arbeiterklasse den deutlichsten Ausdruck. Von hier wirkt sie auf die gesamte sozialistische Gesellschaft und ihre soziale Struktur, auf das heutige Verhältnis und die künftigen Wechselbeziehungen zwischen der Arbeiterklasse, der Klasse der Genossenschaftsbauern und den anderen werktätigen Schichten. Dadurch, daß sich ihre Interessen organisch mit dem Sozialismus verbinden, daß sie in der Industrie an modernsten Produktionsstätten tätig ist, und dadurch, daß sie die neuesten Erkenntnisse der Wissenschaften praktisch verwirklicht, kommt es ihr zu, Kern und Führungskraft des Bündnisses mit den Genossenschaftsbauern und allen Werktätigen zu sein.

Gerade jetzt, da wir den VIII. Parteitag vorbereiten und in seinem Zeichen die Beschlüsse der 14. und der 15. Tagung des Zentralkomitees verwirklichen, sind diese prinzipiellen Gesichtspunkte die wichtigste Antwort auf die Frage, warum unsere Partei alle Anstrengungen unternimmt und unternehmen muß, um ihre Kampfkraft zu erhöhen. Die Stärke der Partei besteht in der politischen, ideologischen, organisatorischen Einheit und Geschlossenheit ihrer Reihen, in der bewußten Disziplin ihrer Mitglieder, die entsprechend dem demokratischen Zentralismus und den Leninschen Normen des Parteilebens handeln und die Parteibeschlüsse in die Tat umsetzen. Vom Niveau der Parteiarbeit, davon, wie die politische Führungstätigkeit ständig vervollkommnet, wie die Initiative der Werktätigen durch das Beispiel der Parteimitglieder gefördert und die Vertrauensbeziehungen zwischen Partei und Volk vertieft werden, hängt mit dem Tempo auch die Qualität der künftigen gesellschaftlichen Fortschritte entscheidend ab.

Die dem Prozeß der Gestaltung der sozialistischen Gesellschaft zugrunde liegenden und in ihm wirkenden *objektiven* Faktoren lassen die Rolle der *subjektiven* Faktoren anwachsen – die Rolle der Arbeiterklasse und ihrer Partei, die Bedeutung der bewußten Planung und Leitung der Entwicklung sowie der schöpferischen Arbeit jedes einzelnen Werktätigen und der Wahrnehmung seiner gesellschaftlichen Mitverantwortung, durch die ihm der Sozialismus eingeht als sein »eigenes Anliegen«[2]. Wenn wir uns darauf konzentrieren, unsere sozialistische DDR weiter allseitig zu stärken, ihr Bündnis mit der UdSSR als Kraftquell der Erfolge zu vertiefen und sie noch enger in die sozialistische Staatengemeinschaft einzufügen, dann stellt sich daraus – wie auf der 15. Tagung des Zentralkomitees der SED hervorgehoben wurde – die Aufgabe, alle Parteimitglieder, alle Bürger der DDR im Geiste des sozialistischen Patriotismus und proletarischen Internationalismus zu erziehen und das sozialistische Bewußtsein der Werktätigen gemäß den Erfordernissen des umfassenden Aufbaus des Sozialismus weiter zu entwickeln.

Das unterstreicht die besondere Bedeutung der ideologischen Arbeit, der offensiven Verbreitung der marxistisch-leninistischen Ideen, der Beweisführung durch Argumente der revolutionären Theorie und Praxis, mittels derer jeder Werktätige der DDR in der Gewißheit vom Sieg der Sache des Sozialismus und in der Überzeugung von der Richtigkeit der Politik unserer Partei bestärkt wird. Verbinden sich doch mit allen Schritten zur Gestaltung der sozialistischen Gesellschaft in der DDR auch ideologische Fragen, verschärft sich doch die weltweite Auseinandersetzung zwischen Sozialismus und Imperialismus hauptsächlich auf dem Gebiete der Ideologie. So sind ideologische Klarheit und Unbeirrbarkeit der Menschen vom Standpunkt der Arbeiterklasse, ist der konsequente Kampf gegen die bürgerliche Ideologie, einschließlich des Sozialdemokratismus, nicht nur eine Notwendigkeit, sondern zugleich eine entscheidende Waffe, um die revolutionären Aufgaben unserer Zeit zu lösen.

Für unsere marxistisch-leninistische Kampfpartei bilden die Einheit von Wissenschaft und Politik, das parteiliche, klassenmäßige Herangehen an die gesellschaftlichen Erscheinungen und die Berücksichtigung der revolutionären Erfahrungen das wichtigste Prinzip der Führungstätigkeit. Lenin forderte »die genaueste, objektiv nachprüfbare Analyse« der Situation und der

---

2 W. I. Lenin: Rede auf der Gesamtrussischen Konferenz der Ausschüsse für politisch-kulturelle Aufklärung bei den Gouvernements- und Kreisabteilungen für Volksbildung. In: Werke, Bd. 31, S. 366.

»konkreten Besonderheiten jedes geschichtlichen Zeitpunktes«[3]; er verlangte, bei dieser Analyse »*nicht* vom Möglichen ..., sondern vom Wirklichen« auszugehen[4]. Ohne so zu verfahren, wäre die Vorhut der Arbeiterklasse außerstande, die aktuellen Fragen zu beantworten, die das Leben ständig neu aufwirft, und nur indem sie so handelt, vermag sie die bewußte, schöpferische Initiative von Millionen Werktätigen einheitlich auf die Verwirklichung ihrer langfristigen Grundkonzeption für den Aufbau des Sozialismus zu lenken.

Dem entspricht es, daß unsere Partei auch in Vorbereitung des VIII. Parteitages rechtzeitig die Grundideen seiner zu erwartenden Beschlüsse mit allen Mitgliedern, mit der Arbeiterklasse und allen Werktätigen berät und unter Berücksichtigung ihrer Gedanken, Hinweise und Vorschläge weiter ausarbeitet. Im Vordergrund steht dabei die wachsende Rolle der Partei, stehen die Fragen der komplexen, harmonischen Entwicklung der sozialistischen Gesellschaft, der planmäßigen proportionalen Entwicklung der Volkswirtschaft, die Fragen der Prognostizierung und Planung auf wirtschaftlichem und sozialem Gebiet, der wissenschaftlich-technischen Revolution im Dienste des Sozialismus. Durch die kontinuierliche Verwirklichung des ökonomischen Systems und die Ausnutzung der ökonomischen Gesetze des Sozialismus gilt es, wesentliche Aufgaben zur Verbesserung der Arbeits- und Lebensbedingungen des werktätigen Volkes, zur Entwicklung von Wissenschaft und Technik zu lösen sowie das kulturelle Leben und die sozialistische Demokratie breit zu entfalten. Die Arbeiterklasse, die Genossenschaftsbauern und alle Werktätigen bejahen die Politik der SED nicht nur in Erklärungen, sondern durch hohe Leistungen im sozialistischen Wettbewerb für die allseitige und termingerechte Erfüllung des Volkswirtschaftsplanes 1971. Diese Leistungen, die Durchführung einer effektiven Strukturpolitik in Übereinstimmung mit der planmäßigen proportionalen Entwicklung der Volkswirtschaft, der Kampf um hohe Effektivität und Produktivität stärken unsere DDR. So festigen die Werktätigen die Fundamente der Macht der Arbeiter und Bauern, die Positionen des Sozialismus auf dem internationalen Feld der Klassenauseinandersetzung mit dem Imperialismus.

Wissenschaftliche Führungstätigkeit bedeutet für unsere Partei, in engster Verbindung von Weltanschauung und Politik die Tatsachen, Ereignisse, aber auch die aus der Prognose erkennbaren künftigen Tendenzen der Entwicklung klar, kritisch und realistisch zu beurteilen und daraus die notwendigen Maßnahmen abzuleiten. Das gilt für alle gesellschaftlichen Be-

---

3 W. I. Lenin: Briefe über die Taktik. In: Werke, Bd. 24, S. 25.
4 Ebenda, S. 29.

reiche, insbesondere für die Leitung der Wirtschaft als eine der kompliziertesten und schöpferischsten Aufgaben beim Aufbau der neuen, sozialistischen Welt. Wie immer wieder der werktätige Mensch, und nur er, wie immer wieder nur seine Interessen und sein Wohl Ausgangspunkt, Inhalt und Zweck der Politik und aller Bemühungen unserer Partei sind, so ist die Losung »Alles mit dem Volk, alles durch das Volk, alles für das Volk« als Leitsatz täglicher Parteiarbeit Ausdruck dieser Motive. Sie bestimmen die Maßstäbe für den Wert und den Nutzen aller Anstrengungen, die wir unternehmen.

Mit Recht betonte Lenin, daß die »Verbindung mit den Massen, d. h. mit der gewaltigen Mehrheit der Arbeiter (und sodann aller Werktätigen) ... die wichtigste, grundlegende Bedingung für den Erfolg jedweder Tätigkeit« ist. Es gehe darum, »tief im Arbeiterleben verwurzelt (zu) bleiben, das Leben der Arbeiter in- und auswendig (zu) kennen«, und es zu verstehen, »in jeder Frage, in jedem Moment die Stimmung der Massen, ihre wirklichen Bestrebungen, Bedürfnisse und Gedanken untrüglich festzustellen«, und schließlich darum, »das grenzenlose Vertrauen der Masse durch kameradschaftliches Verhalten zu ihr und durch sorgsame Befriedigung ihrer Bedürfnisse zu gewinnen«.[5] Deshalb rechnen wir es zum Arbeitsstil der Leitungen, zu den Fähigkeiten der Mitglieder unserer Partei, stets zu wissen und zu analysieren, was die Werktätigen bewegt, sich mit ihnen zu beraten, um die Gedanken und Vorschläge vieler für das gemeinsame sozialistische Werk zu nutzen. Wir rechnen dazu, in der ideologischen Arbeit Prinzipienfestigkeit und Überzeugungskraft, Einfühlungsvermögen, Takt und Sachlichkeit an den Tag zu legen, damit das Vertrauen der Werktätigen immer wieder neu errungen, gerechtfertigt und gefestigt wird. Denn die schöpferische Aktivität des Volkes ist es, die den Sozialismus schafft und in Übereinstimmung der gesellschaftlichen Erfordernisse mit den persönlichen Bedürfnissen das Wohl der arbeitenden Menschen verwirklicht.

Einheit, 1971, Heft 3, S. 246–249.

---

5 W. I. Lenin: Über die Rolle und die Aufgaben der Gewerkschaften unter den Verhältnissen der Neuen Ökonomischen Politik. In: Werke, Bd. 33, S. 177/178.

Die weltverändernde Lehre des Marxismus-Leninismus war, ist und bleibt der zuverlässige Kompaß des Wirkens unserer Partei

*Aus dem Bericht des Zentralkomitees
an den VIII. Parteitag
der Sozialistischen Einheitspartei Deutschlands
15. Juni 1971*

Liebe Genossinnen und Genossen!
Unser VIII. Parteitag steht vor der Aufgabe, jene Fragen zu beantworten, die das Leben bei der Verwirklichung des Programms des Sozialismus und bei der kontinuierlichen Entwicklung der sozialistischen Gesellschaft in unserer Republik stellt. Unbeirrbar ist unser Kurs darauf gerichtet, die Deutsche Demokratische Republik weiter allseitig zu stärken. Vor allem wollen wir alle Voraussetzungen schaffen, um das materielle und kulturelle Lebensniveau des Volkes Schritt für Schritt weiter zu erhöhen.

Selbstverständlich weiß jeder von uns, daß eine reiche Ernte gute Arbeit und auch große Anstrengungen voraussetzt, um die höchstmögliche Effektivität unserer Volkswirtschaft zu erreichen. Wie es Kommunisten zukommt, schätzen wir die Ergebnisse realistisch ein und prüfen, was in den nächsten Jahren gemäß den Notwendigkeiten und unseren Möglichkeiten zu schaffen ist.

Es entspricht dem Wesen unserer Partei, die Erfahrungen der zurückgelegten Wegstrecke gründlich auszuwerten. Wir nutzen sie für den stabilen Fortschritt unserer sozialistischen Gesellschaft. Ganz in diesem Sinne werden die vielfältigen Ideen und Vorschläge, die die Werktätigen in der Volksaussprache zu unserem Parteitag vorgebracht haben, sowie die Erfahrungen der Kreis- und Bezirksdelegiertenkonferenzen in die Beschlüsse unseres Parteitages eingehen. Diese Beschlüsse, liebe Genossen Delegierte, werden die Kampfkraft unserer Partei weiter stärken und unsere Republik stetig vorwärtsführen bei der Gestaltung der entwickelten sozialistischen Gesellschaft.

Genossinnen und Genossen!

Die Deutsche Demokratische Republik erbaut den Sozialismus in vollem Einklang mit jenen historischen Entwicklungsprozessen, die unserer Epoche das Gepräge geben. Blickt man auf die weltweite Bewegung für Frieden, Freiheit und Fortschritt, dann spürt jeder, daß wir Teil einer großen Kampfgemeinschaft für die revolutionäre Erneuerung der Welt sind. Darin liegt die Gewißheit, daß unserer Sache die Zukunft gehört.

Anschaulicher Beweis dafür sind gerade auch die vier kampferfüllten Jahre seit dem VII. Parteitag. Das sozialistische Weltsystem, die Kräfte des Friedens, der Demokratie und der nationalen Unabhängigkeit konnten neue gewichtige Erfolge erzielen. Der Verlauf der internationalen Entwicklung bestätigte vollauf die von der Internationalen Beratung der kommunistischen und Arbeiterparteien im Jahre 1969 kollektiv erarbeitete Einschätzung. Vor allem durch das stetige Wachstum der Kraft und Macht der Sowjetunion, durch die Festigung der internationalen Positionen der sozialistischen Staatengemeinschaft wurde das Kräfteverhältnis weiter zugunsten des Sozialismus und der antiimperialistischen Bewegung in der Welt verändert.

Wenn es gelungen ist, die Menschheit vor einem neuen Weltkrieg zu bewahren und die imperialistischen Aggressoren immer wieder in die Schranken zu weisen, so vor allem dank der Sowjetunion und der ganzen sozialistischen Staatengemeinschaft. Die Rolle des sozialistischen Weltsystems als revolutionäre Hauptkraft unserer Epoche und als zuverlässige Bastion des Friedens hat sich weiter erhöht. Es übt einen immer größeren Einfluß auf die internationale Entwicklung aus.

Drei machtvolle revolutionäre Ströme treiben heute den Fortschritt der Menschheit voran: das sozialistische Weltsystem, die internationale Arbeiterbewegung und die nationale Befreiungsbewegung der Völker. Unsere Partei war und bleibt stets bestrebt, gemeinsam mit der KPdSU und den Bruderparteien der anderen sozialistischen Länder für die Festigung des Kampfbündnisses dieser revolutionären Hauptkräfte der Gegenwart zu wirken. Auch manche Schwierigkeit und zeitweilige Rückschläge im internationalen Klassenkampf konnten nichts an der Grundtendenz ändern, daß der gesellschaftliche Fortschritt auf dem Vormarsch ist und der Imperialismus trotz seiner unverminderten Aggressivität und Gefährlichkeit weiter zurückgedrängt werden konnte.

Der Ansturm auf die Positionen des Imperialismus nimmt in unserer Zeit immer größere Ausmaße an. Die Versuche des Imperialismus, mit militärischen Aggressionen und konterrevolutionären Vorstößen, mit verschärfter Ausplünderung fremder Völker und mit den Mitteln der ideologischen Diversion seine Positionen zu behaupten und auszubauen, sind immer wieder gescheitert. Unter dem Druck der Veränderungen des internationalen Kräfteverhältnisses zugunsten des Sozialismus versucht der Imperialismus, sich den neuen Bedingungen des Klassenkampfes anzupassen und seine alten Ziele mit anderen Methoden dennoch zu erreichen. Seine Perspektivlosigkeit ist erwiesen. Wir übersehen jedoch nicht, daß der Imperialismus über ein großes Potential verfügt und mit seiner unvermindert aggressiven Globalstrategie ernste Gefahren heraufbeschwört. Deshalb verbindet sich unsere Überzeugung vom unaufhaltsamen Vormarsch der Kräfte des Sozialismus und des Fortschritts mit der ständig gebotenen Wachsamkeit und dem entschiedenen Kampf gegen alle Machenschaften des imperialistischen Gegners.

Genossen!

Als sozialistischer Staat ist die Deutsche Demokratische Republik ein fester, unverrückbarer Bestandteil der sozialistischen Staatengemeinschaft, in enger Freundschaft verbunden mit dem Lande Lenins, der ruhmreichen Sowjetunion. Die Verankerung der Deutschen Demokratischen Republik in diesem Bündnis ist die Grundbedingung für die Verwirklichung der Lebensinteressen der Arbeiterklasse und aller Bürger der Deutschen Demokratischen Republik,

- weil durch die Zusammenfassung der Kräfte der Bruderländer die Vorzüge des Sozialismus zum Wohle der Werktätigen jedes sozialistischen Landes und damit auch unserer Deutschen Demokratischen Republik am schnellsten und besten zur Geltung gelangen;
- weil durch das kollektive Verteidigungsbündnis der Streitkräfte des Warschauer Vertrages, insbesondere durch den militärischen Schild der Sowjetarmee, Frieden und Sicherheit für das Volk der Deutschen Demokratischen Republik zuverlässig geschützt sind;
- weil der Sozialismus seinem Wesen nach internationalistisch ist und sich durch das Zusammenwirken der sozialistischen Länder das Wort von Marx und Engels »Proletarier aller Länder, vereinigt euch!« auf einer höheren Stufe erfüllt.

Das Zentralkomitee unserer Partei ging in der Berichtsperiode in all seinen politischen Entscheidungen von dieser unumstößlichen Tatsache aus. Hier liegt das Unterpfand für das weitere erfolgreiche Voranschreiten der Deutschen Demokratischen Republik. Gerade diese Zugehörigkeit zur Gemeinschaft der sozialistischen Staaten ist die sichere Garantie der Souveränität unserer Deutschen Demokratischen Republik. In aller Eindeutigkeit sei noch einmal gesagt: Niemandem wird es jemals gelingen, die Deutsche Demokratische Republik aus der Familie der sozialistischen Bruderländer herauszulösen.

Unser Weg, seine Ergebnisse und Erfahrungen bekräftigen die grundlegende historische Lehre: Das Verhältnis zur Sowjetunion und zur KPdSU war, ist und bleibt der entscheidende Prüfstein für die Treue zum Marxismus-Leninismus, zum proletarischen Internationalismus! Die auf dem XXIV. Parteitag der KPdSU beschlossenen Leitsätze für den weiteren kommunistischen Aufbau sind von allgemeingültiger Bedeutung. Die KPdSU erwies sich in mehr als 50jähriger Anwendung der Theorie des Marxismus-Leninismus auf die Probleme des revolutionären Weltprozesses und in der Praxis beim Aufbau der neuen Gesellschaftsordnung als die erfahrenste und kampferprobteste Partei, als Avantgarde der internationalen kommunistischen und Arbeiterbewegung. Wir machen uns die großen theoretischen und praktischen Erfahrungen der Sowjetunion zu eigen und wenden sie auf unsere konkreten Bedingungen an. So ergibt sich für uns eine völlige Einheit zwischen dem Vorrang der allgemeingültigen Grundsätze für den sozialistischen Aufbau und der Berücksichtigung der spezifischen Gegebenheiten in jedem Land.

Liebe Genossen!

Die Welt neu zu gestalten und den Sozialismus im Leben zu verwirklichen, überall dem Neuen zum Durchbruch zu verhelfen und Millionen Menschen in die Lage zu versetzen, ihr Schicksal selbst zu gestalten – das ist eine Aufgabe von wahrhaft historischer Größe. Seit mehr als 50 Jahren hat der Sozialismus in diesem Ringen das Antlitz der Welt tiefgreifend verändert und seine Überlegenheit bewiesen. Was die Unterdrückten über Jahrhunderte hinweg ersehnt und wofür sie gekämpft haben – der Sozialismus brachte dem arbeitenden Volk Freiheit, Würde, Macht und soziale Sicherheit.

Obwohl der Sozialismus als gesellschaftlicher Organismus noch jung ist, obwohl er in ständigem Kampf des Neuen gegen das Alte noch Überreste aus der kapitalistischen Vergangenheit zu überwinden und manche Schwierigkeiten zu meistern hat, geht die Entwicklung erfolgreich voran, und die Perspektive ist klar. Durch die Praxis ihres sozialistischen und kommunistischen Aufbauwerkes demonstrieren die Länder der sozialistischen Gemeinschaft die Lebenskraft der Weltanschauung der Arbeiterklasse. Sie demonstrieren, wie die Lehren von Marx, Engels und Lenin zuverlässig den Weg weisen zu Freiheit von Ausbeutung und Unterdrückung, zur Errichtung der neuen Gesellschaft.

Im Entwurf der Direktive wird gesagt: »*Die Hauptaufgabe des Fünfjahrplanes besteht in der weiteren Erhöhung des materiellen und kulturellen Lebensniveaus des Volkes auf der Grundlage eines hohen Entwicklungstempos der sozialistischen Produktion, der Erhöhung der Effektivität, des wissenschaftlich-technischen Fortschritts und des Wachstums der Arbeitsproduktivität.*«[1]

---

1 Entwurf. Direktive des Zentralkomitees der SED zum Fünfjahrplan für die Entwicklung der Volkswirtschaft der DDR 1971 bis 1975. In: Neues Deutschland (B), 5. Mai 1971, Sonderbeilage.

Diese Formulierung bezeichnet das Ziel unserer Wirtschaftstätigkeit in seinem unauflöslichen Zusammenhang mit den Voraussetzungen, die dafür geschaffen werden müssen. Es ist eine wichtige Lebenserfahrung unseres Volkes, daß unsere Gesellschaft niemals mehr verbrauchen kann, als produziert worden ist. Die bessere Befriedigung der Bedürfnisse der Menschen ist zunächst ein hoher Anspruch an die fleißige Arbeit, die Sachkunde und das Verantwortungsgefühl eines jeden, wo immer er in unserer großen Gemeinschaft seine Pflicht tut.

Mit der Hauptaufgabe des Fünfjahrplanes von 1971 bis 1975 ist ein ganzes wirtschaftspolitisches Programm umrissen. Die Zielstellung entspricht dem ökonomischen Grundgesetz des Sozialismus. Für unsere Gesellschaft ist die Wirtschaft Mittel zum Zweck, Mittel zur immer besseren Befriedigung der wachsenden materiellen und kulturellen Bedürfnisse des werktätigen Volkes.

Natürlich ließ sich unsere Partei auch in der Vergangenheit davon leiten. Aber mit der weiteren Entwicklung der sozialistischen Gesellschaft und ihrer ökonomischen Potenzen kann und muß dieser gesetzmäßige Zusammenhang zwischen Produktion und Bedürfnissen der Menschen immer unmittelbarer wirksam werden. Dem tragen wir mit der Hauptaufgabe Rechnung.

Allerdings gehen wir auch bei diesem unserem wichtigsten Anliegen wiederum nüchtern vor und schätzen unsere Möglichkeiten real ein. Unsere Mittel für die Verbesserung der Arbeits- und Lebensbedingungen wachsen bei planmäßiger erfolgreicher Arbeit kontinuierlich, aber sie steigen nicht sprunghaft an. Wir haben deshalb sorgfältig abzuwägen, wo diese Verbesserungen am dringendsten sind und wo mit den verfügbaren Mitteln für die Werktätigen jeweils besonders wichtige Fortschritte erzielt werden können.

Wie aus der Direktive hervorgeht, wird das Realeinkommen der Bevölkerung von 1971 bis 1975 um 21 bis 23 Prozent steigen. Die Geldeinnahmen sollen jährlich im Durchschnitt um 4 Prozent zunehmen. Es ist auf viel zustimmendes Verständnis gestoßen, daß wir in diesem Jahr die Mindestlöhne sowie die Löhne bestimmter Beschäftigtengruppen erhöht haben, die gesellschaftlich wichtige Leistungen vollbringen, aber ein zu niedriges Einkommen bezogen. Mit diesen wichtigen Maßnahmen unseres Fünfjahrplanes ist eine Richtung angezeigt, die wir nach Maßgabe unserer Möglichkeiten fortsetzen werden. Auch in den nächsten Jahren werden wir den Arbeitslohn als Hauptform für die materielle Interessiertheit nutzen. In der Direktive ist unsere Absicht dargelegt, Voraussetzungen zu schaffen, damit im Laufe dieses Jahrfünfts die Altrenten nach den Grundsätzen des im Jahre 1968 eingeführten neuen Rentenrechts berechnet werden können.

Damit würde eine Regelung getroffen, die uns seit langem sehr am Herzen liegt, für die wir bisher aber nicht die Mittel hatten.

Wir sind uns auch bewußt, daß wir mehr Wohnungen brauchen, um die dringender werdenden Bedürfnisse der Familien zu befriedigen, besonders die unserer jungen Leute, die heiraten und Kinder bekommen. Wir haben mit unseren Genossen im Bauwesen immer wieder unsere Möglichkeiten durchgerechnet, um hier einen höheren Zuwachs als bisher zu erreichen. Wir planen also jetzt, in den Jahren 1971 bis 1975 eine halbe Million Wohnungen an die Werktätigen zu übergeben. Diese Aufgabe soll durch die Errichtung neuer, aber auch durch die Modernisierung, den Um- und Ausbau vorhandener Wohnungen gelöst werden. Wir möchten dabei unterstreichen, daß es uns sehr darum geht, die Wohnverhältnisse der Arbeiter in den Industriezentren zu verbessern. Schließlich haben wir vorgesehen, die Arbeiterwohnungsbaugenossenschaften weiter zu entwickeln und den individuellen Wohnungsbau unter der Beteiligung der Bevölkerung mit eigenen Leistungen und eigenen Mitteln zu fördern. Wir sind auch der Meinung, daß pro Jahr 5000 Wohnungen durch die kooperierenden LPG und VEG für ihre Genossenschaftsbauern und Landarbeiter selbst geschaffen werden sollten.

Es versteht sich, daß ein solches Programm großer Anstrengungen und noch größerer Initiative bedarf. Das ist ein beträchtlicher Anspruch an die Bauschaffenden. Wir rechnen aber auch auf die Begeisterung der Jugend bei einer für ihr eigenes Leben so gewichtigen Angelegenheit wie dem Bau neuer und schöner Wohnungen.

Ein weiteres Problem soll nicht unerwähnt bleiben, dessen Bedeutung in den kommenden Jahren zunehmen wird. Gemeint ist der Umweltschutz, der Kampf gegen die Verschmutzung von Luft und Wasser, die Eindämmung des Industrie- und Verkehrslärms. Gewiß ist Geld das eine, was wir dazu brauchen. Gewiß ist, daß wir nur schrittweise vorankommen werden. Aber schon heute könnte vieles praktisch verbessert werden, wenn die staatlichen Organe und Wirtschaftsleiter auch in dieser Sache alle Reserven mobilisieren und stets das Wohl des arbeitenden Menschen im Auge haben.

Aus der Reihe von Maßnahmen zur weiteren Verbesserung der Lebensbedingungen möchte ich noch eine hervorheben, die uns besonders dringlich und wesentlich erscheint. Es handelt sich um die Versorgung der Bevölkerung mit Waren des täglichen Bedarfs, mit Konsumgütern, Ersatzteilen und Dienstleistungen. Die Lückenhaftigkeit und Unbeständigkeit auf diesem Gebiet wird von vielen Werktätigen mit Recht bemängelt. Es darf bei uns nicht einreißen, den sogenannten 1000 kleinen Dingen nicht die ihnen gebührende Beachtung zu schenken. Fortschritte in der

Versorgung der Bevölkerung, vor allem Stabilität und Kontinuität, würden eine wesentliche Verbesserung des täglichen Lebens bedeuten und viele Anlässe für Reibungen und Verärgerungen aus der Welt schaffen.

Wir sind entschlossen, diesem Problem ernsthaft zu Leibe zu rücken. Aber dabei gilt es, nicht geringe Schwierigkeiten zu überwinden, müssen stabile Voraussetzungen in der Produktion geschaffen werden, und wir haben auch andere Zusammenhänge zu berücksichtigen. Wesentliche Schlußfolgerungen sind für die Leitungstätigkeit zu ziehen. Das Politbüro und der Ministerrat haben dazu bereits die entsprechenden Maßnahmen getroffen.

Bestimmte Störungen der Proportionalität wirken natürlich auch auf die Versorgung ein. Zudem können wir nicht außer acht lassen, daß die geplante rasche Steigerung des Exports lebenswichtig für unsere Wirtschaft ist und nicht eingeschränkt werden kann.

Ergebnisse werden sich also nur Schritt für Schritt einstellen. Aber wir werden die Aufgabe der stabilen und kontinuierlichen Versorgung konsequent und bis zu Ende verfolgen. Aus der generellen Zielstellung ergeben sich für eine Reihe von Wirtschaftsbereichen besondere Verpflichtungen. In der Direktive ist die planmäßige Steigerung der Produktion industrieller Konsumgüter und landwirtschaftlicher Erzeugnisse vorgesehen. Der Warenfonds zur Versorgung der Bevölkerung wird von 65 Milliarden Mark 1970 auf 79 bis 80 Milliarden Mark 1975 erhöht.

Es ist die Aufgabe gestellt, die Produktion der Konsumgüterindustrie stärker zu entwickeln. Doch die Produktion von Massenbedarfsgütern aufzunehmen und zu erweitern ist darüber hinaus eine Forderung an alle Zweige der Industrie. In jedem Betrieb, in jedem Zweig ist zu prüfen, welcher Beitrag dazu geleistet werden kann.

Jeder sollte sich bewußt sein, daß mit der im Entwurf der Direktive formulierten Hauptaufgabe ein anderes, ein neues Herangehen an die Leitung, Planung und Organisierung der Versorgung der Bevölkerung notwendig geworden ist. Bei der Planung und Bilanzierung der Produktion und der Versorgung ist künftig verstärkt der Bedarf der Bevölkerung als eine der entscheidenden Ausgangsgrößen zum Maßstab für die gemeinsame Arbeit, für den Einsatz der Produktionskapazitäten, der Rohstoffe, Materialien und Rationalisierungsmittel zu nehmen. Die Waren des Grundbedarfs, wie Grundnahrungsmittel, Erzeugnisse des Kinderbedarfs, Ersatz- und Zubehörteile sowie die sogenannten 1 000 kleinen Dinge, müssen bedarfsgerecht produziert und angeboten werden. Je dringlicher die zu lösenden Versorgungsaufgaben sind, um so gewissenhafter müssen der Bedarf und die Aufträge des Handels zum Gegenstand der sozialistischen Gemeinschaftsarbeit und eines beweglichen Reagierens von Handel und Industrie gemacht werden.

Wir wissen, daß die Mitarbeiter des Handels eine wichtige Aufgabe zu erfüllen haben. Sie tragen eine große Verantwortung und erhalten größere Möglichkeiten, die Versorgung der Bevölkerung zu verbessern. Die Parteiorganisationen in diesem Bereich sollten darauf einwirken, daß die Interessen der Kunden nachdrücklicher und konsequenter vertreten werden. Der Handel insgesamt, vor allem der Großhandel, muß den Bedarf der Bevölkerung stärker gegenüber der Produktion vertreten und gemeinsam mit der Industrie alle Produktionsmöglichkeiten erschließen. Schließlich hat der Handel darüber zu wachen, daß Erzeugnisse in einwandfreier Qualität angeboten werden, die Sortimente auch in den niedrigen Preisgruppen in Übereinstimmung mit dem Bedarf produziert und Versuche, die Produktion von Konsumgütern einzustellen, unterbunden werden.

Von nicht geringer Bedeutung ist, daß der Handel der Bevölkerung durch Einkaufserleichterungen, Kundendienste und Dienstleistungen hilft, Zeit zu sparen, daß die Bürger gut bedient und sachkundig beraten werden.

Genossen!

Ich möchte diesen Punkt, der sich ausführlich mit den Fragen der Verbesserung des Lebens der Bevölkerung beschäftigt, nicht abschließen, ohne auf das nachdrücklichste zu unterstreichen, daß für die Arbeits- und Lebensbedingungen, besonders aber für die stabile und kontinuierliche Versorgung, alle bei uns Verantwortung tragen und ihren Beitrag leisten müssen.

Hier wird sichtbar, daß die Bestimmung der Hauptaufgabe des Fünfjahrplans auch wichtige Verhaltensweisen berührt und fördert. Gleichgültigkeit in dieser Sache, ihre Mißachtung als »untergeordnete Aufgabe«, dürfen wir nirgendwo mehr dulden. Mehr und bessere Waren, die dem Bürger gefallen und seine Bedürfnisse befriedigen, Ideen für deren rationelle und ausreichende Produktion, Initiativen für die Dienstleistungen – das betrachten wir in unserer Gesellschaft als wichtige Staatsangelegenheit.

Genossen!

Ich möchte begründen, warum wir vorschlagen, uns in den verschiedenen Bereichen, vor allem in der Industrie, für die Intensivierung der gesellschaftlichen Produktion als Hauptweg zu höherer Effektivität zu entscheiden. Uns erscheint es sehr wichtig, daß jeder unsere Beweggründe gut versteht. Denn alle sollen Schlußfolgerungen für die eigene Arbeit ziehen.

Schon auf der Rationalisierungskonferenz des Zentralkomitees und des Ministerrates im Jahre 1966 stellten wir die intensiv erweiterte Reproduktion in den Mittelpunkt der Wirtschaftspolitik. Doch die ökonomischen Tatsachen sagen aus, daß diese Linie nicht mit aller Konsequenz verfolgt worden ist. Intensivierung der Produktion heißt – einfach gesagt –, die Erzeugung zu steigern, indem wir die vorhandenen Produktionsanlagen und

Gebäude besser nutzen und modernisieren, indem wir mit der gleichen Zahl von Arbeitskräften mehr produzieren. Unsere Mittel werden wir dabei vor allem für die Rekonstruktion ausgeben statt für den extensiven Neubau. Natürlich werden wir auch künftig neue Fabriken errichten, aber fast ausschließlich dort, wo das der besseren Versorgung mit Rohstoffen, Material und Zulieferungen dient. Auch das ordnet sich also ein in das volkswirtschaftliche Konzept der Intensivierung der gesellschaftlichen Produktion.

Dieser Weg entspricht den fundamentalen Bedingungen unserer Ökonomie. Die Fonds unserer Wirtschaft stellen heute das große Vermögen von über 380 Milliarden Mark dar. Je umfangreicher und wertvoller dieses Eigentum unseres Volkes wird, desto mehr hängen alle weiteren Fortschritte davon ab, daß wir mit dem Vorhandenen gut wirtschaften, es pflegen und weiterentwickeln. Natürlich können wir uns keine komplette neue Volkswirtschaft neben die stellen, die wir schon haben – niemand kann das.

Die Überbetonung des industriellen Neubaus bringt erfahrungsgemäß die Baubilanz aus den Fugen. Wir werden in absehbarer Zukunft über nicht mehr Arbeitskräfte verfügen als heute. Wo neue Arbeitsplätze geschaffen werden, ohne vorher welche einzusparen, beschert uns das unbesetzte Maschinen und neue Hindernisse bei der dringend nötigen höheren Schichtauslastung.

Die sozialistische Intensivierung der Produktion ist ein Gebot wirtschaftlicher Vernunft. Und wenn wir sie als Hauptweg bezeichnen, dann heißt das, sie ist nicht irgendeine Sache, sondern die Hauptsache. Sie ist keine Angelegenheit einzelner, sondern eine Angelegenheit aller. Wenn überall daran festgehalten wird, dann werden einige Anspannungen geringer werden, es wird manches mit weniger Ärger und Kraftverschleiß abgehen, und auch das ist keine Kleinigkeit, Genossen. Wir werden rascher und sicherer vorwärtskommen.

Entsprechend dieser Orientierung haben wir auch den Platz der sozialistischen Rationalisierung in unserer Wirtschaftspolitik bestimmt. Sie wird noch stärker zu einer erstrangigen politischen Aufgabe von gesamtgesellschaftlicher Bedeutung. Wir wollen also nicht nur die eine oder die andere, sondern alle Möglichkeiten ausschöpfen, um rationeller zu produzieren – im großen wie im kleinen, in der ganzen Volkswirtschaft und an jedem Arbeitsplatz.

Vertrauen in das Verantwortungsbewußtsein, die Sachkunde, die Erfahrungen und den Erfindungsreichtum der Arbeiter, Wissenschaftler und Techniker, Vertrauen in die Fähigkeit der Leiter unserer Kombinate und Betriebe, sich solcher Initiative voll zuzuwenden, sie zu fördern und aufzunehmen – das spricht aus solcher Aufgabenstellung für die Rationalisierung. Sie öffnet dem sozialistischen Wettbewerb neue Räume.

Sie ist ein weites Aufgabenfeld für die sozialistischen Kollektive und Neuerer. Sie ist ein neuer, größerer Anspruch an die Gewerkschaftsarbeit. Im schöpferischen Wetteifer werden die Werktätigen unseres Landes ihre Fähigkeiten erproben und ausbilden, werden sich erneut sozialistische Haltungen formen und Persönlichkeiten entwickeln. In diesem Kampf wird die Arbeiterklasse als führende Kraft unserer Gesellschaft wiederum selbst wachsen und mit ihr alle ihre Weggefährten.

Nun, liebe Genossen, zu einigen wichtigen Fragen, die zu unserem Programm höherer wirtschaftlicher Effektivität gehören. Zunächst zu unseren Erwartungen im Hinblick auf den Beitrag der Wissenschaft. Diese Erwartungen sind zweifellos groß. Wissenschaft und Forschung beeinflussen Wachstum, Struktur und Leistung unserer Volkswirtschaft entscheidend. Das um so mehr, als sich in der Gegenwart die wissenschaftlich-technische Revolution vollzieht. Als Marxisten-Leninisten verhalten wir uns zu ihr wie zu anderen wesentlichen gesellschaftlichen Tatsachen und Prozessen. Wir studieren gründlich ihre Gesetzmäßigkeiten und nutzen sie im Interesse des Volkes – so, wie es unserer sozialistischen Gesellschaft gemäß ist. Das macht es nötig, die wissenschaftlich-technische Revolution organisch mit den Vorzügen des sozialistischen Wirtschaftssystems zu vereinigen und in größerem Umfang als bisher die dem Sozialismus eigenen Formen des Zusammenschlusses der Wissenschaft mit der Produktion zu entwickeln.

Die Wissenschaftler der Deutschen Akademie der Wissenschaften, der anderen Akademien, Universitäten und Hochschulen, der Forschungsinstitute, der Kombinate und Betriebe der sozialistischen Industrie haben bemerkenswerte Forschungsergebnisse erzielt. Dazu zählen der Beitrag zur Interkosmosforschung und hervorragende Leistungen in den wissenschaftlichen Grundlagen der Elektronik und des Gerätebaus sowie auf Einzelgebieten der Mathematik, Physik, Chemie und Biologie. Bedeutende Ergebnisse wurden zur Erhöhung der Effektivität der Volkswirtschaft erreicht.

Das Wichtigste ist, unsere nicht geringen, aber auch nicht unbegrenzten wissenschaftlichen Kräfte und Mittel so einzusetzen, daß sie uns bei der Steigerung der Arbeitsproduktivität bedeutend voranhelfen und einen reichen wirtschaftlichen Ertrag bringen. Selbstverständlich dürfen wir im Kampf um wissenschaftlich-technische Höchstleistungen nicht nachlassen, aber wir konzentrieren uns dabei konsequent auf die vom Plan bestimmten Schwerpunktaufgaben. Andererseits brauchen wir überall größere Anstrengungen, um neue technologische Verfahren und Werkstoffe, qualitativ hochwertige Maschinen und Konsumgüter zu entwickeln und herkömmliche zu vervollkommnen.

Jeder versteht die Notwendigkeit, die Ergebnisse der Forschung rascher wirtschaftlich zu nutzen. Nicht nur, daß wir die Resultate schöpferischer geistiger Arbeit viel zu hoch schätzen, als daß wir uns damit abfinden könnten, sie brachliegen zu lassen – unserer Volkswirtschaft kann das auch nicht zugemutet werden. Manche hervorragenden Forschungs- und Entwicklungsleistungen büßen erheblich an gesellschaftlichem Wert ein, weil sie zu spät oder nicht in der möglichen Breite in die Produktion eingeführt werden. Beschleunigung hängt hier besonders davon ab, wie wir es verstehen, die wissenschaftlich-technische Arbeit der Forschungszentren, vor allem der Kombinate und Betriebe, schon durch den Plan in ihrem Inhalt, ihren organisatorischen Formen und ökonomischen Beziehungen fest mit der Produktion zu verbinden.

Es muß ein wesentliches Ziel der Weiterentwicklung des ökonomischen Systems des Sozialismus sein, in den Kombinaten und Betrieben Liebe und Leidenschaft für wissenschaftlich-technische Neuerungen, für Spitzenleistungen nachhaltiger zu fördern. Und schließlich verlangt diese Aufgabe neue Fortschritte in der Gemeinschaftsarbeit zwischen Wissenschaftlern, Ingenieuren, Arbeitern und Ökonomen.

Genossen!

Einen wichtigen Platz in unserem Streben nach höherer ökonomischer Effektivität nimmt auch weiterhin die Verbesserung der volkswirtschaftlichen Struktur ein. Die dafür in der Direktive vorgezeichnete Richtung zielt darauf ab, zwischen den verschiedenen Zweigen und Bereichen ein Wechselverhältnis zu entwickeln, das wissenschaftlich-technischen Fortschritt, Produktivität, hohen Ertrag und rasches Wachstum der ganzen Volkswirtschaft fördert.

Wir müssen nach wie vor berücksichtigen, daß neue gesellschaftliche Bedürfnisse entstehen, die es nötig machen, bestimmte Zweige der Produktion schneller als andere auszubauen. Diese Notwendigkeit ergibt sich auch aus der zunehmenden ökonomischen Integration mit den sozialistischen Bruderländern. Je weiter sie fortschreitet, desto mehr muß die Produktionsstruktur der einzelnen Länder – die Deutsche Demokratische Republik ist da nicht ausgenommen – auch den gegenseitigen Bedürfnissen der Länder des RGW Rechnung tragen.

Schließlich führt die Wissenschaft zu neuen Erzeugnissen und Verfahren, und es wird erforderlich, den Ausbau mancher Produktionszweige zu beschleunigen, um diese Früchte der Forschung gründlich zu nutzen. Wir bleiben bei unserem Prinzip, jene Zweige besonders zu fördern, die das gesamtwirtschaftliche Wachstum bestimmen. Manche Kapazitäten werden auch schneller wachsen müssen, um die einheimischen Rohstoffe stärker zu nutzen.

Die Entwicklung jedes einzelnen Zweiges muß sich dabei harmonisch mit der aller anderen verbinden und – ich betone das, Genossen – die planmäßige proportionale Entwicklung der Gesamtwirtschaft gewährleisten und fördern. Dem entsprechen die überdurchschnittlichen Zielstellungen für die Zulieferindustrie.

Genossinnen und Genossen!

Unsere Partei hat auch in der Berichtsperiode zielstrebig daran gearbeitet, die allgemeingültigen Gesetzmäßigkeiten der sozialistischen Gesellschaftsentwicklung unter unseren Bedingungen schöpferisch anzuwenden. Sie hat die führende Rolle der Arbeiterklasse in Staat und Gesellschaft weiter ausgebildet, das Bündnis mit der Klasse der Genossenschaftsbauern, den Angehörigen der Intelligenz und den anderen Schichten des Volkes sorgfältig gepflegt und gefestigt. Auf dieser Grundlage ist die politisch-moralische Einheit des Volkes weiter gewachsen.

Seit über zwei Jahrzehnten ist in der Deutschen Demokratischen Republik die Arbeiterklasse Träger der Macht. Sie schuf unseren Staat, sie vereinigte das ganze werktätige Volk um sich. Sie verlieh der neuen Gesellschaft ihre menschlichen Züge und kämpferischen Qualitäten. Die Herrschaft der Arbeiterklasse – das ist der Punkt, auf den sich letzten Endes alle Wertschätzung unserer Freunde und alle Feindschaft unserer Gegner in der Welt konzentrieren. Gerade deshalb werden wir die Macht der Arbeiterklasse und ihre führende Stellung wie unseren Augapfel hüten und bei der weiteren Gestaltung der sozialistischen Gesellschaft immer vollkommener ausprägen.

Zur überragenden Verantwortung der Arbeiterklasse in unserer Gesellschaft gehört auch die hohe Wertschätzung für die Arbeiter in unserer Gemeinschaft, die überall gebotene Aufmerksamkeit für ihre Gedanken und Vorschläge, ihre Bedürfnisse und Interessen. Wenn es bei uns noch Leute gibt, die von der Rolle der Arbeiter zwar in höchsten Tönen reden, ihnen persönlich aber wenig Achtung entgegenbringen, dann sagen wir ihnen, daß sie vom Sozialismus noch wenig verstanden haben.

Wir sind überzeugt, daß bei der weiteren Entwicklung unserer Gesellschaft den Gewerkschaften, in denen fast die ganze Arbeiterklasse organisiert ist, eine immer größere Bedeutung zukommt. Ein beträchtlicher Teil des Einflusses der führenden Klasse auf Wirtschaft und Gesellschaft verwirklicht sich entsprechend unserer sozialistischen Verfassung mit Hilfe der Gewerkschaften, im Alltag gewerkschaftlicher Tätigkeit.

Wir sehen immer wieder mit Genugtuung, daß in den Versammlungen der Gewerkschafter und ihrer Vertrauensleute, in den Ständigen Produktionsberatungen und den vielen gewerkschaftlichen Kommissionen Arbeiter das Wort ergreifen und Vorschläge für die Gestaltung unseres sozialistischen Lebens machen. Die Wirksamkeit der gewählten Mitglieder aus der Produktion in den gesellschaftlichen Räten ist um so höher, je enger sie mit den Leitungsproblemen in ihrem Betrieb verbunden sind. Wir sehen voller Genugtuung, wie im sozialistischen Wettbewerb der Ideenreichtum der Neuerer und aller fleißigen Arbeiter zur Geltung kommt. Das, Genossen, ist ein beredter Ausdruck unserer sozialistischen Demokratie.

Im besonderen Maße richtet das Zentralkomitee die Aufmerksamkeit der Gewerkschaften auf den sozialistischen Wettbewerb. Der schöpferische Wetteifer, der den Gedankenreichtum, die Erfahrung und den erfinderischen Sinn aller Werktätigen erschließt, ist unerläßlich für unseren planmäßigen ökonomischen Fortschritt. Wir wissen gut, daß sich vor allem auf diesem Feld das weitere Wachstum der Arbeiterklasse selbst, ihrer kameradschaftlichen und freundschaftlichen Beziehungen zu den anderen werktätigen Klassen und Schichten vollzieht, die für den Fortschritt des Sozialismus lebensnotwendig sind.

Es ist im Sinne der Hauptaufgabe des Fünfjahrplans von 1971 bis 1975, wenn wir den Gewerkschaftsleitungen ans Herz legen, sorgfältig darauf zu achten, daß die Verbesserung der Arbeits- und Lebensbedingungen der Werktätigen nirgendwo an den Rand der Leitungstätigkeit gerät. In diesem Sinne sind auch der Inhalt und die Wirksamkeit der Betriebskollektivverträge zu erhöhen. Das entspricht der gesellschaftlichen Aufgabe der Gewerkschaften als Interessenvertreter der Werktätigen. Eine bestimmte Portion Hartnäckigkeit in dieser Sache gehört zum guten Gewerkschafter.

Das Lenin-Wort von den Gewerkschaften als Schulen der Leitungen und der Wirtschaftstätigkeit, als Schulen des Sozialismus charakterisiert das Wirken und die eigene Entwicklung der Arbeiterklasse und ihrer Bundesgenossen in der neuen Gesellschaft. Die Fähigkeit der Werktätigen, mit dem Volkseigentum gut zu wirtschaften und gesellschaftliche Prozesse zu leiten, wie sie sich in unserem Land herausgebildet hat, wäre undenkbar ohne diese Schulen. Und für viele Funktionäre, die heute sehr verantwortungsvolle Funktionen in Partei und Staat bekleiden – auch das vergessen wir dabei nicht –, hat mit der Wahl zum Gewerkschaftsvertrauensmann die Lehre politischer Arbeit begonnen.

Bei den verschiedensten Anliegen unserer Politik, bei der Ausübung der Macht der Arbeiterklasse, der Steigerung der Produktion, der weiteren Verbesserung des Lebens ist die immer aktivere Mitarbeit der Gewerkschaften unerläßlich. Die großen Leistungen, die Verdienste der Gewerkschaften, geben uns die Gewähr, daß sie auch den künftig wachsenden Aufgaben gerecht werden.

Genossen!

Die objektiv begründete Führung der sozialistischen Gesellschaft durch die Arbeiterklasse mindert die Stellung und Leistung der anderen werktätigen Klassen und Schichten unseres Volkes in keiner Weise. Im Gegenteil, die Arbeiterklasse bewies und beweist ihre Führungsqualitäten nicht zuletzt dadurch, daß sie mit ihrer Entwicklung auch allen anderen Werktätigen hilft und es ihnen ermöglicht, schöpferische Kräfte zu entfalten und einen eigenen bedeutenden Beitrag im Sozialismus zu leisten. Jeder, der sich um diese gemeinsame Sache verdient macht, genießt Ansehen in unserem Land.

In der vor uns liegenden Periode wird sich das bewährte Bündnis der sozialen und politischen Kräfte unserer Gesellschaft unter Führung der Arbeiterklasse und ihrer Partei weiter festigen. Das entspricht den gemeinsamen Lebensinteressen der Arbeiterklasse, der Klasse der Genossenschaftsbauern, der sozialistischen Intelligenz und der anderen werktätigen Schichten.

Zweifellos wird in der vor uns liegenden Periode die Bedeutung unserer Staatsmacht weiter zunehmen. Dafür gibt es objektive Gründe:

1. stellen die gewachsenen Dimensionen und die qualitativen Veränderungen unserer Volkswirtschaft, die intensiveren Verflechtungen ihrer Zweige untereinander sowie mit den anderen Bereichen des gesellschaftlichen Lebens immer größere Ansprüche an die wissenschaftliche, exakt bilanzierte und einheitliche Leitung und Planung der gesellschaftlichen Entwicklung;

2. erweitert die internationale Zusammenarbeit und die sozialistische ökonomische Integration der RGW-Länder in vielen Fragen den Bereich der staatlichen Tätigkeit;

3. werden die Beziehungen der Deutschen Demokratischen Republik zu anderen Staaten sowie zu den internationalen Organisationen ausgebaut;

4. erfordert das gewachsene Bewußtsein der Werktätigen eine verbesserte Qualität der staatlichen Leitung, eine gute, vertrauensvolle und sachliche Atmosphäre, damit die Initiative gefördert wird und die Menschen sehen, daß ihre Arbeit Früchte trägt, daß sie dem Wohl des Ganzen dient und auch ihnen selbst zugute kommt;

5. schließlich erhöhen sich angesichts der zunehmenden, oft heimtückisch getarnten Aggressivität des Imperialismus die Anforderungen an alle staatlichen Organe, die Absichten des Gegners rechtzeitig zu durchschauen und zu vereiteln.

Die Hauptrichtung der Arbeit der Partei zur weiteren Festigung der sozialistischen Staatsmacht besteht darin, die zentrale staatliche Leitung und Planung zu qualifizieren und sie mit der wachsenden schöpferischen Aktivität der Werktätigen auf allen Gebieten wirksamer zu verbinden; das heißt, das in unserer Verfassung verankerte bewährte Leninsche Prinzip des demokratischen Zentralismus konsequent zu verwirklichen. Es verbindet die zentrale staatliche Leitung und Planung mit der Bürgerinitiative. Durch die aktive Mitwirkung an den Staatsangelegenheiten auf allen Ebenen, durch ihre klugen Ideen und Vorschläge nehmen die Bürger Einfluß auf das Leben der Gesellschaft und ihre Leitung.

Mit der wachsenden Rolle des sozialistischen Staates erhöhen sich die Ansprüche an die staatliche Leitung. Sie muß verständlich und überschaubar sein, die Mitarbeit der Bürger fördern, in jeder wichtigen Frage ihren klugen Rat suchen und nutzen und den breiten Strom gesellschaftlicher Aktivität in die richtigen Bahnen lenken.

Liebe Genossinnen und Genossen!

Eines der edelsten Ziele und eine der größten Errungenschaften der sozialistischen Gesellschaft ist die allseitig entwickelte Persönlichkeit. Dabei handelt es sich nicht um ein Ziel, das erst in ferner Zukunft erreicht wird. Wenn wir hier von »Persönlichkeit« sprechen, meinen wir eine besonders charakteristische geistige und moralische Ausprägung des menschlichen Individuums. Von diesem sagt Marx im allgemeinen, daß »der wirkliche geistige Reichtum des Individuums ganz von dem Reichtum seiner wirklichen Beziehungen abhängt«[2]. Sozialistische Persönlichkeiten entwickeln sich in ihren Arbeitskollektiven, im Ringen um höchste Ergebnisse im sozialistischen Wettbewerb, beim Lernen, im Sport und bei der Aneignung der Schätze der Kultur, bei der Teilnahme an der Leitung und Planung unserer Gesellschaft auf allen Gebieten. Nachhaltigen Einfluß übt die ideologische Arbeit auf die Entwicklung der Menschen aus.

In der Diskussion vor dem VIII. Parteitag wurde anschaulich sichtbar, wie sich die Wesenszüge der Menschen in der sozialistischen Gesellschaft deutlicher ausprägen. Arbeiter der Elektro-Apparate-Werke Berlin-Treptow warfen bekanntlich die Frage auf: »Unser aller Eigentum, nutzen wir es schon richtig?« Genossenschaftsbauern stellten die Frage, ob es in der LPG schon stimmt, wenn das Geld stimmt. An diesen Fragen entzündete sich ein Meinungsaustausch, dessen Teilnehmer zeigten, daß ihr Interesse und Verständnis weit über die persönlichen Angelegenheiten und die Probleme des eigenen Arbeitsplatzes hinausreichen und zunehmend von der Verantwortung für das Ganze, den Betrieb, die Volkswirtschaft und die sozialistische Gesellschaft bestimmt werden.

Solche Geisteshaltung entspricht der gesellschaftlichen Stellung der Arbeiterklasse und aller anderen Werktätigen in unserem Staat. Dieser weite

---

2 Karl Marx/Friedrich Engels: Die deutsche Ideologie. In: Werke, Bd. 3, S. 37.

Gesichtskreis bestimmte auch die Aussprache über den Platz der Bildung in unserem Leben, über das Verhältnis zu den Leistungen der Kultur, über Gemeinschaftssinn und Gemeinschaftsarbeit, über die Pflichten gegenüber der heranwachsenden Generation. Das politisch-moralische Antlitz unserer Bürger zeigte sich in den vielen Äußerungen freundschaftlicher Verbundenheit mit dem Sowjetvolk und der ganzen sozialistischen Welt, in der kämpferischen Solidarität mit allen um ihre Freiheit ringenden Völkern, aber auch in der Wachsamkeit gegenüber den ideologischen Ränken der imperialistischen Feinde.

Mit Befriedigung können wir feststellen: Sozialistisches Staatsbewußtsein und internationalistische Gesinnung sind seit dem VII. Parteitag in unserem Volke weiter gewachsen. Auch künftig werden sich die neuen Charakterzüge im Widerstreit mit alten Gewohnheiten und Verhaltensweisen formen. Das betrifft nicht nur die Herausbildung solcher Züge im Arbeitsleben, sondern auch in der Familie. In diesem Zusammenhang möchte ich im Namen des Zentralkomitees erklären, daß unsere Fürsorge in verstärktem Maße den kinderreichen Familien gelten wird.

Genossinnen und Genossen!

Allseitige Bildung und ständige Qualifizierung werden zunehmend zu einem bestimmenden Merkmal unseres sozialistischen Lebens. Auf dem VII. Parteitag wurde die Verwirklichung der Oberschulbildung für alle Kinder des Volkes als eine bedeutende geschichtliche und schulpolitische Aufgabe charakterisiert. Im gegenwärtigen Schuljahr erhalten bereits 85 Prozent der Schüler zehnklassige Oberschulbildung. Der Bildungsinhalt der Oberschule wurde entsprechend den gesellschaftlichen Erfordernissen neu bestimmt.

Jetzt stehen wir vor der Aufgabe, den Übergang zur allgemeinen zehnklassigen Oberschulbildung zu vollenden. Das entspricht zutiefst dem humanistischen Grundanliegen unserer Gesellschaft, günstige Bedingungen für eine hohe Bildung der Arbeiterklasse und des gesamten werktätigen Volkes, für die allseitige Entwicklung des sozialistischen Menschen zu schaffen.

Die inhaltliche Ausgestaltung der zehnklassigen allgemeinbildenden polytechnischen Oberschule als Schule, die den Erfordernissen und Bedingungen der entwickelten sozialistischen Gesellschaft entspricht, als grundlegende Bildungs- und Erziehungsstätte für alle Kinder, ist der wichtigste gesellschaftliche Auftrag aller Pädagogen.

Die Schule muß der jungen Generation in einem wissenschaftlichen und parteilichen Unterricht hohe Allgemeinbildung vermitteln und eine hohe Wirksamkeit der sozialistischen Erziehung erreichen. Sie soll die Jugend auf das Leben und die Arbeit in der sozialistischen Gesellschaft vorbereiten und ihrer Verantwortung für die Vorbereitung eines hochqualifizierten Facharbeiternachwuchses noch besser gerecht werden. Dabei kommt dem polytechnischen Unterricht, der Verbindung von Unterricht und produktiver Arbeit, große Bedeutung zu. Unsere Schule wird auch weiterhin als allgemeinbildende polytechnische Oberschule entwickelt werden.

Auf der Grundlage soliden Wissens und Könnens gilt es, alle schöpferischen Kräfte und Fähigkeiten zu entwickeln, der Jugend hohe sittlich-moralische und ästhetisch-kulturelle Werte zu vermitteln und sie im Geiste der sozialistischen Weltanschauung zu erziehen. Zusammen mit den Eltern, mit der sozialistischen Kinder- und Jugendorganisation, gestützt auf alle gesellschaftlichen Kräfte, erzieht unsere Oberschule die jungen Menschen zu bewußten sozialistischen Staatsbürgern mit hohen Kenntnissen, die den Ideen des Sozialismus treu ergeben sind, die fühlen und handeln als Patrioten und Internationalisten, sich durch eine sozialistische Arbeitseinstellung auszeichnen und aktiv an der Gestaltung des gesellschaftlichen Lebens mitwirken.

Auf dem VII. Pädagogischen Kongreß der Deutschen Demokratischen Republik wurde dargelegt, wie die neue Qualität unserer Oberschulen zu erreichen und das Volksbildungswesen weiter zu entwickeln ist. Jetzt gilt es, diese große Arbeit in allen Bildungseinrichtungen wissenschaftlich und solide zu leisten. Das ist ein tiefgreifender, länger andauernder Prozeß, in dessen Verlauf neue Erkenntnisse und Erfahrungen gewonnen werden und Entwicklungsprobleme heranreifen, die gemeinsam mit den Lehrern und Erziehern, den Wissenschaftlern und den gesellschaftlichen Kräften gelöst werden müssen.

Wir wissen, daß damit hohe Anforderungen an das politische Bewußtsein der Pädagogen, an ihre marxistisch-leninistischen Kenntnisse, ihre fachwissenschaftliche Bildung und an ihr pädagogisches Können gestellt werden. Von den Mitgliedern unserer Partei an den Schulen und in den Volksbildungsorganen erwarten wir, daß sie sich an die Spitze der Bewegung für eine höhere Qualität der politisch-pädagogischen Tätigkeit stellen.

Wir gehen in unserer gesamten Politik davon aus, daß die Erziehung eines der Arbeiterklasse würdigen Nachwuchses eine der wichtigsten Aufgaben der Arbeiterklasse selbst ist. Es ist eine gute Tradition, daß die Arbeiter in den Betrieben unmittelbar auf die Erziehung der jungen Menschen Einfluß nehmen, ihnen die Erfahrungen des Klassenkampfes vermitteln und sie mit dem Gefühl der Arbeiterehre erfüllen. Diese Tradition sollte gut gepflegt werden.

Ein wichtiger Abschnitt im Leben der Jugend ist die Berufsausbildung. Auch in Zukunft wird der überwiegende Teil aller Jugendlichen – Mädchen gleichermaßen wie Jungen – als sozialistische Facharbeiter produktive

Arbeit zu leisten haben und zugleich ständig weiterlernen. Seit dem VII. Parteitag haben sich Inhalt und Methoden der Berufsausbildung wesentlich verändert. 99 Prozent aller Schulabgänger, die keine weiterführende Bildungseinrichtung besuchen, erhalten eine berufliche Ausbildung. Auch jene Schüler, die noch nicht die 9. und 10. Klasse der Oberschule besuchen konnten, werden in der Berufsschule im wesentlichen zum Niveau der zehnklassigen Oberschulbildung geführt.

Für die Berufsausbildung wurden neue Berufsbilder ausgearbeitet und neue Lehrpläne eingeführt, darunter 28 Grundberufe, die einen neuen Berufstyp darstellen und die Herausbildung eines vielseitig einsetzbaren Facharbeiternachwuchses ermöglichen. In die Ausbildung für alle Berufe wurden neue berufliche Grundlagenfächer, wie Elektronik, BMSR-Technik und Datenverarbeitung, aufgenommen. Wenn wir uns auf Grundberufe konzentrieren, heißt das nicht, daß andere notwendige Berufe wegfallen. Oder glaubt jemand, selbst im vollendeten Sozialismus auf den Friseur verzichten zu können?

Jetzt kommt es darauf an, die neuen Programme in jedem Betrieb und in jeder Berufsschule gut zu realisieren. Das betrifft sowohl die theoretische als auch die praktische Ausbildung und die überzeugende Vermittlung marxistisch-leninistischer Grundkenntnisse.

Die rasch voranschreitende gesellschaftliche Entwicklung verlangt, vielfältige Möglichkeiten für die Qualifizierung der Werktätigen zu schaffen und gut zu nutzen. Das betrifft besonders auch die Ausbildung der Produktionsarbeiterinnen zu Facharbeiterinnen.

Genossen!
Die mit der 3. Hochschulreform und der Akademiereform eingeleitete Umgestaltung ist von weitreichendem Einfluß auf Bildung und Wissenschaft. Es wurde begonnen, die Ausbildung im Sinne der Einheit von Forschung und Lehre grundlegend zu verändern, die Weiterbildung zu entwickeln und die Forschungskräfte zu konzentrieren. Die Beziehungen zur Praxis vertiefen sich. Neue Leitungsformen fördern die sozialistische Demokratie. Wissenschaftler und Studenten, Arbeiter und Angestellte vollbrachten beachtliche Leistungen.

Im Verlaufe des Fünfjahrplans nahmen 250 000 Hoch- und Fachschulabsolventen ihre berufliche Tätigkeit auf. Neue Hochschulen wurden gegründet, und die Zahl der Studierenden stieg von 225 700 auf 302 400. Eine weitere Erhöhung würde allerdings unsere Möglichkeiten und auch die gegenwärtigen gesellschaftlichen Erfordernisse übersteigen. Es ist vielmehr notwendig, die vorhandenen Ausbildungskapazitäten voll zu nutzen, noch effektiver zu arbeiten und dafür die materiellen Mittel zweckmäßig einzusetzen. Das wichtigste ist jetzt, die Qualität der Ausbildung, vor allem das inhaltliche Niveau der Lehre, weiter zu erhöhen und die klassenmäßige Erziehung der Studenten zu verbessern.

Der wissenschaftliche Wettstreit und das wissenschaftlich produktive Studium der Studenten und jungen Wissenschaftler zeigen gute Ergebnisse schöpferischer Arbeit. Alle Erfahrungen beweisen, daß die Absolventen unserer Hoch- und Fachschulen im Leben und Beruf desto sicherer bestehen, je enger sie hohe fachliche Kenntnisse mit fundiertem politischem Wissen vereinen. Gerade darum ist uns daran gelegen, das wissenschaftliche Niveau und die politische Ausstrahlungskraft der Lehrveranstaltungen des marxistisch-leninistischen Grundstudiums ständig zu erhöhen.

Liebe Genossinnen und Genossen!

Das Programm unserer Partei weist den Weg für die Entwicklung der sozialistischen Nationalkultur in unserer Republik. Unser Ziel ist und bleibt die Erziehung gebildeter und überzeugter Erbauer des Sozialismus, die vom Geiste des proletarischen Internationalismus erfüllt sind. Diesem Ziel sind wir ein gutes Stück näher gekommen.

Unsere Schriftsteller und Künstler haben in den letzten Jahren viele neue Werke geschaffen. Die sozialistische Literatur, die Film-, Fernseh- und Theaterkunst, die Musik und bildende Kunst streben nach Parteilichkeit und hoher Aussagekraft. Sie zeichnen das Bild der Menschen, die unser sozialistisches Leben bewußt gestalten, deutlicher. Das erscheint uns als der wichtigste Fortschritt. Solche schöpferischen Leistungen, in denen die Werktätigen die Gegenwart, ihre Probleme, Gefühle und Gedanken gestaltet finden, vermitteln ihnen Freude, Anregung und Selbsterkenntnis.

Die stete Vorwärtsentwicklung in unserem Leben legt immer mehr fruchtbaren Boden für die künstlerische Arbeit frei. So herrscht bei uns ein gutes Klima für die Entwicklung der Künste und für die kulturelle Betätigung. Ausgehend von den fortgeschrittensten Kollektiven der Arbeiter und Genossenschaftsbauern und der Intelligenz, entwickeln sich jene kulturellen Gewohnheiten der Werktätigen, die dem Sozialismus gemäß sind. Selbstverständlich ist das ein lang andauernder Prozeß. Aber der Widerhall auf die Initiative der Leipziger Kirow-Werker, die Tatsache, daß dreiviertel aller um den Staatstitel kämpfenden Kollektive Kultur- und Bildungspläne besitzen, sowie die durchgeführten Arbeiterfestspiele sprechen von einem beständigen Fortschritt.

Das Streben nach Kunsterlebnissen und eigenem künstlerischem Schaffen wird immer tieferes Bedürfnis der Arbeiterklasse und des ganzen Volkes. Immer mehr Werktätige suchen im künstlerischen Werk neue Einblicke und Einsichten, eine Bereicherung ihres Lebens. Sie treten ihm aufgeschlossen, aber auch anspruchsvoll und kritisch gegenüber. Den Kunstschaffenden eröffnet gerade das große gesellschaftliche Wirkungsmöglichkeiten. Solche Partner werden ihnen zum Ansporn für eine immer klarere Übereinstimmung von künstlerischer und weltanschaulicher Verantwortung, für Ideenreichtum, inhaltliche Tiefe und meisterhafte Gestaltung.

Die Schriftsteller und Künstler wissen selbst am besten, daß im künstlerischen Schaffen neben allem Guten auch noch Oberflächlichkeit, Äußerlichkeit und Langeweile anzutreffen sind. Nun sind wir uns durchaus im klaren, daß es keine einfache Aufgabe ist, in den alltäglichen Handlungen der Menschen im Sozialismus die großen und weltverändernden Taten zu entdecken, bewußtzumachen und so die ganze Schönheit unseres Lebens meisterhaft zu gestalten. Unsere Partei wird den Künstlern dabei immer vertrauensvoll zur Seite stehen und ihnen helfen, ihrem Schaffen für die sozialistische Gesellschaft noch wirksamere Wege zu öffnen.

Die Schriftsteller und Künstler sollten jedoch auch selbst, vor allem in ihren Verbänden und deren Parteiorganisationen, einen offenen, sachlichen, schöpferischen Meinungsstreit darüber führen, wie der neue Gegenstand immer besser gemeistert werden kann. Das setzt eine enge Verbindung der Künstler mit dem Leben und ihr bewußtes, tiefes Verständnis für die Entwicklungsprozesse unserer Gesellschaft voraus. Dann werden die Schriftsteller und Künstler ohne Zweifel nicht nur die richtigen, unserer sozialistischen Gesellschaft nützlichen Themen in den Mittelpunkt ihres Schaffens stellen, sondern auch die ganze Breite und Vielfalt der neuen Lebensäußerungen erfassen und ausschöpfen. Es werden noch mehr Werke entstehen, die durch ihre Wirklichkeitsnähe, Volksverbundenheit und Parteilichkeit ergreifen, packen und darum begeistert aufgenommen werden.

Das wird sich in dem Maße verwirklichen, wie unsere Partei es versteht, die Künstler mit dem ganzen Reichtum ihrer Handschriften und Ausdrucksweisen auf die Prägung der sozialistischen Persönlichkeit unserer Zeit zu orientieren. Das wird ihnen helfen, bei ihrem Suchen nach neuen Formen in der bejahenden Gestaltung des Großen und Schönen unserer Zeit und der kritischen Darstellung auch ihrer zu überwindenden Widersprüche die Kunst des sozialistischen Realismus zu bereichern. Gerade weil wir um die Mühen, um die Kompliziertheit der künstlerischen Schaffensprozesse wissen, bringen wir der schöpferischen Suche nach neuen Formen volles Verständnis entgegen.

In wachsender Verbundenheit mit den Werktätigen unserer Republik und ihren Kollektiven und mit der Aufgabe vor Augen, die Bürger unserer Republik auch mit den Mitteln der Kunst für die Auseinandersetzung mit der bürgerlichen Ideologie, mit dem Imperialismus auszurüsten, werden die Künstler dabei ihre schöpferische Phantasie einsetzen können, um beeindruckende, unserer sozialistischen Gesellschaft eigene Ausdrucksweisen zu finden, die sich nicht aus dem Modernismus einer uns fremden, ja feindlichen Welt nähren.

Unsere Partei fühlt sich mit den Schriftstellern und Künstlern freundschaftlich verbunden. Sie können auf unser Verständnis für ihre Fragen und Schaffensprobleme rechnen, weil wir alle zusammen in einem Lande leben, in dem sich das humanistische Ideal der Einheit von Geist und Macht erfüllt hat. Wir wünschen unseren sozialistischen Dichtern, Romanautoren und Dramatikern, bildenden Künstlern, Musikern, Theater-, Film- und Fernsehschaffenden wachsenden Widerhall ihrer Werke in den Hirnen und Herzen des Volkes. Aufrichtig hoffen wir, daß sie auch das Glück erfahren, für immer mehr Menschen unentbehrliche Weggefährten zu sein.

Die Kulturschaffenden unserer Republik leisten einen wichtigen Beitrag im Kampf gegen die ideologischen Diversionsversuche des Imperialismus gerade auf kulturellem Gebiet. Den menschenfeindlichen Produkten des westlichen Kulturverfalls setzen sie den lebenspendenden Atem unserer neuen, sozialistischen Epoche entgegen. Dabei erweist sich unsere sozialistische Nationalkultur als die Bewahrerin aller fortschrittlichen Traditionen. Die Ehrungen für Ludwig van Beethoven und Albrecht Dürer, für Heinrich Mann und Johannes R. Becher, für Erich Weinert, Willi Bredel und viele andere haben eindrucksvoll bezeugt, daß die kulturellen Schätze des humanistischen Erbes dem Volke zugänglich geworden sind und in die der Würde des Menschen gemäße Lebensweise im Sozialismus eingehen.

Gegenwärtig wirken über eine Million Bürger, darunter sehr viele junge Menschen, in den Volkskunstgruppen und Zirkeln.

Diese Bewegung nimmt einen wichtigen Platz im kulturellen Leben ein. Ihre Impulse sollten mehr als bisher genutzt werden, um den kulturellen Alltag in den Kreisen, Städten und Gemeinden zu bereichern.

Es ist nicht zuletzt eine interessante Erfahrung, daß die kulturellen Bedürfnisse der Werktätigen dort am besten erfüllt werden, wo in den Kreisen, Städten und Gemeinden die Einrichtungen der Kultur, der Volksbildung, des Sports, der Erholung gut zusammenarbeiten. Solche Gemeinsamkeit wird uns auch künftig helfen, die kulturellen Mittel und Möglichkeiten besser zu nutzen und mehr Menschen anzuziehen. Bereichernd wirken die Betriebsfestspiele, mit denen seit 1970 vielerorts die Arbeiterfestspiele vorbereitet werden, aber auch ökonomisch-kulturelle Leistungsvergleiche.

Das geistig-kulturelle Leben in den Dörfern sollte stärker gefördert werden. Unsere besondere Aufmerksamkeit aber gilt nach wie vor der kulturellen Erziehung der Jugend. Mögen alle Leitungen ihrer Verantwortung auf diesem Gebiet in noch höherem Maße gerecht werden. Unsere Parteiorganisationen sollten dafür Sorge tragen, daß die Genossen auch bei der Entwicklung eines kulturvollen Lebens beispielgebend vorangehen.

Für Millionen Menschen in unserem Land ist das Lesen seit langem zu einer Lebensgewohnheit geworden. Im Laufe der letzten vier Jahre stieg die Buchproduktion von 113,7 auf 121,8 Millionen Exemplare. Jeder vierte Bürger ist Leser der staatlichen, allgemeinen und Gewerkschaftsbibliotheken. Besonders erfreulich ist, daß über die Hälfte der Kinder und Jugendlichen bis 16 Jahre zu diesen Lesern gehört.

Das Zentralkomitee unserer Partei betrachtet Literatur und Kunst sowie die kulturelle Betätigung von Millionen werktätigen Menschen als einen wichtigen Bestandteil unseres sozialistischen Lebens. Es entspricht der von unserem Parteitag zu beschließenden Hauptaufgabe für die nächsten Jahre, die Entwicklung gerade auch auf diesem Gebiet nach Kräften zu fördern.

Genossinnen und Genossen!

Die Aufgabe der Sozialistischen Einheitspartei Deutschlands als marxistisch-leninistische Partei der Arbeiterklasse besteht darin, auf der Grundlage einer wissenschaftlich begründeten Strategie und Taktik die gesellschaftliche Entwicklung in der Deutschen Demokratischen Republik politisch zu leiten. Sie weckt und fördert die Initiative aller Bürger für das weitere Gedeihen der sozialistischen Ordnung.

In den 25 Jahren seit ihrer Gründung, seit sich Wilhelm Pieck und Otto Grotewohl im Zeichen der Einheit die Hand reichten, hat unsere Partei kämpferisch, stetig und erfolgreich an der Lösung dieser Aufgabe gearbeitet. Als revolutionäre Partei der Arbeiterklasse und des ganzen werktätigen Volkes, als Partei neuen Typus vollbrachte sie unter komplizierten historischen Bedingungen an der Spitze des ganzen werktätigen Volkes eine wahrhaft geschichtliche Leistung. Der Sieg in der antifaschistisch-demokratischen Revolution, der Aufbau der festen Fundamente des Sozialismus und die erfolgreiche Gestaltung der entwickelten sozialistischen Gesellschaft beweisen: Unsere Partei wird den objektiven Erfordernissen unserer Epoche gerecht. Sie führt das Volk sicher auf dem richtigen Weg. Die von Marx, Engels und Lenin begründeten Ziele der revolutionären Arbeiterbewegung und mit ihnen jahrhundertealte humanistische Ideale werden bei uns immer vollständiger zur Wirklichkeit.

Gleichzeitig ergeben sich aus der vor uns liegenden Wegstrecke, die der VIII. Parteitag abstecken wird, neue Ansprüche an die führende Rolle der Partei, an ihre theoretische, politisch-ideologische und organisatorische Arbeit. Denn je umfassender der sozialistische Aufbau, je komplizierter die Aufgaben, desto größer die Rolle und Verantwortung der Partei. Diesen Erfordernissen werden wir gerecht, wenn wir stets aus dem unversiegbaren Quell der Lehren von Marx, Engels und Lenin schöpfen, wenn wir uns immer neu die reichen Erfahrungen der KPdSU zu eigen machen, wenn wir uns immer fester mit der Arbeiterklasse und allen Werktätigen, den wahren

Schöpfern der Geschichte, verbinden. Das Zentralkomitee betont, daß der Kern der Leitungstätigkeit der Partei in der politischen Führung der Gesellschaft liegt.

Wertvolle Erfahrungen und Lehren für die Leitungstätigkeit vermittelte der breite Meinungsaustausch, der auch mit vielen parteilosen Bürgern während des Umtausches der Parteidokumente und der Parteiwahlen geführt wurde. Wir werden deshalb noch gewissenhafter dafür sorgen, daß die große Weisheit und die Erfahrungen der Arbeiterklasse und aller Werktätigen in den Beschlüssen der Partei ihren wissenschaftlichen Ausdruck finden. Die Partei lehrt die Massen, und gleichzeitig lernt sie – wie Lenin immer wieder hervorhob – von ihnen. Sie wird die klugen Gedanken und Hinweise der Arbeiter und aller Werktätigen desto wirksamer für den Sozialismus nutzbar machen, je vertrauensvoller sie auch schwierige Fragen kameradschaftlich mit ihnen berät.

In diesem Sinne erzieht die Partei alle ihre Mitglieder, immer und überall aufmerksam auf die Stimme der Werktätigen zu hören und ihnen unsere Politik prinzipienfest und geduldig zugleich zu erläutern. Sie strebt danach, Herz und Verstand aller Bürger, der Arbeiter und Genossenschaftsbauern, der Angehörigen der Intelligenz, der Frauen und Jugendlichen zu erreichen. Wir wollen jeden für die aktive Mitarbeit bei der Lösung der vor uns liegenden Aufgaben gewinnen und keinen zurücklassen.

Genossen!

Für alle Mitglieder und Kandidaten unserer Partei ist es eine Klassenpflicht, sich besonders für die sozialistische Erziehung unserer Jugend verantwortlich zu fühlen. Geführt von der Partei, bewährte sich die FDJ auch in der Berichtsperiode als deren aktiver Helfer und Kampfreserve. Es bleibt die wichtigste Aufgabe des sozialistischen Jugendverbandes, die heranwachsende Generation zu klassenbewußten Sozialisten zu erziehen, die sozialistisch arbeiten, lernen und leben. Es gilt, der Jugend neue verantwortungsvolle Aufgaben zu übertragen, wie das zum Beispiel mit vielen Jugendobjekten bereits zu einer guten Tradition geworden ist. Stets gilt es, alle Jugendlichen einzubeziehen und die Entwicklungsbedingungen der verschiedenen Schichten und Altersgruppen der Jugend zu berücksichtigen, damit sie ihre Arbeit, ihr Studium, ihre Freizeit und das gesamte Leben sinnvoll, froh und optimistisch gestaltet.

Stolz und Freude erfüllen uns immer wieder, wenn wir auf unsere Jugend blicken. Wie das IX. Parlament der FDJ erneut eindrucksvoll zeigte, wächst bei uns eine prächtige Jugend heran.

Der Parteitag wendet sich an die junge Generation unserer Republik: Ihr seid berufene Erben der revolutionären deutschen Arbeiterbewegung. Allein der Sozialismus gibt eurem Leben Sinn und Inhalt. Seid auch künftig selbstlos und beharrlich, ideentreu und ergeben gegenüber eurem sozialistischen Vaterland, der Deutschen Demokratischen Republik. Stärkt und schützt sie, denn es geht um eure Zukunft! Euch, den jungen Mitgestaltern des Sozialismus, gehört unser festes Vertrauen.

Genossen!

Unsere Partei wendet entschlossen den Grundsatz der Kollektivität als das höchste Prinzip der Arbeit aller gewählten Leitungen an. Wladimir Iljitsch Lenin, der Führungsstil der KPdSU und unsere eigenen Erfahrungen lehren uns: Kollektivität ist eine unerläßliche Bedingung für realistisches und sachliches Herangehen gerade an neue komplizierte Probleme. Erst die Kollektivität, die persönliche Verantwortung einschließt, ermöglicht richtige und wissenschaftlich exakte Entscheidungen. Durch Kollektivität in der Arbeit aller Leitungen begegnen wir am wirkungsvollsten Erscheinungen des Subjektivismus, der Rechthaberei, der Schönfärberei und der Mißachtung des Kollektivs. Wo immer derartige Tendenzen auftreten, muß kompromißlos gegen sie gekämpft werden.

Kritik und Selbstkritik im Leninschen Sinne fördern die innerparteiliche Demokratie. Sie vergrößern Erfahrung, Kampfkraft und Klugheit des Kollektivs und des einzelnen Genossen. Sie stärken das Vertrauen der Werktätigen zur Partei. Man muß jedoch offen sagen: Es gibt einzelne Genossen, die verlernt haben, den Wert der Kritik und Selbstkritik zu schätzen. Sie wähnen sich klüger als das Kollektiv. Sie lieben keinen konstruktiven Widerspruch. Sie halten sich für unfehlbar und unantastbar. Eine derartige Haltung muß mit der Kraft des Kollektivs korrigiert werden, wenn die Vorwärtsentwicklung an dem betreffenden Abschnitt nicht ernsthaft gehemmt werden soll.

Zur innerparteilichen Demokratie gehört ebenso wie die Aufgeschlossenheit gegenüber Kritik, ebenso wie die freimütige Diskussion vor der Beschlußfassung die feste Parteidisziplin. Gerade aus der freiwilligen, bewußten und eisernen Disziplin erwächst die Stärke unserer Partei als eines Kampfbundes von Gleichgesinnten. Diese Disziplin ist für alle gleich. Jeder, der unserem Kampfbund angehört, muß leidenschaftlich und mit Einsatz seiner ganzen Person für die Verwirklichung der Beschlüsse, gegen Passivität, Gleichgültigkeit, Egoismus und Undiszipliniertheit eintreten. Jeder muß standhaft sein in der Auseinandersetzung mit Politik und Ideologie des imperialistischen Klassenfeindes, auch dort, wo sie in raffinierter Verkleidung auftreten.

In den zurückliegenden Jahren wurde die Parteiinformation als wichtiges Instrument der Führungstätigkeit vervollkommnet. Neben der Information des Zentralkomitees für die Grundorganisationen konnte auch deren Informationstätigkeit gegenüber den leitenden Organen verbessert werden. Das ermöglichte, die vielen positiven Erfahrungen in der Arbeit der Parteiorganisationen besser zu verallgemeinern, die Stimmungen und Meinungen der Werktätigen genauer zu berücksichtigen und die politisch-ideologische Arbeit wirksamer zu führen. So trug die Parteiinformation dazu bei, daß die Mitglieder und Kandidaten bei der Erläuterung unserer Politik einheitlich auftreten und bei ihrer Durchführung einheitlich vorgehen.

Großen Anteil an der Wahrung der Einheit und Reinheit unserer Reihen hatten die Parteikontrollkommissionen. Sie halfen, die Parteimitglieder zu bewußten marxistisch-leninistischen Kämpfern zu erziehen. Sie wirkten darauf hin, daß das Statut die feste Grundlage des innerparteilichen Lebens bildet. Auch künftig kommt es in der Arbeit der Parteikontrollkommissionen darauf an, der Erziehung zur festen Partei- und Staatsdisziplin, zu hoher Parteimoral große Aufmerksamkeit zu schenken und darauf zu achten, daß alle Genossen durch ihr Verhalten dem Namen eines Parteimitgliedes Ehre machen.

Genossinnen und Genossen!

Das feste Fundament unserer Partei, das unmittelbare Bindeglied zwischen ihr und allen Werktätigen sind die Grundorganisationen. Ihre Mitglieder leisten tagtäglich eine große Arbeit. Sie scheuen keine Mühe und schonen nicht ihre Kraft, um den Massen die Strategie und Taktik der Partei zu erläutern, sie für deren Verwirklichung zu mobilisieren und selber ein Beispiel zu geben. Das höchste Forum unserer Partei möchte den Mitgliedern und Kandidaten in den Grundorganisationen, ihren Leitungskadern und den Hunderttausenden ehrenamtlich arbeitenden Genossinnen und Genossen für ihre Treue und Standhaftigkeit, für ihre schöpferische Unrast, für ihr hingebungsvolles Wirken von ganzem Herzen danken!

Das Zentralkomitee erörterte regelmäßig die Arbeit der Grundorganisationen und Probleme der Führungstätigkeit der Kreis- und Bezirksleitungen. Es faßte Beschlüsse, die auf eine höhere Wirksamkeit der Arbeit der Parteiorganisationen gerichtet sind.

In unserer Partei gibt es 72 207 Grundorganisationen und Abteilungsparteiorganisationen. Mit der Bildung von 3 846 neuen Grundorganisationen beziehungsweise Abteilungsparteiorganisationen im Berichtszeitraum wurde der Einfluß der Partei in allen gesellschaftlichen Bereichen gestärkt.

Die Kraft der Parteikollektive wird weiter wachsen, wenn alle Genossen aktiv an der Ausarbeitung und Durchführung der Beschlüsse teilnehmen. Das erfordert Mitgliederversammlungen, die gründlich vorbereitet sind, die lebendig und konkret verlaufen. Das erfordert durchdachte Arbeit mit Parteiaufträgen und gewissenhafte Kontrolle ihrer Erfüllung. Das erfordert noch größere Breite und Aktivität der ehrenamtlichen Arbeit. Dabei geht es uns immer und überall darum, daß der ganze Ideenreichtum aller Genossen und der parteilosen Werktätigen genutzt wird, um die Kampfkraft und die Autorität der Parteiorganisationen weiter zu erhöhen.

Auf seinem 14. Plenum hat das Zentralkomitee unserer Partei bei der Berichterstattung über die Ergebnisse des Umtausches der Parteidokumente besonders hervorgehoben: Wo ein Genosse, wo eine Grundorganisation arbeitet – da ist die Partei. Vor allem in der Aktivität ihrer Grundorganisationen liegt die Stärke der Partei. Hier in erster Linie wird der Genosse mit der Politik der Partei vertraut gemacht, hier berät er sich mit seinen Genossen über alle Fragen des Lebens, über die Probleme der Arbeit und das aktuelle politische Geschehen. Hier, in der Grundorganisation, ist die politische Heimat jedes Genossen. Wir möchten ausdrücklich auf die große Bedeutung einer Atmosphäre der Aufgeschlossenheit und Offenheit, der ständigen kritischen Wertung des Erreichten und der Konsequenz beim Anpacken der zu lösenden Aufgaben hinweisen. Jeder Genosse muß sich wohl fühlen in seiner Grundorganisation, sein Wort muß beachtet werden, genauso wie er die Meinung des anderen achtet und die vom Kollektiv gefaßten Beschlüsse der Partei aktiv verwirklichen hilft.

Die Aufgaben, die der VIII. Parteitag den Grundorganisationen stellt, verpflichten die Bezirks- und Kreisleitungen, ihre Führungstätigkeit auf allen Ebenen, namentlich ihre Anleitung und Hilfe gegenüber den Grundorganisationen, weiter zu verbessern.

Genossinnen und Genossen!

Die weltverändernde Lehre des Marxismus-Leninismus war, ist und bleibt der zuverlässige Kompaß des Wirkens unserer Partei. Alle Erfahrungen, die die internationale Arbeiterklasse in diesem Jahrhundert sammelte, bestätigen die Richtigkeit und Allgemeingültigkeit des Leninismus – des Marxismus unserer Epoche. Sie beweisen: Allein auf der Grundlage dieser Lehre und ihrer schöpferischen Weiterentwicklung ist es möglich, fundierte Antworten auf alle Fragen unserer Zeit zu geben. Lenin betonte, daß der Marxismus »die genaueste, objektiv nachprüfbare Analyse des Wechselverhältnisses der Klassen und der konkreten Besonderheiten jedes geschichtlichen Zeitpunkts«[3] verlangt. Beim wirklichen Leben, so schrieben Marx und Engels, »beginnt ... die wirkliche, positive Wissenschaft, die Darstellung der praktischen Betätigung, des praktischen Entwicklungsprozesses der Menschen«[4].

Das Zentralkomitee kann dem Parteitag darüber berichten, daß die theoretische Tätigkeit verstärkt und die Anstrengungen vergrößert wurden, den Marxismus-Leninismus umfassender zu verbreiten. Der Aufruf der Interna-

---

3 W. I. Lenin: Briefe über die Taktik. In: Werke, Bd. 24, S. 25.
4 Karl Marx/Friedrich Engels: Die deutsche Ideologie. In: Werke, Bd. 3, S. 27.

tionalen Beratung der kommunistischen und Arbeiterparteien in Moskau 1969, die Werke Lenins zu studieren, fand in unserer Partei lebhaften Widerhall. Der 100. Geburtstag W. I. Lenins stand ganz im Zeichen der Aneignung des Leninismus und seiner schöpferischen Anwendung. Dabei waren uns die Thesen des Zentralkomitees der KPdSU zum 100. Geburtstag W. I. Lenins eine bedeutende Hilfe. Wir können sagen, daß der Leninismus in unserer Partei fest verankert ist. Auch Hunderttausende parteilose Werktätige, unter ihnen viele junge Menschen, studierten Leninsche Schriften und wandten die dabei gesammelten Erkenntnisse in der Praxis an. Wir möchten in diesem Zusammenhang besonders die von der Gesellschaft für Deutsch-Sowjetische Freundschaft geleistete Arbeit hervorheben. So wurde dieses bedeutsame Jubiläum zum Höhepunkt der theoretischen, propagandistischen und agitatorischen Arbeit im Berichtszeitraum.

Die theoretisch-ideologische Arbeit wurde besonders darauf konzentriert, die führende Rolle der Arbeiterklasse und ihrer revolutionären Partei weiter auszuarbeiten und darzulegen. Sie hatte Grundfragen des sozialistischen Staates und der Entwicklung der sozialistischen Demokratie zum Inhalt. Sie ging davon aus, daß es offensichtlich notwendig ist, die ökonomischen Gesetze des Sozialismus, die Leitung und Planung der sozialistischen Volkswirtschaft intensiver zu erforschen, das heißt, sie zielte darauf ab, insbesondere jene Fragen zu beantworten, die das Leben an uns stellt. Deshalb nahmen auch aktuelle Themen des proletarischen Internationalismus, des Kampfes gegen den Imperialismus und seine reaktionäre Ideologie, gegen den Antikommunismus, den Nationalismus sowie den rechten und »linken« Opportunismus beträchtlichen Raum ein.

Beachtenswertes leisteten unsere Gesellschaftswissenschaftler, die Zehntausende Propagandisten und Agitatoren sowie die Parteijournalisten im Zusammenhang mit dem 50. Jahrestag der Großen Sozialistischen Oktoberrevolution, den 150. Geburtstagen von Karl Marx und Friedrich Engels, dem 50. Jahrestag der Novemberrevolution und der Gründung der KPD, der 100. Wiederkehr des Jahrestages der Pariser Kommune, dem 25. Jahrestag der Gründung der Sozialistischen Einheitspartei Deutschlands und anderen historischen Ereignissen. Dabei galt das Leninsche Prinzip, daß derartige Ereignisse nicht in erster Linie Anlaß zum Rückblick sind, sondern der Verwirklichung der praktischen politischen Aufgaben der Partei helfen und den Blick auf die nächsten Ziele richten.

Vor allem wurden die Verbreitung des Marxismus-Leninismus und seine ideologische Offensive durch die gründliche Auswertung der Beschlüsse und Reden der Internationalen Beratung der kommunistischen und Arbeiterparteien in Moskau 1969 gefördert. Unsere Partei würdigte nicht allein die großen wissenschaftlichen Leistungen der KPdSU. Sie hob nicht nur den enormen Beitrag der Partei Lenins zur schöpferischen Weiterentwicklung des Marxismus-Leninismus und dessen grundsätzliche Bedeutung für den Kampf der internationalen Arbeiterklasse hervor. Das Zentralkomitee betrachtet es vor allem als positiv, daß sich die theoretisch-ideologische Zusammenarbeit unserer Partei mit der KPdSU und anderen Bruderparteien noch enger gestaltete. Damit wuchsen zugleich neue günstige Bedingungen, um die gesamte Zusammenarbeit in der sozialistischen Staatengemeinschaft, besonders die Kooperation mit der Sowjetunion, noch fruchtbarer zu gestalten.

Von der verstärkten theoretischen Tätigkeit unserer Partei zeugt auch der Abschluß der 40bändigen Ausgabe der Werke von Karl Marx und Friedrich Engels sowie der Beginn der Herausgabe ihrer ausgewählten Werke in 6 Bänden. In erweitertem Umfang wurden die Werke W. I. Lenins aufgelegt. Hohe Verbreitung fanden die Biographien der Klassiker des Marxismus-Leninismus.

Das alles ist eine positive Bilanz. Gleichzeitig muß jedoch gesagt werden, daß die theoretische Tätigkeit der Partei auf ein höheres Niveau gehoben werden muß, weil die Gestaltung der entwickelten sozialistischen Gesellschaft in der Deutschen Demokratischen Republik immer neue Fragen aufwirft. So muß auf der Grundlage der Prinzipien und der Methodologie des Marxismus-Leninismus mit tieferer Wissenschaftlichkeit und größerer, massenverständlicher Aussagekraft geklärt werden, warum und wie mit dem fortschreitenden sozialistischen Aufbau die führende Rolle der Arbeiterklasse und ihrer marxistisch-leninistischen Partei wächst. In theoretischer Verallgemeinerung der tatsächlichen sozialen Prozesse muß nachgewiesen werden, wie die Struktur der Arbeiterklasse selbst und ihr Profil sich entwickeln, wie ihr Bündnis mit den Genossenschaftsbauern, der Intelligenz und den anderen Werktätigen sich weiter festigt und wie sich die Annäherung der Klassen und Schichten auf dem Boden der marxistisch-leninistischen Ideologie, der Ideale der Arbeiterklasse vollzieht und wie die wissenschaftliche Ideologie der Arbeiterklasse alle Lebensbereiche durchdringt.

Genossen!

Die entwickelte sozialistische Gesellschaft wurde in ihren Wesenszügen im Programm der Partei und in den Beschlüssen des VII. Parteitages charakterisiert. Wir berücksichtigten dabei besonders die von Marx in der »Kritik des Gothaer Programms« dargelegten und von Lenin umfassend begründeten, durch die Erfahrungen der Sowjetunion und der anderen sozialistischen Länder bestätigten allgemeingültigen Gesetzmäßigkeiten der sozialistischen Revolution und des sozialistischen Aufbaus. Zwischen Sozialismus und Kommunismus, die bekanntlich zwei Phasen der kommunistischen Gesellschaftsformation sind, gibt es keine starre Grenzlinie. Auf der Grundlage der Entwicklung der sozialistischen Produktionsverhältnisse und ihrer materiell-technischen Basis wächst die sozialistische Gesellschaft allmählich in die kommunistische. Aufgabe der theoretischen Arbeit muß es sein, auch diesen Prozeß unter Berücksichtigung der spezifischen Bedingungen in der Deutschen Demokratischen Republik gründlich zu erforschen.

Es war und ist eine vordringliche Aufgabe unserer Partei, den dialektischen Zusammenhang zwischen Ökonomie und Politik, zwischen Produktivkräften und sozialistischen Produktionsverhältnissen, also die Entwicklung der sozialistischen Produktionsweise, bewußt zu gestalten. Von dieser Politik, in der der wirtschaftliche Aufbau den zentralen Platz einnimmt, hängt, wie Lenin sagte, faktisch das Schicksal von Millionen Menschen ab. Ökonomie und Politik voneinander zu trennen ist ebenso falsch, wie das ökonomische System des Sozialismus im Sinne eines bloßen Steuerungs- und Regelmechanismus zu handhaben oder auszulegen.

Die Partei steht folglich vor der Aufgabe, die ökonomische Politik auf der Grundlage der konsequenten Ausnutzung des Wirkens der ökonomischen Gesetze, besonders des ökonomischen Grundgesetzes des Sozialismus und seiner politischen, auf das Wohl der Menschen abzielenden Aussage, weiter auszuarbeiten.

Das gilt auch für die Frage, wie bei der weiteren Vervollkommnung der materiellen Interessiertheit die Rolle des moralischen Faktors erhöht wird. Wichtig ist, die ökonomischen, sozialen und ideologischen Probleme des wissenschaftlich-technischen Fortschritts zu untersuchen. Dabei geht es darum, die wissenschaftlich-technische Revolution und die Vorzüge der sozialistischen Ordnung auf eine dieser Ordnung gemäße Weise richtig zu verbinden. Aufmerksamkeit wird die Partei jenen Problemen widmen, die mit der weiteren Festigung der sozialistischen Staatengemeinschaft, insbesondere der ökonomischen Integration mit den Ländern des RGW, verbunden sind.

Für die Forschungstätigkeit allein auf dem Gebiet der politischen Ökonomie des Sozialismus ergeben sich also viele neue Aufgaben, die – das möchte ich besonders unterstreichen – nur gelöst werden können, wenn die ökonomische Lehre von Marx, Engels und Lenin, wenn die Erfahrungen der KPdSU noch gründlicher erschlossen werden.

Das Zentralkomitee vertritt die Auffassung, daß volle Klarheit über den Platz der Gesellschaftswissenschaften bei der Entwicklung des Sozialismus in unserer Republik von großer theoretischer wie auch praktischer Bedeutung ist. Im Gegensatz zu allen früheren Gesellschaftsformationen wird der Sozialismus durch das bewußte und planmäßige Handeln des Volkes geschaffen und entwickelt. Hier liegt bekanntlich auch der Kern der wirklichen Freiheit. Bewußt handeln für den Sozialismus kann aber nur der, der sozialistisches Bewußtsein besitzt, das heißt mit der Weltanschauung des Marxismus-Leninismus ausgerüstet ist. Und das betrifft alle Bereiche des gesellschaftlichen Lebens. Nur so ist zu gewährleisten, daß die Tätigkeit auf allen Fachgebieten vom Ziel des Sozialismus durchdrungen ist und zu sozialistischen Ergebnissen führt.

Gerade angesichts der sich objektiv vollziehenden Differenzierung und Spezialisierung auf den verschiedenen Gesellschaftsgebieten, vor allem auch in der Wissenschaft, ist es die marxistisch-leninistische Gesellschaftswissenschaft, die als Grundlage der Fachwissenschaften wirkt, wobei vor allem die Bedeutung der marxistisch-leninistischen Philosophie unterstrichen werden muß.

Das Zentralkomitee hält es für sehr dringlich, stärker die marxistisch-leninistische Weltanschauung in der Einheit aller ihrer Bestandteile zu propagieren. Lenin hat mit Nachdruck auf diese Einheit verwiesen. Wir sollten Tendenzen entgegenwirken, diese Einheit geringzuschätzen. Welche Aufgabe auf einzelnen Gebieten auch immer theoretisch zu klären ist, sie wird nur dann schöpferisch zu lösen sein, wenn sie von der Gesamtposition des Marxismus-Leninismus angepackt wird. Nur durch ein solches dialektisches Herangehen – und darauf wird es noch stärker als bisher ankommen – ist die weltanschauliche Durchdringung aller Bereiche des gesellschaftlichen Lebens möglich.

Unsere Weltanschauung soll doch der Arbeiterklasse, allen Werktätigen, vor allem der jungen Generation ein festes wissenschaftliches Weltbild vermitteln. Zur Lösung dieser Aufgabe aber ist namentlich die theoretische Arbeit auf dem Gebiet des dialektischen und historischen Materialismus, besonders der Lehre vom Klassenkampf und des wissenschaftlichen Sozialismus zu verstärken.

Unsere Partei hat stets wichtige Schlüsse aus dem Kampf der deutschen Arbeiterbewegung gezogen und die revolutionären Traditionen der Arbeiterklasse und des Volkes hochgehalten. Der Erforschung und dem Studium der Geschichte der deutschen Arbeiterbewegung wollen wir auch künftig große Aufmerksamkeit schenken.

Alles in allem: Die Partei stellt den Gesellschaftswissenschaftlern und Propagandisten der Deutschen Demokratischen Republik, deren Arbeit sie hoch einschätzt, erneut große und verantwortungsvolle Aufgaben. Die Partei ist überzeugt, daß sie sich noch enger mit dem Leben verbinden und noch wirksamer am politischen und ideologischen Kampf der Partei teilnehmen.

Um die Effektivität der wissenschaftlichen Arbeit zu erhöhen, wird die begonnene Konzentration der Forschung weitergeführt. Die Kollektivität, der schöpferische Meinungsstreit und die sozialistische Gemeinschaftsarbeit zwischen Gesellschaftswissenschaftlern verschiedener Disziplinen sowie zwischen Gesellschafts- und Naturwissenschaftlern sind energischer zu fördern.

Genossen!

Die verschärfte Auseinandersetzung zwischen den beiden Weltsystemen macht es notwendig, das menschenfeindliche Wesen des Imperialismus vollständig und wirksam zu enthüllen. Dafür ist die Leninsche Lehre vom Imperialismus, die zugleich Wurzel und Wesen des Opportunismus aufdeckt, unser geistiges Rüstzeug.

In unserer Epoche spitzt sich der Klassenkampf zwischen Sozialismus und Imperialismus auf ideologischem Gebiet zu. Die Erfahrungen dieses Kampfes bestätigen Lenins Feststellung: »... bürgerliche oder sozialistische Ideologie: Ein Mittelding gibt es hier nicht ... Darum bedeutet *jede* Herabminderung der sozialistischen Ideologie, *jedes Abschwenken* von ihr zugleich eine Stärkung der bürgerlichen Ideologie.«[5] Nach wie vor ist der Antikommunismus und Antisowjetismus die politisch-ideologische Hauptwaffe der imperialistischen Bourgeoisie. Er ist der konzentrierteste Ausdruck der Furcht des Imperialismus vor dem wachsenden Einfluß des Sozialismus. Der Antikommunismus ist zugleich Ausdruck der ideologischen Aggression des Imperialismus gegen die Hauptkraft des sozialistischen Weltsystems, die UdSSR, gegen die drei revolutionären Hauptströme unserer Epoche überhaupt.

Alle Varianten der reaktionären Ideologie, einschließlich des Sozialdemokratismus und Revisionismus, haben – offen oder versteckt – antikommunistischen Inhalt. Den sogenannten Theorien von der Industriegesellschaft, der Konvergenztheorie, der Konzeption von der »Demokratisierung« des Sozialismus sowie der Theorie eines auf der Grundlage der »sozialen Marktwirtschaft reformierten Kapitalismus« ist die Feindschaft gegenüber Theorie und Praxis des Sozialismus gemeinsam.

Bekanntlich sind die rechten sozialdemokratischen Führer bemüht, der Arbeiterklasse und den werktätigen Massen mittels solcher »Theorien« und anderer Legenden eine Alternative zum Kommunismus vorzugaukeln. Diese sozialdemokratischen Führer möchten damit die Tatsache verschleiern, daß sie keine Verwirklichung des Sozialismus anstreben, sondern vollständig auf die Positionen des staatsmonopolistischen Kapitalismus übergegangen sind und die Arbeiterklasse diesem System unterwerfen möchten.

Die Klopffechter des Kapitalismus und jeder Art imperialistischer Aggression und Konterrevolution bedienen sich verstärkt auch des Nationalis-

---

5 W. I. Lenin: Was tun? In: Werke, Bd. 5, S. 396.

mus mit dem hinterhältigen und schmutzigen Ziel, ihren Kampf gegen die sozialistischen Länder, gegen die kommunistische Weltbewegung und den proletarischen Internationalismus wirksamer zu führen.

Die ganze Partei, ihre Agitatoren, Propagandisten und Gesellschaftswissenschaftler sind verpflichtet, die Arbeiterklasse und alle Bürger der Deutschen Demokratischen Republik vor dem Gift des Antikommunismus zu schützen und ihn mit unseren überlegenen geistigen Waffen aus dem Felde zu schlagen. Immer sollten wir uns vor Augen halten, daß die Herausbildung des sozialistischen Bewußtseins stets verbunden sein muß mit dem Kampf gegen die bürgerliche Ideologie, gegen den Imperialismus, der kein Mittel scheut, um der Gestaltung der sozialistischen Gesellschaft in unserer Republik Schaden zuzufügen.

Genossen!

Das Zentralkomitee schenkte der ideologischen Stählung der Mitglieder und Kandidaten sowie der ständigen Förderung des sozialistischen Bewußtseins der Arbeiterklasse und aller anderen Werktätigen immer größte Beachtung. Gemäß den Lehren Lenins bildet die ideologische Arbeit den Hauptinhalt der Tätigkeit unserer ganzen Partei.

Sie gewährleistet auch für den vor uns liegenden Zeitabschnitt, daß die Kampfkraft unserer Reihen wächst und unsere Verbundenheit mit allen Bürgern der Deutschen Demokratischen Republik noch fester wird. Dabei kommt dem sorgfältigen Studium der Werke der Klassiker des Marxismus-Leninismus, der Beschlüsse unserer Partei, der Dokumente der kommunistischen Weltbewegung, besonders der der KPdSU, wachsende Bedeutung zu.

Einen zentralen Platz nahm die ständige Erhöhung des marxistisch-leninistischen Wissens der Mitglieder und Kandidaten der Partei durch das Parteilehrjahr ein. Seit dem Bestehen unserer Partei führen wir – eng verbunden mit der Praxis – eine systematische marxistisch-leninistische Schulung durch. Die Bildungsstätten der Bezirks- und Kreisleitungen, propagandistische Großveranstaltungen und Seminare geben heute den Agitatoren und Propagandisten für ihre verantwortliche Tätigkeit intensivere Unterstützung.

Bewährte und neue Formen der Agitation und Propaganda sowie der verstärkte Einsatz von Lehr- und Anschauungsmitteln sollten weiterhin helfen, die Partei- und Massenpropaganda lebendig und einprägsam zu gestalten. Durch die lebensnahe Vermittlung der marxistisch-leninistischen Wissenschaft will unsere Partei erreichen, daß nicht nur ihre Mitglieder und Kandidaten, sondern mehr und mehr die gesamte Arbeiterklasse, die Genossenschaftsbauern, die Angehörigen der Intelligenz, vor allem die Jugend die Gesetzmäßigkeiten der gesellschaftlichen Entwicklung verstehen und danach handeln. Wir lassen uns davon leiten, daß das sozialistische Bewußtsein der Werktätigen die Grundlage ihrer schöpferischen Aktivität ist.

Unersetzlich sind in der Überzeugungsarbeit das unmittelbare persönliche politische Gespräch, die Diskussion, der Meinungs- und Gedankenaustausch zur Erläuterung der Politik unserer Partei und zur Beantwortung der vielfältigen Fragen der Menschen. Dabei hat sich unsere Praxis bewährt, daß dieses für die Verbindung mit dem Volke besonders wichtige Element der politischen Massenarbeit Sache der ganzen Partei und jedes einzelnen Genossen ist und nicht etwa eine Aufgabe irgendwelcher Spezialisten.

Es ist ein bewährtes Leninsches Prinzip, daß jedes Mitglied der Partei sich tagtäglich für das politische Gespräch mit den Parteilosen in der unmittelbaren Arbeits- und Lebensumwelt voll verantwortlich fühlt und feinfühlig und geduldig, an die Erlebnisse und Erfahrungen seiner Kollegen und Mitbürger anknüpfend, unsere sozialistischen Überzeugungen verbreitet und vertieft. Darin besteht eine der grundlegenden Voraussetzungen, um das Vertrauensverhältnis zwischen der Partei und der Arbeiterklasse und allen anderen Werktätigen immer weiter zu festigen. Die Tatsache, daß sich die parteilosen Bürger unseres Landes offenherzig mit ihren Fragen, Problemen und auch Schwierigkeiten an unsere Genossen wenden, zeugt von immer stärkerem Reifen dieses Vertrauens.

Wesentlich ist, daß die politische Kleinarbeit, die so großen Wert besitzt und so große Ansprüche stellt, stets auf prinzipielle, aber auch verständliche Weise geschieht. Wir brauchen nicht hochtönende Worte, sondern überzeugende Argumente. Wir meiden allgemeine politische Deklarationen und geben verständliche Antworten. Nur das bringt unsere richtige Politik auch richtig zur Wirkung.

Für die ideologische Arbeit der Partei, die Stärkung des sozialistischen Bewußtseins der Bürger der Deutschen Demokratischen Republik und die Auseinandersetzung mit dem imperialistischen Feind kommt der Arbeit unserer Massenmedien immer größere Bedeutung zu. Presse, Rundfunk und Fernsehen haben einen verdienstvollen Beitrag zur Erfüllung der Beschlüsse des VII. Parteitages geleistet. Sie haben sich erneut als zuverlässiges Instrument der Partei bewährt.

Unsere Parteipresse, das Zentralorgan »Neues Deutschland« und die Bezirkszeitungen, konnte ihre Auflage zwischen dem VII. und dem VIII. Parteitag um 600 000 auf 5 290 000 Exemplare täglich erhöhen.

Die Zahl der Fernsehteilnehmer wuchs um annähernd 1 Million auf insgesamt 4,5 Millionen. Heute sind etwa 80 Prozent der Haushalte der Deutschen Demokratischen Republik mit einem Fernsehgerät ausgestattet; etwa 35 Prozent der Bürger der DDR können zusätzlich zum I. das II. Fernsehprogramm empfangen, das zum 20. Jahrestag der DDR auf der Grundlage einer wissenschaftlich-technischen Zusammenarbeit mit der Sowjetunion in Betrieb genommen wurde und einen Farbanteil besitzt.

Praktisch alle Haushalte der DDR verfügen über ein Rundfunkgerät. Über 50 Prozent aller Familien haben sich inzwischen ein Zweitgerät angeschafft. In jedem Haushalt der Deutschen Demokratischen Republik werden mindestens eine Tageszeitung und eine Wochenzeitung oder Illustrierte gelesen.

Es wurde eine wichtige und erfolgreiche Arbeit geleistet, um die Massenwirksamkeit von Presse, Rundfunk und Fernsehen zu erhöhen. Die Journalisten unserer Partei sollten den massenverbundenen Stil ihrer Arbeit weiterentwickeln und dabei nach neuen und noch wirksameren Formen und Methoden suchen. Sie sollten darum ringen, daß der Kampf der Werktätigen um die erfolgreiche Gestaltung der entwickelten sozialistischen Gesellschaft nicht nur immer packender dargestellt wird, sondern daß die Werktätigen selbst mit Hilfe der Massenmedien ihre fortgeschrittensten Erfahrungen austauschen können. Unsere Massenmedien sind im Gegensatz zu denen des Kapitalismus eine Tribüne des Volkes. Sache unserer Journalisten ist es, die Fragen der Bürger überzeugend und in einer den Massen verständlichen, guten und einfachen Sprache zu beantworten. Es geht in unserer Publizistik gerade um solche Beiträge, die sich durch eine sachliche, lebensnahe Darstellung der Probleme auszeichnen.

Unser Fernsehen, das auf gute Leistungen zurückblicken kann, sollte verstärkt bemüht sein, die Programmgestaltung zu verbessern, eine bestimmte Langeweile zu überwinden, den Bedürfnissen nach guter Unterhaltung Rechnung zu tragen, die Fernsehpublizistik schlagkräftiger zu gestalten und den Erwartungen jener Teile der werktätigen Bevölkerung besser zu entsprechen, deren Arbeitstag sehr zeitig beginnt und die deshalb schon in den frühen Abendstunden Zuschauer wertvoller Fernsehsendungen sein möchten.

Im Sinne des Programms unserer Partei konzentrieren wir uns in der ideologischen Arbeit darauf, den sozialistischen Patriotismus und proletarischen Internationalismus, die sozialistische Einstellung zur Arbeit und zum gesellschaftlichen Eigentum, die marxistisch-leninistische Weltanschauung weiter herauszubilden und noch entschiedener den Kampf gegen die reaktionäre bürgerliche Ideologie zu führen. In der ganzen Arbeit unserer Partei folgen wir der großen Lehre von Marx, Engels und Lenin. Wir treten entschieden allen Versuchen entgegen, das revolutionäre Wesen dieser Lehre zu verdrehen oder zu verfälschen. Wir erteilen allen Erscheinungen des Opportunismus eine entschiedene Abfuhr.

Wir sind überzeugt, daß unsere Partei, ausgerüstet mit der marxistisch-leninistischen Theorie, mit den Erkenntnissen des XXIV. Parteitages der

KPdSU und den Erfahrungen ihres eigenen langjährigen Kampfes, die Aufgaben auf ideologischem Gebiet verantwortungsbewußt und in Ehren erfüllen wird.

Liebe Genossinnen und Genossen!

Die Sozialistische Einheitspartei Deutschlands ist ein fester und untrennbarer Bestandteil der internationalen kommunistischen Bewegung, der größten und einflußreichsten geistigen und politischen Kraft unserer Zeit. Die internationale Tätigkeit des Zentralkomitees unserer Partei war im Berichtszeitraum darauf gerichtet, aktiv zur Festigung der Einheit und Geschlossenheit der kommunistischen Weltbewegung, zum Zusammenschluß aller antiimperialistischen Kräfte beizutragen.

Fast auf den Tag genau sind zwei Jahre vergangen, seitdem die führenden Repräsentanten unserer Bewegung im historischen Georgssaal des Moskauer Kreml ihre Unterschrift unter das Hauptdokument der Internationalen Beratung setzten. Heute können wir feststellen: Die in den Dokumenten der Beratung enthaltenen Einschätzungen, Aufgaben und Schlußfolgerungen wurden durch den Verlauf der internationalen Ereignisse eindrucksvoll bestätigt. Die Internationale Beratung hatte einen weitreichenden mobilisierenden Einfluß auf die revolutionären Kräfte in der ganzen Welt. Die kommunistischen und Arbeiterparteien, alle revolutionären Kräfte in der Welt aktivierten ihren gemeinsamen Kampf.

Das Zentralkomitee unserer Partei wertete die Internationale Beratung, deren Gelingen insbesondere der wegweisenden und einigenden Tätigkeit des Zentralkomitees der KPdSU zu danken ist, als ein Ereignis von geschichtlicher Bedeutung. Dieses Weltforum der kommunistischen Bewegung leistete einen wichtigen Beitrag zur Ausarbeitung eines gemeinsamen antiimperialistischen Kampfprogramms und damit zur Entwicklung und Anwendung der marxistisch-leninistischen Theorie. Die Moskauer Beratung vom Juni 1969 stellt einen großen Fortschritt zur Festigung der Aktionseinheit der internationalen kommunistischen Bewegung und zum Zusammenwirken aller antiimperialistischen Kräfte dar. Ihre Ergebnisse gestalteten sich somit zu einer schweren Niederlage für den Imperialismus sowie für alle spalterischen Gruppen in der internationalen Arbeiterbewegung.

Die Sozialistische Einheitspartei Deutschlands geht in ihrer internationalen Tätigkeit von der auf der Weltkonferenz in Moskau kollektiv ausgearbeiteten und vereinbarten Strategie und Taktik aus. Sie steht voll und ganz zu den auf der Beratung übernommenen Verpflichtungen im gemeinsamen antiimperialistischen Kampf.

Die Sozialistische Einheitspartei Deutschlands bekräftigt ihre Entschlossenheit, weiterhin aktiv an der Entwicklung des zwei- und mehrseitigen Erfahrungsaustausches, der Durchführung internationaler wissenschaftlicher Konferenzen sowie anderer bewährter Formen der Zusammenarbeit der Bruderparteien mitzuwirken. Die Sozialistische Einheitspartei Deutschlands tritt dafür ein, daß umfassende internationale Beratungen der kommunistischen und Arbeiterparteien zu einer regelmäßigen Praxis unserer Bewegung werden sollen.

Die prinzipielle Auseinandersetzung mit dem bürgerlichen Nationalismus, dem Revisionismus, Dogmatismus und anderen Abweichungen vom Marxismus-Leninismus betrachten wir nach wie vor als notwendige Bedingung für den erfolgreichen Vormarsch der kommunistischen Weltbewegung.

Die internationale Arbeiterklasse errang immer dann große Siege, wenn sie die Kraft ihrer Solidarität entfaltete. Sie erlitt Rückschläge und Niederlagen, wenn der Klassenfeind Uneinigkeit in ihren Reihen für seine Ziele ausnutzen konnte. Das Streben nach Einheit und nach gemeinsamen Aktionen der Kommunisten, aller revolutionären Kräfte ist ein objektives Erfordernis und eine gesetzmäßige Tendenz des internationalen Klassenkampfes. Von ihrem VIII. Parteitag aus entbietet die Sozialistische Einheitspartei Deutschlands flammende Grüße brüderlicher Solidarität allen Kommunisten, allen Kämpfern in der Illegalität, in den Kerkern und Folterhöhlen der faschistischen Regime, allen Streitern gegen den Imperialismus.

Genossinnen und Genossen!

Das Zentralkomitee legt vor den Delegierten des VIII. Parteitages Rechenschaft über seine Tätigkeit ab. Die Bilanz, die wir ziehen konnten, ist erfolgreich und erfüllt uns mit Freude. Wir kamen ein gutes Stück voran auf unserem sozialistischen Weg.

Gleichzeitig haben wir die neuen, ohne Zweifel großen und komplizierten, aber auch schönen Aufgaben der nächsten Jahre umrissen. Sie dienen einem Ziel: Mit allen Menschen wollen wir für alle Menschen dieses Landes die sozialistische Gesellschaft immer vollkommener gestalten. Oberster Grundsatz unseres Denkens und Tuns bleibt:
Nichts wird bei uns um seiner selbst willen gemacht!
Nichts geht ohne die Kraft des Volkes!
Alles dient dem Wohle der arbeitenden Menschen!

Gerade weil das für uns Gesetz ist, hassen uns die Imperialisten, deren Politik den Lebensinteressen des Volkes ins Gesicht schlägt und die überall dort, wo sie noch herrschen, für das Volk der Feind im eigenen Lande sind. Mag uns dieser imperialistische Feind verleumden und bekämpfen – er wird uns stets auf dem Posten finden. Die Zeit, in der wir leben, ist unsere Zeit.

Mit jedem weiteren Schritt vorwärts tragen wir zur Stärkung der Deutschen Demokratischen Republik und der ganzen sozialistischen Staatengemeinschaft bei, tragen wir bei zur weiteren Veränderung des internationalen Kräfteverhältnisses zugunsten des Sozialismus und des Friedens.

Zutiefst sind wir davon überzeugt, daß der VIII. Parteitag erneut die Einheit und Geschlossenheit der Reihen unserer Partei bekunden wird. Von ihm werden kraftvolle Impulse ausgehen für den weiteren sozialistischen Vormarsch in unserer Deutschen Demokratischen Republik.

Erich Honecker: Reden und Aufsätze, Bd. 1, Berlin 1977,
S. 138–141, 144/145, 163–167, 169–172, 173/174, 180–183,
186/187, 192–200, 202/203, 205–209, 211–225.

Marx, Engels und Lenin weisen uns den sicheren Weg

*Rede bei der Enthüllung des Karl-Marx-Denkmals
in Karl-Marx-Stadt
9. Oktober 1971*

Werktätige von Karl-Marx-Stadt!
Liebe sowjetische Freunde und Genossen!
Wir haben uns hier versammelt, um gemeinsam das Karl-Marx-Denkmal seiner Bestimmung zu übergeben. Dieses Denkmal wird fortan das Bild des neuen Zentrums dieser Stadt prägen, die zu den ältesten und traditionsreichsten Kampfstätten in der Geschichte der revolutionären deutschen Arbeiterbewegung gehört.

Wir werten es als ein Symbol unseres unzerstörbaren Bruderbundes mit dem Lande Lenins, daß der Bildhauer und Leninpreisträger Lew Kerbel mit der hohen Meisterschaft der sowjetischen Monumentalkunst das Bildnis des großen deutschen und internationalen Arbeiterführers Karl Marx formte. Wir sehen darin zugleich ein Monument der völkerverbindenden Kraft des Marxismus-Leninismus.

Diese Stadt und ihr Bezirk, unsere ganze Republik sind stolz auf dieses Kunstwerk.

Wir danken dem beteiligten Kollektiv von Kunstschaffenden unserer beiden Staaten für dieses eindrucksvolle, würdige Denkmal!

Dank gebührt auch den Arbeitern und Technikern, Bauleuten und Wissenschaftlern, allen, die mit ihren Taten diese Stadt und diesen zentralen Platz schön gestalteten und eine Schönheit verliehen, die unserem Lebensgefühl entspricht.

Mit der Errichtung dieses Denkmals ehren wir Karl Marx als den größten Sohn unseres Volkes, als überragenden Wissenschaftler und glühenden Revolutionär, als verdienstvollen Theoretiker und Führer des Proletariats, als den Begründer des wissenschaftlichen Sozialismus und der internationalen revolutionären Arbeiterbewegung.

Die Größe von Karl Marx besteht darin, daß er gemeinsam mit seinem Freund und engsten Kampfgefährten Friedrich Engels Antwort auf jene Fragen gab, die der gesamte Verlauf der geschichtlichen Entwicklung auf die Tagesordnung gesetzt hatte.

Der Kampf für die Befreiung des Proletariats und aller Werktätigen von Ausbeutung und Unterdrückung – das war der Hauptinhalt des Lebens und Wirkens von Karl Marx. Dafür schuf er die wissenschaftliche Weltanschauung der Arbeiterklasse. Er rüstete die Arbeiterklasse und ihre revolutionäre Partei mit der Kenntnis ihrer historischen Mission als des Totengräbers der kapitalistischen Ordnung und des Schöpfers der neuen, sozialistischen Gesellschaftsordnung aus.

Karl Marx gebührt das weltgeschichtliche Verdienst, den Sozialismus aus einer Utopie in eine Wissenschaft verwandelt zu haben. Er erhob das Banner des Kommunismus zu einer Zeit, als die revolutionärste Kraft der Geschichte – die Arbeiterklasse – die Arena des Kampfes für den gesellschaftlichen Fortschritt gerade erst betreten hatte.

Heute leben wir in jener Epoche, in der die Arbeiterklasse unter Führung ihrer marxistisch-leninistischen Partei und im Bunde mit allen Werktätigen in Stadt und Land das zu realer Wirklichkeit macht, was Karl Marx so meisterhaft und wissenschaftlich voraussagte, wofür er gekämpft und große Entbehrungen auf sich genommen hatte.

Die Große Sozialistische Oktoberrevolution als die erste siegreiche Revolution der Proletarier bewies die Kraft und Lebensfähigkeit des von Marx und Engels begründeten und von Wladimir Iljitsch Lenin in der Epoche des Imperialismus weiterentwickelten wissenschaftlichen Kommunismus.

Unter diesem erprobten Banner wurde der Sozialismus auf einem Sechstel der Erde, in der UdSSR, zum Siege geführt. Es entstand das sozialistische Weltsystem als die revolutionäre Hauptkraft unserer Epoche. Unter diesem Banner wächst und erstarkt die revolutionäre Arbeiterbewegung in den kapitalistischen Ländern. Es entwickelt sich der Klassenkampf, der, wie Marx nachwies, gesetzmäßig zur Diktatur des Proletariats führt.

Es gibt keine Macht auf der Welt, die die umgestaltende Kraft unserer revolutionären Theorie aufzuheben vermag. Auch der kämpferische, erfahrungsreiche und aufopferungsvolle Weg der deutschen Arbeiterbewegung ist eine glänzende Bestätigung für diese Wahrheit.

Wer wissen will, wie der Marxismus auf deutschem Boden lebendige Wirklichkeit geworden ist, der mag in diese Stadt kommen, in dieses Land, in unsere sozialistische Deutsche Demokratische Republik.

Hier ist erwiesen, daß die Arbeiterklasse mit ihrer eigenen Befreiung zugleich alle anderen Klassen und Schichten befreite. Hier wuchs auf den Trümmern des imperialistischen Krieges durch die Schöpferkraft des Volkes eine neue Stadt empor. Hier begann unter dem Leitstern des Marxismus-Leninismus die Menschwerdung des Menschen im Sozialismus!

Wir ehren Karl Marx, indem wir sein Antlitz aus ehernem Metall geformt im Herzen dieser Stadt aufstellen, die seinen Namen trägt. Doch wir fügen hinzu: Das eigentliche, lebendige Denkmal für Karl Marx und seine Weggenossen
– das ist die UdSSR, das ist die Völkerfamilie der sozialistischen Staaten,
  die diese Epoche im Geiste des Marxismus-Leninismus prägen,
– das ist unsere sozialistische Republik,
– das ist der historische Kampf aller revolutionären Kräfte.

Die revolutionärste aller revolutionären Aufgaben ist für uns die allseitige Stärkung unserer Arbeiter-und-Bauern-Macht, die allseitige Stärkung unserer DDR, das Glück und das Wohlergehen der Bürger!

Die umfassende Wettbewerbsbewegung, die Millionen Menschen in Stadt und Land erfaßt hat, bestätigt, daß die Beschlüsse des VIII. Parteitages der SED, die in schöpferischer Anwendung der Lehren unserer Klassiker gefaßt wurden, tiefe Wurzeln im Bewußtsein des werktätigen Volkes geschlagen haben.

Die sozialistischen Kollektive in den Gießereien, in den Maschinenbau- und Textilbetrieben dieses bedeutenden Industriebezirkes unserer Republik beweisen mit beispielhaften Leistungen bei der Planerfüllung, daß sie die Einheit von Ziel und Weg in der Hauptaufgabe unseres neuen Fünfjahrplans richtig verstanden haben.

Die Initiativen im Bezirk Karl-Marx-Stadt fügen sich würdig ein in die erfolgreiche Bilanz unserer gesellschaftlichen Entwicklung in der DDR, die wir in diesen Tagen der Vorbereitung unserer Volkswahlen gemeinsam ziehen.

Mit den neuen Werken wuchsen die Menschen. Und wir sehen darin die wichtigste Seite unserer Bilanz: Fast die Hälfte aller Kollektive dieses Bezirkes hat sich in die Bewegung »Sozialistisch arbeiten, lernen und leben« eingereiht. Jeder fünfte Werktätige der hiesigen Industriebetriebe war 1970 ein Neuerer. In den sozialistischen Arbeits- und Forschungsgemeinschaften nehmen Zehntausende Produktionsarbeiter Seite an Seite mit Wissenschaftlern und Technikern an der Lösung wichtiger Volkswirtschaftsaufgaben teil. Hier sind – wie in der ganzen Republik – die Volksvertretungen ein Spiegelbild unserer sozialistischen Demokratie, des festen Bündnisses der Arbeiterklasse mit der Klasse der Genossenschaftsbauern und den anderen werktätigen Schichten unseres Volkes.

Jeder vierte wahlberechtigte Bürger des Bezirkes Karl-Marx-Stadt ist durch ehrenamtliche Arbeit in den verschiedensten Gremien aktiv an der Leitung und Planung unseres Staates beteiligt.

So wie hier werden Millionen Bürger unseres Landes zu bewußten Gestaltern ihres Schicksals, denn wir haben wahr gemacht, was Marx und Engels im Manifest der Kommunistischen Partei verkündeten, daß mit der Errichtung der politischen Macht der Arbeiterklasse eine wirkliche Volksregierung, die Regierung der Arbeiter und Bauern, geschaffen wird, die die Lebensinteressen des Volkes zum obersten Gesetz erhebt. Deshalb geben wir alle am 14. November zu den Volkswahlen unsere Stimme den Kandidaten der Nationalen Front.

Die Entwicklung unserer Republik steht in vollem Einklang mit der grundlegenden Entwicklungstendenz unserer Epoche.

Der Marxismus-Leninismus ist die geistige Waffe und der Kompaß in dieser größten Umwälzung der Menschheitsgeschichte. Er ist allmächtig, weil er wahr ist, und bleibt ewig jung, weil er Antwort auf die Lebensfragen der Menschheit gibt und die Völker zum aktiven politischen Handeln, zur sozialistischen Gestaltung der Gesellschaft befähigt. Keine Macht der Welt vermag diesen Siegeszug des Marxismus-Leninismus aufzuhalten!

Die Bourgeoisie bezahlte und bezahlt noch ganze Heerscharen von »Marxtötern«. Diese befinden sich leider auch noch heute an der Spitze der Regierung der Bundesrepublik. Schon vier Jahre nach dem Erscheinen des »Kommunistischen Manifests« gab es in Köln den ersten Kommunistenprozeß.

Heute ist unter der Regierung eines Bundeskanzlers Brandt die KPD in der BRD nach wie vor verboten.

Vor 120 Jahren war unsere Idee noch »ein Gespenst«, wie die bürgerlichen Ideologen behaupteten, das umging in Europa. Heute ist daraus sieghafte Wirklichkeit geworden – in der Weltmacht Sowjetunion und in Asien, in Europa und auf deutschem Boden, in Afrika und in Lateinamerika. Und die junge Generation in den Hochburgen des Kapitalismus geht an der Seite der Arbeiterklasse mit dem Bildnis Karl Marx' auf die Straße, weil sie anderswo als bei unseren Klassikern keine Antwort findet auf die Fragen ihrer Gegenwart und Zukunft.

Die Welt von heute atmet den Geist von Marx, Engels und Lenin, sie ist erfüllt von ihren Ideen.

Liebe Freunde und Genossen!

Die Bürger dieser Stadt und ihre Gäste aus nah und fern werden fortan, wenn sie über diesen Platz gehen, ihre Blicke auf dieses Denkmal richten.

Alle, jung und alt, sollten sich immer dessen bewußt sein: Es sind die Werke von Marx, Engels und Lenin, die uns den sicheren Weg nach vorn weisen.

Marx war und ist an unserer Seite, und wir können ihm gerade in die Augen blicken, denn sein Vermächtnis ist durch uns erfüllt. Die Gäste aus der Welt des Sozialismus dürfen versichert sein: Die DDR – dieser sozialistische Friedensstaat – ist auf immer vereint mit der sozialistischen Völkerfamilie.

Unsere Gäste aus anderen Ländern dieser Erde mögen auch von hier erneut die Gewißheit mitnehmen: Es wird der Tag kommen, da alle Völker dieser Welt das Joch der Ausbeutung abgeschüttelt haben und jenem Manne ein Denkmal setzen werden, der mit der Losung: »Proletarier aller Länder, vereinigt euch!« den Schlüssel für die Befreiung der Menschheit fand – Karl Marx!

Es lebe und festige sich die unzerstörbare Freundschaft mit dem Lande Lenins, der Sowjetunion!

Es lebe der Marxismus-Leninismus – das revolutionäre Banner unseres Kampfes für Frieden, Demokratie und Sozialismus in der ganzen Welt!

Erich Honecker: Reden und Aufsätze, Bd. 1,
Berlin 1977, S. 337–341.

Fragen von Wissenschaft und Politik in der sozialistischen Gesellschaft

Aus dem Artikel in
»Probleme des Friedens und des Sozialismus«
Dezember 1971

Mit der Ausarbeitung einer wissenschaftlich begründeten Politik verbinden sich für die gesamte Tätigkeit der marxistisch-leninistischen Parteien in den sozialistischen Ländern Fragen von großer aktueller Bedeutung. Wo die Arbeiterklasse und ihre Verbündeten die politische Macht ausüben, wo die sozialistischen Produktionsverhältnisse gesiegt haben, stehen unsere Parteien vor der Aufgabe, die dadurch geschaffenen objektiven Voraussetzungen und Möglichkeiten für den Aufbau des Sozialismus voll zu nutzen. Dieser Prozeß erfaßt alle gesellschaftlichen Bereiche und strahlt auf alle Seiten des Lebens der Menschen aus. Die Gestaltung der sozialistischen Gesellschaft bringt ständig neue, oftmals komplizierte Probleme hervor, die von unseren Parteien auf schöpferische Weise gelöst werden müssen. Ihre politischen Entscheidungen, ihre Beschlüsse und Programme werden zur Grundlage der Aktionen von Millionen Menschen im eigenen Lande und wirken darüber hinaus auf die internationale Arena des Klassenkampfes.

Im revolutionären Weltprozeß von heute bewahrheitet sich eindrucksvoll die Leninsche Erkenntnis, wonach sich das Tempo der geschichtlichen Entwicklung beschleunigt, je mehr die Kraft des Sozialismus wächst. Die fest um die brüderliche Sowjetunion gescharten Staaten der sozialistischen Gemeinschaft nehmen durch ihr planmäßiges, stabiles und zielstrebiges Vorwärtsschreiten, durch ihr gemeinsames außenpolitisches Handeln entscheidenden Einfluß auf den Kampf gegen den Imperialismus und für die Sicherung des Friedens. Als Hauptkraft der großen revolutionären Ströme unserer Zeit – der internationalen Arbeiterbewegung und der nationalen Befreiungsbewegung der Völker – gibt das sozialistische Weltsystem der

Menschheit das ebenso anziehende wie ermutigende Beispiel für die Neuordnung des gesellschaftlichen Daseins.

Vom Standpunkt der internationalen Gesamtinteressen des Sozialismus leitet sich für die Politik und die praktische Tätigkeit aller Bruderparteien eine hohe Verantwortung her. In diesem Sinne hat auch der VIII. Parteitag der Sozialistischen Einheitspartei Deutschlands gehandelt, der die Ziele und Wege bei der weiteren Gestaltung der entwickelten sozialistischen Gesellschaft in der Deutschen Demokratischen Republik abgesteckt hat. Wir betrachten die gegenwärtigen und künftigen Schritte zum Aufbau des Sozialismus, die allseitige Stärkung der Macht der Arbeiter und Bauern, die Vertiefung des Bündnisses mit der Sowjetunion und die noch festere Verankerung unseres Staates in der Gemeinschaft der sozialistischen Länder als einen Bestandteil und zugleich als ein Gebot des revolutionären Weltprozesses.

Das politische Arbeitsprogramm, das die Beschlüsse des VIII. Parteitages enthält, widerspiegelt die schöpferische Anwendung der Lehren des Marxismus-Leninismus auf die konkreten Bedingungen unseres Landes. Eingegangen darin ist das reiche Gedankengut des welthistorischen XXIV. Parteitages der Kommunistischen Partei der Sowjetunion, sind die theoretischen Erkenntnisse und praktischen Erfahrungen der Bruderparteien in den anderen sozialistischen Ländern und der revolutionären Weltbewegung. Jene Leitsätze für den weiteren kommunistischen Aufbau, die von der KPdSU dargelegt wurden, besitzen allgemeingültige Bedeutung, und wir wenden sie in unserer Politik entsprechend unseren spezifischen Gegebenheiten an.

Der VIII. Parteitag der SED beantwortete jene Fragen, die das Leben stellt, und umriß in der Hauptaufgabe des Fünfjahrplans für die Jahre 1971 bis 1975 als oberstes Anliegen, alle Voraussetzungen zu schaffen, um das materielle und kulturelle Lebensniveau des Volkes weiter zu erhöhen. Er verdeutlichte, daß die Gestaltung der neuen Gesellschaft auf einem komplizierten und langwierigen Weg vonstatten geht. Bis zur Vollendung des Sozialismus in der DDR wird daher noch einige Zeit vergehen und noch viel zu tun sein, um das dafür erforderliche höhere Niveau der Produktivkräfte, der sozialistischen gesellschaftlichen Beziehungen und des sozialistischen Bewußtseins der Menschen zu erreichen.

Bei alledem handelte unser Parteitag eingedenk der Worte Lenins, daß der Marxismus »die genaueste, objektiv nachprüfbare Analyse des Wechselverhältnisses der Klassen und der konkreten Besonderheiten jedes geschichtlichen Zeitpunkts«[1] verlangt, daß es immer wieder notwendig ist, al-

---

1 W. I. Lenin: Briefe über die Taktik. In: Werke, Bd. 24, S. 25.

les Neue, das die Entwicklung hervorbringt, »in den allgemeinen Ablauf der Ereignisse«[2] einzufügen. Sonst ist, wie die Erfahrungen bestätigen, weder eine realistische Einschätzung der Ergebnisse und der tatsächlichen Lage noch eine zuverlässige Bestimmung der künftigen Aufgaben möglich. Ein Herangehen an die Ausarbeitung der Politik ohne engste Verbindung mit der revolutionären Praxis, ohne Berücksichtigung der gesellschaftlichen Wirklichkeit so, wie sie ist, wäre alles andere als wissenschaftlich.

Bekanntlich ermöglicht der Sozialismus zum ersten Male in der Geschichte die bewußte und planmäßige Gestaltung der gesellschaftlichen Prozesse, und gerade deswegen muß die politische Leitung der Gesellschaft durch die Partei von wissenschaftlichen Grundlagen ausgehen. Indem sie die Gesetzmäßigkeiten, die entscheidenden Faktoren der Entwicklung erfaßt und die Wechselbeziehungen zwischen den verschiedenen Seiten des Lebens sorgfältig berücksichtigt, ist sie imstande, das Schöpfertum der Arbeiterklasse und aller Werktätigen in die richtigen Bahnen zu lenken und zum Wohle des Volkes voll zu entfalten.

In ihrer gesamten Tätigkeit läßt sich die SED vom Marxismus-Leninismus als der revolutionärsten und fortgeschrittensten Wissenschaft unserer Zeit leiten. Auf der Weltanschauung der Arbeiterklasse und ihren siegreichen Ideen, auf diesem gewaltigen geistigen Fundament zur materiellen Veränderung des menschlichen Daseins in der Einheit aller seiner Bestandteile, beruhen die Strategie und Taktik unserer Partei. Dabei legen wir überall großen Wert auf die Pflege und Förderung der dialektischen Methode, die wir den Klassikern verdanken. Sie schult das Denken, schließt die einseitige oder subjektivistische Betrachtung der Dinge sowie wirklichkeitsfremde Wunschvorstellungen in der Politik aus. Sie schärft den Blick für das Wesentliche, für die entscheidenden Tendenzen der Entwicklung und erleichtert es, jene Hauptkettenglieder zu erkennen, die die Partei ergreifen muß, um die gesamte Kette der Entwicklung vorwärtszuziehen.

Nimmt man die Erfahrungen des revolutionären Kampfes, so bestätigen sie allesamt, daß schöpferische Lösungen für die jeweils neu heranreifenden Fragen beim Aufbau des Sozialismus nur von der Gesamtposition des Marxismus-Leninismus aus möglich sind. Damit wird natürlich nicht etwa einer Geringschätzung der jeweiligen Fachwissenschaften das Wort geredet, die uns wichtige und unentbehrliche Dienste leisten. Aber ihrem Wesen nach hat die Führungstätigkeit der Partei politischen Charakter und kann darum nicht auf der Grundlage ausschließlich dieser oder jener Fachwissenschaft erfolgen. Politik – das ist die Einheit der ideell-theoretischen und praktisch-organisatorischen Arbeit der Partei bei der politischen Lei-

---

2 W. I. Lenin: Petrograder Stadtkonferenz der SDAPR(B). In: Werke, Bd. 24, S. 127.

tung der gesellschaftlichen Entwicklung im Sozialismus. Sie verlangt die Begründung der Hauptziele in diesem oder jenem Abschnitt des Voranschreitens, die dazu notwendige Analyse aller Voraussetzungen und Bedingungen und schließlich die Festlegung eines exakten Programms als Anleitung zum Handeln. Ihr kommt das Primat zu, denn ohne »politisch richtig an die Sache heranzugehen«, schrieb Lenin, »wird die betreffende Klasse ihre Herrschaft nicht behaupten *und folglich* auch *ihre Produktionsaufgabe* nicht lösen können«.[3]

Als gesellschaftlicher Organismus ist der Sozialismus, gerade auch in unserer DDR, noch jung. Obwohl er in ständigem Kampf des Neuen gegen das Alte noch manche Überreste aus der kapitalistischen Vergangenheit zu überwinden und manche Schwierigkeiten zu meistern hat, entwickelt er sich erfolgreich und kraftvoll. Durch die Praxis des sozialistischen und kommunistischen Aufbaus – das haben der XXIV. Parteitag der KPdSU, die Parteitage der kommunistischen und Arbeiterparteien in den anderen sozialistischen Ländern und auch der VIII. Parteitag der SED bewiesen – demonstrieren die Staaten des Sozialismus die Lebenskraft der marxistisch-leninistischen Weltanschauung. Sie leuchtet allen revolutionären Kämpfern voran auf ihrem Weg zum Sieg über den Imperialismus und zur Errichtung einer neuen Welt.

Auch der VIII. Parteitag betonte nachdrücklich die wachsende Rolle der Arbeiterklasse und ihrer marxistisch-leninistischen Partei beim Aufbau des Sozialismus. Als herrschende und die Macht ausübende Klasse lenkt und leitet die Arbeiterklasse den sozialistischen Staat, eint sie alle Werktätigen und stellt sie jene kameradschaftlichen und freundschaftlichen Beziehungen zu ihnen her, die den Fortschritt der sozialistischen Gesellschaft kennzeichnen und die dieser Fortschritt braucht. Vollauf gibt der Werdegang unseres sozialistischen Staates in 22 Jahren der Feststellung recht, daß die Arbeiterklasse die entscheidende gesellschaftliche Kraft ist. Ihre Klasseninteressen sind am unmittelbarsten mit dem Sozialismus und Kommunismus verbunden. Sie hat die engste Beziehung zum Volkseigentum an den Produktionsmitteln. Ihr politisches Bewußtsein, das ständig wächst, ihre Organisiertheit, ihre Disziplin vereinen sich mit revolutionärem Optimismus, Standhaftigkeit und hoher Moral. Gerüstet mit dem Marxismus-Leninismus, verwirklicht die Arbeiterklasse ihre führende Rolle im täglichen Leben, leistet sie Großes und Heldenhaftes, um die sozialistischen Interessen in die Tat umzusetzen und den kommunistischen Idealen zu folgen.

Wir betrachten die ständige Festigung des Bündnisses der Arbeiterklasse

---

3 W. I. Lenin: Noch einmal über die Gewerkschaften, die gegenwärtige Lage und die Fehler Trotzkis und Bucharins. In: Werke, Bd. 32, S. 74.

mit den Genossenschaftsbauern, den Angehörigen der Intelligenz und den anderen werktätigen Schichten als ein Grundelement bei der Gestaltung der sozialistischen Gesellschaft und räumen dieser Frage daher in unserer Politik einen gebührenden Platz ein. Wenn man auch mit vollem Recht davon sprechen kann, daß dieses Bündnis die politisch-moralische Einheit des Volkes zum Ausdruck bringt, so würde es zu Fehlschlüssen verleiten, wollte man übersehen, daß noch Unterschiede in der Stellung und in den Interessen der Klassen und Schichten in der DDR bestehen. Deren Verwischung zu dulden würde heißen, die Rolle der Arbeiterklasse zu schmälern und den Anschein zu erwecken, als sei der Sozialismus imstande, die Probleme der sozialen Struktur der Gesellschaft bereits so zu lösen, wie das erst im Kommunismus möglich sein wird.

Die Politik unserer Partei zielt darauf ab, jeden Schritt bei der Gestaltung der entwickelten sozialistischen Gesellschaft gemeinsam mit allen Klassen und Schichten zu tun. Im Bestehen mehrerer Parteien, in ihrem kameradschaftlichen Zusammenwirken verkörpert sich unter den Bedingungen der DDR jenes breite Klassenbündnis mit den Genossenschaftsbauern und allen anderen werktätigen Schichten, dessen führende Kraft die Arbeiterklasse und ihre Partei, die SED, sind. Allen diesen mit der Arbeiterklasse zusammengehenden Klassen und Schichten wird so ermöglicht, ihren Beitrag zum Gedeihen des Sozialismus zu leisten und sich immer bewußter in unsere Gesellschaft einzuordnen.

Für die Ausarbeitung einer wissenschaftlich begründeten Politik war und ist für uns stets die Tatsache bestimmend, daß der Sozialismus auf der bewußten, planmäßigen Tätigkeit des Volkes beruht, daß er in einem Prozeß schöpferischer Aktivität von Millionen Menschen entsteht und gedeiht, in dem die Arbeiterklasse und alle Werktätigen lernen, ihren Staat zu regieren. Lenin wies darauf hin, daß die Geschichte der Revolution stets inhaltsreicher, vielseitiger, lebendiger, »»vertrackter«« ist, als die besten Parteien es sich vorstellen. Aber die Revolutionen, so hob er hervor, werden durch die Ausschöpfung »aller menschlichen Fähigkeiten durch das Bewußtsein, den Willen, die Leidenschaft, die Phantasie von vielen Millionen verwirklicht«[4]. Das tiefe Vertrauensverhältnis der Partei zu den Werktätigen, die ständige Beratung mit ihnen, die Bereitschaft, ihre Meinungen, kritischen Hinweise und Vorschläge zu beachten, sind von grundlegender Bedeutung für jede wirksame Politik. Dies alles schließt ein, Erscheinungen von Herzlosigkeit, Arroganz und Bürokratismus, von Mißachtung der Menschen mit Entschiedenheit entgegenzutreten. Unser Grundsatz ist, mit allen Men-

---

4 W.I.Lenin: Der »linke Radikalismus«, die Kinderkrankheit im Kommunismus. In: Werke, Bd. 31, S. 82/83.

schen und für alle Menschen die sozialistische Gesellschaft in der DDR immer vollkommener zu gestalten.

Ein wichtiger Prüfstein für das marxistisch-leninistische Herangehen an das Verhältnis von Politik und Wissenschaft ist das Feld der Ökonomie. Der VIII. Parteitag der SED stellte die wirtschaftlichen Ziele ausgehend von unserem entscheidenden politischen Anliegen: der weiteren Gestaltung der entwickelten sozialistischen Gesellschaft in der DDR. Dabei trug er der zentralen Bedeutung der ökonomischen Fragen für das Reifen der sozialistischen Ordnung vollauf Rechnung. Der Parteitag führte die Linie der Wirtschaftspolitik kontinuierlich fort und setzte zugleich klare und deutliche Akzente ihrer Weiterentwicklung.

Man kann sagen, daß die entscheidenden Konsequenzen in dieser Hinsicht in der Hauptaufgabe für den Fünfjahrplan von 1971 bis 1975 zusammengefaßt sind. Sie besteht in der weiteren Erhöhung des materiellen und kulturellen Lebensniveaus des Volkes auf der Grundlage eines hohen Entwicklungstempos der sozialistischen Produktion, der Erhöhung der Effektivität, des wissenschaftlich-technischen Fortschritts und des Wachstums der Arbeitsproduktivität. Der auf diesem Wege konkret zurückzulegende Abschnitt wurde in der Direktive für das gegenwärtige Planjahrfünft festgelegt, die gleichfalls vom Parteitag beschlossen wurde. Sie sieht vor, in dieser Frist die Arbeitsproduktivität um 35 bis 37 Prozent und das Realeinkommen der Bevölkerung um 21 bis 23 Prozent zu steigern.

Diese von der politischen Strategie bestimmte Aufgabenstellung und die Art und Weise ihrer Verwirklichung wurden dabei exakt wissenschaftlich ausgearbeitet. Unsere Partei nahm eine nüchterne Einschätzung des erreichten Entwicklungsstandes vor, schätzte die ökonomischen Potenzen des Landes sachlich ein und legte – das alles in Betracht ziehend – die in den nächsten Jahren real möglichen und notwendigen Schritte fest.

Als ein Schlüsselproblem erwies sich dabei das tiefe Verständnis der objektiven ökonomischen Gesetze des Sozialismus und ihrer Wirkungsbedingungen im gegenwärtigen Abschnitt des Aufbaus der neuen Gesellschaft in unserer Republik. Denn wachsender Wohlstand des Volkes, höhere Effektivität der Volkswirtschaft sind neben oder außerhalb dieser Gesetzmäßigkeiten nicht zu erreichen. Diese gewissenhaft zu berücksichtigen und zu beherzigen, sie mit Kenntnis und Meisterschaft zu nutzen – das erweist sich auch in unserem Lande als der einzige Weg zu guten und dauerhaften ökonomischen Ergebnissen. Das ist eine sich immer wieder bestätigende Erfahrung, eine immer aufs neue zu beherzigende marxistisch-leninistische Wahrheit. Hier liegt die Scheidelinie zwischen wissenschaftlicher Politik und Subjektivismus in der Ökonomie. Natürlich ist der Drang nicht unverständlich, noch schneller, als exakte Bilanzen gestatten, wichtige Bedürfnisse der Gesellschaft zu befriedigen und dem Gegner einen Vorsprung in der Arbeitsproduktivität zu entreißen. Doch erhält solches Wunschdenken Einfluß auf konkrete Entschlüsse, so bringt es in der Konsequenz Tempoverlust statt Tempogewinn. Subjektivismus in wirtschaftlichen Fragen ist stets eine teure Angelegenheit.

Auch bloß pragmatisches Handeln müßte an allen bedeutenden Fragen der Entwicklung der sozialistischen Wirtschaft versagen. Die ökonomische Politik zielt nicht auf kurzfristige isolierte Fortschritte. Den langfristigen stabilen wirtschaftlichen Aufstieg aber, bei dem ein erfolgreicher Schritt den nächsten vorbereitet, bei dem jeder Schritt die dem Sozialismus eigenen Kräfte und Vorzüge immer vollkommener zur Geltung und Wirkung bringt, kann nur eine Politik bewerkstelligen, die sich von den objektiven Gesetzen herleitet, welche dem gesellschaftlichen Prozeß zugrunde liegen. Das kann nur eine tief von der ökonomischen Theorie durchdrungene Praxis leisten.

Unsere eigenen Erfahrungen unterstreichen dabei die Tatsache, daß es darauf ankommt, die Gesamtheit der objektiven ökonomischen Gesetze in ihrer gegenseitigen Beziehung theoretisch zu erfassen, ihre komplexe Wirkungsweise zu studieren und in der Wirtschaftspolitik auszunutzen. In Übereinstimmung mit unseren Bruderparteien, insbesondere inspiriert durch den XXIV. Parteitag der KPdSU, zog die SED aus dem ökonomischen Grundgesetz des Sozialismus, das in diesem Wechselverhältnis die bestimmende Rolle spielt, weiterführende Schlußfolgerungen. In diesem Grundgesetz ist die sozialistische Ökonomie charakterisiert als ein Mittel, das dem Wohle des Volkes zu dienen hat. Auf dem VIII. Parteitag stellte die SED fest, daß mit der weiteren Entwicklung der sozialistischen Gesellschaft und ihrer wirtschaftlichen Potenzen der gesetzmäßige Zusammenhang zwischen der Produktion und den Bedürfnissen der Menschen immer unmittelbarer wirksam wird. Dem Rechnung tragend, wurde die Hauptaufgabe für den gegenwärtigen Fünfjahrplan formuliert. Dabei haben wir von vornherein klargestellt, daß es sich hier nicht etwa um eine vorübergehende, aus lediglich praktischen Erwägungen hergeleitete Zielstellung handelt, sondern um eine strategische, theoretisch tief fundierte Orientierung. In dieser Hauptaufgabe ist der Rang der Bedürfnisse der Werktätigen in der sozialistischen Wirtschaft prinzipiell bezeichnet. Sie sind charakterisiert als der entscheidende Ausgangspunkt wirtschaftlicher Leitung und Planung. Das wird selbstverständlich tiefgreifende Konsequenzen für alle Bereiche ökonomischer Tätigkeit haben.

Großes Gewicht kommt in diesem Zusammenhang dem Gesetz der planmäßigen proportionalen Entwicklung der Volkswirtschaft zu. Wenn in der Gegenwart in wichtigen Teilbereichen von Wissenschaft, Wirtschaft und

Technik besonders dynamische Prozesse zu verzeichnen sind, so besagt das, daß diese wesentliche objektive Gesetzmäßigkeit unter sich verändernden Bedingungen verwirklicht werden muß. Das unterstreicht jedoch zugleich, daß die planmäßige proportionale Entwicklung der Volkswirtschaft nur um so gewissenhaftere Beachtung verdient, kann doch angesichts solcher Rasanz schon eine zeitweilige Vernachlässigung zu beträchtlichen Mißverhältnissen in den gesamtwirtschaftlichen Proportionen führen und so den harmonischen Fortschritt des Ganzen beeinträchtigen. Unsere Partei kann auf eine gute wirtschaftliche Bilanz zurückblicken. Aber sie hat auch offen ausgesprochen, daß sich beispielsweise durch das Zurückbleiben von Energieerzeugung und Zulieferproduktion eine Reihe von Disproportionen ausbildeten, deren Überwindung längere Zeit in Anspruch nehmen wird. Es ist kein Geheimnis, daß diese Erscheinungen ihre Entsprechung in der Unterschätzung dieses wichtigen objektiven ökonomischen Gesetzes in einigen theoretischen Publikationen der DDR hatten.

Der VIII. Parteitag der SED legte großen Wert auf eine allseitige ausgewogene wissenschaftliche Fundierung auch der wirtschaftlichen Zielsetzungen. Unter seinem Einfluß ist in der ganzen Partei das Bemühen unverkennbar, die Werke von Marx, Engels und Lenin noch besser für die Gegenwart auszuschöpfen. Immer deutlicher wird das Streben zu noch größerer Gründlichkeit und Tiefe in der theoretischen Arbeit, zum konstruktiven wissenschaftlichen Herangehen an die Probleme der sozialistischen Praxis. Die Konferenz des Zentralkomitees mit Gesellschaftswissenschaftlern im Oktober dieses Jahres hat dieser Entwicklung offensichtlich kräftige Impulse verliehen.

Bei der Gestaltung des entwickelten Sozialismus werden die Vorzüge dieser ersten Phase der kommunistischen Gesellschaftsformation voll zur Geltung gebracht, und der Übergang zur zweiten wird vorbereitet. Das aber bedeutet, die objektiven Gesetze des Sozialismus immer wirksamer und umfassender zu realisieren. So befinden wir uns ganz notwendig in einer Zeit, die ein reges geistiges und theoretisches Leben braucht, die intensives wissenschaftliches Studium und Meinungsstreit verlangt, um in das Wesen dieser Gesetzmäßigkeiten immer tiefer einzudringen und ihre Wirkungsweise immer besser aufzuhellen.

Die wirtschaftliche Praxis und die theoretische Einsicht werden sich dabei in engem Wechselverhältnis weiter ausbilden. Schon in den vergangenen Jahren der Gestaltung des ökonomischen Systems des Sozialismus in der DDR wurden nicht nur die konkreten wirtschaftlichen Verhältnisse verändert, zugleich hat sich auch das wissenschaftliche Verständnis seiner Erfordernisse und Entwicklungstendenzen weiter entwickelt – so wie das in den Beschlüssen unseres VIII. Parteitages zum Ausdruck kommt. Dabei besteht eine lebendige Beziehung zwischen der Wissenschaftlichkeit der Politik und der Schöpferkraft des Volkes. Je präziser die Politik die Interessen der Werktätigen erfaßt und je wirksamer sie ihnen dient, je besser die Menschen sie verstehen, desto mächtiger strömt die Masseninitiative.

Große Aufmerksamkeit widmet unsere Partei den objektiven Prozessen im Bereich der Produktivkräfte, die in dem Begriff der wissenschaftlich-technischen Revolution zusammengefaßt und charakterisiert werden. Bekanntlich sind sie begleitet von einer rasch fortschreitenden Vergesellschaftung der Arbeit. Der Charakter des gesellschaftlichen Eigentums an den Produktionsmitteln und die darauf fußende gesamtgesellschaftliche Planung im Interesse des Volkes verleihen dem Sozialismus deshalb objektiv auf lange Sicht eine überlegene Position bei der Nutzung dieser neuen Kräfte. Hier zeichnet sich ein entscheidender Abschnitt der sozialistischen Offensive im ökonomischen Wettbewerb mit dem Imperialismus ab. Allerdings realisieren sich dabei natürlich die historischen Vorzüge der neuen Gesellschaft nicht von allein. Vielmehr sind umfassende theoretische und praktische Anstrengungen vonnöten, um die wissenschaftlich-technische Revolution mit den Vorzügen des Sozialismus immer besser zu verbinden. Das ist der entschiedene Kurs unserer Partei.

Die Wissenschaft, die in immer höherem Maße zur unmittelbaren Produktivkraft wird, ermöglicht revolutionäre Veränderungen in den Erzeugnissen und Verfahren der Produktion. Diese können für die volkswirtschaftliche Effektivität von sehr großer Tragweite sein. Andererseits wird dadurch die Einheit von Qualität und Quantität der wissenschaftlich-technischen Entwicklung nicht aufgehoben. Auch die Verbesserungen und Vervollkommnungen des Vorhandenen, der normale wissenschaftlich-technische Fortschritt behalten ihre Bedeutung. Weder das eine noch das andere darf unterschätzt werden. Darum orientiert der VIII. Parteitag der SED darauf, auf dem Hauptwege der Intensivierung der gesellschaftlichen Produktion alle Möglichkeiten der Steigerung der Arbeitsproduktivität auszuschöpfen. Die DDR steht noch am Anfang der Bewältigung der wissenschaftlich-technischen Revolution. Wir gehen davon aus, daß sie deren große und weitgespannte Vorhaben nur gemeinsam mit der Sowjetunion und den anderen sozialistischen Bruderländern gut zu bewältigen vermag.

Die weitere Ausgestaltung der ökonomischen Zusammenarbeit mit den Ländern der sozialistischen Staatengemeinschaft und vor allem ihrer Hauptmacht, der UdSSR, ist in vieler Hinsicht die entscheidende Frage unserer weiteren theoretischen und praktischen Arbeit. Wir sehen in der ökonomischen sozialistischen Integration der Länder des RGW den Ausdruck eines objektiven gesetzmäßigen Prozesses. Die Entwicklung des Lebensniveaus unseres Volkes wird von der erfolgreichen Ausbildung dieser Gemeinsamkeit wesentlich mitbestimmt. Hier besteht ein ganz unmittelbarer Bezug zur Hauptaufgabe des gegenwärtigen Fünfjahrplans.

Auch unsere Partei gibt sich natürlich Rechenschaft darüber, daß eine langfristige Politik der Integration, wie sie auf der XXV. Tagung des RGW in Gestalt des Komplexprogramms konzipiert wurde, ein immer tieferes Verständnis der diesen Vorgängen zugrunde liegenden Gesetzmäßigkeiten verlangt. Das betrifft nicht nur die Wirksamkeit der ökonomischen Gesetze im weiteren internationalen Rahmen. Nicht weniger wesentlich scheint uns eine damit eng verbundene Konsequenz: Auch die inneren Prozesse unserer Gesellschaft werden zunehmend von der fortschreitenden Integration beeinflußt. Die entwickelte sozialistische Gesellschaft in der DDR, die wir gegenwärtig errichten, ist Teil der immer weiter zusammenwachsenden sozialistischen Staatengemeinschaft, und das wirkt prägend auf die verschiedensten Aspekte ihrer Entwicklung. Auch hieraus erwachsen neue Ansprüche an die theoretische Forschung.

Bei der wissenschaftlichen Ausarbeitung unserer Politik stand und steht uns der reiche Schatz der Erfahrungen und Erkenntnisse der kommunistischen Weltbewegung zu Gebote. Die SED hat sich nie selbst beraubt, indem sie sich etwa von diesem reichen geistigen Strom isoliert hätte. In der Wirklichkeit des Sozialismus in unserer Deutschen Demokratischen Republik sind die Lehren der Klassiker lebendig, die Erfahrungen der Sowjetunion – der Vorhut der Menschheit auf dem Wege in ihre Zukunft – und die Erfahrungen vieler anderer mit uns freundschaftlich verbundener Parteien. Wenn es uns gelang, schöpferische Lösungen für die konkreten Bedingungen des sozialistischen Aufbaus in unserem Lande zu finden, und wir dabei auch einen eigenen theoretischen Beitrag leisteten, dann in dieser fruchtbaren Zusammenarbeit. Die sozialistische Integration führt die Praxis des gesellschaftlichen Lebens immer enger zusammen. Der SED ist das Anlaß, den Erfahrungen und wissenschaftlichen Erkenntnissen der Bruderparteien nur um so größere Aufmerksamkeit zu widmen, das Zusammenwirken im theoretischen Bereich nur um so besser zu pflegen.

Sehr wesentlich für die erfolgreiche Verwirklichung der ökonomischen Gesetze des Sozialismus ist das wissenschaftliche Niveau der Leitung und Planung der Volkswirtschaft. Jede Entwicklungsstufe der Wirtschaftspraxis erfordert dabei die weitere Vervollkommnung dieser wissenschaftlichen Leitungstätigkeit. Der VIII. Parteitag der SED hat sich auch mit dieser Aufgabe gründlich befaßt und dabei die Bedeutung des gut fundierten, real bilanzierten Planes in den Vordergrund gestellt. Wie in einem Brennspiegel kommt im Niveau der Planung die Wissenschaftlichkeit der gesamten Arbeitsweise zum Ausdruck. Seine Qualität beeinflußt alle Seiten der ökonomischen Tätigkeit, vor allem die Stabilität des wirtschaftlichen Fortschritts, und nicht zuletzt das Vertrauen der Werktätigen in die sozialistische Planwirtschaft. Im Zusammenhang mit der Fertigstellung des gegenwärtigen Fünfjahrplans wird an vielen Problemen der Planung im volkswirtschaftlichen Maßstab angestrengt gearbeitet. Natürlich bestehen dabei viele Wechselbeziehungen zu den Problemen der Leitung und Planung im volkseigenen Betrieb, zu den Fragen der wissenschaftlichen Ausbildung der Leitungskader. Auch mit diesen Problemen beschäftigt sich unsere Partei gründlich.

Bei alledem kommt solchen Wissenschaftszweigen wie der ökonomischen Mathematik, Kybernetik oder der Operationsforschung eine große Rolle zu. Natürlich können und dürfen sie die politische Ökonomie des Sozialismus als theoretische Grundlage der Wirtschaftspolitik nicht ersetzen. Unsere Partei hatte auch Anlaß, sich gegen eine bisweilen anzutreffende Neigung zu wenden, manche Publikationen ohne erkennbaren wissenschaftlichen Sinn mit aus diesen modernen Fachrichtungen entlehnten Vokabeln zu spicken. Was wir in dieser Sache brauchen und fördern, ist die gründliche, solide, ökonomisch fruchtbare Forschung.

Nicht nur die sozialen Ziele, sondern auch die Problemstellungen und die Art und Weise der Lösungen, die wir mit Hilfe dieser neuen wissenschaftlichen Disziplinen anstreben, werden dabei zutiefst vom Charakter der sozialistischen Gesellschaftsordnung beeinflußt. Es wäre abwegig, technische Daten und Größen zum Gegenstand wirtschaftswissenschaftlicher Untersuchungen zu machen, ohne dabei die Stellung der Menschen zur Technik zu beachten, ohne davon auszugehen, daß sie als Eigentümer der Produktionsmittel fungieren und handeln. Alle diese Wissenschaftsgebiete haben teil an der Ausarbeitung eigenständiger, dem Charakter der sozialistischen Ordnung entsprechender Lösungen. Abschreiben von den Theoretikern des monopolkapitalistischen Managements könnte nur Schaden stiften. Auch hier hat sich der Nutzen der theoretischen Arbeit daran zu erweisen, wie er die Initiative der Massen wirksam und nachhaltig fördert. Dabei sind wir sehr aufmerksam für das Neue, vernachlässigen darüber aber nicht die in der Praxis des sozialistischen Wettbewerbs erprobten Erfahrungen und Methoden.

Auf dem VIII. Parteitag haben wir betont, daß wir die Wirksamkeit des ökonomischen Systems des Sozialismus in der DDR daran messen, wie es dazu beiträgt, Millionen Werktätige nach den demokratischen Prinzipien unserer Gesellschaftsordnung zu hohen Arbeitsergebnissen zu führen, ihr sozialistisches Bewußtsein zu festigen, ihre Arbeits- und Lebensbedingungen beständig zu verbessern, sie anzuregen, sich politisch, ökonomisch und fachlich weiterzubilden und ihre Verantwortung für die Leitung und Planung der Volkswirtschaft immer sachkundiger und wirksamer wahrzunehmen.

Charakteristischerweise nimmt auf Grund der objektiven Gegebenheiten im Sozialismus die Rolle des subjektiven Faktors auf allen Gebieten des gesellschaftlichen Lebens immer mehr zu, und es ist nur folgerichtig, daß die Partei der Förderung des sozialistischen Bewußtseins der Menschen größte Aufmerksamkeit widmet, daß sie in der ideologischen Arbeit das Herzstück ihrer Führungstätigkeit sieht. Wir erziehen die Parteimitglieder im Geiste des sozialistischen Patriotismus und des proletarischen Internationalismus, der die Liebe zur Sowjetunion als der Bahnbrecherin des Menschheitsfortschritts, die tiefe Verbundenheit mit den anderen Ländern des Sozialismus, mit der kommunistischen Weltbewegung und der internationalen Arbeiterklasse, die Solidarität mit den um nationale Befreiung kämpfenden Völkern zum Inhalt hat. Ideologische Klarheit und Standhaftigkeit, Überzeugung von der Gewißheit des Sieges unserer großen Sache des Sozialismus und Kommunismus, Arbeitselan und Kampfesmut – das sind Haltungen und Eigenschaften, die durch das Beispiel der Parteimitglieder auf alle anderen Bürger unseres Landes wirken und sich mehr und mehr in ihrem eigenen Tun ausdrücken werden.

In unserer Zeit spitzt sich die Auseinandersetzung zwischen Sozialismus und Imperialismus gerade auf ideologischem Gebiet deutlich zu, und es wäre verwerflich, irgendwem nachzugeben, der da meint, man könne sich in diesem Kampf passiv verhalten. Unsere Partei betrachtet die offensive ideologische Arbeit als eine Grundbedingung dafür, das sozialistische Bewußtsein der Werktätigen zu fördern, ihren Klassenstandpunkt ständig zu festigen und sie gegen alle Einflüsse der bürgerlichen Ideologie, einschließlich des Sozialdemokratismus, zu wappnen, als eine wesentliche Voraussetzung für die weiteren Fortschritte bei der Gestaltung der entwickelten sozialistischen Gesellschaft in der DDR. Sie mißt der Propagierung der marxistisch-leninistischen Weltanschauung und der theoretischen Arbeit größte Bedeutung bei.

Bekanntlich setzt die imperialistische Bourgeoisie als politisch-ideologische Hauptwaffe im Kampf gegen den Sozialismus nach wie vor den Antikommunismus und Antisowjetismus ein. Alle Varianten der reaktionären Ideologie, einschließlich des Sozialdemokratismus und Revisionismus, haben – offen oder versteckt – antikommunistischen Inhalt. Um so aktueller ist die Feststellung Lenins, daß der Kampf gegen den Imperialismus hohle Phrase oder Betrug darstellt, wenn er »nicht unzertrennlich mit dem Kampf gegen den Opportunismus verbunden ist«[5].

---

5 W. I. Lenin: Über die Losung der »Entwaffnung«. In: Werke, Bd. 23, S. 96.

Durch die lebensnahe Vermittlung der marxistisch-leninistischen Wissenschaft will unsere Partei erreichen, daß nicht nur ihre Mitglieder und Kandidaten, sondern zunehmend auch die gesamte Arbeiterklasse, die Genossenschaftsbauern, die Angehörigen der Intelligenz und vor allem die Jugend die Gesetzmäßigkeiten der gesellschaftlichen Entwicklung verstehen und danach handeln. Denn das sozialistische Bewußtsein der Werktätigen ist die Grundlage ihrer schöpferischen Aktivität. Vom steigenden Interesse an den weltanschaulichen Fragen zeugt auch, daß sich am Parteilehrjahr der SED, das regelmäßig stattfindet und unlängst mit einem Zyklus von Zirkeln und Seminaren für 1971/1972 eröffnet wurde, rund 1,35 Millionen Parteimitglieder und 350 000 Parteilose beteiligen. Sie rüsten sich mit Kenntnissen der marxistisch-leninistischen Theorie, mit dem Verständnis für die vom VIII. Parteitag beschlossene Strategie und Taktik zur weiteren Stärkung der DDR und mit tiefer Einsicht in jenen revolutionären Weltprozeß unserer Zeit, den das machtvolle Heer der Kämpfer für den Fortschritt der Menschheit, gestützt auf die sozialistischen Länder, unaufhaltsam weiter vorantreibt.

Wissenschaft und Politik wirken in einem engen, organischen Zusammenhang auf die Gegenwart und Zukunft der sozialistischen Gesellschaft. In der revolutionären Praxis wird die von der Partei der Arbeiterklasse angewandte und in den Beschlüssen des VIII. Parteitages der SED ausgedrückte theoretische Erkenntnis zu einer Realität, die dem Volke nutzt und seinem Wohle dient.

Erich Honecker: Reden und Aufsätze, Bd. 1,
Berlin 1977, S. 371–385.

Die führende Rolle der Partei der Arbeiterklasse

*Aus dem Artikel in der »Prawda«
28. März 1972*

Die Erfahrungen der arbeitsreichen Monate in unserer DDR seit dem VIII. Parteitag der SED haben deutlich bestätigt, daß bei der Gestaltung der entwickelten sozialistischen Gesellschaft die führende Rolle der Arbeiterklasse und ihrer Partei ständig wächst. Darin besteht eine Gesetzmäßigkeit des Lebens.

Auf den Schauplätzen des großen Kampfes für die Erneuerung der Welt, der sich in unserer Zeit vollzieht, erweist sich die Arbeiterklasse immer wieder aufs neue als die entscheidende, vorwärtsbewegende und vorwärtsführende Kraft. Sie ist die Haupttriebkraft unserer Epoche des Übergangs vom Kapitalismus zum Sozialismus. Mit ihren Siegen bricht sie dem Dasein der Völker in Frieden und gesellschaftlichem Fortschritt, sozialer Gerechtigkeit und Menschenwürde Bahn.

So wahr dies ist, so überzeugend haben alle praktischen Erfahrungen der Erkenntnis recht gegeben, daß die Arbeiterklasse ihre historische Mission nur durch die Tätigkeit ihrer marxistisch-leninistischen Partei zu erfüllen vermag. Die Partei ist Teil der Arbeiterklasse und handelt als ihre bewußte, disziplinierte Vorhut. Daraus erwächst der Arbeiterklasse die Fähigkeit, die wissenschaftliche Gesellschaftstheorie des Marxismus-Leninismus, über die sie verfügt, praktisch im Leben zu verwirklichen.

Als erste sind die ruhmreiche Kommunistische Partei der Sowjetunion, die Arbeiterklasse und die Völker des Sowjetlandes diesen Weg gegangen. Auch heute gehen sie ihn als Pioniere, indem sie das große Programm des XXIV. Parteitages der KPdSU für den Aufbau des Kommunismus in die Tat umsetzen. Das Beispiel der Sowjetunion, die Tatsache, daß der Sozialismus zum Weltsystem wurde und durch die Leistungen aller Staaten unserer sozialistischen Gemeinschaft ständig weiter an Macht gewinnt, sind die wichtigsten Stützen für die internationale Arbeiterklasse in ihrem Kampf.

Unsere Sozialistische Einheitspartei Deutschlands betrachtet den Bruderbund mit der Sowjetunion, die feste und unwiderrufliche Verankerung der Deutschen Demokratischen Republik in der sozialistischen Staatengemeinschaft als Grundbedingung für die Verwirklichung der Lebensinteressen der Arbeiterklasse und aller Werktätigen unseres Landes. Dementsprechend bestimmt sie ihre Politik. Dabei richten wir unsere ganze Kraft auf die allseitige Stärkung unseres sozialistischen Staates, auf seine immer engere Verbindung und Verflechtung mit der Sowjetunion und den anderen Bruderländern.

Wir handeln nach dem Grundsatz, und das wird überall in unserem Lande gut verstanden und unterstützt, daß der Frieden um so sicherer wird, je stärker der Sozialismus ist.

Bei der weiteren Entwicklung der sozialistischen Gesellschaft – das verdeutlichte unser VIII. Parteitag – nehmen die Bedeutung des subjektiven Faktors und damit die Anforderungen an die marxistisch-leninistische Partei zu. Das ist ein immer neuer Anspruch an die Fähigkeit der SED, auf der Grundlage einer wissenschaftlich begründeten Strategie und Taktik den gesellschaftlichen Fortschritt in der DDR politisch zu leiten. Das Erreichte realistisch und frei von Wunschdenken einschätzen, die Notwendigkeiten und Probleme des weiteren Weges rechtzeitig erkennen, bei ihrer Bewältigung die marxistisch-leninistische Wissenschaft schöpferisch anwenden, die Erfahrungen der Werktätigen nutzen und aus den Erkenntnissen der Bruderparteien schöpfen, die Aufgaben mit dem richtigen Maß für Mittel und Kräfte stellen, vor allem aber Bewußtheit und Aktivität der Werktätigen ständig entfalten und lenken – das alles bestimmt das Niveau der politischen Führung durch die Partei.

Vom VIII. Parteitag der SED können wir sagen, daß er die führende Rolle der marxistisch-leninistischen Partei nicht nur eindeutig unterstrich, sondern sie zugleich in diesem schöpferischen Sinne wahrnahm. Lenin sprach bekanntlich vom Sozialismus zu Recht als von der ersten und vom Kommunismus als von der höheren Stufe der neuen Gesellschaft. Ganz in diesem Sinne bestimmte auch unser VIII. Parteitag die künftigen Ziele. Wir sehen in der Gestaltung der entwickelten sozialistischen Gesellschaft keinen kurzfristigen, sondern einen längere Zeit erfordernden Prozeß. Bei der Bestimmung der nächsten Schritte gingen wir vom gegebenen sozialökonomischen Reifegrad in der DDR aus. Die Arbeiterklasse und ihre Verbündeten können sich auf eine stabile sozialistische Staatsmacht stützen, darauf, daß die sozialistischen Produktionsverhältnisse fester geworden und gute Fortschritte in allen gesellschaftlichen Bereichen zu verzeichnen sind. Unsere

Kräfte verdoppeln sich durch das brüderliche Bündnis mit der Sowjetunion und den anderen Ländern der sozialistischen Staatengemeinschaft.

Auf diese Voraussetzungen gestützt, gab der Parteitag vorwärtsweisende Antworten auf jene Fragen, die uns das Leben bei der weiteren Gestaltung des entwickelten Sozialismus in der DDR stellte. Die gute politische Atmosphäre im Lande, der Aufschwung, den wir an den verschiedensten Arbeitsabschnitten erleben, alles das bezeugt, daß diese Antworten die Probe der Praxis bestehen.

Die günstigen Entwicklungen in der Produktion ermöglichten es, die Realisierung seiner Beschlüsse für die Verbesserung der Arbeits- und Lebensbedingungen erfolgreich in Angriff zu nehmen. Im vergangenen Jahr wurden die Mindestlöhne und die Löhne für eine Reihe von Berufsgruppen erhöht. Erste Ergebnisse gibt es bei der Beschleunigung des Wohnungsbaus, und auch die Anstrengungen von Partei und Regierung, die Lücken in der Versorgung zu schließen und das Warenangebot zu verbessern, beginnen sich günstig auf den Alltag auszuwirken. Das Leben in unserer Republik entwickelt sich also im Sinne der Hauptaufgabe des Fünfjahrplans, die vorsieht, das materielle und kulturelle Lebensniveau des Volkes auf der Grundlage eines hohen Entwicklungstempos der sozialistischen Produktion, der Erhöhung der Effektivität, des wissenschaftlich-technischen Fortschritts und des Wachstums der Arbeitsproduktivität weiter zu erhöhen.

Statistische Ziffern und Prozentsätze können das Ausmaß und die Tiefe dieses gesellschaftlichen Prozesses allerdings nicht allumfassend wiedergeben. Die wichtigen geistigen und ideologischen Vorgänge, von denen er begleitet ist, machen solche Angaben nicht sichtbar. Die in der Hauptaufgabe zusammengefaßten Konsequenzen aus dem ökonomischen Grundgesetz des Sozialismus macht sich zunehmend die ganze Bevölkerung der DDR zu eigen. Es erweist sich als Ansporn, wenn die Anstrengungen der täglichen Arbeit noch sehr viel unmittelbarer als in der Vergangenheit dem Wohle der Familie, der Freunde und Kollegen zugute kommen. In den Einschätzungen und Beschlüssen der SED finden die Werktätigen – wie sie selber zum Ausdruck bringen – ihre eigenen Erfahrungen und Gedanken berücksichtigt. Reale Aufgaben erhöhen die Sicherheit und den Optimismus der Kollektive. Alles das hat den Boden bereitet für eine spürbare und nachhaltige Vertiefung des Vertrauens der Werktätigen in die Partei der Arbeiterklasse. Ihr Einfluß auf die verschiedenen Abschnitte des gesellschaftlichen Lebens hat zugenommen.

Besonders offensichtlich ist diese Entwicklung in den großen volkseigenen Werken und Kombinaten, in den Zentren der Arbeiterklasse. Die Initiative der Arbeiterklasse zu entfalten und zu nutzen, ihre gesellschaftliche Stellung und Geltung in allen Bereichen zu stärken, darauf sind die Beschlüsse des VIII. Parteitages in besonderem Maße gerichtet. Gemeinsam mit den Gewerkschaften orientierte die Partei deshalb auch auf eine so breite Aufgabenstellung für den sozialistischen Massenwettbewerb, die Raum für die Tatkraft und Energie der ganzen Klasse bietet, die es ermöglicht, die ganze Vielfalt des Schöpfertums und der beruflichen Kenntnisse und Erfahrungen zu nutzen, über die sie verfügt. Das hat eine gute Antwort gefunden. Die Anzahl und der Wert der Neuerervorschläge aus den Reihen der Arbeiterklasse nehmen ständig und rasch zu. Der Wetteifer um die Erfüllung der Planziele hat an Lebendigkeit und Kraft gewonnen.

Die Praxis unserer Partei entspricht der theoretischen Grunderkenntnis, daß in der ganzen Phase der entwickelten sozialistischen Gesellschaft noch unterschiedliche Klassen und Schichten bestehen bleiben, daß die Arbeiterklasse die Gesellschaft nicht nur auf diesem oder jenem Abschnitt der Überwindung der kapitalistischen Ausbeutung, sondern auf ihrem ganzen Wege bis hin zum Kommunismus führt. Dabei wenden wir uns entschieden gegen jedwedes Sektierertum. Die Reife der Arbeiterklasse, ihre Fähigkeit zur Führung zeigen sich nicht zuletzt darin, wie sie ihren Bundesgenossen hilft, ihre eigenen schöpferischen Potenzen zu entwickeln und ihren wichtigen Beitrag zum gemeinsamen sozialistischen Werk zu leisten. Aufbau des entwickelten Sozialismus – das erweist sich auch in unserem Lande als eine Zeit, in der sich das Bündnis der Arbeiterklasse mit der Klasse der Genossenschaftsbauern und der sozialistischen Intelligenz immer tiefer und brüderlicher gestaltet.

Die Landwirtschaft nutzt in ihrer Produktion mehr und mehr industrielle Methoden. Das bedingt und erfordert eine neue Stufe engeren Zusammenwirkens mit der Arbeiterklasse, die die modernen Produktionsmittel schafft und seit langem handhabt. Die Verbindung der wissenschaftlich-technischen Revolution mit den Vorzügen des Sozialismus kann ihrer Natur nach nur ein großes gemeinsames Werk der Arbeiterklasse und der sozialistischen Intelligenz sein. Aus den objektiven Erfordernissen des gesellschaftlichen Fortschritts also erwachsen die Bedingungen für eine weitere Annäherung der Klassen und sozialen Schichten. Zweifellos ist das ein gegenseitiges Geben und Nehmen, dem politischen Wesen nach aber ist dieser tiefe soziale Prozeß bestimmt von der Annäherung aller Bundesgenossen an die Arbeiterklasse. Er vollzieht sich auf dem Boden der Ideale dieser Klasse, deren historische Mission die Errichtung des Sozialismus und Kommunismus ist.

Mit jedem Schritt auf die entwickelte sozialistische Gesellschaft zu wächst auch der Anspruch an die Bewußtheit ihrer Erbauer. Unsere Partei arbeitet daher zielstrebig daran, der Arbeiterklasse und dem ganzen Volk die tiefe marxistisch-leninistische Sicht der Ereignisse und Prozesse im eigenen Lande, aber auch in der weltweiten Szenerie des Klassenkampfes zwischen Sozialismus und Imperialismus zu vermitteln. Der Gegner setzt in der geistigen Auseinandersetzung auf die Karte des Antikommunismus und Antisowjetismus und bedient sich der Revisionisten aller Schattierungen als hochwillkommener Verbündeter. Aber immer klarer erkennen die Werktätigen unserer Republik in seiner böswilligen Demagogie die Versuche eines wohl sehr gefährlichen, doch historisch unwiderruflich in die Defensive gedrängten Feindes. Die Ideen von Marx, Engels und Lenin aber werden heute auf dem ganzen Erdball zur materiellen Gewalt. In den Händen der Arbeiterklasse und ihrer Verbündeten sind sie das geistige Rüstzeug beim Bau der neuen, der sozialistischen und kommunistischen Welt. Die Entwicklung des 20. Jahrhunderts beweist: Die Gegenwart und Zukunft der Menschheit werden bestimmt durch den Kampf der Arbeiterklasse und ihre siegreiche Weltanschauung.

Erich Honecker: Reden und Aufsätze,
Bd. 1, Berlin 1977,
S. 493–495, 496–498.

Die UdSSR und die DDR sind untrennbar verbunden

Aus dem Artikel in der »Einheit«
November 1972

Zum 50. Male jährt sich in wenigen Wochen die Bildung der Union der Sozialistischen Sowjetrepubliken. Das ist ein wahrhaft bedeutsames Ereignis für alle kommunistischen und Arbeiterparteien, für alle revolutionären Kämpfer der Erde, ein Ereignis von geschichtlicher Größe im Leben der Völker. Brüderlich verbunden mit der ruhmreichen Kommunistischen Partei der Sowjetunion und dem Sowjetvolk, begehen unsere Sozialistische Einheitspartei Deutschlands, die Arbeiterklasse und alle Werktätigen der Deutschen Demokratischen Republik das bevorstehende Jubiläum. Der 50. Gründungstag der UdSSR ist auch unser Feiertag.

Fünf Jahrzehnte Sowjetunion haben die Welt gründlich verändert. Der Sozialismus wurde zum Weltsystem. Kraftvoll entwickelt sich die Gemeinschaft der sozialistischen Staaten, die den Lauf der Menschheitsgeschichte ständig nachhaltiger beeinflußt. Die gesamte internationale revolutionäre Bewegung hat während dieses halben Jahrhunderts vom Werdegang der UdSSR und von ihrer Politik immer neue, gewaltige Impulse erhalten. Der antiimperialistische Kampf nahm einen großen Aufschwung.

Als mächtiger, einheitlicher, fest zusammengeschlossener, multinationaler Staat kündet die Sowjetunion überzeugend von der Sieghaftigkeit des Sozialismus und Kommunismus. Sie verkörpert den Triumph der Idee des proletarischen Internationalismus, die Karl Marx, Friedrich Engels und Wladimir Iljitsch Lenin in ihrem ganzen revolutionären Wirken beseelte. Diese große Idee, so bewiesen sie, gibt der Arbeiterklasse die Kraft, unter Führung ihrer Partei die kapitalistische Ausbeuterherrschaft für immer zu beseitigen und das Dasein der Völker von Grund auf zu erneuern.

Auf der Höhe ihrer Entwicklung nach fünf Jahrzehnten verwirklicht die

Sowjetunion heute das vom XXIV. Parteitag der KPdSU beschlossene Programm für den weiteren Vormarsch zum Kommunismus. Seine Zielsetzung, einen bedeutenden Aufschwung des materiellen und kulturellen Lebensniveaus der Menschen zu erreichen, den Sowjetstaat weiter zu stärken und die Verteidigungsmacht zu erhöhen, wurde für die mehr als 100 Nationen und Völkerschaften des Landes zum Gesetz des gemeinsamen Handelns. Vom reichen Schöpfertum dieser einträchtigen Gemeinschaft, von ihrer fleißigen und angestrengten Arbeit zeugen die hervorragenden Leistungen auf allen gesellschaftlichen Gebieten. Sie widerspiegeln die unerschütterliche vertrauensvolle Verbundenheit mit der Partei Lenins, die durch ihre Politik die Interessen des ganzen Sowjetvolkes zum Ausdruck bringt und in die Tat umsetzt.

Mit jedem Schritt beim Aufbau des Kommunismus mehrt die Sowjetunion nicht nur die Stärke des eigenen Landes, sondern auch in entscheidendem Maße die unserer gesamten sozialistischen Staatenfamilie, deren Hauptmacht sie ist. Sie erweist sich als die führende Kraft im revolutionären Weltprozeß, als die Vorkämpferin für das Glück der Menschheit in Sozialismus und Frieden. Entschieden verteidigt sie die Leninschen Prinzipien der Gleichberechtigung der Völker und kämpft konsequent gegen Kolonialismus, Neokolonialismus und Rassismus, gegen alle Formen der nationalen Unterdrückung. So steht die Sowjetunion an der vordersten Front der erbitterten Klassenschlacht mit dem Imperialismus, ist sie die mächtigste Stütze und der treueste Verbündete aller revolutionären Streiter auf dieser Welt, aller Völker, die um Freiheit, Unabhängigkeit, Demokratie und sozialen Fortschritt ringen.

Hervorgegangen aus dem Sieg des Roten Oktober, gegründet von Wladimir Iljitsch Lenin, legte die UdSSR während eines halben Jahrhunderts den Weg gewaltiger gesellschaftlicher Umgestaltungen zurück. Dabei entstanden jene Beziehungen der Einheit und der Freundschaft freier Völker, die in der Geschichte bis dahin niemand kannte. »Wir herrschen, nicht indem wir teilen – wie es das grausame Gesetz des alten Rom verlangte –, sondern indem wir alle Werktätigen durch die unzerreißbaren Ketten ihrer Lebensinteressen, ihres Klassenbewußtseins vereinen«, sagte Lenin auf dem Dritten Gesamtrussischen Sowjetkongreß. »Und unser Bund, unser neuer Staat«, fügte er hinzu, »ist fester als die Gewaltherrschaft, die durch Lüge und Waffengewalt die den Imperialisten unentbehrlichen künstlichen Staatengebilde zusammenhält.«[1]

50 Jahre UdSSR geben der marxistisch-leninistischen Grunderkenntnis

---

1 W. I. Lenin: Dritter Gesamtrussischer Kongreß der Sowjets der Arbeiter-, Soldaten- und Bauerndeputierten. In: Werke, Bd. 26, S. 479.

recht, daß die nationale Frage den Klasseninteressen des Proletariats, den Interessen des Sozialismus untergeordnet ist. Nur dadurch, daß die Arbeiterklasse unter Führung ihrer revolutionären Partei die politische Macht erringt, nur dadurch, daß sie das gesellschaftliche Eigentum an den Produktionsmitteln herstellt, können alle trennenden Schranken niedergerissen werden, die die Ausbeuterklassen über Jahrhunderte hinweg zwischen den Nationen aufgerichtet haben. Mit ihrer sozialen Befreiung bricht die Arbeiterklasse auch der nationalen Befreiung der Völker Bahn. Erst im Sozialismus vermögen sich die Nationen voll zu entfalten, verschmelzen sie zu jener »höheren Einheit«[2], in der Lenin die Zukunft der Völker sah.

50 Jahre UdSSR verdeutlichen überzeugend die historische Rolle der Arbeiterklasse, die als die revolutionärste und führende Klasse alle Werktätigen eint, der Gesellschaft ihr neues Wesen, ihre neuen Qualitäten verleiht und den Bund der Nationen und Völkerschaften schmiedet. Ihrem Charakter nach international, gleichermaßen international in ihrem Kampf und ihren Zielen, vollstreckt die Arbeiterklasse das Urteil der Geschichte über den Kapitalismus, geht sie voran beim Aufbau der sozialistischen Welt, die keine Ausbeutung des Menschen durch den Menschen mehr kennt. Denn: »Weil die Lage der Arbeiter aller Länder dieselbe, weil ihre Interessen dieselben, ihre Feinde dieselben sind, darum müssen sie auch zusammen kämpfen, darum müssen sie der Verbrüderung der Bourgeois aller Völker eine Verbrüderung der Arbeiter aller Völker entgegenstellen«[3], betonte Engels.

Unter Führung ihrer Leninschen Partei schuf die Arbeiterklasse der Sowjetunion den ersten sozialistischen Staat der Welt und bewährte sie sich als Baumeister der großen multinationalen Gemeinschaft des Sowjetvolkes. Wie sie sich ständig selber weiterentwickelt, so fördert und vertieft sie auch ihr Bündnis mit den anderen Werktätigen, auf deren Denken und Handeln ihr Beispiel ausstrahlt. Die sozialistischen Interessen und kommunistischen Ideale der Arbeiterklasse geben der Lebensweise und dem Fortschritt der gesamten Gesellschaft immer stärker das Gepräge. Auf diesen Grundlagen vollziehen sich die weitere ideologisch-politische und soziale Festigung der Sowjetgesellschaft, die Annäherung der Nationen und Völkerschaften des Landes.

Auf dem XXIV. Parteitag der KPdSU unterstrich Genosse Leonid Iljitsch Breshnew mit Recht, daß die praktische Verwirklichung der Leninschen Nationalitätenpolitik durch die Partei, einer Politik der Gleichberechtigung und der Freundschaft der Völker, zu den größten Errungenschaften des So-

---

2 W. I. Lenin: Kritische Bemerkungen zur nationalen Frage. In: Werke, Bd. 20, S. 19.
3 Karl Marx/Friedrich Engels: Reden über Polen. In: Werke, Bd. 4, S. 418.

zialismus gehört. Er würdigte die Erfolge bei der allseitigen Entwicklung jeder sowjetischen Schwesterrepublik, das Aufblühen der sozialistischen Nationen und die Festigung ihrer Einheit als Ausdruck des proletarischen Internationalismus. Ihre weitere allmähliche Annäherung ist ein wesentlicher Teil des Prozesses, in dem die kommunistische Gesellschaft auf allen Gebieten von Jahr zu Jahr deutlicher Gestalt annimmt. »Diese Annäherung«, so sagte er, »vollzieht sich bei aufmerksamer Berücksichtigung der nationalen Besonderheiten und der Entwicklung der sozialistischen Nationalkulturen. Die ständige Beachtung sowohl der gemeinsamen Interessen unserer Union als auch der Interessen jeder der ihr angehörenden Republiken bildet den Wesensinhalt der Politik der Partei in dieser Frage.«[4]

Beim Aufbau und beim Sieg des Sozialismus auf einem Sechstel der Erde, im Großen Vaterländischen Krieg gegen den gefährlichsten Feind der Menschheit, den Hitlerfaschismus, im Kampf für Frieden, Demokratie und Sozialismus in der Welt hat die UdSSR während fünf Jahrzehnten ihre historische Bewährungsprobe hervorragend bestanden. Ihr Werdegang ist der lebendige Beweis für die Richtigkeit und weltverändernde Kraft der Ideen des Marxismus-Leninismus. An »die Aufgaben, die früher abstrakt, theoretisch gestellt wurden, unmittelbar praktisch herangegangen«[5] zu sein, sie erfolgreich gelöst und der internationalen kommunistischen und Arbeiterbewegung einen unermeßlichen Schatz von Erfahrungen und neuen Erkenntnissen erschlossen zu haben – das wird stets das historische »Verdienst dieses Landes und der Partei der in diesem Lande siegreichen Arbeiterklasse«[6] bleiben. Durch die Anwendung dieses Schatzes auf die jeweiligen konkreten Bedingungen ergibt sich für die Bruderparteien eine völlige Einheit zwischen dem Vorrang der allgemeingültigen Grundsätze beim sozialistischen Aufbau und der Berücksichtigung der spezifischen Gegebenheiten in jedem Land.

Die Sowjetunion entwickelt sich als ein einheitlicher multinationaler Organismus, der alle gesellschaftlichen Gebiete umfaßt und zu hoher Blüte führt. Welche tiefgreifenden Veränderungen dem zugrunde liegen, wird insbesondere aus der Tatsache erkennbar, daß heute die Industrie des Sowjetlandes in fast allen Unionsrepubliken mehr als die Hälfte und in einigen Republiken über zwei Drittel des gesellschaftlichen Gesamtprodukts

---

4 Rechenschaftsbericht des Zentralkomitees der KPdSU an den XXIV. Parteitag der Kommunistischen Partei der Sowjetunion. Referent: L. I. Breshnew, Moskau/Berlin 1974, S. 103.
5 W. I. Lenin: Rede auf dem I. Kongreß der Volkswirtschaftsräte. 26. Mai 1918. In: Werke, Bd. 27, S. 409.
6 Ebenda.

herstellt. 1971 war das Volumen der Industrieproduktion der UdSSR 99mal so groß wie 1913, zu Zeiten der zaristischen Herrschaft. Während eines Monats produzieren die sowjetischen Industriebetriebe ebensoviel Erzeugnisse wie im ganzen Jahr 1940. Gerade dieser Vergleich verdeutlicht den gewaltigen Aufstieg der Sowjetunion um so eindrucksvoller, als sie im Krieg gegen den Hitlerfaschismus die schlimmsten Schäden erlitt und für den Sieg über den Feind die meisten Opfer brachte.

Nimmt man die einzelnen Unionsrepubliken, dann stellt sich mit aller Klarheit dar, in welchem Tempo Wirtschaft und Kultur der nationalen Gebiete voranschreiten. Der Gesamtumfang der Industrieproduktion der UdSSR erhöhte sich von 1913 bis 1970 auf das 92fache. In Kasachstan und Moldawien zum Beispiel erreichte er das 146fache, in Armenien das 184fache und in Kirgisien das 188fache. Damit einher ging eine Veränderung des Bildungsniveaus, die in der Welt einzigartig ist. Bekanntlich lebt jeder vierte Wissenschaftler der Erde in der Sowjetunion. Auf jeweils 1 000 Beschäftigte kamen 1970 in der UdSSR 653 mit abgeschlossener oder noch nicht beendeter 10-Klassen-Oberschulbildung und darüber hinausführenden Bildungsstufen bis zur Hochschule. In Kasachstan waren es 654, in Usbekistan 663, in Turkmenien 682.

Als hervorragendes Beispiel für die schöpferische und erfolgreiche Verwirklichung der marxistisch-leninistischen Lehre, der Grundsätze des proletarischen Internationalismus war und ist die Bildung und Entwicklung der UdSSR von größter internationaler Bedeutung. Als Staat neuen Typus hat die Sowjetunion internationale Beziehungen von neuem Wesen hervorgebracht, die sich im Zusammenhalt, in der wachsenden Einheit und Geschlossenheit der gesamten sozialistischen Staatengemeinschaft ausdrükken. Charakteristisch dafür ist die Gleichheit der Interessen und Ziele auf der Grundlage des Marxismus-Leninismus, sind kameradschaftliche gegenseitige Hilfe und uneigennützige Unterstützung, ist das gemeinsame Vorgehen beim sozialistischen Aufbau und bei der Lösung der Fragen der Weltpolitik, vor allem im Kampf für Frieden und Sicherheit.

Die fest um die Sowjetunion zusammengeschlossene Gemeinschaft der sozialistischen Staaten, dieser ständig vorwärtsstrebende, stabilste, dynamischste Bereich der Welt, verwirklicht eine jahrhundertelange Hoffnung der Menschheit. Noch jung, vielfältige Probleme meisternd und manche Schwierigkeiten überwindend, schreiten unsere Länder zu jenem Ziel aus, das Genosse Leonid Iljitsch Breshnew auf dem XXIV. Parteitag der KPdSU so treffend umriß. »Wir wollen«, sagte er, »daß das Weltsystem des Sozialismus zu einer einträchtigen Familie von Völkern wird, die gemeinsam eine neue Gesellschaft aufbauen und schützen sowie einander mit Erfahrungen und Kenntnissen bereichern – zu einer festgefügten Familie, in der die

Menschen der Erde das Vorbild einer künftigen weltweiten Gemeinschaft freier Völker sehen können.«[7]

Unserem Volk stieß die Sowjetunion das Tor in eine gute Zukunft auf, als sie den Hitlerfaschismus zerschmetterte – durch jene welthistorische Befreiungstat, die die großen Fortschritte des Sozialismus und des Friedens während der letzten Jahrzehnte einleitete. Der Aufbau der antifaschistisch-demokratischen und später der sozialistischen Ordnung in unserem Land erfolgte von vornherein und in allen seinen Etappen in einer immer enger werdenden Verbundenheit mit der UdSSR. Ein reichliches Vierteljahrhundert hat uns dabei einen großen Schatz lebendiger Erfahrung mit der völker- und staatenverbindenden Kraft des proletarischen Internationalismus gebracht. Das Entstehen und Gedeihen unseres Arbeiter-und-Bauern-Staates im harten Kampf gegen den Imperialismus ist ein Zeugnis für die lebenswichtige Bedeutung, die die Freundschaft zur Sowjetunion für jedes Land besitzt, das den Weg des Sozialismus geht.

Stets verband sich dabei das Verhältnis zur KPdSU und zur UdSSR mit der Schicksalsfrage unseres Volkes – mit der Frage nach seiner historischen Perspektive. Das internationale Monopolkapital, das den sozialen Fortschritt auf dem Gebiet unserer heutigen DDR aufhalten wollte, versuchte ebendeshalb Feindschaft zur Sowjetunion zu schüren. Die Kommunisten und aufrechten Sozialdemokraten aber und die aus ihrer Vereinigung hervorgegangene Sozialistische Einheitspartei Deutschlands konnten Demokratie und Sozialismus im Innern nur erfolgreich verwirklichen, weil sie zugleich das Bewußtsein der Brüderlichkeit und der Kampfgemeinschaft mit der ersten Arbeiter-und-Bauern-Macht der Erde unter den Werktätigen tief verwurzelten – dem stärksten und treuesten Bundesgenossen bei solch revolutionärer Aufgabe. Während die reaktionären Kräfte unverhohlen an das ideologische Erbe der Naziherrschaft anknüpften, führten wir die Tradition der Gemeinsamkeit der deutschen Marxisten-Leninisten mit den sowjetischen Klassengenossen fort, wie sie sich in Kämpfern wie Ernst Thälmann beispielhaft verkörpert.

Von Jahr zu Jahr gewann die Freundschaft mit der Sowjetunion bei uns mehr an Boden. Der leidenschaftliche ideologische Kampf unserer Genossen wurde dabei unterstützt und erleichtert durch die eigene Erfahrung der Werktätigen beim Aufbau des neuen Lebens. Bei jedem wesentlichen Schritt voran – ob bei der Gestaltung der Grundlagen des Staates, bei der Inbesitznahme der Betriebe durch das Volk, der sozialistischen Bildungsreform oder auf dem Wege zu den landwirtschaftlichen Produktionsgenos-

---

[7] Rechenschaftsbericht des Zentralkomitees der KPdSU an den XXIV. Parteitag der KPdSU. Referent: L. I. Breshnew, S. 20/21.

senschaften: Überall konnten wir uns auf die von Lenin entdeckten und durch die Praxis der Sowjetgesellschaft bestätigten Erkenntnisse stützen. Tausendfach halfen im Alltag der Arbeit in den Dörfern und Städten der gute Rat, der kameradschaftliche Beistand sowjetischer Freunde, Schwierigkeiten zu meistern und Wege zu ebnen.

So waren unserem Land die SAG-Betriebe eben weit mehr als eine Form gemeinsamen Besitzes und gemeinsamer Verwaltung. An der Seite der sowjetischen Direktoren lernten die Arbeiter, die Industrie zu leiten, und wurden mit dem sozialistischen Wettbewerb vertraut. Diese unmittelbare Zusammenarbeit, die Einsichten und Kenntnisse, die sie vermittelte, ist bis heute in unserer Planwirtschaft wirksam und hat gute Früchte getragen. Ähnliches läßt sich aus allen anderen gesellschaftlichen Bereichen sagen. In die heutige sozialistische Wirklichkeit unserer Republik sind die Ergebnisse des solidarischen Zusammenwirkens mit der Sowjetunion überall eingegangen. Sie sind lebendig in allem, was wir geschaffen haben und was wir lieben.

Diese Gemeinsamkeit wird wirksam in den Ergebnissen der abgestimmten Außenpolitik, bei der Verwertung sowjetischer Erfahrungen, in wirtschaftlicher Hilfe und Zusammenarbeit wie in der Waffenbrüderschaft unserer Nationalen Volksarmee mit den ruhmreichen Streitkräften der UdSSR beim Schutz des Sozialismus. Alle Tatsachen beweisen: Unter den Bedingungen der erbitterten Klassenauseinandersetzung im Herzen Europas konnte das sozialistische Aufbauwerk in unserem Land nur in diesem engen Bündnis mit der Hauptmacht der sozialistischen Welt erfolgreich verwirklicht werden.

Die prinzipielle und schöpferische Politik unserer Partei, die große Arbeit der Werktätigen bei der Schaffung und Entwicklung der Arbeiter-und-Bauern-Macht haben einen wichtigen Beitrag dazu geleistet, daß sich das Kräfteverhältnis in Europa zugunsten des Sozialismus veränderte. Die günstigen Bedingungen, unter denen sich diese revolutionäre Tätigkeit entfalten konnte, gewährleistete und gewährleistet in jeder Phase unseres Kampfes der Bruderbund mit der UdSSR.

Es ist eine Tatsache von großer geschichtlicher Tragweite, daß in dieser gemeinsamen Arbeit am Sozialismus die Freundschaft zur Sowjetunion in historisch kurzer Frist von unserem Volk so fest Besitz ergriff – in einem Land, das vom Monopolkapital besonders tief mit Antisowjetismus verseucht worden war. Heute ist das brüderliche Verhältnis zur UdSSR ein fest ausgeprägter politischer Charakterzug der Arbeiterklasse und der gesamten Bevölkerung der Deutschen Demokratischen Republik.

Besonders intensiv und umfassend ging der weitere Ausbau der Zusammenarbeit mit der Sowjetunion in der Zeit nach dem VIII. Parteitag der

SED vonstatten. Das entspricht der neuen Phase im Leben unserer Republik, die dieser Parteitag eingeleitet hat. Bekanntlich fußen seine Beschlüsse darauf, daß unsere Republik unlösbar zur sozialistischen Staatengemeinschaft gehört, deren Hauptmacht die Sowjetunion ist, und unser weiterer Weg immer wesentlicher und tiefer von der fortschreitenden Integration in diese sozialistische Welt bestimmt wird. Eine solche Orientierung stützt sich auf die grundlegenden Lehren des Marxismus-Leninismus, entspricht den Erfahrungen der vergangenen Jahrzehnte und trägt zugleich den objektiven Erfordernissen der nun anstehenden Aufgaben Rechnung. Denn ganz offensichtlich wird es bei der weiteren Gestaltung des entwickelten Sozialismus in der DDR möglich und notwendig, die Vorteile solcher Gemeinsamkeit noch umfassender auszunutzen – ja, das Maß und die Stabilität der Fortschritte im Innern werden immer mehr davon abhängen, wie das gelingt.

Ob die Sowjetunion, ob unsere Republik oder die anderen sozialistischen Bruderländer – da es Kernpunkt der Politik unserer Parteien und Staaten ist, alles zu tun für das Wohl des Volkes, so heißt dies, mit allen Kräften dafür zu sorgen, daß der Frieden gesichert wird und sich der Aufbau des Kommunismus und Sozialismus unter den günstigsten äußeren Bedingungen vollziehen kann. So vereint unsere sozialistische Staatengemeinschaft ihre Anstrengungen zur Durchsetzung der Leninschen Prinzipien der friedlichen Koexistenz zwischen Staaten unterschiedlicher sozialer Ordnung, die den Interessen aller Nationen und Völker entsprechen.

Lenin begründete die Möglichkeit des Sieges des Sozialismus in wenigen Ländern oder gar in einem Land, ausgehend vom objektiven Gesetz der ungleichmäßigen ökonomischen und politischen Entwicklung des Kapitalismus, wonach die Bedingungen für den Sturz der bourgeoisen Herrschaft in den verschiedenen Ländern unterschiedlich heranreifen. Für eine längere Periode, so schlußfolgerte er, ist ein Nebeneinanderbestehen von sozialistischen und kapitalistischen Staaten unvermeidlich. In dieser Zeit hört der Kapitalismus selbstverständlich nicht auf, eine Ordnung zu sein, die vom Profitstreben der Monopole, von Ausdehnungsdrang und Aggressivität gekennzeichnet wird. Ziel der Politik der friedlichen Koexistenz ist es gerade, den Kapitalismus daran zu hindern, daß er die Völker in neue kriegerische Abenteuer verstrickt, seinen Spielraum einzuengen und die Lösung aller strittigen Fragen auf friedlichem Wege zu erreichen.

Übereinstimmend mit dem Friedensprogramm des XXIV. Parteitages der KPdSU verfolgen unsere Partei und Regierung im gemeinsamen Vorgehen mit den anderen sozialistischen Ländern einen konstruktiven Friedenskurs. Er hat wesentlich zu den positiven Veränderungen beigetragen, die sich besonders auf dem europäischen Kontinent seit geraumer Zeit abzeichnen und die Chance bieten, den Frieden dauerhaft zu sichern, die Entspannung weiter voranzubringen und zu einer gedeihlichen Zusammenarbeit aller Staaten zu kommen. Welchen gewaltigen Nutzen für die Völker die Verwandlung Europas in einen Raum des Friedens und der Sicherheit hätte, ist nach zwei verheerenden imperialistischen Weltkriegen, die von diesem Teil der Welt ausgingen, offensichtlich.

Die von der Sowjetunion gemeinsam mit den anderen sozialistischen Ländern geführte Friedensoffensive der Gegenwart unterstreicht die Wahrheit der Feststellung, daß der Frieden vom Sozialismus ausgeht. Nur der Sozialismus eröffnet den Nationen und Völkern eine friedliche Perspektive. Mit dem konsequenten Kampf für ein Dasein der Menschheit ohne Kriege verbinden unsere Länder ihre Solidarität mit dem Ringen der Völker um ihre soziale und nationale Befreiung, insbesondere die tatkräftige Unterstützung des tapferen Vietnam und der arabischen Länder im antiimperialistischen Kampf. Wie die Ergebnisse zeigen, beeinflußt die beharrliche Friedenspolitik der Gemeinschaft des Sozialismus immer bestimmender den Gang der Ereignisse in der Welt, führt sie zu Fortschritten im Interesse der Menschen, die der Schrecken und Leiden imperialistischer Aggressionen für immer überdrüssig sind.

Gerade heute, da die friedliche Koexistenz von Staaten unterschiedlicher sozialer Ordnung zu einem entscheidenden Faktor der internationalen Politik geworden ist, verschärft sich der Klassenkampf zwischen Sozialismus und Imperialismus auf ideologischem Gebiet. Der Sozialismus wurde auf drei Kontinenten der Erde aus dem von Marx, Engels und Lenin begründeten Programm zur Wirklichkeit, aus der Theorie zur Praxis, und diese Tatsache beschleunigt jenen welthistorischen Prozeß, in dem der Imperialismus zum Niedergang verurteilt ist. Um so verzweifelter versuchen reaktionäre Ideologen aller Schattierungen, der Arbeiterklasse und ihrer Partei das geistige Rüstzeug aus der Hand zu schlagen, das die Waffe ihres Sieges ist. Im Antikommunismus und Antisowjetismus drückt sich die Furcht des Imperialismus vor dem wachsenden Einfluß des Sozialismus am deutlichsten aus.

50 Jahre Union der Sozialistischen Sowjetrepubliken sind der von der Geschichte erbrachte und von ihr erhärtete Beweis für das Scheitern der bürgerlichen Ideologie des Nationalismus. Dennoch versuchen ihr rechte wie »linke« Opportunisten, Revisionisten und nicht zuletzt die Vertreter des Sozialdemokratismus gerade heute wieder Leben einzuhauchen. Gemeinsam ist ihnen allen die Feindschaft gegenüber der Theorie und Praxis des Sozialismus, gegenüber den Interessen der Arbeiterklasse und der großen Sache ihrer Befreiung von kapitalistischer Ausbeutung und Unterdrückung.

Lenin bezeichnete den Marxismus als »unvereinbar mit dem Nationalismus«[8] und unterstrich, daß »bürgerlicher Nationalismus und proletarischer Internationalismus ... zwei unversöhnlich feindliche Losungen« sind, die »*zwei* Arten von Politik (mehr noch: zwei Weltanschauungen) in der nationalen Frage zum Ausdruck bringen«.[9] Er betonte: »Die klassenbewußten Arbeiter sind aus allen Kräften bemüht, *jeden* Nationalismus zurückzuweisen, sowohl den groben, gewalttätigen ... als auch den ganz verfeinerten, der die Gleichberechtigung der Nationen und *gleichzeitige* ... Zersplitterung der Arbeitersache, der Arbeiterorganisationen, der Arbeiterbewegung *nach* Nationalitäten predigt.«[10]

Lenin wandte sich entschieden gegen die Irreführung der Arbeiterklasse durch nationalistische Demagogie, dagegen, die angeblichen »nationalen Interessen« über die Klasseninteressen des Proletariats zu setzen. Er legte den Kern des Nationalismus als bürgerliche Ideologie bloß, »die das Proletariat und die Bourgeoisie *einer* Nation *vereinigt* und die Proletarier der *verschiedenen* Nationen voneinander *trennt*«[11].

Unsere Partei stellt die ideologische Arbeit in den Mittelpunkt ihrer gesamten Tätigkeit und widmet der Erziehung aller Mitglieder und Kandidaten im Geiste des sozialistischen Patriotismus und proletarischen Internationalismus größte Aufmerksamkeit. In der tiefen brüderlichen Verbundenheit mit der Kommunistischen Partei der Sowjetunion und der Union der Sozialistischen Sowjetrepubliken liegt die Garantie für alle unsere gegenwärtigen und künftigen Erfolge.

Erich Honecker: Reden und Aufsätze,
Bd. 2, Berlin 1983,
S. 115–123, 127–130.

---

8 W. I. Lenin: Kritische Bemerkungen zur nationalen Frage. In: Werke, Bd. 20, S. 19.
9 Ebenda, S. 11.
10 W. I. Lenin: Demoralisierung der Arbeiter durch verfeinerten Nationalismus. In: Werke, Bd. 20, S. 288.
11 W. I. Lenin: Entwurf einer Plattform zum IV. Parteitag der Sozialdemokratie Lettlands. In: Werke, Bd. 19, S. 99.

Der erstarkende Weltsozialismus – Beweis für die Richtigkeit und Lebenskraft der Lehren des Kommunistischen Manifests

Aus der Begrüßungsrede
auf der Internationalen Wissenschaftlichen Konferenz
des Zentralkomitees der SED
in Berlin zum 125. Jahrestag
des »Manifests der Kommunistischen Partei«
15. März 1973

Liebe Genossinnen und Genossen!
Das »Manifest der Kommunistischen Partei« widerspiegelt wie kein anderes Dokument Vergangenheit, Gegenwart und Zukunft unserer weltumspannenden revolutionären Bewegung. Hier verschmelzen kampferfüllte Jahrzehnte mit dem bis heute Erreichten, mit den gewaltigen Errungenschaften der internationalen Arbeiterbewegung, die ihrerseits wiederum eine feste Basis für das weitere erfolgreiche Voranschreiten bilden, für neue Kämpfe, neue Siege, bis das große Ziel erreicht sein wird: die sozialistische und kommunistische Gesellschaftsordnung auf der ganzen Welt.

Karl Marx und Friedrich Engels haben vor 125 Jahren zum erstenmal wissenschaftlich umfassend die historische Mission der Arbeiterklasse begründet, die darin besteht, den Kapitalismus zu stürzen und ein Leben ohne Ausbeutung und Unterdrückung, ohne Krisen und Kriege, die kommunistische Gesellschaft, zu errichten. Im Kommunistischen Manifest haben Marx und Engels die Grundlagen unserer revolutionären Weltanschauung gelegt. Damit zugleich sprachen sie die hohe Verpflichtung der Partei der Kommunisten aus, gerüstet mit dieser Weltanschauung die Arbeiterklasse und alle Werktätigen in ihrem revolutionären Kampf zu führen. Sie begründeten den internationalistischen Charakter dieses Kampfes, der seine prägnanteste Form in dem Aufruf fand: »Proletarier aller Länder, vereinigt euch!«

Das Kommunistische Manifest ist die Geburtsurkunde des wissenschaftlichen Kommunismus und der internationalen kommunistischen Bewegung. Es ist ihr theoretisches und praktisches Programm, ist ihr unzerreißbares geistiges Band. Mehr denn je gelten heute Lenins Worte: »Dieses kleine Büchlein wiegt ganze Bände auf: Sein Geist beseelt und bewegt bis heute das gesamte organisierte und kämpfende Proletariat der zivilisierten Welt.«[1]

Die Ideen des Kommunistischen Manifests fanden, von W. I. Lenin schöpferisch weiterentwickelt und um neue Erkenntnisse bereichert, ihre weltgeschichtliche Bestätigung in der Großen Sozialistischen Oktoberrevolution, von der an der Sozialismus erstmals zur gesellschaftlichen Wirklichkeit wurde. Sie erlangen ihre größte geschichtliche Wirkung in unserer Epoche des weltweiten Übergangs vom Kapitalismus zum Sozialismus.

In diesen Tagen ist für Freund und Feind deutlich erkennbar: Die Ideen des Marxismus-Leninismus sind die bedeutendste geistige, wahrhaft weltverändernde Kraft unserer Zeit. Die bürgerliche Ideologie, einschließlich ihrer rechts- und »links«opportunistischen Varianten, war und ist nicht imstande, dem Marxismus-Leninismus eine Alternative entgegenzusetzen und auf die Fragen unserer Zeit eine vernünftige, vorwärtsführende Antwort zu geben. Allein die Lehre von Marx, Engels und Lenin war und ist Ausdruck der Interessen und Ziele der Arbeiterklasse und aller Werktätigen; sie ist Anleitung zum revolutionären Handeln. Die Grundsätze und Ideen des Kommunistischen Manifests sind so jung wie vor 125 Jahren.

Hoch erhoben tragen die kommunistischen und Arbeiterparteien, ihnen voran die KPdSU, der Menschheit das Banner dieser unbesiegbaren Lehre voran.

Den überzeugenden Beweis für die Richtigkeit und Lebenskraft der Lehren des Kommunistischen Manifests verkörpert heute das ständig erstarkende sozialistische Weltsystem, die größte Errungenschaft der internationalen Arbeiterklasse. Geschart um die Sowjetunion, bildet die sozialistische Staatengemeinschaft, deren unlösbarer Bestandteil unsere Deutsche Demokratische Republik ist, die revolutionäre Hauptkraft unserer Epoche. Die Politik der kommunistischen Parteien und der Staaten der sozialistischen Völkerfamilie, die sich auf die marxistisch-leninistische Wissenschaft gründet, die unermüdliche Arbeit und die große Initiative der Arbeiterklasse und aller Werktätigen bringen jeden Tag neue Erfolge im friedlichen sozialistischen und kommunistischen Aufbau hervor. Immer deutlicher tritt das tiefe humanistische Anliegen des Sozialismus zutage, alles zum Wohle des Menschen, alles zum Wohle des werktätigen Volkes zu tun. Die Errungenschaften der sozialistischen Staatengemeinschaft, gerade auch die jüngsten Erfolge ihrer Außenpolitik, dienen der Sicherung des Friedens und schaffen günstige Bedingungen für den antiimperialistischen Kampf in der ganzen Welt. Damit sind sie eine machtvolle Stütze für den Kampf der Arbeiterklasse gegen das staatsmonopolistische Herrschaftssystem, für die nationale Befreiungsbewegung.

1 W. I. Lenin: Friedrich Engels. In: Werke, Bd. 2, S. 10.

In den Ländern des Imperialismus zeigt das Leben, daß die Werktätigen nur dann erfolgreich für eine Gesellschaft ohne Ausbeutung und Unterdrückung kämpfen können, wenn sie sich von den Ideen von Marx, Engels und Lenin leiten lassen. Streiks und Demonstrationen, neue Fortschritte bei der Herstellung der Aktionseinheit der Arbeiterklasse und des antiimperialistischen Bündnisses aller demokratischen Kräfte, der wachsende Einfluß der kommunistischen Parteien in einigen entwickelten kapitalistischen Ländern – all das sind unübersehbare Zeugnisse dafür, daß die historische Entwicklung der genialen Vorausschau des ersten marxistischen Parteiprogramms voll und ganz recht gibt.

Auch die nationale Befreiungsbewegung erweist sich als eine gewaltige revolutionäre Kraft unserer Zeit. Im Zusammenwirken mit der internationalen Arbeiterklasse, mit tatkräftiger Unterstützung der Welt des Sozialismus zerbrachen zahlreiche Völker Asiens, Afrikas und Lateinamerikas die imperialistischen Ketten und begannen mit dem Aufbau eines neuen Lebens. Der Kampf gegen imperialistische und feudale Knechtschaft verbindet sich mehr und mehr mit dem Kampf gegen jegliche Ausbeutung und Unterdrückung, um einen nichtkapitalistischen Entwicklungsweg.

Liebe Genossinnen und Genossen, liebe Gäste!

Es erfüllt uns Kommunisten mit Stolz und Zuversicht, in einer Zeit zu leben und zu kämpfen, in der sich die Voraussagen des Kommunistischen Manifests erfüllen und sich weltweit der Übergang vom Kapitalismus zum Sozialismus vollzieht. Wir wissen: Dieser Prozeß verläuft nicht ohne Schwierigkeiten und zeitweilige Rückschläge. Aber ungeachtet aller imperialistischen Spaltungsversuche, ungeachtet auch des Vorschubs, den ihnen die Maoisten durch ihre Umtriebe leisten, vereinigen sich die drei revolutionären Hauptkräfte unserer Zeit immer mehr zu einem machtvollen Strom, vor dem der Imperialismus Schritt für Schritt zurückweichen muß.

Möge unsere Konferenz ein Beitrag zur weiteren Festigung der Einheit der kommunistischen Weltbewegung und aller antiimperialistischen Kräfte sein. Möge sie helfen, die Lehren des Kommunistischen Manifests für den heutigen Kampf weiter zu erschließen. Möge sie ein Forum werden, auf dem die hier versammelten Vertreter der Bruderparteien ihre Erfahrungen bei der Anwendung und Entwicklung des Marxismus-Leninismus austauschen und verallgemeinern. Wir hoffen, daß diese Internationale Beratung so dazu beiträgt, neue Impulse für die Stärkung des Sozialismus und für den Kampf gegen den Imperialismus zu vermitteln.

Dazu wünsche ich unserer Konferenz viel Erfolg!

Erich Honecker: Reden und Aufsätze, Bd. 2,
Berlin 1983, S. 213–216.

Die DDR – staatliche Verkörperung der besten Traditionen der deutschen Geschichte

Aus dem Bericht des Politbüros an die 9. Tagung des Zentralkomitees der SED
28. Mai 1973

Liebe Genossinnen und Genossen!
Gesprächen mit Bürgern der Bundesrepublik kann man seit einiger Zeit erfreulicherweise entnehmen, daß sich im Bewußtsein vieler von ihnen ein neues DDR-Bild zu entwickeln beginnt. Meinungsumfragen verschiedener Institute der BRD besagen, daß das Bestehen zweier deutscher Staaten mit unterschiedlicher Gesellschaftsordnung auch in der Bundesrepublik als das betrachtet wird, was es seit langem ist: eine unumstößliche Realität, die man nicht übersehen kann und auch nicht übersehen will.

Im Vertrag über die Grundlagen der Beziehungen zwischen der Deutschen Demokratischen Republik und der Bundesrepublik Deutschland sind aus der geschichtlichen Entwicklung und den Realitäten unserer Zeit die notwendigen Schlußfolgerungen gezogen. Es gehört zu den positiven Seiten der Regierung Brandt/Scheel, daß sie das Neue in den internationalen Beziehungen erkannt und mit den Verträgen von Moskau, Warschau und Berlin begonnen hat, die Politik der Bundesrepublik Deutschland von unrealistischen Positionen, von Illusionen zu befreien.

Daß sich in der BRD ein neues DDR-Bild herausbildet und seine Konturen immer deutlicher werden, ist ein Vorgang von historischer Bedeutung. Wir werden jedoch gut daran tun, zu keiner Zeit zu übersehen, daß die Existenz der DDR als sozialistischer Staat der Arbeiter und Bauern den herrschenden Kreisen der BRD stets ein Dorn im Auge bleiben wird. Diese Kreise befinden sich immer wieder in einem Zwiespalt der Gefühle. Sie können es einfach nicht verwinden, daß sich die internationalen Positionen der DDR unablässig festigen. Im Grunde genommen paßt ihnen also die ganze Richtung nicht. Sie kommen andererseits nicht um die Tatsache herum, daß die Herstellung gutnachbarlicher Beziehungen zwischen der DDR und der BRD die gegenseitige Achtung und Anerkennung der souveränen Rechte der beiden deutschen Staaten zueinander voraussetzt.

Angesichts des wachsenden Selbstbewußtseins der Bürger der DDR nehmen wir es auch nicht so tragisch, wenn man in der BRD versucht, das sich dort immer stärker herausschälende neue DDR-Bild durch Entstellungen zu trüben, zum Beispiel durch die geradezu absurde Behauptung, die SED versuche, »vor den Gemeinsamkeiten der Geschichte, der Sprache, der Kultur wegzulaufen«. Wir wollen nicht darüber rechten, wer wem wegläuft. Unsere Auffassung der Geschichte und Kultur unterscheidet sich von derjenigen der herrschenden Kreise der BRD. Wir betrachten es als ein Politikum ersten Ranges, daß solche großen Humanisten des 20. Jahrhunderts wie Thomas Mann und Heinrich Mann, Arnold Zweig, Lion Feuchtwanger, Bertolt Brecht, Johannes R. Becher und Anna Seghers die Gründung unserer Deutschen Demokratischen Republik als historischen Neubeginn, als unwiderrufliche Entscheidung gegen die reaktionären Kräfte der Vergangenheit, als eine Wende begrüßten und unterstützten, von der an das Leben unseres Volkes seinen Verlauf in gesellschaftlichem Fortschritt, in friedlicher Arbeit, in Freiheit und Menschenwürde nahm. Nicht zuletzt erfüllt es die Bürger der DDR mit Stolz, daß der Kampf der deutschen antifaschistischen Widerstandsbewegung in der Gründung unseres Staates Erfüllung fand und daß diese DDR in einer Welt, die noch aufgewühlt war von den Schandtaten der braunen Pest, dem deutschen Namen Achtung und Anerkennung wiedergewann.

Wer die seit der Beendigung des zweiten Weltkrieges vergangenen Jahrzehnte prüft, wer sich die Vorgeschichte der Entstehung der DDR und der BRD vergegenwärtigt, wer die Entwicklung der DDR und ihre Perspektiven einigermaßen übersieht und begreift, der wird eingestehen müssen, daß nicht Sprache und Kultur die Grenze zwischen der Deutschen Demokratischen Republik und der Bundesrepublik Deutschland gezogen haben, sondern die unterschiedliche, ja gegensätzliche soziale Struktur der Deutschen Demokratischen Republik und der Bundesrepublik Deutschland. Die Deutsche Demokratische Republik ist sozialistisch; in ihr ist das Privateigentum an den Produktionsmitteln abgeschafft. Die Bundesrepublik Deutschland ist kapitalistisch; in ihr dominiert das Privateigentum an Produktionsmitteln und gibt es nach wie vor die Ausbeutung des Menschen durch den Menschen. In dieser Frage sind wir bekanntlich einer Meinung mit Herrn Brandt, der mehrfach betonte, daß es hinsichtlich der Gesellschaftsordnungen in den beiden deutschen Staaten keinerlei Mischmasch geben könne.

Gemeinsamkeiten in der Sprache können diese Realitäten nicht hinwegzaubern. Abgesehen davon, daß solche Gemeinsamkeiten noch lange nicht identisch sind mit einem gemeinsamen Staatswesen, mit einer gemeinsamen Nation. Davon zeugt nicht nur das Beispiel Großbritanniens, Australiens und der USA, wo bekanntlich Englisch die Muttersprache ist, sondern auch Österreichs, wo Deutsch als Muttersprache genauso selbstverständlich ist wie in der Bundesrepublik Deutschland und in der Deutschen Demokratischen Republik.

Es bedarf nicht erst einer tiefschürfenden Untersuchung, um feststellen zu können, daß das gleiche auch für Geschichte und Kultur zutrifft. Die deutsche Geschichte war – wie die aller anderen Völker – stets eine Geschichte von Klassenkämpfen. Gerade was die deutsche Geschichte angeht, war die staatliche Form, in der sich dieser Kampf der Klassen, der Kampf zwischen Fortschritt und Reaktion, über Jahrhunderte hinweg vollzogen hat, sehr verschiedenartig. Die Spanne reicht vom einstigen Römischen Reich Deutscher Nation mit seinem Kernstaat Österreich über die feudale Kleinstaaterei bis zu dem von Bismarck mit Blut und Eisen geschaffenen kleindeutschen Reich, das sich zudem noch in 26 Königreiche und Fürstentümer aufsplitterte. Wenn schon vom »Weglaufen« aus der deutschen Geschichte die Rede sein soll, dann gilt das für die deutsche Großbourgeoisie. Sie war es, die nach dem Sieg der Roten Armee und der Antihitlerkoalition über den Hitlerfaschismus aus Angst vor der revolutionären Umgestaltung und im Bunde mit weiteren imperialistischen Staaten im Mai 1949 das vom Parlamentarischen Rat ausgearbeitete Grundgesetz verkünden ließ und im September 1949 die Bundesrepublik Deutschland gründete.

Wie immer man auch an die Beurteilung geschichtlicher Prozesse herangeht – die Tatsache, daß in den beiden Staaten die deutsche Sprache gesprochen wird und es kulturelle Traditionen gibt, auf die sowohl die Bürger der Deutschen Demokratischen Republik als auch die Bürger der Bundesrepublik Deutschland stolz sein können, muß nicht automatisch in kleindeutsches oder in großdeutsches Denken münden.

Es bedeutet nicht zwangsläufig, daß die Bürger Österreichs, der Schweiz, der Deutschen Demokratischen Republik und der Bundesrepublik Deutschland Angehörige ein und derselben Nation sein müssen. Bekanntlich wird in verschiedenen Ländern der Begriff Nation in sehr unterschiedlichem Sinne verwandt. Das trifft zum Beispiel auch auf viele Staaten Amerikas, besonders Lateinamerikas, zu. In welchen Formen die europäischen Völker ihr Zusammenleben gestalten werden, wenn auch Westeuropa, einschließlich der Bundesrepublik Deutschland, den Weg des Sozialismus beschritten hat, wird die Zukunft zeigen.

Die Deutsche Demokratische Republik ist heute die staatliche Verkörperung der besten Traditionen der deutschen Geschichte – der Bauernerhebungen des Mittelalters, des Kampfes der revolutionären Demokraten von 1848, der von Marx und Engels, Bebel und Liebknecht begründeten deutschen Arbeiterbewegung, der Heldentaten im antifaschistischen Widerstandskampf. In der Deutschen Demokratischen Republik entwickelt sich die sozialistische Nation unter Führung der Arbeiterklasse. In der sozialistischen Nationalkultur unserer Republik lebt all das fort und erfährt eine neue Blüte, was in früherer Zeit an kulturellen Schätzen geschaffen wurde. Von der Geschichte, der Kultur und der Sprache werden wir nichts preisgeben, was es an Positivem zu erhalten und zu pflegen gibt, was den humanistischen und den revolutionären Traditionen entspricht.

Bei uns ist ein für allemal die Macht der Großkapitalisten gebrochen; es herrscht die Arbeiterklasse im Bündnis mit den Genossenschaftsbauern und den anderen werktätigen Schichten des Volkes. Unser sozialistischer Staat entwickelt sich erfolgreich als unlösbarer Teil der sozialistischen Staatengemeinschaft, deren Kern die Sowjetunion ist.

Nicht nur für Historiker ist es längst kein Geheimnis mehr, daß in der BRD eine Gesellschaftsstruktur weiterbesteht, die zwei furchtbare Weltkriege hervorgebracht hat. Die Herrschaft der kapitalistischen Konzerne und Monopole, die ständig zunehmende Zusammenballung *ökonomischer* Macht in den Händen des Finanzkapitals und die daraus erwachsende *politische* Macht sind die Quelle der Ausbeutung und Unterdrückung des Menschen durch den Menschen, sind eine dauernde Bedrohung der »Lebensqualität« und nähren imperialistische Expansions- und Aggressionsbestrebungen nach außen. Die BRD ist seit über zwei Jahrzehnten als fester Bestandteil in die NATO und die westeuropäische »Gemeinschaft« integriert. Die maßgeblichen Bonner Politiker haben gerade während der jüngsten Zeit wiederholt mit großem Nachdruck erklärt, daß diese Bindungen nicht nur beibehalten, sondern auch weiter ausgebaut werden sollen. Dabei schließen sie sogar nicht aus, daß es zu einer gemeinsamen westeuropäischen Atomstreitmacht kommen könnte.

So gibt es heute zwei deutsche Staaten, die den Grundwiderspruch unserer Zeit, den Grundwiderspruch zwischen Kapital und Arbeit, zwischen Imperialismus und Sozialismus, verkörpern. Im Interesse des Friedens und der europäischen Sicherheit treten wir dafür ein, daß sie ihr Verhältnis zueinander – wie die SED und die Regierung der DDR es seit langem anstreben – auf der Grundlage der Prinzipien der friedlichen Koexistenz regeln. Diese Leninschen Prinzipien setzen sich in der Wirklichkeit immer mehr durch, weil es für das Nebeneinanderleben von sozialistischen und kapitalistischen Staaten keine Alternative gibt, schon gar nicht im Zeitalter der atomaren Waffen.

Friedliche Koexistenz – ich darf das wiederholen – ist mehr als Nichtkrieg. Sie ist der Weg, vernünftig zusammenzuarbeiten und alle Möglichkeiten auszunutzen, die normale Beziehungen zwischen Staaten mit unterschiedlicher Gesellschaftsordnung bieten.

Bekanntlich hebt die friedliche Koexistenz die Gegensätzlichkeit der Gesellschaftssysteme des Sozialismus und des Kapitalismus nicht auf, ebensowenig den Gegensatz der Weltanschauungen. Im übrigen wurde die klassenmäßige Abgrenzung zwischen der sozialistischen DDR und der kapitalistischen BRD bereits zu Zeiten Adenauers vollzogen. Das Rad der Geschichte läßt sich nicht rückwärts drehen. Die DDR hat jetzt, da bereits 82 Staaten diplomatische Beziehungen zu ihr unterhalten, die ihren nationalen Interessen entsprechende Politik fortzuführen. In Bonn wurde kürzlich – aus der Rückschau auf die gescheiterte Politik des kalten Krieges – erklärt, es sei ein schmerzhafter Prozeß gewesen, Illusionen zu verabschieden. Dafür haben wir volles Verständnis, und es ist weder sinnvoll noch aussichtsreich, alte Illusionen durch neue zu ersetzen. Wir sind dafür, die Dinge so zu sehen, wie sie sind.

Die Deutsche Demokratische Republik läßt sich in ihren Beziehungen zu den kapitalistischen Staaten von den gleichen Grundsätzen leiten. Entsprechend den Beschlüssen unseres VIII. Parteitages verfolgen wir mit aller Konsequenz und in engster Zusammenarbeit mit der Sowjetunion und den anderen Staaten der sozialistischen Gemeinschaft eine Außenpolitik, die dem Frieden dient, arbeiten wir konstruktiv an der Lösung jener Probleme mit, die heute international auf der Tagesordnung stehen und die auf weiten Gebieten von der Konfrontation zur Kooperation führen.

Erich Honecker: Reden und Aufsätze, Bd. 2, Berlin 1983, S. 238–243.

Wir tragen das Banner der Revolution voran

*Ansprache auf einem Beisammensein
mit FDJ-Sekretären
von ausgezeichneten Grundorganisationen
23. Juli 1973*

Liebe Freunde und Genossen!
Wir haben soeben die erhebende Kundgebung anläßlich der Verleihung der Ernst-Thälmann-Ehrenbanner erlebt. Jetzt sind wir hier in Vertretung all der FDJler, die sich bereits in der Hauptstadt unserer Deutschen Demokratischen Republik befinden, zusammengekommen, um auf die Sieger in diesem Wettbewerb anzustoßen.

Ich möchte euch noch einmal im Namen des Zentralkomitees und des Politbüros unserer Partei und im Namen des Ministerrates der Deutschen Demokratischen Republik recht herzlich zu der hohen Auszeichnung eurer Grundorganisationen mit dem Ernst-Thälmann-Ehrenbanner beglückwünschen.

Wenn der Name Ernst Thälmann fällt, dann verbinden sich damit bei uns immer bestimmte Vorstellungen.

Ernst Thälmann war unter uns, als wir in der Weimarer Republik den Kampf gegen den aufkommenden Faschismus führten.

Ernst Thälmann war unter uns, als wir in tiefster Illegalität unter den Bedingungen des Hitlerfaschismus den Kampf für den Sturz des Nazismus führten.

Ernst Thälmann war uns gegenwärtig, als sich 1945 die Kommunistische Partei Deutschlands aus der Illegalität erheben konnte kraft des Sieges der ruhmreichen Sowjetarmee.

Die Ideen Ernst Thälmanns waren mit uns, als wir im Jahre 1946 aus zwei Arbeiterparteien eine Partei schufen, die Sozialistische Einheitspartei Deutschlands.

Ernst Thälmann war unter uns, als wir 1949 unsere Republik gründeten.

Ernst Thälmann ist jetzt unter uns, weil wir uns geschworen haben, in seinem Sinne unsere Republik zu festigen und zu stärken und das Banner der sozialistischen Revolution immer weiter vorwärtszutragen.

Im November 1932 war es das letzte Mal, als es mir persönlich vergönnt war, Ernst Thälmann zu sehen, mit ihm zu sprechen und ihn sprechen zu hören. Das war auf der Sitzung des Zentralkomitees des Kommunistischen Jugendverbandes Deutschlands in Prieros bei Berlin. Wir hatten zuerst das Referat des Vorsitzenden des Kommunistischen Jugendverbandes über die Lage und den Kampf der deutschen Arbeiterjugend gegen den Faschismus entgegengenommen. Gleichzeitig hatten wir alle jene Bestrebungen verurteilt, die damals die KPD vom Kampf um die Herstellung der Einheitsfront, das heißt vom Kampf gegen die Machtergreifung des Faschismus, wegführen sollten.

Nach einer sehr inhaltsreichen Diskussion von Vertretern fast aller Bezirke hat dann Ernst Thälmann zu uns gesprochen. Ich erinnere mich noch genau, wie er vor uns stand. Ich kann hier natürlich nicht alle Gedanken seiner damaligen Rede wiedergeben. Aber eines habe ich selbst in der tiefsten Nacht des Faschismus, sogar im Zuchthaus, nicht vergessen. Ernst Thälmann sagte damals: Nicht nur ihr Jungen, sondern auch wir Alten werden noch den Sieg des Sozialismus in Deutschland erleben!

Nun, wir wissen, Ernst Thälmann hat diesen Sieg nicht mehr erlebt, und der Sieg wurde auch nicht in ganz Deutschland errungen. Aber in der Deutschen Demokratischen Republik haben wir das erfüllt, was die Kommunistische Partei Deutschlands stets auf ihrem Programm hatte: die Errichtung der Arbeiter-und-Bauern-Macht. In der Deutschen Demokratischen Republik haben wir das erfüllt, was die vereinte Partei der Arbeiterklasse, die Sozialistische Einheitspartei Deutschlands, nicht nur begründet hat, sondern in Angriff nahm: die Schaffung der sozialistischen Deutschen Demokratischen Republik.

Wenn wir heute erleben, wie trotz aller Schwierigkeiten dank der kontinuierlichen Politik unserer Partei von 1949 bis heute unsere Republik sich entwickelte, wenn wir uns vergegenwärtigen, welchen Stand wir in der Gestaltung der entwickelten sozialistischen Gesellschaft erreicht haben, so ist eines sicher: Wir sind wirklich im Thälmannschen Geist an unsere Arbeit gegangen. Und ihr habt in Vorbereitung des Festivals im Thälmannschen Geist eure Grundorganisationen gefestigt, indem ihr euren Beitrag leistetet zur allseitigen Stärkung unserer Republik, zu der heute, bereits zwei Jahre nach unserem VIII. Parteitag, 88 Staaten diplomatische Beziehungen unterhalten. Das ist ein großer Erfolg. Das zeigt, daß die Arbeiterklasse im Bündnis mit der Bauernschaft und der Intelligenz ein großes Werk vollbracht hat.

Wenn vor einigen Jahren unsere Feinde über das »Provisorium DDR« höhnten, so ist ihnen dieses Wort inzwischen im Halse steckengeblieben. Sie fühlten, daß in der Deutschen Demokratischen Republik im Thälmannschen Sinne das rote Banner der sozialistischen Revolution gemeinsam mit dem Banner Schwarz-Rot-Gold fest verankert ist!

Jede Generation hat ihre Erlebnisse, ihre Kampferfahrungen. Wir Alten wollen uns nie schlauer dünken als die junge Generation. Das mag zwar etwas besonnen klingen, wenn ich als ehemaliger Vorsitzender der Freien Deutschen Jugend das sage, aber oft sagen wir: Schaut doch einmal, wie groß und alt die Bäume geworden sind. Inzwischen sind wir auch älter geworden. *(Friedrich Ebert: Aber nicht alt! – Heiterkeit.)*

Unser Herz bleibt immer jung. Das meinte der Fritz eben. Warum? Unser Herz bleibt immer jung, weil wir wissen, daß unsere Sache siegen wird, weil wir die edelste Sache der Menschheit verwirklichen. Das ist das Entscheidende!

Wir haben früher sehr viel gelesen. Wir haben Agitation und Propaganda betrieben. Wir haben auch gespielt und gescherzt und was man in jungen Jahren noch so treibt. Wir haben unter den Bedingungen des Faschismus harte Kämpfe bestehen müssen. Ihr kennt das alle. Ihr seid die Sieger im Wettbewerb um das Ernst-Thälmann-Ehrenbanner. Wir haben nach 1945 die Freie Deutsche Jugend als eine einheitliche antifaschistische, als eine demokratische und sozialistische Jugendorganisation aufgebaut. Wenn ihr euch so umschaut in unserem Staat, dann bestätigt sich, daß sich besonders die Kämpfe in den Jahren 1945 bis 1950 gelohnt haben; denn in dieser harten Zeit, wo es nichts zu essen, nichts zu beißen gab, wo die ersten Blauhemden auftauchten – in dieser harten Zeit wurden die Kader geschmiedet, die jetzt das Aktiv unserer Sozialistischen Einheitspartei Deutschlands darstellen. In eurer Zeit werden die Kader geschmiedet, die unsere Partei von morgen sind. Das ist selbstverständlich von außerordentlich großer Bedeutung.

Ich wollte damit sagen, liebe Jugendgenossinnen und -genossen, liebe Freunde, wir sind außerordentlich erfreut, am Vorabend der X. Weltfestspiele der Jugend und Studenten hier unter euch weilen zu können, mit euch das Glas zu erheben auf die weitere erfolgreiche Arbeit der Sieger-Grundorganisationen der Freien Deutschen Jugend im Festivalaufgebot, auf unsere gesamte Freie Deutsche Jugend, die unter der Führung der Partei noch große revolutionäre Aufgaben zu erfüllen hat im Kampf für Frieden und Sicherheit.

Erich Honecker: Reden und Aufsätze, Bd. 2, Berlin 1983, S. 324–327.

Das revolutionäre Volk
ist unaufhaltsam
und siegreich

*Ansprache
auf einer Jugendkundgebung
in Santiago de Cuba
22. Februar 1974*

Lieber Genosse Fidel Castro!
Liebe kubanische Schüler und Lehrer!
Liebe Freunde und Genossen!
An dieser heiligen Stätte des Freiheitskampfes des kubanischen Volkes, in der legendären Moncada, treffen wir uns heute in tiefer Bewegung. Der Sturm auf die Moncada, den unser Freund und Genosse Fidel Castro vor über 20 Jahren leitete, war die erste große Schlacht. Er war das Fanal, die Feuertaufe der kubanischen Revolution, die sich unaufhaltsam und unbesiegbar entwickelte.

Wahrhaft symbolisch für den Weg, den Kuba eingeschlagen hat, für die Wandlungen und Errungenschaften, die die Revolution dem kubanischen Volk brachte, ist die Geschichte der Moncada. Diese einstige Festung des Batista-Regimes, der Guardia Rural, wurde, kaum daß die Revolution gesiegt hatte, zu einer Stätte des Lernens, in der junge kubanische Revolutionäre heranwachsen, würdige Mitstreiter der Kommunistischen Partei Kubas, würdige Mitstreiter Fidel Castros.

Die Moncada erlebte, wie ihr alle wißt, drei Stürme unterschiedlicher Art. Der 26. Juli 1953 war der erste Sturm. Er wurde im Blut der revolutionären Angreifer erstickt. Viele der Überlebenden, darunter Fidel, wurden verhaftet und in das Gefängnis der Isla de Pinos verschleppt. Der zweite Sturm geschah am 2. Januar 1959. Damals kehrten Fidels Kämpfer als Sieger in Santiago zum Ort der Feuertaufe der Revolution zurück, zwangen das erste Regiment der Guardia Rural zur Kapitulation und besetzten die Moncada. Sechs Monate später verwandelte ein Dekret der Revolutionären Regierung die Kaserne in eine Schule. Die Kinder nahmen freudig Besitz von dieser Stätte der leuchtenden Zukunft Kubas.

Ihr, liebe Schüler, seid schon der 15. Jahrgang des 3. Sturmes. Es ist mir eine Freude, euch, den Kindern der kubanischen Revolution, die herzlichsten Grüße der Kinder der Deutschen Demokratischen Republik, die Grüße unserer Pionierorganisation »Ernst Thälmann« zu überbringen.

Liebe Freunde und Genossen!

Unsere Pionierorganisation trägt den Namen »Ernst Thälmann«, weil es für ihre Mitglieder eine ehrenvolle und schöne Aufgabe ist, dem großen Führer der deutschen Arbeiterklasse, dem hervorragenden Revolutionär, der stets für das Glück des Volkes und seiner Kinder gekämpft hat, nachzueifern.

Ernst Thälmann wurde mit seinem 14. Lebensjahr Hafen- und Transportarbeiter. Ihr wißt von euren Eltern, wie schwer die Arbeit eines Hafenarbeiters war, der durch die Kapitalisten ausgebeutet wurde. Ernst Thälmann trat schon als 17jähriger der Gewerkschaft und der damaligen Sozialdemokratischen Partei bei, um gegen die Ausbeutung zu kämpfen. In harten Klassenschlachten wurde er zu einem revolutionären Führer des Proletariats. Begeistert hatte Ernst Thälmann den Sieg der Großen Sozialistischen Oktoberrevolution begrüßt. Er war immer ein glühender Freund der Sowjetunion und sah im Lande Lenins stets eine unversiegbare Kraftquelle für alle Ausgebeuteten und Unterdrückten. Voller Leidenschaft vertrat er die unerschütterliche kommunistische Überzeugung, die in unserer Zeit stets aufs neue bestätigt wird, daß die Sowjetunion der Hort für die Politik des Friedens ist.

Von Lenin zu lernen, sich den Leninismus anzueignen und ihn anzuwenden, war Ernst Thälmann stets innerstes Bedürfnis. Der Herstellung der Aktionseinheit der Arbeiterklasse, der Einbeziehung der Frauen, der Jugend und der Bauern in das Kampfbündnis gegen imperialistischen Krieg und Faschismus, für Frieden, nationale Unabhängigkeit und demokratische Rechte widmete Ernst Thälmann größte Aufmerksamkeit.

Selber ein glühender Internationalist, erzog er die Partei im Geiste der internationalen Klassensolidarität.

Nachdem die Faschisten ihr blutiges Terrorregime errichtet hatten, warfen sie Ernst Thälmann in den Kerker, aber sie konnten seine Stimme nicht ersticken. Ungebrochen und mahnend durchdrang sie die Mauern.

Wie tief Ernst Thälmann in jenen schweren Jahren mit dem Volk verbunden blieb, davon zeugt auch ein Brief, in dem er an einen Kerkergenossen schrieb: »Ich bin Blut vom Blute und Fleisch vom Fleische der deutschen Arbeiter und bin deshalb als ihr revolutionäres Kind später ihr revolutionärer Führer geworden. Mein Leben und Wirken kannte und kennt nur eines:

Für das schaffende deutsche Volk meinen Geist und mein Wissen, meine Erfahrungen und meine Tatkraft, ja mein Ganzes, die Persönlichkeit zum Besten der deutschen Zukunft für den siegreichen sozialistischen Freiheitskampf im neuen Völkerfrühling der deutschen Nation einzusetzen!«[1]

Als die Hitlerbestien die sozialistische Sowjetunion überfielen, trat Ernst Thälmann seinen Kerkermeistern mit der felsenfesten Gewißheit entgegen, daß das Land Lenins dem Faschismus ein Ende bereiten werde.

Den Sieg der Sowjetarmee über das Hitlerregime, der auch unserem Volk den Weg in eine glückliche sozialistische Zukunft öffnete, konnte Ernst Thälmann jedoch nicht mehr erleben. Am 18. August 1944 wurde er im Konzentrationslager Buchenwald heimtückisch ermordet.

Aber sein Werk lebt fort in unserer Partei und der Arbeiterklasse der Deutschen Demokratischen Republik, in unserem Volk und seinen Taten für den Sozialismus und gerade auch in denen der Jugend. Das Werk Ernst Thälmanns lebt fort in eurem herrlichen Land: Ernst Thälmanns Namen trägt zu unserer großen Freude die technische Schule in Matanzas, und eine der schönsten Inseln vor der Südküste des revolutionären Kuba wurde von Fidel nach ihm benannt.

Liebe Freunde!

Unser Genosse Fidel Castro, der Führer der kubanischen Revolution, hat aus der Strafanstalt der Isla de Pinos Briefe geschrieben, die sehr an die Briefe Ernst Thälmanns aus dem Kerker erinnern. »Was man«, so schrieb Fidel Castro, »auf dem Gebiet der Technik und des Unterrichtswesens tun könnte, würde zu nichts führen, wenn man nicht von Grund auf den wirtschaftlichen Status der Nation, also der Masse des Volkes ändert, denn hier ist die einzige Wurzel der Tragödie.« Und in einem anderen Brief schrieb er: »Mit welcher Freude würde ich dieses Land von Grund auf umwälzen, ich bin überzeugt, ich könnte alle seine Einwohner glücklich machen.« Und wir haben den Eindruck, daß er das ganz bestimmt schon erreicht hat.

Nun stehen wir, die Erben Ernst Thälmanns, dessen Vermächtnis wir erfüllt haben, hier an der Seite Fidel Castros, dem es im mutigen und unermüdlichen Kampf gelungen ist, dem kubanischen Volk den Weg in eine frohe, lichte Zukunft zu bahnen. Wir sind glücklich über dieses Zusammentreffen.

Die Geschichte hat gezeigt: Die Revolution des Volkes kann Niederlagen erleiden und Opfer fordern, aber den Sieg des revolutionären Volkes kann der Imperialismus nicht verhindern. Seine Niederlage ist unvermeidlich und historisch besiegelt. Das erwies sich in der DDR, das erwies sich in Kuba, und das wird sich früher oder später auch in Chile erweisen – trotz

---

[1] Ernst Thälmann: Antwort auf Briefe eines Kerkergenossen, Berlin 1961, S. 73.

des Mordterrors, den die Reaktion dort entfesselt hat. »Venceremos« – das wird Wirklichkeit werden! Der Sieg des chilenischen Volkes ist gewiß.

Wir grüßen euch, liebe junge Kubaner, mit dem Gruß unserer Thälmannpioniere: »Für Frieden und Sozialismus – seid bereit!« Viva la Revolucion Cubana!

Erich Honecker: Reden und Aufsätze, Bd. 2, Berlin 1983, S. 526–529.

Auf dem Weg der sozialistischen Revolution

Artikel in
»Probleme des Friedens
und des Sozialismus«
Oktober 1974

Zum 25. Male jährt sich am 7. Oktober 1974 die Geburtsstunde der Deutschen Demokratischen Republik. Die Ergebnisse dieses Vierteljahrhunderts bezeugen, daß die Geschichte unseres Volkes eine grundlegend neue Richtung genommen hat. Unter Führung der geeinten Arbeiterklasse und ihrer marxistisch-leninistischen Partei vollzogen die Werktätigen unseres Landes mit der sozialistischen Revolution und dem Aufbau des Sozialismus die tiefgreifendste Umgestaltung ihres gesellschaftlichen Daseins.

Die Deutsche Demokratische Republik begeht ihr Jubiläum als ein stabiler und leistungsfähiger Staat, der eine konsequente Politik des Friedens und der antiimperialistischen Solidarität verfolgt. Unerschütterlich mit der Sowjetunion verbunden und unverrückbar in der Gemeinschaft der Bruderländer verankert, hat sich unsere Arbeiter-und-Bauern-Macht weltweite Anerkennung erworben. Durch die Schöpferkraft der Arbeiterklasse, die ruhmvollen Arbeitstaten eines von kapitalistischer Ausbeutung befreiten Volkes treten auch in unserem Land die Vorzüge und die Überlegenheit des Sozialismus über den Kapitalismus immer deutlicher zutage.

Jeder Abschnitt unseres 25jährigen Entwicklungsweges war von angestrengter Arbeit und hartem Klassenkampf gegen den Imperialismus und Militarismus gekennzeichnet. Während dieser Jahre erlitten jene reaktionären Kräfte in der Bundesrepublik Deutschland, die mit allen Mitteln den ersten deutschen Arbeiter-und-Bauern-Staat zu liquidieren suchten, entscheidende Niederlagen. Die Herausbildung und die Entwicklung der Deutschen Demokratischen Republik erwiesen sich als ein wichtiger Beitrag zur weiteren Veränderung des Kräfteverhältnisses in der Welt zugunsten des Sozialismus. Das war zugleich eine weitere Schwächung des aggressiven deutschen Imperialismus, der zwei verheerende Weltkriege angezettelt hat.

Der Stolz auf das Errungene äußert sich in vielfältigen Initiativen der Werktätigen der Deutschen Demokratischen Republik für die konsequente Verwirklichung der Beschlüsse des VIII. Parteitages der SED, der die Aufgabe stellte, die entwickelte sozialistische Gesellschaft zu gestalten. Der Kampf um die Erfüllung beziehungsweise gezielte Übererfüllung des Volkswirtschaftsplanes 1974 sowie die verantwortungsbewußte Vorbereitung des Planes für das kommende Jahr prägen in hohem Maße die Vorbereitung des bedeutsamen Jubiläums. Gestützt auf die Erfahrungen und Lehren eines 25jährigen Kampfes für Frieden, Demokratie und Sozialismus, schreiten die Bürger der Deutschen Demokratischen Republik auf dem vom VIII. Parteitag der Sozialistischen Einheitspartei Deutschlands gewiesenen Weg zielstrebig und optimistisch voran.

Das Werden und Wachsen der Deutschen Demokratischen Republik steht in unlöslichem Zusammenhang mit dem welthistorischen Sieg der Völker der Union der Sozialistischen Sowjetrepubliken über den Hitlerfaschismus. Es war die Sowjetarmee, die im heldenhaften und opferreichen Kampf die vom deutschen Imperialismus unterdrückten Völker befreite und damit dem revolutionären Weltprozeß neue Möglichkeiten eröffnete. Auf befreitem Boden, geschützt vor imperialistischer Intervention, entstanden günstige Bedingungen für herangereifte, objektiv notwendige revolutionäre Umwälzungen. Wie in vielen anderen Ländern gelang es auch auf dem Gebiet der Deutschen Demokratischen Republik, die bedeutenden revolutionären Potenzen zu nutzen, die durch die Zerschlagung des deutschen Faschismus freigelegt wurden. So begann mit dem Sieg der Sowjetunion im Großen Vaterländischen Krieg und mit dem machtvollen Aufschwung aller revolutionären Bewegungen im Gefolge des zweiten Weltkrieges eine neue, höhere Stufe des revolutionären Weltprozesses. Die Deutsche Demokratische Republik war von Anbeginn fester Bestandteil und aktiver Mitgestalter dieser weltumspannenden revolutionären Entwicklung.

Die Errichtung der Herrschaft der Arbeiter und Bauern stieß auch in unserem Lande von Anfang an auf den erbittertsten Widerstand der historisch überlebten Klassenkräfte, der Monopolherren und Junker, der aktiven Faschisten und Militaristen. In wachsendem Maße stieß sie jedoch auch auf die gemeinsame Front der reaktionärsten Kräfte des Weltimperialismus, die ein Voranschreiten des Sozialismus im Herzen Europas mit allen Mitteln zu verhindern suchten.

Unter solchen Bedingungen des Klassenkampfes konnten die Existenz und die Entwicklung der Deutschen Demokratischen Republik nur durch die konsequente Stärkung der Arbeiter-und-Bauern-Macht und durch das unerschütterliche Bündnis mit dem ersten Land des Sozialismus, mit dem Lande Lenins, gesichert werden. Die Gründung und die Entwicklung der DDR konnten gerade deshalb ein Wendepunkt in der Geschichte unseres Volkes und ein Ereignis von internationaler Tragweite werden, weil sie unter Führung der Arbeiterklasse und ihrer revolutionären Partei als erster deutscher Staat die reaktionäre und antinationale Politik des Hasses und der Feindschaft zur UdSSR mit der Wurzel ausrottete. Von Anfang an erhob sie die revolutionären Traditionen der deutsch-sowjetischen Freundschaft zum unverrückbaren Pfeiler ihrer Staatspolitik. »Die Sozialistische Einheitspartei Deutschlands vertritt die Auffassung«, erklärte der erste Präsident der Deutschen Demokratischen Republik, Genosse Wilhelm Pieck, »daß das deutsche Volk in ein neues freundschaftliches Verhältnis zum Sowjetvolke kommen muß und daß nie wieder in Deutschland eine Hetze gegen die Sowjetunion zugelassen werden darf.«[1] Die Klarstellung des Verhältnisses zur Sowjetunion betrachtete unsere Partei von Anfang an als erstrangig für die Entwicklung und Stärkung der Macht des Sozialismus auf deutschem Boden.

Unsere Erfahrungen erhärteten die geschichtliche Lehre: Die unverbrüchliche Freundschaft mit der Sowjetunion, der Kampf gegen Antikommunismus und Antisowjetismus entsprechen zutiefst den Interessen des eigenen Volkes. Die Politik und die Ideologie des Antikommunismus und des Antisowjetismus haben sich stets und überall als Politik und Ideologie einer von der Geschichte zum Untergang verurteilten Klasse, als Politik und Ideologie des gesellschaftlichen Rückschritts erwiesen.

25 Jahre Deutsche Demokratische Republik – das ist ein Vierteljahrhundert brüderlicher Gemeinsamkeit mit der UdSSR und der ganzen sozialistischen Völkerfamilie. Auf dem festen Fundament des brüderlichen Bündnisses zwischen den Werktätigen der DDR und den Völkern der UdSSR, der umfassenden freundschaftlichen Beziehungen zwischen der SED und der KPdSU auf der Grundlage des proletarischen Internationalismus beruhen alle unsere entscheidenden Errungenschaften. Der Beitritt zum Warschauer Vertrag und zum Rat für Gegenseitige Wirtschaftshilfe sowie die seit Mitte der 60er Jahre abgeschlossenen zweiseitigen Bündnis- und Freundschaftsverträge sind Marksteine der Entwicklung der Deutschen Demokratischen Republik in der sozialistischen Staatengemeinschaft. Heute ist die weitere Annäherung zwischen der DDR und der UdSSR auf allen Gebieten – sowohl der Tätigkeit der SED und der KPdSU als auch des staatlichen, wirt-

---

1 Wilhelm Pieck: Reden und Aufsätze. Auswahl aus den Jahren 1908 bis 1950, Bd. II, Berlin 1950, S. 66.

schaftlichen und kulturellen Lebens – die Hauptrichtung der Entwicklung der Beziehungen zwischen beiden Staaten. Damit werden dem bewährten Bündnis zwischen der DDR und der UdSSR noch größere Dimensionen verliehen. So beginnen jene Ziele Wirklichkeit zu werden, von denen der Generalsekretär des Zentralkomitees der KPdSU, Leonid Iljitsch Breshnew, auf dem XXIV. Parteitag der KPdSU in bewegenden Worten sprach: »Wir wollen, daß das Weltsystem des Sozialismus zu einer einträchtigen Familie von Völkern wird, die gemeinsam eine neue Gesellschaft aufbauen und schützen sowie einander mit Erfahrungen und Kenntnissen bereichern – zu einer festgefügten Familie, in der die Menschen der Erde das Vorbild einer künftigen weltweiten Gemeinschaft freier Völker sehen können.«[2]

Um die entscheidende Wende in der Geschichte unseres Volkes zu vollziehen, war es unabdingbar, die Arbeiterklasse zur Führung dieses geschichtlichen Prozesses zu befähigen. Das verlangte vor allem, die durch den Opportunismus verursachte Spaltung der Arbeiterbewegung zu überwinden. Im Sinne der Feststellung Lenins, daß das Wichtigste im Marxismus-Leninismus die Begründung der welthistorischen Mission der Arbeiterklasse ist, stellten die Kommunisten, die aus den faschistischen Zuchthäusern, Konzentrationslagern und aus der Emigration zurückkehrten, die Schaffung einer einheitlich handelnden Arbeiterklasse an die Spitze all ihrer Bemühungen.

Ziel und Weg des revolutionären Kampfes wies das Zentralkomitee der KPD mit seinem Aufruf vom 11. Juni 1945. Dieses bedeutsame Dokument verkündete als nächstes Ziel die Errichtung einer antifaschistisch-demokratischen Republik mit allen Rechten und Freiheiten für das werktätige Volk, um so den Weg zum Sozialismus zu bahnen. Es bewährte sich als Plattform für die Herstellung der Aktionseinheit der Arbeiterklasse und für die Bildung eines Blockes aller antifaschistisch-demokratischen Parteien. Diesem Aufruf stimmte der Zentralausschuß der SPD in seinem Aufruf vom 15. Juni 1945 ausdrücklich zu. Auch die nach zwölfjährigem Verbot wiedererstehende Gewerkschaftsbewegung entwickelte sich dank der Zusammenarbeit von Kommunisten und Sozialdemokraten als Einheitsverband auf der Grundlage von Industriegewerkschaften.

Im gemeinsamen Kampf um die Errichtung einer antifaschistisch-demokratischen Ordnung und durch gemeinsame Klärung politisch-ideologischer Fragen festigte sich die Aktionseinheit von Kommunisten und Sozialdemokraten. Sie wurde zum Magneten für die Sammlung aller antifaschistisch-demokratischen Kräfte. Deshalb konzentrierten die reaktio-

2 Rechenschaftsbericht des Zentralkomitees der KPdSU an den XXIV. Parteitag der Kommunistischen Partei der Sowjetunion. In: L. I. Breshnew: Auf dem Wege Lenins, Bd. 3, Berlin 1973, S. 224.

nären Kräfte und rechten sozialdemokratischen Führer alle Anstrengungen auf die Schwächung dieser eben geschaffenen Aktionseinheit. Zur Jahreswende 1945/46 stand die Frage so: entweder Höherentwicklung der Aktionseinheit und Zusammenschluß von Kommunisten und Sozialdemokraten in einer einheitlichen revolutionären marxistischen Partei oder Aushöhlung und Zerschlagung der Aktionseinheit.

In dieser Situation ergriff die KPD die Initiative zur Vereinigung von Kommunisten und Sozialdemokraten in der Sozialistischen Einheitspartei Deutschlands. Diese Vereinigung erfolgte im April 1946 auf der Grundlage eines konsequent marxistischen Programms. In seinen Gegenwartsforderungen, die auf den Aufrufen der KPD vom 11. Juni und der SPD vom 15. Juni 1945 beruhen, strebte es eine antiimperialistisch-demokratische Republik ohne Monopolkapitalisten und ohne Großgrundbesitzer an. Als Fernziel verkündete es den Sozialismus.

Zur Zeit der Vereinigung gab es noch nicht in allen Teilen der Partei völlige Klarheit über Weg und Ziel des Kampfes der Arbeiterklasse. Die KPD hatte jedoch eingeschätzt, daß es möglich sein würde, den Klärungsprozeß innerhalb der vereinigten Partei geduldig zu Ende zu führen. Diese Einschätzung erwies sich als richtig. Im praktischen Kampf um die Lösung der Grundaufgaben der antifaschistisch-demokratischen Umgestaltung und in einem inneren politischen Reifeprozeß entwickelte sich die Sozialistische Einheitspartei Deutschlands immer stärker zum bewußten Vortrupp der Arbeiterklasse.

Dafür leistete unsere Partei eine enorme ideologische Arbeit, die in hohem Maße durch die Erfahrungen der KPdSU erleichtert wurde. Das Studium der Erfahrungen der KPdSU war gerade für die aus der Vereinigung von KPD und SPD hervorgegangene SED eine unschätzbare Hilfe, die politisch-ideologische Einheit und Geschlossenheit zu festigen. In einem mehrere Jahre währenden Prozeß der ideologischen Stählung entwickelte sich die Sozialistische Einheitspartei Deutschlands zu einem marxistisch-leninistischen Kampfbund von Gleichgesinnten, zu einem festen Glied der kommunistischen Weltbewegung. Die gründliche Aneignung der Erfahrungen der KPdSU sowie das tiefe Eindringen in den Leninismus, den Marxismus unserer Epoche, waren dafür die Grundbedingung.

Die Tatsache, daß die Deutsche Demokratische Republik von der Stunde ihrer Geburt an von einer einheitlichen marxistisch-leninistischen Partei geführt wurde, verlieh ihrer Entwicklung von Anbeginn eine beachtliche politische Stabilität. Denn in einem Lande wie der Deutschen Demokratischen Republik, in dem die Arbeiterklasse die übergroße Mehrheit der Bevölkerung bildet, mußte die Herstellung der Einheit der Arbeiterklasse auf der Grundlage des Marxismus-Leninismus der weiteren Entwicklung ein besonderes Gewicht verleihen. Im Leninschen Sinne können auch wir sagen: »Alles, was wir erreicht haben, zeigt, daß wir uns auf die wunderbarste Kraft der Welt stützen – auf die Kraft der Arbeiter und Bauern.«[3]

Auf jeder Stufe, die der gesellschaftliche Fortschritt erreicht, wächst die Rolle der Arbeiterklasse und ihrer marxistisch-leninistischen Partei. »Je größer der Schwung, je größer das Ausmaß der geschichtlichen Aktionen, desto größer die Zahl der Menschen, die an diesen Aktionen teilnehmen, und umgekehrt, je tiefer die Umgestaltung, die wir vollbringen wollen, desto mehr muß man Interesse und bewußte Einstellung zu ihr wecken, muß man immer neue und neue Millionen und aber Millionen von dieser Notwendigkeit überzeugen.«[4] In dieser Wahrheit, die Lenin als einen »der tiefsten Gedanken des Marxismus«[5] bezeichnete, liegt eine überzeugende Begründung für das gesetzmäßige Wachsen der Rolle der marxistisch-leninistischen Partei bei der Errichtung der sozialistischen Gesellschaftsordnung. Das war und ist so auch in unserem Lande.

Der VIII. Parteitag der SED hat die gesellschaftliche Rolle der Arbeiterklasse deutlicher ins Zentrum der Aufmerksamkeit gerückt. Zugleich leitete er eine Vielzahl von Schritten ein, um die gesellschaftliche Stellung der Arbeiter in unserem Staate weiter zu heben. Maßnahmen wurden ergriffen, um den Anteil der Arbeiterklasse am wachsenden Nationaleinkommen zu erhöhen. Das entspricht ihrem Platz in der Gesellschaft, insbesondere in der Produktion. In den gewählten Volksvertretungen stieg die Zahl der Abgeordneten, die unmittelbar in der Produktion tätig sind. Die soziale Struktur unserer Partei selbst verbesserte sich ebenfalls zugunsten der Produktionsarbeiter.

Die Fähigkeit der Arbeiterklasse zur politischen Führung erwies sich nicht zuletzt bei der ständigen Festigung und weiteren Ausgestaltung ihres Bündnisses mit der Klasse der Genossenschaftsbauern und den anderen Werktätigen in Stadt und Land. So konnten die Bauern, die Angehörigen der Intelligenz, die Handwerker und alle anderen Werktätigen beim Aufbau der neuen Ordnung ihre Talente zum Nutzen des Volkes entfalten. In schöpferischer Anwendung der Leninschen Prinzipien der Bündnispolitik entwickelte die SED die Zusammenarbeit der Partei der Arbeiterklasse mit den nach 1945 entstandenen demokratischen Parteien – der Christlich-Demokratischen Union, der Liberal-Demokratischen Partei Deutschlands, der National-Demokratischen Partei Deutschlands und der Demokratischen

---

3 W. I. Lenin: Rede zum vierten Jahrestag der Oktoberrevolution auf einer Festversammlung der Arbeiter der Prochorowschen Manufaktur, 6. November 1921. In: Werke, Bd. 33, S. 99.
4 W. I. Lenin: VIII. Gesamtrussischer Sowjetkongreß. In: Werke, Bd. 31, S. 494/495.
5 Ebenda, S. 494.

Bauernpartei Deutschlands. Im Prozeß der antifaschistisch-demokratischen Umwälzung gewachsen, konnte diese Zusammenarbeit auch beim Aufbau des Sozialismus fortgesetzt und noch enger gestaltet werden.

Die Beschleunigung des wissenschaftlich-technischen Fortschritts, die zunehmende Anwendung industriemäßiger Methoden in der Landwirtschaft, das einheitliche sozialistische Bildungssystem für Stadt und Land und andere Faktoren verringern nach und nach die wesentlichen Unterschiede zwischen geistiger und körperlicher Arbeit und zwischen Stadt und Land. Diese Prozesse vertiefen zugleich die Gemeinschaft zwischen der Arbeiterklasse, den Genossenschaftsbauern und der sozialistischen Intelligenz. Der weitere Aufbau des Sozialismus geht so mit der weiteren Entwicklung dieser Bündnisbeziehungen einher. Auf dem Boden der revolutionären Weltanschauung der Arbeiterklasse nähern sich die Klassen und Schichten unserer Gesellschaft allmählich an. Immer fester wird die moralisch-politische Einheit des Volkes. Auch hier bestätigt sich, daß es zwischen Sozialismus und Kommunismus – den beiden Phasen einer einheitlichen ökonomischen Gesellschaftsformation – keine Mauer gibt.

Die Entwicklung der Deutschen Demokratischen Republik bestätigt, daß die Partei der Arbeiterklasse die Werktätigen beim Aufbau der neuen Ordnung nur dann richtig führen kann, wenn sie sich von den allgemeingültigen Gesetzmäßigkeiten der sozialistischen Revolution und des sozialistischen Aufbaus leiten läßt. Gerade das erfordert die schöpferische Anwendung des Marxismus-Leninismus auf die konkreten Bedingungen des Kampfes sowie die volle Ausschöpfung des reichen Erfahrungsschatzes der kommunistischen Weltbewegung, vor allem der KPdSU. Denn jede Revolution hat ihre konkreten Bedingungen und darum auch ihre spezifischen Eigenarten und Formen. Keine Revolution ist eine genaue Wiederholung einer anderen. Daher ist das tiefe Erfassen des Hauptinhaltes der jeweiligen Etappe des revolutionären Prozesses für die Entwicklung einer wissenschaftlich begründeten Strategie und Taktik von großer Bedeutung. Die Erfahrungen der KPdSU trugen nicht nur zur grundsätzlichen Orientierung unserer Politik bei, sondern halfen zugleich, in vielen praktischen Fragen die günstigsten Lösungswege zu finden.

Ganz im Sinne von Marx, Engels und Lenin hat unsere Partei die Frage der Macht stets als die Grundfrage der Revolution betrachtet. Auch der Aufstieg der DDR als sozialistischer Arbeiter-und-Bauern-Staat bekräftigt die internationale Gültigkeit der Leninschen Revolutionstheorie. Die Übergangsperiode vom Kapitalismus zum Sozialismus stellte auch bei uns einen einheitlichen revolutionären Prozeß dar. An der Spitze der Arbeiterklasse gelang es unserer Partei, den Kampf für eine antifaschistisch-demokratische Umgestaltung mit dem Kampf um den Sozialismus zu verbinden. Unter ständiger Berücksichtigung des Erreichten und bei genauer Analyse des Standes des Bewußtseins der Massen leiteten wir Schritt für Schritt die erste Etappe der Revolution in ihre zweite hinüber.

Unsere Erfahrungen erhärten: Die Zerschlagung des alten, bürgerlichen Staatsapparates in der antiimperialistischen, revolutionär-demokratischen Etappe ist für das Hinüberwachsen in die sozialistische Revolution entscheidend. Die Errichtung der politischen Herrschaft der Arbeiterklasse ist kein einmaliger Akt. Sie vollzog sich in unserem Lande in einem längeren revolutionären Umwälzungsprozeß. Das war kein friedlicher Prozeß, sondern harter Klassenkampf, der ein hohes Klassenbewußtsein der Arbeiterklasse sowie einen immer höheren Grad der Organisiertheit des von ihr geschaffenen neuen Staatsapparates erforderte.

Die Gründung der Deutschen Demokratischen Republik im Oktober 1949 krönte den Aufbau einer Staatsmacht, die erfolgreich die Funktionen der Diktatur des Proletariats auszuüben begann. Den ausländischen Imperialisten und den konterrevolutionären Kräften im eigenen Lande gelang es nicht, trotz Sabotage und Spionage, trotz Organisierung von »Republikfluchten« und trotz direkter Versuche, unsere Arbeiter-und-Bauern-Macht zu beseitigen, den Prozeß des Hinüberwachsens der antiimperialistisch-demokratischen Umwälzung in die sozialistische Revolution zu unterbrechen.

Die Übergangsperiode vom Kapitalismus zum Sozialismus war somit in unserem Lande sowohl durch außerordentlich günstige Faktoren als auch durch eine Reihe ungünstiger und komplizierter Momente gekennzeichnet. Durch den Aufschwung des revolutionären Weltprozesses im Zuge des Sieges der Sowjetarmee über den Hitlerfaschismus und durch die Anwesenheit sowjetischer Streitkräfte auf dem Territorium der DDR sowie durch die brüderliche Hilfe des ersten Landes des Sozialismus und der anderen Länder der sozialistischen Staatengemeinschaft ergaben sich für uns günstige Bedingungen zur Entwicklung der sozialistischen Revolution. Zugleich mußten wir den Sozialismus in einem Lande errichten, gegen das die imperialistischen Kräfte die diplomatische und zum Teil auch wirtschaftliche Blockade errichteten. Gestützt auf die imperialistischen Besatzungsmächte, restaurierte die Monopolbourgeoisie in der Bundesrepublik Deutschland erneut ihre Macht- und Besitzverhältnisse. Mit der Eingliederung dieses Staates in die NATO verfolgten die imperialistischen Kräfte in der BRD nicht zuletzt das Ziel, die Errungenschaften des Sozialismus in der DDR wieder zu beseitigen. Der Aufbau des Sozialismus in der Deutschen Demokratischen Republik, der sich während vieler Jahre bei offener Grenze zur imperialistischen BRD vollzog, stellte somit zugleich hohe Anforderungen, um den Frieden an einem äußerst wichtigen Abschnitt des Kampfes zwischen Sozialismus und Imperialismus zu sichern.

Entsprechend der marxistisch-leninistischen Auffassung von der Nation und der nationalen Frage, die wir Kommunisten niemals losgelöst von der Frage der sozialistischen Revolution betrachten, wurde es erforderlich, die sozialistische DDR konsequent von der imperialistischen BRD abzugrenzen. Im Bündnis mit den Staaten des Warschauer Vertrags sicherten wir am 13. August 1961 zuverlässig die Grenzen unseres Arbeiter-und-Bauern-Staates. Jene imperialistischen Kräfte, die mit kaltem Krieg, militärischer Drohung und ökonomischer Erpressung die Deutsche Demokratische Republik sozusagen in der Wiege ersticken wollten, wurden dadurch ernüchtert und zur Anerkennung der Realitäten gezwungen.

So vermochten wir durch die Stärkung des Sozialismus und durch seine konsequente Verteidigung einen beachtlichen Beitrag zur Sicherung des Friedens in Europa zu leisten. Die Entwicklung der DDR bestätigte somit auch jene Leninsche Voraussicht, wonach die einzelnen Nationen nicht auf genau die gleiche Art und Weise zum Sozialismus gelangen, für alle aber die Errichtung der politischen Herrschaft der Arbeiterklasse die unabdingbare Voraussetzung für den Aufbau des Sozialismus und seine Sicherung ist. Als allgemeingültig erwiesen sich auch die von Marx, Engels und Lenin begründeten und durch die Erfahrungen der Sowjetunion erhärteten Wesenszüge und grundlegenden Aufgaben der Diktatur des Proletariats. Auch in der DDR bestanden ihre Hauptfunktionen darin, die sozialistische Gesellschaft zu gestalten, dabei die Verbündeten der Arbeiterklasse zu sozialistischen Produktions- und Lebensformen zu führen, die sozialistische Demokratie zu entwickeln, den Widerstand der gestürzten Ausbeuterklasse zu brechen und den Schutz der neuen Ordnung gegen äußere Feinde zu gewährleisten.

Die Stärkung der Arbeiter-und-Bauern-Macht bleibt auch nach dem Sieg der sozialistischen Produktionsverhältnisse unser vorrangigstes Anliegen. Das hat der VIII. Parteitag der SED nachdrücklich unterstrichen und allen rechtssozialdemokratischen und revisionistischen Versuchen eine Abfuhr erteilt, mit antisozialistischen Konzeptionen unseren sozialistischen Staat zu unterwandern.

Auch die weitere Ausgestaltung der Staats- und Rechtsordnung, die Entwicklung der sozialistischen Demokratie erhielten durch den VIII. Parteitag der SED kraftvolle Impulse. Heute sind von rund 12 Millionen wahlberechtigten Bürgern über 200 000 gewählte Volksvertreter und mehr als eine halbe Million Mitglieder Ständiger Kommissionen und Aktive bei den Volksvertretungen. Über 300 000 Bürger unseres Staates wirken als ehrenamtliche Funktionäre in der sozialistischen Rechtspflege. Noch weitaus mehr Werktätige üben gesellschaftliche Funktionen in den Parteien und Massenorganisationen, in den Ausschüssen der Nationalen Front, als Elternvertreter in den Schulen, als ehrenamtliche Mitarbeiter der Arbeiter- und-Bauern-Inspektion aus. Daraus ergibt sich das Bild einer breit gefächerten, lebendigen sozialistischen Demokratie. In all diesen Gremien leisten die Werktätigen aktive und qualifizierte Arbeit, üben sie reale Macht aus. Die Kommunalwahlen im Mai dieses Jahres und die schöpferischen Initiativen der Bevölkerung bei der Vorbereitung des 25.Jahrestages der DDR verdeutlichen: Stark ist der sozialistische Staat vor allem durch die Aktivität der Partei, durch die bewußte Teilnahme seiner Bürger bei allen staatlichen, wirtschaftlichen und gesellschaftlichen Belangen.

Konsequent verwirklichen wir das Leninsche Prinzip des demokratischen Zentralismus. Dabei ist die Qualifizierung der zentralen staatlichen Leitung und Planung von ausschlaggebender Bedeutung. Durch eine Reihe von Gesetzen und anderen Maßnahmen wurden nach dem VIII. Parteitag der SED die zentralen staatlichen Organe – beginnend beim Ministerrat der DDR – befähigt, ihrer Verantwortung besser gerecht zu werden. Ist es bei der Gestaltung und Entwicklung der sozialistischen Gesellschaft objektiv notwendig, die sozialistische Demokratie zu entfalten, so erfordert das zugleich, die Rolle des sozialistischen Staates weiter zu erhöhen, der den Gesamtwillen der Arbeiterklasse und aller anderen Werktätigen repräsentiert. Erscheinungen des Bürokratismus und der Geringschätzung der Bedürfnisse der Werktätigen werden nicht geduldet.

Für unsere Partei ist das Wohl des Volkes bei allem, was wir tun, entscheidender Maßstab und oberstes Gebot. Bereits in den Jahren des Anfangs brachte die revolutionäre Umgestaltung der Gesellschaft große Errungenschaften für die Werktätigen. Die Betriebe wurden in die Hände des Volkes gegeben. Das Land erhielten jene, die es bebauen. Verwirklicht wurde das Recht auf Arbeit, auf Bildung und Erholung. Die Gleichberechtigung der Frauen und der Jugendlichen wurde reale Tatsache. Bereits in der Übergangsperiode vom Kapitalismus zum Sozialismus errang das werktätige Volk ein Maß an Freiheit, an Selbstbestimmung und an Möglichkeiten zur schöpferischen Entfaltung seiner Kräfte, das unter der Herrschaft des Monopolkapitals undenkbar ist.

Aber auch im Sozialismus fällt den Werktätigen nichts in den Schoß. Die Befriedigung ihrer wachsenden materiellen und geistig-kulturellen Bedürfnisse hängt vor allem ab von der Entwicklung der materiell-technischen Basis des Sozialismus, von der Höhe der Arbeitsproduktivität, von der Meisterung der wissenschaftlich-technischen Revolution, von der Entfaltung aller schöpferischen Fähigkeiten des Volkes, seiner Initiative und Bewußtheit.

Durch die Überführung der Betriebe in Volkseigentum und die ständige Mehrung des sozialistischen Eigentums wurde die entscheidende ökonomische Basis des Sozialismus – die sozialistische Großindustrie – geschaffen. Mit der Bildung von landwirtschaftlichen Produktionsgenossenschaften, die wir 1960 abschließen konnten, entstanden die sozialistischen Produktionsverhältnisse auf dem Lande. Die universelle Bedeutung des Leninschen Genossenschaftsplanes für die Überleitung der einfachen Warenproduktion in Stadt und Land zur gemeinsamen Produktion auf der Grundlage des kollektiven sozialistischen Eigentums trat dabei überzeugend zutage. So wurden die stabilen ökonomischen Fundamente für das unzerstörbare Bündnis zwischen der Arbeiterklasse und der Klasse der Genossenschaftsbauern gelegt.

Ausgehend von der nüchternen Einschätzung des erreichten Standes, steckte der VIII. Parteitag der SED neue, weit in die Zukunft reichende Ziele ab, die den Erfordernissen der Gestaltung der entwickelten sozialistischen Gesellschaft entsprechen. Mit der Ausgestaltung des Sozialismus wachsen die Möglichkeiten, die materiellen und geistig-kulturellen Bedürfnisse der Werktätigen noch stärker in den Mittelpunkt des Wirtschaftsplanes zu stellen und noch günstigere Bedingungen für die allseitige Entwicklung der Persönlichkeit der sozialistischen Gesellschaftsordnung zu schaffen. Der im ökonomischen Grundgesetz des Sozialismus enthaltene objektive Zusammenhang zwischen der Entwicklung der Produktion und den Bedürfnissen der Werktätigen wird immer unmittelbarer wirksam. Dem Rechnung tragend, stellte der VIII. Parteitag der SED als Hauptaufgabe die weitere »Erhöhung des materiellen und kulturellen Lebensniveaus des Volkes auf der Grundlage eines hohen Entwicklungstempos der sozialistischen Produktion, der Erhöhung der Effektivität, des wissenschaftlich-technischen Fortschritts und des Wachstums der Arbeitsproduktivität«[6].

Diese Hauptaufgabe, die mit den Erkenntnissen des XXIV. Parteitages der KPdSU und mit den Zielstellungen anderer Bruderparteien übereinstimmt, enthält den Kern unserer Wirtschaftspolitik und verdeutlicht das humanistische Wesen des Sozialismus und Kommunismus. Unlösbar sind in ihr die soziale Zielstellung und deren ökonomische Voraussetzung verknüpft. Die Fortschritte in der sozialistischen Lebensweise erfordern eine zunehmend hohe Effektivität der Arbeit. Gemäß den allgemeinen Entwicklungstendenzen und der konkreten ökonomischen Situation der DDR orientierte unsere Partei entschieden auf die Intensivierung der Produktion als den Hauptweg weiterer Leistungssteigerung.

In dem Vierteljahrhundert des Bestehens unserer Republik hat sich dank

---

6 Entschließung des VIII. Parteitages der Sozialistischen Einheitspartei Deutschlands zum Bericht des Zentralkomitees. In: Protokoll der Verhandlungen des VIII. Parteitages der Sozialistischen Einheitspartei Deutschlands, 15. bis 19. Juni 1971 in der Werner-Seelenbinder-Halle zu Berlin. 4. und 5. Beratungstag, Berlin 1971, S. 296.

der sozialistischen Planwirtschaft ihre ökonomische Kraft eindrucksvoll gesteigert. Während sich die Zahl der Beschäftigten in der materiellen Produktion kaum erhöhte, stieg das erzeugte Nationaleinkommen von 22 Milliarden Mark im Jahre 1949 auf über 126 Milliarden Mark im Jahre 1973. Das ist ein Wachstum auf das Fünfeinhalbfache. Im Jahre 1973 überschritt die volkseigene Industrie der DDR erstmals die 200-Milliarden-Grenze in der industriellen Warenproduktion und erreichte damit einen etwa achtmal höheren Wert als 1949.

Nach dem VIII. Parteitag gelang es, auf der Grundlage des Erreichten eine neue kräftige Aufwärtsentwicklung einzuleiten, in der Stabilität und Dynamik eine solide Verbindung eingegangen sind. Die Zustimmung der Werktätigen zu dieser Politik münzte sich in einen neuen Aufschwung der Arbeitsinitiative um, der das ganze Land erfaßte. Er gewann um so mehr an Stärke, je deutlicher die Menschen an den vielen Verbesserungen im Alltag des Lebens spürten, daß sich fleißige Arbeit lohnt. Große Aufmerksamkeit verwandte unsere Partei darauf, die Entfaltung des Wettbewerbs durch ökonomische und moralische Stimuli wirksam zu unterstützen. Dem Wesen der Sache nach erforderte das vor allem, die ökonomischen Gesetze des Sozialismus und ihr Wirken sorgfältig zu beachten und sie der gesamten Wirtschaftspolitik zugrunde zu legen; namentlich betrifft das das ökonomische Grundgesetz und das Gesetz der planmäßigen proportionalen Entwicklung der Volkswirtschaft. Die nüchterne Einschätzung unserer eigenen Möglichkeiten ist eine sichere Grundlage für unser weiteres Voranschreiten auf allen Gebieten des gesellschaftlichen Lebens.

Gestützt auf die Erfolge in der Produktion, konnten wir im bisherigen Verlauf des Fünfjahrplanes den entscheidenden Teil des vom VIII. Parteitag beschlossenen Sozialprogramms verwirklichen. Im Zentrum unserer sozialpolitischen Maßnahmen steht das Wohnungsbauprogramm. Es sieht vor, bis 1975 500 000 Wohnungen neu zu errichten, auszubauen oder zu modernisieren. Während der letzten drei Jahre konnten die Wohnverhältnisse für etwa 1 Million Bürger verbessert werden. Bis zum Jahre 1990 wollen wir in der DDR die Wohnungsfrage insgesamt gelöst haben. Durch die Erhöhung der Renten, die Anhebung von Löhnen und Gehältern, durch die großzügige Unterstützung junger Ehen und kinderreicher Familien, durch den Ausbau des Gesundheitswesens und die Schaffung neuer Erholungsmöglichkeiten verbesserte sich die Lebenslage der Werktätigen spürbar.

Auch manche neue Formen des Übergangs zu sozialistischen Produktionsverhältnissen haben wir im Rahmen und auf der Grundlage der allgemeingültigen Gesetzmäßigkeiten des sozialistischen Aufbaus nach dem VIII. Parteitag erfolgreich erprobt. So hielt die SED im Jahre 1972 den Zeitpunkt für herangereift, die sozialistischen Produktionsverhältnisse weiter zu vervollkommnen und zu festigen. Fast 11 000 Betriebe mit staatlicher Beteiligung, private Industrie- und Baubetriebe sowie industriell produzierende Produktionsgenossenschaften wurden durch Aufkauf in Volkseigentum überführt. Diese revolutionäre Tat führte zu einer bedeutenden Stärkung der sozialistischen Produktionsverhältnisse, zur Steigerung der Produktion und zu höherer Effektivität.

Den Grunderkenntnissen des Marxismus-Leninismus entspricht es bekanntlich, daß das neue gesellschaftliche Sein im Sozialismus ein neues gesellschaftliches Bewußtsein hervorbringt und das neue gesellschaftliche Bewußtsein wiederum auf das Sein aktiv zurückwirkt.

Mit Stolz und Freude stellen wir im Jubiläumsjahr der Deutschen Demokratischen Republik fest, daß sich mit der sozialistischen Revolution auf dem Gebiet der Ideologie und Kultur zugleich der Prozeß einer umfassenden Entfaltung aller Fähigkeiten und Talente der Menschen vollzogen hat. Dieser Erfolg ist um so höher zu bewerten, als nach zwölfjährigem faschistischem Regime nicht nur die Trümmer des Krieges, sondern auch der Ungeist des Militarismus, Chauvinismus, Nationalismus und Rassismus zu beseitigen waren. Immer stärker gelingt es unserer Partei, die Werktätigen zu befähigen, daß sie – um mit den Worten von Friedrich Engels zu sprechen – die Gesetze ihres eignen gesellschaftlichen Tuns immer stärker mit voller Sachkenntnis anwenden und mit vollem Bewußtsein ihre Geschichte selbst machen.[7] Und dieser Prozeß von nie gekanntem Ausmaß konnte nicht zuletzt auch darum gut vorankommen, weil unsere Partei seit ihrer Gründung der umfassenden, systematischen ideologischen Stählung ihrer Mitglieder und Kader größte Aufmerksamkeit schenkte und auch weiterhin schenkt.

Wie die Klassiker des Marxismus-Leninismus vorausgesehen haben, sind die konsequente Überwindung der bürgerlichen Ideologie, die Aneignung der revolutionären Traditionen und des humanistischen geistigen Erbes, die Durchsetzung der sozialistischen Ideologie entscheidende Voraussetzungen für die Herausbildung sozialistischer Persönlichkeiten und Kollektive. Bei der Gestaltung der entwickelten sozialistischen Gesellschaft sind die Förderung des sozialistischen Bewußtseins der Menschen und die Auseinandersetzung mit der imperialistischen Ideologie eine ständige Aufgabe. Mehr noch, die wachsenden Dimensionen unseres Vorwärtsschreitens in der um die Sowjetunion zusammengeschlossenen sozialistischen Staatengemeinschaft sowie die Verschärfung des internationalen Klassenkampfes auf ideologischem Gebiet stellen höhere Anforderungen an die ideologische

---

7 Siehe Friedrich Engels: Die Entwicklung des Sozialismus von der Utopie zur Wissenschaft. In: Karl Marx/Friedrich Engels: Werke, Bd. 19, S. 226.

Arbeit. Deshalb ist und bleibt die ideologische Arbeit der SED das Herzstück der Parteiarbeit.

Wie alle unsere Erfahrungen belegen, nimmt auf dem Wege zur entwickelten sozialistischen Gesellschaft das internationalistische Wesen des Sozialismus eine neue Qualität an. Die allseitige Zusammenarbeit unserer um die Sowjetunion zusammengeschlossenen Länder wird immer enger und fruchtbarer.

Überzeugender denn je wird sichtbar, daß der Sozialismus ein lebendiger, dynamisch wachsender Organismus ist, der sich ständig vervollkommnet und seinen Einfluß auf das internationale Geschehen erhöht. Dabei wirft das Leben vielfältige Fragen auf, die ständiger kollektiver Beratung und theoretischer Verallgemeinerung bedürfen. Die Anforderungen an die führende Rolle der marxistisch-leninistischen Parteien nehmen zu. In schöpferischer Zusammenarbeit wird ein sicheres Fundament für eine gemeinsame wissenschaftlich begründete strategische Linie und für die Festlegung entsprechender politischer Maßnahmen geschaffen, die der immer engeren Gemeinsamkeit unserer Staaten und Völker dienen. Das betrifft alle Hauptrichtungen ihres Zusammenwirkens: die sozialistische ökonomische Integration, die Koordinierung der Innen-, Außen- und Militärpolitik, das gemeinsame ideologisch-theoretische Wirken.

Wie auch die Erfahrungen der DDR beweisen, ist die harmonische Verbindung der nationalen Interessen eines jeden sozialistischen Staates mit den allgemeinen internationalen Interessen des Sozialismus eine Grundbedingung für die weitere Festigung der sozialistischen Staatengemeinschaft und bringt jedes sozialistische Land voran. Die Lösung der vor den sozialistischen Staaten und vor der Gemeinschaft insgesamt stehenden neuen Probleme fordert und fördert ein internationalistisches Herangehen an alle Fragen. Dabei erweist sich die sozialistische ökonomische Integration auf der Grundlage des 1971 angenommenen Komplexprogramms des Rates für Gegenseitige Wirtschaftshilfe als Hauptkettenglied für die Stärkung des Weltsozialismus. Diesen Prozeß zu beschleunigen, darin sehen wir eine entscheidende Aufgabe der Gegenwart.

Durch die Verflechtung der Volkswirtschaften der Staaten der sozialistischen Gemeinschaft werden neue Reserven freigesetzt, wächst ihre internationale Ausstrahlungskraft. Die Plankoordinierung zu vervollkommnen, langfristige gemeinsame Konzeptionen für wichtige Wirtschaftszweige auszuarbeiten, die internationalen Wirtschaftsvereinigungen systematisch auszubauen und ihre Zahl zu vergrößern – all das sind wichtige Schritte, um die von den Bruderparteien beschlossenen Hauptaufgaben erfolgreich zu lösen. Die sozialistische ökonomische Integration bietet die günstigsten Möglichkeiten, um die Vorzüge des Sozialismus mit der wissenschaftlich-technischen Revolution wirkungsvoll zu verbinden. Bei der Sicherung der Energie- und Rohstoffbasis gehen wir ebenfalls den Weg vereinter Anstrengungen mit den anderen Mitgliedsländern des RGW. In diesem Sinne beteiligt sich die DDR auch an entsprechenden Investitionen in den Bruderländern, vor allem in der UdSSR.

Die gemeinsame Arbeit führt nicht zuletzt zu vielfältigen und qualitativ neuen Beziehungen zwischen den Werktätigen unserer Staaten. Es verstärken sich das Bewußtsein internationalistischer Zusammengehörigkeit und die Erkenntnis, daß dieses Miteinander sowohl die Potenzen der Gemeinschaft als auch die Möglichkeiten jedes sozialistischen Landes beträchtlich vergrößert. Der VIII. Parteitag der SED hat der internationalistischen Haltung der Bürger der DDR große Aufmerksamkeit gewidmet. Sorgfältig wertet unsere Partei die Ergebnisse der Beratung von Sekretären der Zentralkomitees von neun Bruderparteien aus, die im Dezember 1973 in Moskau wichtige Festlegungen für die Vertiefung der Zusammenarbeit auf ideologischem Gebiet getroffen haben. Die Auseinandersetzung mit allen Erscheinungsformen des Antisowjetismus, des Antikommunismus, ganz gleich, ob imperialistischer oder maoistischer Prägung, bleibt ein Grundanliegen der Politik unserer Partei.

Mit dem Ziel, günstige äußere Bedingungen für den Aufbau des Sozialismus und für den Vormarsch aller revolutionären Kräfte in der Welt zu schaffen, vereinen wir mit den anderen Bruderländern unsere Aktivitäten zur Sicherung des Friedens. Die Abstimmung und gemeinsame Verwirklichung der Außenpolitik betrachten wir als eine hervorragende Errungenschaft der sozialistischen Staatenfamilie. Dabei ist es das vorrangige außenpolitische Anliegen der DDR, daran mitzuwirken, daß das vom XXIV. Parteitag der KPdSU beschlossene Friedensprogramm voll verwirklicht wird. Ausgehend davon, leistet sie einen konstruktiven Beitrag dafür, daß die Völker Gegenwart und Zukunft ohne imperialistische Kriege gestalten können.

Die DDR hat immer wieder die große Kraft der internationalen Solidarität gespürt und selber Solidarität geübt. Wenn die vom Imperialismus jahrzehntelang über den sozialistischen deutschen Staat verhängte diplomatische Blockade durchbrochen werden konnte, wenn die DDR heute zu 111 Staaten der Welt diplomatische Beziehungen unterhält, wenn sie als gleichberechtigtes Mitglied in der Organisation der Vereinten Nationen wirkt, so ist das vor allem ein Ergebnis der solidarischen Hilfe, die ihr von der Sowjetunion, den anderen sozialistischen Ländern und allen fortschrittlichen Kräften zuteil wurde.

Mit Genugtuung können wir feststellen, daß die sozialistische Staatengemeinschaft im Kampf um internationale Entspannung und einen dauerhaften Frieden bedeutende Ergebnisse erreicht hat. Vor allem dank der Initiativen der Sowjetunion sind gerade auch in Europa entscheidende Voraussetzungen für eine lange Fortdauer der jetzigen Friedensperiode zustande gekommen. Mit der völkerrechtlichen Fixierung der Unverletzlichkeit der nach dem zweiten Weltkrieg entstandenen Grenzen in Verträgen und Vereinbarungen zwischen Staaten entgegengesetzter Gesellschaftssysteme – so auch zwischen der Deutschen Demokratischen Republik und der Bundesrepublik Deutschland – wurde ein Eckpfeiler für die Sicherheit und Zusammenarbeit auf unserem Kontinent und gleichzeitig für die Festigung der Souveränität der DDR errichtet.

Die SED als revolutionäre Vorhut der Arbeiterklasse der DDR ist untrennbarer Bestandteil der kommunistischen Weltbewegung und unterstützt alle Schritte zur weiteren Festigung ihrer politischen und ideologischen Einheit und Geschlossenheit. Wie bisher, so wird sie auch künftig stets an der Seite der gegen imperialistische Aggression, Ausbeutung und Neokolonialismus kämpfenden Völker zu finden sein. Sie wird ihre internationalistische Pflicht auch weiterhin nach besten Kräften erfüllen.

Erich Honecker: Reden und Aufsätze, Bd. 3, Berlin 1978, S. 144–161.

Zusammenschluß um die SED – sichere Gewähr für das Glück der Jugend

*Interview der »Jungen Welt«
aus Anlaß des 70. Jahrestages
der organisierten deutschen Arbeiterjugendbewegung
10. Oktober 1974*

Frage:
Am 10. Oktober 1904 wurde in Berlin, im damaligen Klubhaus »Pachura«, an der heutigen Leninallee, der erste selbständige deutsche Verein der Lehrlinge und jugendlichen Arbeiter gegründet. Welche Bedeutung kommt diesem historischen Ereignis zu?

Antwort:
Die Gründung des »Vereins der Lehrlinge und jugendlichen Arbeiter« war die Geburtsstunde der organisierten deutschen Arbeiterjugendbewegung. Noch im gleichen Monat entstand der »Verband der jungen Arbeiter Mannheims«. Dieses bedeutsame Ereignis entsprach den Erfordernissen des Klassenkampfes zu Beginn unseres Jahrhunderts beim Übergang des vormonopolistischen Kapitalismus zum Imperialismus. Damals war fast jeder dritte Arbeiter in Deutschland nicht älter als 20 Jahre. Die über 4 Millionen Jungarbeiter, zu denen mehr als 800 000 Lehrlinge gehörten, wurden von den Kapitalisten und dem imperialistischen Staat besonders scharf ausgebeutet und unterdrückt. Um sich gemeinsam, gestützt auf die Kraft der Organisation, gegen die menschenunwürdigen Lebensbedingungen zur Wehr zu setzen, schloß sich die Arbeiterjugend zusammen.

Karl Liebknecht, den wir mit Recht als den Begründer der deutschen Arbeiterjugendbewegung bezeichnen können, hatte maßgeblichen Einfluß auf deren revolutionäre Erziehung. Es galt, der jungen Generation, vorwiegend dem Nachwuchs der Arbeiterklasse, die Lehren von Marx und Engels nahezubringen und sie zur aktiven Teilnahme am Kampf für den Sturz des Kapitalismus und den Aufbau der sozialistischen Gesellschaft zu gewinnen.

Von der Gründung des »Vereins der Lehrlinge und jugendlichen Arbeiter« über die Jugendorganisationen der revolutionären deutschen Arbeiterbewegung bis zur Gründung und Entwicklung der Freien Deutschen Jugend als sozialistische Massenorganisation führte ein langer, oft komplizierter Weg. Millionen von hervorragenden Revolutionären, Kämpfern gegen den Imperialismus und aktiven Erbauern des Sozialismus wurden erzogen und herangebildet. So ist die Geschichte der revolutionären Arbeiterjugendbewegung in den vergangenen 70 Jahren die Geschichte der Gewinnung und Organisation der Jugend für den Kampf der Arbeiterklasse, die Geschichte des Wirkens der organisierten revolutionären Jugendbewegung als Helfer und Reserve der Partei.

Mit der Gründung der Deutschen Demokratischen Republik und ihrem 25jährigen Werdegang wurden zum erstenmal die jahrzehntelangen Träume und Hoffnungen der Arbeiterjugend verwirklicht. Als würdige Erbin und Fortsetzerin ihrer revolutionären Traditionen erwies sich die FDJ durch ihre Leistungen für unseren sozialistischen Staat.

Frage:
In der 25jährigen Entwicklung der DDR wurden die grundlegenden Ziele der revolutionären Arbeiterjugendbewegung durch die fürsorgende Politik der Sozialistischen Einheitspartei Deutschlands verwirklicht. Welche Lehren aus der Geschichte der revolutionären deutschen Arbeiterjugendbewegung halten Sie, Genosse Honecker, für besonders aktuell?

Antwort:
Die wichtigste Lehre ist zweifellos, daß nur der Sozialismus und Kommunismus der Jugend eine Perspektive geben kann, die mit ihren eigenen Lebensinteressen übereinstimmt. Erst im Sozialismus kann die junge Generation unter Führung der Arbeiterklasse und ihrer marxistisch-leninistischen Partei alle Fähigkeiten, Kräfte und Talente im Interesse des gesellschaftlichen Fortschritts voll entfalten.

Die Geschichte des Klassenkampfes und die Gegenwart beweisen nachhaltig, daß die zum Untergang verurteilte kapitalistische Gesellschaft keines der grundlegenden Lebensprobleme der Jugend lösen kann. Noch heute steht in den entwickelten Ländern des Monopolkapitals, so auch in der BRD, die Verwirklichung vieler Kampfziele auf der Tagesordnung, die die Arbeiterjugend bereits vor 70 Jahren auf ihre Fahnen schrieb.

Die Erfahrungen der revolutionären Arbeiterjugendbewegung zeigen weiter, daß die Jugend ihre Interessen und Ziele nur dann erfolgreich vertreten kann, wenn ihre Organisationen unter der Führung einer marxistisch-leninistischen Partei arbeiten und kämpfen. Nur eine revolutionäre

Arbeiterpartei vermag die Aktivitäten der Jugend auf ein einheitliches Ziel zu lenken und in die revolutionäre Gesamtbewegung einzugliedern. Unsere Partei hat diese Erfahrungen stets berücksichtigt und der Arbeit mit der Jugend, der Hilfe und Unterstützung für die FDJ größte Aufmerksamkeit gewidmet. Zu Recht sieht die Jugend unseres Landes im engen Zusammenschluß um die SED eine sichere Gewähr für ihre glückliche Zukunft.

Zu den wertvollsten Traditionen der revolutionären Jugendbewegung gehört auch ihre enge Verbundenheit mit dem Kampf der internationalen Arbeiterklasse und der revolutionären Befreiungsbewegung. Die kämpferische Solidarität im Geiste des proletarischen Internationalismus war immer eine wichtige Schule dafür. Besonders stolz sind wir auf die Traditionen der festen Freundschaft zur Sowjetunion. Es ist vor allem der KPD unter der Führung unseres Genossen Ernst Thälmann zu verdanken, daß sich schon früh zwischen dem KJVD und dem Leninschen Komsomol enge brüderliche Beziehungen entwickelten.

Vom ersten Tag der Gründung der FDJ an war es uns Herzenssache, diese Tradition auf neuer Grundlage fortzuführen. Heute eröffnen sich durch den Zusammenschluß der sozialistischen Staatengemeinschaft um die Sowjetunion und die sozialistische ökonomische Integration neue grandiose Horizonte und begeisternde Aufgaben für die Jugend.

Frage:
Die jungen Arbeiter und fortschrittlichen Jugendlichen erweisen sich seit nunmehr 70 Jahren in einer selbständigen Organisation als leidenschaftliche Mitstreiter der revolutionären Arbeiterbewegung. Welche Bedeutung messen Sie, Genosse Honecker, dieser Kampfgemeinschaft zwischen jungen und kampferprobten Arbeitern bei?

Antwort:
In ihrer 70jährigen Geschichte verstand sich die revolutionäre deutsche Jugendbewegung stets als untrennbarer Bestandteil der revolutionären Arbeiterbewegung. Viele Ereignisse zeugen von ihrem Heldenmut und ihrer Bereitschaft, sich im Klassenkampf zu bewähren. Daran hatten die Führer der deutschen Arbeiterbewegung, insbesondere Karl Liebknecht, Rosa Luxemburg, Clara Zetkin, Ernst Thälmann und Wilhelm Pieck, großen persönlichen Anteil. Sie scheuten keine Mühe und keinen Einsatz, um die Jugend an die revolutionäre Arbeiterbewegung heranzuführen und eine enge Kampfgemeinschaft verschiedener Generationen der Arbeiterklasse zu schmieden. Dabei gingen sie von den gemeinsamen Interessen bei der Verwirklichung der historischen Mission der Arbeiterklasse aus. Ich möchte daran erinnern, daß Ernst Thälmann auf der Reichsparteikonferenz der

KPD 1932 der gesamten Partei noch einmal die Gewinnung der Jugend ans Herz legte und erklärte, diese Aufgabe sei von dem großen Ziel der Eroberung der Mehrheit der Arbeiterklasse nicht zu trennen.

Seit ihrer Gründung war unsere Partei bemüht, in diesem Sinne zu handeln. So gingen wir nach 1945 daran, die Jugend vom Einfluß der Naziideologie zu befreien und sie aktiv in die antifaschistisch-demokratische Umgestaltung des Lebens einzubeziehen.

Es gehört, wie ich denke, zu den ehrenvollsten Pflichten eines Kommunisten, sich um die klassenmäßige Erziehung des Nachwuchses der Arbeiterklasse zu sorgen und die Kampfgemeinschaft zwischen jung und alt, die sich im Leben unserer DDR tausendfach bewährt, zu hüten und zu fördern.

Frage:
Genosse Honecker, Sie sprachen am 11. Oktober 1949 als damaliger Vorsitzender der Freien Deutschen Jugend während des Fackelzuges anläßlich der Gründung der Deutschen Demokratischen Republik das Gelöbnis der jungen Generation. Welche Gedanken bewegen Sie, wenn Sie sich heute an diese erste große Manifestation der Jugend der DDR erinnern?

Antwort:
An jenem denkwürdigen 11. Oktober 1949 wählte die Provisorische Volkskammer der DDR den von uns allen verehrten und geschätzten Genossen Wilhelm Pieck zum ersten Präsidenten unseres Arbeiter-und-Bauern-Staates. Mit dem historischen Fackelzug, der großen Massendemonstration anläßlich der Gründung der DDR, legte die Jugend ihr leidenschaftliches Bekenntnis zu unserem Staat ab und gelobte, all ihr Wissen und ihre Kraft für sein Erstarken einzusetzen. Heute können wir sagen: Sie hat ihr Gelöbnis in Ehren erfüllt. Es entwickelte und bewährte sich eine neue junge Generation von Erbauern des Sozialismus. Voran die Mitglieder der Freien Deutschen Jugend, gewannen immer mehr junge Menschen eine feste sozialistische Überzeugung und erkannten, daß sich Klassenbewußtsein vor allem durch die aktive Teilnahme an der ökonomischen, politischen und militärischen Stärkung der DDR ausdrückt.

In unserer Mitte sind Zehntausende junge Arbeiterpersönlichkeiten herangewachsen, die sich durch eine hohe Klassenmoral und vorbildliche Eigenschaften auszeichnen. Durch ihre neue Einstellung zur Arbeit und ihre Leistungen beweisen sie täglich, daß sie den ständig steigenden Anforderungen der gesellschaftlichen Entwicklung im Sozialismus gerecht werden und ihr eigene Impulse geben. Wir schätzen an den jungen Arbeitern, daß viele von ihnen ständig nach neuen Möglichkeiten der Bewährung im Prozeß der Arbeit suchen.

Mit der Geschichte unseres Staates ist die Geschichte der FDJ, sind die Taten der Jugend beim sozialistischen Aufbau untrennbar verbunden. Bei der Verwirklichung der Beschlüsse des VIII. Parteitages der SED steht die Jugend an hervorragender Stelle. Wenn sie vor wenigen Tagen während des begeisternden Fackelzuges ihr Gelöbnis erneuerte, dann erinnern wir uns nicht nur an die Oktobertage vor 25 Jahren, sondern blicken gemeinsam weit in die Zukunft. Gleich einem Stafettenstab wurden die Fackeln an eine neue Generation weitergereicht, die den Kapitalismus nicht mehr am eigenen Leibe kennenlernt. Sie kann ihre schöpferischen Kräfte, ihre Kenntnisse und Fähigkeiten voll zum Wohle des Volkes, für ihre glückliche Gegenwart und Zukunft einsetzen. Aufgewachsen in einer Welt, in der die historische Initiative dem Sozialismus gehört, nimmt die Jugend am großen Werk der Gestaltung der neuen Gesellschaft teil. Sie dafür zu befähigen – darin sehen wir eine der wichtigsten und verantwortungsvollsten Aufgaben unserer Zeit.

Frage:
In den letzten Jahren ist das politische Bewußtsein der jungen Generation auf allen Kontinenten sehr gewachsen. Die progressive Jugend schließt sich immer enger der revolutionären Arbeiterbewegung, dem antiimperialistischen Kampf der Völker an. Welchen Beitrag leistet die demokratische Weltjugend für den gesellschaftlichen Fortschritt?

Antwort:
Tatsächlich haben das politische Bewußtsein und die gesellschaftliche Aktivität der Jugend in der Welt deutlich zugenommen. In den Ländern der sozialistischen Gemeinschaft wirkt die Jugend, voran die fast 50 Millionen Mitglieder der Jugendverbände, bewußt und mit hoher Verantwortung an der erfolgreichen Gestaltung des Sozialismus und Kommunismus mit. Das Beispiel gibt der Leninsche Komsomol. Was die entwickelten kapitalistischen Staaten betrifft, in denen die Jugend die Folgen der Verschärfung der allgemeinen Krise des Kapitalismus zu spüren bekommt, so reihen sich immer mehr Jugendliche, vor allem junge Arbeiter, in den Kampf gegen das System der Monopole ein. Bedeutend ist auch der Anteil der Jugend in den jungen Nationalstaaten am antiimperialistischen Kampf der Völker, am Ringen um nationale Unabhängigkeit, Demokratie und gesellschaftlichen Fortschritt.

Ohne Zweifel sind entscheidende Ursachen dafür, daß sich das internationale Kräfteverhältnis ständig zugunsten des Friedens und des Sozialismus verändert, daß die Ideen des Marxismus-Leninismus, daß die Wirklichkeit des Sozialismus an Ausstrahlung und Anziehungskraft gewinnen. Am

Aufschwung der progressiven internationalen Jugendbewegung sind – und das möchte ich hervorheben – die Repräsentanten der demokratischen Weltjugend, der WBDJ und der ISB, maßgeblich beteiligt.

Die X. Weltfestspiele der Jugend und Studenten waren ein lebendiger Beweis dafür, daß es heute möglich ist, große Teile der Jugend der Welt unterschiedlichster Herkunft und gesellschaftlicher Stellung, Weltanschauung und politischer Organisationen für Frieden, Freundschaft und antiimperialistische Solidarität zusammenzuschließen. Natürlich übersehen wir nicht, daß dieses wachsende Streben nach einer Alternative zum kapitalistischen System und der zunehmende Einfluß der Kommunisten auf die Jugend eine rege Gegenaktivität der Bourgeoisie ausgelöst haben. So verstärken sich die antikommunistischen Angriffe gegen progressive Jugendorganisationen: Rechte und »linke« extremistische Strömungen unter der Jugend werden belebt. All das soll dazu dienen, die Jugend von den gesellschaftlichen Hauptproblemen, von der Teilnahme am Klassenkampf abzulenken. Aber es ist der Zug der Zeit, daß das politische Bewußtsein der Jugend, ihre Bereitschaft zum Handeln ständig wachsen. Er läßt sich nicht aufhalten.

Frage:
Unsere Republik ist an der Seite der Sowjetunion und inmitten der sozialistischen Staatengemeinschaft zu einem stabilen sozialistischen Staat mit hoher internationaler Autorität gewachsen. Die junge Generation der DDR hat als Teil unseres Volkes Wesentliches für diese Entwicklung geleistet. Welche Aufgaben werden die nächsten Jahre und Jahrzehnte bei der Gestaltung der entwickelten sozialistischen Gesellschaft für die Jugend bringen?

Antwort:
Die Bilanz eines Vierteljahrhunderts der Entwicklung unseres Staates im engen Bündnis mit der Sowjetunion und als Bestandteil der sozialistischen Völkerfamilie sind ein gutes Fundament für die Meisterung der Aufgaben der Zukunft und ein realer Boden für historischen Optimismus.

Bei der weiteren Verwirklichung der Beschlüsse des VIII. Parteitages der SED werden unsere Anstrengungen darauf gerichtet bleiben, die Macht und Stärke des Sozialismus unablässig zu festigen. Dazu gehört, durch unsere beharrliche Politik des Friedens und der Entspannung die günstigsten äußeren Bedingungen zu schaffen. Auf diesem Weg wird es möglich sein, in den nächsten Jahren und Jahrzehnten die Überlegenheit des Sozialismus noch deutlicher sichtbar zu machen. Für die heute heranwachsende Jugend wird es eine historische Aufgabe und ein ehrenvoller Auftrag sein, sich durch ihre schöpferische Mitarbeit an diesen großen Zielen auf die kommunistische Zukunft vorzubereiten. Das ist eine wahrhaft begeisternde Perspektive. Zum erstenmal in der Geschichte der revolutionären deutschen Arbeiterjugendbewegung ist eine solche historische Aufgabe für die Jugend real.

Während der nächsten Jahre und Jahrzehnte werden die weitere Annäherung unserer Republik an die Sowjetunion, die allseitige Zusammenarbeit mit den sozialistischen Bruderstaaten und die sozialistische ökonomische Integration alle Seiten unseres Lebens immer mehr durchdringen. Diese Entwicklung stellt neue Ansprüche an das Bewußtsein und an die Bildung, an die Moral und Lebensweise der Jugend. In der tiefen Ausprägung ihres patriotischen und internationalistischen Denkens und Handelns sehen wir deshalb das wichtigste Anliegen der Erziehung in der Gegenwart.

Wir sind zutiefst davon überzeugt, daß die FDJ sich stets als treuer Helfer der Partei der Arbeiterklasse erweisen und die Jugend der DDR vor den Aufgaben der Zukunft in Ehren bestehen wird.

Erich Honecker: Reden und Aufsätze, Bd. 3,
Berlin 1978, S. 191–198.

Der Marxismus-Leninismus – Bauplan unserer neuen Welt

*Aus der Rede zur Eröffnung
des Parteilehrjahres 1974/75
in Karl-Marx-Stadt
21. Oktober 1974*

Liebe Genossinnen und Genossen!
Mit dem Parteilehrjahr 1974/75, das wir heute eröffnen, setzen wir den bewährten Weg unserer Bildungsarbeit fort. Er bietet allen Mitgliedern und Kandidaten der Sozialistischen Einheitspartei Deutschlands eine gute Möglichkeit, sich den ideologischen Reichtum unserer Partei noch tiefer zu erschließen. Das eng mit dem Leben verbundene Studium der Grundlagen der marxistisch-leninistischen Theorie, die schöpferische Aneignung der Lehre von Marx, Engels und Lenin und der rege Gedankenaustausch befruchten die gesamte Tätigkeit der Partei. Das nun beginnende Parteilehrjahr wird somit eine wertvolle Hilfe sein, um die vom VIII. Parteitag der SED beschlossenen Ziele zum Wohle der Arbeiterklasse, der Genossenschaftsbauern, zum Wohle des ganzen Volkes weiter zu verwirklichen.

Der wissenschaftliche Sozialismus ist die revolutionäre Weltanschauung der Arbeiterklasse. Sie ist Anleitung zum Handeln für die grundlegende Veränderung des menschlichen Daseins, für die Befreiung von kapitalistischer Ausbeutung und Unterdrückung, für die Gestaltung der neuen Gesellschaft. Mit dieser Bestimmung wurde die gewaltige Theorie geschaffen. Darin liegt nicht nur ihr schöpferisches Wesen, sondern auch ihre Kraft als heller Leitstern unseres Kampfes. Der Kommunismus ist, wie Marx und Engels feststellten, »eine höchst praktische Bewegung ..., die praktische Zwecke mit praktischen Mitteln verfolgt ...«[1]

In unserer Zeit erweisen sich Richtigkeit und Allmacht der genialen

---

1 Karl Marx/Friedrich Engels: Die deutsche Ideologie. In: Werke, Bd. 3, S. 196.

Ideen von Marx, Engels und Lenin durch weltweite Wandlungen zugunsten des Sozialismus und des Friedens wie niemals zuvor. Die Große Sozialistische Oktoberrevolution gab der Geschichte eine neue Richtung. Der Sozialismus und die Kräfte des Friedens wurden zur einflußreichsten Macht in der Welt. Im Bunde mit der Sowjetunion, die den Kommunismus erbaut und dabei dem Menschheitsfortschritt immer weiter Bahn bricht, gewinnt die sozialistische Gemeinschaft ständig an Stärke. Sie löst erfolgreich vielfältige, oftmals komplizierte Probleme der gesellschaftlichen Entwicklung. Um so deutlicher tritt zutage, daß der von der Krise geschüttelte Kapitalismus unfähig ist, auf die Lebensfragen der Völker Antwort zu geben. Das Beispiel des Sozialismus strahlt dynamisch auf alle Abschnitte des antiimperialistischen Kampfes aus. Es beflügelt die Aktionen der internationalen Arbeiterklasse und der nationalen Befreiungsbewegung. Gerade heute bewahrheitet sich voll und ganz die marxistisch-leninistische Erkenntnis, daß der real existierende Sozialismus in der internationalen Arena alle großen sozialen Entscheidungen maßgeblich beeinflußt. Er fördert zugleich machtvoll jenen Prozeß, in dem es darum geht, der Menschheit einen dauerhaften Frieden zu sichern.

Unsere Deutsche Demokratische Republik, deren 25. Gründungstag wir soeben gefeiert haben, ist in der Welt des Sozialismus fest verankert. Das erfüllt uns alle mit Stolz und Zuversicht. Jeden werden die Worte der brüderlichen Verbundenheit zutiefst bewegt haben, mit denen der Generalsekretär des Zentralkomitees der Kommunistischen Partei der Sowjetunion, Genosse Leonid Iljitsch Breshnew, auf der Festveranstaltung in Berlin das Gewicht und die Tragweite dessen charakterisierte, was während dieses Vierteljahrhunderts in unserem Lande geschah. Er bezeichnete die Geburt und die erfolgreiche 25jährige Entwicklung des ersten Arbeiter-und-Bauern-Staates in der Heimat von Karl Marx und Friedrich Engels als wichtige Marksteine beim Voranschreiten des Weltsozialismus. Es sind Marksteine auf dem Wege, den der Sieg des Großen Oktober für die Menschheit gebahnt hat. Mit ihren Erfahrungen beim Aufbau des Sozialismus in einem industriell entwickelten Land, so sagte Genosse Breshnew, hat unsere Partei, hat unsere Republik das marxistisch-leninistische Gedankengut wesentlich bereichert. Das, liebe Genossinnen und Genossen, ist eine sehr hohe Einschätzung der Tätigkeit unserer Partei, unseres Kampfbundes von Gleichgesinnten. Angesichts dieser Einschätzung empfinden wir unsere patriotische und zugleich internationalistische Verantwortung noch deutlicher. Niemand wird in der Lage sein, uns auf dem Vormarsch in die lichte Zukunft des Kommunismus aufzuhalten.

In wenigen Monaten jährt sich zum 30. Mal der Tag der Befreiung vom Hitlerfaschismus. Niemals werden wir vergessen, daß der Sieg der Helden der Sowjetunion im Großen Vaterländischen Krieg das Fundament legte, auf dem wir unseren Staat gründeten. Die Kampfgemeinschaft zwischen der Kommunistischen Partei der Sowjetunion und unserer Sozialistischen Einheitspartei Deutschlands, der Bruderbund zwischen der Deutschen Demokratischen Republik und der Union der Sozialistischen Sowjetrepubliken sind das Unterpfand dafür, daß die Arbeiterklasse in unserem Land ihre historische Mission erfüllen und zusammen mit dem ganzen Volk die sozialistische Gesellschaft errichten kann. Aufs neue erklären wir: Wie der Sieg des Sozialismus in unserer Republik endgültig und unwiderruflich ist, so ist auch unser brüderliches Bündnis mit der Sowjetunion für alle Zeiten endgültig und unwiderruflich. Endgültig und unwiderruflich ist, daß die Deutsche Demokratische Republik zu der um das Land Lenins gescharten sozialistischen Gemeinschaft gehört.

Es ist erst wenige Tage her, da eine Partei- und Regierungsdelegation der DDR in der befreundeten ČSSR weilte. Mit Freude erfülle ich den Auftrag, allen Werktätigen, allen Erbauern des Sozialismus in der Deutschen Demokratischen Republik die brüderlichen Grüße des tschechoslowakischen Volkes zu übermitteln. Dieser Besuch war ein erneuter eindrucksvoller Beweis für das enge Bündnis mit unseren tschechoslowakischen Genossen und drückte darüber hinaus die neuen Beziehungen aus, die sich zwischen den Staaten der sozialistischen Gemeinschaft herausgebildet haben. Alle unterzeichneten Dokumente, vor allem die veröffentlichte Deklaration über die Festigung der Freundschaft und Vertiefung der brüderlichen Zusammenarbeit zwischen der Sozialistischen Einheitspartei Deutschlands und der Kommunistischen Partei der Tschechoslowakei und zwischen der Deutschen Demokratischen Republik und der Tschechoslowakischen Sozialistischen Republik, sind von dem Geist getragen, den Sozialismus in unseren beiden Ländern weiter zu stärken und damit die Positionen des Sozialismus in der internationalen Politik zu festigen. Wir sind tief befriedigt über die Ergebnisse unseres Besuches in der ČSSR. Wir können volle Übereinstimmung in allen behandelten Fragen feststellen, sowohl was die enge brüderliche Zusammenarbeit zwischen unseren Parteien und Völkern als auch was die Mitarbeit im Rat für Gegenseitige Wirtschaftshilfe und an allen internationalen Fragen betrifft. Es ist mir ein aufrichtiges Bedürfnis, im Namen des Zentralkomitees der SED und der Regierung der DDR auch diese Gelegenheit zu benutzen, um dem Zentralkomitee der KPTsch, seinem Generalsekretär, Gustáv Husák, der Regierung der Tschechoslowakischen Sozialistischen Republik, ihrem Vorsitzenden, Lubomír Štrougal, sowie den Werktätigen der ČSSR, die uns so brüderlich und herzlich aufgenommen haben, unseren Dank auszusprechen und ihnen zu versichern, daß wir, getragen vom proletarischen Internationalismus, auch weiterhin alles tun werden, um unsere Beziehungen zum Nutzen der großen Sache des Sozialismus und des Kommunismus unablässig zu festigen.

Liebe Genossinnen und Genossen!

Der Werdegang auch unserer Republik verdeutlicht, daß die Lehre von Marx, Engels und Lenin der zuverlässige Kompaß im Kampf für den gesamten gesellschaftlichen Fortschritt ist. Alle unsere Erfahrungen bestätigen die Richtigkeit der wissenschaftlichen Aussagen des Marxismus-Leninismus über die allgemeinen Gesetzmäßigkeiten der sozialistischen Revolution und des sozialistischen Aufbaus. Bei uns wurde die Arbeiterklasse zur führenden Klasse der Gesellschaft. Im festen Bündnis mit den Bauern und den anderen Werktätigen entschied sie die Frage der Macht, die Lenin die Grundfrage jeder Revolution nannte. So wurde unser sozialistischer Staat errichtet und wurden sozialistische Eigentumsverhältnisse geschaffen. So konnte die Gestaltung der neuen Gesellschaft in Angriff genommen werden und erfolgreich vonstatten gehen. Die marxistisch-leninistische Weltanschauung der Arbeiterklasse wurde zur herrschenden Ideologie. Das sozialistische Bewußtsein der Werktätigen entwickelte sich zur Triebkraft für ihre schöpferische Aktivität beim Aufbau des Sozialismus. Das sind einige der wichtigsten Gründe dafür, daß sich unsere Republik während dieser 25 Jahre auf allen gesellschaftlichen Gebieten stabil und in Übereinstimmung mit den Erfordernissen des revolutionären Weltprozesses entwickelte.

Um ihrer führenden Rolle in jeder Etappe des gesellschaftlichen Fortschritts voll gerecht zu werden, hat unsere Partei dem Studium und der Verbreitung des Marxismus-Leninismus, der ideologischen Stählung der Kommunisten stets große Beachtung geschenkt. Das war von großer Bedeutung für die tägliche Verwirklichung unserer Politik durch alle Parteikollektive, durch alle Genossinnen und Genossen an den verschiedensten Brennpunkten unseres Lebens, im Alltag der Menschen. Heute können wir feststellen, daß die SED ideologisch geschlossener, erfahrener, reifer und kampffähiger ist denn je. Sie ist bereit, alle herangereiften Aufgaben im Interesse des Volkes und mit dem Volk zu lösen.

Der Anteil, den das Parteilehrjahr und die vielen Tausenden Propagandisten mit ihrer unermüdlichen Tätigkeit an unserem Gesamterfolg haben, kann nicht hoch genug bemessen werden. Wir wissen sehr gut, was es heißt, Propagandist der Partei zu sein. Wir wissen, wieviel gründliche Vorarbeit in der Freizeit und welches Maß an Kenntnissen, an Standpunkttreue, Urteilsfähigkeit und Fingerspitzengefühl eine solche Tätigkeit verlangt. Mit einem Wort: Propagandist zu sein – das ist ein hohes Ehrenamt der Partei. Ich möchte die Parteiaktivisten, die hervorragenden Propagandisten des Bezirkes Karl-Marx-Stadt von ganzem Herzen beglückwünschen und ihnen für ihre Leistungen im Namen des Zentralkomitees den Dank aussprechen.

Liebe Genossinnen und Genossen!

Die kommenden Monate werden für unsere Partei, für unser ganzes Volk im Zeichen der Vorbereitung des 30. Jahrestages der Befreiung vom Faschismus durch die ruhmreiche Sowjetarmee stehen. Dieses große Ereignis wird viele neue Initiativen der Werktätigen in Stadt und Land zur weiteren Verwirklichung der Beschlüsse des VIII. Parteitages der SED auslösen. Zahlreiche Kollektive haben ihre Vorhaben bereits beraten und veröffentlicht. Sie gehen von der Erkenntnis aus, daß der 8. Mai 1945 einen tiefen Einschnitt in die Geschichte bedeutete. Deshalb wird auch in allen Zirkeln und Seminaren des Parteilehrjahres das Thema »Die welthistorische Bedeutung des Sieges der ruhmreichen Sowjetarmee über den Hitlerfaschismus und die Gesetzmäßigkeit der Niederlage des deutschen Imperialismus« ausführlich behandelt. Das wird ein wichtiger Beitrag sein, um die geschichtliche Leistung des Sowjetvolkes, den heldenhaften Kampf der Sowjetsoldaten, die Größe der Partei Lenins und ihre führende Stellung in der kommunistischen Weltbewegung eindrucksvoll zu verdeutlichen. Das wird zugleich dazu beitragen, im Geist des Roten Oktober die Größe der Aufgaben noch klarer zu erkennen, die wir im Dienst der Deutschen Demokratischen Republik, im Dienst der sozialistischen Revolution zu erfüllen haben.

Im Lichte von fast drei Jahrzehnten vermag jeder zu erkennen, daß der welthistorische Sieg der Sowjetunion und aller Völker der Antihitlerkoalition über den deutschen Faschismus nach der Großen Sozialistischen Oktoberrevolution den bedeutendsten Einfluß auf die revolutionäre Aktivität der Völker der ganzen Welt ausgeübt hat. Gestützt auf die allgemeingültigen Erfahrungen der Kommunistischen Partei der Sowjetunion, auf die Macht und die allseitige Hilfe der UdSSR, errangen in einer Reihe von Ländern die Arbeiterklasse und ihre Verbündeten entscheidende Erfolge im Kampf gegen die innere und äußere Reaktion. Es entstand das sozialistische Weltsystem. Diese Tatsache, die Revolutionen in mehreren Ländern Europas und Asiens, waren das größte Ereignis der Menschheitsgeschichte seit dem Roten Oktober und waren seine Fortsetzung.

Vollinhaltlich gilt das auch für unsere sozialistische Deutsche Demokratische Republik. Ihre Gründung, Entwicklung und weltweite Anerkennung gehören zu den grundlegenden Veränderungen im internationalen Kräfteverhältnis. Diese Veränderungen widerspiegeln zugleich eine der größten Niederlagen des Imperialismus seit dem Ende des zweiten Weltkrieges. Der Sozialismus errang mächtige Positionen und übt einen immer stärkeren Einfluß auf das internationale Geschehen aus. Der Kampf der Arbeiterbewegung in den kapitalistischen Staaten nahm einen starken Aufschwung. Zusammengebrochen ist die schändliche Kolonialherrschaft der Monopole.

Aus alledem wird deutlich, daß die Kräfte des Fortschritts in der Offensive sind und große internationale Wandlungen den Charakter unserer Epoche bestimmen. Es ist die Epoche des weltweiten Übergangs vom Kapitalismus zum Sozialismus.

Getragen von dieser Erkenntnis, steht seit dem 7. Oktober 1974 in ehernen Lettern in der Geschichte unseres Volkes und unseres Staates: »In Fortsetzung der revolutionären Traditionen der deutschen Arbeiterklasse und gestützt auf die Befreiung vom Faschismus hat das Volk der Deutschen Demokratischen Republik in Übereinstimmung mit den Prozessen der geschichtlichen Entwicklung unserer Epoche sein Recht auf sozial-ökonomische, staatliche und nationale Selbstbestimmung verwirklicht und gestaltet die entwickelte sozialistische Gesellschaft. Erfüllt von dem Willen, seine Geschicke frei zu bestimmen, unbeirrt auch weiter den Weg des Sozialismus und Kommunismus, des Friedens, der Demokratie und Völkerfreundschaft zu gehen, hat sich das Volk der Deutschen Demokratischen Republik diese sozialistische Verfassung gegeben.«[2]

Einige westliche Massenmedien kamen um das Eingeständnis nicht herum, daß unsere Volkskammer mit ihren Beschlüssen den Realitäten entsprach und ausdrückte, was die Deutsche Demokratische Republik seit langem ist. Es gab aber auch Stimmen im Westen, die in ihrem starren und dogmatischen Leugnen der Wirklichkeit unseren folgerichtigen Schritt als eine »Flucht aus der Geschichte des deutschen Volkes« zu diffamieren versuchten.

Es ist nicht schwer, die Wahrheit zu erkennen. Jeder weiß, daß die multinationalen kapitalistischen Monopole nationale Parolen stets zu dem Zweck im Mund führten, ihre Profite zu sichern und zu vermehren.

Zwei Weltkriege, die den deutschen Namen mit Blut und Schande befleckten, sind Zeuge genug. Der Sozialismus hat die Ideale der Freiheit, Gleichheit und Brüderlichkeit in sich aufgenommen, während die Bourgeoisie diese von ihr einst proklamierten Ideale längst verraten hat. Wir sind die legitimen Erben aller revolutionären und humanistischen Bestrebungen aus der deutschen Geschichte und führen sie im Sozialismus zu ihrer vollen Blüte.

Mit dem feierlichen Akt vom 7. Oktober 1974 wurde vor aller Welt verdeutlicht, daß die nationalen Interessen der Deutschen Demokratischen Republik auch in der Verfassung, dem Grundgesetz unserer sozialistischen Republik, ihren Niederschlag gefunden haben.

2 Verfassung der Deutschen Demokratischen Republik, Berlin 1975, S. 5.

Als politische Organisation der Werktätigen in Stadt und Land wirkt die Deutsche Demokratische Republik unter Führung der Arbeiterklasse und ihrer marxistisch-leninistischen Partei im wahrhaft historischen Sinne für die Interessen des Volkes.

Es waren die Interessen des Volkes und die Lehren der Geschichte, die verlangten, die Vergangenheit zu bewältigen und nicht mehr zuzulassen, daß die reaktionärste Spielart der deutschen Politik jemals wieder zum Zuge kommt. Es waren die Interessen des Volkes, die verlangten, die Übereinstimmung herzustellen mit dem Charakter unserer Epoche, der Epoche des Übergangs vom Kapitalismus zum Sozialismus. Dieses Werk hat das Volk der DDR unter Führung unserer Partei vollbracht. Das ist ein großer Schritt vorwärts in der Geschichte des deutschen Volkes und aller Völker, die dem gleichen Ziel entgegenstreben.

Im Oktober 1917 leiteten die Schüsse der »Aurora« eine neue Epoche der Menschheit ein. Seither haben die Ideen des Marxismus-Leninismus ihren Siegeszug um den Erdball mit Ergebnissen fortgesetzt, die von der unerschöpflichen Lebenskraft, von der weltverändernden Wirkung der Weltanschauung der Arbeiterklasse künden. Die bürgerliche Ideologie in allen ihren Spielarten – den rechten sowie den »linken« – erlitt und erleidet schmählich Schiffbruch. Die gegenwärtige Krise in den kapitalistischen Ländern, die größte seit dem zweiten Weltkrieg, demonstriert dies recht deutlich.

Unter dem Banner der Lehre von Marx, Engels und Lenin erneuern die Völker ihr Dasein von Grund auf. Sie erbauen die Welt des Sozialismus, die Welt der Freiheit, der Gerechtigkeit, der Menschenwürde und des Friedens.

Liebe Genossinnen und Genossen!

Als Kommunisten haben wir uns der Befreiung der Arbeiterklasse und der Völker von den Fesseln der Ausbeutung und Unterdrückung, der Verwirklichung ihrer Lebensinteressen im Sozialismus und Kommunismus verschrieben. Und gerade weil wir diese wahrhaft humanistischen Ideale anstreben, sind wir die entschiedensten Verfechter eines gesicherten Friedens. Die Völker dieser Erde und die von ihnen geschaffenen Werte dürfen nicht im Feuer eines nuklearen Weltbrandes untergehen. Das entspricht unserer kommunistischen Moral. Lenin nannte den Frieden, das Aufhören von Raub und Gewalt, »fürwahr unser Ideal«[3]. Jeder Frieden, so sagte er, eröffnet unserem Einfluß hundertmal mehr und bessere Möglichkeiten.[4] Aber er wies auch nachdrücklich darauf hin, daß der Kampf für den

---

3 W. I. Lenin: Die Frage des Friedens. In: Werke, Bd. 21, S. 292.
4 Siehe W. I. Lenin: IX. Parteitag der KPR(B). In: Werke, Bd. 30, S. 445.

Frieden ohne Verbindung mit dem revolutionären Klassenkampf des Proletariats nur eine pazifistische Phrase ist.[5]

Wenn sich heute in der internationalen Arena ein Prozeß der Entspannung vollzieht, dann war und ist die Veränderung des Kräfteverhältnisses dafür die entscheidende Voraussetzung.

Weil der Sozialismus in der Welt stärker und einflußreicher geworden ist, weil die Sowjetunion, unsere Deutsche Demokratische Republik und die anderen Bruderländer auf der Grundlage des Friedensprogrammes des XXIV. Parteitages der KPdSU gemeinsam handeln und diese Politik mit den Interessen aller Völker übereinstimmt – deshalb mußten die aggressivsten Kreise des Imperialismus Positionen räumen.

Ohne sein Wesen und ohne seine aggressiven Ziele aufgegeben zu haben, mußte der Imperialismus sich im internationalen Maßstab an die neue Lage anpassen. Der Kampf um die Frage »Wer – wen?« vollzieht sich also in vielfältigeren Formen, als das früher der Fall war.

Gerade im Hinblick auf Europa hat Genosse Breshnew in seiner Rede zum 25. Jahrestag der DDR mit Recht festgestellt, daß der Weg zur Durchsetzung von Beziehungen der guten Nachbarschaft und der gegenseitig vorteilhaften Zusammenarbeit durch die Politik der friedlichen Koexistenz von Staaten unterschiedlicher Gesellschaftsordnung gebahnt wird. Das ist bekanntlich keine klassenindifferente Politik. Sie klammert die unüberbrückbaren gesellschaftlichen Gegensätze zwischen Sozialismus und Kapitalismus nicht aus, sondern sie stellt sie voll in Rechnung. Aber sie verfolgt das Ziel, daß die Widersprüche sowohl zwischen den kapitalistischen als auch zwischen den kapitalistischen und den sozialistischen Ländern nicht zur Auslösung eines Weltkrieges führen. Der Logik dieser Politik konnten sich realistisch denkende Politiker auch in den kapitalistischen Ländern auf die Dauer nicht entziehen.

Nimmt man die Summe all dessen, was die sozialistische Staatengemeinschaft erreicht hat, so macht sie das Scheitern der gesamten Nachkriegsstrategie, die der Imperialismus bis vor wenigen Jahren betrieb, überzeugend sichtbar. Vor allem wurde das strategische Ziel erreicht, die Ergebnisse des zweiten Weltkrieges und der Nachkriegsentwicklung völkerrechtlich zu verankern. Jetzt besteht die Aufgabe darin, auf weitere Jahrzehnte den Frieden zu sichern. Der Sozialismus wird sich in jedem dieser Jahre weiter entfalten. Alle Völker und progressiven Bewegungen in der Welt würden dabei gewinnen, während der Aktionsraum für die Imperialisten weiter eingeschränkt wird.

---

5 Siehe W. I. Lenin: An die Internationale Sozialistische Kommission (ISK). In: Werke, Bd. 21, S. 379.

Das, liebe Genossen, verstehen wir unter sozialistischer Außenpolitik. Sie verlangt Prinzipienfestigkeit und Elastizität zugleich. Selbstverständlich verhandeln wir mit den Kapitalisten. Aber wir vergessen dabei nicht, daß sie etwas anderes meinen als wir, wenn von Humanität und Menschlichkeit die Rede ist. Wir gehen als Kommunisten an die Politik der friedlichen Koexistenz heran. Wir bleiben wachsam und sorgen für den zuverlässigen militärischen Schutz unserer sozialistischen Errungenschaften. Diese Linie, die keinen Platz für Illusionen läßt und zugleich konstruktiv auf das Geschehen in Europa einwirkt, hat sich bewährt. Erinnert euch: Wie viele Regierungen wollten vor wenigen Jahren noch so tun, als gäbe es die Deutsche Demokratische Republik gar nicht. Inzwischen sind die diplomatischen Beziehungen zwischen der DDR und fast allen Staaten der Welt eine ganz normale Sache.

Wir leben in einer Zeit, da die Politik immer mehr in den Vordergrund rückt, immer mehr Menschen bewegt. Es wird deshalb richtig sein, in den Zirkeln und Seminaren des Parteilehrjahres den Zusammenhang auszuleuchten, der zwischen unserer Politik der friedlichen Koexistenz und dem weiteren Voranschreiten des revolutionären Weltprozesses besteht. Immer mehr werden die Möglichkeiten des Imperialismus eingeschränkt, einen Ausweg aus seiner Krise, aus seinen Widersprüchen und wachsenden Schwierigkeiten in aggressiven Abenteuern zu suchen. Das ist von gewaltigem Vorteil für den Kampf der Arbeiterklasse für ihre Interessen, den Kampf der Völker um Demokratie, nationale Unabhängigkeit und sozialen Fortschritt. Es gibt nicht nur ein Chile, aus dessen Wunden das Blut der Besten des Volkes fließt. Es gibt auch das portugiesische Volk, das mit Unterstützung der Bewegung der Streitkräfte die faschistische Diktatur stürzte und für progressive Veränderungen kämpft. Es gibt Griechenland, wo die reaktionäre Obristenclique abtreten mußte und sich Möglichkeiten für einen demokratischen Weg eröffnen.

Auch in anderen kapitalistischen Ländern nehmen die politischen Auseinandersetzungen zu. Die demokratische und Arbeiterbewegung befindet sich in einem Aufschwung. Ich möchte auf die Erfolge der Linkskräfte in Frankreich verweisen, auf die umfassenden Aktionen der italienischen Werktätigen. Zugleich erleben wir die politische Aktivierung breiter Massen für Frieden und Sicherheit in Europa, für Solidarität mit den von der Reaktion verfolgten fortschrittlichen Kräften, die ganz besonders den chilenischen Patrioten gilt. Wir erleben die Stärkung der Positionen der kommunistischen und Arbeiterparteien in vielen Ländern.

Natürlich ist der Weltfrieden nach wie vor gefährdet. Die Lage im Nahen Osten gleicht einem Pulverfaß. Es wird noch viel Kampf kosten, die bisher erreichten Ergebnisse der Entspannung unumkehrbar zu machen und sie weiter auszubauen.

Für die ideologische Arbeit unserer Partei bleibt es eine ständige Aufgabe, die oftmals komplizierten Hintergründe der internationalen Prozesse zu beleuchten. Es ist doch so, daß zwar ein Teil der Bourgeoisie in den kapitalistischen Ländern angesichts der Stärke des Sozialismus die Politik der friedlichen Koexistenz als einzige Alternative zu einem nuklearen Weltkrieg betrachtet, während andere Kreise des Monopolkapitals – besonders der militärisch-industrielle Komplex – von den gescheiterten Konzeptionen des kalten Krieges nicht ablassen und bemüht sind, den Prozeß der Entspannung nicht nur zu stoppen, sondern rückgängig zu machen. Unsere Außen- und Sicherheitspolitik muß deshalb alle Varianten berücksichtigen.

Die Auseinandersetzung zwischen Sozialismus und Imperialismus wird vor allem auf dem Felde der Ideologie ständig schärfer geführt. Dabei gibt es heute breitere Fronten und vielfältigere Methoden. Aber welche Doktrin des Gegners man auch nimmt: Ihr Kern ist stets der Antikommunismus. Denkt an die ersten Zeilen im Kommunistischen Manifest von Marx und Engels und überdenkt die gewaltigen Veränderungen, die sich seither vollzogen haben. War der Antikommunismus in mehr als 50 Jahren Sowjetmacht, in mehr als 20 Jahren Existenz des sozialistischen Weltsystems schon immer ein ebenso untaugliches wie vergebliches Mittel, die Uhren der Weltgeschichte zurückzudrehen – er ist es auch heute und wird es erst recht morgen sein.

Liebe Genossinnen und Genossen!

Was die politische Entwicklung in Europa betrifft, so werden wir gemeinsam mit unseren Verbündeten auch in den nächsten Monaten alle Anstrengungen unternehmen, damit die Sicherheitskonferenz die von den Völkern erwarteten Ergebnisse bringt und auf höchster Ebene abgeschlossen wird. Wir werden wie in der Vergangenheit auch in Zukunft den auf Entspannung gerichteten Kurs der Sowjetunion und der ganzen sozialistischen Gemeinschaft weiter aktiv fördern. Ohne die Widersprüche zwischen der DDR und der BRD zu verkleistern, werden wir unseren konstruktiven Kurs auf die weitere Normalisierung der Beziehungen zwischen der Deutschen Demokratischen Republik und der Bundesrepublik Deutschland mit der Regierung unter Bundeskanzler Schmidt weiterführen.

Im Grundlagenvertrag haben sich die Deutsche Demokratische Republik und die Bundesrepublik Deutschland bekanntlich verpflichtet, ihre Beziehungen entsprechend den Prinzipien der friedlichen Koexistenz zu entwickeln. Dem dienen auch die vereinbarten Nachfolgeverträge, und ganz im gleichen Sinne liegen die weiteren Möglichkeiten zur Normalisierung, die wir für diese Beziehungen sehen. Wir sind dafür, die Verträge nach Geist und Buchstaben zu verwirklichen und sie entschlossen gegen jene Kräfte zu verteidigen, die bereits ihr Zustandekommen verhindern wollten.

Ausgangspunkt für unsere Beziehungen können nur die Realitäten sein. Zwischen der Deutschen Demokratischen Republik und der Bundesrepublik Deutschland sind keine anderen Beziehungen möglich als die der friedlichen Koexistenz zwischen Staaten unterschiedlicher sozialer Ordnung. Das Leben hat alle Thesen über eine sogenannte Wiedervereinigung oder eine Annäherung zwischen Sozialismus und Kapitalismus zum Scheitern verurteilt. Wenn in der BRD und anderswo Politiker erst kürzlich behaupteten, das letzte Wort der Geschichte könne darüber noch nicht gesprochen sein, dann muß man fragen, worauf sie eigentlich noch warten. Die Geschichte ist keine mystische, überirdische Kraft, sondern sie wird vom Klassenkampf, vom Handeln der Völker bestimmt. Und geschichtlich von Dauer ist nur, was dem gesellschaftlichen Fortschritt entspricht. Geschichtliche Wirklichkeit ist, daß das ehemalige Deutsche Reich im Feuer des von ihm verschuldeten zweiten Weltkrieges unterging, und zwar ein für allemal. Geschichtliche Wirklichkeit ist, daß zwei deutsche Staaten gegensätzlicher Gesellschaftsordnung entstanden.

In der Deutschen Demokratischen Republik hat unser Volk mit seiner Entscheidung für den Sozialismus ein endgültiges, wenn man so will letztes Wort über seine Gegenwart und Zukunft gesprochen. Es ist nicht unsere Aufgabe, das letzte Wort über die Bundesrepublik zu sprechen. Wir haben nicht die Absicht, uns in die inneren Angelegenheiten der Bundesrepublik Deutschland einzumischen.

Wir sind vielmehr dafür, daß das Wort Frieden in den Beziehungen zwischen der DDR und der BRD ganz groß geschrieben wird. Dieses Wort allein drückt den Leitgedanken für das Tun und Handeln beider deutscher Staaten aus, wenn die Beziehungen sich zum Nutzen beider Völker und der Völker ganz Europas gestalten sollen.

Was den aktuellen Stand der Dinge angeht, so sind wir auf dem Wege der Normalisierung weiter, als manche glauben. Es gibt ja nicht nur Verträge und Abkommen, sondern inzwischen auch Tatsachen, die vor einigen Jahren für nicht möglich erachtet wurden. Wir halten weitere Schritte für möglich und wünschenswert. Was bisher erreicht wurde, ist gut und nützlich. Aber wir betrachten das nicht als Endstand. Von dieser Position aus führen wir auch die Verhandlungen mit den zuständigen Beauftragten der Regierung der Bundesrepublik. Es versteht sich, daß vernünftige Resultate die volle Wahrung der beiderseitigen Interessen voraussetzen.

Liebe Genossinnen und Genossen!

Unser sozialistischer Staat der Arbeiter und Bauern geht ein Vierteljahrhundert nach seiner Gründung neuen Aufgaben entgegen, Aufgaben, die auf das Wohl des arbeitenden Volkes gerichtet sind. Für immer verbunden mit der UdSSR und der ganzen sozialistischen Gemeinschaft, gehen wir weiter voran auf dem zukunftssicheren Weg des Sozialismus und Kommunismus.

Noch nie hat eine Weltanschauung das soziale Antlitz der Erde so tief geprägt wie der Marxismus-Leninismus. Unter diesem siegreichen Banner formierten sich die Kommunisten vor mehr als 125 Jahren. Es war eine Vorhut von nur wenigen Kämpfern. Seitdem hat sich die Front der Streiter für die edelste Sache der Menschheit, für die Sache des Sozialismus und Kommunismus, unermeßlich verbreitert und umfaßt heute 89 kommunistische und Arbeiterparteien auf allen Kontinenten. »Die Philosophen haben die Welt nur verschieden *interpretiert*, es kömmt darauf an, sie zu *verändern*«[6], mit diesem berühmten Satz charakterisierte Karl Marx den Anspruch der Wissenschaft von der Befreiung des Proletariats. Und wie machtvoll hat sie, zur materiellen Gewalt geworden, die Wirklichkeit von heute geformt. Aus den Angeln gehoben wurde die Ordnung der Ausbeutung und Unterdrückung in riesigen Räumen der Erde. Geschaffen wurde nach dem Bauplan der marxistisch-leninistischen Theorie die neue, menschenwürdige Gesellschaft. Gerade das Beispiel des lebendigen und erblühenden Sozialismus vervielfacht die Ausstrahlungskraft unserer Weltanschauung auf die Völker und trägt sie in alle Teile der Erde.

Eine solche Wissenschaft zu studieren und zu verbreiten, Genossen, das ist für jeden Kommunisten eine verpflichtende und eine schöne Aufgabe. Ich wünsche euch für das Parteilehrjahr 1974/75 den besten Erfolg!

Erich Honecker: Reden und Aufsätze, Bd. 3,
Berlin 1978, S. 212–219, 232–235, 236–239.

---

[6] Karl Marx: Thesen über Feuerbach. In: Karl Marx/Friedrich Engels: Werke, Bd. 3, S. 7.

Die sozialistische Gesellschaft in der DDR wird auf dem unerschütterlichen Fundament des Marxismus-Leninismus erbaut

*Aus dem Bericht des Politbüros
an die 13. Tagung
des Zentralkomitees der SED
12. Dezember 1974*

Liebe Genossinnen und Genossen!
Die Gründung der DDR war ein Wendepunkt im Leben unseres Volkes und in der Geschichte Europas. Ihr 25. Jahrestag kennzeichnete eine Tatsache von großem Gewicht: Die DDR hat sich durchgesetzt als stabiler, aufblühender sozialistischer Staat. Seine Entwicklung ist heute schon ein Stück europäischer Geschichte. Er stellt eine Realität dar, an der sich niemand vorbeidrängeln kann. Davon sind wir auf dem VIII. Parteitag ausgegangen. Dem tragen auch die Staaten der Welt Rechnung. Die DDR ist Mitglied der UNO. Heute unterhalten 112 Staaten diplomatische Beziehungen zur Deutschen Demokratischen Republik.

Heute und in Zukunft kann jeder davon ausgehen, daß die Existenz der Deutschen Demokratischen Republik, ihr Gedeihen und Erstarken in der sozialistischen Gemeinschaft ein stabilisierender Faktor für Frieden, Sicherheit und Zusammenarbeit in Europa ist. Diese wohltuende Wirkung reicht auch über die Grenzen Europas hinaus. Es ist – wie die zahlreich zu uns kommenden Partei- und Regierungsdelegationen immer wieder zum Ausdruck bringen – für die progressiven Strömungen in der Welt von großer Bedeutung, daß unser sozialistischer Staat auf deutschem Boden seine Positionen gefestigt hat, an seinem Abschnitt des internationalen Klassenkampfes seine Pflicht erfüllt und zur Ausstrahlungskraft des real existierenden Sozialismus beiträgt.

Wir können die Fragen, die mit der Entwicklung unseres sozialistischen Staates, seinem weiteren Blühen und Gedeihen aufgeworfen werden, nur dann richtig beantworten, wenn wir die großen Zusammenhänge von Raum und Zeit in Betracht ziehen. Wir stehen in der Front der revolutionären

Weltbewegung, wir befinden uns im Strom der Geschichte, die sich in unserer Epoche vom Kapitalismus zum Kommunismus bewegt.

Die Politik unserer Partei, unserer DDR zeigt Kontinuität. Unsere sozialistische Gesellschaft steht fest und entwickelt sich kontinuierlich, weil sie auf dem unerschütterlichen Fundament des Marxismus-Leninismus erbaut wird. Doch Kontinuität schließt Veränderungen nicht aus. Im Gegenteil, unsere Gesellschaft entwickelt sich beständig weiter. Der Marxismus-Leninismus ist bekanntlich kein Dogma, sondern eine Anleitung zum Handeln. Er selber wird bereichert durch neue Erkenntnisse und die Erfahrungen in der kommunistischen Weltbewegung.

Die Entwicklung der DDR muß man in ihrem geschichtlichen Zusammenhang sehen. Das gilt auch für die nationale Frage, über die – wie der VIII. Parteitag feststellte – die Geschichte bereits entschieden hat. In diese Frage möchten manche etwas hineindeuten, was nicht hineingehört. Zunächst ist Nation eine historische Kategorie. Sie kann nicht unverändert im geschichtlichen Wandel oder gar im luftleeren Raum betrachtet werden. Nationen entstehen und verändern sich in Abhängigkeit von den konkreten historischen Bedingungen. Man braucht nur die Geschichte der USA zu betrachten, wo sich die Nation erst sehr spät aus verschiedenen Nationalitäten entwickelte. Auch in der jüngsten Geschichte Europas gibt es dafür Beispiele. Man denke nur an Österreich. Wir haben in den sozialen Aspekten der nationalen Frage stets die dominierende Rolle gesehen.

Die westdeutsche Bourgeoisie ist bei der Gründung der Bundesrepublik Deutschland von ihrem Klasseninteresse ausgegangen. Es ging ihr damals, um mit den Worten Adenauers zu sprechen, nicht um die Rettung der Nation und ihrer Einheit, sondern um die Rettung eines sozialen Systems, das auf der Ausbeutung des Menschen durch den Menschen beruht, mit allen Konsequenzen für die Innen- und Außenpolitik. Eine Einheit, die zugleich kapitalistisch und sozialistisch ist, kann es – das wußte man auf beiden Seiten – nicht geben. Nicht umsonst betont man auch gegenwärtig in den regierenden Kreisen der BRD, daß ihre Ostpolitik nur im Zusammenhang mit der festen Verankerung der Bundesrepublik in der atlantischen Gemeinschaft zu verstehen sei.

Uns ging es nach dem 8. Mai 1945 darum, die Chance, die uns die Befreiung vom Faschismus gab, zu nutzen, die Ausbeuterordnung zu beseitigen, unter Führung der Arbeiterklasse und ihrer marxistisch-leninistischen Partei einen neuen Weg zu gehen, den Weg der Demokratie und des Sozialismus. Das ist der Kern der Sache. Da dieser Weg in Westdeutschland versperrt wurde, entwickelt sich in der DDR die sozialistische Nation, die sich in allen entscheidenden Merkmalen von der bürgerlichen Nation in der BRD unterscheidet.

Wir sind im Vergleich zur BRD schon eine historische Epoche weitergegangen. Wir repräsentieren, um es kurz auszudrücken, im Gegensatz zur BRD das sozialistische Deutschland.

Dieser Unterschied ist der entscheidende. Unser sozialistischer Staat heißt DDR, weil ihre Staatsbürger der Nationalität nach in der übergroßen Mehrheit Deutsche sind. Es gibt also keinen Platz für irgendwelche Unklarheiten beim Ausfüllen von Fragebogen, die hier und dort benötigt werden. Die Antwort auf diesbezügliche Fragen lautet schlicht und klar und ohne jede Zweideutigkeit: Staatsbürgerschaft – DDR, Nationalität – deutsch. So liegen die Dinge.

Als Deutsche haben wir Anteil an der deutschen Geschichte, wie wir als Europäer Anteil an der europäischen Geschichte haben. Ja, wir bekennen uns ganz entschieden zu ihren fortschrittlichen Entwicklungslinien, zu den Traditionen des Humanismus und der revolutionären Arbeiterbewegung. Sie sind bei uns gut aufgehoben, werden gepflegt und in unserer gesellschaftlichen Praxis weiterentwickelt. So ist die DDR in der Tat das Werk vieler Generationen. Doch die Geschichte geht weiter, wir haben den Schritt von der bürgerlichen Nation zur sozialistischen Nation getan.

In der geschichtlichen Kontinuität hat hier eine qualitative Veränderung stattgefunden. Mit der Gründung der DDR wurde die Herausbildung der sozialistischen Nation als Prozeß in Gang gebracht, er geht unaufhaltsam weiter und wird sich auch in den nächsten Jahrzehnten fortsetzen. Das ist nicht die Frage eines »Federstrichs«, sondern die Ingangsetzung eines revolutionären Aktes. Im übrigen sind wir nach wie vor der Ansicht, daß beim Fortschreiten des revolutionären Weltprozesses der Sozialismus auch um die Bundesrepublik Deutschland keinen Bogen machen wird. Dies ist jedoch eine Sache der Zukunft.

In unserem sozialistischen deutschen Staat ist selbstverständlich kein Platz für Deutschtümelei. Sie würde, gewollt oder ungewollt, denen in die Hände arbeiten, die für die reaktionärste Variante deutscher Politik die Tore offenhalten wollen. Es versteht sich von selbst, daß sie damit keine Aussicht auf Erfolg haben. Die Kommunisten sind immer Patrioten gewesen, sie haben immer dafür gekämpft, die Nation auf den Weg zu führen, der die Katastrophen des Faschismus und des Krieges vermieden hätte und ohne Umwege einer glücklichen Zukunft entgegengegangen wäre. Heute sind wir Erbauer der sozialistischen DDR.

Dieser sozialistische Patriotismus steht im Einklang mit dem proletarischen Internationalismus, denn er ist nicht, wie der bürgerliche Nationalismus, durch Borniertheit und Überheblichkeit, durch Verachtung und Feindschaft gegen andere Völker gekennzeichnet. Der sozialistische Patriotismus verteidigt nicht nur die Freiheit des eigenen Volkes, er tritt gegen die Unterdrückung und Ausplünderung anderer Völker auf, er übt Solidarität im antiimperialistischen Kampf. Er ist getragen vom Stolz auf die eigenen Leistungen im sozialistischen Aufbau und ist verbunden mit dem Stolz, der Avantgarde der Völker anzugehören, die schon den Sozialismus und Kommunismus aufbauen. Der sozialistische Patriotismus hat einen festen Platz in der Gemeinschaft der sozialistischen Länder. Er verbindet sich aufs engste mit dem proletarischen Internationalismus. Schon Karl Marx und Friedrich Engels haben im »Kommunistischen Manifest« betont: »Die Kommunisten unterscheiden sich von den übrigen proletarischen Parteien nur dadurch, daß sie einerseits in den verschiedenen nationalen Kämpfen der Proletarier die gemeinsamen, von der Nationalität unabhängigen Interessen des gesamten Proletariats hervorheben und zur Geltung bringen, andrerseits dadurch, daß sie in den verschiedenen Entwicklungsstufen, welche der Kampf zwischen Proletariat und Bourgeoisie durchläuft, stets das Interesse der Gesamtbewegung vertreten.«[1]

So sind in unserer Politik nationale und internationale Interessen eng miteinander verknüpft: Die Stärkung der DDR bedeutet zugleich eine Stärkung der sozialistischen Staatengemeinschaft und der revolutionären Weltbewegung. Deren Kräftezuwachs wiederum verbessert die Position der DDR. So konnten wir den Durchbruch zur allgemeinen internationalen Anerkennung nur mit internationalistischer Unterstützung erringen.

In der Welt wird immer deutlicher erkannt, daß die Politik der DDR als ein stabilisierendes Element für Sicherheit und Zusammenarbeit zwischen Staaten unterschiedlicher Ordnung in Europa und für die Gewährleistung des Friedens wirkt. Unter diesem Gesichtspunkt lassen wir uns davon leiten, daß die weitere Normalisierung der Beziehungen zwischen der Deutschen Demokratischen Republik und der Bundesrepublik Deutschland den Interessen der Bürger beider deutscher Staaten und darüber hinaus der Erhaltung des Friedens in Europa dient. Nach dem Abschluß des bekannten Vertragssystems, zu dem auch die DDR einen konstruktiven Beitrag geleistet hat und leistet, sind viele Fragen der Normalisierung der Beziehungen zwischen den beiden deutschen Staaten auf neue Art gestellt.

Die vollzogene völkerrechtliche Abgrenzung von der BRD stimmt überein mit unserer Politik der friedlichen Koexistenz, die normale Beziehungen zwischen der Bundesrepublik Deutschland und der Deutschen Demokratischen Republik anstrebt. Friedliche Koexistenz zwischen Staaten unterschiedlicher Gesellschaftsordnung kann sich eben nur entwickeln, wenn – das ist schon im Begriff selbst enthalten – selbständige, souveräne

---

1 Karl Marx/Friedrich Engels: Manifest der Kommunistischen Partei. In: Werke, Bd. 4, S. 474.

Staaten unterschiedlicher Gesellschaftsordnung einander gleichberechtigt gegenüberstehen. Erst unter dieser Bedingung können die Beziehungen normalisiert werden. Nun aber, da die Bedingung durch Vertrag beiderseits anerkannt ist, ist es geradezu notwendig, festen Kurs auf die weitere Normalisierung der Beziehungen zwischen der Deutschen Demokratischen Republik und der Bundesrepublik Deutschland zu nehmen. Dabei können wir davon ausgehen, daß durch den Vertrag über die Grundlagen der Beziehungen zwischen den beiden deutschen Staaten die Beziehungen zur Bundesrepublik Deutschland eine völlig neue Grundlage erhalten.

Liebe Genossinnen und Genossen!

Das Werden und Wachsen unserer Deutschen Demokratischen Republik, die Errungenschaften unseres sozialistischen Vaterlandes sind wesentlich der unermüdlichen und mobilisierenden Arbeit der Mitglieder und Kandidaten unserer Partei zu danken. Unsere marxistisch-leninistische Partei ist den objektiv wachsenden Anforderungen bei der Gestaltung der entwickelten sozialistischen Gesellschaft stets gerecht geworden. Die vor uns stehenden Aufgaben und die hier dargelegten Entwicklungslinien bedeuten, daß diese Anforderungen an unsere Partei weiter steigen. Es handelt sich um weittragende gesellschaftliche Prozesse, die sich unter Führung der Partei vollziehen. Sie sind in ihrer ganzen Breite und Tiefe Gegenstand der politischen, ideologischen und organisierenden Tätigkeit der Bezirks- und Kreisleitungen wie auch der Grundorganisationen. Welchen Bereich des Lebens man auch nimmt, überall sind es die Parteiorganisationen, die auf ihrem Gebiet initiativreich und beharrlich die Politik unserer Partei durchsetzen. In den großen Aktivitäten und hervorragenden Leistungen der Werktätigen widerspiegelt sich die inspirierende, führende und vorwärtsdrängende Kraft unseres Kampfbundes.

Unsere Erfahrungen belegen eindeutig, daß mit der vollen Entfaltung aller Triebkräfte der entwickelten sozialistischen Gesellschaft die führende Rolle der Partei sich nicht etwa vermindert, sondern gerade verstärkt. Sie ist notwendiger denn je, weil Bewußtheit und Schöpfertum der Werktätigen an Bedeutung gewinnen – also das, was wir den »subjektiven Faktor« unserer Entwicklung nennen, weil die Verflechtung der gesellschaftlichen Prozesse und die Notwendigkeit des planvollen allseitigen und koordinierten Vorgehens zunehmen.

Die Fragen und Probleme, die heute zum Beispiel eine Grundorganisation zu beurteilen, zu beantworten oder für ihren Bereich zu entscheiden hat, reichen vom konkreten Arbeitsvorgang im Betrieb bis zu den großen Zusammenhängen des revolutionären Weltprozesses. Sie umfassen sozusagen das ganze Alphabet von Politik, Ökonomie und Ideologie. An diesen qualitativen Ansprüchen sind die Parteikollektive gewachsen, hat sich die

Reife und Kampfkraft der Kommunisten und der gesamten Partei erhöht und wird sich weiter erhöhen.

Wir beurteilen die gegenwärtige Lage und die künftigen Aufgaben realistisch und sind uns bewußt, daß unsere Arbeit mit den wachsenden Fortschritten des realen Sozialismus auch immer neue Probleme auf die Tagesordnung setzt. Die Kompliziertheit mancher dieser Probleme ergibt sich aus den höheren Anforderungen bei der weiteren Gestaltung der sozialistischen Gesellschaft, aus den objektiven Bedingungen der internationalen Klassenauseinandersetzung zwischen Sozialismus und Imperialismus. Wir werden die vor uns liegenden Aufgaben meistern, wenn jeder seinen Platz ausfüllt und vor allem seine eigene Verantwortung voll wahrnimmt. Kommunisten sind berechtigt, stets mit Optimismus in die Zukunft zu schauen. Sie schöpfen ihre Zukunftsgewißheit aus den Erfahrungen unseres jahrzehntelangen Kampfes und aus den wissenschaftlichen Erkenntnissen unserer marxistisch-leninistischen Weltanschauung. Marx, Engels und Lenin sowie die erfolgreiche Entwicklung des realen Sozialismus in der Sowjetunion und in den Ländern der sozialistischen Gemeinschaft haben gelehrt, daß sich die menschliche Gesellschaft gesetzmäßig zum Sozialismus und Kommunismus hin entwickelt.

Natürlich wissen wir nur zu gut, daß sich die objektiven Notwendigkeiten der gesellschaftlichen Entwicklung im Sozialismus nicht im Selbstlauf durchsetzen, sondern Kampf und harte Arbeit erfordern. In unserer von Ausbeutung und Unterdrückung befreiten Ordnung erhält dieser Kampf seinen eigentlichen Sinn – er dient der Höherentwicklung des Lebens aller, er dient dem sozialen Fortschritt. Wir haben, um an ein bekanntes Wort von Friedrich Engels anzuknüpfen, die gesellschaftlichen Mächte, die einst die Geschichte beherrschten, unter die Kontrolle der Menschen selbst gebracht. Beim praktischen Aufbau des Sozialismus zeigt sich, was Engels hervorhob: »Erst von da an werden die Menschen ihre Geschichte mit vollem Bewußtsein selbst machen, erst von da an werden die von ihnen in Bewegung gesetzten gesellschaftlichen Ursachen vorwiegend und in stets steigendem Maße auch die von ihnen gewollten Wirkungen haben. Es ist der Sprung der Menschheit aus dem Reiche der Notwendigkeit in das Reich der Freiheit.«[2]

Alle unsere Erfahrungen belegen, daß es uns auf dem Boden der marxistisch-leninistischen Theorie und bei realistischem Herangehen an die Entwicklungsprobleme des Sozialismus immer besser gelungen ist, die beabsichtigten Wirkungen zu erzielen. Unsere gesellschaftlichen Entwicklungs-

---

[2] Friedrich Engels: Herrn Eugen Dührings Umwälzung der Wissenschaft (»Anti-Dühring«). In: Karl Marx/Friedrich Engels: Werke, Bd. 20, S. 264.

programme führen zu den von uns gewollten Wirkungen, weil sich in unserer Politik Realismus und Zielstrebigkeit vereinen, weil wir auch unter veränderten Bedingungen an unseren Zielen festhalten, dabei in den Methoden und Wegen elastisch sind, kurzum: weil wir uns jeweils auf die Dialektik der Entwicklung einstellen. Diese kommunistischen Eigenschaften sind eine wichtige Quelle unserer Zukunftsgewißheit.

Erich Honecker: Reden und Aufsätze, Bd. 3,
Berlin 1978, S. 260–265, 325/326, 340/341.

Für alle Zeiten werden die Namen sowjetischer Helden in Ehrfurcht genannt

*Rede auf der Gedenkkundgebung
in Brandenburg
26. April 1975*

Liebe Einwohner von Brandenburg!
Liebe Kameraden des antifaschistischen Widerstandes!
Liebe Freunde und Genossen!
Gestatten Sie mir, Ihnen am Vorabend des 30. Jahrestages der Befreiung durch die ruhmreiche Sowjetarmee die herzlichsten, brüderlichsten Kampfesgrüße des Zentralkomitees der Sozialistischen Einheitspartei Deutschlands zu überbringen. 30 Jahre sind vergangen, seit die ruhmreiche Rote Armee die letzten vernichtenden Schläge gegen das Hitlerregime führte. Auf dem heroischen Weg des Sieges im Großen Vaterländischen Krieg brachte sie den Völkern Europas und auch unserem Volk die Freiheit. Wenige Tage, bevor das Siegesbanner in Berlin gehißt wurde, schlug für die Kämpfer des antifaschistischen Widerstandes im Zuchthaus Brandenburg-Görden die Stunde der Befreiung. Es war der 27. April 1945, als der erste sowjetische Panzer vor die Tore rollte. Unvergessen bleibt die Begeisterung, mit der wir die Sowjetsoldaten in die Arme schlossen. Sie waren gekommen als Befreier, als Klassenbrüder und Freunde, als Bahnbrecher einer neuen, einer besseren Zukunft der Menschheit!

In den schweren Jahren der faschistischen Kerkerhaft kämpften Kommunisten – das Beispiel Ernst Thälmanns vor Augen – Seite an Seite mit sozialdemokratischen Genossen, mit Menschen christlichen Glaubens, mit Antifaschisten unterschiedlicher Herkunft. Sie alle einte der Widerstand gegen die Nazibarbarei. Sie hatten den Idealen der Menschlichkeit, der Freiheit und des Fortschritts die Treue gehalten. Trotz Terror und Folter: Sie gaben nicht auf, und ihr Glaube an ein glückliches Morgen war unerschütterlich.

Nicht alle konnten die Stunde der Freiheit erleben. Nicht alle konnten ihren opfermutigen Kampf durch die Mitarbeit am Neuaufbau vollenden. In Ehrfurcht und voller Hochachtung gedenken wir der mehr als 2000 aufrechten Antifaschisten, die im Zuchthaus Brandenburg-Görden unter dem Fallbeil der faschistischen Henker ihr Leben opferten. Für alle Zeiten unvergessen bleiben die von den Nazischergen ermordeten Kommunisten Anton Saefkow, Theodor Neubauer, Robert Uhrig, Werner Seelenbinder, Willi Sänger und Bernhard Bästlein. Wir gedenken solcher mutiger Antifaschisten wie des Sozialdemokraten und früheren Vorsitzenden des Friedenkerverbandes Max Sievers, solcher aufrechter Geistlicher wie Dr. Max Josef Metzger und Dr. Alfons Wachsmann, die mit anderen katholischen Pfarrern enthauptet wurden. Wir gedenken der sowjetischen Soldaten, die hier ermordet wurden. Menschen aus 19 europäischen Ländern wurden während der braunen Nacht im Zuchthaus Brandenburg hingerichtet.

Es gehört zu den geschichtlichen Wahrheiten des Kampfes gegen den Faschismus, daß die Kommunistische Partei Deutschlands von den Nazimachthabern am brutalsten verfolgt wurde und die größten Opfer des deutschen Widerstandes erbracht hat. Von den 300000 Mitgliedern der KPD, die es beim Machtantritt Hitlers gab, wurden über 150000 in Gefängnisse und Konzentrationslager geworfen, dort gequält, gepeinigt und viele von ihnen ermordet. Allein 14 Mitglieder und Kandidaten des Zentralkomitees der KPD sind in den Folterhöhlen der Gestapo, in den Zuchthäusern und Konzentrationslagern umgebracht worden. 36 kommunistische Abgeordnete des Reichstages und der Landtage mußten ihren aufrechten Kampf für die Interessen der Arbeiterklasse und des ganzen werktätigen Volkes mit dem Leben bezahlen.

Heute, inmitten eines aufblühenden sozialistischen Staates der Arbeiter und Bauern, unserer Deutschen Demokratischen Republik, sind wir berechtigt zu sagen: Der heldenhafte Kampf der deutschen Antifaschisten war nicht umsonst. Das Vermächtnis der gefallenen Opfer lebt in unserer sozialistischen Deutschen Demokratischen Republik, lebt in unseren Taten fort.

Liebe Kameraden, liebe Freunde und Genossen!

Angesichts der von Grund auf veränderten Welt von heute wird die historische Größe der Befreiungstat, die das Sowjetvolk und seine ruhmreiche Rote Armee vollbrachten, deutlicher denn je. Als der zweite Weltkrieg tobte, als der Eroberungszug der faschistischen Räuber unaufhaltsam schien, da richteten sich die Hoffnungen aller Völker auf das Land Lenins, und diese Hoffnungen der Völker wurden erfüllt. Auf den Schlachtfeldern vor Moskau und Leningrad, in Stalingrad und bei Kursk erlitt der deutsche Faschismus jene Niederlagen, von denen er sich nicht mehr erholte. Ausgezogen, um die Weltherrschaft zu erobern, wurde das faschistische Deutsche Reich im zweiten Weltkrieg von der Sowjetunion und ihren Verbündeten vernichtend geschlagen. Die Hauptlast des historischen Ringens der mächtigen Antihitlerkoalition trug die Sowjetunion. 20 Millionen der Töchter und Söhne des Sowjetlandes haben ihr Leben für die Rettung der Zivilisation gegeben, für die friedliche Zukunft aller Völker. Die sowjetischen Helden des Großen Vaterländischen Krieges werden von Generation zu Generation immer mit Ehrfurcht genannt werden. Ihnen gilt der ewige Dank der Bürger der sozialistischen Deutschen Demokratischen Republik.

Liebe Freunde und Genossen!

Der zu keiner Zeit erlahmende Widerstand der deutschen Antifaschisten trug dazu bei, die durch den Sieg der Sowjetunion gebotene historische Chance zu nutzen und eine grundlegende Wende in der Geschichte unseres Volkes einzuleiten.

Der Anfang war schwer. Es galt, die ungeheuren materiellen und geistigen Trümmer, die der Faschismus hinterlassen hatte, zu beseitigen. Die revolutionäre Arbeiterbewegung war entschlossen, die Lehren der Geschichte bis zu Ende zu ziehen. Imperialismus und Militarismus wurden mit der Wurzel ausgerottet, und es wurde eine neue Macht, die Macht der Arbeiter und Bauern, errichtet. Der Händedruck von Wilhelm Pieck und Otto Grotewohl besiegelte die Gründung einer einheitlichen marxistisch-leninistischen Partei, unserer Sozialistischen Einheitspartei Deutschlands. Unter ihrer Führung schritt die Arbeiterklasse voran und schuf im Bündnis mit allen Werktätigen in hartem Kampf und in unermüdlicher Arbeit unsere sozialistische Deutsche Demokratische Republik.

Liebe Einwohner von Brandenburg!

Die Stadt Brandenburg selbst ist ein Zeugnis der tiefgreifenden Wandlungen in den vergangenen drei Jahrzehnten. Einst eine Waffenschmiede des deutschen Monopolkapitals für seine Aggressionskriege, wurde Brandenburg nach der Befreiung durch Taten für den Frieden bekannt. Die Einweihung des ersten neu errichteten Stahlwerkes war ein großes Ereignis für unser ganzes Land. Den Traktoren, die von hier kamen, hattet ihr den Namen »Aktivist« gegeben. »Stadt der Aktivisten« – diesen Titel erwarb sich Brandenburg damals und erwies sich seiner stets würdig. Heute steht der Name der Stadt Brandenburg für die fleißige Arbeit der Stahl- und Walzwerker, der Maschinenbauer, der Bauschaffenden und all der anderen Werktätigen, die mit ihren Leistungen an der Erfüllung der Hauptaufgabe des VIII. Parteitages der SED arbeiten – zu ihrem Nutzen und zum Wohle unserer ganzen sozialistischen Gesellschaft.

Liebe Freunde und Genossen!

Die Befreiungstat vor 30 Jahren hat den Lauf der Weltgeschichte entscheidend beeinflußt. Es entstand das sozialistische Weltsystem. Das war das bedeutendste Ereignis seit dem Roten Oktober im Jahre 1917. Das internationale Kräfteverhältnis wandelte sich grundlegend zugunsten des Friedens, der Demokratie und des Sozialismus. Heute ist der real existierende Sozialismus zur einflußreichsten Kraft in der Weltarena geworden, während der Imperialismus die tiefste Krise seit dem Ende des zweiten Weltkrieges durchlebt. Jeder Tag in unserer bewegten Zeit bringt neue Beweise dafür, daß sich die ganze Welt in einer Epoche des großen sozialen Umbruchs befindet und daß dank der wachsenden Stärke des Sozialismus und des Kampfes der Völker der Frieden unaufhaltsam auf dem Vormarsch ist. Den Frieden zu erhalten, zu festigen und zuverlässig zu sichern, das ist das dringlichste Gebot, das Vermächtnis der Opfer des zweiten Weltkrieges. Das ist die größte Verpflichtung gegenüber den Lebenden. Ganz in diesem Sinne ist das Friedensprogramm des XXIV. Parteitages der Kommunistischen Partei der Sowjetunion zum Aktionsprogramm der sozialistischen Staatengemeinschaft und darüber hinaus aller progressiven Kräfte in der Welt geworden.

Unsere Deutsche Demokratische Republik leistet – getreu den Lehren, die wir aus der Geschichte gezogen haben – ihren konstruktiven Beitrag für die Erhaltung und Festigung des Friedens. In diesem Sinne treten wir für den baldigen erfolgreichen Abschluß der Konferenz für Sicherheit und Zusammenarbeit in Europa auf höchster Ebene ein. Heute geht es darum, die Resultate im Kampf um Entspannung unumkehrbar zu machen und weiter auszudehnen. Dabei übersehen wir in keinem Augenblick, daß die Gegner des Friedens nach wie vor aktiv sind und nichts unversucht lassen, um neue Spannungen anzuheizen. Deshalb ist und bleibt Wachsamkeit geboten. Unsere Solidarität gehört all jenen in der Welt, die gegen kapitalistische Ausbeutung, neokolonialistische Unterdrückung, gegen Faschismus und Reaktion, für Frieden, Demokratie und sozialen Fortschritt kämpfen.

Liebe Freunde und Genossen!

Wir begehen den 30. Jahrestag der Befreiung gemeinsam mit der Sowjetunion und allen anderen sozialistischen Bruderländern, gemeinsam mit allen fortschrittlichen Kräften in der Welt als den großen Tag des Sieges.

All unsere Anstrengungen sind darauf gerichtet, im sozialistischen Wettbewerb hohe Leistungen zu vollbringen, um die im laufenden Fünfjahrplan gestellten Ziele zum Wohle des Volkes zu erfüllen und überzuerfüllen. Erfolgreich schreiten wir voran bei der weiteren Gestaltung der entwickelten sozialistischen Gesellschaft. Mit jedem Schritt auf diesem Weg nähern wir uns der kommunistischen Zukunft unseres Volkes. So ehren wir am besten die antifaschistischen und revolutionären Vorkämpfer.

Wir grüßen auch von dieser Kundgebung aus unsere Befreier und Freunde in der großen Union der Sowjetrepubliken. Wir äußern unsere feste Gewißheit, daß von dem für Februar 1976 einberufenen XXV. Parteitag der KPdSU neue Impulse ausgehen werden zur weiteren Stärkung des Weltsozialismus und für dauerhaften Frieden. In diesem Sinne: Unseren Gruß der Partei der sowjetischen Kommunisten, ihrem Zentralkomitee und seinem Generalsekretär, unserem Freund und Genossen Leonid Iljitsch Breshnew!

Es lebe die ruhmreiche Union der Sozialistischen Sowjetrepubliken und ihre Armee!

Es leben die Helden des antifaschistischen Widerstandes!

Es lebe der 30. Jahrestag der Befreiung!

Erich Honecker: Reden und Aufsätze, Bd. 3,
Berlin 1978, S. 393–397.

30 Jahre
erfolgreiche Gewerkschaftsarbeit

Artikel in der Zeitschrift
»Die Arbeit«
Juni 1975

Der 30. Jahrestag der Gründung des Freien Deutschen Gewerkschaftsbundes ist ein bedeutsames Ereignis im Leben unserer sozialistischen Gesellschaft. Wie in einem Brennspiegel wird aus diesen arbeitsreichen und kampferfüllten drei Jahrzehnten deutlich, welchen hervorragenden Beitrag die größte Massenorganisation der Arbeiterklasse und aller Werktätigen zur guten Entwicklung der Deutschen Demokratischen Republik geleistet hat. Dafür spricht das Zentralkomitee der Sozialistischen Einheitspartei Deutschlands den Vertrauensleuten, den Funktionären und den Mitgliedern des FDGB von ganzem Herzen seinen Dank aus.

Die Gewerkschaften ließen sich konsequent von der führenden Rolle der marxistisch-leninistischen Partei der Arbeiterklasse leiten und bestimmten alle entscheidenden Schritte beim Aufbau des Sozialismus maßgeblich mit. Als Vertretungskörperschaften der Werktätigen bewährten sie sich ständig neu an wachsenden Aufgaben, an der Lösung gesamtgesellschaftlicher Probleme und zugleich der Belange des Alltags. Sie förderten mit zunehmender politischer Reife und Erfahrung das aktive, bewußte und planmäßige Handeln zum Wohle des Volkes und zur Stärkung unseres sozialistischen Staates in der um die Sowjetunion gescharten Gemeinschaft der Bruderländer. Auf die große Kraft des FDGB, dem heute nahezu 8 Millionen Mitglieder angehören, konnte unsere Partei bei der Verwirklichung ihrer Politik in jedem Abschnitt der gesellschaftlichen Entwicklung zuverlässig rechnen. Seine Tätigkeit war auch dafür von unschätzbarem Gewicht, die internationale Position der DDR als Staat des Sozialismus und des Friedens zu festigen. Die Gewerkschaften haben hohen Anteil daran, daß die Freundschaft mit der Sowjetunion zur Herzenssache unseres Volkes wurde und die Bürger unserer Republik sich in der Welt befreiter Arbeit beheimatet fühlen, die von der Werra bis zum Stillen Ozean reicht. Gerade ihren Anstrengungen kommt auch in beträchtlichem Maße das Verdienst zu, die Klassensolidarität mit allen revolutionären und antiimperialistischen Kämpfern, die Geisteshaltung des proletarischen Internationalismus unablässig gefördert zu haben.

Auf einem geachteten Platz in unserer Gesellschaft wirken die Gewerkschaften heute tatkräftig für die Realisierung jener Ziele, die der VIII. Parteitag der SED beschlossen und durch die Hauptaufgabe, durch das sozialpolitische Programm ausgedrückt hat. Das Feld gewerkschaftlicher Initiative ist, wie sich jeder selbst überzeugen kann, weiter geworden, und es wird mit unverkennbar positiven Ergebnissen ausgefüllt, die im Interesse aller Werktätigen zu Buche schlagen. Wenn wir sagen dürfen, daß die letzten Jahre zu den erfolgreichsten, aber auch anspruchsvollsten und kompliziertesten in der gesamten Entwicklung der DDR gehören, dann ist damit zugleich der Beitrag gewertet, den die Gewerkschaften, gerade nach dem 8. Kongreß des FDGB, in die gesellschaftliche Bilanz eingebracht haben.

Denkt man über 30 Jahre Gewerkschaftsarbeit nach, so wird auch dadurch die Bedeutung der historischen Wende sichtbar, die der Sieg der Sowjetunion und ihrer ruhmreichen Roten Armee über den Hitlerfaschismus im Leben unseres Volkes einleitete. Durch diese unvergängliche Befreiertat öffneten die Helden aus dem Lande Lenins der Gründung und dem gedeihlichen Werdegang unserer Deutschen Demokratischen Republik den Weg. Da sich der Arbeiterklasse die gewaltige Aufgabe stellte, unter Führung ihrer marxistisch-leninistischen Partei, zusammen mit ihren Verbündeten die antifaschistisch-demokratische Umwälzung zu vollziehen, um zum Aufbau des Sozialismus weiterzuschreiten, war auch für die Gewerkschaften ein neues Kapitel der Verantwortung aufgeschlagen. Sie sind ihr – man darf es begründet feststellen – voll und ganz gerecht geworden.

Am 15. Juni 1945 kam mit dem Aufruf des Vorbereitenden Gewerkschaftsausschusses Groß-Berlin zur Bildung neuer, freier Gewerkschaften die Geburtsstunde des FDGB. Es galt, die Lehren aus der fluchbeladenen Vergangenheit zu ziehen und konsequent davon auszugehen, daß die Kraft der Arbeiterklasse in ihrer Einheit liegt. In diesem Sinne war nun ein entscheidender Ausgangspunkt gesetzt. Mit der Einheit der Gewerkschaften wurde eine wichtige Basis für die politische Einheit der Arbeiterklasse geschaffen, die sich durch die Vereinigung von KPD und SPD zur Sozialistischen Einheitspartei Deutschlands manifestierte. Die Überwindung der folgenschweren Zersplitterung, der Zusammenschluß der Gewerkschaften wurden möglich, weil der Aufruf der KPD vom 11. Juni 1945 ein klares Programm enthielt, was als Nächstes zu tun und wie es zu tun war. Auf seiner Grundlage entwickelten sich jene ersten gewerkschaftlichen Aktivitäten, die sich darauf richteten, das vom Faschismus hinterlassene materielle und geistige Chaos zu beseitigen, das Leben in Gang zu bringen und die Voraussetzungen für eine neue Gegenwart und Zukunft des Volkes zu schaffen.

Mit der gemäß Befehl 2 erteilten Erlaubnis der Sowjetischen Militäradministration in Deutschland zur Bildung antifaschistischer Parteien und Massenorganisationen wurde die Möglichkeit zur Gründung einer einheitlichen Gewerkschaftsbewegung geschaffen. Eine aufopferungsvolle Arbeit leisteten dafür die Kommunisten, die von aufrechten Sozialdemokraten unterstützt wurden. Über alle Meinungsverschiedenheiten hinweg – insbesondere zur Rolle der Gewerkschaften vor 1933 und ihrer Stellung in der antifaschistisch-demokratischen Ordnung – gelang es, eine gemeinsame Plattform für die einheitliche Gewerkschaftsorganisation zu finden. Aber sie mußte bekanntlich nicht nur geschaffen, sondern auch gefestigt und während der Folgezeit beharrlich gegen ihre Feinde verteidigt werden. Nicht wenige Leute gab es damals, die versuchten, die Geschäfte des Imperialismus zu besorgen und den FDGB unter Berufung auf die sogenannte politische Neutralität der Gewerkschaften von der klaren Orientierung auf den revolutionären Standpunkt und die Ziele der Arbeiterklasse abzuhalten. Doch sie scheiterten allesamt. Erstmalig in der Geschichte der deutschen Gewerkschaften bekannte sich der FDGB auf seinem 3. Kongreß im Jahre 1950 zur führenden Rolle der marxistisch-leninistischen Partei der Arbeiterklasse. Die Gewerkschaften, so legte die von diesem Kongreß beschlossene Satzung fest, »stehen auf dem Boden des Klassenkampfes. Ihr Ziel ist die sozialistische Gesellschaftsordnung. Sie sind Schulen der Demokratie und des Sozialismus. Der FDGB erblickt in der Sozialistischen Einheitspartei die Partei der Arbeiterklasse; sie ist ihr bewußter, organisierter Vortrupp.«[1] So bestimmten unsere Gewerkschaften ihren Charakter gemäß der Lehre Lenins als eine erzieherische Organisation zur Beteiligung der breiten Massen der Werktätigen an der Lösung der gesellschaftlichen Aufgaben, an Leitung und Planung. Zugleich orientierten sie sich darauf, ständig für die Verbesserung ihrer Arbeits- und Lebensbedingungen tätig zu sein. Denn, wie Lenin bewies, ergibt sich für die Gewerkschaften aus der Tatsache, daß die Arbeiterklasse die Macht in ihre Hände nimmt, ein gewaltiger Umschwung in ihrer gesamten Tätigkeit. »Sie werden die wichtigsten

---

1 Protokoll des 3. Kongresses des Freien Deutschen Gewerkschaftsbundes vom 30. August bis 3. September 1950 in Berlin, Berlin 1950, S. 576.

Baumeister der neuen Gesellschaft, denn Schöpfer dieser Gesellschaft können nur die Millionenmassen sein.«[2]

Die Gewerkschaften haben das Antlitz der Arbeiterklasse der Deutschen Demokratischen Republik als führende und machtausübende Klasse in hohem Maße mitgeprägt. Deren politische und ideologische Reife, ihre schöpferische Kraft bei der Gestaltung des Sozialismus, ihr großer Einfluß auf allen Gebieten des gesellschaftlichen Lebens sind unlösbar verknüpft mit der jahrzehntelangen erfolgreichen Tätigkeit des FDGB.

Als mit der Tat Adolf Henneckes die Wettbewerbsbewegung bei uns eine neue Qualität bekam, da war die Tragweite dieses Ereignisses beileibe nicht nur an seinen unmittelbaren wirtschaftlichen Resultaten zu messen. Einen entscheidenden Impuls erhielt zugleich jener Prozeß, in dem sich immer größere Kreise der Arbeiter und ihrer Bundesgenossen der neuen Verantwortung für Betrieb und Staat bewußt wurden und danach handelten. Naturgemäß wurde die Entwicklung des sozialistischen Wettbewerbs zum Hauptfeld gewerkschaftlichen Wirkens.

Die Zielstellungen der Initiativen orientierten sich an den wachsenden ökonomischen Erfordernissen des Aufbaus. Neben der Menge der Produktion widmeten die Werktätigen und ihre Gewerkschaften der Qualität der Arbeit, ihrer Wirtschaftlichkeit und ihrem wissenschaftlichen Niveau zunehmend mehr Aufmerksamkeit. Die Entfaltung des sozialistischen Wettbewerbs basierte auf der weiteren Ausgestaltung der sozialistischen Produktionsverhältnisse und unterstützte sie. Überzeugendes Beispiel dafür sind die Kollektive der sozialistischen Arbeit – eine Bewegung, die auf das Denken und Tun der Menschen tiefen Einfluß gewann. Nachhaltig gefördert wurden die marxistisch-leninistische Überzeugung, der internationalistische Standpunkt der Werktätigen. Die sozialistische Einstellung zur Arbeit, das Streben nach Qualifizierung und das aufgeschlossene Verhältnis zu den humanistischen Werten der Kultur bildeten sich immer stärker aus.

Stets bedeuteten die Fortschritte in der Qualität des sozialistischen Wettbewerbs auch Fortschritte in der Entwicklung der Arbeiterklasse selbst, ihrer Erfahrung und Fähigkeit bei der Meisterung der Produktion, ihrer Teilnahme an der Leitung gesellschaftlicher Angelegenheiten und bei der Festigung der Bündnisbeziehungen. Und immer erforderte das den hohen persönlichen Einsatz, die treffende Argumentation und das beispielhafte Handeln vieler Tausender von Vertrauensleuten und Gewerkschaftsfunktionären.

Von Jahr zu Jahr mehr bewährten sich auch in unserem Staate die Ge-

---

2 W. I. Lenin: Referat auf dem II. Gesamtrussischen Gewerkschaftskongreß, 20. Januar 1919. In: Werke, Bd. 28, S. 438.

werkschaften als Schulen des Sozialismus. In diesen Schulen erwarben die Werktätigen – um mit den Worten unseres Genossen Herbert Warnke zu sprechen – einen entscheidenden Teil des praktischen und ideologischen Rüstzeuges, das sie befähigte, die Grundlagen des Sozialismus in der DDR zu vollenden und den Aufbau der entwickelten sozialistischen Gesellschaft ein gutes Stück voranzubringen. Die Verantwortung des FDGB nimmt in jeder Etappe der Gestaltung der neuen Ordnung weiter zu. Das muß man als einen gesetzmäßigen Vorgang werten. Er geht zurück auf das ständige Wachstum der führenden Rolle der Arbeiterklasse in unserer Gesellschaft. Von dieser prinzipiellen Position her eröffnete der VIII. Parteitag der SED dem Rang und den Aufgaben der Gewerkschaften auf dem weiteren Weg des Sozialismus ein weites Feld.

Da unsere wissenschaftliche Politik darauf abzielt, den Einfluß der Arbeiterklasse in den verschiedensten Bereichen des Lebens zu erhöhen, wurden die entsprechenden Konsequenzen für ihre umfassende Massenorganisation gezogen. Dieser grundsätzliche Standpunkt betrifft unsere Partei als Ganzes wie alle ihre Organisationen und Mitglieder. Besonders der Alltag des Betriebes wird immer wieder zur Probe dafür, ob die Kommunisten den Gewerkschaften im eigenen Verhalten jene Aufmerksamkeit und Geltung einräumen, die ihnen in unserer Arbeiter-und-Bauern-Macht zukommt. Zu Recht kann man davon sprechen, daß die Mitglieder der SED viel zu dem Aufschwung gewerkschaftlicher Aktivität beigetragen haben, der für die vergangenen Jahre kennzeichnend ist.

Die Tätigkeit des FDGB wird heute bestimmt von der Lösung der auf dem VIII. Parteitag der SED beschlossenen Hauptaufgabe. Ihre beiden Seiten – der Kampf um steigende Effektivität der Arbeit und die Sorge für das höhere materielle und kulturelle Lebensniveau der Werktätigen – verbinden sich im Wirken der Gewerkschaften besonders unmittelbar miteinander. Seit jeher schließt die Vertretung der Interessen der Werktätigen im Sozialismus sowohl das Bemühen um wachsende Produktivität als auch um die immer bessere Befriedigung der Bedürfnisse der Menschen ein.»Mehr produzieren, richtig verteilen, besser leben« hieß schon die Hauptlosung des 2. FDGB-Kongresses im Jahre 1947. Auf dem Wege zur entwickelten sozialistischen Gesellschaft gestaltet sich der Zusammenhang zwischen wirtschaftlichen und sozialen Fortschritten noch enger als in den vorangegangenen Abschnitten unseres Aufbaus. Auch in den Gewerkschaften erreicht diese Wechselwirkung eine neue Qualität.

Der FDGB lenkt im sozialistischen Wettbewerb die Anstrengungen der Werktätigen auf die entscheidenden Kettenglieder für die Stärkung der Wirtschaft. Unsere Bilanz bei der Verwirklichung der Parteitagsbeschlüsse hätte ohne den kraftvollen Aufschwung der Initiative und des Neuerertums – an dem die gewerkschaftliche Arbeit einen großen Anteil hat – nicht so positiv ausfallen können, wie sie ist.

Außerordentliche Bedeutung kommt den Anstrengungen zu, Material, Energie und Arbeitszeit mit höchster Wirtschaftlichkeit einzusetzen. Das Wissen und die Erfahrung der Werktätigen mit der modernen sozialistischen Produktion sind für die Lösung dieser Aufgabe ein kostbarer Fonds. Es ist ein Stück gewerkschaftlicher Verantwortung, darauf zu achten, daß er überall voll ausgeschöpft wird. Was gelten die Ideen der Arbeiter? Wie wird die Kritik an Unzulänglichkeiten der Leitung aufgenommen und beherzigt? Wie kurz oder wie lang sind die Wege der vielen Vorschläge für die Verbesserung der Produktion in die Praxis des Betriebes? Die Antwort auf solche Fragen ist sehr wesentlich für Ausmaß und Tempo sozialistischer Intensivierung.

Die durchgreifende Beschleunigung des wissenschaftlich-technischen Fortschritts verlangt große schöpferische Leistungen der Arbeiterklasse und der sozialistischen Intelligenz. Neue Maschinen, Maschinensysteme und Produktionsprozesse zu entwerfen, sie im Interesse des einzelnen und des Ganzen effektiv zu nutzen, ist ein hoher Anspruch an die sozialistische Gemeinschaftsarbeit.

Für die Aktivität des FDGB bei der Verbesserung der Lebensverhältnisse wurde durch die Beschlüsse des VIII. Parteitages der SED ein breites Betätigungsfeld eröffnet. Auf einem Gebiet ist sein Einfluß besonders ausgeprägt: im Bereich der Arbeits- und Lebensbedingungen. Eine zuverlässige Organisation der Produktion, ihr fließender Ablauf sind für die Werktätigen nicht nur Bedingung für höhere Leistungen, sondern auch dafür, daß sie sich im Betrieb wohl fühlen. Schwere körperliche Anstrengungen, Belästigungen durch Lärm, Hitze oder Staub, die Monotonie der Tätigkeit in manchen Produktionsabschnitten konnten mit Hilfe der Gewerkschaften vielerorts vermindert oder überwunden werden. Eine Verbesserung erfuhr vor allem die Versorgung der Schichtarbeiter. Allerdings ist es noch nicht überall selbstverständliche Praxis der Wirtschaftsleitungen, diesen Fragen genügend Beachtung zu schenken. So behält das Wort des VIII. Parteitages seine Gültigkeit, daß zum guten Gewerkschafter eine bestimmte Portion Hartnäckigkeit in der Vertretung der Arbeiterinteressen gehört. Es ist und bleibt Anliegen des FDGB, darauf zu achten, daß die Rationalisierung im Sozialismus mit der Effektivität zugleich die Bedingungen der Arbeit für die Werktätigen verbessert.

Weit über den Bereich der Betriebe hinaus sind die von der Kenntnis des Arbeiterlebens geprägten Vorschläge der Gewerkschaften in alle wichtigen Beschlüsse zur Realisierung des sozialpolitischen Programms unserer Partei eingegangen. Das gilt für die Wohnungspolitik ebenso wie für die Maßnahmen zur Rentenerhöhung, für die Anhebung der Mindestlöhne, die Unterstützung der berufstätigen Mütter, die Erhöhung des Mindesturlaubs, für die Einbeziehung moderner Interhotels in den Feriendienst der Gewerkschaften und seinen weiteren Ausbau und schließlich die stete Verbesserung der Gesundheitsfürsorge. An wichtigen Abschnitten hängt die Verwirklichung der Zielsetzungen unserer Politik zum Wohle des Volkes in besonderem Maße von der Tätigkeit der Gewerkschaften ab. Es sei hier nur daran erinnert, wie viele Werktätige mit ihrer Hilfe Jahr für Jahr einen schönen Urlaub verbringen oder sich einer Kur unterziehen.

Gegenwärtig erwachsen auch für den FDGB neue Anforderungen. Die 13. Tagung des Zentralkomitees der SED leitete aus der Analyse insbesondere der veränderten außenwirtschaftlichen Bedingungen die Konsequenz ab, daß die Aufgaben der sozialistischen Intensivierung der Produktion in völlig neuer Schärfe stehen und Reserven in größeren Dimensionen zu erschließen sind. Dadurch müssen die Voraussetzungen dafür geschaffen werden, den strategischen Kurs der Hauptaufgabe auch angesichts der zusätzlichen Erfordernisse auf lange Sicht kontinuierlich und mit Erfolg zu steuern. Viele wertvolle Verpflichtungen sprechen davon, daß die Kollektive mit aktiver Unterstützung der Funktionäre der Gewerkschaften auf diese Notwendigkeiten der weiteren Stärkung unseres sozialistischen Vaterlandes mit hohen Leistungen die richtige Antwort geben.

In drei Jahrzehnten erfolgreicher Gewerkschaftsarbeit, auf die wir zurückblicken, hat sich die Freundschaft zwischen dem FDGB und den Gewerkschaften der Sowjetunion und der anderen sozialistischen Bruderländer immer fester gefügt. Wertvolle sowjetische Erfahrungen kamen auch auf diesem Gebiet unserem Voranschreiten zugute. Durch den Austausch von Arbeiterdelegationen, die Zusammenarbeit von Betrieben und ganzen Industriezweigen erhielt die gewerkschaftliche Tätigkeit neue Impulse. So wird die praktische Lösung der Aufgaben bei der Gestaltung der sozialistischen und kommunistischen Gesellschaft befruchtet und die Annäherung der Völker unserer Gemeinschaft gefördert.

Seit 1949 Mitglied des Weltgewerkschaftsbundes, leistet der FDGB ständig seinen Beitrag zur Entwicklung der internationalen Gewerkschaftsarbeit, zur Stärkung der Kampfkraft der internationalen Arbeiterbewegung. Gerade auch durch seine umfangreiche politische, ideologische und materielle Solidarität mit den kämpfenden Klassenbrüdern vieler Länder hat er sich in der Welt ein hohes Ansehen erworben.

Wir gehen nun dem IX. Parteitag der SED entgegen. Er wird eine weitere bedeutende Wegstrecke unseres sozialökonomischen Fortschritts abstecken. Durch das enge Vertrauensverhältnis zwischen unserer Partei und den Gewerkschaften werden die Kraft und die Initiative der Arbeiterklasse und aller Werktätigen gestärkt und ständig gefördert. So können wir sicher sein, daß wir auch die künftigen Ziele des Sozialismus und Kommunismus, des Friedens und der Sicherheit zum Wohle des Volkes unserer Deutschen Demokratischen Republik und der gesamten sozialistischen Gemeinschaft erreichen werden.

Erich Honecker: Reden und Aufsätze, Bd. 3,
Berlin 1978, S. 448–455.

Das Bündnis der Arbeiter und Bauern war, ist und bleibt Eckpfeiler unserer Politik

*Aus der Rede
auf der Festveranstaltung
zum 30. Jahrestag
der demokratischen Bodenreform
in Schwerin
5. September 1975*

Liebe Genossinnen und Genossen!
Liebe Freunde!
Vor drei Jahrzehnten, in den ersten Septembertagen 1945, nahm auf dem Gebiet der heutigen Deutschen Demokratischen Republik die demokratische Bodenreform ihren Anfang. Unter Führung der Arbeiterklasse und ihrer Vorhut, der Kommunistischen Partei Deutschlands, mit der die Sozialdemokratische Partei Deutschlands in fester Aktionseinheit verbunden war, verwirklichten die werktätigen Bauern ein lange verfolgtes und hart umkämpftes Ziel: Junkerland in Bauernhand. Inmitten der Verheerungen und Nöte, die der faschistische Krieg hinterlassen hatte, war dies eine grundlegende revolutionäre Veränderung, die weit in die Zukunft wies. Was damals bei uns auf dem Lande geschah, öffnete den Weg, der über viele Stationen hinweg folgerichtig zur leistungsfähigen sozialistischen Landwirtschaft von heute führte.

Wir blicken zu einer Zeit auf diese Ereignisse zurück, da die industriemäßige Produktion das Antlitz unserer Dörfer zusehends mehr bestimmt, da unsere Genossenschaftsbäuerinnen und -bauern große Leistungen vollbringen und so die Beschlüsse des VIII. Parteitages der Sozialistischen Einheitspartei Deutschlands erfüllen und den IX. Parteitag gut vorbereiten helfen. Unsere Gegenwart steht ganz im Zeichen vielfältiger Anstrengungen der Arbeiterklasse und aller Werktätigen bei der Lösung der Hauptaufgabe zum Wohle des Volkes. Und darin nehmen die Initiativen für die Steigerung der landwirtschaftlichen Produktion einen ehrenvollen Platz ein. Betrachtet man das Leben in unserer Republik von heute, so ist die geschichtliche Bedeutung der demokratischen Bodenreform erst recht und in voller Tragweite zu ermessen.

*Erfüllt wurde,
wofür seit Müntzer gestritten*

Zehntausende Mitglieder und Funktionäre der Sozialistischen Einheitspartei Deutschlands, Arbeiter und Bauern haben sich in den verschiedenen Etappen des Kampfes entschlossen für den Erfolg der Agrarpolitik unserer Partei eingesetzt. Sie haben unermüdlich gearbeitet, Opfer und Entbehrungen nicht gescheut, haben ihre ganze Person mit der Entwicklung und dem Aufstieg unserer sozialistischen Landwirtschaft verbunden. Allen, die damals vorangingen, allen, die seither durch ihre hervorragenden Leistungen die Sache des Sozialismus auf dem Lande stärken, möchte ich gerade an diesem Tage den tiefempfundenen Dank des Zentralkomitees der Sozialistischen Einheitspartei Deutschlands, des Staatsrates und des Ministerrates der Deutschen Demokratischen Republik aussprechen.

Liebe Freunde!

Der Sieg der ruhmreichen Sowjetarmee über den Faschismus schuf die wichtigste Voraussetzung, auch die Bauern in unserem Lande von ihrem Jahrhunderte währenden Joch zu befreien. Durch die demokratische Bodenreform wurde sie entschlossen genutzt. Mit der Enteignung der Großgrundbesitzer fand Erfüllung, wofür die Bauern seit den Zeiten Thomas Müntzers stritten. Doch nicht nur für sie war dieser Sieg von gewaltigem Gewicht – er förderte die gesamte antifaschistisch-demokratische Entwicklung in unserem Lande entscheidend. Mit den Junkern wurde bei uns eine Klasse aus dem politischen und gesellschaftlichen Leben ausgeschaltet, die in der Geschichte unseres Volkes stets eine unheilvolle Rolle gespielt hatte. Nächst dem reaktionärsten Teil der Großbourgeoisie waren die Junker die wichtigste Stütze des Faschismus und seiner verbrecherischen Aggressionspolitik. Die Großgrundbesitzer als Klasse zu beseitigen hieß deshalb, eine Wurzel der Reaktion und der Kriegstreiberei für immer auszureißen.

Die bisher größte soziale Umgestaltung auf dem Lande führten Arbeiter und Bauern gemeinsam aus. Erfahrung erhärtete bei den Bauern die Erkenntnis, daß sie ihre wesentlichen Interessen nur in dieser Gemeinsamkeit verwirklichen können. Das Bündnis mit den werktätigen Bauern bestand eine große Bewährungsprobe. Es konnte sich nun auf festeren Fundamenten entwickeln und bestimmte mehr und mehr die soziale Grundstruktur unserer neuen gesellschaftlichen Ordnung, der Arbeiter-und-Bauern-Macht.

Die Durchführung der demokratischen Bodenreform wurde zu einer harten Klassenschlacht. Der imperialistische Staatsapparat war zerschlagen, doch der Gegner, der genau wußte, wieviel für ihn auf dem Spiele stand, gab keineswegs auf. Er verübte Anschläge, schreckte vor Mord und Brandstiftung nicht zurück. Die Soldaten der Roten Armee gewährten ihren Klassenbrüdern Schutz und Hilfe. Zugleich festigte sich in der täglichen Auseinandersetzung mit dem Klassenfeind das gemeinsame Handeln von Kommunisten und Sozialdemokraten. Vorangebracht wurde das Werk der Arbeitereinheit.

Erfahrungen der KPdSU kamen uns stets zugute

Auch durch die Bodenreform wurden alle jene widerlegt, die behauptet hatten, bei uns seien die Arbeiter und Bauern nicht imstande, den Staat zu regieren und die Gesellschaft auf neue Grundlagen zu stellen. Was dabei die Prophezeiung anbelangte, die Ausschaltung der sogenannten »sachverständigen« Gutsbesitzer und ihrer Inspektoren müsse zu einer Hungerkatastrophe führen, so erlitt sie gründlich Schiffbruch.

Wir stützten uns auf die Lehren der Klassiker des Marxismus-Leninismus zur Agrarfrage und konnten die großen praktischen Erfahrungen nutzen, welche die Kommunistische Partei der Sowjetunion und die Union der Sozialistischen Sowjetrepubliken bei der revolutionären Umgestaltung der Landwirtschaft gesammelt hatten. Auch an die Traditionen der Kommunistischen Partei Deutschlands knüpften wir an und führten sie siegreich fort. Wurde doch im Bauernhilfsprogramm der Kommunistischen Partei Deutschlands vom Mai 1931 die entschädigungslose Enteignung des Großgrundbesitzes und die unentgeltliche Bereitstellung von Land für die armen Bauern und ihre Söhne gefordert. Die Enteignung der Junker veränderte die sozialen Verhältnisse auf dem Lande zugunsten der werktätigen Bauern und schuf gerade dadurch die Gewähr, die Ernährung unseres Volkes immer besser zu sichern.

Liebe Genossinnen und Genossen!

Am 2. September 1945 begründete Genosse Wilhelm Pieck, der Vorsitzende der Kommunistischen Partei Deutschlands, in Kyritz vor der Kreisbauernversammlung die Notwendigkeit der demokratischen Bodenreform. Unmittelbar danach erließ die damalige Provinz Sachsen – wenig später gefolgt von den anderen Ländern und Provinzen – die entsprechenden Verordnungen. Die praktische Lösung dieser revolutionär-demokratischen Aufgabe begann. Im historischen Aufruf der Kommunistischen Partei Deutschlands vom 11. Juni desselben Jahres waren ihre politischen Hauptziele dargelegt worden.

Gemäß den konkreten Bedingungen, vor allem in Übereinstimmung mit den Bestrebungen der Werktätigen in den Dörfern, wurde der Boden nicht nationalisiert, sondern an mehr als 375 000 Landarbeiter, Umsiedler, landarme und landlose Bauern als Eigentum vergeben. Tausende von Versammlungen fanden dazu statt. Mit Hilfe vieler Industriearbeiter nahmen die werktätigen Bauern, organisiert in den Bodenreformkommissionen, die Verteilung des Landes selbst vor. Sein Hauptanteil entstammte dem Besitz von fast 11 700 Großgrundbesitzern, Kriegsverbrechern und Naziaktivisten.

Die Vereinigung von KPD und SPD zur Sozialistischen Einheitspartei Deutschlands im April 1946 schuf die entscheidende Garantie dafür, auch die Ergebnisse der Bodenreform zu festigen und auszubauen. Im Verlaufe des Jahres 1946 bildeten sich ihre Grundorganisationen in nahezu allen Dörfern unseres Landes. Sie befähigten unsere Partei, ihre führende Rolle in dieser weitreichenden Entwicklung immer wirksamer wahrzunehmen.

Seite um Seite dieses neuen Kapitels der Geschichte unserer Landwirtschaft wurde geschrieben. Die Ausschüsse der Gegenseitigen Bauernhilfe entstanden, aus denen sich die VdgB als demokratische Massenorganisation entwickelte. Mit der Verwirklichung des »Neubauernprogramms« von 1947 wurden viele Zehntausende von Wohnhäusern, Ställen und Scheunen errichtet. Als Stützpunkte der Arbeiterklasse auf dem Lande bewährten sich die Maschinen-Ausleihstationen, später ausgestaltet zu Maschinen-Traktoren-Stationen. Im April 1949 schickte die Sowjetunion als brüderliche Hilfe die ersten tausend Traktoren und viele andere dringend benötigte landwirtschaftliche Maschinen. Die volkseigenen Güter, ebenfalls in der Bodenreform geboren, machten Fortschritte auf dem Wege zu Stätten beispielhafter landwirtschaftlicher Großproduktion. Bereits in den Jahren 1950/51 – das heißt ein Jahr nach der Gründung der Deutschen Demokratischen Republik – konnten die Vorkriegsergebnisse in der Feldwirtschaft und im Viehbestand übertroffen werden.

Der Sozialismus siegte auch auf dem Lande

Als wir 1952 in der Deutschen Demokratischen Republik begannen, die Grundlagen des Sozialismus zu schaffen, hatten sich die Bedingungen herausgebildet, den Leninschen Genossenschaftsplan schöpferisch auf unsere Gegebenheiten anzuwenden. Nunmehr war die Volkswirtschaft weit besser imstande als unmittelbar nach dem Kriege, die Entwicklung der sozialistischen Großproduktion auf dem Lande materiell-technisch zu unterstützen. Zugleich waren bei den werktätigen Bauern entscheidende ideologische Voraussetzungen gereift, die den Zusammenschluß zu landwirtschaftlichen Produktionsgenossenschaften begünstigten. Gefestigt hatte sich das Vertrauen in die führende Arbeiterklasse und ihre Partei. Die gegenseitige Hilfe war vielen zu einer vertrauten Erfahrung geworden, und es wuchs die Einsicht, daß die Möglichkeiten moderner Produktivkräfte verlangten, die engen Grenzen der Einzelwirtschaft zu überwinden.

Noch im Jahre 1952 bildeten die fortschrittlichsten Bauern die ersten Genossenschaften. Die Gewinnung der Mehrheit für das Neue war dennoch – wie wir alle wissen – ein komplizierter Prozeß, in dem manche überlebte Gewohnheit abgestreift werden mußte. Dem Aufruf der Partei folgend, halfen Industriearbeiter den Werktätigen in den Dörfern. 1960 war die sozialistische Umgestaltung erfolgreich abgeschlossen, aus der die Klasse der Genossenschaftsbauern hervorging. Der Sozialismus hatte auch auf dem Lande gesiegt.

In jenen Jahren beriet unsere Partei alle wesentlichen Fragen auf LPG-Konferenzen und später auf Bauernkongressen. Stets halten wir uns daran, die Entwicklung Schritt für Schritt voranzuführen, unter sorgfältiger Beachtung der materiellen Voraussetzungen wie der Interessen und des Bewußtseinsstandes der Bauern selbst. Auch die Bildung und Stärkung der landwirtschaftlichen Produktionsgenossenschaften vollzog sich in unserer Republik bei ständig steigenden Ergebnissen der Pflanzen- und Tierproduktion. Mit der nun erreichten Qualität der sozialen Beziehungen auf dem Lande war das Fundament für die weiteren Fortschritte gelegt, für die Festigung der sozialistischen Produktionsverhältnisse und für den Aufschwung der landwirtschaftlichen Produktion.

Heute sind in unseren Dörfern Herr und Knecht, ist die Figur des Junkers unseligen Angedenkens unvorstellbar. Im Bunde mit der Arbeiterklasse haben die Genossenschaftsbäuerinnen und -bauern, haben die Werktätigen auf dem Lande ein neues Dasein gestaltet. Ihre gute und zuverlässige Arbeit für das bessere Leben aller erwarb ihnen die Achtung des ganzen Volkes. Eine leistungsfähige Landwirtschaft ist entstanden, die – eng verflochten mit den anderen Bereichen – in der materiell-technischen Basis des Sozialismus einen wichtigen Platz einnimmt. Mehr und mehr wird Wirklichkeit, was Wladimir Iljitsch Lenin den Kommunisten als Aufgabe stellte, »... den rückständigsten aller Produktionszweige – den agrarischen, die Landwirtschaft – in neue Bahnen zu lenken, ihn umzugestalten, und die Landwirtschaft aus einem Gewerbe, das gewohnheitsmäßig, nach Urväterart betrieben wird, in einen auf der Wissenschaft und den technischen Errungenschaften fußenden Produktionszweig zu verwandeln«[1].

1 W. I. Lenin: Rede auf dem I. Gesamtrussischen Kongreß der Landabteilungen, der Komitees der Dorfarmut und der Kommunen, 11. Dezember 1918. In: Werke, Bd. 28, S. 347.

Genossinnen und Genossen!
Wie gründlich hat sich unsere Landwirtschaft seit den Tagen der demokratischen Bodenreform verändert. Nie zuvor hat es auf dem Lande – über Jahrhunderte hinweg geprägt von zählebiger Rückständigkeit – eine solche Tiefe und ein solches Tempo des gesellschaftlichen Fortschritts gegeben. Mit vollem Recht kann man sagen: Im Sozialismus erblühen unsere Dörfer. Die Bauern entfalten ihre schöpferischen Kräfte mehr und mehr. Vollkommen gewandelt haben sich die Art und Weise der Produktion und des Lebens, ja die weithin gestreckten Felder der Genossenschaften und kooperativen Abteilungen haben selbst in das Bild der Landschaft neue Züge hineingetragen.

Heute fällt es schon schwer, sich daran zu erinnern, wie vor 30 Jahren gesät und geerntet wurde und man Viehwirtschaft betrieb. Damals war die Kuh das Hauptzugtier. Heute zieht der schwere Traktor die Technik. 1950 gab es über 720 000 Pferde, heute sind es nur noch 76 000, und sie dienen vor allem dem Reitsport.

Damals wurde mit Sensen und einfachen Mähmaschinen geerntet. Heute bestimmen moderne Mähdrescherkomplexe mit zehn und mehr Kombines das Bild der Getreideernte. Damals bestand die »Düngetechnik« vor allem aus der Düngewanne, die sich der Bauer umschnallte, und es wurde mit der Hand gestreut. Heute haben wir die agrochemischen Zentren mit ihrer modernen Technik.

Damals wurden die bäuerlichen Geräte vor allem vom Dorfschmied instandgehalten. Heute, bei zunehmender industriemäßiger Produktion, sind die Kreisbetriebe für Landtechnik aus dem Leben nicht mehr wegzudenken. Damals dienten in der Tierproduktion die Forke, der Melkeimer und die Dungkarre als wichtigste Produktionsinstrumente. Heute haben in vielem Maschinen die schwere körperliche Arbeit übernommen, und besonders in den zwischengenossenschaftlichen industriemäßigen Anlagen der Jungviehaufzucht, der Rindermast und der Milchproduktion verschiebt sich das Verhältnis von körperlicher und geistiger Arbeit immer mehr zugunsten der letzteren.

Damals produzierten die meisten Bauern die Lebensmittel im wesentlichen allein, gerade so viel, wie ihr eigener Boden und die eigene Arbeitskraft hergaben. Es existierten über 800 000 bäuerliche Betriebe mit einer durchschnittlichen Nutzfläche von 5,6 Hektar. Gegenwärtig gibt es 4 630 landwirtschaftliche Produktionsgenossenschaften, die ihr Land in fast 1 200 kooperativen Abteilungen Pflanzenproduktion bewirtschaften. Ihre Durchschnittsgröße beträgt 4 150 Hektar.

Gerade seit unserem VIII. Parteitag entwickelt sich die kooperative Arbeit, und die Spezialisierung auf die Pflanzen- oder auf die Tierproduktion macht beträchtliche Fortschritte. Die kooperativen Einrichtungen der LPG und VEG und die bereits bestehenden LPG und VEG für Pflanzenproduktion arbeiten immer enger mit den agrochemischen Zentren, den Kreisbetrieben für Landtechnik, den Meliorationsbetrieben und mit der Verarbeitungsindustrie zusammen. Damit wird deutlich, welchen Weg die industriemäßige Pflanzenproduktion nimmt.

Ebenso erfolgreich vereinigen landwirtschaftliche Produktionsgenossenschaften und volkseigene Betriebe ihre Anstrengungen zur Steigerung der Tierproduktion, indem sie die Kooperation vertiefen, gemeinsame Fonds bilden, die Produktion konzentrieren und spezialisieren. Dabei nutzen Genossenschaftsbauern und Arbeiter immer wirksamer die Erkenntnisse von Wissenschaft und Technik für die sozialistische Intensivierung und den Übergang zu industriemäßigen Produktionsmethoden. Nur so kann künftig die Land- und Nahrungsgüterwirtschaft ihrer verantwortungsvollen Aufgabe gerecht werden.

Wir übersehen natürlich nicht, daß die Hauptstrecke der Industrialisierung der landwirtschaftlichen Produktion noch vor uns liegt und uns noch viele Probleme erwarten. Bei ihrer Lösung bewegen wir uns im Rahmen der volkswirtschaftlichen Erfordernisse und Möglichkeiten. Leider kann man das Wetter nicht planen. Bekannt ist jedoch, daß auch in der Hitze der Erntezeit dieses Jahres die Genossenschaftsbäuerinnen und -bauern und alle Werktätigen der Land- und Nahrungsgüterwirtschaft Hervorragendes geleistet haben. Sie bewiesen erneut, wie gut sie die moderne Technik meistern. Das kann man nicht hoch genug einschätzen. Die lang anhaltende Trockenheit hat bedauerlicherweise die Ergebnisse der fleißigen Arbeit geschmälert. Wir werden in diesem Jahr die Rekorderträge von 1974 nicht erreichen. Wir haben jedoch mit einer mittleren Ernte keinen Grund, den Kopf hängen zu lassen. Unsere Bauern selbst sind dafür das beste Beispiel. Um die Futterbasis zu stärken und dadurch einen gewissen Ausfall der Ernte wettzumachen, haben sie in diesem Jahr zum ersten Mal über eine Million Hektar Zwischenfrüchte angebaut. Dafür möchten wir ihnen recht herzlich danken.

Insgesamt können wir feststellen, daß die Veränderung der bäuerlichen Arbeit zu einer bedeutenden Steigerung der Arbeitsproduktivität geführt hat. Mußten für die Herstellung von einer Dezitonne Getreide im einzelbäuerlichen Betrieb der fünfziger Jahre 6 bis 7 Arbeitsstunden aufgewendet werden, so sind es heute in vielen kooperativen Abteilungen Pflanzenproduktion etwa 30 bis 40 Minuten. Von großem Wert ist es, daß der Zuwachs in der landwirtschaftlichen Produktion bei einem ständigen Rückgang der Zahl der dort Beschäftigten erreicht wurde. Waren das 1950 noch 2,2 Millionen, so sind es gegenwärtig rund 850 000. Viele Arbeiter, die jetzt für die

Landwirtschaft Produktionsmittel herstellen, die Agrarprodukte verarbeiten oder in so wichtigen Zentren des sozialistischen Aufbaus tätig sind wie im Erdölverarbeitungswerk Schwedt oder im Eisenhüttenkombinat Ost, kommen aus der Landwirtschaft.

In der Bilanz unserer erfolgreichen Agrarpolitik fällt besonders in die Waagschale, daß es während der letzten Jahre gelang, die Bevölkerung der DDR mit Grundnahrungsmitteln im wesentlichen aus dem eigenen Aufkommen zu versorgen. Dabei kostet übrigens ein Kilo Roggenmischbrot in der DDR genau wie vor 20 Jahren ganze 52 Pfennige.

Lagen die durchschnittlichen Getreideerträge von 1950 bis 1954 bei 22,2 Dezitonnen je Hektar, so betrugen sie 1970 bis 1974 34,7 Dezitonnen je Hektar. Bei Schlachtvieh stieg die Produktion 1950 bis 1974 von 376 000 auf 2,1 Millionen Tonnen, bei Milch von 1,7 auf 7,6 Millionen Tonnen und bei Eiern von 314 Millionen auf 4,2 Milliarden Stück. Seit dem VIII. Parteitag haben die Werktätigen der Landwirtschaft 500 000 Tonnen mehr Schlachtvieh produziert, als der Plan vorsieht. Dadurch wurde es möglich, den steigenden Bedarf der Bevölkerung an hochwertigen Nahrungsmitteln zunehmend besser zu befriedigen.

Liebe Genossen und Freunde!

Auch der Alltag auf dem Lande belegt überzeugend, wie sich seit 30 Jahren und gerade bei der Verwirklichung der Hauptaufgabe zugleich mit dem Anstieg der Produktionszahlen die Lebensverhältnisse der Menschen verändern. Auf wesentlichen Gebieten gelang es, die Rückständigkeit des Dorfes zu überwinden und die Lebensbedingungen mehr und mehr denen der Stadt anzugleichen. Das ist ein Prozeß, der fortgeführt werden muß und selbstverständlich seine Zeit braucht.

Doch bereits jetzt hat sich das durchschnittliche Einkommen der Werktätigen der Landwirtschaft im allgemeinen dem der Industriearbeiter angenähert. Das gibt es in keinem kapitalistischen Land der Welt. Diese Tatsache ist um so bemerkenswerter, da auch der früher 12- oder 14stündige Arbeitstag der Einzelbauern längst der Vergangenheit angehört.

Ebenso ist die ehemals für die Dörfer typische Einklassenschule schon lange vergessen. Heute gehen die Kinder der Genossenschaftsbauern genauso wie die Kinder der Arbeiter, der Angehörigen der Intelligenz und aller anderen Werktätigen in die zehnklassige Oberschule. Sie haben die gleichen Chancen wie alle anderen Kinder des Volkes. Geradezu symbolisch für die Überwindung des Bildungsrückstandes des Dorfes ist, daß 80 Prozent der in der Landwirtschaft Tätigen eine abgeschlossene Fachausbildung haben. 1960 waren es gerade 5 Prozent.

Einheitlich gestaltet sind die wesentlichen sozialpolitischen Bedingungen in Stadt und Land. Das betrifft die gesundheitliche Betreuung, die Sozialversicherung, die Unterstützung für Mutter und Kind und vieles andere. Welcher Bauer konnte sich das alles vor 30 Jahren so vorstellen, wie es jetzt ist? Das sozialpolitische Programm des VIII. Parteitages kommt genauso den Werktätigen der Landwirtschaft zugute wie allen anderen Bürgern unserer sozialistischen Deutschen Demokratischen Republik.

Es ist von großer Bedeutung, daß landwirtschaftliche Produktionsgenossenschaften, volkseigene Betriebe und örtliche Organe der Staatsmacht gemeinsam investieren, um die Arbeits- und Lebensbedingungen aller Dorfbewohner ständig zu verbessern. Erfreuliche Fortschritte gibt es besonders seit dem VIII. Parteitag bei der Verbesserung der Wohnverhältnisse, obwohl auf diesem Gebiet noch viel zu tun ist.

Früher waren Kunst und Literatur ein Privileg der Agrarkapitalisten und Junker. Wir haben dieses Privileg abgeschafft. Seit der demokratischen Bodenreform nehmen von Jahr zu Jahr immer mehr Werktätige auf dem Lande an Kunst und Kultur teil, ja sie gestalten sie aktiv mit. Die Dörfer werden immer mehr zu Orten kulturellen Lebens. Durch die ständige Verbesserung der Verkehrsbedingungen und die Motorisierung finden sie in weit stärkerem Maße auch Zugang zum geistig-kulturellen Leben der Städte.

Arbeiter und Bauern
im Bündnis fest vereint

Liebe Freunde!
Die großen Wandlungen auf dem Lande während der vergangenen drei Jahrzehnte konnten sich nur vollziehen, weil das Bündnis der Arbeiterklasse und der Bauern geschmiedet wurde, sich bewährte und ständig weiterentwickelte. Dieses Bündnis war, ist und bleibt Eckpfeiler der marxistisch-leninistischen Politik unserer Partei.

Am Anfang richtete sich das Miteinander auf die Lösung der lebensnotwendigen Forderungen des Tages. Die Arbeiter halfen den Bauern bei der Ernte, der Aussaat, der Reparatur ihrer Maschinen. Das veranschaulicht ein Aufruf der Gewerkschaft der Berliner Metallarbeiter vom 8. Juli 1945, in dem es heißt: »Jede Ähre bedeutet Brot und muß auf dem schnellsten Wege eingebracht werden. Dem Bauern und Landarbeiter mangelt es an den dazu notwendigen Geräten. Sensen, Sicheln, Hacken, Spaten und sonstige Werkzeuge werden dringendst gebraucht. Wir Metallarbeiter Berlins können und müssen dabei mithelfen.«[2] Das Bündnis zwischen Arbeiterklasse und werk-

---

2 Gewerkschaftlicher Neubeginn. Dokumente zur Gründung des FDGB und zu seiner Entwicklung von Juni 1945 bis Februar 1946, Berlin (1975), S. 51.

tätigen Bauern wurde zur Grundlage der antifaschistisch-demokratischen Ordnung und der Güteraustausch zwischen Stadt und Land zum wesentlichen Inhalt der Bündnisbeziehungen. Dadurch erhielt die Stadt mehr Lebensmittel und das Dorf mehr Industriewaren. Auf dem historischen Weg von der Bodenreform bis zur Gestaltung des entwickelten Sozialismus in der Deutschen Demokratischen Republik wurde das Bündnis immer fester und nahm immer mannigfaltigere Formen an. Man kann sagen, daß die Arbeiterklasse und die Bauern gemeinsam die entwickelte sozialistische Gesellschaft gestalten und der leuchtenden Zukunft des Kommunismus entgegengehen.

Heute zielt unsere Bündnispolitik entsprechend den Beschlüssen des VIII. Parteitages darauf ab, Schritt für Schritt den Übergang zur industriemäßigen Großproduktion pflanzlicher und tierischer Erzeugnisse zu vollziehen – mit dem höchsten Nutzen für die gesamte Gesellschaft. So vereinigen wir auch hier am besten die wissenschaftlich-technische Revolution mit den Vorzügen unserer sozialistischen Ordnung. Auf lange Sicht ist nur durch die Herausbildung großer industriemäßig produzierender Einheiten zu gewährleisten, daß die landwirtschaftliche Produktion stetig wächst, daß auf diese Weise die Ernährung des Volkes mit hochwertigen Lebensmitteln und die Versorgung der Industrie mit agrarischen Rohstoffen immer besser gesichert wird. Dabei werden sich die kooperativen Beziehungen allseitig weiter vertiefen. Es entstehen bei der Herstellung bestimmter Erzeugnisse neue Formen und Methoden der Zusammenarbeit, vor allem zwischen den industriemäßig produzierenden Landwirtschaftsbetrieben und den Betrieben der Verarbeitung und des Handels.

Neben den bereits erprobten Kooperationsverbänden werden sich weitere organisatorische Formen der Zusammenarbeit entwickeln. Diese engere Zusammenarbeit von Genossenschaftsbauern und Arbeitern der Landwirtschaft mit den Werktätigen der anderen Bereiche der Volkswirtschaft, die direkt oder indirekt an der Nahrungsgüterproduktion beteiligt sind, kurzum, der sich herausbildende volkswirtschaftliche Agrar-Industrie-Komplex, ist ein Ausdruck der höheren Form des Bündnisses zwischen Arbeitern und Genossenschaftsbauern, das sich bei der Lösung der vor uns liegenden Aufgaben aufs neue bewähren wird.

Liebe Genossinnen und Genossen!

Das Dorf der kapitalistischen Vergangenheit war zerrissen in Ausbeuter und Ausgebeutete. Jetzt kennt der größere Teil unseres Volkes Junker nur noch aus dem Geschichtsunterricht, aus der Literatur und den Museen.

Mit den Verhältnissen des Sozialismus, durch die zielstrebige Überzeugungsarbeit unserer Partei entwickelte sich das Denken der Menschen, das ganze geistige Klima auf dem Lande in neuen Bahnen. Die Genossenschaftsbauern sind aktive und verantwortungsbewußte Mitgestalter der Gesellschaft, sind mit ihrem sozialistischen Staat eng verbunden. Begrenzte früher das Dasein im Kapitalismus den Horizont der Überlegungen, so erfassen sie nun die Interessen des Dorfes, des Kreises, des ganzen Landes. Und sie reichen weit hinaus in die Welt des Sozialismus, die sich von Elbe und Werra bis zum Stillen Ozean erstreckt. Sie gelten der gerechten Sache aller revolutionären, antiimperialistischen Kämpfer und ihrer tatkräftigen Unterstützung.

Freundschaft und Brüderlichkeit verbindet die Bauern unserer Republik vor allem mit der Sowjetunion. Die Erfahrungen der Kolchosbauern und Arbeiter der Sowchosen bei der Intensivierung und Industrialisierung der landwirtschaftlichen Produktion sind von unermeßlichem Wert, und es gilt, sie weiterhin zu nutzen. Um so besser wird es gelingen, die vom VIII. Parteitag vorgezeichneten Ziele, insbesondere die von ihm gestellte Hauptaufgabe, zu verwirklichen. Dadurch gewinnt unsere Deutsche Demokratische Republik als fester Bestandteil der um die Sowjetunion gescharten Gemeinschaft der sozialistischen Staaten weiter an Stabilität und Ausstrahlung.

Hauptaufgabe –
unser konsequenter Kurs

Liebe Freunde und Genossen!
Die Gestaltung unserer sozialistischen Gegenwart und der Vormarsch in die Zukunft des Kommunismus stehen unter einem guten Stern. Heute wirkt die sozialistische Staatengemeinschaft mit einer vielfach größeren Kraft als noch vor Jahren auf den Gang der internationalen Entwicklung. Auf Grund der Beschlüsse des VIII. Parteitages ist unsere Politik darauf gerichtet, im Sinne der Hauptaufgabe das materielle und kulturelle Lebensniveau des Volkes Schritt für Schritt weiter zu verbessern. Es geht uns also in unserer gesamten Tätigkeit nicht darum, den errungenen Lebensstandard festzuschreiben, sondern darum, ihn ständig zu erhöhen und dafür die notwendigen Voraussetzungen zu schaffen. So sieht es bekanntlich die Hauptaufgabe in der Einheit ihrer beiden Seiten vor, und so wird sie verwirklicht. Beim Erreichten stehenzubleiben entspräche weder der vom VIII. Parteitag beschlossenen Politik noch der Wirklichkeit unseres Lebens. Mit jeder neu errichteten Wohnung, mit jedem Krippen- oder Kindergartenplatz, mit jeder Sozialmaßnahme für kinderreiche Familien, für junge Ehepaare, für unsere älteren Bürger, mit jeder Verbesserung im Gesundheitswesen, jeder Verbesserung der Warenbereitstellung, der Dienstleistungen – um nur

diese Beispiele zu nennen – erhöht sich das Lebensniveau unseres Volkes weiter.

Bei allem Verständnis für das Bedürfnis westlicher Propagandisten, uns die Krisenschwierigkeiten des Imperialismus aufzuhalsen, mit denen er selber nicht fertig wird – es bleibt ihnen auch in Zukunft die Erfahrung nicht erspart, daß unsere sozialistische Gesellschaft krisenfrei ist, daß sich die Volkswirtschaft unseres Landes stabil und dynamisch entwickelt. Eine wichtige Gewähr dafür ist die breite Entfaltung der schöpferischen Fähigkeiten, der Initiative der Werktätigen auf dem Wege der sozialistischen Intensivierung. Wir verkennen nicht, daß die Veränderung der außenwirtschaftlichen Bedingungen auch an uns höhere Anforderungen stellt. Die enge Verflechtung unserer Deutschen Demokratischen Republik mit der Sowjetunion und den anderen Staaten der sozialistischen Gemeinschaft versetzt uns aber durchaus in die Lage, die weitere gesunde Entwicklung unserer Volkswirtschaft zu gewährleisten.

Die Einheit von Wirtschafts- und Sozialpolitik ist ein Wesenselement des Kurses, der auf dem VIII. Parteitag beschlossen wurde, und daran halten wir unbeirrt fest. Dazu gehört, daß wir die wachsenden Bedürfnisse aufmerksam berücksichtigen und ständig besser befriedigen. Berechtigte Konsumwünsche der Werktätigen werden wir also weder geringschätzen noch mit spießerhaften oder anderen dem Sozialismus fremden Ideologien gleichsetzen. Gerade unsere Politik seit dem VIII. Parteitag hat gezeigt, welche großen Impulse und Initiativen dadurch ausgelöst werden, daß die Werktätigen immer und konkret spüren, wie sich ihre fleißige Arbeit für die ganze Gesellschaft, für sie persönlich und ihre Familie unmittelbar auszahlt. Diesen Kurs werden wir unbeirrt weiter durchführen.

Erich Honecker: Reden und Aufsätze, Bd. 3,
Berlin 1978, S. 481–494.

Sein Vermächtnis
wurde in unserer Republik erfüllt

*Aus der Rede auf der Festveranstaltung
des Zentralkomitees der SED
zum 100. Geburtstag von Wilhelm Pieck
2. Januar 1976*

Liebe Genossinnen und Genossen, liebe Freunde!
Meine Damen und Herren!
Mit tiefer Bewegung begehen wir den 100. Geburtstag Wilhelm Piecks, des Kampfgefährten von Karl Liebknecht und Rosa Luxemburg, des Mitbegründers und langjährigen Vorsitzenden der Kommunistischen Partei Deutschlands, des Vorsitzenden der Sozialistischen Einheitspartei Deutschlands, des ersten Präsidenten unserer Deutschen Demokratischen Republik.

Der Name Wilhelm Pieck bedeutet für unsere Partei ein Programm. Er ist in unserem Leben und Kampf allgegenwärtig. Mit Wilhelm Pieck hat unsere Partei eine Führerpersönlichkeit hervorgebracht, die auch in den schwierigsten Situationen des Klassenkampfes zutiefst überzeugt war vom Sieg der gerechtesten Sache der Welt, dem Sieg des Sozialismus.

Der von Marx, Engels und Lenin gewiesene Weg der Befreiung des arbeitenden Volkes aus der kapitalistischen Knechtschaft bestimmte sein Handeln. Er verteidigte ihn in jeder Phase seines Lebens gegen alle revisionistischen und opportunistischen Entstellungen. Als Revolutionär, als Patriot und leidenschaftlicher Internationalist stand er unerschütterlich an der Seite der Partei Lenins, unter deren Führung erstmals in der Geschichte die proletarische Revolution erfolgreich war und der Sozialismus auf einem Sechstel der Erde zum Siege geführt wurde.

Wilhelm Pieck, der große Sohn unseres Volkes, der aufrechte Vorkämpfer für die Interessen der Arbeiterklasse und aller Werktätigen wird uns immer ein leuchtendes Vorbild in unserem Kampf für Frieden und Sozialismus sein.

*Kampf und Leben
im Dienst seiner Klasse*

Liebe Genossinnen und Genossen!
Am 3. Januar 1876 wurde Wilhelm Pieck in Guben geboren. In den 100 Jahren, die seitdem vergangen sind, hat sich die Welt von Grund auf verändert. Dieser Wandel stand im Zeichen des revolutionären Siegeszuges der Arbeiterklasse, in deren Dienst Wilhelm Pieck sein ganzes Leben gestellt hat.

Vor einem Jahrhundert glaubte die Bourgeoisie, den organisierten Kampf dieser Klasse mit Repressalien wie dem Sozialistengesetz ersticken zu können. Heute ist die kommunistische Weltbewegung die stärkste politische Kraft. Die Ideen des Marxismus-Leninismus beeinflussen das Denken und Handeln der Menschheit so tief wie keine andere Ideologie in ihrer Geschichte.

In den siebziger Jahren des vorigen Jahrhunderts glaubte die Reaktion, mit der Niederwerfung der Pariser Kommune den Weg zum Sozialismus ein für allemal versperrt zu haben. Heute wirkt das lebendige Beispiel der Sowjetunion schon mehr als fünf Jahrzehnte auf das Leben aller Völker. Der Sozialismus entwickelt sich als mächtiges Weltsystem.

Vor hundert Jahren waren die kapitalistischen Staaten dabei, die Welt unter sich aufzuteilen. Heute sind die letzten ihrer alten Kolonialreiche zusammengebrochen. Damals war es noch nicht möglich, den Krieg aus dem Dasein der Menschheit zu verbannen. Heute ist es dank der Kraft der Sowjetunion, dank der Kraft des Sozialismus zum realen Ziel geworden, Frieden und Sicherheit dauerhaft zu gewährleisten.

Der weite geschichtliche Bogen von der Zeit der Geburt Wilhelm Piecks bis in unsere Tage verdeutlicht, daß der Niedergang des Kapitalismus und der Sieg des Sozialismus im Weltmaßstab gesetzmäßig und unaufhaltsam sind.

Eindrucksvoll verkörpert Wilhelm Pieck, der noch zu Lebzeiten von Friedrich Engels in die Reihen der Kämpfer für den Sozialismus trat, die Kontinuität der revolutionären deutschen Arbeiterbewegung. Sein persönlicher Werdegang widerspiegelt den Aufstieg der revolutionären Partei der deutschen Arbeiterklasse, ihre wachsende Reife, die Bewährung in opferreichen Klassenschlachten gegen Imperialismus und Krieg, ihre Entwicklung zur führenden Kraft des ersten deutschen Staates der Arbeiter und Bauern – der Deutschen Demokratischen Republik.

In das Wirken Wilhelm Piecks gingen ein: die Lehren von Karl Marx und Friedrich Engels, die kämpferischen Traditionen des Bundes der Kommunisten und der revolutionären deutschen Sozialdemokratie, der Partei August Bebels und Wilhelm Liebknechts. In sein Wirken gingen ein die reichen Kampferfahrungen der deutschen Linken und später der Kommunistischen Partei Deutschlands, die theoretischen Erkenntnisse und praktischen Erfahrungen der Partei Lenins, den er noch persönlich kannte und schätzte. Für Wilhelm Pieck war die Partei – um mit Majakowski zu sprechen – Hirn der Klasse, Sinn der Klasse, Kraft der Klasse, Ruhm der Klasse.

Wilhelm Pieck kannte das Leben der Arbeiter gut, weil er es seit früher Jugend selber lebte. Er hatte selber erfahren, was Ausbeutung und Unterdrückung in der kapitalistischen Gesellschaft bedeuten. Bereits früh erkannte er, daß man die sozialen Verhältnisse verändern muß. Mit 18 Jahren trat er 1894 in Braunschweig dem Holzarbeiterverband bei. Bald gehörte er zu den aktivsten Mitgliedern der Gewerkschaft. 1895 wurde er Mitglied der damaligen Sozialdemokratischen Partei Deutschlands.

In Bremen erwarb er sich das Vertrauen und die Achtung seiner Kollegen durch sein mutiges Eintreten für die Arbeiterinteressen. Später war er einer der besten Organisatoren ihrer Streiks. Wegen seiner aufrechten Haltung wurde Wilhelm Pieck zum Sekretär der Bremer Parteiorganisation gewählt. Für seinen weiteren Weg war das Studium an der Reichsparteischule der revolutionären deutschen Sozialdemokratie von großer Bedeutung. Hier bereicherte er seine Kenntnisse von der wissenschaftlichen Weltanschauung der Arbeiterklasse.

Stets ließ sich Wilhelm Pieck davon leiten, »daß es für die Arbeiterklasse« – wie er selbst sagte – »kein kostbareres Gut gibt als die revolutionäre Partei, als Voraussetzung ihres Sieges, die mächtigste Waffe der Befreiung aller Werktätigen«[1]. Das Seine zu tun, damit die Arbeiterklasse unter Führung ihrer revolutionären Partei zur bestimmenden gesellschaftlichen Kraft wird, davon war sein Handeln geprägt. Mehr als 65 Jahre stritt er dafür in den Reihen der deutschen und internationalen Arbeiterbewegung. Dem galt seine über vierzigjährige Tätigkeit in den zentralen Führungsorganen unseres revolutionären Kampfbundes. Dem galt sein Wirken in den vielen Jahren, in denen er an der Spitze unserer marxistisch-leninistischen Partei stand. Dafür dankt ihm das Volk der Deutschen Demokratischen Republik an seinem 100. Geburtstag.

Wie ein roter Faden durchzog die Erkenntnis sein Leben: Die klare politische Zielstellung der Partei, ihre straffe Organisation und das disziplinierte Verhalten ihrer Mitglieder sind entscheidend dafür, daß die Arbeiterklasse ihre historische Mission erfüllen kann. So hat Wilhelm Pieck unter dem Einfluß und an der Seite solcher hervorragender proletarischer Führer

---

1 Wilhelm Pieck. Bilder und Dokumente aus dem Leben des ersten deutschen Arbeiterpräsidenten, Berlin 1955, S. 117.

wie August Bebel, Karl Liebknecht, Rosa Luxemburg, Franz Mehring, Clara Zetkin und Ernst Thälmann stets für die kommunistischen Ziele gekämpft. Bereits auf dem Nürnberger Parteitag der SPD im Jahre 1908 forderte er, denjenigen den Kampf anzusagen, die versuchen, die Arbeiter von der revolutionären Zielstellung abzulenken und sie »auf Wege zu verleiten, die nicht zur Eroberung der politischen Macht führen«[2].

Als zu Beginn des ersten Weltkrieges die rechten Führer der Sozialdemokratie offen in das Lager der Bourgeoisie übergingen, verrieten sie die Interessen des Volkes und vollzogen sie die Spaltung der deutschen Arbeiterbewegung. Der Name Wilhelm Pieck aber bleibt für immer mit dem leuchtenden Beispiel der Spartakuskämpfer verbunden, die – wie Lenin schrieb – die Ehre des deutschen Proletariats retteten.

Die Tatsache, daß sein Standpunkt zum imperialistischen Krieg mit dem des Parteivorstandes der SPD unvereinbar war, führte zu seiner Entlassung aus dem Apparat der Partei. Um so entschlossener setzte Wilhelm Pieck seinen Kampf fort. Unter den Aktionen, die er während des ersten Weltkrieges leitete, ist die Frauendemonstration am 28. Mai 1915 vor dem Reichstag in Berlin die bedeutendste gewesen. Wilhelm Pieck wurde verhaftet. Das kaiserliche Regime schickte ihn, um ihn zum Schweigen zu bringen, an die Front. Dort aber führte er seine revolutionäre Tätigkeit unbeirrt weiter, um die Soldaten für die Beendigung des imperialistischen Krieges zu gewinnen.

Wilhelm Pieck war einer der leitenden Organisatoren der Gruppe »Internationale«. Auf ihrer Reichstagung am 1. Januar 1916 nahm er an der Gründung der Spartakusgruppe teil und wurde zu einem ihrer führenden Mitglieder. Er gehörte zum revolutionären Kern der deutschen Arbeiterbewegung, zu jenen, die im Kampf gegen die rechtsopportunistischen Parteiführer, gegen ihre Ideologie von der »Vaterlandsverteidigung« und vom »Burgfrieden« das Banner des proletarischen Internationalismus hochhielten.

Begeistert begrüßte die Spartakusgruppe den Sieg der Großen Sozialistischen Oktoberrevolution. Sie erkannte, daß damit eine Wende in der Geschichte der Menschheit eingeleitet wurde. Stets trat sie nachhaltig für die Anwendung der Lehren Lenins, der Erfahrungen der von ihm gegründeten und geführten Partei der Bolschewiki ein. Die Spartakusgruppe rief die deutsche Arbeiterklasse auf, dem Beispiel ihrer Klassenbrüder in Rußland zu folgen. Auf der Reichskonferenz am 7. Oktober 1918 proklamierte sie als

---

2 Wilhelm Pieck: Parteitag der Sozialdemokratischen Partei Deutschlands, Nürnberg, 13.–19. September 1908. Für Ausbau und Erweiterung der Parteischule. In: Gesammelte Reden und Schriften, Bd. I, August 1904 bis Januar 1919, Berlin 1959, S. 145.

Ziel die »sozialistische Republik, die mit der russischen Sowjetrepublik solidarisch ist«[3].

In der Novemberrevolution gelang es, die Monarchie zu stürzen und das Monopolkapital zum Frieden zu zwingen. Aber wir wissen, daß es der deutschen Arbeiterklasse trotz großem Heroismus und opferreichem Kampf nicht gelang, die Herrschaft der Imperialisten und Großgrundbesitzer zu beseitigen und die Arbeiter-und-Bauern-Macht zu errichten. Auch in der Novemberrevolution schieden sich die Geister an der Kernfrage jeder Revolution, an der Frage der Macht. Die rechten Führer der SPD begünstigten das Wüten der Konterrevolution gegen die revolutionären Arbeiter, Soldaten, Matrosen und Bauern. Solche Leute wie Noske übernahmen sogar die blutige Rolle des Henkers im Dienste der Reaktion.

Verlauf und Niederlage der Novemberrevolution erhärteten eine lebenswichtige Wahrheit des Klassenkampfes. Um zu siegen, braucht die Arbeiterklasse an ihrer Spitze eine Partei, die sich von der marxistisch-leninistischen Theorie leiten läßt und sie schöpferisch auf die konkreten Bedingungen anwendet. Nur unter dieser Voraussetzung können Imperialismus und Militarismus, die Ausbeutung des Menschen durch den Menschen überwunden, kann eine neue, die sozialistische Ordnung gestaltet werden.

Davon ausgehend beschlossen die Delegierten der Reichskonferenz des Spartakusbundes an der Jahreswende 1918/19 die Gründung der Kommunistischen Partei Deutschlands. Damit war der Grundstein für die marxistisch-leninistische Kampfpartei des deutschen Proletariats gelegt. Zu ihren Begründern gehörte unser Genosse Wilhelm Pieck. Nach der bestialischen Ermordung von Karl Liebknecht und Rosa Luxemburg am 15. Januar 1919 wirkte Wilhelm Pieck, der den Mordbanditen entkommen konnte, unermüdlich unter den werktätigen Massen, um das Vermächtnis von Karl und Rosa zu erfüllen.

Konsequent kämpfte Wilhelm Pieck an der Seite Ernst Thälmanns für die Durchsetzung des Leninismus in der deutschen Arbeiterbewegung. Die Kommunistische Partei Deutschlands erkannte rechtzeitig, daß das deutsche Monopolkapital im Faschismus den Weg sah, um die Ergebnisse der Novemberrevolution im Innern zu liquidieren und einen neuen Krieg zur Eroberung der Weltherrschaft vom Zaune zu brechen. »Der Faschismus«, so schrieb Wilhelm Pieck bereits im Jahre 1922, »ist die Hoffnung der internationalen Reaktion.«[4]

---

3 Dokumente und Materialien zur Geschichte der deutschen Arbeiterbewegung, Band 2, November 1917–Dezember 1918, Berlin 1957, S. 229.
4 Wilhelm Pieck: Bekämpft den Faschismus, die Hoffnung der internationalen Reaktion! In: Gesammelte Reden und Schriften, Bd. II, Januar 1920 bis April 1925, Berlin 1959, S. 275.

Unter der Losung »Hände weg von Sowjetrußland« organisierte die KPD den Widerstand gegen die abenteuerliche Politik des deutschen Imperialismus und Militarismus. Auf dem 11. Parteitag der KPD im Jahre 1927 erklärte das Thälmannsche Zentralkomitee den Kampf für den Frieden und die Verteidigung der Sowjetunion zu den Hauptaufgaben der Partei. Sie rief zum Zusammenschluß aller demokratischen Kräfte auf, um den Machtantritt des Faschismus zu verhindern.

Führer des antifaschistischen Widerstandskampfes

Als Anfang 1933 Hitler Reichskanzler wurde, appellierten Ernst Thälmann und Wilhelm Pieck auf das eindringlichste an die Sozialdemokratische Partei Deutschlands, an die sozialdemokratischen Arbeiter, gemeinsam mit den Kommunisten gegen den Hitlerfaschismus zu kämpfen. Am 10. Februar 1933 rief Wilhelm Pieck anläßlich der Beisetzung der von den Nazis ermordeten Jungarbeiter den sozialdemokratischen Klassengenossen zu: »Wir Kommunisten reichen euch über die Gräber unserer Toten die Bruderhand! Schlagt ein!«[5] Wieviel Leid und Opfer wären dem deutschen Volk und den anderen Völkern erspart geblieben, wenn es zum breiten Bündnis aller Hitlergegner gekommen wäre!

Nach der Verhaftung Ernst Thälmanns am 3. März 1933 leistete Wilhelm Pieck an der Spitze der illegalen Kommunistischen Partei Deutschlands eine aufopferungsvolle politische Arbeit, um die Partei auf die neuen Erfordernisse des Kampfes einzustellen. Von höchst aktueller Bedeutung ist die Tatsache, daß Wilhelm Pieck im Faschismus stets das reaktionäre und aggressive Wesen des Imperialismus sah. Die Herrschaft der Monopole und ihr Expansionsdrang sind, wie er immer wieder betonte, die Ursachen für die Gefahr von Kriegen, die bestehenbleibt, solange der Imperialismus existiert. Je näher der Ausbruch des zweiten Weltkrieges rückte, um so eindringlicher entlarvte Wilhelm Pieck den deutschen Faschismus. Er kennzeichnete ihn als den Stoßtrupp der Weltreaktion, den »Hauptbrandstifter eines neuen Weltkrieges, eines konterrevolutionären Krieges gegen die Sowjetunion«[6].

Mit seinen umfangreichen Erfahrungen im Klassenkampf und seinen tiefen theoretischen Kenntnissen hatte Wilhelm Pieck bedeutenden Anteil an

5 Wilhelm Pieck: Unser Schwur – Einheitsfront der Tat. In: Gesammelte Reden und Schriften, Bd. V, Februar 1933 bis August 1939, Berlin 1972, S. 4.
6 Wilhelm Pieck: Der Kampf um die Befreiung Ernst Thälmanns – eine Schlacht gegen Faschismus und Krieg. In: Ebenda, S. 300.

der Ausarbeitung der Strategie und Taktik des revolutionären Kampfes des internationalen Proletariats auf dem VII. Weltkongreß der Kommunistischen Internationale. Diesen Kongreß, auf dem Genosse Georgi Dimitroff sein historisches Referat über die Offensive des Faschismus und die Aufgaben der Kommunistischen Internationale beim Kampf um die Einheit der Arbeiterklasse und die antifaschistische Volksfront hielt, eröffnete Wilhelm Pieck. Er war es auch, der den Rechenschaftsbericht des Exekutivkomitees der Komintern an den VII. Weltkongreß gab. Von seinem hohen Ansehen in der internationalen Arbeiterbewegung zeugte es, daß er damals in das Präsidium des Exekutivkomitees der Komintern und zu dessen Sekretär gewählt wurde.

In schöpferischer Anwendung der Beschlüsse des VII. Weltkongresses analysierte Wilhelm Pieck 1935 auf der Brüsseler Parteikonferenz die Lage in Deutschland. Er entwickelte die Strategie und Taktik der Kommunistischen Partei Deutschlands zum Sturz der faschistischen Diktatur. Die Volksfrontpolitik der KPD war auf das Bündnis der verschiedensten gesellschaftlichen Kräfte gerichtet, unabhängig von politischen, konfessionellen oder sonstigen Unterschieden. Ihre Ziele waren für alle annehmbar, die für die Beseitigung des Faschismus, für Frieden, Demokratie und sozialen Fortschritt eintraten. Diese programmatische Aufgabenstellung, die im Referat Wilhelm Piecks auf der Berner Konferenz 1939 weiterentwickelt wurde, beeinflußte tief den Kampf um eine bessere Zukunft.

In den Jahren des zweiten Weltkrieges wurde Wilhelm Pieck zum Führer und Inspirator des antifaschistischen Widerstandes der Kommunisten, Sozialdemokraten und aller anderen friedliebenden Kräfte des deutschen Volkes. Von Paris, Prag und Moskau aus organisierte er den antifaschistischen Widerstand. Durch Aufrufe, illegale Flugblätter, Aussprachen mit in Deutschland kämpfenden Antifaschisten und regelmäßige Sendungen im Moskauer Rundfunk klärte er über das Wesen und die Ziele des Faschismus auf. Nichts ließ er unversucht, um vor allem den deutschen Soldaten die Augen zu öffnen. Dafür wirkte er gemeinsam mit anderen Genossen auch unter den Kriegsgefangenen. Seine Überzeugung vom Sieg der Sowjetunion über den faschistischen Aggressor gab vielen Antifaschisten Mut und Zuversicht in ihrem schweren, opferreichen Kampf zum Sturz des Hitlerfaschismus.

Schmied der Einheit

Liebe Genossinnen und Genossen!
Der Sieg der ruhmreichen Sowjetarmee über den Hitlerfaschismus eröffnete der deutschen Arbeiterklasse und dem ganzen deutschen Volk die

Chance, eine neue, fortschrittliche Gesellschaft aufzubauen. Die Kommunistische Partei Deutschlands konnte sich in dieser Situation auf die programmatische Arbeit stützen, die sie in den Jahren des illegalen antifaschistischen Kampfes geleistet hatte. Unter Führung Wilhelm Piecks wandte sie sich mit ihrem historischen Aufruf vom 11. Juni 1945 an die Massen. Er wies die Richtung für den Aufbau eines neuen Lebens, für den Beginn der größten Volksrevolution in der deutschen Geschichte.

Gemeinsam mit Otto Grotewohl und anderen sozialdemokratischen Genossen, die entschlossen waren, die Lehren aus der Geschichte zu ziehen, wurde die Schaffung einer einheitlichen revolutionären Partei vorbereitet. Die Vereinigung von KPD und SPD im April 1946 zur Sozialistischen Einheitspartei Deutschlands führte unter den neuen Kampfbedingungen den Weg der KPD fort. Die Gründung der Sozialistischen Einheitspartei Deutschlands vor 30 Jahren setzte einen Markstein in der Geschichte der deutschen Arbeiterklasse und des deutschen Volkes.

Immer wird uns bewußt sein, welchen hervorragenden Anteil unsere Genossen Wilhelm Pieck und Otto Grotewohl an diesem Triumph der Sache des revolutionären Proletariats hatten. Durch ihren Händedruck besiegelten sie ein Werk, mit dem das Streben unzähliger Kommunisten und Sozialdemokraten Erfüllung fand. Wilhelm Pieck, den alle voller Achtung und Anerkennung »Schmied der Einheit« nannten, sagte im April 1946: »*Die Vereinigung der beiden Parteien ist ein Ereignis von größter geschichtlicher Bedeutung, und die Auswirkungen dieser Vereinigung werden bestätigen, daß mit der geschaffenen Einheit der deutschen Arbeiterbewegung auf Grund der ihr zugrunde gelegten Aufgaben und Ziele eine neue Epoche der deutschen Geschichte beginnt.*«[7] Wir können heute feststellen: Das Leben hat seine Worte voll und ganz bestätigt. In unserer aufblühenden sozialistischen Deutschen Demokratischen Republik wurde das Vermächtnis Wilhelm Piecks erfüllt.

Schon im Kampf um die Erneuerung der gesellschaftlichen Grundlagen in unserem Land erwies sich die Voraussicht Wilhelm Piecks als richtig. Konsequent trat er an der Spitze der Partei dafür ein, die Herrschaft der Krupp, Thyssen, Vögler, Flick und der anderen Konzernherren, der Großgrundbesitzer, der militaristischen Kräfte für immer zu beseitigen. Das Volk zog die Kriegsschuldigen und Kriegsverbrecher zur Verantwortung. Für immer unschädlich gemacht wurden die Naziführer und ihre Mordgesellen. Unter Leitung von Wilhelm Pieck wurde 1945 die Bodenreform durchgeführt, wurden 1946 die Kriegsverbrecher und Naziaktivisten enteignet und die wichtigsten Produktionsmittel in die Hände des Volkes

---

7 Protokoll des Vereinigungsparteitages der Sozialdemokratischen Partei Deutschlands (SPD) und der Kommunistischen Partei Deutschlands (KPD) am 21. und 22. April 1946 in Berlin, Berlin 1946, S. 15.

übergeführt. Die Zerschlagung des alten, bürgerlichen Staatsapparates und der Aufbau demokratischer Staatsorgane, die Schul- und Justizreform sind unlöslich mit dem Wirken Wilhelm Piecks verbunden. All das waren revolutionäre Aktionen breitester demokratischer Selbstbestimmung und echter Souveränität des Volkes.

In schöpferischer Anwendung der Leninschen Revolutionstheorie und der eigenen Erfahrungen wurden die antifaschistisch-demokratische Umgestaltung und der Kampf um den Sozialismus als ein einheitlicher revolutionärer Prozeß unter Führung der geeinten Arbeiterklasse und ihrer Partei verwirklicht. Er vollzog sich während einer längeren revolutionären Umwälzung in erbitterter Auseinandersetzung mit der imperialistischen Reaktion. Die politische Herrschaft der Arbeiterklasse wurde im engen Bündnis mit den Bauern und den anderen Werktätigen errichtet. So wurde ein Schritt von wahrhaft historischer Bedeutung getan, der für alle Zeiten künden wird von dem Sieg des Sozialismus in der Heimat von Karl Marx und Friedrich Engels.

Wilhelm Pieck wurde der erste Präsident der Deutschen Demokratischen Republik. Der Arbeiterführer, der am Wendepunkt der Geschichte des deutschen Volkes das Entstehen des ersten deutschen Arbeiter-und-Bauern-Staates führend mitgestaltet hat und den Aufbau des Sozialismus entscheidend mitprägte, war über viele Jahrzehnte hinweg einer der aktivsten Vorkämpfer in der hundertjährigen Geschichte des revolutionären Ringens um die demokratische Republik. Der Kommunist, dessen Kindheit in die Zeit des Sozialistengesetzes fiel, der für den Sturz der Monarchie und des faschistischen Raubstaates sein Leben einsetzte, wurde einmütig zum höchsten Repräsentanten des Volkes gewählt. Uns allen, die wir die Gründung der Deutschen Demokratischen Republik miterlebten, sprach Otto Grotewohl aus dem Herzen, als er feststellte: Wie dieser Staat von neuer Art ist, so ist auch sein erster Präsident ein Staatsmann neuer Art.

Erich Honecker: Reden und Aufsätze, Bd. 4,
Berlin 1977, S. 175–184.

Auf sicherem Kurs

*Artikel in der »Einheit«
zum 30. Jahrestag
der Gründung der SED
März 1976*

Am 21. und 22. April 1946 fand in Berlin jener denkwürdige Parteitag statt, auf dem sich KPD und SPD zur Sozialistischen Einheitspartei Deutschlands vereinigten. Mit ihrem Händedruck besiegelten Wilhelm Pieck und Otto Grotewohl den historischen Akt. Wilhelm Pieck sagte, die Auswirkung dieser Vereinigung werde bestätigen, daß mit der geschaffenen Einheit der deutschen Arbeiterbewegung eine neue Epoche der deutschen Geschichte beginnt.[1]

Die Wirklichkeit unserer sozialistischen Deutschen Demokratischen Republik, ihr Entstehen und Gedeihen geben diesen Worten voll und ganz recht. In den vergangenen drei Jahrzehnten hat unser Volk unter Führung der SED den mit dem Sieg der Sowjetunion über den Faschismus eröffneten Weg in eine neue Zukunft erfolgreich beschritten. In einem einheitlichen revolutionären Prozeß, in erbitterter Auseinandersetzung mit der imperialistischen Reaktion und ihren Helfershelfern gelang es, die antifaschistisch-demokratische Umwälzung zu verwirklichen und die sozialistische Revolution zum Siege zu führen. Das Dasein der Menschen in unserem Lande wurde von Grund auf verändert. Unser sozialistischer Staat der Arbeiter und Bauern wuchs auf dem festen Fundament der engsten Verbundenheit mit der Sowjetunion und als unlösbarer Bestandteil der Gemeinschaft der Bruderländer. Jetzt können wir uns das Ziel stellen, weiterhin die entwickelte sozialistische Gesellschaft zu gestalten und so grundle-

---

1 Siehe Protokoll des Vereinigungsparteitages der Sozialdemokratischen Partei Deutschlands (SPD) und der Kommunistischen Partei Deutschlands (KPD) am 21. und 22. April 1946 in Berlin, Berlin 1946, S. 15.

gende Voraussetzungen für den allmählichen Übergang zum Kommunismus zu schaffen.

In den 30 Jahren, die seit den Apriltagen 1946 vergangen sind, bewährte sich die SED als umgestaltende revolutionäre Kraft der Gesellschaft. Sie wurde ihrer Verantwortung gerecht und bestand alle Prüfungen des Klassenkampfes. Sie inspirierte die Arbeiterklasse und alle Werktätigen, Großes zu vollbringen. Die Gründung der Deutschen Demokratischen Republik wurde zu einem Wendepunkt in der Geschichte Europas. Die Deutsche Demokratische Republik ist ein stabiler und leistungsfähiger sozialistischer Staat. Durch seine konsequente Politik des Friedens und der antiimperialistischen Solidarität hat er sich weltweite internationale Anerkennung erworben.

Die Deutsche Demokratische Republik ist das Werk von Generationen. Die verschiedenen Etappen ihrer Entwicklung sind Ausdruck der qualitativen Veränderungen im Leben der Gesellschaft, im Leben der Partei. Zu ihnen gehörten der VIII. Parteitag und seine Beschlüsse. Dieser Parteitag begründete allseitig die Aufgaben, die bei der Gestaltung der entwickelten sozialistischen Gesellschaft gelöst werden müssen. Deutlicher als je zuvor wurde das entscheidende Anliegen des Sozialismus in den Mittelpunkt der Politik unserer Partei und des Staates gerückt: alles zu tun für das Wohl der Arbeiterklasse, für das Glück des Volkes. Das humanistische Wesen des Sozialismus, seine Werte und Vorzüge kommen für jeden unmittelbar und spürbar zum Ausdruck.

Zu beachten ist, daß die positive Bilanz der Entwicklung in den 30 Jahren seit dem Vereinigungsparteitag eindrucksvoll belegt, daß die SED mit ihrer Strategie und Taktik auf die Fragen des Lebens im Grunde stets die richtige Antwort gab. Das war nur möglich, weil sich unsere Partei konsequent durch die von Karl Marx, Friedrich Engels und Wladimir Iljitsch Lenin begründete wissenschaftliche Lehre leiten ließ. Sie wendete diese Lehre auf die konkreten Bedingungen unseres Landes an und nutzte allseitig die Erfahrungen der kommunistischen Weltbewegung, insbesondere der KPdSU.

So war unser Kampf für eine neue Gesellschaftsordnung von Anbeginn fest mit der weltumspannenden revolutionären Entwicklung verflochten, die von der Großen Sozialistischen Oktoberrevolution eingeleitet wurde und mit dem Sieg der Sowjetunion im Großen Vaterländischen Krieg einen machtvollen Aufschwung, eine neue, höhere Stufe erreichte. Auf befreitem Boden, geschützt vor imperialistischer Intervention, entstanden auch in der ehemaligen sowjetischen Besatzungszone günstige Bedingungen für die Durchsetzung der objektiv notwendigen gesellschaftlichen Veränderungen.

*Revolutionäre Einheit
ermöglichte Sieg der Arbeiterklasse*

Um die grundlegende Wende in der Geschichte unseres Volkes zu vollziehen, waren die Überwindung der vom Imperialismus und Opportunismus verursachten Spaltung der Arbeiterklasse, die Herstellung ihrer Einheit auf revolutionärer Grundlage unabdingbar.

Dieses Ziel hatte die Kommunistische Partei Deutschlands seit ihrer Gründung verfochten. Dabei hatte sie unter Führung ihres Thälmannschen Zentralkomitees reiche Erfahrungen gesammelt und große Opfer im Kampf gegen Faschismus und imperialistischen Krieg gebracht. Nach der Zerschlagung des Faschismus durch die Sowjetarmee setzte sie diese Politik unter neuen Bedingungen fort.

Mit ihrem Aufruf vom 11. Juni 1945 wies sie allen antifaschistisch-demokratischen Kräften Ziel und Weg zur Überwindung der Herrschaft des Monopolkapitals, das zwei verheerende Weltkriege vom Zaune gebrochen, den Faschismus in den Sattel gehoben hatte und der Hauptschuldige für seine Untaten war. In diesem bedeutsamen Dokument zog die KPD die Lehren der Geschichte und orientierte auf die Schaffung antiimperialistisch-demokratischer Verhältnisse, mit der Möglichkeit, dem deutschen Volk den Weg zum Sozialismus zu öffnen.

Sie ließ sich von der Leninschen Revolutionstheorie leiten. So ging sie davon aus, daß sich die antifaschistisch-demokratische Umwälzung in dem Maße zur sozialistischen Revolution weiterentwickelt, wie die Arbeiterklasse unter Führung der revolutionären Vorhut ihre Hegemonie verwirklicht, wie sie entscheidende Machtpositionen erobert und dabei das Bündnis mit den anderen werktätigen Klassen und Schichten schmiedet und ausbaut. Anhand einer marxistisch-leninistischen Analyse der konkreten Lage und der Klassenkräfte stellte die KPD als nächstes Ziel, eine antifaschistisch-demokratische, parlamentarische Republik mit allen Rechten und Freiheiten für das Volk zu schaffen, die sich grundsätzlich von der Weimarer Republik unterschied. Das erforderte die restlose Vernichtung von Faschismus und Militarismus, die Enteignung der Kriegs- und Naziverbrecher, der Konzerne, Banken und Großgrundbesitzer, die Besetzung der Kommandohöhen in Staat und Wirtschaft durch Vertreter des werktätigen Volkes. Mit einem 10-Punkte-Programm mobilisierte die KPD die Werktätigen für die Lösung der aktuellsten und dringendsten Aufgaben.

In den Mittelpunkt ihrer Bemühungen rückte die KPD, deren Mitglieder aus der Illegalität, den faschistischen Zuchthäusern und Konzentrationslagern, aus der Emigration kamen, die Herstellung der Aktionseinheit der Arbeiterklasse. Der Zentralausschuß der Sozialdemokratischen Partei

Deutschlands stimmte in seinem Aufruf vom 15.Juni 1945 dem Aufruf der KPD vom 11.Juni 1945 zu. So konnten die führenden Gremien der KPD und der SPD am 19.Juni 1945 in Berlin das Abkommen über die Aktionseinheit vereinbaren. Begünstigt wurde der Wille zur Einheit der Arbeiterklasse durch die Lehren der Geschichte. Bitter hatte sich gerächt, daß am Vorabend der Errichtung des Faschismus die Aktionseinheit der Arbeiterklasse nicht zustande kam. Aus den Erfahrungen mit der faschistischen Herrschaft zogen viele Mitglieder der Sozialdemokratischen Partei Deutschlands mit ihren kommunistischen Genossen die einzig richtige Schlußfolgerung, Bruderkampf niemals mehr zuzulassen. Im Gegensatz zu den reaktionären Kräften der Sozialdemokratie waren sie bereit und entschlossen, mit den kommunistischen Klassengenossen beim Aufbau des neuen Lebens zusammenzuarbeiten.

Die Einsicht in das objektiv Notwendige führte zu dem Streben, die Einheit der Arbeiterklasse zu schmieden und eine einheitliche revolutionäre Partei der deutschen Arbeiterklasse zu schaffen. Im gemeinsamen Kampf für die Errichtung der antifaschistisch-demokratischen Ordnung, durch die Beantwortung politisch-ideologischer Grundfragen entwickelte sich die Aktionseinheit von KPD und SPD. Sie wurde immer stärker zum Anziehungspunkt und Motor für alle antifaschistisch-demokratischen Kräfte.

Die Feinde der Arbeiterklasse widersetzten sich der Vereinigung mit allen Mitteln. Sehr wohl hatten die imperialistischen Kräfte erkannt, was vom Ausgang dieses Kampfes abhing. Gelang es, die sozialistische Einheitspartei auf revolutionärer Grundlage, entsprechend den Lehren von Marx, Engels und Lenin zu schaffen, so fiel zugleich die Entscheidung darüber, daß die Arbeiterklasse im Bündnis mit allen Werktätigen die Führung der Nation übernimmt. Unter diesem Aspekt zeigt sich die ganze Größe und Tragweite des geschichtlichen Vorgangs, der durch die Vereinigung von KPD und SPD zur SED vor 30 Jahren vonstatten ging.

Unter grober Mißachtung des Selbstbestimmungsrechts unseres Volkes stellten sich die imperialistischen Besatzungsmächte und rechte Führer der Sozialdemokratie auf die Seite der restaurativen Kräfte und des deutschen Monopolkapitals, das bestrebt war, seine Herrschaft vollständig oder mindestens in einem Teil Deutschlands zu erhalten. In dieser für die revolutionäre Umwälzung entscheidenden Situation ergriff die KPD erneut die Initiative. Hatte sie schon seit September/Oktober 1945 verstärkt daran gearbeitet, die Vereinigung beider Parteien politisch und ideologisch vorzubereiten, so schlug sie gegen Ende des Jahres 1945 dem Zentralausschuß der SPD die Einberufung einer Konferenz vor, auf der 30 Vertreter jeder Partei diese Frage gründlich beraten sollten. Die Sechziger-Konferenz, wie sie später genannt wurde, beschloß, die Sozialdemokratische Partei

Deutschlands und die Kommunistische Partei Deutschlands zu einer einheitlichen Partei zu vereinigen. Das war eine schwere Niederlage für das deutsche und internationale Monopolkapital.

Die im April 1946 erfolgte Vereinigung der Kommunistischen Partei Deutschlands und der Sozialdemokratischen Partei Deutschlands zur Sozialistischen Einheitspartei Deutschlands ist von historischer Bedeutung. Ihr I. Parteitag stellte die Weichen für die Zukunft. Er gab ihr ein Programm, das dem Kampf der Arbeiterklasse und ihrer Bundesgenossen ein wissenschaftlich begründetes Ziel wies. In den vom Parteitag einstimmig angenommenen Grundsätzen und Zielen wurden die Erkenntnisse Lenins schöpferisch angewandt, die er in »Zwei Taktiken der Sozialdemokratie in der demokratischen Revolution« für das Hinüberwachsen der bürgerlich-demokratischen in die sozialistische Revolution dargelegt hatte. Dieses Programm nahm zugleich wichtige Erfahrungen der deutschen und internationalen Arbeiterbewegung, vor allem der KPdSU(B), in sich auf. Es berücksichtigte die geschichtlichen Lehren des VII. Weltkongresses der Kommunistischen Internationale, der programmatischen Zielstellungen der KPD auf der Brüsseler und Berner Konferenz sowie ihres Aufrufs vom 11. Juni 1945.

Gerade dadurch, daß die Vereinigung auf der Grundlage eines solchen Programms erfolgte, wurde die systematische Weiterentwicklung der SED als einer revolutionären Kampfpartei des Proletariats gesichert, die sich in jeder Etappe ihrer Entwicklung von den Lehren von Marx, Engels und Lenin leiten ließ. 30 Jahre Sozialistische Einheitspartei Deutschlands verdeutlichen, daß unsere Partei die revolutionären Traditionen des Bundes der Kommunisten und der revolutionären deutschen Sozialdemokratie verkörpert. Sie setzt das Werk der Kommunistischen Partei Deutschlands fort und erfüllt das Vermächtnis der antifaschistischen Widerstandskämpfer.

Sie ist die Erbin alles Progressiven in der Geschichte des deutschen Volkes.

Wenn wir zum 30. Gründungstag der SED geschichtliche Rückschau halten, dann würdigen wir damit zugleich das Werk jener Genossinnen und Genossen, die gemeinsam mit Wilhelm Pieck und Otto Grotewohl alle ihre Kräfte und Fähigkeiten dafür einsetzten, den langjährigen Kampf für die Einheit der Arbeiterklasse zum Siege zu führen. Ihr erfolgreiches Wirken, bei dem sie die volle und uneigennützige Unterstützung der sowjetischen Kommunisten und der anderen Bruderparteien hatten, war entscheidend dafür, daß als Krönung des jahrhundertelangen Kampfes der fortschrittlichen Kräfte unseres Volkes, besonders der Arbeiterklasse, am 7. Oktober 1949 die Deutsche Demokratische Republik gegründet werden konnte. Es wird immer unvergessen bleiben.

Die Grundfrage der Macht

Der Verlauf der wechselvollen und opferreichen Geschichte der deutschen Arbeiterbewegung erhärtet die allgemeingültige Wahrheit, daß die Arbeiterklasse im Kampf um den gesellschaftlichen Fortschritt, für den Sturz des Monopolkapitals und zur Eroberung ihrer politischen Macht eine revolutionäre Partei braucht. Aus dieser Sicht wird im Entwurf für das neue Programm unserer Partei, über das der IX. Parteitag zu beraten und zu beschließen hat, festgestellt: »Mit der Gründung der Sozialistischen Einheitspartei Deutschlands wurde die grundlegende Lehre aus der Geschichte der deutschen Arbeiterbewegung gezogen: Die Arbeiterklasse kann ihre historische Mission nur erfüllen, wenn sie die vom Imperialismus und Opportunismus verursachte Spaltung ihrer Reihen beseitigt, wenn sie ihre Einheit auf revolutionärer Grundlage herstellt und von einer zielklaren, geschlossenen, kampfgestählten marxistisch-leninistischen Partei geführt wird, die eng mit den Massen verbunden ist.«[2]

Die wichtigsten Merkmale einer marxistisch-leninistischen Partei sind ihr revolutionärer Geist, ihre Unversöhnlichkeit gegenüber der kapitalistischen Gesellschaftsordnung, ihr Kampf für die Errichtung der Diktatur des Proletariats, für die Gestaltung der sozialistischen Gesellschaftsordnung und ihre internationalistische Verbundenheit mit der KPdSU, mit der kommunistischen Weltbewegung. Als bewußter Vortrupp der Arbeiterklasse läßt sie sich von der revolutionären Theorie des Marxismus-Leninismus leiten, die den ureigensten Interessen aller Werktätigen wissenschaftlichen Ausdruck verleiht. »Durch die Erziehung der Arbeiterpartei«, so schrieb W. I. Lenin, »erzieht der Marxismus die Avantgarde des Proletariats, die fähig ist, die Macht zu ergreifen und *das ganze Volk* zum Sozialismus *zu führen*, die neue Ordnung zu leiten und zu organisieren, Lehrer, Leiter, Führer aller Werktätigen und Ausgebeuteten zu sein bei der Gestaltung ihres gesellschaftlichen Lebens ohne die Bourgeoisie und gegen die Bourgeoisie.«[3]

Die Frage der Macht war stets die Grundfrage der Revolution. Um die Frage »Wer – wen?« im harten, komplizierten Klassenkampf zugunsten des werktätigen Volkes zu entscheiden, war es notwendig, konsequent nach der marxistisch-leninistischen Erkenntnis zu handeln, daß die Errichtung der politischen Macht der Arbeiterklasse eine unerläßliche Maßnahme ist, um den Übergang zum Sozialismus zu gewährleisten. Durch die schöpferische Anwendung der Leninschen Revolutionstheorie gelang es bei uns, die antifaschistisch-demokratische Umgestaltung mit dem Kampf um den Sozialis-

---

2 Einheit, 1976, Heft 2, S. 133.
3 W. I. Lenin: Staat und Revolution. In: Werke, Bd. 25, S. 416/417.

mus zu verbinden. Unter ständiger Berücksichtigung des Erreichten und bei genauer Analyse des Bewußtseinsstandes der Massen leitete unsere Partei Schritt für Schritt die erste Etappe der Revolution in die zweite hinüber. Grundlegende Voraussetzung dafür war die Zerschlagung des alten bürgerlichen Staatsapparates und die Errichtung der politischen Herrschaft der Arbeiterklasse.

In Gestalt der Deutschen Demokratischen Republik errichtete und festigte die Arbeiterklasse im Bündnis mit den Bauern, der Intelligenz und den anderen Werktätigen ihre politische Herrschaft; sie schuf den sozialistischen Staat der Arbeiter und Bauern als eine Form der Diktatur des Proletariats. Indem wir diesen Weg beschritten, konnte unser Arbeiter-und-Bauern-Staat seine Funktion als Hauptinstrument des sozialistischen Aufbaus voll erfüllen. Im sozialistischen Staat sind die Rechte und Freiheiten für die von Ausbeutung befreiten Werktätigen nicht nur proklamiert, sondern auch garantiert, weil für alle Bürger die politischen, ökonomischen, sozialen und kulturellen Möglichkeiten gegeben sind, ihre Rechte und Freiheiten zu verwirklichen. Wie im Entwurf für das neue Programm festgestellt wird, ist die Hauptrichtung, in der sich die sozialistische Staatsmacht in der DDR weiterentwickelt, die weitere Entfaltung und Vervollkommnung der sozialistischen Demokratie.

Auch für die Entwicklung einer marxistisch-leninistischen Bündnispolitik mit allen antifaschistisch-demokratischen Kräften war die Vereinigung von KPD und SPD zur SED vor 30 Jahren von größtem Gewicht. Die Einheit der Arbeiterklasse wirkte als festes Fundament für ein breites Bündnis mit anderen Klassen und Schichten, mit den Bauern, der Intelligenz, den städtischen Mittelschichten bis zu Teilen der kleinen und mittleren Bourgeoisie. Durch den Block der antifaschistisch-demokratischen Parteien wurde unter unseren konkreten Bedingungen die Lehre Lenins von der Hegemonie des Proletariats in der demokratischen Revolution verwirklicht. Diese Blockpolitik der Sozialistischen Einheitspartei Deutschlands hatte weder mit sozialdemokratischer Koalitionspolitik noch mit dem politischen »Pluralismus« bürgerlicher Spielart irgend etwas zu tun. Sie ist begründet in der Leninschen Erkenntnis, daß die Bündnispolitik der revolutionären Partei der Arbeiterklasse notwendig ist, um den Sozialismus ein für allemal zu errichten und zu festigen.[4] In diesem Sinne gelang es unserer Partei, enge und dauerhafte Beziehungen der kameradschaftlichen und schöpferischen Zusammenarbeit zwischen der Arbeiterklasse, der Klasse der Genossenschaftsbauern, der Intelligenz und den anderen Werktätigen zu schaffen.

---

4 Siehe W. I. Lenin: Vorwort zur Publikation der Rede »Über den Volksbetrug mit den Losungen Freiheit und Gleichheit«. In: Werke, Bd. 29, S. 370.

Bei der weiteren Gestaltung der entwickelten sozialistischen Gesellschaft und bei der Schaffung der Voraussetzungen für den allmählichen Übergang zum Kommunismus werden sie sich weiter vertiefen.

Im Bruderbund mit der Sowjetunion

Wenn wir die wichtigsten Erfahrungen dieser 30 Jahre überblicken, dann nimmt insbesondere eine Tatsache darin einen hervorragenden Platz ein. Der Sozialismus im eigenen Lande gedeiht um so besser, je enger die Freundschaft zur Sowjetunion ist, je harmonischer die nationalen Interessen mit den allgemeinen internationalen Interessen des Sozialismus verbunden werden. Indem die SED bei ihrer Strategie und Taktik von den allgemeingültigen Gesetzmäßigkeiten der sozialistischen Revolution und des sozialistischen Aufbaus ausging, indem sie stets die Erfahrungen der Sowjetunion und der anderen Bruderländer berücksichtigte, vermochte sie, erfolgreich voranzuschreiten.

30 Jahre SED – das sind drei Jahrzehnte brüderlicher und unverbrüchlicher Kampfbund mit der KPdSU auf der Grundlage des proletarischen Internationalismus. Es ist eine Grundwahrheit unserer Epoche: Nur im engsten Bündnis mit der KPdSU und dem Sowjetstaat kann sich ein Volk endgültig von kapitalistischer Ausbeutung und Knechtschaft befreien und die neue Gesellschaftsordnung gestalten. Mit dem Abschluß des Vertrages über Freundschaft, Zusammenarbeit und gegenseitigen Beistand am 7. Oktober 1975 wurde unser Bruderbund auf eine neue, qualitativ höhere Stufe gehoben. Auf lange Sicht sind die Hauptrichtungen der Entwicklung unserer Beziehungen mit der Hauptmacht der sozialistischen Gemeinschaft abgesteckt. Wir nehmen gemeinsam Kurs auf die weitere Annäherung unserer Völker.

Es gehört zu den größten Ergebnissen der ideologischen und erzieherischen Arbeit unserer Partei, die erhabene Idee der unverbrüchlichen Freundschaft mit der Sowjetunion tief im Volke der DDR verankert zu haben. Diese Freundschaft und Kampfgemeinschaft werden wir immer enger gestalten, und das schließt ein, dem Antisowjetismus in allen seinen Erscheinungsformen entschieden entgegenzutreten.

Als eine Partei, die das Banner des proletarischen Internationalismus hochhält, erfüllt die SED ihre Verantwortung gegenüber der internationalen kommunistischen und Arbeiterbewegung, ist sie eine ihrer zuverlässigen Kampfabteilungen. Nach wie vor folgen wir dem ehernen Grundsatz, daß die Stellung zur KPdSU und zur UdSSR der Prüfstein für die Treue zum Marxismus-Leninismus, zur revolutionären Sache der Arbeiterklasse ist.

Neue Perspektiven sind gewiesen

Wir begehen den 30. Jahrestag der Gründung der SED unmittelbar vor dem IX. Parteitag. In den Dokumenten, über die das höchste Gremium unserer Partei beraten und beschließen wird, sind neue, große Perspektiven des gesellschaftlichen Fortschritts in der DDR gewiesen. Nunmehr gilt es, die entwickelte sozialistische Gesellschaft weiter zu gestalten und so grundlegende Voraussetzungen für den allmählichen Übergang zum Kommunismus zu schaffen. Die Einheit und Geschlossenheit unserer Partei ist fester als je zuvor. Ihre Verbundenheit mit der Arbeiterklasse, den Genossenschaftsbauern, der sozialistischen Intelligenz und den anderen Werktätigen ist noch enger geworden. Gerade bei der Volksaussprache über unsere programmatischen Zielsetzungen tritt dies deutlich zutage. Weiter gestärkt hat sich das Vertrauen zur SED als führender Kraft der Gesellschaft.

Die zum IX. Parteitag veröffentlichten Dokumente künden vom Wachstum der Partei, ihrer politischen, theoretischen und organisatorischen Reife. Sie widerspiegeln die große Kraft und Aktualität des Marxismus-Leninismus in unserer Zeit. In sie haben die seit dem VIII. Parteitag gesammelten Erkenntnisse und Erfahrungen Eingang gefunden. Ihr Inhalt basiert auf den theoretischen und praktischen Erfahrungen der kommunistischen Weltbewegung, vor allem der KPdSU. Wie die Volksaussprache bezeugt, finden die Bürger unseres Landes in diesen Dokumenten ihre eigenen Interessen und Bedürfnisse wieder. Aus den Wortmeldungen sprechen die tiefe Befriedigung über die konsequente Fortführung des erfolgreichen Weges, den der VIII. Parteitag eingeschlagen hat, und die Bereitschaft, für die Verwirklichung der gemeinsamen Ziele das Beste zu geben.

Viele Politiker und Ideologen der kapitalistischen Welt sprechen von einer »programmüden« und einer der »Theorie nicht gewogenen Zeit«. Das trifft auf die bürgerlichen Konzeptionen zweifellos zu. Sie wurden alle von der Geschichte gewogen und zu leicht befunden. Bei uns im Sozialismus liegen die Dinge ganz anders. Überall in Stadt und Land hat sich ein intensives, demokratisches Gespräch der Kommunisten mit der Arbeiterklasse und allen anderen Werktätigen entwickelt. Eingehend ist der Gedankenaustausch über die Zukunft unserer Republik im letzten Viertel dieses Jahrhunderts, und groß sind die Aktivitäten, um das Leben weiter zu verbessern.

Den Kapitalismus schüttelt die Krise. Inflation und Arbeitslosigkeit, wachsende soziale Unsicherheit der Werktätigen widerlegen alle bürgerlichen Versprechungen und Verheißungen eines gewandelten Systems. Keine Partei der Bourgeoisie und ihrer Helfershelfer ist jemals in der Lage, auf die Lebensfragen des Volkes eine ehrliche und befriedigende Antwort zu geben.

Unsere Partei gibt eine solche Antwort. Mit dem Entwurf für ihr neues Programm hat sie ein wissenschaftlich begründetes Bild von der entwickelten sozialistischen Gesellschaft und von den Voraussetzungen für den allmählichen Übergang zum Kommunismus vorgezeichnet, das den Erfordernissen der Praxis entspricht. Es bestärkt jeden Bürger im Gefühl sozialer Sicherheit und Geborgenheit. Die Partei macht für jeden sichtbar, wie sich das materielle und geistige Lebensniveau ständig weiter erhöht und was dafür zu tun ist. Auf Grund unserer wissenschaftlichen Weltanschauung erarbeiten wir eine richtige Politik. Nur der Marxismus-Leninismus vermag allen Werktätigen den Weg in die Zukunft zu weisen und ihnen Anleitung zum Handeln zu sein.

Auch für uns sind die Beschlüsse des XXV. Parteitages der KPdSU über den weiteren Vormarsch zum Kommunismus in der UdSSR von wegweisender Bedeutung und befruchten die Vorbereitung des IX. Parteitages der SED. Sie sind ein gewaltiger Impuls, die Einheit und Geschlossenheit der sozialistischen Staatengemeinschaft zu festigen und ihren Einfluß auf das Weltgeschehen zu erhöhen. Alle Kämpfer für sozialen Fortschritt, Frieden und Demokratie auf der Erde schöpfen daraus neue Kräfte. Überzeugend wird die KPdSU, die erfahrenste und reifste Abteilung der internationalen kommunistischen und Arbeiterbewegung, ihrer historischen Rolle als Avantgarde des Menschheitsfortschritts gerecht. Es erfüllt uns mit Stolz und Freude, daß die Kampfgemeinschaft der SED mit der KPdSU, die brüderliche Verbundenheit unserer Staaten und Völker so unerschütterlich sind und sich ständig vertiefen.

Wir kennzeichnen die weitere Gestaltung der entwickelten sozialistischen Gesellschaft als einen historischen Prozeß tiefgreifender politischer, ökonomischer, sozialer und geistig-kultureller Wandlungen. Dabei wird sich unsere Partei als bewußter und organisierter Vortrupp der Arbeiterklasse und aller Werktätigen wiederum zu bewähren haben. Das Wachstum der führenden Rolle der marxistisch-leninistischen Partei ist gesetzmäßig. Der Maßstab dafür leitet sich her von der höheren Stufe der gesellschaftlichen Entwicklung, aus der zunehmenden Verantwortung der Arbeiterklasse, aus der Bewußtheit der Volksmassen. Je größer die gesellschaftlichen Aufgaben sind, um so tiefer verbindet sich die Partei mit dem werktätigen Volk, dessen Teil sie ist und für dessen Wohl sie unablässig wirkt.

Im Entwurf für das Statut unserer Partei sind die Ansprüche formuliert, die sich aus den Erfordernissen der Zeit für unseren Kampfbund und jeden Kommunisten ergeben. Ständig werden wir die Kampfkraft und Stärke unserer Partei weiter erhöhen. Wir werden dafür Sorge tragen, daß sich ihre politische, ideologische und organisatorische Geschlossenheit weiter festigt, die bewußte Disziplin aller Mitglieder im Sinne des demokratischen Zentralismus und der Leninschen Normen des Parteilebens weiter vervollkommnet.

Die Ergebnisse der Politik des VIII. Parteitages und die Dokumente, die unsere Partei der Öffentlichkeit vor dem IX. Parteitag unterbreitet hat, sind eine würdige Krönung des dreißigjährigen Wirkens der SED. Das bereitet uns tiefe Genugtuung.

Zugleich aber erlegt es uns die Verpflichtung auf, uns mit ganzer Kraft für die Lösung der Aufgaben zu rüsten, die der IX. Parteitag für die nächste Wegstrecke festlegen wird.

Erich Honecker: Reden und Aufsätze, Bd. 4,
Berlin 1977, S. 291–302.

Unsere Partei wurde ihrer Verantwortung stets gerecht

*Ansprache
auf dem Treffen
mit Veteranen der Arbeiterbewegung
anläßlich des 30. Jahrestages
der Vereinigung von KPD und SPD zur SED
20. April 1976*

Liebe Genossinnen und Genossen!
Unsere heutige Zusammenkunft gilt einem der größten Ereignisse in der Geschichte der deutschen Arbeiterbewegung. Vor 30 Jahren, am 21. und 22. April 1946, erfolgte in Berlin die Vereinigung der Kommunistischen Partei Deutschlands und der Sozialdemokratischen Partei Deutschlands zur Sozialistischen Einheitspartei Deutschlands. Damit wurde – noch mitten in den Trümmern des Krieges, angesichts von Elend und von Hoffnungslosigkeit bei vielen Menschen – ein Schritt von wahrhaft historischer Folgerichtigkeit und Tragweite getan. Er leitete eine grundlegende Wende zum Guten im Leben unseres Volkes ein, die Wende zum Sozialismus.

Mit tiefer innerer Bewegung denken wir zurück an jene Stunde vor drei Jahrzehnten, da auf dem Vereinigungsparteitag Wilhelm Pieck und Otto Grotewohl einander die Hände reichten. Ihnen und allen ihren Mitstreitern, von denen viele hier in diesem Saal versammelt sind, gebührt für immer der Dank für ihre geschichtliche Tat. Wir sind stolz darauf, daß der historische Händedruck von einst zum Symbol der Zugehörigkeit zu unserem Kampfbund von Gleichgesinnten geworden ist.

Als der im Feuer des Klassenkampfes geborene Wille zur Einheit mit der Schaffung unserer Sozialistischen Einheitspartei Deutschlands vollzogen wurde, stand dieser Vorgang im engsten Zusammenhang mit dem revolutionären Weltprozeß. Das Tor in eine neue Zeit war aufgestoßen mit dem Sieg der Sowjetunion und ihrer ruhmreichen Armee über den Faschismus, mit der Befreiung unseres Volkes aus der Nazityrannei. Von Anbeginn fühlte sich unsere Partei brüderlich verbunden mit der Kommunistischen Partei der Sowjetunion. Von Anfang an betrachtete sie sich als eine Abteilung der internationalen kommunistischen Bewegung. Sie stand und steht für immer fest auf dem Boden des proletarischen Internationalismus.

Um voll zu ermessen, was die Vereinigung von KPD und SPD zur Sozialistischen Einheitspartei Deutschlands bedeutete, erinnern wir uns des mehr als hundertjährigen Kampfes der revolutionären deutschen Arbeiterbewegung. Es war der heldenmütige und opferreiche Kampf gegen feudale Reaktion und kapitalistische Ausbeutung, gegen Imperialismus, Faschismus und imperialistischen Krieg. In sich aufgenommen hat unsere Partei die revolutionären Traditionen des Bundes der Kommunisten und der revolutionären deutschen Sozialdemokratie. Sie setzt das Werk der Kommunistischen Partei Deutschlands fort und erfüllt das Vermächtnis der antifaschistischen Widerstandskämpfer.

Von der Jahrhundertwende an, insbesondere seit dem ersten Weltkrieg und der Novemberrevolution, wurde immer deutlicher, daß die Arbeiterklasse ihre historische Mission nur verwirklichen kann, wenn sie die vom Imperialismus und Opportunismus verursachte Spaltung ihrer Reihen überwindet. So wurde der Ruf nach Aktionseinheit, nach der Einheitsfront und schließlich nach der Vereinigung der beiden Parteien zum Ausdruck der wahren Lebensinteressen der Arbeiterklasse und des ganzen werktätigen Volkes. Einheit sollte den jahrzehntelangen Bruderkampf beenden. Einheit entsprach den Lehren der Geschichte. Es ging um die Einheit auf revolutionärer Grundlage. Allein eine solche Einheit bot die Voraussetzung für die Errichtung der politischen Macht der Arbeiterklasse.

Auf der Basis dieser Einheit entstand das Bündnis aller demokratischen Kräfte in unserem Lande. Unter Führung unserer Partei wurden in einem einheitlichen revolutionären Prozeß, in erbitterter Auseinandersetzung mit Imperialismus und Reaktion die antifaschistisch-demokratische Umwälzung vollzogen und die sozialistische Revolution zum Siege geführt.

Heute sind wir dabei, die entwickelte sozialistische Gesellschaft weiter zu gestalten und so grundlegende Voraussetzungen für den allmählichen Übergang zum Kommunismus zu schaffen. Mit der Hauptaufgabe in ihrer Einheit von Wirtschafts- und Sozialpolitik, die auch künftig den Kurs unserer Partei bestimmt, wird immer deutlicher der Sinn des Sozialismus in den Mittelpunkt unserer Arbeit gerückt: alles zu tun für das Wohl der Arbeiterklasse und des ganzen Volkes. Der Mensch und sein glückliches Leben sind uns das Wichtigste.

Für unseren Weg hat der Vereinigungsparteitag klare Ausgangspunkte markiert. Unvergessen sind die Worte von Wilhelm Pieck am 22. April 1946 über das Programm der Partei und die Grundfrage der Revolution: »In den ›Grundsätzen und Zielen‹«, so erklärte er, »ist aber nicht nur das sozialistische Endziel unserer Partei aufgestellt, sondern es wurde auch der Weg aufgezeigt, den die Arbeiterklasse zu diesem Ziele einzuschlagen hat. Es wird dort in nicht mißzudeutender Weise erklärt, daß die grundlegende Voraussetzung zur Errichtung der sozialistischen Gesellschaft die Eroberung der politischen Macht durch die Arbeiterklasse ist.«[1]

Unvergessen bleibt uns, wie Otto Grotewohl schonungslos die Erfahrungen der Geschichte analysierte und schlußfolgerte: »Niemals darf vergessen werden, daß erst die Verwandlung des Privateigentums an Grund und Boden und an den Produktionsmitteln in gesellschaftliches Eigentum, die Verwandlung der Warenproduktion in eine für und durch die Gesellschaft betriebene Produktion endgültig den Sozialismus verwirklicht.«[2]

Viele von uns, liebe Genossinnen und Genossen, waren Zeugen und Mitgestalter der Vereinigung. Wir haben diese vor 30 Jahren gesprochenen Worte nicht nur in unserem Gedächtnis bewahrt, sondern uns im Kampf, in unserer ganzen Arbeit von ihnen leiten lassen. Wir schufen den sozialistischen Staat der Arbeiter und Bauern, die Deutsche Demokratische Republik. Wir mehrten das gesellschaftliche Eigentum an den Produktionsmitteln. Auf diesen sicheren Fundamenten wuchs in unserer Republik eine leistungsstarke Volkswirtschaft. Stetig erhöht sich das materielle und kulturelle Lebensniveau des Volkes. Die Menschenrechte und wahre Freiheit sind verwirklicht. Für alle ist soziale Sicherheit gewährleistet. Bildung, Kunst und Literatur entfalten sich. Die sozialistische Lebensweise prägt sich aus. In unserer Deutschen Demokratischen Republik entwickelt sich die sozialistische deutsche Nation.

So erfüllt unsere Partei ihre Pflicht gegenüber der Arbeiterklasse und allen anderen Werktätigen. Sie wird damit zugleich ihrer Verantwortung gegenüber der internationalen kommunistischen und Arbeiterbewegung gerecht. Zu ihren unerschütterlichen Prinzipien gehört das brüderliche Bündnis mit der KPdSU, mit allen anderen Bruderparteien in den Staaten der sozialistischen Gemeinschaft, mit der kommunistischen Weltbewegung. In fester Solidarität stehen wir an der Seite aller Völker, die gegen den Imperialismus, für ihre Freiheit, nationale Unabhängigkeit und für sozialen Fortschritt kämpfen. Unsere Partei ist geprägt von revolutionärem Geist, von Unversöhnlichkeit gegenüber dem Kapitalismus und seiner Ideologie. Unbeirrbar und in Übereinstimmung mit den Lebensinteressen der Völker betreiben wir eine aktive Politik zur Sicherung und Festigung des Friedens.

1 Protokoll des Vereinigungsparteitages der Sozialdemokratischen Partei Deutschlands (SPD) und der Kommunistischen Partei Deutschlands (KPD) am 21. und 22. April 1946 in Berlin, Berlin 1946, S. 85.
2 Ebenda, S. 142.

30 Jahre nach den denkwürdigen Apriltagen des Jahres 1946 ist die Größe dessen, was damals geschah, erst recht voll erkennbar. Bewiesen wurde die Richtigkeit der Strategie und Taktik der SED. Es zeigte sich, wie richtig es war, daß wir uns von den allgemeingültigen Gesetzmäßigkeiten der proletarischen Revolution und des sozialistischen Aufbaus leiten ließen, daß wir die wissenschaftliche Lehre von Marx, Engels und Lenin stets konsequent und schöpferisch auf die Bedingungen unseres Landes anwandten.

In diesem Sinne, liebe Genossinnen und Genossen, empfindet jeder von uns mit tiefer Genugtuung: Wofür die Besten vieler Generationen gekämpft haben, wofür so viele gefallen sind, das ist in unserer sozialistischen Deutschen Demokratischen Republik zur Wirklichkeit geworden. Wofür Wilhelm Pieck und Otto Grotewohl, Walter Ulbricht und Max Fechner, Hermann Matern und Otto Buchwitz, Anton Ackermann, Heinrich Rau, Edwin Hoernle und Helmut Lehmann, Otto Meier, Josef Orlopp, Hermann Schlimme, Bernard und Wilhelm Koenen, Kurt Bürger, Karl Litke, Carl Moltmann und viele andere verdiente Kämpfer der deutschen Arbeiterbewegung, die nicht mehr unter uns weilen, sich leidenschaftlich einsetzten, dem sind wir treu geblieben – ihrem Willen zur revolutionären Einheit, zum Frieden, zu Demokratie und Sozialismus.

Unser Gruß gilt am heutigen Tag allen Genossinnen und Genossen, die in diesen drei Jahrzehnten in unserem Kampfbund ihre Pflicht taten, allen, die ihre Kraft in den Dienst der edlen Sache des Sozialismus stellen. Unser Gruß gilt – wie damals vom Vereinigungsparteitag – besonders der jungen Generation. Sie blickt voller Hochachtung auf das Werk ihrer Väter. Beseelt vom Geist des sozialistischen Patriotismus und des proletarischen Internationalismus, gibt sie ihr Bestes, um unsere Deutsche Demokratische Republik weiter zu stärken. Wie damals vor 30 Jahren die Jugend der Partei folgte, weil die Partei sie rief und ihr Vertrauen schenkte, so erfüllt die Jugend heute – auf einer höheren Stufe der Entwicklung – ihre großen und schönen Aufgaben bei der Arbeit, beim Lernen, beim Schutz des Sozialismus und des Friedens.

Liebe Genossinnen und Genossen!

Es mutet wie ein Symbol an, daß wir des 30. Jahrestages der Vereinigung am Vorabend des IX. Parteitages der SED gedenken. Wir gehen unserem Parteitag mit einer guten Bilanz entgegen. Vor unserem Volk und vor der internationalen Arbeiterbewegung können wir erklären: Die Sozialistische Einheitspartei Deutschlands ist der Verantwortung, die sie am schweren Anfang ihres Weges auf sich nahm, gerecht geworden. Sie hat die Prüfungen des Klassenkampfes in Ehren bestanden. Unter ihrer Führung beschreiten die Arbeiterklasse, die Genossenschaftsbauern, die Intelligenz und alle

anderen Werktätigen der Deutschen Demokratischen Republik erfolgreich den Weg des Sozialismus und Kommunismus.
Es lebe der 30. Jahrestag der Sozialistischen Einheitspartei Deutschlands!
Es lebe unsere sozialistische Deutsche Demokratische Republik!
Es lebe der Marxismus-Leninismus und der proletarische Internationalismus!

Erich Honecker: Reden und Aufsätze, Bd. 4,
Berlin 1977, S. 343–347.

Unsere Partei ist für das Volk da

*Aus dem Bericht des Zentralkomitees
an den IX. Parteitag
der Sozialistischen Einheitspartei Deutschlands
18. Mai 1976*

Liebe Genossinnen und Genossen!
Die Zeit zwischen dem VIII. Parteitag und dem IX. Parteitag unserer Sozialistischen Einheitspartei Deutschlands war erfüllt von einer großen Arbeit der Partei. Hinter uns liegen fünf erfolgreiche Jahre, in denen die Arbeiterklasse, die Genossenschaftsbauern, die Intelligenz und alle anderen Werktätigen große schöpferische Leistungen vollbrachten. Es waren Jahre wesentlicher Fortschritte bei der Gestaltung der entwickelten sozialistischen Gesellschaft, Jahre, in denen die Hauptaufgabe in ihrer untrennbaren Einheit von Wirtschafts- und Sozialpolitik im Leben wirksam wurde – zum Wohle unserer sozialistischen Gesellschaft, zum Wohle jedes einzelnen Bürgers.

Es waren Jahre, in denen unser aufblühender sozialistischer Staat der Arbeiter und Bauern seine volle internationale Anerkennung erlangte. Unser unverbrüchlicher Bruderbund mit der Sowjetunion und den anderen Ländern der sozialistischen Gemeinschaft ist weiter erstarkt. In Treue zum proletarischen Internationalismus übten wir Solidarität mit allen antiimperialistischen, für nationale Unabhängigkeit, Demokratie und sozialen Fortschritt kämpfenden Kräften in der Welt. Die Deutsche Demokratische Republik leistete ihren Beitrag, damit die Gefahr eines neuen Weltkrieges von der Menschheit abgewendet, damit der Frieden gesichert und gefestigt wird.

Die Ergebnisse unserer Innen- und Außenpolitik beweisen: Was der VIII. Parteitag beschloß, ist Wirklichkeit. Wir sind einen guten, richtigen Weg gegangen. Der Kurs des VIII. Parteitages hat sich voll und ganz bewährt. Mit Recht kann gesagt werden: Die Partei hat ihr Wort eingelöst. Die Arbeit hat sich gelohnt.

Nun richten wir den Blick weiter nach vorn. Gestützt auf das Erreichte, wenden wir uns auf unserem IX. Parteitag neuen, höheren Aufgaben zu. Die Sozialistische Einheitspartei Deutschlands stellt sich das Ziel, in der Deutschen Demokratischen Republik weiterhin die entwickelte sozialistische Gesellschaft zu gestalten und so grundlegende Voraussetzungen für den allmählichen Übergang zum Kommunismus zu schaffen. Damit nehmen wir auf einem fortgeschrittenen Niveau unserer Entwicklung die Aufgaben der Gegenwart in Angriff und tun es mit dem Blick auf die Zukunft, auf unser großes Ziel, die kommunistische Gesellschaft. Was Karl Marx und Friedrich Engels im »Manifest der Kommunistischen Partei« wissenschaftlich begründeten, wofür die Partei Lenins uns das große Beispiel gibt und wofür die Besten der deutschen Arbeiterklasse gekämpft und gelitten haben – das wird bei uns Wirklichkeit werden.

Genossinnen und Genossen! Besondere Bedeutung erhält unser Parteitag dadurch, daß er das neue Programm der SED beschließen wird. Ein neues Programm, so sagte Friedrich Engels, ist immer eine öffentlich aufgepflanzte Fahne, und die Welt beurteilt nicht zuletzt danach die Partei.[1] Unser Programm ist in der Tat eine solche Fahne. Sie zeigt allen, wo wir stehen und wohin wir gehen.

Ein neues Parteiprogramm wurde notwendig, weil die DDR in einen neuen Abschnitt ihrer gesellschaftlichen Entwicklung eintritt. Dabei gilt es, den großen Veränderungen sowohl im Inneren unseres Landes als auch in der internationalen Stellung der DDR im Programm der Partei Rechnung zu tragen und Ausdruck zu verleihen. Das Programm umreißt die grundsätzlichen Ziele der SED. Es gibt dem Kampf unserer Partei eine klare Orientierung für den Weg zum Kommunismus. Es wird für den Zeitraum mehrerer Fünfjahrpläne Richtschnur unseres Handelns sein.

Die Schaffung der grundlegenden Voraussetzungen für den allmählichen Übergang zum Kommunismus ist eine Aufgabe, die nicht erst übermorgen zu lösen ist. Wir gehen vielmehr davon aus, daß es zwischen Sozialismus und Kommunismus keine starre Trennungslinie gibt. Bei der weiteren Gestaltung der entwickelten sozialistischen Gesellschaft werden gleichzeitig die Vorbereitungen für den allmählichen Übergang zum Kommunismus getroffen.

Im Zentrum der Politik der SED steht auch künftig die konsequente Verwirklichung der Hauptaufgabe, das materielle und kulturelle Lebensniveau

---

1 Siehe Engels an August Bebel in Zwickau, 18./28. März 1875. In: Karl Marx/Friedrich Engels: Werke, Bd. 34, S. 130.

des Volkes auf der Grundlage eines hohen Entwicklungstempos der sozialistischen Produktion, der Steigerung der Effektivität, des wissenschaftlich-technischen Fortschritts und des Wachstums der Arbeitsproduktivität weiter zu erhöhen. Mit diesem Kurs befinden wir uns in Übereinstimmung mit den Interessen der Werktätigen und den Erfahrungen, die sie in den zurückliegenden Jahren gemacht haben. Sie besagen, daß sich gute Arbeit auszahlt. Hohe Leistungen für die Gesellschaft schaffen die Voraussetzungen, um unsere großen sozialpolitischen Vorhaben auch weiterhin kontinuierlich zu verwirklichen. Beides gehört für uns untrennbar zusammen; denn es ist und es bleibt wahr, daß das Wohl des Menschen der Sinn des Sozialismus ist.

Im ganzen Volk stand die Generallinie unserer Partei zur öffentlichen Diskussion. Die große Volksaussprache über die Kernfragen der Entwicklung unserer Republik und des Lebens jedes Bürgers demonstrierte eindrucksvoll die sozialistische Demokratie in Aktion.

Wenn die Dokumente für den IX. Parteitag ein so nachhaltiges und zustimmendes Echo finden, dann deshalb, weil sie die Lebensinteressen der Arbeiterklasse und aller Werktätigen zum Ausdruck bringen. So wie unsere Partei einheitlich und geschlossen zu diesem Parteitag kommt, so ist das Vertrauensverhältnis zwischen der Sozialistischen Einheitspartei Deutschlands und dem ganzen Volk heute fester denn je. Niemand wird in der Lage sein, es jemals zu stören. Partei und Volk sind eine Einheit. Sie gehören für immer zusammen.

Wir sind für die neuen Aufgaben, die der IX. Parteitag zu beraten und zu beschließen hat, gut gerüstet. Diese Zuversicht erwächst aus der tiefen Wahrheit der marxistisch-leninistischen Weltanschauung, aus der gewachsenen Kampfkraft unserer Partei und ihrer engen Verbindung mit dem Volk. Sie erwächst daraus, daß wir unseren Weg gemeinsam mit der Hauptmacht des Sozialismus und Kommunismus, mit der Union der Sozialistischen Sowjetrepubliken, und den anderen sozialistischen Bruderstaaten gehen. Wir handeln im Einklang mit den Entwicklungsgesetzen unserer Epoche, die durch den weltweiten Übergang vom Kapitalismus zum Sozialismus geprägt ist.

Der Weg, auf dem der Sozialismus und der Frieden voranschreiten, verläuft nicht immer geradlinig. Es gibt Erfolge und Rückschläge, Siege und zeitweilige Niederlagen. Jeder Augenblick verlangt von uns Wachsamkeit, Klugheit, Bereitschaft, Entschlossenheit. Aber eins ist ganz sicher, wenn wir auf die vergangenen fünf Jahre zurückblicken: Unsere Sache, die Sache von Marx, Engels und Lenin, gewinnt ständig an Boden. Die Bewegungsrichtung der Weltgeschichte ist eindeutig, sie geht vom Kapitalismus zum Kommunismus. Jede Generation ist von der Geschichte vor neue, herangereifte Aufgaben gestellt. Die Aufgaben, die wir zu lösen haben, sind schwierig, aber sie sind groß und schön. Wir sind froh darüber, daß wir in dieser Zeit durch unsere Arbeit und unseren Kampf an der Umwandlung der Welt zum Wohle der Menschen teilnehmen.

Das sichere Fundament unseres Voranschreitens beim sozialistischen Aufbau und unseres internationalen Wirkens ist und bleibt unser unzerstörbarer Bruderbund mit der Sowjetunion, die feste Verankerung unserer Republik in der Gemeinschaft der sozialistischen Staaten. Unser sozialistisches Bündnis ist von völlig neuem Typ. Es beruht auf gleichartigen sozialökonomischen und politischen Grundlagen, auf der einheitlichen marxistisch-leninistischen Ideologie, auf der Gemeinsamkeit der kommunistischen Ziele, auf dem proletarischen Internationalismus.

Mit großer Freude erfüllt uns, daß die Zusammenarbeit mit der Sowjetunion immer enger und effektiver wird und sich bereits auf alle gesellschaftlichen Bereiche unserer Republik erstreckt. Sie ist im Leben unserer Bürger fest verwurzelt. Zur bestimmenden Richtung wird dabei die enge Verflechtung der materiellen und geistigen Potenzen unserer Länder bei der Lösung großer, weit in die Zukunft reichender gemeinsamer Aufgaben. Immer deutlicher wird die wachsende Annäherung unserer sozialistischen Nationen im Leben sichtbar.

Wir möchten von der Tribüne unseres Parteitages Genossen Leonid Iljitsch Breshnew, dem Zentralkomitee der KPdSU, allen sowjetischen Kommunisten und dem ganzen Sowjetvolk für die wahrhaft internationalistische Unterstützung, die sie unserer Partei und unserem Land stets erwiesen haben, für die vielfältigen Beweise vertrauensvoller Zusammenarbeit unseren herzlichsten Dank sagen.

Mit dem am 7. Oktober 1975 in Moskau unterzeichneten Vertrag über Freundschaft, Zusammenarbeit und gegenseitigen Beistand zwischen der DDR und der UdSSR haben unsere Beziehungen eine neue, höhere Stufe erreicht. Als unsere Partei- und Staatsdelegation in die Heimat zurückkehrte, wurde sie von Berliner Werktätigen mit dem Ruf begrüßt: »Wir danken euch, ihr habt einen guten Vertrag gemacht!« In der Tat: Dieser Vertrag ist ein guter Vertrag, ist ein Dokument von großer historischer Bedeutung. Unter Berücksichtigung der sich auf unserem Kontinent vollziehenden positiven Wandlungen und in Übereinstimmung mit den Interessen und Perspektiven der gesamten sozialistischen Staatengemeinschaft legt der Vertrag die Grundrichtungen unseres Zusammenwirkens bei der weiteren Annäherung unserer Staaten und Völker fest. Er dokumentiert zugleich, daß unser Freundschaftsbund für alle Zeiten unerschütterlich ist. Die feste Verbundenheit mit der Partei und dem Lande Lenins ist eine prinzipielle Frage des Klassenstandpunktes, das entscheidende Kriterium für jeden

Revolutionär und Internationalisten. Das ist so seit dem Großen Oktober, das gilt in unseren Tagen und erst recht in der Zukunft.

Mit großer Befriedigung können wir feststellen, daß auch unsere Beziehungen zu den anderen sozialistischen Bruderländern eine höhere Stufe erreicht haben. Die Freundschaft und Zusammenarbeit mit unseren sozialistischen Nachbarländern, der Volksrepublik Polen und der Tschechoslowakischen Sozialistischen Republik, haben in den vergangenen fünf Jahren neue Dimensionen angenommen. In allen Bereichen des gesellschaftlichen Lebens, nicht zuletzt in den millionenfachen Begegnungen zwischen den Bürgern unserer Länder dank dem paß- und visafreien Reiseverkehr, ist ein historischer Wandel eingetreten. Hier erweist sich erneut, wie der Sozialismus die Völker zueinander führt, wie sozialistische Nationen sich einander annähern.

Im Geiste der Freundschaft und der kameradschaftlichen Zusammenarbeit entwickeln sich die Beziehungen zur Ungarischen Volksrepublik, zur Volksrepublik Bulgarien, zur Sozialistischen Republik Rumänien, zur Mongolischen Volksrepublik und zum sozialistischen Kuba. Umfassender ist unsere Freundschaft und kameradschaftliche Zusammenarbeit mit der Sozialistischen Föderativen Republik Jugoslawien geworden. Die freundschaftlichen Beziehungen zur Koreanischen Volksdemokratischen Republik wurden weiter ausgebaut.

Die Solidarität mit dem heldenhaften vietnamesischen Volk war uns stets ein Herzensbedürfnis. Sein nach opferreichem Kampf errungener Sieg hat in unserem Volk große Freude ausgelöst. Wir werden das vietnamesische Volk bei der Überwindung der Kriegsfolgen und beim Aufbau des Sozialismus weiterhin tatkräftig unterstützen.

Die führende Kraft bei dem immer engeren Zusammenschluß der sozialistischen Bruderländer sind unsere marxistisch-leninistischen Parteien. Ihre feste Kampfgemeinschaft ist Ausdruck der Treue zum Marxismus-Leninismus, seiner schöpferischen Anwendung auf der Grundlage der kollektiven Erfahrungen. Von den regelmäßigen Beratungen der führenden Repräsentanten der Bruderparteien gehen die entscheidenden Impulse für die weitere Annäherung unserer Völker und die Koordinierung unseres Handelns in der internationalen Arena aus. Wir sehen in dieser engen Zusammenarbeit einen unersetzlichen Kraftquell für die Lösung der großen, oft komplizierten Aufgaben, die sich aus dem Voranschreiten beim sozialistischen Aufbau und aus der internationalen Klassenauseinandersetzung ergeben.

Die jüngsten Parteitage der Bruderparteien sozialistischer Länder lassen erkennen, wie sich die Gemeinsamkeiten der gesellschaftlichen Entwicklung immer stärker ausprägen. Sie beruhen auf den objektiven Gesetzmäßigkeiten des sozialistischen Aufbaus und eröffnen weitere Möglichkeiten des Zusammenwirkens der sozialistischen Staaten und Nationen. Der neue Inhalt der Beziehungen zwischen unseren sozialistischen Ländern findet seinen konkreten Ausdruck besonders in der Zusammenarbeit im Rahmen des Rates für Gegenseitige Wirtschaftshilfe und der Organisation des Warschauer Vertrages. Auf der Grundlage des Komplexprogramms der sozialistischen ökonomischen Integration beginnen sich die Volkswirtschaften der im RGW vereinten Länder zu verflechten. Das erschließt qualitativ neue Möglichkeiten für die Erhöhung der Wirtschaftskraft unserer Gemeinschaft und trägt zugleich maßgeblich dazu bei, die Freundschaftsbeziehungen zwischen unseren Ländern und Völkern allseitig zu vertiefen.

Wenn es in den zurückliegenden drei Jahrzehnten gelungen ist, den Weltfrieden zu wahren und die Kriegsgefahr zu vermindern, so ist das vor allem der militärischen Kraft und der Friedenspolitik der Sowjetunion, der Organisation des Warschauer Vertrages zu danken. Dem Ausbau unserer gemeinsamen politischen und Verteidigungsorganisation werden wir auch künftig stets die gebührende Aufmerksamkeit schenken.

Unsere Erfahrung bestätigt, daß der immer enger werdende Zusammenschluß unserer Bruderländer eine unerläßliche Voraussetzung dafür ist, die Vorzüge des Sozialismus und die ihm wesenseigene Dynamik im Interesse jedes einzelnen sozialistischen Landes und unserer gesamten Gemeinschaft voll zur Geltung zu bringen. Diesem Ziel wird unsere Partei auch in Zukunft ihre ganze Kraft widmen.

Als Kommunisten sind wir konsequente Verfechter des Friedens. Das entspringt dem Wesen unserer Sache. Frieden ist eine Grundbedingung für den weiteren erfolgreichen Aufbau der sozialistischen und kommunistischen Gesellschaft. Seine Erhaltung ist für die gesamte Menschheit so wichtig wie das tägliche Brot. Im Kampf um den Frieden werden wir uns von niemandem übertreffen lassen. Damit folgen wir in unserer Zeit dem schon immer verfochtenen Ziel der revolutionären Arbeiterbewegung, die Menschheit von der Geißel des Krieges zu befreien.

Dem beharrlichen Ringen um Frieden und die Sicherheit der Völker, für den Fortschritt der Menschheit dienen jene acht grundlegenden Vorschläge, die Genosse Leonid Iljitsch Breshnew auf dem XXV. Parteitag der KPdSU als organische Fortsetzung und Weiterentwicklung des vom XXIV. Parteitag aufgestellten Friedensprogramms, als Programm des weiteren Kampfes für Frieden und internationale Zusammenarbeit, für Freiheit und Unabhängigkeit der Völker begründet hat.

Genossen Delegierte, ich spreche gewiß in eurem Namen, wenn ich hier erkläre: Der IX. Parteitag der SED unterstützt dieses Programm voll und ganz. Unsere Deutsche Demokratische Republik wird in ihrer Außenpolitik aktiv dazu beitragen, dieses Programm zu verwirklichen. Trotz aller Kompliziertheit und Widersprüchlichkeit der internationalen Lage ist die Politik der friedlichen Koexistenz zwischen Staaten unterschiedlicher Gesellschaftsordnung zu einem bedeutenden Faktor in den internationalen Beziehungen geworden. Es ist erfreulich, daß dank dem unermüdlichen Kampf der Völker, voran der Sowjetunion und der anderen Staaten der sozialistischen Gemeinschaft, die Entspannung zur Haupttendenz der internationalen Entwicklung wurde. Das ist das Ergebnis harten Ringens mit jenen noch immer mächtigen Kräften des Imperialismus, die auf den Positionen des kalten Krieges verharren.

Unsere Haltung ist klar und wird von prinzipiellen Positionen bestimmt:
– Weil wir uns von den Grundinteressen des Sozialismus und Kommunismus leiten lassen, ist unser konsequentes Eintreten für die Politik der friedlichen Koexistenz nicht taktischer Natur. Die Menschheit braucht den Frieden. Darum setzen wir uns mit aller Energie für die Festigung des Friedens ein.
– Mit der von Lenin konzipierten Politik der friedlichen Koexistenz geben wir Kommunisten eine konstruktive Antwort auf die Frage nach dem Charakter der Beziehungen zwischen den auf unserer Erde existierenden Staaten mit unterschiedlicher Gesellschaftsordnung. Unsere Antwort lautet: Bei Anerkennung der völkerrechtlichen Prinzipien der Unantastbarkeit der Grenzen, der Souveränität und territorialen Integrität sowie der Nichteinmischung in die inneren Angelegenheiten können und sollen es normale Beziehungen, Beziehungen der Zusammenarbeit zum gegenseitigen Vorteil sein.
– Mit dieser Politik der friedlichen Koexistenz tragen wir dem Lebensinteresse aller Völker nach gesichertem Frieden, nach Verhinderung eines verheerenden Nuklearkrieges Rechnung. Darin äußert sich der tiefe Humanismus unserer Politik.
– Wir gehen an diese Politik ohne Illusionen heran, weil wir wissen, daß die Politiker kapitalistischer Länder auch im Prozeß der Entspannung nicht aufhören, die Interessen der in ihren Ländern herrschenden Kräfte zu vertreten. Wir verfolgen das Ziel, den Krieg als Mittel zur Lösung strittiger Fragen in den Beziehungen zwischen den Staaten auszuschließen.
– Die Verwirklichung der Prinzipien der friedlichen Koexistenz ist notwendig für alle Völker. Wir bekunden nachdrücklich, daß sie von Vorteil ist für die Entfaltung des Kampfes der antiimperialistischen Kräfte gegen Ausbeutung und Unterdrückung, für die sozialen und nationalen Interessen der Völker in den Ländern des Kapitals und der »dritten Welt«.
– Für uns Kommunisten bedeutet friedliche Koexistenz Frieden zwischen den sozialistischen und kapitalistischen Staaten und die Entwicklung

einer gleichberechtigten und gegenseitig vorteilhaften Zusammenarbeit. Friedliche Koexistenz bedeutet aber niemals Klassenfrieden zwischen Ausbeutern und Ausgebeuteten. Friedliche Koexistenz bedeutet weder die Aufrechterhaltung des sozialökonomischen Status quo noch eine ideologische Koexistenz.

– Voraussetzung für den weiteren Erfolg dieses Friedenskurses sind die allseitige Stärkung des Sozialismus und die Festigung des Bündnisses zwischen den sozialistischen Staaten und allen anderen für Frieden, Sicherheit und Zusammenarbeit eintretenden Kräften in der ganzen Welt.

Der klare Blick für neue Möglichkeiten, auf dem Wege der friedlichen Koexistenz weiter voranzukommen, läßt uns niemals übersehen, daß der Imperialismus sein ihm eigenes aggressives und expansives Wesen nicht verloren hat. Wir erleben gerade gegenwärtig immer wieder neue Attacken von Feinden der Entspannung. Sie heizen das Wettrüsten an, entfesseln antikommunistische und besonders antisowjetische Kampagnen. Es wird versucht, abgeschlossene Verträge zu torpedieren oder sie sogar für die Verletzung des Völkerrechts zu mißbrauchen. Deshalb sind Rückschläge und auch plötzliche Zuspitzungen der Lage nicht auszuschließen. Das erfordert von uns wie eh und je, in der gebotenen Wachsamkeit nicht nachzulassen.

Deutlicher denn je treten in der Gegenwart die gegensätzlichen Wesensmerkmale von Sozialismus und Kapitalismus zutage. Erweist sich der Sozialismus für die Völker als Gesellschaftsordnung, die Frieden schafft, wirtschaftlichen Aufschwung, soziale Sicherheit, Freiheit und Gerechtigkeit garantiert, so bringt der Kapitalismus immer wieder Spannungen und Kriegsgefahr hervor, ist er von Krise, Stagnation, sozialer Unsicherheit und der Unterdrückung der elementaren Menschenrechte gekennzeichnet. Bei all der Vielfalt der internationalen Beziehungen von Staaten, die es in der Welt von heute gibt, ist die Auseinandersetzung zwischen den beiden Gesellschaftssystemen die zentrale Achse der internationalen Entwicklung.

Der ständige Machtzuwachs der sozialistischen Staaten auf allen Gebieten hat für den revolutionären Weltprozeß und das internationale Kräfteverhältnis entscheidende Bedeutung. Die Erfolge des Sozialismus schaffen für den Kampf der progressiven und antiimperialistischen Kräfte immer günstigere Bedingungen und Möglichkeiten.

Grundlage für den zunehmenden internationalen Einfluß des Sozialismus ist die enorm gewachsene ökonomische Kraft der sozialistischen Gemeinschaft. Hier zeigt sich, was von Ausbeutung befreite schöpferische Arbeit zu leisten vermag. Hier zeigen sich die Vorzüge der krisenfreien, sozialistischen Planwirtschaft. Zu Recht sprechen wir vom RGW-Raum als der dynamischsten Wirtschaftsregion der Erde mit den höchsten und stabilsten Zuwachsraten bei den wichtigsten ökonomischen Kennziffern. Während die Industrieproduktion der RGW-Länder von 1971 bis 1975 um insgesamt 45 Prozent wuchs, waren es in den entwickelten kapitalistischen Ländern nur 9 Prozent. Mit 9 Prozent der Weltbevölkerung und 18,5 Prozent des Territoriums der Erde besaßen die RGW-Länder Ende 1975 einen Anteil von rund 34 Prozent an der Weltindustrieproduktion. Die Länder des RGW werden im Zuge der weiteren Beschleunigung der sozialistischen ökonomischen Integration ihr weltwirtschaftliches und weltpolitisches Gewicht weiter erhöhen.

Hauptanteil an der stürmischen ökonomischen Aufwärtsentwicklung des Sozialismus haben die Produktionstaten des Sowjetvolkes beim Aufbau des Kommunismus. Über ein Fünftel aller auf der Welt hergestellten Güter kommt heute aus dem Lande Lenins. Die Zeiten, da die USA in der industriellen Produktion noch einen weiten Vorsprung vor der Sowjetunion hatten, sind ein für allemal vorbei. 1929 verhielt sich die Industrieproduktion der UdSSR zu jener der USA wie 5 zu 100, 1950 wie 28 zu 100, 1975 aber nur noch wie 80 zu 100. Was für ein Aufstieg! In der Produktion vieler wichtiger Erzeugnisse, wie Stahl, Erdöl und Mineraldünger, hat die Sowjetunion bereits die USA überholt und die Weltspitze erobert.

Das wirtschaftliche Wachstum, die wissenschaftlichen Forschungsergebnisse, die technischen Neuerungen dienen in den Ländern des Sozialismus der Befriedigung der materiellen und kulturell-geistigen Bedürfnisse des werktätigen Menschen. Hier wird das von Lenin formulierte Ziel der gesellschaftlichen Produktion im Sozialismus verwirklicht: »Sicherung der *höchsten* Wohlfahrt und der freien *allseitigen* Entwicklung *aller* Mitglieder der Gesellschaft.«[2]

Die Tatsachen beweisen: Die wahrhaft menschliche Ordnung ist der Sozialismus. Hier kann sich das Schöpfertum des Menschen frei entfalten. Die Jugend besitzt eine sichere Perspektive, Bildung und Kultur stehen allen Bürgern offen. Die allgemeine Lebensatmosphäre ist von Optimismus, Sicherheit und Geborgenheit gekennzeichnet. Voraussetzung für ein solches Leben ist die politische Macht der Arbeiterklasse, deren Interessen mit denen aller Bürger übereinstimmen. Der Sozialismus bietet eine gesicherte Gegenwart und eine helle Zukunft für die Menschen. Er allein ist imstande, die Lebensfragen unserer Zeit im Interesse der Menschheit zu lösen. So wird er immer mehr zum Vorbild für die Völker der Erde.

In krassem Gegensatz dazu steht das Bild, das der Kapitalismus bietet. Seit ihrem Ausbruch mit dem ersten Weltkrieg und der Großen Sozialistischen Oktoberrevolution hat die allgemeine Krise des Kapitalismus mehr

---

2 W. I. Lenin: Bemerkungen zum zweiten Programmentwurf Plechanows. In: Werke, Bd. 6, S. 40.

und mehr Gebiete des gesellschaftlichen Lebens erfaßt. Das betrifft die internationale Stellung des Imperialismus, seine Wirtschaft, die Ideologie und Moral, Stadt und Dorf, den einzelnen und die Familie.

Dazu brach Ende 1973 die bisher schwerste internationale zyklische Überproduktionskrise des Kapitalismus nach dem zweiten Weltkrieg aus, die alle kapitalistischen Hauptländer gleichzeitig erfaßte. In ihrem Verlauf sank die Industrieproduktion der führenden kapitalistischen Länder von ihrem jeweiligen vorangehenden Höhepunkt im Durchschnitt um 15 Prozent. Bis auf 18 Millionen stieg die Zahl der Arbeitslosen, nicht gerechnet die Anzahl der Kurzarbeiter. Diese Arbeiter, Angestellten und Angehörigen der Intelligenz sind damit eines entscheidenden Menschenrechts beraubt, nämlich des Grundrechts auf Arbeit. Die Hälfte von ihnen ist unter 25 Jahre alt, während der Anteil dieser Jahrgänge an der arbeitsfähigen Bevölkerung nur rund ein Drittel beträgt. Zum ersten Male seit 1945 ist auch der kapitalistische Welthandel 1975 zurückgegangen, nach den letzten Berechnungen um 7 Prozent.

Während die allgemeine Krise des Kapitalismus sozusagen ein steter Begleiter des Kapitalismus in seinem letzen Stadium ist und bis zu seinem Ende dauert, kommen und gehen die zyklischen Krisen, wie Marx entdeckt und die Geschichte erwiesen hat. Seit Beginn der siebziger Jahre aber zeigt sich eine ganz besondere Art der Verflechtung von allgemeiner und zyklischer Krise.

Bekanntlich hatte es früher kapitalistische Währungskrisen nur während einer zyklischen Krise gegeben. Aber bereits Mitte der sechziger Jahre brach eine internationale Währungskrise aus, die seitdem andauert und auch künftig andauern wird. Stark verschuldete Staatshaushalte gab es früher in kapitalistischen Ländern auch, und zwar in Kriegszeiten oder in Zeiten der zyklischen Krise. Seit 1970 jedoch, also wiederum vor Ausbruch der gegenwärtigen zyklischen Krise, begann in immer mehr Staaten die Staatsschuld in zuvor unbekanntem Ausmaß zu steigen. Heute herrscht in allen imperialistischen Ländern eine Krise der Staatsfinanzen, von der niemand erwartet, daß sie in absehbarer Zeit zu lösen sein wird.

Keine einzige Prognose der Regierung eines kapitalistischen Landes wurde zu Beginn dieses Jahres gemacht, die nicht voraussagte, daß selbst bei steigender Produktion die Arbeitslosigkeit hoch und die Kaufkraft der Werktätigen niedrig bleiben würden. Die spezifischen Eigenschaften der zyklischen Krise – hohe Arbeitslosigkeit, Inflation und daher niedrige Kaufkraft – werden also ebenfalls zu permanenten Erscheinungen der allgemeinen Krise werden.

In dieser gegenseitigen Verflechtung der vielfältigen Krisenerscheinungen wird offensichtlich, daß es sich um eine Krise der ganzen kapitalistischen Gesellschaft handelt. Die Lasten all der Krisenerscheinungen werden rigoros auf die Schultern der Werktätigen abgewälzt, während die Profite der Mammutkonzerne neue Rekordhöhen erreichen und die Börsenspekulation blüht.

Der allgemeinen Krise des Kapitalismus steht der Aufschwung des Sozialismus auf allen Gebieten des gesellschaftlichen Lebens gegenüber. Dieser Kontrast muß naturgemäß zur Schwächung des Kapitalismus und zur Ermutigung aller antiimperialistischen Kräfte beitragen. Wir sehen daher auch, wie die politische Labilität in der Welt des Kapitals immer größer wird. Immer häufigere Regierungskrisen sind beredter Ausdruck dafür, und immer stärker treten auch Formen autoritärer Machtausübung in den Vordergrund. Gerade jene Kräfte, die den sozialistischen Ländern Lehren über Demokratie erteilen wollen, treten beim Abbau der bürgerlichen Demokratie in ihren eigenen Ländern als Vorreiter auf. Davon zeugen Gesinnungsschnüffelei und Berufsverbote, Ausnahmegesetze und Korruption, Verfolgung und Unterdrückung fortschrittlicher Kräfte. Der geistige und moralische Verfall nimmt Ausmaße an, die jeder human denkende Mensch zutiefst verabscheut.

Unter dem Eindruck dieser Entwicklung sind alle Propheten einer dauernden Prosperität des Kapitalismus verstummt. Ihre Theorien von der »Wohlstandsgesellschaft«, vom »reformierbaren Kapitalismus« sind an der rauhen Wirklichkeit zerbrochen. Alle Modelle einer krisenfreien kapitalistischen Gesellschaft haben sich als Fehlkonstruktionen erwiesen. Lenins Analyse dagegen ist heute mehr denn je richtig: Der Imperialismus ist sterbender, parasitärer, faulender Kapitalismus.

In unserem Programm wird mit Recht die Feststellung getroffen: »Im letzten Viertel des 20. Jahrhunderts zeigt sich immer klarer, daß der Kapitalismus zu einem Hemmnis der gesellschaftlichen Entwicklung geworden ist, daß er die Daseinsprobleme der Menschheit nicht zu lösen vermag.«[3]

Es zeigt sich aber auch: Wo kapitalistische Ausbeutung herrscht, erwächst der Kampf gegen sie. Wo Wirtschaftskrisen ausbrechen und Millionenheere von Arbeitslosen entstehen, wird für das Recht auf Arbeit gekämpft. Die letzten Jahre waren durch einen neuen Aufschwung der sozialen und politischen Kämpfe der Werktätigen in den kapitalistischen Ländern gekennzeichnet, und neue Klassenschlachten reifen heran. Immer breitere soziale Schichten schließen sich dem Kampf gegen die Allmacht der Monopole, für tiefgreifende gesellschaftliche Veränderungen an. Sie stoßen auf den Widerstand der Monopolbourgeoisie, die mit allen Mitteln

---

3 Protokoll der Verhandlungen des IX. Parteitages der Sozialistischen Einheitspartei Deutschlands im Palast der Republik in Berlin, 18. bis 22. Mai 1976. Band 2: 4. und 5. Beratungstag, Berlin 1976, S. 214.

ihre Klassendiktatur zu verteidigen sucht. Die Erfahrungen lehren, daß gesellschaftlicher Fortschritt letztlich ohne Überwindung dieser Klassendiktatur nirgendwo möglich ist.

Im Einklang mit dem Bewegungsgesetz unserer Epoche vollziehen weitere Völker den Übergang vom Kapitalismus zum Sozialismus. Der historische Sieg der Völker Indochinas eröffnet nun dem ganzen vietnamesischen Volk den Weg zum Aufbau des Sozialismus. Das Volk von Laos kann nunmehr die gesellschaftlichen Grundlagen für diesen Weg schaffen. In Kampuchea wurde die Volksmacht errichtet. Der Sozialismus ist nicht nur stärker geworden, er hat sich weiter ausgedehnt.

Ein mächtiger Strom im Kampf gegen den Imperialismus ist die Bewegung der Völker Asiens, Afrikas und Lateinamerikas für nationale und soziale Befreiung. In der Berichtsperiode vollzogen Guinea-Bissau, die Kapverden, Moçambique und Angola den Übergang zu einer fortschrittlichen Entwicklung. In Äthiopien wurde die feudalistisch-kapitalistische Monarchie gestürzt. In Madagaskar ist mit der Erringung der nationalen Unabhängigkeit der Weg des sozialen Fortschritts begonnen worden. Der Kampf der Völker gegen imperialistische Bevormundung, gegen die Ausplünderung der Naturreichtümer und Völker dieser Länder, gegen die imperialistische Einmischungspolitik, ihr Eintreten für Frieden, internationale Sicherheit und gleichberechtigte Zusammenarbeit ist ein gewichtiger Faktor der internationalen Entwicklung.

In Lateinamerika, dem früheren »Hinterhof« des USA-Imperialismus, nahm die antiimperialistische Volksbewegung Anfang der siebziger Jahre einen machtvollen Aufschwung. Die Errichtung faschistischer Militärdiktaturen in Chile und Uruguay durch das in- und ausländische Monopolkapital konnte den Volkswillen zeitweilig unterdrücken, aber nicht brechen. Immer offenkundiger wird: Der Kapitalismus hat sich als total untauglich erwiesen, die ökonomischen und sozialen Probleme der lateinamerikanischen Völker zu lösen. Neue revolutionäre Kämpfe auf dem ganzen lateinamerikanischen Kontinent zeichnen sich ab. Dabei wirkt der erste sozialistische Staat in Amerika, das sozialistische Kuba, gleich einem Leuchtturm für die Völker dieses Kontinents. Der Zusammenbruch der politischen, ökonomischen und militärischen Blockade des Imperialismus gegen Kuba ist ein Beweis für das veränderte Kräfteverhältnis in Lateinamerika und in der Welt.

Wir bekunden von unserem Parteitag aus unsere aktive und uneingeschränkte Solidarität mit den Kommunisten und allen antiimperialistisch-demokratischen Kräften Chiles, Uruguays und ganz Lateinamerikas. Wir grüßen unseren Genossen Luis Corvalán, den heldenhaften Kämpfer für Freiheit und demokratische Entwicklung seines Landes. Wir fordern seine unverzügliche Freilassung sowie die Freilassung aller eingekerkerten chilenischen Patrioten. Wir grüßen alle Kämpfer für Freiheit und Gerechtigkeit, für Frieden und Fortschritt in der Welt.

In den national befreiten Staaten verstärkt sich der Klassenkampf um den weiteren Entwicklungsweg der Gesellschaft. Eine beträchtliche Anzahl von Ländern hat den Weg der sozialistischen Orientierung beschritten, was mit komplizierten inneren und äußeren Auseinandersetzungen verbunden ist. In einer Reihe anderer Staaten vollzieht sich die kapitalistische Entwicklung, die die neokolonialistischen Bestrebungen des Imperialismus begünstigt. Der soziale Fortschritt der Entwicklungsländer ist ein Prozeß von historischer Bedeutung und längerer Dauer. Mag der Kampf auch schwer sein und noch viele Bewährungsproben mit sich bringen: Es gelingt dem Imperialismus nirgendwo, auf die Dauer die freie Entwicklung der Völker aufzuhalten. Der Imperialismus befindet sich historisch in der Defensive. Die Zukunft gehört dem Sozialismus und Kommunismus.

Genossinnen und Genossen! Wir Kommunisten wollen, daß die Menschen glücklich leben, frei von Angst und Sorge. Eine Bedingung dafür ist, daß sie sicher leben. Deshalb schaffen wir soziale Sicherheit in unserem Lande, und nach außen hin zielt unsere Politik auf Sicherheit des Friedens. Sicherheit innen und außen – beides gehört zusammen. Die stabilste Säule, die den Weltfrieden trägt, ist die Kraft der sozialistischen Staatengemeinschaft, denn die Stärke und Macht des Sozialismus dienen dem Frieden in der Welt. Der Frieden wiederum macht es dem Sozialismus möglich, seine Vorzüge voll zu entfalten. Das entspricht dem ersten Grundsatz unserer Außenpolitik, für den sozialistischen und kommunistischen Aufbau die günstigsten internationalen Bedingungen zu sichern. Indem sie unserem sozialistischen Staat und der ganzen sozialistischen Gemeinschaft dient, nützt sie zugleich der Sicherheit der Menschen in anderen Ländern.

Liebe Genossinnen und Genossen!

Das Zentralkomitee schlägt dem IX. Parteitag vor, die Politik der SED zur Verwirklichung der Hauptaufgabe konsequent und unbeirrbar fortzusetzen. Aus unserem Programm leitet die Direktive für die Entwicklung der Volkswirtschaft der Deutschen Demokratischen Republik 1976 bis 1980 die konkreten Arbeitsaufgaben der nächsten fünf Jahre her. Die vorgesehenen Ziele sichern für die zweite Hälfte des gegenwärtigen Jahrzehnts die Beständigkeit und Kontinuität unseres politischen Kurses. Seine Erfordernisse werden im vor uns liegenden Zeitraum bestimmt durch die weitere Gestaltung der entwickelten sozialistischen Gesellschaft in der Deutschen Demokratischen Republik, durch die Schaffung der grundlegenden Voraussetzungen für den allmählichen Übergang zum Kommunismus.

Die Aufgabenstellung umreißt für die Volkswirtschaft als Ganzes und jeden ihrer Zweige und Bereiche konkret, welche neuen und qualitativ größeren ökonomischen Ziele auf höherer Stufe der gesellschaftlichen Produktion im Zeitraum bis 1980 anvisiert werden. Dabei geht es um einen starken ökonomischen Leistungsanstieg. Im kommenden Abschnitt unserer Entwicklung werden noch höhere Anforderungen vor allem an die Steigerung der Arbeitsproduktivität und Effektivität gestellt. Ja, man kann zu Recht sagen, daß wir für das kommende Jahrfünft wiederum hohe und stabile Wachstumsraten vorsehen. Wie für die Entwicklung der Produktion und die Stärkung der materiell-technischen Basis, so gilt das auch für die planmäßige Verbesserung des materiellen und kulturellen Lebensniveaus der Menschen.

Wenn wir uns die Frage vorlegen, woher wir die Kraft und die Sicherheit nehmen, uns für diesen Zeitraum 1976 bis 1980 neue und höhere Ziele zu stellen, dann finden wir die Antwort zu einem entscheidenden Teil in all dem, was unser Volk in Durchführung der Beschlüsse des VIII. Parteitages erreicht hat. In diesem Zeitabschnitt hat sich nicht nur das materielle und kulturelle Lebensniveau des Volkes erhöht, sondern gleichzeitig wurde unser ökonomisches Potential bedeutend und dauerhaft gestärkt.

Liebe Genossinnen und Genossen!

Unsere Partei wird auch künftig alle Anstrengungen darauf richten, daß die wachsenden Arbeitsleistungen, die Fortschritte in der Produktion sowie die zunehmende Anwendung wissenschaftlich-technischer Errungenschaften der Arbeiterklasse und allen anderen Werktätigen zugute kommen, daß das Lebensniveau des Volkes weiter gehoben wird, daß unser gesamtes geistig-kulturelles Leben immer reicher wird. Dabei gilt es, stets gewissenhaft zu überlegen, wo und wie die zu erwirtschaftenden Mittel am effektivsten dazu dienen, den Wohlstand der Bürger weiter zu heben, die Arbeits- und Lebensbedingungen der Werktätigen planmäßig zu verbessern.

An erster Stelle steht die weitere zügige Durchführung unseres Wohnungsbauprogramms. Im Zeitraum 1976 bis 1980 sollen insgesamt 750 000 Wohnungen durch Neubau und Modernisierung geschaffen werden, darunter 550 000 Neubauwohnungen. Damit erhalten etwa 2,2 Millionen Bürger günstigere Wohnverhältnisse. Das sind bessere Wohnverhältnisse für mehr Bürger, als gegenwärtig im Bezirk Karl-Marx-Stadt, dem bevölkerungsmäßig größten Bezirk unserer Republik, wohnen. Es wird damit möglich, so dringliche Probleme besser zu lösen wie die schnellere Bereitstellung von Wohnungen insbesondere für Arbeiter- und kinderreiche Familien sowie für junge Ehepaare.

Für den komplexen Wohnungsbau sollen im Zeitraum der Jahre 1976 bis 1980 etwa 50 Milliarden Mark aufgewendet werden.

Das sind rund 15 Millionen Mark mehr als im abgelaufenen Fünfjahrplan. Das verlangt vor allem auch, die Anstrengungen zu verstärken, um durch ständige Verbesserung des Verhältnisses von Aufwand und Leistung, verbunden mit hoher Qualität, für möglichst viele Bürger gute Wohnbedingungen zu schaffen. Selbstverständlich werden wir dabei unsere bewährte Politik der niedrigen und stabilen Mietpreise beibehalten.

Der Wohnungsbau in diesem großen Ausmaß bedingt die weitere Industrialisierung der Bauprozesse. Ein äußerst hoher gesellschaftlicher Anspruch der gesamten Bevölkerung an die Bauschaffenden, insbesondere an die Projektanten und Architekten, besteht nun darin, auch unter den Bedingungen des industriellen Typenbaus solche architektonischen, künstlerischen und städtebaulichen Lösungen zu schaffen, die den gesellschaftlichen Lebensbedürfnissen der Menschen entsprechen. Um es ganz deutlich zu sagen: Wir verstehen es als ein Anliegen von hohem gesellschaftlichem Rang, den Menschen nicht nur eine Wohnung zu geben, sondern darüber hinaus auch zu erreichen, daß sich jeder in seinem Wohngebiet wohl fühlt, daß uns allen unsere Städte und Dörfer wirklich immer besser gefallen.

Nicht immer bringt die vermeintlich großzügige Lösung, wo alles, was angeblich im Wege steht, abgerissen wird, tatsächlich auch die Zufriedenheit über das Neugeschaffene mit sich. Dazu ist neben der bereits verstärkt angewendeten abwechslungsreichen Gestaltung von Typenbauten vor allem notwendig, die Planung und Errichtung von Neubaugebieten in engster Wechselwirkung und unter Einbeziehung angrenzender Altbaugebiete und Stadtkerne vorzunehmen. Indem wir Altes und Neues richtig kombinieren, erhalten wir den historisch gewachsenen Charakter unserer Städte und fügen ihnen zugleich Neues hinzu.

Wir möchten die Aufmerksamkeit aller Bauschaffenden darauf richten, die Möglichkeiten einer guten funktionellen und städtebaulich-architektonischen Gestaltung für die neuen Wohnkomplexe konsequent zu nutzen. Der Bürger soll hier Kaufhallen und Kindereinrichtungen finden, aber auch seine gemütliche Gaststätte. Die interessante Komposition städtebaulicher Raumgestaltung, die liebevollere Behandlung architektonischer Details an den Gebäuden und die Ausstattung der Straßen- und Freiflächenräume soll die Menschen erfreuen. Hier liegt ein großes Feld schöpferischer sozialistischer Gemeinschaftsarbeit der Architekten mit den bildenden Künstlern und Landschaftsgestaltern und natürlich mit den baudurchführenden Kollektiven und den gesellschaftlichen Auftraggebern selbst.

Bei all dem vergessen wir nicht, daß es bei uns nicht wenig überalterte Wohnungen gibt, ja Mietskasernen mit Hinterhöfen, die noch aus dem vorigen Jahrhundert stammen. Schon während der nächsten Jahre tritt mehr und mehr in den Vordergrund, diese unzureichenden Wohnbedingungen im Zuge der Rekonstruktion von Altbaugebieten zu überwinden. Auch dabei gehen wir Schritt für Schritt vor, und angefangen werden muß dort, wo die Wohnverhältnisse am unzulänglichsten sind. Zug um Zug werden wir also auch hier mit der Hinterlassenschaft des Kapitalismus in unseren Städten und Gemeinden fertig werden.

Besondere Aufmerksamkeit verdient die weitere Ausgestaltung der Hauptstadt der Deutschen Demokratischen Republik, Berlin, durch beispielhafte Leistungen in Städtebau und Architektur, in der Qualität der Wohnungen und der Wohngebiete. Mit der Kraft unserer Republik führen wir den Aufbau in der Hauptstadt zielstrebig und in größerem Tempo weiter. Auf ihre Hauptstadt sollen alle Bürger unserer Republik mit Recht stolz sein können.

Als eine bedeutende und ständige Aufgabe zur Erhöhung des Lebensniveaus des Volkes wird das Ziel gestellt, die Versorgung der Bevölkerung weiter zu verbessern. Der Warenumsatz soll sich bei stabilen Verbraucherpreisen auf 120 bis 122 Prozent erhöhen. Das charakterisiert zugleich die hohen Anforderungen an Industrie, Land- und Nahrungsgüterwirtschaft, an den Handel und an das Verkehrswesen. Ausgehend vom bereits erreichten Niveau der Versorgung, kommt es darauf an, dauerhafte Lösungen für die bedarfsgerechte Produktion und das sortiments- und zeitgerechte Angebot an Konsumgütern zu erreichen. Das schließt ein, daß der Einzelhandel ständig Waren anbietet, die den verschiedenen Preisgruppen Rechnung tragen.

Industrie und Handel müssen sich auf die höheren Anforderungen einstellen, die sich für die Konsumgüterproduktion und die Sortimentsgestaltung aus dem Wohnungsbauprogramm ergeben. Es ist zum Beispiel eine bedeutende Zielstellung, die Produktion und das Warenangebot so zu erhöhen, daß bis 1980 alle Haushalte mit Kühlschränken ausgestattet sein können und der Ausstattungsgrad der Haushalte mit Waschmaschinen 80 Prozent, mit Fernsehgeräten 97 Prozent erreichen kann.

In Übereinstimmung mit den wachsenden Warenfonds sollen die Nettogeldeinnahmen der Bevölkerung 1980 gegenüber 1975 auf ebenfalls 120 bis 122 Prozent erhöht werden. In unserem Parteiprogramm wird eindeutig bestimmt, daß die Einkommenspolitik darauf gerichtet ist, die Arbeitseinkommen der Werktätigen gemäß der Leistung zu mehren. Die leistungsorientierte Lohnpolitik unserer Partei fördert die schöpferische Initiative der Arbeiterklasse zur Steigerung der Arbeitsproduktivität und zur Qualifizierung sowie das Interesse der Werktätigen an der sozialistischen Rationalisierung bis hin zur Anwendung technisch begründeter Arbeitsnormen.

Eine wichtige Aufgabe wird darin bestehen, in weiteren Zweigen und Betrieben Grundlöhne für die Produktionsarbeiter einzuführen. Das ist aufs engste mit der wissenschaftlichen Arbeitsorganisation zu verbinden. Auf diese Weise erhalten die Arbeiter höhere persönliche Einkommen bei gleichzeitiger Steigerung der Arbeitsproduktivität, höherer Ausnutzung der Arbeitszeit und verbesserten Arbeitsbedingungen. Mit der Erhöhung des Grundlohnanteils am Gesamtlohn wird das materielle Interesse der Arbeiter an wachsenden Leistungen verstärkt. Gleichzeitig bildet das einen wichtigen Teil der Neuordnung des Tarifsystems. Schrittweise werden die Löhne verschiedener Beschäftigungsgruppen erhöht werden.

Konsequent werden wir also den Weg weiter beschreiten, das Leistungsprinzip als Grundprinzip der Verteilung im Sozialismus noch besser anzuwenden. Besonderes Augenmerk werden wir darauf legen, die Mindestlöhne und die unteren Einkommen im Zusammenhang mit der wachsenden Qualifikation und Leistung schrittweise zu erhöhen.

Genossinnen und Genossen! Dabei verlieren wir nicht aus dem Auge, daß die Deutsche Demokratische Republik das Werk von vielen Generationen ist. An ihrer Entwicklung haben unsere älteren Mitbürger einen großen Anteil. Sie verdienen die besondere Fürsorge unserer sozialistischen Gesellschaft. Erlaubt mir, im Namen des Zentralkomitees von der Tribüne unseres Parteitages den älteren Bürgern unserer Republik, den Veteranen der Arbeit für ihre hervorragenden Verdienste recht herzlich zu danken. Mit der Entwicklung der Republik wird ihr Lebensabend noch stärker als bisher von sozialer Sicherheit und Geborgenheit geprägt sein. Das Zentralkomitee ist sich der Zustimmung des Parteitages gewiß, wenn es erklärt, daß durch die Erhöhung der Produktivität in unserer Volkswirtschaft die Voraussetzungen geschaffen werden, um auch eine weitere spürbare Erhöhung der Renten demnächst vornehmen zu können.

In den Wohngebieten soll noch mehr getan werden, um Rentnerwohnungen zu verschönern. Mindestens 35 000 Plätze in Feierabendheimen und Wohnheimen für ältere Bürger sollen neu geschaffen werden. Verbessert werden sollten auch die Voraussetzungen dafür, daß die Werktätigen im Rentenalter, wenn sie es wünschen, weiterhin einer beruflichen Tätigkeit nachgehen können.

Großen Widerhall hat unter den Werktätigen besonders die im Programm enthaltene Formulierung gefunden, daß unsere Partei die weitere differenzierte Verlängerung des Erholungsurlaubs sowie den schrittweisen Übergang zur 40-Stunden-Woche anstrebt. Das soll durch die Verkürzung der täglichen Arbeitszeit unter Beibehaltung der 5-Tage-Woche geschehen. Dazu werden die erforderlichen Maßnahmen ausgearbeitet. Wir stehen vor der Aufgabe, durch eine wesentliche Steigerung der Arbeitsproduktivität, durch die volle Ausnutzung der Arbeitszeit und auch der Grundfonds die notwendigen Voraussetzungen für die ins Auge gefaßten Maßnahmen zu schaffen.

Zunehmende Bedeutung für die Erhöhung des Realeinkommens der

Werktätigen erhalten die gesellschaftlichen Fonds. Sie sollen im Einklang mit der Leistungsentwicklung der Wirtschaft für die Jahre 1976 bis 1980 auf 207 bis 210 Milliarden Mark erhöht werden. Darin sind bedeutende und beträchtlich wachsende Mittel enthalten, um die neuen und größeren Aufgaben des Bildungswesens, die weitere spürbare Verbesserung der gesundheitlichen und sozialen Betreuung unserer Bürger sowie weitere umfangreiche Maßnahmen im Erholungswesen, auf kulturellem und sportlichem Gebiet durchzuführen.

Außerdem werden im Zeitraum 1976 bis 1980 die materiellen Bedingungen durch neue Unterrichtsräume, Hörsaal-, Seminar- und Internatsplätze, durch die Neueinrichtung von Kinderkrippen sowie durch neue Plätze in Lehrlingswohnheimen wesentlich erweitert. Zugleich soll bis 1980 der Versorgungsgrad mit Kindergartenplätzen so weit erhöht werden, daß alle Kinder, deren Eltern es wünschen, in Kindergärten betreut und erzogen werden. Vorgesehen ist der Bau sowie die Rekonstruktion von Krankenhäusern und Polikliniken. Für alle diese Ziele sollen im Zeitraum 1976 bis 1980 weiter wachsende Mittel aus den gesellschaftlichen Fonds aufgewendet werden.

Liebe Genossinnen und Genossen! Wir haben für die Verwirklichung unseres sozialpolitischen Programms, welches das Leben der Bürger der Deutschen Demokratischen Republik noch reicher, schöner und sicherer machen wird, gute Ausgangspositionen. Auf Grund der Ergebnisse seit dem VIII. Parteitag können wir für das kommende Jahrfünft wiederum anspruchsvolle Aufgaben planen. Heute können wir die vor uns liegenden Ziele einordnen in ein Programm, das hinausführt über die Jahrtausendwende, das hinführt zu den lichten Höhen des Kommunismus.

Liebe Genossinnen und Genossen!

Auf dem VIII. Parteitag haben wir die Intensivierung der Produktion als eine entscheidende politisch-ökonomische Aufgabe gestellt, mit der zugleich die ständige Verbesserung der Arbeitsbedingungen und des Arbeitsklimas einhergehen muß. Heute – das kann man mit vollem Recht sagen – ist der Weg der Intensivierung zur lebendigen Erfahrung von Millionen Werktätigen geworden. Der Platz der Intensivierung als Hauptweg zur Erhöhung der volkswirtschaftlichen Leistungen im Interesse des Volkes ist durch die Praxis erprobt und erhärtet. Heute ist die Aufgabenstellung zur Intensivierung bereits fest im Leben der gesamten Partei verankert, und aus ihr erwachsen große Impulse für neue Initiativen zur Erschließung von Reserven.

Andererseits gibt es Kombinate und Betriebe, die mit der Qualität ihrer Erzeugnisse, den Wachstumsraten der Produktion und der Ausnutzung der ihnen anvertrauten Fonds den volkswirtschaftlichen Notwendigkeiten nicht entsprechen. Sie erreichen viel geringere Ergebnisse als andere, die unter ähnlichen Voraussetzungen arbeiten, und das, Genossen, manchmal schon jahrelang. Dadurch verursachen sie nicht nur selbst Verluste, sondern stören auch den Fortschritt ihrer Partner. Das Zentralkomitee ist der Auffassung, daß ein solches Zurückbleiben in Tempo und Tiefe der Intensivierung nicht mehr hingenommen werden darf. Leitungsschwächen müssen überwunden, die Maßstäbe unserer Entwicklung konsequent durchgesetzt werden. Was wir gemeinsam für unser Volk erstreben, stellt hohe Ansprüche an jeden.

Bewahrheitet hat sich, daß die Intensivierung keine zeitweilige Maßnahme darstellt, sondern daß sie zum Wesen der Wirtschaft der entwickelten sozialistischen Gesellschaft gehört. Sie besitzt wie die Hauptaufgabe als Ganzes langfristigen, strategischen Charakter. Es kann kein Zweifel daran bestehen, daß ihre Bedeutung im kommenden Abschnitt unserer gesellschaftlichen Entwicklung noch in weit stärkerem Maße als bisher anwächst.

Der Weg der Intensivierung ist mehr als nur eine ökonomische Aufgabenstellung. Er ist ein Faktor unseres gesamten gesellschaftlichen Voranschreitens. Wenn sich Werktätige in unseren Betrieben darüber Gedanken machen, wie die Ausnutzung der Grundmittel um Minuten erhöht werden kann, wie das Material Gramm für Gramm eingespart, wie die Qualität der Erzeugnisse verbessert wird, dann zeugt das von einer hohen sozialistischen Einstellung zur Arbeit, ja, man kann schon sagen, von einer hohen kommunistischen Moral.

Erinnern wir uns an die Feststellung Lenins, nach der der Kommunismus dort beginnt, »wo *einfache Arbeiter*, in selbstloser Weise harte Arbeit bewältigend, sich Sorgen machen um die Erhöhung der Arbeitsproduktivität, um den Schutz *eines jeden Puds Getreide, Kohle, Eisen* und anderer Produkte«[4], die der gesamten Gesellschaft zugute kommen. Diese Worte Lenins sind gerade jetzt angesichts des neuen Abschnitts unserer Entwicklung von besonderer Aktualität.

Im Sinne der zehn Punkte der Intensivierung der Produktion, wie ich sie in der Beratung des Sekretariats des ZK mit den 1. Sekretären der Kreisleitungen dargelegt habe, besteht die Aufgabe darin, den inneren Zusammenhang aller mit der Intensivierung verbundenen Faktoren zu erkennen und – was vor allen Dingen wichtig ist – sie dann im Komplex wirksam zu machen. Jetzt geht es darum, alle diese qualitativen Faktoren des Wachstums der Produktion, angefangen von der Beschleunigung des wissenschaftlich-technischen Fortschritts bis zur immer wirkungsvolleren Ent-

---

4 W. I. Lenin: Die große Initiative. In: Werke, Bd. 29, S. 417.

wicklung der schöpferischen Fähigkeiten der Werktätigen, auf noch breiterer Basis und noch weitaus gründlicher vorbereitet und durchdacht als bisher in den Vordergrund der gesamten Arbeit zu rücken. Das heißt also, umfassend den Kampf um eine hohe Effektivität der gesamten wirtschaftlichen Tätigkeit zu führen.

Wir können uns dabei darauf stützen, daß im zurückliegenden Zeitraum 1971 bis 1975 bei der Modernisierung des Produktionsapparates und damit verbunden bei der Verbesserung der Arbeitsbedingungen bedeutende Fortschritte erreicht werden konnten. Rund 40 Prozent des gegenwärtigen Ausrüstungsbestandes wurden in den letzten fünf Jahren in Betrieb genommen.

Im Jahre 1975 waren in der Volkswirtschaft der DDR Grundmittel im Werte von 577 Milliarden Mark eingesetzt, das heißt für rund 110 Milliarden Mark mehr als 1970. Und damit bedeutete 1975 eine täglich um 10 Minuten höhere Grundfondsauslastung in der Industrie eine zusätzliche Jahresproduktion von 3,4 Milliarden Mark. Im Jahre 1980 wird eine um 10 Minuten höhere Ausnutzung der Grundfonds der Industrie sogar 4,6 Milliarden Mark Jahresproduktion verkörpern, da im Zeitraum 1976 bis 1980 weiterhin wachsende Mittel zur Vergrößerung des Umfanges unserer materiellen Produktionsfonds zur Verfügung gestellt werden.

Unser wirtschaftliches Leistungsvermögen wird in zunehmend größerem Umfang durch das volle Ausnutzen der Arbeitszeit beeinflußt. Das volkswirtschaftliche Gewicht jeder Minute Arbeitszeit vergrößert sich unentwegt. In einer Arbeitsstunde wurde 1975 ein Produktionswert von über 100 Millionen Mark in unserer Industrie geschaffen. Dieser Wert liegt fast doppelt so hoch wie im Jahre 1965. Jede Stunde, ja jede Minute Arbeitszeit bedeuten also für die Gesellschaft und damit für jeden einzelnen Gewinn oder Verlust. Das erhärtet die gesellschaftliche Verpflichtung, überall in unserer Volkswirtschaft mit Entschiedenheit für die Senkung der Ausfallzeiten, der Warte- und Stillstandszeiten einzutreten und für eine gute tagtägliche Leistung und gut durchdachte Produktionsorganisation zu sorgen.

Diese großen gesamtvolkswirtschaftlichen Auswirkungen stehen hinter der objektiven Forderung, die Arbeitszeit besser auszunutzen und damit zugleich die vollständigere Ausnutzung der vorhandenen Ausrüstungen und Gebäude, der bereits geschaffenen Kapazitäten zu gewährleisten. Das ist Intensivierung im wahrsten Sinne des Wortes – durch Modernisierung und bessere Ausnutzung der vorhandenen Grundfonds mit der gleichen oder einer geringeren Anzahl von Arbeitskräften mehr zu produzieren. Stärker muß mit der Zuführung moderner Ausrüstungen die Aussonderung veralteter Maschinen einhergehen, die in den Betrieben nicht mehr benötigt werden. Gerade dieser Prozeß der technischen Erneuerung vollzieht sich gegenwärtig noch zu langsam. Ihn zu beschleunigen ist von großer Bedeutung.

Es wird jetzt notwendig, sowohl die hochproduktiven Ausrüstungen mehrschichtig einzusetzen und noch besser auszulasten als auch darüber hinaus generell die Schichtauslastung der Maschinen und Anlagen zu erhöhen. Dabei kommt es darauf an, die einzelnen Abschnitte im technologischen Prozeß der Betriebe besser in Übereinstimmung zu bringen. Wir stellen die Aufgabe, alle Fragen der Versorgung der Werktätigen und des Berufsverkehrs, die Probleme des Handels, der Dienstleistungen, der Berufsausbildung sowie der Organisation des kulturell-geistigen Lebens auf das sorgfältigste zu berücksichtigen.

Genossinnen und Genossen!

Die Zielstellungen zur weiteren Stärkung der materiell-technischen Basis auf dem Wege der Intensivierung sind auf das engste mit der Beschleunigung des wissenschaftlich-technischen Fortschritts verbunden. Angesichts dessen zeigt sich mit besonderer Eindringlichkeit, wie richtig es war, daß unsere Partei seit dem VIII. Parteitag den Fragen von Wissenschaft und Technik erstrangige Bedeutung und Aufmerksamkeit beigemessen hat. Wie ein roter Faden ziehen sich durch die Beschlüsse des Zentralkomitees immer wieder die Aufgaben von Wissenschaft und Technik und Maßnahmen zu ihrer Verwirklichung.

Der IX. Parteitag berät nun über Ziele von noch größerer gesellschaftlicher Tragweite, die auch neue, weitergesteckte Aufgaben als bisher für Wissenschaft und Technik in sich einschließen. Wir werden sie mit der Kraft der gesamten Partei, der Arbeiterklasse, der Genossenschaftsbauern, der Intelligenz, mit der Kraft des ganzen Volkes in Angriff nehmen und lösen. Dabei gehen wir davon aus, daß unser Programm als eine »entscheidende Bedingung« für die konsequente Intensivierung der Produktion »die organische Verbindung der Errungenschaften der wissenschaftlich-technischen Revolution mit den Vorzügen des Sozialismus« nennt.

Dieser Prozeß ist sehr wesentlich für jene starke und dauerhafte Beschleunigung des wissenschaftlich-technischen Fortschritts, die unser ökonomisches Wachstum in immer stärkerem Maße tragen muß. Auf der Grundlage der Beschlüsse des VIII. Parteitages haben wir dabei Erfolge erzielt. Die planmäßige und konzentrierte Förderung von Wissenschaft und Technik war und ist die vom Gewicht her entscheidende Voraussetzung, um die Arbeitsproduktivität zu steigern, die Qualität der Erzeugnisse, der Produktionsmittel wie auch der Konsumgüter, und die gesamte Effektivität der Arbeit zu erhöhen. Entwicklung von Wissenschaft und Technik und Verbesserung des Lebensniveaus des Volkes sind bereits zu einem einheitlichen, untrennbaren Prozeß geworden. Man kann sagen, daß hohe wissenschaftlich-technische Leistungen ein grundlegendes gesellschaftliches Bedürfnis unserer gesamten Vorwärtsentwicklung verkörpern. Gerade von dieser Warte aus tut unsere Parei alles, um die Entwicklung von Wissenschaft und Technik in unserem Land an der Seite der Sowjetunion im Interesse der Menschen zu beschleunigen und mit hoher Wirksamkeit gesellschaftlich zu nutzen.

Mit den Konzeptionen über die langfristige Entwicklung der naturwissenschaftlichen und mathematischen Grundlagenforschung sowie zur Entwicklung der Naturwissenschaft und Technik bis 1990 für wichtige Bereiche der Volkswirtschaft sind dazu die strategischen Grundrichtungen festgelegt. Ihre Ausarbeitung ist das Ergebnis einer großen schöpferischen Gemeinschaftsarbeit, an der die Wissenschaftler und Vertreter aller Bereiche der Volkswirtschaft beteiligt waren. Einen bedeutenden Beitrag, insbesondere für die Bestimmung der Grundlagenforschung, leistete die Akademie der Wissenschaften der DDR, auf die ich entsprechend ihrer gesellschaftlichen Bedeutung noch an anderer Stelle ausführlich eingehen werde.

Die Verwirklichung dieser gesamten Aufgabenstellung, wie sie jetzt vor uns steht, ist ein großes gesellschaftliches Anliegen der gesamten Arbeiterklasse und der Intelligenz unseres Landes. Das Zusammenwirken der in der modernen sozialistischen Produktion erfahrenen Arbeiter mit den Wissenschaftlern und Technikern ist ein großes schöpferisches Potential. Die Entwicklung der Neuererbewegung ist eine bedeutende gesellschaftliche Kraft zur Beschleunigung des wissenschaftlich-technischen Fortschritts. Das beweist bereits die Entwicklung nach dem VIII. Parteitag: Die Beteiligung der Werktätigen an der Neuererbewegung ist von 19,2 Prozent im Jahre 1971 auf 29,4 Prozent im Jahre 1975 angewachsen. Aus dem in 2,4 Millionen Vorschlägen zum Ausdruck kommenden Ideenreichtum der Neuerer und Rationalisatoren erwuchs ein gesellschaftlicher Nutzen von 16,7 Milliarden Mark.

Der wissenschaftlich-technische Fortschritt ist und bleibt der Schlüssel zu hoher volkswirtschaftlicher Dynamik. Worin bestehen jetzt die Aufgaben?

Erstens kommt es darauf an, das Niveau der wissenschaftlich-technischen Arbeit durchgängig weiter zu erhöhen. Darüber entscheiden hohe schöpferische Leistungen und gute Organisation der Arbeit. Der Nutzen, den unsere Wirtschaft daraus ziehen kann, bestimmt sich vor allem nach der Güte, dem Gebrauchswert, den Kosten, der Lebensdauer und Funktionssicherheit der Erzeugnisse, die diese Tätigkeit hervorbringt. Es gilt, bei den für die Volkswirtschaft besonders wichtigen Erzeugnissen und Verfahren den fortgeschrittenen internationalen Stand mitzubestimmen. Die dazu erforderlichen ökonomischen und wissenschaftlich-technischen Ziele und Realisierungsfristen sollten in den Plänen Wissenschaft und Technik noch umfassender und zwingender zum Ausdruck gebracht werden. Hier brauchen wir in allen Betrieben, Forschungs- und Entwicklungseinrichtungen hohe Maßstäbe. Ein gleichrangiges Anliegen von Wissenschaft und Technik ist es, Arbeitszeit zu sparen, die Arbeit ergiebiger, körperlich leichter und interessanter zu machen.

Anspruchsvolle Ziele spornen unsere Wissenschaftler, Techniker und Neuerer an, ihr Bestes zu geben, um das bereits Erreichte zu übertreffen. Das muß in engster Verbindung mit der Lösung unserer sozialpolitischen Aufgaben und den Erfordernissen der Steigerung der Arbeitsproduktivität geschehen.

Zweitens leitet sich aus unserer gesamten gesellschaftlichen Zielstellung für die wissenschaftlich-technische Arbeit ab, daß die Lösung einer Aufgabe aus Forschung und Entwicklung erst dann als beendet anzusehen ist, wenn sich der Gebrauchswert des Erzeugnisses in der Produktion oder Konsumtion voll bewährt und seine Herstellung ökonomisch effektiv ist. Das gleiche gilt natürlich auch für die Einführung neuer Technologien und Verfahren. In dem Zusammenhang gebührt der Gestaltung hochproduktiver technologischer Prozesse, der Erarbeitung ihrer wissenschaftlichen Grundlagen ein erstrangiger Platz in der gesamten wissenschaftlich-technischen Tätigkeit. Immer wieder stießen wir in der Vergangenheit darauf, daß die Fähigkeit eines Betriebes, neue hochwertige Produkte in die Fertigung einzuführen, in hohem Maße vom Niveau seiner technologischen Arbeit abhängig ist.

Überall müssen die Anstrengungen auf diesem Gebiet verstärkt, in einigen Industriezweigen und Betrieben auch offensichtliche Unzulänglichkeiten überwunden werden. Erforderlich werdende Rekonstruktions- und Investitionsmaßnahmen einschließlich der Vorbereitung der Kader müssen rechtzeitig geplant und vorbereitet werden. Diese Aufgaben werden hier deshalb so nachdrücklich hervorgehoben, weil es uns nicht um Wissenschaft und Technik als Selbstzweck, sondern als Mittel, und zwar als entscheidendes Mittel zur Erhöhung der Effektivität und der Verbesserung der Arbeits- und Lebensbedingungen geht.

Drittens gilt es, der vorausschauenden Arbeit eine erhöhte Bedeutung beizumessen. Wir haben in Vorbereitung auf den Parteitag sehr aufmerksam analysiert, worin die Ursachen für eine stabile und kontinuierliche Entwicklung erfolgreich arbeitender Kombinate und Betriebe bestehen. Das »Geheimnis« des Erfolges besteht dabei immer darin, daß die Produktion langfristig durch wissenschaftlich-technische Leistungen auf höchstem Niveau über mehrere Jahre hinaus vorbereitet wird. Nach einem exakten Plan erfolgt gewissermaßen ständig eine Rekonstruktion und technische Erneuerung der Betriebe. Das alles wird organisch mit der Verbesserung der Arbeits- und Lebensbedingungen im Betrieb und im Bereich des Territoriums verbunden. Es bewährt sich, immer dafür Sorge zu tragen, daß sich die Stammbelegschaft festigt und entwickelt und daß hierbei eine tatkräftige Unterstützung durch die Partei- und Staatsorgane in den Kreisen und Betrieben erfolgt.

Viertens erwächst die Notwendigkeit, ausgehend von den sozialen und ökonomischen Entwicklungszielen, die Aufgaben in Wissenschaft und Technik nach einem einheitlichen Konzept zu bestimmen. Die Grundrichtung dafür haben wir beschlossen. Nunmehr kommt es darauf an, die Ausarbeitung des Staatsplanes Wissenschaft und Technik und insgesamt die Planung von Wissenschaft und Technik auf ein höheres Niveau zu heben sowie den Problemen der Leitung und der ökonomischen Stimulierung des wissenschaftlich-technischen Fortschritts eine größere Aufmerksamkeit zu schenken.

Was wir brauchen, das sind Leidenschaft und persönliches Engagement bei der Vorbereitung und Durchführung der Produktion neuer Erzeugnisse, so wie sie unsere Volkswirtschaft benötigt. Deshalb gilt es, den teilweise noch vorhandenen Erscheinungen, Schwierigkeiten aus dem Wege zu gehen, die Verantwortung für die Einführung neuer Erzeugnisse in die Produktion hin- und herzuschieben, energisch den Kampf anzusagen. Diese aktive verantwortungsbewußte Einstellung zum wissenschaftlich-technischen Fortschritt und zu seiner ökonomischen Realisierung ist an jedem Abschnitt der Volkswirtschaft erforderlich.

Unsere Partei ist stets davon ausgegangen, daß Leitungsfragen Fragen der Ausübung der Macht der Arbeiterklasse und ihrer Verbündeten sind, deren Ergebnisse in der Stärkung der ökonomischen Kraft der sozialistischen Gesellschaft zum Ausdruck kommen. Ich erinnere daran, daß Lenin in seiner Schrift »Die große Initiative« nachdrücklich darauf hinwies, daß mit der Diktatur des Proletariats ein im Vergleich zum Kapitalismus höherer Typus der gesellschaftlichen Organisation der Arbeit repräsentiert und verwirklicht wird. »Das ist der Kern der Sache. Darin liegt die Quelle der Kraft und die Bürgschaft für den unausbleiblichen vollen Sieg des Kommunismus.«[5]

Auch in den vor uns liegenden Jahren werden wir stets davon ausgehen, daß Leitung, Planung und ökonomische Stimulierung eine untrennbare Einheit mit der Initiative der Arbeiterklasse, der Genossenschaftsbauern und aller anderen Werktätigen bilden müssen. Ihre aktive Teilnahme an der Leitung und Planung, ihren Fleiß und ihre Schöpferkraft gilt es allseitig zu

---

5 W. I. Lenin: Die große Initiative. In: Werke, Bd. 29, S. 409.

fördern. Durch eine hohe Qualität der Leitungstätigkeit sind weiterhin alle Voraussetzungen zu schaffen, daß die Arbeiter, Meister und Ingenieure ihre Initiative im sozialistischen Wettbewerb voll entfalten können. Wir meinen, daß dazu eine gute Organisation des Produktionsablaufes genauso gehört wie die rechtzeitige Aufschlüsselung des Planes, das Eingehen auf Vorschläge und Kritiken ebenso wie der ständige vertrauensvolle Kontakt in der täglichen Arbeit. Neue, höhere Formen des sozialistischen Wettbewerbs wie die Initiativschichten haben sich entwickelt – und die hier erbrachten Leistungen, die real erreichten Bestwerte fordern zu Schlußfolgerungen, zur Verbesserung der gesamten Leitungstätigkeit heraus.

In unserem Programm heben wir besonders hervor, daß unsere Partei alles tut, um den demokratischen Zentralismus zu stärken, indem die zentrale staatliche Leitung und Planung mit der schöpferischen Aktivität der Werktätigen und der eigenverantwortlichen Tätigkeit der Betriebe, Kombinate, VVB und Genossenschaften sowie der örtlichen Staatsorgane wirkungsvoll verbunden wird. Die demokratische Teilnahme der Werktätigen an der Leitung und Planung ist eine wichtige Bedingung für die Ausarbeitung und Verwirklichung anspruchsvoller realer Pläne. Unser wirtschaftliches Handeln erhält, ausgehend von den objektiven ökonomischen Gesetzen, durch den Plan Richtung und Ziel. Das planmäßig organisierte Zusammenwirken Tausender von Kollektiven in den Betrieben und Einrichtungen der Volkswirtschaft gehört zu den größten Vorzügen des Sozialismus.

Liebe Genossinnen und Genossen!

Wir kennzeichnen im Programm unserer Partei die Gestaltung der sozialistischen Gegenwart und kommunistischen Zukunft unseres Volkes als einen Prozeß tiefgreifender Wandlungen. Diese Wandlungen vollziehen sich auch auf geistig-kulturellem Gebiet. Vom höheren Niveau der Bildung, der für menschliches Schöpfertum unentbehrlichen Voraussetzungen an Kenntnis und Erkenntnis sprechen wir als einem Grundelement sozialistischen Lebens. Dabei haben wir im Auge, daß die gesellschaftliche Entwicklung unter den Bedingungen der wissenschaftlich-technischen Revolution die Anforderungen an das Wissen bedeutend erhöht. Die geistig-kulturellen Interessen und Bedürfnisse der Werktätigen nehmen nicht nur zu, sondern gestalten sich auch vielseitiger. Immer deutlicher treten die Züge sozialistischer Persönlichkeiten hervor. Menschen mit fundierter Bildung und weltanschaulicher Überzeugung, mit weiten geistigen Horizonten sind es – bewußte und tatkräftige Erbauer der neuen Welt des Sozialismus und Kommunismus.

Bei unserem weiteren Voranschreiten wächst die Verantwortung der Wissenschaften. Jeder Wissenschaftler kann seine schöpferische Tätigkeit im Interesse der Gestaltung der entwickelten sozialistischen Gesellschaft und der Wissenschaften selbst ungehindert entfalten. Die Gesellschaft schafft ihm dazu immer bessere Voraussetzungen.

Die vor uns stehenden Aufgaben zwingen zu einem noch tieferen Eindringen in die wissenschaftlichen, gesellschaftlichen und sozialen Prozesse. Diese Notwendigkeit und die zunehmende Integration der Wissenschaftsgebiete erfordern das immer engere Zusammenwirken aller Wissenschaftsdisziplinen. In der mathematisch-naturwissenschaftlichen und technischen Forschung ist verstärkt an den Grundlagen und an komplexen Lösungen im Interesse eines langfristigen wissenschaftlichen Vorlaufs zu arbeiten, der gleichzeitig auf die volkswirtschaftlich und gesellschaftlich entscheidenden Prozesse konzentriert ist. Dabei gewinnt auch die Gemeinschaftsarbeit von Gesellschafts- und Naturwissenschaftlern und Vertretern der technischen Wissenschaften größere Bedeutung.

Erfreulicherweise haben sich die Beziehungen zwischen Wissenschaft und Produktion kontinuierlich gefestigt. Wir halten es für eine vorrangige Aufgabe, das Zusammenwirken von Grundlagenforschung, angewandter Forschung sowie technischer und technologischer Entwicklung weiter zu fördern. Um hohe wissenschaftliche Leistungen zu sichern, ist die Intensivierung der wissenschaftlichen Arbeitsprozesse zu beschleunigen.

Genossinnen und Genossen!

Wie in der Vergangenheit, so besteht auch in Zukunft alle Veranlassung, der Stärkung der Staatsmacht die gebührende Aufmerksamkeit zu widmen. Dieses Kampffeld der Arbeiterklasse und ihrer Verbündeten verliert mit der weiteren Gestaltung der entwickelten sozialistischen Gesellschaft keineswegs an Bedeutung. Die großen Aufgaben unseres sozialistischen Staates bestehen weiter, und es kommen neue hinzu, wie sie der Verfassung vom 7. Oktober 1974 und ihrer Verwirklichung im Leben unseres Volkes entsprechen. Übereinstimmend damit gilt es, den Staat weiter auszubauen.

Die Arbeiterklasse hat den historischen Auftrag, die sozialistische, die kommunistische Gesellschaft zu errichten, und dazu muß sie ihre Macht fest in der Hand haben. Die Macht ist das allererste. Ohne die Macht hätte die Arbeiterklasse mit ihren Verbündeten die entscheidenden Produktionsmittel nicht in Volkseigentum überführen, hätte sie die Grundlagen des Sozialismus nicht schaffen können. Auch um die Hauptaufgabe zum Wohle des ganzen Volkes erfüllen zu können, braucht sie die gesicherte Macht.

Karl Marx hat den Grundsatz formuliert, daß in der Periode des Übergangs von der kapitalistischen zur kommunistischen Gesellschaft der Staat nichts anderes sein kann als die Diktatur des Proletariats. Ohne sie ist in der bisherigen Geschichte nirgends eine sozialistische Gesellschaft errichtet worden. Die Erfahrungen der revolutionären Arbeiterklasse, auch unsere eigenen Erfahrungen, bestätigen diesen marxistisch-leninistischen Grundsatz. Deshalb heißt es in unserem neuen Parteiprogramm: »Die Politik der Sozialistischen Einheitspartei Deutschlands ist auf die weitere allseitige Stärkung des sozialistischen Staates der Arbeiter und Bauern als einer Form der Diktatur des Proletariats gerichtet, die die Interessen des ganzen Volkes der Deutschen Demokratischen Republik vertritt. Er ist das Hauptinstrument der von der Arbeiterklasse geführten Werktätigen bei der Gestaltung der entwickelten sozialistischen Gesellschaft und auf dem Wege zum Kommunismus.«[6]

Vergegenwärtigen wir uns: Die Diktatur der Bourgeoisie ist stets die Herrschaft einer Minderheit, die Herrschaft der Ausbeuter, auch wenn sie sich der Formen bürgerlicher Demokratie bedient. Ausgebeutet werden und frei sein, das sind zwei Dinge, die einander ausschließen. Freiheit für die Werktätigen entsteht erst mit dem Ende der Ausbeutung, mit dem Sozialismus. Diktatur des Proletariats dagegen bedeutet die Herrschaft der Arbeiterklasse und ihrer Verbündeten, die Herrschaft der Mehrheit. In unserem Staat, in dem es keine Ausbeuter mehr gibt, dient sie in der Tat den Interessen des ganzen Volkes. So ist die Diktatur des Proletariats, wie schon Lenin nachwies, im Vergleich zur klassenmäßig bedingten Einschränkung der Demokratie in den kapitalistischen Staaten die höchste Form der Demokratie.

Wie im Programm festgestellt wird, ist die Vervollkommnung der sozialistischen Demokratie die Hauptrichtung der weiteren Entwicklung unseres Staates. Die sozialistische Demokratie ist lebendige Wirklichkeit in unserem Staat. Die Volksvertretungen als die gewählten Machtorgane auf allen Ebenen bringen den Willen des Volkes zum Ausdruck. Bei der Erfüllung des Auftrages des VIII. Parteitages, die Autorität der Volksvertretungen und ihrer Abgeordneten zu erhöhen, sind wir gut vorangekommen. Die Gesetze über den Ministerrat der DDR und über die örtlichen Volksvertretungen und ihre Organe halfen uns, unsere Staatsmacht zu festigen und ihre Verbindung zu den Massen wirksamer zu gestalten. Bewährt hat sich die Erhöhung des Anteiles der Produktionsarbeiter in den örtlichen Volksvertretungen. Die Abgeordneten leisten in enger Verbindung mit ihren Wählern eine umfangreiche, vielfältige, lebensnahe Arbeit. Indem die sozialistische Demokratie sich immer weiter entfaltet, wird die Tätigkeit der Volksvertretungen noch größere Wirksamkeit erlangen. Darauf legen wir großes Gewicht.

Mit den Fortschritten unserer gesellschaftlichen Entwicklung erhöhen

---

[6] Protokoll der Verhandlungen des IX. Parteitages der SED, 4. und 5. Beratungstag, S. 237.

sich die Ansprüche an die Qualität und Effektivität der zentralen staatlichen Leitung. Es sind die Anstrengungen zu verstärken, um die Bürger noch besser mit den Maßnahmen von Partei und Regierung zur Erfüllung der Hauptaufgabe und den erzielten Ergebnissen vertraut zu machen. Die bewährten Formen der Information der Abgeordneten der Volkskammer über grundlegende Probleme der Außen-, Wirtschafts- und Sozialpolitik und über die Durchführung der Gesetze sowie die Zusammenarbeit der Regierung mit den gesellschaftlichen Organisationen, namentlich mit den Gewerkschaften, sind fortzuführen.

Die höhere Rolle der örtlichen Organe der Staatsmacht kommt vor allem in ihrer wachsenden Verantwortung für die Lösung gesamtstaatlicher Aufgaben zum Ausdruck. Ihr konkreter Beitrag dazu muß darin bestehen, die schöpferische, eigenverantwortliche Leitung und Planung zur Lösung ihrer Aufgaben unter Nutzung der vielfältigen örtlichen Möglichkeiten, Bedingungen und Reserven immer mehr zu vervollkommnen. In den Tagungen der Volksvertretungen brauchen wir eine lebendige und kritische Atmosphäre. Verstärkte Beachtung ist der langfristigen Planung grundsätzlicher Entwicklungsprobleme der Territorien zu schenken.

Immer größeres Gewicht erhält die Zusammenarbeit zwischen staatlichen Organen, Betrieben und Einrichtungen für die Leistungsentwicklung der Produktion und die weitere Verbesserung der Arbeits- und Lebensbedingungen der Werktätigen. Sie umfaßt zunehmend alle Seiten des gesellschaftlichen Lebens.

Unter Führung der Partei gilt es, die gemeinsame Verantwortung der staatlichen Organe, gesellschaftlichen Organisationen und der Betriebe für eine kontinuierliche, aufeinander abgestimmte Entwicklung des Territoriums immer stärker wahrzunehmen. Dem dient jede Maßnahme zur territorialen Rationalisierung und zur Entwicklung der Gemeindeverbände.

Der erfolgreich beschrittene Weg der Gemeinschaftsarbeit zwischen den Städten und Gemeinden wird zielstrebig fortgesetzt. Die Tätigkeit der Gemeindeverbände dient der Entwicklung des gesellschaftlichen Lebens in den Städten und Gemeinden und der Intensivierung der gesellschaftlichen Produktion.

Die Leninschen Ideen der strengen Rechnungslegung und Kontrolle sind auch künftig konsequent zu verwirklichen. Die Leiter haben in ihrem Verantwortungsbereich eine umfassende Kontrolle über die Erfüllung der Aufgaben zu sichern. Dabei kommt der Rechenschaftslegung vor den Arbeitskollektiven und vor den Volksvertretungen besondere Bedeutung zu. Die Wirksamkeit der Arbeiter-und-Bauern-Inspektion als aktiver Helfer der Partei ist weiter zu erhöhen.

Die Stärke der sozialistischen Demokratie ist es, daß sie alle Bereiche des gesellschaftlichen Lebens durchdringt und in immer weiterem Umfange die Aktivität, die Sachkenntnis, die Schöpferkraft der Menschen für die Gesellschaft fruchtbar macht. Das reicht von den gewerkschaftlichen Organen in den Betrieben bis zu den Ausschüssen der Nationalen Front in den Wohngebieten, von den Aktivs bei den Ständigen Kommissionen der örtlichen Volksvertretungen bis zu den Elternbeiräten in den Schulen. Praktische Auswirkung findet die gesellschaftliche Tätigkeit auch im »Mach mit!«-Wettbewerb, durch den Städte und Dörfer schöner und wohnlicher gestaltet werden.

Wie man sieht, ruht die große Sache des Sozialismus auf vielen Schultern. Viele Köpfe und Hände wirken bewußt daran mit, das gemeinsame Werk voranzubringen.

Ein bedeutendes Mittel, die Macht auszuüben, ist das Recht. Die Arbeiter-und-Bauern-Macht verschafft den Klasseninteressen, die sie vertritt, Geltung durch ein sozialistisches Recht. Es hilft, die Interessen der Werktätigen durchzusetzen. Gerade in den letzten Jahren haben wir viel für den Ausbau unserer sozialistischen Rechtsordnung geleistet. Ein hervorragendes Beispiel dafür ist das neue Zivilgesetzbuch, mit dem das alte Bürgerliche Gesetzbuch von 1896 abgelöst wurde. Die Tätigkeit zur Vervollkommnung des sozialistischen Rechts wird planmäßig fortgeführt. Für wichtige Bereiche des geltenden Rechts sollten ihre Übereinstimmung mit den Erfordernissen der Entwicklung gründlich geprüft und in sich geschlossene Regelungen angestrebt werden.

Natürlich hat unser Staat nicht nur Recht zu setzen, er hat es auch konsequent durchzusetzen. Wir würdigen die pflichtbewußte Arbeit der Justiz- und Sicherheitsorgane für den Schutz unseres sozialistischen Staates, des Volkseigentums und der Rechte der Bürger. Daneben treten in zunehmendem Maße neben die Justiz und die Sicherheitsorgane gesellschaftliche Einrichtungen und Aktivitäten. Die gesellschaftlichen Anstrengungen und die Pflicht aller Leiter sind darauf gerichtet, Ordnung und Disziplin zu festigen und Erscheinungen von Egoismus, Raffgier und Rowdytum zu überwinden. Die gesellschaftliche Wirksamkeit unseres Rechts ist zu erhöhen, um die sozialistischen Verhaltensweisen und die sozialistischen Beziehungen der Bürger stärker zu entwickeln und die Verwirklichung der Rechte und Pflichten der Bürger zu gewährleisten. Alle Angriffe gegen die sozialistische Ordnung, ihre verfassungsmäßigen Grundlagen, gegen das sozialistische Eigentum, gegen Leben und Gesundheit der Bürger werden entsprechend den Gesetzen konsequent geahndet.

Liebe Genossinnen und Genossen!

Die Arbeiterklasse als Träger der politischen Macht, als Produzent des größten Teils des gesellschaftlichen Reichtums, ist die soziale Hauptkraft in unserer Republik. Wir werden dafür wirken, damit sie ihre schöpferischen Kräfte und ihren Einfluß auf allen Gebieten des gesellschaftlichen Lebens weiter verstärkt.

Genossinnen und Genossen!

Hohen Anteil an den Erfolgen unserer gesellschaftlichen Entwicklung haben die Frauen und Mädchen. Zur Arbeiterklasse gehören 3,5 Millionen Frauen. Das ist mehr als die Hälfte aller Arbeiter und Angestellten. Unsere Partei zollt den Leistungen der Frauen große Anerkennung. Auch künftig wird die Förderung der Frauen ein wichtiges Anliegen unserer Partei sein.

Die Orientierung des VIII. Parteitages, schrittweise jene Probleme zu lösen, von denen es abhängt, ob eine Frau von ihren gleichen Rechten auch in vollem Umfang Gebrauch machen kann, hat sich als absolut richtig erwiesen. Das zeigen die wachsenden Leistungen der Frauen für die Gesellschaft sowie die Maßnahmen, die für die Verbesserung ihrer Arbeits- und Lebensbedingungen getroffen wurden.

Heute können wir feststellen, daß die Frauen auf allen Gebieten des Lebens ihren festen Platz haben. Bei der jungen Generation zeigen sich kaum noch Unterschiede in den Entfaltungsmöglichkeiten ihrer Fähigkeiten und Talente. Mädchen und Jungen werden gleichermaßen gut auf das Leben vorbereitet. Das ist für unsere Entwicklung in eine kommunistische Zukunft von unschätzbarem Wert und ein großer Erfolg der sozialistischen Ordnung.

Dennoch ist es ganz natürlich, daß noch Probleme bestehen, die auch künftig eine spezielle Aufmerksamkeit verlangen. Sie betreffen besonders die bessere Befriedigung der Bedürfnisse und Belange der berufstätigen Frauen mit Kindern. Wie aus der Direktive zur Entwicklung der Volkswirtschaft bis 1980 hervorgeht, sind dafür große materielle Aufwendungen vorgesehen. Zugleich geht es darum, schrittweise auch die vielen kleinen Unbilden und Erschwernisse des Alltags zu überwinden, die von einer berufstätigen Mutter oftmals viel Kraft und einen hohen Zeitaufwand erfordern.

Wir sind der Meinung, daß im Zuge der weiteren Gestaltung der entwickelten sozialistischen Gesellschaft Schritt um Schritt weitere Maßnahmen zu treffen sind, die es der berufstätigen Mutter ermöglichen, als gleichberechtigtes Mitglied der Gesellschaft sowohl ihren Verpflichtungen im Beruf als auch als Mutter gerecht zu werden. In diesem Sinne wendet sich der Parteitag an die Betriebe und Einrichtungen, an die staatlichen Organe und die gesellschaftlichen Organisationen, sich ständig von dem Bestreben leiten zu lassen, den Frauen und den Familien mit Kindern die Unterstützung zu erweisen, die nach den gegebenen örtlichen Bedingungen erforderlich ist und die ihren hohen Leistungen für die Gesellschaft entspricht.

Zweifellos wird die Überwindung bestimmter Belastungen, die das Leben der Frau jetzt noch beeinflussen, auch ein wichtiger Beitrag zur Entwicklung einer neuen, sozialistischen Lebensweise sein. Er wird vor allem die jungen Menschen bestärken, auch in ihrer persönlichen Lebenssphäre ein Verhalten an den Tag zu legen, das frei ist von überholten Traditionen und Gewohnheiten und das der neuen gesellschaftlichen Stellung der Frau im Sozialismus sowie ihrer hohen Verantwortung als Mutter voll entspricht.

Die in Produktionsgenossenschaften organisierten Handwerker und anderen Werktätigen, die privaten Handwerker und Gewerbetreibenden, die Kommissionshändler und privaten Einzelhändler haben auch in Zukunft günstige Möglichkeiten, an der Gestaltung der entwickelten sozialistischen Gesellschaft teilzunehmen und vor allem zur immer besseren Befriedigung der Bedürfnisse der Bevölkerung im Bereich der Dienstleistungen, des Handels und der Versorgung beizutragen. Sie haben in unserem Staat einen festen Platz und eine gesicherte Perspektive.

Die Zusammenarbeit unserer Partei mit der DBD, der CDU, der LDPD und der NDPD im Demokratischen Block und in der Nationalen Front der DDR hat sich vertieft, und das Vertrauensverhältnis der hier gemeinsam handelnden Parteien ist ein Ausdruck der wachsenden politisch-moralischen Einheit unseres Volkes. Die Sozialistische Einheitspartei Deutschlands schätzt den wertvollen Beitrag, den die befreundeten Parteien bei der Herausbildung des sozialistischen Staatsbewußtseins ihrer Mitglieder und der Bürger der ihnen nahestehenden Schichten geleistet haben. Auch auf dem weiteren Wege unserer gesellschaftlichen Entwicklung wird unsere Partei die bewährte Politik der kameradschaftlichen Zusammenarbeit mit den befreundeten Parteien und Massenorganisationen im Demokratischen Block und in der Nationalen Front der DDR zum Wohle und zum Glück des Volkes fortsetzen.

Große Aufmerksamkeit widmet unsere Partei der Entwicklung der Nationalen Front als breiter sozialistischer Volksbewegung. Die Nationale Front fördert die Wahrnehmung der staatsbürgerlichen Verantwortung. Sie hilft mit, daß sozialistische Moral und Lebensweise ausgeprägter zur Gewohnheit der Bürger werden. Die Ausschüsse der Nationalen Front arbeiten eng mit den Volksvertretungen und Betrieben zusammen. Sie verbinden dabei ihr wichtigstes Anliegen, die politisch-ideologische Überzeugungsarbeit, mit einer breiten volkswirtschaftlichen und kulturellen Massenaktivität. Bei unserem Voranschreiten wird die Rolle der Nationalen Front der DDR als sozialistische Volksbewegung wachsen.

Liebe Genossinnen und Genossen!

In die Berichtsperiode fiel ein Ereignis von historischer Bedeutung: der 30. Jahrestag der Vereinigung der Kommunistischen Partei Deutschlands und der Sozialdemokratischen Partei Deutschlands zur Sozialistischen Einheitspartei Deutschlands. Heute kann man sagen, daß sich unsere Sozialistische Einheitspartei Deutschlands in dem hinter uns liegenden Zeitabschnitt allen Anforderungen voll und ganz gewachsen gezeigt hat. Getreu den Prinzipien des Marxismus-Leninismus, hat sie sich als bewußte und organisierte Vorhut der Arbeiterklasse und des werktätigen Volkes bewährt. »Sie ist«, wie es in unserem Parteiprogramm heißt, »der wichtigste Faktor der erfolgreichen Gestaltung der von der siegreichen revolutionären Arbeiterklasse geprägten Gesellschaft.«[7] Diese gesamte Entwicklung zeichnet sich aus durch die Kontinuität ihrer Politik, die schöpferische Anwendung des Marxismus-Leninismus entsprechend den Bedingungen unseres Kampfes.

Im Kampf für die Verwirklichung der Beschlüsse des VIII. Parteitages ist unsere Partei selbst gewachsen. Politisch, ideologisch und organisatorisch gestählt, an Erfahrungen reicher, ist sie im Volk fester verwurzelt denn je. Davon zeugen die Parteiwahlen 1975/76 genauso wie die über vier Monate währende Volksaussprache zu den Dokumenten, die den Delegierten nun zur Beratung und Beschlußfassung vorliegen.

Im Berichtszeitraum hat sich eine höhere Qualität in der Tätigkeit der Parteiorganisationen gezeigt, die uns zu dem Urteil berechtigt: Der prinzipielle und lebensverbundene Stil des VIII. Parteitages ist zur bewährten Arbeitspraxis der gesamten Partei geworden. Wir haben allen Grund, die Leistungen unserer Kampfgefährten in den Bezirksleitungen, den Kreisleitungen und besonders in den Grundorganisationen zu würdigen und ihnen herzlichen Dank zu sagen.

Der gute Grundsatz, der sich in all den Jahren stets bewahrheitete, gilt auch weiterhin: Wo ein Genosse ist, da ist die Partei. Wir fassen ihn so auf, daß jeder Genosse an seinem Platz die ihm übertragene Verantwortung vollauf wahrnimmt. Dann werden wir auch die vor uns liegenden Aufgaben meistern.

Im neuen Programm der SED wird bekräftigt, daß die weitere Ausprägung der führenden Rolle der Partei in allen Lebensbereichen eine objektive Notwendigkeit darstellt. Darin sehen wir eine wesentliche Voraussetzung für die weitere Gestaltung der entwickelten sozialistischen Gesellschaft und für den allmählichen Übergang zum Kommunismus. Die Worte Lenins haben nichts von ihrer Aktualität eingebüßt: »Um zu regieren, braucht man eine Armee von gestählten Revolutionären, von Kommunisten. Diese Armee gibt es, ihr Name ist Partei.«[8]

---

7 Ebenda, S. 257.
8 W. I. Lenin: II. Gesamtrussischer Verbandstag der Bergarbeiter. In: Werke, Bd. 32, S. 48.

Liebe Genossinnen und Genossen!
Das Parteiprogramm stellt die Aufgabe, die gesellschaftliche Entwicklung in der DDR auf der Grundlage einer wissenschaftlich fundierten Strategie und Taktik politisch zu leiten. Das macht notwendig, in der Führungstätigkeit der Partei stets folgendes im Auge zu haben:
– Die Bedeutung und damit die Anforderungen an die Qualität der politisch-ideologischen Arbeit werden sich erhöhen. Das entspricht den Erfordernissen unseres gesellschaftlichen Lebens und den Bedingungen des internationalen Klassenkampfes. Die ideologische Arbeit ist und bleibt das Herzstück der Parteiarbeit. Parteiarbeit bedeutet nicht Verwaltung von Sachen, sondern Überzeugung und Mobilisierung von Menschen in allen Bereichen des gesellschaftlichen Lebens.
– Ein Genosse soll stets und überall als Verfechter der gesamten Politik unserer Partei wirken, sie in ihrer Einheit von Politik, Ideologie und Ökonomie leidenschaftlich vertreten und überzeugend erklären. Dazu gehört auch, daß jede Genossin und jeder Genosse, entsprechend ihren Aufgaben und Fähigkeiten, immer besser Kenner ihres Fachgebietes sind. Wir handeln nach Lenins Worten »sowohl als Theoretiker und als Propagandisten wie auch als Agitatoren und als Organisatoren«[9].
– Die zunehmende Verflechtung der gesellschaftlichen Prozesse sowie die Notwendigkeit einer proportionalen Entwicklung erhöhen auf allen Ebenen die Anforderungen an die komplexe Führungstätigkeit der Partei. Wenn wir davon sprechen, die Arbeit komplex zu leiten, dann meinen wir damit einen Führungsstil, der alle Zusammenhänge berücksichtigt, die praktische tägliche Arbeit mit den perspektivischen Aufgaben verbindet. Das erfordert wachsende Kollektivität, die die volle persönliche Verantwortung unverzichtbar einschließt.
Liebe Genossinnen und Genossen!
Die politisch-ideologische Arbeit unserer Partei beruht auf den unerschütterlichen Grundlagen des Marxismus-Leninismus, des proletarischen Internationalismus und der eigenen schöpferischen revolutionären Tätigkeit zur Gestaltung der sozialistischen Ordnung und zur Stärkung der sozialistischen Staatengemeinschaft. Im Berichtszeitraum haben wir der Entwicklung der theoretischen Arbeit stets große Aufmerksamkeit geschenkt und wichtige Beschlüsse zu ihrer Förderung gefaßt. In der zurückliegenden Periode wurden vor allem die Fragen der Gestaltung der entwickelten sozialistischen Gesellschaft weiter ausgearbeitet.
Wesentliche Ergebnisse der theoretischen Arbeit und der Verallgemeinerung der praktischen Erfahrungen haben in unserem Programm ihren Nie-

---

9 W. I. Lenin: Was tun? In: Werke, Bd. 5, S. 439.

derschlag gefunden. In den letzten Jahren haben die Gesellschaftswissenschaftler der DDR zahlreiche Arbeitsergebnisse mit hohem politisch-ideologischem und theoretischem Niveau vorgelegt, die wir als wirksamen Beitrag zur wissenschaftlichen Leitung der Gesellschaft, zur Entwicklung des geistigen Lebens unseres Volkes und zur Auseinandersetzung mit dem Imperialismus schätzen. Die weitere Gestaltung der entwickelten sozialistischen Gesellschaft und die dabei zu schaffenden Voraussetzungen für den allmählichen Übergang zum Kommunismus stellen größere Aufgaben für die theoretische Arbeit. Wir lenken die Aufmerksamkeit der Gesellschaftswissenschaftler besonders auf die Erforschung der komplexen und oft komplizierten Probleme, die sich aus der gesamtgesellschaftlichen Entwicklung der DDR, aus der fortschreitenden sozialistischen ökonomischen Integration und dem Erstarken des Bruderbundes der sozialistischen Länder sowie aus der Rolle und Verantwortung des Sozialismus im revolutionären Weltprozeß ergeben und die vom Standpunkt des Marxismus-Leninismus wissenschaftlich beantwortet werden müssen. Besondere Beachtung verdienen die Probleme, die mit der allseitigen Entwicklung der Produktion, mit der Intensivierung des gesellschaftlichen Reproduktionsprozesses, mit der weiteren Verwirklichung der Einheit von Wirtschafts- und Sozialpolitik, mit der Rolle des Menschen und der Kollektive im Produktionsprozeß zusammenhängen. Gleichfalls gilt es, die Forschungen zur Entwicklung unserer Staatsmacht und der sozialistischen Demokratie, zur führenden Rolle der Arbeiterklasse und zur Bündnispolitik der Partei, zu den vielschichtigen Problemen der sozialistischen Lebensweise und Kultur im Zusammenhang mit der weiteren Ausprägung der gesellschaftlichen Beziehungen und der Persönlichkeit im Sozialismus weiterzuführen und zu vertiefen.

Die theoretische Arbeit der Partei vollzieht sich in ständiger Konfrontation mit den Feinden des Sozialismus, im offensiven Kampf gegen Antikommunismus, Antisowjetismus und Nationalismus, gegen alle imperialistischen, rechtsopportunistischen und linksradikalen Theorien und Gesellschaftskonzeptionen.

Die Lösung dieser anspruchsvollen Aufgaben erfordert, die Forschung eng mit dem Leben zu verbinden, eine schöpferische Atmosphäre an allen wissenschaftlichen Einrichtungen zu entwickeln und die Verantwortung aller in der wissenschaftlichen Arbeit Tätigen zu erhöhen sowie den Meinungsstreit auf der Grundlage des Marxismus-Leninismus zu führen. Reserven für die Erhöhung des Niveaus und der Wirksamkeit der Forschung sind durch das effektive Zusammenwirken der verschiedenen gesellschaftswissenschaftlichen Disziplinen, das koordinierte Vorgehen der Gesellschafts-, Natur- und technischen Wissenschaften und die Erweiterung und Vertiefung der Forschungskooperation mit den gesellschaftswissenschaftlichen Einrichtungen der UdSSR und der anderen sozialistischen Länder zu erschließen.

Ein hervorragendes Merkmal des Berichtszeitraumes war die weitere Ausdehnung und Vertiefung der Massenpropaganda unserer marxistisch-leninistischen Theorie sowie der Geschichte und der Politik der SED. Daran haben sich führende Funktionäre, viele Wissenschaftler und Spezialisten, Zehntausende Propagandisten sowie Presse, Rundfunk und Fernsehen aktiv beteiligt.

Bei der weiteren Aneignung des Marxismus-Leninismus und der Ausprägung der Denk- und Verhaltensweisen der Kommunisten gewinnt das Parteilehrjahr noch mehr an Bedeutung. Die Erfahrungen lehren, daß die marxistisch-leninistische Theorie um so gründlicher studiert wird, je mehr die Zirkel und Seminare zu wirklichen Schulen der schöpferischen Aneignung und Anwendung der Theorie im praktischen Leben, des echten Meinungsstreites werden, der allen Teilnehmern hilft, überzeugend zu argumentieren und sich offensiv und beweiskräftig mit der Politik und Ideologie des Imperialismus auseinanderzusetzen. Dazu sind die marxistisch-leninistische Bildung und die pädagogisch-methodischen Fähigkeiten der Propagandisten planmäßig weiter zu vervollkommnen.

Die Genossen im FDGB, in der FDJ, dem DFD, der URANIA, in anderen gesellschaftlichen Organisationen und nicht zuletzt in den Volkshochschulen und Betriebsakademien schenken der lebensnahen Vermittlung des Marxismus-Leninismus große Aufmerksamkeit. Besonders durch die Schulen der sozialistischen Arbeit, an denen über 1,8 Millionen Werktätige teilnehmen, wird ein großer Beitrag zur Verbreitung unserer Weltanschauung geleistet.

Das gilt auch für die Hoch- und Fachschulen sowie für die Oberschulen, deren Rolle bei der Vermittlung des Marxismus-Leninismus weiter wächst. Die notwendigen Bedingungen dafür sind geschaffen worden. Auf Beschluß des Zentralkomitees wurden die Institute für das marxistisch-leninistische Grundstudium an den Hochschulen verstärkt. Bewährt haben sich die an den Hochschulen eingeführten Studienpläne und neuen Lehrbücher für das gesellschaftswissenschaftliche Grundstudium. Dadurch wird der Inhalt der Vorlesungen bereichert und die Initiative der Studenten zur Aneignung der marxistisch-leninistischen Theorie gefördert.

In unserer politisch-ideologischen Massenarbeit kommt es vor allem auf das tiefe Erfassen der gegenwärtig verlaufenden Weltprozesse an. Noch gegenständlicher ist die historische Bedeutung der revolutionären Veränderungen darzulegen, die unter dem Einfluß von Theorie, Politik und Praxis des sozialistischen Weltsystems vor sich gehen. Dazu gehört das Verständnis für den Klasseninhalt und das humanistische Anliegen des Kampfes unserer Partei gegen die Gefahr eines nuklearen Krieges, für die Festigung des Weltfriedens. Zugleich gilt es, den Charakter und die Besonderheiten des Klassenkampfes in der Welt unter den Bedingungen der Entspannung der internationalen Lage sowie der komplizierter werdenden ideologischen Auseinandersetzungen der zwei Systeme fundiert zu erläutern.

Unsere Partei hat die Aufgabe, jeden in die Lage zu versetzen, die Welt mit ihren Widersprüchen zu erkennen und die Klassenbarrikaden zu sehen, die Sozialismus und Kapitalismus voneinander abgrenzen. Die ideologische Arbeit muß darauf gerichtet sein, daß alle Werktätigen und besonders die jungen Menschen die Bedeutung und die Notwendigkeit der weiteren allseitigen Stärkung der DDR, ihrer Wirtschafts- und Verteidigungsmacht, als Beitrag zur Festigung der Einheit der sozialistischen Gemeinschaft zutiefst verstehen.

Indem wir die in der DDR gesammelten umfangreichen Erfahrungen bei der patriotischen und internationalistischen Erziehung nutzen, sollten wir in unserer Propaganda noch systematischer die unübertroffenen Werte und Vorzüge des Sozialismus zeigen. Dabei gilt es, die politischen, sozialökonomischen und ideologischen Faktoren zu berücksichtigen, die zur Annäherung der sozialistischen Nationen führen. Zugleich kommt es darauf an, in jedem Menschen das edle Gefühl des Stolzes auf sein Vaterland, die sozialistische DDR, weiter zu stärken. Die Parteiorganisationen haben die Aufgabe, die vielfältigen Möglichkeiten der Propaganda und Agitation zu nutzen, um den Imperialismus politisch zu entlarven, die Klarheit über unsere Politik bei allen Menschen zu erhöhen.

Im Geiste der streitbaren marxistisch-leninistischen Parteilichkeit ist weiterhin den bürgerlichen und revisionistischen Anschauungen eine entschiedene Abfuhr zu erteilen und ein offensiver Kampf gegen den Maoismus und jene anderen Kräfte in der Welt zu führen, die versuchen, die Entwicklung des weltrevolutionären Prozesses und die Vertiefung der Entspannung aufzuhalten.

Wir möchten ausdrücklich unterstreichen: Je fester das Zusammenwirken von Propaganda und gesellschaftswissenschaftlicher Forschung, desto größer werden die Erfolge bei der Herausbildung des kommunistischen Gedankengutes bei den Werktätigen sein. So sollte jeder Schritt in der ideologischen Arbeit durch eine allseitige Analyse der Prozesse und Erscheinungen untermauert sein, die sowohl international als auch im eigenen Land vor sich gehen – in jedem Bezirk, in jedem Kreis, ja in jedem Arbeitskollektiv.

Bei allen Maßnahmen zur Festigung des marxistisch-leninistischen Gedankengutes in der Arbeiterklasse und im ganzen Volk dürfen wir nicht vergessen, daß sich die Aneignung der wissenschaftlichen Weltanschauung nicht auf die Vermittlung von Kenntnissen beschränken kann, sondern auch Festigkeit im Standpunkt sowie die Achtung der moralischen Größe und Schönheit des Menschen und seines Aufbauwerkes voraussetzt, jener Größe, die von den Idealen des Kommunismus geprägt ist. In diesem Sinne stehen alle Parteiorganisationen vor der Aufgabe, ihre ideologische Tätigkeit wesentlich zu verstärken. Sie muß noch mehr Breitenwirkung im ganzen Volk gewinnen, indem sie sich differenziert an die verschiedenen Klassen und Schichten wendet und deren gesellschaftliche Erfahrungen berücksichtigt.

Die Praxis zeigt eindeutig, daß sich Persönlichkeiten kommunistischen Typs besonders im Prozeß der sozialistischen Arbeit herausbilden. Dazu gehört, daß das Arbeitskollektiv ein gewichtiges Wort mitzureden hat und die gesellschaftliche Meinung etwas gilt. Dazu gehört, daß hohe Anforderungen an die Menschen mit der gebührenden Aufmerksamkeit ihnen gegenüber verbunden sind, daß eine Atmosphäre der Unversöhnlichkeit gegenüber allen Mängeln herrscht. Wir sollten in unserer gesamten Arbeit die Erkenntnis vertiefen, daß das Volk nicht für die Partei, sondern die Partei für das Volk da ist.

In diesem Zusammenhang sei auch gesagt, daß es noch immer Fälle von Bürokratie und herzlosem Verhalten gegenüber gerechtfertigten Anliegen von Bürgern gibt. Solche Handlungsweisen stehen den Grundsätzen unserer Partei entgegen und dürfen nicht hingenommen werden. Auch die Parteikontrollkommissionen sollten in ihrer Tätigkeit zur Gewährleistung einer strikten Partei- und Staatsdisziplin noch entschiedener ihre Aufmerksamkeit auf solche Vorkommnisse lenken.

Unser IX. Parteitag hat über das Statut der SED zu beschließen. Die Verwirklichung der im Programm der Partei vorgezeichneten Ziele vollzieht sich durch die bewußte, aktive Tätigkeit der Kommunisten auf der Grundlage der im Statut festgelegten Prinzipien. Wir finden im Statut die eigenen Erfahrungen der letzten Jahre berücksichtigt und auch das, was sich in unserer Entwicklung an Neuem vollzog. Das Parteistatut besagt: Kommunist zu sein – das ist eine große Ehre und Verpflichtung. Stets gilt es, sich dieses Namens würdig zu erweisen.

Das Statut entspricht den Grundsätzen des demokratischen Zentralismus und damit den Leninschen Normen des Parteilebens. Der Artikel I, der die Pflichten und Rechte der Mitglieder bestimmt und festlegt, wer Mitglied der Partei sein kann, nimmt dabei den entscheidenden Platz ein. Dieser »Paragraph 1«, wie Lenin ihn nannte und auf dem II. Kongreß der Sozialdemokratischen Arbeiterpartei Rußlands gegen die Opportunisten durchsetzte, gehört zu den ehernen Grundsätzen der revolutionären marxistisch-leninistischen Partei.

Im Statut wird die Rolle unserer Partei als bewußter und organisierter Vortrupp der Arbeiterklasse und aller Werktätigen präziser bestimmt. Prinzipiell wird verankert, daß die Aneignung und Verbreitung des Marxismus-Leninismus zu den Pflichten aller Kommunisten gehört. Hervorgehoben wird die wachsende Verantwortung der Parteiorganisationen sowie aller Mitglieder und Kandidaten der Partei in der Klassenauseinandersetzung mit dem Imperialismus, im kompromißlosen Kampf gegen alle Erscheinungen der bürgerlichen Ideologie.

Über die sozialistischen Verhaltensweisen, insbesondere die Einstellung zur Arbeit, zur Mehrung und zum Schutz des sozialistischen Eigentums, die Einhaltung unserer Gesetzlichkeit, Ordnung, Disziplin und Sicherheit, sind im Statut präzise Festlegungen enthalten. Außerdem wurden eine Reihe Erfahrungen des Organisationsaufbaus und der Leitung der Parteiarbeit berücksichtigt. Sie betreffen unter anderem die Erweiterung der Rechte zur Einberufung von Parteiaktivtagungen, die Pflicht der Leitungen der Grundorganisationen zur Rechenschaftslegung in den Mitgliederversammlungen sowie das Recht der Kontrolle der Parteiorganisationen über die Tätigkeit des Apparates der staatlichen Organe.

Von den vor fast 130 Jahren von Marx ausgearbeiteten Statuten des Bundes der Kommunisten über die von Lenin begründeten Formen und Normen der Parteiarbeit bis zu dem unserem Parteitag vorliegenden Statut war und ist das Statut das Grundgesetz des Handelns der Mitglieder der Partei, ihrer aktiven Teilnahme am Kampf für die Verwirklichung der historischen Mission der Arbeiterklasse.

Die Jugendpolitik unserer Partei war und ist stets von dem Grundsatz bestimmt, der Jugend volles Vertrauen zu schenken und ihr Verantwortung zu übertragen. Das Ergebnis dieser Politik besagt, daß die Jugend dieses Vertrauen nicht enttäuscht, daß sie mit Begeisterung ihre Verantwortung wahrnimmt. Mit Liebe und Achtung denken wir dabei an die Freie Deutsche Jugend, ihre Einsatzbereitschaft und ihre Hingabe für die Sache des Sozialismus und des Friedens. Ihre Ruhmestaten reichen von der Talsperre des Friedens in Sosa bis zur Erdgasleitung »Drushba-Trasse«. Sie umfaßt die große Bewegung der Jugendbrigaden und der »Messe der Meister von morgen« ebenso wie die erfolgreiche FDJ-Aktion »Materialökonomie«, die im vergangenen Fünfjahrplan einen ökonomischen Nutzen von 2,6 Milliarden Mark erbrachte. Jeder dritte jugendliche Berufstätige ist heute ein Neuerer.

In unserem Lande wächst eine junge Generation heran, die gemeinsam mit den Älteren bereits Großes vollbracht hat. Große Leistungen zu vollbringen – das wird erst recht in Zukunft so sein, denn unser IX. Parteitag beschließt ein Programm, das der Jugend die Perspektive des Kommunismus bietet. In der aktiven Mitarbeit bei der Gestaltung der entwickelten sozialistischen Gesellschaft und der Schaffung der grundlegenden Voraussetzungen für den Übergang zum Kommunismus bewährt sich in unserem Lande heute der junge Revolutionär, der Kämpfer für die Freiheit und das Recht des Volkes.

Der Parteitag wendet sich an alle jungen Menschen: Ihr, die ihr berufen seid, Erbauer des Kommunismus zu sein, widmet eure ganze jugendliche Tatkraft, euren Mut wie eure Besonnenheit und Umsicht, eure Leidenschaft wie euer Wissen und Talent, eure Lebensfreude wie eure Standhaftigkeit und Ausdauer der größten und schönsten Aufgabe, die jemals einer jungen Generation gestellt wurde. Erweist euch mit kämpferischem Elan und wachem Verstand als treue Erben des Manifestes der Kommunistischen Partei und gestaltet euer Leben nach den Idealen des Kommunismus.

Es ist eine erstrangige Aufgabe der Jugend, sich die Lehre von Marx, Engels und Lenin anzueignen und stets in Wort und Tat als sozialistische Patrioten und proletarische Internationalisten zu handeln. Das erfordert von allen jungen Menschen der DDR, sich mit ganzer Kraft vor allem für die allseitige Stärkung der Deutschen Demokratischen Republik, die weitere Festigung des Bruderbundes mit der Sowjetunion, die Annäherung zwischen den Ländern und Nationen der sozialistischen Gemeinschaft, die Verteidigung des Sozialismus sowie für die antiimperialistische Solidarität einzusetzen.

Die Freie Deutsche Jugend war und ist der aktive Helfer und die Kampfreserve der Partei. Die Hauptaufgabe der FDJ besteht weiterhin darin, der Partei zu helfen, standhafte Kämpfer für die Errichtung der kommunistischen Gesellschaft zu erziehen, die im Geiste des Marxismus-Leninismus handeln. Unsere Partei wird auch in Zukunft der Freien Deutschen Jugend und der Pionierorganisation »Ernst Thälmann« stets ihre volle Unterstützung angedeihen lassen. Wir sind gewiß: Die junge Generation unserer Republik wird die vom IX. Parteitag der SED gestellten Aufgaben als ihre eigenen ansehen und sie in Ehren erfüllen.

Genossinnen und Genossen!

Unsere Partei ist eine Abteilung der großen kommunistischen Weltbewegung. In unserer Tätigkeit lassen wir uns von unserer internationalistischen Verantwortung leiten. An der Seite der KPdSU und der anderen marxistisch-leninistischen Parteien sind wir bestrebt, die Einheit der kommunistischen Weltbewegung zu festigen und konsequent die Ideen und die kollektiv vereinbarten Schlußfolgerungen der Internationalen Beratung von 1969 zu verwirklichen. Die internationale Lage berechtigt uns zu der Feststellung, daß die kommunistische Weltbewegung, die Vorhut aller revolutionären und antiimperialistischen Kräfte, ihren Einfluß weiter ausbauen und dem antiimperialistischen Kampf einen neuen Aufschwung verleihen konnte. Ihre Verantwortung für die Geschichte der Menschheit ist gewachsen. Heute stehen vor ihr neue große Aufgaben im Kampf gegen den Imperialismus, für den Weltfrieden, für Demokratie und Sozialismus. Diese Aufgaben können die kommunistischen Parteien nur erfüllen, wenn sie ihre Einheit und Geschlossenheit weiter festigen. Für die Sozialistische Einheitspartei Deutschlands können wir sagen, daß sie entschlossen ist, dazu ihren Beitrag zu leisten.

An die Einheit der internationalen kommunistischen Bewegung werden neue, höhere Anforderungen gestellt. Einerseits wachsen die Kompliziertheit und Mannigfaltigkeit der konkreten sozialökonomischen und politischen Bedingungen sowie der Aufgaben, mit denen die kommunistischen Parteien konfrontiert werden. Die Gesetzmäßigkeiten der sozialistischen Revolution, des Aufbaus von Sozialismus und Kommunismus werden heute unter den unterschiedlichsten Bedingungen wirksam. Andererseits nehmen die Internationalisierung des Klassenkampfes und die damit für alle revolutionären Kräfte gemeinsamen Aufgaben und Pflichten rasch zu. Dies ergibt sich vor allem daraus, daß der Einfluß des Sozialismus auf das weltpolitische Geschehen weiter anwächst und der revolutionäre Prozeß heute alle Regionen der Welt umfaßt, während sich die allgemeine Krise des Kapitalismus vertieft. Der soziale Inhalt des nationalen Befreiungskampfes nimmt zu. Nicht zuletzt bleibt die Vermeidung und endgültige Abwendung eines atomaren Weltkrieges die vordringlichste gemeinsame Aufgabe der internationalen Arbeiterklasse und aller Völker.

Es ist unübersehbar, daß viele der neuen Aufgaben, vor denen die Kommunisten heute stehen, von ihnen nur gemeinsam, in koordiniertem Kampf und mit einer gemeinsamen Aktionsplattform gelöst werden können. Alle Erfahrungen aus den revolutionären Kämpfen der Vergangenheit und der Gegenwart bestätigen die von Marx, Engels und Lenin formulierte Erkenntnis: Da sich der Klassenfeind international organisiert, kann auch die revolutionäre Arbeiterbewegung ihre Ziele nur erreichen, wenn sie über Ländergrenzen und Kontinente hinweg zusammenwirkt.

Die Festigung der Einheit der kommunistischen Weltbewegung bleibt darum eine ständige Aufgabe. Sie schließt die Abwehr aller Versuche ein, den Marxismus-Leninismus und den proletarischen Internationalismus als theoretische und politische Grundlage der Tätigkeit der kommunistischen Bewegung zu leugnen, ihre Einheit zu unterminieren und damit ihre Kampfkraft zu schwächen.

Unsere Geschichte wie die der internationalen Arbeiterbewegung lehrt, daß vor allem vom engen brüderlichen Verhältnis zur Kommunistischen Partei der Sowjetunion auch der Erfolg der eigenen Sache abhängt. Die Festigung der Einheit verlangt deshalb auch weiterhin die konsequente Auseinandersetzung mit dem Nationalismus, dem rechten und »linken« Revisionismus und Opportunismus, in welchem Gewande sie auch immer auftreten.

Die SED stimmt mit der Meinung vieler Bruderparteien überein, daß angesichts der bedeutenden Veränderungen in der weltpolitischen Lage und angesichts der vor den Kommunisten stehenden Aufgaben die Notwendigkeit herangereift ist, eine neue internationale Beratung der kommunistischen und Arbeiterparteien vorzubereiten.

Wir können feststellen, daß in den letzten Jahren die ideologische Zusammenarbeit konkreter und effektiver geworden ist. Im Mittelpunkt unserer Beziehungen zu den Bruderparteien der sozialistischen Länder stehen die Aufgaben, die sich aus der gegenwärtigen Etappe des sozialistischen und kommunistischen Aufbaus, aus der Gestaltung der entwickelten sozialistischen Gesellschaft, der allseitigen Zusammenarbeit der Bruderländer auf politischem, ökonomischem, ideologischem und militärischem Gebiet, der Stärkung und Festigung der sozialistischen Staatengemeinschaft sowie der Ausarbeitung und Verwirklichung der koordinierten Außenpolitik ergeben. Eine besondere Bedeutung messen wir dabei der politisch-ideologischen Zusammenarbeit mit der KPdSU und der Auswertung der sowjetischen Erfahrungen für unseren sozialistischen Aufbau bei.

In unseren Beziehungen zu den Bruderparteien der kapitalistischen Länder stehen der Erfahrungsaustausch und die Abstimmung gemeinsamer Positionen im antiimperialistischen Kampf im Mittelpunkt. Die SED schätzt den Beitrag sehr hoch ein, den unsere Bruderparteien im Kampf um die völkerrechtliche Anerkennung der DDR leisteten. Dafür möchten wir ihnen auch von unserem Parteitag aus recht herzlich danken. Wir unsererseits würdigen und unterstützen den Kampf der Arbeiterklasse gegen das Monopolkapital, für die Lebensinteressen aller Werktätigen, für Demokratie und Sozialismus.

Ein aktuelles Erfordernis, von dem sich die SED auch bei der Vorbereitung der Konferenz der kommunistischen Parteien Europas leiten läßt, besteht darin, die gemeinsamen Ziele in der neuen Etappe abzustecken und dem Kampf für Frieden und Fortschritt überall in der Welt durch gemeinsame Aktionen neue starke Impulse zu verleihen.

Genossinnen und Genossen!

Unsere Partei konnte im Berichtszeitraum weit über 700 Delegationen von Bruderparteien in der DDR empfangen. Auf Einladung kommunistischer und Arbeiterparteien, sozialistischer und national-revolutionärer Parteien sowie befreundeter Organisationen weilten im Berichtszeitraum über 450 Delegationen der SED im Ausland.

Wir kämpfen mit allen marxistisch-leninistischen Parteien um das engere Zusammenwirken aller revolutionären und antiimperialistischen Kräfte in der Welt und betrachten die Einheit der kommunistischen Bewegung als eine unabdingbare Voraussetzung für dieses Zusammenwirken. In diesem Sinne entwickeln und festigen wir auch die Beziehungen zu den revolutionär-demokratischen Parteien und Bewegungen in Asien und Afrika, denen wir weiterhin vielfältige Unterstützung in ihrem gerechten Kampf gewähren. Die SED übt mit allen Kommunisten, mit allen Kräften und Völkern, die gegen Imperialismus, Faschismus, Aggression, für nationale und soziale Befreiung, für Fortschritt und Sozialismus kämpfen, tatkräftige Solidarität.

Die Sozialistische Einheitspartei Deutschlands unterhält Beziehungen und Kontakte zu vielen sozialistischen und sozialdemokratischen Parteien und entwickelt sie weiter. Sie läßt sich davon leiten, daß es im Interesse des Friedens und der Entspannung, der internationalen Sicherheit und Abrüstung im Kampf gegen Militarismus und Reaktion möglich und erforderlich ist, gemeinsame Standpunkte zu erarbeiten und zu vertiefen.

Die SED wird auch in Zukunft alles tun, um im Geiste von Marx, Engels und Lenin zum Zusammenschluß der sozialistischen Völker, der kommunistischen Parteien, der internationalen Arbeiterbewegung, aller revolutionären Kräfte und Völker, die gegen den Imperialismus, für sozialen Fortschritt und Sozialismus kämpfen, beizutragen. Unsere Partei wird stets dem unbesiegbaren Banner des Marxismus-Leninismus und des proletarischen Internationalismus treu bleiben und es im Kampf um Sozialismus und Frieden noch höher erheben!

Liebe Genossinnen und Genossen!

Wenn wir die Ziele für die kommende Periode ins Auge fassen, dann tun wir das von einer festen politischen und theoretischen Plattform aus. Das unserem Parteitag zur Beratung vorgelegte neue Programm der SED gründet sich auf die großen Kampftraditionen der revolutionären deutschen Arbeiterbewegung gegen feudale Reaktion und kapitalistische Ausbeutung, gegen Imperialismus, Faschismus und imperialistischen Krieg. Unsere Partei verkörpert, wie es im Programm heißt, »die revolutionären Traditionen des Bundes der Kommunisten und der revolutionären deutschen Sozialdemokratie. Sie setzt das Werk der Kommunistischen Partei Deutschlands fort und erfüllt das Vermächtnis der antifaschistischen Widerstandskämpfer. Sie ist die Erbin alles Progressiven in der Geschichte des deutschen Volkes.«[10]

Unser neues Programm geht aus von der Anerkennung der allgemeingül-

---

10 Protokoll der Verhandlungen des IX. Parteitages der SED, 4. und 5. Beratungstag, S. 209.

tigen Gesetzmäßigkeiten beim Aufbau der sozialistischen Gesellschaft. Es ist durchdrungen von den für jeden Kommunisten heiligen Ideen des proletarischen Internationalismus. In unserer Politik sind Nationales und Internationales, sozialistischer Patriotismus und proletarischer Internationalismus unlösbar miteinander verbunden. Stets ist sich unsere Partei ihrer Verantwortung vor dem eigenen Volk ebenso wie vor der internationalen Arbeiterklasse bewußt. Alles, was wir für den Aufbau der sozialistischen Gesellschaft in der DDR tun, das tun wir zugleich für die weitere Stärkung der sozialistischen Gemeinschaft und der revolutionären Weltbewegung.

Das Programm der Sozialistischen Einheitspartei Deutschlands, der führenden Kraft der Deutschen Demokratischen Republik, des ersten Staates der Arbeiter und Bauern auf deutschem Boden, bringt die Interessen der Arbeiterklasse und aller Werktätigen zum Ausdruck. Es ist ein Wegweiser für das ganze Volk, ein großangelegter Plan für die Meisterung der sozialistischen Gegenwart und der kommunistischen Zukunft unseres Volkes.

Erich Honecker: Reden und Aufsätze, Bd. 4, Berlin 1977, S. 360–362, 365/366, 367–371, 376–382, 394/395, 398–402, 424–431, 438/439, 445, 447, 464–469, 470–472, 476/477, 479–484, 486–490, 491–494.

Die Schatzkammer der historischen Erfahrungen der Partei Lenins

Artikel in der »Prawda«
22. Februar 1977

In diesem Jahr begehen wir den 60. Jahrestag des Sieges der Großen Sozialistischen Oktoberrevolution. Dieser Sieg, so wird im Beschluß des Zentralkomitees der Kommunistischen Partei der Sowjetunion zum bevorstehenden Jubiläum mit Recht festgestellt, ist das Hauptereignis des 20. Jahrhunderts, das den Verlauf der Entwicklung der ganzen Menschheit grundlegend verändert hat. Eingeleitet wurde eine neue Epoche, die Epoche des Übergangs vom Kapitalismus zum Sozialismus. Seitdem haben sich auf der Erde tiefgreifende, allumfassende soziale Wandlungen vollzogen. Das war nie so deutlich sichtbar wie gegenwärtig.

Mit großartigen Erfolgen verwirklicht das Sowjetvolk die Beschlüsse des XXV. Parteitages der Kommunistischen Partei der Sowjetunion über den weiteren Vormarsch zum Kommunismus und leistet dadurch wiederum eine gewaltige Pionierarbeit für den Fortschritt der gesamten Menschheit. Es erbringt den entscheidenden Beitrag zum Erstarken der sozialistischen Staatengemeinschaft, die sich brüderlich um die Union der Sozialistischen Sowjetrepubliken schart und zum führenden Faktor der Weltpolitik geworden ist.

In allen Lebensbereichen hat der Sozialismus ein in der Geschichte nie dagewesenes Tempo des Fortschritts zum Wohle der Menschen gewährleistet. Wie er seine Macht vergrößert, seine Leistungsfähigkeit erhöht, so beeinflußt er ständig mehr das internationale Geschehen. Für den revolutionären und antiimperialistischen Kampf auf allen Kontinenten ist er Motor und zuverlässige Stütze. Er beschleunigt nicht nur den Prozeß der nationalen und sozialen Befreiung der Völker, sondern auch ihre Befreiung von der Geißel des Krieges.

Heute ist die Sicherung des Friedens zur grundlegenden Aufgabe im Interesse aller Völker geworden. Dabei erkennen immer mehr Menschen in der Welt, daß zwischen einem Leben in Frieden, in sozialer Sicherheit, Freiheit und Menschenwürde und dem Gedeihen des Sozialismus ein untrennbarer Zusammenhang besteht.

Es ist deshalb nur folgerichtig, wenn das Interesse für die Errungenschaften und die konkreten Erfahrungen der sozialistischen Länder wächst. Besondere Aufmerksamkeit richtet sich naturgemäß auf die UdSSR und die KPdSU. Die ganze heldenhafte Geschichte des Sowjetvolkes, seine Siege im Kampf und in der Arbeit, seine hervorragenden Errungenschaften sind untrennbar verbunden mit der Tätigkeit der Partei Lenins. Ihre Erfahrungen sind die der führenden und lenkenden Kraft desjenigen Landes, das seit sechs Jahrzehnten – zunächst als einziger sozialistischer Staat in imperialistischer Umkreisung, heute als Hauptkraft des Weltsozialismus – im Brennpunkt des internationalen Klassenkampfes steht. Lenin hob im Jahr 1918 die Erfahrung der Bolschewiki als geschichtliche Errungenschaft des Sozialismus hervor, auf der »die künftige internationale Revolution ihr sozialistisches Gebäude errichten«[1] wird. Damit hat er vollauf recht behalten.

Der XXV. Parteitag der KPdSU hat die welthistorische Rolle der Sowjetunion erneut und kraftvoll demonstriert. Durch seine Dokumente, vor allem den vom Generalsekretär des Zentralkomitees, Genossen Leonid Iljitsch Breshnew, erstatteten Rechenschaftsbericht, wird eine klare, zuverlässige Orientierung für das weitere Voranschreiten der Sowjetunion auf dem Wege zum Kommunismus gegeben. Zugleich sind die Beschlüsse des XXV. Parteitages ein wichtiger Beitrag zur Theorie und Praxis des Sozialismus, des revolutionären Kampfes in unserer Zeit.

Die Sozialistische Einheitspartei Deutschlands läßt sich davon leiten, daß die Erfahrungen der KPdSU und deren schöpferische Anwendung bei der weiteren Gestaltung der entwickelten sozialistischen Gesellschaft und der Schaffung grundlegender Voraussetzungen für den allmählichen Übergang zum Kommunismus in der Deutschen Demokratischen Republik von großem Gewicht sind. In dem vom IX. Parteitag der SED beschlossenen Parteiprogramm werden die Leistungen und der revolutionäre Erfahrungsschatz der Sowjetunion als eine unersetzliche Errungenschaft und ein unversiegbarer Kraftquell der internationalen Arbeiterbewegung charakterisiert. »Sie sind«, so heißt es darin, »von grundsätzlicher

---

1 W.I.Lenin: Rede auf dem I.Kongreß der Volkswirtschaftsräte. In: Werke, Bd.27, S.409.

Bedeutung für die Errichtung der sozialistischen Gesellschaft. Ihre Allgemeingültigkeit tritt beim kommunistischen Aufbau immer deutlicher zutage.«[2]

I.

Der historische Verlauf des revolutionären Weltprozesses ließ die Erfahrungen der russischen Arbeiterklasse und der Bolschewiki objektiv zu den Grunderfahrungen des internationalen Proletariats werden. Fußend auf den Ideen von Marx und Engels, in schöpferischer Verallgemeinerung der Erfahrungen sowohl des russischen als auch des westeuropäischen Proletariats, entwickelte Lenin den Marxismus weiter. Damit schuf er die entscheidende Voraussetzung für die erste siegreiche proletarische Revolution in der Geschichte, für den Triumph des Roten Oktober.

Seit nunmehr 60 Jahren erfüllen die KPdSU und die UdSSR ehrenvoll die ihr von der Geschichte übertragene Aufgabe, der Menschheit den Weg in historisches Neuland, in die kommunistische Zukunft zu bahnen. Die KPdSU hat sich immer wieder als die erfahrenste und kampfgestählteste Partei der internationalen kommunistischen Bewegung erwiesen und bewährt. Sie hat die Erfahrungen aus den Klassenkämpfen unseres Jahrhunderts, aus der Entwicklung der revolutionären Arbeiterbewegung und der antiimperialistisch-demokratischen Bewegungen in sich aufgenommen, schöpferisch verallgemeinert und erprobt. Das ist eine historisch begründete und belegte Tatsache.

Der reiche Erkenntnisschatz der KPdSU vereint die Erfahrungen eines riesigen Landes, das sich über zwei Kontinente erstreckt. Darin eingegangen sind die Erfahrungen Dutzender Nationalitäten und Völkerschaften, die den Weg zum Sozialismus von unterschiedlichsten Ausgangspositionen aus beschritten. Es sind die Erfahrungen eines sechzigjährigen opferreichen Kampfes um den Aufbau und die entschlossene Verteidigung des Sozialismus.

Aus den gewaltigen Erfolgen des Sowjetvolkes wird deutlich, welche schöpferischen Potenzen eine von kapitalistischer Ausbeutung und Unterdrückung befreite Gesellschaft zu entfalten vermag. Das ist eine Gesellschaft, in der die Arbeiterklasse im Bündnis mit allen Werktätigen die Macht ausübt und das Wohl des Menschen als oberstes Anliegen verwirklicht. Vor allem dadurch gewinnen die Erfahrungen der KPdSU an Bedeu-

---

[2] Protokoll der Verhandlungen des IX. Parteitages der Sozialistischen Einheitspartei Deutschlands im Palast der Republik in Berlin, 18. bis 22. Mai 1976. Band 2: 4. und 5. Beratungstag, Berlin 1976, S. 213.

tung, daß in der Sowjetunion die sozialistische Gesellschaftsordnung ihre bisher größte Reife erlangt hat. Mit der Schaffung der materiell-technischen Basis des Kommunismus schreitet die UdSSR weiter wegbereitend voran. Sie ist die entscheidende Kraft des Friedens in der Welt und trägt heute wie in der Vergangenheit die Hauptlast im weltweiten Ringen um Frieden und Fortschritt. Als mächtiges Bollwerk aller die Sache der nationalen und sozialen Befreiung verfechtenden Völker und Kräfte hat sie stets ein Beispiel wahrhaft internationalistischen Handelns gegeben. Ständig vermag die KPdSU für neue Aufgaben Lösungen zu finden, die dem weiteren Vormarsch zum Kommunismus und den gegenwärtigen Erfordernissen des internationalen Klassenkampfes entsprechen und für die es in der Geschichte kein Vorbild gibt.

Die Erfahrungen der KPdSU sind die des revolutionären Kampfes und des sozialistischen Aufbaus im Lande Lenins, das den maßgeblichen Beitrag zur ständigen Bereicherung der marxistisch-leninistischen Theorie und der gesellschaftlichen Praxis leistet. Nicht nur, daß die Sowjetunion als erste den Weg zum Sozialismus und Kommunismus beschritt – sie meisterte auch stets die konkreten, spezifischen Bedingungen dieses grandiosen Werkes und meistert sie heute.

In Sowjetrußland verband sich seinerzeit eine rückständige ökonomische Struktur mit einem hohen Grad der Konzentration der Produktion. Neben einem hochorganisierten Proletariat in einigen Industriezentren gab es eine breite Masse von kleinen und mittleren Eigentümern. Außerordentlich vielfältig waren die sozialen und nationalen Unterschiede. All das äußerte sich in stark zugespitzten Klassengegensätzen im Innern und im scharfen Gegensatz zum Imperialismus, in enorm zugespitzten Kämpfen. Indem die Partei Lenins den konkreten Bedingungen stets Rechnung trug, verhalf sie dem Allgemeinen, dem Wesentlichen zum Durchbruch. Denn »das Einzelne existiert nicht anders als in dem Zusammenhang, der zum Allgemeinen führt. Das Allgemeine existiert nur im Einzelnen, durch das Einzelne. Jedes Einzelne ist (auf die eine oder andere Art) Allgemeines.«[3]

So gewannen die besonderen Erfahrungen der Partei Lenins bei der revolutionären Umgestaltung einen hohen Grad von Beispielhaftigkeit und allgemeiner Anwendbarkeit für den Kampf aller revolutionären Kräfte. Sie wurden zu einem festen Bestandteil der kollektiven Erfahrungen der kommunistischen Weltbewegung. In unserer Zeit kann derjenige, der den sozialen Fortschritt wirklich will, nicht umhin, sich mit den Erfahrungen der KPdSU und der Sowjetunion vertraut zu machen und daraus Schlußfolgerungen für den eigenen Kampf zu ziehen. Die Entwicklung des sozialisti-

---

3 W. I. Lenin: Zur Frage der Dialektik. In: Werke, Bd. 38, S. 340.

schen Weltsystems, der Übergang weiterer Länder auf den Weg des Sozialismus mehren ständig die Zahl der Beweise für die Richtigkeit der Worte Lenins, »daß das russische Vorbild *allen* Ländern etwas, und zwar etwas überaus Wesentliches aus ihrer unausweichlichen und nicht fernen Zukunft zeigt«[4]. Dieses »russische Vorbild« bestätigt die Richtigkeit der von Marx, Engels und Lenin begründeten Prinzipien und Züge der neuen Gesellschaftsformation.

II.

In den mannigfaltigen revolutionären Kämpfen und Veränderungen, die seit dem Großen Oktober in der Welt vor sich gingen, wurde die Allgemeingültigkeit der Leninschen Revolutionstheorie praktisch erhärtet. Dabei trat die außerordentliche Bedeutung des Beispiels der KPdSU für den Kampf aller revolutionären Kräfte deutlich zutage. Eine solche Feststellung hat natürlich nichts mit der Aufforderung gemein, die Erfahrungen der Sowjetunion mechanisch zu kopieren. Dagegen wandte sich Lenin selbst, als er die Kommunisten der Kaukasischen Republiken aufforderte, »die Ursachen ihrer Eigenart, ihre Voraussetzungen und Ergebnisse selbständig (zu) durchdenken, nicht den Buchstaben, sondern den Geist, den Sinn, die Lehren der Erfahrungen ... bei sich an(zu)wenden«[5].

Die wachsende Mannigfaltigkeit der konkreten sozialökonomischen und politischen Bedingungen sowie der Aufgaben, mit denen die kommunistischen Parteien und die anderen revolutionären Kräfte heute konfrontiert werden, macht die Suche nach dem Weg notwendig, entsprechend der konkreten Lage in ihren Ländern die sozialistische Umgestaltung und den Aufbau des Sozialismus zu vollziehen. Dabei vermittelt ihnen die Summe der internationalen Erfahrungen ein immer vollständigeres, reicheres Bild von diesem Weg und damit zugleich zuverlässige Erkenntnisse über seine Grundzüge, die sich auf die eine oder andere Weise, in der einen oder anderen Form, wie Lenin bemerkte, »mit historischer Unvermeidlichkeit im internationalen Maßstab wiederholen ...«[6]

Diese Leninsche Voraussicht findet ihre Bestätigung in wichtigen Schlußfolgerungen des XXV. Parteitages der KPdSU und der Parteitage von

4 W. I. Lenin: Der »linke Radikalismus«, die Kinderkrankheit im Kommunismus. In: Werke, Bd. 31, S. 6.
5 W. I. Lenin: An die Genossen Kommunisten Aserbaidshans, Georgiens, Dagestans und der Bergrepublik. In: Werke, Bd. 32, S. 329.
6 W. I. Lenin: Der »linke Radikalismus«, die Kinderkrankheit im Kommunismus. In: Werke, Bd. 31, S. 5.

Bruderparteien in Ländern, wo die entwickelte sozialistische Gesellschaft gestaltet wird. Bei der Höherentwicklung der sozialistischen Gesellschaft in den einzelnen Bruderländern – wird in den Dokumenten der Parteien unterstrichen – entstehen immer mehr gemeinsame Elemente in ihrer Politik, Wirtschaft und ihrem sozialen Leben. Mit dem Aufblühen jeder sozialistischen Nation und dem Erstarken der Souveränität der sozialistischen Staaten tritt ihre Annäherung zunehmend deutlicher als gesetzmäßige Erscheinung zutage.

Die geschichtlichen Erfahrungen seit dem Roten Oktober demonstrieren überzeugend, daß nur die Arbeiterklasse, unter Führung ihrer marxistisch-leninistischen Partei, im Bündnis mit den anderen werktätigen Klassen und Schichten, imstande ist, den Kapitalismus zu stürzen und die sozialistische Gesellschaftsordnung aufzubauen. Gleichzeitig wies Lenin darauf hin, daß derjenige, der dagegen »den angeblich einseitigen Klassenstandpunkt scheut ... nur Enttäuschungen erleben, ... ständig Schwankungen unterworfen sein«[7] wird.

Die Arbeiterklasse kann ihrer historischen Mission einzig dann gerecht werden, wenn ihre marxistisch-leninistische Partei in allen Etappen des revolutionären Prozesses die führende Rolle der Arbeiterklasse gewährleistet. Wie für den Kampf um die Errichtung ihrer Macht, so gilt dies auch für die weiteren Etappen der Entwicklung der sozialistischen Gesellschaft. Da der Sozialismus das Ergebnis des bewußten, organisierten Handelns der Arbeiterklasse und der mit ihr verbündeten Bauern, der Intelligenz und der anderen werktätigen Schichten ist, wachsen unablässig die Anforderungen an die politische Führung der gesellschaftlichen Prozesse durch die organisierte Vorhut, die Partei. Als die am konsequentesten revolutionäre Klasse vermag die Arbeiterklasse breiteste Schichten des Volkes für den Aufbau der neuen Gesellschaftsordnung zusammenzuschließen. In der konsequenten Orientierung auf die Stärkung der Rolle der Arbeiterklasse erkennen wir daher eine grundlegende Bedingung für den erfolgreichen Kampf um die Macht und für das kontinuierliche Voranschreiten beim sozialistischen Aufbau.

Die historischen Erfahrungen der KPdSU haben glänzend die Feststellung von Marx bestätigt, daß zwischen der kapitalistischen und der kommunistischen Gesellschaft die Periode der revolutionären Umwandlung der einen in die andere liegt und daß ihr eine politische Übergangsperiode entspricht, »deren Staat nichts andres sein kann als *die revolutionäre Diktatur des Proletariats*«[8]. Sechs Jahrzehnte, die seit dem Sieg des Roten Ok-

---

[7] W. I. Lenin: Die Selbstherrschaft und das Proletariat. In: Werke, Bd. 8, S. 8.
[8] Karl Marx: Kritik des Gothaer Programms. In: Karl Marx/Friedrich Engels: Werke, Bd. 19, S. 28.

tober vergingen, sind eine einzigartige Bestätigung der Richtigkeit dieser Marxschen Erkenntnisse. Ihre schöpferische Anwendung ist noch heute für die kommunistische Weltbewegung der Leuchtturm, um neue Möglichkeiten zu erschließen für die Öffnung des Weges zum Sozialismus und die Verteidigung seiner Macht gegen alle Angriffe der Reaktion und ihrer Diener.

Deshalb versuchen die Vertreter der alten Welt, den real existierenden Sozialismus, der sechs Jahrzehnte nach der Großen Sozialistischen Oktoberrevolution einen tiefgreifenden Einfluß auf das internationale Geschehen ausübt, durch lügenhafte Kampagnen zu verleumden. Dies ändert jedoch nichts an der Tatsache, daß die sechzigjährigen Erfahrungen der KPdSU und der UdSSR für den weiteren Kampf der kommunistischen und Arbeiterbewegung und der nationalen Befreiungsbewegung der Völker gegen das Kapital große Bedeutung haben.

Was die Deutsche Demokratische Republik betrifft, so schöpft sie seit nahezu 30 Jahren aus dem Erfahrungsschatz der KPdSU und der UdSSR. In Anwendung dieser Erfahrungen wurde die DDR unter Führung der SED zu einem aufblühenden sozialistischen Land entwickelt, das einen Platz unter den zehn stärksten Industriestaaten der Welt einnimmt. Die revolutionären Umgestaltungen bei uns vollzogen wir nach dem Sieg der Sowjetunion im Großen Vaterländischen Krieg über den Faschismus. Sie sind ein Bestandteil des machtvollen Aufschwungs, den die internationale revolutionäre Bewegung nahm. Durch die Herstellung der Einheit der Arbeiterklasse und ihres Bündnisses mit allen demokratischen Kräften wurde es möglich, in einem einheitlichen revolutionären Prozeß, in erbitterter Auseinandersetzung mit der imperialistischen Reaktion und ihren Helfershelfern die antifaschistisch-demokratische Umwälzung zu verwirklichen und die sozialistische Revolution zum Siege zu führen.

28 Jahre Deutsche Demokratische Republik sind die Bestätigung dafür, daß ihre Gründung ein Wendepunkt in der Geschichte Europas war. Die Entwicklung der DDR zu einem stabilen sozialistischen Staat, der unlösbar zur Gemeinschaft der um die Sowjetunion gescharten Bruderländer gehört, ist das Ergebnis der ständigen Festigung des Bündnisses der Arbeiterklasse mit den Bauern, der Intelligenz und den anderen werktätigen Schichten. In der revolutionären Umgestaltung wurde eine starke ökonomische Basis errichtet und die Gestaltung der sozialistischen Gesellschaft in Angriff genommen. Mit der Kraft des Bündnisses der Arbeiterklasse, der Bauern und aller Werktätigen schufen wir eine leistungsfähige Industrie und vollzogen die sozialistische Umgestaltung der Landwirtschaft. Gleichzeitig wurde im Dienstleistungsbereich den Handwerkern und Gewerbetreibenden die Möglichkeit gegeben, sowohl auf genossenschaftlicher als auch auf privater

Grundlage an der Gestaltung der entwickelten sozialistischen Gesellschaft aktiv mitzuwirken.

Natürlich sind diese und andere Besonderheiten der Revolution in unserem Land Ausdruck des Allgemeinen, des Wesentlichen: Sie widerspiegeln, wie unsere Partei durch die schöpferische Anwendung der Leninschen Revolutionstheorie konkret die antifaschistisch-demokratische Umgestaltung mit dem Kampf um den Sozialismus verband. Entscheidend für die erfolgreiche Entwicklung war, daß sich unsere Partei konsequent durch die von Marx, Engels und Lenin begründete wissenschaftliche Lehre leiten ließ und allseitig aus den Erfahrungen der kommunistischen Weltbewegung, insbesondere der KPdSU, schöpfte. Das Beispiel der KPdSU und die selbstlose Solidarität der sowjetischen Kommunisten waren für uns wertvolle Hilfe und Quelle erprobter Erkenntnisse.

Das traditionelle Kampfbündnis zwischen den Kommunisten der DDR und der UdSSR, die brüderliche Zusammenarbeit unserer beiden Länder haben sich tausendfach bewährt. Sie wurden zur hauptsächlichen Grundlage der dynamischen Entwicklung der Volkswirtschaft unseres Landes, der ständigen Hebung des materiellen und kulturellen Wohlstandes unseres Volkes, des Wachstums des internationalen Ansehens der DDR. Für uns verbindet sich der weitere erfolgreiche Vormarsch bei der Gestaltung der entwickelten sozialistischen Gesellschaft und der Schaffung grundlegender Voraussetzungen für den allmählichen Übergang zum Kommunismus untrennbar mit der Vertiefung des Kampfbündnisses zwischen der SED und der KPdSU. Immer deutlicher erweist sich, daß die brüderliche Freundschaft unserer beiden Parteien und Länder das Fundament für die künftigen Siege des Sozialismus in der DDR ist. Dieser Gedanke beseelt auch den »Vertrag über Freundschaft, Zusammenarbeit und gegenseitigen Beistand«, den die DDR und die UdSSR am 7. Oktober 1975 abgeschlossen haben. Ihn solchen Sinnes zu verwirklichen, erachten wir als eine wesentliche Voraussetzung für die volle Realisierung der Beschlüsse des IX. Parteitages auf allen Gebieten und unseres neuen Parteiprogramms.

Wie die Erfahrungen der DDR besagen, ermöglichen es die Freundschaft und Zusammenarbeit mit der KPdSU und der UdSSR, grundlegende Probleme unserer Zeit zu lösen. Die Geschichte der sechs Jahrzehnte seit der Großen Sozialistischen Oktoberrevolution bestätigt dies voll und ganz. Auf ihre Weise haben es auch die Imperialisten begriffen und konzentrieren ihre antikommunistische Hetze gerade auf die Sowjetunion. Mit immer neuen, raffinierteren Methoden der antisowjetischen Propaganda unternehmen sie den aussichtslosen Versuch, die internationale Autorität der KPdSU und der UdSSR zu schmälern, die brüderliche Gemeinschaft der sozialistischen Staaten, die internationalistische Solidarität der kommunistischen Bewegung, aller fortschrittlichen Kräfte zum Lande Lenins zu untergraben.

60 Jahre seit dem Sieg der Großen Sozialistischen Oktoberrevolution beweisen eindeutig, daß der Sozialismus die einzige Alternative zum Kapitalismus ist. Einen dritten Weg gibt es nicht.

III.

Die Frage nach dem Allgemeinen und Besonderen in der historischen Erfahrung der KPdSU ist eng verflochten mit der Frage nach der Verbindung von Nationalem und Internationalem im Kampf der kommunistischen Parteien und der anderen revolutionären Kräfte. Je weiter die Internationalisierung der Bedingungen für den sozialen Fortschritt im Weltmaßstab und in jedem einzelnen Land voranschreitet, um so deutlicher wird dieser Zusammenhang.

Der Einfluß des Sozialismus auf das internationale Geschehen wächst weiter an, und der revolutionäre Prozeß hat heute alle Regionen der Welt erfaßt. Gleichzeitig verschärft sich die allgemeine Krise des Kapitalismus. Die Klassenkämpfe in den Ländern des Kapitals nehmen einen neuen Aufschwung, und der soziale Inhalt der nationalen Befreiungsbewegung vertieft sich.

Wie Lenin als erster festgestellt hat, speisen sich in unserer Epoche die sozialistischen Revolutionen aus zwei Quellen: aus dem Kampf der Arbeiterklasse und der antimonopolistisch-demokratischen Kräfte in den kapitalistischen Ländern und aus dem Kampf der Völker um nationale Befreiung und Unabhängigkeit vom Imperialismus. So erweitert sich ständig der Wirkungsbereich für den proletarischen Internationalismus. Die von der kommunistischen und Arbeiterbewegung verfochtenen Prinzipien der Solidarität und des Zusammenwirkens im Kampf gegen den Imperialismus, für die Ziele und Ideale der revolutionären Arbeiterbewegung, die den Weg zur Lösung der grundlegenden Probleme des Fortschritts der Menschheit weisen, finden Widerhall und ständig mehr Anhänger in der ganzen Welt.

Ihre zunehmende Bedeutung zeigt sich im Anwachsen solcher Aufgaben, die nur gemeinsam, durch koordiniertes Handeln der Kommunisten, aller antiimperialistischen Kräfte gelöst werden können. Zu nennen sind hier vor allem die Vermeidung und endgültige Abwendung eines atomaren Weltkrieges, die Abrüstung, die Durchsetzung des Rechtes eines jeden Volkes, frei und souverän über den Weg seiner gesellschaftlichen Entwicklung zu entscheiden, die Beseitigung der vom Imperialismus und Neokolonialismus erzeugten Ausbeutung und Nichtgleichberechtigung in den internationalen Wirtschaftsbeziehungen.

Im Bereich der internationalen Beziehungen zeigt sich die allgemeine Bedeutung des Kampfes, den die KPdSU und die Sowjetunion seit 60 Jahren führen, besonders plastisch. Die Leninschen Prinzipien ihrer internationalen Politik sind heute zum Allgemeingut der Außen- und Sicherheitspolitik der sozialistischen Gemeinschaft geworden. Aus den Hauptrichtungen und Aufgaben sind sie zu erkennen, die von den kommunistischen und Arbeiterparteien – so zum Beispiel auf der Berliner Konferenz – als wesentliche gemeinsame Zielsetzungen ihres Kampfes kollektiv erarbeitet und unterbreitet wurden, um die Entspannung unumkehrbar zu machen, den Frieden materiell zu untermauern und die Sicherheit für alle Völker zu gewährleisten. Ein neuer, überzeugender Ausdruck für die Übereinstimmung der internationalen Politik der KPdSU und der UdSSR mit den grundlegenden Interessen der Völker, der revolutionären und friedliebenden Kräfte in der ganzen Welt ist das vom XXV. Parteitag angenommene Programm des weiteren Kampfes für Frieden und internationale Zusammenarbeit, für die Freiheit und Unabhängigkeit der Völker.

Die Sozialistische Einheitspartei Deutschlands wird auch künftig, fest verbunden mit der KPdSU und den anderen Bruderparteien, ihren Beitrag zur Verwirklichung dieser für die Zukunft der gesamten Menschheit so wichtigen Ziele, zur Verwirklichung der großen Ideale des Friedens, des Sozialismus und des Kommunismus leisten.

Erich Honecker: Reden und Aufsätze, Bd. 5,
Berlin 1983, S. 161–171.

Die sozialistische Revolution
in der DDR
und ihre Perspektiven

*Aus der Rede
auf der propagandistischen Großveranstaltung
zur Eröffnung des Parteilehrjahres 1977/78 in Dresden*

26. September 1977

Liebe Genossinnen und Genossen!
Wir eröffnen heute mit dem Parteilehrjahr einen weiteren Abschnitt in der Bildungsarbeit unserer Partei. Das ist von großer Bedeutung für unsere gesamte Tätigkeit. Wie jeder weiß, leben wir in einer ereignisreichen und politisch bewegten Zeit, in der sich auf dem internationalen Schauplatz des Geschehens oftmals komplizierte Entwicklungen vollziehen. Noch deutlicher als bisher tritt zutage, daß es keine Entscheidung von Gewicht für die Lebensinteressen der Völker gibt, die davon unberührt bleibt. Das verlangt von allen Mitgliedern unserer Partei einen festen Klassenstandpunkt, ideologische Klarheit und entsprechendes Handeln. Das Parteilehrjahr soll dabei eine Hilfe sein.

Gestattet mir, in diesem Zusammenhang einige Bemerkungen zu machen zum Verlauf der sozialistischen Revolution in unserem Land und zu ihren Perspektiven. Man sollte meinen, daß dazu, besonders seit dem VIII. Parteitag der SED, bereits alles gesagt wurde. Einem solchen Argument läßt sich in der Tat schwer etwas entgegenhalten. Schließlich ist die vom VIII. Parteitag festgelegte Grundlinie unserer sozialistischen Revolution vom IX. Parteitag bestätigt worden und wird gegenwärtig mit Erfolg fortgesetzt. Wir haben auf nationalem und internationalem Gebiet Ergebnisse, die für sich selbst sprechen. Die Entwicklung der DDR vollzieht sich auf der stabilen Grundlage der Arbeiter-und-Bauern-Macht in aufsteigender Linie. Man denke nur an eine solche Tatsache, daß es uns in den zurückliegenden sieben Jahren gelungen ist, die Volkswirtschaft der DDR zu konsolidieren, sie in einem Ausmaß zu entwickeln wie nie zuvor in der Geschichte unseres

Landes und die Verwirklichung eines umfassenden sozialpolitischen Programms in Angriff zu nehmen.

Das hatte, wie wir alle wissen, positive Auswirkungen auf die verschiedensten Gebiete des gesellschaftlichen Lebens, ja, ich möchte sagen, auf alle. Es ist nicht übertrieben, wenn man feststellt, daß nahezu in jeder Familie die wirtschaftliche und soziale Aufwärtsentwicklung zu spüren ist. Selbst in einer so wichtigen und bekanntlich nicht leicht zu lösenden Frage wie der Altersversorgung der Rentner konnten wir durch die bereits zweimalige Erhöhung der Alters- und Sozialrenten eine positive Antwort finden. Wir haben von 1971 bis 1976 fast 24 Milliarden Mark mehr für Renten ausgegeben als in den sechs Jahren vorher. Unser Wohnungsbauprogramm macht Fortschritte. Es kann sich sehen lassen. So wäre noch vieles aufzuzählen, wären noch viele Beispiele zu nennen für den Fortschritt in unserem Land, für unsere stabile Entwicklung.

Aber kann man daraus schließen, daß bei uns schon alles so verläuft, wie wir es wünschen, daß bereits alle Menschen Klarheit haben über die gegenwärtigen Probleme unseres Kampfes und seine Perspektive, daß es keine Fragen gibt, die wir neu durchdenken müßten? Bei allem Fortschritt, bei allem Stolz auf unsere Erfolge, die wir nicht unter den Scheffel stellen, kann davon selbstverständlich nicht die Rede sein.

Sicherung des Friedens –
Grundfrage unserer Zeit

Nehmen wir eine Frage, die vom Standpunkt des weiteren Verlaufs der sozialistischen Revolution in der DDR und ihrer Perspektive von entscheidender Bedeutung ist. Es ist die Frage des Friedens, sozusagen die Frage aller Fragen. Gibt es hier Dinge, über die wir nachdenken müssen? Natürlich gibt es sie. Es wäre eine Dummheit, wenn wir das nicht sehen und einfach zur Tagesordnung übergehen würden. Denn so kurios es klingt, so wahr ist es doch: In der Zeit, in der man davon spricht, und ich meine mit Recht, daß die Entspannung Fortschritte macht und daß man die Entspannung unumkehrbar machen muß, hat die Spannung auf der internationalen Ebene in nicht wenigen Bereichen zugenommen. Dafür spricht die Härte der politischen und ideologischen Auseinandersetzung zwischen den beiden Systemen und mehr noch eine so gewichtige Tatsache, daß vom Imperialismus das Wettrüsten in einer noch nicht dagewesenen Weise forciert wird. Die Lage ist so, daß trotz aller Fortschritte in der Entspannung die Abrüstung zu einer Schlüsselfrage der weiteren Entwicklung geworden ist.

Bekanntlich haben 35 Staaten, einschließlich der USA und Kanada, in

Helsinki ihre Unterschrift unter die Schlußakte gesetzt. Das bleibt ohne Zweifel ein großer Erfolg für den Frieden, die Sicherheit und Zusammenarbeit in Europa. Aber man kann nicht übersehen, daß zur gleichen Zeit in allen kapitalistischen Staaten von Gewicht die Rüstungsaufwendungen ins unermeßliche steigen. In den USA betragen die offiziell ausgewiesenen Rüstungsausgaben 109,7 Milliarden Dollar. Was die BRD betrifft, so rühmt sich Herr Leber als Minister einer sozialliberalen Koalition, daß er gegenwärtig den höchsten Rüstungshaushalt seit Existenz der Bundesrepublik Deutschland zur Verfügung hat, nämlich mehr als 50 Milliarden D-Mark. Weitere 100 Milliarden D-Mark sind für die Umrüstung der Bundeswehr vorgesehen. Am 1. und 2. Oktober dieses Jahres soll auf dem Gelände des Flugplatzes Köln/Bonn eine Musterschau von »Superwaffen« durchgeführt werden.

Die NATO hat umfassende Rüstungsprogramme verkündet und dabei vor allem die Einführung neuer Massenvernichtungswaffen eingeplant. Liegt darin eine Gefahr? Niemand kann es bestreiten. Vor kurzem sagte ein Staatsmann: Die gegenwärtig angelegten Kernwaffenarsenale würden ausreichen, die Menschheit zwanzigmal zu vernichten. Da sagt sich natürlich jeder vernünftige Mensch, einmal würde schon genügen, wäre schon zuviel. Bleibt die Frage: Für welches schreckliche Inferno sollen weitere Systeme von Massenvernichtungswaffen wie die Neutronenbombe entwickelt und eingeführt werden? Der Ruf der ganzen friedliebenden Menschheit geht nicht nach neuen Waffen, sondern danach, die Massenvernichtungsmittel zu verbieten und den Ausbruch eines nuklearen Weltkrieges zu verhindern.

Wie aber kann man den Frieden dauerhaft sichern? Manche Leute stellen die Dinge so dar, als brauche man lediglich noch mehr Reisen und menschliche Kontakte, und die Frage Krieg oder Frieden sei gelöst. Das ist aber, wie das Leben zeigt, nicht nur naiv, sondern eine bewußte Irreführung. Sie soll die Menschen auf einen falschen Weg bringen und von den Urhebern der Kriegsgefahr sogar noch ablenken. Vor 1939 gab es auch einen großen Reiseverkehr zwischen Deutschland und Frankreich, Deutschland und Polen sowie verschiedenen anderen europäischen Ländern. Aber das konnte den Ausbruch des zweiten Weltkrieges nicht verhindern.

Es wäre also verfehlt zu sagen, daß die Sicherung des Friedens von der Entfaltung des Reiseverkehrs, des Jugendaustausches abhängt. Wir sind für beides. Und was die Kontakte betrifft, so hat die Deutsche Demokratische Republik kein Defizit aufzuweisen. Sie tragen dazu bei, das friedliche Zusammenwirken von Staaten unterschiedlicher Gesellschaftsordnung zu fördern, beseitigen jedoch nicht die Kriegsgefahr, die von den aggressiven Kreisen des Monopolkapitals ausgeht.

Bekanntlich reisen über die Straßen der DDR jährlich mehr Besucher aus dem westlichen Ausland, als die DDR Einwohner hat. Überhaupt sind Kontakte, wie es sich aus unserer Lage ergibt, breit entwickelt. Sie beruhen auf dem ganzen System von Verträgen und Abkommen mit der Bundesrepublik Deutschland, das nicht ohne das Zutun der DDR zustande gekommen ist. Die sogenannten vertrauensfördernden Maßnahmen bewirkten, daß inzwischen sogar Militärs des jeweils anderen Lagers an Manövern teilnehmen.

Aber alle diese Entwicklungen, die zweifellos von Bedeutung sind, haben nichts daran geändert, daß es in der Frage der Abrüstung und der Rüstungsbeschränkung bisher noch keinen Schritt vorangegangen ist. Es gibt sogar Rückschläge gegenüber erreichten Abkommen und die von mir bereits genannte neue Rüstungswelle im NATO-Block. Hinzu kommt eine Massierung von militärischen Manövern der NATO. Nach ihrem Ausmaß und ihrer Anlage dienen sie keineswegs mehr nur dem Zweck, den Stand der Ausbildung der Truppen zu überprüfen. Sie erweisen sich vielmehr als Bestandteil der psychologischen Kriegsvorbereitung der NATO.

Die Sicherung des Friedens hängt also nicht von der Anzahl der Reisen und der Menge der Kontakte ab. Es geht vielmehr darum, daß die aggressivsten Kreise des Imperialismus durch den entschlossenen Kampf der Völker gebändigt, das heißt daran gehindert werden, ihre Pläne in die Tat umzusetzen. Gibt es Erfolge auf diesem entscheidenden Gebiet, dann wird es auch in allen Bereichen der Zusammenarbeit zwischen den Staaten weitere Fortschritte geben. Ist das nicht der Fall, so wird die Entspannung gefährdet und sogar das Erreichte in Frage gestellt. Deshalb sprechen wir von der Verwirklichung der Schlußakte von Helsinki als Ganzes. Dazu gehören die Prinzipien der Sicherheit, und dazu gehört die Ergänzung der politischen Entspannung durch die militärische. Das ist die allgemeine Grundlage für eine gedeihliche Zusammenarbeit aller Staaten. Wer diesen Zusammenhang leugnet oder zu umgehen versucht, will sozusagen eine Entspannung mit doppeltem Boden. Aber das ist unvereinbar mit den Lebensinteressen der Völker Europas.

Gegner der Entspannung
wollen Fortschritte blockieren

Ihr seht, liebe Genossinnen und Genossen, wie wichtig es ist, die Dinge in ihrem großen Zusammenhang zu betrachten, auch wenn das manchem nicht gefällt. Ohne das können wir nicht sicher vorwärtsschreiten. Wir sind von Anfang an an die Politik der Entspannung nicht mit naiven Vorstellungen herangegangen. Stets war uns dabei klar, daß durch die Entspannung der Gegensatz der beiden Systeme nicht aufgehoben wird und der Imperialismus in der Periode internationaler Entspannung nicht sein Wesen verliert. Schließlich darf man auch nicht vergessen, wie es zu den ersten Entspannungsschritten Mitte der sechziger Jahre gekommen ist. Es war der Einfluß des veränderten Kräfteverhältnisses zugunsten des Sozialismus, der Einfluß der Kräfte des Friedens und des Fortschritts, der den Imperialismus gezwungen hat, sich der veränderten Lage anzupassen. Vergessen wir nicht: In diesen Jahren ist es dank der Unterstützung durch die Sowjetunion, die anderen sozialistischen Bruderländer und viele real denkende Kräfte in der Welt gelungen, den entscheidenden Durchbruch für die umfassende diplomatische Anerkennung unserer Deutschen Demokratischen Republik entgegen allen revanchistischen Doktrinen zu erreichen. Unser sozialistischer Staat nahm den ihm längst gebührenden Platz in der Organisation der Vereinten Nationen ein und konnte damit wirkungsvoller als zuvor am internationalen Leben teilnehmen. Ein wesentliches Erfordernis für die Sicherheit in Europa wurde in Übereinstimmung mit unserer außenpolitischen Zielsetzung gelöst.

In enger Zusammenarbeit mit der Sowjetunion und den anderen sozialistischen Bruderländern sind wir bestrebt, auch weiterhin unseren Beitrag für Frieden und Entspannung zu leisten. Die gemeinsame sowjetisch-amerikanische Mitteilung über Fragen der Begrenzung der strategischen Rüstungen, die gestern veröffentlicht wurde, zeigt, daß bei gutem Willen Möglichkeiten zur Lösung komplizierter internationaler Probleme vorhanden sind. Sie ist für alle, die dafür eintreten, eine Ermutigung, den Entspannungsprozeß unumkehrbar zu machen und auf immer breitere Gebiete auszudehnen. Dabei können wir nicht übersehen, daß maßgebliche imperialistische Kreise den großangelegten Versuch unternehmen, die weitere Veränderung der internationalen Lage zugunsten einer friedlichen und progressiven Entwicklung zu blockieren, und deshalb eine bisher nicht dagewesene Verleumdungskampagne gegen die sozialistischen Länder gestartet haben. Dazu bedienen sie sich aller Mittel. Die forcierte Aufrüstung wird von antikommunistischer Hetze begleitet. Im Gegensatz zu den abgeschlossenen Verträgen wird eine Politik der systematischen und unverhüllten Einmischung in die inneren Angelegenheiten der sozialistischen Länder betrieben. Das verstößt gegen die Grundsätze europäischer Sicherheit, die Achtung der Souveränität der Staaten, die Nichteinmischung und die Respektierung der Unverletzlichkeit der Grenzen.

Liebe Genossinnen und Genossen!

Wenn wir über die sozialistische Revolution in der DDR und ihre Perspektiven sprechen, so haben wir natürlich ständig im Auge, daß wir den Kampf unter weltoffenen Bedingungen führen. Das zwingt uns stets zu einer nüchternen Betrachtung der Dinge. Nehmen wir nur die Tatsache, daß trotz der inzwischen aufgenommenen vertraglichen Beziehungen sich die BRD noch immer weigert, die Staatsgrenze der DDR mit allen sich daraus ergebenden Schlußfolgerungen anzuerkennen und die Bürger der DDR als das zu betrachten, was sie sind, nämlich Staatsbürger der sozialistischen Deutschen Demokratischen Republik. Hier liegt die eigentliche Wurzel dafür, daß es immer wieder Belastungen in den Beziehungen zwischen der DDR und der BRD gibt, ja, daß sich mitunter sogar Komplikationen häufen.

Politiker der BRD sagen in diesem Zusammenhang des öfteren, das läge am Grundgesetz, und sie müßten ihre Verfassung achten. Darum geht es aber nicht. Wir haben ja nichts dagegen, daß Politiker der Bundesrepublik ihre Verfassung achten. Aber dann müßten sie auch wissen, daß diese ihre Verfassung den Grundsatz enthält, wonach das Völkerrecht stets als übergeordnetes Recht gilt. Und die Beziehungen zwischen souveränen Staaten unterliegen bekanntlich dem Völkerrecht. Außerdem sei die Frage erlaubt, ob denn in der Verfassung der BRD vorgeschrieben ist, daß man Schulklassen und Jugendgruppen in provokatorischer Absicht an die Staatsgrenze der DDR führt und dort mit revanchistischen Parolen füttert.

Die Frage der Staatsbürgerschaft ist für uns im Grunde genommen keine Verhandlungsfrage. Wir erwarten, daß die BRD der Staatsbürgerschaft der DDR, die sich aus dem Völkerrecht ergibt, Rechnung trägt. Wenn dem die alte revanchistische Gesetzgebung der BRD angeblich entgegensteht, so muß man eben diese Gesetze entsprechend ändern. Entscheidend ist die Frage: Will man in der BRD auf der Grundlage der Verträge die Beziehungen mit der DDR normalisieren und Schritt um Schritt verbessern, oder will man die Verträge benutzen, um sich in die inneren Angelegenheiten der Deutschen Demokratischen Republik einzumischen und den Sozialismus in Mitteleuropa zu bekämpfen.

Dazu gehört immer wieder der Versuch, Westberlin zum Anheizen von Spannungen zu mißbrauchen. Entgegen dem Vierseitigen Abkommen vom 3. September 1971 wird die nicht anders als revanchistisch zu bezeichnende Position eingenommen und praktiziert, Westberlin als ein Land der Bundesrepublik zu betrachten und zu behandeln. Das ist äußerst riskant. Ausgangspunkt für eine krisenfreie Situation in und um Westberlin ist die volle Achtung des Vierseitigen Abkommens, wonach Westberlin kein Bestandteil der Bundesrepublik ist und nicht von ihr regiert werden darf. Wer diesen Kern des Vierseitigen Abkommens auszuhöhlen versucht, möge bedenken, daß er damit auch Vorteile und positive Entwicklungen in Frage stellt, die mit dem Vierseitigen Abkommen verbunden sind. Wir sind für eine positive Entwicklung in diesem Raum.

*Keine akzeptable Alternative
zur friedlichen Koexistenz*

Unsere Konzeption ist klar. Wir haben sie seit dem IX. Parteitag und in jeder Phase der praktischen Politik immer wieder zum Ausdruck gebracht und unter Beweis gestellt. Wir gehen davon aus, daß es in der Welt von heute zur Politik der friedlichen Koexistenz keine akzeptable Alternative gibt. Wir sind für den Frieden und die friedliche Zusammenarbeit der Staaten. Wir wollen mit allen unseren Nachbarn in Frieden leben. Die unvermeidliche Auseinandersetzung zwischen den beiden großen Lagern darf nicht mit den Mitteln des Krieges geführt werden. Ausgehend von diesem den Lebensinteressen aller Völker entsprechenden Ziel, vertreten wir die Position der Entspannung, der Einhaltung der Verträge, insbesondere der Schlußakte von Helsinki. In diesem Geist werden wir auch an der Belgrader Konferenz teilnehmen und mitwirken.

Wir sind bereit, in der Friedensfrage mit allen realistischen Kräften zusammenzuwirken. Dabei sind wir bestrebt, das Vertragssystem mit den kapitalistischen Ländern weiter auszubauen. Wer sich im Westen und besonders in Bonn den Blick für die Realität bewahrt hat, kann übrigens unschwer feststellen, daß in Zeiten ohne Provokationen und unter den Bedingungen eines günstigen politischen Klimas die Dinge sich besser entwickelt haben, als wenn die Vertreter des kalten Krieges wieder an Terrain gewinnen, ja, sich anschicken, das Feld zu beherrschen.

Zur Fortsetzung der Entspannungspolitik gehört es, daß wir stets wachsam bleiben und es als oberstes Gebot unserer Politik betrachten, die Interessen unserer sozialistischen Deutschen Demokratischen Republik, die Interessen der Bürger unseres Landes zu wahren.

*Unbewältigte Vergangenheit
und instabile Lage in der BRD*

Wenn ich an dieser Stelle noch einige weitere Bemerkungen zur BRD mache, dann nicht deshalb, weil ich Lust habe, ein in allen Details und Tendenzen verzerrtes Bild von den politischen Verhältnissen in der Bundesrepublik zu produzieren. Es geht einfach darum, daß in der Bundesrepublik Deutschland Entwicklungen im Gange sind, die die Völker in einem Ausmaß erregen wie zu keinem Zeitpunkt nach dem zweiten Weltkrieg. Nach allen geschichtlichen Erfahrungen kann es niemandem gleichgültig sein, wohin die Dinge in einem kapitalistischen Staat wie der Bundesrepublik Deutschland treiben. Daß die BRD nicht mehr wie in früheren Jahren der

Wirtschaftskrise der kapitalistischen Welt in bestimmtem Maße ausweichen konnte, ist allgemein bekannt. Inzwischen gibt es über eine Million offiziell registrierte Arbeitslose und fast genauso viele Kurzarbeiter. Hunderttausende Jugendliche haben keine Chance für einen Arbeitsplatz, einen Beruf und damit für eine ordentliche Zukunft. Die wirtschaftliche Situation ist in höchstem Grade instabil. In Regierungs- und Wirtschaftskreisen weiß man nicht, wohin unter dem Einfluß der Weltwirtschaftskrise die Reise geht. Alle Prognosen wurden bisher von der Wirklichkeit widerlegt.

Das Wort Krise ist zum meistgebrauchten Begriff in der BRD geworden. Das alles ist wirklich schlimm genug, denn es betrifft Millionen Arbeiter und Angestellte mit ihren Familien. Doch die ökonomische Krise mit ihren verheerenden sozialen Auswirkungen gibt es auch in anderen kapitalistischen Ländern. Was die Völker selbst dieser Länder in Alarmstimmung versetzt, ist die politische Szene, die sich auf dem Hintergrund der ökonomischen Krise gegenwärtig in der BRD abzeichnet.

Die ganze unbewältigte Vergangenheit wird wieder lebendig. Eine Flut von Büchern, Filmen und Illustrierten-Artikeln über das »Dritte Reich«, über Hitler und andere Nazigrößen ergießt sich über das Land. Dabei wird genauso wie in den Schulbüchern die geschichtliche Wahrheit entstellt, und die Verbrechen des Hitlerfaschismus werden verharmlost. Aber es bleibt jetzt schon nicht mehr nur bei Nazipropaganda. Heute wird dem SS-Massenmörder Kappler trotz internationaler Proteste nach seiner Flucht aus einem italienischen Gefängnis in der Bundesrepublik Deutschland Schutz und Heimatrecht gewährt. Bürgerliche Zeitungen Westeuropas und Amerikas stellen fest, daß »der Führer wieder Mode ist« und daß in der Bundesrepublik schon wieder der Ruf nach einem starken Mann laut wird. Offensichtlich ist, daß man in der Welt an dieser Entwicklung nicht achtlos vorbeigehen kann, ohne sich selbst Schaden zuzufügen.

Mit einer gewissen Besorgnis blicken gegenwärtig alle, die für eine friedliche Zusammenarbeit zwischen den Staaten sind, auf die Bundesrepublik Deutschland. Die verabscheuungswürdigen Morde und Entführungen durch Anarchisten und Terroristen, deren Standorte schwer einzuordnen sind, bergen die Gefahr in sich, die BRD in eine Richtung zu schieben, die den Rufern aus der Vergangenheit nur entgegenkommt. Das ist schlimm. Wir sind schon jetzt Zeuge, daß unter dem Vorwand des Kampfes gegen die sogenannten Sympathisanten gegenwärtig in der Bundesrepublik die Hetze gegen die Linken, gegen die DKP, gegen marxistisch orientierte Sozialdemokraten, gegen demokratisch gesinnte Kreise und vor allem gegen die nach einem Ausweg suchenden jungen Menschen verstärkt wird. Sie nimmt aufsehenerregende Formen an. Ich nenne nur das Stichwort Berufsverbote, ich nenne nur den Namen Sylvia Gingold, die Tochter aus einer antifaschistischen Familie, die zum Symbol für die Verfolgung demokratisch gesinnter Kräfte in der Bundesrepublik geworden ist. Mit allem Ernst weisen die Kommunisten in der Bundesrepublik auf die Gefahr hin, daß auch die letzten im Grundgesetz verbrieften demokratischen Rechte im Sog dieser Entwicklung beseitigt werden sollen.

Dieser inneren Zuspitzung entspricht auch die Verschärfung der antikommunistischen Hetze gegen die Deutsche Demokratische Republik, gegen die Sowjetunion und die anderen Länder des Sozialismus, die in diesen Tagen belebt wird. Das ist eine Hetze gegen den deutschen Staat, der die Vergangenheit mit aller Entschiedenheit bewältigt hat, in dem das Potsdamer Abkommen erfüllt wurde, in dem Nazipropaganda vom ersten Tag seiner Existenz an verboten ist, in dem die Kinder in den Schulbüchern die Wahrheit über die Geschichte erfahren und im Geiste der Demokratie und des Friedens für die Zukunft erzogen werden. Es ist der Staat, in dessen Hauptstadt Berlin vor wenigen Wochen zum 32. Mal nach der Zerschlagung der Hitlerbande eine machtvolle Kundgebung gegen Faschismus und Krieg stattgefunden hat.

Abgesandte der Antifaschisten aus der ganzen Welt waren zu uns gekommen, um sich mit ihren alten Kampfgefährten zu treffen, die das Vermächtnis des antifaschistischen Widerstandes erfüllen, indem sie im deutschen Staat der Arbeiter und Bauern den Sozialismus errichten.

In der DDR
wurden die Jahre seit 1945 gut genutzt

Ohne überheblich zu sein können wir sagen, daß wir die Jahre seit 1945 gut genutzt haben. Viele Bewährungsproben waren zu bestehen. In unserem Staat wirken gemeinsam mit den im antifaschistischen Kampf gestählten Genossen und Freunden bereits die Angehörigen mehrerer Generationen, die in den zurückliegenden Jahrzehnten die neue Gesellschaft mit Erfolg errichteten und die, obgleich es manchmal nicht so leicht war, stets ihren Mann gestanden haben.

Natürlich hat es in diesen Jahrzehnten auch Leute gegeben, denen in schwierigen Situationen die Knie weich wurden, die den klaren Blick verloren haben und von denen manche auf die andere Seite gegangen sind. Solche Fälle gab es im Verlauf aller revolutionären Bewegungen. Aber die Geschichte ist immer über sie hinweggegangen. Am Lauf der Dinge konnten Abtrünnige nichts ändern. Auch heute ist es so. Wer der Zukunft den Rücken kehrt, läuft in die Vergangenheit zurück. Er kann vielleicht für einige Wochen Schlagzeilen machen und ein paar Dollars einstreichen. Aber die

Vergangenheit bleibt die Vergangenheit, und die Zukunft bleibt die Zukunft. Es ist ein Glück für unser Volk, daß es in einem sozialistischen Staat lebt, der mit der Sowjetunion und den anderen sozialistischen Ländern fest verbunden ist, der zusammen mit allen Völkern nach gesichertem Frieden strebt.

Der Sozialismus, der real existiert, bestimmt immer mehr die Geschicke der Welt von heute. Wenn wir in unserem Land die sozialistische Revolution voranführen, dann tun wir das stets in dem Bewußtsein, untrennbar zu jener revolutionären Bewegung zu gehören, die alle Erdteile erfaßt hat. Wir fühlen uns zugehörig zur großen Gemeinschaft der um die Sowjetunion gescharten sozialistischen Länder. Wir fühlen uns zugehörig zur Arbeiterbewegung in den kapitalistischen Staaten, die um die elementaren Rechte des werktätigen Volkes einen schweren Kampf führt. Wir fühlen uns zugehörig zu den Kämpfern für nationale Unabhängigkeit und Befreiung in den Staaten Asiens, Afrikas und Lateinamerikas. Feste Solidarität verbindet uns mit den mutigen Kämpfern gegen den Faschismus in Chile und Uruguay. Wir werden nicht eher ruhen, bis die weltweite Forderung erfüllt ist: Freiheit für alle eingekerkerten Patrioten Chiles, Freiheit, Demokratie und Fortschritt für das tapfere Andenvolk! Unsere Sympathie und Solidarität gehört den revolutionären Kräften in Afrika, die allen imperialistischen Machenschaften zum Trotz ihre nationaldemokratische Revolution fortsetzen und nach einem sozialistischen Weg für ihr Volk streben. Unsere Politik des Aufbaus der entwickelten sozialistischen Gesellschaft in der Deutschen Demokratischen Republik ist eine zutiefst nationale und internationalistische Politik, die sich unverrückbar von den Worten von Marx und Engels leiten läßt: »Proletarier aller Länder, vereinigt euch!«

Der fundamentale Unterschied zwischen den beiden Gesellschaftssystemen

Liebe Genossinnen und Genossen!
Um die Welt von heute zu verstehen, um die revolutionären Prozesse und ihre Gegenkräfte richtig einzuschätzen und stets seinen Kampfplatz zu finden, muß man die politischen Erscheinungen vor dem Hintergrund der ökonomischen Herrschaftsverhältnisse und der sozialen Bedingungen sehen. Das heißt, im Sinne von Marx, Engels und Lenin an die Dinge heranzugehen. Denn der fundamentale Unterschied zwischen beiden Gesellschaftssystemen liegt in ihren Produktionsverhältnissen.

Das Ziel kapitalistischen Wirtschaftens war und ist der Profit. Selbstverständlich verfügt der Kapitalismus, der sich historisch in der Defensive befindet, noch über große Ressourcen und Potenzen. Aber die Profitwirtschaft im Interesse einiger tausend Multimillionäre macht es den Regierungen der in Frage kommenden Länder unmöglich, die sozialen und gesellschaftlichen Probleme unserer Zeit im Interesse der werktätigen Bevölkerung in den kapitalistischen Ländern zu lösen. Mehr noch: Der Widerspruch zwischen einer zum Teil beachtlichen Entwicklung der Produktivkräfte und der Verschärfung der sozialen Notlage der Massen wird immer eklatanter. Es ist soweit, daß der technische Fortschritt von den bürgerlichen Theoretikern als »Furie« bezeichnet wird, weil er für immer mehr Arbeiter und Angestellte bedeutet, auf die Straße zu fliegen und ohne Existenz, ohne Beruf dazustehen.

Der Sozialismus hingegen, der als neue und historisch junge Gesellschaftsformation einen stürmischen Aufschwung nimmt, entwickelt seine Potenzen in Übereinstimmung mit den sozialen Interessen der Massen. Die sozialistischen Produktionsverhältnisse fesseln nicht die Entwicklung der Produktivkräfte, sondern schaffen ihnen breiteste Entfaltungsmöglichkeiten. Jeder Zuwachs an Wirtschaftskraft, jede wissenschaftlich-technische Leistung, jedes Prozent Steigerung der Arbeitsproduktivität findet seinen Umschlag in höherer sozialer Lebensqualität. Der Mensch steht bei uns im Mittelpunkt. Darin liegt, wie wir bereits auf dem VIII. Parteitag erklärt haben, ja der Sinn des Sozialismus: durch unsere sozialistische Volkswirtschaft und ihre weitere kontinuierliche Entwicklung alles zu tun für das Wohl des Volkes, für eine stete Steigerung des materiellen und kulturellen Lebensniveaus.

Während der Kapitalismus eine unüberbrückbare Kluft zwischen Wirtschafts- und Sozialpolitik konstatieren muß, kann der Sozialismus die Einheit von Wirtschafts- und Sozialpolitik im Interesse der Arbeiterklasse und aller Werktätigen zu seinem obersten Leitgedanken erheben. Das ist der Kern des gesellschaftlichen Fortschritts unserer Zeit, das ist der Kern der sozialistischen Revolution in der DDR und ihrer Perspektive.

Wenn bei uns von Wirtschaftspolitik die Rede ist, dann fällt sofort der Begriff Effektivität. Jeder weiß, daß wir uns auf diesem Gebiet viel vorgenommen haben und große Aufgaben noch zu erfüllen sind. Man kann sogar sagen, daß davon, wie wir sie lösen, letzten Endes alles abhängt. Was aber die Frage betrifft, welches Gesellschaftssystem effektiver ist, so ist dieser Beweis längst erbracht.

Wir brauchen nur zu fragen: Was ist effektiver – das System des Monopolkapitals, das Millionen und aber Millionen als Arbeitslose auf die Straße wirft und damit die Hauptproduktivkraft, den arbeitenden Menschen, millionenfach ausschaltet, oder das System des Sozialismus, in dem alle Arbeit und Brot haben und jeder werktätige Mensch seine Fähigkeiten und Talente, seine Persönlichkeit voll entfalten kann?

Was ist effektiver – das System des Monopolkapitals, in dem sich die Wirtschaft bald auf und bald ab bewegt, in der der Aufschwung nur die Vorbereitung für die nächste zyklische Krise ist, oder das sozialistische System, in dem die dynamische und stabile Aufwärtsentwicklung der Wirtschaft und ständiges Wachstum des Wohlstandes des Volkes charakteristisch sind?

Die Antwort auf diese Fragen ist klar. Im Sozialismus verfügt das Volk über das effektivste Wirtschaftssystem. Inflation, Arbeitslosigkeit, Notstand in der Berufsausbildung zeigen nicht nur die Grenzen der sogenannten sozialen Marktwirtschaft. Sie lassen überhaupt die Grenzen des Monopolkapitals erkennen. Die Existenz der Union der Sozialistischen Sowjetrepubliken, der sozialistischen Länder macht deutlich: Endlich haben die Menschen mit dem sozialistischen ein Wirtschaftssystem entwickelt, das ihren Interessen, ihrem Streben nach Glück im Wohlstand dient. Da wir die Ausbeutung abgeschafft haben, da wir die Freiheiten und Rechte jedes einzelnen Werktätigen ernst nehmen, beschreiten wir den einzig menschlichen, den sozialistischen Weg der Produktion, der Steigerung der Effektivität und der Beschleunigung des wissenschaftlich-technischen Fortschritts, bei dem sich jede neue Errungenschaft auch für ihre Urheber auszahlt und bei dem das Wissen um diesen Nutzen wiederum den besten Antrieb zu neuen Ideen und Leistungen bildet.

Die sozialistische Ordnung erkämpft die Menschenrechte

Genossinnen und Genossen!
Für uns alle ist es ein erhebendes Gefühl, bei besonderen Anlässen die »Internationale« zu singen. Sie klingt, wie jeder weiß, mit den Worten aus: »Die Internationale erkämpft das Menschenrecht!« Warum erinnere ich hier daran? Wenn in der Welt von heute eine politische Kraft das Recht hat, vom Kampf um Menschenrechte zu sprechen, dann ist es vor allem die revolutionäre Arbeiterbewegung. Und wenn heute in der Welt ein politisches System auf verwirklichte Menschenrechte verweisen kann, dann ist es unser sozialistisches System, dann ist es das sozialistische Weltsystem.

Wir schätzen die Verdienste der bürgerlichen Demokraten um die Formulierung wichtiger Menschenrechte sehr hoch ein. Die Geschichte hat jedoch gelehrt, daß die Menschenrechte in unmittelbarem Zusammenhang mit den Klassenverhältnissen stehen. Die gegenwärtig auf Hochtouren laufende imperialistische Menschenrechtspropaganda ist heuchlerisch. Sie beruft sich auf progressive bürgerliche Ideen, die die Bourgeoisie selbst inzwischen verraten hat. Karl Marx hat sich schon 1844 in den »Deutsch-Französischen Jahrbüchern« ausführlich und kritisch mit den Menschenrechtsdeklarationen der Französischen Revolution befaßt. Den Hauptwiderspruch erkannte Marx in der Unvereinbarkeit des Rechts auf Freiheit mit dem Recht auf Privateigentum an Produktionsmitteln. Hier wird deutlich, daß Freiheit und Menschenrechte keine abstrakten Dinge, sondern konkrete Klassenfragen sind.

Es geht immer um die Frage: Freiheit, Demokratie und Menschlichkeit für eine Minderheit von Ausbeutern und Profitmachern oder für die Mehrheit des Volkes. Freiheit für die Mehrheit, für diejenigen, die alle Werte schaffen, ist die Grundlage der Freiheit für alle. Der ganze revolutionäre Prozeß in unserer Republik, der Aufbau des Sozialismus und sein kommunistisches Ziel waren und bleiben gerichtet auf die Verwirklichung der Interessen der Mehrheit des Volkes. Das ist die höchste Erfüllung der alten Menschheitsforderung nach Freiheit und Demokratie.

Beschlüsse des IX. Parteitages der SED –
Maßstab unser aller Arbeit

Liebe Genossinnen und Genossen!
Unsere Deutsche Demokratische Republik gehört seit langem zur Welt des realen Sozialismus, die der ganzen Menschheit den Weg in die Zukunft weist und der darum der Haß aller Ausbeuter auf dieser Erde gilt. Das Leben zeigt: Sie verleumden uns, sie können uns aber nicht aufhalten. Von Jahrfünft zu Jahrfünft bauen wir die sozialistischen Verhältnisse in unserem Lande weiter aus, die von den Interessen und Rechten des Volkes, vor allem der Arbeiterklasse, bestimmt sind. Schon im 60. Jahr nach der Großen Sozialistischen Oktoberrevolution bereiten wir uns darauf vor, den 30. Jahrestag der DDR würdig zu begehen. Das wird ein Jubiläum von wahrhaft historischer Bedeutung für unser Volk.

Gerade in der Gegenwart wird deutlich, wie zielstrebig wir dabei vorgehen. Im Programm unserer Partei wurde die Gestaltung der entwickelten sozialistischen Gesellschaft als ein historischer Prozeß tiefgreifender politischer, ökonomischer, sozialer und geistig-kultureller Wandlungen gekennzeichnet. Es sind die bedeutenden Anforderungen und die guten Ergebnisse dieses Prozesses, die heute den Alltag in unserem Lande prägen.

Vor nunmehr bald sieben Jahren haben wir umfassend charakterisiert, wie die entwickelte sozialistische Gesellschaft in der Deutschen Demokratischen Republik aussehen wird, und die notwendigen planmäßigen Schritte auf diesem Weg bestimmt. Einer nach dem anderen wurde seither getan. Das gilt für das Jahrfünft 1971 bis 1975 wie für die weiterführenden Beschlüsse unseres IX. Parteitages, der eine neue Etappe dieses Fortschritts eröffnete. Das Wachstum der Produktivkräfte und die Vervollkommnung der Produktionsverhältnisse, die immer bessere Befriedigung der materiellen und kulturellen Bedürfnisse der Werktätigen vollziehen sich entsprechend unserer von wissenschaftlichen Grundsätzen geleiteten Politik. Jahr für Jahr kann das abgerechnet werden. Oft nimmt man das hin wie eine Selbstverständlichkeit, doch kein kapitalistisches Land kann etwas ähnliches von sich sagen. Dort liegen heute die sogenannten Leitlinien und Orientierungsdaten schon im Papierkorb, ehe sie ein halbes Jahr alt sind.

Es bleibt bei unserem Programm des Wachstums, des Wohlstandes und der Stabilität

Der IX. Parteitag zog daraus die notwendigen Schlußfolgerungen. Es bleibt bei unserem Programm des Wachstums, des Wohlstandes und der Stabilität. Es bleibt auch dabei, daß nur verbraucht werden kann, was erarbeitet wurde. Die Belastungen müssen durch Leistungen ausgeglichen werden. Der Sozialismus besitzt die inneren Kraftquellen, die es möglich machen, die Hauptaufgabe in ihrer Einheit von Wirtschafts- und Sozialpolitik auch unter den veränderten Bedingungen zu lösen.

Man könnte ganz einfach sagen: Das Leben hat es doch gezeigt. Mehr als anderthalb Jahre dieses Fünfjahrplanes liegen hinter uns. Auch angesichts der aufgetretenen Belastungen wurde das dynamische Produktionswachstum gesichert, wurden neue soziale Fortschritte realisiert, manchmal mit Anspannung, mit mehr Überstunden, als uns lieb ist, letzten Endes aber erfolgreich. Zweifellos hat das seine Logik. Natürlich hat sich unsere Partei diese Entscheidung nicht leicht gemacht. Alle wesentlichen Faktoren, die bisherigen Ergebnisse und die abzusehenden Entwicklungen wurden gründlich analysiert. Das Resultat: Erforderlich und auch möglich ist eine entschiedene Vertiefung der Intensivierung der Produktion, vor allem die Beschleunigung des wissenschaftlichen Fortschritts und seine höhere volkswirtschaftliche Wirksamkeit.

In dieser Situation zeigte sich, wie lebenswichtig es war, daß unsere Partei schon auf dem VIII. Parteitag solchen Nachdruck auf die sozialistische Intensivierung als Hauptweg der Leistungssteigerung gelegt hatte. Damit war nicht schlechthin eine Entscheidung getroffen, die den Bedingungen unseres Landes entspricht. Festgelegt wurde die prinzipielle Richtung zum

Ausbau der materiell-technischen Basis, die uns für die Zukunft den notwendigen Raum zur Entfaltung schuf. Ohne die großen Anstrengungen auf diesem Wege wäre es überhaupt nicht möglich gewesen, mit dem Arbeitskräftepotential der DDR 1976 ein Nationaleinkommen von 147,7 Milliarden Mark zu produzieren.[1]

Vergegenwärtigen wir uns: 1970 hatten wir ein Nationaleinkommen von 109,5 Milliarden Mark, 1975 von 142,4 Milliarden Mark. 1980 werden es 182,2 Milliarden Mark sein. Das alles unterstreicht, daß wir über eine moderne organisierte Volkswirtschaft verfügen, deren Hauptstütze die großen Kombinate der Industrie, die LPG und die kooperativen Einrichtungen in der Landwirtschaft und das wissenschaftliche Potential der DDR sind.

Ohne die Intensivierung stünden wir nicht dort, wo wir heute stehen. So wurden aber zugleich auch die Ausgangspositionen geschaffen, von denen her es jetzt möglich ist, diesen Prozeß im notwendigen Maße zu beschleunigen und zu vertiefen.

Es ist eine umfangreiche und vielschichtige Aufgabe, die Ökonomie der DDR voll und ganz auf den Hauptweg der Intensivierung einzustellen und dabei die Rationalisierung energisch voranzutreiben. Im Grunde haben wir es dabei wohl überhaupt mit der bisher weitreichendsten Vervollkommnung des Organismus unserer Volkswirtschaft und aller Seiten der ökonomischen Tätigkeit zu tun. Von den Produktionskollektiven angefangen bis zur Plankommission und zum Ministerrat sind dabei alle Ebenen der Produktion, der wirtschaftlichen und staatlichen Leitungstätigkeit angesprochen.

Hier zügig voranzukommen erfordert Kampf. Das haben wir nie verheimlicht. Von vornherein hat unsere Partei diesen Fünfjahrplan als ein Kampfprogramm bezeichnet. Und ich möchte es wiederholen: Bei den Raten der Produktionssteigerung, bei den Zahlen des Wohnungsbaus, bei der Verbesserung des Warenangebots und praktisch allen unseren Planungen rechnen wir mit einem hohen Tempo des wissenschaftlich-technischen Fortschritts.

Um das klare Konzept unserer Partei zu realisieren, zu entwickeln und weiter zu konkretisieren, konzentriert sich unsere Führungstätigkeit auf Schlüsselfragen der Einheit von Wirtschafts- und Sozialpolitik. Gründlich wurde auf der Beratung des Sekretariats des Zentralkomitees mit den 1. Kreissekretären im Februar dieses Jahres erörtert, wie die wesentlichen Anforderungen zu bewältigen sind. Das Zentralkomitee befaßte sich auf seiner 5. Tagung mit dem Bauwesen. Man braucht kaum Worte darüber zu verlieren, was Bauen für das sozialpolitische Programm und die Zukunft

---

1 Angaben zu vergleichbaren Preisen.

unserer Industrie bedeutet. Auf der 6. Tagung arbeiteten wir die Zielstellungen für die Elektronik, vor allem die Mikroelektronik, heraus. Gerade auf diesem Felde der Produktivkräfte sind qualitativ neue Entwicklungen eingetreten. Ein höheres Niveau der Technologie ermöglicht Ersparnisse in volkswirtschaftlichen Größenordnungen. Immer stärker hängt die Qualität von Fertigwaren von der Mikroelektronik ab und damit die Konkurrenzfähigkeit der Fertigwarenexporteure, zu denen unsere Republik gehört. Hier liegen Chancen, die für unser Land Gold wert sind, Chancen allerdings auch, vor denen viel Leistung steht.

In der Chemie, im Maschinenbau und in der Konsumgüterindustrie gibt es gleichfalls große Vorhaben. So beschäftigen wir uns gründlich mit den wichtigsten Problemen. Das betrifft insbesondere den weiteren Ausbau der materiell-technischen Basis entsprechend den volkswirtschaftlichen Komplexen, wie sie auf dem IX. Parteitag herausgearbeitet worden sind. Ausgehend davon haben wir begonnen, die für die Entwicklung unseres Landes vorrangigen Gebiete zu analysieren. Die Ergebnisse werden eingeschätzt und vor allem die effektivsten Wege festgelegt, um unsere Ziele bis zum Jahre 1980 zu erreichen. Zugleich – und das tritt um so stärker in den Vordergrund, je mehr die Zeit vorrückt – müssen schon jetzt die Voraussetzungen geschaffen werden, um unseren Kurs auch danach zuverlässig weiter zu steuern. Berechtigt ist die Feststellung, daß unsere sozialistische Planwirtschaft über große Möglichkeiten verfügt, um durch die höhere Qualität und Effektivität der Arbeit ökonomische Reserven zu erschließen – in jedem Betrieb wie in der ganzen Volkswirtschaft.

Die große Bedeutung
der sozialistischen Rationalisierung

Liebe Genossinnen und Genossen!
Ein bedeutender Platz in unserer ökonomischen Politik kommt der sozialistischen Rationalisierung zu. Es ist auffällig, wie gerade die Rationalisierung in jüngster Zeit immer stärker zu einem Feld der politischen und wirtschaftlichen Auseinandersetzung mit dem Imperialismus geworden ist. In der BRD wurde mittlerweile in etwa wieder das Produktionsniveau von 1973 erreicht. Aber es gibt über 1 Million Arbeitslose, und eine riesige Zahl von sogenannten Gastarbeitern wurde entlassen und abgeschoben. Auf der einen Seite massenhafte Vernichtung von Arbeiterexistenzen und auf der anderen Seite ein steiler Anstieg der Produktivität und der Profite. Wegrationalisieren von Arbeitsplätzen ist zu einem wirklichen Schreckenswort für die Werktätigen der BRD geworden.

In der DDR, das heißt unter sozialistischen Bedingungen, ist die Rationalisierung ihrem sozialen Inhalt nach genau das Gegenteil dessen, was sie unter kapitalistischen Bedingungen ist. Sie trägt bei gesicherter Vollbeschäftigung dazu bei, die Arbeits- und Lebensbedingungen der Arbeiter und Angestellten zu verbessern. Die Arbeiter, Angestellten, Wissenschaftler und Techniker sehen zu Recht in der Rationalisierung, das heißt in der ständigen Erhöhung des Niveaus unserer Technologien, die Voraussetzung für eine größere Produktivität der gesellschaftlichen Arbeit. Sie verbessert die Produktionsbedingungen, und vor allem wird die Rationalisierung mit den Werktätigen gemeinsam durchgeführt. Gestützt auf solche Gemeinsamkeit, muß die ganze Schubkraft der Rationalisierung genutzt werden, und wir müssen mindestens in so großem Stil rationalisieren wie die Kapitalisten.

Gerade hier verbindet sich die moderne Wissenschaft mit der reichen Produktionserfahrung und Fertigkeit der Arbeiterklasse. Mit den Fortschritten auf diesem Feld entscheiden wir wesentlich darüber, welcher Leistungszuwachs mit dem Arbeitskräftepotential unseres Landes erwirtschaftet werden kann. Arbeitslosigkeit fürchtet bei uns niemand. Statt Probleme zu schaffen, löst die Rationalisierung eine unserer dringendsten Entwicklungsfragen, indem sie hilft, den Mangel an Arbeitskräften zu überwinden. Es hat sich doch die Erkenntnis durchgesetzt, daß die Rationalisierung letztlich die einzige Antwort auf diese Sorge darstellt. Arbeitskräfte zu fordern, sie von jemand anders zu verlangen heißt fast immer, einer Illusion nachzujagen. Die Kernfrage besteht darin, durch Rationalisierung, vor allem durch ein hohes technologisches Niveau, Arbeitsplätze in großem Maße einzusparen und dadurch Werktätige für die volle Ausnutzung der Maschinen und Anlagen zu gewinnen.

Die Rationalisierung ist ein Hauptfaktor der Steigerung der Arbeitsproduktivität. Wir fassen sie als eine weite Aufgabenstellung auf. Die gute Organisation der Produktion gehört ebenso dazu wie die Sicherung der Kontinuität, die sinnvolle Arbeitsplatzgestaltung und die Einführung neuer Technologien und automatisierter Ausrüstungen. Deshalb müssen die Investitionen noch stärker dafür eingesetzt werden als bisher schon vorgesehen. Deshalb fordern wir in den Betrieben und Kombinaten den Eigenbau von Rationalisierungsmitteln in großem Umfang. Deshalb begrüßen wir die Fortschritte der territorialen Rationalisierung, aber sehen zugleich, daß ihre Möglichkeiten bei weitem noch nicht ausgeschöpft sind. Deshalb geht die sozialistische Rationalisierung heute einen jeden an, wo immer er auch arbeitet.

Genossinnen und Genossen!
Einige Worte zur Sparsamkeit, einem Begriff, der in der Diskussion über die Aufgaben dieses und des nächsten Jahres eine wesentliche Rolle spielt. Sparsamkeit steht selbstverständlich nicht neben der täglichen Arbeit, nicht neben unserer Wirtschaftspolitik, sondern ist ihr innerer Bestandteil. In ihrem Sinne handelt, wer mit geringstem Aufwand hohe Ergebnisse erzielt. Es geht hier also auch nicht um eine Art »Zeiterscheinung«, der man heute Aufmerksamkeit widmet und morgen nicht. Wann immer Volkseigentum vergeudet wird, werden die Mittel geschmälert, die wir für die gegenwärtigen und künftigen Bedürfnisse der Menschen brauchen. Sparsamkeit schreiben wir groß, weil wir jede Mark wirksam für unseren Kurs der Einheit von Wirtschafts- und Sozialpolitik einsetzen wollen.

Tiefgreifende Wandlungen im geistig-kulturellen Leben

Liebe Genossinnen und Genossen!
Mit Recht können wir davon sprechen, daß sich im Verlaufe der sozialistischen Revolution auch im geistig-kulturellen Leben unseres Volkes tiefgreifende Wandlungen vollzogen haben und weiter vollziehen werden. Wir gestalten die entwickelte sozialistische Gesellschaft mit einer hochgebildeten Arbeiterklasse, die allen Anforderungen gerecht wird, die sich aus den immer komplexer werdenden Prozessen der Volkswirtschaft und der anderen gesellschaftlichen Bereiche ergeben. In den Städten und Dörfern haben Bildung, Wissenschaft und Kultur ihren festen Platz eingenommen und tragen zur weiteren Annäherung von Stadt und Land bei. Unsere wissenschaftliche und technische Intelligenz trat auf vielen Gebieten mit Leistungen hervor, die ihr zur Ehre gereichen. Künstler und Kulturschaffende festigten mit neuen Werken die Überzeugung von der Richtigkeit unseres Weges. Mit einem Wort, liebe Genossinnen und Genossen, dem Schöpfertum der Menschen werden immer neue Horizonte eröffnet. Darin kommt das menschliche Antlitz des Sozialismus zum Ausdruck.

Wesentliches hat dafür unser Volksbildungswesen geleistet, das mit seinen Ergebnissen den hohen Ansprüchen unseres modernen sozialistischen Industriestaates voll und ganz entspricht. Dazu gehört, daß es für nahezu alle Kinder zur Selbstverständlichkeit geworden ist, sich während des zehnjährigen Besuchs der Oberschule eine solide naturwissenschaftliche, gesellschaftswissenschaftliche und polytechnische Bildung anzueignen. So werden sie befähigt, als kluge und wissende Menschen sachkundig an der gesellschaftlichen Entwicklung des Sozialismus mitzuarbeiten. Ja, wir stellen mit großer Genugtuung fest, daß die Jugend, die durch die Schulen unseres Arbeiter-und-Bauern-Staates gegangen ist, nicht nur der Politik, der Wissenschaft und Technik und der Kultur aufgeschlossen gegenübersteht, sondern im wahrsten Sinne des Wortes für das Leben gerüstet ist. Diese Jugend weiß, daß im Sozialismus das Lernen einen Sinn hat, weil in unserer aufstrebenden Welt Wissen und Begabungen zum Nutzen des einzelnen und der Gesellschaft zu ihrer vollen Entfaltung kommen.

Weil wir es zu unserem Ziel erklärt haben, den allseitig entwickelten Menschen heranzubilden, werden wir immer günstigere Bedingungen für eine hohe Bildung der Arbeiterklasse und des ganzen Volkes schaffen. Auch darin werden wir uns von niemandem übertreffen lassen. Mit Recht kann gesagt werden: Das hochentwickelte Bildungswesen in unserem Lande gehört zu jenen großen gesellschaftlichen Leistungen, die der Deutschen Demokratischen Republik international Gewicht und Rang verschafft haben. Das ist eine Leistung unserer ganzen Gesellschaft, und dabei gebührt das Hauptverdienst den 700 000 im Schulwesen Beschäftigten, darunter 400 000 Pädagogen. Ihr selbstloser Einsatz für die Durchführung der Politik von Partei und Regierung ist ein großer Beitrag der sozialistischen Intelligenz zur weiteren Gestaltung der entwickelten sozialistischen Gesellschaft.

Genossinnen und Genossen!

Einen nachhaltigen Einfluß auf das geistig-kulturelle Leben üben Wissenschaft und Technik aus, für deren Entwicklung die Bedingungen günstiger denn je sind. Mit zahlreichen Forschungsergebnissen konnten international beachtenswerte Positionen erreicht werden. Das trug zur Beschleunigung des wissenschaftlich-technischen Fortschritts bei. Der Sozialismus ist eine einzigartige Herausforderung an die Wissenschaft. Mehr noch als in der Gegenwart wird in Zukunft seine Entwicklung davon bestimmt, in welchem Maße es gelingt, immer neue wissenschaftliche und technische Erkenntnisse mit höchster Effektivität den gesellschaftlichen und ökonomischen Aufgaben zugrunde zu legen. Das betrifft in erster Linie die Anwendung in der Volkswirtschaft. Man braucht dabei nur an das Wort Lenins zu erinnern, daß die Arbeitsproduktivität letztlich das Ausschlaggebende für den Sieg der neuen Gesellschaftsordnung sein wird, um die ganze Wahrheit zu verstehen. Deshalb geben wir der wissenschaftlichen Arbeit einen so hohen Rang. Außerdem prägen ihre Ergebnisse das geistige Antlitz der Arbeiterklasse und unseres ganzen Volkes.

Von unserer neuen Welt kann jeder sagen: »Hier bin ich Mensch, hier darf ich's sein.« Und während den Kapitalismus die Gebrechen seines Systems zeichnen, mit ihren negativen Auswirkungen auf alle Gebiete der Gesellschaft und des Lebens der werktätigen Massen, tritt um so deutlicher zutage, daß der Sozialismus soziale Sicherheit, Wachstum, Wohlstand und Stabilität gewährleistet. Er gibt den arbeitenden Menschen, was der Kapitalismus ihnen nimmt – eine erstrebenswerte und weitgesteckte Perspektive. In der neuen Welt des Sozialismus nimmt auch unsere Deutsche Demokratische Republik für alle Zeiten einen festen Platz ein. Aus der Gemeinschaft mit der Sowjetunion und den anderen Bruderländern schöpft sie Kraft und trägt zugleich zu ihrem Gedeihen bei.

Erich Honecker: Reden und Aufsätze, Bd. 5, Berlin 1983, S. 465–480, 486–488, 493–495, 502/503, 507.

Der Rote Oktober
war stets Leitstern und Kraftquell
für die deutschen Kommunisten

Vorwort zu dem Buch
»Unser stärkstes Argument.
Funktionäre der KPD über Werden und Wachsen
des Sowjetlandes 1917–1945«
Oktober 1977

Sechs Jahrzehnte sind seit dem Sieg der Großen Sozialistischen Oktoberrevolution, seit jenem Ereignis vergangen, das »die Welt erschütterte« und sie von Grund auf veränderte. Unter Führung Lenins und der Partei der Bolschewiki vollbrachte das russische Proletariat eine unvergängliche Befreiungstat für die gesamte Menschheit. Es beseitigte das zaristische Regime und entschied die Grundfrage jeder Revolution, die Frage der Macht, zu seinen Gunsten. Im Roten Oktober wurden die Ideen von Marx, Engels und Lenin zur materiellen Gewalt, in deren Besitz die Arbeiterklasse ihre historische Mission zu erfüllen vermag, Totengräber des Kapitalismus und Schöpfer der sozialistischen Gesellschaftsordnung zu sein. »Wir können mit Recht stolz darauf sein und sind stolz darauf«, stellte Lenin fest, »daß uns das Glück zuteil geworden ist, den Aufbau des Sowjetstaates zu beginnen und damit eine neue Epoche der Weltgeschichte einzuleiten, die Epoche der Herrschaft der neuen Klasse, die in allen kapitalistischen Ländern unterdrückt ist und die überall zu neuem Leben, zum Sieg über die Bourgeoisie, zur Diktatur des Proletariats, zur Erlösung der Menschheit vom Joch des Kapitals, von den imperialistischen Kriegen vorwärtsschreitet.«[1]

Vom Sieg des Roten Oktober ging ein Kraftstrom aus, der die klassenbewußten Arbeiter aller Kontinente, die Revolutionäre, die Kämpfer für ein besseres Dasein der Völker begeisterte und in ihrem Handeln ermutigte. Das Flammenzeichen war gesetzt, wie das Ziel der Abschaffung von kapitalistischer Ausbeutung und Unterdrückung, der Errichtung einer neuen

---

1 W.I.Lenin: Zum vierten Jahrestag der Oktoberrevolution. In: Werke, Bd.33, S.35.

Welt zu verwirklichen und welcher Weg dahin zu beschreiten sei. In den verschiedensten Ländern drängten diejenigen, die den Sozialismus und Kommunismus als endlich freie und menschenwürdige Gesellschaftsordnung erstrebten, darauf, es dem russischen Proletariat und den Bolschewiki gleichzutun. Damals machte die Forderung die Runde, mit der jeweiligen Bourgeoisie »russisch zu reden«. Die Solidarität mit dem jungen Sowjetstaat schlug starke Wurzeln.

Durch das Beispiel der sowjetischen Klassenbrüder wurde auch der Kampf der revolutionären deutschen Arbeiterbewegung zutiefst beeinflußt. Es war Ansporn für sie und verlieh ihr neue Siegeszuversicht. Darüber berichten die Beiträge des vorliegenden Bandes. Sie widerspiegeln die Größe der weltgeschichtlichen Entscheidung, die der Sieg des Roten Oktober bedeutete, und der internationalen Veränderungen, die er auslöste. Deutlich wird, mit welcher Leidenschaft die revolutionären deutschen Arbeiter darum kämpften, dem gesellschaftlichen Fortschritt auch in ihrem Land zum Durchbruch zu verhelfen.

Auf den Seiten dieses Buches kommen Persönlichkeiten zu Wort, die den Weg der deutschen Arbeiterbewegung maßgeblich bestimmt und mitgestaltet haben, wie Karl Liebknecht, Rosa Luxemburg, Clara Zetkin, Franz Mehring und ihre Mitkämpfer bei der Schaffung der Kommunistischen Partei Deutschlands. Es sind Persönlichkeiten, die unter Führung Ernst Thälmanns entscheidend dazu beitrugen, diese Partei zu formen und zur Erfüllung ihrer historischen Aufgaben zu befähigen, wie Wilhelm Pieck, Fritz Heckert, Philipp Dengel, Wilhelm Florin, Franz Dahlem, Edwin Hoernle, Hermann Duncker, Walter Ulbricht. So mannigfaltig der konkrete Gegenstand der einzelnen Beiträge und so unterschiedlich die Art der Darstellung sind, so übereinstimmend ist zugleich die Grundaussage. Die Autoren würdigen die Große Sozialistische Oktoberrevolution als Weltenwende. Sie betrachteten den Roten Oktober als den neuen, entscheidenden Ausgangspunkt für die Daseinsgestaltung auch des deutschen Volkes, als Leitstern der Arbeiterklasse und aller Werktätigen beim Vormarsch zum Sozialismus und Kommunismus.

Aus jeder Äußerung spricht ein ganz persönliches Verhältnis zur Oktoberrevolution, zu ihrem Genius Wladimir Iljitsch Lenin, zu ihrer führenden Kraft, der Partei der Bolschewiki, und zu ihrer Schöpfung, dem Sowjetstaat. Der Werdegang dieser deutschen Kommunisten wurde durch ihr Verhältnis zur Sowjetunion und zur Partei Lenins wesentlich geprägt. Nachhaltig wirkten der revolutionäre Geist der Kommunistischen Partei der Sowjetunion, das Heldentum und die Leistungen der sowjetischen Arbeiterklasse auf ihre politische und ideologische Entwicklung.

Ihnen galt das Verhältnis zur Union der Sozialistischen Sowjetrepubliken und zur Partei Lenins stets als der Prüfstein für die Treue zur Sache der Arbeiterklasse und zum Marxismus. Ungeachtet aller Verleumdungen durch die imperialistische Bourgeoisie und deren Helfer, vertraten sie diesen prinzipiellen Standpunkt mit Konsequenz. Es war eine der wichtigsten Erfahrungen ihres kampferfüllten Lebens, daß man ohne die brüderliche Verbundenheit mit der Sowjetunion kein wahrhafter Kommunist sein kann. Gerade aus solcher Verbundenheit erwachsen dem Kommunisten Mut, Optimismus, Siegeszuversicht, jene Eigenschaften und Stärken, die er braucht, um in der täglichen Arbeit für die Ziele der Partei, im Kampf der Arbeiterklasse seinen Platz auszufüllen. Diese Überzeugung trugen sie in die werktätigen Massen.

Der Band zeigt, mit welch brennendem Interesse die deutschen Kommunisten die Erfahrungen der Oktoberrevolution, die Fortschritte der Sowjetmacht aufnahmen, wie sie danach strebten, sie für die Lösung der Probleme des Kampfes der Arbeiterklasse des eigenen Landes zu nutzen. Mit leidenschaftlicher Sympathie verfolgten sie das grandiose Aufbauwerk in der Sowjetunion. Dort wurde während eines halben Jahrhunderts trotz imperialistischer Intervention und faschistischer Aggression die neue, sozialistische Gesellschaft errichtet und ausgestaltet, wurde der Grundstein für den Aufbau des Kommunismus gelegt. Vor aller Welt bewies die Sowjetmacht, daß die befreite Arbeiterklasse unter Führung ihrer marxistisch-leninistischen Partei imstande ist, das Dasein des Volkes bewußt und planmäßig zu gestalten. Sie erbrachte einen unschätzbar wertvollen Beitrag zur Stärkung der revolutionären Weltbewegung.

Die Veränderung der Besitz- und Machtverhältnisse im Sowjetland ermöglichte es, die fundamentalen Menschenrechte auf Arbeit und Bildung, auf soziale Betreuung und Erholung zu verwirklichen. Mit der dadurch gewährleisteten sozialen Sicherheit wurde die Grundlage für die persönliche Freiheit des Menschen, für die allseitige Entwicklung seiner Persönlichkeit geschaffen. Das gesellschaftliche Eigentum an den Produktionsmitteln und die sozialistische Demokratie garantierten erstmals in der Geschichte die volle Gleichberechtigung der Werktätigen. In der Praxis bewies die durch die Große Sozialistische Oktoberrevolution begründete Staats- und Gesellschaftsordnung: Nur der Sozialismus verwirklicht umfassend und unwiderruflich die Freiheit des Menschen; ohne den Sozialismus kann es keine wahre, gesicherte Freiheit geben; Sozialismus und Freiheit bilden eine untrennbare Einheit.

Stets waren sich die deutschen Marxisten der Tatsache bewußt, daß die Union der Sozialistischen Sowjetrepubliken der Pionier der sozialistischen Entwicklung ist. Begeistert und mit wachsender Entschlossenheit, dem Beispiel ihrer sowjetischen Klassenbrüder zu folgen, erlebten sie, wie diese in allen Entwicklungsabschnitten die überlegenen Kräfte und Möglichkeiten der sozialistischen Ordnung demonstrierten.

Unter Führung der Partei der Bolschewiki setzten die Arbeiter und Bauern der Sowjetunion die revolutionäre Theorie von Marx, Engels und Lenin in die Praxis um. Der wissenschaftliche Sozialismus bestand die Prüfung des Lebens, und seine Überzeugungskraft, sein Einfluß in der internationalen Arena erhöhten sich. Wie die Gesellschaftsordnung des Sozialismus, so erwies auch die marxistisch-leninistische Ideologie ihre überlegene Stärke gegenüber dem Imperialismus und dessen ideologischen Versuchen, das menschenfeindliche System des Kapitals zu rechtfertigen.

»Der Siegeszug des Sozialismus in der Sowjetunion ist unser stärkstes Argument.«[2] Diese Worte Ernst Thälmanns verdeutlichen, zu welch unvergleichlichem politisch-moralischem Faktor das erste sozialistische Land der Welt geworden war. Je greifbarer sich dort die Konturen des Sozialismus abzeichneten, je gewichtiger der reale Sozialismus Gestalt annahm, desto mehr verstanden auch immer größere Teile der deutschen Arbeiterklasse, daß die neue Gesellschaft die einzige Alternative zur kapitalistischen Ausbeuterordnung ist. Sie erkannten darin den wirklichen Ausweg der Menschheit aus der allgemeinen Krise des Kapitalismus. Dieses lebendige, unwiderlegbare Beispiel gesellschaftlicher Veränderungen bekräftigte die Richtigkeit des Programms, der Strategie und Taktik der Kommunisten. Es kündete vom tiefen geschichtlichen Sinn ihres revolutionären Kampfes und offenbarte, daß keine Mühe, kein Opfer für den Kommunismus vergebens sind, daß ihm – und nur ihm – die Zukunft gehört.

Karl Liebknecht und Rosa Luxemburg, Franz Mehring und Clara Zetkin werteten den Roten Oktober als die größte Friedenstat der Geschichte, erblickten in ihm die historische Wende zu einer Welt des Sozialismus und damit auch des Friedens. Vom ersten Tage seines Bestehens an bewährte sich der Sowjetstaat als wahrhafte Friedensmacht. Das Leninsche Dekret über den Frieden war der erste Schritt in eine neue Epoche der Außenpolitik und Diplomatie zur friedlichen Regelung der internationalen Beziehungen und des Zusammenlebens der Völker.

Das Land des Großen Oktober, die Partei Lenins standen der deutschen Arbeiterbewegung, dem deutschen Volk stets treu zur Seite – das war und ist eine grundlegende Kampferfahrung der deutschen Arbeiterklasse und ihrer Partei. Stets war für sie das erste sozialistische Land der Welt die uneinnehmbare Bastion der Freiheit, der jede Finsternis der Reaktion durchdringende Leuchtturm des Fortschritts. Auf ihn richteten sich die Blicke

---

2 Zit. in: Unser stärkstes Argument. Funktionäre der KPD über Werden und Wachsen des Sowjetlandes 1917–1945, Berlin 1977, S. 183.

der Kämpfer für Freiheit und Sozialismus, und sein nie verlöschendes Licht bestärkte sie in der Gewißheit einer besseren Zukunft des werktätigen Volkes. Während der Jahre des Hitlerregimes schöpften wir Kommunisten und Antifaschisten aus der Macht und den Fortschritten der Sowjetunion stets Kraft zum Widerstand.

Mit ihrem ruhmreichen Sieg über den Faschismus im Jahre 1945 entschieden die Söhne des Roten Oktober die Zukunft des Sozialismus, des Fortschritts und der Demokratie in der Welt, die Frage von Sein oder Nichtsein der Zivilisation. Dieser Sieg markiert einen tiefen geschichtlichen Einschnitt. Er zeigte in aller Klarheit, daß mit der Oktoberrevolution eine neue Epoche im Leben der Menschheit angebrochen ist. Auch unserem Volke öffnete er das Tor zum Zeitalter des Sozialismus und bereitete den Boden für den ersten sozialistischen deutschen Staat der Arbeiter und Bauern – die Deutsche Demokratische Republik. Der Bruderbund mit der Union der Sozialistischen Sowjetrepubliken gab der antifaschistisch-demokratischen Umwälzung und der sozialistischen Revolution in unserem Land, vollzogen als einheitlicher Prozeß, einen zuverlässigen Schutz vor allen Anschlägen der internationalen Reaktion. Die ganze Geschichte unseres Staates ist zugleich die Geschichte der ständig enger werdenden Freundschaft mit dem Geburtsland des Sozialismus. Auf dieser unerschütterlichen Gemeinsamkeit, die während der jahrzehntelangen Kampfgemeinschaft unserer im Leninschen Geiste wirkenden kommunistischen Parteien geschmiedet wurde, beruhen die entscheidenden revolutionären Errungenschaften, alle Erfolge des sozialistischen Aufbaus in der Deutschen Demokratischen Republik. Auf sie gründet sich die Verwirklichung der Lebensinteressen unseres Volkes.

Entsprechend den Erfahrungen, die sie im wechselvollen Verlauf der Klassenauseinandersetzung mit dem Imperialismus gewonnen hatten, gestalteten die deutschen Kommunisten ihr Verhältnis zur Union der Sozialistischen Sowjetrepubliken und zur Kommunistischen Partei der Sowjetunion. Sie waren – wie dieser Band beweist – zutiefst von der Einsicht durchdrungen, daß der Kampf für eine neue Gesellschaftsordnung auf deutschem Boden fest mit dem revolutionären Weltprozeß verbunden ist, den die Große Sozialistische Oktoberrevolution eingeleitet hatte. Im Zentrum der weltweiten Veränderungen seit dem Roten Oktober stand stets die Sowjetunion. Ihr Beispiel erhellte allen Kämpfern für die neue Welt des Sozialismus und des Kommunismus, des Fortschritts, der Menschlichkeit und des Friedens den Weg. Jede Stärkung der Avantgarde des Weltsozialismus erhöhte das Gewicht aller revolutionären, für den Sozialismus kämpfenden Kräfte in der internationalen Arena.

Die revolutionäre Bewegung erstarkt um so mehr, der Sozialismus gedeiht im eigenen Lande um so besser, je enger die Freundschaft zur Sowjetunion ist, je harmonischer die nationalen Interessen mit den allgemeinen internationalen Interessen der revolutionären Bewegung und des Sozialismus verbunden werden. Das bestätigen die Erfahrungen von sechs Jahrzehnten deutscher Arbeiterbewegung. Die Geschichte hat den Worten Ernst Thälmanns recht gegeben: »Die entscheidende Frage für die internationale Arbeiterbewegung ist die Stellung zur proletarischen Diktatur in der Sowjetunion. Hier scheiden sich die Geister, und sie müssen sich scheiden! Die Stellung zur Sowjetunion entscheidet auch über die Frage, zu welchem Lager man in den Fragen der deutschen Politik gehört, zum Lager der Revolution oder zum Lager der Konterrevolution.«[3]

Seit dem Großen Oktober sind alle Grundfragen der Politik auch im Herzen Europas unlösbar mit der Frage nach dem Verhältnis zur Sowjetunion verknüpft. Stets verband sich dieses Verhältnis auch mit der Frage nach der historischen Perspektive unseres Volkes. Daß es im Bündnis mit der Sowjetunion friedlich leben und der Zukunft vertrauen kann, während die Politik des Antisowjetismus den arbeitenden Menschen stets furchtbaren Schaden zugefügt hat, ist eine unumstößliche Tatsache. Tiefe Einsicht in diese Zusammenhänge prägte bereits das erste Auftreten der deutschen Kommunisten im Reichstag mit einer Rede Clara Zetkins am 2. Juli 1920. Sie machte das prinzipielle, programmatische Bekenntnis zur Kampfgemeinschaft mit der sowjetischen Arbeiterklasse und ihrer Kommunistischen Partei zum Ausgangspunkt der Darlegung. Als erstrangiges außenpolitisches Ziel proklamierte sie das Schutz- und Trutzbündnis mit dem Sowjetstaat. Dieses Kampfbündnis war immer eine tragende Säule des Wirkens der deutschen Kommunisten. Darin drückt sich das Wesen ihrer Politik aus, in der proletarischer Internationalismus und revolutionärer Patriotismus eine Einheit bilden.

Das internationale Monopolkapital, das den gesellschaftlichen Fortschritt unseres Volkes aufhalten wollte, schürte verbissene Feindschaft gegen den Sowjetstaat. Waren die Pläne des Imperialismus stets von solchem Haß erfüllt, so brachte die revolutionäre Arbeiterbewegung dem Land des Roten Oktober ihre Liebe entgegen. Bereits auf dem Gründungsparteitag der Kommunistischen Partei Deutschlands brandmarkten Rosa Luxemburg und Karl Liebknecht schärfstens den Antibolschewismus der imperialistischen Reaktion und der rechten Sozialdemokraten. Von vornherein gingen die deutschen Kommunisten davon aus, daß der Sieg über die deutsche Bourgeoisie nur in brüderlicher Verbundenheit mit den sowjetischen Klassen-

---

3 Ernst Thälmann: Für den Sieg des Sozialismus in der Sowjetunion. Aus einer Diskussionsrede auf der VII. Tagung des Erweiterten EKKI, 11. Dezember 1926. In: Über proletarischen Internationalismus. Reden und Artikel, Leipzig 1977, S. 54.

brüdern erfochten, daß der Sozialismus auf deutschem Boden nur im engsten Bündnis mit der Sowjetunion errungen und behauptet werden kann.

Die Tradition der Gemeinsamkeit der deutschen Marxisten-Leninisten mit der Partei und dem Lande Lenins führt die Sozialistische Einheitspartei Deutschlands konsequent fort. Von großer geschichtlicher Tragweite ist es, daß im Ringen um die Errichtung der Arbeiter-und-Bauern-Macht, beim sozialistischen Aufbau in der Deutschen Demokratischen Republik die Freundschaft zur Sowjetunion von den Menschen unseres Landes so tief Besitz ergriff. Die gesamte Entwicklung unseres Landes bezeugt die Kraft der brüderlichen Gemeinsamkeit mit der Sowjetunion bei der Verwirklichung der Interessen unseres Volkes, bei der Beschleunigung des gesellschaftlichen Fortschritts.

Die Beiträge dieses Bandes bringen die Erkenntnis der deutschen Kommunisten zum Ausdruck, daß die Erfahrungen der Partei Lenins auch für den Kampf der deutschen Arbeiterklasse von grundsätzlicher Bedeutung sind. Dies war ausschlaggebend für die richtige Ausarbeitung der Politik zur Errichtung und Entwicklung der Arbeiter-und-Bauern-Macht, der Generallinie des sozialistischen Aufbaus in der Deutschen Demokratischen Republik. Wiederum trat klar zutage, wie recht Lenin hatte, als er betonte, daß man zum Sozialismus nur gelangen kann, wenn man auf die konkreten Bedingungen eines jeden Landes jene allgemeinen Gesetzmäßigkeiten anzuwenden versteht, durch die der Weg zum Sozialismus und dessen Hauptmerkmale geprägt werden. Dabei waren die theoretischen Erkenntnisse und praktischen Erfahrungen der Kommunistischen Partei der Sowjetunion hinsichtlich der Gewinnung der Massen, des Kampfes um die Macht und des sozialistischen Aufbaus in allen Etappen unseres Voranschreitens von unschätzbarem Wert.

Im Sturm des Roten Oktober, beim Aufbau der neuen Gesellschaft, im Ringen mit dem Weltimperialismus um die Erhaltung und Sicherung des jungen Sozialismus erblickten Karl Liebknecht, Ernst Thälmann und ihre Kampfgefährten den Motor der Entwicklung in der führenden Rolle der Leninschen Partei. Dies war eine der wichtigsten Erkenntnisse jener Zeit. Wenn die Arbeiterklasse die werktätigen Massen um sich scharen, der Bourgeoisie die Macht entreißen, den sozialistischen Aufbau organisieren und die gesellschaftliche Entwicklung im Sozialismus erfolgreich leiten will, dann braucht sie dazu eine Partei, die mit der Theorie des Marxismus-Leninismus ausgerüstet ist, auf dieser Grundlage eine prinzipienfeste und kontinuierliche Politik verfolgt und sich fest mit dem werktätigen Volk verbindet.

Schon sechs Jahrzehnte führt die Kommunistische Partei der Sowjetunion das Sowjetvolk auf jenem Weg voran, den vorher niemand beschritt.

In konsequenter Anwendung der Theorie des Marxismus-Leninismus auf die Probleme des revolutionären Weltprozesses und des Aufbaus der neuen Gesellschaft lenkte sie den gesellschaftlichen Fortschritt. Heute erfüllt sie ihre weltgeschichtliche Rolle als kampfgestählter Vortrupp der Erbauer des Kommunismus, als Avantgarde des Fortschritts der gesamten Menschheit überzeugender denn je.

Seit sie auf dem internationalen Schauplatz erschien, gehen von der Sowjetunion immer neue und kraftvolle Impulse für die Erhaltung und Festigung des Weltfriedens aus. Mit der von Lenin konzipierten Politik der friedlichen Koexistenz gab sie eine konstruktive Antwort auf die Frage nach dem Charakter der Beziehungen zwischen Staaten unterschiedlicher Gesellschaftsordnung. Insbesondere dank ihrem unermüdlichen Kampf, dank den Aktivitäten aller mit ihr verbündeten Bruderländer wurde in unseren Tagen die Entspannung zur Haupttendenz der internationalen Entwicklung, zeichnet sich die reale Perspektive einer Welt ohne Krieg ab.

Es ist das Fazit aller Erfahrungen und Traditionen des revolutionären Kampfes der deutschen Kommunisten, wenn unsere Sozialistische Einheitspartei Deutschlands – wie auf dem IX. Parteitag bekräftigt – der ständigen Vertiefung des Bruderbundes mit der Kommunistischen Partei der Sowjetunion und der Union der Sozialistischen Sowjetrepubliken in ihrem Wirken einen so hervorragenden Platz einräumt. Dabei bildet die unzerstörbare Kampfgemeinschaft unserer Partei mit der Partei Lenins den Kern des Bündnisses unserer Staaten und Völker.

Mit dem Vertrag über Freundschaft, Zusammenarbeit und gegenseitigen Beistand vom 7. Oktober 1975 wurden der Gemeinsamkeit unserer Länder neue Dimensionen eröffnet. Die Zusammenarbeit auf allen Gebieten erreicht eine höhere Stufe. Zur bestimmenden Richtung wird die enge Verflechtung der materiellen und geistigen Potenzen unserer Bruderländer bei der Lösung großer, weit in die Zukunft reichender gemeinsamer Aufgaben.

Leben und Kampf der Mitbegründer und Vorkämpfer unseres internationalistischen Kampfbündnisses widerspiegeln – wie der vorliegende Band zeigt – die unüberwindliche Macht der Ideen des Großen Oktober, einer geschichtsgestaltenden Kraft, deren Entfaltung die imperialistische Reaktion weder mit Lügen noch blutigem Terror aufhalten konnte.

Karl Liebknecht und Rosa Luxemburg, die den deutschen Arbeitern und Soldaten den Blick dafür öffneten, im Feuerschein des russischen Oktober das Flammenzeichen der deutschen Revolution zu erkennen, wurden von den Soldknechten des Antibolschewismus umgebracht. Aber ihr Mitkämpfer Wilhelm Pieck wurde zum Oberhaupt des ersten deutschen Arbeiter- und-Bauern-Staates, unserer Deutschen Demokratischen Republik, berufen, der die unverbrüchliche Freundschaft mit dem Sowjetlande zur Staatsdoktrin erhob.

Ernst Thälmann, dem der Kampf für die Sache des Kommunismus Lebensinhalt war, der alles tat, um die deutschen Werktätigen mit dem Willen zu beseelen, dem Beispiel ihrer sowjetischen Klassenbrüder zu folgen, wurde von den Faschisten meuchlings ermordet. Wie er fielen ihnen John Schehr, Walter Stoecker, Ernst Schneller, Theodor Neubauer, Hans Beimler, Fiete Schulze, Etkar André, Conrad Blenkle, Max Maddalena und viele andere zum Opfer. Doch ihre Kampfgefährten bewährten sich als Organisatoren der Arbeiterklasse und der mit ihr verbündeten werktätigen Schichten, als diese unter Führung der Kommunisten, in fester Kampfgemeinschaft mit der Sowjetunion darangingen, die erste deutsche Arbeiter-und-Bauern-Macht zu errichten und die sozialistische Gesellschaft zu gestalten.

Getreu dem Vermächtnis Karl Liebknechts und Rosa Luxemburgs, Ernst Thälmanns und Wilhelm Piecks, schreiten wir in der Deutschen Demokratischen Republik, fest verbündet mit der Sowjetunion, auf den Bahnen des Sozialismus voran und dem Kommunismus entgegen.

Erich Honecker: Reden und Aufsätze, Bd. 5,
Berlin 1983, S. 524–533.

Die Aufgaben der Partei bei der weiteren Verwirklichung der Beschlüsse des IX. Parteitages der SED

Aus dem Referat auf der Beratung des Sekretariats des Zentralkomitees der SED mit den 1. Sekretären der Kreisleitungen

17. Februar 1978

Liebe Genossinnen und Genossen!
Unsere Partei hat stets die marxistisch-leninistische Revolutionstheorie schöpferisch auf die konkret-historischen Bedingungen angewandt. Zum Beginn des einheitlichen revolutionären Prozesses im Jahre 1945 stellten wir nicht die sozialistische Revolution als Tagesaufgabe, sondern richteten den Hauptstoß der antifaschistisch-demokratischen Umwälzung gegen Monopolkapital und Großgrundbesitz. Als ihre wichtigste Aufgabe sah es unsere Partei an, die Arbeiterklasse zur Führung in allen gesellschaftlichen Bereichen zu befähigen und ein breites Bündnis mit den Bauern, der Intelligenz und den städtischen Mittelschichten herzustellen. Diese enge Verbindung zu den Volksmassen ermöglichte den Übergang zur sozialistischen Revolution. Die feste Verankerung unserer Partei in der Arbeiterklasse und die vertrauensvolle Zusammenarbeit mit allen anderen Werktätigen war, ist und bleibt das sichere Unterpfand für den Erfolg unseres Kampfes.

Mit der Gründung der Deutschen Demokratischen Republik vollzog sich für alle sichtbar die Hinwendung zum Aufbau des Sozialismus. Anfang der sechziger Jahre wurde bei uns die Übergangsperiode vom Kapitalismus zum Sozialismus abgeschlossen. Wir hatten die Grundlagen des Sozialismus geschaffen. In Industrie und Landwirtschaft hatten die sozialistischen Produktionsverhältnisse gesiegt. Ein stabiler sozialistischer Staat war entstanden, die Diktatur des Proletariats wurde im breiten Bündnis mit den anderen Werktätigen erfolgreich ausgeübt.

Mit dem Sieg der sozialistischen Produktionsverhältnisse, der Schaffung der Grundlagen des Sozialismus waren wichtige Errungenschaften erreicht, aber natürlich war damit der Aufbau des Sozialismus nicht abgeschlossen.

Wir nahmen – vor allem gemäß den Beschlüssen des VIII. und des IX. Parteitages – die Gestaltung der entwickelten sozialistischen Gesellschaft in Angriff. Das ist ohne Zweifel ein umfassender revolutionärer Prozeß. Wie die Erfahrung zeigt, haben wir in diesem Abschnitt unserer Geschichte Aufgaben zu lösen, die keinesfalls weniger kompliziert sind und keineswegs weniger revolutionären Elan erfordern als jene, die wir bis zum Sieg der sozialistischen Produktionsverhältnisse gelöst haben.

Ganz in diesem Sinne charakterisiert unser Parteiprogramm die weitere Gestaltung der entwickelten sozialistischen Gesellschaft als einen historischen Prozeß tiefgreifender politischer, ökonomischer, sozialer und geistig-kultureller Wandlungen. Dazu gehört die beschleunigte Entwicklung von Wissenschaft und Technik, die Meisterung der wissenschaftlich-technischen Revolution und ihre organische Verbindung mit den Vorzügen des Sozialismus. Auch der konsequente Kurs auf die Intensivierung der Reproduktionsprozesse ist unter diesem Gesichtspunkt zu betrachten. Der vollständige Übergang unserer Volkswirtschaft auf die intensiv erweiterte Reproduktion ist keinesfalls einfacher als die Schaffung der sozialistischen Planwirtschaft. Er stellt außerordentlich hohe Anforderungen sowohl an die Führungstätigkeit der Partei und des Staates als auch an die Initiative aller Werktätigen. Aber nur auf diesem Weg erzielen wir eine rasch wachsende Leistungskraft der sozialistischen Volkswirtschaft, wie wir sie brauchen, um die Hauptaufgabe zu erfüllen und die Vorzüge des Sozialismus voll zur Geltung zu bringen.

Als wir vor Jahrzehnten die sozialistische Kulturrevolution in Angriff nahmen, waren wir uns bewußt, daß dies ebenfalls ein langer Prozeß sein wird. Aufgrund der historischen Erfahrungen können wir heute noch bestimmter sagen, daß die Kulturrevolution mit dem Sieg der sozialistischen Produktionsverhältnisse keinesfalls beendet ist. Sie schließt die Gestaltung des gesamten gesellschaftlichen Lebens nach sozialistischen Prinzipien ein. Dabei müssen wir stets die geschichtliche Lehre berücksichtigen, daß die politische Führung der Gesellschaft durch unsere Partei größtmögliche theoretische Klarheit, hohes Verantwortungsbewußtsein und proletarische Disziplin bei allen Parteimitgliedern erfordert. Zugleich verlangt sie die vertrauensvolle Zusammenarbeit mit den Massen sowie die konsequente Fortsetzung der bewährten Bündnispolitik.

Die Vorbereitung auf den 30. Jahrestag der Gründung unserer Deutschen Demokratischen Republik ist somit eine Zeit neuer Initiativen zur Steigerung der wirtschaftlichen Leistungskraft unseres Landes, die unsere Sozialpolitik ermöglicht. Zugleich geht davon ein starker Impuls auf das geistige Leben aus. Für unsere Partei kommt es darauf an, all dem in ihrer politischen Führungstätigkeit gerecht zu werden und zu erreichen, daß die Verbundenheit der Bürger mit ihrem sozialistischen Vaterland, der Deutschen Demokratischen Republik, noch enger und fester wird.

Genossinnen und Genossen!

Die Kommunisten erweisen sich immer wieder als selbstlose, unerschrockene Kämpfer für Freiheit und Sozialismus. Unsere Partei vertraut mit Recht auf die Bereitschaft der Kommunisten, ständig unsere Innen- und Außenpolitik offensiv zu vertreten, dort, wo sie tätig sind, von sich aus aktiv politisch zu wirken, den Diversionsversuchen und Gerüchten des Klassengegners ohne Zögern selbst entschieden entgegenzutreten und jede Art feindlicher Handlungen zu unterbinden. Keine zentrale Weisung oder Argumentation ersetzt das politisch bewußte Handeln der Kommunisten. Andererseits kommt es darauf an, das reiche Material an Tatsachen und Argumenten, das unsere Massenmedien und die Parteiinformationen vermitteln, für das tägliche politische Gespräch wirksamer zu nutzen.

Der bevorstehende 30.Jahrestag der Gründung unserer Deutschen Demokratischen Republik bietet für die politisch-ideologische Arbeit große Möglichkeiten. Jeder, der heute an der Rationalisierung seines Betriebes mitwirkt, soll wissen, wie dieser Betrieb einmal gebaut oder aus Trümmern wieder errichtet wurde, wie wir hier gegen Sabotage und Blockade gekämpft und gesiegt haben, wie unsere Partei Menschen, die vom Faschismus verseucht waren, zu Antifaschisten und Erbauern des Sozialismus erzogen hat, wie sie resignierte Menschen zu Mitkämpfern gewann und mit ihnen die tiefstgreifenden Umwälzungen in der deutschen Geschichte vollbrachte. Der revolutionäre Anspruch an die Kommunisten und ihre Bundesgenossen in jeder Phase des Aufbaus der sozialistischen Gesellschaft, die Verantwortung eines jeden gestern, heute und morgen wird damit begreifbar und zum festen Bestandteil des Denkens und Handelns der Menschen.

Zu Recht können wir stolz darauf sein, daß wir uns die revolutionäre Erneuerung der Gesellschaft zum Ziel gesetzt und auf diesem Wege Unwiderrufliches geleistet haben. Mit der sozialistischen Revolution eroberten sich die Werktätigen unseres Landes erstmalig in der langen, wechselvollen Geschichte des deutschen Volkes ihr eigenes Vaterland und konstituierten sich zur sozialistischen deutschen Nation. Die Deutsche Demokratische Republik ist ihre Heimstatt.

Die Begriffe »Vaterland« und »Nation« haben einen neuen Inhalt gewonnen; er wird durch den Sozialismus geprägt. Während das Vaterland unter kapitalistischen Bedingungen – wie Clara Zetkin treffend feststellte – »für die besitzenden Klassen den ideologischen Deckmantel« darstellt, »der ihre volksfeindliche Interessenwirtschaft vermummt, den ideologischen Augenblender, der die Massen über diese täuschen soll«[1], ist das Vaterland im So-

1 Clara Zetkin: Kunst und Proletariat, Berlin 1977, S. 77.

zialismus volles Besitztum seiner Bürger. Ihnen gehören die Fabriken, Landwirtschaftsbetriebe, Kulturstätten und Naturschönheiten. Sie arbeiten mit, planen mit und regieren mit. Die Ergebnisse der Arbeit kommen allen Werktätigen zugute. Daher kann sich jeder Bürger mit seinem sozialistischen Vaterland uneingeschränkt identifizieren. Er kann ihm seine schöpferischen Kräfte und seine Zuneigung schenken, sein Leben in den Dienst dieses sozialistischen Vaterlandes stellen.

Unser sozialistischer Patriotismus steht bekanntlich in unüberbrückbarem Gegensatz zum bürgerlichen Nationalismus jedweder Art, insbesondere zur Deutschtümelei maßgeblicher Kräfte in der BRD. Sie möchten vergessen machen, daß es der Imperialismus war, der Deutschland gespalten hat, um die Privilegien einer Oligarchie zu retten. Ihr Nationalismus und Revanchismus richtet sich gegen die Arbeiter-und-Bauern-Macht, gegen den Sozialismus auf deutschem Boden. Die DDR ist jedoch ein souveräner sozialistischer Staat, fest verankert im Bündnis mit der Sowjetunion, in der sozialistischen Staatengemeinschaft. Zwischen Sozialismus und Kapitalismus kann und wird es nie Einheit, nie irgendwelche Vereinigung geben.

Das Wissen um den geschichtlichen Entwicklungsweg, den unser Volk beschritten hat, stellt einen starken Quell für die Entfaltung des sozialistischen Patriotismus dar. Aus der Geschichte der Deutschen Demokratischen Republik geht hervor, daß unser Vaterland das Werk der schöpferischen Arbeit der Arbeiter, Bauern, Handwerker, Wissenschaftler, Künstler und Gewerbetreibenden selbst ist. Die sozialistische deutsche Nation hat sich in erbitterter Auseinandersetzung mit dem Imperialismus herausgebildet und behauptet. Auch die Existenz und erfolgreiche Entwicklung der DDR ist ein Beispiel für die Sieghaftigkeit und historische Überlegenheit des Sozialismus über den Imperialismus.

Das sozialistische Nationalbewußtsein fußt nicht zuletzt darauf, daß die Deutsche Demokratische Republik aus dem jahrhundertelangen Ringen der fortschrittlichen Kräfte des deutschen Volkes hervorging. Erst im Sozialismus werden die Sehnsüchte, Hoffnungen und Kämpfe aller fortschrittlichen, revolutionären und humanistischen Bewegungen verwirklicht. Dieses Bewußtsein prägt den sozialistischen Patriotismus der Bürger, und wir stärken ihn, indem wir die progressiven historischen Traditionen aus der ganzen Geschichte des deutschen Volkes lebendig erhalten und pflegen.

Unsere Partei mißt der patriotischen Erziehung, besonders der Jugend, gerade in der gegenwärtigen Periode große Bedeutung bei. Doch diese patriotische Erziehung ist für uns Kommunisten immer untrennbar verknüpft mit internationalistischen Denk- und Verhaltensweisen, wie der festen Freundschaft zur Sowjetunion, dem Bewußtsein der Gemeinsamkeit mit den sozialistischen Brudernationen, der Verpflichtung zur antiimperialistischen Solidarität. Patriotismus und Internationalismus bilden in unserer Ideologie und Politik eine Einheit.

Daraus wird klar, daß dem nationalen Selbstverständnis des Volkes der Deutschen Demokratischen Republik jede Enge und Beschränktheit fremd ist. Unser Nationalstolz hat nichts gemein mit nationaler Überheblichkeit. Als Patrioten bewahren und verteidigen wir die nationale Würde unseres sozialistischen Vaterlandes, und zugleich sind wir konsequente proletarische Internationalisten. Unsere Auffassung von nationaler Würde schließt daher die Verantwortung gegenüber dem Weltsozialismus, der internationalen Arbeiterbewegung und allen progressiven Kräften auf der Erde ein.

Liebe Genossinnen und Genossen!

Keine andere Gesellschaftsordnung kann sich auf eine so breite Massenbasis stützen wie der Sozialismus. Damit besitzen wir einen Kraftquell, aus dem täglich Ideen und Initiativen zur Verwirklichung unserer Politik fließen. Unsere Ziele des Friedens und des Sozialismus liegen im Interesse jedes Bürgers. So ist auch jeder Bürger, unabhängig von seiner Weltanschauung, seinem religiösen Bekenntnis und seiner sozialen Herkunft, dazu aufgerufen, sie tatkräftig mit zu realisieren.

Aufgabe unserer Partei ist es, entsprechend unserem Parteiprogramm die Annäherung der Klassen und Schichten auf dem Boden der Ideale der Arbeiterklasse unentwegt zu fördern, das bewährte Zusammenwirken mit den befreundeten Parteien und Massenorganisationen im Demokratischen Block zu vertiefen und die Nationale Front der DDR ständig zu befähigen, daß sie ihrer politischen Rolle als breite sozialistische Volksbewegung gerecht wird. Die befreundeten Parteien haben uns wissen lassen, daß sie in Durchführung der Beschlüsse ihrer Parteitage eine wesentliche Aufgabe darin sehen, die Qualität der politisch-ideologischen Arbeit mit ihren Mitgliedern zu verbessern, alle Mitglieder einzubeziehen. Das ist auch unsere Meinung.

Wir sind ebenfalls voll und ganz einverstanden mit der Aufgabenstellung, die der Nationalrat der Nationalen Front der DDR auf seiner Tagung im Januar dieses Jahres zur Vorbereitung des 30. Jahrestages der DDR beschlossen hat. In diesem Zusammenhang verweise ich auf den Beschluß des Sekretariats des Zentralkomitees über die Grundorientierung für die Führung des sozialistischen Wettbewerbs der Nationalen Front der DDR »Schöner unsere Städte und Gemeinden – Mach mit!« bis zum 30. Jahrestag der DDR, der allen 1. Sekretären der Bezirks- und Kreisleitungen zugegangen ist. Mit dieser Orientierung wird ein wichtiger Beitrag zur weiteren Verbesserung des Lebens, zur Vertiefung der patriotischen Gesinnung, der Liebe zur sozialistischen Heimat und der Treue zum proletarischen Internationalismus geleistet. Deshalb begrüßen wir es, daß die Nationale Front der DDR das vertrauensvolle politische Gespräch mit den Bürgern in den Hausgemeinschaften, die Begegnungen mit den Volksvertretern, die regelmäßigen Aussprachen mit Frauen, Jugendlichen und Veteranen der Arbeit, aber auch die Treffen mit Handwerkern und Gewerbetreibenden sowie mit kirchlichen Amtsträgern und Kirchgemeinderäten zur zentralen Aufgabe ihrer Massenarbeit erklärt hat.

Von großer Bedeutung ist die Fortsetzung des Wettbewerbs »Schöner unsere Städte und Gemeinden – Mach mit!« zu Ehren des 30. Jahrestages der DDR. Jeder Bürger, der einen Teil seiner kostbaren Freizeit freiwillig und unentgeltlich der Verbesserung des Lebens oder der Verschönerung seines Heimatortes widmet, will nach getaner Arbeit auch den Nutzeffekt sehen. Das ist sein gutes Recht, und die Freude über den Erfolg löst oft neue Impulse zu weiterer Leistungsbereitschaft und ideenreichen Aktivitäten aus. Deshalb hat auch in der »Mach mit!«-Bewegung die volkswirtschaftliche Devise volle Gültigkeit: durch verantwortungsbewußte Leitung und Organisation mit dem geringsten Arbeits-, Material- und Zeitaufwand hohe Ergebnisse für alle erreichen.

Liebe Genossinnen und Genossen!

Wie ihr bereits wißt, ist der einbändige Abriß der »Geschichte der Sozialistischen Einheitspartei Deutschlands« erschienen. Das ist ein wichtiges Ereignis im Leben unserer Partei. Damit verfügen wir über ein Werk, das für die politisch-ideologische und wissenschaftlich-theoretische Arbeit der Partei von außerordentlicher Bedeutung ist.

Das Studium der »Geschichte der Sozialistischen Einheitspartei Deutschlands« wird ohne Zweifel dazu beitragen, die Einheit und Geschlossenheit der Partei weiter zu festigen, die marxistisch-leninistische Bildung der Mitglieder und Kandidaten zu vertiefen und die Kampfkraft der Parteiorganisationen zu erhöhen. Zugleich hilft die Kenntnis des geschichtlichen Weges unserer Partei und seiner Lehren, sowohl die gegenwärtigen als auch die langfristigen Aufgaben bei der Verwirklichung der Beschlüsse des IX. Parteitages besser zu verstehen und zu meistern. Das Wissen über die Geschichte unserer Partei und die ihrem Wirken zugrunde liegenden Gesetzmäßigkeiten ist auch erforderlich, um in der Auseinandersetzung mit dem Imperialismus, mit den verschiedenartigen Spielarten der reaktionären bürgerlichen Ideologie sowie dem Opportunismus in allen Situationen eine klare, offensive marxistisch-leninistische Position einzunehmen. Die Parteigeschichte bietet eine solide Grundlage, um besonders der jungen Generation auf vielfältige Weise die Entstehung, das Wachsen und den oftmals äußerst schwierigen Kampf unserer Partei so interessant und packend zu vermitteln, wie sie tatsächlich gewesen sind.

Wir sind stolz auf unsere Partei, denn sie hat immer das Banner des

Marxismus-Leninismus hochgehalten und niemals opportunistischen und revisionistischen Abweichungen Raum gegeben. Stets wandte sie die Lehren von Marx, Engels und Lenin schöpferisch auf die konkreten Bedingungen der Deutschen Demokratischen Republik an. So verfügt sie über den zuverlässigsten Kompaß, der sie befähigte, die Arbeiterklasse und alle anderen Werktätigen erfolgreich auf dem Weg zum Sozialismus voranzuführen. Dieser Kompaß ermöglicht es heute, die entwickelte sozialistische Gesellschaft zu gestalten und die Voraussetzungen für den allmählichen Übergang zum Kommunismus zu schaffen.

Die Geschichte der SED ist zugleich gekennzeichnet durch den ununterbrochenen, kompromißlosen Kampf gegen Antikommunismus und Antisowjetismus, gegen Nationalismus und Revisionismus, gegen alle Erscheinungsformen der reaktionären bürgerlichen Ideologie. Im Ringen um den Aufbau des Sozialismus und im Kampf gegen den Klassenfeind und seine Ideologie wurden die Kader unserer Partei gestählt, entwickelte sich das sozialistische Bewußtsein der Werktätigen.

Wir sind stolz auf die großen revolutionären Traditionen unserer Partei. Die Geschichte der Sozialistischen Einheitspartei Deutschlands beweist, daß unsere Partei aus dem mehr als hundertjährigen Kampf der revolutionären deutschen Arbeiterbewegung hervorging. Sie verkörpert die revolutionären Traditionen des Bundes der Kommunisten und der revolutionären deutschen Sozialdemokratie. Sie setzt das Werk der Kommunistischen Partei Deutschlands fort und erfüllt das Vermächtnis der antifaschistischen Widerstandskämpfer. Sie ist die Erbin alles Progressiven in der Geschichte des deutschen Volkes.

Unsere Partei steht fest auf dem Boden des proletarischen Internationalismus. Es erfüllt uns mit Stolz, daß die Sozialistische Einheitspartei Deutschlands eine Abteilung der internationalen kommunistischen Bewegung ist und im besonderen, daß wir brüderlich mit der erprobtesten und erfahrensten kommunistischen Partei, der Kommunistischen Partei der Sowjetunion, verbunden sind. Die Geschichte der Sozialistischen Einheitspartei Deutschlands beweist, daß in jedem Abschnitt der Entwicklung der Deutschen Demokratischen Republik und unserer Partei die Ideen des proletarischen Internationalismus, der Freundschaft zur Sowjetunion und zu den anderen Staaten der sozialistischen Gemeinschaft, der Solidarität mit dem antiimperialistischen Kampf eine vorwärtstreibende Kraft waren und sind.

Wir sind stolz auf unsere Partei, denn sie handelte und handelt stets im Interesse der Arbeiterklasse, zum Wohle des ganzen Volkes. Die Geschichte der Sozialistischen Einheitspartei Deutschlands beweist, daß unsere Partei entschlossen und ohne Opfer zu scheuen den Kampf gegen die imperialistische Reaktion, gegen Faschismus und Krieg führte. Es ist die Geschichte des unermüdlichen Ringens um den Aufbau einer neuen, sozialistischen Gesellschaftsordnung, der sozialistischen Staatsmacht der Arbeiter und Bauern auf deutschem Boden. Diese Geschichte kündet von den heroischen Taten der Kommunisten beim Wiederaufbau nach dem verbrecherischen Hitlerkrieg, bei der Überwindung unzähliger Schwierigkeiten, bei der Schaffung einer leistungsfähigen Volkswirtschaft, eines vorbildlichen Bildungswesens, einer sozialistischen Kultur, die den Ideen des Humanismus, des Friedens und der Freundschaft der Völker verpflichtet ist.

Die Geschichte der Partei ist zugleich die Geschichte ihrer unlösbaren Verbundenheit mit den werktätigen Massen. Gerade durch die Gründung der Deutschen Demokratischen Republik wurden völlig neue Bedingungen für die Freisetzung der schöpferischen Energien, der geschichtsgestaltenden Kraft der Volksmassen sowie für die Herstellung der Einheit der grundlegenden Interessen der werktätigen Klassen und Schichten, der Gesellschaft und des einzelnen geschaffen. Indem die Arbeiterklasse in Gestalt der DDR ihre revolutionäre Staatsmacht errichtete, eröffnete sie auch die Möglichkeiten, die Beziehungen zwischen der Arbeiterklasse und den anderen werktätigen Schichten auf gänzlich neuen Grundlagen zu entwickeln.

Das Werk des sozialistischen Aufbaus vollbrachten und vollbringen Menschen unterschiedlicher Herkunft und Weltanschauung, Menschen aus allen Klassen und Schichten. In dieser gemeinsamen Arbeit, in der die Ideale und Ziele der Arbeiterklasse verwirklicht werden, nähern sich die Klassen und Schichten allmählich einander an, wächst die politisch-moralische Einheit unseres Volkes. Denn nur im Sozialismus existieren objektiv die Voraussetzungen für die Herausbildung dieser Einheit.

Die Errichtung der kommunistischen Gesellschaftsformation ist die umfassendste und am tiefsten reichende Umwälzung der Gesellschaft. Deshalb verlangt sie ein Höchstmaß an Bewußtheit, Parteilichkeit, Aktivität, Organisation und Disziplin – und das nicht nur bei der Vorhut, sondern bei den Massen der Werktätigen, bei jedem Bürger. Je mehr sich der Sozialismus vervollkommnet, um so größere Bedeutung gewinnen Bewußtheit und Schöpfertum.

Das Studium der »Geschichte der Sozialistischen Einheitspartei Deutschlands«, die Aneignung der großen revolutionären Traditionen unserer Partei sollen und werden dazu beitragen, alle Mitglieder und Kandidaten im Kämpfertum für unsere edle Sache zu bestärken, sie zu unbeugsamen Kommunisten zu erziehen. Großes hat unsere Partei schon geleistet. Im Dienst an der Arbeiterklasse, am werktätigen Volk setzt sie auch gegenwärtig und künftig ihre ganze Kraft für die Ziele des Friedens, des Sozialismus und Kommunismus ein.

Erich Honecker: Reden und Aufsätze, Bd. 6,
Berlin 1980, S. 23–25, 98–105.

Der Marxismus-Leninismus ist das Banner des Sieges

*Rede auf der Kundgebung
in Karl-Marx-Stadt
anläßlich des 160. Geburtstages
von Karl Marx
5. Mai 1978*

Werktätige von Karl-Marx-Stadt!
Liebe Freunde und Genossen!
Vor 25 Jahren wurde eurer Stadt, die eine so hervorragende Rolle in der Geschichte der deutschen Arbeiterbewegung spielt, von Otto Grotewohl der Name von Karl Marx verliehen. Wie keine andere Stadt in der Deutschen Demokratischen Republik, so sagte er damals, ist Chemnitz würdig, den Namen des großen Lehrmeisters des internationalen Proletariats, des größten Sohnes unseres Volkes und des Begründers des wissenschaftlichen Sozialismus zu tragen.

Heute, zweieinhalb Jahrzehnte danach, sind wir im neuen Zentrum eurer schönen Stadt zusammengekommen, um des 160. Geburtstages von Karl Marx zu gedenken. Das Zentralkomitee hat mich beauftragt, euch und allen Bürgern des Bezirkes Karl-Marx-Stadt aus diesem Anlaß die herzlichsten Grüße zu übermitteln. Zugleich möchte ich im Namen des Zentralkomitees den bedeutenden Beitrag würdigen, den die Bürger von Karl-Marx-Stadt zur Verwirklichung der Ideen von Marx, Engels und Lenin in unserem Lande, im Kampf für die Stärkung unserer sozialistischen Deutschen Demokratischen Republik geleistet haben.

Wie ihr wißt, begründete Karl Marx gemeinsam mit seinem Freund Friedrich Engels den wissenschaftlichen Sozialismus. Damit schuf er die revolutionäre Lehre von der Befreiung des Proletariats aus den Fesseln des Kapitals und vom Aufbau einer neuen Welt. Als die berufene Kraft, diese geschichtliche Umwälzung zu vollziehen, die Ausbeutung des Menschen durch den Menschen zu beseitigen und an Stelle der alten Gesellschaftsordnung die sozialistische zu errichten, erkannte Marx die Arbeiterklasse. Er rüstete sie und ihre Partei mit den theoretischen Waffen für die siegreiche Erfüllung ihrer historischen Mission aus, stellte selber sein ganzes Leben in den Dienst des Sozialismus und Kommunismus. Karl Marx rief die internationale revolutionäre Arbeiterbewegung ins Leben, auf deren Banner die große Kampflosung des »Manifests der Kommunistischen Partei« steht: »Proletarier aller Länder, vereinigt euch!« Sie leuchtet in den Sprachen der Völker auf dieser Tafel und kündet davon, daß die Ideen von Karl Marx, des großen Wissenschaftlers und Revolutionärs, auch auf deutschem Boden ihren Siegeszug angetreten haben.

Unter dem Banner seiner von Wladimir Iljitsch Lenin weiterentwickelten Lehre siegte die Oktoberrevolution, wurde in Gestalt der Union der Sozialistischen Sowjetrepubliken der erste sozialistische Staat der Erde errichtet. Viele Länder sind diesem Beispiel gefolgt. Heute kann jeder sehen, daß die Lehre von Marx, Engels und Lenin wie keine andere die Massen ergriffen hat. Sie ist zur materiellen Gewalt geworden und hat die Welt von Grund auf verändert. Am Anfang war es eine kleine Schar von Kommunisten. Jetzt sind es mehr als 90 kommunistische und Arbeiterparteien auf allen Kontinenten, sind es Millionen und aber Millionen Kämpfer für den Sozialismus, für soziale und nationale Befreiung der Völker, die sich vom Marxismus-Leninismus leiten lassen. Sie verstehen ihn als Anleitung zum Handeln, als ewig junge revolutionäre Weltanschauung, die allein zuverlässige Antwort auf die Menschheitsfragen der Gegenwart und Zukunft gibt.

Einst war der Sozialismus eine Utopie. Karl Marx verwandelte ihn in eine Wissenschaft. Diese Wissenschaft wurde auf mehr als einem Drittel der Erde bereits zur gesellschaftlichen Wirklichkeit. Ja, mehr noch, der weltweite Übergang vom Kapitalismus zum Sozialismus kennzeichnet den Charakter unserer Epoche. Immer mehr Völker beschreiten den Weg zum Sozialismus. Schon heute kann man sagen: Das dritte Jahrtausend, das bald beginnt, wird ganz im Zeichen der Siege des Sozialismus und Kommunismus stehen.

Liebe Freunde und Genossen!

Freude und Stolz empfinden wir darüber, daß sich das revolutionäre Vermächtnis von Karl Marx auch in seinem Geburtsland erfüllt. Im sozialistischen Deutschland, der Deutschen Demokratischen Republik, hat der Sozialismus feste Wurzeln geschlagen. Hier sind die Arbeiter Herr im eigenen Haus. Hier lenken sie gemeinsam mit den Bauern und allen anderen Werktätigen Staat, Wirtschaft und Politik. Hier wird alles für das Glück des Volkes getan. Das ist möglich, weil hier das Volk in freier Selbstbestimmung der Herrschaft des Monopolkapitals adieu gesagt hat, und kein Sprücheklopfer vom Rhein kann je an dieser Tatsache etwas ändern.

Unsere Deutsche Demokratische Republik wurde ein starker sozialistischer Staat, weil in ihr die Früchte der Arbeit den Menschen zugute kommen, die alle Werte schaffen. Davon hat sich die Sozialistische Einheitspartei Deutschlands immer leiten lassen. Sie hat beim Aufbau der neuen Gesellschaft den Marxismus-Leninismus stets auf die konkrete Situation angewandt. Sie geht jeden Schritt vorwärts in enger Verbundenheit mit dem Volk und verwirklicht so die edlen Ziele des Sozialismus.

Auf dem Weg in die kommunistische Zukunft können wir uns auf starke Verbündete stützen. Das enge Bündnis mit der Sowjetunion, die feste Verankerung in der Gemeinschaft der Bruderländer sind das unerschütterliche Fundament für das weitere Erblühen und Gedeihen unserer sozialistischen Deutschen Demokratischen Republik.

Durch ihre Politik des Friedens und der antiimperialistischen Solidarität hat sie sich weltweite Anerkennung und die Achtung der Völker erworben. Der Kampf war oft hart. Aber heute können wir feststellen: Wir haben Sieg um Sieg an unsere Fahnen geheftet und werden es kraft der Arbeiterklasse und ihrer Verbündeten auch in Zukunft tun.

Drei Jahrzehnte bestätigen, daß die Bildung der Deutschen Demokratischen Republik ein Wendepunkt in der Geschichte des deutschen Volkes war, ein Wendepunkt in der Geschichte Europas. Auch bei uns hat sich der Sozialismus als die Gesellschaft erwiesen, die allein soziale Sicherheit und Geborgenheit, Freiheit, Demokratie und Menschenrechte für alle Werktätigen garantiert. Das ist so, und das bleibt so.

Mit den Beschlüssen des IX. Parteitages der Sozialistischen Einheitspartei Deutschlands, mit dem Programm des Wachstums, des Wohlstands und der Stabilität ist unser Kurs bestimmt. Die Arbeiterklasse, die Genossenschaftsbauern, die Angehörigen der Intelligenz und die anderen Werktätigen haben seine Verwirklichung zu ihrer ureigenen Sache gemacht. Zum 30. Jubiläum unseres Staates ist eine kraftvolle Bewegung im Gange. Sie hat zum Inhalt die ständige Erhöhung des materiellen und kulturellen Lebensniveaus des Volkes. Das alles zeigt, daß sich unsere Partei bei der Durchführung ihrer Politik stets auf die Initiative und die fleißige Arbeit der Bürger der Deutschen Demokratischen Republik stützen kann.

Wer sich in unserem Lande umsieht, der ist tief beeindruckt, wie unser Wohnungsbauprogramm das Antlitz der Städte und Dörfer verändert. Die Einkommen für die Werktätigen, und nicht zuletzt die Renten für die Veteranen der Arbeit, sind gestiegen. Auf einen hohen Stand gebracht wurde die gesellschaftliche Unterstützung der Familien, insbesondere der werktätigen Mütter und der jungen Ehen. Die sozialistische Schule gewährleistet eine ausgezeichnete Ausbildung für alle Kinder des Volkes. Weiterentwickelt wurde unser Gesundheitswesen.

Wir wissen, daß noch viel zu tun ist, um das auf dem IX. Parteitag beschlossene Programm unserer Partei zu verwirklichen. Die Ergebnisse der bisherigen Arbeit bestärken uns in der Gewißheit, daß wir die Ziele dieses Programms erreichen werden. Auch das Erblühen eurer Stadt legt davon Zeugnis ab. Eure Stadt hat ihrer Tradition des Kampfes gegen kapitalistische Ausbeutung und Unterdrückung stolze Kapitel des sozialistischen Aufbaus hinzugefügt. Sie trägt den Namen von Karl Marx in Ehren. Vor ihr liegt eine große Zukunft, die in unseren Fünfjahrplänen konkrete Gestalt annimmt.

Liebe Freunde und Genossen!

Stärkung des Sozialismus, Festigung der Gemeinschaft aller Bruderstaaten, Sicherung des Friedens – das durchzieht wie ein roter Faden unsere gesamte Politik. Gerade auch damit, den Frieden auf lange Sicht zu erhalten, folgen wir einem zutiefst revolutionären Ideal. Die Menschen können ihr Dasein nur dann erneuern und in Freiheit leben, wenn die Geißel der Kriege von ihnen genommen wird.

Marx, Engels und Lenin haben auch für den Kampf um den Frieden ihre Lehren als Anleitung zum Handeln hinterlassen. Auf diesen Lehren beruhen die Grundsätze und Richtlinien unserer vom IX. Parteitag beschlossenen Außenpolitik. Dementsprechend treten wir beharrlich für die friedliche Koexistenz von Staaten unterschiedlicher sozialer Ordnung ein. Wie gestern so auch heute trägt die Deutsche Demokratische Republik konstruktiv zur Entspannung bei, und sie wird es auch morgen tun. Unser außenpolitisches Vorgehen verbinden wir eng mit den Aktivitäten der Sowjetunion und der anderen Bruderländer in der internationalen Arena. Gemeinsam sind wir bestrebt, weiteren Fortschritten im Interesse des Friedens zum Durchbruch zu verhelfen.

Heute ist es vorrangig, den Rüstungswettlauf zu beenden und abzurüsten. Wirksame Maßnahmen auf diesem Gebiet rücken zusehends in den Brennpunkt der Auseinandersetzung zwischen den Verfechtern der friedlichen Koexistenz und deren Feinden. Durch die Machenschaften der aggressiven imperialistischen Kräfte haben diese Auseinandersetzungen an Schärfe zugenommen. Aber zugleich wird um so deutlicher, daß an wirksamen Abrüstungsmaßnahmen kein Weg vorbeiführt, wenn der Frieden dauerhaft gewährleistet werden soll.

Bei seinem gegenwärtigen Besuch in der Bundesrepublik Deutschland erklärte der Generalsekretär des Zentralkomitees der Kommunistischen Partei der Sowjetunion und Vorsitzende des Präsidiums des Obersten Sowjets der Union der Sozialistischen Sowjetrepubliken, Genosse Leonid Iljitsch Breshnew: »Um den Frieden muß man kämpfen. Die Entspannung muß man konsequent vertiefen und unumkehrbar machen.«[1] Die Neutronen-

1 Neues Deutschland (B), 5. Mai 1978.

waffe, so hob er hervor, darf nicht das Licht der Welt erblicken. Heute gibt es keine herangereiftere und unaufschiebbarere Aufgabe, als alle Kanäle des Wettrüstens, ob nuklear oder konventionell, abzusperren. Das ist auch die feste Position der Deutschen Demokratischen Republik. Damit hat Leonid Breshnew auch uns aus dem Herzen gesprochen.

Wir unterstützen von unserer heutigen Kundgebung aus vollinhaltlich die neue, weltpolitisch bedeutsame Initiative der Sowjetunion, das von ihr vorgeschlagene Programm konkreter Schritte zur Rüstungsbegrenzung. Seine Verwirklichung würde große Möglichkeiten eröffnen, auch weitere Probleme zu lösen, die für Frieden und Sicherheit wichtig sind, die allen Völkern zum Nutzen gereichen.

Liebe Bürger von Karl-Marx-Stadt!
Liebe Genossen und Freunde!

160 Jahre nach der Geburt von Karl Marx lebt seine Lehre in den revolutionären Veränderungen und Kämpfen unserer Zeit. Sie weist der Arbeiterklasse und allen Streitern für den Fortschritt der Menschheit zuverlässig den Weg. Und wir haben es selbst erfahren: Sie ist das Banner des Sieges.

Es lebe der Marxismus-Leninismus!
Es lebe der Kampf für Frieden und Fortschritt in der ganzen Welt!

Erich Honecker: Reden und Aufsätze, Bd. 6,
Berlin 1980, S. 118–122.

Die Gestaltung der entwickelten sozialistischen Gesellschaft – eine Aufgabe von historischer Größe

Artikel in der »Einheit«
Juli 1978

I.

Der 30. Gründungstag unserer Deutschen Demokratischen Republik bietet einen besonderen Anlaß, sich vor Augen zu führen, welches historische Gewicht der Existenz und erfolgreichen Entwicklung unseres sozialistischen Staates zukommt. Das gilt sowohl für die Gegenwart und Zukunft unseres Volkes als auch für den Verlauf des revolutionären Weltprozesses und nicht zuletzt für den Kampf um die dauerhafte Sicherung des Friedens. Aus solchem Blickwinkel läßt sich zugleich die Bedeutung jener Ziele noch genauer erkennen, die der IX. Parteitag der Sozialistischen Einheitspartei Deutschlands zur weiteren Gestaltung der entwickelten sozialistischen Gesellschaft in der DDR beschlossen hat.

Durch die Errichtung des ersten Arbeiter-und-Bauern-Staates auf deutschem Boden, durch die Gründung der DDR, vor fast drei Jahrzehnten veränderte sich das Leben unseres Volkes grundlegend. Damit vollzog sich für alle sichtbar die Hinwendung zum Aufbau des Sozialismus. In unserem Land hat der Sozialismus tiefe Wurzeln geschlagen. Dem Schöpfertum der Menschen, den gemeinsamen Anstrengungen im Interesse ihres ständig höheren materiellen und kulturellen Lebensniveaus fließen daraus starke Kraftströme zu.

Unser sozialistischer Staat verfügt durch seine feste, immerwährende Verbundenheit mit der Union der Sozialistischen Sowjetrepubliken und den anderen Bruderländern über das solide Fundament für seine Erfolge beim Aufbau des Sozialismus, über Sicherheit und eine klare Perspektive. Darauf gestützt, trägt er konstruktiv zu Frieden, Entspannung und friedlicher Koexistenz von Staaten unterschiedlicher sozialer Ordnung bei. Mit diesem Kurs verbinden wir bekanntlich aktive antiimperialistische Solidarität in verschiedenen Teilen der Erde. Das ist Erfüllung internationalistischer Verantwortung, die dadurch zugenommen hat, daß sich das historische Gewicht der Existenz und der Entwicklung unseres sozialistischen Staates erhöhte.

Fast drei arbeitsreiche und kampferfüllte Jahrzehnte Deutsche Demokratische Republik liegen hinter uns. Von der SED, von der machtausübenden Arbeiterklasse und ihren Verbündeten verlangten sie beim Aufbau des Sozialismus in der DDR, ständig neue, nicht selten komplizierte Aufgaben zu lösen. Die Anwendung der weltverändernden Lehren von Marx, Engels und Lenin auf die konkrete Situation, die Berücksichtigung von Erfahrungen der Bruderparteien, vor allem der Kommunistischen Partei der Sowjetunion, eine dementsprechende Ausarbeitung und Verwirklichung der Politik in enger Verbundenheit mit dem Volk waren dabei für unsere Partei der Schlüssel zum Erfolg. In diesem Sinne hat der IX. Parteitag jene Wegstrecke abgesteckt, auf der wir gegenwärtig die entwickelte sozialistische Gesellschaft weiter gestalten, um so die Voraussetzungen für den allmählichen Übergang zum Kommunismus zu schaffen. Das ist eine Aufgabe von wahrhaft historischer Größe. Um sie zu meistern, bedarf es keines geringeren revolutionären Kampfgeistes und tatkräftigen Schöpfertums als zu früheren Zeiten.

Wir betrachten den Verlauf, die Ergebnisse und die Perspektiven der sozialistischen Revolution in ihrem dialektischen Zusammenhang und ihren Wechselwirkungen mit dem weltweiten Kampf für die Erneuerung des menschlichen Daseins, für die nationale und soziale Befreiung der Völker, für einen dauerhaften Frieden. So entspricht es dem revolutionären Wesen des Marxismus-Leninismus, und so ist unsere Partei imstande, die jeweils notwendigen Lösungen herangereifter Probleme der Entwicklung in unserem Land zuverlässig zu bestimmen und zu realisieren. Dabei erweist sich die Einheit von Theorie und Praxis, die den Beschlüssen des VIII. und des IX. Parteitages zugrunde liegt, als unabdingbare Voraussetzung, um stetig voranzuschreiten und die Vorzüge des Sozialismus zum Wohle des Volkes besser zu nutzen. Jene spürbaren positiven Veränderungen auf den verschiedensten Gebieten drücken dies aus, derentwegen die siebziger Jahre häufig der bisher erfolgreichste Zeitabschnitt in der Geschichte der DDR genannt werden.

Im Programm unserer Partei, das der IX. Parteitag annahm, wird die historische Größe der Aufgabe, die wir zu bewältigen haben, umfassend charakterisiert. Dieses Programm geht davon aus, daß der Sozialismus keine selbständige sozialökonomische Formation ist, sondern die erste Phase, die

Anfangsstufe der künftigen kommunistischen Gesellschaftsordnung. Unter deren Bedingungen wird die, wie Marx sich ausdrückte, »wirkliche *Aneignung* des *menschlichen* Wesens durch und für den Menschen«[1] möglich sein. Dann ist das Leben voll und ganz so eingerichtet, daß sich die Entwicklung des materiellen und geistigen Reichtums der Gesellschaft zusammen mit der Entwicklung des Menschen vollzieht.

Dieses große Ziel vor Augen, erkennen wir die Gestaltung der entwickelten sozialistischen Gesellschaft als einen historischen Prozeß tiefgreifender politischer, ökonomischer, sozialer und geistig-kultureller Wandlungen.[2] Durch den Sieg der sozialistischen Produktionsverhältnisse und die Schaffung der Grundlagen des Sozialismus wurden in unserem Lande zu Beginn der sechziger Jahre bedeutsame Errungenschaften erzielt. Aber die historische Aufgabe reicht weiter. Sie verlangt, um mit den Worten unseres Programms zu sprechen, alle Vorzüge und Triebkräfte, alle Seiten und Bereiche des gesellschaftlichen Lebens, die Produktivkräfte und Produktionsverhältnisse, die sozialen und politischen Beziehungen, die Wissenschaft und das Bildungswesen, die sozialistische Ideologie und Kultur, die Gesamtheit der Arbeits- und Lebensbedingungen sowie die Landesverteidigung planmäßig auf hohem Niveau zu entwickeln.[3]

Um den Sinn des Sozialismus, alles zu tun für das Wohl des Volkes, auf ständig höherer Stufe verwirklichen zu können, haben wir uns zum Ziel gesetzt, alle materiellen, sozialökonomischen und politisch-ideologischen Voraussetzungen zu schaffen, die dafür notwendig sind. Demgemäß wurde die Hauptaufgabe festgelegt, arbeiten wir nach den Beschlüssen des IX. Parteitages daran, sie zu verwirklichen. Jeder sieht, daß es sich hierbei nicht um eine kurzlebige, sondern eine strategische Orientierung im Sinne des Fortschritts handelt, den die gesamte Gesellschaft im Sozialismus weiter nehmen soll und der dem einzelnen unmittelbar zugute kommt.

Schlaglichtartig wird die historische Größe unserer Aufgabe bei der Gestaltung der entwickelten sozialistischen Gesellschaft gerade durch den Vergleich der Systeme erhellt. Der Dynamik, Stabilität und Zukunftsträchtigkeit, die den Aufschwung des Sozialismus bezeugen, stehen im Kapitalismus anhaltende Krise, Verfall der menschlichen Werte und Perspektivlosigkeit gegenüber. Hier scheiden sich buchstäblich Welten. Die Tatsache, daß der Sozialismus seine Potenzen zum Wohle der Menschen und über-

---

1 Karl Marx: Ökonomisch-philosophische Manuskripte aus dem Jahre 1844. In: Karl Marx/Friedrich Engels: Werke, Ergänzungsband, erster Teil, Berlin 1977, S. 536.
2 Siehe Protokoll der Verhandlungen des IX. Parteitages der Sozialistischen Einheitspartei Deutschlands im Palast der Republik in Berlin, 18. bis 22. Mai 1976. Bd. 2: 4. und 5. Beratungstag, Berlin 1976, S. 218.
3 Siehe ebenda.

einstimmend mit den sozialen Interessen der Massen entfaltet, wird an einer Vielzahl von Qualitäten des Lebens deutlich, die auch in der DDR längst zum unverzichtbaren Bestandteil des Alltags geworden sind. Auf den vom IX. Parteitag vorgezeichneten Bahnen mehren, festigen und bereichern wir sie.

In unserem Land prägt soziale Sicherheit Sein und Bewußtsein des Volkes. Das entscheidende Kriterium für die Würde des Menschen ist bei uns nicht, was einer besitzt, sondern was er kann und leistet, sind seine charakterlichen Eigenschaften und sein Verhalten. Praktisch verwirklicht ist die Gleichberechtigung von Mann und Frau. Für jedermann offen stehen die Wege der Bildung und Kultur. Nicht nur, daß alle Kinder des Volkes an unseren Schulen gut für das Leben gerüstet werden, sie brauchen sich auch nicht darum zu sorgen, ob sie eine Lehrstelle erhalten, ihren Platz im Beruf einnehmen können. Partei und Regierung bringen der Jugend volles Vertrauen entgegen und übertragen ihr hohe Verantwortung in der Gesellschaft.

Beim Aufbau des Sozialismus geht wissenschaftlich-technischer und ökonomischer Fortschritt mit der Vervollkommnung sozialer Sicherheit einher und hilft, die Voraussetzungen für die Entfaltung der Persönlichkeit immer mehr zu verbessern. Der Imperialismus erweist sich auch mit hochmodernen Produktivkräften außerstande, die arbeitenden Menschen von sozialer Unsicherheit zu befreien. Im Gegenteil. Unter den Bedingungen seines Systems führen die Ergebnisse von Wissenschaft und Technik zu Massenarbeitslosigkeit und verstärken die Furcht vor der Zukunft. Selbst die gewaltigen Warenmengen, die eine moderne kapitalistische Wirtschaft hervorbringt, ändern nichts an der Tatsache, daß die wesentlichen Lebensprobleme der Menschen ungelöst bleiben. Vor diesem Hintergrund treten die positiven sozialen Wirkungen der Entwicklung des Sozialismus um so einprägsamer hervor.

Angesichts all dessen, was die Stärke des Sozialismus ausmacht und in verschiedenster Hinsicht seine internationale Ausstrahlung erhöht, ist es nur zu erklärlich, warum der Imperialismus immer wieder zu Hetze und Verleumdung gegen ihn greift. Der Imperialismus verkörpert die gesellschaftliche Vergangenheit. Auf die DDR richtet er namentlich deswegen Haß, weil die gedeihliche Entwicklung unseres sozialistischen Staates der Arbeiter und Bauern die Grenzen seiner Macht an einem Abschnitt verdeutlicht, wo er dies mit am wenigsten verträgt. Zielklar und kontinuierlich, fest eingefügt in die Gemeinschaft der Bruderländer, verwirklichen wir auf Jahrfünfte und Jahrzehnte angelegte Vorhaben, deren Realisierung den Beweis erhärtet, daß es ohne Herrschaft der Monopole für die Arbeiterklasse und alle Werktätigen besser geht. So tragen wir dazu bei, die Kraft des Sozialismus in der Welt zu erhöhen und damit die Lösung der Lebensfragen zu beschleunigen, vor denen die Menschheit steht, eine Lösung im Interesse der Völker, zu der erst recht in unseren Tagen der Imperialismus unfähig ist.

Für die Gestaltung der entwickelten sozialistischen Gesellschaft in der DDR ist die Erhaltung des Friedens von entscheidender Bedeutung. Der IX. Parteitag erteilte seinen Auftrag an die Außenpolitik, vorrangig für dieses Anliegen zu wirken, vom Standpunkt kommunistischer Überzeugung, die den Kampf für die soziale Befreiung und den Kampf für den Frieden nie voneinander trennt, sondern stets auf das engste verbindet. Wenn die Gefahr eines neuen Weltkrieges abgewendet, wenn der Krieg überhaupt aus den internationalen Beziehungen verbannt wird, dann entstehen nicht nur weitaus günstigere äußere Bedingungen für den Aufbau des Sozialismus und Kommunismus in unseren Ländern. Diese Entwicklung liegt im Grundinteresse der gesamten Menschheit und ihres Fortschritts. Demgemäß trägt die DDR an der Seite der Sowjetunion und der anderen Bruderländer konstruktiv zur Sicherung des Friedens bei. Sie setzt sich für die Stabilisierung der Entspannung und ihre Fortsetzung ein. Gemäß den Prinzipien der friedlichen Koexistenz von Staaten unterschiedlicher sozialer Ordnung arbeitet sie auf ein solches internationales Klima und solche Beziehungen hin, die dem Ziel näherführen, daß der Frieden zur normalen Lebensform der Völker wird.

Die Beendigung des Wettrüstens und praktische Maßnahmen zur Abrüstung sind hierfür von entscheidendem Gewicht. Mit dem Programm zur Rüstungsbegrenzung, wie es Leonid Breshnew auf dem XVIII. Komsomolkongreß unterbreitete, und den entsprechenden Vorschlägen der Sowjetunion in der Sondertagung der UNO wurde den Anstrengungen, diese Probleme zu lösen, ein starker Auftrieb gegeben. Während aber Vertreter der NATO vor dem eben genannten internationalen Gremium ihre friedlichen Absichten versicherten, lag schon das »Langzeitprogramm« forcierter Aufrüstung bis ins nächste Jahrzehnt bereit, dem sie kurz danach in der Washingtoner Ratssitzung der westlichen Allianz zustimmten. Wer von Abrüstung in Worten redet, aber durch Taten Aufrüstung betreibt, der macht sich unglaubwürdig. Zugleich beschwört er neue, ernste Gefahren für Frieden und Entspannung herauf. Das läuft der berechtigten Einsicht direkt zuwider, die selbst von bestimmten Kreisen imperialistischer Länder geäußert wird, daß es zur friedlichen Koexistenz keine vernünftige Alternative gibt. Denn der atomare Weltkrieg wäre keine solche Alternative.

Die DDR wird auch künftig alles tun und nichts unterlassen, was notwendig ist, um gemeinsam mit ihren Verbündeten im Warschauer Vertrag den Schutz des Sozialismus und des Friedens jederzeit zu gewährleisten.

Entsprechend den Beschlüssen des IX. Parteitages wirken wir konsequent an der Herstellung und dem Ausbau jener stabilen Friedensordnung in Europa – und nicht nur auf unserem Kontinent – mit, die den Völkern eine Gegenwart und Zukunft ohne die Sorge vor neuen Kriegen und eine friedliche, gegenseitig vorteilhafte Zusammenarbeit in der internationalen Arena gewährleisten soll.

II.

Hohe Anforderungen stellt der neue Abschnitt des sozialistischen Aufbaus an die Ökonomie. Ohne eine starke wirtschaftliche Dynamik, ohne eine sehr leistungsfähige materiell-technische Basis könnte die entwickelte sozialistische Gesellschaft weder entstehen noch funktionieren. Ihre Gestaltung hat tiefgreifende Konsequenzen, die sowohl das Ziel der ökonomischen Politik als auch die Art und Weise betreffen, in der sich die Erweiterung der Wirtschaftskraft vollzieht. In stärkerem Maße richten sich die ökonomischen Fortschritte auf die immer bessere Befriedigung der materiellen und kulturellen Bedürfnisse. Die Verbindung von Wirtschafts- und Sozialpolitik gestaltet sich enger. Zugleich tritt die objektive Notwendigkeit immer deutlicher hervor, die qualitativen Faktoren des Wachstums zielstrebiger zu fördern und die Intensivierung der Produktion als Hauptweg volkswirtschaftlicher Leistungsentwicklung durchzusetzen.

Mit dem Kurs der Hauptaufgabe wurde diesen Erfordernissen umfassend Rechnung getragen, und diese Orientierung hat den erfolgreichen Verlauf der siebziger Jahre in unserer Republik sehr tief geprägt. Wie zutreffend sie die objektiven Gesetzmäßigkeiten erfaßt, das bezeugen am besten die praktischen Ergebnisse. Von 1971 bis 1977 wuchs das produzierte Nationaleinkommen in der Deutschen Demokratischen Republik um 42 Prozent, die Industrieproduktion um 52 Prozent. Auf dieser Grundlage konnten der Reallohn der Arbeiter und Angestellten um durchschnittlich nahezu ein Drittel erhöht werden und eine Vielfalt sozialer Verbesserungen in Kraft treten. Zahlen widerspiegeln nur unvollkommen die Veränderungen im Leben. Von den steigenden Löhnen und Renten über den verstärkten Wohnungsbau, die Verkürzung der Arbeitszeit, die vielseitigen Unterstützungen für junge Ehen und werktätige Mütter bis hin zum weiteren Ausbau von Volksbildung und Gesundheitswesen reichen diese Ergebnisse, und kaum ein Bereich blieb ausgespart. Nicht nur die Sicherheit des Erreichten, sondern stetige soziale Fortschritte bestimmen die Atmosphäre in unserer DDR von heute.

Quantitative Schritte führen dabei zu neuen Qualitäten, die weit in die

Zukunft hineinwirken. So schafft die Lösung der Wohnungsfrage als soziales Problem bis zum Jahre 1990 eine qualitativ veränderte Situation in diesem wichtigen Lebensbereich und formt einen wesentlichen Teil unserer baulichen Umwelt für viele Jahrzehnte. Oder ein anderes Beispiel: Vieles wurde getan, was den werktätigen Frauen wesentlich bessere Bedingungen schuf, um Berufstätigkeit und Mutterschaft zu vereinen.

Von den verschiedensten Seiten her trägt die Wirtschafts- und Sozialpolitik unserer Partei dazu bei, die grundsätzlichen sozialen Aufgaben zu lösen, die beim sozialistischen und kommunistischen Aufbau zu bewältigen sind: die weitere Annäherung der Klassen und Schichten unseres Volkes, die Verringerung der wesentlichen Unterschiede zwischen körperlicher und geistiger Arbeit, zwischen Stadt und Land. Wir sind uns der Langfristigkeit dieser Prozesse wohl bewußt, aber unübersehbar vollziehen sie sich in unserem Alltag, und jeder Fünfjahrplan setzt auch dieses historische Werk fort.

Wie unsere Partei wiederholt nachhaltig betont hat, verlangt die Fortsetzung des Kurses der Hauptaufgabe einen sich weiter verstärkenden Leistungsanstieg, der sowohl aufgrund der inneren Erfordernisse unseres sozialistischen Aufbaus als auch der außenwirtschaftlichen Veränderungen notwendig ist. Nur durch eine höhere Produktivität in der Volkswirtschaft können die wachsenden Ansprüche der verschiedensten gesellschaftlichen Bereiche an die Verteilung des Nationaleinkommens besser befriedigt werden. Ob Wohnungsbau, Volksbildungswesen, Gesundheitswesen oder Verkehr, auf jedem Gebiet ist der Fortschritt an materielle Voraussetzungen gebunden. Um so mehr gilt, daß die wichtigsten Entscheidungen für den Erfolg unserer Gesellschaftspolitik als Ganzes auch künftig auf dem Gebiet der Ökonomie fallen. Jeder soziale Fortschritt erfordert unter den veränderten Bedingungen eine größere Produktivität als bisher. Angesichts der konkreten Gegebenheiten in der Deutschen Demokratischen Republik gibt dafür den Ausschlag, noch tiefgreifender und in größerer Breite zu intensivieren, die sozialistische Rationalisierung konsequent voranzutreiben.

Nun verlaufen im Bereich der Produktivkräfte Prozesse, die dafür bedeutende Chancen eröffnen. Auf eine kurze Formel gebracht, stehen wir vor der Aufgabe, die Vorzüge des Sozialismus voll zu nutzen, um die Möglichkeiten der wissenschaftlich-technischen Revolution wirksam zu erschließen. Am besten veranschaulicht das wohl die Mikroelektronik. Sie zu beherrschen und breit einzusetzen ermöglicht es, Rationalisierungseffekte von sehr bedeutendem volkswirtschaftlichem Gewicht zu erzielen. Die Mikroelektronik wäre allerdings nicht durch einen Vorstoß zu meistern, der nur an einem Abschnitt geführt würde. Angesprochen sind Wissenschaft und Produktion, Hersteller, Zulieferer und Anwender. Bevor moderne Mikroprozessoren entstehen, sind Höchstleistungen in Elektronik, Gerätebau und Chemie nötig. Für ihren wirkungsvollen Einsatz bedarf es eigener schöpferischer Arbeit in den vielen Bereichen, wo die neue Technik eingesetzt werden soll.

Zu Recht hat unsere Partei die Aufgabe gestellt, den wissenschaftlich-technischen Fortschritt generell zu beschleunigen und bei besonders wichtigen Erzeugnissen, Sortimenten und Technologien den modernsten internationalen Stand mitzubestimmen beziehungsweise zu übertreffen. Das zweite kann in der Regel nur zusammen mit dem ersten erreicht werden und umgekehrt. Die Entwicklung hat eine Komplexität hervorgebracht, welche die Verantwortung für den wissenschaftlich-technischen Fortschritt überall erhöht.

In unserem Land bestehen günstige Bedingungen für eine Produktion, die ein großes Maß an wissenschaftlich-technischer Kenntnis und industrieller Erfahrung verkörpert. Verfügen doch die Werktätigen der DDR über einen hohen Bildungsstand und sind mit der modernen sozialistischen Großproduktion gut vertraut. Diese Qualifikation macht die Fertigung eines zunehmenden Anteils von hochveredelten Erzeugnissen möglich, ja verlangt sie geradezu, denn in solchen Produkten wird diese Fähigkeit ökonomisch verwertet. Zugleich werden die knappen und teuren Rohstoffe mit Hilfe von qualifizierter, im Marxschen Sinne komplizierter Arbeit effektiver ausgenutzt.

Damit ist eine Hauptrichtung für die weitere Ausbildung der Struktur unserer Volkswirtschaft vorgezeichnet. Zu realisieren ist sie mit einer Produktion, die dem konkreten binnen- und außenwirtschaftlichen Bedarf immer genauer entspricht. Das verlangt mehr Endprodukte von hohem Gebrauchswert und wissenschaftlich-technischem Entwicklungsstand und die dafür nötigen Zulieferungen in ausreichender Menge und guter Qualität. Wesentlich für die Höhe des verfügbaren volkswirtschaftlichen Endprodukts ist es, dabei das Verhältnis von Aufwand und Ergebnis wesentlich günstiger zu gestalten.

Im Einklang mit den Erfordernissen der Produktivkräfte werden die Produktionsverhältnisse, wird unsere sozialistische Planwirtschaft kontinuierlich vervollkommnet. Außerordentliche Bedeutung kommt dabei den Kombinaten zu, die weiter ausgestaltet beziehungsweise neu gebildet werden. Mit ihnen entstehen wirtschaftliche Einheiten, die Wissenschaft, Produktion und Absatz effektiv verbinden. Sie sind groß und beweglich genug, um ein beständig hohes Leistungsniveau zu sichern und sich auch auf den internationalen Märkten im scharfen Wettbewerb erfolgreich zu behaupten. Bei den Kombinaten liegen erhebliche Rechte und materielle Möglichkeiten, die konkreten Fragen der Produktion mit hoher Eigenverantwortung auf der Grundlage des Planes zu lösen. Die zentralen volkswirtschaftsleitenden Organe werden sich deshalb immer stärker darauf konzentrieren können und müssen, vorausschauend die Grundfragen unserer proportionalen und dynamischen volkswirtschaftlichen Entwicklung zu klären und die besten Bedingungen für eine effektive Arbeit der großen Einheiten zu schaffen, die den Reproduktionsprozeß an Ort und Stelle leiten und durchführen.

Die qualitativen Faktoren des Wirtschaftswachstums erlangen auch bei der Bewertung der Ergebnisse unserer Betriebe ein zunehmendes Gewicht. Dem tragen die entsprechenden Regelungen mehr und mehr Rechnung. Doch welche Verbesserungen in dieser Richtung noch erfolgen sollen, Perfektionismus dürfen wir von ihnen nie erwarten. Durch nichts zu ersetzen ist das gründliche Verständnis für die ökonomische Politik der Partei, das bewußte volkswirtschaftliche Handeln aller Leiter und Kollektive.

Den gegenwärtigen wirtschaftlichen Initiativen kommt eine außerordentliche Bedeutung für die Zukunft zu. Um die Realisierung des Planes 1978 wird von den Werktätigen ein harter Kampf geführt. Organisiert von den Gewerkschaften, erreicht die Wettbewerbsbewegung eine große Breite und Wirksamkeit. Die Planziele des nächsten Jahres werden vorbereitet, und auch an den Zielstellungen für den Zeitraum 1981 bis 1985 wird bereits gearbeitet. Der gemeinsame Nenner dieser eng miteinander verbundenen Anstrengungen ist es, den für unsere Gesellschaftspolitik notwendigen Leistungszuwachs zu sichern und dafür auf weite Sicht die Voraussetzungen zu schaffen. Wie es der IX. Parteitag beschloß, nimmt deshalb die weitere Ausgestaltung der materiell-technischen Basis einen hervorragenden Rang ein. Der planmäßige Ausbau der Rohstoffbasis, der metallverarbeitenden Industrie und der eigenen Konsumgütererzeugung – das sind Aufgaben, deren Lösung auf die wirtschaftliche Stärke und damit auf die sozialpolitischen Möglichkeiten unserer Republik wesentlich einwirkt. Vom wissenschaftlich-technischen Potential bis hin zu den Investitionen konzentrieren wir unsere Kräfte konsequent darauf, die materiellen Bedingungen für die nötige Steigerung der Produktion mit einem Höchstmaß an Effektivität und Qualität der Arbeit zu sichern. Die 8. Tagung des Zentralkomitees hat das nachhaltig verdeutlicht.

Große Aufmerksamkeit widmet unsere Partei auch künftig dem Ausbau der modernen Industrie, die den Hauptanteil an der Produktion des Nationaleinkommens hat und von der es wesentlich abhängt, seinen Zuwachs zu beschleunigen. Einen wichtigen Beitrag zur Erzeugung des Nationaleinkommens und zur Versorgung der Bevölkerung leistet die sozialistische Landwirtschaft. Gestützt auf die Vorteile der Kooperation und Arbeitsteilung, hat sie bedeutende Fortschritte bei der Industrialisierung der Produktion gemacht und führt diese Entwicklung weiter. Je mehr dieser Prozeß fortschreitet, desto stärker wird die Effektivität auch in der Landwirtschaft davon bestimmt, wie die Probleme industriemäßiger Fertigung beherrscht, wie die vorhandenen Fonds genutzt und die Arbeiten rationalisiert werden. Der Entwicklung der Produktivkräfte geben die in der sozialistischen Landwirtschaft gewachsenen Strukturen für eine längere Zeit Raum, und es besteht nun die Aufgabe, sie zu festigen und ihre inneren Möglichkeiten immer gründlicher zu erschließen.

Unsere Wirtschaftspolitik stützt sich auf das enge Zusammenwirken mit der Sowjetunion. Wie die intensive Arbeit an den Perspektiven dieser Gemeinsamkeit bis zum Jahre 1990 zeigt, vollzieht sich dabei in der Tat eine zunehmende Annäherung unserer Volkswirtschaften, welche die Gestaltung ihrer wesentlichen Proportionen und Komplexe tief beeinflußt. Die sozialistische ökonomische Integration der im Rat für Gegenseitige Wirtschaftshilfe vertretenen Bruderländer führt zu zunehmenden wirtschaftlichen Verflechtungen im gegenseitigen Interesse. Mit den Zielprogrammen des RGW wird dabei eine neue Etappe vorbereitet. Es ist unsere Erfahrung: Je zweckmäßiger und enger wir zusammenarbeiten, um so besser kann jedes einzelne Mitgliedsland seine eigenen Entwicklungsprobleme bewältigen, um so stabiler ist der Fortschritt der ganzen Gemeinschaft.

Gestützt auf das Miteinander der sozialistischen Länder, nimmt die DDR aktiv an der weltweiten internationalen Arbeitsteilung teil. Für unser Land ist es unumgänglich, bestimmte Rohstoffe und Nahrungsmittel aus Entwicklungsländern und auch aus imperialistischen Staaten zu beziehen. Bestimmte fortgeschrittene Technik von kapitalistischen Industriestaaten zu importieren kommt unserer materiell-technischen Basis zugute. Alles das muß mit unseren Produkten bezahlt werden. Genutzt werden auf diese Weise die Gegebenheiten des Nebeneinanderbestehens zweier gegensätzlicher Gesellschaftssysteme für den sozialistischen Aufbau in unserer Republik. Die außenwirtschaftlichen Beziehungen spielen für unsere Volkswirtschaft eine erhebliche Rolle, und diese wird in Zukunft nur noch größer werden. Also muß eine hochleistungsfähige rentable Exportproduktion in der Struktur unserer Ökonomie ihren festen Platz haben und ständig ausgebaut werden.

So verfolgen wir von den verschiedensten Seiten her das Ziel, unser Programm des Wachstums, des Wohlstands und der Stabilität auf lange Sicht zu gewährleisten. Diese Aufgabe ist nicht leicht, doch sie wird erfolgreich gelöst werden. Dazu gilt es, die Vorzüge und Triebkräfte des Sozialismus in unserer Deutschen Demokratischen Republik immer stärker zur Geltung zu bringen und konkret zu nutzen.

III.

Bei der Gestaltung der sozialistischen Gesellschaft ist der Staat das Hauptinstrument der von der Arbeiterklasse geführten Werktätigen. Die Politik unserer Partei zielt darauf ab, den sozialistischen Staat der Arbeiter und Bauern als eine Form der Diktatur des Proletariats, welche die Interessen des ganzen Volkes vertritt, weiter allseitig zu stärken. Dabei ist die Hauptrichtung seiner Entwicklung die Entfaltung und Vervollkommnung der sozialistischen Demokratie. Für das Leben in unserer Gesellschaft wird ständig mehr zum kennzeichnenden Merkmal, daß sich die Bürger in vielfältigen Formen an der Leitung des Staates und der Wirtschaft beteiligen. Sie setzen sich für die Lösung der staatlichen und gesellschaftlichen Aufgaben ein und übernehmen Verantwortung.

Dieses aktive Verhalten geht zunächst und vor allem auf grundlegend veränderte Macht- und Eigentumsverhältnisse zurück. So drückt es auch die Tatsache aus, daß die Massen im Sozialismus aus einem Objekt der Staatspolitik zu deren Subjekt geworden sind. Je weiter der sozialistische Aufbau voranschreitet, desto mehr wächst die Rolle des subjektiven Faktors. Denn gerade davon, wie die Werktätigen unter Führung der Partei die Gesetzmäßigkeiten der Entwicklung erkennen und zu nutzen verstehen, hängt entscheidend ab, in welchem Maße die Vorzüge des Sozialismus ausgeschöpft werden. Mit Sachkenntnis zu entscheiden, die Gesetze des »eignen gesellschaftlichen Tuns«, die den Menschen »bisher als fremde, sie beherrschende Naturgesetze gegenüberstanden«, anzuwenden und sie damit selbst zu beherrschen, sah Engels als das ausschlaggebende Kriterium der Freiheit an. Und als Zweck des Handelns in diesem Sinne bezeichnete er, daß die von den Menschen »in Bewegung gesetzten gesellschaftlichen Ursachen vorwiegend und in stets steigendem Maße auch die von ihnen gewollten Wirkungen haben«.[4]

Die sozialistische Revolution stellt wachsende Anforderungen an die Fähigkeit der marxistisch-leninistischen Partei, in diesem Prozeß politisch zu führen, an ihre theoretische Reife und ihre enge, vertrauensvolle Verbundenheit mit den Massen. Auf diese Erfahrung in allen Bereichen des Lebens können wir uns zuverlässig stützen, denn auch unter unseren Bedingungen hat sich ihre Allgemeingültigkeit überzeugend bestätigt. Mit Recht dürfen wir sagen, daß unsere Partei ein großes, erprobtes Kollektiv ist, das über alle notwendigen Voraussetzungen verfügt, seiner führenden Rolle gerecht zu werden.

---

4 Friedrich Engels: Herrn Eugen Dührings Umwälzung der Wissenschaft (»Anti-Dühring«). In: Karl Marx/Friedrich Engels: Werke, Bd. 20, S. 264.

Ständig neu erweisen sich die Kommunisten als selbstlose, unerschrockene Kämpfer für Freiheit und Sozialismus. Von ihrer hohen Moral zeugt das Bestreben, nach dem Grundsatz zu handeln: »Wo ein Genosse ist, da ist die Partei.« Dementsprechend vertreten sie unsere Politik, gehen sie mit Initiative bei deren Verwirklichung voran und stehen sie in der ideologischen Auseinandersetzung mit dem Klassengegner und seinen Diversionsversuchen ihren Mann. Die Kraft unserer Parteiorganisationen an allen Abschnitten des Lebens versetzt uns in die Lage, in der DDR so weitreichende und anspruchsvolle gesellschaftspolitische Ziele zu realisieren, wie sie unser IX. Parteitag gestellt hat.

Als bewußte und organisierte Vorhut der Arbeiterklasse ist unsere Partei zugleich eine Massenpartei. Daraus ergibt sich für uns um so mehr die Verpflichtung, auf die politisch-ideologische Erziehung in unseren Reihen großen Wert zu legen. Das entscheidet maßgeblich über den Einfluß der Partei auf das Denken und Handeln des ganzen Volkes.

Mit besonderer Befriedigung erfüllt es uns, daß die Jugend so zahlreich unter unseren Mitgliedern und Kandidaten vertreten ist. Ihr gehört die Zukunft, und sie verbindet ihr Leben mit dem großen Werk des Sozialismus und Kommunismus. Meist kommen unsere jungen Genossinnen und Genossen aus der Freien Deutschen Jugend, die sich als sozialistischer Jugendverband, als Kampfreserve unserer Partei hervorragend bewährt. Sehr eindrucksvoll verdeutlicht dies wieder die Vorbereitung des Gründungsjubiläums unseres Staates. Das »FDJ-Aufgebot DDR 30« ist Bekenntnis und Leistung zum Wohle unseres sozialistischen Vaterlandes.

Die politisch-moralische Einheit des Volkes zu festigen ist für unsere Partei ein Kernpunkt ihrer Politik. Brachten die Volksmassen in den früheren Gesellschaftsordnungen hauptsächlich die materiellen Güter hervor, so erstreckt sich ihre schöpferische Tätigkeit im Sozialismus auf alle Bereiche. Die neue Gesellschaft ist das Werk des ganzen Volkes. Enger denn je hat sich in der DDR das Bündnis der Arbeiterklasse, der Klasse der Genossenschaftsbauern, der sozialistischen Intelligenz und der anderen Werktätigen gestaltet. Die Entwicklung, die dahin führte, vermochte der Gegner weder aufzuhalten noch zu verzögern, obwohl er es an Versuchen dazu nicht fehlen ließ.

Vom Anfang des revolutionären Prozesses in unserem Land bis zur Gegenwart hat die SED größten Wert auf eine kontinuierliche Bündnispolitik gelegt. In ihrem Ergebnis entwickelten sich alle Klassen und Schichten weiter, leisteten ihren Beitrag zum sozialistischen Aufbau und schlossen sich dabei fest um die Arbeiterklasse zusammen. Das sehen wir als einen bedeutenden Erfolg unseres marxistisch-leninistischen Handelns an, als eine wichtige Voraussetzung dafür, auch die vor uns liegende Wegstrecke gut zu meistern.

Durch vertrauensvolle, kameradschaftliche Zusammenarbeit sind die Beziehungen der befreundeten Parteien im Demokratischen Block und in der Nationalen Front der DDR gekennzeichnet. Die Gemeinsamkeit der grundlegenden Interessen und Ziele bildet den fruchtbaren Boden für ihre unentbehrliche Mitwirkung am Aufbau des Sozialismus. Zugleich verkörpert sich darin auf lebendige Weise unsere sozialistische Demokratie.

Als das »Manifest der Kommunistischen Partei« und die internationale revolutionäre Arbeiterbewegung entstanden, zeichnete sich die neue Welt der Freiheit und der Menschenwürde erstmals in klaren Konturen ab. Seit dem Sieg der Großen Sozialistischen Oktoberrevolution, durch die Machtentfaltung der Sowjetunion und der anderen sozialistischen Länder ist sie schon weithin auf dem Erdball Wirklichkeit geworden. Unsere Partei und unser Volk haben durch die Gestaltung der entwickelten sozialistischen Gesellschaft in der Gegenwart aktiv teil an dieser gewaltigen Veränderung. Das ist in der Tat eine Aufgabe von historischer Größe.

Erich Honecker: Reden und Aufsätze, Bd. 6,
Berlin 1980, S. 208–222.

Die Ideale und Träume
der Arbeiterjugend verwirklicht

*Ansprache beim Treffen
mit ehemaligen Jugendfunktionären
der deutschen Arbeiterbewegung
25. Mai 1979*

Liebe Genossinnen und Genossen!
Bevor in unserer Runde die »allgemeine Freiheit« ausbricht, möchte ich die Gunst des Augenblicks nutzen, um euch im Namen des Zentralkomitees unserer Partei recht herzlich zu begrüßen. Unser Treffen als ehemalige leitende Funktionäre des Kommunistischen Jugendverbandes Deutschlands, der Sozialistischen Arbeiterjugend und des Sozialistischen Jugendverbandes Deutschlands am Vorabend des großen Verbandstreffens unserer Freien Deutschen Jugend ist geradezu von symbolischer Bedeutung.

Wir haben das Glück, in einer Zeit zu leben und zu wirken, in der auf deutschem Boden, in der Deutschen Demokratischen Republik, die Ideale und Träume der deutschen Arbeiterjugendbewegung verwirklicht werden, die seit ihrer Gründung vor 75 Jahren für grundlegende Erfordernisse gesellschaftlicher Umgestaltung im Interesse des werktätigen Volkes eintrat. Auf ihrem Banner stand die Forderung, die Jugend von der Ausbeutung durch das Kapital zu befreien, sie gegen Unterdrückung und Entrechtung zu schützen, ihr gleichen Lohn für gleiche Arbeit zu sichern, ihr Recht auf Arbeit, Berufsausbildung und Erholung zu gewährleisten. Mutig kämpfte sie gegen imperialistischen Krieg und Faschismus, für die Beseitigung des Kapitalismus und für den Sozialismus. Wie wir alle wissen, konnten diese Ziele weder im Kaiserreich noch in der Weimarer Republik ihre Erfüllung finden, ganz zu schweigen von der barbarischen Herrschaft des Faschismus.

Als nach der Zerschlagung des Hitlerfaschismus durch die Sowjetunion und die anderen Staaten der Antihitlerkoalition die deutsche Arbeiterbewegung aus der Illegalität hervortrat und sich legal formieren konnte, war der

Drang nach ihrer Einheit sehr stark. Nur in der sowjetischen Besatzungszone konnte sich dieser Wille entfalten. In der amerikanischen, englischen und französischen Besatzungszone hingegen wurde er von Anfang an brutal unterdrückt, wurde die Herstellung der Einheit der deutschen Arbeiter- und Arbeiterjugendbewegung durch Verbotsmaßnahmen verhindert.

Es war geradezu ein Lichtblick, daß in der sowjetischen Besatzungszone, unter dem Schutz der Kommunisten in Uniform der Sowjetarmee, die Spaltung der Arbeiterbewegung überwunden wurde. Kommunisten und Sozialdemokraten vereinigten sich nach einer kurzen Zeit der Aktionseinheit auf der Grundlage eines revolutionären Programms. Damit wurde zugleich das Fundament für die Errichtung des ersten Staates der Arbeiter und Bauern auf deutschem Boden geschaffen, der, vor 30 Jahren gegründet, allein eine sichere Zukunft des werktätigen Volkes und seiner jungen Generation im Geiste des Friedens und des Sozialismus garantiert.

Bereits im gemeinsamen Kampf für die Beseitigung des Hitlerregimes hatten sich Kommunisten und Sozialdemokraten zusammengefunden. Sie besiegelten ihren Einheitswillen im antifaschistischen Widerstand, in den Zuchthäusern und Konzentrationslagern des deutschen Faschismus. Nicht wenige setzten ihr Leben dafür ein, daß eines Tages die geeinte Arbeiterklasse die Macht in ihre Hände nimmt, sie im Bündnis mit den Bauern und den anderen werktätigen Schichten im Interesse des Volkes ausübt und nie wieder aus den Händen gibt. Ihrem Vermächtnis sind wir treu geblieben. Wir haben Imperialismus und Militarismus, also die Keimzellen des Faschismus, mit der Wurzel ausgerottet. Durch den Aufbau des Sozialismus wurde das vom Roten Oktober eingeleitete neue Zeitalter auch auf deutschem Boden, im Geburtsland von Karl Marx und Friedrich Engels, Wirklichkeit.

Wie wir alle wissen, waren die Einigungsbestrebungen von Kommunisten und Sozialdemokraten nach der Befreiung vom Hitlerfaschismus im Jahre 1945 auch in den westlichen Besatzungszonen sehr stark. Sie stießen jedoch, wie ich bereits sagte, auf den erbitterten Widerstand in- und ausländischer Kräfte, die den Weg offenhalten wollten für die Restaurierung des am Boden liegenden deutschen Monopolkapitals. Diese Kräfte verhinderten die Einheit der Arbeiterklasse. Sie belebten den Antikommunismus, von dem damals viele glaubten, daß er mit der Zerschlagung seines stärksten Stoßtrupps, des Hitlerfaschismus, für immer erledigt wäre.

Nicht verhindert werden konnte jedoch die Einheit der Arbeiterklasse bei uns. Sie legte letzten Endes die Grundlage für die Errichtung der Arbeiter-und-Bauern-Macht mit der Gründung der Deutschen Demokratischen Republik am 7. Oktober 1949. Das war, wie die Entwicklung dreier Jahrzehnte bestätigt hat, ein Wendepunkt in der Geschichte des deutschen Volkes und Europas. Unter Führung der Sozialistischen Einheitspartei Deutschlands gelang es in der Deutschen Demokratischen Republik, auch das zu verwirklichen, wofür wir alle in der deutschen Arbeiterjugendbewegung, in erbitterten Klassenschlachten gekämpft haben.

30 Jahre Deutsche Demokratische Republik sind 30 Jahre erfolgreicher Aufbau des Sozialismus, 30 Jahre harte Klassenauseinandersetzung mit dem imperialistischen Feind. Der Weg der Deutschen Demokratischen Republik zu einem der führenden Industriestaaten der Welt war nicht leicht. Jeder von uns weiß das, und ich brauche nicht darzulegen, wie viele Steine und sonstige Hindernisse wir beim Vorwärtsschreiten, manchmal unter großen Mühen, beseitigen mußten.

Auch die weitere Gestaltung der entwickelten sozialistischen Gesellschaft entsprechend den Beschlüssen unseres IX. Parteitages wird nicht immer leicht sein. Die Realisierung unseres Programms der Vollbeschäftigung, des Volkswohlstandes und der Stabilität verlangt viele Anstrengungen. Aber eines ist sicher. Die Arbeiterklasse der Deutschen Demokratischen Republik hat im engsten Bündnis mit den Genossenschaftsbauern, der Intelligenz und allen Werktätigen bewiesen, daß sie als führende Kraft der Nation, fest an der Seite der Sowjetunion und aller Bruderländer, durchaus in der Lage ist, die Lebensfragen des Volkes zu lösen. Mit Stolz und Genugtuung kann man heute sagen, daß bei uns das Vermächtnis des antifaschistischen Widerstandes, das Vermächtnis von Ernst Thälmann und Rudolf Breitscheid erfüllt wurde. Wir wollen uns unser sozialistisches Vaterland erkämpfen, erklärte Ernst Thälmann. Das haben wir in der Deutschen Demokratischen Republik zum Wohle des ganzen Volkes getan. Jeder von euch hat ein Stück dazu beigetragen. Und dafür danke ich euch im Namen des Zentralkomitees und des Politbüros unserer Partei.

Liebe Genossinnen und Genossen!

In 30 Jahren Deutscher Demokratischer Republik hat unser Volk große Leistungen vollbracht. Natürlich unterschätzen wir nicht die Aufgaben, die noch zu lösen sind. Niemand kommt jedoch an der Tatsache vorbei, daß es in einer geschichtlich kurzen Zeit gelang, die Produktivkräfte in einem Maße zu entwickeln, wie wir es vor 30 Jahren noch nicht einmal erträumen konnten. Die Deutsche Demokratische Republik gehört heute im Bunde mit der Sowjetunion und den anderen sozialistischen Ländern zu jener Völkergemeinschaft, die eine Alternative zum verrotteten imperialistischen System darstellt.

Das geistige Antlitz der sich in der Deutschen Demokratischen Republik entwickelnden sozialistischen deutschen Nation prägt sich immer deutlicher aus. Das hohe Bildungsniveau unseres Volkes genießt auf Grund des in Jahrzehnten bewährten sozialistischen Bildungssystems internationales

Ansehen. Es ist von den Ideen des Marxismus-Leninismus durchdrungen, die der Deutschen Demokratischen Republik auch den Weg in die Zukunft zeigen. Bei uns sind Geist und Macht vereint, im Gegensatz zu jenen Ländern, in denen noch der Widerspruch zwischen Arbeit und Kapital wirkt. Dort verschärft sich dieser Grundwiderspruch. Auf der einen Seite sind die Multimillionäre, auf der anderen die Lohnarbeiter, die Massen der Werktätigen. Daran hat sich auch im zweiten deutschen Staat bis jetzt nichts geändert. Nach wie vor sind dort die Grundfragen der gesellschaftlichen Entwicklung, die vor allem im Widerspruch zwischen Arbeit und Kapital ihren Ausdruck finden, nicht gelöst.

In der Deutschen Demokratischen Republik hingegen gehören diese Fragen bereits der Vergangenheit an. Hier gestalten wir den Sozialismus in allen Bereichen des gesellschaftlichen Lebens weiter aus. Die große Volksbewegung zur Vorbereitung des 30. Jahrestages und auch die Ergebnisse der Kommunalwahlen am 20. Mai dieses Jahres zeigen, daß unser Volk die vom IX. Parteitag der Sozialistischen Einheitspartei Deutschlands beschlossene Politik im festen Vertrauen unterstützt und mit schöpferischer Initiative realisiert.

All das ist für uns, die wir am Vorabend des Nationalen Jugendfestivals der DDR hier zusammengekommen sind, Grund zur Freude und Genugtuung. Der jahrzehntelange Kampf der deutschen Arbeiterbewegung und der deutschen Arbeiterjugendbewegung hat sich gelohnt. In Thälmannschem Geist schreiten wir vorwärts, um das Programm unserer Partei, der geeinten Partei der Arbeiterklasse, zu verwirklichen. Die gegenwärtigen und die künftigen Generationen, davon sind wir fest überzeugt, werden das Erkämpfte bewahren und mehren. Das wird unsere Jugend beim großen Verbandstreffen der FDJ in der Hauptstadt des neuen, sozialistischen Deutschlands zum Ausdruck bringen.

Erich Honecker: Reden und Aufsätze, Bd. 6,
Berlin 1980, S. 429–433.

Die Kulturpolitik unserer Partei wird erfolgreich verwirklicht

*Rede auf einer Beratung
mit Kultur- und Kunstschaffenden der DDR
22. Juni 1979*

Liebe Freunde und Genossen!
Ich möchte dem Präsidenten des Kulturbundes der DDR, unserem Freund und Genossen Prof. Dr. Hans Pischner, recht herzlich für seine Darlegungen über die Tätigkeit des Kulturbundes zur Vorbereitung des 30. Jahrestages der Deutschen Demokratischen Republik danken. Sie machen deutlich, daß der Kulturbund, getreu seiner revolutionären Tradition, mit großer Aktivität an der Gestaltung der entwickelten sozialistischen Gesellschaft in der DDR mitwirkt. Umsichtig und erfolgreich wird daran gearbeitet, die schöpferische Initiative der Werktätigen zu fördern, breiteste Schichten des Volkes mit der Vielfalt der sozialistischen Kultur vertraut zu machen, sie noch umfassender als bisher in die ständige Erneuerung unseres gesellschaftlichen Lebens im Sinne der sozialistischen Entwicklung der DDR einzubeziehen.

*Der Kulturbund ist eine inspirierende Kraft
im Leben des Volkes*

Wir sehen darin einen wertvollen Beitrag zur Verwirklichung der von unserem IX. Parteitag gefaßten Beschlüsse zur weiteren Gestaltung der entwickelten sozialistischen Gesellschaft, des von ihm ausgearbeiteten Programms zur Gewährleistung der Vollbeschäftigung, des Volkswohlstandes, des Wachstums und der Stabilität. Dafür möchte ich Ihnen, liebe Freunde, dem Präsidenten, dem Präsidium und den Mitgliedern des Kulturbundes im Namen des Zentralkomitees unserer Partei sowie in meinem eigenen Namen herzlich danken.

Es ist bekannt, daß der Kulturbund seit seiner Gründung am 3. Juli 1945 einen großen Beitrag zur Entwicklung des geistig-kulturellen Lebens unserer Republik und des Bewußtseins ihrer Bürger geleistet hat. Er wurde von Johannes R. Becher im Auftrag der Partei der Arbeiterklasse gegründet, um alle humanistisch und demokratisch gesinnten Kulturschaffenden zu vereinen und zur Mitarbeit an der demokratischen Erneuerung der Kultur zu gewinnen. Wer die damalige Zeit miterlebt und mitgestaltet hat, der weiß, daß es darum ging, alle Voraussetzungen zu schaffen, um den faschistischen Ungeist für immer aus dem Dasein unseres Volkes zu verbannen. Über 50 Millionen Tote des zweiten Weltkrieges, unter ihnen unsagbar viele Frauen und Kinder, waren hierzu eine dringliche Mahnung und Verpflichtung. Es ging darum, Rassismus, Revanchismus, Militarismus und Nationalismus mit der Wurzel auszurotten, Antikommunismus und Antisowjetismus für alle Zeiten zu überwinden.

Man kann sagen, daß der Kulturbund bei der Erfüllung dieser Aufgabe stets mit in der ersten Reihe stand. Von der Befreiung unseres Volkes durch die ruhmreiche Sowjetarmee und die anderen Armeen der Antihitlerkoalition bis zur Gegenwart erwies er sich immer wieder als eine das geistig-kulturelle Leben unseres Volkes erneuernde, inspirierende Kraft. Sein zutiefst humanistisches Anliegen befähigte ihn, von Anbeginn einen bedeutenden Beitrag zur demokratischen Erneuerung der Gesellschaft, zur Verbreitung der großen Ideen des Friedens und der Völkerfreundschaft, zur unverbrüchlichen Freundschaft mit der Sowjetunion zu leisten. Sehr fruchtbar war seine Tätigkeit zur Gewinnung der Intelligenz für die aktive Teilnahme am Aufbau eines neuen Lebens, das durch die Errichtung der Arbeiter-und-Bauern-Macht und die Beseitigung der Ausbeutung des Menschen durch den Menschen möglich wurde.

Konstruktiver Beitrag zur Gestaltung der sozialistischen Gesellschaft der DDR

Unter Führung unserer Partei wirkten und wirken die Mitglieder und Funktionäre des Kulturbundes unermüdlich und leidenschaftlich für die Entwicklung eines reichen, interessanten und vielseitigen geistig-kulturellen Lebens in vielen Städten und Dörfern unseres Landes. Der Kulturbund ist zu einer einflußreichen Massenorganisation kulturell tätiger und interessierter Bürger geworden, die im gesellschaftlichen Leben unserer Republik einen geachteten Platz einnimmt. Davon zeugt die Teilnahme zahlreicher

Bürger an den vielseitigen Aktivitäten des Kulturbundes und nicht zuletzt die Tatsache, daß sich die Zahl seiner Abgeordneten in den örtlichen Volksvertretungen mit den Kommunalwahlen vom 20. Mai 1979 um mehr als ein Drittel erhöht hat. So nimmt der Kulturbund unmittelbar Anteil an der weiteren Entwicklung der sozialistischen Demokratie und der unablässigen Stärkung unserer Deutschen Demokratischen Republik.

Das feste Bündnis der Arbeiterklasse, der Genossenschaftsbauern, der Intelligenz und aller Werktätigen ist ein unveräußerlicher Bestandteil der Politik unserer Partei und Regierung und gehört zum Wesen und zur Praxis unseres Staates. Der Kulturbund der DDR, hervorgegangen aus dem Kulturbund zur demokratischen Erneuerung Deutschlands, nimmt an der Verwirklichung dieser Politik großen Anteil. Durch die Kraft dieses Bündnisses war es möglich, das Dasein unseres Volkes im Sinne des Sozialismus, des Humanismus, des Friedens und der Menschenwürde grundlegend zu verändern. Auferstanden aus Ruinen und der Zukunft zugewandt, hat unsere Republik allen Belastungen der Zeit standgehalten, und das Bündnis der Arbeiterklasse mit der Intelligenz hat sich als starke Waffe in der Auseinandersetzung mit denjenigen bewährt, die auf der anderen Seite der Barrikade sich der Illusion hingeben, das Rad der Geschichte zurückdrehen zu können.

Auf dem Weg unserer Deutschen Demokratischen Republik durch drei Jahrzehnte, beim Aufbau des Sozialismus war der Kulturbund stets ein treuer Kampfgefährte unserer Partei, der Arbeiterklasse, der Bauern und der anderen Werktätigen unseres Landes. Er spielt eine große Rolle in unserer Gesellschaft und wirkt konstruktiv an der Lösung der gemeinsamen Aufgaben mit, die wir uns bei der weiteren Gestaltung der entwickelten sozialistischen Gesellschaft in der DDR stellen. Dies heute sagen zu können freut mich besonders, weil ich Anfang der fünfziger Jahre als Vorsitzender der FDJ die Ehre hatte, dem damaligen Präsidialrat des Kulturbundes anzugehören.

Für immer verbunden mit der UdSSR und den anderen Bruderländern

Auf vielseitige Weise war ich seinerzeit in der täglichen Arbeit mit solchen Persönlichkeiten verbunden, die einen hervorragenden Beitrag zur gesellschaftlichen und kulturellen Entwicklung unseres Landes geleistet haben, wie Johannes R. Becher, Bertolt Brecht, Erich Weinert, Martin Andersen Nexö, Pablo Neruda, Otto Nagel, Wolfgang Langhoff, Friedrich Wolf, Hans Marchwitza, Anna Seghers, Ludwig Renn, Hedda Zinner, Bodo Uhse,

Wieland Herzfelde, Hanns Eisler, Eduard von Winterstein, Gustav von Wangenheim, Michael Tschesno-Hell, Paul Dessau, Kuba und vielen anderen. Nicht ungenannt möchte ich auch jene lassen, die an den verschiedensten Kongressen junger Künstler teilnahmen und heute in den Künstlerverbänden der DDR schon die etwas ältere Generation darstellen.
Liebe Freunde und Genossen!
Mit Freude können wir im 30.Jahr ihres Bestehens feststellen, daß unsere Deutsche Demokratische Republik mit der Sowjetunion und den anderen Bruderländern für immer verbunden ist. Sie ist ein aufblühender sozialistischer Staat. In ihr lebt das Volk frei, kann sich die Kultur in einem Ausmaß entfalten wie nie zuvor auf deutschem Boden. Das reicht von der Arbeitskultur in den Betrieben der Industrie und den landwirtschaftlichen Produktionsgenossenschaften bis zu den Veränderungen des Lebens der Menschen in den Wohngebieten.

Gesicherte Perspektive für die junge Generation

Die Errichtung der Arbeiter-und-Bauern-Macht, die Gründung der Deutschen Demokratischen Republik am 7. Oktober 1949 erwiesen sich in der Tat als Wendepunkt in der deutschen Geschichte und der Geschichte Europas. Während dieser 30 Jahre hat unser Volk Großes geleistet. Der Aufstieg war steil, oftmals beschwerlich und nicht ohne Opfer. Aber die Anstrengungen haben sich gelohnt. Niemand kann daran vorbeigehen, daß die DDR heute einen Platz unter den zehn führenden Industrienationen der Welt einnimmt. Mit zwei Ziffern möchte ich das verdeutlichen. 1949 betrug bei uns das produzierte Nationaleinkommen 22 Milliarden Mark. 1978 waren es 161 Milliarden Mark. Zahlen können viel oder wenig bedeuten. In diesem Fall sprechen sie für die Erhöhung des materiellen und kulturellen Lebensniveaus eines Volkes, dessen Städte und Dörfer, Industrie und Landwirtschaft vor 30 Jahren noch zum größten Teil in Schutt und Asche lagen.
Die DDR ist Bestandteil der Gemeinschaft freier Völker, die im Ergebnis des zweiten Weltkrieges und der Nachkriegsentwicklung entstand und in der das Leben der Menschen, im engsten Bündnis mit der Sowjetunion, durch den Sozialismus von Grund auf zum Guten verändert wurde. Durch den Sozialismus wurden nicht nur die Lebensverhältnisse der Menschen gründlich verändert, sondern auch ihre Stellung in der Gesellschaft, in der ihre Interessen und Bedürfnisse zum Maßstab des Handelns von Millionen wurden. Es gehört zu den international immer wieder hoch anerkannten

Errungenschaften unseres Staates, daß die heranwachsende Generation eine gesicherte Perspektive hat und gut gerüstet ins Leben geht. Alle Kinder des Volkes erhalten eine Oberschulbildung. Es zeugt von den schöpferischen Leistungen unseres Arbeiter-und-Bauern-Staates auf deutschem Boden, daß seit Gründung der DDR über 1,2 Millionen Mädchen und Jungen ein Fach- oder Hochschulstudium abgeschlossen haben.

Bei uns kann jeder
seine Persönlichkeit entfalten

Bei uns ist soziale Sicherheit, im Gegensatz zum Kapitalismus, kein leeres Wort, sondern gesellschaftliche Realität. Niemand braucht um seinen Arbeitsplatz zu bangen und Existenzangst zu empfinden. Für jeden Jugendlichen ist ein Platz in der Berufsausbildung gewährleistet, jedem stehen die Wege zu einem zweiten oder dritten Beruf offen. Das einheitliche sozialistische Bildungswesen, dessen Spanne vom Kindergarten bis zu den Einrichtungen der Erwachsenenbildung reicht, ermöglicht es jedem, seine Rechte und Pflichten und auch die großen Chancen wahrzunehmen, seine Persönlichkeit in der sozialistischen Gesellschaft zu entfalten – in Industrie und Landwirtschaft, in Wissenschaft und Kultur, in allen Bereichen unseres gesellschaftlichen Lebens.

Für unsere sozialistische Gesellschaft, wo die weltverändernden Ideen von Marx, Engels und Lenin verwirklicht werden, wo alles Progressive der Vergangenheit bewahrt und in der Gegenwart fortgesetzt wird, darf man also wohl mit Recht in Anspruch nehmen, daß sie die Vision erfüllt, der Goethe im »Faust« Ausdruck gab: »Hier bin ich Mensch, hier darf ich's sein.«

Zu den schönsten Zeugnissen dafür, daß unsere Republik eine wahre Heimstatt des Volkes, ein Staat mit großer Zukunft ist, gehört ohne Zweifel das Bekenntnis der Jugend zu ihrem sozialistischen Vaterland, ihre Tat für sein ständiges Gedeihen. Über 700 000 Teilnehmer des Nationalen Jugendfestivals, des Verbandstreffens der FDJ, haben vor kurzem dieses Bekenntnis im Namen aller jungen Erbauer des Sozialismus in der DDR eindrucksvoll bekräftigt. Sie bekundeten ihre feste Verbundenheit mit der SED. Und sie demonstrierten ihren Willen, die Deutsche Demokratische Republik, ihr sozialistisches Vaterland, weiter allseitig zu stärken und jederzeit zuverlässig zu schützen.

*Die DDR hat Stabilität
und Zukunftsträchtigkeit unter Beweis gestellt*

Welche gewaltigen Veränderungen liegen zwischen dem ersten Deutschlandtreffen der Jugend Pfingsten 1950 und dem Verbandstreffen der FDJ Pfingsten 1979! Erinnern wir uns: Als am 7. Oktober 1949 der erste Staat der Arbeiter und Bauern auf deutschem Boden gegründet wurde, sagten ihm seine imperialistischen Feinde und deren Lakaien bekanntlich ein kurzes Leben voraus. Doch ungeachtet dessen ist er seitdem ständig weiter erstarkt. In der internationalen Arena haben die Buchstaben DDR einen guten Klang. Sie stehen für Frieden, Solidarität, Fortschritt.

Die gleichberechtigte Mitgliedschaft der DDR in den Vereinten Nationen und deren Spezialorganisationen sowie die diplomatischen Beziehungen unserer Republik zur übergroßen Mehrheit der Staaten der Welt mögen hier als ein Beispiel für viele andere genannt werden. Entgegen allen illusionären Vorstellungen von Revanchepolitikern westlich unserer Staatsgrenze hat die DDR nicht nur ihre Stabilität, sondern auch ihre Zukunftsträchtigkeit unter Beweis gestellt. Das mögen sich alle ins Stammbuch schreiben, die noch immer den Illusionen von 1949 nachhängen. Eingetroffen ist das, was unsere Partei sagte, und nicht, was unsere Feinde sich wünschten. Eingetroffen ist, wofür unsere Jugend bei der Gründung der Republik, beim historischen Fackelzug Unter den Linden, auftrat.

Wer die bewegenden Pfingsttage dieses Jahres mit ihren überwältigenden politischen Demonstrationen und ihren hervorragenden kulturellen und sportlichen Veranstaltungen erlebte, wird mir sicher zustimmen, daß hier eine Jugend herangewachsen ist, die die Zukunft unseres Landes in festen und sicheren Händen hält. Für die Verwirklichung unserer Kulturpolitik hat das Nationale Jugendfestival Maßstäbe gesetzt. Es demonstrierte überzeugend das hohe Leistungsvermögen und die ideologische Wirkungskraft unserer sozialistischen Ideen, unserer sozialistischen Kultur und Kunst.

*Die Ideologie der Arbeiterklasse
wurde zur bestimmenden Ideologie in der sozialistischen Nation*

Liebe Freunde und Genossen!
Mit der Errichtung unseres Arbeiter-und-Bauern-Staates wurden Geist und Macht vereint. Denn die Ideologie der Arbeiterklasse wurde zur bestimmenden Ideologie der sich herausbildenden sozialistischen Nation. An die-

ser Tatsache ändern die Gesundbeter des Kapitalismus nichts, mögen ihre Theorien auch noch so geistreich erscheinen.

Fürsprecher des Monopolkapitals, des Fortbestehens überholter Gesellschaftsstrukturen sind überhaupt nicht in der Lage zu begreifen, daß mit dem Sieg des Roten Oktober im Jahre 1917, daß mit dem Siegeszug des Sozialismus in der Welt ein neues Zeitalter begonnen hat. Es ist wahrscheinlich nicht das Zeitalter jener, deren Manipulierung der öffentlichen Meinung in den kapitalistischen Ländern im Werk eines Schriftstellers der DDR bloßgestellt wurde, das kürzlich unter dem Titel »Der Gaukler« erschien.

Unsere Partei verwirklichte seit ihrer Gründung eine Kulturpolitik, die das edelste Streben der humanistischen und revolutionären Vorkämpfer der Menschheit erfüllt. Sie setzt die Traditionen des Thälmannschen Zentralkomitees der Kommunistischen Partei Deutschlands fort, das in den Fragen des geistig-kulturellen Lebens stets Kernfragen des täglichen Kampfes der Arbeiterklasse, des Kampfes um die politische Macht und des Aufbaus der neuen Gesellschaft erblickte. Der »Kampf des Proletariats um seine ökonomische und politische Befreiung«, so wurde in den 1921 veröffentlichten »Leitsätzen zur Bildungsarbeit der KPD« erklärt, ist »zugleich ein Kampf um die Befreiung des proletarischen Denkens und Fühlens von den überkommenen Formen der bürgerlichen Weltanschauung und Lebensführung sowie um die Schaffung einer höheren sozialistischen Kultur«.[1] Hieraus wird deutlich, daß die KPD die Kultur als eine aktive, den Kampf der Arbeiterklasse vorantreibende, den historischen Fortschritt beschleunigende Kraft ansah und ihr besondere Aufmerksamkeit widmete.

In diesem Sinne verstanden wir Kommunisten und nicht wenige andere Antifaschisten auch unsere Aufgabe während des Widerstandes gegen das Hitlerregime, beim Ringen um ein neues, sozialistisches Deutschland. Aus der Befreiung von der braunen Barbarei sollte zugleich jene Befreiung der Literatur, Kunst und Wissenschaft hervorgehen, die ihre volle Entfaltung ermöglichen, das Leben unseres Volkes bereichern und sein Schöpfertum beflügeln würde.

Für diese Befreiung setzten sich nicht nur all die namhaften Kulturschaffenden ein, die ihren Weg in die Reihen oder an die Seite der KPD gefunden hatten. In solchem antifaschistischen, humanistischen und fortschrittlichen Sinne gestaltete unsere Partei auch die freundschaftliche Zusammenarbeit mit Heinrich und Thomas Mann, Lion Feuchtwanger und vielen anderen bürgerlichen Schriftstellern und Künstlern.

---

1 Die Internationale, 1921, Heft 18/19, S. 681.

Wir halten die Tradition
des antifaschistischen Kampfes stets hoch

Das Bemühen um die ständige Festigung dieses Bündnisses, das Meinungsverschiedenheiten und Auseinandersetzungen keineswegs ausschließt, ist eine tausendfach bestätigte Erfahrung der internationalen revolutionären Arbeiterbewegung. Anregend bis auf den heutigen Tag bleibt der Briefwechsel zwischen W. I. Lenin und Maxim Gorki, der von der tiefen, keineswegs konfliktlosen Freundschaft zwischen dem Führer des revolutionären Weltproletariats und dem Begründer der sozialistisch-realistischen Literatur zeugt.

Wesentlichen Anteil an der Festigung des Bündnisses mit den Kulturschaffenden hatten so hervorragende Führer der internationalen revolutionären Arbeiterbewegung wie Georgi Dimitroff, Antonio Gramsci, Maurice Thorez und viele andere. Diese Tradition des antifaschistischen Kampfes werden wir stets hochhalten.

Nachdem die Sowjetarmee den Faschismus zerschlagen hatte, konnten wir mit der materiellen Umgestaltung des Daseins unseres Volkes auch das große, keineswegs weniger schwierige Werk der geistigen Erneuerung in Angriff nehmen. Damals, im Jahre 1946, umriß Genosse Wilhelm Pieck mit programmatischen Worten das Wesen der Kulturpolitik unserer Partei.

Es gehe darum, »Voraussetzungen und Bürgschaften« zu schaffen, so sagte er, »daß ... die erhabenen Ideen der Besten unseres Volkes, die Ideen, die wir bei den Größten aller Völker und Zeiten wiederfinden, die Ideen echter, tiefgefühlter, kämpferischer Humanität und wahrer Freiheit und Demokratie, die Ideen der Völkerverständigung und des gesellschaftlichen Fortschritts zu den beherrschenden Mächten in unserem Kulturleben werden und ebenso zu lebendigen Kräften, die unser gesamtes politisches und gesellschaftliches Leben richtunggebend gestalten«.[2] Ziel sei es, das »Volk mit der Kultur und die Kultur mit dem Volke zu vereinen«[3].

Das wurde bei uns verwirklicht und gehört zu den eindrucksvollsten Erfolgen revolutionärer Umgestaltungen in 30 Jahren Deutscher Demokratischer Republik.

Liebe Freunde und Genossen!

Aus den Beschlüssen unserer Partei sind dem Kulturbund neue Aufga-

---

2 Um die Erneuerung der deutschen Kultur. Erste Zentrale Kulturtagung der Kommunistischen Partei Deutschlands vom 3. bis 5. Februar in Berlin (Stenographische Niederschrift), Berlin 1946, S. 19.
3 Schlußansprache des Parteivorsitzenden Wilhelm Pieck. In: Protokoll der Verhandlungen des Ersten Kulturtages der Sozialistischen Einheitspartei Deutschlands, 5. bis 7. Mai 1948 in der Deutschen Staatsoper zu Berlin, Berlin 1948, S. 272.

ben und für sein Wirken weitere große Möglichkeiten erwachsen. Das hat in den vom IX. Bundeskongreß beschlossenen Grundaufgaben des Kulturbundes überzeugend Ausdruck gefunden. Auf dem IX. Parteitag hat unsere Partei die Aufgabe gestellt, das materielle und kulturelle Lebensniveau des Volkes ständig zu erhöhen, Wissenschaft, Bildung und Kultur weiter zu entwickeln und die Zusammenarbeit mit der Sowjetunion und den anderen sozialistischen Bruderländern zu vertiefen. Bei der Verwirklichung dieses Kurses haben wir in den vergangenen Jahren beträchtliche Erfolge erzielt. Auf der Grundlage der wachsenden Leistungskraft unserer Volkswirtschaft verbesserten sich spürbar die sozialen Bedingungen für Millionen Werktätige, und auch die Bedingungen für das geistig-kulturelle Leben erweiterten sich wesentlich.

Gewachsenes Interesse
der Werktätigen an Kunst und Kultur

Das Interesse vieler Werktätiger an Kultur und Kunst ist erfreulich angestiegen. Dabei übersehen wir natürlich nicht, daß die Entwicklung dieser Bedürfnisse unterschiedlich, mitunter auch widersprüchlich verläuft. Sie vollzieht sich nicht spontan, nicht automatisch mit der Verbesserung der materiellen Lebensbedingungen. Vielmehr bedarf sie der ständigen bewußten und planmäßigen Förderung durch unsere Partei und alle gesellschaftlichen Kräfte. Der Kulturbund trägt durch seine vielseitigen Aktivitäten dazu bei, daß sich immer mehr Bürger in ihrem Wirkungsbereich aktiv am geistig-kulturellen Leben beteiligen. In den Arbeitsgemeinschaften und Freundeskreisen wie in den Klubs der Intelligenz finden sie ein Betätigungsfeld zur Befriedigung ihrer wachsenden geistigen und kulturellen Bedürfnisse.

Wie aus den Beschlüssen des IX. Parteitages und aus dem Programm unserer Partei hervorgeht, ist der Aufschwung von Wissenschaft, Bildung und Kultur ein organischer und fester Bestandteil der gesamten, auf das Wohl des Volkes gerichteten Politik unserer Partei. Uns geht es darum, daß das Streben nach einer hohen Bildung, nach fruchtbaren wissenschaftlichen Erkenntnissen, die zur Stärkung unserer sozialistischen Gesellschaft beitragen, und nach einer reichen, vielseitigen Kultur allseitig gefördert und unterstützt wird. Das entspricht dem Wesen des Sozialismus, denn der Sozialismus dient dem Wohl des Volkes und der vollen Entfaltung der schöpferischen Fähigkeiten der Menschen. Der Sozialismus ist eine Gesellschaft wahrer Menschlichkeit und verwirklichter Menschenrechte, der allseitigen Entwicklung sozialistischer Persönlichkeiten und ihrer kulturvollen

Lebensweise. Materielles und Kulturelles bilden daher eine untrennbare Einheit. Es geht uns um die Kultur in allen Bereichen unserer Gesellschaft, in allen Sphären menschlicher Tätigkeit.

Bei der Weiterführung der sozialistischen Revolution werden die Ansprüche an das Niveau und an die Wirksamkeit des geistig-kulturellen Lebens weiter zunehmen. So sind die volkswirtschaftlichen Erfordernisse, vor allem die sozialistische Rationalisierung, mit wachsenden Ansprüchen an die Qualität der sozialistischen Arbeitskultur verbunden. Dabei denken wir nicht nur an die Verbesserung äußerer Faktoren, sondern meinen die kulturvolle Gestaltung aller Arbeitsbedingungen. Dazu gehört eine Atmosphäre im Arbeitskollektiv, in der sich der Mensch als Persönlichkeit entwickeln und bewähren kann. Das ist auch der Grund, warum wir stets den engen Zusammenhang zwischen der Führung des sozialistischen Wettbewerbs und der Förderung des geistig-kulturellen Lebens in den Arbeitskollektiven betonen.

Höhere Ansprüche an unsere sozialistische Kultur ergeben sich aus dem steigenden Bildungsstand der Werktätigen. Damit wachsen erfahrungsgemäß auch breitere Interessen an Kultur und Kunst. Nicht zuletzt ergeben sich wesentliche Veränderungen in den Lebensgewohnheiten aus unserem Wohnungsbauprogramm. Seit Anfang 1971 sind rund 3,5 Millionen Bürger in neugebaute bzw. modernisierte Wohnungen eingezogen. Damit entstanden vielfältige neue Beziehungen zwischen den Menschen, und es entwickeln sich neuartige Kulturbedürfnisse. In vielen Wohngebieten wurden dafür schon gute Bedingungen geschaffen, aber vieles bleibt noch zu tun. Bekanntlich nehmen die Kulturbedürfnisse mitunter rascher zu als die materiellen Möglichkeiten, sie zu befriedigen. Deshalb kommt es auch in der Tätigkeit aller kulturellen und künstlerischen Einrichtungen darauf an, nach Wegen zur Erhöhung ihrer Qualität und Effektivität zu suchen.

*Lebendige Aneignung
unseres reichen Erbes*

Der Kulturbund der DDR kann zur weiteren Ausprägung der sozialistischen Lebensweise einen großen Beitrag leisten. Besonders gilt dies für seine Rolle bei der Wahrung, Pflege und Verbreitung unseres Kulturerbes, bei der Erschließung der Heimatgeschichte, bei der Denkmalpflege und beim Schutz der Natur und der Umwelt. All das sind wichtige und unentbehrliche Bestandteile des Lebens im Sozialismus, sind unverzichtbare Werte.

In unserem gesellschaftlichen Leben hat das Kulturerbe in seiner ganzen

Breite einen festen Platz. Wie wir mit Freude feststellen können, wird die Begegnung mit der Geschichte immer mehr zu einem echten Bedürfnis vieler Bürger, vor allem der Jugend. Das zeigen die Besucherzahlen in den Museen ebenso wie die aktive Mitarbeit vieler Bürger an der Erforschung örtlicher Traditionen revolutionärer Massenbewegungen und an der Erhaltung wertvoller Denkmäler, Zeugnisse und Stätten des kulturellen Erbes.

Gerade jetzt, in Vorbereitung auf den 30. Jahrestag der DDR, ist es von großer Bedeutung, daß sich die Bürger unseres ersten sozialistischen Staates der Arbeiter und Bauern auf deutschem Boden als die Erben und Fortsetzer jahrhundertelanger Kämpfe um ein menschenwürdiges Leben begreifen. Ein tiefes Verhältnis zur Geschichte stärkt die Verbundenheit der Bürger mit ihrem sozialistischen Vaterland und erhöht ihren Stolz auf die Errungenschaften der sozialistischen Revolution.

Wir sind die Erben von Marx, Engels und Lenin, von Karl Liebknecht und Rosa Luxemburg, Ernst Thälmann und Wilhelm Pieck, von Hegel und Humboldt, von Lessing, Herder, Goethe und Schiller, von Scharnhorst und Gneisenau, von allem, was unser Volk und was die Menschheit in der Geschichte an Einsichten in das Wesen der Welt und des Menschen gewonnen, was sie an zukunftsweisenden Idealen, an Schönheit und Poesie geschaffen haben. Im Mittelpunkt steht dabei das reiche kulturelle Erbe der revolutionären Kämpfe der deutschen und der internationalen Arbeiterbewegung, steht das proletarisch-revolutionäre Erbe. Einbegriffen sind zugleich die kulturellen Leistungen, die seit der Befreiung vom Faschismus in unserer Republik hervorgebracht wurden.

Aber wie Goethe schon sagte: »Was du ererbt von deinen Vätern hast, erwirb es, um es zu besitzen.« Das Erbe lebt nur durch seine lebendige Aneignung und Weiterführung. Deshalb haben wir in der 30jährigen Geschichte unserer Republik viel dafür getan und werden auch weiterhin viel dafür tun, das Kulturerbe in seinem Bezug zu den Aufgaben der Gegenwart zu erschließen und zu verbreiten. Als sich vor kurzem die Goethe-Gesellschaft in Weimar zu ihrer 66. Hauptversammlung traf, erinnerten sich viele Teilnehmer an das Jahr 1949. Damals hielt Otto Grotewohl anläßlich der Goethe-Feier der Freien Deutschen Jugend seine bedeutende Rede »Amboß oder Hammer«.

*Die Kultur des Volkes
hat in unserem Staat ihre wahre Heimat*

Wenige Monate später sprach Johannes R. Becher in Weimar unter dem symbolischen Titel »Der Befreier«. Im selben Jahr kam es zur denkwürdigen Begegnung zwischen ihm und Thomas Mann. Ein Jahr zuvor war das Deutsche Nationaltheater Weimar mit der Inszenierung der beiden Teile des »Faust« wieder eröffnet worden. Von Anfang an erwies sich unser sozialistischer Staat als wahre Heimat der Kultur unseres Volkes.

Es war das Jahr 1949, als der erste Präsident unseres Arbeiter-und-Bauern-Staates, Genosse Wilhelm Pieck, erstmals den Nationalpreis der DDR an Heinrich Mann, an die Schöpfer des Films »Ehe im Schatten« und der Aufführung »Mutter Courage und ihre Kinder« sowie an weitere Persönlichkeiten verlieh. Und es ist gewiß kein Zufall, daß in jenem Jahr das Berliner Ensemble unter der Intendanz von Helene Weigel gegründet wurde, nachdem zuvor bereits die Komische Oper unter Leitung von Walter Felsenstein ihre Tore geöffnet hatte.

Liebe Freunde und Genossen!

Im Programm unserer Partei wird festgestellt, daß die weitere Gestaltung der entwickelten sozialistischen Gesellschaft ein revolutionärer Prozeß tiefgreifender Wandlungen ist. Daraus ergeben sich Aufgaben von wahrhaft historischen Dimensionen. Der Aufbau des Sozialismus und der Kampf um die Erhaltung des Friedens erfordern auf allen Gebieten, besonders dem der Ökonomie, gewaltige Anstrengungen. Im Ringen um die weitere Verwirklichung der Hauptaufgabe sind wir bestrebt, die Leistungskraft unserer Volkswirtschaft ständig zu steigern, die Qualität und Effektivität der Arbeit weiter zu erhöhen. Die Stärkung der ökonomischen Leistungsfähigkeit unseres Landes ist die zentrale Frage. Davon hängen entscheidend die Fortschritte in allen Bereichen des Lebens ab.

Mit den Beschlüssen des IX. Parteitages hat unsere Partei auch ihre Kulturpolitik auf Grund der Notwendigkeiten bestimmt, denen wir im jetzigen Abschnitt des gesellschaftlichen Voranschreitens gerecht werden müssen. Wir gehen davon aus, daß die entwickelte sozialistische Gesellschaft durch eine hohe geistige Kultur gekennzeichnet wird. So liegt uns daran, den Reichtum materieller und geistiger Werte der sozialistischen Kultur umfassend zu mehren, ein vielseitiges, anregendes kulturelles Leben zu entfalten.

Ideologischer Kampf nimmt an Schärfe zu

Der Förderung unserer Literatur und Kunst messen wir eine besondere Bedeutung bei. Hier hat unsere Ermutigung zu wirklichkeitsnahen, volksverbundenen und parteilichen Werken, zur bejahenden Gestaltung des Großen und Schönen unserer Zeit, auch ihrer zu überwindenden Widersprüche und Konflikte, zu Breite und Vielfalt der Themen und Ausdrucksweisen gute Früchte getragen. Es bestätigte sich aber auch, daß sich das künstlerische Schaffen im Sozialismus und für den Sozialismus nicht fernab, sondern inmitten der ideologischen Auseinandersetzung zwischen den beiden großen Gesellschaftssystemen unserer Zeit vollzieht.

Auf diesem Feld hat der Kampf bekanntlich an Schärfe zugenommen. Nicht zuletzt geschah dies durch die anhaltenden Versuche imperialistischer Massenmedien, sich unter massiv gesteigerter Hetze gegen die DDR, die Sowjetunion und die anderen Bruderländer in die inneren Angelegenheiten unseres Staates einzumischen und die Atmosphäre zu vergiften. Wie zum Hohn berufen sie sich dabei nicht selten sogar auf die Schlußakte von Helsinki, in der genau das Gegenteil steht und die gerade deswegen unterschrieben wurde, um der Sache des Friedens, der Entspannung, der Zusammenarbeit und des gutnachbarlichen Verhältnisses der Völker zu dienen.

Betrachten wir die seit dem VIII. Parteitag entstandenen Kunstwerke, so bezeugen viele von ihnen ebenjenes Bewußtsein der Verantwortung vor dem Volk, dem sich wohl jeder ernsthafte Künstler verpflichtet weiß und ohne das ihm letztlich das befriedigende Gefühl versagt bleiben muß, gebraucht zu werden. In diesen Werken kann man nichts anderes sehen als eine Bestätigung für die Richtigkeit unseres kulturpolitischen Weges. Er ist auf ein reiches geistig-kulturelles Leben mit hoher ideologischer Wirkungskraft angelegt, zu dem Literatur und Kunst ihren spezifischen Beitrag leisten.

Die Festigung der Macht
bleibt das Bestimmende

Stets haben wir größten Wert darauf gelegt, das Verständnis der Kulturschaffenden für die konkreten Bedingungen unseres Kampfes und für die neuen Aufgaben unserer gesellschaftlichen Entwicklung zu wecken und zu vertiefen. Da konnte Meinungsstreit nicht ausbleiben, und zu bestimmten Zeiten sind einzelne Schriftsteller oder Künstler den Weg an unserer Seite nicht mitgegangen. Aber nicht solche zeitweiligen Erscheinungen oder auch Irrtümer waren das Wesentliche. Das Bestimmende war, ist und bleibt die unablässige Festigung der Arbeiter-und-Bauern-Macht und ihre Verteidigung gegen ihre Feinde westlich unserer Staatsgrenze. Dies ist die Grundlage für die weitere Entwicklung des materiellen und kulturellen Wohlstandes unseres Volkes. Auf dem Weg nach vorn geht es nicht konfliktlos zu. Das ist sogar in der besten Familie nicht anders. Unsere Partei läßt sich gegenüber den Kunst- und Kulturschaffenden von ihren Grundprinzipien leiten – der Achtung vor dem Menschen, der kameradschaftlichen Zusammenarbeit, geprägt von Prinzipienfestigkeit, Geduld und Verständnis für die Kompliziertheit künstlerischer Schaffensprozesse.

Wie es der IX. Parteitag beschlossen hat, werden wir uns stets für die besondere Förderung der sozialistisch-realistischen Literatur und Kunst einsetzen. Parteilichkeit, Volksverbundenheit und hoher sozialistischer Ideengehalt sind ihre unveräußerlichen Grundprinzipien. Aber natürlich wissen wir, daß nicht alle Schriftsteller und Künstler Marxisten-Leninisten sind. Auch die Positionen des sozialistischen Realismus wollen mit jedem neuen Kunstwerk aufs neue errungen sein. Im Kunstleben unserer sozialistischen Gesellschaft hat jeder Schriftsteller und Künstler Platz und Raum, der mit seinem Werk dem Frieden, dem Humanismus, der Demokratie, der antiimperialistischen Solidarität und dem realen Sozialismus verpflichtet ist. Das hat nicht zuletzt auf der VIII. Kunstausstellung der DDR seinen überzeugenden Ausdruck gefunden und wird auch weiterhin so bleiben.

Mit künstlerischer Meisterschaft
bei der Ausbildung von kommunistischen Idealen mitwirken

In den letzten Wochen habe ich zahlreiche Briefe von Schriftstellern und Künstlern erhalten, die ihren Willen zur aktiven Mitarbeit bekunden. Ich möchte die Gelegenheit wahrnehmen, um allen Kulturschaffenden sehr herzlich für ihre vielfältigen Leistungen im Interesse und zum Wohle unserer sozialistischen Gesellschaft zu danken. Mit Wort und Tat erweisen sich die Schriftsteller und Künstler unserer Republik in ihrer überwiegenden Mehrheit als feste Verbündete der Arbeiterklasse und unserer marxistisch-leninistischen Partei.

Wir sind froh über dieses Vertrauensverhältnis, das sich im gemeinsamen Kampf um die Entwicklung der sozialistischen Gesellschaft, um die Sicherung des Friedens immer mehr herausgebildet hat. Wir wollen und werden alles tun, um auf diesem Wege noch weiter voranzukommen.

Liebe Freunde und Genossen!

Wenn ich seinerzeit sagte, daß es, wenn man von den festen Positionen des Sozialismus ausgeht, meines Erachtens auf dem Gebiet von Kunst und

Literatur keine Tabus geben kann, und wenn ich hinzufügte, daß dies sowohl Fragen der inhaltlichen Gestaltung als auch des Stils, kurz, die Fragen dessen betrifft, was man die künstlerische Meisterschaft nennt, dann kann ich das heute nur bekräftigen. Es kommt uns auf eine Kunst und Literatur an, die es vermag, die Menschen über das tiefe Erfassen der Gegenwart noch aktiver zur Zukunft hinzuleiten, noch stärker an der Ausbildung kommunistischer Ideale mitzuwirken und zu erkunden, was für ihre Verwirklichung zu tun bleibt. Diese Kunst und Literatur atmet die Größe unserer Sache, der dafür vollbrachten Leistungen und der daraus gewonnenen menschlichen Werte. Sie bereichert Gedanken und Gefühle, unterhält und ist so lebendig wie das Leben selbst.

Der Platz zwischen den Fronten ist der Platz der Verlierer

Freilich besteht die Hauptaufgabe darin, zu wissen, wo man steht in den politischen Kämpfen unserer Zeit. Der Schriftstellerverband der DDR hat sie mit dem Referat seines Präsidenten, Genossen Hermann Kant, zu Recht in den Brennpunkt gerückt. Noch immer wurde im Klassenkampf auf zwei Seiten der Barrikade gestritten – hier die Arbeiterklasse, dort die Bourgeoisie, hier Sozialismus, dort Kapitalismus, hier die sozialistische Ideologie, dort die bürgerliche. Etwas Drittes gibt es nicht. Mit einem Bein diesseits, mit dem anderen jenseits bleibt keiner im Gleichgewicht. Wer obendrein glaubt, in solcher Position lasse sich am ehesten die Wahrheit über die revolutionären Veränderungen unserer Zeit, über das Wesen der Auseinandersetzungen beider großer Gesellschaftssysteme finden, der irrt sich – milde ausgedrückt – sehr. Der Platz zwischen den Klassenfronten war schon immer der Platz der Verlierer, ein ebenso aussichtsloser wie unrühmlicher Platz gegen die Interessen des Volkes, das der eigentliche Auftraggeber der Künste ist.

Natürlich hatten wir bei unserer Kulturpolitik nie die naive Vorstellung, sie werde ohne Widersprüche verwirklicht werden, und der Imperialismus werde auf jeglichen Versuch verzichten, sich in seinem, dem Sozialismus und der DDR feindlichen Sinne einzumischen. Bekanntlich hat uns die Erfahrung darin recht gegeben. Ich möchte hier nicht gegen diejenigen zu Felde ziehen, denen bei uns zulande der Weg des Sozialismus zu steinig und die Höhen zu steil erscheinen, so daß sie schließlich den Horizont nicht mehr erkennen. Eines steht jedenfalls fest: Die Freiheit der Kunst im Sozialismus ist ein Teil der Freiheit des ganzen Volkes und damit eine kostbare revolutionäre Errungenschaft. Sie zu nutzen verlangt auch, sie vor Mißbrauch zu schützen.

An der Brust westlicher Massenmedien, von denen nicht wenige aus den Fonds dortiger Geheimdienste gespeist sind, wird jedem Trost und Ermunterung zuteil, der bereit ist, seinen sozialistischen Staat, seine sozialistische Heimat, sein Vaterland und dessen Verbündete in den Schmutz zu ziehen. Das war schon immer so. Dabei ist aufschlußreich, daß sich in der BRD gerade diejenigen, die alles für die Erhaltung des Kapitalismus tun, wortreich für jeden einsetzen, der den realen Sozialismus in der DDR angeblich verbessern will. Mit der kapitalistischen Krise und ihren schlimmen Begleiterscheinungen werden sie nicht fertig. Statt dessen – genauer gesagt: Auf Grund dessen wenden sie alle Mittel auf, um das Licht des aufsteigenden Sozialismus zu verdunkeln. Das wird, wie in der Vergangenheit, auch in Zukunft nichts daran ändern, daß dieses Licht ständig heller und anziehender leuchtet.

Wir halten es für einen Akt politischen Verantwortungsbewußtseins der Künstler als Staatsbürger, als Kampfgefährten der Arbeiterklasse und aller Werktätigen, als Mitstreiter unserer Partei, daß sie in ihren Verbänden zu diesen Grundproblemen unseres Kampfes von heute ihr klares Wort sprechen. Denn die künstlerische Tätigkeit wird sich dadurch um so erfolgreicher an der Lösung jener Aufgaben erproben und bewähren können, die uns die Gestaltung der entwickelten sozialistischen Gesellschaft in der DDR stellt.

Die Wirksamkeit von Literatur und Kunst ist um so größer, je enger die Schriftsteller und Künstler mit dem Volk verbunden sind und es verstehen, die Probleme des Wachstums der sozialistischen Gesellschaft, die Konflikte und Widersprüche, die wir zu lösen haben, um voranzukommen, in ihren Werken parteilich und künstlerisch überzeugend darzustellen. Eine Kunst, die es ernst meint mit ihrer Funktion als Entdecker und Mitgestalter unserer neuen Wirklichkeit, braucht diese enge und lebendige Verbundenheit der Schriftsteller und Künstler mit dem Leben des Volkes.

Aus dem schmalen Blickwinkel des stillen Beobachters lassen sich nur selten Einsichten und Erkenntnisse gewinnen, mit denen die Massen bewegt werden können. Das ist eine alte Erfahrung.

*Hohe Anforderungen
an unsere Literatur- und Kunstkritik*

Wer zu gesellschaftlich bedeutsamen Themen und Stoffen vorstoßen will, braucht einen festen Standort mitten im Leben des Volkes, einen klaren Standpunkt in den Kämpfen unserer Zeit. Für die schöpferische Suche nach neuen Themen, Inhalten und Gestaltungsweisen werden wir immer Verständnis haben. Da mag manches neuartig, überraschend oder auch eigenwillig erscheinen. Um so notwendiger ist ein hohes Niveau unserer Literatur- und Kunstkritik, von der die Fortschritte im künstlerischen Schaffen klar benannt, aber auch Schwächen oder Fehler einzelner Kunstwerke nicht verschwiegen werden sollten. Selbstverständlich setzt das alles ein hohes Maß an politischer Verantwortung voraus, der Künstler selber, der kunstverbreitenden Institutionen und der zuständigen staatlichen Leiter.

Mit dem Blick auf 30 Jahre Geschichte der Deutschen Demokratischen Republik können wir mit vollem Recht feststellen, daß sich die sozialistische deutsche Nationalkultur erfolgreich entwickelt. Sie wird geprägt von den Zielen und Idealen der revolutionären Arbeiterklasse und ist eine Kultur des ganzen Volkes. Sie wurzelt in den fortschrittlichen Traditionen der Kultur unseres Volkes und der ganzen Menschheit. Sie ist engstens verbunden mit den Kulturen der Sowjetunion und der anderen Länder der sozialistischen Staatengemeinschaft. Und sie ist offen für alle wertvollen humanistischen Kulturleistungen aus aller Welt. Kulturschaffende in kapitalistischen Ländern, in Frankreich, Italien, Spanien, Portugal, den USA und vielen anderen, machen mit Recht darauf aufmerksam, daß in der DDR weitaus mehr Bücher aus ihren Ländern erscheinen und weitaus mehr Filme gezeigt werden als umgekehrt. Das unterstreicht nicht nur aufs neue unsere Weltoffenheit, sondern sollte uns auch in dem Bestreben bestärken, durch den Kulturaustausch die Ideen des Friedens und der Völkerverständigung zu fördern. Es versteht sich von selbst, daß es sich hierbei immer nur um wirkliche kulturelle Werte handeln kann.

*Der Kulturbund kann auch künftig
auf volle Unterstützung rechnen*

Liebe Freunde und Genossen!
Wir sind davon überzeugt, daß der Kulturbund der DDR auch künftig mit seinen großen Möglichkeiten zur Festigung des Bündnisses der Arbeiterklasse, der Genossenschaftsbauern, der Intelligenz und aller Werktätigen und zur Realisierung der vom IX. Parteitag beschlossenen Politik tatkräftig

beitragen wird. Als ein geistiges Zentrum der Intelligenz und eine Heimstatt der kulturpolitisch engagierten Bürger vermag er für unsere gemeinsamen Ziele viel zu bewirken.

Ihnen, liebe Freunde und Genossen, dem Präsidium und allen Mitgliedern Ihrer Organisation möchte ich Gesundheit, Freude an der Arbeit und neue Erfolge wünschen. Ich darf versichern, daß der Kulturbund der DDR auch künftig stets auf die volle Unterstützung durch Partei und Regierung rechnen kann.

Erich Honecker: Reden und Aufsätze, Bd. 6,
Berlin 1980, S. 446–466.

30 Jahre DDR – überzeugender Beweis für die Sieghaftigkeit der Ideen des Marxismus-Leninismus

*Aus der Rede
auf der Festveranstaltung
zum 30. Jahrestag der DDR
6. Oktober 1979*

Liebe Freunde und Genossen!
Verehrte ausländische Gäste!
Meine Damen und Herren des Diplomatischen Korps!
Wir haben uns zu dieser festlichen Veranstaltung zusammengefunden, um gemeinsam mit unseren ausländischen Freunden den 30. Jahrestag der Deutschen Demokratischen Republik zu begehen. Zum 30. Male jährt sich der Tag, an dem in einer Zeit großer Veränderungen in der Welt die Deutsche Demokratische Republik gegründet wurde. Die Errichtung des ersten sozialistischen Staates der Arbeiter und Bauern auf deutschem Boden gehört zu den gewaltigen Umwälzungen, die sich während der Nachkriegsentwicklung vollzogen und in denen die Gründung der DDR einen bedeutenden Höhepunkt bildete.

30 Jahre Deutsche Demokratische Republik sind 30 Jahre Kampf für Frieden und Sozialismus, sind ein überzeugender Beweis für die Sieghaftigkeit der Ideen des Marxismus-Leninismus. Allein die Existenz unserer Republik im Geburtsland von Karl Marx und Friedrich Engels, ihre Verankerung in der großen Gemeinschaft der sozialistischen Staaten stellen klar, daß wir in einer Epoche leben, in der immer mehr Völker zum Sozialismus übergehen.

30 Jahre Deutsche Demokratische Republik – das sind 30 Jahre Verwirklichung der historischen Mission der Arbeiterklasse auf deutschem Boden. In diesen Jahrzehnten hat unser Volk unter Führung der Arbeiterklasse und ihrer Partei, der Sozialistischen Einheitspartei Deutschlands, einen Weg tiefgreifender revolutionärer Veränderungen in allen Lebensbereichen zurückgelegt. Unser Staat ist buchstäblich auferstanden aus Ruinen. Es war

ein Weg harter Arbeit, nicht weniger Opfer und ständiger erbitterter Klassenauseinandersetzungen mit dem Imperialismus. Auf den Trümmern des zweiten Weltkrieges, der von der Hitlerbande im Auftrag des deutschen Monopolkapitals so schändlich vom Zaune gebrochen worden war, wuchs ein Staat, in dem die Lehren aus der Geschichte gezogen wurden, der für alle Zeiten zur Familie freier Völker, zur Welt des Sozialismus gehört.

Eindrucksvoller denn je tritt heute zutage, daß der Sozialismus auch auf deutschem Boden seine historische Überlegenheit als jene Gesellschaftsordnung beweist, die allein in der Lage ist, Menschenwürde, soziale Sicherheit und Geborgenheit für alle Bürger zu gewährleisten, wahre Freiheit, Demokratie und Menschenrechte zu garantieren. Die Deutsche Demokratische Republik entwickelte sich als ein Staat, in dem alles zum Wohle des Volkes getan wird, als ein Staat des Fortschritts und der klaren Zukunftsperspektiven. Zu Recht können wir sagen, daß mit der Deutschen Demokratischen Republik zum erstenmal in der Geschichte des deutschen Volkes ein Staat geschaffen wurde, der ein wahres Vaterland für alle Werktätigen ist.

Liebe Freunde und Genossen!

Wir freuen uns sehr, daß aus Anlaß des 30. Jahrestages viele ausländische Freunde der Deutschen Demokratischen Republik, enge Verbündete und treue Kampfgenossen unter uns weilen. Gestatten Sie mir, lieber Genosse Leonid Iljitsch Breshnew, liebe Gäste aus den Ländern der sozialistischen Gemeinschaft und aus aller Welt, Ihnen in dieser Stunde von ganzem Herzen Dank zu sagen. Er gilt der in drei Jahrzehnten erwiesenen Solidarität mit unserer Deutschen Demokratischen Republik, gerade auch bei der Festigung ihrer internationalen Positionen. Er gilt der fruchtbaren Zusammenarbeit auf verschiedensten Gebieten, von der Wirtschaft, der Wissenschaft und Kultur bis zur Verteidigung und zur Außenpolitik. Nicht zuletzt gilt er den vielen, wertvollen Aktivitäten, mit denen in Ihren Ländern das Jubiläum unserer Republik gewürdigt wird, als wäre es das eigene. Dies alles hat unser Volk in der Entschlossenheit bestärkt, auch künftig mit ganzer Kraft zu neuen Erfolgen der Welt des Sozialismus beizutragen, jener Welt, von der so machtvolle Impulse für den Kampf um Frieden und Fortschritt, für die nationale und die soziale Befreiung der Völker ausgehen.

Liebe Genossen und Freunde!

Drei Jahrzehnte Deutsche Demokratische Republik erhärten überzeugend die Tatsache, daß die Gründung unseres Staates ein Wendepunkt in der Geschichte unseres Volkes und Europas war. Damit wurde ein unübersehbares Zeichen für den Siegeszug des Sozialismus auch auf deutschem Boden gesetzt und dem Imperialismus in einem Gebiet, das einst zu seinen Hochburgen und Aggressionszentren zählte, wiederum eine empfindliche

Niederlage zugefügt. Erstmals entstand ein deutscher Staat, in dem nicht mehr kapitalistische Ausbeuter regieren, sondern die Arbeiter und die Bauern. Imperialismus, Militarismus und Revanchismus wurden bei uns mit Stumpf und Stiel beseitigt, die Klassenprivilegien aus der Zeit der kapitalistischen Herrschaft überwunden. Hier ist das Volk der wahre Souverän. Es bestimmt selbst über seine Geschicke, entfaltet sein ganzes Schöpfertum zum eigenen Wohl und in Übereinstimmung mit den Lebensinteressen aller friedliebenden Völker. Was des Volkes Hände schaffen, ist des Volkes eigen.

Das Entstehen und die gute Entwicklung der Deutschen Demokratischen Republik beruhen auf stabilen, unverrückbaren Fundamenten. Mit ihrem Sieg an der entscheidenden Front der Antihitlerkoalition im zweiten Weltkrieg über den Faschismus, durch ihre unvergängliche Befreiungstat öffnete die Sowjetunion auch unserem Volk den Weg in eine glückliche Zukunft. Immer werden wir das Andenken an die 20 Millionen Söhne und Töchter des Sowjetlandes in Ehren halten, die ihr Leben für die Freiheit der Völker gegeben haben. Das Vermächtnis der Helden des Großen Vaterländischen Krieges wurde bei uns erfüllt und die historische Chance der Befreiung genutzt. In der Deutschen Demokratischen Republik hat Gestalt angenommen, wofür die Kämpfer des antifaschistischen Widerstandes in der Illegalität, in Zuchthäusern und Konzentrationslagern des Hitlerregimes, im Exil mutig und standhaft ihre ganze Kraft und ihr Leben eingesetzt haben. Drei Jahrzehnte zeigen, daß sich ihr Erbe in zuverlässigen Händen befindet, und wir freuen uns, daß unsere Jugend das Werk ihrer Väter würdig fortsetzt.

Es ist eine fundamentale Errungenschaft, daß es nach der Befreiung vom Faschismus bei uns gelang, KPD und SPD auf revolutionärer Grundlage zur Sozialistischen Einheitspartei Deutschlands zu vereinigen und so die verhängnisvolle Spaltung der Arbeiterklasse zu überwinden. Dadurch wurde die Arbeiterklasse befähigt, ihrer historischen Verantwortung gerecht zu werden. Sie schloß ein festes Bündnis mit allen anderen Klassen und Schichten und vermochte es, das werktätige Volk zu einen. Ohne dies alles wären der Aufstieg unseres Landes aus dem Chaos der ersten Nachkriegszeit, die Beseitigung der materiellen und der ideellen Trümmer ebensowenig möglich gewesen wie die Erfolge des Aufbaus. Es wurde eine sozialistische Gesellschaft geschaffen, wie sie den Erfordernissen unserer Zeit entspricht.

Unser Staat verkörpert das neue, das sozialistische Deutschland. Es ist das Deutschland der großen revolutionären Traditionen. Hier verwirklichen wir, was Karl Marx und Friedrich Engels, August Bebel und Wilhelm Liebknecht, Karl Liebknecht und Rosa Luxemburg, Clara Zetkin und Franz

Mehring, Ernst Thälmann und Rudolf Breitscheid erstrebten und wofür sie kämpften. Wir setzen fort, was Wilhelm Pieck und Otto Grotewohl, Walter Ulbricht und Max Fechner 1945 gemeinsam begannen. Bei uns ist gesellschaftliche Realität, was die großen deutschen Humanisten ersehnten.

Wohlbegründet dürfen wir feststellen: In der deutschen Geschichte hat es niemals zuvor einen Staat gegeben, in dem das Volk so frei atmen, die Springquellen des gesellschaftlichen Reichtums für sich erschließen, alle materiellen und geistigen Werte zum eigenen Wohle nutzen und mehren kann wie in unserer Arbeiter-und-Bauern-Macht. In der Deutschen Demokratischen Republik sind die Menschenrechte, vor allem das Recht auf Arbeit, auf Bildung, Erholung und Gesunderhaltung, das Recht auf soziale Sicherheit nicht nur Verfassungsgrundsatz, sondern Realität. An jeden Bürger richtet sich die Aufforderung, mitzuarbeiten, mitzuplanen und mitzuregieren. Das ist reale Demokratie, sozialistische Demokratie. In unserem Staat geschieht entsprechend der Verfassung der DDR nichts um seiner selbst willen, sondern gilt alles Sinnen und Trachten einem glücklichen und friedlichen Leben des Volkes.

Mit berechtigtem Stolz blicken die Menschen unseres Landes auf das in drei Jahrzehnten gemeinsam Erreichte, auf die grundlegenden Veränderungen ihres Daseins zum Guten, die sich vollzogen haben. Es war ein erfolgreicher, wenn auch kein einfacher Weg, der seit den Oktobertagen 1949 bewältigt wurde. Nicht wenige Schwierigkeiten mußten wir überwinden, viele neu auftauchende Probleme meistern und auch manche Entbehrungen in Kauf nehmen. In diesen Jahren hat der Imperialismus, namentlich von der BRD aus, oft genug den Versuch unternommen, das Rad der Geschichte zurückzudrehen, den Sozialismus von deutschem Boden »zurückzurollen«, die Deutsche Demokratische Republik von der europäischen Landkarte zu tilgen. Er hat kein Mittel gescheut, unseren Staat der Arbeiter und Bauern zu erpressen, zu ruinieren und zu diskreditieren. Er war bestrebt, sich immer wieder einzumischen, wo er nichts, aber auch gar nichts mehr zu bestellen hat. Doch umsonst. Aus dieser harten Klassenauseinandersetzung ging unsere sozialistische Deutsche Demokratische Republik als Sieger hervor, und alle Anschläge des Imperialismus haben schmählich Schiffbruch erlitten.

Gestützt auf das unzerstörbare Bündnis mit der Sowjetunion und den anderen Bruderländern, sind wir von Jahrzehnt zu Jahrzehnt unbeirrbar vorangeschritten. Die Deutsche Demokratische Republik ist ein politisch stabiler, wirtschaftlich gesunder, international anerkannter und geachteter Staat. Anläßlich des 30. Jahrestages der Deutschen Demokratischen Republik sagen das Zentralkomitee der Sozialistischen Einheitspartei Deutschlands, der Staatsrat und der Ministerrat unserem Volke von ganzem Herzen Dank für die Größe des Geleisteten, das die Größe des Erreichten erst möglich gemacht hat. Wir danken, liebe Freunde und Genossen, von dieser Stelle aus der Arbeiterklasse, den Genossenschaftsbauern, den Angehörigen der Intelligenz und allen Werktätigen, den Frauen, der Jugend, den Mitgliedern und den Funktionären der in der Nationalen Front zusammengeschlossenen Parteien und Massenorganisationen, den Angehörigen der Nationalen Volksarmee, der Schutz- und der Sicherheitsorgane unseres Landes. Wir danken allen Bürgern, die, unabhängig von weltanschaulicher Überzeugung oder religiösem Bekenntnis, auf vielfältigste Weise ihr Bestes für das Gedeihen unseres Staates, unserer sozialistischen Gesellschaft gegeben haben.

Mit besonderer Herzlichkeit richten wir unseren Dank an die verdienten Wegbereiter unserer Republik, an die Aktivisten der ersten Stunde, an die Pioniere der Aktivisten- und der Wettbewerbsbewegung in unserem Land, nicht zuletzt an die ungezählten Trümmerfrauen, die am schweren Anfang tatkräftig mithalfen, die Zerstörungen des Krieges zu beseitigen und den Neuaufbau zu ermöglichen. In einer Zeit, als noch Resignation und Pessimismus auf vielen Menschen lasteten, waren sie fest davon überzeugt, daß durch die Kraft des werktätigen Volkes Großes erreicht werden würde. Heute können wir sagen: Das Ergebnis hat die Erwartungen von damals weit übertroffen.

Allen, die zu der großartigen Bilanz unserer Deutschen Demokratischen Republik beigetragen haben, gebühren Dank, Anerkennung und Würdigung. Das gilt vor allem auch für die Millionen Bürger, die in der Volksbewegung zur Vorbereitung des 30. Jahrestages, im sozialistischen Wettbewerb eine fleißige und angestrengte Arbeit geleistet und hervorragende Ergebnisse erzielt haben. Damit verwirklichen wir weiter erfolgreich unsere vom IX. Parteitag der Sozialistischen Einheitspartei Deutschlands beschlossene Hauptaufgabe, das Programm des Wachstums, des Wohlstands und der Stabilität. Wir stärken unsere sozialistische Deutsche Demokratische Republik und tragen tatkräftig zur Sache des Friedens bei.

Liebe Genossen und Freunde!

Als die Deutsche Demokratische Republik gegründet wurde, hatten die tiefen revolutionären Veränderungen in unserem Land an die Anfänge seiner sozialistischen Entwicklung herangeführt. Geschaffen war das Volkseigentum an den Produktionsmitteln, das sich behauptete und bewährte. Die Bodenreform hatte der Junkerherrschaft ein Ende gesetzt und uralte Bauernträume erfüllt. Gerade erst ins Leben der Menschen getreten waren Tatsachen wie der Zweijahresplan, die Aktivistenbewegung, die Maschinen-Ausleih-Stationen auf den Dörfern, die Arbeiter-und-Bauern-Fakultäten oder auch die HO.

Damals waren zu einer sozialistischen Planwirtschaft eben die allerersten

Schritte getan. Die Zerstörungen des Krieges belasteten die Produktion nach wie vor. Noch spürbar unter dem Vorkriegsniveau lag die Arbeitsproduktivität der Industrie. Historisch gewachsene ökonomische Proportionen waren durch die vom Imperialismus verschuldete Spaltung Deutschlands zerrissen. Heute nimmt die DDR einen Platz unter den zehn am meisten entwickelten Industrienationen der Welt ein. Die sozialistischen Produktionsverhältnisse, nun schon seit langem alleinige Grundlage der Produktion, wurden ständig vervollkommnet und erreichten einen fortgeschrittenen Stand. Geschaffen wurde eine starke materiell-technische Basis, deren Strukturen von traditionellen Industrien, aber auch von Zweigen bestimmt werden, die es früher auf unserem Territorium nie gab. Als Eigentümer der Produktionsmittel haben die Arbeiterklasse, das ganze Volk durch eigener Hände Arbeit weitgehend eine neue materielle Produktionsgrundlage hervorgebracht, haben sie sich als Schöpfer neuer Produktivkräfte und geistiger Werte erwiesen.

Damals blieb auch in der Landwirtschaft noch viel zu tun, um die Wunden des Krieges zu heilen. Die Erträge reichten nicht aus, um die Ernährung der Menschen zu sichern. Das Bild der Fluren wurde von den schmalen Feldern der Einzelbauern bestimmt. Heute zeugen allein schon die riesigen Flächen der LPG und der VEG von den Veränderungen in den gesellschaftlichen Verhältnissen und in der Produktion. Unsere gut entwickelte sozialistische Landwirtschaft ermöglicht es, die Bevölkerung in hohem Maße aus der eigenen Erzeugung zu versorgen und Schritt für Schritt die Arbeitsbedingungen, Bildung und Kultur auf dem Lande denen der Stadt anzunähern.

Damals waren unsere Städte und Dörfer noch von Ruinen und Trümmern gezeichnet. Heute sind sie aufgeblüht und tragen die Züge unseres neuen Lebens. Mit dem vom IX. Parteitag beschlossenen größten Wohnungsbauprogramm unserer Geschichte sind wir dabei, bis zum Jahre 1990 die Wohnungsfrage als soziales Problem zu lösen. Ein großes Ziel der Arbeiterbewegung wird in die Tat umgesetzt. Wozu der Kapitalismus nirgends fähig ist, das verwirklicht der Sozialismus.

Damals hatten wir die ersten wichtigen Schritte der demokratischen Schulreform getan, die das Bildungsmonopol der Reichen beseitigte. Mit den Neulehrern zog auch ein neuer Geist in die Klassenräume ein, aber das alles war erst ein Beginn. Heute sind schon viele Jahrgänge junger Menschen vom sozialistischen Bildungswesen mit seiner zehnklassigen allgemeinbildenden polytechnischen Oberschule geformt worden. Allen Kindern des Volkes wurden die Tore zu den Schätzen des Wissens weit geöffnet, und unsere Schule bereitet sie durch Bildung und Erziehung auf die kommunistische Zukunft vor.

Für das geistig-kulturelle Leben, das Aufblühen der Kunst oder das Gesundheitswesen ließen sich die aufsteigenden Entwicklungslinien dieser Jahrzehnte in ähnlicher Weise nachzeichnen. Die Bilanz, die in diesen Tagen in Stadt und Land gezogen wird, spricht von den grundlegenden Wandlungen in allen Bereichen des gesellschaftlichen Lebens.

Was für die innere Lebenskraft des sozialistischen deutschen Staates gilt, betrifft nicht minder seine internationale Geltung. Damals glaubten die Mächte des Monopolkapitals, die Verkünder der »Hallstein-Doktrin« und der Alleinvertretungsanmaßung, daß es gelingen könnte, unseren Staat der Arbeiter und Bauern von seinem gleichberechtigten Platz in der Weltarena fernzuhalten. Brüderlich nahmen die Sowjetunion und die anderen sozialistischen Länder unsere junge Republik in ihre Gemeinschaft auf und standen ihr auch im Kampf gegen die imperialistische diplomatische Blockade stets zur Seite. Viele Freunde der Deutschen Demokratischen Republik in aller Welt und aus verschiedenen politischen Lagern übten Solidarität mit uns, weil sie in unserem Staat schon damals einen Faktor zur Stabilisierung des europäischen Friedens sahen. Heute ist die Deutsche Demokratische Republik als fester Bestandteil der sozialistischen Völkerfamilie ein aktiver Partner der internationalen Politik und der weltweiten Wirtschaftsbeziehungen. Sie wurde Mitglied der UNO und deren Spezialorganisationen. 128 Staaten unterhalten zu ihr diplomatische Beziehungen.

Liebe Freunde und Genossen!

Der 30jährigen Bilanz unseres sozialistischen Staates hat jeder Fünfjahrplan bedeutende Erfolge hinzugefügt. Ganz im Zeichen der Gestaltung der entwickelten sozialistischen Gesellschaft brachten die siebziger Jahre neue wesentliche Fortschritte. Sie verdeutlichen überzeugend den Sinn des Sozialismus, alles zu tun für das Wohl des Volkes. Mit Zustimmung und vielen Arbeitstaten antworteten die Werktätigen auf die engere Verflechtung von Wirtschafts- und Sozialpolitik. Zunehmend gelingt es besser, die Vorzüge des Sozialismus mit der wissenschaftlich-technischen Revolution zu verbinden und so die ökonomische Leistung spürbar zu steigern. Das trägt reiche Früchte für das Ganze und auch für den einzelnen. Ja, es ist wohl gerechtfertigt, davon zu sprechen, daß bei der Befriedigung der materiellen und kulturellen Bedürfnisse der Menschen in diesem Jahrzehnt ein neues, höheres Niveau erreicht wird.

Blicken wir heute auf das Gründungsjahr der Deutschen Demokratischen Republik zurück, so sehen wir mit Stolz, welch große Ergebnisse Initiative und Fleiß des Volkes hervorgebracht haben. 1949 wurde bei uns ein Nationaleinkommen von 22,4 Milliarden Mark erzeugt, 1978 war es auf mehr als 161 Milliarden Mark gestiegen. Bezieht man diese Summe auf die Einwohnerzahl, so ergeben sich für das erste Jahr der DDR 1 187 Mark pro Kopf der Bevölkerung und 9 617 Mark für 1978. Wurde 1949 an einem Arbeitstag für 100 Millionen Mark industrielle Warenproduktion erzeugt, so im vergangenen Jahr für 1 Milliarde Mark.

Posten für Posten kann man so vergleichen. Die Investitionen stiegen im Zeitraum von 1949 bis 1978 von jährlich 2,8 Milliarden auf 50,8 Milliarden Mark, die Bauproduktion von 3,3 Milliarden auf 28,8 Milliarden Mark. Im ersten Jahr der DDR wurden auf einem Hektar 18 Dezitonnen Getreide geerntet. In diesem Jahr werden es über 35 Dezitonnen sein. Noch 1952 bestand unsere Handelsflotte aus einem einzigen Schiff, 1978 fuhren 196 unter der Flagge der DDR. Betrieb unsere Republik 1956 erst 5 Fluglinien, so im vergangenen Jahr 53.

Mit den Resultaten der Arbeit verbesserten sich die Lebensbedingungen der Menschen, was sich deutlich an den Einzelhandelsumsätzen zeigt. 1949, im ersten Jahr der DDR, betrugen sie 13,8 Milliarden Mark. Im Jahr 1978 machten die Einzelhandelsumsätze die beträchtliche Summe von 92,5 Milliarden Mark aus, also fast siebenmal so viel wie vor drei Jahrzehnten. Größtes Gewicht für das Wohlergehen der Bürger kommt den Wohnbedingungen zu, und das bestimmt ihren Platz in unseren sozialpolitischen Anstrengungen. 1949 entstanden 29 800 Wohnungen, 1970 wurden 76 100 neu geschaffen beziehungsweise modernisiert. Im vergangenen Jahr war diese Zahl bis auf 167 800 angestiegen.

So eindrucksvoll diese Angaben auch sind, Zahlen können das Ausmaß der Veränderungen, die der Sozialismus gebracht hat, wohl nur zu einem Teil widerspiegeln. Das ökonomische Gewicht unseres Landes hat sich in diesen drei Jahrzehnten vervielfacht, und seine Wirtschaft ist in völlig andere Größenordnungen hineingewachsen. Der sichere Arbeitsplatz, der offene Zugang zu Bildung und Beruf, die vielfältige Unterstützung der Familie, die kostenlose medizinische Betreuung und die Sorge für die Veteranen der Arbeit ergeben zusammen jene soziale Sicherheit und Zukunftsgewißheit, die dem Sozialismus eigen sind. Bei uns genießen der werktätige Mensch und seine gute Arbeit eine Wertschätzung, wie sie in keiner Ausbeutergesellschaft denkbar wäre.

In unserer Republik ist als eine unserer bedeutendsten Errungenschaften die Gleichberechtigung von Mann und Frau gewährleistet. Sehr viel wurde getan, damit die Frauen ihre gesellschaftlichen Möglichkeiten immer wirksamer wahrzunehmen vermögen und sich vor allem ihr Streben nach beruflicher Tätigkeit und Mutterschaft gut miteinander vereinbaren läßt.

Besondere Aufmerksamkeit gilt im Sozialismus der Jugend. Auf ihrem Weg ins Leben hat sie bei uns sicheren Boden unter den Füßen. Die Gesellschaft bringt ihr volles Vertrauen entgegen und überträgt ihr hohe Verantwortung. Mit der Freien Deutschen Jugend an der Spitze bewährt sich unsere junge Generation an allen wichtigen Abschnitten des sozialistischen Aufbaus. Das Band, das in den drei Jahrzehnten unserer sozialistischen Revolution zwischen Partei und Freier Deutscher Jugend, zwischen Sozialismus und Jugend geknüpft wurde, ist unzerreißbar. Es bildet eine wesentliche und wertvolle Errungenschaft, die wir von Generation zu Generation weitergeben. Gerade in den Prüfungen der Praxis entfalten die jungen Bürger unseres Landes ihre Fähigkeiten und charakterlichen Qualitäten. Das unterscheidet sich wie Tag und Nacht von der Krisenwelt des Kapitals, in der die Jugend zu großen Teilen das Stiefkind der Gesellschaft ist, in der ihr Berufsausbildung und Arbeitsplatz verweigert werden, sie der Kriminalität und der Drogensucht ausgeliefert wird.

Der Kapitalismus hat noch an keinem Platz der Erde soziale Sicherheit für die Werktätigen geschaffen, im Gegenteil. Erhalten hat er die Ausbeutung des Menschen durch den Menschen, und wenn sich ihre Formen auch gewandelt haben mögen, so änderte sich nichts, aber auch gar nichts an ihrem Wesen und ihrer Härte. Auch dort, wo die Produktivkräfte in der Profitgesellschaft ein hohes Niveau erreichten, kehren die Krisen immer wieder, verschwinden die Arbeitslosenheere nicht, sondern wachsen weiter. Wenn auch immer mal wieder die Sonne der Konjunktur aufgeht, dann fallen doch nach wie vor tiefe Schatten der Unsicherheit auf das Leben der Arbeiter. Dreißig Jahre DDR beweisen erneut: Nur der Sozialismus vermag die Früchte menschlicher Schöpferkraft, die Errungenschaften der Wissenschaft und Technik voll in den Dienst des Volkes zu stellen.

Es war die feste Überzeugung der Aktivisten der ersten Stunde, daß es ohne Kapitalisten besser geht. Tausendfach hat ihnen das Leben recht gegeben. Unter Führung der Arbeiterklasse und der Sozialistischen Einheitspartei Deutschlands wird erfolgreich der Weg beschritten, der mit der antifaschistisch-demokratischen Umwälzung begann und auf dem wir nun bei der Gestaltung der entwickelten sozialistischen Gesellschaft schon ein großes Stück vorangekommen sind.

Dabei stärkte die Arbeiterklasse ständig ihren Einfluß in allen Lebensbereichen und festigte zugleich das Bündnis mit den Bauern, der Intelligenz und den anderen Werktätigen. Es spricht für die wissenschaftliche Politik unserer Partei, daß es in allen Etappen des 30jährigen Aufbauwerks, in allen Kämpfen und Prüfungen gelang, dieses Bündnis zu bewahren, unentwegt zu vertiefen und zu bereichern. Davon legt die Nationale Front der DDR beredtes Zeugnis ab, in der sich das kameradschaftliche Zusammenwirken der Partei der Arbeiterklasse mit der Demokratischen Bauernpartei Deutschlands, der Christlich-Demokratischen Union Deutschlands, der Liberal-Demokratischen Partei Deutschlands, der National-Demokratischen

Partei Deutschlands und mit den Massenorganisationen in Vergangenheit und Gegenwart ausgezeichnet bewährt hat.

Nicht nur in den materiellen Grundlagen des gesellschaftlichen Lebens hat sich in drei Jahrzehnten unter Führung der Arbeiterklasse ein tiefer Wandel vollzogen. Grundlegend hat sich das geistige Antlitz unseres Volkes verändert. Das Wichtigste, was die sozialistische Revolution hervorgebracht hat, ist der neue Mensch. Wenn heute sozialistischer Patriotismus und proletarischer Internationalismus, der Geist der Völkerfreundschaft und der antiimperialistischen Solidarität in unserem Land so weit verbreitet und so fest verwurzelt sind, dann ist dies eine unserer kostbarsten Errungenschaften. Die politisch-moralische Einheit des Volkes gehört zu den unverzichtbaren Voraussetzungen für die Stabilität unserer Republik und ihre gute Zukunft.

Liebe Genossen und Freunde!

30 Jahre Deutsche Demokratische Republik sind zugleich drei Jahrzehnte unserer Freundschaft mit der Sowjetunion, die sich weiter gefestigt hat. Schutz und Hilfe ließ uns das Land Lenins seit Anbeginn zuteil werden. Wir konnten den gewaltigen Erfahrungsschatz der siegreichen sozialistischen Revolution und des sozialistischen Aufbaus nutzen, den die KPdSU und die UdSSR seit dem Roten Oktober gesammelt haben. Sowjetische Kommunisten im Waffenrock standen ihren Klassenbrüdern mit Rat und Tat zur Seite. Für ungezählte Menschen unseres Landes gehört diese freundschaftliche Verbundenheit zu den schönsten, unvergeßlichen Erlebnissen.

Je weiter sich die sozialistische Revolution in der Deutschen Demokratischen Republik entwickelte, desto enger wurde folgerichtig die Zusammenarbeit mit der Sowjetunion. Diese Gemeinsamkeit ist in alle unsere Erfolge eingegangen. 1949 machte der Warenstrom zwischen unseren beiden Ländern etwas über eine Milliarde Mark aus, 1978 war er auf mehr als 35 Milliarden Mark angewachsen. Wenn wir von diesem steilen Aufschwung des Handels sprechen, dann denken wir an die engen Beziehungen zwischen den Kombinaten, Betrieben, Universitäten, Forschungseinrichtungen und Schulen unserer beiden Länder. Es empfindet wohl niemand mehr als etwas Außergewöhnliches, daß Arbeiter unserer beiden Länder gemeinsam Stahl schmelzen, daß junge Menschen aus der DDR im Lande Lenins studieren, daß unsere Schüler von dort Briefe in deutscher Sprache erhalten und in russischer Sprache beantworten. So muß es sein, das ist sozialistische Gemeinschaft. So vollzieht sich im sozialistischen Alltag ein Prozeß der Annäherung unserer Völker, den die Kommunistische Partei der Sowjetunion und die Sozialistische Einheitspartei Deutschlands unentwegt angestrebt haben und den sie tatkräftig fördern.

Anläßlich des großen Jubiläums unseres sozialistischen deutschen Staates wurde gestern das Programm der Spezialisierung und Kooperation der Produktion für den Zeitraum bis 1990 unterzeichnet. Das ist für uns ein Ereignis von gewaltiger Tragweite. Alle unsere Zukunftspläne verbinden sich eng mit der Freundschaft zur Sowjetunion. Ganz im Sinne des Vertrages vom 7. Oktober 1975 über Freundschaft, Zusammenarbeit und gegenseitigen Beistand sieht das neue Programm eine weitere fruchtbare Entfaltung unserer brüderlichen Beziehungen vor. Bedeutende Aufgaben stehen vor uns. Denken wir nur an die Notwendigkeiten und die Chancen der wissenschaftlich-technischen Revolution, an die nicht einfachen Erfordernisse der Entwicklung der energetischen Basis unserer Länder. Solche weitreichenden Vorhaben können wir nur gemeinsam mit der Sowjetunion und den anderen sozialistischen Bruderländern meistern, und gemeinsam werden wir sie gut meistern.

Auf diesem Wege werden wir zusammen Aufgaben in Wissenschaft, Technologie und Produktion lösen, deren Ausmaß und Schwierigkeit das bereits Bewältigte weit übersteigen. Dabei wird sich erneut erweisen, wie diese Aufgaben auf einem höheren, vom Kapitalismus nicht erreichbaren Niveau gelöst werden – zum Wohle unserer Völker und im Interesse der gemeinsamen sozialistischen Sache.

Die Vereinigung der Kräfte bedeutet oft ihre Vervielfachung. Das beweist auch die sozialistische ökonomische Integration der Länder des Rates für Gegenseitige Wirtschaftshilfe. Wie bisher, so wird die Deutsche Demokratische Republik auch künftig als aktiver Partner am Zusammenwirken der Bruderländer teilnehmen. Darin sehen wir einen entscheidenden Trumpf bei der weiteren Gestaltung der entwickelten sozialistischen Gesellschaft im eigenen Lande und für den ökonomischen Wettstreit mit dem Imperialismus.

Im Verlaufe dieses Prozesses vertiefen sich Einheit und Zusammenwirken unserer Völker durch vielfältige Begegnungen. Was wir auch nehmen, die millionenfachen Besuche zwischen den Bürgern der Deutschen Demokratischen Republik, Volkspolens, der ČSSR und der anderen sozialistischen Länder, die engen Bande brüderlichen Verständnisses zum befreundeten Kuba und zum heroischen Vietnam – in allem zeigt sich immer ausgeprägter das internationalistische Miteinander in der Welt des Sozialismus.

Liebe Genossen und Freunde!

Jedes Jahr der Geschichte unserer Deutschen Demokratischen Republik war auch ein Jahr konsequenten Kampfes für das Ziel, den Frieden zu sichern und einen aktiven Beitrag zu leisten, daß von deutschem Boden nie wieder ein Krieg ausgeht. Darin besteht eine entscheidende Lehre aus der

Vergangenheit, die unser Staat, übereinstimmend mit seinem sozialistischen Charakter, stets auf seine Politik angewandt hat. Durch die Beseitigung des imperialistischen Herrschaftssystems und seines reaktionären, aggressiven Ungeistes wurde die Quelle des Krieges bei uns für immer zum Versiegen gebracht. An der Seite der Verbündeten im Warschauer Vertrag unternahmen wir nicht wenige Anstrengungen, daß Europa aus einem Kontinent der Spannungen und der Kriege in einen Raum dauerhaften Friedens, der guten Nachbarschaft und Zusammenarbeit verwandelt wird. Ihre Ergebnisse gingen in jenen Prozeß ein, der zur politischen Entspannung führte und bedeutende Fortschritte bei der Realisierung der Prinzipien der friedlichen Koexistenz von Staaten unterschiedlicher sozialer Ordnung brachte.

Erich Honecker: Reden und Aufsätze, Bd. 6,
Berlin 1980, S. 578–592.

Wir haben
die historische Chance genutzt

Artikel in der »Einheit«
Mai 1980

35 Jahre sind seit dem Sieg der Roten Armee an der entscheidenden Front des zweiten Weltkrieges über den deutschen Faschismus vergangen. Mit diesem Sieg vollbrachte die Sowjetunion, die in der Antihitlerkoalition die Hauptlast des Kampfes trug und die meisten Opfer brachte, eine welthistorische Befreiungstat für die Menschheit. Sie ist die größte nach dem Roten Oktober. Auch in der Geschichte unseres Volkes wurde am 8. Mai 1945 ein neues Kapitel aufgeschlagen, das sich eng mit den gewaltigen Veränderungen verbindet, die nach der Zerschlagung des Naziregimes auf dem Erdball vonstatten gingen und den Kräften des Friedens, der Demokratie und des Sozialismus bedeutende Möglichkeiten eröffneten.

Der Sieg der Sowjetunion rettete die Menschheit nicht nur vor dem Absturz in die Barbarei, sondern beschleunigte auch ihren Fortschritt mit riesiger Kraft. Nach 1945 zum Weltsystem geworden, ist der Sozialismus heute in Ländern dreier Kontinente Realität; auf dem vierten beginnt er Fuß zu fassen. Rund 50 Prozent der Bevölkerung Europas, die etwa zwei Drittel unseres Kontinents bewohnen, leben bereits in sozialistischen Gesellschaftsordnungen. Die Staaten des Rates für Gegenseitige Wirtschaftshilfe mit nur annähernd 10 Prozent der Bevölkerungszahl des Erdballs und 18,5 Prozent seines Territoriums produzieren ein Viertel des Nationaleinkommens und ein Drittel der Industrieproduktion der Welt.

Durch den Vormarsch und das Erstarken des Sozialismus wurden günstige Bedingungen für den Kampf der bis dahin vom Imperialismus unterdrückten Völker um ihre nationale und soziale Befreiung geschaffen. Das imperialistische Kolonialsystem brach zusammen, und es entstanden fast 90 neue, unabhängige Staaten. Mit etwa 70 Prozent der Weltbevölkerung bilden heute die Entwicklungsländer Asiens, Afrikas und Lateinamerikas einen wichtigen Faktor im internationalen Geschehen, vor allem im antiimperialistischen Kampf.

Einen beträchtlichen Aufschwung, auch das zeugt von den Veränderungen seit dieser Zeit, nahm die Arbeiterbewegung in den Ländern des Kapitals. Es festigten und erweiterten sich die Positionen zahlreicher kommunistischer Parteien. Allein in den kapitalistischen Staaten Europas erhöhte sich die Zahl der Kommunisten von etwa 500 000 im Jahre 1939 auf gegenwärtig rund 3 Millionen. Gegenüber 59 kommunistischen Parteien, die es am Vorabend des zweiten Weltkrieges in der Welt gab, wirken solche Parteien jetzt in mehr als 90 Ländern.

Freigelegt wurde durch die Zerschmetterung des Hitlerfaschismus im Mai 1945 der Weg zur Gründung und erfolgreichen Entwicklung der Deutschen Demokratischen Republik. Konsequent diesen Weg einschlagend, überwand die Arbeiterklasse unseres Landes unter Führung der SED und zusammen mit allen anderen Werktätigen für immer die schmachvolle Herrschaft des Militarismus und Imperialismus samt deren reaktionärem Ungeist. Sie errichtete ihre eigene Macht, schuf den ersten sozialistischen Staat der Arbeiter und Bauern auf deutschem Boden. In einem einheitlichen revolutionären Prozeß, in erbitterter Auseinandersetzung mit der imperialistischen Reaktion und ihren Helfershelfern wurde die antifaschistisch-demokratische Umwälzung verwirklicht und die sozialistische Revolution zum Siege geführt. Entsprechend den Beschlüssen des IX. Parteitages der SED gestalten die Werktätigen die entwickelte sozialistische Gesellschaft und schaffen so die Voraussetzungen für den allmählichen Übergang zum Kommunismus.

Überblickt man die Ergebnisse der angestrengten Arbeit und des harten Kampfes während der zurückliegenden 35 Jahre, in denen nicht wenige Prüfungen der Klassenauseinandersetzung mit dem Imperialismus zu bestehen waren, so ist die grundlegende Erneuerung des Lebens unseres Volkes unverkennbar. Brüderlich verbündet mit der Sowjetunion, fest eingefügt in die sozialistische Gemeinschaft, nahm die DDR einen stetigen Aufstieg als politisch stabiler, wirtschaftlich gesunder, Wissenschaft und Kultur zur Blüte bringender Staat. Er gehört zu den zehn leistungsfähigsten Industrienationen der Erde, ist weltweit völkerrechtlich anerkannt, Mitglied der UNO und beteiligt sich in der internationalen Arena gleichberechtigt und konstruktiv an der Lösung der anstehenden Probleme. Direkt an der Trennlinie zwischen den beiden gegensätzlichen Gesellschaftssystemen, den Bündnissen des Warschauer Vertrages und der NATO gelegen, nimmt er seine besondere Verantwortung wahr und erweist sich als ein zuverlässiger Faktor des Friedens und des Sozialismus.

Kurz und gut, man kann sagen, daß wir die historische Chance der Befreiung genutzt haben. Werden und Wachsen der DDR stimmen mit dem Charakter unserer Epoche, des vom Roten Oktober 1917 eingeleiteten, weltweiten Übergangs vom Kapitalismus zum Sozialismus, mit den objektiven Gesetzen des gesellschaftlichen Fortschritts überein. Zur Wirklichkeit werden im sozialistischen Deutschland die großen revolutionären Ideen von Karl Marx, Friedrich Engels und Wladimir Iljitsch Lenin. Auch bei uns zeigt das Volk, welcher Leistungen es fähig ist, wenn die Ausbeutung des Menschen durch den Menschen beseitigt ist und sozialökonomische Verhältnisse geschaffen werden, die es ihm ermöglichen, zum eigenen Wohle zu arbeiten.

Die sichere Existenz, das gute Gedeihen und die klaren Perspektiven der DDR wären undenkbar ohne ihre unlösbare Verbundenheit mit der Sowjetunion, dem Land Lenins. Von Jahr zu Jahr vertieft haben sich die brüderliche Kampfgemeinschaft der SED und der KPdSU, die Freundschaft unserer beiden Staaten und Völker. Es gibt kein Gebiet des gesellschaftlichen Lebens, auf dem dies nicht spürbar würde. Durch den Vertrag über Freundschaft, Zusammenarbeit und gegenseitigen Beistand vom 7. Oktober 1975, der bis in das nächste Jahrtausend reicht, erlangt unsere Gemeinsamkeit wiederum eine höhere Stufe. Das gilt für das gesamte weite Feld unserer Beziehungen und läßt sich an den zahlreichen Ergebnissen ablesen, die wir seitdem erreicht haben. In der Freundschaft mit der mächtigen Sowjetunion als Herzenssache unseres ganzen Volkes sehen wir eine der kostbarsten Errungenschaften der DDR und zugleich ein entscheidendes Unterpfand aller weiteren Erfolge.

Wir begehen den 35. Jahrestag der Befreiung getreu dem Vermächtnis jener, die ihr Leben eingesetzt haben, damit die Nacht des Faschismus enden und das Licht einer glücklichen Zukunft zum Durchbruch gelangen, ein neuer Völkerfrühling eintreten möge. Mit beispiellosem Opfermut kämpften dafür die Helden des Sowjetvolkes. Für dieses Ziel stritten viele Angehörige der Antihitlerkoalition. Antifaschisten aller Länder verfochten es unbeugsam und unbeirrt im Widerstand oder im Exil, in Zuchthäusern und Konzentrationslagern. Gerade auch das sollte seine Verwirklichung bringen: eine Zukunft dauerhaft gesicherten Friedens.

Der zweite Weltkrieg, den der raubgierige deutsche Imperialismus vom Zaune gebrochen hatte, war der größte seit Menschengedenken. Zwischen 1939 und 1945 befanden sich 72 Staaten im Kriegszustand, und insgesamt 110 Millionen ihrer Bürger gehörten den Streitkräften an. Vier Fünftel der Weltbevölkerung wurden von den Kriegsereignissen in Mitleidenschaft gezogen. Hatte noch der erste Weltkrieg 10 Millionen Menschen das Leben gekostet, so kamen im zweiten 50 Millionen zu Tode. 90 Millionen wurden verwundet. Allein das Sowjetvolk verlor mehr als 20 Millionen seiner Söhne und Töchter in diesem Kampf, der über die Geschicke der Menschheit entschied. Sie fielen auf den Schlachtfeldern, wurden in den Konzentrationslagern Nazideutschlands oder von faschistischen Sonderkommandos ermordet.

Nach all den Opfern, die der zweite Weltkrieg verlangte, nach Not und Tod, nach den unermeßlichen materiellen Verwüstungen, die er mit sich brachte, konnte und kann keine Aufgabe verpflichtender sein als die Verteidigung, Bewahrung und Sicherung des Friedens. Er ist das höchste Gut der Völker und wichtigste Voraussetzung für ihren weiteren Fortschritt. So bestimmte der Frieden, wesenseins mit dem Sozialismus und seinen Interessen, stets die außenpolitischen Aktivitäten der Sowjetunion und bestimmt sie auch heute. Gemeinsam mit ihr unternehmen die DDR und die anderen Bruderländer alle erdenklichen Anstrengungen, um zu erreichen, daß er schließlich zur normalen Lebensform der Völker werden kann. Vor allem dank diesen Aktivitäten, dank dem Erstarken des Sozialismus war es in dreieinhalb Jahrzehnten möglich, einen neuen Weltkrieg zu verhindern. Das sind Tatsachen von größter Bedeutung.

Angesichts der gegenwärtigen Zuspitzung der internationalen Lage durch die aggressivsten imperialistischen Kräfte erweist sich eine wesentliche Verstärkung aller Friedensaktivitäten als dringend geboten. Der Übergang von der Entspannung zur Konfrontationspolitik, den bestimmte Kreise des Imperialismus, besonders der USA, unter gesteigerter antisowjetischer Hetze und gekoppelt mit einer bisher nicht gekannten Hochrüstung der NATO betreiben, widerspricht den Interessen der Völker. Durch einen solchen Kurs droht letztendlich alles gefährdet zu werden, was sie für ihr friedliches Leben erreicht haben, brauchen und erstreben. Dem gilt es zu begegnen.

Die weltweiten Veränderungen seit 1945 zugunsten der Sache des Sozialismus und des Fortschritts und die Erfahrungen des kalten Krieges erhärten überzeugend, daß die Politik der friedlichen Koexistenz von Staaten unterschiedlicher sozialer Ordnung die einzig vernünftige ist. Zu ihr gibt es, was auch einsichtige Staatsmänner des Westens bejaht haben, keine vernünftige Alternative. Dem läuft die Politik jener imperialistischen reaktionären Kräfte direkt zuwider, die an der Rüstungsschraube drehen und zu den fadenscheinigsten Vorwänden greifen, um in der internationalen Arena Spannungen, Konfrontationen hervorzurufen und zu schüren. Im Interesse der Völker darf einfach keine Situation zugelassen werden, in der Kriege, ja ein neuer Weltkrieg, geboren würden.

Die DDR und die anderen sozialistischen Länder verfechten nachdrücklich und konstruktiv den Kurs der Entspannung, ihrer Fortsetzung und ihres Ausbaus. Faktisch sind, wie Genosse Leonid Breshnew unlängst mit Recht feststellte, alle wichtigen Beschlüsse zur Festigung des Friedens und zur Eindämmung des Wettrüstens, die gerade während der siebziger Jahre von internationalen Foren angenommen wurden, sowie die wichtigsten Verhandlungen zu diesen Fragen Ergebnis der Initiativen der Länder des Sozialismus. Ihre konkreten Vorschläge zu den Fragen der Abrüstung und der internationalen Zusammenarbeit sind ein umfangreiches, weitsichtiges und realistisches Programm zur Sicherung des Friedens in unserer Epoche. Um seine Verwirklichung werden wir auch weiterhin beharrlich kämpfen.

Da die USA, die BRD und andere Länder der westlichen Allianz ihre Rüstungsmaßnahmen beschleunigen, da für sie die Produktion und Stationierung neuer amerikanischer nuklearer Mittelstreckenraketen in Westeuropa beschlossene Sache zu sein scheint, können die Teilnehmerstaaten des Warschauer Vertrages nicht untätig bleiben. Sie können nicht die Augen davor verschließen, daß die vom Drang nach Machtausdehnung, nach Erdölquellen und Rohstoffvorkommen diktierte Droh- und Gewaltpolitik der imperialistischen Entspannungsgegner, die sich gegen die Unabhängigkeit und Freiheit der Völker nicht nur des Mittleren und des Nahen Ostens richtet, gefährlichen Zündstoff für militärische Konflikte aufhäuft. Daher tun wir auch in der DDR alles, um unsere Verteidigungsfähigkeit stets auf dem erforderlichen Niveau zu halten. Aktive Friedenspolitik vereinen wir mit der Möglichkeit entschiedener Abfuhr für jedwede Aggression. In seiner Willenserklärung zur Abrüstung hat unser Volk einhellig bekräftigt, daß nie wieder in Schutt und Asche sinken darf, was wir gemeinsam in mehr als drei Jahrzehnten mühevoller Arbeit aufgebaut haben. Unsere sozialistische Heimat soll weiter erblühen und gedeihen. Um das zu erreichen, ist noch viel zu tun.

Die Politik zum Wohle des Volkes, wie sie der IX. Parteitag unserer Partei beschlossen hat, umfaßt die Sicherung des Friedens und die Gewährleistung der inneren Voraussetzungen für eine ständige Verbesserung des materiellen und kulturellen Lebensniveaus der Werktätigen. Schon die ersten Schritte unseres Neubeginns waren eingebettet in die globale Auseinandersetzung um sozialen Fortschritt und internationale Sicherheit. Wirtschaftlicher Aufbau, sozialer Fortschritt bedeutete unter diesen Bedingungen zugleich, zur Festigung der Positionen der Friedenskräfte in der Welt beizutragen.

Als seinerzeit auf dem Gebiet der heutigen DDR die Betriebe der Kriegs- und Naziverbrecher enteignet wurden, zogen wir damit eine wichtige Lehre der Geschichte. Das Monopolkapital verlor die entscheidende Grundlage seines verderblichen Einflusses – die ökonomische Macht –, und es wurde ein erster Schritt zum sozialistischen Eigentum an den Produktionsmitteln getan. Was des Volkes Hände schufen, war nun des Volkes eigen. Vor der Arbeiterklasse und ihrer Partei stand die Aufgabe, die Wirtschaft zu leiten.

Die Wortführer des internationalen Kapitals prophezeiten unserer Republik und ihrer Ökonomie kein langes Leben, was durchaus der Überzeugung der Bourgeoisie entsprach. Nach deren Profitlogik wäre unsere Wirtschaft tatsächlich nicht lebensfähig gewesen. Schwere Kriegszerstörungen ließen bei uns die Produktion 1946 trotz aller Anstrengungen nur 42 Prozent des Umfangs von 1936 erreichen. Ähnlich lagen die Dinge in der Landwirtschaft und im Transportwesen. Hinzu kam, daß die verarbeitende Industrie in der damaligen sowjetischen Besatzungszone von ihren traditionellen Rohstoff- und Energiebasen im Westen abgeschnitten war. Ohnehin bestand ja im ehemaligen imperialistischen Deutschland ein West-Ost-Gefälle der Produktivität, das unsere Startbedingungen von vornherein belastete. Die Produktion erholte sich dennoch und stieg eindrucksvoll. 1950 übertraf sie den Vorkriegsstand und erreichte 1979 das 23fache des Volumens von 1946.

Ein solcher Aufstieg stellt den Fähigkeiten und dem Fleiß der Werktätigen unseres Landes ein hervorragendes Zeugnis aus. Ihre schöpferischen Kräfte zu entfalten und zum Wohle des Volkes voll zur Geltung zu bringen war in allen Etappen des gesellschaftlichen Fortschritts das Anliegen unserer Partei. In diesem Sinne wurde die sozialistische Planwirtschaft entwickelt. Auch auf deutschem Boden, einem Gebiet, welches das Monopolkapital ehedem zu seinem festen Besitzstand zählte, erwies sie ihre überlegenen Möglichkeiten. Neue Anforderungen, die sich aus dem Wachstum der Produktivkräfte herleiteten, wurden nicht nach kapitalistischen Rezepten behandelt, mit denen man auch uns reichlich versorgte, sondern durch die kontinuierliche Vervollkommnung der sozialistischen Planwirtschaft erfolgreich bewältigt. Gestützt auf ihre Möglichkeiten, gelang es auch, den mannigfaltigen wirtschaftlichen Attacken des Klassenfeindes – von der Währungsmanipulation über die offene Sabotage bis hin zu den bekannten Boykottversuchen – wirksam zu begegnen.

Anfang der siebziger Jahre zog unsere Partei umfassend die Konsequenzen aus dem Erfordernis, in unserem Lande die entwickelte sozialistische Gesellschaft zu gestalten. Als Hauptaufgabe wurde gestellt, das materielle und kulturelle Lebensniveau des Volkes auf der Grundlage eines hohen Entwicklungstempos der sozialistischen Produktion, der Erhöhung der Effektivität, des wissenschaftlich-technischen Fortschritts und des Wachstums der Arbeitsproduktivität weiter zu erhöhen. In unlösbarem Zusammenhang damit forcierten wir die bisher weitestreichende Veränderung in unserer Planwirtschaft, ihre volle Einstellung auf die sozialistische Intensivierung als den Hauptweg wirtschaftlichen Wachstums. Die ökonomischen und sozialpolitischen Resultate des vergangenen Jahrzehnts veränderten die materiell-technische Basis und die Leistungskraft unserer Volkswirtschaft gründlich. Sie brachten die umfangreichsten Verbesserungen im materiellen und kulturellen Lebensniveau der Werktätigen während eines solchen Zeitraums. Wer hätte sich angesichts der vom Kriege zerstörten Städte und Dörfer vor dreieinhalb Jahrzehnten beispielsweise vorzustellen vermocht, in welchen Dimensionen wir heute daran arbeiten, die Wohnungsfrage als soziales Problem zu lösen.

Das von unserem IX. Parteitag beschlossene Wirtschafts- und Sozialprogramm wird fortgeführt. Wegen der veränderten internationalen Bedingungen ist das keineswegs einfach. Da wir für Roh- und Brennstoffe erheblich mehr Aufwendungen haben als bisher, erfordert schon die Sicherung des beträchtlichen Entwicklungsstandes, der in unserem Lande erreicht wurde, höhere volkswirtschaftliche Leistungen. Das gilt um so mehr, als wir die Arbeits- und Lebensbedingungen auch künftig schrittweise verbessern, die materiell-technische Basis beschleunigt auf die hohen Ansprüche der Zukunft einstellen und die ständige harmonische Entwicklung aller gesellschaftlichen Bereiche gewährleisten wollen. Vor diesem Hintergrund ist die Forderung unserer Partei zu verstehen, Steigerungsraten der Arbeitsproduktivität zu erreichen, die das bisher übliche Maß deutlich übertreffen. Die weitere Gestaltung der entwickelten sozialistischen Gesellschaft setzt ein kräftiges Wirtschaftswachstum voraus. Sie verlangt einen hohen ökonomischen Leistungsanstieg.

Den genannten Notwendigkeiten entspricht die ökonomische Strategie, die auf dem IX. Parteitag der SED festgelegt und auf den Tagungen des Zentralkomitees weiter ausgearbeitet wurde. Unsere Partei berücksichtigt, daß die Steigerungsraten der Produktion bei sinkendem Zuwachs an Energie und Rohstoffen zu bewältigen sind. Der gesellschaftliche Arbeitszeitfonds wird sich kaum ausweiten – ein sehr wesentlicher Aspekt. Also muß der Prozeß der sozialistischen Intensivierung unserer Produktion entschieden vertieft werden. Seine Fortschritte müssen sich in einem spürbar besseren Verhältnis von Aufwand und Ergebnis, in hoher volkswirtschaftlicher Effektivität ausweisen. Dabei ist die Schlüsselfrage, die Vorzüge des Sozialismus noch konsequenter für die Verwirklichung des wissenschaftlich-technischen Fortschritts zu nutzen.

Diese Vorzüge sind grundsätzlicher Natur. An erster Stelle steht, daß die tiefgreifende Wandlung im Bereich der Produktivkräfte bei uns bewußt und planmäßig zum Wohle des Menschen vollzogen wird. So bringt nur der Sozialismus die Bedingungen dafür hervor, den wissenschaftlich-technischen Fortschritt zum Gegenstand der Masseninitiative zu machen. Das internationale Monopolkapital verzeichnet nicht geringe Resultate bei dem Bestreben, wissenschaftliche Erkenntnisse in Profit umzusetzen. Für die arbeitenden Menschen jedoch wurde die damit einhergehende kapitalistische Rationalisierung zum Schrecken, gleichbedeutend mit Arbeitslosigkeit und Zukunftsangst. Bei uns kommt es darauf an, wissenschaftliche Erkenntnisse in hohe Ergebnisse der gesellschaftlichen Arbeit umzusetzen, die es uns gestatten, aktiv am internationalen Warenaustausch teilzunehmen und zugleich das materielle und kulturelle Lebensniveau des Volkes zu erhöhen. Das ist möglich. Der wissenschaftlich-technische Fortschritt stellt neue Anforderungen an die sozialistische Planwirtschaft. Er hilft zugleich den Werktätigen, die vor ihnen stehenden Aufgaben zu lösen. Nur der Sozialismus — das ist eine historisch bewiesene Tatsache — vermag wissenschaftliche, technische und wirtschaftliche Dynamik mit sozialer Sicherheit zu verbinden.

Die sozialistische Planwirtschaft gibt alle Möglichkeiten, Kräfte und Mittel auf die ausschlaggebenden Richtungen des wissenschaftlich-technischen Fortschritts zu konzentrieren. Beispiele dafür sind unsere Maßnahmen zur Entwicklung der Mikroelektronik, zur Produktion und zum Einsatz von Industrierobotern sowie der weiteren Anwendung der elektronischen Rechentechnik. Es geht sowohl um Spitzenleistungen auf besonders wichtigen Gebieten als auch darum, das Tempo des wissenschaftlich-technischen Fortschritts zu beschleunigen und ihn wirtschaftlich breit zu nutzen. Eines kann vom anderen nicht getrennt werden.

Den verzweigten Prozeß der Verbindung von Wissenschaft, Technik, Investition und Produktion zu beherrschen, und zwar in Anbetracht eines international stürmischen Entwicklungsprozesses, stellt keine geringen Anforderungen an unsere Planwirtschaft. Notwendig ist daher eine zweckmäßige Anwendung des demokratischen Zentralismus auf die veränderten Umstände. Die Bildung und Vervollkommnung der Kombinate, die Folgerungen, die daraus für die zentrale Leitung und Planung unserer Ökonomie abgeleitet wurden, stellen zweifellos wichtige Schritte in dieser Richtung dar. Der Erfahrungsaustausch in Gera stellt dies überzeugend unter Beweis.

Es hieße natürlich, einen zu engen Blickwinkel zu wählen, wollte man in solchem Zusammenhang nur das Feld der Wirtschaft betrachten. Zu den entscheidenden Vorzügen des Sozialismus zählt, daß er sich als fähig erweist, die wissenschaftlich-technische Revolution als gesamtgesellschaftlichen Prozeß zu planen und zu realisieren. Unsere praktische Politik kann und muß von dem hohen Rang ausgehen, den die Wissenschaft im gesellschaftlichen Leben und im Bewußtsein der Menschen einnimmt. Ihr festes Fundament ist das enge Bündnis der Arbeiterklasse, der Genossenschaftsbauern und der sozialistischen Intelligenz, das sich gerade auch in einer zunehmend ertragreicheren sozialistischen Gemeinschaftsarbeit äußert. Nicht denkbar wären die angestrebten Fortschritte in hoher Qualität und Effektivität der Arbeit ohne die bedeutenden Resultate unseres einheitlichen sozialistischen Bildungssystems. Im wahrsten Sinne des Wortes handelt es sich also um eine gesamtgesellschaftliche Aufgabe.

Den Spielraum unserer Sozialpolitik, die Gegenwarts- und Zukunftsinteressen unserer Deutschen Demokratischen Republik zu gewährleisten verlangt in diesen achtziger Jahren mehr denn je eine Produktion auf fortgeschrittenem wissenschaftlich-technischem Stand. So und nur so können die großen Kenntnisse und Erfahrungen der Werktätigen wirtschaftlich effektiv genutzt und zugunsten ihrer Lebensverhältnisse voll wirksam gemacht werden.

Für die weitere Gestaltung der entwickelten sozialistischen Gesellschaft in unserer Republik ist die umfassende Zusammenarbeit mit der Sowjetunion von ausschlaggebender Bedeutung. In der immer engeren Gemeinsamkeit unserer Anstrengungen mit der UdSSR und den anderen sozialistischen Freundesländern realisieren sich die Vorzüge des Sozialismus im internationalen Maßstab. Vor kurzem wurde das Programm über die Spezialisierung und Kooperation der Produktion zwischen der UdSSR und der DDR bis zum Jahre 1990 abgeschlossen. Die Koordinierung der Fünfjahrpläne unserer Länder von 1981 bis 1985, die ein Volumen des Warenaustausches von 48 Milliarden Rubel ermöglicht, veranschaulicht die neuen Dimensionen, die unserem Zusammenwirken damit eröffnet werden. Nimmt man diese Dokumente in ihrer engen Wechselwirkung zu den langfristigen Zielprogrammen des Rates für Gegenseitige Wirtschaftshilfe, so ist der Kurs für die achtziger Jahre klar vorgezeichnet. Wir erachten es als eine objektive Gesetzmäßigkeit, daß die weitere Ausgestaltung der sozialistischen Ordnung unseres Landes mit der stetigen Vertiefung der Zusammenarbeit mit der UdSSR und im Rahmen der ganzen sozialistischen Staatengemeinschaft einhergeht.

Eine zuverlässige langfristige Perspektive der wirtschaftlichen Entwicklung verlangt, eine ganze Anzahl wesentlicher volkswirtschaftlicher Rahmenbedingungen zu gewährleisten. Unter den gegenwärtigen Voraussetzungen kommt der stabilen Versorgung mit Roh- und Brennstoffen besonderes Gewicht zu. Die sozialistische Staatengemeinschaft vermag diese Aufgabe zum allergrößten Teil aus eigener Kraft zu lösen – vor allem gestützt auf die Ressourcen der Sowjetunion. Die gewaltigen sowjetischen Lieferungen an Roh- und Brennstoffen, die wir hauptsächlich mit Erzeugnissen des modernen Maschinenbaus entgelten, sind für unser Land von lebenswichtiger Bedeutung. Wir zahlen dafür Preise, die merklich unter denen des kapitalistischen Weltmarktes liegen. Entsprechend dem im RGW vereinbarten Mechanismus steigen sie langsamer als im nichtsozialistischen Wirtschaftsgebiet. Das aber ist beileibe nicht der einzige Vorteil. Beinahe noch größeres Gewicht hat die Sicherheit so umfangreicher Bezüge über einen langen Zeitraum. Solche Stabilität kann kein kapitalistischer Industriestaat aufweisen. Für das Gebäude des kommenden Fünfjahrplans der DDR stellt sie ein tragendes Fundament dar.

Gegenwärtig und künftig bauen wir auf die intensive Zusammenarbeit in den Hauptrichtungen der wissenschaftlich-technischen Revolution. Genannt seien hier nur die Mikroelektronik, die moderne Rechentechnik – ESER ist längst zu einem Begriff geworden – und der Ausbau der materiell-technischen Basis für die Produktion von Kernenergie. Gerade bei solchen Aufgaben, deren Bewältigung für die künftige wirtschaftliche Position eines Landes letzten Endes den Ausschlag gibt, hängt ein hohes Tempo wesentlich vom Grad der Gemeinsamkeit ab.

So vollzieht sich die weitere Annäherung der Volkswirtschaften der UdSSR und der DDR immer mehr im Zeichen des beschleunigten wissenschaftlich-technischen Fortschritts und seiner umfassenden wirtschaftlichen Verwertung. Wie schon heute, so werden dabei auch künftig die mannigfaltigen Formen des Zusammenwirkens das Netz der menschlichen Beziehungen immer enger werden lassen, welches die Betriebe, Genossenschaften und wissenschaftlichen Institutionen, die Städte und Dörfer unserer Länder verbindet. In der gemeinsamen Arbeit an der Lösung der Aufgaben beim sozialistischen und kommunistischen Aufbau gedeiht unsere Freundschaft auf das beste. So war es gestern, so ist es heute, und so wird es immer sein.

Der 35. Jahrestag der Befreiung vom Hitlerfaschismus ist ein bedeutendes Ereignis im Leben unseres Volkes. Aus seinem Anlaß werden sich in unserem Lande viele daran erinnern, wie der Weg unserer Republik begann, und auf das Geleistete Stolz empfinden. Nicht zuletzt das Bewußtsein unserer Geschichte ist ein Kraftquell für die Meisterung der Aufgaben beim weiteren Voranschreiten, im Kampf für Sozialismus und Frieden.

Das denkwürdige Jubiläum hat viele Arbeitskollektive, unzählige Bürger unserer Republik ganz im Sinne der Aktivisten der ersten Stunde dazu inspiriert, neue Initiativen zur allseitigen Stärkung unseres sozialistischen Arbeiter-und-Bauern-Staates zu ergreifen. So bereiten sie zugleich den X. Parteitag der SED vor, der Anfang 1981 zusammentreten und die weiteren Ziele beim sozialistischen Aufbau abstecken wird.

Erich Honecker: Reden und Aufsätze, Bd. 7,
Berlin 1982, S. 216–227.

Die deutsche Arbeiterbewegung hatte immer ein lebendiges Verhältnis zur Geschichte

*Aus dem Interview des Präsidenten
des Verlagshauses Pergamon Press Limited
und Herausgebers der Buchreihe »Leaders of the World«,
Robert Maxwell
4. Juli 1980*

Frage:
Seit der Gründung der DDR versichern die SED und die Regierung ständig, daß sie mit der deutschen Vergangenheit von Grund auf gebrochen haben und daß die Vorbilder und Helden der Geschichte in der Gestalt der Organisatoren der Bauernaufstände, der klassischen kommunistischen Denker und der Märtyrer der kommunistischen Bewegung zu sehen seien. Aus welchem Grunde hat die DDR unlängst zwei bürgerliche und adlige Deutsche, den Religionsführer Luther und General Clausewitz, zu Nationalhelden gemacht? Die Behandlung, die diese beiden großen Männer der deutschen und europäischen Geschichte seit kurzem in der DDR erfahren, einschließlich Ihres persönlichen Engagements, ist doch wohl normalerweise allein Helden der kommunistischen Bewegung vorbehalten. Wie Sie wissen, war General Clausewitz ein leidenschaftlicher Anhänger der Monarchie, während Martin Luther in der DDR viele Jahre hindurch als Verräter an den aufständischen Bauern geschmäht wurde. Und doch haben Sie persönlich erst kürzlich auf einer Versammlung den Vorsitz geführt, bei der es um die Vorbereitung von Feierlichkeiten zum Gedenken an die 500. Wiederkehr des Geburtstages von Martin Luther im Jahre 1983 ging.

Antwort:
Wie ich Ihrer Fragestellung entnehme, haben Sie sich gründlich mit Dichtung und Wahrheit deutscher Vergangenheit und Gegenwart beschäftigt. Die deutsche Arbeiterbewegung hatte schon immer ein lebendiges Verhältnis zur Geschichte. Man kann sagen, daß die Gedankenwelt von Marx und

Engels unvorstellbar wäre ohne die schöpferische Verarbeitung all dessen, was die Menschheit bis dahin an geistigen Werten hervorgebracht hatte.

Wir pflegen nicht allein revolutionäre, sozialistische Traditionen. Natürlich sind uns, und das werden Sie verstehen, das Erbe eines Thomas Müntzer und der revolutionären Kämpfe der Bauern des 16. Jahrhunderts, das Erbe der 1848er Revolution in Deutschland besonders kostbar. Vor allem gilt das für das Erbe der Klassiker unserer Weltanschauung, Karl Marx und Friedrich Engels, und die reichen Traditionen der deutschen und der internationalen revolutionären Arbeiterbewegung.

Wenn wir die geschichtliche Leistung von Martin Luther und Carl von Clausewitz würdigen, so stehen wir ganz in den Traditionen von Marx, Engels und Lenin, der deutschen Arbeiterbewegung und unserer Geschichte seit 1945. Keineswegs ignorieren wir dabei die Grenzen dieser und anderer Persönlichkeiten der deutschen Geschichte, ihre negativen Züge, ihr widerspruchsvolles Verhalten oder auch die historische Tragik, in die sie sich verstrickten. Es entspricht unserem Weltbild, die Geschichte in ihrem objektiven, tatsächlichen Verlauf, in ihrer gesamten Dialektik zu erfassen. Dazu gehört die Sicht auf Größe und Grenzen hervorragender Persönlichkeiten der Geschichte.

Frage:
Ist es richtig, wenn ich sage, daß der Durchbruch in dieser Hinsicht im Ergebnis des Buches von Frau Ingrid Mittenzwei, nämlich der Biographie Friedrichs des Großen, erfolgte? Gehen Sie nicht das Risiko ein, daß die DDR und die BRD teilweise dieselben Nationalhelden der Vergangenheit feiern?

Antwort:
Das ist für uns keine Frage des Risikos, sondern eine Frage unserer Grundhaltung zur deutschen Geschichte. Der geniale Fortsetzer des Werkes von Karl Marx und Friedrich Engels, Wladimir Iljitsch Lenin, hat 1920 in seiner Rede an die Jugend gesagt, daß der Kommunismus alles Wertvolle in sich aufnimmt, was die menschliche Gesellschaft geschaffen hat. Man könne nicht Kommunist werden, ohne sich das von der Menschheit erarbeitete Wissen anzueignen, jene Summe von Kenntnissen, deren Ergebnis der Kommunismus selbst ist. Daraus leitet sich ab, daß wir an die Geschichte und ihre Persönlichkeiten ganz anders herangehen als die BRD.

Die Biographie Friedrichs des Großen von Ingrid Mittenzwei, eine Arbeit, die ich übrigens sehr schätze, ohne mich gleich auf jeden Satz festnageln zu lassen, ist aus dieser Sicht kein »Durchbruch«, sondern das Resultat unserer Haltung zum Erbe. Dazu gehört auch die Geschichte Preußens.

Wie Sie zu Recht bemerkt haben, befinden sich im Zentrum unserer Hauptstadt Berlin Standbilder von Scharnhorst, York und Gneisenau. Vielleicht kommt in absehbarer Zeit das Standbild Friedrichs des Großen von Rauch hinzu. Das wäre sozusagen die Abrundung des wiederaufgebauten Lindenforums im Zentrum Berlins. Das alles sollte niemanden überraschen. In jedem der deutschen Lande gab es in der Vergangenheit Fortschrittliches und Reaktionäres, und die Standbilder wurden meist von berühmten Bildhauern geschaffen. Das ist ein Stück Kultur des Volkes.

Ein Risiko, die gleichen Nationalhelden wie die BRD zu feiern, können wir schon deshalb nicht eingehen, weil Sie bei uns Einrichtungen mit den Namen von ehemaligen Nazigrößen vergeblich suchen werden.

Erich Honecker: Reden und Aufsätze, Bd. 7,
Berlin 1982, S. 329–331.

So lehrte uns Lenin

*Antwort auf Fragen
der sowjetischen Zeitschrift
»Sozialismus: Theorie und Praxis«
anläßlich des 110. Geburtstages W. I. Lenins
Juli 1980*

Lenin in Ihrem Leben

Aufgewachsen in einer kommunistischen Bergarbeiterfamilie, wurden für mich Lenin und der Rote Oktober schon früh zum Begriff. Sie symbolisierten den entschlossenen, siegreichen Kampf um die Befreiung der Arbeiterklasse und aller Ausgebeuteten. »Wir müssen es machen wie Lenin«, hörte ich von Genossen und Freunden meines Vaters, die sich häufig im Hause meiner Eltern zu Gesprächen und Versammlungen trafen.

Fest eingegraben hat sich meinem Gedächtnis, mit welcher Erschütterung die Nachricht vom Tode Wladimir Iljitsch Lenins aufgenommen wurde. Noch heute erinnere ich mich – ich war damals Mitglied der kommunistischen Kindergruppe – an die Worte des Moskauer Rundfunks: »Lenin ist tot, aber sein Werk wird ewig leben!«

Seit Mitte der zwanziger Jahre, nachdem Ernst Thälmann die Führung der Kommunistischen Partei Deutschlands übernommen hatte, wurden Arbeiten Lenins in größerem Umfang in deutscher Sprache herausgegeben und unter den klassenbewußten Arbeitern verbreitet. Ich hatte das große Glück, im Jahre 1930, kurz vor Vollendung meines 18. Lebensjahres, vom Zentralkomitee des Kommunistischen Jugendverbandes Deutschlands zu einem einjährigen Studium nach Moskau delegiert zu werden. Im Jugendkurs an der Internationalen Lenin-Schule der Kommunistischen Internationale konnte ich mich unter Anleitung erfahrener Genossen mit dem Gedankenreichtum Lenins, den Grundlagen der marxistisch-leninistischen Wissenschaft näher vertraut machen. Zugleich lernten wir das Leben im ersten sozialistischen Land der Welt an Ort und Stelle kennen.

Mehr und mehr festigte sich bei mir die Überzeugung, daß die tiefe Kenntnis und schöpferische Anwendung des Marxismus-Leninismus, des

Erfahrungsschatzes der KPdSU und der UdSSR eine entscheidende Voraussetzung für den erfolgreichen Kampf der Arbeiterklasse in jedem Land für den Aufbau des Sozialismus ist. Heute, bei der Gestaltung der entwickelten sozialistischen Gesellschaft in unserer Deutschen Demokratischen Republik, bestätigt sich dies aufs neue.

Von Anfang an hat unsere Partei große Anstrengungen unternommen, breiteste Massen, insbesondere die Jugend, mit den Werken Lenins bekannt zu machen. Das Studium der Werke von Marx, Engels und Lenin gehört zu den Grundlagen der ideologischen Arbeit der Sozialistischen Einheitspartei Deutschlands.

Der Leninismus und das historische Schicksal Ihres Landes

Der Werdegang der Deutschen Demokratischen Republik, des ersten sozialistischen Staates der Arbeiter und Bauern auf deutschem Boden, verkörpert eine grundlegende Wende in der Geschichte unseres Volkes. Durch den Sieg der Sowjetunion und der anderen Kräfte der Antihitlerkoalition wurde der Weg dahin freigelegt. Mit der reaktionären Vergangenheit hat unser Land für immer gebrochen. Unser Volk erbaut den Sozialismus. Es gehört zur neuen Welt befreiter Völker.

Die Entwicklung unserer Republik im Bruderbund mit der Sowjetunion und der gesamten sozialistischen Staatengemeinschaft widerspiegelt, daß die SED den Leninismus stets schöpferisch angewandt hat. Dabei nutzte sie die reichen Erfahrungen der KPdSU und anderer Bruderparteien. So gelang es ihr, die vielfältigen Aufgaben auf allen Gebieten des gesellschaftlichen Lebens zu meistern und dabei Formen und Methoden zu finden, die den spezifischen Bedingungen unseres Landes entsprechen.

Daß es ohne revolutionäre Theorie keine revolutionäre Praxis geben kann – diese Leninsche Erkenntnis war und ist für uns Richtschnur. In der Gegenwart, da wir in unserem Land die entwickelte sozialistische Gesellschaft gestalten und so grundlegende Voraussetzungen für den allmählichen Übergang zum Kommunismus schaffen, erlangt sie noch größere Bedeutung. Für nicht weniger wichtig halte ich den durch die Praxis bestätigten engen Zusammenhang der Wissenschaftlichkeit unserer Politik und ihrer Massenwirksamkeit. Vor allem die Erfahrungen, die wir seit dem VIII. und dem IX. Parteitag der SED sammeln konnten, weisen aus, daß sich die Initiative der Werktätigen um so machtvoller entfaltet, je präziser die Politik der Partei die Interessen der Werktätigen erfaßt, je wirksamer sie ihnen dient und je besser die Menschen diese Politik verstehen.

Der weltrevolutionäre Prozeß, der Kampf für den Frieden, für nationale und soziale Befreiung stellen die Kommunisten und alle progressiven Kräfte vor immer neue, nicht selten komplizierte Aufgaben. Deren Lösung erfordert, wie Lenin lehrt, »die genaueste, objektiv nachprüfbare Analyse des Wechselverhältnisses der Klassen und der konkreten Besonderheiten jedes geschichtlichen Zeitpunkts«[1]. Sie stellt hohe Anforderungen an das schöpferische Denken. In den Werken von Marx, Engels und Lenin finden wir bekanntlich keine Schemata, keine fertigen Rezepte für jede Situation, sondern eine stets zuverlässige Anleitung zum Handeln.

In unseren Tagen offenbart die Veränderung der Welt im Zeichen des Sozialismus und des Fortschritts deutlicher denn je die unvergängliche Lebenskraft des Marxismus-Leninismus. Den ganzen Reichtum der marxistisch-leninistischen Theorie, erweitert durch die Praxis des realen Sozialismus, des antiimperialistischen Kampfes in allen Teilen der Welt, ständig neu zu erschließen sehen wir auch künftig als die unerläßliche Voraussetzung für eine erfolgreiche Politik unserer Partei an.

Erich Honecker: Reden und Aufsätze, Bd. 7,
Berlin 1982, S. 332–334.

---

[1] W. I. Lenin: Briefe über die Taktik. In: Werke, Bd. 24, S. 25.

Enges Vertrauensverhältnis verbindet unsere Partei mit der jungen Generation

*Rede auf der Festveranstaltung
zur Auszeichnung der Jugendhochschule »Wilhelm Pieck«
mit dem Karl-Marx-Orden
15. September 1980*

Liebe Genossinnen und Genossen!
Liebe Freunde!
Vor 30 Jahren verlieh Wilhelm Pieck auf Antrag des Zentralrates der Freien Deutschen Jugend eurer Schule seinen Namen. Anläßlich dieses Jubiläums überbringe ich euch, liebe Freunde und Genossen, die herzlichsten Grüße und Glückwünsche des Zentralkomitees der Sozialistischen Einheitspartei Deutschlands.

Stets hat die Jugendhochschule im Geiste Wilhelm Piecks gearbeitet und ihrem verpflichtenden Namen Ehre gemacht. Sie bewährte sich als eine Kaderschmiede unseres sozialistischen Jugendverbandes, aus der mittlerweile schon Generationen junger Revolutionäre hervorgegangen sind, die auf allen Ebenen verantwortliche Funktionen in Partei und Staat, in der Wirtschaft und nicht zuletzt in den bewaffneten Kräften der DDR innehaben. Für die große Arbeit dieser drei Jahrzehnte gebühren der Jugendhochschule »Wilhelm Pieck« Dank und Anerkennung.

Gern erinnere ich mich an den 14. September 1950, als unser hochverehrter Genosse Wilhelm Pieck hier am Bogensee weilte. Begeistert begrüßten wir damals den Vorsitzenden der Sozialistischen Einheitspartei Deutschlands, den ersten Präsidenten unseres Arbeiter-und-Bauern-Staates, den kampferprobten Führer der deutschen und der internationalen revolutionären Arbeiterbewegung. Er verkörperte beispielhaft unsere kommunistischen Ideale, das Kämpfertum für die Ideen von Karl Marx, Friedrich Engels und Wladimir Iljitsch Lenin, das Vermächtnis von Karl Liebknecht, Rosa Luxemburg und Ernst Thälmann. Wilhelm Pieck weilte damals unter uns, und alle, die sich daran erinnern, wissen, daß dies für uns nicht nur eine große Ehre, sondern auch eine große Verpflichtung war, für uns, die wir mit Herz und Verstand für die Sache unserer Partei, für die Deutsche Demokratische Republik eintraten.

Wilhelm Pieck sah in dem Antrag der FDJ, ihrer höchsten Bildungsstätte seinen Namen zu verleihen, einen Ausdruck des Vertrauens der Jugend zur Politik der Sozialistischen Einheitspartei Deutschlands und zu unserer jungen Republik. Die Jugend, so sagte er damals, stellt täglich aufs neue unter Beweis, daß sie gewillt ist zu lernen, zu arbeiten und den Frieden zu verteidigen.[1] Drei Jahrzehnte danach können wir voller Genugtuung feststellen, daß dieser Wille der Jugend und ihre Bereitschaft zur allseitigen Festigung und zum Schutz unserer Deutschen Demokratischen Republik stärker denn je geworden sind.

Die Freie Deutsche Jugend hat die Geschichte des ersten sozialistischen Staates der Arbeiter und Bauern auf deutschem Boden aktiv mitgestaltet. In den Kämpfen dieser Zeit hat sie an der Seite unserer Partei mit Elan, Einsatzbereitschaft und Kühnheit die Sache des Sozialismus verfochten und ist dabei selbst immer mehr zu einer bedeutenden gesellschaftlichen Kraft geworden. Heute bewähren sich die Mädchen und Jungen im Blauhemd bei der weiteren Gestaltung der entwickelten sozialistischen Gesellschaft. Sie werden sich auch in Zukunft bewähren, bei der Schaffung der Voraussetzungen für den allmählichen Übergang zum Kommunismus in der Deutschen Demokratischen Republik.

Davon zeugen die vielen Initiativen und guten Ergebnisse Tausender FDJ-Kollektive bei der Vorbereitung des X. Parteitages der SED. Die »Parteitagsinitiative der FDJ« und das »Pioniersignal X. Parteitag« reihen sich würdig in die große Bewegung der Werktätigen unter der Losung ein: »Das Beste zum X. Parteitag! Alles zum Wohle des Volkes!«

So bestätigt sich, daß die Jugend in vorderster Front steht, wenn es um die Gegenwart und Zukunft unseres sozialistischen Vaterlandes geht. In fester Freundschaft mit der Sowjetunion und ihrem Leninschen Komsomol, eng verbunden mit den anderen Bruderländern, zusammen mit allen antiimperialistischen Kräften kämpft sie für eine neue Welt. Das soll eine Welt des Friedens, der befreiten Arbeit und der Menschenwürde sein, eine Welt, die unaufhaltsam voranschreitet zum Sozialismus und Kommunismus.

Jede Leistung für das Gedeihen der Deutschen Demokratischen Republik kommt diesen Zielen zugute. Schöpferische, fleißige und beharrliche Arbeit war in all den Jahren das Geheimnis unserer Erfolge, und sie ist es heute mehr denn je. Davon hat sich auch die Freie Deutsche Jugend, haben

---

1 Siehe Wilhelm Pieck: An die Jugend. Ausgewählte Reden und Aufsätze 1911 bis 1959, Berlin 1980, S. 154.

sich die jungen Erbauer der Deutschen Demokratischen Republik stets leiten lassen. Zur Verwirklichung der Beschlüsse des IX. Parteitages, insbesondere zur Steigerung der Wirtschaftskraft unseres Landes, und zur Verwirklichung ihrer Sozialpolitik trägt unser sozialistischer Jugendverband auf hervorragende Weise bei. Unsere Partei kann auf die FDJ zählen, wenn wir in den achtziger Jahren noch größere Aufgaben in Angriff nehmen.

Liebe Genossen und Freunde!

Dies kann ich aus der Erfahrung meines Lebens, aus den Erfahrungen unserer Partei sagen: Es gibt nichts Schöneres für unsere Jugend, als aktiv für die Zukunft unseres Volkes zu wirken.

Als die Jugendhochschule am Bogensee gegründet wurde, da war seit dem Sieg der Sowjetarmee über den Hitlerfaschismus gerade ein Jahr vergangen. Mit diesem Sieg, der unserem Volk die Befreiung brachte, begann auch für die Jugend ein neues Leben. »Das neue Leben muß anders werden als dieses Leben, als diese Zeit«, sang damals die FDJ. Dieses Lied drückte damals wie heute die Sehnsucht nach einer besseren Zukunft aus, die Bereitschaft, tatkräftig mitzuwirken an den Veränderungen unseres Daseins im Sinne des Friedens und des Sozialismus.

Unter äußerst schwierigen Bedingungen gingen wir 1945 an den Aufbau einer antifaschistisch-demokratischen Ordnung. Die Kriegsverbrecher und Großgrundbesitzer wurden enteignet. Wir gingen nach dem Motto vor: Was des Volkes Hände schaffen, soll des Volkes eigen sein – für dieses Ziel hatte die revolutionäre deutsche Arbeiterbewegung immer wieder gekämpft. Jetzt begann es Wirklichkeit zu werden. Wir brachten den Menschen und vor allem der Jugend antifaschistisches, demokratisches, sozialistisches Gedankengut nahe. Worte wie Frieden und Völkerverständigung, Humanismus und Fortschritt erhielten allmählich im Denken der jungen Menschen ihren Sinn. Ich darf sagen: Zu damaliger Zeit standen 500 000 junge Menschen unter der blauen Fahne und kämpften für ein fortschrittliches Deutschland. Die blauen Fahnen wehen heute über dem sozialistischen Deutschland. Dieses sozialistische Deutschland wird seine historische Mission erfüllen. Die Deutsche Demokratische Republik ist, wie Leonid Breshnew sagte, Eckstein des Friedens in Europa.

Die Veränderungen im Denken und Handeln der Menschen gehören zu den größten revolutionären Errungenschaften unserer Partei. Die antifaschistischen Jugendausschüsse und die Freie Deutsche Jugend haben daran bedeutenden Anteil. Dabei haben solche Genossen wie Heinz Keßler eine bedeutende Rolle gespielt. Wir gingen von der noch heute gültigen Erfahrung aus: Wer eine bessere Zukunft erbaut, der muß bei der Jugend beginnen. Dafür aber brauchte die Jugend ihre politische Organisation, die FDJ, und geeignete Kader auf allen Ebenen. Kader entwickeln sich nicht nur auf einer Jugendhochschule. Sie entwickeln sich im Leben, in der Industrie, im Bau- und im Verkehrswesen, in der Landwirtschaft, in den wissenschaftlichen Instituten, und stets waren diejenigen die Besten im Leben, die auch die Besten im Studium waren. Das ist auch heute noch so. Und dazu gratuliere ich euch auf das herzlichste.

Ich hatte mich im Namen des Zentralrates der FDJ am 28. März 1946 mit der Bitte an die Sowjetische Militäradministration in Deutschland gewandt, die Einrichtung einer zentralen Jugendleiterschule der FDJ zu unterstützen. Unserem Antrag fügten wir Vorschläge für einen Lehrplan und den Entwurf eines Verpflegungs- und Finanzplanes bei. Am 22. Mai 1946 öffnete die Jugendhochschule der FDJ »Waldhof am Bogensee« ihre Pforten.

Die Genossinnen und Genossen, die in den Anfangsjahren an der Jugendhochschule tätig waren, werden sich noch erinnern. Die Lehrer waren damals junge Antifaschisten, die nachts büffelten, um am nächsten Tag den Schülern solides Wissen vermitteln zu können. An Büchern und Lehrmaterialien mangelte es. Transportmittel waren kaum vorhanden. Die Einrichtung der Unterkünfte war mehr als bescheiden. Kurz gesagt, es türmten sich tausend Schwierigkeiten auf. Aber mit Schwung und Optimismus wurden sie überwunden.

Es ist symbolisch für das Verhältnis zwischen der Partei und der Freien Deutschen Jugend, daß vom ersten Lehrgang an führende Genossen des Parteivorstands beziehungsweise des Zentralkomitees der SED als Lektoren in der Jugendhochschule auftraten. Wilhelm Pieck hielt über 20 Lektionen und Vorträge. Otto Grotewohl, Walter Ulbricht, Anton Ackermann, Hermann Matern, Franz Dahlem, Edwin Hoernle und viele andere sprachen zu Grundfragen der marxistisch-leninistischen Theorie, erläuterten die Beschlüsse der Partei und vermittelten Argumente zur aktuellen Politik. Selbstverständlich sprachen hier auch die Sekretäre des Zentralrates der FDJ.

Mit der Verleihung des Namens »Wilhelm Pieck« an die Jugendhochschule wurde unterstrichen, daß es hier um die Ausbildung und Erziehung junger Kommunisten ging, die im Auftrage der Partei die Ideen von Marx, Engels und Lenin unter die Jugend tragen und sie zur aktiven Teilnahme am Kampf für die Stärkung und den Schutz der Deutschen Demokratischen Republik gewinnen würden. Deshalb forderte Wilhelm Pieck immer wieder von den Kadern der FDJ, sich intensiv mit der marxistisch-leninistischen Weltanschauung zu beschäftigen. Jeder sollte die Fähigkeit erwerben, den wissenschaftlichen Sozialismus als sicheren Kompaß im Leben zu gebrauchen.

Die Freie Deutsche Jugend hat diesen guten Rat immer beherzigt. Stets hat sie ihrem System der politischen Schulung größte Aufmerksamkeit gewidmet und es unentwegt vervollkommnet. Das hat sich auf das beste bewährt. Gerade darum konnten aus ihren Reihen so viele ideologisch gestählte Kader hervorgehen und verantwortungsvolle Aufgaben in Partei und Staat übernehmen.

Sich den Marxismus-Leninismus gründlich anzueignen ist für einen jungen Revolutionär unerläßlich. Das galt in allen Etappen unseres Kampfes und gilt auch heute. Die entwickelte sozialistische Gesellschaft weiter zu gestalten erfordert tiefe Einsicht in die Gesetze der gesellschaftlichen Entwicklung, tiefe Einsichten in die Beschlüsse unserer Partei.

Bekanntlich beruht unsere Politik auf wissenschaftlichen Grundlagen. Revolutionäre Theorie und Praxis erfolgreich zu verbinden, die Geschehnisse in der internationalen Klassenauseinandersetzung richtig einzuordnen, den Gang der Geschichte zu verstehen – dies alles verlangt solide Kenntnisse des Marxismus-Leninismus, seiner Philosophie, seiner politischen Ökonomie und des wissenschaftlichen Kommunismus. Und noch eins: Andere von der Richtigkeit unserer Politik zu überzeugen gelingt um so besser, je tiefer man selbst in ihre theoretischen Grundlagen eingedrungen ist, je stärker unsere Herzen für unsere große, revolutionäre Sache entflammt werden.

Wie man unsere Weltanschauung studieren soll, um aus ihrem lebendigen Wesen zu schöpfen, sie als Anleitung zum Handeln zu nutzen, hat Wladimir Iljitsch Lenin in seiner Rede über »Die Aufgaben der Jugendverbände« so einprägsam dargelegt. Er wandte sich gegen die »bloße buchstabenmäßige Aneignung dessen, was in den Büchern über den Kommunismus gesagt ist«[2]. Ohne Arbeit, ohne Kampf sei solches Wissen keinen Pfifferling wert, »denn es würde nur die alte Kluft zwischen Theorie und Praxis neu aufreißen, jene alte Kluft, die der widerwärtigste Zug der alten, bürgerlichen Gesellschaft war«[3]. Worum es gehe, das sei die kritische Aufarbeitung der von der Menschheit angehäuften Wissensschätze, die Aneignung jener »Summe von Kenntnissen ..., deren Ergebnis der Kommunismus selbst ist«[4]. Im Besitz der Ideen des Marxismus-Leninismus, der unversiegbaren Erkenntnisse unserer Theorie der Arbeiterklasse, wird man im Leben jederzeit seinen Mann stehen können, so zugespitzt der Klassenkampf, so vielfältig, so kompliziert, so verworren bisweilen die internationalen Ereignisse auch sein mögen.

Die Aneignung des Marxismus-Leninismus gerade in diesem Sinne ist und bleibt die wichtigste Aufgabe für alle, die an der Jugendhochschule »Wilhelm Pieck« lehren und lernen. Der Marxismus-Leninismus ist eine

2 W. I. Lenin: Die Aufgaben der Jugendverbände. In: Werke, Bd. 31, S. 274.
3 Ebenda.
4 Ebenda, S. 275.

parteiliche Wissenschaft, und als solche muß er vermittelt und aufgenommen werden. Damit er als Anleitung zum Handeln dienen kann, gilt es, die theoretischen Kenntnisse stets an Hand unserer gesellschaftlichen Praxis zu prüfen. Ihn zu erlernen und anzuwenden, schließt ein, Klassenbewußtsein, Kämpfertum und Standhaftigkeit bei der Fortsetzung und Verteidigung der sozialistischen Revolution an den Tag zu legen. Dazu gehört auch, den antikommunistischen und antisowjetischen Angriffen des Klassengegners, seinen Verleumdungen gegen unsere Partei entgegenzutreten und die bürgerliche Ideologie in all ihren Spielarten zurückzuweisen. Der Marxismus-Leninismus ist allmächtig, weil er wahr ist. Daher haben wir die stärkeren Argumente auf unserer Seite und auch die stärkeren Bataillone.

Jeder Genosse, jeder Funktionär der FDJ trägt als Soldat der Revolution eine hohe Verantwortung dafür, von der Position des Marxismus-Leninismus überzeugend auf die Fragen der Jugend zu antworten. Wie ihr selbst am besten wißt, liebt die Jugend eine klare Sprache, läßt sie sich mit allgemeinen Redensarten nicht abspeisen. Das war in der Vergangenheit so, das ist heute noch so und wird auch in Zukunft so sein. Also muß man das richtige Argument finden und lernen, es überzeugend und wirksam an den Mann zu bringen. Dabei sollten wir nie vergessen, daß für das Gespräch mit der Jugend sowohl Parteilichkeit und Vertrauen als auch Fingerspitzengefühl und Geduld unentbehrlich sind. In diesem Sinne unterstützen wir das Vorhaben in der »Parteitagsinitiative der FDJ«, der Jugend auf vielfältige Weise unsere gute Bilanz nahezubringen und mit ihr die Fragen unseres Kampfes für Frieden und Sozialismus offen und parteilich zu erörtern.

Liebe Genossen und Freunde!

Es freut uns, daß die FDJ bei der Vorbereitung des X. Parteitages der SED hohe Leistungen in der Produktion, beim Lernen und bei der Verteidigung des sozialistischen Vaterlandes vollbringt. Auch volkswirtschaftlich gesehen, haben die Initiativen der FDJ großes Gewicht. Die Arbeit der mehr als 34 000 Jugendbrigaden und in den über 90 000 Jugendobjekten hat erheblichen Anteil an der Erfüllung des Wettbewerbsziels, zwei Tagesproduktionen zusätzlich zum Volkswirtschaftsplan zu erzeugen und den wissenschaftlich-technischen Fortschritt zu beschleunigen. Die Bewegung »Messe der Meister von morgen« richtet das Augenmerk darauf, Aufgaben aus den Plänen Wissenschaft und Technik zu erfüllen. In der »FDJ-Initiative Berlin«, in eurer Aktion »Gesunder Wald«, im FDJ-Studentensommer und im Einsatz der FDJ-Schülerbrigaden wurden und werden gute Ergebnisse erreicht.

Mit einem Wort: Wo die Jugend im Kampf um hohe Effektivität und Qualität der Arbeit zu den ersten gehört, dort steuern die FDJ-Grundorganisationen in den Betrieben und Genossenschaften den richtigen Kurs. Sie geben im Wettbewerb das Beste zum X. Parteitag, mit weniger Kosten, Energie und Material. Diesem verantwortungsbewußten Denken und Handeln stehen die FDJ-Kollektive der Studenten, Lehrlinge und Schüler sowie die in der Nationalen Volksarmee und den anderen bewaffneten Organen nicht nach. Auch die Jung- und Thälmannpioniere leisten schon einen beachtlichen Beitrag.

Selbstverständlich geht es nicht nur um das Lernen und um die Arbeit. Wir unterstützen eure Anstrengungen, Kultur, Sport und Touristik in jeder FDJ-Gruppe zu fördern. Singen, Tanzen, Wandern, sportlicher und wehrsportlicher Wettstreit sind zwar an kein Lebensalter gebunden, aber besonders bei der Jugend beliebt. Junge Menschen schätzen deshalb die Arbeit der Leitungen der FDJ oft danach ein, ob und wie sie sich um eine sinnvolle Gestaltung der Freizeit kümmern.

Wir unterstützen den Kampf der Leitungen der FDJ, gemeinsam mit den staatlichen Organen und anderen gesellschaftlichen Kräften, gemeinsam mit der Jugend und im Interesse der Jugend die Talente zu fördern, Singegruppen, Jugendklubs, Jugendtanz, Sportveranstaltungen und Touristik zu organisieren. Auch heute ist es nicht überflüssig, daß sich die FDJ für mehr Möglichkeiten der niveauvollen Freizeitgestaltung einsetzt und viele Jugendliche selbst daran mitwirken läßt.

Die hohen Anforderungen an den sozialistischen Jugendverband sind nur zu meistern, wenn alle FDJ-Gruppen und Grundorganisationen eine stabile Arbeit leisten, wenn sie alle ihre Mitglieder in die »Parteitagsinitiative der FDJ« einbeziehen und wenn weitere junge Arbeiter, Genossenschaftsbauern und Angehörige der Intelligenz für die FDJ gewonnen werden. Wenn ihr euch vorgenommen habt, eurer Pionierorganisation »Ernst Thälmann« künftig noch mehr Unterstützung zu gewähren, dann ist das nur richtig. Die Jungen Pioniere von heute sind die FDJ-Mitglieder von morgen, und die besten FDJ-Mitglieder stärken die Reihen unserer Partei. So wachsen immer neue Streiter für unsere gemeinsame kommunistische Sache heran.

Wir begrüßen deshalb sehr, daß die Freie Deutsche Jugend in Vorbereitung des X. Parteitages 50 000 ihrer bewährtesten Mitglieder für die Aufnahme als Kandidat der SED vorschlagen will. Allein seit der Einberufung unseres X. Parteitages wurden 20 000 FDJ-Mitglieder in die Reihen der Kommunisten aufgenommen. Das beweist die große Anziehungskraft unserer Partei und ist ein schöner Ausdruck für das enge Vertrauensverhältnis, das sie mit der jungen Generation verbindet.

Stabilität und Kampfkraft der Grundorganisationen der FDJ hängen in hohem Maße von der Auswahl, Bildung und Erziehung der Kader ab. Besondere Bedeutung kommt dabei der Jugendhochschule »Wilhelm Pieck«

zu. Viele ihrer Absolventen sind inzwischen in leitenden Funktionen der Partei und des Staates, der bewaffneten Organe und in anderen Bereichen des gesellschaftlichen Lebens tätig.

Auch künftig erwarten wir vom Kollektiv der Jugendhochschule »Wilhelm Pieck«, daß es unter Führung der Parteiorganisation alle Kräfte einsetzt, um die Ausbildung und Erziehung leitender FDJ-Funktionäre auf hohem Niveau zu gewährleisten. Darin besteht nicht zuletzt die Verpflichtung eurer Schule gegenüber der Partei. Wer die Jugendhochschule »Wilhelm Pieck« absolviert, muß solche marxistisch-leninistischen Kenntnisse besitzen, daß er als junger Kommunist jederzeit im politischen Kampf bestehen kann. Alles in allem tragen die Parteiorganisationen, der Lehrkörper und die FDJ-Organisation eine hohe Verantwortung dafür, daß die Zeit des Studiums an der Jugendhochschule als ein wichtiger Abschnitt des politischen Reifens der FDJ-Funktionäre gestaltet wird.

Liebe Freunde!

Die Jugendhochschule »Wilhelm Pieck« hat sich stets als eine Stätte der antiimperialistischen Solidarität und des proletarischen Internationalismus erwiesen. Seit 1958 werden hier auch internationale Lehrgänge durchgeführt. Damit erfüllt die FDJ die Erwartungen der demokratischen Weltjugendbewegung, bei der marxistisch-leninistischen Ausbildung von Jugendfunktionären aller Kontinente zu helfen. 2 200 ausländische Freunde aus über 100 Jugendverbänden haben bisher an der Jugendhochschule studiert. Viele von ihnen wirken bereits aktiv für den Aufbau einer neuen Gesellschaft in den national befreiten Ländern.

Gestattet mir, im Namen des Zentralkomitees der SED die hier anwesenden Studenten des internationalen Lehrgangs recht herzlich zu begrüßen.

Ihr, liebe ausländische Freunde, könnt gewiß sein, daß ihr in unserer Partei und unserer Freien Deutschen Jugend immer treue Verbündete im Kampf um den gesellschaftlichen Fortschritt haben werdet. Wir haben in der Deutschen Demokratischen Republik eine starke marxistisch-leninistische Partei, die fest verwurzelt ist in der Arbeiterklasse, in der Klasse der Genossenschaftsbauern, in der sozialistischen Intelligenz. Wir haben starke Massenorganisationen wie den Freien Deutschen Gewerkschaftsbund mit 8,8 Millionen Mitgliedern, die Pionierorganisation »Ernst Thälmann« und die Freie Deutsche Jugend als Kaderschmiede für die Partei. Das ist für die Entwicklung der sozialistischen Gesellschaft, für die Entfaltung der schöpferischen Kräfte des werktätigen Volkes von großer Bedeutung.

Liebe Genossen und Freunde!

Seit mehr als drei Jahrzehnten hat sich die Jugendhochschule »Wilhelm Pieck« als zuverlässige Stätte für die Ausbildung und klassenmäßige Erziehung von Funktionären der FDJ bewährt, die dem Sozialismus treu ergeben und mit der Partei der Arbeiterklasse fest verbunden ist. Für ihren außerordentlichen Beitrag zur Erziehung junger Kommunisten und die Erfüllung ihrer internationalistischen Verpflichtungen verleihe ich der Jugendhochschule »Wilhelm Pieck« auf Vorschlag des Politbüros des Zentralkomitees der SED den höchsten Orden der Deutschen Demokratischen Republik, den Karl-Marx-Orden.

Ich beglückwünsche euch zu dieser hohen Ehrung. Möge sie euch und der gesamten Freien Deutschen Jugend Ansporn sein bei eurer weiteren verantwortungsvollen Arbeit. Wir sind gewiß, daß sich die FDJ bei der Vorbereitung des X. Parteitages erneut als Helfer und Kampfreserve der SED bewähren wird.

Erich Honecker: Reden und Aufsätze, Bd. 7,
Berlin 1982, S. 365–374.

Die SED –
marxistisch-leninistische Avantgarde
der Arbeiterklasse
und des ganzen werktätigen Volkes

Aus dem Artikel in der »Einheit«
April 1981

Vor 35 Jahren, im April 1946, fand in Berlin der Vereinigungsparteitag von KPD und SPD zur Sozialistischen Einheitspartei Deutschlands statt. Das war ein Ereignis von historischer Bedeutung. Durch ihren symbolischen Händedruck besiegelten Wilhelm Pieck und Otto Grotewohl unter dem stürmischen Beifall der Delegierten die Überwindung der Spaltung der deutschen Arbeiterklasse und die Herstellung ihrer Einheit auf revolutionärer Grundlage. So entsprach es den Lehren der Geschichte und den Erfordernissen des gesellschaftlichen Fortschritts. Mit dem Vereinigungsparteitag wurde der entscheidende Schritt zur Entwicklung einer zielklaren, geschlossenen, eng mit den Massen verbundenen, marxistisch-leninistischen Kampfpartei getan, deren die Arbeiterklasse bedarf, um ihre historische Mission zu erfüllen.

Geführt von der SED, zerbrachen die Arbeiterklasse und die werktätige Bauernschaft in der DDR für immer die Herrschaft der deutschen Großbourgeoisie und des Junkertums, die in unserem Jahrhundert zwei Weltkriege entfesselt hatten. Auf der Basis der revolutionären Einheit der Arbeiterklasse wurde das Bündnis aller demokratischen Kräfte geschlossen. In einem einheitlichen revolutionären Prozeß, in erbitterter Auseinandersetzung mit der imperialistischen Reaktion und ihren Helfershelfern wurde die antifaschistisch-demokratische Umwälzung verwirklicht und die sozialistische Revolution zum Siege geführt.[1]

Wir begehen den 35. Jahrestag der SED kurz nach dem X. Parteitag, der überzeugend manifestiert, daß sich unsere Partei als marxistisch-leninisti-

1 Siehe Programm der Sozialistischen Einheitspartei Deutschlands, Berlin 1977, S. 6.

sche Avantgarde der Arbeiterklasse und des ganzen werktätigen Volkes vor der Geschichte bewährt. Zum Wohle der Menschen, im Kampf für Frieden und Sozialismus vollbrachte sie während dieser dreieinhalb Jahrzehnte gewaltige Leistungen. Unter ihrer Führung wandelte unser Volk sein Dasein von Grund auf, gab es mit der Entscheidung für den Sozialismus seinem Leben eine andere Richtung und wahren Sinn. Die Verwirklichung der Ideen von Karl Marx und Friedrich Engels in ihrem Geburtsland, der dynamische und stabile Werdegang der DDR, des ersten Staates der Arbeiter und Bauern auf deutschem Boden, krönt den langen, opferreichen Kampf der revolutionären deutschen Arbeiterbewegung. Hier gestalten wir weiter die entwickelte sozialistische Gesellschaft und schaffen so grundlegende Voraussetzungen für den allmählichen Übergang zum Kommunismus. In der DDR wird das neue, sozialistische Deutschland erbaut.

In jenen Apriltagen des Jahres 1946, ein Jahr nach der Befreiung unseres Volkes durch den Sieg der Sowjetunion und der anderen Staaten der Antihitlerkoalition über den Faschismus, entstand mit der SED die politische Kraft, die berufen und imstande war, den werktätigen Massen auf dem Weg in eine neue Zukunft voranzugehen. Sie verkörpert die Traditionen des Bundes der Kommunisten und der revolutionären deutschen Sozialdemokratie, setzt das Werk der KPD und des antifaschistischen Widerstandskampfes fort. Unsere Partei erweist sich als Erbin alles Progressiven in der Geschichte des deutschen Volkes und führt diese verpflichtenden Traditionen weiter.

Unlösbar ist die SED mit der KPdSU verbunden. Sie ist ein zuverlässiger Bestandteil der kommunistischen Weltbewegung und erfüllt jederzeit ihre internationalistische Verantwortung. In meiner Grußansprache an den XXVI. Parteitag der KPdSU habe ich die brüderliche Kampfgemeinschaft mit der Partei und dem Lande Lenins erneut bekräftigt. Dieser Parteitag ist ein leuchtender Beweis für die Sieghaftigkeit der Sache des Kommunismus und ihre sicheren Perspektiven. Von ihm geht ein mächtiger Kraftstrom auf die gesamte sozialistische Gemeinschaft, auf den Kampf um Frieden und Sozialismus, um die nationale und soziale Befreiung der Völker aus. An der Seite der KPdSU und der UdSSR zu stehen heißt, beim Aufbau des Sozialismus im eigenen Land um so erfolgreicher zu sein und zur Lösung der Lebensfragen, denen sich die Menschheit heute gegenübersieht, um so besser beizutragen. Aus der 35jährigen Geschichte unserer Partei ist diese Erfahrung nicht wegzudenken.

Das Entscheidende:
Eroberung der politischen Macht

Die Gründung der SED war ein Sieg der Arbeiterklasse über den Imperialismus, ein Triumph des Marxismus-Leninismus über den Opportunismus. Das Klassen- und Masseninteresse an der Einheit entsprach einer objektiven Notwendigkeit, dem das Programmdokument »Grundsätze und Ziele der Sozialistischen Einheitspartei Deutschlands« Ausdruck gab. In die Beschlüsse des Vereinigungsparteitages wurden die Erkenntnisse der Brüsseler und der Berner Konferenz der KPD aufgenommen; weitergeführt wurde der Aufruf der KPD vom 11. Juni 1945, und Berücksichtigung fanden die Erfahrungen der kommunistischen Weltbewegung, insbesondere der sowjetischen Kommunisten. Für die Strategie und Taktik der SED ist charakteristisch, daß sie stets von den allgemeingültigen Gesetzmäßigkeiten der sozialistischen Revolution und des sozialistischen Aufbaus ausgeht und sie schöpferisch auf die konkreten Bedingungen unseres Landes anwendet.

Unter großer Zustimmung der Delegierten erklärte Wilhelm Pieck auf dem Vereinigungsparteitag: »In den ›Grundsätzen und Zielen‹ ist ... nicht nur das sozialistische Endziel unserer Partei aufgestellt, sondern es wurde auch der Weg aufgezeigt, den die Arbeiterklasse zu diesem Ziele einzuschlagen hat. Es wird dort in nicht mißzudeutender Weise erklärt, daß die grundlegende Voraussetzung zur Errichtung der sozialistischen Gesellschaft die Eroberung der politischen Macht durch die Arbeiterklasse ist.«[2]

Mit dieser klaren Linie ausgerüstet, errichtete die Arbeiterklasse unter Führung der SED im Jahre 1949 den sozialistischen Staat der Arbeiter und Bauern, die Deutsche Demokratische Republik, als eine Form der Diktatur des Proletariats. Dieser Staat erwies sich als das wichtigste Instrument, um die kapitalistische Ausbeutung und Unterdrückung zu beseitigen und die Grundlagen des Sozialismus zu schaffen. Niemals haben wir es irgend jemandem gestattet, die Macht der Arbeiterklasse anzutasten. Auch heute ist und bleibt die Sicherung, Festigung und Verteidigung der Macht der Arbeiter und Bauern die Garantie für unser erfolgreiches Voranschreiten bei der Gestaltung der entwickelten sozialistischen Gesellschaft.

»Das Ziel der Sozialistischen Einheitspartei Deutschlands«, so wurde im ersten Programmdokument unserer Partei festgestellt, *»ist die Befreiung von jeder Ausbeutung und Unterdrückung, von Wirtschaftskrisen, Armut, Arbeitslosigkeit und imperialistischer Kriegsdrohung. Dieses Ziel, die Lösung der nationalen und sozialen*

---

2 Protokoll des Vereinigungsparteitages der Sozialdemokratischen Partei Deutschlands (SPD) und der Kommunistischen Partei Deutschlands (KPD) am 21. und 22. April 1946 in Berlin, Berlin 1946, S. 85.

Lebensfragen unseres Volkes, kann nur durch den Sozialismus erreicht werden.«[3] Das war von grundsätzlicher Bedeutung. In prinzipieller Abgrenzung zu allen unmarxistischen Vorstellungen vom Sozialismus betonte Otto Grotewohl: »Niemals darf es wieder geschehen, daß falsche Illusionen in der Arbeiterklasse geweckt werden. Niemals darf etwas als ein Stück Sozialismus marktschreierisch gepriesen werden, was nichts anderes ist als eine soziale Reform ... im Rahmen der kapitalistischen Wirtschaft.«[4]

Die Einheit der Arbeiterklasse und ihres revolutionären Vortrupps bildete die Grundlage für die weitere Entwicklung des breiten Bündnisses mit den werktätigen Bauern, der Intelligenz und den städtischen Mittelschichten. Durch den Demokratischen Block der Parteien und Massenorganisationen und die Nationale Front wurden Millionen Bürger unterschiedlichster sozialer Herkunft und Weltanschauung zur Mitarbeit für das Wohl des Volkes unter Führung der Arbeiterklasse aktiviert. Voller Stolz können die Bürger unseres Landes von der DDR, ihrem sozialistischen Vaterland, sagen, daß sie ihr eigenes Werk, das Werk von Generationen ist.

35 Jahre nach dem Vereinigungsparteitag darf man mit Recht feststellen, daß die Kritiker der Vereinigung von KPD und SPD im Frühjahr 1946 durch die Geschichte ins Unrecht gesetzt wurden. Ganz zu schweigen von jenen, welche die Etikettierung »Zwangsvereinigung« nur aus dem Grunde vornahmen, um die Tatsache zu vertuschen, daß die Zwangsmaßnahmen der imperialistischen Besatzungsmächte, des deutschen Monopolkapitals und ihrer Handlanger in den damaligen westlichen Besatzungszonen Deutschlands dem Einheitsstreben der bewußten Arbeiter noch einmal den Weg verlegten. Seitdem hat die Bourgeoisie ihre schärfsten Angriffe immer wieder auf diese entscheidende Errungenschaft der Arbeiterklasse gerichtet: die revolutionäre Kampfpartei. Damit zielt der Klassengegner auf den Sozialismus, auf jeden gesellschaftlichen Fortschritt überhaupt. Eine einheitliche, starke, geschlossen handelnde marxistisch-leninistische Partei haßt und fürchtet er am meisten. Mit um so größerer Genugtuung erfüllt es uns, feststellen zu können, daß sich die Politik unserer Partei im Leben bewährt hat und die Einheit von Partei und Volk fester denn je ist.

Die SED ist die anerkannt führende Kraft beim erfolgreichen Aufbau des Sozialismus, bei der Lösung jener vielfältigen Aufgaben, die sowohl auf innen- als auch auf außenpolitischem Gebiet vor unserem Lande stehen.

---

3 Ebenda, S. 177/178.
4 Ebenda, S. 142.

Theorie und Praxis verbunden

Wie Lenin lehrte, kann es ohne revolutionäre Theorie auch keine revolutionäre Bewegung geben.⁵ Zugleich kommt es darauf an, Theorie und Praxis auf das engste miteinander zu verbinden. Der Marxismus-Leninismus ist bekanntlich keine Sammlung fertiger Rezepte, sondern eine Anleitung zu schöpferischem Handeln. In seiner Anwendung auf die konkrete Situation, in der Beantwortung der Fragen, die das Leben stellt, liegt der Prüfstein für die Wissenschaftlichkeit der Politik der Partei. Dementsprechend hat die SED ihre Generallinie stets bestimmt und sie in vertrauensvoller Verbundenheit mit der Arbeiterklasse und allen Werktätigen, gestützt auf ihr Vertrauen und ihre Kraft, verwirklicht. Die gesellschaftlichen Veränderungen im Leben unseres Volkes während der vergangenen 35 Jahre beweisen es überzeugender, als dies Worte allein könnten.

Wissenschaftlichkeit und Massenverbundenheit der Politik unserer Partei kommen insbesondere im Kurs der Hauptaufgabe in ihrer Einheit von Wirtschafts- und Sozialpolitik zum Ausdruck. Seit dem VIII. und dem IX. Parteitag verwirklichen wir das bisher größte Sozialprogramm in der Geschichte unseres Volkes. Dafür ist die bisher breiteste und tiefste Masseninitiative zur allseitigen Stärkung unserer sozialistischen DDR in Gang gekommen. Wie sich erweist, entspricht die Politik der SED den Interessen aller Klassen und Schichten und ist von spürbarem Nutzen für jeden einzelnen.

Mit Hilfe der sozialistischen Planwirtschaft behauptet die DDR erfolgreich ihren Platz unter den zehn leistungsfähigsten Industrieländern der Welt. Für unser Volk sind ein hohes materielles und kulturelles Lebensniveau, ein fortgeschrittener Bildungsstand, ein inhaltsreiches geistiges Leben, soziale Sicherheit und Geborgenheit charakteristisch. Je weiter sich der Sozialismus entwickelt, um so spürbarer setzen sich wirtschaftliche Leistungen in soziale Fortschritte um. Das entspricht dem Sinn des Sozialismus und beweist, zu welchen Leistungen ein von kapitalistischer Ausbeutung befreites Volk fähig ist, wenn es von einer marxistisch-leninistischen Partei der Arbeiterklasse geführt wird.

Vor 35 Jahren mußte sich unsere Partei um »Arbeitsbeschaffung für alle Werktätigen«, die »Sicherung des lebensnotwendigen Bedarfs der breiten Volksmassen an Nahrung, Kleidung, Wohnung und Heizung«⁶ sorgen. Der imperialistische Gegner, vor allem in der BRD, höhnte, daß die SED dazu

---

5 Siehe W. I. Lenin: Was tun? In: Werke, Bd. 5, S. 379.
6 Protokoll des Vereinigungsparteitages der Sozialdemokratischen Partei Deutschlands (SPD) und der Kommunistischen Partei Deutschlands (KPD) am 21. und 22. April 1946 in Berlin, S. 176.

nicht in der Lage sei. Aber er selber war, wie sich gezeigt hat, völlig außerstande, die Kraft der einheitlich handelnden Arbeiterklasse richtig einzuschätzen. Unter harten Anstrengungen, in ständiger Auseinandersetzung mit dem Imperialismus hat unser Volk alle Schwierigkeiten gemeistert und den Aufstieg der DDR zu jenen Höhen des gesellschaftlichen Fortschritts ermöglicht, auf denen sie sich heute befindet.

Angesichts der Krise, der Massenarbeitslosigkeit, der zunehmenden Inflation, der sozialen Unsicherheit und Existenzangst von Millionen und aber Millionen Werktätigen in den kapitalistischen Ländern wird die Überlegenheit der sozialistischen Gesellschaftsordnung immer offenkundiger. Nur der Sozialismus vermag den Werktätigen soziale Sicherheit und Geborgenheit, ein ständig steigendes materielles und kulturelles Lebensniveau und klare Zukunftsperspektiven zu garantieren. Bei uns gibt die Erfahrung dem Wissen der Menschen recht, daß sie selbst mit ihren Leistungen darüber entscheiden, wie sie leben. Das wirkt sich unmittelbar auf ihr tägliches Handeln aus.

Unsere Partei
entwickelte sich selbst weiter

Blickt man auf die Zeit seit Gründung der SED zurück, so wird die große Entwicklung deutlich, die unsere Partei selber genommen hat. In allen Etappen des Kampfes ist sie ihrer Verantwortung als führende Kraft der Gesellschaft gerecht geworden. Hier bestätigte sich, daß wachsende Anforderungen an die Führungstätigkeit der Partei ein ständig höheres Niveau ihrer ideologischen Arbeit verlangen. Danach handeln wir.

Wie die Parteiwahlen eindrucksvoll verdeutlichten, hat sich unsere Partei politisch, ideologisch und organisatorisch weiter gefestigt. Sie gehört zum Volke, und sie dient dem Volk.

Gegenwärtig sind 57,6 Prozent aller Parteimitglieder Arbeiter. Damit wurde der höchste Anteil von Arbeitern in unseren Reihen seit Gründung der SED erreicht. Von festen Klassenpositionen aus leisten die über 2,1 Millionen Kommunisten, die in 78 677 Grundorganisationen organisiert sind, eine vorbildliche Arbeit zur weiteren Stärkung der Arbeiter-und-Bauern-Macht, zur Sicherung des Friedens und zur Erhöhung der Verteidigungskraft der DDR. Ständig festigt unsere Partei entsprechend ihrer Bündnispolitik die vertrauensvolle Zusammenarbeit mit den befreundeten Parteien und den Massenorganisationen, insbesondere mit dem Freien Deutschen Gewerkschaftsbund und der Freien Deutschen Jugend.

Im Sinne des demokratischen Zentralismus ringen die Grundorganisationen darum, die Parteibeschlüsse sowie die eigenen Zielstellungen und Verpflichtungen in den Kampfprogrammen konsequent zu verwirklichen. Dabei folgen sie dem Grundsatz, daß es eine Sache der revolutionären Ehre ist, Wort zu halten. Sie handeln nach dem Prinzip: Wo ein Genosse ist, da ist die Partei. Spürbar haben die Grundorganisationen an Kampfkraft und Masseneinfluß gewonnen, immer ausgeprägter treten sie als einheitlich handelnde Kampfkollektive auf und entwickeln sich stärker als Zentren hoher politischer Aktivität und vertrauensvoller Beziehungen zu den Werktätigen.

Heute verfügt die SED über eine Armee kluger, erprobter und erfahrener Kader, die sich im Kampf bewährt haben, der Arbeiterklasse treu ergeben und mit dem Volke eng verbunden sind. Mit hoher Sachkenntnis, politischer Weitsicht und Prinzipienfestigkeit leisten sie eine disziplinierte Arbeit zur weiteren Gestaltung der entwickelten sozialistischen Gesellschaft in der DDR. Ihre politische Reife hat entscheidende Bedeutung für die Verwirklichung unserer Ziele.

Vom hohen Bildungsstand der Kader der Partei zeugt die Zusammensetzung der bei den Parteiwahlen neugewählten Leitungen. So verfügen die in die Sekretariate der Kreisleitungen gewählten 2578 Mitglieder alle über einen Hoch- beziehungsweise Fachschulabschluß. 83,4 Prozent haben eine Parteischule besucht. Weiter erhöht hat sich auch die politische und fachliche Qualifikation der Sekretäre der Grundorganisationen. 80,4 Prozent von ihnen absolvierten eine Parteischule und 64,5 Prozent eine Hoch- oder Fachschule.

Unsere Partei betrachtete es stets als eine wichtige Aufgabe, alle Mitglieder und Kandidaten gründlich und systematisch mit dem Marxismus-Leninismus vertraut zu machen und ihre Fähigkeit zu fördern, unsere revolutionären Ideen der Arbeiterklasse und allen Werktätigen zu vermitteln. Dazu leistete das Parteilehrjahr, das wir seit Jahrzehnten durchführen, stets einen beträchtlichen Beitrag. Der marxistisch-leninistischen Aus- und Weiterbildung der Kader dient ein bewährtes System von Bildungseinrichtungen der Partei, von den Kreis- und Betriebsschulen des Marxismus-Leninismus bis zur Parteihochschule »Karl Marx« beim Zentralkomitee der SED.

Unsere Partei hat eine umfangreiche theoretische, politisch-ideologische und organisatorische Arbeit zur unmittelbaren Vorbereitung des X. Parteitages geleistet. Dabei sammelte sie, nicht zuletzt während der Parteiwahlen, neue Kampferfahrungen und ist für die achtziger Jahre gut gerüstet.

Der von der Sozialistischen Einheitspartei Deutschlands in 35 Jahren zurückgelegte Weg ist zugleich der Weg des Sieges unserer marxistisch-leninistischen Theorie auf deutschem Boden. Niemals war unser Kampf leicht, aber unsere Partei wich vor Schwierigkeiten niemals zurück. Immer hat sie sich ihnen gestellt und sie mit der Kraft ihres großen Kollektivs, eng verbunden mit den Massen, gemeistert. Mit diesem Wissen und der festen Überzeugung, daß wir im Sozialismus über alle Vorzüge und Potenzen verfügen, auch die künftigen Anforderungen zu bewältigen, gehen wir an die Lösung der Aufgaben, die der X. Parteitag beschließt.

Erich Honecker: Reden und Aufsätze, Bd. 7,
Berlin 1982, S. 598–604, 608–610.

1 Gespräch zwischen Wilhelm Pieck und Erich Honecker
31. Mai 1950

2 Auf dem VIII. Parteitag der SED begrüßen Thälmann-Pioniere
den Ersten Sekretär des ZK der SED, Erich Honecker
19. Juni 1971

3 Einweihung des Karl-Marx-Monuments auf einer Großkundgebung in Karl-Marx-Stadt
9. Oktober 1971

4 Zu Besuch bei den Arbeitern des VEB Rindermast
in Ferdinandshof
1. Juni 1972

5 Übergabe der ersten roten Halstücher an Thälmann-Pioniere
10. Dezember 1973

6 Erich Honecker überreicht ein Thälmann-Relief an den Ersten Sekretär des Kommunistischen Jugendverbandes Kubas, Luis Orlando Dominguez, in Santiago de Cuba
22. Februar 1974

7 Ehrendes Gedenken an die ermordeten Kameraden zum 30. Jahrestag
der Befreiung des Zuchthauses Brandenburg-Görden
26. April 1975

8 Erich Honecker erstattet den Bericht des Zentralkomitees
an den IX. Parteitag der SED
18. Mai 1976

9 Herzlich wird Erich Honecker von den Teilnehmern der propagandistischen Großveranstaltung zur Eröffnung des Parteilehrjahres 1977/78 in Dresden begrüßt
26. September 1977

10 Im angeregten Gespräch in der Akademie der Künste
17. Februar 1977

11 FDJler des Kraftwerkes Boxberg heißen den Generalsekretär
des ZK der SED herzlich willkommen
9. September 1980

12 Junge Nikaraguaner, die an der Jugendhochschule »Wilhelm Pieck« studieren,
begrüßen Erich Honecker
15. September 1980

13 Baubrigadier Wolfgang Schmidt übergibt Erich Honecker
den Schlüssel für das Sport- und Erholungszentrum Berlin
20. März 1981

14 Im Gespräch mit dem Mitglied des Friedensrates der DDR,
Prof. Dr. Manfred von Ardenne
1. September 1982

15 Der Generalsekretär der Kommunistischen Partei Großbritanniens,
Gordon McLennan, überreicht Erich Honecker
auf der Internationalen Wissenschaftlichen Konferenz des ZK der SED
ein Ehrengeschenk seiner Partei
16. April 1983

16 Kampfappell zum 30jährigen Bestehen der Kampfgruppen
in der Berliner Karl-Marx-Allee
24. September 1983

17 Abgesandte der jungen Generation übergeben eine Kassette
mit den bisherigen Ergebnissen im »Friedensaufgebot der FDJ«
7. Juni 1984

18 Erich Honecker im Kreis von Kämpfern gegen den Faschismus bei einer Zusammenkunft anläßlich des 35. Jahrestages der Gründung der DDR
4. Oktober 1984

19 Zum Abschluß eines Truppenbesuchs überreicht Erich Honecker die Verdienstmedaille der DDR an Major Bergmann
21. Juni 1984

20 Feierliche Eröffnung des Gedenkmuseums
der deutschen Antifaschisten in Krasnogorsk bei Moskau
durch Erich Honecker und Herbert Mies,
Vorsitzender der Deutschen Kommunistischen Partei
5. Mai 1985

21 Im Gespräch mit den jüngsten Einwohnern
des Neubaugebietes im Thälmann-Park in Berlin
16. August 1985

22 Am Modell des Stadtzentrums von Berlin während einer Beratungspause
der Berliner Bezirksdelegiertenkonferenz der SED
8. Februar 1986

23 Herzliche Begegnung mit Bürgern in Halle
vor der Großkundgebung zum 65. Jahrestag der Märzkämpfe
21. März 1986

24 Freundschaftliches Gespräch zwischen Erich Honecker, Michail Gorbatschow, Generalsekretär des ZK der KPdSU, und Horst Sindermann
18. April 1986

25 Erich Honecker spricht zur Einweihung des Ernst-Thälmann-Denkmals in Moskau
3. Oktober 1986

Gerüstet für die Herausforderungen der achtziger Jahre

*Aus dem Bericht des Zentralkomitees
der Sozialistischen Einheitspartei Deutschlands
an den X. Parteitag der SED
11. April 1981*

Liebe Genossinnen und Genossen!
Der X. Parteitag der Sozialistischen Einheitspartei Deutschlands ist ein Ereignis von großer historischer Bedeutung im Leben unseres Volkes. Mit Befriedigung kann man sagen, daß unsere Partei während der vergangenen fünf Jahre eine große Arbeit zur Verwirklichung der Beschlüsse des IX. Parteitages geleistet hat. Sie fand dabei die tatkräftige Unterstützung der Arbeiterklasse, der Genossenschaftsbauern, der Angehörigen der Intelligenz und aller Werktätigen. Ja, man kann sagen: Alles, was wir im Berichtszeitraum erreicht haben, ist das Werk von Millionen Werktätigen, das Ergebnis des festen, unerschütterlichen Vertrauens zwischen Partei und Volk.

Die Deutsche Demokratische Republik, der erste sozialistische Staat der Arbeiter und Bauern auf deutschem Boden, stellte trotz wütender Attacken des Gegners seine politische Stabilität unter Beweis, steigerte seine wirtschaftliche Leistungskraft und erwies sich als ein Eckpfeiler des Friedens in Europa. Mit Freude dürfen wir feststellen, daß es auch in der zweiten Hälfte der siebziger Jahre gelang, den Frieden in Europa zu erhalten. Dazu hat die Deutsche Demokratische Republik an der Seite der Sowjetunion und der anderen sozialistischen Bruderländer einen aktiven Beitrag geleistet. So konnten die Jahre seit dem IX. Parteitag zu einer weiteren Periode friedlicher, intensiver und schöpferischer Arbeit zum Wohle des Volkes werden.

Während in der Welt des Kapitals in der zurückliegenden Zeit eine Krise auf die andere folgte, setzte sich bei uns der Aufschwung auf allen Gebieten des gesellschaftlichen Lebens fort. Erneut bewährte sich die Einheit von Wirtschafts- und Sozialpolitik. Das materielle und kulturelle Lebensniveau der Werktätigen erhöhte sich beträchtlich. Hervorragende Taten wurden im sozialistischen Wettbewerb zu Ehren des X. Parteitages vollbracht. Die Erfahrungen der hinter uns liegenden Jahre haben in den Massen die Überzeugung vertieft, daß das brüderliche Bündnis mit der Sowjetunion und den anderen Staaten der sozialistischen Gemeinschaft das feste Fundament für den Frieden, für die weitere Gestaltung der sozialistischen Gesellschaft in der DDR ist. Wir werden dieses Bündnis auch in Zukunft stets festigen und stärken. Oberstes Gesetz unseres Handelns ist und bleibt der proletarische Internationalismus, die internationale Solidarität mit allen um ihre Freiheit kämpfenden Völkern. Alle Völker, die für nationale und soziale Befreiung, für Unabhängigkeit, Demokratie und Fortschritt kämpfen, können auch in Zukunft stets mit der Solidarität der Deutschen Demokratischen Republik rechnen.

Wenn wir die Zeit seit dem IX. Parteitag überblicken, dann können wir mit Recht feststellen: Die Bilanz ist positiv. Die großen Anstrengungen unseres Volkes haben gute Früchte getragen. Die wahrhaft nicht immer einfachen Prüfungen des Lebens wurden von unserer Partei in Ehren bestanden. In der harten Klassenauseinandersetzung mit dem Imperialismus ist unsere sozialistische Deutsche Demokratische Republik ihrer nationalen und internationalen Verantwortung stets gerecht geworden. Durch unsere Innen- und Außenpolitik haben wir günstige Ausgangspositionen für die Bewältigung der Aufgaben der achtziger Jahre geschaffen. Mit vollem Recht können wir von der Tribüne unseres X. Parteitages erklären: Unsere Partei wird gemeinsam mit dem werktätigen Volk der DDR auch die Aufgaben der achtziger Jahre in Ehren erfüllen.

Unser X. Parteitag wurde durch die Gedanken und Taten des ganzen Volkes vorbereitet. Das ist ein großartiges Zeugnis dafür, wie sehr die Werktätigen das Gedeihen unserer sozialistischen Gesellschaft, ihre sichere und blühende Zukunft zu ihrer ureigenen Sache gemacht haben. Von der starken Kraft des sozialistischen Wettbewerbs, von dem kämpferischen Geist, der ihn trägt, spricht die Tatsache, daß die Arbeitskollektive der Industrie zu Ehren unseres Parteitages 1980/1981 dreieinhalb Tage Planvorsprung erkämpft haben. Unsere Genossenschaftsbauern haben 1980 eine gute Ernte eingebracht und den Plan an Fleisch, Milch, Butter und Eiern übererfüllt. Das kann man nicht hoch genug einschätzen.

Es ist uns ein Bedürfnis, auf dem X. Parteitag der Arbeiterklasse, den Genossenschaftsbauern, der Intelligenz, allen Bürgern unseres Landes, den Frauen und Männern, den Jungen wie den Älteren, die für die weitere Stärkung unserer sozialistischen Deutschen Demokratischen Republik im wahrsten Sinne des Wortes ihr Bestes gaben, von ganzem Herzen zu danken. Wir sagen unseren Dank den Mitgliedern und Kandidaten der Sozialistischen Einheitspartei Deutschlands, unseres Kampfbundes von Gleichgesinnten, die mit unermüdlicher Energie, Initiative und Standhaftigkeit im Geiste von Ernst Thälmann und von Wilhelm Pieck neue Siege im Kampf für Frieden und Sozialismus an unser Kampfbanner hefteten.

Wir können feststellen, daß sich im Ergebnis der Politik unserer Partei das Bewußtsein der Werktätigen, ihre Überzeugung von der Kraft und Stärke des Sozialismus und der antiimperialistischen Solidarität weiter gefestigt haben. Die Bereitschaft der Werktätigen, die Errungenschaften des Sozialismus in der DDR mit ihrem politischen Bekenntnis, mit ihren Arbeitstaten zu stärken und gegen alle feindlichen Anschläge zu verteidigen, ist gewachsen. Von einem tiefen Verständnis für die Politik der Partei, einem hohen Verantwortungsbewußtsein der Mitglieder unserer Partei zeugt ihre Aufgeschlossenheit für die offene, freimütige Darlegung der Aufgaben, die wir bei der weiteren Gestaltung der sozialistischen Gesellschaft noch zu lösen haben.

Ein Höhepunkt in der Vorbereitung des X. Parteitages waren die Mitgliederversammlungen, die Delegiertenkonferenzen unserer Partei, die sich zu Foren eines umfassenden Meinungsaustausches über die weitere Verwirklichung unseres Parteiprogramms gestalteten. Es waren Arbeitsberatungen, die sich durch realistische Einschätzung, Kenntnisreichtum und Massenverbundenheit auszeichneten. Sie stärkten die Kampfkraft der Partei, fanden in der Öffentlichkeit ein breites Echo und mobilisierten neue Initiativen. Unsere Partei ist also gut gerüstet, die Verwirklichung der Beschlüsse in Angriff zu nehmen, die wir nach eingehender Beratung auf unserem X. Parteitag zu fassen haben.

Liebe Genossinnen und Genossen!

Unser X. Parteitag ist unmittelbar vor einem denkwürdigen Datum zusammengetreten. Vor 35 Jahren, am 21./22. April 1946, fand in Berlin der Vereinigungsparteitag von KPD und SPD zur Sozialistischen Einheitspartei Deutschlands statt. Das war ein Ereignis von großer Tragweite. Durch ihren symbolischen Händedruck besiegelten Wilhelm Pieck und Otto Grotewohl unter dem stürmischen Beifall der Delegierten die Überwindung der Spaltung der deutschen Arbeiterklasse und die Herstellung ihrer Einheit auf revolutionärer Grundlage. So entsprach es den Lehren der Geschichte der deutschen Arbeiterbewegung und ihres langen, opferreichen Kampfes, dem Vermächtnis der größten Söhne des deutschen Volkes, Karl Marx und Friedrich Engels.

Seitdem hat sich auch auf deutschem Boden immer wieder bestätigt, daß die Arbeiterklasse ihre historische Mission nur erfüllen kann, wenn sie von einer zielklaren, geschlossenen, eng mit den Massen verbundenen marxistisch-leninistischen Kampfpartei geführt wird. Mit der Gründung der SED wurde eine grundlegende Wende in der Geschichte des deutschen Volkes eingeleitet. Das Werden und Wachsen unseres Arbeiter-und-Bauern-Staates während mehr als dreier Jahrzehnte ist untrennbar mit den Leistungen der Sozialistischen Einheitspartei Deutschlands verbunden. Wie die Wirklichkeit von heute zeigt, wurde sie ihrer führenden Rolle jederzeit gerecht. Fußend auf den allgemeingültigen Gesetzmäßigkeiten der sozialistischen Revolution und des sozialistischen Aufbaus, vereint sie alle Kräfte der Gesellschaft auf dem Wege des Sozialismus. Sie geht voran bei der Lösung der gegenwärtigen und künftigen Aufgaben.

Genossinnen und Genossen!

Wir sind in die achtziger Jahre eingetreten. Sie werden unserer Partei sowohl in nationaler als auch in internationaler Hinsicht neue, höhere Aufgaben stellen. Wir sind bereit, die Herausforderungen dieses Jahrzehnts anzunehmen. Ausgerüstet mit neuen Erfahrungen und Erkenntnissen, werden wir auch weiterhin mit Erfolg die entwickelte sozialistische Gesellschaft gestalten und so grundlegende Voraussetzungen für den allmählichen Übergang zum Kommunismus schaffen. Die Hauptaufgabe ist dabei, das materielle und kulturelle Lebensniveau des Volkes auf der Grundlage eines hohen Entwicklungstempos der sozialistischen Produktion, der Steigerung der Effektivität, des wissenschaftlich-technischen Fortschritts und des Wachstums der Arbeitsproduktivität weiter zu erhöhen.

Die Sicherung des Erreichten auf materiellem und kulturellem Gebiet sowie seine Mehrung verlangen einen volkswirtschaftlichen Leistungsanstieg wie nie zuvor. Die schöpferische Tätigkeit unserer Werktätigen, ihre qualifizierte Arbeit und ihre Initiative sind hierbei ebenso gefragt wie ein bedeutender Aufschwung in Wissenschaft und Technik, deren Errungenschaften die gesamte Wirtschaft unseres Landes mehr und mehr durchdringen und auf eine neue Grundlage stellen müssen. In voller Verantwortung vor unserem Volk können wir vor dem Forum des X. Parteitages die Feststellung treffen, daß die Deutsche Demokratische Republik dank ihrer engen Zusammenarbeit mit der Sowjetunion und den anderen Mitgliedsländern des Rates für Gegenseitige Wirtschaftshilfe in der Lage ist, auch in Zukunft ihre stabile und dynamische Entwicklung als fester Bestandteil der sozialistischen Staatengemeinschaft zu gewährleisten.

Was nun schon während mehrerer Fünfjahrpläne den Kurs unserer Partei bestimmt und zur Erfahrung der Menschen geworden ist, wird sich auch künftig bewähren. Die Einheit von Wirtschafts- und Sozialpolitik ist ein starker Motor der gesellschaftlichen Entwicklung. Sie fördert den Leistungswillen der Werktätigen; denn sie läßt jeden spüren, daß sich sein Fleiß für die Gesellschaft sowie für jeden einzelnen auszahlt. Nur durch Arbeit entsteht gesellschaftlicher Reichtum. Wer am meisten dazu beiträgt, soll den größten Nutzen davon haben. Dieses sozialistische Prinzip spornt den schöpferischen Wettbewerbsgeist an, der uns auch in den kommenden fünf Jahren ermöglichen wird, die im Entwurf der Direktive des X. Parteitages der SED zum Fünfjahrplan für die Entwicklung der Volkswirtschaft der DDR in den Jahren 1981 bis 1985 enthaltenen Aufgaben zu erfüllen.

Wenn wir uns vor Augen halten, was seit mehr als drei Jahrzehnten, insbesondere während der siebziger Jahre, in der Deutschen Demokratischen Republik geschaffen wurde, dann haben wir mit dem Blick auf die Zukunft allen Grund, zuversichtlich zu sein. Unser Volk bewies seine Kraft. Unter Führung der Sozialistischen Einheitspartei Deutschlands vollzogen die Arbeiterklasse und ihre Verbündeten revolutionäre Veränderungen von geschichtlicher Tragweite. Auch auf deutschem Boden wurde damit der Beweis erbracht, daß der Sozialismus die einzige Gesellschaftsordnung ist, die das Wohl, die Freiheit und die Würde des Menschen verwirklicht.

Liebe Genossinnen und Genossen!

Auf dem Erdball sind heute Prozesse tiefgreifender revolutionärer Veränderungen und harter Auseinandersetzungen über die Lebensfragen der Menschheit im Gange. Der Kampf für Sozialismus und Frieden, für die nationale und soziale Befreiung der Völker, für ihre Unabhängigkeit, gegen den Imperialismus hat ein neues Stadium erreicht. Im Brennpunkt dieses gewaltigen Ringens steht mehr denn je die Sicherung des Friedens, die letztlich über die Gegenwart und Zukunft der Menschheit entscheidet.

Immer deutlicher erweist sich, daß Fortschritt und Frieden nicht voneinander zu trennen sind. Das Erstarken der Sowjetunion und der gesamten sozialistischen Gemeinschaft, das zugunsten des Sozialismus weiter veränderte Kräfteverhältnis in der Welt beeinflussen maßgeblich die Grundtendenzen der internationalen Entwicklung. Von größter Bedeutung dafür ist die wachsende Einheit der revolutionären Hauptströme unserer Zeit – des sozialistischen Weltsystems, der Arbeiterbewegung in den Ländern des Kapitals und der nationalen Befreiungsbewegung. Gerade in den siebziger Jahren war es aufgrund all dessen möglich, an den verschiedensten Abschnitten des Kampfes für die Erneuerung der Welt, für ein friedliches Dasein der Völker Erfolge von geschichtlicher Tragweite zu erzielen.

Der Imperialismus mußte durch den Verlust weiterer Herrschaftsgebiete und Einflußsphären empfindliche Niederlagen einstecken, sei es in Afrika, im Mittleren Osten oder in Lateinamerika. Zugleich hat er nicht wenige abenteuerliche Versuche unternommen, sich diese Positionen wieder zu verschaffen und andere neu zu gewinnen. Er ist und bleibt mit seiner Aggressivität, seiner Unberechenbarkeit und seinem Hegemoniestreben, gestützt auf ein noch immer beträchtliches Potential, für die Völker eine Gefahr und eine Bedrohung.

Das zeigt auch die kürzlich von prominenter Seite in der westlichen Hemisphäre abgegebene Erklärung, es gebe »bedeutendere Dinge als im Frieden zu sein«. Diese zynische Erklärung paßt zu den Leuten, die von der Hochrüstung profitieren und – wie einst Hindenburg – hoffen, daß der Krieg ihnen wie eine Badekur bekommt. Für die Völker ist jedoch der Frieden das Wichtigste.

So wirken in der internationalen Entwicklung einander gegenläufige Tendenzen. Sie treten zutage im Kampf derjenigen Kräfte, die für die Festigung des Friedens, für die Zügelung des Wettrüstens, für die Fortsetzung der Entspannung, für die Verteidigung der souveränen Rechte und der Freiheiten der Völker eintreten, sowie derjenigen Kräfte, welche die Entspannung unterminieren, das Wettrüsten beschleunigen, die Politik der Drohungen, des Boykotts, der Einmischung in die inneren Angelegenheiten anderer Staaten, der Unterdrückung des nationalen und sozialen Befreiungskampfes der Völker betreiben. Bestimmend ist nach wie vor jene positive Grundtendenz, die vor allem dank der Stärke der Sowjetunion und unserer sozialistischen Gemeinschaft, dank ihrer unermüdlichen Anstrengungen durchgesetzt werden konnte. Davon zeugt als eines der bedeutendsten Ergebnisse, daß es gelang, den unheilvollen Zyklus Krieg–Frieden–Krieg zu sprengen. Er darf nicht mehr in Bewegung gebracht werden.

Ganz in diesem Sinne hat das Zentralkomitee der SED ständig daran gearbeitet, die vom IX. Parteitag beschlossenen außenpolitischen Aufgaben zu realisieren. Die Hauptsache für uns war, das Bündnis mit der Sowjetunion und den anderen sozialistischen Bruderländern zu vertiefen, aktiv zur Festigung der Einheit und Geschlossenheit unserer Gemeinschaft beizutragen. Entsprechend der abgestimmten Außenpolitik unseres Bündnisses ergriffen wir solche Maßnahmen und Initiativen, die vor allem dazu dienen, das Wettrüsten zu stoppen, Rüstungsbegrenzung und Abrüstung voranzubringen, kurz gesagt, die politische Entspannung durch die militärische zu ergänzen.

Es entsprach dem vorrangigsten Auftrag des IX. Parteitages auf außenpolitischem Gebiet, an der Seite der Sowjetunion und unserer anderen Verbündeten im Warschauer Vertrag aktiv und konstruktiv zur Friedenssicherung beizutragen und die günstigsten äußeren Bedingungen für den sozialistischen und kommunistischen Aufbau in unseren Ländern zu schaffen. Wie die Ergebnisse zeigen, wurde an der Erfüllung dieser Aufgabe mit Erfolg gearbeitet. Dabei übersehen wir selbstverständlich nicht, daß es noch langer, harter Kämpfe und verstärkter Anstrengungen aller friedliebenden Kräfte bedarf, bis der Frieden dauerhaft stabilisiert ist. Rückschläge in diesem Ringen zwischen Krieg und Frieden sind nicht ausgeblieben und werden nicht ausbleiben. Das kann und darf uns nicht entmutigen. Für uns

Kommunisten gibt es kein edleres Anliegen, als im Interesse der Völker mit ganzer Energie und Leidenschaft für den Frieden zu wirken.

Als erfolgreich erwiesen hat sich unser konsequenter Kurs zur Verwirklichung der Prinzipien friedlicher Koexistenz von Staaten unterschiedlicher sozialer Ordnung. Er weist auch künftig die Richtung. Durch seine Realisierung tragen wir dazu bei, Fortschritte in den internationalen Beziehungen, zur Gesundung der Weltlage durchzusetzen und zugleich den Spielraum jener einzuschränken, die Konfrontation anstelle von Entspannung und Kooperation bevorzugen. Die Politik der friedlichen Koexistenz ist der einzig gangbare Weg, auf dem die Gefahr eines neuen Weltkrieges gebannt und der Frieden dauerhaft gesichert werden kann. Zu ihr gibt es keine annehmbare Alternative. Damit den Völkern die Katastrophe eines atomaren Infernos erspart bleibt, muß sich die Vernunft dieser Politik, der sich auch realistisch denkende Staatsmänner und Politiker der westlichen Welt nicht verschließen können, als Motiv praktischen Handelns durchsetzen.

Genossinnen und Genossen!

Unsere Partei hat in den zurückliegenden Jahren die im kapitalistischen Teil der Welt vor sich gehenden Prozesse aufmerksam verfolgt. Diese Prozesse verliefen anders, als es sich viele bürgerliche Ideologen zu Beginn der siebziger Jahre vorgestellt hatten. Wie ihr wißt, wurden von ihnen die siebziger Jahre mit großer Euphorie begrüßt. Sie hofften, daß der Imperialismus seine Stellung in der Welt stärken und sich im Inneren stabilisieren könne. Das ist jedoch nicht eingetreten. Der Imperialismus stolperte vielmehr von einer Krise zur anderen. Heute sprechen selbst führende Kreise der USA und anderer kapitalistischer Länder davon, daß die tiefste Krise seit 50 Jahren, das heißt seit den dreißiger Jahren, eingetreten ist.

Bereits auf unserem IX. Parteitag unterzogen wir die besondere Art der Verflechtung von allgemeiner und zyklischer Krise einer gründlichen Analyse. Dieser Prozeß erschütterte das kapitalistische System zutiefst und leitete einen neuen Abschnitt der allgemeinen Krise des Kapitalismus ein. Davon zeugen sinkende Wachstumsraten der Produktion bei steigender Inflation, anhaltend hohe, weiter steigende Arbeitslosigkeit bei stagnierenden oder sinkenden Reallöhnen. Chronische Krisenprozesse haben auf vielen Gebieten den Charakter internationaler Strukturkrisen angenommen. Handels- und Zahlungsdefizite weiten sich aus, und die Staatsverschuldung nimmt zu. Die Rivalität imperialistischer Mächte und Zentren verschärft sich, verbunden mit ständigen Positionskämpfen um Außenmärkte, Energie- und Rohstoffquellen, um Währungsrelationen, Kapitalexport und moderne Technologien. Die Beziehungen zwischen den imperialistischen Mächten auf dem Gebiet des Handels und des Zahlungsverkehrs spitzen sich zu. Das hat selbstverständlich Auswirkungen auf die Beziehungen zwischen den kapitalistischen Staaten, auf die Beziehungen zwischen kapitalistischen und sozialistischen Staaten, auf die Beziehungen zwischen kapitalistischen Staaten und Ländern der dritten Welt.

Die Merkmale eines neuen Abschnitts kapitalistischer Wirtschafts- und Gesellschaftsentwicklung in den achtziger Jahren, die sich aus der ökonomischen Entwicklung ergeben, bedürfen daher einer eingehenden Analyse. Politisch widerspiegelt sich dieser neue Abschnitt in tiefen Erschütterungen des gesellschaftlichen Systems sowohl in den imperialistischen Hauptländern als auch an der Peripherie des Kapitalismus. Ausdruck der politischen Labilität sind die mannigfache Aushöhlung der bürgerlichen Demokratie und die politische Rechtsentwicklung ebenso wie die nahezu 80 Regierungsrücktritte im abgelaufenen Jahrzehnt. Fast alle NATO-Staaten waren davon betroffen.

Die Analyse der Situation des Imperialismus führt zu den sozialökonomischen Wurzeln und Triebkräften des Konfrontationskurses, den mächtige Kreise des Monopolkapitals betreiben. Dadurch soll die mit der Verschärfung der allgemeinen Krise einhergehende Tendenz zur Schwächung der inneren und äußeren Positionen des Imperialismus aufgehalten und umgekehrt werden.

Es wird immer deutlicher sichtbar, daß der Imperialismus mit seinen Krisen, seiner Aggressivität, seiner am Profit orientierten Politik den Frieden und den Fortschritt der Menschheit bedroht. Dies erfolgt zur gleichen Zeit, da der Weltsozialismus mit seinem Zentrum, der Sowjetunion, und die nationale Befreiungsbewegung an Kraft gewinnen.

Das erlaubt uns jedoch nicht, die Gefahren zu übersehen, die von der imperialistischen Welt ausgehen, und die Verbrechen des Imperialismus dem Vergessen preiszugeben. Seit Beginn dieses Jahrhunderts sind 64 Jahre von globalen und regionalen Kriegen, Aggressionsakten und Interventionen erfüllt gewesen, bei denen der Imperialismus seine Hand im Spiele hatte und die mehr als 80 Millionen Menschen das Leben gekostet haben. Allein die USA griffen direkt oder indirekt mehr als 220mal zur Gewalt oder drohten mit militärischer Einmischung.

Der Drang nach Profit und nicht die Liebe zum Menschen ist das Lebenselement imperialistischer Denk- und Verhaltensweise. Im Grunde genommen ist dieser Drang nach Profit Wurzel des aggressiven Verhaltens des Imperialismus nach innen und außen. Es ist nicht zufällig, daß sich das Streben nach militärischer Überlegenheit auf das engste mit den ökonomischen Interessen der Multis verbindet, die im Geschäft mit Vernichtungswaffen zwei- bis dreimal so hohe Profite wie die gesamte Industrie im Durchschnitt erzielen. Seit 1960 sind die Rüstungsaufwendungen der NATO auf mehr als das Dreifache gestiegen. Die militärischen Ausgaben umfaßten allein in den letzten zehn Jahren über 1,5 Billionen Dollar. In den USA sollen sie von 1980 bis 1986 die riesige Summe von 1,3 bis 1,5 Billionen Dollar ausmachen. Die Hochrüstungsinteressen und die damit verbundene Aggressivität des Imperialismus bilden eine ungeheure Gefahr für die Zukunft der Menschheit.

Es ist heute eine der wichtigsten Aufgaben, die großen Möglichkeiten auszuschöpfen, die Wissenschaft und Technik bieten, um überall zur besseren Befriedigung der Lebensbedürfnisse beizutragen und die drückenden sozialen und materiellen Probleme in vielen Ländern der Erde zu vermindern. Doch der Imperialismus treibt die Entwicklung von Wissenschaft und Technik nur in einer anderen Richtung voran – für die Rüstung, für die Verwirklichung seines Anspruchs auf Interessensphären, für die Auseinandersetzung mit dem Sozialismus.

Genossinnen und Genossen! Erst reichlich fünf Jahre sind seit der tiefsten zyklischen Krise der kapitalistischen Weltwirtschaft in der Nachkriegszeit vergangen, die große Produktionskapazitäten und viel menschliche Arbeitskraft brachlegte. Und schon steckt der Kapitalismus wieder in einer neuen. Bereits 1980 ging in den 24 entwickelten kapitalistischen Ländern, die der Organisation für Wirtschaftliche Zusammenarbeit und Entwicklung (OECD) angehören, insgesamt die Industrieproduktion zurück, und 1981 wird der Einbruch nach den eigenen Voraussagen noch tiefer sein.

Damit ist auf das engste die unmenschliche Massenarbeitslosigkeit verbunden. Ende 1980 waren in den kapitalistischen Industrieländern nach offiziellen Angaben 24 Millionen Werktätige arbeitslos. Die Arbeitslosigkeit liegt am Beginn der neuen Krise höher als auf dem Tiefpunkt der vorangegangenen. In der Europäischen Gemeinschaft (EG) hat die Arbeitslosenquote 7,4 Prozent erreicht. Allein dort gab es Anfang des Jahres 8,5 Millionen Arbeitslose, darunter in der BRD über 1,3 Millionen, in Großbritannien mehr als 2,4 Millionen, in Frankreich über 1,6 Millionen und in Italien über 1,8 Millionen. In den USA sind mehr als 7,8 Millionen arbeitslos. Besonders hart trifft die Geißel der Arbeitslosigkeit die Jugendlichen. Ihr Anteil an der Gesamtzahl derer, die auf der Straße liegen, beträgt zwischen 25 und 60 Prozent.

In den Ländern der Organisation für Wirtschaftliche Zusammenarbeit und Entwicklung (OECD) soll in den nächsten anderthalb Jahren die Anzahl der Arbeitsplätze nicht erhöht, sondern um eine weitere Million verringert werden. Wachsende Unsicherheit des Arbeitsplatzes und beschleunigte Rationalisierung sind mit einer enormen Intensivierung der Ausbeutung und des sozialen Abbaus verbunden. So wird ein Generalangriff auf die soziale Lage der Werktätigen geführt. Angesichts der hohen Inflation reichen die schwer erkämpften nominalen Lohnerhöhungen immer weniger aus, um die emporschnellenden Lebenshaltungskosten auszugleichen. In den meisten kapitalistischen Ländern sind die Reallöhne im Jahre 1980 unter das Vorjahresniveau zurückgefallen. Was dagegen weiter steigt, sind die Profite der Monopole. 1979 erhöhten allein die 500 größten Konzerne der USA ihre Profite um 23 Prozent auf die riesenhafte Summe von 110 Milliarden Dollar.

Eine dringende Aufgabe unserer Zeit ist, die vom Kolonialismus verursachte Unterentwicklung großer Teile der Weltbevölkerung zu überwinden. Aber nach wie vor bildet die Ausbeutung der Entwicklungsländer eine Hauptquelle, aus der die 11 000 internationalen Monopolgesellschaften mit ihren 82 000 Filialen und Tochterunternehmen ihre Profite schöpfen. Sie sind zu einem bestimmenden Strukturelement der kapitalistischen Weltwirtschaft geworden und durchdringen alle Teile des imperialistischen Systems. Als mächtige Monopolgiganten haben sie ein Netz internationaler Ausbeutung geknüpft, das die Arbeiterklasse der kapitalistischen Länder, die Völker der Entwicklungsländer, ja, ganze Nationen umfaßt.

Wie ein Damm stellt sich der Imperialismus demokratischen Rechten des Volkes, Menschenwürde und geistiger Freiheit entgegen. Die Heere der Arbeitslosen in den Staaten des Kapitals und Hunderte Millionen Beschäftigungslose in Entwicklungsländern, die vom kapitalistischen Wirtschaftssystem abhängig sind, zeugen davon, daß das Recht auf Arbeit in einer von Monopolen beherrschten Gesellschaft niemals zu verwirklichen ist. Mißachtet und unterdrückt werden das grundlegende Recht auf politische Mitbestimmung und Mitgestaltung gesellschaftlicher Belange wie das Selbstbestimmungsrecht der Völker überhaupt. Eingeschränkt und mißachtet werden alle demokratischen Grundrechte. Riesige Ausmaße haben Bespitzelung, Einschüchterung, Repression und Berufsverbote erreicht.

Die offene Rassendiskriminierung in vielen kapitalistischen Ländern, die direkte und indirekte Unterstützung des Apartheid-Systems in Südafrika durch alle NATO-Staaten stellen zweifellos eine der gröbsten Verletzungen der Würde des Menschen dar. Die enorm gewachsene Kluft zwischen arm und reich, die schreienden Gegensätze in den Lebenserwartungen und den individuellen Zukunftshoffnungen, die Kriminalität und Verrohung in der Gesellschaft, die katastrophalen Ausmaße der Drogensucht, die geistige Verkrüppelung und moralische Zerrüttung – all dies kennzeichnet eine perspektivlose Welt der brutalen Gewalt und der tiefen Fäulnis des kapitalistischen Systems.

Geistige Freiheit wird ersetzt durch Antikommunismus, Antisowjetismus und Nationalismus, die heute in einem bisher nie dagewesenen Umfang auf ideologischem Gebiet den kalten Krieg beleben. Die neuen Dimensionen der ideologischen Kriegsvorbereitung sind nicht nur gegen die

Sowjetunion und die anderen Staaten der sozialistischen Gemeinschaft gerichtet; sie sollen nicht nur den »Nachrüstern« die Begründung für ihre Hochrüstung liefern, sondern sie sollen zugleich der Rechtfertigung aller Gebrechen und Verbrechen, alles Antihumanen dienen, das der gegenwärtige Imperialismus nach innen und außen hervorbringt.

Liebe Genossinnen und Genossen!

Dies alles erhöht unsere Verantwortung für den Aufbau einer neuen Welt. Im Berichtszeitraum hat sich immer wieder bestätigt, daß von unserer Welt des Sozialismus, der Freiheit, des Fortschritts, der Menschenwürde, von ihrem Zuwachs an Kraft, Macht und Autorität der entscheidende Einfluß auf die grundlegenden Veränderungen im Leben der Menschen ausgeht, jener Veränderungen, die mehr und mehr den Charakter unserer Epoche bestimmen. In unserer Welt, der Welt des Sozialismus, wird im Einklang mit den objektiven Gesetzen der historischen Entwicklung bewiesen, daß die Völker ohne Kapitalisten imstande sind, ihr Dasein zum eigenen Wohle zu gestalten. Unter Führung der Arbeiterklasse und ihrer marxistisch-leninistischen Partei, gestützt auf die sozialistische Staatsmacht, arbeiten sie erfolgreich an der Lösung ihrer Lebensfragen, auf die der Kapitalismus keine Antwort zu geben vermag.

In beispielloser Weise hat die große Gemeinschaft der sozialistischen Länder klargestellt, daß im Sozialismus und nur im Sozialismus soziale Sicherheit herrscht. Allen stehen die Wege zu den höchsten Stufen der Bildung offen. Das Recht auf Erholung und gute gesundheitliche Betreuung wird konkret garantiert. Existenzangst und Furcht vor der Zukunft haben keine gesellschaftlichen Wurzeln mehr. Im realen Sozialismus bestimmen die Völker über ihre Geschicke selbst. Die Bürger nehmen immer wirksamer an der Leitung und Planung der gesellschaftlichen Angelegenheiten teil. Vor allem auch die Jugend verfügt über alle Möglichkeiten, die Gegenwart aktiv mitzugestalten, und hat eine klare Perspektive.

Die sozialistische Gemeinschaft, in der unsere Deutsche Demokratische Republik ihren festen Platz einnimmt, hat im vergangenen Jahrzehnt neue Fortschritte von geschichtlicher Tragweite erzielt. Beim Ausbau der materiell-technischen Basis des Sozialismus und des Kommunismus erreichte sie die bisher bedeutendsten Ergebnisse. Die ökonomische Entwicklung im Bereich des Rates für Gegenseitige Wirtschaftshilfe war auch in diesen Jahren durch ein höheres Wachstumstempo des Nationaleinkommens, der Arbeitsproduktivität und der Industrieproduktion gekennzeichnet als in der Welt des Kapitals.

1979 produzierte die Industrie der RGW-Länder in einem Monat so viel wie im ganzen Jahr 1950. Von 1951 bis 1979 lag das Wachstumstempo der Industrieproduktion der Staaten des RGW dreimal höher als das der kapitalistischen Industrieländer. 1979 hatten die Mitgliedsländer des RGW einen Anteil an der Weltproduktion an Maschinen von etwa 33 Prozent. Bei Steinkohle waren es 26 Prozent, bei Stahl 29 Prozent, bei Erdöl 19 Prozent, bei Erdgas 30 Prozent. In der Energieerzeugung betrug der Anteil 21 Prozent, bei Mineraldünger waren es 31 Prozent.

Die siebziger Jahre standen im Zeichen der weiteren Ausarbeitung und Konkretisierung der Strategie zur Gestaltung der entwickelten sozialistischen Gesellschaft und des allmählichen Übergangs zum Kommunismus. Seinen Niederschlag fand dies in den Beschlüssen der Bruderparteien, in so wichtigen Dokumenten wie der neuen Verfassung der UdSSR und in dem von unserem IX. Parteitag beschlossenen Parteiprogramm. In allen Bereichen der Gesellschaft wurden demgemäß wesentliche qualitative Umgestaltungen vollzogen oder in Angriff genommen. Mit alledem werden Zielstellungen verwirklicht, deren Dimensionen über Bisheriges weit hinausgehen.

Mit tiefer Befriedigung können wir feststellen, daß die Zusammenarbeit der Deutschen Demokratischen Republik mit den Bruderländern während der Berichtsperiode in allen Lebensbereichen rasch voranschritt und durch wertvolle Erfahrungen bereichert wurde. Der unzerstörbare Bruderbund mit der Sowjetunion, die feste Verankerung unserer Republik in der Gemeinschaft der sozialistischen Staaten – das möchten wir auf unserem X. Parteitag bekräftigen – ist und bleibt für unser Volk für immer die stabile Grundlage seiner Sicherheit und seiner Erfolge bei der Gestaltung der entwickelten sozialistischen Gesellschaft.

Wie in den vergangenen Jahren, so werden wir auch in Zukunft dazu beitragen, daß sich die Einheit und Geschlossenheit unserer Staatengemeinschaft weiter festigt. Das ist das Unterpfand für ihr erfolgreiches Voranschreiten und zugleich für die gute Entwicklung jedes einzelnen ihr angehörenden Landes. Hieraus entspringt auch ihr wachsender Einfluß auf das Weltgeschehen, die Wirksamkeit der gemeinsamen Aktivitäten in der internationalen Arena, vor allem zur Sicherung des Friedens.

Liebe Genossinnen und Genossen!

Im Zentrum der Gesellschaftspolitik der Sozialistischen Einheitspartei Deutschlands steht unsere Ökonomie, die große Arbeit unseres Volkes für einen hohen wirtschaftlichen Leistungsanstieg. Hier vor allem fallen die Entscheidungen über die weiteren Fortschritte bei der Gestaltung des entwickelten Sozialismus. Zugleich wirkt das Gedeihen aller anderen gesellschaftlichen Bereiche immer stärker auf das Tempo des Produktionswachstums zurück. Die Ansprüche an unsere Wirtschaft erhöhen sich spürbar. Doch wir können sie bewältigen, denn auch unsere Kraft ist gewachsen, unsere Fähigkeit, mit der stürmischen Entwicklung der Produktivkräfte in unserer Zeit Schritt zu halten.

Das Zentralkomitee schlägt deshalb dem X. Parteitag der SED vor, die Politik der Hauptaufgabe auch in den achtziger Jahren fortzuführen. Wir halten fest an unserem bewährten Kurs, das materielle und kulturelle Lebensniveau des Volkes auf der Grundlage eines hohen Entwicklungstempos der sozialistischen Produktion, der Erhöhung der Effektivität, des wissenschaftlich-technischen Fortschritts und des Wachstums der Arbeitsproduktivität zu erhöhen.

Nun schon seit einem Jahrzehnt bestätigen die Erfahrungen unseres Volkes, daß wir auf diesem Wege die starken Triebkräfte der sozialistischen Ordnung erfolgreich erschließen. Mit hoher Kontinuität setzen wir unseren Kurs fort. Angesichts der veränderten Bedingungen verlangt jedoch gerade das eine neue Qualität der Arbeit.

Die Verwirklichung der Beschlüsse des IX. Parteitages ging bereits in vieler Hinsicht mit der Vorbereitung auf größere Anforderungen einher. Weitreichende Arbeiten wurden in Angriff genommen, um so fundamentale Fragen des Leistungsanstiegs zu lösen wie die Entwicklung der Mikroelektronik und der Robotertechnik. Vorangekommen sind wichtige Veredlungsprozesse bei der Kohleverarbeitung, in der Metallurgie, der Chemie, der Glas- und Keramikindustrie. Im Bauwesen wurde begonnen, die Effektivität bedeutend zu erhöhen. Die bisherigen Ergebnisse kann man als ein Gerüst dessen bezeichnen, was nun zu schaffen ist. Jetzt bestimmt es den ganzen weiteren Ausbau der Volkswirtschaft in seinen Schwerpunkten.

Immer mehr wird zum beherrschenden Gesichtspunkt, durch moderne Wissenschaft ökonomische Effektivität zu gewinnen. Unser Volk besitzt bedeutende Traditionen wissenschaftlich-technischen Schöpfertums. Wir müssen sie mit größter Sorgfalt pflegen. Im Sozialismus sind Wissenschaft und Technik nicht mehr Objekt der Ausbeutung oder des Mißbrauchs zum Zwecke der Profitmacherei. Auch die wissenschaftlich-technischen Leistungen kommen ungeschmälert dem Volke zugute. Ihre Fortschritte beeinflussen immer tiefer den Alltag der Menschen in unserem Lande, die Bedingungen ihrer Arbeit und ihres Lebens. Sie bestimmen den Rang unseres sozialistischen Staates in der Welt in starkem Maße. Um so mehr lohnt der Einsatz der ganzen Person für diese gute Sache. Gerade die Energie unserer Jugend brauchen wir in noch größerem Umfang für dieses schwierige und reizvolle Feld schöpferischer Arbeit.

Unsere ökonomische Strategie der achtziger Jahre umfaßt 10 Schwerpunkte.

1. Notwendig ist, einen neuen Schritt bei der Verbindung der Vorzüge des Sozialismus mit den Errungenschaften der wissenschaftlich-technischen Revolution zu tun. Unser Parteiprogramm bezeichnet die Lösung dieser großen Aufgabe als entscheidende Bedingung für die Gestaltung der

materiell-technischen Basis unserer entwickelten sozialistischen Gesellschaft. Nun sind die Möglichkeiten der wissenschaftlich-technischen Revolution unmittelbar zur Hauptreserve für Leistungswachstum und Effektivität unserer Volkswirtschaft geworden. Es gilt, sie voll auszuschöpfen und aus den neuesten wissenschaftlichen Erkenntnissen einen maximalen Zuwachs an ökonomischer Kraft zu gewinnen.

Mit diesem Ziel nutzen und entwickeln wir das bedeutende geistige und materielle Potential der Deutschen Demokratischen Republik. Die immer engere Verflechtung der Volkswirtschaften der DDR und der UdSSR, die Zusammenarbeit im RGW bieten denkbar günstige Voraussetzungen für derart weitreichende Fortschritte zu einem höheren Niveau der Produktivkräfte.

Immer mehr wird die Entwicklung der DDR als moderner sozialistischer Industriestaat von diesem qualitativen Prozeß des wissenschaftlich-technischen Fortschritts geprägt. In einem neuen Abschnitt seines Weges beweist auch unser Land, wie der Sozialismus die gewaltigen neuen Produktivkräfte zum Wohle des Volkes zu meistern vermag. Sie so zu entfalten, daß wir auch unter veränderten außenwirtschaftlichen Bedingungen, angesichts der verschärften internationalen Klassenauseinandersetzung unsere Wirtschafts- und Sozialpolitik erfolgreich fortführen, darauf kommt es an.

Es ist ein hoher Anspruch, mit der weltweiten wissenschaftlich-technischen Revolution Schritt zu halten, ja dabei an Boden zu gewinnen. Ihre Geschwindigkeit beschleunigt sich noch. Zugleich erreicht sie eine immer größere Breite. Beschränkte sie sich früher auf einige Produktionszweige, so läßt sie jetzt kaum mehr einen Zweig aus und durchdringt die gesamte Ökonomie eines Landes. Wie wir es verstehen, die neuen Produktivkräfte im Rahmen der ganzen Volkswirtschaft zu nutzen, das entscheidet letzten Endes über den Gewinn an Effektivität. Neue Aufgaben zeichnen sich hier ab. Sie verlangen, Wissenschaft und Produktion noch enger als bisher zu verbinden und das Produktionsprofil entsprechend zu gestalten.

Wissenschaft und Technik müssen also den notwendigen Vorlauf für die künftige intensiv erweiterte Reproduktion gewährleisten. Folgende Entwicklungslinien stehen für unser Land im Vordergrund:
– neue Basis-Technologien für höchstintegrierte Schaltkreise der Mikroelektronik sowie optoelektronische Bauelemente zur Anwendung der Lichtleiter- und Lasertechnik;
– flexible Automatisierungslösungen unter Einsatz von Robotern der dritten Generation und vollintegrierte Meß- und Steuerungstechnik;
– hochproduktive Verfahren zur besseren stoffwirtschaftlichen Nutzung von Erdöl, Erdgas und Braunkohle, zur industriellen Nutzung mikrobiologischer Substanzen und biotechnologischer Prozesse sowie zur Ent-

wicklung neuer, hochveredelter chemischer Produkte in Form von Spezialplasten und hochreinen Chemikalien;
- neue energiesparende Verfahren, die maximal Wertstoffe aus Rohstoffen gewinnen, Verfahren für die Rückgewinnung der metallischen und chemischen Grundsubstanzen aus Sekundärrohstoffen und die Schaffung geschlossener Stoffkreisläufe;
- Ausbau der Kernenergetik, Erzeugung und Speicherung von Wasserstoff und Biogas als Energieträger, neue effektivere Energieumwandlungsprozesse und Entwicklung neuer elektrochemischer Primär- und Sekundärstromquellen.

Das langfristige stabile Wirtschaftswachstum in der DDR kann nur von der Beschleunigung des wissenschaftlich-technischen Fortschritts getragen werden. Das bedingt noch größere schöpferische Resultate unserer Forschung und Entwicklung. Andererseits sind vorliegende wissenschaftliche Erkenntnisse schneller und wesentlich breiter zu nutzen. Unsere Republik braucht Lösungen von hoher volkswirtschaftlicher Ergiebigkeit. Die Kräfte sind auf neue Erzeugnisse und Verfahren zu konzentrieren, von denen tiefe ökonomische Wirkungen ausgehen. Dabei echte Spitzenleistungen erreichen, das heißt, einer effektiven Produktion auf lange Zeit den Weg zu ebnen.

Die Maßstäbe setzt unbestechlich das internationale Niveau. Die Forschung muß anvisieren, was dieses Niveau bestimmt, wenn ihre Ergebnisse in die Produktion eingeführt werden. Unsere besten Erfahrungen auf diesem Gebiet haben alle eines gemeinsam: Sie führen auf direktem Weg zu produktiven Lösungen von höchster Qualität.

Die Wissenschaft ist in eine neue Rolle und Verantwortung hineingewachsen. Ihre Verflechtung mit dem gesellschaftlichen Leben, insbesondere mit unserer Volkswirtschaft, hat ein qualitativ höheres Niveau erreicht. Jeder ernsthafte und tiefgreifende Fortschritt in der Entwicklung der modernen Produktivkräfte hat heute und in Zukunft seine Wurzeln in wissenschaftlichen Erkenntnissen. Daher muß der gesellschaftliche, der ökonomische Nutzen im Mittelpunkt wissenschaftlicher Aufgabenstellung stehen. Der Schlüssel zur wesentlichen Verbesserung der volkswirtschaftlichen Effektivität in den achtziger Jahren liegt in einer beträchtlich höheren ökonomischen Wirkung von Wissenschaft und Technik.

Wir können darauf bauen, daß die Hauptlinien der qualitativen Entwicklung unserer Wirtschaft, die unsere Partei in den letzten Jahren ausgearbeitet hat, tief in das Denken und Handeln der Menschen eingedrungen sind. Sie prägen zunehmend die Gemeinschaftsarbeit von Arbeitern und Genossenschaftsbauern, Wissenschaftlern und Technikern, bestimmen die Stoßrichtung ihrer Wettbewerbe. Immer deutlicher erweist sich, daß der Sozialismus den wissenschaftlich-technischen Fortschritt wirksam mit der Masseninitiative verbinden kann, und das ist eine große Stärke.

2. Unsere ökonomische Strategie für die achtziger Jahre zielt darauf ab, die Arbeitsproduktivität bedeutend zu steigern. Es geht darum, in großer Breite ein wesentlich höheres Niveau zu erreichen. An entscheidenden Abschnitten werden wir Produktivität durch Rationalisierung vervielfachen. Die Einsparung von Arbeitsplätzen muß es ermöglichen, Werktätige für andere Tätigkeiten zu gewinnen.

Die Arbeit ist die Quelle des gesellschaftlichen Reichtums. Ihren Wirkungsgrad zu erhöhen sah unsere Partei stets als das Wichtigste an, wenn es galt, neue Aufgaben zu lösen. So ist es auch jetzt. Hatten wir für 1 000 Mark industrielle Warenproduktion 1970 noch 23 Stunden aufzuwenden, so waren es 1980 14 Stunden, und Ende dieses Fünfjahrplanes werden es nur noch 12 Stunden sein.

In der Steigerung der Arbeitsproduktivität müssen sich die schnellen Fortschritte der Wissenschaft und ihrer technologischen Anwendbarkeit ausweisen. Zu diesem Zweck verbessern wir die gesellschaftliche Kombination des Produktionsprozesses, werden immer wirksamere Produktionsmittel eingesetzt. Vor jedem Kombinat und jedem Betrieb steht die Notwendigkeit, die Initiative der Arbeiter, Ingenieure und Forscher dafür voll auszuschöpfen. Den Rhythmus der Arbeit zu verbessern, die Arbeitsdisziplin zu festigen sind vorrangige Anliegen der wirtschaftlichen Leitung, der politischen Erziehung und der ökonomischen Stimulierung im Sinne des Leistungsprinzips.

Wir stellen in Rechnung, daß eine Stunde Arbeitszeit bei uns im letzten Jahrzehnt stark an Gewicht gewonnen hat, daß sie mehr Qualifikation enthält als früher. Es sei daran erinnert, daß vor 10 Jahren 23 Prozent aller Werktätigen über einen Abschluß der zehnklassigen oder zwölfklassigen allgemeinbildenden polytechnischen Oberschule verfügten. Nun sind das bereits 47 Prozent. In ähnlicher Weise wuchs der Anteil der Beschäftigten mit Facharbeiterausbildung, mit Meisterqualifikation oder mit Hoch- oder Fachschulabschluß. Eine große Aufgabe der achtziger Jahre besteht nun darin, diesen beträchtlichen Bildungsstand ökonomisch voll auszuschöpfen. So geht es nicht nur um mehr Produktion in jeder Arbeitsstunde, sondern um höheren Wertzuwachs durch ständig wachsende Arbeitsqualität.

Nur planvolles Zusammenwirken der Kombinate und Betriebe, der Einrichtungen der Wissenschaft und Bildung werden Ergebnisse von wirklich volkswirtschaftlichem Gewicht hervorbringen.

3. Unsere ökonomische Strategie für die achtziger Jahre hat das Ziel, die Roh- und Brennstoffe volkswirtschaftlich noch wesentlich besser zu verwerten. Sie verlangt zugleich, mit den Grundfonds effektiver zu arbeiten.

Die Fonds an Energie und Rohstoffen, über die unser Land verfügt, bleiben gleich oder wachsen nur wenig. Diesen Gegebenheiten ist Rechnung zu tragen, und zwar auf sehr lange Sicht. Wir erhöhen mit großer Konsequenz das eigene Aufkommen unseres Landes an Roh- und Brennstoffen, die Sekundärrohstoffe eingeschlossen. Trotzdem reichte das nicht aus, ein hohes Wirtschaftswachstum zu gewährleisten, würde nicht zugleich die Material- und Energieökonomie auf allen Gebieten entscheidend gesteigert. Das ist die Hauptsache.

Aus jedem Kilogramm Rohstoff müssen durch qualifizierte Arbeit soviel hochwertige Erzeugnisse hergestellt werden wie nur irgend möglich. So erreichen wir eine höhere Stufe der Veredlung für die Produktion unserer Volkswirtschaft. Diese Notwendigkeit betrifft jeden Rohstoff, den wir verwenden, jede Stufe und jeden Zweig der Fertigung.

Alle haben dazu beigetragen – die Grundlagenforschung wie die Technologie und Verfahrensentwicklung, die Konstruktion wie die Formgestaltung. Auf das gleiche Ziel richtet sich die Aus- und Weiterbildung der Werktätigen, die durchgängige Organisation der Fertigung nach den strengsten Qualitätsmaßstäben.

Unter diesem Gesichtspunkt werden wesentliche Veränderungen im Produktionsprofil der Volkswirtschaft erforderlich. Erdöl und Braunkohle heißt es stoffwirtschaftlich gründlicher zu nutzen. Vorrangig entwickelt und erzeugt werden hochveredelte Plaste und Stahlsortimente der dritten und vierten Verarbeitungsstufe, die einen breiten Verwendungsbereich haben. Unsere verarbeitende Industrie braucht diese veredelten, den Bedürfnissen der Anwender besser entsprechenden Werkstoffe aus der chemischen Industrie, der Metallurgie und von der Glas- und Keramikindustrie, um ihrerseits bei den Endprodukten die nötigen Fortschritte zur internationalen Spitze durchzusetzen.

Diese Entwicklung muß auf die Außenhandelsstruktur durchschlagen. Gegenwärtig erzielt die DDR im Export die besten Erlöse mit Qualitätserzeugnissen aus den Vorstufen der Produktion. Dem steht eine geringe Rentabilität weiterverarbeiteter Erzeugnisse gegenüber, wo diese im wissenschaftlich-technischen Niveau zurückgeblieben sind. Solche Verluste kann man nicht hinnehmen. Bei uns erfordert es die volkswirtschaftliche Effektivität, die internationale Konkurrenz gerade mit unseren hochveredelten Erzeugnissen zu schlagen und so einen guten Ertrag zu sichern. Die Produktion devisengünstiger Waren mit positiver Absatzperspektive muß zielstrebig gefördert werden. Auch vom Weltmarkt her stellen sich neue Fragen, die das Verhältnis von Aufwand und Ergebnis maßgeblich beeinflussen. Durch die flexible Arbeit der Kombinate können sie nun besser beantwortet werden.

Die hohe Veredlung der Produktion ist ein großes volkswirtschaftliches Programm. Seine Voraussetzungen sind bei uns in den vergangenen Jahren geschaffen worden. Nun haben wir keine Zeit zu verlieren, um es in der ganzen Breite unserer Ökonomie zu verwirklichen. Es entspricht den Bedingungen der Deutschen Demokratischen Republik, die ein hochentwikkeltes Industrieland ist, über relativ geringe Rohstoffvorkommen verfügt und deren bedeutende Stärke eine qualifizierte, in der modernen sozialistischen Produktion erfahrene Bevölkerung ist.

Aus dem Vorhandenen mehr, wesentlich mehr zu machen, das gilt auch für die 717 Milliarden Mark Grundfonds unserer Volkswirtschaft. Mit diesem entscheidenden Teil unseres Nationalreichtums heißt es klug zu wirtschaften. Gute Arbeitsorganisation und Auslastung müssen sich darin niederschlagen, daß mit 1000 Mark Grundfonds 1985 368 Mark Nationaleinkommen produziert werden statt 350 Mark im vergangenen Jahr.

4. In unserer ökonomischen Strategie für die achtziger Jahre nimmt der Kampf um hohe Qualität der Produkte einen wichtigen Platz ein. Dabei geht es nicht um Einzelfälle, sondern um volkswirtschaftliche Verbesserungen. Qualitätsarbeit verlangt, bei der Entwicklung neuer Erzeugnisse die fortgeschrittensten wissenschaftlich-technischen Ergebnisse unmittelbar zur Grundlage zu nehmen. Mit anspruchsvollen Leistungsparametern müssen Zuverlässigkeit und lange Lebensdauer einhergehen. Qualität soll sich nicht zuletzt in ästhetischer Form ausweisen, die für längere Zeit Bestand hat.

Das bedingt, in allen Vorstufen der Produktion gute Voraussetzungen für die beste Qualität einer reichen Palette von Finalprodukten zu schaffen. Eine rationelle Fertigung ist vonnöten, organisiert nach anspruchsvollen Qualitätsparametern. Nur so wird die hohe Qualität zur Regel, zum Normalen, mit dem man überall rechnen kann. Auch das Bemühen um Effektivität bringt gerade dann die größten Resultate, wenn es sich mit dem Kampf um beste Qualität verbindet. Spitzenqualität erwächst aus gewissenhafter, guter Arbeit an jedem Platz, von der Forschung über die Produktion bis zum Kundendienst. In den kommenden Jahren muß »Qualitätsarbeit aus der DDR« zu einem weltweit anerkannten Markenzeichen unserer Leistungsfähigkeit werden.

5. Im Zentrum der ökonomischen Strategie unserer Partei für die achtziger Jahre steht, die Effektivität der Arbeit entschieden zu erhöhen und gerade dafür die neuesten Errungenschaften von Wissenschaft und Technik zu nutzen.

Viele Einzelschritte sind damit angesprochen, im Kern der Dinge aber geht es um unsere volkswirtschaftliche Gesamtrechnung. Erreicht werden muß ein immer besseres Verhältnis zwischen dem Aufwand an Grundfonds, an Roh- und Werkstoffen, an lebendiger Arbeit und dem Ergebnis, unserem Nationaleinkommen. Besonderes Augenmerk verlangt der Zuwachs des Nationaleinkommens, denn nur ihn können wir einsetzen, um weiter steigende zusätzliche gesellschaftliche Erfordernisse und Bedürfnisse zu befriedigen. Ein höherer Zuwachs zum Nationaleinkommen fließt nicht nur aus den Steigerungsraten der Produktion, sondern immer mehr aus der Senkung des Produktionsverbrauchs. Für bessere Effektivität brauchen wir kurze Termine und komplexes Vorgehen. Das ist kein geringer Anspruch an die Kunst der Leitung.

Arbeitszeiteinsparung darf nicht zu Lasten größeren Investitionsaufwandes gehen, wirtschaftlicher Materialeinsatz nicht auf Kosten der Qualität. Es genügt nicht, das eine oder das andere zu tun. Lebendige Arbeit und Material sparen, vorhandene Grundfonds und Investitionen besser nutzen – erst zusammen bringt das den Ertrag, den wir brauchen. Immer geht es uns um das volkswirtschaftliche Gesamtergebnis in seinem Verhältnis zum Gesamtaufwand an Ressourcen. Künftig wird unser Produktionswachstum weitestgehend durch Effektivitätssteigerung getragen sein. Also muß die Produktion schneller steigen als der Aufwand an vergegenständlichter und lebendiger Arbeit.

6. Unsere ökonomische Strategie für die achtziger Jahre ist auf die umfassende sozialistische Rationalisierung gerichtet. Diese hat ein weites Spektrum. Von der organisatorischen Verbesserung der Abläufe, von der Modernisierung vorhandener Technik reicht sie bis zur Erneuerung des Produktionsprozesses auf hohem wissenschaftlichem Niveau. Die günstige Gestaltung des Arbeitsplatzes muß dabei ebenso einbegriffen sein wie die systematische Anwendung der Mikroelektronik. Sozialistische Rationalisierung steht in diesem Jahrzehnt in immer engerem Zusammenhang zur Automatisierung. Sie hilft den Übergang zur Automatisierung technologisch und organisatorisch vorzubereiten. Sie hat aber auch dazu beizutragen, mit der vorhandenen Technik die umfangreichen Mittel zu erwirtschaften, welche Automatisierung großen Stils verlangt.

Unsere Rationalisierungsmaßnahmen gelten verschiedenen, eng miteinander verbundenen Zielen. Sie sollen Arbeitszeit einsparen, die Qualität der Arbeit erhöhen und ihre Bedingungen für die Werktätigen verbessern. Gesundheitsschädliche, körperlich schwere und eintönige Tätigkeiten sind noch entschiedener zu überwinden. Rationalisierung verlangt in besonderem Maße Beweglichkeit und kurze Fristen. In ein bis zwei Jahren, ohne großen Bauaufwand, soll sie die Arbeitsproduktivität spürbar steigern.

Ihr geistiges Fundament hat sich verbreitert. Ergebnisse der Grundlagenforschung wird sie sich ebenso nutzbar machen wie die Gedanken der Neuerer und Erfinder, die stets dort am besten gefördert werden, wo man ihre Vorschläge realisiert. Die wissenschaftlich-technischen Grundlagen müssen durch den Eigenbau an Rationalisierungsmitteln noch wesentlich erweitert werden. Diese Anstrengungen sollten durch die zentrale Fertigung wichtiger Elemente unterstützt werden.

In steigendem Maße dient die sozialistische Rationalisierung dazu, das Niveau der Technologien grundlegend zu erhöhen. Über diesen Weg vor allem hält die Wissenschaft verstärkt Einzug in die sozialistische Produktion. Die Veränderung gilt es in erster Linie durch die breite Anwendung der Mikroelektronik in der Produktion, die automatisierte Steuerung der Prozesse und die Einführung von Industrierobotern zu erreichen. Um den steilen Anstieg der Arbeitsproduktivität zu sichern, ist es notwendig, die ursprünglich im Fünfjahrplanzeitraum vorgesehene Zahl der einzuführenden Industrieroboter von etwa 9 000 auf 40 000 bis 45 000 zu erhöhen.

Das zwingt dazu, den gesamten technologischen Prozeß neu zu durchdenken und wissenschaftlich zu begründen. In alledem besteht eine große Herausforderung an die schöpferische Kraft der Wissenschaftler, der Konstrukteure und Technologen, der Verfahrenstechniker, an das Können und die Fähigkeiten unserer hochqualifizierten Facharbeiter, insbesondere auch an unsere Jugend.

Nehmen wir alle Maßnahmen von Wissenschaft und Technik zusammen, so sind mit ihrer Hilfe in der Volkswirtschaft während der fünf Jahre 1981 bis 1985 insgesamt 2,854 Milliarden Arbeitsstunden einzusparen. Das entspräche der Jahresarbeitszeit von über 300 000 Arbeitskräften während dieses Fünfjahrplans. Von 1976 bis 1980 hatten wir auf diese Weise eine Gesamteinsparung von 1,664 Milliarden Stunden erreicht. Das war der Arbeitszeitfonds von 180 000 Werktätigen. Der Anteil der sozialistischen Rationalisierung an der Ausschöpfung dieser Reserven, vor allem an der Freisetzung von Arbeitskräften für neue Aufgaben, wird sich weiter erhöhen.

7. Unsere ökonomische Strategie für die achtziger Jahre setzt auch der Investitionspolitik neue Maßstäbe. Gerade die Investitionen müssen Motor des wissenschaftlich-technischen Fortschritts sein. Im Sinne der Intensivierung der Produktion konzentrieren wir die Mittel deshalb auf die sozialistische Rationalisierung. Wertvolle wissenschaftliche Erkenntnisse schnell wirksam zu machen tritt immer mehr in den Vordergrund. An erster Stelle steht, progressive Technologien zu realisieren, die Arbeitszeit und Material sparen, ja die Effektivität ganzer wirtschaftlicher Bereiche wesentlich erhöhen. Das treffendste Beispiel dafür ist die Mikroelektronik, von der ein tiefer und breiter Rationalisierungsschub ausgeht.

Vor dem X. Parteitag wurde begonnen, Vorhaben für Vorhaben der Investitionen unter zwei entscheidenden Gesichtspunkten durchzuarbeiten. Der erste betrifft die Anwendung modernster Technologien in Verbindung mit der Einführung von Industrierobotern und der zweite den Beitrag zur Veredlung der Rohstoffe. Wir brauchen keine Investitionen, die das bisherige Niveau der Produktivkräfte konservieren. Investitionen müssen uns vielmehr den Weg hoher Produktivität und Effektivität für die Zukunft eröffnen. Deshalb steht der mit den Investitionen verbundene technologische Fortschritt, der höchste Ökonomie sichert, im Vordergrund. Dieser strenge Maßstab gilt für die gesamte Arbeit.

Durch die Investitionspolitik müssen im nächsten Jahrfünft mehr Arbeitsplätze eingespart als neue geschaffen werden. Das setzt Maßstäbe für das einzelne Vorhaben, aber auch weit darüber hinaus. Die Gesamtsumme aller Investitionen hat unter dem Strich eine Verringerung an Arbeitsplätzen zu erbringen, nicht aber zusätzliche Forderungen. Und noch etwas verlangt Beachtung. Die demographischen Prozesse der Vergangenheit haben zur Folge, daß der Zugang junger Facharbeiter aus der Berufsausbildung künftig bedeutend abnimmt. Arbeitskräfte, die andere Aufgaben übernehmen sollen, müssen in jedem Falle freigesetzt werden.

Das heißt aber auch, weniger Erweiterungsinvestitionen, weniger Neubauten auf »grüner Wiese« vorzunehmen und veraltete Technik schneller auszusondern. Nur auf diesem Wege können wir auch das Ziel erreichen, wichtige Produktionsausrüstungen 1985 16 bis 17 Stunden pro Kalendertag auszunutzen, also eine bis zwei Stunden mehr als gegenwärtig. Bei den hochproduktiven Anlagen gilt es, die Mehrschichtarbeit auszuweiten.

Gemessen werden Investitionen an ihrer volkswirtschaftlichen Effektivität. Im vergangenen Fünfjahrplan brachten 1 000 investierte Mark 630 Mark mehr Warenproduktion. Im kommenden Jahrfünft sollen es mindestens 755 Mark sein, also ein Fünftel mehr. In diesem Sinne ist der Investitionsaufwand zu senken, besonders der Bauanteil. Wir brauchen kürzere Fristen von der Projektierung bis zur Inbetriebnahme. Von einigen großen Vorhaben der Grundstoffindustrie abgesehen, sollten zwei Jahre dafür zur gesellschaftlichen Norm werden. Unsere 7. Baukonferenz hat die Anforderungen an eine hohe Effektivität im einzelnen ausgearbeitet. Das alles ist nach wie vor gültig.

8. Unsere ökonomische Strategie für die achtziger Jahre schließt ein, wesentlich mehr und bessere Konsumgüter zu erzeugen. Unsere Konsumgüterproduktion muß sich auf der Grundlage von Rohstoffen entwickeln, die wir selbst gewinnen oder aus sozialistischen Ländern beschaffen können. Auch in den Konsumgütern soll der wissenschaftlich-technische Fortschritt unmittelbar Gestalt annehmen. Die Mikroelektronik verhilft technischen Konsumgütern zu höherer Zuverlässigkeit, gutem Bedienungskomfort und geringem Energieverbrauch. Weit größere Aufmerksamkeit verlangt eine gute Formgestaltung.

Überhaupt richten sich die Erwartungen der Bevölkerung vor allem auf eine immer höhere Qualität der Waren. Um dem gerecht zu werden, sollten moderne Produktionstechnik, Tradition und handwerkliches Können wirksamer verbunden werden. Die Entwicklung der Konsumgüterproduktion verdient noch mehr Engagement, mehr Ideen, mehr Begeisterung für die gute Lösung und mehr Liebe für das Detail. Dann sind die Fortschritte durchaus erreichbar, die sich die Menschen wünschen.

Die Konsumgüterproduktion ist Sache der ganzen Volkswirtschaft. Sie stellt ihre Anforderungen auch dort, wo vorwiegend Produktionsmittel hergestellt werden. Diese Kombinate und Betriebe tragen eine große Verantwortung für leistungsfähige Ausrüstungen und Zulieferungen an die Verbrauchsgüterproduzenten, aber nicht nur dafür. Ausgehend von ihren speziellen Produktionsbedingungen, haben sie die Aufgabe, die Palette hochwertiger technischer Konsumgüter zu erweitern.

9. Bei unserer ökonomischen Strategie für die achtziger Jahre gehen eine hohe Dynamik der gesellschaftlichen Produktion und des Nationaleinkommens miteinander einher. Diese Strategie gründet sich auf Produktionswachstum und fördert es. Stillstand oder sogar Rückgang der Wirtschaft, wie sie sich in kapitalistischen Ländern ausbreiten, verträgt sich nicht mit den Erfordernissen des Sozialismus. Unsere Ordnung entwickelt sich vorwärts. So nehmen auch die materiellen Bedürfnisse der Gesellschaft und des einzelnen zu. Was aber mehr verteilt werden soll, muß vorher mehr produziert werden.

Unser Standpunkt zum Wachstum der gesellschaftlichen Produktion läuft nicht etwa darauf hinaus, die objektiven Veränderungen seiner Voraussetzungen zu mißachten. Doch die Antwort kann eben nicht Verzicht auf Steigerungsraten sein. Im Sinne unseres Konzepts müssen sie vielmehr noch konsequenter mit Hilfe der qualitativen Wachstumsfaktoren erzielt werden.

10. Unsere ökonomische Strategie für die achtziger Jahre geht entschieden von der intensiv erweiterten Reproduktion aus. Diese Aufgabe leitet sich schon aus den inneren Notwendigkeiten unseres Landes her. Die entwickelte sozialistische Gesellschaft und vor allem ihre materiell-technische Basis sind unlösbar mit dem intensiven Weg zu höherer wirtschaftlicher Leistung verbunden. Er muß die wirtschaftlichen Abläufe prägen, damit die materiell-technische Basis mehr und mehr ihre neue Qualität erreicht.

Hinzu kommt nun, daß die Preise für lebenswichtige Rohstoffe seit den frühen siebziger Jahren rasch ansteigen. Besonders kraß ist das beim Erdöl. Es kann nicht hoch genug gewürdigt werden, daß wir der Sowjetunion – unserem Hauptlieferanten – Preise zu zahlen haben, die zu 50 Prozent unter denen des kapitalistischen Weltmarktes liegen. Dies ist eine große internationalistische Hilfe für die DDR. Dennoch bleiben wir vom internationalen Preisanstieg natürlich nicht unbetroffen. Zur gleichen Zeit wird die Gewinnung der einheimischen Braunkohle wesentlich teurer. Messen wir an der Zeit von 1976 bis 1980, so werden wir in den achtziger Jahren je Tonne Braunkohle doppelt soviel zu investieren haben. Rechnung zu tragen haben wir auch anderen Entwicklungen. Der produktive Bereich muß praktisch ohne Zuwachs an Arbeitskräften auskommen. Schon aus diesem Grunde muß im volkswirtschaftlichen Maßstab die Arbeitsproduktivität schneller gesteigert werden als die Produktion. Auch die internationale Lage bleibt nicht ohne Einfluß auf die Bedingungen der Ökonomie. Der Schutz der Errungenschaften des Sozialismus verlangt angesichts imperialistischer Hochrüstung größere Verteidigungsaufwendungen.

Das alles ist uns Anlaß, bei der weiteren Intensivierung der Produktion noch entschiedener vorwärtszugehen und keinen Bereich auszusparen. Immer mehr wird die sozialistische Intensivierung zu einem bestimmenden Wesensmerkmal unserer Planwirtschaft. Leitung, Planung und Stimulierung, jeder Schritt zur Gestaltung der Produktionsbedingungen, jedes Vorhaben der Kombinate, Betriebe und Genossenschaften müssen dieser Hauptrichtung unseres ökonomischen Wachstums ebenso entsprechen wie die weitere Entwicklung unserer Territorien. Nur solche Konsequenz sichert die weitere erfolgreiche Lösung der Hauptaufgabe in Gegenwart und Zukunft. Das eine läßt sich nicht vom anderen trennen.

Zusammengefaßt bedeutet das, die Produktion quantitativ und qualitativ zu entwickeln. Es verlangt, ihre Effektivität zu erhöhen, die Arbeitsqualität umfassend zu verbessern und bei der Bewältigung aller dieser Fragen das Tempo zu beschleunigen.

Genossinnen und Genossen!

Dem X. Parteitag liegt die »Direktive des X. Parteitages der SED zum Fünfjahrplan für die Entwicklung der Volkswirtschaft der DDR in den Jahren 1981 bis 1985« zur Beschlußfassung vor. Diese Direktive ist darauf gerichtet, unseren Kurs der Hauptaufgabe, der Einheit von Wirtschafts- und Sozialpolitik fortzusetzen. Sie beruht auf unserer Strategie zur Entwicklung der Volkswirtschaft. In ihr ist enthalten, was wir im Zeitraum 1981 bis 1985 zu erreichen haben. Diese Direktive enthält also sehr wesentliche Schritte zur Verwirklichung unseres Parteiprogramms. In ihr ist die weitere Gestaltung der entwickelten sozialistischen Gesellschaft in der Deutschen Demokratischen Republik in die Form konkreter, jedem verständlicher Aufgaben und Ziele gekleidet. Das betrifft die Volkswirtschaft ebenso wie die Entwicklung der Wissenschaften, des Bildungswesens, des Gesundheitswesens, der Kultur und anderer gesellschaftlicher Bereiche. Folgerichtig sind die weiteren sozialpolitischen Fortschritte in diesen Zusammenhang eingeordnet. Damit ist eine sichere Perspektive für die gesamte Gesellschaft und für jeden Bürger vorgezeichnet. Für das einheitliche Handeln aller liegt eine klare Orientierung vor.

Mit der weiteren Gestaltung der entwickelten sozialistischen Gesellschaft wächst die Verantwortung der Wissenschaft und aller Wissenschaftler vor der Gesellschaft. Im gleichen Maße nimmt die Verantwortung der Gesellschaft für die Entwicklung und Vervollkommnung der Wissenschaft und die Anwendung ihrer Ergebnisse zu. Die Wissenschaft der DDR auch in Zukunft so zu entwickeln und ihren fortschrittsfördernden und humanistischen Charakter so auszuprägen, daß sie immer besser dazu beiträgt, die Wirtschaftskraft der DDR zu steigern, das materielle und geistig-kulturelle Lebensniveau aller Werktätigen zu erhöhen, ist und bleibt ein Hauptanliegen unserer Partei.

Entsprechend weitreichenden Zielstellungen für die mathematische, naturwissenschaftliche und technische Grundlagenforschung kommt es nunmehr darauf an, das wissenschaftliche Potential unseres Landes in noch stärkerem Maße auf solche Schwerpunkte zu konzentrieren, die den gegenwärtigen und künftigen volkswirtschaftlichen, gesellschaftlichen und wissenschaftlichen Notwendigkeiten entsprechen. Wir brauchen Spitzenleistungen, die das technische und technologische Niveau der Produktion durchgreifend verbessern, eine noch rationellere Nutzung der Energie- und Rohstoffressourcen ermöglichen und das Arbeitsvermögen durch die sozialistische Rationalisierung und Automatisierung der Fertigungsprozesse bedeutend erhöhen. Dabei kommt der Akademie der Wissenschaften, den Universitäten und Hochschulen sowie den Forschungseinrichtungen der Betriebe und Kombinate eine besondere Verantwortung zu.

Es muß alles getan werden, um auf neuen, aussichtsreichen Gebieten der Wissenschaft durch eigene Leistungen und im Rahmen der internationalen sozialistischen Wissenschaftskooperation so frühzeitig wie möglich mit der Forschungsarbeit zu beginnen. Gleichzeitig gilt es, die erforderlichen Schritte einzuleiten, um diese Ergebnisse künftig volkswirtschaftlich und gesellschaftlich zu nutzen. Dabei ist notwendig, die internationalen Entwicklungstrends stets gewissenhaft zu verfolgen und verantwortungsbewußt unsere realen Möglichkeiten einzuschätzen, um das Profil und die Qualität der Forschungsarbeit rechtzeitig auf die neuen Anforderungen einzustellen. Es zeigt sich, daß solche Gebiete der Forschung wie die Biotechnologie, die Mechanik, die Kernfusion und die Geologie zunehmend an Gewicht gewinnen und auf die weitere Entwicklung der Produktivkräfte ausstrahlen.

Die Hauptlinien der Grundlagenforschung für den neuen Fünfjahrplan sind in den Beschlüssen über die mathematisch-naturwissenschaftliche und technische Grundlagenforschung und die medizinische Forschung formuliert. Sie betreffen den rationellen Energieträgereinsatz, die konsequente Energieeinsparung und den wissenschaftlich-technischen Vorlauf für die Erschließung neuartiger Energiequellen; den Einsatz und die rationellste Verwendung und höhere Veredlung der uns zur Verfügung stehenden Rohstoffe; die Entwicklung und Rationalisierung der Grundstoff-, Werkstoff- und Materialbasis; die Erhöhung der Arbeitsproduktivität durch Rationalisierung und Automatisierung, insbesondere die beschleunigte Entwicklung und Anwendung der Mikroelektronik, der Industrieroboter und der numerischen und nichtnumerischen Steuerung von Maschinen; die Ausarbeitung und Durchsetzung einer gesunden Ernährung und Lebensweise und der noch besseren medizinischen und sozialen Betreuung unserer Bevölkerung. Von ganz besonderer Bedeutung ist, die technologische Forschung an der Akademie der Wissenschaften, den technischen Hochschulen und in den Forschungszentren der Volkswirtschaft auszubauen.

Die langfristig ausgearbeiteten Ziele der Forschung sind entsprechend den wissenschaftlichen und volkswirtschaftlichen Erfordernissen ständig zu präzisieren. Wir betrachten die Steigerung der Effektivität der wissenschaftlichen Arbeit, den Kampf um hohe Leistungen in der Forschung als die Hauptaufgabe der Wissenschaftler und Kollektive in allen Forschungseinrichtungen. Neue Entwicklungslinien in der Forschung verlangen Weitblick, Engagement, Entschlossenheit und Übernahme gesellschaftlicher Verantwortung für die Interessen des sozialistischen Staates.

Eines der wichtigsten Kennzeichen nationaler Verantwortung in der Wissenschaft ist die Einstellung der Forscherkollektive und vor allem ihrer wissenschaftlichen Leiter zur Qualität und zu den Maßstäben der Arbeit. Mit Nachdruck unterstützen wir den Standpunkt vieler Wissenschaftler, daß der Maßstab für die Bewertung von Forschungsergebnissen nur der fortgeschrittenste Stand auf dem jeweiligen Gebiet sein kann und deshalb alle Möglichkeiten zu nutzen sind, um sich mit dem höchsten internationalen Niveau vertraut zu machen. In dieser Hinsicht bietet die durch unsere wissenschaftlichen Leistungen wachsende Kooperation mit wissenschaftlichen Einrichtungen in vielen Ländern der Erde, besonders mit der Sowjetunion und den anderen sozialistischen Staaten, eine große Möglichkeit.

Die Frage nach hohen Leistungen in der Wissenschaft ist weitgehend mit der Auswahl und zielstrebigen Entwicklung junger Kader verbunden, die fähig sind, den Anforderungen der wissenschaftlichen Arbeit zu entsprechen. Jungen befähigten Wissenschaftlern sollte eher die Möglichkeit gegeben werden, Verantwortung zu übernehmen und sich weiter zu bewähren.

Die Akademie der Wissenschaften, das Ministerium für Hoch- und Fachschulwesen und das Ministerium für Volksbildung sollten im Rahmen des einheitlichen sozialistischen Bildungswesens dafür sorgen, daß die bestehenden Formen der Auswahl und Förderung von Talenten in Schulen und Hochschulen noch wirksamer genutzt und neue Formen entwickelt werden. Die Sicherung eines hohen wissenschaftlichen Niveaus der Diplom- und Promotionsarbeiten sowie die frühestmögliche Verteidigung der Dissertationen hat großen Einfluß auf die Herausbildung des wissenschaftlichen Nachwuchses.

Zu den entscheidenden Voraussetzungen für bedeutsame wissenschaftliche Ergebnisse gehört auch die Verfügbarkeit leistungsfähiger wissenschaftlicher Geräte und anderer Forschungsmaterialien, einschließlich Labor- und Feinchemikalien. Neben der intensiven Nutzung vorhandener Ausrüstungen und Forschungshilfsmittel muß ein bestimmter Anteil dieser materiell-technischen Bedingungen in der Forschung selbst projektiert, weiterentwickelt und gefertigt werden. Daraus ergibt sich für Einrichtungen der Grundlagenforschung die Aufgabe, den wissenschaftlichen Gerätebau sowie die Entwicklung und Produktion bestimmter Forschungsmaterialien in Kooperation mit der Industrie planmäßig auszubauen und weiter zu stärken.

Die enge Beziehung der Forschungskollektive zum wissenschaftlichen Gerätebau und zur Entwicklung hochempfindlicher Technik ist zu einem wichtigen Bestandteil des Forschungsprozesses geworden. Dazu gehört auch die Ausarbeitung und Bereitstellung leistungsfähiger Verfahren und Systeme der Datenverarbeitung und -übertragung sowie der Ausbau der wissenschaftlichen Information und Dokumentation.

Auch in Zukunft wird unsere Partei alles tun, um die Grundlagenforschung als Quelle neuer Erkenntnisse über gesetzmäßige Zusammenhänge in Natur und Gesellschaft planmäßig auszubauen und zu fördern. Es kommt darauf an, einen wachsenden Beitrag zum Fundus theoretischer Erkenntnisse zu leisten und gleichzeitig Ergebnisse der Grundlagenforschung rascher und mit höherer Effektivität in die Praxis zu überführen. Die hohe Verantwortung der Wissenschaftler für die Grundlagenforschung erstreckt sich auch auf die aktive Mitwirkung zur Anwendung ihrer Resultate im Interesse der Menschen und des gesellschaftlichen Fortschritts.

Der Zusammenschluß von Wissenschaft und Produktion ist der Weg, den es in den nächsten Jahren noch umfassender zu erschließen gilt. Dazu sind vor allem die Kooperationsbeziehungen mit den Kombinaten auszubauen, der Austausch von wissenschaftlichen Kadern und ihre Qualifizierung konsequenter durchzusetzen. Die Fonds an den Einrichtungen der Akademie der Wissenschaften der DDR und den Hochschulen müssen gezielt für die weitere Stärkung der technischen Basis, insbesondere den Auf- und Ausbau der Technika, eingesetzt werden. Darüber hinaus ist mit den

Betrieben die Mitnutzung von Pilotanlagen und technischen Einrichtungen zu organisieren. Zur komplexen Lösung wichtiger wissenschaftlich-technischer Aufgaben und Überführungsvorhaben haben sich gemeinsame Forschungs- und Überleitungskollektive bewährt.

Wir orientieren darauf, die mit der Kombinatsbildung geschaffenen günstigeren Möglichkeiten für die Kooperation zur Beschleunigung des wissenschaftlich-technischen Fortschritts noch effektiver zu nutzen. Zugleich heißt es aber auch, noch größere Anstrengungen zur wissenschaftlichen Integration zu machen, das Zusammenwirken von Natur-, Technik- und Gesellschaftswissenschaften bewußt zu fördern.

Liebe Genossinnen und Genossen!

Viel geleistet haben die Gesellschaftswissenschaften unserer Republik. Das gilt für die Bereicherung der Theorie und Praxis des Sozialismus, für die Leitung und Planung gesellschaftlicher Prozesse, die Entwicklung des sozialistischen Bewußtseins und des geistig-kulturellen Lebens der Werktätigen ebenso wie für die Auseinandersetzung mit dem Imperialismus und seiner Ideologie. Der Zentrale Forschungsplan der marxistisch-leninistischen Gesellschaftswissenschaften der DDR 1976 bis 1980 ist erfüllt. Wertvolle Studien, Forschungsberichte, Monographien und Lehrbücher wurden vorgelegt. Wissenschaftliche Konferenzen haben die theoretische Arbeit und das geistige Leben bereichert.

Neue anspruchsvolle Aufgaben sind im Zentralen Forschungsplan 1981 bis 1985 festgelegt. Ihre Lösung erfordert, in die gesellschaftliche Praxis einzudringen, das theoretische Niveau, die Qualität und die gesellschaftliche Wirksamkeit der Forschungen weiter zu erhöhen. Wir fordern unsere Gesellschaftswissenschaftler auf, durch neue wissenschaftliche Erkenntnisse zur Lösung der in den achtziger Jahren heranreifenden Probleme der weiteren Gestaltung der entwickelten sozialistischen Gesellschaft beizutragen. Dabei wird eine wesentliche Aufgabe sein, den Sozialismus als realen Humanismus unserer Epoche überzeugend theoretisch zu begründen, seine Gesetzmäßigkeiten und Triebkräfte, seine Vorzüge und Werte tiefgründig zu untersuchen und noch überzeugender darzulegen.

Es bleibt eine erstrangige Aufgabe, vor allem der Philosophie, der Politischen Ökonomie und des Wissenschaftlichen Kommunismus, unsere materialistisch-dialektische Weltanschauung weiter auszuarbeiten und in ihrer Einheit von Wissenschaftlichkeit und revolutionärem Geist darzustellen. Von großer Bedeutung für die Festigung des sozialistischen Bewußtseins der Werktätigen sind Arbeiten zur weiteren Vervollkommnung des marxistisch-leninistischen Geschichtsbildes, vor allem zur Geschichte der DDR und unserer revolutionären Kampfpartei.

Bedeutende Aufgaben stellt die organische Verbindung der Errungenschaften der wissenschaftlich-technischen Revolution mit den Vorzügen des Sozialismus an die Gesellschaftswissenschaftler und an ihre Gemeinschaftsarbeit mit Natur- und Technikwissenschaftlern. Wir erwarten gründliche Analysen und anwendbare Lösungsvorschläge, wie die Triebkräfte des Sozialismus noch effektiver für die Entwicklung von Wissenschaft und Technik und die Umsetzung ihrer Ergebnisse, besonders in der Volkswirtschaft, genutzt werden können.

Vor allem sollten die Gesellschaftswissenschaftler jene ökonomischen, sozialen, staatlich-rechtlichen und ideologischen Bedingungen und Erfordernisse aufdecken, die dazu führen, den wissenschaftlich-technischen Fortschritt weiter zu beschleunigen und seine ökonomische und soziale Wirksamkeit zu erhöhen. Eng damit verbunden sind Arbeiten über die dialektischen Wechselwirkungen zwischen dem wissenschaftlich-technischen Fortschritt und der Entwicklung des Menschen als Hauptproduktivkraft, dem Charakter und Inhalt der Arbeit, der Bildung und Kultur sowie der Weltanschauung der Arbeiterklasse und aller Werktätigen.

Von großem Gewicht sind Forschungen zur Leitung und Planung der Volkswirtschaft. Die Nutzung der qualitativen Faktoren des Wirtschaftswachstums, die Wege zur Erhöhung der Effektivität der Volkswirtschaft, die Entwicklung der materiell-technischen Basis sollten von den Wirtschaftswissenschaften weiter gründlich untersucht werden. Im Zusammenhang mit der Entwicklung und Festigung der Kombinate in Industrie und Bauwesen erhalten Forschungen zu den Vergesellschaftungsprozessen sowie zur Leitung und Planung in der Wirtschaft wachsende Bedeutung. Die Durchsetzung der sozialistischen Rationalisierung und vor allem die Erhöhung des Wirkungsgrades der lebendigen Arbeit, der Wettbewerbs- und Neuererbewegung sollten durch wissenschaftliche Untersuchungen zielstrebig gefördert werden.

Die weitere Gestaltung der politischen Organisation des Sozialismus verlangt gründliche theoretische Arbeiten zur führenden Rolle der Partei und zu ihrer Bündnispolitik, zur Einheit von Partei und Volksmassen, zur Stärkung der Arbeiter-und-Bauern-Macht und zur Vervollkommnung der sozialistischen Demokratie.

Besondere Bedeutung erhalten komplexe Untersuchungen zum wachsenden Einfluß des Sozialismus auf das internationale Kräfteverhältnis, zur Entwicklung des revolutionären Weltprozesses und seiner drei Hauptströme, zur Dialektik von friedlicher Koexistenz und Klassenkampf und zum Kampf um den Frieden, gegen das vom Imperialismus forcierte Wettrüsten und für die Abrüstung. Von offensiver Position aus müssen die verleumderischen Angriffe bürgerlicher, revisionistischer und ultralinker Ideologen gegen den realen Sozialismus, gegen seine Politik des Friedens und gegen die kommunistische Weltbewegung zurückgewiesen und mit überzeugenden Argumenten widerlegt werden.

Die vielseitigen Wechselwirkungen zwischen den einzelnen Bereichen der Gesellschaft und zwischen Natur und Gesellschaft erfordern immer zwingender komplexe, interdisziplinäre Arbeiten. Sie stellen große Anforderungen an die Leitung und Organisation der Wissenschaften sowie an die Fähigkeit und Bereitschaft jedes Wissenschaftlers, Problemstellungen und Ergebnisse anderer Disziplinen zu verarbeiten und eigene hohe Leistungen in die Gemeinschaftsarbeit einzubringen.

Bei der Verwirklichung dieser Aufgaben setzen wir große Erwartungen in die Gesellschaftswissenschaftler der Akademie der Wissenschaften und anderen Akademien, der Universitäten und Hochschulen, der Institute der Partei sowie der Parteihochschule »Karl Marx«.

Liebe Genossinnen und Genossen!

Unsere Partei ist aus dem Volke hervorgegangen und für das Volk da. Sie kämpft konsequent für die Verwirklichung der Interessen der Arbeiterklasse und aller Werktätigen. Sie ist die führende Kraft bei der Gestaltung der entwickelten sozialistischen Gesellschaft. Dem Wohl und Glück des Volkes zu dienen, den Millionen Erbauern der neuen Gesellschaft zielbewußt, beispielgebend und festen Schrittes voranzugehen bestimmt – wie im Parteiprogramm verankert und durch die Praxis bestätigt – das gesamte Wirken der Partei. Darin erfüllt sich der Sinn des Kampfes und des Lebens der Kommunisten.

Wir können auf unserem X. Parteitag mit vollem Recht sagen, daß die Sozialistische Einheitspartei Deutschlands auch in den vergangenen Jahren alle Prüfungen des Klassenkampfes bestanden hat. Unsere Partei wurde ihren Aufgaben bei der politischen Leitung der gesellschaftlichen Prozesse vollauf gerecht. Sie hat stets eine wissenschaftlich fundierte Strategie und Taktik im Einklang mit dem revolutionären Weltprozeß und den allgemeingültigen Gesetzmäßigkeiten der Entwicklung, entsprechend unseren konkreten Kampfbedingungen und unter Berücksichtigung der Erfahrungen der Bruderparteien ausgearbeitet. Massenverbunden und mit dem revolutionären Elan ihres großen Kollektivs hat sie diese Politik auch konsequent verwirklicht. Für ihren kämpferischen Einsatz im Interesse der Ziele unserer Partei, ihre initiativreiche, unermüdliche und verantwortungsbewußte Arbeit sagen wir allen Genossinnen und Genossen von ganzem Herzen unseren Dank.

Die ständige Erhöhung der führenden Rolle der Partei in allen Sphären der Gesellschaft ist eine objektive Notwendigkeit. Dadurch werden die politische Stabilität und die Dynamik des Sozialismus gewährleistet. Dem Schöpfertum der Werktätigen werden Ziel und Weg im jeweiligen Abschnitt der Entwicklung gewiesen. Das Zentralkomitee war im Berichtszeitraum mit ganzer Kraft bestrebt, diesen Erfordernissen Rechnung zu tragen. Davon legt Zeugnis ab, was zur Realisierung der Beschlüsse des IX. Parteitages und zur Beantwortung jener Fragen festgelegt wurde, die das Leben seitdem neu aufwarf.

Das stete ideologische und organisatorische Wachstum der Partei, die weitere Erhöhung ihrer führenden Rolle sowie ihre Bündnispolitik sind wichtige Merkmale der Stärkung unserer Arbeiter-und-Bauern-Macht. Vor allem die revolutionären Eigenschaften der Arbeiterklasse als machtausübende Klasse, ihre zunehmende politische Reife, ihre internationalistische und patriotische Haltung in der Auseinandersetzung mit dem Imperialismus und der bürgerlichen Ideologie, ihre weltanschauliche und fachliche Bildung sowie ihre Fähigkeit zur Leitung, Planung und Gestaltung unserer sozialistischen Gesellschaft werden sich in der kommenden Etappe in bedeutendem Maße weiter ausprägen. Daraus ergibt sich, die führende Rolle unserer marxistisch-leninistischen Partei, ihre inspirierende und organisierende Kraft noch stärker darauf zu richten, die Entwicklungsprozesse vorausschauend und komplex zu leiten.

Um wieviel die Kampfkraft unserer Partei gewachsen ist, verdeutlichen die dem Parteitag vorausgegangenen Parteiwahlen in den Grundorganisationen und die Delegiertenkonferenzen sowie die persönlichen Gespräche, die während der Kontrolle der Parteidokumente mit allen Kommunisten geführt wurden. Sie zeugten von einem hohen Niveau der innerparteilichen Demokratie und demonstrierten in überzeugender Weise die Fähigkeit und Kampfentschlossenheit der Kommunisten, die von den werktätigen Massen aktiv unterstützte Politik unserer Partei in die Tat umzusetzen.

Die Sozialistische Einheitspartei Deutschlands ist die Partei der revolutionären Aktion. Sie verkörpert die Übereinstimmung von revolutionärer Theorie und Praxis, von Wort und Tat. Gestützt auf die ständige Beratung mit den Werktätigen, auf ihren reichen Erfahrungsschatz, geht unsere Partei die Massen lehrend und zugleich von ihnen lernend voran. In alledem liegen wesentliche Ursachen für das große Vertrauen, das ihr vom Volke entgegengebracht wird.

Genossinnen und Genossen!

Unerschütterliche Grundlage für die erfolgreiche Tätigkeit unserer Partei ist die ideologische und organisatorische Einheit und Geschlossenheit ihrer Reihen. Sie erhält eine immer größere Qualität durch die gewachsene Kampfkraft der Parteiorganisationen, die aktive, selbstlose Tätigkeit der Kommunisten und ihre engen, vertrauensvollen Beziehungen zu den Massen.

Gegenwärtig vereint unser Kampfbund 2 172 110 Mitglieder und Kandidaten. Mit ihren 79 668 Grundorganisationen und Abteilungsparteiorganisationen ist die Partei in allen Bereichen des gesellschaftlichen Lebens fest verankert. Seit dem IX. Parteitag sind 351 953 neue Kämpfer in unsere Reihen getreten. Hervorzuheben ist insbesondere der Zustrom junger Menschen. Das fand in der Initiative der FDJ zum X. Parteitag mit der Aufnahme von über 75 000 Mitgliedern des sozialistischen Jugendverbandes in unsere Partei seinen überzeugenden Ausdruck. Wir sind gewiß, daß diese jungen Genossinnen und Genossen die Kampfkraft unserer Partei weiter stärken und aktiv zur Verwirklichung der Beschlüsse des X. Parteitages beitragen werden.

Dem Charakter unserer Partei als bewußter und organisierter Vortrupp der Arbeiterklasse und des werktätigen Volkes entspricht es, daß sie sich in ihrer sozialen Zusammensetzung weiter gefestigt hat. Der Arbeiteranteil beträgt 57,6 Prozent; er entwickelte sich kontinuierlich und erreichte den höchsten Stand seit Gründung der SED. Von den 263 920 Arbeitern, die seit dem IX. Parteitag als Kandidaten aufgenommen wurden, sind 241 423 unmittelbar in der Sphäre der materiellen Produktion tätig. 77,1 Prozent unserer Mitglieder und Kandidaten in der Industrie und im Bauwesen wirken in den zentralgeleiteten Kombinaten.

21,9 Prozent der Berufstätigen der DDR gehören der SED an. Besonders hervorzuheben ist, daß immer mehr Wissenschaftler, Künstler, Ärzte und Pädagogen in ihr die politische Heimat sehen. Seit dem IX. Parteitag beantragen mehr als 34 000 Angehörige der Intelligenz ihre Aufnahme in die Partei. Insgesamt sind heute 480 970 Angehörige der Intelligenz Mitglieder unserer Partei. Darunter befinden sich 125 000 Ingenieure und Ökonomen, 117 000 Lehrer und Erzieher sowie 19 000 Kulturschaffende. Durch die Erhöhung des Anteils der Frauen um 2,4 Prozent gegenüber dem IX. Parteitag sind jetzt ein Drittel aller Mitglieder und Kandidaten Genossinnen.

Von den Kandidaten, die seit dem IX. Parteitag aufgenommen wurden, sind 269 789 bis zu 25 Jahre alt. 42,5 Prozent aller Mitglieder und Kandidaten der Partei sind jünger als 40 Jahre. Auch in ihrer altersmäßigen Struktur orientiert sich also unsere Partei auf die Zukunft. Gemäß dem Leninschen Prinzip der individuellen Auswahl und Aufnahme der Kandidaten ist die politische Arbeit darauf gerichtet, in allen Arbeitskollektiven einen aktiven Kern von Kommunisten zu bilden, ohne die Partei zahlenmäßig wesentlich zu erweitern. Wir bleiben bestrebt, die Partei in ausgewählten Bereichen des gesellschaftlichen Lebens, insbesondere der Volkswirtschaft, klassenmäßig weiter zu stärken. So gewährleisten wir eine gesunde Entwicklung der Partei, die ihrem Charakter und ihrer Rolle gerecht wird.

Wir können berichten, daß auch der Bildungsstand der Kommunisten gestiegen ist. 34,1 Prozent der Mitglieder und Kandidaten haben eine Hoch-

oder Fachschule absolviert. Bei den Parteisekretären beträgt dieser Anteil 64,5 Prozent. Seit dem IX. Parteitag stieg der Anteil der Leitungsmitglieder der Grundorganisationen mit einer Parteischulausbildung ab drei Monate von 55,5 auf 66,1 Prozent. In den zentralen Parteileitungen der großen Kombinatsbetriebe der Industrie und des Bauwesens verfügen 82,2 Prozent der Leitungsmitglieder und 88,6 Prozent der Parteisekretäre über eine Parteischulausbildung.

Genossinnen und Genossen!

Die Parteiwahlen haben deutlich gemacht, daß die Einheit und Geschlossenheit unserer Partei vor allem auf ihrer einheitlichen Ideologie beruht. Es ist nur zu begrüßen, daß die gewählten Leitungen die ideologische Arbeit auch weiterhin als Herzstück der gesamten Parteiarbeit betrachten. Wie im Parteiprogramm festgestellt, ist der Marxismus-Leninismus das unerschütterliche theoretische Fundament unseres gesamten Wirkens. So wird es auch bei jedem neuen Schritt vorwärts auf dem Wege der sozialistischen Revolution in der DDR sein. Die historischen Erfahrungen bestätigen, daß es nur auf der Grundlage dieser wissenschaftlichen Lehre, ihrer schöpferischen Weiterentwicklung und Anwendung auf die konkreten Bedingungen eines jeden Landes möglich ist, den revolutionären Kampf für die Interessen der Arbeiterklasse und aller Werktätigen siegreich zu führen.

Die Lehre von Marx, Engels und Lenin ist die einzige Wissenschaft, die Vergangenheit, Gegenwart und Zukunft begreifen und bewußt gestalten läßt. Ohne sie hat noch niemand die Ausbeutung beseitigt und die Grundlagen der neuen Gesellschaftsordnung geschaffen, geschweige denn die entwickelte sozialistische Gesellschaft erbaut. »Modelle« für einen »erneuerten« Sozialismus, woher sie auch kamen, erwiesen sich immer als untauglich, sosehr sie auch von westlichen Massenmedien befürwortet wurden.

Ohne jeden Abstrich gilt auch heute Lenins Erkenntnis, daß es zwischen bürgerlicher und sozialistischer Ideologie kein Drittes gibt. An diese Erkenntnis hält sich unsere Partei in jeder Situation des sozialistischen Aufbaus und des internationalen Klassenkampfes. Treue zum Marxismus-Leninismus, das ist Treue zur Wahrheit, zur Wissenschaft, das ist Erkenntnis der objektiven Gesetze der gesellschaftlichen Entwicklung und ihre revolutionäre Nutzung im Interesse des werktätigen Volkes.

Es war und ist das Banner des Marxismus-Leninismus, unter dem die russischen Arbeiter, Bauern und Soldaten die erste siegreiche Diktatur des Proletariats errichteten und den Sozialismus zum Siege führten, unter dem das Sowjetvolk den kommunistischen Aufbau voranbringt, unter dem sich der reale Sozialismus zum Weltsystem entwickelte und seinen Einfluß über den ganzen Erdball verbreitet. Es war und ist das Banner, unter dem Millionen von Kommunisten auf allen Kontinenten gegen Imperialismus und

Krieg, für nationale Befreiung und sozialen Fortschritt, für eine Welt ohne Ausbeutung und Unterdrückung, für den Sozialismus kämpfen.

Von ihren Feinden immer wieder für unmodern, veraltet, ja für tot erklärt, ist die Lehre von Marx, Engels und Lenin zur mächtigsten geistigen Kraft unserer Zeit geworden. Demgegenüber widerspiegelt die bürgerliche Ideologie in allen ihren Spielarten die tiefe Krise des kapitalistischen Systems. Es bestätigt sich der historische Bankrott dieser Ideologie, die Zukunftsangst verbreitet, jeden gesellschaftlichen Fortschritt in Abrede stellt und von der eine wilde antikommunistische Hysterie ausgeht.

Im Feuer des Klassenkampfes und bei der Lösung der Probleme des sozialistischen Aufbaus tausendfältig bewährt, ist die marxistisch-leninistische Theorie das Unterpfand neuer Siege unserer gerechten Sache. Sie allein ermöglicht es den Menschen, sich in den komplizierten Fragen der Innen- und Außenpolitik richtig zu orientieren, die den Interessen der Arbeiterklasse gemäße Position zu beziehen, für die gerechten Ziele des ganzen werktätigen Volkes zu kämpfen.

Unsere Partei hat auch in der Berichtsperiode der ideologischen Bildung ihrer Mitglieder, der Aus- und Weiterbildung ihrer Kader große Aufmerksamkeit gewidmet. Während der Jahre 1976 bis 1980 studierten an der Parteihochschule »Karl Marx« beim Zentralkomitee der SED 3 376 Genossinnen und Genossen. An Lehrgängen der Parteischule »Karl Liebknecht« beim Zentralkomitee der SED und der Parteischulen der Bezirks- und Kreisleitungen nahmen 500 195 Genossinnen und Genossen teil. Hunderttausend Propagandisten halfen in den verschiedenen Formen des Parteilehrjahres 1,5 Millionen Mitgliedern und Kandidaten sowie rund 200 000 Parteilosen, sich unsere Weltanschauung gründlich anzueignen und tiefer in die Dialektik der Innen- und Außenpolitik einzudringen.

Schon an den Anfängen der Arbeiterbewegung stand das Wort »Wissen ist Macht«. Längst ist erwiesen, daß zur Macht der Arbeiter und Bauern mehr gehört als Wissen. Aber wahr ist, daß die Arbeiterklasse und ihre Verbündeten zur Machtausübung hohes politisches und fachliches Wissen brauchen. Von der ideologischen Klarheit der Kommunisten, ihrer Überzeugungskraft, ihrem Wissen und ihrer revolutionären Leidenschaft hängt es vor allem ab, wie es gelingt, die ganze Arbeiterklasse und das ganze Volk für die Politik der Partei zu mobilisieren und unser Programm im Leben zu verwirklichen. Zugleich ist es notwendig, die Kader zu Standhaftigkeit, großem Verantwortungsbewußtsein, kämpferischem Herangehen an die Arbeit, energischer Förderung des Neuen und feinfühligem Verhalten gegenüber den Werktätigen zu erziehen.

Einen wichtigen Beitrag hat dazu das Parteilehrjahr zu leisten. Die Zirkel, Seminare und Vortragszyklen sollten noch besser zur lebensverbundenen und schöpferischen Aneignung der marxistisch-leninistischen Theorie, der Politik und der Geschichte unserer Partei dienen. Studium und Diskussion sind dazu da, sich theoretisch tiefer mit den gesellschaftlichen Grundfragen unserer Zeit vertraut zu machen und so vorbildlich für die Verwirklichung der Parteibeschlüsse zu kämpfen. Durch den freimütigen Meinungsaustausch gilt es, alle Teilnehmer mit überzeugenden Argumenten für die politische Massenarbeit auszurüsten. Dabei müssen die Leitungen der Parteiorganisationen den Propagandisten die nötige Hilfe geben. Auch hier brauchen wir ein noch besseres Hand-in-Hand-Arbeiten von marxistisch-leninistischen Gesellschaftswissenschaftlern und Propagandisten.

Daß vorbildliche Genossen auch als Propagandisten im FDJ-Studienjahr tätig sind, begrüßen wir sehr. Die Jugend liebt eine klare, parteiliche Sprache. Sie braucht den Rat und die Erfahrungen der Kommunisten. Besonders wichtig für die junge Generation ist die Beschäftigung mit dem Parteiprogramm.

Die marxistisch-leninistische Partei wird ihrer Rolle als revolutionärer Vortrupp der Arbeiterklasse und des ganzen Volkes um so besser gerecht, je einheitlicher und geschlossener sie auf der Grundlage unserer wissenschaftlichen Weltanschauung handelt. Höhere Bewußtheit, ideologische Festigkeit und revolutionärer Geist zeichnen den Kommunisten aus, der alle seine Kräfte für den Frieden, den Sozialismus, das Wohl des Volkes einsetzt.

Genossinnen und Genossen!
Wie sich gezeigt hat, legen Leitungsorgane unserer Partei sowohl wissenschaftliche Voraussicht als auch immer wieder die Fähigkeit an den Tag, die Energie der Massen mit dem Blick auf die Hauptziele zur Lösung der aktuellen Aufgaben zu mobilisieren. Ihre Beschlüsse demonstrieren die bewegende Kraft des kollektiven Denkens in der Partei, ihre gewachsenen theoretischen Kenntnisse, ihre analytische Tätigkeit.

Von den Fortschritten im Führungsstil der leitenden Parteiorgane spricht ihre zunehmende Fähigkeit, in jeder Situation durch klares, realistisches und konstruktives Herangehen den objektiven Anforderungen gerecht zu werden, sich auf das Neue zu orientieren, die Erfahrungen der Massen zu nutzen, ihr Schöpfertum und ihren Tatendrang zu fördern. Diese Qualitäten zeigen sich in der ideologischen und organisatorischen Stählung der Reihen der Partei und der Vertiefung der vertrauensvollen Beziehungen zu allen Werktätigen.

Vor allem in drei Hauptrichtungen ist die politische Führung der gesellschaftlichen Prozesse durch die Partei weiter zu qualifizieren:

Erstens. Eine hohe Qualität und Effektivität der Führungsarbeit werden dort erreicht, wo die Umsetzung der Beschlüsse des Zentralkomitees einheitlich und geschlossen bis in die Parteigruppen, in jedes Arbeitskollektiv gesichert ist. Komplexität, Kollektivität und persönliche Verantwortung, innerparteiliche Demokratie, ein reges Parteileben, unbedingte Beschlußtreue und anhaltende Parteikontrolle sind dabei Elemente, denen jetzt bei der Organisierung der Parteiarbeit ein bedeutenderer Rang als je zuvor zukommt.

Zweitens. Das entscheidende Kampffeld für das revolutionäre Handeln der Partei und jedes Kommunisten ist und bleibt die Wirtschaft. Daher müssen die Leitungsorgane der Partei solche Initiativen und Aktionen auslösen, die einen hohen Leistungszuwachs sichern. Dazu gehört das ständige Analysieren und Verallgemeinern unmittelbar anwendbarer Leitungs- und Arbeitserfahrungen.

Drittens. Die Festigung des politischen Bewußtseins der Werktätigen und ihrer revolutionären Haltung, die Förderung ihrer Aktivität und Leistungsbereitschaft, ihrer moralischen und geistig-kulturellen Qualitäten verlangt ein hohes Niveau der Leitung der Partei- und Massenarbeit. Gradmesser für die gesamte politisch-ideologische Arbeit ist ihre mobilisierende Wirkung auf das Denken und bewußte Handeln der Menschen für den Sozialismus. Als ausschlaggebend erweist sich, wie die Kommunisten das Wort der Partei in die Massen tragen, sich an den Brennpunkten des Lebens bewähren, über die Stimmung und die Meinungen der Menschen im Bilde sind und alles unterstützen, was uns voranbringt.

Die gründliche und verantwortungsbewußte Erörterung der Maßnahmen, die sich aus den Beschlüssen des Zentralkomitees ergeben, und die Berichterstattung, wie sie verwirklicht werden, sind eine wesentliche Voraussetzung dafür, daß die Entscheidungen der Leitungen immer dem entsprechen, was für die weitere gesellschaftliche Entwicklung im jeweiligen Bereich erforderlich ist. Großes Gewicht erlangt dabei die Beratung mit dem Parteiaktiv.

Nicht von ungefähr spricht man von der »Kunst der Führung«. Kunst kommt bekanntlich von Können. Solches Können zu beweisen, heißt auch in Zukunft vor allem, mit jedem Schritt zu gewährleisten, daß die Einheit von Partei und Volk unablässig gefestigt und gestärkt wird.

Der Schlüssel dazu ist überall ein eng mit dem Leben verbundener Arbeitsstil der Partei, sind kameradschaftliche Beziehungen zu allen Bürgern, ist genaue Kenntnis dessen, was sie bewegt. Als ein bestimmendes Moment in der politischen Arbeit der Kommunisten betrachten wir, den Menschen mit Achtung zu begegnen, sie zu verstehen und von ihnen verstanden zu werden. Wer auch immer in unserer Partei, in Staat und Wirtschaft als Funktionär Verantwortung trägt, wird dem Arbeiterwort Geltung verschaffen, sich feinfühlig zu den Anliegen der Bürger verhalten, hellhörig auf alle Signale achten, rasch und sorgfältig auf die Vorschläge, die Kritiken der Werktätigen reagieren und Lösungen herbeiführen, wo sie notwendig und möglich sind. Ihm sind schlechte Routine, bürokratische Engstirnigkeit, Arroganz und Herzlosigkeit im Umgang mit den Menschen zutiefst fremd. Daß dementsprechend gehandelt wird, dazu trägt auch die Tätigkeit der Parteikontrollkommissionen immer entschiedener bei.

Wir gehen davon aus, daß konkrete Information bei den Kommunisten und den Werktätigen das Verständnis für alle Aufgaben und Probleme dieser Zeit wesentlich fördert. Immer hat es sich bewährt, im Wissen um die Überlegenheit unserer guten Sache auch in komplizierten Perioden die Lage so zu erklären, wie sie tatsächlich ist, und um Schwierigkeiten nicht herumzureden.

Ein Revolutionär muß die Massen politisch überzeugen können und zugleich ein Meister der Organisation ihrer Arbeit sein. Mit seinem beruflichen Können, seiner Bescheidenheit, seinem vorbildlichen persönlichen Leben erwirbt und bewahrt sich, mehrt der Parteifunktionär das Vertrauen der Werktätigen, sei es im Arbeitskollektiv, im Wohngebiet oder anderswo.

Genossinnen und Genossen!

Durch die lebendige und zielgerichtete Arbeit mit den Kadern und die Heranbildung neuer revolutionärer Funktionäre wird die gesellschaftliche Entwicklung wesentlich beeinflußt. Die Geschichte unseres erfolgreichen Kampfes bestätigt, daß die Kader der größte Schatz der Partei sind. Ihn gilt es sorgsam zu hüten und gerade jetzt, da die Anforderungen wachsen, aufmerksam zu fördern.

In allen Bereichen sind heute über viele Jahre und Jahrzehnte hinweg kampferprobte und junge, elanvolle Kader tätig, die unerschütterlich auf den Positionen der Arbeiterklasse und zu den Beschlüssen unserer Partei stehen. Sie handeln im Geiste des sozialistischen Patriotismus und proletarischen Internationalismus. Die Mehrzahl von ihnen verfügt über Erfahrungen aus der materiellen Produktion und ist aus dem sozialistischen Jugendverband hervorgegangen.

Kaderfragen, das lehrt die Geschichte, sind und bleiben Klassenfragen, und die Tätigkeit der Kader ist Klassenauftrag. Wir gehen auch in Zukunft davon aus, die führende Rolle der Arbeiterklasse und ihrer marxistisch-leninistischen Partei weiter zu stärken, indem wir Kader heranbilden, die das Leben und Wirken der Arbeiter aus eigener Erfahrung kennen und selbstlos im Auftrag ihrer Klasse handeln.

Verstärkt sollte sich die Leitungstätigkeit der Partei darauf orientieren, mehr Frauen und Jugendliche für verantwortungsvolle Funktionen zu qualifizieren und aus den Reihen des sozialistischen Jugendverbandes sowie der besten Arbeiter- und Wirtschaftskader Parteifunktionäre zu entwickeln, die eine gesunde Stabilität und Kontinuität der Leitungen der Partei in den Bezirken, Kreisen und Grundorganisationen sichern.

Liebe Genossinnen und Genossen!

Die Grundorganisationen der Partei haben sich zu Zentren politischer Aktivität und vertrauensvoller Beziehungen zu den Werktätigen entwickelt. Immer deutlicher treten sie als Organisatoren der Verwirklichung unseres Kurses der Einheit von Wirtschafts- und Sozialpolitik hervor. Eine wichtige Voraussetzung dafür ist auch der Organisationsgrad der Partei. In der Metallurgie zum Beispiel beträgt er 32,9 Prozent, in der Kohle und Energie 23,5 Prozent, in der Chemie 22,3 Prozent und im Maschinen- und Fahrzeugbau 20,6 Prozent.

Die Mitgliederversammlungen und eine lebendige Arbeit der Parteigruppen bestimmen maßgeblich die Qualität des innerparteilichen Lebens, das Klima der politischen Aufgeschlossenheit und der Leistungsbereitschaft in den Arbeitskollektiven. Je massenverbundener die Parteigruppen arbeiten, desto höher ist die Kampfkraft und Autorität der gesamten Parteiorganisation.

Wo die Parteileitungen regelmäßig über die Ergebnisse Rechenschaft legen, die bei der Verwirklichung der Parteibeschlüsse erzielt wurden, wo offenherzig Kritik und Selbstkritik geübt und die Meinung der Genossen ernst genommen wird, dort kann sich die innerparteiliche Demokratie entfalten. Die Arbeit der Grundorganisationen mit den Kampfprogrammen ist dafür beredter Ausdruck.

Gute Bedingungen für die Lösung ihrer Aufgaben stehen den Parteiorganisationen in den Kombinaten und deren Betrieben zu Gebote. Hier konzentriert sich die Arbeiterklasse und die große Kraft der Partei am deutlichsten. Im Ringen um hohe volkswirtschaftliche Ergebnisse gewinnt die Arbeit der Räte der Parteisekretäre, in denen alle Grundorganisationen der Kombinatsbetriebe vertreten sein sollten, zunehmend an Bedeutung. Ihre Wirksamkeit und Ausstrahlungskraft sollten weiter erhöht werden.

Wie die Erfahrungen zeigen, haben sich die ehrenamtliche Arbeit, ihre Formen und Methoden gut entwickelt. Ein großer Anteil kommt den Parteisekretären zu, die selbst zu 97 Prozent ehrenamtlich tätig sind.

Sichtbarer Ausdruck für die Wirksamkeit der Leninschen Normen im Parteileben ist auch, daß über eine Million Genossinnen und Genossen Wahlfunktionen in der Partei, den Volksvertretungen, den Massenorganisationen, den Ausschüssen der Nationalen Front und anderen gesellschaftlichen Organisationen ausüben. Über 1,2 Millionen Mitglieder und Kandidaten tragen mit abrechenbaren Parteiaufträgen zur Verwirklichung der Parteibeschlüsse in den verschiedenen gesellschaftlichen Bereichen bei.

Der Wert unseres Leitspruches »Wo ein Genosse ist, da ist die Partei!« wird gerade daran gemessen, wie jedes Mitglied und jeder Funktionär Wort und Tat verbinden, wie sie die Einheit von Überzeugung und Haltung vorleben. Ihre Klassenposition, ihre Treue zu den Idealen des Marxismus-Leninismus, ihre internationalistische und solidarische Haltung, ihr eigener Beitrag zur Stärkung unserer Wirtschaftskraft sind sehr wichtig dafür, daß die Werktätigen das Beste zur allseitigen Stärkung der DDR geben. Jede Grundorganisation muß deshalb »danach streben, den Namen und das Ansehen eines Parteimitglieds höher, immer höher zu heben«[1].

Liebe Genossinnen und Genossen!

Voller Stolz auf die Errungenschaften des sozialistischen Vaterlandes lassen sich die Werktätigen immer mehr von den Ideen des Sozialismus leiten. Die volle Hinwendung zu den Massen, wie sie in der gesamten Politik unserer Partei zum Ausdruck kommt, und die strikte Einhaltung des Prinzips, ständig das offene Gespräch mit den Werktätigen über alle Fragen unserer Innen- und Außenpolitik zu führen, haben erfreuliche Früchte getragen. Noch fester ist die Verbundenheit, noch enger das Vertrauensverhältnis zwischen Partei und Volk geworden. Das drückt sich in der großen Aktivität aus, mit der sich die Werktätigen zur Politik der Partei bekennen und dafür einsetzen, sie erfolgreich zu verwirklichen.

Die hohe Leistungsbereitschaft der Werktätigen widerspiegelt effektive politisch-ideologische Arbeit, die wesentlich dazu beigetragen hat, die richtigen Kampfpositionen durchzusetzen. Deutlich offenbart sich, welch gewaltiger Vorzug es ist, daß sich der Sozialismus auf die bewußte und freiwillige Initiative der Massen, auf ihre aktive Teilnahme an der Ausübung der Macht stützen kann. Gerade das macht unser sozialistisches Gesellschaftssystem dem kapitalistischen historisch eindeutig überlegen.

Folgerichtig erhöhen sich ständig die Anforderungen an Qualität und Wirksamkeit von Agitation und Propaganda. Dabei geht es um die Verantwortung des einzelnen in der sozialistischen Gesellschaft, um die Übereinstimmung von persönlichen und gesellschaftlichen Interessen. Jeder hat an seinem Platz seinen Teil dafür zu leisten, daß die Vorzüge des Sozialismus immer vollständiger zur Geltung kommen.

Neue Ansprüche an das Niveau unserer politisch-ideologischen Arbeit ergeben sich nicht zuletzt aus den gewachsenen geistigen Ansprüchen der Menschen. Wir haben es mit wissenden, gebildeten Menschen zu tun, die sich mit Allgemeinplätzen und Schlagworten nicht zufrieden geben. Sie er-

---

1 W. I. Lenin: II. Parteitag der SDAPR, 17. (30.) Juli–10. (23.) August 1903. In: Werke, Bd. 6, S. 503.

warten umfassende Informationen und treffsichere Argumente, um sich politisch richtig zu orientieren.

Schließlich spielt eine maßgebliche Rolle, daß sich die internationale Klassenauseinandersetzung zwischen Sozialismus und Imperialismus verschärft. Ständig steigern sich die ideologische Aggressivität des Imperialismus, seine antikommunistische Hetze und Diversion. Das ist eine alte, immer wieder gescheiterte, aber dennoch gefährliche Politik. Es ist der aus der historischen Defensive unternommene Versuch, aufzuhalten, was nicht aufgehalten werden kann – den weltweiten Übergang vom Kapitalismus zum Sozialismus.

Bekanntlich gehen wir davon aus, daß wir unsere sozialistische Gesellschaft unter weltoffenen Bedingungen, bei ständigen Versuchen imperialistischer Einmischung aufbauen. Das kann uns nur darin bestärken, die Überlegenheit unserer marxistisch-leninistischen Ideologie gerade anhand unserer erfolgreichen Innen- und Außenpolitik immer aufs neue zu beweisen. Ständiges Gebot für uns sind ideologische Wachsamkeit, Standhaftigkeit und die Fähigkeit, den Manipulationsversuchen der imperialistischen Meinungsmacher unseren Klassenstandpunkt entgegenzusetzen.

In unabdingbarer Einheit von Politik, Ökonomie und Ideologie ist unsere politische Massenarbeit vorrangig darauf gerichtet, die Werktätigen mit den ökonomischen Gesetzen des Sozialismus und dem Inhalt unserer Wirtschaftsstrategie zu rüsten, um sie für einen hohen ökonomischen Leistungsanstieg zu motivieren und zu mobilisieren. Wir werden den Anforderungen gerecht, wenn alle Werktätigen den wissenschaftlich-technischen Fortschritt und seine schnelle Umsetzung in hohe ökonomische und damit soziale Ergebnisse als eine Lebensfrage verstehen. Daß dazu die URANIA wie seit dem IX. Parteitag auch künftig einen gewichtigen Beitrag leisten wird, dessen sind wir gewiß.

Eine große Reserve an materiellen wie geistigen Potenzen besteht darin, die Erfahrungen der Besten im sozialistischen Wettbewerb noch wirksamer zu verallgemeinern. Für die systematische Organisierung dieses Erfahrungsaustausches und die Klärung aller ideologischen Fragen, die mit dem Kampf um hohe Leistungen zusammenhängen, für die Durchsetzung des sozialistischen Leistungsprinzips, die ständige Festigung der sozialistischen Arbeitsmoral, der Disziplin und Ordnung tragen unter Führung der Parteiorganisation und in Zusammenarbeit mit den Gewerkschaften die staatlichen Leiter, vom Minister bis zum Meister und Brigadier, eine große Verantwortung.

Mehr denn je kommt es darauf an, jede politische oder gesellschaftliche Frage klassenmäßig zu beantworten und stets zum systembedingten Wesen der Erscheinungen vorzustoßen. Die Antwort auf die Frage »Wem nutzt es?« bleibt die Nagelprobe für die Analyse jeder Erscheinung, für die richtige Entscheidung und das richtige Handeln in jeder Situation des Klassenkampfes. Das gilt gleichermaßen für die Aufgaben des sozialistischen Aufbaus wie für den Kampf gegen den Imperialismus und seine konterrevolutionären Machenschaften.

Von großem Wert für die Vertiefung des sozialistischen Bewußtseins ist die Geschichtspropaganda, die in den letzten Jahren einen starken Aufschwung genommen hat. Der Abriß der »Geschichte der SED« und andere Werke, wie die Biographie Ernst Thälmanns, sind inzwischen zu echten Volksbüchern geworden. Zu nennen sind hier auch solche Fernsehfilme wie »Karl Marx – die jungen Jahre«, die Filmserien über Karl Marx und Friedrich Engels, über Scharnhorst, die Dokumentation »Auferstanden aus Ruinen« und andere Werke. Sie vermitteln den Bürgern unseres Landes, besonders den nachwachsenden Generationen, viele wichtige Erfahrungen und Lehren für die Meisterung der revolutionären Aufgaben der Gegenwart. Dies nicht zuletzt deswegen, weil wir die Geschichte so darstellen, wie sie tatsächlich verlaufen ist.

In diesem Zusammenhang besteht eine Aufgabe auch darin, neue, aus unserer sozialistischen Entwicklung heraus entstandene Traditionen zu fördern, solche, die mit dem sozialistischen Aufbau in der DDR verbunden sind. Dabei haben wir zu berücksichtigen, daß nach über dreißig Jahren Deutsche Demokratische Republik die Mehrheit unseres Volkes unmittelbare eigene Erfahrungen nur mit dem Sozialismus, nicht aber mit dem Kapitalismus gemacht hat. Bereits hineingeboren in die neue Gesellschaft, empfinden gerade diese Bürger die Vorzüge und Werte des Sozialismus als ein so selbstverständliches und alltägliches Lebensrecht, daß es eben der historischen Sicht bedarf, sie in vollem Ausmaß zu werten.

Weil unsere politisch-ideologische Arbeit vor allem darauf gerichtet ist, die Arbeiterklasse und alle Werktätigen immer besser zur Ausübung der Macht zu befähigen, gehört zur Praxis der Parteiarbeit, daß sich die Kommunisten, wo sie auch wirken mögen, vertrauensvoll mit den Massen aussprechen, ihnen die Politik der Partei erläutern und ihnen helfen, all jene Fragen und Probleme zu klären, die sie bewegen. Das politische Gespräch mit allen Bürgern ist eine ständige Aufgabe. Noch mehr müssen wir in diesen Dialog auch jene Menschen einbeziehen, deren Haltung zum Sozialismus noch nicht genügend gefestigt ist. Dabei gilt es, ihren unterschiedlichen Bewußtseins-, Bildungs- und Erfahrungsstand zu berücksichtigen. All das stellt hohe Ansprüche an die 150 000 Agitatoren der Partei.

Genossinnen und Genossen!

Als untrennbarer Teil der internationalen kommunistischen Bewegung ist unsere Partei eng mit den anderen kommunistischen und Arbeiterparteien, mit allen revolutionären und antiimperialistischen Organisationen und Kräften verbunden. Ausschlaggebend sind dabei die übereinstimmenden Ziele im Kampf um Frieden und gesellschaftlichen Fortschritt und die Solidarität. Es zeigt sich ein wachsendes Bekenntnis der gleichberechtigten Kampfgefährten zur Verständigung, zur Zusammenarbeit, zum gemeinsamen Handeln auf der Grundlage der gegenseitigen Achtung und der Selbständigkeit.

Die internationale kommunistische Bewegung nahm unter komplizierten Bedingungen einen weiteren Aufschwung und erwies sich auch in den Klassenauseinandersetzungen der siebziger Jahre als die einflußreichste politische Kraft der Gegenwart. Das ist so, weil ihre Programme und ihre Aktionsziele zutiefst den Interessen der Völker, den Lebensinteressen der Menschheit entsprechen. Durch ihren heroischen, selbstlosen Kampf haben die Kommunisten zu fortwirkenden positiven Veränderungen im internationalen Kräfteverhältnis, zur Stärkung des Sozialismus, zur Zurückdrängung des Imperialismus beigetragen. An vorderster Front stehend, sind die Kommunisten die entschiedensten und opfermutigsten Kämpfer im weltweiten Ringen der Völker um Frieden, nationale und soziale Befreiung.

Von den kommunistischen Parteien gingen auch in den siebziger Jahren entscheidende Initiativen und Aktionen für die Lösung der Lebensfragen der Menschheit aus. So erhielten diese Jahre besonders auf dem europäischen Kontinent ihr Gepräge vom erfolgreichen Kampf für die antiimperialistischen Aktionsziele, die auf der Konferenz 1976 in Berlin vereinbart worden waren.

Erneut konnten sich die Völker überzeugen, daß die Verteidigung und Festigung des Weltfriedens und der Kampf gegen die aggressiven Pläne des Imperialismus im Mittelpunkt des Denkens und Handelns der Kommunisten stehen. Als ein Gebot der Zeit betrachten wir, daß die revolutionären Kräfte die Initiative in der internationalen Klassenauseinandersetzung auch weiterhin in den Händen behalten.

Stärke und Einfluß der internationalen kommunistischen Bewegung haben sich auch durch das zahlenmäßige Wachstum vieler kommunistischer Parteien, ihre organisatorische Festigung, die Erweiterung ihrer Massenbasis und die Intensivierung der theoretisch-ideologischen Arbeit erhöht. Allein in der nichtsozialistischen Welt sind dem massiven antikommunistischen Druck zum Trotz während der siebziger Jahre nahezu eineinhalb Millionen Menschen neu zu unserer kommunistischen Bewegung gestoßen. Neue kommunistische Parteien entstanden oder sind im Entstehen begriffen. Aus revolutionären Organisationen der nationalen Befreiung formieren sich in Afrika und Asien Vorhutparteien, die sich zum wissenschaftlichen Sozialismus und zum proletarischen Internationalismus bekennen.

In der ganzen Welt ist bekannt, daß unsere Partei, unser Staat, unser Volk aktive Solidarität mit allen Parteien, Bewegungen und Völkern üben, die für nationale und soziale Befreiung kämpfen. Zugleich schätzen wir die Solidarität hoch ein, die uns zuteil wurde und wird. Das Zusammenwirken mit den anderen revolutionären Kräften, vor allem mit den nationalen Befreiungsbewegungen in Afrika, Asien und Lateinamerika, vermittelt uns wertvolle Anregungen, Erfahrungen und Informationen. Gerade in den letzten Jahren hat die SED viel dafür getan, den Erfahrungs- und Meinungsaustausch und die Bande der Solidarität im Kampf gegen den Imperialismus zu festigen und zu erweitern. Einen gewichtigen Platz nahm die Solidarität mit den kämpfenden Völkern von Vietnam, Laos, Kampuchea, Angola, Moçambique, Äthiopien, Afghanistan, Chile, Nikaragua und Simbabwe ein.

Wir entwickeln unsere Beziehungen zu den Bruderparteien auf der bewährten und unveräußerlichen Grundlage des proletarischen Internationalismus. Der Delegationsaustausch wurde vergrößert. Im Berichtszeitraum war unsere Partei Gastgeber für insgesamt 980 Delegationen, darunter 800 von kommunistischen Parteien, 150 von befreundeten revolutionären Parteien und Organisationen und 30 von sozialistischen beziehungsweise sozialdemokratischen Parteien. Unsererseits entsandten wir 550 Parteidelegationen ins Ausland.

Aber nicht nur die Zahlen beeindrucken. Zunehmend zeichnet sich der Delegationsaustausch durch Sachlichkeit und Orientierung auf gemeinsam zu lösende politische Aufgaben aus. So wurden die Beziehungen zu den Bruderparteien der kapitalistischen Industrieländer vertieft, die an einem wichtigen Abschnitt des Kampfes gegen den Imperialismus wirken und mit einem sehr erfahrenen und raffinierten Gegner konfrontiert sind. Sie können in ihrem Kampf jederzeit auf uns zählen.

Eine vorrangige Bedeutung mißt unsere Partei der bilateralen und multilateralen Zusammenarbeit der Bruderparteien der sozialistischen Gemeinschaft bei. Im Vordergrund steht die Festigung des Bruderbundes mit der KPdSU, der erfahrensten, gestähltesten und stärksten revolutionären Partei. Das ist ein Unterpfand unserer Kampfkraft und unserer Erfolge. In den regelmäßigen multilateralen Beratungen von Sekretären der Zentralkomitees und in anderen Formen wird ein wesentlicher Beitrag geleistet, um die internationale Politik zu koordinieren, die Aufgaben bei der weiteren Vervollkommnung des politischen Systems des Sozialismus zu erörtern, die Rolle der Parteien zu erhöhen, die Tätigkeit der Massenorganisationen zu verbessern und die sozialistische Demokratie zu entfalten.

Hervorragende Beispiele hat es in den vergangenen Jahren für die Fähigkeit und Bereitschaft der kommunistischen und Arbeiterparteien gegeben, den neuen Bedingungen ihres Kampfes und der Notwendigkeit breiter, mobilisierender Aktionsbündnisse gerecht zu werden. Die auf der Berliner Konferenz der 29 kommunistischen Parteien Europas 1976 erarbeiteten Einschätzungen und gemeinsamen Aktionsziele sind für den Kampf um Frieden, Sicherheit, Abrüstung und sozialen Fortschritt von großer Bedeutung. Der engeren Zusammenarbeit dienten auch die Treffen der Bruderparteien Lateinamerikas, der arabischen Länder, der afrikanischen Länder und anderer Regionen, das Pariser Treffen von 22 europäischen Bruderparteien im April 1980, die wissenschaftlichen Konferenzen von Sofia 1978 und Berlin 1980, die Aktionen gegen die Neutronenwaffe sowie gegen den Brüsseler Raketenbeschluß der NATO.

Eindrucksvoll hat sich die Einschätzung unseres IX. Parteitages im Leben bestätigt, daß die Gesetzmäßigkeiten der sozialistischen Revolution, des Aufbaus des Sozialismus und Kommunismus heute unter den unterschiedlichsten Bedingungen wirksam werden. Es wachsen die Mannigfaltigkeit und die Kompliziertheit dieser Bedingungen, der Probleme und Aufgaben, mit denen es die revolutionären Kräfte zu tun haben. Gleichzeitig ergeben sich für alle kommunistischen und Arbeiterparteien, für die drei revolutionären Hauptströme immer zwingender gemeinsame internationale Aufgaben, die eine umfassendere Einheit aller revolutionären, antiimperialistischen Kräfte erfordern.

Hierzu gehören vor allem die entschiedene Antwort auf den imperialistischen Konfrontationskurs und das Ringen um die Fortsetzung der internationalen Entspannung auf politischem und militärischem Gebiet. Die Verhinderung eines atomaren Weltkrieges, womit der Imperialismus die Menschheit bedroht, erfordert am dringendsten gemeinsames Handeln. Ebenso sind die Lösung der Energie-, Rohstoff- und Ernährungsprobleme in der Welt, die Durchsetzung demokratischer Wirtschaftsbeziehungen, die Überwindung der neokolonialistischen Ausbeutung der Völker und die Zurückdrängung der internationalen Monopole nur durch gemeinsame koordinierte Anstrengungen möglich.

Die Entfaltung des weltrevolutionären Prozesses der letzten Jahre stand im Zeichen der Verbreiterung der Kampffront gegen den Imperialismus, im Zeichen ihres gewachsenen Einflusses. Neue soziale und politische Kräfte wurden in den Kampf einbezogen. Aus den Erfahrungen der antiimperialistischen Kräfte resultierte ein verstärktes Streben nach Gemeinsamkeit. Im Ringen um Frieden, nationale Unabhängigkeit und sozialen Fortschritt beweisen die Arbeiterklasse, die werktätigen Massen und die Völker eine Kampfkraft und einen Kampfeswillen, die deutlich gewachsen sind.

Die Internationale Wissenschaftliche Konferenz »Der gemeinsame Kampf der Arbeiterbewegung und der nationalen Befreiungsbewegung gegen Imperialismus, für sozialen Fortschritt« im Oktober 1980 in Berlin demonstrierte überzeugend, daß es nicht nur notwendig, sondern auch möglich ist, den Meinungs- und Erfahrungsaustausch über die dringlichsten Aufgaben im Kampf um die Lösung der Lebensfragen der Menschheit zu verstärken. Mit Delegationen von 116 Parteien und Organisationen aus 103 Ländern handelte es sich um das bisher größte und breiteste Treffen seiner Art in der Geschichte der revolutionären Bewegung.

Auch künftig wird unsere Partei alle Vorschläge und praktischen Initiativen unterstützen, die sich darauf richten, das Zusammenwirken der kommunistischen und Arbeiterparteien in allen geeigneten Formen so zu entwickeln, daß unsere Bewegung den Erfordernissen der Zeit noch besser gerecht werden kann. In Übereinstimmung mit anderen Bruderparteien befürwortet die SED die Durchführung internationaler Beratungen und Treffen zu aktuellen und dringlichen Fragen des gemeinsamen Kampfes.

Bedenkt man, welche Fülle neuer Probleme der Vormarsch der revolutionären Kräfte aufwirft, so kann es nicht verwundern, daß voneinander abweichende Auffassungen zwischen ihnen, darunter auch zwischen Kommunisten, auftreten. Den besten Weg sehen wir in gemeinsamen Aktionen für gemeinsame Ziele, in der Überprüfung der Schlußfolgerungen aus spezifischen Erfahrungen in der Praxis des Klassenkampfes, im kameradschaftlichen Meinungsaustausch, in der schöpferischen Entwicklung und Bereicherung unserer marxistisch-leninistischen Theorie. Nach wie vor gehört für uns dazu, antikommunistische, sozialreformistische und opportunistische Angriffe entschieden zurückzuweisen.

Unsere Partei hat in den letzten Jahren die Zusammenarbeit mit sozialistischen und sozialdemokratischen Parteien weiter ausgestaltet und dabei positive Erfahrungen gesammelt. Beziehungen und Kontakte wurden aufgenommen und entwickelt mit den beiden belgischen sozialistischen Parteien, der britischen Labour Party, der Sozialdemokratischen Partei Finnlands, der Französischen Sozialistischen Partei, der Italienischen Sozialistischen Partei, der Partei der Arbeit der Niederlande, der Sozialistischen Arbeiterpartei Norwegens, der Sozialdemokratischen Partei der Schweiz, der Spanischen Sozialistischen Arbeiterpartei sowie mit der Sozialistischen Partei Japans, der Radikalen Partei Chiles, der Sozialistischen Partei Chiles, der Revolutionären Sozialistischen Partei Perus, der Sozialistischen Partei Uruguays und der Sozialistischen Partei Puerto Ricos.

Die SED wird die Beziehungen der Solidarität und Zusammenarbeit zu den revolutionären Parteien und Bewegungen Afrikas, Asiens und Lateinamerikas ausbauen. Diese Beziehungen beruhen auf den gemeinsamen Interessen im Kampf um nationale Unabhängigkeit der Völker, gegen Neokolonialismus, für die Überwindung der ökonomischen Rückständigkeit und für sozialen Fortschritt. Darüber hinaus sind wir bemüht und bereit, die Kontakte mit allen anderen Parteien und Organisationen, denen Frieden und Entspannung teuer sind, darunter auch sozialistischen und sozialdemokratischen, im Lebensinteresse der Völker zu verstärken.

Liebe Genossinnen und Genossen!

Unser X. Parteitag weist einen klaren, marxistisch-leninistischen Kurs für die kommende Zeit. Das ist eine Zeit neuer Initiativen und schöpferischer Arbeit, eine Zeit, in der die Deutsche Demokratische Republik weiter erstarken und gedeihen wird. Groß und schön, aber nicht leicht sind die Aufgaben, die wir uns stellen. Das Leben im Sozialismus soll sich für alle weiter verbessern. Unsere soziale Sicherheit soll für alle erhalten bleiben und weiter zunehmen. Und es soll auch künftig Frieden sein. Dafür wird unsere Partei, fest verbunden mit dem ganzen Volk, alle Kraft einsetzen.

Als Partei der Arbeiterklasse und aller Werktätigen unseres Landes stehen wir fest zu unserem bewährten Grundsatz: Nichts, was wir tun, geschieht um seiner selbst willen, alles dient dem Wohle der arbeitenden Menschen. Diesem Grundsatz getreu, schreiten wir gemeinsam vorwärts auf dem sicheren Kurs unseres Parteiprogramms, stärken wir unser sozialistisches Vaterland, mehren wir die Kraft der sozialistischen Gemeinschaft und der revolutionären Weltbewegung.

Erich Honecker: Reden und Aufsätze, Bd. 8,
Berlin 1983, S. 7–20, 46–57, 82–87, 120–132,
137–141.

Daß es die Sowjetunion gibt, ist ein Glück für die gesamte Menschheit

Aus der Rede auf der Festveranstaltung des Zentralkomitees der SED,
des Staatsrates und des Ministerrates der DDR
zum 60. Jahrestag der Gründung
der Union der Sozialistischen Sowjetrepubliken
in der Deutschen Staatsoper

17. Dezember 1982

Liebe Freunde und Genossen!
Verehrte Damen und Herren des Diplomatischen Korps!
Verehrte Anwesende!
In wenigen Tagen vollendet die Union der Sozialistischen Sowjetrepubliken das 60. Jahr ihres Bestehens. Als sie am 30. Dezember 1922 gegründet wurde, trat etwas völlig Neues ins Leben der Menschheit. Der erste und einheitliche Nationalitätenstaat der Arbeiter und Bauern war geschaffen. Er verkörperte das feste Bündnis aus freiem Willen zusammengeschlossener, gleichberechtigter Völker. Damit wurde nur kurze Zeit nach dem Sieg der Großen Sozialistischen Oktoberrevolution unter Führung Wladimir Iljitsch Lenins, der Partei der Bolschewiki die Verwirklichung eines uralten Ideals der Menschheit in Angriff genommen, das sich in den Worten zusammenfassen läßt: Freundschaft, Brüderlichkeit, Gleichheit und Zusammenarbeit der Nationen.

Karl Marx und Friedrich Engels stellten im »Manifest der Kommunistischen Partei« fest, daß der feindliche Gegensatz der Nationen nur dann fallen kann, wenn die kapitalistische Klassenherrschaft verschwindet. Dieses große Werk wurde in der Sowjetunion vollbracht, die nationale Frage als Bestandteil der sozialen Frage gelöst. Während sechs Jahrzehnten hat die Sowjetunion, in der eine neue historische Gemeinschaft von Menschen, das Sowjetvolk, entstanden ist, den überzeugenden Beweis für die Richtigkeit der Lehre von Marx, Engels und Lenin erbracht. Sie hat ein unvergängliches Beispiel für die schöpferische Anwendung des Marxismus-Leninismus gegeben.

Die Geburt der UdSSR
war ein Ereignis von Weltbedeutung

Die Gründung der Union der Sozialistischen Sowjetrepubliken war ein Ereignis von Weltbedeutung. Mit um so mehr Kraft konnten die Werktätigen die Aufgaben des sozialistischen Aufbaus meistern und das gewaltige materielle und kulturelle Potential des Sowjetlandes entfalten. Gestützt auf ihr unzerstörbares Bündnis, bestand die Familie der über 100 Nationalitäten und Völkerschaften härteste Proben der Geschichte. Sie verteidigte siegreich die revolutionären Errungenschaften gegen Konterrevolution und imperialistische Aggression. Heute realisiert das Sowjetvolk erfolgreich die Beschlüsse des XXVI. Parteitages der Kommunistischen Partei der Sowjetunion über den weiteren Vormarsch zum Kommunismus. Die Union der Sozialistischen Sowjetrepubliken, die Hauptkraft unserer sozialistischen Gemeinschaft, bewährt sich mehr denn je als Bahnbrecher einer besseren, glücklichen Zukunft der Menschheit. Sie ist das mächtigste Bollwerk des Friedens, des Sozialismus und des Fortschritts in unserer Zeit. Hervorragende Verdienste hat sich dabei Leonid Breshnew erworben. Wir werden ihm und dem, was er für unsere gemeinsame Sache des Sozialismus und des Friedens geleistet hat, immer ein ehrendes Andenken bewahren.

Die Kommunisten und alle Werktätigen der Deutschen Demokratischen Republik begehen das 60. Gründungsjubiläum der Sowjetunion als gemeinsamen Feiertag. Gerade aus diesem Anlaß empfinden wir um so tiefer, daß die Völker unserer beiden Länder so enge Freunde, Kampfgefährten und Verbündete geworden sind. Im Namen des Zentralkomitees der Sozialistischen Einheitspartei Deutschlands, des Staatsrates und des Ministerrates, der Bürger unserer sozialistischen Deutschen Demokratischen Republik übermittle ich dem Zentralkomitee der KPdSU und seinem Generalsekretär, Juri Andropow, der Regierung der UdSSR und dem ganzen Sowjetvolk unsere brüderlichen Kampfesgrüße und die herzlichsten Glückwünsche zum 60. Jahrestag der Gründung der UdSSR.

Verehrte Anwesende!
Liebe Freunde und Genossen!

Die Weltenwende der Großen Sozialistischen Oktoberrevolution im Jahre 1917 öffnete den Weg zur Befreiung der Völker von den Fesseln kapitalistischer Vergangenheit. Mit der Errichtung der Arbeiter-und-Bauern-Macht im ehemals zaristischen Rußland wurde jener unheilvolle historische Kreislauf durchbrochen, in dem auf ein altes Ausbeuterregime lediglich immer wieder ein neues gefolgt war. »Zum ersten Male«, so schrieb der Führer der Kommunistischen Partei Deutschlands, Genosse Ernst Thälmann, »hat das Proletariat am 7. November 1917 nicht nur eine weltgeschichtliche

Sekunde lang, sondern *für die Dauer* die Macht ergriffen.«[1] Zum ersten Male habe es nicht nur eine Schlacht, sondern einen ganzen Krieg gegen die Ausbeuter der Welt gewonnen.

Dieser Sieg legte das Fundament für die Verwirklichung wahrer Menschenwürde, Freiheit und Demokratie, für soziale Sicherheit, Arbeit und Brot, Bildung und Kultur. So war es auch möglich, eine Gemeinschaft von Völkern zu schaffen, wie sie die durch Ausbeutung charakterisierte Klassengesellschaft nicht kennt. Die von Lenin inspirierte und von der Sowjetmacht schon im November 1917 beschlossene »Deklaration der Rechte der Völker Rußlands« enthielt ihre Prinzipien. Deren wichtigste waren Freiheit und Gleichheit, Gleichberechtigung und Souveränität aller Völker, Recht auf freie Selbstbestimmung bis zur staatlichen Lostrennung, Abschaffung jeglicher nationaler Privilegien und Beschränkungen, freie Entfaltung der nationalen Minderheiten und ethnischen Gruppen.

Fest geschart um die Partei Lenins

Konsequent handelte die Partei der Bolschewiki als Gegner nationaler Feindschaft, nationalen Haders und nationaler Absonderung. Sie setzte sich in Leninschem Sinne für ein freiwilliges Bündnis der Nationen ein, das keinerlei Gewaltanwendung einer Nation gegenüber einer anderen zuläßt, ein Bündnis, »das auf vollem Vertrauen, auf klarer Erkenntnis der brüderlichen Einheit, auf völlig freiwilliger Übereinkunft gegründet ist«[2]. Damit sind das Wesen und die Bedeutung des Gründungsaktes charakterisiert, aus dem vor nunmehr 60 Jahren die Union der Sozialistischen Sowjetrepubliken hervorging.

Am 30. Dezember 1922 nahm ihn der im Moskauer Bolschoi-Theater tagende I. Sowjetkongreß vor. Versammelt waren Delegierte der Russischen Sozialistischen Föderativen Sowjetrepublik, der Ukrainischen Sozialistischen Sowjetrepublik, der Belorussischen Sozialistischen Sowjetrepublik und der Transkaukasischen Sozialistischen Föderativen Sowjetrepublik. Zur Eröffnung des Kongresses bekundete als ältester Delegierter das Mitglied des Gesamtrussischen Zentralexekutivkomitees P. G. Smidowitsch den einmütigen Willen der Werktätigen Rußlands, der Ukraine, Aserbaidshans, Grusiniens, Armeniens und Belorußlands, die Sowjetrepubliken zu einem einheitlichen Ganzen, einem machtvollen Staat, zur Union der Sozialisti-

1 Ernst Thälmann: Der 7. November – eine neue Epoche der Weltgeschichte. In: Geschichte und Politik. Artikel und Reden 1925 bis 1933, Berlin 1973, S. 48.
2 W. I. Lenin: Brief an die Arbeiter und Bauern der Ukraine anläßlich der Siege über Denikin. In: Werke, Bd. 30, S. 283.

schen Sowjetrepubliken, zu verbinden, was unter begeisterter Zustimmung geschah.

An Hand der geschichtlichen Erfahrungen von sechs Jahrzehnten ist die Größe jener Stunde, ihre Tragweite nicht nur für die Entwicklung des Sowjetstaates, sondern für die Menschheit erst recht zu ermessen. Im Leben der Nationen des ehemaligen zaristischen Völkergefängnisses brach ein neues Zeitalter an. Fest zusammengeschlossen um die Partei Lenins, schlugen sie gemeinsam den Weg des Sozialismus und des Friedens ein. Die Ungleichheit der Nationen im wirtschaftlichen und kulturellen Niveau zu überwinden, ihre tatsächliche Gleichheit herzustellen, wurde zur praktischen Aufgabe der Nationalitätenpolitik der KPdSU.

Sie war nur zu bewältigen unter Führung der Arbeiterklasse, insbesondere durch die wirksame Hilfe des russischen Proletariats. Dabei spielte die Russische Sozialistische Föderative Sowjetrepublik die entscheidende Rolle. Von hier waren die Signale des Roten Oktober in die Welt gegangen, hier befanden sich die wichtigsten Industriezentren. Die RSFSR wurde zur festen Basis für die Entwicklung des ganzen Landes. Tausende russische Parteifunktionäre, Arbeiter und Spezialisten unterstützten die anderen Unionsrepubliken auf internationalistische Weise.

Große Ermutigung für die deutschen Kommunisten

Als sich die UdSSR im Jahr nach ihrer Gründung die erste Verfassung gab, erklärte sie an die Adresse aller Völker und Regierungen der Welt, daß sie auf dem riesigen Territorium von der Ostsee, vom Schwarzen und vom Weißen Meer bis zum Stillen Ozean die Brüderlichkeit der Völker und das Reich der Arbeit verwirklicht. Sie erklärte ihren festen Willen, die freundschaftliche Zusammenarbeit der Völker der ganzen Welt zu fördern. Und sie erklärte zu ihrem unverrückbaren Ziel, mit allen Völkern Frieden zu halten. Diesen Proklamationen ist die UdSSR jederzeit treu geblieben und erfüllt sie vom ersten bis zum heutigen Tag.

Liebe Freunde und Genossen!

Für die deutschen Kommunisten war die Gründung der UdSSR wie zuvor der Sieg des Roten Oktober ein leuchtendes Fanal, eine gewaltige Ermutigung in ihrem Kampf zur Befreiung der Arbeiterklasse. Ernst Thälmann stellte fest, daß es keine bedeutsame politische Erscheinung in der Welt gibt, die nicht durch die Existenz der Sowjetunion beeinflußt wird. Im Verhältnis zur KPdSU und zur Sowjetunion sah er mit Recht den Prüfstein dafür, zu welchem Lager jemand gehört, zum Lager der Revolution oder zu dem der Konterrevolution. Diese Erkenntnis ist heute so gültig wie damals, und sie wird auch morgen gültig sein. Wer die Freundschaft mit der Sowjetunion hochhält, geht mit der Zukunft, da die Zukunft nicht der Konterrevolution, sondern der Revolution gehört.

Die Kommunistische Partei Deutschlands, die sich Anfang der zwanziger Jahre in harten Auseinandersetzungen mit dem Klassengegner befand, sandte von ihrem 8. Parteitag im Februar 1923 ein flammendes, von Wilhelm Pieck verlesenes und einstimmig angenommenes Manifest an Sowjetrußland. Sie dankte für die »unverwischbar in die Geschichte geschriebene große Lehre, daß die Sache der Nation heute die Sache der Arbeiterklasse ist«[3]. Damit verband sie das Gelöbnis, alle Kraft einzusetzen, um das deutsche Proletariat zu veranlassen, dem Beispiel seiner russischen Brüder zu folgen.

In 60 Jahren UdSSR wurde bewiesen, was Arbeiter und Bauern zu erreichen vermögen, wenn sie ihre Geschicke in die eigenen Hände nehmen. Der Bastschuh hatte beinahe schon sprichwörtlich die Rückständigkeit des zaristischen Rußland charakterisiert. Mit dem Namen der Sowjetunion dagegen verbinden sich der erste friedliche Atommeiler, der Sputnik und der erste Menschenflug im Kosmos. Niemand hat länger im Weltraum gearbeitet als sowjetische Kosmonauten. Auch sind Wissenschaftler der UdSSR in der ersten Reihe derer zu finden, die danach streben, die Kernfusion zu bändigen. Zahllose schöpferische Großtaten kommen aus dem Lande der Sowjetmacht, die in ihren ersten Jahren das Analphabetentum von Millionen zu überwinden hatte. Heute lebt in der UdSSR etwa jeder fünfte Wissenschaftler der Welt.

Heute produziert die UdSSR ein Fünftel der Weltindustrieproduktion

Stellte die UdSSR 1922 gerade ein Prozent der Weltindustrieproduktion her, so stieg ihr Anteil unterdessen auf ein Fünftel an. In 60 Jahren wuchs ihre Industrie auf das 540fache. Seit 1971 hat sich ihre industrielle Erzeugung verdoppelt. Dafür brauchten die USA 18 und Großbritannien sogar 30 Jahre. Bei 30 wichtigen Produkten belegt die UdSSR nach dem Umfang der Herstellung den ersten Platz. Erdöl und Stahl, Traktoren und numerisch gesteuerte Werkzeugmaschinen gehören dazu. In Sibirien, Mittelasien und im hohen Norden verfügt die Sowjetunion über eine Roh- und Brennstoffbasis, die nach dem vollständigen Aufschluß der sowjetischen Volks-

---

3 Dokumente und Materialien zur Geschichte der deutschen Arbeiterbewegung, Bd. VII, 2. Halbband, Berlin 1966, S. 233.

wirtschaft wie auch der anderer Länder der sozialistischen Gemeinschaft bis weit in das dritte Jahrtausend eine gesicherte Perspektive bietet.

Wie es dem Wesen des Sozialismus entspricht, dient die sowjetische Wirtschaft dem Wohle der Menschen. In nur drei Tagen entstehen im Sowjetland Wohnungen für eine Stadt von 60000 Einwohnern. Schritt um Schritt wird auch dort dieses große soziale Problem gelöst. Während die gegenwärtige Krise in den Ländern des Kapitals die Massenarbeitslosigkeit wieder zur Geißel der Werktätigen werden ließ, schloß in der Sowjetunion das letzte Arbeitsamt im Jahre 1930 seine Pforten.

Die Landwirtschaft befriedigt die Bedürfnisse der Menschen immer besser. Dabei ist zu berücksichtigen, daß die Bevölkerung in der Sowjetunion von 178,5 Millionen im Jahre 1950 auf 264,5 Millionen im Jahre 1979, also um 86 Millionen, zugenommen hat. In den Jahren 1970 bis 1980 wuchs die landwirtschaftliche Produktion bedeutend rascher als die Bevölkerung. Mit dem neuen Lebensmittelprogramm werden die Voraussetzungen für einen weiteren umfassenden Aufschwung auf diesem Gebiet geschaffen.

Der wirtschaftliche und soziale Fortschritt erreichte Völker, die früher zum Aussterben oder zum bloßen Dahinvegetieren verurteilt zu sein schienen. 1913 hatten zaristische Beamte ausgerechnet, daß die Kasachen mehr als ein Jahrhundert brauchen würden, um auch nur ihre Rückständigkeit gegenüber dem zaristischen Rußland zu überwinden. Doch Kasachstan erhöhte seit 1922 seine Industrieproduktion auf das 900fache. Die Kirgisen hatten im zaristischen Rußland ebensowenig eine eigene Schriftsprache wie etwa 40 andere Völker. Sie erhielten sie im Jahre 1924. Heute ist der Kirgise Tschingis Aitmatow einer der international meistgelesenen zeitgenössischen Schriftsteller.

Wie jeder weiß, vollzog sich der Aufstieg der Sowjetunion zur Weltmacht unserer Tage in lang währenden, erbitterten Kämpfen. Die imperialistische Intervention warf mit ihren Verwüstungen das Land zurück. Danach aber wuchs die sowjetische Industrie in einem Tempo, das den Völkern eine erste Vorstellung von den Möglichkeiten des Sozialismus und seiner Planwirtschaft gab. Während der kurzen Friedenszeit, insbesondere während der ersten Fünfjahrpläne, entstand unter Führung der bolschewistischen Partei und Josef Stalins jenes mächtige ökonomische Potential, das sich im Großen Vaterländischen Krieg so hervorragend bewährte.

Als die faschistischen Eindringlinge vertrieben waren, lag der Großteil der Städte und Dörfer, Fabriken und Genossenschaften, Institute, Universitäten und Schulen der Sowjetunion in Schutt und Asche. Ein zweites Mal mußte das Land aufgebaut, mußte es industrialisiert werden. Dies vollbrachten die Sowjetbürger unter Führung der KPdSU, indem sie zugleich das Atomwaffenmonopol der USA brachen und die Hauptlast der Verteidigung des Weltfriedens auf ihre Schultern nahmen. 60 Jahre beweisen: Es ist ein Glück für die Menschheit, daß es die Union der Sozialistischen Sowjetrepubliken gibt.

Als bisher einziges Land hat die UdSSR die entwickelte sozialistische Gesellschaft verwirklicht und arbeitet nun erfolgreich am kommunistischen Aufbau. Entsprechend den Beschlüssen des XXVI. Parteitages der KPdSU wurde dabei das Vorhaben in Angriff genommen, die riesige Volkswirtschaft auf den Weg der Intensivierung überzuleiten. Höhere Maßstäbe gesellschaftlicher Effektivität werden im Wirtschaftsleben durchgesetzt. Das alles liegt im Sinne des bekannten Lenin-Wortes, daß die Arbeitsproduktivität in letzter Instanz das Allerwichtigste, das Ausschlaggebende für den Sieg der neuen Gesellschaftsordnung ist. Immer mehr durchdringen sich dabei in der Führungstätigkeit der Partei Politik, Wirtschaft, Ideologie und Organisation.

Die fortschreitende Industrialisierung Sibiriens und des hohen Nordens, der Bau der Baikal-Amur-Magistrale, das Lebensmittelprogramm für den Zeitraum bis 1990 und andere Großvorhaben haben längst die Aufmerksamkeit der Werktätigen aller Kontinente auf sich gezogen. Sie verdeutlichen das Ausmaß der Fortschritte und Aufgaben bei diesem Jahrhundertwerk. Jeder darf überzeugt sein, daß die Werktätigen der Sowjetunion, die so hervorragende Heldentaten vollbrachten, auch diese Aufgaben erfolgreich meistern werden.

Der Sieg über den Faschismus war eine gewaltige Befreiungstat

Werte Anwesende!
Liebe Freunde und Genossen!
Der Sieg im Großen Vaterländischen Krieg, an der entscheidenden Front des zweiten Weltkrieges, war eine gewaltige Befreiungstat der Sowjetunion und ihrer ruhmreichen Streitkräfte. Europa und die Menschheit wurden vor der faschistischen Barbarei gerettet. Mehr als 20 Millionen Söhne und Töchter des Sowjetlandes gaben dafür das Leben. Ihr Heldentum wird für immer unvergessen bleiben.

Durch den Sieg über den Hitlerfaschismus wurde die gesamte Nachkriegsentwicklung nachhaltig geprägt. Der Sozialismus trat in eine weitere Etappe seiner Entwicklung ein. Es entstand das sozialistische Weltsystem, das alle internationalen Prozesse immer tiefer beeinflußt. Seither hat der Sozialismus auf vier Kontinenten festen Fuß gefaßt. Die nationale und soziale Befreiungsbewegung nahm einen noch nie dagewesenen Aufschwung. Das imperialistische Kolonialsystem zerbrach.

Auch dem deutschen Volk bot der Sieg der Antihitlerkoalition, der Sieg der ruhmreichen Sowjetarmee die Chance zu einem grundlegenden Neubeginn, zur Überwindung der reaktionären Vergangenheit. Diese historische Chance haben wir in der Deutschen Demokratischen Republik genutzt. Die Ideen von Marx und Engels werden in ihrem Geburtsland verwirklicht, die Lehren Lenins in die Tat umgesetzt. Davon zeugen das Entstehen und die stabile Entwicklung des ersten sozialistischen Staates der Arbeiter und Bauern auf deutschem Boden, der das Vermächtnis der deutschen Antifaschisten und der sowjetischen Befreier erfüllt. Ruhm und Ehre den Helden der Sowjetunion und des antifaschistischen Widerstandes, die auch unserem Volk die Freiheit brachten.

Die brüderliche Verbundenheit mit dem Sowjetland ist bei uns überall lebendig

Heute gehört die brüderliche Verbundenheit mit der Sowjetunion ganz selbstverständlich zum Denken und Fühlen der Menschen bei uns. Generationen schon sind in Kindergarten und Schule, in den Reihen der Thälmannpioniere und der Freien Deutschen Jugend in diesem Geiste aufgewachsen. Die Freundschaft mit der Sowjetunion ist überall im gesellschaftlichen Leben der DDR lebendig, seien es die Betriebe oder Forschungszentren, sei es die Kultur, seien es die persönlichen Beziehungen, die bei den vielfältigen Begegnungen der Menschen entstehen. Schulter an Schulter mit ihren sowjetischen Waffenbrüdern schützen die Soldaten der Nationalen Volksarmee an der Westgrenze unserer Gemeinschaft den Sozialismus und den Frieden. Ruhm und Ehre unseren sowjetischen Waffenbrüdern, die in der DDR auf Friedenswacht stehen!

Auch während der finsteren Jahre der Hitlertyrannei hatten die deutschen Kommunisten und die anderen fortschrittlichen Kräfte die Freundschaft zur Sowjetunion in Ehren gehalten. Nach der Befreiung durch die ruhmreiche Sowjetarmee, insbesondere nach der Vereinigung der Hauptströme der Arbeiterbewegung, der Kommunistischen Partei Deutschlands und der Sozialdemokratischen Partei Deutschlands, zur Sozialistischen Einheitspartei Deutschlands, machten sie diese Freundschaft zum Besitz des ganzen Volkes. Unvergessen bleibt der gegenwärtigen und den kommenden Generationen, daß Hunderttausende sowjetischer Soldaten trotz des unermeßlichen Leids, das der Faschismus über ihre Heimat gebracht hatte, nach den Maitagen 1945 als wahre Freunde des deutschen Volkes handelten.

Die Erfahrungen der Arbeiter, der Bauern und der Intelligenz unseres Landes mit sowjetischen Kommunisten in Uniform, die mit ihnen oft das eigene Brot teilten, die an ihrer Seite standen, als es galt, das Leben wieder in Gang zu bringen, und die ihnen schließlich halfen, selbst zu regieren, beseitigten Vorurteile und Verwirrung, schufen Vertrauen. Damit wuchs eine Völkerfreundschaft, wie sie so eng und dauerhaft nur der Sozialismus hervorbringen kann. Sie findet ihre Krönung im Vertrag über Freundschaft, Zusammenarbeit und gegenseitigen Beistand vom 7. Oktober 1975, den wir tatkräftig im Leben verwirklichen. Diese Freundschaft richtet sich gegen keinen dritten, sie wird jedoch alle feindlichen Angriffe zuschanden machen und dem Sozialismus und dem Frieden neue Freunde gewinnen.

Der Kapitalismus ist nicht fähig,
Lebensfragen der Völker zu lösen

Liebe Freunde und Genossen!
Verehrte Anwesende!
Vor mehr als 100 Jahren verwandelten Karl Marx und Friedrich Engels den Sozialismus von der Utopie zur Wissenschaft, zeichneten sie in ihrem gewaltigen Geisteswerk jene neue Welt vor, die heute unter Führung der befreiten Arbeiterklasse und ihrer Partei schon lange nicht mehr nur in einem Land Gestalt annimmt. Die um die Sowjetunion gescharte Gemeinschaft sozialistischer Bruderländer löst im Einklang mit den objektiven Gesetzen der gesellschaftlichen Entwicklung die Lebensfragen der Völker in deren Interesse. Zugleich stellt sich immer klarer heraus, daß der Kapitalismus zu einer solchen Lösung unfähig ist. Er hat ein bedeutendes Wirtschafts- und Wissenschaftspotential geschaffen, aber da in seinem System das Privateigentum an den Produktionsmitteln herrscht, steht nicht der Mensch, sondern der Profit im Mittelpunkt. Durch die gegenwärtige tiefe Krise wird der Grundwiderspruch zwischen Kapital und Arbeit, an dem der Kapitalismus krankt, ständig weiter verschärft. Solche Erscheinungen wie Massenarbeitslosigkeit, Inflation, das Ansetzen des Rotstiftes an fast alle sozialen Leistungen vermitteln ein geradezu erschreckendes Bild von der westlichen Welt. Mit Massenarbeitslosigkeit und Obdachlosigkeit bleibt die uns so oft angepriesene Freiheit auf der Strecke.

Die sozialistische Gemeinschaft erbringt den Beweis, daß im Sozialismus und nur im Sozialismus soziale Sicherheit gewährleistet wird, während ohne sie die Freiheit der Werktätigen ein leeres Wort bleibt. Nur hier sind die Menschenrechte auf Arbeit, Bildung, Erholung und gesundheitliche Betreuung keine bloße Proklamation, sondern alltägliche gesellschaftliche Realität. Die Teilnahme der Bürger an der Leitung und Planung in sozialistischer Demokratie ist Verfassungsgrundsatz und Verfassungswirklichkeit. Alle Parteien und Organisationen des Demokratischen Blocks, alle in der Nationalen Front der DDR vereinten Kräfte wirken gemeinsam für das sozialistische Vaterland und das Wohl der Bürger.

Von geschichtlicher Tragweite ist die Tatsache, daß die sozialistische Gemeinschaft über alle notwendigen Ressourcen verfügt, um auch die Aufgaben der achtziger Jahre gut zu bewältigen. Wie rasch wir vorankommen, hängt in hohem Maße davon ab, daß die Bedürfnisse unserer Völker immer mehr durch wirksame Zusammenarbeit befriedigt werden. Deshalb sieht die DDR ihre Verantwortung darin, abgeschlossene Verträge zuverlässig zu realisieren und zugleich weiterführende Lösungen zu suchen.

Unsere Gemeinschaft verkörpert einen neuen, den sozialistischen Typ der internationalen Beziehungen souveräner und gleichberechtigter Staaten. Ihnen liegen gemeinsame Interessen und Ziele, liegt die gemeinsame Weltanschauung des Marxismus-Leninismus zugrunde. Durch unsere Zusammenarbeit auf allen Gebieten vergrößern wir mit der Kraft der gesamten Gemeinschaft und jedes einzelnen Landes auch das Gewicht des Sozialismus in der Weltarena. Das ist von entscheidender Bedeutung, gerade jetzt, da der Kampf für die Abwendung der Gefahr eines nuklearen Weltkrieges, für die Sicherung des Friedens, der das höchste Gut der Menschheit ist, mit solcher Härte entbrennt.

Kein Land der Erde
hat so viel für den Frieden getan

Aus dem heutigen Anlaß ist es uns ein besonderes Bedürfnis, die welthistorische Rolle der Union der Sozialistischen Sowjetrepubliken als Vorkämpferin des Friedens, als Verteidigerin der Rechte der Völker auf Unabhängigkeit und sozialen Fortschritt zu würdigen. Vom Leninschen Friedensdekret über die ersten Beschlüsse der Sowjetregierung vor 60 Jahren bis zum Friedensprogramm des XXVI. Parteitages der KPdSU verläuft die niemals preisgegebene, stets mit größter Konsequenz und Beharrlichkeit verfochtene Linie ihrer sozialistischen Politik. Die Völker von der Geißel der Kriege zu befreien, ihnen eine glückliche Zukunft zu ermöglichen, war, ist und bleibt ihr großes Ziel. Kein Land der Erde hat so viel für den Frieden getan und geleistet wie die UdSSR. Dafür wird ihr jeder immer dankbar sein, der verhindern will, daß die Menschheit in einem Nuklearkrieg untergeht, und der entschlossen ist, alles zu tun, damit sie in Frieden leben kann.

Der Generalsekretär des Zentralkomitees der KPdSU, Genosse Juri Andropow, hat erklärt, daß die KPdSU und die UdSSR der Sache des Kampfes für den Frieden und die internationale Entspannung immer ergeben sein werden. Wir stimmen voll und ganz darin überein, daß die Schwierigkeiten und Spannungen in der Weltlage überwunden werden können und müssen. Mit der Fortsetzung des Wettrüstens und mit Kriegen dürfen und werden sich die Völker nicht abfinden. Die Sicherung des Friedens ist die dringendste Aufgabe unserer Zeit. Auch die DDR ist bestrebt, hierzu ihren konstruktiven Beitrag zu erbringen. Dabei verbinden wir unsere aktive Friedenspolitik mit den Maßnahmen, die angesichts der imperialistischen Bedrohung notwendig sind, um die Verteidigungsbereitschaft unseres Landes im Rahmen des Warschauer Vertrages jederzeit auf dem erforderlichen Niveau zu gewährleisten.

Wer vernünftig und realistisch denkt, kann sich der Einsicht nicht verschließen, daß der Kurs der aggressivsten Kreise des Imperialismus, insbesondere der USA, zu nichts Gutem führt. Konfrontation und Hochrüstung, Wirtschaftskrieg, Schürung von Spannungsherden in verschiedensten Regionen der Erde und antisowjetische Scharfmacherei gefährden den Frieden. Mit Recht verlangen die Völker die Abkehr von einer Politik, die den nuklearen Erstschlag, das Risiko eines Weltbrandes kalkuliert, dessen verheerende Auswirkungen alles in den Schatten stellen würde, was in bisherigen Kriegen geschah.

Stationierung neuer USA-Raketen schafft eine veränderte strategische Lage

Das gilt vor allem auch im Hinblick auf die Stationierung neuer nuklearer Mittelstreckenwaffen der USA in Westeuropa, die von der NATO für 1983 vorbereitet wird. Dadurch würde eine veränderte strategische Lage entstehen, und die Gestaltung der Beziehungen zwischen den Staaten verschiedener Gesellschaftsordnung entsprechend den Prinzipien friedlicher Koexistenz würde unterminiert. Die aggressivsten Kreise des Imperialismus setzen mit ihren Versuchen, das existierende militärische Gleichgewicht zuungunsten der sozialistischen Gemeinschaft zu verändern, die Zukunft des europäischen Kontinents aufs Spiel. Nur in gesichertem Frieden hat er eine aussichtsreiche Perspektive.

Die Sinnlosigkeit und Gefährlichkeit des Wettrüstens, das bereits ungeheure Mittel verschlungen hat, tritt heute immer klarer zutage. Daß mehr

Rüstung keineswegs mehr Sicherheit bringt, ist eine unbestreitbare Tatsache. Die von USA-Präsident Reagan geplante Aufstellung weiterer MX-Raketen wäre der Beginn einer neuen Runde des Wettrüstens. Bezeichnenderweise stößt diese Politik jetzt, wie die Abstimmungsniederlage Ronald Reagans in der vorigen Woche gezeigt hat, sogar im USA-Repräsentantenhaus auf wachsenden Widerstand. Westliche Kommentatoren erwähnen gewiß nicht zu Unrecht den Einfluß, den diese Entwicklung auf die Haltung jener westeuropäischen Verbündeten ausüben kann, deren Länder gemäß dem Brüsseler NATO-Beschluß in eine atomare Abschußrampe der USA verwandelt werden sollen.

Die DDR tritt gemeinsam mit der Sowjetunion und den anderen sozialistischen Bruderländern für konkrete Maßnahmen zur Begrenzung und Reduzierung der Rüstungen, vor allem der atomaren, entsprechend dem Prinzip der Gleichheit und der gleichen Sicherheit ein. Wir unterstützen die konstruktiven Bemühungen der UdSSR, in den Genfer Verhandlungen mit den USA Fortschritte und positive Ergebnisse herbeizuführen, die von größter Bedeutung für die Friedenssicherung wären. Zugleich arbeitet die DDR beim Madrider Treffen daran mit, ein substantielles Abschlußdokument und die Einberufung einer europäischen Konferenz über vertrauens- und sicherheitsbildende Maßnahmen und Abrüstung zu erreichen.

Mit dem feierlich erklärten, einseitigen Verzicht auf den Ersteinsatz von Kernwaffen hat die UdSSR ihrer Friedenspolitik ein neues, einprägsames Zeugnis ausgestellt. Sie gab ein Beispiel, das seine Wirkung auf niemanden in der Welt verfehlt, dem es mit den Interessen der Völker ernst ist. Gingen alle kernwaffenbesitzenden Staaten eine solche Verpflichtung ein, so würde eine wirksame Voraussetzung geschaffen, um den Ausbruch eines nuklearen Infernos überhaupt zu vereiteln. Für dieses Ziel, für einen dauerhaften Frieden, wird die DDR mit allen ihr zu Gebote stehenden Mitteln wirken. Gerade auch hierin wird sie stets ein treuer und zuverlässiger Kampfgefährte der Sowjetunion sein.

Werte Anwesende!
Liebe Freunde und Genossen!
60 Jahre Union der Sozialistischen Sowjetrepubliken und die internationalen Veränderungen, die seit Gründung des ersten Arbeiter-und-Bauern-Staates der Welt vonstatten gegangen sind, verdeutlichen überzeugend die Sieghaftigkeit unserer Sache des Sozialismus, der Sache der Befreiung und des Fortschritts der Völker. Getreu dem proletarischen Internationalismus, erfüllt das Land Lenins, erfüllt unsere Gemeinschaft von Bruderländern ihre Verantwortung vor der Menschheit. Sie vollbringt das große Werk, den Sozialismus und Kommunismus zu erbauen, jene Gesellschaftsordnung, die allein es dem Menschen ermöglicht, ein Mensch zu sein. Nach der un-

sterblichen Lehre von Karl Marx, Friedrich Engels und Wladimir Iljitsch Lenin gestalten wir gemeinsam die Gegenwart und haben Perspektiven vor Augen, die alle Mühen der Arbeit und alle Härten des Kampfes lohnen. Als Bannerträgerin des Menschheitsfortschritts geht die Sowjetunion uns allen auf diesem Wege voran.

Liebe Freunde und Genossen!

Es lebe unser gemeinsamer Kampf für Frieden und Sozialismus!

Es lebe die brüderliche Verbundenheit der Sozialistischen Einheitspartei Deutschlands und der Kommunistischen Partei der Sowjetunion, die unzerstörbare Freundschaft des Volkes der Deutschen Demokratischen Republik mit dem großen Sowjetvolk!

Es lebe der 60.Jahrestag der Gründung der Union der Sozialistischen Sowjetrepubliken!

Erich Honecker: Reden und Aufsätze, Bd. 9,
Berlin 1985, S. 154–162, 164–167.

Rede auf der Internationalen Wissenschaftlichen Konferenz des Zentralkomitees der SED »Karl Marx und unsere Zeit – der Kampf um Frieden und sozialen Fortschritt« in Berlin

11. April 1983

Liebe Genossinnen und Genossen!
Verehrte Gäste!
Als vor 100 Jahren Karl Marx, dieser große Denker und Revolutionär, für immer die Augen schloß, erklärte sein Freund und Kampfgefährte Friedrich Engels, daß sein Name und sein Werk durch die Jahrhunderte fortleben werden. Diese prophetischen Worte finden ihre volle Bestätigung in unserer stürmischen und kampferfüllten Zeit, in der sich das menschliche Dasein in allen Erdteilen von Grund auf wandelt und die Menschheit alle Kraft aufwendet, um ihre Selbstvernichtung durch ein atomares Inferno abzuwenden.

Wie wir wissen, werden gegenwärtig überall Veranstaltungen zu Ehren von Karl Marx abgehalten. In Ausstellungen strömen Menschen, um sich mit seinem Schaffen vertraut zu machen. Verlage geben Arbeiten heraus. Filme, Zeitungen und andere Medien lenken die Aufmerksamkeit von Millionen und aber Millionen Menschen auf die Persönlichkeit des größten Sohnes des deutschen Volkes, auf sein Lebenswerk.

Karl Marx widmete es der Aufgabe, die Welt nicht nur zu interpretieren, sondern zu verändern. Seitdem hat sich die Welt tatsächlich verändert, und zwar in gewaltigen Ausmaßen. Heute ist offensichtlich, daß sich diese Erneuerung aller Existenzformen der menschlichen Gesellschaft im Geist von Karl Marx, auf revolutionäre Art vollzog, aber nicht im Geist jener, die ihn zeit seines Lebens mit Haß verfolgten und nach seinem Tode vergeblich danach trachteten, die Lebenskraft seiner Lehre zum Erlöschen zu bringen.

Marx öffnete der Arbeiterklasse aller Länder den Blick für ihre historische Mission, Totengräber der alten Gesellschaft und Erbauer einer neuen zu sein, die frei ist von der Ausbeutung des Menschen durch den Menschen. Die Abschaffung der Ausbeutung befreit die Menschheit auch von den zwei anderen Hauptübeln, von denen sie jahrhundertelang gequält worden ist, der nationalen Unterdrückung und rassischen Diskriminierung sowie den vernichtenden Kriegen. Wie wir alle feststellen können, hat sich die Arbeiterklasse zu einer Kraft entwickelt, die entscheidend das Rad der Geschichte vorwärtsbewegt. Nach dem 19. Jahrhundert mit seinen Kämpfen, nach dem Sieg und der blutigen Niederwerfung der Pariser Kommune, nach den revolutionären Erhebungen, die zu Beginn des 20. Jahrhunderts den ersten Weltkrieg beendeten, nach dem Sieg der Antihitlerkoalition mit ihrer Hauptkraft, der Sowjetunion, über den deutschen Faschismus ist die Arbeiterklasse in vielen Ländern der Erde zur herrschenden Klasse geworden, die im Bündnis mit den Bauern und der Intelligenz die sozialistische Gesellschaft errichtet.

Den Weg dahin hat das russische Proletariat unter Führung der Partei der Bolschewiki, unter Führung Wladimir Iljitsch Lenins, des treuen Nachfolgers von Marx und Engels, durch die Große Sozialistische Oktoberrevolution freigelegt. Ob in Moskau oder Peking, in Berlin, Havanna oder Addis Abeba, in Prag, Hanoi oder Aden, in Warschau, Ulan-Bator oder Phjöngjang, in Budapest oder Vientiane, in Sofia oder Kabul, in Bukarest oder Luanda, in Belgrad oder Maputo – überall sind die Konturen einer Welt zu erkennen, in der die Völker, um mit Engels zu sprechen, den Schritt aus dem Reich der Notwendigkeit in das Reich der Freiheit tun.

Der umfassende Einfluß der Großen Sozialistischen Oktoberrevolution auf die Entwicklung der Menschheit ist offensichtlich. Der 60. Jahrestag der Union der Sozialistischen Sowjetrepubliken, die Teilnahme zahlreicher kommunistischer, sozialistischer, sozialdemokratischer Parteien, revolutionär-demokratischer Parteien und Befreiungsbewegungen an den Feierlichkeiten in Moskau unterstreichen das hohe Ansehen der Sowjetunion in der Welt, ihre große Anziehungskraft auf die internationale Arbeiterbewegung und alle Völker.

Das kann auch nicht anders sein. Die Große Sozialistische Oktoberrevolution war keine Revolution herkömmlichen Typs. Von allen anderen Revolutionen, einschließlich der Großen Französischen Revolution, der wir noch heute unsere Reverenz erweisen, unterscheidet sie sich grundlegend. Bekanntlich hatten bis dahin alle anderen Revolutionen lediglich dazu geführt, daß alte Ausbeuterordnungen durch neue abgelöst wurden. Die Ausbeutung des Menschen durch den Menschen blieb. Durch den Roten Oktober wurde sie erstmals beseitigt. Dieser Sieg brachte die Arbeiter im Bündnis mit den Bauern an die Macht. Darin besteht der prinzipielle Unterschied der Großen Sozialistischen Oktoberrevolution und der Revolutionen in den anderen sozialistischen Ländern zu allen Revolutionen, die vorher stattfanden. Darin besteht auch die weltgeschichtliche Bedeutung des realen Sozialismus von heute.

Im Grunde genommen war der Sieg der Großen Sozialistischen Oktoberrevolution ein Sieg der Lehre von Marx, Engels und Lenin. Mit Recht hat der Generalsekretär des Zentralkomitees der Kommunistischen Partei der Sowjetunion, Juri Andropow, vor kurzem in seinem Artikel über die Lehre von Marx und einige Fragen des sozialistischen Aufbaus in der UdSSR unterstrichen, daß der Marxismus in unserer Zeit ohne den Leninismus und neben ihm einfach nicht denkbar ist. Lenin und die von ihm gegründete Partei der Bolschewiki, so schrieb er, haben die führende Rolle in der ersten siegreichen Revolution übernommen, die das sozialpolitische Antlitz der Welt von Grund auf veränderte. Damit wurde eine neue Ära, die Ära des weltweiten Übergangs vom Kapitalismus zum Sozialismus, der grandiosen Erfolge und historischen Errungenschaften der Arbeiter, der Volksmassen eingeleitet. So ist es zur Verschmelzung des von Marx und Engels geschaffenen wissenschaftlichen Sozialismus mit der lebendigen Praxis von Millionen Werktätigen gekommen, die eine neue Gesellschaft aufbauen.

Die siegreiche Große Sozialistische Oktoberrevolution zeigte, daß der Kapitalismus, von dem die Bourgeoisie behauptet, er sei ewig, durch eine neue Gesellschaftsformation ersetzt werden kann. Überzeugend bewies ihr Sieg zugleich den Leitsatz der Marxschen Lehre, wonach der Kapitalismus nicht freiwillig von der Bildfläche verschwindet. Nur durch die Arbeiterklasse und ihre revolutionäre Partei kann er gestürzt werden. Das war bekanntlich eine der wichtigsten Lehren, die Marx und Engels aus der Niederlage der Pariser Kommune zogen.

Man mag die 1917 eingeleitete Wende in der Geschichte der Menschheit beurteilen, wie man will – Tatsache ist, daß das Entstehen des real existierenden Sozialismus die Welt des Kapitals zutiefst erschütterte und der Menschheit die Hoffnung auf eine glückliche Zukunft in Frieden und Freiheit gab. Der Vormarsch der Welt des Sozialismus wird, wie es Marx und Engels vorausgesehen haben, begleitet von der Befreiungsbewegung der Völker, die dem imperialistischen Kolonialsystem den Todesstoß versetzte. Er wird begleitet von den großen Auseinandersetzungen in den Ländern des Kapitals verschiedenster Entwicklungsstufen. Dort kann die herrschende Klasse ihre Macht schon nicht mehr ausüben, ohne den Einfluß des sozialistischen Weltsystems, ohne die Arbeiterbewegung in ihren Ländern zu berücksichtigen, die bereits zum Hauptträger des demokratischen Fortschritts, der demokratischen Erneuerung geworden ist. Es sind Länder, in denen sich das Tor zum Sozialismus, ganz gleich unter welchen Farben, entsprechend den nationalen Gegebenheiten und dem Kräfteverhältnis der Klassen breit öffnen und sich die Vergesellschaftung der Produktionsmittel, eine der wichtigsten Forderungen von Karl Marx, vollziehen wird. In Afrika, Asien und Lateinamerika wächst das Streben der noch nicht befreiten Menschen nach Frieden, Freiheit und Gerechtigkeit.

Auf dem Hintergrund dieser Veränderungen wird deutlich, welches gewaltige Werk Karl Marx und Friedrich Engels vollbrachten, indem sie den Sozialismus aus einer Utopie in eine Wissenschaft verwandelten. Die Verbindung des wissenschaftlichen Sozialismus mit der Arbeiterbewegung versetzte die Arbeiterklasse aller Länder, die Unterdrückten aller Völker in die Lage, sich auf ihre eigene Kraft zu besinnen und sie zu gebrauchen, eine Kraft, die es ihnen ermöglicht, sich von den Fesseln des Kapitals zu befreien.

Wie die Ideen von Karl Marx das Handeln der Massen beeinflußten, so wirkten sie auch nachhaltig auf die Entwicklung der Wissenschaften und des theoretischen Denkens. Es gibt keine moderne Gesellschaftswissenschaft, die sich der Beweiskraft der Marxschen Lehre entziehen kann. Die Haltung zu dieser Lehre wurde zu einem Grundproblem der geistigen und politischen Auseinandersetzung.

Es ist das historische Verdienst von Marx, der Menschheit die Erkenntnis vermittelt zu haben, daß ihre Zukunft nicht von irgendwelchen undefinierbaren Kräften abhängt. Sie wird auch nicht bestimmt vom Wunschdenken dieser oder jener »Marxtöter«, die zum Kreuzzug gegen den Marxismus unserer Epoche aufrufen, den Kommunismus mit Hilfe der modernen Inquisition verdammen und am liebsten in der Versenkung verschwinden lassen möchten, um den herrschenden Klassen ihrer Länder den Profit zu erhalten. Ausschlaggebend für die Entwicklung der Gesellschaft sind das Niveau der Produktion, ihre Art und Weise, die ökonomische Entwicklungsstufe eines jeden Volkes. In unserer Zeit ermöglicht die Existenz der UdSSR, des sozialistischen Weltsystems sogar den Völkern ökonomisch rückständiger Länder unter Vermeidung des kapitalistischen Entwicklungsweges den Übergang zur Schaffung der Grundlagen des Sozialismus.

»Was mich nun betrifft«, stellte Marx fest, »so gebührt mir nicht das Verdienst, weder die Existenz der Klassen in der modernen Gesellschaft noch ihren Kampf unter sich entdeckt zu haben. Bürgerliche Geschichtsschreiber hatten längst vor mir die historische Entwicklung dieses Kampfes der Klassen, und bürgerliche Ökonomen die ökonomische Anatomie derselben dargestellt. Was ich neu tat, war 1. nachzuweisen, daß die *Existenz der Klassen* bloß an *bestimmte historische Entwicklungsphasen der Produktion* gebunden ist; 2. daß der Klassenkampf notwendig zur *Diktatur des Proletariats* führt; 3. daß diese Diktatur selbst nur den Übergang zur *Aufhebung aller Klassen* und zu einer *klassenlosen Gesellschaft* bildet.«[1]

Friedrich Engels nannte es den Grundgedanken der Arbeit von Marx, der insbesondere auch im »Manifest der Kommunistischen Partei« zum Ausdruck gebracht ist, daß die ökonomische Produktion und die aus ihr mit Notwendigkeit folgende Gliederung einer jeden Geschichtsperiode die Grundlage bildet für die politische und Geistesgeschichte dieser Epoche. Seit Auflösung des uralten Gemeinbesitzes an Grund und Boden ist die Geschichte aller bisherigen Gesellschaft eine Geschichte von Klassenkämpfen gewesen, eine Geschichte des Kampfes zwischen ausgebeuteten und ausbeutenden, beherrschten und herrschenden Klassen auf verschiedenen Stufen der gesellschaftlichen Entwicklung. Dabei wird schließlich eine Stufe erreicht, auf der die ausgebeutete und unterdrückte Klasse, das Proletariat, sich nicht mehr von der ausbeutenden und unterdrückenden Klasse befreien kann, ohne zugleich die ganze Gesellschaft für immer von Ausbeutung und Unterdrückung zu befreien.

Dieser Grundgedanke gehört einzig und allein Marx, und die Arbeiterbewegung hat ihn stets zu bewahren gewußt, denn die progressive Entwicklung in Gegenwart und Zukunft ist nicht möglich, ohne ihn zum Leitfaden des Handelns all derer zu machen, die bestrebt sind, die Menschheit aus dem Reich der Notwendigkeit in das Reich der Freiheit zu führen. Auf dieser Erkenntnis beruht auch die Bündnispolitik der revolutionären Parteien der Arbeiterklasse, die in den sozialistischen Ländern, entsprechend den nationalen Gegebenheiten, in dieser oder jener Form Ausdruck findet.

Zur Größe seiner Persönlichkeit gehört es, daß Karl Marx seine Lehre nie als etwas Abgeschlossenes betrachtete, das keiner Veränderung unterworfen ist. Vielmehr sah er die Praxis immer als Prüfstand für die Theorie an. Aus ihr schöpfte er, indem er am revolutionären Kampf selbst teilnahm, neue Ideen. Er verallgemeinerte die gewonnenen Erfahrungen und wirkte mit vertieften theoretischen Erkenntnissen wieder auf den Fortgang der Geschichte ein. Hierin wurzelt zugleich der wissenschaftliche, schöpferische Charakter der Marxschen Lehre, ihre Fähigkeit, auf neue Fragen die erforderlichen Antworten zu geben. Wladimir Iljitsch Lenin übernahm die historische Rolle, den Marxismus gegen alle Verfälschungen zu verteidigen und ihn im imperialistischen, dem höchsten und letzten Stadium des Kapitalismus sowie für die neue Epoche des Übergangs zum Sozialismus weiterzuentwickeln.

Die Lehre von Karl Marx ist allmächtig, weil sie wahr ist. Ihre Erfolge

---

1 Marx an Joseph Weydemeyer in New York. In: Karl Marx/Friedrich Engels: Werke, Bd. 28, S. 507/508.

können nicht in Abrede gestellt werden. Daran ändern auch Schwierigkeiten nichts, die beim Aufbau einer neuen Gesellschaft aus den verschiedensten Gründen entstehen. Der real existierende Sozialismus ist im Verhältnis zur Ausbeutergesellschaft noch jung. Mit ihm beschreitet die Menschheit völlig neue, in der bisherigen Menschheitsgeschichte unbekannte Wege. Die Begründer des wissenschaftlichen Sozialismus konnten dafür keine in jeder Beziehung gültigen Rezepte geben. Das war auch keinesfalls ihre Absicht. Die Grundwahrheiten, die grundlegenden Erkenntnisse haben sie jedoch ausgearbeitet. Im engen Zusammenwirken studieren die führenden Parteien der sozialistischen Länder die Erfahrungen beim Aufbau der neuen Gesellschaft und lösen die herangereiften Probleme. Auf diese Weise wird die von Marx begründete Theorie ständig bereichert, bewährt sie sich als Anleitung zum Handeln.

Karl Marx war, wie auch Lenin, vor allem Revolutionär. So oder so wollte er mitwirken nicht nur einfach am Sturz dieser oder jener Regierung, welche die Interessen und die Rechte des Volkes mißachtete, sondern vor allem am Sturz der kapitalistischen Gesellschaft und der von ihr geschaffenen Staatseinrichtungen. In vielen seiner Werke, insbesondere der »Kritik des Gothaer Programms«, vermittelte er die schon im »Manifest der Kommunistischen Partei« verkündete Erkenntnis, daß das Proletariat ohne die Bourgeoisie auskommen kann, jedoch die Bourgeoisie nicht ohne das Proletariat. Die Bourgeoisie, so stellte er fest, kann nicht existieren, ohne die Produktionsinstrumente, die Produktionsverhältnisse fortwährend zu revolutionieren. Damit produziert sie tausendfach ihren eigenen Totengräber, das Proletariat.

Die heutige Situation in den kapitalistischen Industriestaaten zeigt anschaulich, daß die herrschende Klasse auch mit den modernsten Produktivkräften nicht in der Lage ist, die Probleme der Gegenwart im Interesse der Menschen zu bewältigen. Seinen Ausdruck findet das in dem Bemühen, die Folgen der Krise zugunsten des Profits auf die Schultern der Werktätigen abzuwälzen, in der Massenarbeitslosigkeit, im Unvermögen, allen jungen Menschen nach der Schulzeit eine Berufsausbildung mit der Perspektive eines gesicherten Arbeitsplatzes zu gewährleisten. Angesichts dieser Erscheinungen, vor allem der Massenarbeitslosigkeit und des sozialen Raubzuges durch die Inflation, kommen auch führende Kreise der Gewerkschaften zu dem Schluß, daß die negativen Folgen kapitalistischer Profitwirtschaft nicht zu beheben sind, ohne ihre Wurzeln zu beseitigen. Sehr hoch schätzen wir, das möchte ich in diesem Zusammenhang zum Ausdruck bringen, die großen Anstrengungen der kommunistischen und Arbeiterparteien, der Gewerkschaften in den Ländern des Kapitals sowie der nationalen Befreiungsbewegungen ein, soziale Errungenschaften für die Werktätigen durchzusetzen und zu verteidigen.

Sowohl in den Ländern des Sozialismus als auch in den Ländern des Kapitals erweist sich tagtäglich, daß der Marxismus eine lebendige Wissenschaft ist, die nichts an Anziehungskraft verloren hat. Selbst ernsthafte bürgerliche Philosophen und Ökonomen können bei der Darlegung ihrer Ansichten über Vergangenheit, Gegenwart und Zukunft der Menschheit an Marx nicht vorbei. Sogar jene Politiker, die behaupten, er habe ihnen nichts mehr zu sagen, weil er unter anderen Bedingungen gelebt und gearbeitet habe, müssen eingestehen, daß die heutige Zeit eine Reihe von Fragen stellt, auf die es, wenn man nicht auf Marx zurückgreifen könnte, keine befriedigende Antwort gäbe.

Nehmen wir die Fragen nach dem Ursprung der politischen, ökonomischen und kulturellen Krisen, die in der westlichen Hemisphäre so gern zu Krisen der Zivilisation erklärt werden. Nehmen wir weiter die manchmal sehr ratlosen Fragen nach den Ursachen der Massenarbeitslosigkeit. Marx, Engels und Lenin haben klare Antworten gegeben. Die Wurzeln dieser Übel liegen zutiefst im kapitalistischen System, das sich am Maximalprofit orientiert. Nehmen wir die Friedensforschung in den westlichen Ländern. Marx, Engels und Lenin gaben klare Antworten, woher die Kriege kommen und wie sie zu verhindern sind.

Von Anfang an betrachtete Marx die soziale Befreiung der Völker und ihre Befreiung von der Geißel der Kriege als unlösbar verbundene Aufgaben, die von der Arbeiterklasse bei der Erfüllung ihrer historischen Mission zu lösen sind. Er stellte sich stets mit Sympathie und Leidenschaft an die Seite der Völker, die gegen ihre nationale und koloniale Unterdrückung, um ihre Freiheit und Unabhängigkeit kämpften. Zugleich trat er entschieden gegen alle Kriege ein, die dem Profit- und Expansionsstreben der Bourgeoisie entsprangen.

Gut bekannt ist der Marxsche Gedanke, daß der Sozialismus eine Gesellschaft verkörpert, »deren internationales Prinzip der *Friede* sein wird, weil bei jeder Nation dasselbe Prinzip herrscht – die *Arbeit*!«[2] In der Tat gibt es im Sozialismus keine Klasse oder gesellschaftliche Gruppe, die von Rüstung und Krieg Vorteil hätte oder andere Völker bedroht. Die Arbeiterklasse braucht zur Verwirklichung ihrer Ziele keinen Krieg.

So hat die revolutionäre Arbeiterbewegung in der Erhaltung des Friedens stets eines ihrer wichtigsten Anliegen gesehen. Sie verband den Kampf gegen den Krieg der Bourgeoisie mit dem Ringen um gesellschaftli-

---

2 Karl Marx: Erste Adresse des Generalrats über den Deutsch-Französischen Krieg. In: Karl Marx/Friedrich Engels: Werke, Bd. 17, S. 7.

chen Fortschritt. Heute haben wir es jedoch mit einer Weltsituation zu tun, in der die Gefahr eines Nuklearkrieges das Leben der Völker überschattet, eines Infernos, das im Falle seines Ausbruchs die Selbstvernichtung der Menschheit bedeuten würde. Dies zu verhindern, einen sicheren Frieden zu gewährleisten, ist das Wichtigste in unserer Zeit. Nur dadurch werden der weitere soziale Fortschritt und die Lösung anderer gesellschaftlicher Probleme möglich, wird die Rettung der Zivilisation möglich.

Mit ihrer Politik der Konfrontation und Hochrüstung, auf die sie auch die Verbündeten in der NATO festzulegen versuchen, verfolgen maßgebliche Kreise der USA eindeutig imperiale Ziele. Vor allem möchten sie, was völlig irreal ist, militärstrategische Überlegenheit über die Sowjetunion und die anderen Länder der sozialistischen Gemeinschaft erlangen, um in der internationalen Arena nach Belieben schalten und walten zu können. Dem entspricht es auch, wenn die Washingtoner Administration kaum einen Tag vergehen läßt, ohne die sattsam bekannte »Bedrohung aus dem Osten« zu strapazieren, die es in Wirklichkeit nicht gibt.

An Beispielen aus der Geschichte für den imperialistischen Drang nach Ausdehnung des Herrschaftsbereichs, nach Rohstoffquellen, Absatzmärkten und Einflußsphären mangelt es wahrhaftig nicht. Man braucht nur an den deutschen Faschismus und seine wahnwitzigen Pläne zu denken, die zum zweiten Weltkrieg mit all seinem Leid und seinen Zerstörungen führten. Heute beansprucht der USA-Imperialismus weiteste Teile der Welt als eigene Interessengebiete, sei es nun in Europa, Afrika, Asien oder Lateinamerika.

Durch diese Politik werden die Unabhängigkeit, die Souveränität, die Rechte der Völker mit Füßen getreten, wovon übrigens auch die Aufstellung der sogenannten schnellen Eingreiftruppe zeugt, deren erklärter Auftrag es ist, progressive Entwicklungen in verschiedensten Erdregionen niederzuschlagen. Zugleich erweitert die NATO ihren Aktionsradius über den Bündnisbereich hinaus auf Regionen, die der Imperialismus seinen globalen Interessen unterordnen will. Die USA bauen ihre Militärstützpunkte aus und haben eine Kommandozentrale für kosmische Kriegführung geschaffen. Die jüngsten Pläne der USA, auch den Weltraum zum Stationierungsplatz von Raketenwaffen zu machen, würden einer weiteren Eskalation des Wettrüstens Tür und Tor öffnen und die Wahrscheinlichkeit eines Krieges auf der Erde nur vergrößern.

Zur Politik der Konfrontation gehört es, Spannungen in verschiedensten Erdregionen zu schüren und neue Herde solcher Spannungen zu schaffen, wodurch die internationale Situation weiter vergiftet und die Lunte des Krieges am Glimmen gehalten wird. Das tritt im Nahen Osten zutage, wo insbesondere die USA dem israelischen Aggressor gegen Libanon, gegen das palästinensische Volk, gegen Syrien ihre Unterstützung zuteil werden lassen. Als wachsender Gefahrenherd erweisen sich die aggressive Politik des Apartheidregimes in Südafrika, die fortgesetzte Okkupation Namibias sowie die Bestrebungen des Rassistenregimes, die progressiven Staaten dieser Region zu destabilisieren. Auch in der Karibik verfolgt der USA-Imperialismus einen Kurs der Drohungen, des Drucks und der Erpressung, der darauf abzielt, vor allem das sozialistische Kuba in die Knie zu zwingen, sich aber ebenso gegen Nikaragua, Grenada, gegen die Befreiungsbewegungen in El Salvador und in anderen Ländern dieser Region richtet.

Ohne Umschweife geben die aggressivsten Kreise des Imperialismus zu erkennen, daß sie den nuklearen Erstschlag und damit das Risiko eines nuklearen Weltkrieges einkalkulieren. In der Logik einer solchen Politik liegt es, die Rüstungen in astronomische Höhen zu schrauben. Hier sei nur daran erinnert, daß die Rüstungsausgaben der USA von 144 Milliarden Dollar im Jahre 1980 auf 285 Milliarden Dollar in diesem Jahr gestiegen sind und 1987 auf mehr als 400 Milliarden Dollar anwachsen sollen. Den ökonomischen Vorteil hat lediglich eine kleine Zahl gewaltiger Rüstungskonzerne, deren Profite bei diesem Geschäft mit dem Tode trotz der Krise ständig zunehmen.

Für die Völker hingegen sind immer neue Runden des Wettrüstens eine drückende Bürde. Nicht zuletzt ziehen sie die Entwicklungsländer in Mitleidenschaft. Sie erschweren ihnen wesentlich, ihre nationalen Programme zu verwirklichen, das Erbe nach jahrhundertelanger Kolonialherrschaft zu überwinden. Durch den steigenden Rüstungsexport imperialistischer Staaten, insbesondere der USA und deren Hochzinspolitik, vergrößert sich die ohnehin sehr hohe Verschuldung zahlreicher Entwicklungsländer. Nach neuesten Schätzungen beträgt diese Schuldenlast mehr als 600 Milliarden Dollar. Wenn es zum Stopp des Wettrüstens, zu praktischen Maßnahmen der Abrüstung kommt, dann können enorme Summen der Lösung jener Menschheitsprobleme zufließen, die so dringlich auf der Tagesordnung stehen.

Heute sind die Gefahren für den Weltfrieden groß, aber nach unserer Überzeugung ist es nicht nur notwendig, sondern auch möglich, sie zu bannen. Mit Recht fühlen sich die Kräfte in der Welt, die den Frieden aufrichtig wollen, durch die Tatsache ermutigt, daß der Kampf für dieses große Ziel in der Sowjetunion, in der sozialistischen Gemeinschaft seine stärkste Bastion hat. Sozialismus und Frieden sind wesenseins. Als Kommunisten folgen wir dem Ideal, das in dem alten Arbeiterlied »Brüder, seht die rote Fahne« mit den Worten beschrieben wird: »Arbeit, Brot und Völkerfrieden – das ist unsere Welt«.

Es entspricht den Interessen des Weltfriedens, daß sich das mächtige militärische Potential, das die moderne Wissenschaft und Technik hervorgebracht hat, nicht allein in den Händen des Imperialismus befindet. Wurde dieses ungeheure Vernichtungspotential bisher nicht eingesetzt, so ist dies gerade der Verteidigungskraft der sozialistischen Gemeinschaft zu danken. Sie jederzeit auf dem jeweils erforderlichen Niveau zu gewährleisten betrachten wir angesichts der verschärften Konfrontations- und Hochrüstungspolitik der aggressivsten Kreise des Imperialismus als eine Sache unserer internationalistischen Verantwortung.

Zugleich scheuen die UdSSR, die DDR und die anderen Staaten der sozialistischen Gemeinschaft keine Mühe, ergreifen sie immer wieder die Initiative, um spürbare, dauerhafte Fortschritte zur Friedenssicherung zu erreichen. Dafür hat die Prager Tagung des Politischen Beratenden Ausschusses der Teilnehmerstaaten des Warschauer Vertrages ihr bekanntes Programm unterbreitet. Es trägt den Interessen aller Seiten Rechnung, hat die internationale Diskussion über gangbare Wege zur Begrenzung und Reduzierung der Rüstungen belebt und erweist sich als konstruktives Element, praktikable Lösungen zu finden und zu realisieren.

Als einen Schritt von weltpolitischer Bedeutung werten wir die feierliche Erklärung der Sowjetunion, nicht als erste Kernwaffen einzusetzen, und treten für eine analoge Verpflichtung der anderen Kernwaffenmächte ein. Die Staaten des Warschauer Vertrages sind zu weitestgehenden Maßnahmen der Abrüstung gemäß dem Prinzip der Gleichheit und der gleichen Sicherheit bereit. Mehr Waffen bedeuten heutzutage keinesfalls größere, sondern geringere Sicherheit. Daher gilt es in der Tat, Frieden zu schaffen mit immer weniger Waffen. Um die Gefahr eines nuklearen Infernos abzuwenden, ist es von größter Bedeutung, die von der NATO beabsichtigte Stationierung neuer nuklearer Erstschlagwaffen der USA in Westeuropa zu verhindern. Wir treten für eine echte Null-Lösung ein, die in einem atomwaffenfreien Europa besteht und unserem Kontinent eine friedliche Perspektive gewährleistet.

So haben wir, wie Sie wissen, den schwedischen Vorschlag unterstützt, eine von nuklearen Gefechtsfeldwaffen freie Zone in Mitteleuropa zu schaffen, und uns bereit erklärt, das gesamte Territorium der DDR dafür zur Verfügung zu stellen. Die Errichtung einer solchen Zone wäre ein wertvoller Beitrag, die Kriegsgefahr zu verringern, die Fortsetzung des Prozesses der Entspannung zu ermöglichen und die internationale Zusammenarbeit weiter zu entwickeln. An der Realisierung dieser Ziele aktiv mitzuwirken ist und bleibt das vorrangige Anliegen der DDR. Großes Gewicht messen wir dem in Prag unterbreiteten Vorschlag bei, zwischen dem Warschauer Pakt und der NATO einen Vertrag über den gegenseitigen Verzicht auf Anwendung militärischer Gewalt und über die Aufrechterhaltung friedlicher Beziehungen abzuschließen. Voll und ganz unterstützen wir das Vorgehen der UdSSR in den Genfer Verhandlungen über die Begrenzung und Reduzierung der nuklearen Rüstungen, das sich darauf richtet, positive Ergebnisse zu erreichen. Dafür hat Juri Andropow Vorschläge unterbreitet, die in der Weltöffentlichkeit ein großes, weithin zustimmendes Echo fanden und von vielen Seiten um so drängender die Frage laut werden lassen, wann die USA ihre bisherige Obstruktion aufgeben und sich am Zustandekommen von konstruktiven Vereinbarungen beteiligen.

In vielen Ländern Europas, Afrikas, Asiens und Lateinamerikas treten Völker und Regierungen dafür ein, in ihren Regionen atomwaffenfreie Zonen zu schaffen und Spannungs- und Konfliktherde einzudämmen. Mit allem Nachdruck unterstützen wir entsprechende Initiativen Indiens, Mexikos, Venezuelas und Nikaraguas sowie arabischer und afrikanischer Staaten.

In der Bewegung der Nichtpaktgebundenheit sehen wir eine große Kraft, das gemeinsame Interesse an einem sicheren Frieden auf allen Kontinenten geltend zu machen. Ihr Gewicht im Ringen um gleichberechtigte internationale, politische und ökonomische Beziehungen nimmt zu. Die VII. Gipfelkonferenz dieser Staaten in Delhi hat dies eindrucksvoll bestätigt. Nach unserer Auffassung leistete sie einen bedeutenden Beitrag zur Abwehr der imperialistischen Konfrontationspolitik, zur Verteidigung des Friedens und der Rechte der Völker.

Die Erfahrungen in der Welt besagen, daß die Kommunisten sich als zuverlässige Partner in der weltweiten Friedensbewegung erweisen. Sie wirken aktiv und initiativreich für die gemeinsamen Ziele. Da die Kampfbedingungen der kommunistischen und Arbeiterparteien in den einzelnen Ländern unterschiedlich sind, ist es verständlich, daß ihre Auffassungen von den Wegen, Formen und Methoden des Kampfes um Frieden und gesellschaftlichen Fortschritt hier und da voneinander abweichen. Doch das wichtigste Anliegen bleibt es, den Frieden zu sichern, ihn zu stabilisieren. Darin sehen wir das vorrangigste Aktionsziel der gesamten Arbeiterbewegung, unabhängig davon, welchen Standpunkt ihre Parteien und Organisationen in diesen oder jenen Fragen des Lebens in ihren Ländern beziehen. Insgesamt verfügt die internationale Arbeiterbewegung über ein beträchtliches Friedenspotential. Erneut bekräftigen wir unsere Bereitschaft, allen nationalrevolutionären Parteien und Befreiungsbewegungen, allen sozialistischen und sozialdemokratischen Parteien, Gewerkschaftsverbänden und anderen Organisationen kameradschaftlich die Hand zu reichen, damit dieses Potential voll zum Tragen kommt.

Vor diesem Forum, das sich zu Ehren von Karl Marx versammelt hat, möchte ich es als ein Gebot der Stunde bezeichnen, daß alle politischen und gesellschaftlichen Kräfte, die den Frieden aufrichtig wollen, ungeachtet unterschiedlicher politischer Programme, weltanschaulicher Positionen und religiöser Bekenntnisse, über Klassenschranken, über Trennendes hinweg zusammenwirken, um die Völker vor der Katastrophe eines Nuklearkrieges zu bewahren. Damit werden die Divergenzen nicht aufgehoben. Die Verteidigung des Friedens als höchstes Gut der Menschheit ist das vorrangige, gemeinsame, einigende Interesse. Dabei läßt das Engagement für den Frieden viel Spielraum für eine gegenseitig vorteilhafte Kooperation auf verschiedensten Gebieten.

Die Erhaltung des Weltfriedens geht alle an, auch jene, die grundlegende gesellschaftliche Veränderungen nicht anstreben. Gewiß waren die Sehnsucht nach Frieden und die Bereitschaft, ihn zu erkämpfen, zu keiner Zeit das Monopol von irgendwem. Seitdem es Kriege mit ihren Leiden, Opfern und Zerstörungen gibt, haben sich die besten Vertreter der Völker, verschiedenster Klassen und Organisationen den aggressiven Bedrohungen mutig entgegengestellt. Aber noch nie war die Menschheit von der tödlichen Gefahr so direkt betroffen wie heute und damit veranlaßt, sich für den Frieden einzusetzen. Selbst die Realisierung von Profit wird durch einen nuklearen Weltkrieg illusionär. So entsteht die historische Chance, daß im Kampf für den Frieden die unterschiedlichsten Kräfte zueinander finden und dieser Kampf eine Breite erlangt, wie sie bisher nie bestand.

Zur friedlichen Koexistenz von Staaten unterschiedlicher sozialer Ordnung gibt es keine vernünftige Alternative. Ihre Prinzipien, deren Verwirklichung gerade in den siebziger Jahren so viele positive Resultate zeitigte, müssen zur Norm der internationalen Beziehungen werden. Auch wir sind der Meinung, daß die Politik der Entspannung der einzige Weg ist, um eine nukleare Katastrophe zu verhindern, die einzige Möglichkeit, einen sicheren Frieden zu erreichen.

Unsere Partei handelt eingedenk der Verantwortung für das Leben und das Wohl nicht nur der heutigen, sondern auch der kommenden Generationen. Diese Verantwortung empfinden wir, da unser Land unmittelbar an der Trennlinie zwischen Sozialismus und Kapitalismus, zwischen Warschauer Vertrag und NATO liegt, um so stärker. Nicht zuletzt wird sie von den Lehren der Geschichte, von der Tatsache beeinflußt, daß zwei verheerende Weltkriege von deutschem Boden ihren Ausgang nahmen. Frieden und nochmals Frieden ist die oberste Maxime unserer Politik.

Liebe Genossinnen und Genossen!
Verehrte Gäste!
Auch auf deutschem Boden, in seinem Geburtsland, in der Deutschen Demokratischen Republik, werden die Ideen zur Wirklichkeit, mit denen es Karl Marx der Arbeiterklasse ermöglicht hat, die gesellschaftlichen Verhält-

nisse so zu gestalten, daß der Mensch ein Mensch sein kann. Hier entsteht unter Führung der geeinten Arbeiterklasse und ihrer Partei, der SED, ein neues, das sozialistische Deutschland. Was es bis heute erreicht hat und sich für morgen zum Ziel setzt, verdeutlicht, zu welchen Leistungen der reale Sozialismus fähig ist. Sie selbst, liebe Genossen und Gäste, werden in den Tagen Ihres Aufenthaltes bei uns Ihre Eindrücke davon gewinnen und sich Ihr Urteil bilden.

Im Jahr 1945 konnte die revolutionäre deutsche Arbeiterbewegung nach einem langen, kampferfüllten Weg, der schwer errungene Siege, aber auch bittere Niederlagen brachte, darangehen, das Dasein des Volkes von Grund auf zu verändern. Die Zerschmetterung des Faschismus durch die ruhmreiche Sowjetarmee und die Armeen der anderen Staaten der Antihitlerkoalition hatte diese große Chance eröffnet. In der Deutschen Demokratischen Republik wurde sie erfolgreich genutzt. Davon legen die Ergebnisse einer Entwicklung in mehr als dreieinhalb Jahrzehnten Zeugnis ab, die sich in ständiger, harter Auseinandersetzung mit Imperialismus und Reaktion vollzog.

Von vornherein war sie mit den internationalen Veränderungen nach dem zweiten Weltkrieg verknüpft, in deren Verlauf sich das sozialistische Weltsystem herausbildete. Die inneren Aufgaben und Probleme ließen sich um so besser lösen, je enger sich die Zusammenarbeit mit der Sowjetunion und den anderen sozialistischen Bruderländern gestaltete. Das ist eine Erkenntnis, die sich in allen Abschnitten des sozialistischen Aufbaus bestätigte und an die wir uns immer gehalten haben. Im Lande Lenins war die Errichtung der neuen Ordnung entsprechend den objektiven Gesetzen der gesellschaftlichen Entwicklung bereits erprobt. Damit hatte die UdSSR einen Erfahrungsschatz geschaffen, der von unermeßlicher Bedeutung für die gesamte fortschrittliche Menschheit ist und aus dem alle revolutionären Parteien schöpfen können, die ihre Völker zum Sozialismus führen.

Auch unsere Partei tat das, indem sie die allgemeingültigen Gesetze des sozialistischen Aufbaus auf die spezifischen nationalen Gegebenheiten anwandte. Angesichts der chaotischen Hinterlassenschaft des Imperialismus in materieller wie in geistiger Hinsicht wäre es verfehlt gewesen, den Sozialismus zur Tagesaufgabe zu erklären. Durch die antifaschistisch-demokratische Umwälzung wurde ein einheitlicher revolutionärer Prozeß eingeleitet, in dem sich dann der sozialistische Aufbau vollzog. Dabei fiel ins Gewicht, daß unser Land unter kapitalistischen Bedingungen bereits einen relativ fortgeschrittenen Stand der industriellen Entwicklung erreicht hatte.

Mit der Errichtung des ersten sozialistischen Staates der Arbeiter und Bauern auf deutschem Boden, der Deutschen Demokratischen Republik, entschied die Arbeiterklasse die Frage der Macht als Grundfrage jeder Revolution zu ihren Gunsten. Dabei bestätigte sich die marxistisch-leninistische Erkenntnis von der Rolle der Partei als jener führenden Kraft, die für die Befreiung der Arbeiterklasse und den erfolgreichen Aufbau des Sozialismus unabdingbar ist. Im Geist von Marx, Engels und Lenin hat die SED, in vertrauensvoller Verbundenheit mit dem werktätigen Volk, ihre Pflicht erfüllt. Bei ihrer Tätigkeit nutzte sie jederzeit die Erfahrungen der anderen Bruderparteien und gewann ihrerseits Erkenntnisse, die in den internationalen Fonds der revolutionären Erfahrungen einfließen konnten.

Freiheit und Demokratie, diese großen Ideale der Arbeiterbewegung, wurden mit dem Sozialismus erstmals auch auf deutschem Boden zu realen Errungenschaften für das werktätige Volk. Wie Karl Marx nachgewiesen hat, werden sie vom Charakter der ökonomischen und politischen Macht der jeweils herrschenden Klasse bestimmt. Im Staat der Arbeiter und Bauern sind die arbeitenden Menschen Herr ihrer Geschicke, leiten sie die gesellschaftlichen Angelegenheiten selbst. Anders kann das Werk des Sozialismus nicht erfolgreich vollbracht werden.

Die Bündnispolitik der SED nimmt in der sozialistischen Demokratie ihren festen Platz ein, hat die Arbeiterklasse, die Bauern, die Intelligenz und die anderen Werktätigen immer enger zusammengeführt und legt bedeutende schöpferische Kräfte frei. Dafür ist die kameradschaftliche Zusammenarbeit der Sozialistischen Einheitspartei Deutschlands mit den anderen Parteien und den Massenorganisationen in der Nationalen Front der DDR ein kennzeichnender Ausdruck. Deren politische Repräsentanten sind auf allen staatlichen Ebenen an der Verantwortung beteiligt. Die Demokratische Bauernpartei Deutschlands, die Christlich-Demokratische Union Deutschlands, die Liberal-Demokratische Partei Deutschlands und die National-Demokratische Partei Deutschlands leisten einen eigenständigen Beitrag zur Gestaltung der entwickelten sozialistischen Gesellschaft, den wir hoch schätzen. Heute kennt die Gesellschaft der DDR nur noch Klassen und Schichten, die von der eigenen Arbeit leben. So stimmen ihre Grundinteressen überein. In unserer Republik vollzieht sich der große Prozeß der Annäherung der Klassen und Schichten, die immer stärkere Herausbildung der politisch-moralischen Einheit unseres Volkes.

Zu Beginn der siebziger Jahre konnte unsere Partei erstmals umfassend die Aufgabenstellung für die Gestaltung der entwickelten sozialistischen Gesellschaft in der DDR festlegen. Wir fassen sie als einen historischen Prozeß tiefgreifender politischer, ökonomischer, sozialer und geistig-kultureller Wandlungen auf. Dabei ist es notwendig, alle Vorzüge und Triebkräfte, alle Seiten und Bereiche des gesellschaftlichen Lebens, die Produktivkräfte und Produktionsverhältnisse, die sozialen und politischen Beziehungen, die Wissenschaft und das Bildungswesen, die sozialistische

Ideologie und Kultur, die Gesamtheit der Arbeits- und Lebensbedingungen sowie die Landesverteidigung planmäßig auf hohem Niveau zu entwickeln. Von einer prinzipiellen marxistisch-leninistischen Position läßt sich, wie unsere Erfahrungen bestätigen, die Vielzahl von Einzelfragen erfolgreich lösen, die beim sozialistischen Aufbau entstehen.

In der DDR setzte eine Periode neuer, dynamischer Fortschritte ein. Unsere ausländischen Gäste werden gewiß verstehen, daß unser Volk Stolz auf sein sozialistisches Vaterland, auf das in harter Arbeit Geschaffene empfindet. Heute ist die DDR ein moderner sozialistischer Industriestaat mit hocheffektiver Landwirtschaft, einem leistungsfähigen Bildungswesen und einem starken wissenschaftlichen Potential. Seinerzeit hatte die Arbeiterklasse das schwere Erbe des Krieges und die Wirtschaft gewissermaßen als Torso, getrennt vom historisch gewachsenen Körper, übernommen. Was die DDR heute an leistungsfähigen Produktivkräften besitzt – nahezu alle modernen Industriezweige sind bei uns vertreten –, wuchs im Sozialismus als gesellschaftliches Eigentum.

Betrug das Nationaleinkommen unserer Republik im Jahre 1949 24,1 Milliarden Mark, so stieg es bis zum Jahr 1982 auf über 200 Milliarden Mark und damit auf rund das 8fache. 1982, in einer düsteren Krisenzeit für alle größeren kapitalistischen Industriestaaten, erreichte die DDR eine Steigerungsrate der Produktion von 4,3 Prozent gegenüber dem Vorjahr und senkte zugleich den spezifischen Verbrauch von Energie und Rohstoffen um 6 Prozent. Auch unter komplizierten Bedingungen beweisen die Triebkräfte des Sozialismus ihre Stärke. Dies zeigt sich ebenfalls in unserer Landwirtschaft, die genossenschaftlich organisiert ist und in der die individuelle Hauswirtschaft von Anfang an ihren Platz einnimmt. Einen beachtlichen Beitrag zur Ernährung des Volkes leistet der Verband der Kleingärtner, Siedler und Kleintierzüchter mit seinen 1,2 Millionen Mitgliedern.

Es entspricht den objektiven Erfordernissen, daß unsere Partei ihre Wirtschafts- und Sozialpolitik als feste Einheit realisiert. Da die Ergebnisse höherer Produktion in bedeutendem Umfang genutzt werden, um die Arbeits- und Lebensbedingungen der Werktätigen immer günstiger zu gestalten, bleibt das bessere Leben kein Wechsel auf die Zukunft. Gute Arbeit lohnt sich schon heute. Diese Erfahrung mobilisiert viele soziale Energien, mobilisiert vor allem die qualifizierte Arbeit der Menschen. Von den 8 368 000 Beschäftigten in der Volkswirtschaft unseres Landes besitzen über 6 860 000 eine abgeschlossene Berufsausbildung, also 82 Prozent. Das ist eine große Errungenschaft und eine riesige wirtschaftliche Chance zugleich.

Die von unserem X. Parteitag beschlossene ökonomische Strategie für die achtziger Jahre wurzelt in der Marxschen Reproduktionstheorie. Dabei ist interessant, daß sich viele seiner Erkenntnisse als um so aktueller erweisen, je weiter die Volkswirtschaft der DDR auf dem Hauptweg der intensiv erweiterten Reproduktion vorankommt. Das von Marx formulierte Gesetz der Ökonomie der Zeit, seine tiefgründigen Untersuchungen zur Arbeitsproduktivität als wirtschaftliche und gesellschaftliche Erscheinung, zur Ökonomie der Produktionsbedingungen schlechthin bewähren sich immer wieder als Antworten auf die Fragen der Praxis.

Marx war voll und ganz überzeugt, daß sich die Produktivkraft der menschlichen Arbeit in einer Gesellschaft, die von Ausbeutung frei ist, stürmisch zum Wohle des Volkes entfaltet, wenn die Werktätigen mit der Einsicht in die Entwicklungsgesetze der Gesellschaft gewappnet sind und das große Aufbauwerk in die eigenen Hände nehmen. Der sozialistische Wettbewerb, der vom Freien Deutschen Gewerkschaftsbund mit seinen über 9 Millionen Mitgliedern geführt wird, wirkt dabei als starker Motor. Bezeichnenderweise gipfelt die Massenbewegung der Werktätigen der DDR, Karl Marx durch gute Taten zu ehren, in der Verpflichtung von Millionen, die geplante Arbeitsproduktivität 1983 um über 1 Prozent zusätzlich zu steigern und damit die Voraussetzungen für eine Mehrproduktion von 3,8 Milliarden Mark Waren zu schaffen. Das ist eine Initiative von beträchtlicher Tragweite für unser Volk.

Das notwendige Tempo unseres wirtschaftlichen Fortschritts verlangt, die Vorzüge des Sozialismus enger mit der wissenschaftlich-technischen Revolution zu verbinden. Karl Marx bezeichnete die Wissenschaft als »solideste Form des Reichtums«[3] mit einem hohen Stellenwert für die Entwicklung der Produktivkräfte. Dem entspricht ihr Rang in unserer Gesellschaft. So setzen wir für Forschung und Entwicklung einen bedeutenden Anteil des Nationaleinkommens ein, der sich auch im internationalen Vergleich sehen lassen kann. Jedoch verhehlen wir nicht, daß der Sozialismus nach unserer Auffassung größere Möglichkeiten für die Effektivität der Wissenschaft bietet als bisher ausgeschöpft wurden, und wir unternehmen erhebliche Anstrengungen auf diesem Gebiet.

Die Ausbildung neuer volkswirtschaftlicher Strukturen geht mit dem wissenschaftlich-technischen Fortschritt ebenso einher wie neue Anforderungen an den einzelnen. An Problemen mangelt es dabei nicht. Nur sehen die Lösungen vollständig anders aus, wenn Wissenschaft und Technik Mittel zum Zweck des besseren Lebens der Werktätigen sind, statt zum Werkzeug der Ausbeutung des Menschen durch den Menschen erniedrigt zu werden. In der DDR wird die Rationalisierung gemeinsam mit den Werktätigen be-

---

3 Karl Marx: Grundrisse der Kritik der politischen Ökonomie. In: Karl Marx/Friedrich Engels: Werke, Bd. 42, S. 446.

trieben. Wissenschaftlicher und sozialer Fortschritt sind miteinander verbunden.

Im Kapitalismus gerät die Entwicklung der Produktivkräfte bekanntlich in immer schärferen Widerspruch zu den Produktionsverhältnissen, was tiefe Krisen in Ökonomie und Gesellschaft hervorruft. Hingegen bietet der Sozialismus die Möglichkeit, die Produktionsverhältnisse planmäßig zu vervollkommnen und damit der Entfaltung der Produktivkräfte den Weg zu ebnen. Auch hier existiert der wechselseitige Zusammenhang objektiv.

In der DDR wurden die Kapazitäten der Industrie und des Bauwesens in Kombinaten organisiert, die große materielle und geistige Ressourcen vereinigen und alle Voraussetzungen besitzen, um die Produktion von der Forschung bis zum Absatz effektiv zu organisieren. Dabei sind sie fest in die gesamte staatliche Leitung und Planung eingebettet, deren System nach dem Prinzip des demokratischen Zentralismus aufgebaut ist. Die Generaldirektoren der Kombinate wirken als Beauftragte der Arbeiter-und-Bauern-Macht und lösen mit beträchtlichen Vollmachten die planmäßigen Aufgaben. Die Bildung der Kombinate, diese tiefgreifende Veränderung in der Struktur der Leitung der Industrie, die schon einige Zeit zurückliegt, hat sich bewährt und wurde zum Ausgangspunkt vieler weiterer Verbesserungen.

Im Grunde geht es darum, die Interessen der Kombinate, der Betriebe und der einzelnen Kollektive immer zwingender mit den gesellschaftlichen Erfordernissen zu verbinden, also auf hocheffektives Wirtschaften auszurichten. Natürlich kann man nicht Antworten des Kapitalismus kopieren, sondern diese Antworten sind nur durch die Vervollkommnung der sozialistischen Planwirtschaft selbst zu finden.

Der X. Parteitag der Sozialistischen Einheitspartei Deutschlands charakterisierte die Ökonomie als das Feld, auf dem die wichtigsten Entscheidungen der Gesellschaftspolitik fallen. Zugleich betonte er die zunehmende Bedeutung der Wechselwirkung der Entwicklungsprozesse auf den verschiedensten Gebieten. Aus der Effizienz der Ökonomie müssen die Mittel fließen, die den gedeihlichen Fortschritt vieler anderer Bereiche im Sinne unserer programmatischen Zielsetzungen überhaupt erst ermöglichen. Dazu gehören auch Maßnahmen zum Schutz der Natur und der Umwelt. Wie es ihrem Wesen entspricht, übt die DDR antiimperialistische Solidarität und unterstützt entsprechend ihren Möglichkeiten zahlreiche Entwicklungsländer beim Aufbau ihrer Wirtschaft und ihres Bildungswesens. So ist die Wirtschaft im Sozialismus eine erstrangige Staatsangelegenheit und das Anliegen jedes einzelnen.

Für das Verhältnis der Werktätigen zu den volkswirtschaftlichen Fragen spielt eine ganz entscheidende Rolle, daß bei uns das Recht auf Arbeit voll gewährleistet ist, soziale Sicherheit besteht und durch steigende Produktivität ständig gefestigt wird. Es ist das Denken und Handeln von Eigentümern der Produktionsmittel, die sich für jeden Posten der ökonomischen Rechnung zunehmend mehr verantwortlich fühlen.

Überblickt man einen längeren Zeitraum, so ermöglichen Wachstum und Ertrag der Wirtschaft nicht nur einzelne Verbesserungen im Leben der Menschen. Im Dienste einer konsequenten Politik zum Wohle des Volkes ermöglichen sie die Bewältigung sozialer Probleme, befördern sie qualitative Veränderungen in den Existenzbedingungen, wie sie die Gestaltung der entwickelten sozialistischen Gesellschaft verlangt. Als charakteristisch dafür kann man das Wohnungsbauprogramm, das Kernstück unserer Sozialpolitik, anführen. Allein seit 1971 wurden 1,8 Millionen Wohnungen fertiggestellt und damit die Wohnverhältnisse in einem Umfang verbessert, der dem Ziel unserer Partei entspricht, bis 1990 durch die Schaffung von 2,8 Millionen bis 3 Millionen Wohnungen die Wohnungsfrage als soziales Problem zu lösen. Dabei bleiben die Mieten auf ihrem niedrigen Niveau.

Bei uns gilt der Grundsatz, allen Kindern des Volkes hohe Bildungschancen zu gewährleisten. Wie man weiß, ist eine solche Garantie im Kapitalismus, wo das Bildungsprivileg nie außer Kraft trat, völlig undenkbar. In der DDR wurde 1959 die allerletzte Ein-Klassen-Schule geschlossen, eine Einrichtung, die auch bei uns einmal, vor allem in ländlichen Gebieten, weit verbreitet war. Heute ist die zehnklassige allgemeinbildende polytechnische Oberschule die Grundlage des sozialistischen Bildungswesens. Für alle Kinder des Volkes besteht in der DDR Chancengleichheit in bezug auf allgemeine Bildung und Berufsausbildung. Die Verwirklichung kommunistischer Bildungs- und Erziehungsideale, die Vermittlung hohen Wissens, des Besten, was die Menschheit an geistigen Gütern hervorgebracht hat, nimmt in unserem Land einen bedeutenden Rang ein. Von der Entwicklung des sozialistischen Hoch- und Fachschulwesens zeugt nicht nur, daß sich die Zahl der Studenten im Vergleich zur kapitalistischen Zeit vervielfacht hat, sondern vor allem auch die Veränderung ihrer sozialen Zusammensetzung zugunsten von Arbeiterkindern und nicht zuletzt von weiblichen Studenten.

Der Jugend ist nicht nur eine solide Berufsausbildung, sondern auch ein Arbeitsplatz sicher. Mehr noch. In allen Bereichen des Lebens wird ihr großes Vertrauen entgegengebracht, und sie kann hohe Verantwortung übernehmen. Sie ist in eine bedeutsame gesellschaftliche Rolle hineingewachsen, der sie sich, geführt vom sozialistischen Jugendverband, der Freien Deutschen Jugend, würdig erweist.

Sehr viel wird in der DDR getan, damit die Frau ihre gleichberechtigte Stellung in der Gesellschaft immer besser wahrnehmen kann. Umfangreiche Unterstützung erhalten die Familien, besonders die Kinder. Zu den Selbstverständlichkeiten des Lebens gehört bei uns das verwirklichte Recht der Bürger auf Erholung und gesundheitliche Betreuung. Die Leistungen des sozialistischen Gesundheitswesens, die für den Patienten kostenlos erfolgen, kommen tatsächlich den Werktätigen zugute und weisen auch im internationalen Vergleich ein beachtliches Niveau auf.

Dies gilt zweifelsohne auch für das Aufblühen unserer sozialistischen Kultur, das Niveau des Volkssports, die Ausprägung der sozialistischen Moral und Ethik. So entwickelt sich die sozialistische Lebensweise des Volkes.

Wie sich zeigt, erfordert der soziale Fortschritt angestrengte Arbeit und die Lösung vielfältiger Probleme, die nicht immer vorhergesehen werden können. Bei allen Leistungen des Sozialismus darf man nicht außer acht lassen, daß er in einer Welt voller Widersprüche und voller Bewegung aufgebaut wird. Sicherung des Friedens und allseitige Entwicklung der sozialistischen Gesellschaft bedingen sich gegenseitig und müssen zugleich erreicht werden. Großes ist bereits vollbracht, höhere Aufgaben stehen noch bevor. Indem wir in der DDR weiter die entwickelte sozialistische Gesellschaft gestalten, schaffen wir die grundlegenden Voraussetzungen für den allmählichen Übergang zum Kommunismus.

Die DDR ist in der glücklichen Lage, ihren Weg brüderlich verbündet mit der Sowjetunion und den anderen Ländern unserer Gemeinschaft zu gehen. Auf diesem unzerstörbaren Bündnis beruhen ihre Erfolge, und darauf gründet sich auch ihre sichere Perspektive. Was immer wir zum Wohle des eigenen Volkes tun, stärkt ebenso die große Familie der sozialistischen Länder. Eines ist vom anderen nicht zu trennen.

Liebe Genossinnen und Genossen!

Verehrte Gäste!

Karl Marx war, wie Friedrich Engels mit Recht feststellte, einer jener hervorragenden Männer, von denen ein Jahrhundert nur wenige hervorbringt. Aber auch von ihnen ist nicht jedem in gleicher Weise beschieden, auf die Nachwelt zu wirken. 100 Jahre nach seinem Tode sind die historischen Veränderungen, die sich, inspiriert von seinen genialen Ideen, im Dasein der Menschheit vollzogen haben und weiterhin vollziehen, das lebendigste Denkmal für den großen Theoretiker und Revolutionär. Die Sache des Sozialismus, der nationalen Befreiung, des Kampfes für eine friedliche Zukunft der Völker ist siegreich.

Ich danke Ihnen.

Erich Honecker: Reden und Aufsätze, Bd. 9,
Berlin 1985, S. 274–291.

Schlußwort auf der Internationalen Wissenschaftlichen Konferenz des Zentralkomitees der SED »Karl Marx und unsere Zeit – der Kampf um Frieden und sozialen Fortschritt« in Berlin

16. April 1983

Liebe Genossinnen und Genossen!
Liebe Freunde!
Verehrte Gäste!
Wir sind am Ende der Rednerliste angelangt. Alle Delegationen, die zu sprechen wünschten, haben das Wort ergriffen. Gestatten Sie mir einige abschließende Bemerkungen.

Unsere Konferenz geht nun zu Ende. Wir sind wohl alle zutiefst beeindruckt von ihrem Verlauf. In sechs arbeitsreichen Tagen haben wir einen freimütigen und umfassenden Meinungsaustausch geführt, zu dem 140 Teilnehmer das Wort ergriffen. Die Erkenntnisse und Erfahrungen, die dabei vermittelt wurden, haben uns alle in dem Bewußtsein bestärkt, daß die Menschheit durchaus in der Lage ist, die im Kampf für Frieden und sozialen Fortschritt gestellten Aufgaben zu erfüllen. So gestaltete sich unsere Konferenz zu einem bedeutsamen Ereignis, das diesem Kampf in Ost und West, Nord und Süd weitere Impulse verleihen wird.

Im Geiste von Karl Marx haben wir die Hauptprobleme unserer Zeit behandelt, von denen die Zukunft der menschlichen Zivilisation abhängt. Ihre Lösung ist, wie hier zu Recht betont wurde, unsere heilige Pflicht. Man kann Karl Marx in der Tat nicht besser ehren als durch konsequenten Kampf für den Frieden und gegen die Vorbereitung eines nuklearen Krieges, für den sozialen Fortschritt der Völker. Unsere Konferenz, das wurde in der Aussprache unterstrichen, erwies sich als zeitgemäß. Sie war, das darf ich wohl sagen, der Persönlichkeit, dem Lebenswerk, der großen Sache von Karl Marx würdig.

Als wir unsere Konferenz eröffneten, hat es uns sehr bewegt, daß so viele

Freunde, Kampfgefährten und Gäste aus aller Welt nach Berlin kamen, um den Begründer des wissenschaftlichen Sozialismus und der internationalen Arbeiterbewegung, den genialen Denker und Revolutionär Karl Marx zu ehren. An diesem internationalen Forum beteiligten sich 145 kommunistische und Arbeiterparteien, revolutionäre Vorhutparteien, nationalrevolutionäre Parteien und Befreiungsbewegungen, sozialistische und sozialdemokratische Parteien aus 111 Ländern. Das hat einen schöpferischen Dialog, eine außergewöhnliche Breite und Mannigfaltigkeit der Begegnung ermöglicht. Ausgeprägt war die Bereitschaft zur offenen Erörterung der Probleme, vor allem mit dem Ziel, die Erde, auf der wir leben, vor der atomaren Vernichtung zu bewahren.

Auf der Konferenz kamen theoretische und politische Einsichten, viele neue Erfahrungen zur Sprache, die in der revolutionären Praxis, in den Kämpfen unserer Zeit gewonnen wurden und die für die progressiven Kräfte der Welt von Nutzen sind. Dabei bestätigte sich, daß unterschiedliche Auffassungen, die es in der einen oder anderen Hinsicht gibt, kein Hindernis für gemeinsames Handeln in jenen Fragen sind, bei denen es um den Frieden und den sozialen Fortschritt, um die Lebensinteressen der Menschheit geht.

Es ist mir ein besonderes Bedürfnis, den hier anwesenden Delegationen für ihre Teilnahme, ihre Darlegungen, ihre bedeutsame Arbeit, ihren großen Beitrag zum Erfolg der Internationalen Konferenz den herzlichsten Dank des Zentralkomitees der Sozialistischen Einheitspartei Deutschlands auszusprechen.

Liebe Genossinnen und Genossen!
Verehrte Gäste!

Das letzte Viertel des zwanzigsten Jahrhunderts läßt eindrucksvoll zutage treten, daß die Ideen, mit denen Karl Marx und sein Kampfgefährte Friedrich Engels den Weg zu einem Dasein ohne Ausbeutung des Menschen durch den Menschen, zu Freiheit und Unabhängigkeit der Völker, zu Frieden und sozialem Fortschritt vorgezeichnet haben, lebendiger sind denn je. Überzeugend erweist sich, daß die Lehre von Karl Marx, wie ihr großer Fortsetzer Wladimir Iljitsch Lenin feststellte, kein Dogma ist, sondern Anleitung zum Handeln, daß sie stets neue Erkenntnisse in sich aufnimmt, die bei der schöpferischen Anwendung unter den jeweiligen konkreten Bedingungen entstehen.

Auf der Grundlage des Marxismus-Leninismus gestalten die Arbeiterklasse und ihre Partei, zusammen mit allen Werktätigen, in den Ländern des realen Sozialismus erfolgreich eine Welt wahrer Menschenwürde. Inspiriert durch den Siegeszug des Sozialismus, streben die Völker der verschiedensten Kontinente nach nationaler und sozialer Befreiung, nehmen sie ihre Sache in die eigenen Hände, verteidigen sie ihre Souveränität und Freiheit.

Die welthistorischen Wirkungen der Großen Sozialistischen Oktoberrevolution, die Tatsache, daß die Sowjetunion existiert und ständig erstarkt, die Tatsache, daß der Sozialismus zum Weltsystem wurde und sein internationaler Einfluß mehr und mehr wächst, sind – wie in der Aussprache zu Recht festgestellt wurde – von entscheidender Bedeutung für die Geschicke der Menschheit. Der Imperialismus hat seine einstige Allmacht für immer verloren, obwohl er bekanntlich nicht wenig unternimmt, um seine Vorherrschaft den Völkern wieder aufzuzwingen. Während der Konferenz wurden diese dialektischen Prozesse von vielen Seiten her tiefgründig und anschaulich beleuchtet.

Als Karl Marx und Friedrich Engels das »Manifest der Kommunistischen Partei« verfaßten, schlossen sie es mit den Worten: »Proletarier aller Länder, vereinigt euch!« Dieser Ruf fand einen starken, immer mehr anschwellenden Widerhall. Er ist heute lebendig überall dort, wo es darum geht, gegen Ausbeutung und Unterdrückung, gegen Kolonialismus, Neokolonialismus und Rassismus zu kämpfen. Er ist lebendig in den Ländern, denen durch die siegreiche sozialistische Revolution die besondere Ehre zuteil wurde, die sozialistische Gesellschaft zu erbauen. Er ist lebendig in der internationalen Solidarität, dieser Stärke der revolutionären Arbeiterbewegung, der Streiter für einen neuen Völkerfrühling. Er lebt im Kampf aller derjenigen, die für Frieden und sozialen Fortschritt eintreten.

Aus vollem Herzen ergehen von hier, von Berlin, das vor 38 Jahren durch die Hauptkraft der Antihitlerkoalition, die Sowjetunion und ihre ruhmreichen Streitkräfte, von der faschistischen Barbarei befreit wurde und aus den Ruinen des zweiten Weltkrieges auferstanden ist, unsere Grüße an alle antiimperialistischen Freiheitskämpfer, sei es in Mittelamerika, im südlichen Afrika, im Nahen Osten oder in anderen Regionen der Welt.

Liebe Genossinnen und Genossen!
Liebe Freunde!
Verehrte Gäste!

Die Völker haben ein Recht auf wirtschaftlichen, sozialen und kulturellen Fortschritt. Vor allem brauchen sie den Frieden. Ein nukleares Inferno, das die Selbstvernichtung der Menschheit wäre, muß verhindert werden. Von dieser Erkenntnis, vom einigenden Willen, mit ganzer Kraft für das große Ziel des Friedens zu wirken, war – ungeachtet der Unterschiede in den Auffassungen zu dieser oder jener anderen Frage – unsere Konferenz getragen.

Diejenigen, die der Konfrontation huldigen, die sich nicht mehr nur den Erdball, sondern auch schon den Kosmos als Kriegsschauplatz vorstellen, mit dem Gedanken an den Erstschlag spielen und eine nukleare Katastrophe einkalkulieren, dürfen nicht zum Zuge kommen. Als stärker erweisen muß sich das Streben der Völker nach Frieden, Realismus und Vernunft in der internationalen Politik.

Voll und ganz stimmen wir mit all denen überein, die fordern, dem Wettrüsten, für das riesige Mittel verwendet und verschwendet werden, die dem Wohl der Völker zugute kommen könnten, ein Ende zu bereiten. Die Deutsche Demokratische Republik tritt an der Seite ihrer Verbündeten, der Union der Sozialistischen Sowjetrepubliken und der anderen Länder der sozialistischen Gemeinschaft, für die Begrenzung und Reduzierung der Rüstungen, insbesondere der nuklearen, nach dem Prinzip der Gleichheit und gleichen Sicherheit ein. Statt Hochrüstung ist Abrüstung unsere Devise, statt Konfrontation die Fortsetzung des Entspannungsprozesses und gegenseitig vorteilhafte internationale Zusammenarbeit.

Versammelt, um Karl Marx zu ehren, haben wir auf dieser Konferenz die Entschlossenheit bekundet, unsere Kräfte zu vereinen im Kampf für Frieden und sozialen Fortschritt. Es ist unsere gemeinsame Entschlossenheit, die Welt nicht einem atomaren Inferno zu überlassen. Die heutigen und die künftigen Generationen, die Mütter und Väter, die Kinder und Kindeskinder sollen ohne die Furcht vor einem neuen Weltkrieg sein. Sie sollen in Frieden leben.

Die Internationale Wissenschaftliche Konferenz »Karl Marx und unsere Zeit - der Kampf um Frieden und sozialen Fortschritt« ist beendet.

Ich danke Ihnen, Genossinnen und Genossen.

Erich Honecker: Reden und Aufsätze, Bd. 9,
Berlin 1985, S. 292-295.

Die DDR
erfüllt ihre internationalistische Pflicht
im Kampf um den Frieden

*Gespräch mit der Sonderkorrespondentin
der Wochenzeitschrift »Ogonjok« Novella Iwanowa
19. September 1983*

An einem sonnigen Sonntag flog ich nach Berlin. Viele der Passagiere des Großraumflugzeuges IL 86 waren Touristen. Einige von ihnen sprachen deutsch; es waren keine jungen Leute, sondern fast schon Rentner. Aber aus ihrer lebhaften Unterhaltung wurde klar, daß ihnen die Reise in unser Land, die von der Gesellschaft für Deutsch-Sowjetische Freundschaft organisiert worden war, sehr gefallen hat. Der andere Teil der Reisenden, unter denen die meisten junge Leute waren, erörterte nicht weniger lebhaft in russisch das bevorstehende Programm des Aufenthalts in der Deutschen Demokratischen Republik. Und ich dachte daran, daß man diese völlig normale Flugroute der Aeroflot »Moskau–Berlin« mit vollem Recht als Linie der Freundschaft zwischen unseren beiden Ländern bezeichnen kann.

Übrigens verwundern diese Reisen schon seit langer Zeit niemanden mehr – sie sind für uns zur Gewohnheit geworden und gehören zu unserem Leben, so wie zum Leben vieler sowjetischer Menschen Zehntausende Freunde aus den Ländern des Sozialismus zählen. In Berlin habe ich auch Freunde, besonders unter den Kollegen der »Freien Welt«, der Partnerzeitschrift von »Ogonjok«. Viele Male war ich in der DDR, und jedes Mal konnte ich mich davon überzeugen, daß die Menschen dieses Landes, in deren Bewußtsein die internationalistische Solidarität tief verwurzelt ist, bei ausländischen Gästen einen besonders nachhaltigen Eindruck hinterlassen. Am 7. Oktober begeht die Deutsche Demokratische Republik ihren Gründungstag. Sie wird dieses Jahr 34 Jahre alt. Aus historischer Sicht ist das kein hohes Alter, aber zu den wichtigsten revolutionären Errungenschaften in diesem Zeitraum muß man in erster Linie die grundlegenden Veränderungen in der Denkweise der Bürger des ersten Arbeiter-und-Bauern-Staates auf deutschem Boden rechnen. In Vorbereitung auf die Begegnung mit Genossen Erich Honecker wählte ich aus der Postmappe des internationalen Wettbewerbs »Wir sind Internationalisten«, den »Ogonjok« in diesem Jahr durchführt, einige der zahlreichen Briefe aus der DDR aus.

Das Entstehen eines neuen, demokratischen Deutschlands wurde möglich dank dem Sieg des Sowjetvolkes im Großen Vaterländischen Krieg, der um den Preis unzähliger Opfer errungen wurde. Weiterhin nahm ich nach Berlin ein für viele Leser unserer Zeitschrift denkwürdiges Foto mit, das wir im 30.Jahr des großen Sieges veröffentlicht haben. Die Aufnahme war von einem Frontbildreporter am 2.Mai 1945 in Berlin am Brandenburger Tor gemacht worden, als sich an einem Panzer die Befreier zu einem ersten Friedensmeeting trafen.

Mit dieser Fotografie begann ich auch unsere eineinhalbstündige Unterhaltung im Arbeitszimmer des Genossen Erich Honecker. Ich erzählte, wie wir die Teilnehmer an diesem Meeting gesucht und viele auch gefunden haben. Danach begleitete ich neun Veteranen nach Berlin, die Gäste der Zeitschrift »Freie Welt« waren. Dreißig Jahre danach nahmen diese Menschen wiederum an einem Meeting am Brandenburger Tor teil, und die junge Generation der Berliner, Pioniere und Mitglieder der Freien Deutschen Jugend, lauschte den Worten der ehemaligen Kämpfer, die 1945 nur wenig älter als diese Mädchen und Jungen waren.

Erich Honecker betrachtet die Fotografie und schaut aufmerksam in die Gesichter der Soldaten.

Frage:
Welche Erinnerungen ruft dieses Foto bei einem Menschen wach, der mit dreiundzwanzig Jahren als Leiter der illegalen Bezirksleitung des Kommunistischen Jugendverbandes Deutschlands Berlin-Brandenburg von der Gestapo aufgespürt, zu zehn Jahren Zuchthaus verurteilt und dann am Morgen des 27. April 1945 – acht Monate vor Ablauf dieser Zeit – von sowjetischen Panzersoldaten befreit wurde?

Antwort:
Nachdem der erste sowjetische Panzer das Tor des Zuchthauses Brandenburg-Görden erreicht und sich meine Zellentür endlich geöffnet hatte, entstand in mir der sehnliche Wunsch, nach Berlin zu gelangen und mich in den Kampf der Partei einzureihen. In den letzten Apriltagen nach Berlin zu gelangen, wo noch heftig gekämpft wurde, war nicht so einfach und schon gar nicht ungefährlich. Mein Genosse und ich gelangten dorthin gemeinsam mit sowjetischen Truppenteilen, wobei wir vorher natürlich geklärt hatten, wer wir waren, woher wir kamen und wohin wir wollten. Nachdem ich auf diese Art und Weise nach Bernau gelangt war, das liegt nördlich von Berlin, verabschiedete ich mich in der Kommandantur von den Soldaten der Sowjetarmee und kam am 4.Mai vom Norden aus nach Berlin. Überall sah ich die furchtbaren Zerstörungen. Obwohl diese schrecklichen Ruinen, die Tausende von Menschen begraben hatten, eine Tragödie waren, erfüllte mich ungeachtet der bedrückenden Umgebung Freude, daß ich durch das von der Sowjetarmee befreite Berlin gehen konnte. Jetzt konnten die Menschen endlich frei atmen, und ich sah, wie sie mit Enthusiasmus gemeinsam

mit den Sowjetsoldaten an die Beseitigung der Trümmer auf den Straßen gingen. Ich ging durch die Frankfurter Allee, um einen angenehmen Auftrag zu erfüllen – eine Genossin aufzusuchen und ihr Grüße von ihrem Mann zu überbringen, der ebenfalls frei war, allerdings bislang noch nicht nach Berlin gelangen konnte. Ich war dermaßen voller Begeisterung in diesen ersten Stunden und Tagen nach der Befreiung, daß mir schien, alle müßten an meinem Gesicht erkennen, daß ich ein Genosse bin. Meinen Schritt verhaltend, sah ich, wie schnell die Aufräumungsarbeiten in den Straßen vorangingen. Auf mich kam ein Leutnant zu und fragte: »Was stehst Du hier rum?« Ich sprach etwas Russisch und antwortete, daß ich lange im Gefängnis war, daß ich befreit wurde und jetzt nach Neukölln will. »Und was bist Du für einer?« fragte mich erneut der Leutnant. »Ich bin ein alter deutscher Komsomolze.« »Ein Komsomolze, das ist gut, na los, reih' Dich ein in unsere Arbeit!« Und schon nahm er mich in seine Brigade auf. Nach zwei Stunden gab er mir Brot für den Weg und wir verabschiedeten uns.

Erich Honecker lächelt bei der Erinnerung an dieses lang zurückliegende Zusammentreffen und wiederholt auf russisch: »Komsomolez, choroscho rabotai!«

Nach der bedingungslosen Kapitulation war ich am Brandenburger Tor: Alles sah dort so aus wie auf dem Foto. Nur ein Meeting fand gerade nicht statt, aber an der Stelle standen Rotarmistinnen, sympathische Mädchen, die den Verkehr regelten. Alle waren froh, daß der Krieg vorüber war. Es begann ein neues Leben. In jenen Tagen vollzogen die Genossen mit Unterstützung der sowjetischen Kommandantur die ersten Schritte zur Normalisierung des Lebens in der Hauptstadt. Äußerst wichtig war die Schaffung einer einheitlichen antifaschistisch-demokratischen Jugendbewegung. Ich machte mich sofort an die Arbeit, und dabei kamen mir meine Erfahrungen in der Jugendarbeit als Mitglied des Zentralkomitees des KJVD und als Politischer Leiter dieser Organisation in den Bezirken Saargebiet, Ruhrgebiet und Berlin-Brandenburg sehr zugute.

Frage:
Sie erwähnten jetzt das Saargebiet. Dort wurden Sie in einer Arbeitersiedlung, in einer Bergmannsfamilie, geboren und dort wuchsen Sie auch auf; bereits mit zehn Jahren wurden Sie Mitglied der kommunistischen Kinderorganisation. Erzählen Sie bitte über das denkwürdigste Ereignis aus diesem Abschnitt Ihres Lebens.

Antwort:
Das denkwürdigste Ereignis. Nun, vor allem möchte ich sagen, daß meine Eltern sechs Kinder hatten, drei Jungen und drei Mädchen. Nach jetzigen Maßstäben ist das eine große Familie, aber damals war das eine gewöhnliche Bergarbeiterfamilie. Als der erste Weltkrieg begann, hatte ich gerade das zweite Lebensjahr vollendet. Vater wurde zur kaiserlichen Armee eingezogen, er diente als Matrose in Kiel und war Mitglied der Unabhängigen Sozialdemokratischen Partei Deutschlands, die bekanntlich gegen den Krieg war. 1918 nahm er an der Novemberrevolution in Kiel teil, kehrte nach Wiebelskirchen zurück und reihte sich dort in den Kampf ein. Allerdings rückten – wie Sie aus der Geschichte wissen – schon bald darauf die französischen Besatzungstruppen ins Saargebiet ein, die Arbeiter-und-Soldaten-Räte wurden aufgelöst, und Vater kehrte in die Grube Deschen zurück, wo er bis zu seiner Entlassung 1935 Vertrauensmann der Kumpel war. Warum erinnere ich an die Geschichte? Damit klar wird, warum in unserer Familie die hohen Ideale der Revolution, die Ideen der heimtückisch ermordeten Führer der deutschen Arbeiterklasse, Karl Liebknechts und Rosa Luxemburgs, immer heilig waren. Und natürlich hatten auch die Ideen des Oktobers und Lenins, den alle Arbeiter als großen Führer der Weltrevolution ansahen, großen Einfluß auf unsere Familie.

In dem Ort, wo ich meine Kindheit verbracht habe, war der Einfluß der Kommunisten groß. An dem Tag, als Lenin starb, wurde in der Volksschule, an der ich lernte, der Unterricht unterbrochen. So kam es auch, daß ich seit frühester Kindheit mit den Ideen des Klassenkampfes, den Ideen des Kommunismus vertraut gemacht wurde.

Frage:
Mit siebzehn Jahren sind Sie in die Partei Ernst Thälmanns eingetreten, und ein Jahr später hatten Sie die erste wichtige Begegnung mit dem Lande Lenins. Wie ist Ihnen diese Begegnung in Erinnerung geblieben?

Antwort:
1930 war ich gerade achtzehn Jahre alt und Mitglied der Bezirksleitung des Kommunistischen Jugendverbandes Deutschlands im Saargebiet. Die Partei und der Jugendverband schlugen mich zur Teilnahme an einem Lehrgang der Internationalen Lenin-Schule der Kommunistischen Internationale in Moskau vor. Ich war Jungkommunist, wußte, daß Moskau das Herz der Weltrevolution ist, und als ich auf dem Belorussischen Bahnhof aus dem Zug stieg, fühlte ich mich sofort wie zu Hause, unter Gleichgesinnten. Das war ein wunderbares Gefühl. Durch die Straßen liefen bescheiden gekleidete Menschen, und es gab wenig Autos: Damals fuhren in Moskau noch

Panjewagen. Ich hatte die Adresse der Komintern bei mir, die, wie mir erklärt wurde, in der Nähe des Kreml lag. Ich trat aus dem Bahnhofsgebäude und schickte mich zu Fuß an, den Kreml zu suchen. Ich freute mich, daß ich ihn fand, und stand vor einem schönen Tor. Man erklärte mir, daß ich ins Hotel »Lux« gehen müsse, das in der Twerskaja liegt. Die Schaufenster der Moskauer Geschäfte sprachen von ökonomischen Schwierigkeiten. Aber es waren doch erst einige Jahre nach dem Sieg der Revolution und nach der Beendigung des Bürgerkrieges vergangen! Wenn ich mir das heutige Moskau anschaue, kann ich es fast selbst nicht glauben, wie es früher war. Ich war ein bißchen verlegen, aber in den Schaufenstern waren anstatt der Auslagen Plakate, die zur vorfristigen Erfüllung des ersten Fünfjahrplanes aufriefen. Für mich bestand das Wichtigste damals darin, im Lande Lenins zu sein! Im »Lux« traf ich die junge deutsche Genossin Lea Große. Sie erkannte und umarmte mich. Sie sorgte dafür, daß mich ein Wagen der Komintern zur Internationalen Lenin-Schule brachte, die sich damals in der Uliza Worowskowo befand. Dort traf ich viele bekannte Genossen wieder, die älter als ich waren und an anderen Lehrgängen teilnahmen. Im Wohnheim bewohnte ich das Zimmer gemeinsam mit Anton Ackermann. Es begann der Unterricht in unserem dritten »KI-Lehrgang«, an dem auch junge Genossen aus Polen und der Tschechoslowakei teilnahmen. Ich kann mich noch erinnern, daß ich im Moskauer Elektrosawod während der Subbotniks als Schweißer gearbeitet habe.

Frage:
Und wie haben Sie damals die Freizeit verbracht?

Antwort:
Die Freizeit verbrachten wir gemeinsam mit den Komsomolzen. Seinerzeit war es sehr interessant. Vor unseren Augen entstanden neue Formen der Kommunikation zwischen den Menschen. Es gab Kommunehäuser, in denen Familien lebten, wir waren dort zu Besuch und identifizierten uns voll und ganz mit diesem Moskauer Leben.

Die leise, zuweilen gedämpfte Stimme meines Gesprächspartners wird plötzlich durch fröhliches Lachen unterbrochen.

Wissen Sie, mein erster öffentlicher Auftritt zu einem internationalen Thema fand in Moskau statt! Ich mußte vor den Mitgliedern der Eisenbahnergewerkschaft eine Rede halten. Ich weiß noch, ich mußte über den Roten Platz gehen, und links von der Moskwa fand dieses große Meeting statt, in sehr feierlicher Atmosphäre und mit dem Gesang der »Internationale«. Plötzlich bat man, daß auch jemand von uns spricht. Es wurde beschlossen, daß Fritz Molter spricht, diesen Decknamen hatte man mir in Moskau gegeben. Ich weiß noch genau, wie ich zum Rednerpult ging, nicht wußte, was ich sagen soll, aber irgendwie ist mir die Rede doch gelungen. Viele Jahre sind vergangen, aber ich kann mich bis auf den heutigen Tag an diese meine Rede erinnern.

Frage:
Sie mußten russisch reden?

Antwort:
Nein, deutsch! Seinerzeit nahmen wir sehr aktiv teil an der Arbeit des OSSOAWIACHIM und erhielten in Übereinstimmung mit dem Lehrprogramm eine gute militärische Ausbildung. Besonders angezogen fühlten wir uns damals vom Pferdesport, und zuweilen kam es auch vor, daß wir wegen der Reiterei zum Unterricht zu spät kamen. Aber stellen Sie sich nur vor, was es bedeutete, in jenen Jahren Kavallerist zu sein!

Im Juni 1931 waren die Lehrveranstaltungen zu Ende, und gemeinsam mit 28 Jungkommunisten einer internationalen Stoßbrigade fuhr ich in den Südural, um beim Aufbau des metallurgischen Kombinats in Magnitogorsk mitzuhelfen. Wir fuhren mit dem Zug, der mit Menschen nur so vollgestopft war.

Frage:
Sie sind wahrscheinlich lange gefahren?

Antwort:
Sehr lange. Wir fuhren über Perm und Ufa. Es war die Zeit der Beseitigung des Kulakentums als Klasse. Ich weiß noch, irgendwo bei Ufa brachte man uns in ein Dorf, um zu zeigen, wie die Beseitigung des Kulakentums und die Kollektivierung vorangehen.

Erich Honecker unterbrach das Gespräch. Er versuchte, sich an etwas zu erinnern und rief dann freudig in russisch aus: »Smytschka!«

Ich kann mich noch wie heute an das Zusammentreffen mit den Bauern erinnern, die wir über ihr neues Leben ausfragten. Schließlich kamen wir in Magnitogorsk am Bauplatz des metallurgischen Kombinats an. Ich weiß noch, es war schrecklich heiß in Magnitogorsk, bis zu 40 Grad Celsius. Ringsum waren weder Baum noch Strauch. Die Komsomolzen arbeiteten Tag und Nacht, wohnten in Zelten und Erdhütten. Uns hatte man in Holzbaracken untergebracht. Der Bau war beeindruckend, obwohl es damals keine Technik gab – die Muskeln, das war die ganze Technik! Hier arbeiteten Komsomolzen aus Moskau und Leningrad, Mädchen und Jungen aus verschiedenen Republiken. Neben einem kleinen Birkenhain standen zwei Gebäude aus Stein. In dem einen waren Spezialisten aus kapitalistischen Ländern untergebracht, und das andere beherbergte die Verwaltung. Beide Gebäude stehen heute noch dort. Ich glaube, daß sich dort heute ein Klub befindet. Aber wie lebten die Erbauer damals! Jeder hatte ein Hemd und eine Hose, das Schuhwerk bestand zumeist aus Bast. Wir führten Erdarbeiten durch. Ich weiß noch, wie unsere Komsomolorganisation beschloß, einen Subbotnik durchzuführen, und wir hatten den Auftrag, die Arbeiter zu agitieren, damit sie daran teilnehmen. Ich ging zu den jungen Arbeitern und diskutierte eifrig mit ihnen. Sie begannen, mir Fragen zu stellen, und eine Frage kann ich mein Leben lang nicht vergessen: »Du erzählst uns, Genosse, daß der Kapitalismus schlecht ist. Aber warum hast du gute Schuhe an den Füßen und wir laufen in Bastschuhen, ja Galoschen herum?« So stand die Frage!

Frage:
Und was antwortete ihnen der junge Genosse Erich Honecker?

Antwort:
Ich antwortete, daß in Deutschland schon seit langem eine Arbeiterbewegung existiert. Die Arbeiter kämpfen schon lange Zeit für ihre Rechte und konnten für sich die Möglichkeit erringen, Schuhe zu kaufen. Ja, sagte ich, unsere Arbeiter haben Schuhe, aber was wir nicht haben, das ist die Macht. Ihr habt das Wichtigste, die Macht, und mit der Zeit werdet ihr auch Schuhe haben, dafür aber ist es in erster Linie wichtig, die Schwerindustrie zu entwickeln. Deshalb müßt ihr alle zum Subbotnik kommen, damit dieses Werk schneller aufgebaut werden kann!

Frage:
So waren Sie schon damals ein ausgezeichneter Agitator!

Antwort:
Mit den Menschen auf diese Art zu sprechen hat uns die Partei gelehrt.

Frage:
Zum zweiten Mal in Ihrem Leben mußten Sie im Jahre 1935 unter einem Decknamen leben. Sie wurden zum Seemann Marten Tjaden aus Amsterdam. Erzählen Sie bitte, wie Sie und Ihre Genossen in den schweren Tagen, als die Faschisten schon an die Macht gekommen waren, gearbeitet haben.

Antwort:
Nach Berlin kam ich mit einem holländischen Paß aus Paris, wo die Auslandsleitung der KPD war. Hier erhielt ich die Aufgabe, in die Hauptstadt des »Dritten Reiches« zu fahren und die Leitung der illegalen Organisation des Kommunistischen Jugendverbandes Deutschlands zu übernehmen. Im August kam ich nach Berlin und war zu dieser Zeit bereits, wenn man das so sagen kann, ein erfahrener Parteiarbeiter. Ich war zwar erst dreiundzwanzig Jahre alt, hatte aber bereits einige Jahre illegaler Arbeit hinter mir. Im Jahr zuvor war ich Oberberater der Bezirke Südwest des KJVD – Pfalz, Hessen, Württemberg, Baden und Saar. In der Hauptstadt stürzte ich mich in die mir bekannte Atmosphäre der illegalen Arbeit, und ich mußte ständig meine illegalen Wohnungen wechseln. Eine Wohnung lag, wie ich mich erinnern kann, in der Brüsseler Straße, und der Hausbeauftragte half mir, sie ausfindig zu machen. Solche Leute gab es damals in jedem Haus, sie mußten jeden Bewohner melden. Aber dieser Mensch war ein Genosse, und die Wohnung, die er mir zuwies, gehörte einer Frau, deren Mann Wehrmachtsoffizier war. Mag sein, daß sie irgend etwas geahnt hat, sie wußte aber natürlich nicht, daß ihr Untermieter die antifaschistische Arbeit des Jugendverbandes im Bezirk Berlin-Brandenburg leitete und Kontakt zu illegalen Gruppen des KJVD hatte, besonders zu Bruno Baum, der damals die Berliner Organisation leitete, zu Edwin Lautenbach und anderen Vertretern des Verbandes, die in verschiedenen Betrieben tätig waren. Weiterhin muß ich feststellen, daß die Mitglieder der Berliner Jugendorganisation sehr mutig waren. Ich erinnere mich, wie ich einmal auf der Straße eine junge Genossin traf, die – wie ich wußte – stellvertretender Leiter der Bezirksorganisation war. In jenen Tagen verabschiedeten die Faschisten ein Gesetz über die Einführung der Todesstrafe für Kommunisten. Es zeigte sich, daß wir, die wir illegal arbeiteten, uns alle schon mit dem Gedanken an den Tod vertraut gemacht hatten, und zu viele Genossen hatten wir bereits verloren. Aber jetzt wurde der Beschluß über die Bestrafung der Kommunisten offiziell gefaßt! Und ich fragte diese junge Frau, ob sie gewillt ist, auch jetzt die Arbeit weiterzuführen. Sie antwortete mir, daß sie schon dabei sei. Ich muß dazu sagen, daß wir zu dieser Zeit eine große Arbeit unter der Berliner Arbeiterjugend, besonders in den Siemens-Werken, geleistet haben.

Frage:
Und das geschah ungeachtet dessen, daß gerade zu dieser Zeit alle Jugendorganisationen, außer der Hitlerjugend verboten wurden?

Antwort:
Wir arbeiteten gerade zu dieser Zeit in der Hitlerjugend und in den faschistischen Gewerkschaftsverbänden »von innen heraus«. Als wir Anfang Dezember verhaftet wurden, gingen der Gestapo acht Personen ins Netz, praktisch die gesamte Leitung des KJVD Berlin-Brandenburg, und noch eine tschechoslowakische Studentin, Genossin, Kurier des ZK des KJVD aus Prag. Verurteilt wurden aber nur drei – Bruno Baum bekam dreizehn Jahre, ich zehn Jahre Zuchthaus und Edwin Lautenbach zweieinhalb Jahre. Das zeugte davon, daß wir eine geschlossene und gut getarnte Gruppe hatten. Obwohl die Gestapo viel ahnte, wurde ihr ungeachtet der gegen uns angewandten Methoden und Mittel nicht bewußt, daß sich in ihren Händen faktisch die gesamte Leitung des KJVD Berlin-Brandenburg befand und sogar noch ein Mitglied des ZK des KJVD, ich.

Unaufhaltsam geht die Zeit im ruhigen Gespräch voran. Erich Honecker ist ein guter Erzähler, und mit solchem Interesse liest sich auch sein Buch »Aus meinem Leben«, das im August 1982 in russischer Übersetzung im Moskauer Verlag für Politische Literatur herausgegeben wurde. In diesem Buch blätternd, wurde mir klar, daß für Genossen Honecker das Schicksal der jungen Generation in der DDR das Thema war, was ihm am meisten am Herzen lag, und es auch wahrscheinlich immer sein wird.

Frage:
Im Sommer 1945 wurden Sie von Genossen Walter Ulbricht beauftragt, als Sekretär für Jugendfragen beim Zentralkomitee der KPD eine einheitliche antifaschistisch-demokratische Jugendbewegung zu schaffen, und schon nach einem Jahr wurde die Freie Deutsche Jugend gegründet. Wie wurde es möglich, daß die vom Faschismus betrogenen und irregeführten jungen Menschen mit Begeisterung begannen, bereits ein Jahr nach der Befreiung des Landes vom Hitlerfaschismus die Geburt eines neuen Lebens zu unterstützen?

Antwort:
Das Ende des Hitlerfaschismus am 8. Mai 1945 war für viele junge Menschen gleichbedeutend mit dem Zusammenbruch aller Ideale. All das, was ihnen die Faschisten eingehämmert hatten, erwies sich als Lug und Trug. Ausweglos und enttäuscht blickten sie in die Zukunft. Es war notwendig, die Jugend für den Aufbau eines neuen Lebens zu gewinnen, denn ohne die aktive Teilnahme der jungen Generation wäre es nicht möglich gewesen, dieses neue Leben aufzubauen! Bereits im Aufruf der KPD an das schaffende Volk vom 11. Juni 1945 wurde eine klare Antwort auf die Frage der weiteren Entwicklung Deutschlands gegeben. Man muß sagen, daß der

Aufruf einen großen mobilisierenden Einfluß auf die Jugend hatte, besonders auf die Tätigkeit der antifaschistischen Jugendausschüsse. Seinerzeit leistete unsere Partei eine umfangreiche Arbeit, um diesen Aufruf jedem zu Bewußtsein zu bringen. Zu dieser Zeit wurden ebenfalls die Grundrechte der jungen Generation formuliert, und das tägliche Leben überzeugte die Jugend, daß es um ihre ureigensten Interessen geht. Weiterhin muß ich feststellen, daß es nicht sehr einfach war, damals eine gemeinsame Sprache mit den Jugendlichen zu finden. Aber das Vertrauen, das ihnen die Partei erwies, und die Rolle solcher Persönlichkeiten wie Wilhelm Pieck, Otto Grotewohl, Walter Ulbricht und vieler anderer konnten die junge Generation auf unsere Seite ziehen. Wie auch auf allen anderen Gebieten haben uns dabei die sowjetischen Genossen tatkräftig unterstützt. Das war unser wichtigster politischer Sieg. Die Geburtsstunde der DDR wäre unvorstellbar gewesen ohne die enge Einheit der Regierung mit der jungen Generation, der Jugend!

Am 7. März 1946 wurde die Freie Deutsche Jugend gegründet. Seit ihrer Gründung stand Genosse Honecker viele Jahre an der Spitze dieser Organisation.
»Ich denke hierbei an die unzähligen Jugendlichen, die seit Mai 1945 die Trümmer mit wegräumten, zerstörte Betriebe, Brücken, Straßen und Bahnen sowie Wohnungen wiederaufbauen halfen«, schreibt er später in seinem Buch »Aus meinem Leben«. »Mitglieder der FDJ und nichtorganisierte Jugendliche griffen zu, als es nach der demokratischen Bodenreform galt, für die Neubauern Wohnhäuser, Stallungen und Scheunen zu errichten. Einige fast völlig zerstörte Dörfer wurden von Mitgliedern der FDJ wiederaufgebaut; am bekanntesten ist Adelsdorf im Kreis Großenhain geworden, das den Namen ›Dorf der Jugend‹ erhielt. Viele tausend Jugendliche beteiligten sich daran, die Ernte einzubringen und die Borkenkäferplage in den Wäldern Thüringens und Brandenburgs zu bekämpfen. Jugendbrigaden der FDJ arbeiteten nach ihrer regulären Arbeitszeit am Aufbau des Zellulosewerkes in Zerbst. Und viele Mitglieder unserer Organisation wirkten an der Aktion ›Der Sommer für die Kinder‹ mit, um erstmals nach dem Krieg möglichst vielen Kindern schöne Ferientage zu bereiten.«

Einer der denkwürdigsten und bedeutendsten Tage in meinem Leben war der 28. Mai 1950. Durch die Straßen Berlins zogen an diesem Tag 700 000 Jungen und Mädchen – junge Friedenskämpfer. Und diese Manifestation fand in Berlin statt, obwohl erst fünf Jahre seit der Befreiung des Landes vom Faschismus vergangen waren.

Frage:
Heute befindet sich Ihr Land an der Trennlinie zur kapitalistischen Welt und ist ständigen ideologischen Attacken des Gegners ausgesetzt, der vor allem unter der jungen Generation Mißtrauen gegenüber dem Sozialismus

zu säen versucht. Wie schätzen Sie die junge Generation in der DDR heute ein?

Antwort:
Unsere Jugend ist prima. Heute ist sie wahrhaft Baumeister einer neuen Zeit. Natürlich unterscheidet sich jede Generation von der vorangegangenen, das sehe ich an mir selbst, in meiner Familie. Ich habe zwei erwachsene Töchter. Die junge Generation wächst vor unseren Augen auf. Sie ist heute an den verantwortlichsten Abschnitten des Lebens unseres Landes vertreten. Unsere Jugend schaut auf die Welt mit offenen Augen, ohne Angst um ihre Zukunft. Sie versteht es, ausgezeichnet zu arbeiten. Heute sehen Sie in Berlin neue Wohngebiete, Betriebe, Schulen, Institute – darin liegt das Verdienst der nach der Befreiung aufgewachsenen Generation. Darin liegt das Verdienst jener, die derzeit auf Jugendbaustellen der FDJ tätig sind. Ich möchte betonen, daß Vorhaben von entscheidender volkswirtschaftlicher Bedeutung im Stadium ihrer Realisierung zu Jugendobjekten erklärt werden. Auch im sozialistischen Wettbewerb haben die Jugendbrigaden, von denen es bei uns über 41 600 gibt, einen ausgezeichneten Ruf. Wie Sie wissen, war die FDJ am Bau solcher gemeinsamer Großprojekte beteiligt wie der Erdgasleitung Orenburg–Westgrenze UdSSR und der Erdgastrasse Urengoi–Ushgorod. Die Jugend unseres Landes steht in den vordersten Reihen im Kampf um den Frieden. Erst kürzlich fanden Aktionen der FDJ gegen die Hochrüstung und gegen die Raketenpolitik der USA und der NATO statt. Daran nahmen mehr als 6 Millionen junge und ältere Bürger der Republik teil.

Wieder mischt sich die Geschichte in unsere Unterhaltung.

Frage:
Der 7. Oktober 1949 wurde zur Geburtsstunde der Deutschen Demokratischen Republik. Welche Erinnerungen verbinden sich für Sie mit diesem Tag?

Antwort:
Dieser Tag war wohl der erhebendste und festlichste Tag in meinem Leben. Ich kann mich noch gut an die festtägliche Stimmung der Menschen erinnern. Alle fühlten, daß ein Ereignis von außerordentlicher Wichtigkeit stattfand, und besonders beeindruckend war die Massendemonstration am 11. Oktober in der Hauptstadt Berlin, auf der die Teilnehmer die Geburtsstunde ihrer Republik und die Wahl von Wilhelm Pieck zum ersten Präsidenten begrüßten. Auf der Straße Unter den Linden versammelten sich die Mitglieder der Freien Deutschen Jugend zu ihrem Fackelzug.

In seinem Telegramm charakterisierte J. W. Stalin damals die Gründung der DDR als einen Wendepunkt in der Geschichte Europas. Die in mehr als drei Jahrzehnten gesammelten Erfahrungen bestätigten das. Erstmals hat der Sozialismus auch auf deutschem Boden festen Fuß gefaßt. Durch harte Arbeit und in ständiger Auseinandersetzung mit dem Imperialismus und der Reaktion wurde die erfolgreiche Entwicklung der DDR gewährleistet. Sie ist für alle Zeiten mit der Sowjetunion brüderlich verbunden und erfüllt in der Gemeinschaft der sozialistischen Staaten ihre internationalistische Pflicht zum Schutz des Friedens.

Frage:
In Europa und erst recht in der Welt gehört die DDR geographisch nicht zu den größeren Staaten. Doch wenn man die Kennziffern, die Struktur und Qualität der Industrieproduktion des Landes nimmt, so gehört die DDR zu den 10 führenden Industrieländern der Welt. Beim Besuch in der DDR stellen viele ausländische Gäste mit Erstaunen fest, wie dynamisch sich die Wirtschaft hier entwickelt und stellen die Frage: Worin liegen die Ursachen dafür?

Antwort:
Sie haben recht, die Entwicklung unserer Volkswirtschaft verläuft erfolgreich. Für die weitere Gestaltung der entwickelten sozialistischen Gesellschaft, entsprechend den Beschlüssen des X. Parteitages der SED, ist dies von großer Bedeutung. Auch 1983 setzt sich dieses kontinuierliche Wachstum fort. Im 1. Halbjahr stiegen das Nationaleinkommen um 4 Prozent, die industrielle Warenproduktion um 4,5 Prozent, und zwar, was für uns besonders wesentlich ist, bei sinkendem Verbrauch an Energie und Rohstoffen. Die Produktion erhöhte sich zu rund 90 Prozent durch das Wachstum der Arbeitsproduktivität. Bei der Intensivierung unserer Volkswirtschaft kommen wir also gut voran, wenn auch noch viel vor uns liegt.

Die ökonomische Leistungsfähigkeit der DDR ist ein Beweis dafür, daß sich sozialistisches Eigentum an den Produktionsmitteln und sozialistische Planwirtschaft auch in einem entwickelten Industrieland bewähren. Kern der Sache ist, daß den Menschen die Ergebnisse ihrer Arbeit spürbar zugute kommen, und sich das als starker Motor der Leistungsbereitschaft erweist.

Selbstverständlich haben wir neue Erscheinungen berücksichtigt und die Leitung und Planung demgemäß vervollkommnet. Am anschaulichsten zeigt sich das wohl an den Kombinaten, die heute die Grundlage der Struktur unserer Volkswirtschaft bilden. Im großen und ganzen sind die Ergebnisse ihrer Tätigkeit positiv. Ein wichtiges Anliegen ist auch die Vervollkommnung der Anwendung des Leistungsprinzips. Hierbei besteht das Ziel darin, das Verhältnis von Aufwand und Ergebnis grundlegend weiter zu verbessern und die Effektivität günstiger zu gestalten. Dafür ist der wissenschaftlich-technische Fortschritt das entscheidende Mittel.

Wir verwirklichen die ökonomische Strategie unserer Partei für die achtziger Jahre in immer engerer Zusammenarbeit mit der UdSSR. Bei meinem Besuch vom Mai dieses Jahres in Moskau konnten mit Genossen Juri Andropow die Hauptlinien abgesteckt werden, die bis zum Jahre 2000 und darüber hinaus reichen. Nur in brüderlicher Gemeinsamkeit mit der Sowjetunion lassen sich die Aufgaben unseres Landes lösen. Große Bedeutung messen wir auch der Vertiefung der sozialistischen ökonomischen Integration im Rat für Gegenseitige Wirtschaftshilfe bei.

Eigentlich habe ich Ihre Frage, worin die Ursachen für die dynamische, stabile Wirtschaftsentwicklung der DDR liegen, schon weitgehend beantwortet. Ich möchte noch etwas Wichtiges hinzufügen. In jeder Hinsicht behandeln wir die Wirtschaft als Mittel, das Wohl des Volkes zu fördern, den Sozialismus zu stärken und sein internationales Gewicht zu vergrößern.

In seinem Buch »Aus meinem Leben« schrieb Erich Honecker: »Bereits in den fünfziger Jahren zeigte sich, welche Bedeutung die internationale Wirtschaftszusammenarbeit mit der UdSSR für die DDR besitzt. Roheisen, Walzmaterial, Getreide, Traktoren und andere Güter, die wir damals erhielten, waren eine lebenswichtige Hilfe beim Aufbau unserer sozialistischen Volkswirtschaft. Für unsere verarbeitende Industrie eröffnete sich zugleich ein riesiger Markt, der eine sichere Basis bot, die Planwirtschaft in unserem Lande zu entwickeln.«

Frage:
Von 1950 bis 1978 konnte das Volumen des gegenseitigen Außenhandels unserer beiden Länder auf etwa das Fünfundzwanzigfache erhöht werden. Das waren die ersten Schritte zur ökonomischen Zusammenarbeit zwischen der DDR und der UdSSR. Wie schätzen Sie, Genosse Honecker, diese Zusammenarbeit heute ein?

Antwort:
Während ihrer gesamten Entwicklung hat sich die DDR in großem Maße auf die Erfahrungen der UdSSR gestützt. Ein Vorteil, der nicht hoch genug einzuschätzen ist, war die Tatsache, daß wir von Anfang an aus dem reichen Erfahrungsschatz des Sowjetlandes schöpfen konnten. Wir vertreten überhaupt die Ansicht: Je besser ein sozialistisches Land diese Fundgrube zu nutzen vermag, desto erfolgreicher wird es voranschreiten. Uns freut sehr, daß auch unsere Erfahrungen für die Sowjetunion von Interesse sind. Denn heute sieht es so aus, daß die Bruderländer bei der Lösung der ge-

meinsamen Aufgaben des sozialistischen und kommunistischen Aufbaus ihre eigenen Lösungswege haben. Gerade deshalb muß man aufmerksam verfolgen, wie sich diese Wege in der Praxis bewähren. Was unsere beiden Länder betrifft, hat die ökonomische Verflechtung eine solche Stufe erreicht, daß die gegenseitigen Erfahrungen voll und ganz in beide Richtungen fließen. Diese Tatsache ist ein Charakterzug der sozialistischen Zusammenarbeit, der unserer Gemeinschaft insgesamt und auch jedem einzelnen Land zugute kommt.

Frage:
Die westlichen Massenmedien lassen keine Möglichkeit verstreichen, um die DDR und die anderen sozialistischen Staaten zu verleumden und sie eines »antidemokratischen« und »totalitären« Charakters zu bezichtigen. Schon seit nunmehr über sechs Jahrzehnten empfehlen die bürgerlichen Ideologen und Politiker einen Sozialismus ohne die führende Rolle der kommunistischen Partei. Sie sind schon fast vierundfünfzig Jahre in den Reihen der Partei der Arbeiterklasse. Was können Sie auf derartige Bezichtigungen und »Ratschläge« antworten?

Antwort:
Die Verleumdungen der westlichen Medien sind nichts Neues. Blicke ich auf meine fast vierundfünfzigjährige Tätigkeit in den Reihen unserer Partei zurück, so kann ich nur sagen, daß der deutsche Arbeiterführer August Bebel recht hatte: »Lobt dich der Gegner, dann ist das bedenklich, schimpft er, dann bist du in der Regel auf dem richtigen Weg.« Selbstverständlich ist die führende Rolle der marxistisch-leninistischen Partei den bürgerlichen Ideologen und Politikern ein Dorn im Auge. Mit ihren Bezichtigungen und »Ratschlägen« können sie jedoch die Tatsachen nicht aus der Welt schaffen. Ein Sozialismus ohne die führende Rolle der Partei ist noch nirgendwo verwirklicht worden. Er ist um so stabiler, je besser die Partei mit ihrer marxistisch-leninistischen Politik die Fragen beantwortet, die das Leben stellt, und je fester sie mit dem Volk verbunden ist. Für sowjetische Leser braucht man nur die Parole in Erinnerung zu rufen, mit der die Feinde des Roten Oktober seinerzeit operierten: »Sowjets ohne Bolschewiki«. Bürgerliche und sozialistische Demokratie, das haben Marx und Engels, das hat auch Lenin bewiesen, sind zwei grundverschiedene Dinge. Auf das Wesen des Staates kommt es an. Im Sozialismus werden die Menschen in die Lösung der gesellschaftlichen Angelegenheiten aktiv einbezogen, damit werden ihr Staatsbewußtsein und ihre internationalistische Geschlossenheit wachgerufen.

Viele Male war ich in der DDR und habe die Bekanntschaft vieler interessanter Menschen gemacht. Mit wem ich auch immer zusammentraf – es waren Vertreter verschiedener Generationen, verschiedener Berufe und Charaktere, sie vertraten aber eine einheitliche Meinung, als es um die Geschichte der Entstehung der Freundschaft zwischen unseren Ländern und um deren Bedeutung ging. Die Gesellschaft für Deutsch-Sowjetische Freundschaft vereint heute 6 Millionen Menschen. Und dies bei 17 Millionen Bevölkerung des Landes! Nicht zufällig hat der »Ogonjok« zu seinem Wettbewerb »Wir sind Internationalisten« viele wahrhaft rührende Briefe aus der DDR erhalten. Ich zeigte Genossen Honecker diese Briefe.

»Schon bald nach dem Krieg«, schrieb Willi Thomas aus Zittau, »wurde der Besitz des Großgrundbesitzers unweit von Zittau aufgeteilt. Durch die Bodenreform erhielten die Bewohner der umliegenden Dörfer eigene Stücke Land. Und aus dem Land, dem die Faschisten unsagbares Leid zugefügt hatten und das sie derart grausam überfielen, kam tatkräftige Hilfe. Wir erhielten Lebensmittel, Saatgut und Maschinen.«

Karl Bohndorf aus Gera schickte eine Solidaritätsmarke, die 1931 in Berlin anläßlich des zehnjährigen Jubiläums der Internationalen Arbeiterhilfe herausgegeben worden war. Die Internationale Arbeiterhilfe sammelte Mittel für Sowjetrußland, das 1921 von einer Mißernte und Hunger betroffen war. »Für mich ist diese Marke besonders wertvoll«, schrieb Herr Bohndorf, »da ich sie als Mitglied der Kommunistischen Partei Deutschlands selbst verteilt habe.«

Und Heinz Herz schickte aus Dresden ein Fotoalbum mit Bildern über die Zusammenarbeit zwischen dem Betrieb »Robotron Anlagenbau« und sowjetischen Spezialisten aus Minsk.

Diese Briefe sind ein lebendiger Ausdruck einer engen und fruchtbaren Zusammenarbeit – ein Ergebnis großer Arbeit, die von den Kommunisten unseres Landes geleistet wurde. Ich kann mich an die Anfänge der Gesellschaft für Deutsch-Sowjetische Freundschaft in den schweren Jahren erinnern. Und heute genießen bei uns jene Menschen, die nach 1945 diese ersten und äußerst wichtigen Schritte zur internationalistischen Erziehung der Bevölkerung vollzogen haben, große Autorität.

Frage:
Sie sprechen von den Aktivisten der ersten Stunde?

Antwort:
Ja, so nennen wir sie! Dazu muß ich sagen, daß die ersten fünf Jahre der Existenz unseres neuen Staates die wichtigsten, die entscheidensten waren. Und die Kommunisten in der Uniform der Sowjetarmee halfen uns bei den Anfängen zu diesem neuen Leben. Unsere Partei setzt auch heute diesen internationalistischen Kurs fort, der gerichtet ist auf die feste und enge Freundschaft zur Sowjetunion, wie das seinerzeit die Partei Thälmanns for-

derte und in der Tat auch verwirklichte. Diese Freundschaft kann niemand zerstören!

Genosse Honecker blättert interessiert in den Briefen, schaut sich die Fotos an und lächelt, als er im Album ein Foto von einem Jungen mit freiem Oberkörper findet. »Nanu, wer ist denn das?«, fragt er und liest die Aufschrift auf der Rückseite. Das ist Anton – der Sohn von Alexej und Tanja, geboren im September 1982.

Das Album enthält eine genaue Beschreibung über die Freundschaft des 38jährigen Gerhard Müller, Weber in der Textilfabrik in Mittweida, zu seinem Altersgefährten Alexej Tschuprijanow, Ökonom im Werk für Maschinenbau in Perm an der Kama. Gerhard leitet bereits zehn Jahre die DSF-Gruppe im Betrieb, und Alexej, der sich besser mit dem Leben seines Freundes aus der DDR vertraut machen will, lernt als Autodidakt die deutsche Sprache. »Ich war bereits acht Mal in der Sowjetunion und das letzte Mal – im Sommer vergangenen Jahres – trafen sich mein Freund und ich 10.00 Uhr auf dem Roten Platz, er ist extra zu diesem Treffen aus Perm mit dem Flugzeug gekommen«, schreibt Gerhard. Solche Reisen sind nur in Friedenszeiten möglich, deshalb muß man alles dafür tun, daß der Frieden auf der Erde erhalten bleibt.

Frage:
Genosse Honecker, Ihre Unterschrift steht unter der Schlußakte der Konferenz von Helsinki. Doch nach dieser Konferenz hat sich der Kampf um die Politik der friedlichen Koexistenz in der Welt weiterhin verstärkt. Die vom USA-Präsidenten verkündete »neue« Nuklearstrategie vergrößert heute die Gefahr eines Kernwaffenkrieges. Wie schätzen Sie in Anbetracht dieser Gegebenheiten die Aussichten für die Bewahrung des Friedens ein?

Antwort:
Es ist nicht nur notwendig, sondern auch möglich, den Frieden zu erhalten. Davon zeugt das Potential des realen Sozialismus, zeugt die kluge Politik seiner führenden Kraft, der UdSSR. Hinzu kommt, daß es heute eine weltumspannende Friedensbewegung gibt, in der sich die Menschen der verschiedensten Weltanschauungen zusammenfinden.

Worum es vor allem geht, das ist die Verhinderung einer neuen Runde des atomaren Wettrüstens; denn dadurch würde die internationale Lage weiter kompliziert und die Kriegsgefahr erhöht. Hier spielt eine ganz wesentliche Rolle, zu erreichen, daß es nicht zu der von der NATO beabsichtigten Stationierung neuer nuklearer Erstschlagwaffen der USA in Westeuropa kommt. Das vorgeschobenste Stationierungsland ist bekanntlich die Bundesrepublik Deutschland. Erstmals nach dem zweiten Weltkrieg würde die Gefahr eines Krieges gegen die Sowjetunion von deutschem Boden, vom Territorium der BRD, aus wiederbelebt. Es versteht sich von selbst, daß unsere Länder dem nicht tatenlos zusehen können und wirksame Maßnahmen ergreifen müssen.

Mehr und mehr wird in der Welt verstanden, wieviel davon abhängt, das militärische Gleichgewicht zu erhalten, dessen Zerstörung die Hochrüster der NATO, insbesondere der USA, betreiben. Nur bei solchem Gleichgewicht auf einem ständig niedrigerem Niveau der Rüstungen und der Streitkräfte kann der Weg der Entspannung fortgesetzt werden, und daß er mit Erfolg fortgesetzt wird, wollen die Völker. Zur friedlichen Koexistenz von Staaten unterschiedlicher sozialer Ordnung gibt es keine vernünftige Alternative.

Wir schätzen den gewaltigen Beitrag hoch, den die KPdSU und die UdSSR gerade in der gegenwärtigen Situation zur Sache des Weltfriedens leisten. Durch die konstruktiven Vorschläge, die Genosse Juri Wladimirowitsch Andropow erst in jüngster Zeit wieder unterbreitet hat, werden Fortschritte zu Vereinbarungen gefördert, die eine reale Begrenzung und Reduzierung der Rüstungen ermöglichen. Die USA und die anderen Staaten der NATO können sich der Wirkung dieser Initiativen nicht entziehen. Mit allem Nachdruck muß gefordert werden, daß sie endlich ihre destruktive Haltung zu solchen Vereinbarungen aufgeben. Der Frieden ist das höchste Gut der Menschheit. Um ihn zu sichern, um die Völker vor dem Abgleiten in ein nukleares Inferno zu bewahren, wird die DDR in brüderlicher Verbundenheit mit der UdSSR auch künftig alles in ihren Kräften Stehende tun.

Frage:
Unsere Unterhaltung geht dem Ende zu. Das Jahr 1983 wurde in der Deutschen Demokratischen Republik zum Karl-Marx-Jahr erklärt. Ich bitte Sie, Genosse Honecker, auf Fragen aus einem Fragebogen zu antworten, den man sich in der Marx-Familie ausgedacht hatte. Ihre Vorstellungen von Glück? Ihre Lieblingsbeschäftigung? Die Eigenschaft, die Sie am meisten am Menschen schätzen?

Gedankenversunken wiederholt Erich Honecker die Fragen und antwortet nach einer kurzen Pause.

Antwort:
Für mich liegt das Glück im Sieg der Arbeiter-und-Bauern-Macht auf deutschem Boden. Dieser Sieg gewährleistet für unsere Jugend eine helle Zukunft. Nun zur zweiten Frage. Ich mag die Natur sehr, und wenn ich Zeit finde, gehe ich zur Jagd. Aber trotzdem sind drei bis vier Stunden lange Fußmärsche das Herrlichste für mich. Das gibt Frische und Kraft für die Arbeit. Und Arbeit gibt es nicht wenig. Zur dritten Frage, was ich am meisten

am Menschen schätze, kann ich ohne Umschweife antworten: Ehrlichkeit. Für mich bedeutet Ehrlichkeit Ergebenheit für die Sache der Partei auch in den schwersten Stunden. Ehrlichkeit bedeutet für mich Treue zu den Idealen des Internationalismus, aufrichtige Liebe zum Lande Lenins. Diese Liebe können Sie bereits bei unseren Pionieren entdecken.

Er steht auf, geht schnell zu seinem Schreibtisch und kommt mit einem Foto von einem sympathischen Jungen mit einer Budjonny-Mütze mit rotem Stern wieder.

Das ist mein Enkel, hier auf dem Bild ist er sechs Jahre alt. Jetzt ist er bereits acht und geht in die dritte Klasse einer Schule unweit vom Brandenburger Tor, wo wir unsere Unterhaltung begannen. Den roten Stern an der Budjonny-Mütze sah ich zum ersten Mal, als ich als achtzehnjähriger Genosse in das Land Lenins reiste. Meine Begegnungen mit dem Sowjetvolk und seiner Jugend haben unauslöschliche Spuren in meinem Gedächtnis hinterlassen. Und ich denke, daß jeder, der in dieses große Land kommt, immer daran denken sollte, daß die Menschheit durch die Befreiung von der Hitlerbarbarei diesem Land verpflichtet ist!

Zum Abschluß schreibt der Generalsekretär des ZK der SED und Vorsitzende des Staatsrates der DDR in mein Notizbuch:»Meine herzlichsten Grüße an die Leser der Zeitschrift ›Ogonjok‹. Erich Honecker, 19.9.1983«.

Berlin – Moskau

Erich Honecker: Reden und Aufsätze, Bd. 9,
Berlin 1985, S. 387–403.

Lutherehrung – Manifestation der Humanität und des Friedens

*Interview der BRD-Zeitschrift
»Lutherische Monatshefte«
Oktober 1983*

Frage:
Vor 500 Jahren wurde Martin Luther geboren; dieses Jubiläum wird gerade in den beiden deutschen Staaten mit großem Engagement gefeiert. Die meisten Luther-Städte liegen in der DDR, und hier bei Ihnen wird das Jubiläum mit großem Aufwand begangen. Wichtige Lutherstätten, wie Wittenberg, Eisleben, Erfurt oder die Wartburg, wurden renoviert, es finden Festveranstaltungen statt. Es wird sachlich und fair über Luther gesprochen. Was hat die Führung der DDR bewogen, mit einem Großen der Kirchengeschichte so umzugehen?

Antwort:
Es ist ein Grundzug unseres Verhältnisses zum historischen Erbe, daß wir das Wirken und das Vermächtnis aller, die zum Fortschritt, zur Entwicklung der Weltkultur beigetragen haben, als progressive Tradition aufnehmen, pflegen und im Sinne unserer sozialistischen und humanistischen Ideale weiterführen. Deshalb sind historische Gedenktage Höhepunkte im gesellschaftlichen Leben der Deutschen Demokratischen Republik. Denken Sie nur an die Würdigung von Ereignissen und Persönlichkeiten des 16. Jahrhunderts, wie den 400. Todestag Philipp Melanchthons, den 450. Jahrestag des Beginns der Reformation, die 500. Geburtstage Albrecht Dürers und Lucas Cranachs sowie den 450. Jahrestag des Bauernkrieges und des Todes von Thomas Müntzer. So ist auch unser Umgang mit Luther zu sehen.

Es liegt nahe, daß in den Traditionen, von denen ich gesprochen habe, Revolutionen eine besondere Rolle spielen. Mit der ersten Revolution auf deutschem Boden, der frühbürgerlichen Revolution, ist der Name Luthers unlösbar verbunden. Von Luther gingen revolutionäre Impulse aus, die weit über die damaligen deutschen Staaten hinausreichten. Bei vielen Völkern hat er Wirkungen für die Entwicklung von Sprache, Kultur und Ethik ausgeübt und dabei Weltgeltung erreicht, die nach einem halben Jahrtausend noch immer andauert. Luther wirkte förderlich auf die Entwicklung von Schule und Volksbildung, Ehe und Familie.

Natürlich erwuchs der DDR eine besondere Verpflichtung aus der Tatsache, daß die meisten Lebens- und Wirkungsstätten Martin Luthers auf ihrem Territorium liegen. Die Restaurierung, Rekonstruktion und Pflege dieser Stätten, für die unser Staat bedeutende Mittel bereitgestellt hat, zeugen vom Traditionsbewußtsein seiner Bürger und zugleich von ihrer Liebe zur sozialistischen Heimat.

Frage:
Sie haben, Herr Staatsratsvorsitzender, persönlich den Vorsitz im Staatlichen Lutherkomitee der DDR übernommen. Was hat Sie veranlaßt, neben Ihren vielen Funktionen in Staat und Partei sich auch dieser Aufgabe zu unterziehen?

Antwort:
Wir betrachten die Lutherehrung als eine Manifestation der Gemeinsamkeit im Streben nach Humanität, Völkerverständigung und Frieden, als ein Anliegen des gesamten Volkes der DDR, ungeachtet von Weltanschauung und Religion. Dem sollen auch die Zusammensetzung des Lutherkomitees und sein Vorsitz Ausdruck geben.

Frage:
Sehen wir richtig, daß bisher in der Tradition des Marxismus im Blick auf die Einschätzung der Reformationsgeschichte Luther eher negativ gesehen, während Thomas Müntzer als die entscheidende Figur herausgestellt wurde? Kann sich aus der neuen Beschäftigung mit Luther auch ein verändertes Bild von Müntzer ergeben?

Antwort:
Wir haben, und das ist wohl die Hauptsache, Martin Luther immer als zentrale Figur der Reformationsgeschichte betrachtet. Er gab den Anstoß, daß die Reformation überhaupt in Gang kam. Auch in ihrem weiteren Verlauf hat er sie maßgeblich geprägt.

Mit der Forderung Thomas Müntzers »Die Gewalt soll gegeben werden dem gemeinen Volk« konnte sich die für die Beseitigung der kapitalistischen Ausbeuterherrschaft kämpfende Arbeiterklasse identifizieren, während sie von den herrschenden Ausbeuterklassen, nicht zuletzt unter Berufung auf Luther, verteufelt wurde. Das hatte zwangsläufig auch Einfluß auf das Luther- und das Müntzerbild. Erst durch den Sieg der Arbeiterklasse und ihrer Verbündeten, durch den Aufbau der sozialistischen Gesellschaft wurden die gesellschaftlichen Voraussetzungen geschaffen, Luther und Müntzer allseitig, wissenschaftlich begründet und gerecht zu würdigen. Dabei ist auch eine weitere Ausarbeitung des Müntzerbildes zu erwarten.

Zu meinen, daß wir Luther ehren, um Müntzer herabzusetzen, wäre irrig. Für das Geschichts- und Traditionsbewußtsein unseres Volkes im Sozialismus ist es von Bedeutung, Luther und Müntzer einander nicht als von vornherein unvereinbare Gegensätze gegenüberzustellen. Es gilt, sie dialektisch als die beiden großen Gestalten der ersten deutschen Revolution zu erfassen. Luther entfesselte eine Bewegung, die einen Müntzer notwendig und möglich machte. In diesem Sinne gehören beide, Luther wie Müntzer, unverzichtbar zu unserem Erbe und zu unserer Tradition.

Frage:
Die DDR integriert deutsche Geschichte, um ihr Selbstverständnis mit positiven Elementen der Tradition zu verknüpfen. Dabei fällt auch das wohlwollende Interesse an Martin Luther auf. War hierzu eine Korrektur des Lutherbildes in der DDR notwendig?

Antwort:
Unser Lutherbild ist seit Karl Marx und Friedrich Engels durchaus differenziert. Doch sind viele Äußerungen der Vergangenheit über Luther nicht aus einer wissenschaftlichen Beschäftigung mit dem Reformator erwachsen, sondern aus den praktischen Erfahrungen mit dem politisch konservativen Luthertum im Bündnis von Thron und Altar.

Von jeher betonte das marxistische Lutherbild die geistige Initiatorenrolle Luthers für die frühbürgerliche Revolution, seine Bedeutung für die Entwicklung von Sprache und Kultur. Zugleich stellte es seine klassenbedingten Grenzen heraus, die ihn zur Gegnerschaft gegen Müntzer, gegen die Aufständischen im deutschen Bauernkrieg führten. Durch diese Haltung wurde das Lutherbild nicht nur für Marxisten, sondern auch für viele progressive bürgerliche Kräfte außerhalb und innerhalb der Kirchen verdunkelt.

Wenn sich das marxistische Lutherbild der DDR inzwischen weiterentwickelt hat, dann war an diesen grundsätzlichen Positionen keine Korrektur notwendig. Die Historiker der DDR haben sich allerdings eingehend mit der Gesamtepoche beschäftigt, in der Luther lebte und wirkte. Dabei wurden auch neue Erkenntnisse und Einsichten zur Persönlichkeit, zum Werk und zur Wirkung des Reformators gewonnen.

Das Geschichtsbewußtsein entwickelt sich als lebendiger Strom der Erkenntnis, der nie stillstehen darf und wird. Dies alles bedeutet keine Neuorientierung in der marxistischen Geschichtsauffassung, sondern deren ständige Bereicherung. Übrigens brauchen wir deutsche Geschichte nicht erst zu integrieren. Wir kommen aus ihr, stehen in ihr und führen sie weiter.

Frage:
Die DDR würdigte bislang bei Martin Luther überwiegend seine Bedeutung für Sprache und Kultur, für die Nationwerdung Deutschlands und seinen Anteil an der frühbürgerlichen Revolution. Im Zuge der gründlichen Beschäftigung mit Luther hat man entdeckt, daß er ohne seine Theologie kaum zu verstehen ist. Könnte diese Entdeckung Luther wieder fremd werden lassen?

Antwort:
Keinesfalls. Es ist gerade ein Ergebnis der gründlicheren Beschäftigung mit Martin Luther und Thomas Müntzer, daß die gesellschaftliche Funktion der Theologie in den damaligen revolutionären Bewegungen deutlicher erkannt wurde. Gerade weil Luther sozusagen eine Revolution in der Theologie vollzog, konnte er unter den Bedingungen seiner Zeit eine Bewegung auslösen, die revolutionierende Wirkungen in der Gesellschaft vorbereitete. Dabei geht es nicht um den Wert oder Unwert der Theologie schlechthin, sondern zu beachten ist die Zeitgebundenheit ihrer Funktion und Wirkung. In einer Epoche, da die Kirche das gesamte Leben der Menschen beherrschte und die gesamte gesellschaftliche Ordnung theologisch begründet war, mußte jede grundsätzliche Abweichung von der offiziellen Theorie gesellschaftlich wirksam, jedes Streben nach gesellschaftlicher Veränderung theologisch legitimiert werden.

Frage:
Luther war in seinem Gewissen streng gebunden, Gewissensfreiheit hat er gegenüber Kaiser und Reich durchgehalten: Welche Konsequenzen hat das nach Ihrer Sicht für das moderne Freiheitsverständnis?

Antwort:
Indem er vor dem Reichstag zu Worms in den hauptsächlichen Fragen seinem Gewissen folgte und nicht den offiziellen Doktrinen, befand sich Luther in voller Übereinstimmung mit der Hauptströmung seiner Zeit. Sein

Auftreten gegen die damaligen Mißstände, die ich hier nicht im einzelnen aufzuzählen brauche, gab Luther die Kraft, gegen Kaiser und Reich durchzustehen. Eine solche Haltung, die nicht nur für den Augenblick, sondern auch für die Zukunft beispielhaft war, legten in der Geschichte, die nach unserem Verständnis eine Geschichte von Klassenkämpfen ist, viele Persönlichkeiten an den Tag. Dadurch wurden sie in ihrer ganzen Größe bekannt. Der Bogen spannt sich von Spartacus über Danton und Robespierre, über Janusz Korczak, Pfarrer Paul Schneider, Pater Maximilian Kolbe bis zu Georgi Dimitroff und Ernst Thälmann. Natürlich ist ihre Haltung auch für das Erfassen des »modernen Freiheitsverständnisses« von Gewicht, wobei der Freiheitsbegriff erst im Sozialismus seine wahrhafte Bedeutung erhält. Freiheit und Gewissen haben immer etwas zu tun mit der Einsicht in historische Entwicklungen, in gesellschaftliche Prozesse, mit der Pflicht zur persönlichen Verantwortung und zum Dienst für das Wohl des Menschen, kurz, mit dem Einsatz für unsere sozialistische Sache. Vor allem beziehe ich dies auf das Wichtigste, was es heute für jeden verantwortungsbewußt Denkenden und Handelnden gibt – die Menschheit vor dem Untergang in einem atomaren Weltkrieg zu bewahren. Die Sicherung des Friedens für die gegenwärtig lebenden und die kommenden Generationen ist ein edles Ziel, würdig größter Anstrengungen und unbeirrbarer Konsequenz. Das menschliche Leben ist das höchste Gut.

Frage:
In Aufnahme humanistischer Traditionen, die auch auf Luther zurückgehen, hat die Verfassung der DDR Gewissens- und Glaubensfreiheit ausdrücklich gewährt (Art. 20). Wie reagiert ein sozialistischer Staat, wenn sich Bürger im Konfliktfall auf Gewissensfreiheit berufen?

Antwort:
In der Tat gründet sich die Verfassung der DDR auf die humanistischen Traditionen der deutschen Geschichte, zu denen auch das Werk Martin Luthers zählt. Für die in unserer Verfassung verankerten hohen Prinzipien der Menschlichkeit und sozialen Gerechtigkeit haben die fortschrittlichsten Kräfte jahrhundertelang gekämpft und gelitten. Die Garantie der Glaubens- und Gewissensfreiheit gehört dazu. In unserem Land sind die Nichtdiskriminierung gläubiger Bürger und ihr Recht, sich zu einem religiösen Glauben zu bekennen und religiöse Handlungen auszuüben, nicht nur Verfassungsgrundsatz, sondern lebendige Praxis. Das bestätigen übrigens auch führende Repräsentanten der Kirchenleitungen der DDR.
  Was den Konfliktfall betrifft, den Sie angesprochen haben, so lassen Sie mich zunächst feststellen, daß er im Alltag des Zusammenlebens und Wir-

kens von Marxisten und Christen die Ausnahme ist. Als Regel erweist sich das tätige und überzeugende Engagement christlicher Bürger für unsere gemeinsame Sache des Friedens und des Sozialismus.

Ich möchte nochmals unterstreichen, daß die Glaubens- und Gewissensfreiheit der Bürger der DDR in jedem Fall gewährleistet wird. Natürlich sind vor dem Gesetz alle Bürger, unabhängig von ihrer Weltanschauung und Konfession, gleich. Das zeigt sich nicht zuletzt daran, daß Handlungen gegen die Glaubens- und Gewissensfreiheit und die Freiheit der Religionsausübung bei uns strafrechtlich geahndet werden. Unter Berufung auf diese Freiheit gegen die Staats- und Rechtsordnung zu verstoßen und somit den Boden der Verfassung zu verlassen, kann von unserem sozialistischen Staat freilich nicht hingenommen werden.

Frage:
Sie sind in Ihrem konsequenten Widerstand gegen den Faschismus des dritten Reiches auch Christen begegnet. Hat Ihnen die gemeinsame Front von Christen und Marxisten in den Jahren 1933 bis 1945 das Zugehen auf Christen und auf Traditionen der Kirche erleichtert?

Antwort:
Meine Begegnungen mit christlichen Menschen reichen bis in meine Kindheit zurück. Die alltägliche Begegnung mit ihnen in Wiebelskirchen gehört zu meinen guten Erinnerungen. Im Kampf um die Einheitsfront, gegen die Nazidiktatur bin ich mutigen, prächtigen und opferbereiten Christen beider Konfessionen begegnet, deren persönliche Risikobereitschaft, menschliche Anständigkeit und Lauterkeit ich hoch schätze. Wir haben bei gemeinsamen illegalen Aktionen im Ruhrgebiet unsere gegenseitige Verläßlichkeit kennengelernt. Viele Genossen, die illegal tätig waren, haben solidarische Unterstützung durch Christen erfahren.

Zu den Lebenserfahrungen vieler älterer Kommunisten, gewonnen in der Illegalität, in Zuchthäusern und Konzentrationslagern, in der Emigration oder im »Nationalkomitee Freies Deutschland«, gehört die Erkenntnis, daß Marxisten und Christen bei gegenseitiger Respektierung ihrer unterschiedlichen Weltanschauung eine hohe gemeinsame Verantwortung im Kampf gegen die faschistische Barbarei, für eine friedliche und menschliche Welt bewiesen haben.

Dieses antifaschistische Vermächtnis hüten wir in unserer Republik. Es wirkt fort in der heutigen gemeinsamen Arbeit von Marxisten und Christen an der Gestaltung der sozialistischen Gesellschaft unseres Landes. Mehr denn je müssen wir heute diese Gemeinsamkeit weiter stärken, um die Katastrophe eines nuklearen Weltkrieges zu verhindern. So hat das antifaschistische Vermächtnis für Marxisten und Christen eine aktuelle, eine lebendige, eine außerordentliche Bedeutung für die Sicherung einer menschlichen Zukunft.

Frage:
Es fällt unter anderem auf, wie positiv Luthers Wirkung auf Kunst, Musik und Bildung in der DDR gewürdigt wird. Welche Auswirkungen hat Luther auf das Bildungswesen?

Antwort:
Jede Revolution bringt auch das Bildungswesen voran. Luther hat die Bildungsinhalte und Erziehungsziele abgeleitet aus den Bedürfnissen der Reformation, die damals die Richtung des weiteren Fortschritts bestimmte. So hat er für die Entwicklung der Volksbildung und des Schulwesens viel getan. Wir gehen ganz analog vor, indem wir die Bildungsinhalte und Erziehungsziele von den Bedürfnissen des Sozialismus her definieren, der in unserer Zeit die Entwicklungsrichtung der Menschheit bestimmt.

Selbstverständlich ist der historische Abstand zur Lutherzeit sehr groß. Revolutionen und epochale Umwälzungen liegen dazwischen. Demzufolge muß sich die heute heranwachsende Generation ein viel umfassenderes Wissen über die Natur, über die Gesellschaft und ihre Geschichte aneignen, als dies damals möglich und notwendig war. Daher wird wohl keiner erwarten, daß wir unser Bildungswesen an den Vorstellungen des 16. Jahrhunderts orientieren. In einem sollten wir uns auch heute noch unmittelbar von Luther selbst anregen lassen: Ich meine die Kunst, das Wesentliche einfach und für jedermann verständlich zu sagen.

Frage:
Die positive Würdigung Luthers in der DDR könnte dazu führen, daß Luther idealisiert wird. Er war ein Kind seiner Zeit; er war nicht frei von Fehleinschätzungen und Fehlentscheidungen. Könnte nicht erneut ein falsches Lutherbild entstehen, wenn man verschweigt, wie radikal Luthers theologische Kritik z. B. gegen den Bauernaufstand oder gegen den Gesetzesglauben der Juden laut werden konnte?

Antwort:
Es ist ein Grundgesetz unserer Geschichtsbetrachtung, den geschichtlichen Prozeß in seinem objektiven Verlauf, vor allem als eine Geschichte von Klassenkämpfen zu sehen. Geschichtliche Persönlichkeiten, zumal herausragende Akteure im Klassenkampf, sind daher in erster Linie danach zu beurteilen, welche Klassenposition sie in den Kämpfen ihrer Zeit vertreten,

natürlich gemessen an den jeweiligen objektiven Möglichkeiten und Erfordernissen. Das ist auch der Maßstab, der vor falscher Idealisierung oder gar Heroisierung schützt.

Luthers Tragik bestand darin, daß er in den Widerspruch geriet zwischen seiner Rolle als Initiator einer großen revolutionären Bewegung und seinem Unvermögen, deren gesellschaftliche Gesetzmäßigkeit zu erkennen. Wir sehen durchaus die Widersprüche in seiner Persönlichkeit und seinem Werk. In hohem Maße widerspiegeln sie die Unreife und Widersprüche des damaligen deutschen Bürgertums und der entstehenden Intelligenz.

Daher verschweigen wir keinesfalls Luthers heftige Ausfälle gegen die Aufständischen im Bauernkrieg, mit deren Kampf wir uns verbunden fühlen, seine Kritik an Juden, Katholiken, Muslimen, »Schwärmern« und »Täufern«, überhaupt an allen, die sein Gottesverständnis nicht teilten. Wir werten sie als theologisch begründeten Ausdruck objektiver Klasseninteressen großer Teile des damaligen Bürgertums, das auf das Landesfürstentum orientiert war und den Bauern als Herrschaft gegenüberstand. Doch wir beurteilen Luther nicht nur nach seinen Widersprüchen und Grenzen, sondern vor allem nach den positiven Wirkungen, die von ihm ausgingen und den gesellschaftlichen und kulturellen Fortschritt förderten.

Frage:

Die Vereinbarungen zwischen Kirche und Staat in der DDR vom 6. März 1978 scheinen sich zu bewähren. Das dürfte nicht zuletzt das Lutherjahr gezeigt haben. Können sich die evangelischen Kirchen in der DDR auf eine Fortsetzung und Stabilisierung dieses Kurses einstellen?

Antwort:

In der Tat sind mit dem Treffen vom 6. März 1978 neue Impulse für die konstruktive Gestaltung der Beziehungen zwischen Staat und Kirche in der DDR eingeleitet worden. Ich teile Ihren Eindruck, daß auch die bisherige Zusammenarbeit des Martin-Luther-Komitees der DDR und des Lutherkomitees der Evangelischen Kirchen in der DDR eine Bestätigung und Bewährung der damaligen Zusammenkunft darstellt. Dabei hat sich die Kooperation der Lutherkomitees nicht nur zugunsten der beiderseitigen Vorhaben, sondern auch stabilisierend auf die Staat-Kirche-Beziehungen ausgewirkt.

Ich weiß, daß die evangelischen Kirchen in der DDR am Weg des 6. März 1978 festhalten. Auch wir werden diesen Weg weitergehen. Übrigens war das Treffen vom März 1978 keine »Sensation«, wie manche behaupten, sondern reifte in einem komplizierten Entwicklungsprozeß heran.

Durch das Treffen vom 6. März 1978 wurde die Kontinuität unserer Politik auf diesem Gebiet zum Ausdruck gebracht. Wir bleiben an Beziehungen zwischen Staat und Kirche interessiert, die offen, vertrauensvoll, verfassungsgemäß und konstruktiv sind. Ohne Zweifel hat der Verlauf des Jahres 1983 die Richtigkeit des März-Treffens 1978 erneut gezeigt. Von einer anders gearteten Entwicklung hätte ja niemand einen Vorteil, am wenigsten die christlichen Mitbürger, die im »Mutterland der Reformation« in täglicher fleißiger Arbeit die sozialistische Gesellschaft mit errichten. Sie sind in unserem Land geachtete, gleichberechtigte und gleichverpflichtete Staatsbürger. Die DDR ist für sie ihre Heimat, ihr Staat, ihr Zuhause.

Frage:
Sie haben bei der Wiedereröffnung der Wartburg in diesem Jahr gesagt: »Unser sozialistischer Staat bringt den legitimen Interessen der Kirchen großes Verständnis entgegen.« Deutet sich hier eine noch flexiblere Politik im Umgang mit den Erben Luthers an?

Antwort:
Mit dem zitierten Satz habe ich unsere Position und unsere Handlungen charakterisiert. Wie ich schon sagte, sollte das Verhältnis zwischen Staat und Kirche durch offenes Gespräch, freimütige Klärung von Problemen und Bereitschaft zu konstruktiven Schritten weiter ausgestaltet werden. Wer die breiten und vielfältigen kirchlichen Wirkungsmöglichkeiten in der DDR kennt, dem wird unsere verständnisvolle Haltung gegenüber den legitimen Interessen der Kirchen deutlich sein. In diesem Zusammenhang möchte ich auch an die umfangreiche, international geschätzte Produktion der kircheneigenen und anderen Verlage in der DDR erinnern, an die hochachtbare Leistung liebevoller Zuwendung zum kranken Menschen in der Diakonie, an die auf der Grundlage der Trennung von Staat und Kirche garantierte völlige Freiheit der Kirchen zur Regelung ihrer eigenen Angelegenheiten, an den Zugang der Kirchen zum staatlichen Hör- und Fernsehfunk.

Das Verständnis für kirchliche Belange mehrte sich in dem Maße, wie die Kirchen ihren Standort in unserer Gesellschaft als »Kirche im Sozialismus« beschrieben und einnahmen. Das ist ein Ergebnis der kontinuierlichen Entwicklung der Staat-Kirche-Beziehungen während vieler Jahre. Vermutlich werden Sie selbst festgestellt haben, daß die sieben Kirchentage des Jahres 1983 und andere kirchliche Veranstaltungen zum Lutherjubiläum in völliger Eigenverantwortung der Kirchen und mit einer außerordentlichen staatlichen Unterstützung durchgeführt werden. Hier hat die staatliche Seite, um es mit einem geläufigen kirchlichen Text zu sagen, viel an Vertrauen gewagt – Vertrauen zum erreichten Stand der Staat-Kirche-Beziehungen und zu den Kirchen.

Luthers Bedeutung als historische Persönlichkeit betrifft in unserem Land alle Bürger, denn er war ein Mitbeweger unserer Geschichte, wenn auch das theologische Lutherbild anders ist als das marxistisch-leninistische. In diesem Zusammenhang möchte ich bekräftigen: Die gemeinsame Würdigung der Persönlichkeit und des Werkes Martin Luthers in unserem Staat widerspiegelt das Zusammenwirken der Bürger unseres Landes, ungeachtet ihrer Weltanschauung und Religion.

An der weiteren Gestaltung der entwickelten sozialistischen Gesellschaft arbeiten alle mit, sie liegt im Interesse aller, und ihre Ergebnisse kommen allen zugute. Eine Politik zum Wohle des Volkes, wie sie in der DDR verwirklicht wird, entspricht zugleich einem christlichen Grundanliegen. Daher findet sie auch die tatkräftige Unterstützung der christlichen Mitbürger. Das gilt insbesondere für die Anstrengungen zur Abwendung der Gefahr eines nuklearen Weltkrieges und zur Sicherung des Friedens, mithin zur Lösung der wichtigsten Aufgabe, der sich die Menschheit heute gegenübersieht.

Erich Honecker: Reden und Aufsätze, Bd. 9,
Berlin 1985, S. 436–444.

Über den gesetzmäßigen Charakter der Wirklichkeit

Beitrag für die Anthologie:
Was ist Wirklichkeit?

Die Frage nach der Wirklichkeit hat die Menschen wohl zu allen Zeiten beschäftigt und war immer mit dem Nachdenken darüber verbunden, welchen Platz der einzelne in ihr einnimmt, wie er sich zu ihr verhält. Seit eh und je befaßte sich auch die Philosophie mit diesem Problem, was seine weltanschauliche Bedeutung unterstreicht. Da jeder Mensch in eine konkrete Wirklichkeit hineingeboren wird und in ihr lebt, steht er vor der Notwendigkeit, sich in ihr zurechtzufinden und immer wieder Entscheidungen zu treffen. Diese beziehen sich auf sein persönliches Leben, sein Verhältnis zu anderen Menschen, zur Klasse, der er angehört, zu anderen sozialen Gruppen. Jeder muß sich darüber klar werden, ob und wie er diese Wirklichkeit akzeptiert. Auch stellt sich ihm die Frage, ob er die Wirklichkeit ändern kann.

So verschieden, wie sie sind, haben die philosophischen Systeme stets auch die Wirklichkeit interpretiert. Dabei können sie dem einzelnen helfen, diese Wirklichkeit richtig zu erfassen, oder sie können ihn desorientieren. Sie motivieren die Menschen zu schöpferischen, umgestaltenden Taten oder versetzen sie in Schicksalsglauben und Lethargie. Seit der Antike gehen bestimmte philosophische Richtungen davon aus, daß alles Existierende vorbestimmt sei und der Mensch an dieser Ordnung der Dinge nichts zu ändern vermag. Hingegen kommt Heinrich Mann in seinem autobiographischen Werk »Ein Zeitalter wird besichtigt« mit Recht zu dem Schluß: »Entscheidend ist der Übergang nach neuen, besseren Zuständen der Menschen und Dinge.«[1] Das verdeutlicht ein aktives Verhältnis zur Realität.

Für mich möchte ich sagen, daß der Marxismus-Leninismus, die dialektisch-materialistische Weltanschauung meinen Standpunkt, meine politischen Entscheidungen gerade deswegen schon sehr früh geprägt haben, weil sie sich nicht darauf beschränken, die Wirklichkeit lediglich zu erklären, sondern vielmehr beweisen, daß die Welt verändert werden kann. Die Lebenskraft dieser Theorie als Anleitung zum praktischen Handeln hat sich bis heute immer überzeugender bestätigt – eine Feststellung, die anläßlich des diesjährigen 165. Geburtstages und 100. Todestages von Karl Marx besonders naheliegt.

Seit über fünf Jahrzehnten bin ich Funktionär der Arbeiterbewegung. Auf diesem Weg fand ich bestätigt, wie recht Lenin mit dem Gedanken hat, den er in seinem Konspekt zu Hegels »Wissenschaft der Logik« niederschrieb: »*Die Praxis ist höher als die (theoretische) Erkenntnis,* denn sie hat nicht nur die Würde des Allgemeinen, sondern auch der unmittelbaren Wirklichkeit.«[2] Wie jeder tätige Mensch mußte ich mich mit der Wirklichkeit auseinandersetzen und lernte von den Realitäten. Das begann bereits im Kommunistischen Jugendverband Deutschlands, vollzog sich in politischen Debatten mit Gleichgesinnten, aber auch Andersdenkenden. Ebenso verhielt es sich in späteren Jahren, nachdem ich Mitglied der Kommunistischen Partei Deutschlands geworden war. Insbesondere bei Aktionen gegen die Unternehmerwillkür, gegen die Herrschaft der Junker und Großgrundbesitzer wurde ich mit der Wirklichkeit kapitalistischer Verhältnisse direkt konfrontiert. Dagegen erlebte ich während eines Aufenthaltes im damals noch jungen Sowjetstaat anschaulich die sich entwickelnde neue sozialistische Wirklichkeit. Der Widerstand gegen den heraufziehenden Faschismus, der illegale Kampf gegen die Hitlerbarbarei, die Haftzeit im faschistischen Zuchthaus waren die härteste Schule. Durch dies alles vertiefte sich das Verständnis dafür, daß politisches Handeln stets von der Gesamtheit materieller und geistiger, gesetzmäßiger und zufälliger, erkannter, berechneter und noch nicht gekannter Momente ausgehen muß.

Wie man weiß, ist es im persönlichen Leben immer sinnvoll, gegebene Umstände und Voraussetzungen, wenn nicht einfach hinzunehmen, so doch gebührend zu berücksichtigen. Solche Vernunft sollte ebenso in der Politik von Regierungen walten, bei der es um die Geschicke vieler geht. Einseitige oder willkürliche Betrachtung der Dinge, wirklichkeitsferne Wunschvorstellungen und unrealistische Einschätzung der Kräfte führen

---

1   Heinrich Mann: Gesammelte Werke, Bd. 24, Berlin und Weimar 1973, S. 302.
2   W. I. Lenin: Konspekt zu Hegels »Wissenschaft der Logik«. In: Werke, Bd. 38, S. 204.

nur in die Sackgasse und können in der Politik verheerende Folgen für die Völker nach sich ziehen, wie die Geschichte zur Genüge beweist.

Bekanntlich hat der deutsche Imperialismus in seinem Weltherrschaftswahn zwei Weltkriege vom Zaune gebrochen, die unermeßliches Leid über Millionen und aber Millionen brachten. Heute, im Atomzeitalter, würde durch einen solchen Krieg die Existenz der Menschheit aufs Spiel gesetzt. Daher ist die Verantwortung der Politiker und Staatsmänner besonders groß. Ihre Entscheidungen müssen von einer strengen Analyse der Wirklichkeit ausgehen, die konkreten Verhältnisse und Tatsachen in Rechnung stellen, ob sie ihnen jeweils gefallen mögen oder nicht.

Verantwortungsvolle Politik darf sich also niemals scheuen, die Wirklichkeit so zu sehen, wie sie ist. Sie braucht gleichzeitig eine Vorstellung davon, wohin Wirklichkeit sich unter ihrem Einfluß entwickeln *kann* und sich im Interesse der Völker entwickeln *sollte*. Für uns in der DDR ist es staatspolitische Maxime, alle materiellen und ideellen Bedingungen, unter denen wir die sozialistische Gesellschaft gestalten, real einzuschätzen, exakt die sich daraus herleitenden Aufgaben festzulegen, ihre Kompliziertheit zu berücksichtigen und zugleich deutlich zu machen, wie sie zu meistern sind. Politik verlangt wissenschaftliche Nüchternheit in der Analyse der objektiven Sachlage und des Entwicklungsganges. Das verbindet sich mit der entschiedensten Anerkennung der Bedeutung von revolutionärer Energie, Schaffenskraft und Initiative der Massen und natürlich auch der einzelnen Personen, Gruppen, Parteien und Organisationen.

Hier ist es vielleicht angebracht, sich der Kritik von Marx und Engels am Wirklichkeitsverständnis Ludwig Feuerbachs zu erinnern. Sie sahen die Unzulänglichkeit seiner Konzeption vor allem darin, daß er die Wirklichkeit durch die »Brille des Philosophen« betrachtete und nicht mit den Augen eines realen Menschen, der an der revolutionären praktischen Veränderung der Wirklichkeit teilnimmt.[3] Natürlich ist damit nicht die Notwendigkeit einer philosophischen Erörterung des Problems in Frage gestellt; aber sie allein reicht nicht aus. Erst wenn die Praxis hinzukommt, wird die ganze Vielschichtigkeit der Wirklichkeit erfaßbar. Dabei besagen alle Erfahrungen, daß die Realität immer reicher und auch komplizierter ist als die beste theoretische Konzeption.

Mehr denn je wird sich heute ein Politiker die Frage zu beantworten haben, welche grundsätzlichen Tatsachen und Entwicklungstendenzen die Welt prägen. Da ist vor allem die Existenz des sozialistischen Weltsystems, das den Gang der internationalen Dinge immer stärker beeinflußt. Ohne die Sowjetunion und die anderen sozialistischen Länder kann kein ent-

---

3 Siehe Karl Marx/Friedrich Engels: Die deutsche Ideologie. In: Werke, Bd. 3, S. 43.

scheidendes Zukunftsproblem der Menschheit gelöst werden. Ungezählte Menschen in der ganzen Welt, die dauerhaften Frieden wollen, setzen ihre Hoffnungen auf die Politik der sozialistischen Gemeinschaft.

Unsere Länder arbeiten beharrlich daran, ihr bedeutendes Wirtschaftspotential ständig zu vergrößern, um das materielle und kulturelle Lebensniveau des jeweiligen Volkes zu erhöhen und seine soziale Sicherheit zuverlässig zu gewährleisten. Damit wächst zugleich das internationale Gewicht des realen Sozialismus. Die DDR nimmt in der sozialistischen Gemeinschaft einen geachteten Platz ein, ist fest darin verankert. Trotz aller Störversuche imperialistischer Kreise hat sie sich in drei Jahrzehnten als sozialistischer Staat der Arbeiter und Bauern stabilisiert. Sie gehört zu den zehn leistungsfähigsten Industrienationen der Welt. Als Mitglied der UNO beteiligt sie sich gleichberechtigt am internationalen Leben. Mehr als 130 Staaten der Erde unterhalten diplomatische Beziehungen zu ihr.

Unser politischer Kurs, alles zu tun für das Wohl des Volkes, hat sich bewährt, und wir können insgesamt eine positive Bilanz ziehen. Natürlich bleiben Entwicklungsprobleme nicht aus. Wir verstehen die Gestaltung der entwickelten sozialistischen Gesellschaft als einen historischen Prozeß tiefgreifender politischer, ökonomischer, sozialer und geistig-kultureller Wandlungen. Das erfordert große Anstrengungen und einen längeren Zeitraum. Doch schon heute kann sich wahrhaftig sehen lassen, was der reale Sozialismus den arbeitenden Menschen gebracht hat.

Nun ist es eine objektive Tatsache, daß in der Welt von heute der Sozialismus nicht allein existiert, sondern auch die kapitalistische Gesellschaftsordnung. Deren Hauptländer verfügen über bedeutende ökonomische, politisch-ideologische und militärische Potenzen. Jedoch kann man ebensowenig übersehen, daß der Kapitalismus einen Punkt erreicht hat, an dem sich seine Widersprüche besonders kraß entfalten. Selbst westliche Wirtschaftsexperten verweisen auf die langfristigen Krisenprozesse im Rohstoff- und Energiebereich, in den Währungsbeziehungen, den Staatsfinanzen, in wichtigen Industriezweigen ihrer Länder sowie auf die anhaltende Inflation. Die ernsten Probleme, die daraus erwachsen, beschränken sich nicht auf die Ökonomie, sondern erfassen alle Bereiche des politischen, sozialen und geistig-kulturellen Lebens. Erhöht hat sich die soziale Unsicherheit. Die Massenarbeitslosigkeit nimmt zu. Rigoros abgebaut werden die sozialen Leistungen.

Aber nicht nur die Lasten der Krise wecken bei vielen Menschen in den Ländern des Kapitals ernste Besorgnis. Hinzu kommen die Gefahren für den Frieden, die aus der Politik der Hochrüstung, der militärischen Drohung gegen den Sozialismus, aus der Forcierung des Wettrüstens entstehen. In der gegenwärtigen internationalen Situation wirken hauptsächlich zwei gegenläufige Tendenzen. Einerseits sind dies die Aktivitäten der an der Friedenssicherung aufrichtig interessierten Kräfte, die sich dafür einsetzen, den Rüstungswettlauf zu beenden und konstruktive Schritte zur Abrüstung zu tun, jener Kräfte, welche die souveränen Rechte und Freiheiten der Völker verteidigen. Andererseits ist es der Kurs einflußreicher imperialistischer Kreise, der sich auf Untergrabung der Entspannung, auf Konfrontation und Hochrüstung, auf Einmischung in die inneren Angelegenheiten der Staaten und Unterdrückung der nationalen Befreiungsbewegung richtet.

Das alles gehört zur Wirklichkeit von heute. Insofern sind pessimistische Haltungen gegenüber der Zukunft, wie sie in der kapitalistischen Welt häufig zutage treten, durchaus nicht unverständlich. Immerhin verschlingt die Hochrüstung Unsummen, werden Mittel vergeudet, die vonnöten wären, um dringendste Existenzprobleme der Völker zu lösen; denn in weiten Teilen der Welt nehmen Hunger und Elend zu. Über allem schwebt das Damoklesschwert eines nuklearen Krieges, das, wenn es niederfiele, eine Vernichtung unvorstellbaren Ausmaßes verursachen würde.

Dennoch wäre es falsch, die Menschheit einem unentrinnbaren Verhängnis ausgeliefert zu sehen. Gewiß, die Weltlage ist kompliziert, und die Gefahren sind groß, aber es gibt auch nicht wenig Grund zur Zuversicht. Ich bin fest davon überzeugt, daß ein nukleares Inferno abgewendet und der Frieden dauerhaft gesichert werden kann. Ohne Zweifel sind die Kräfte des Friedens stärker als die des Krieges. Alles hängt davon ab, daß die Friedenskräfte gemeinsam und entschlossen handeln. Als eine sehr ermutigende Tatsache betrachten wir ganz in diesem Sinne das Anwachsen der Friedensbewegungen, die Angehörige aller Klassen und Schichten, Menschen verschiedenster weltanschaulicher und religiöser Bekenntnisse aus vielen Nationen vereinen.

Wie die Dinge heute liegen, gibt es zur friedlichen Koexistenz von Staaten unterschiedlicher sozialer Ordnung weniger denn je eine vernünftige Alternative. Das bestimmt auch die Politik der DDR, die für Entspannung und Zusammenarbeit statt Konfrontation eintritt. Deshalb leisten wir, gestützt auf das Bündnis des Warschauer Vertrages, unseren konstruktiven Beitrag zu einem Rüstungsstopp, zur Begrenzung und Reduzierung der Rüstungen nach dem Prinzip der Gleichheit und der gleichen Sicherheit. Wir sind für die Gesundung der Weltlage, für eine berechenbare Politik und gegen jedes Abenteurertum. Gibt es doch keine internationale Streitfrage, die es rechtfertigen würde, sie mit den Mitteln des Krieges lösen zu wollen. Das enthebt uns nicht der Pflicht, alles Notwendige zu tun, um das friedliche Leben unseres Volkes zuverlässig zu schützen und den Sozialismus gegen jedweden Angriff zu verteidigen.

Europa darf nicht erneut zum Ausgangspunkt eines Krieges, schon gar eines nuklearen Weltkrieges, werden. Dieser Einsicht folgen alle diejenigen, die sich der Verwandlung Westeuropas in eine Abschußrampe atomarer Erstschlagwaffen der USA entschieden widersetzen. Mit Recht gelangen sie zu der Schlußfolgerung, daß der Konfrontationskurs der aggressivsten Kreise der NATO zu nichts Gutem führen kann. Nur als ein Raum des Friedens, der Sicherheit und der gegenseitig vorteilhaften Zusammenarbeit hat Europa eine Perspektive. Sie zu verwirklichen sollte das Anliegen jeder verantwortungsbewußten Politik sein. Dementsprechend unternimmt die DDR das Ihre für konkrete Maßnahmen der Abrüstung, unterstützt sie alle Schritte, die auf diesem Weg voranführen, bis hin zur Schaffung eines atomwaffenfreien Europa.

Die Sicherung des Friedens ist für uns das Wichtigste. Damit verbinden sich viele weitere Fragen der Menschheitsentwicklung, die humane Lösungen verlangen. Ich denke zum Beispiel an den Schutz der Umwelt, die Regeneration der Ressourcen und die Verbannung der Armut aus Teilen der Welt. In unserer Zeit beschleunigt sich rapide der wissenschaftlich-technische Fortschritt, wovon kein Lebensbereich unberührt bleibt. Angesichts der »Wegrationalisierung« arbeitender Menschen fragen in den entwickelten kapitalistischen Ländern viele besorgt nach dem Sinn weiteren wissenschaftlich-technischen Fortschritts. Sie erleben, daß er für Millionen nicht Wohltat, sondern Plage ist. Gerade hier zeigt sich, wieviel von den gesellschaftlichen Verhältnissen abhängt.

Im Sozialismus sind Wissenschaft und Technik entscheidende Mittel des ökonomischen Wachstums. Unter seinen Bedingungen dienen sie voll und ganz dazu, die materiellen und kulturellen Bedürfnisse der Werktätigen immer besser zu befriedigen. So unternehmen wir in der Deutschen Demokratischen Republik große Anstrengungen, um modernste Technik wie Mikroelektronik, Roboter, hochentwickelte stoffwirtschaftliche und energetische Verfahren zu fördern. Unsere Politik verbindet den wissenschaftlich-technischen bewußt mit dem ökonomischen und sozialen Fortschritt. Vollbeschäftigung der Werktätigen, Verbesserung ihrer Arbeits- und Lebensbedingungen, unentgeltliche Gesundheitsbetreuung, kostenloser Zugang zu allen Stufen der Bildung und umfassende soziale Sicherheit sind dabei unverzichtbare Faktoren.

Sich exakt die Frage zu beantworten, was Wirklichkeit ist, macht es überhaupt erst möglich, sich geschichtliche Ziele zu setzen und zu erreichen. Bei den grundlegenden Veränderungen des gesellschaftlichen Lebens, die in mehr als 30 Jahren Deutsche Demokratische Republik vollzogen wurden, hat sich das immer wieder bewahrheitet. Wünsche und Hoffnungen sinken zu Utopien herab, wenn sie den Gesetzmäßigkeiten der objektiven

Realität und ihrer Entwicklung widersprechen. Dann werden sie nicht nur nutzlos, sondern können sogar erheblichen Schaden anrichten.

Für uns als dialektische Materialisten ist die Wirklichkeit das unabhängig vom Willen und Bewußtsein der Menschen Existierende. Ich denke dabei an die Bedingungen des gesellschaftlichen Lebens, die natürlichen Ressourcen eines Landes, den Charakter seiner Wirtschaft, die Mittel der produktiven Tätigkeit und die für die Gesellschaft charakteristischen Klassenbeziehungen. Selbstverständlich spielen nicht nur die materiellen, sondern auch die geistigen Faktoren eine bedeutsame Rolle. Zur Wirklichkeit gehören auch die Kultur der Gesellschaft im weitesten Sinne dieses Wortes, ihre geistigen Traditionen, ihre nationalen Besonderheiten, ihre Moral- und Wertvorstellungen. Da die Gesellschaft eine Gemeinschaft lebendiger Menschen ist, beeinflussen deren Wissen und deren Erfahrungen, deren Wünsche, Sehnsüchte und Leidenschaften die Realität.

Das materielle Sein bestimmt das Bewußtsein, und selbstverständlich wirkt das Bewußtsein auf das materielle Sein zurück. Von dieser Wechselbeziehung sind wir bei der Gestaltung der sozialistischen Gesellschaft in der Deutschen Demokratischen Republik stets ausgegangen. Ich möchte das anhand eines geschichtlichen Ausschnitts verdeutlichen. Als 1945 nach der Zerschlagung des Hitlerregimes bei uns die Antifaschisten, die Kommunisten zusammen mit allen Menschen guten Willens begannen, die materiellen und geistigen Trümmer zu beseitigen, die dieses barbarische System hinterlassen hatte, glaubten viele, es könne sofort der Sozialismus aufgebaut werden. Doch dafür war die historisch gegebene Wirklichkeit noch nicht reif. Erst mußte eine antifaschistisch-demokratische Ordnung geschaffen werden, um die materiellen und bewußtseinsmäßigen Voraussetzungen für eine sozialistische Gesellschaft herauszubilden. Bei vielen stieß damals unsere Partei mit diesem Standpunkt auf Skepsis und Unverständnis. Aber die Geschichte hat ihr recht gegeben, weil sie sich nicht von Wunschvorstellungen leiten ließ.

Noch eine andere Überlegung bestätigte sich. Es ist eine wissenschaftliche Sicht auf die Wirklichkeit notwendig. Wirklichkeit muß erforscht werden, um von der Erscheinung zum Wesen vorzudringen und die Realität gestalten zu können. Sowohl der sogenannte gesunde Menschenverstand als auch Erfahrungen allein reichen nicht aus.[4] Meine Überzeugungen, ja, mein ganzes Leben, das ich dem Kampf gegen Ausbeutung und Unterdrückung, für eine Welt des Friedens und des Sozialismus gewidmet habe, bestätigen das immer aufs neue. Frühe Kindheitserfahrungen – das Bergarbei-

---

4 Siehe Friedrich Engels: Herrn Eugen Dührings Umwälzung der Wissenschaft (»Anti-Dühring«). In: Karl Marx/Friedrich Engels: Werke, Bd. 20, S. 34/35.

terdasein an der Saar, Hunger und soziale Not, die Folgen des ersten Weltkrieges in den Familien, aber auch die Streikkämpfe der Bergarbeiter und die Novemberrevolution 1918 – ließen mich begreifen, daß die Gesellschaft, in der ich aufwuchs, durch die Gegensätze und den Kampf der Klassen geprägt war. Mein Vater erklärte mir, warum die Armen arm und die Reichen reich sind, woher die Kriege kommen und wer an ihnen verdient. Schon im Jungspartakusbund und im Kommunistischen Jugendverband gehörte die Aneignung von Kenntnissen über Natur und Gesellschaft zu unseren wichtigsten Beschäftigungen. Bald verstand ich, daß ein fundiertes Wissen von den Gesetzmäßigkeiten der gesellschaftlichen Entwicklung unerläßlich ist.

Der Marxismus-Leninismus als revolutionärste Wissenschaft unserer Zeit, die in den progressiven Traditionen des philosophischen Denkens nicht nur unseres Volkes verwurzelt ist, enthält die weltanschaulichen Grundlagen, um die Wirklichkeit als Ganzes in ihrer Vielgestaltigkeit und Bewegung zu erfassen. So kann ich auch von mir sagen, daß er den Blick für das Wesentliche, für die entscheidenden Seiten und Tendenzen der gesellschaftlichen Erscheinungen schärft. Liegt doch der gesetzmäßige Charakter der Wirklichkeit nicht offen zutage, was sicherlich manchen veranlaßt, an eine schicksalshafte Zufälligkeit des Geschehens zu glauben.

Andererseits wird der dialektisch-materialistischen Weltanschauung von ihren Widersachern unterstellt, in ihr spiele, weil sie die Wirklichkeit in ihrer gesetzmäßigen Entwicklung betrachte, der Mensch, das Individuum mit seinem Willen und seinen Zielen keine oder nur eine untergeordnete Rolle. Alles regele sich ausschließlich nach ökonomischen Bedingungen. Außerdem gibt es Leute, die den Marxisten vorwerfen, sie glaubten, die Welt willkürlich, unabhängig von den gegebenen Verhältnissen, ändern zu können. Natürlich sind das alles haltlose Behauptungen. Voluntarismus und Subjektivismus sind der marxistischen Weltanschauung fremd. Wo sie auftauchten, mußte die Arbeiterbewegung stets teuer dafür bezahlen. Auch in dieser Hinsicht halten wir es damit, geschichtliche Lehren zu beherzigen.

Wovon hier die Rede ist, gehörte in vielem schon lange vor Marx zu den Einsichten humanistischer Denker. So schrieb Johann Wolfgang von Goethe: »Nach ewigen, ehrnen, großen Gesetzen müssen wir alle unseres Daseins Kreise vollenden. Nur allein der Mensch vermag das Unmögliche: Er unterscheidet, wählet und richtet ...«[5] Dabei schließt die Anerkennung objektiver gesellschaftlicher Gesetze das schöpferische Handeln des Men-

---

5 J. W. Goethe: Das Göttliche. In: Poetische Werke, Gedichte und Singspiele. I. Bd., Berlin 1976, S. 332.

schen keineswegs aus, sondern verleiht ihm eine vernünftige Grundlage. Wir müssen die Welt so nehmen, wie sie ist, dürfen sie jedoch nicht so lassen, wie sie ist. Gerade die Einsicht in diese Notwendigkeit legt große Kräfte menschlichen Handelns frei. Dafür hat auch die revolutionäre deutsche Arbeiterbewegung viele Male den Beweis angetreten. Die Entschlossenheit, ein Ziel zu erreichen, entflammt den Enthusiasmus und die Schöpferkraft, sie festigt zugleich den Willen, mit Schwierigkeiten fertig zu werden.

Bekanntlich sind wir Marxisten-Leninisten davon überzeugt, daß der Gang der gesellschaftlichen Entwicklung gesetzmäßig zum Sozialismus und Kommunismus führt. Aber das haben wir niemals als automatische Erfüllung einer Verheißung aufgefaßt. Was könnte besserer Beleg sein als der Kampf von Generationen für diese Ziele der Arbeiterklasse. Die sozialistische Wirklichkeit entsteht durch die Taten des Volkes. Bei den gesellschaftlichen Umwälzungen in unserem Lande sind wir Kommunisten jeden Schritt gemeinsam mit den Massen gegangen. Ziel sozialistischer Politik muß es sein, die Vorzüge des Sozialismus immer aufs neue für alle spürbar zur erlebbaren Wirklichkeit zu machen. Das fördert, wie gerade das vergangene Jahrzehnt in der Deutschen Demokratischen Republik belegt, die Initiative der Massen. Die sozialistische Gesellschaft kann nur mit den Menschen und für die Menschen errichtet werden. Den Werktätigen, die alle Werte schaffen, soll auch zugute kommen, was sie erarbeiten, was sie im Interesse der gesamten Gesellschaft leisten. Darum verbinden wir Wirtschafts- und Sozialpolitik eng miteinander.

Vergleicht man das Heute mit früheren Zeiten, so hat sich das Tempo beschleunigt, in dem sich die gesellschaftliche Wirklichkeit verändert. Dazu genügt schon ein Blick auf die politische Weltkarte. Der Sozialismus hat auf drei Kontinenten feste Positionen geschaffen und begonnen, auf dem vierten Fuß zu fassen. Zusammengebrochen ist das imperialistische Kolonialsystem. Von all diesen Veränderungen gehen machtvolle Impulse für die Gegenwart und Zukunft der Menschheit aus.

In welcher Richtung sich der gesellschaftliche Wandel vollzieht, ob dem Frieden und dem Fortschritt dient, den Völkern nutzt oder schadet, ist in der Tat eine Frage von größtem Gewicht. Sie bewegt heute immer mehr Menschen. In der Wirklichkeit gibt es stets unterschiedliche Möglichkeiten zur Veränderung. Jeder wirkliche Zustand existiert zuvor als Möglichkeit. Menschliches Denken, Erkennen und politisches Handeln sind wesentlich dafür, die Möglichkeit zur Wirklichkeit werden zu lassen – in der richtigen, progressiven Richtung.

Da kürzlich 50 Jahre seit der Errichtung der faschistischen Diktatur vergangen sind, tritt besonders eindringlich in Erinnerung, wie die Kommunistische Partei Deutschlands und ihr Vorsitzender Ernst Thälmann immer wieder vor dem Faschismus und der von ihm ausgehenden Kriegsgefahr gewarnt hatten. »Wer Hindenburg wählt, wählt Hitler, wer Hitler wählt, wählt den Krieg!« Das war unsere Losung im Wahlkampf Anfang 1932. Damit hatte die KPD klar die damaligen Alternativen formuliert. Die Geschichte hat bestätigt, daß diese Einschätzung realistisch war, aber um welchen furchtbaren Preis.

In der Gegenwart zeigt sich erneut, daß die Alternative Krieg oder Frieden mit den Fragen der gesellschaftlichen Entwicklung unlösbar verbunden ist. Um so deutlicher wird die Größe der Verantwortung, die den Staatsmännern, den politischen Kräften und Bewegungen auferlegt ist. Die Völker sind den verschiedenen Tendenzen der heutigen Zeit nicht blindlings ausgeliefert. Wie schon dargelegt, sind sie imstande, die Möglichkeit eines dauerhaften Friedens zur Wirklichkeit werden zu lassen.

Verantwortung tragen in besonderem Maße, nicht zuletzt wegen der Erfahrungen zweier Weltkriege während unseres Jahrhunderts, die Deutsche Demokratische Republik und die Bundesrepublik Deutschland. Sie liegen an der Trennlinie zwischen den Gesellschaftssystemen des Sozialismus und des Kapitalismus, den Bündnissen des Warschauer Vertrages und der NATO. An diesem neuralgischen Punkt solide Grundlagen des Friedens, der Sicherheit und der gegenseitig vorteilhaften Zusammenarbeit im Sinne der friedlichen Koexistenz zu schaffen, sie ständig zu stabilisieren und auszubauen ist nicht nur für Europa von großer Bedeutung. Umgekehrt entstehen ernste Gefahren von internationaler Tragweite, wenn Konfrontation an die Stelle von Entspannung tritt und durch den Kurs der Hochrüstung, der Stationierung ständig neuer nuklearer Waffensysteme eine Lage geschaffen wird, in der normale zwischenstaatliche Beziehungen nur schwerlich gedeihen.

Eine Politik des »Kreuzzuges« gegen die Sowjetunion, die Deutsche Demokratische Republik und die anderen Länder der sozialistischen Gemeinschaft, wie sie von maßgeblichen Vertretern der US-Administration verkündet wurde, nutzt niemandem. Wer vorhatte, den Sozialismus zu beseitigen, ist schon bisher immer gescheitert. Daran wird sich auch in Zukunft nichts ändern. Versuche der NATO, sich ein militärisches Übergewicht über die Staaten des Warschauer Paktes zu verschaffen, um ihnen den eigenen Willen diktieren zu können, sind aussichtslos. Aber es sind Unternehmungen, die den Frieden und all das, was durch die Entspannung erreicht wurde, unterminieren. Offenbar wird dies auch von vielen erkannt, denen man wahrhaftig nicht nachsagen kann, daß sie etwa Sympathisanten des Sozialismus wären.

Von deutschem Boden darf nie wieder ein Krieg ausgehen. In solchem

Sinne gestaltet die Deutsche Demokratische Republik ihre Beziehungen zur Bundesrepublik Deutschland entsprechend dem abgeschlossenen Vertragswerk. Dabei kann es sich natürlich nur um Beziehungen handeln, wie sie zwischen souveränen, unabhängigen und gleichberechtigten Staaten international üblich sind. Ausgehen muß man von den Realitäten. Es gibt zwei deutsche Staaten, die sozialistische Deutsche Demokratische Republik, Teilnehmerstaat des Warschauer Vertrages, und die kapitalistische BRD, Angehörige der NATO. Illusionäre Fiktionen wie die vom »Fortbestehen des Deutschen Reiches in den Grenzen von 1937«, die wieder aufgelegte Version von der »Existenz zweier Staaten in Deutschland« oder die Anmaßung, »für alle Deutschen zu sprechen«, laufen einer weiteren Normalisierung der Beziehungen direkt zuwider. An den Ergebnissen des zweiten Weltkrieges und der Nachkriegsentwicklung ist nicht zu rütteln. Nur Realismus, Vernunft und guter Wille führen zur Regelung jener Probleme im übergeordneten Interesse des Friedens, von denen nicht nur normale, sondern schließlich auch gutnachbarliche Beziehungen zwischen der DDR und der BRD abhängen.

Die Wirklichkeit der Welt von heute ist vor allem durch den entschiedenen Kampf für das große Ziel geprägt, die Katastrophe eines Nuklearkrieges abzuwenden, den Völkern ein friedliches Leben zu sichern und damit das wichtigste Menschenrecht zu gewährleisten. Kommende Generationen sollen Existenzbedingungen vorfinden, unter denen sie ihre schöpferischen Kräfte zum Wohle der Völker aller Kontinente voll entfalten können. Das sind ihnen die heute Lebenden schuldig. Im Bewußtsein dessen darf uns keine Mühe zu groß sein, sollten wir uns den Auseinandersetzungen dieser Zeit mit Entschlossenheit stellen.

Was ist Wirklichkeit? Vom Vergnügen, die Welt zu erkennen.
Edition Weitbrecht in K. Thienemanns Verlag,
Stuttgart 1983, S. 158–168.

Die XII. Weltfestspiele werden dem Kampf um Frieden kräftige Impulse verleihen

*Antworten auf Fragen des Korrespondenten
der »Komsomolskaja Prawda«
21. Juli 1984*

Frage:
Ihre unmittelbare politische Tätigkeit mit der Jugend begann bereits im Vorkriegsdeutschland, im Jung-Spartakus-Bund, im Kommunistischen Jugendverband Deutschlands. In den Nachkriegsjahren entstand und erstarkte vor Ihren Augen und unter Ihrer Mitwirkung die Weltfestspielbewegung. Was möchten Sie den bevorstehenden XII. Weltfestspielen, den sowjetischen Jungen und Mädchen, allen Teilnehmern dieses Weltforums der Jugend wünschen?

Antwort:
Zunächst möchte ich den Leninschen Komsomol zu seiner Initiative beglückwünschen, im 40. Jahr des Sieges über den Hitlerfaschismus Gastgeber der XII. Weltfestspiele der Jugend und Studenten zu sein. Es gibt keinen besseren Austragungsort als das Land, von dem aus das Dekret über den Frieden um den Erdball ging und das seit fast sieben Jahrzehnten das Hauptbollwerk des Sozialismus und des Friedens auf der Welt ist.

Uns erfüllt es mit besonderer Freude, daß die Sowjetjugend, die so viel für Frieden und Freundschaft zwischen den Völkern, für die demokratische Weltjugendbewegung getan hat, diese Spiele ausrichten wird. Bereits 1957 haben wir die Komsomolzen als hervorragende Gastgeber der VI. Weltfestspiele erlebt. Diesmal findet das Festival in einer Zeit statt, da die aggressivsten Kreise der USA und der NATO die Lage in der Welt immer weiter zuspitzen und die Existenz der Menschheit mit einem atomaren Inferno bedrohen. Aber es ist auch die Zeit, in der die wachsenden Potenzen des Sozialismus deutlich zutage treten und sich die Friedensbewegung der Völker machtvoll entfaltet. Den Frieden zu erhalten ist lebensnotwendig und möglich. Das Treffen der fortschrittlichen Jugend unseres Planeten wird dazu beitragen.

Trotz aller Anfeindungen erweist die Idee der Weltfestspiele ihre Wirksamkeit: »Jugend aller Nationen, uns vereint gleicher Sinn, gleicher Mut. Wo auch immer wir wohnen, unser Glück auf dem Frieden beruht.« Meine Generation, die als erste so gesungen hat, wird bewegten Anteil am Moskauer Festival 1985 nehmen. Möge das Treffen der Weltjugend im Land des Roten Oktober ein voller Erfolg und unvergeßlich für alle werden, die daran teilnehmen. Möge es dem weltweiten Kampf der Völker für Frieden, für Freundschaft und gegen Imperialismus neue, kräftige Impulse verleihen.

Frage:
Die XII. Weltfestspiele finden im Jahr des 40. Jahrestages des Sieges über Hitlerdeutschland, des 40. Jahrestages der Befreiung des deutschen Volkes vom Faschismus statt. In jenem fernen Frühling des Jahres 1945, nach der Befreiung aus dem faschistischen Zuchthaus, waren Sie einige Zeit Berater des Komsomolsekretärs in einer sowjetischen Einheit, die auf Berlin vorrückte ...

Antwort:
Man sollte eher sagen »sogenannter Berater«. Die Ereignisse gingen wie folgt vor sich. Die Jahre der Haft, die für mich im Dezember 1935 begannen, endeten am 27. April 1945 mit der Befreiung aus dem Zuchthaus Brandenburg-Görden, als sowjetische Panzer in die Stadt eindrangen. Wir schämten uns der Freudentränen nicht, als wir die Rotarmisten, die als Befreier, Klassenbrüder und Freunde gekommen waren, umarmten. Für immer werden mir die riesigen Anstrengungen und die unermeßlichen Opfer im Gedächtnis bleiben, die das sowjetische Volk für die Befreiung der Menschheit vom Faschismus brachte.

Erste Aufgabe nach der Befreiung aus dem Gefängnis war es, so schnell wie möglich nach Berlin zu gelangen, um Genossen zu suchen und an der Arbeit der Partei teilzunehmen. Das zu tun war nicht ganz einfach. Es waren die letzten Kriegstage, und versprengte »Durchhalte«-Faschisten leisteten den sowjetischen Einheiten erbitterten Widerstand, versuchten, nach Westen zu gelangen, in den Schutz der USA-Armee.

Nach einer Reihe von Mißgeschicken geriet ich in eine sowjetische Einheit, wo ich dem Komsomolsekretär als Berater zugeteilt wurde. Mit den Komsomolzen fand ich schnell eine gemeinsame Sprache. Ich half ihnen, so gut ich konnte, sich unter den hiesigen Bedingungen, den Wünschen und

Stimmungen zurechtzufinden. Ich muß sagen, daß selbst in der damaligen schwierigen Situation die sowjetischen Soldaten, die so viel Kummer und Leid ertragen hatten, jenen Deutschen sofort brüderliches Vertrauen entgegenbrachten, die in der Zeit des Faschismus Widerstand leisteten und in Gefängnissen und Konzentrationslagern waren.

Mit der sowjetischen Einheit, in der ich sozusagen als Gast war, gelang es mir, bis in die Umgebung von Bernau zu kommen. Am 4. Mai war ich schon in Berlin. Faschistische Soldaten, die sich in Kellern und auf Dächern verschanzt hatten, versuchten immer wieder, noch zu schießen. Doch die Stadt machte bereits die ersten Schritte in ein friedliches Leben, das für mich im Auftrag der Partei als die Arbeit mit der Jugend begann. Leider habe ich die Namen und Adressen der sowjetischen Genossen nicht, mit denen mich der Weg im Frühjahr 1945 nach Berlin führte.

Frage:
Nach der kürzlich in der »Jungen Welt« und in der »Komsomolskaja Prawda« veröffentlichten Suche nach sowjetischen Soldaten, die an der Befreiung mitwirkten, haben schon einige Veteranen geantwortet. Vielleicht reagieren auch noch die, mit denen Sie vom 29. April bis 3. Mai 1945 von Oranienburg nach Bernau kamen.

Antwort:
Das möchte ich hoffen. Mit sowjetischen Genossen, die Brandenburg befreiten, hatte ich Gelegenheit, in den letzten Jahren zusammenzutreffen.

Frage:
Das Verhältnis zu Deutschland, zu allen Deutschen blieb unmittelbar nach dem Krieg wachsam und mißtrauisch. Wie gestalteten sich die Beziehungen des Zentralen Antifaschistischen Jugendausschusses Deutschlands und später der Freien Deutschen Jugend zu den Jugendorganisationen anderer Länder, zu der damals entstehenden Weltbewegung der demokratischen Jugend, zur sich herausbildenden Festivalbewegung?

Antwort:
Bekanntlich gehörte zu den Zielen der antifaschistischen Jugendausschüsse und später der FDJ neben der Gewinnung der Jugend für den Wiederaufbau ihre Erziehung im Geiste der Völkerverständigung. Damals galt es, die faschistische Ideologie auszumerzen und der Jugend die besten Traditionen des deutschen Volkes wieder nahezubringen. Wir knüpften an das Erbe unserer großen Humanisten, Dichter und Denker, an das Vermächtnis der antifaschistischen Widerstandskämpfer an. Ernst Thälmann sah im Verhält-

nis zur Sowjetunion den Prüfstein für jeden wahren Revolutionär. So haben wir es schon als junge Kommunisten im Kommunistischen Jugendverband Deutschlands gehalten. Gerade die Verbundenheit mit der sozialistischen Sowjetunion gab uns in der Nacht des Faschismus, in den Zuchthäusern, Konzentrationslagern und der Illegalität Mut und Zuversicht.

Viele der sowjetischen Jugendoffiziere, Komsomolfunktionäre in der Uniform der Roten Armee, erwarben sich große Verdienste um die Entwicklung der Jugendbewegung bei uns. Sie standen uns mit Rat und Tat zur Seite. Mit dem Leninschen Komsomol verbindet die Freie Deutsche Jugend seit ihrem Bestehen eine feste Freundschaft.

Der Komsomol war es auch, der über Gräber und Trümmer hinweg der fortschrittlichen deutschen Jugend die Bruderhand reichte und sie zu sich einlud. Ich leitete die erste FDJ-Delegation in das Land Lenins. Für mich war es die zweite Begegnung mit der Sowjetunion. Als Schüler der Internationalen Lenin-Schule der Kommunistischen Internationale in Moskau und Mitglied einer internationalen Brigade bei einem Arbeitseinsatz in Magnitogorsk hatte ich bereits 1930/1931 das Aufbauwerk des Sowjetvolkes persönlich kennengelernt.

Unser »Friedensflug nach Osten« 1947 war der bedeutendste Schritt zur internationalen Anerkennung unserer Jugendbewegung. Die freundschaftlichen Beziehungen zwischen der FDJ und dem Komsomol trugen wesentlich dazu bei, der fortschrittlichen deutschen Jugend den Weg in die Reihen der Weltjugend zu öffnen und die vom Faschismus verschuldete internationale Isolierung zu überwinden. Bei den Beratungen des im November 1945 gegründeten Weltbundes der Demokratischen Jugend waren wir vorerst nur als Beobachter zugegen. Zu den I. Weltfestspielen 1947 in Prag wurden Vertreter der FDJ noch nicht eingeladen. Doch schon im Spätsommer 1947 konnte ich auf der Prager Tagung des Rates des WBDJ als erster in deutscher Sprache über das Wirken der FDJ berichten. Im August 1948 beschloß der Rat des WBDJ in Otwock bei Warschau, auf Vorschlag der polnischen Delegation, einstimmig die Aufnahme der FDJ. Damit wurden unsere Bemühungen, die Jugend unseres Landes im Geiste des proletarischen Internationalismus und der antiimperialistischen Solidarität zu erziehen, gewürdigt. Im September 1949 nahm auch der Internationale Studentenbund die FDJ auf.

Frage:
Da eben die Rede von Ihrer ersten Reise in die Sowjetunion war, möchte ich nach der letzten Reise fragen. Sie sind vor kurzem von der Wirtschaftsberatung der RGW-Länder auf höchster Ebene aus Moskau zurückgekehrt.

Antwort:
Den Ergebnissen dieser Beratung messe ich außerordentlich große Bedeutung bei. Große Aufmerksamkeit wurde der Perspektive der Beziehungen der RGW-Länder auf wirtschaftlichem Gebiet geschenkt. Die Erweiterung der Zusammenarbeit wird uns helfen, die wichtigsten aktuellen Fragen gemeinsam zu lösen: Die Sicherung des Bedarfs an Energie, Rohstoffen und Lebensmitteln, die beschleunigte Einführung fortschrittlicher Technik und Technologie, die wachsende Produktion hochqualitativer Konsumgüter. Es wurden konkrete Maßnahmen zur weiteren Koordinierung der Volkswirtschaftspläne der RGW-Länder erarbeitet.

Auch die weltpolitischen Probleme, insbesondere das Problem der europäischen Sicherheit, dürfen nicht außer acht gelassen werden. Die Teilnehmer unseres Treffens waren sich darin einig, daß eine Verletzung des militärstrategischen Gleichgewichts nicht zugelassen werden darf. Wir bekräftigten die Entschlossenheit, alles zu tun, das Wettrüsten aufzuhalten und zurückzudrehen. Der gesamte von den sozialistischen Staaten entwickelte Komplex von Vorschlägen bleibt in Kraft.

In Moskau fand auch ein fruchtbringendes Treffen mit unserem langjährigen guten Freund, Genossen Konstantin Ustinowitsch Tschernenko statt. Wir konnten feststellen, daß die Beziehungen zwischen unseren Ländern sich erfolgreich entwickeln. Es genügt, darauf hinzuweisen, daß der Umfang der gegenseitigen Warenlieferungen zwischen der DDR und der UdSSR in diesem Jahr die neue Rekordhöhe von 14 Milliarden Rubel erreichen wird. Die festgelegten Maßnahmen zur Entwicklung der Wirtschaftsbeziehungen entsprechen der Hauptrichtung der ökonomischen Strategie der Bruderparteien zur Erhöhung des materiellen und kulturellen Lebensniveaus unserer Völker, für das weitere Wachstum des Gewichts des Sozialismus in der heutigen Welt.

Frage:
Erstmalig nahm eine Delegation der FDJ an den II. Weltfestspielen 1949 in Budapest teil. Dieses Jahr wurde zum Geburtsjahr der Deutschen Demokratischen Republik. Im Oktober wird die DDR ihren 35. Jahrestag festlich begehen. Wodurch haben sich die ersten Tage der jungen Republik in Ihr Gedächtnis eingeprägt?

Antwort:
Die Gründung der DDR gehört zu den unvergeßlichen Ereignissen in meinem Leben. Damit wurde Wirklichkeit, wofür die revolutionäre deutsche Arbeiterbewegung, die besten Kräfte unseres Volkes seit eh und je gekämpft hatten. Wir haben die historische Chance genutzt, die sich mit der

Befreiung durch die Sowjetunion und die anderen Mächte der Antihitlerkoalition bot. Die Gründung der Deutschen Demokratischen Republik am 7. Oktober 1949 ist als ein Wendepunkt in die Geschichte unseres Volkes und Europas eingegangen.

Am 11. Oktober 1949 kamen Hunderttausende Mädchen und Jungen, die sich bei der antifaschistisch-demokratischen Umwälzung und beim Aufbau unserer FDJ ausgezeichnet hatten, zu einer gemeinsamen Manifestation nach Berlin, in die Hauptstadt unserer soeben gegründeten Republik. Ihr Leben hatte einen neuen Sinn erhalten. Kraftvoll erklang auf den Straßen und Plätzen Berlins das Lied »Bau auf, bau auf, Freie Deutsche Jugend, bau auf! Für eine bessere Zukunft richten wir die Heimat auf!«

Zu den bewegendsten Bildern, die sich mir für immer eingeprägt haben, zählt der Fackelzug der FDJ in den Abendstunden dieses Tages. Überall Lebensfreude, Hoffnung und Zuversicht in den Gesichtern. Die junge Generation unseres Landes jubelte Wilhelm Pieck zu, dem Präsidenten des ersten deutschen Arbeiter-und-Bauern-Staates, und begrüßte die junge Republik.

Als Vorsitzender der FDJ überbrachte ich Wilhelm Pieck das »Gelöbnis der deutschen Jugend«. Es mündete in das Bekenntnis: »Wir, die deutsche Jugend, geloben der Deutschen Demokratischen Republik Treue, weil sie der Jugend Frieden und ein besseres Leben bringen will und bringen wird! ... Wir wollen Baumeister sein an unserem neuen Haus der friedlichen Arbeit und der kämpferischen Humanität!«[1]

Frage:
Bereits 1951 wurde die Hauptstadt der DDR zur Stadt der III. Weltfestspiele der Jugend und Studenten. War es leicht, eine so gewaltige und wichtige Veranstaltung in jener Zeit zu organisieren und durchzuführen?

Antwort:
Es war vor allem eine sehr schöne und ehrenvolle Aufgabe, Gastgeber für die demokratische Weltjugend zu sein. Wir empfanden Freude über diesen Beweis des Vertrauens, lag doch die Zeit, da junge Deutsche, in Hitlers Aggressionsarmee gepreßt, den anderen Völkern als Feinde und Okkupanten gegenübergestanden hatten, erst wenig mehr als ein halbes Jahrzehnt zurück. Nun kam es zum erstenmal auf friedlichem deutschem Boden zu massenhaften Begegnungen junger Deutscher mit Jugendlichen aus Ländern aller Kontinente. Die Freie Deutsche Jugend wertete den Vorschlag des WBDJ, Ausrichter der III. Weltfestspiele zu sein, als einen Ausdruck von

---

1 Geschichte der Freien Deutschen Jugend, Berlin 1982, S. 183/184.

Hilfe, von Verbundenheit der demokratischen Weltjugendbewegung mit ihrem Kampf um Frieden und Fortschritt.

Gewiß, Berlin war immer noch schwer gezeichnet von den Wunden, die der Krieg geschlagen hatte. Es war durchaus nicht einfach, den Anforderungen in der Produktion gerecht zu werden und gleichzeitig umfangreiche Mittel und Kräfte für das Festival zu mobilisieren. Aber mit welchem Eifer bereiteten sich die FDJ-Mitglieder des ganzen Landes und die Werktätigen der DDR auf diese Begegnung mit der friedliebenden Jugend der Welt vor!

Angesichts neuer Kriegspläne des Imperialismus bekundeten die Teilnehmer der III. Weltfestspiele unüberhörbar: Wir wollen Frieden und Freundschaft! Allen Störversuchen aus westlicher Richtung zum Trotz gestalteten die jungen Abgesandten aus 104 Ländern gemeinsam mit Millionen Mädchen und Jungen aus der DDR und der BRD die III. Weltjugendfestspiele zu einem vollen Erfolg. Dabei wurden die Treffen mit unseren Freunden vom Komsomol zu besonders bewegenden Erlebnissen.

Frage:
Überspringen wir 22 Jahre. Im gleichen Berliner »Stadion der Weltjugend« werden 1973 die X. Weltfestspiele eröffnet. An ihrer Eröffnung nimmt der Erste Sekretär des ZK der SED teil, der das Nationale Festivalkomitee der DDR geleitet hat. Was ist in diesen Jahren an Neuem in der Festivalbewegung entstanden?

Antwort:
Die Idee, bei Weltjugendfestspielen Gleichgesinnte zusammenzuführen, ihnen die Kraft ihrer Friedensbewegung auf einmalige Art und Weise erlebbar zu machen, ihnen Mut und Ansporn für das weitere Ringen im Kampf gegen Imperialismus und Krieg zu geben ist wohl das Verbindende aller bisherigen Weltjugendfestivals. Neu war bei den X. Weltfestspielen die junge Generation selbst. Die Söhne und Töchter der Gründer der demokratischen Weltjugendbewegung trugen die Stafette weiter. Unter den Bedingungen des erstarkten Sozialismus auf der Welt, des Vormarschs der nationalen Befreiungsbewegungen und der machtvollen Volksbewegungen in den kapitalistischen Ländern war sie noch gewichtiger geworden. Als Präsident des Nationalen Festivalkomitees der DDR hatte ich unmittelbaren Anteil an der Gestaltung dieses Treffens. Oft gingen meine Gedanken an die III. Weltfestspiele 1951 zurück. Wie hatte sich unsere Heimat seitdem verändert und wie die ganze Welt!

Die Vertreter der Weltjugend kamen in ein blühendes Land, einen international geachteten Staat, wo der Sozialismus unwiderruflich gesiegt hat. Im Vorfeld der Konferenz von Helsinki für Sicherheit und Zusammenarbeit in Europa trugen diese Weltfestspiele ganz wesentlich zum beginnenden Prozeß der politischen Entspannung in den siebziger Jahren bei. Sie gestalteten sich zu einer leidenschaftlichen Manifestation für antiimperialistische Solidarität, Frieden und Freundschaft. Unüberhörbar war das Bekenntnis der jungen Generation des gesamten Erdballs zu Frieden, Sicherheit und Zusammenarbeit der Völker.

Frage:
Als Vorsitzender der Kommission zur Ausarbeitung des neuen Programms der SED haben Sie sich viel mit theoretischen Fragen der Jugendpolitik der Partei beschäftigt. Wie wird sie in der DDR verwirklicht?

Antwort:
Unser Parteiprogramm wurde vom IX. Parteitag der SED im Mai 1976 beschlossen. Es bestimmt die Perspektive unseres Volkes, mit der weiteren Gestaltung der entwickelten sozialistischen Gesellschaft in der DDR zugleich grundlegende Voraussetzungen für den allmählichen Übergang zum Kommunismus zu schaffen. So reifte der Zeitpunkt heran, die kommunistische Erziehung als Grundlinie unserer Jugendpolitik auf die Tagesordnung zu setzen. Wer das Morgen erbauen will muß die Erfordernisse der Zukunft zum Maßstab nehmen. Die Erziehung der Jugend im Sinne der kommunistischen Ideale gewinnt an Bedeutung.

Nach meinen Erfahrungen ist das Vorbild bewährter Kommunisten für die Jugend von unschätzbarem Wert. In ihrem Geiste zu lernen, zu arbeiten und zu kämpfen, sich ihren Lebenssinn zu eigen zu machen ist unser Auftrag an die junge Generation. So bestärken wir sie darin, dem Beispiel Ernst Thälmanns nachzueifern. Er liebte sein Volk und sein Land, war ein glühender Internationalist, ein Freund der Sowjetunion. Sein ganzes Leben hat er der Befreiung der Arbeiterklasse, dem Sieg des Sozialismus und Kommunismus gewidmet.

Bei allen Heranwachsenden wollen wir kommunistische Überzeugungen und Verhaltensweisen ausprägen. Wir machen um keinen einen Bogen und lassen keinen zurück. Vor allem stützen wir uns auf die große gesellschaftliche Kraft des sozialistischen Jugendverbandes. Der politischen Stählung des FDJ-Aktivs mit seinem Kern, den jungen Parteimitgliedern, gilt unsere besondere Zuwendung.

Bei der Beschäftigung mit konzeptionellen Fragen der Jugendarbeit ziehe ich immer wieder die Klassiker des Marxismus-Leninismus zu Rate. Die Schriften von Karl Marx, Friedrich Engels und Wladimir Iljitsch Lenin bilden das wissenschaftliche Fundament, auf das sich die Jugendpolitik unserer Partei gründet. Ernst Thälmann, Wilhelm Pieck und Walter Ulbricht waren meine Lehrer und Vorbilder. Ausgehend von meinen eigenen Erfahrungen, lege ich der Jugend nahe, sich die wissenschaftliche Weltanschauung der Arbeiterklasse anzueignen. Ein fester Klassenstandpunkt war schon immer der beste Kompaß in den Stürmen der Zeit.

Unsere Partei hält sich an den Grundsatz, daß sich die Jugend nur dann erfolgreich entwickeln kann, wenn man ihr Vertrauen entgegenbringt und ihr Verantwortung überträgt. Ihren Tatendrang konnte und kann die Jugend der DDR stets an den Brennpunkten der gesellschaftlichen Entwicklung entfalten. Sie leistet einen hervorragenden Beitrag zum Erstarken und zum Schutz unseres Staates. Die Freie Deutsche Jugend bewährt sich als aktiver Helfer und zuverlässige Kampfreserve unserer Partei.

Frage:
Heute wie auch vor 35 Jahren befindet sich die DDR an der vordersten Linie der ideologischen Front. Die Westgrenze der Republik ist nicht nur eine Staatsgrenze. Hier verläuft die Grenze zwischen den beiden entgegengesetzten Gesellschaftsordnungen. Wie widerspiegelt sich diese besondere Lage der Republik in der ideologischen Arbeit der Partei mit der Jugend?

Antwort:
Mit der Gründung der DDR war vor 35 Jahren ein unübersehbares Zeichen für den Siegeszug des Sozialismus auf deutschem Boden gesetzt worden. Heute ist die Deutsche Demokratische Republik an der Trennlinie zwischen den beiden gesellschaftlichen Systemen, zwischen den Bündnissen des Warschauer Vertrages und der NATO eine Bastion des Friedens, ein stabiler Eckpfeiler des Sozialismus. Sie ist der lebendige Beweis für Sicherheit und Geborgenheit, Glück und Freiheit, eine Hoffnung für alle, die ein friedliches Leben und soziale Gerechtigkeit erstreben, eine Warnung für diejenigen, die glauben, das Rad der Geschichte zurückdrehen zu können. Die FDJ hat an diesem Ergebnis bedeutenden Anteil.

In 35 Jahren DDR wurden bei uns sehr gute Voraussetzungen für das Heranwachsen einer aktiven, selbstbewußten Jugend geschaffen. Wir haben eine große Schar junger Kämpfer, die eng mit der Partei der Arbeiterklasse verbunden ist, sich stolz zu ihrem sozialistischen Vaterland bekennt und internationalistisch handelt. Unsere Jugend ist politisch gebildet, leistungsorientiert, verteidigungsbereit und optimistisch. Sie ist der sozialistischen Revolution treu ergeben und bereit, jede Aufgabe zu erfüllen, die Partei und Regierung ihr stellen.

Wir wissen, daß die Überzeugtheit, für die beste Sache der Welt zu arbeiten, zu lernen und sie zu verteidigen, zu den entscheidenden Faktoren gehört, wenn es um die Zukunft dieser Sache geht. Doch ist uns auch klar, daß selbst unter sozialistischen Bedingungen Klassenbewußtsein nicht vererbt wird und sich nicht automatisch entwickelt. Deshalb bleibt die ideologische Arbeit unter der gesamten Jugend, ihre kommunistische Erziehung auf immer höherem Niveau mehr denn je im Zentrum unserer Verantwortung als Kommunisten.

Unsere Partei ist ständig mit der Jugend im Gespräch, diskutiert mit ihr offen und freimütig alle sie bewegenden Fragen und unterstützt die FDJ-Arbeit. Indem wir die jungen Menschen mit dem Marxismus-Leninismus ausrüsten, ihnen vor allem den Zusammenhang von Frieden und Sozialismus verdeutlichen und die Ursachen der bedrohlichen Weltlage erklären, erziehen wir sie dazu, ihr Bestes für den Sozialismus zu leisten. Gleichzeitig befähigen wir sie zur offensiven ideologischen Auseinandersetzung mit dem Feind. Alle noch so raffinierten Versuche des Gegners, die Jugend von unserer Partei zu trennen, waren und sind zum Scheitern verurteilt. Die Massenmedien und Millionen Besucher aus der BRD tragen immer wieder die bürgerliche Ideologie – in deutscher Sprache – zu uns herein. Im übrigen ist das nicht ausschließlich ein Nachteil, reift doch unter diesen weltoffenen Bedingungen, in der ständigen Auseinandersetzung bereits die dritte Generation kampferprobter und ideologisch gestählter junger Kommunisten heran.

Frage:
In der Losung der XII. Weltfestspiele »Für antiimperialistische Solidarität, Frieden und Freundschaft« nimmt die Forderung nach Frieden nicht von ungefähr den zentralen Platz ein. Ende des vergangenen Jahres mußten die Länder des Warschauer Vertrages die nicht leichte Entscheidung über die notwendigen militärischen Maßnahmen zur Neutralisierung der neuen Gefahr treffen, die durch die Stationierung der amerikanischen Nuklearraketen in Westeuropa und vor allem in der BRD heraufbeschworen wird. Was kann man über die Reaktion der Jugend der DDR auf die rapide Verschärfung der internationalen Lage sagen? Welche Aufgaben stellt die Partei der Jugend in dieser neuen internationalen Situation?

Antwort:
Auf die uns alle bewegende Frage, wie es nach der Stationierung neuer nuklearer NATO-Erstschlagwaffen vor unserer Haustür weitergeht, antwortete die 7. Tagung des Zentralkomitees der Sozialistischen Einheitspartei Deutschlands. Wir unterstützen die Initiativen der UdSSR zur Abwendung eines Kernwaffenkrieges, ihr konstruktives Herangehen an die Begrenzung und Reduzierung der Rüstungen, ihre unbeirrbare Friedenspolitik. Die Vorschläge der Teilnehmerstaaten des Warschauer Vertrages von Prag vom

Januar und Moskau vom Juni vergangenen Jahres liegen auf dem Tisch. Unsere Devise, jetzt erst recht alles für den Frieden und das Wohl des Volkes zu tun, mobilisiert unser gesamtes Volk. Dies ist um so notwendiger, zumal im anderen deutschen Staat, der Bundesrepublik Deutschland, durch die Stationierung von USA-Erstschlagwaffen die Gefahr wächst, daß von deutschem Boden wieder ein Krieg ausgeht. Dadurch werden auch jene Leute ermuntert, die alte, gegen die Sowjetunion und die sozialistischen Länder gerichtete revanchistische Träume wiederbeleben wollen.

Mit seinem Friedensaufgebot hat unser sozialistischer Jugendverband eine Initiative ergriffen, wie die Zeit sie erfordert. An der Werkbank und auf dem Feld, im Hörsaal und in der Schule, auf dem Sportplatz, im Jugendklubhaus und auf dem Truppenübungsplatz will die Jugend ihr Bestes geben, um den Frieden sicherer und den Sozialismus noch stärker zu machen. »Meine Tat für unser sozialistisches Vaterland« lautet das Motto, dem Millionen Mädchen und Jungen unseres Landes folgen. Sie erkennen, daß Taten für den Sozialismus der beste Dienst am Frieden sind. Unsere Jugend unterstützt die Gegenmaßnahmen, die angesichts der Stationierung amerikanischer Nuklear-Erstschlagwaffen in Westeuropa getroffen werden müssen, um das militärstrategische Gleichgewicht aufrechtzuerhalten. In der Nationalen Volksarmee leistet sie einen großen Beitrag zu einer hohen Kampfkraft und Gefechtsbereitschaft. Wir sind stolz auf die fast 43 000 Jugendbrigaden und 2 300 Jugendforscherkollektive und fördern es, die interessantesten und wichtigsten Aufgaben aus Wissenschaft und Technik in die Hände der Jugend zu legen.

Mit vorbildlichen Ergebnissen haben die FDJ-Mitglieder ihr kürzlich durchgeführtes Nationales Jugendfestival in Berlin als eine politische Massenaktion im Kampf für den Frieden und die Stärkung des Sozialismus vorbereitet. Auf diesem Verbandstreffen der FDJ brachten die Mädchen und Jungen in einer machtvollen Manifestation ihr Bekenntnis zu Frieden und Sozialismus zum Ausdruck. Allein an der Kampfdemonstration nahmen mehr als 750 000 Jugendliche teil. Wir freuen uns sehr über diesen Beitrag der Jugend zur Leistungsschau des Sozialismus im 35. Jahr der DDR. Unsere engagierte junge Generation beweist, daß sich unsere Jugendpolitik im Leben bewährt.

Frage:

Ein Nachkomme von Bergarbeitern und Stahlwerkern trat an die Spitze von Partei und Staat. Ein solcher Weg, der im Kapitalismus undenkbar wäre, gilt in unseren Ländern als normal. Welche Rolle spielte die politische Arbeit mit der Jugend in Ihrem Leben? Und wie wirkt sich die Arbeit der FDJ-Funktionäre heute auf Ihren Lebensweg aus?

Antwort:
Als Proletarierkind lernte ich frühzeitig, daß die Ausbeutergesellschaft nur durch die organisierte Kraft der Ausgebeuteten beseitigt werden kann und daß keiner für diesen Kampf zu jung ist. Im Jung-Spartakus-Bund, im Kommunistischen Jugendverband Deutschlands und in der Freien Deutschen Jugend traf ich Freunde, Gleichgesinnte, die den kommunistischen Idealen treu ergeben waren und ihnen ihr ganzes Leben widmeten. Nie werde ich die Begegnungen mit Ernst Thälmann vergessen, zu dessen junger Garde wir uns stets rechneten. Auch fast zehn Jahre faschistischer Kerkerhaft konnten meinen Willen nicht beugen, mich für die Sache der Befreiung der Menschheit einzusetzen. Zwei Jahrzehnte war es mein Lebensinhalt, unmittelbar unter jungen Menschen politisch zu wirken.

Wie ich, so erlebten viele Kommunisten, die heute an den verschiedensten Abschnitten unserer Gesellschaft ihren Mann stehen, in den Reihen des Jugendverbandes die erste revolutionäre Feuerprobe. Längst hat das Leben bestätigt, daß das FDJ-Aktiv von heute das Parteiaktiv von morgen ist, daß unsere Partei- und Staatsfunktionäre, Wirtschafts- und Militärkader durch die Schule der FDJ gehen. Bis heute ist es mir ein ständiges Bedürfnis und eine große Freude, junge Menschen zu treffen, ihnen die Politik unserer Partei zu erklären und mit ihnen offen und verständnisvoll über alle Fragen zu sprechen, die unser Kampf um die Stärkung des Sozialismus und die Sicherung des Friedens aufwirft.

Nichts kann einem Kommunisten mehr am Herzen liegen, als junge Menschen für unsere edlen Ziele zu begeistern, seine Lebenserfahrungen an die Jugend weiterzugeben und dazu beizutragen, die revolutionäre Einheit der Generationen zu schmieden. Ernst Thälmann bezeichnete es als Lebensfrage für die revolutionäre Bewegung, daß die Kommunisten die Jugend für die Ziele der Revolution gewinnen. Davon lasse ich mich bis heute leiten.

Erich Honecker: Reden und Aufsätze, Bd. 10,
Berlin 1986, S. 209–220.

In der DDR haben für alle Zeit Fortschritt und Frieden, Völkerverständigung und Solidarität eine sichere Heimstatt

Rede auf der Festveranstaltung
zum 35. Jahrestag
der Deutschen Demokratischen Republik
im Palast der Republik
6. Oktober 1984

Liebe Freunde und Genossen!
Meine Damen und Herren des Diplomatischen Korps!
Verehrte Gäste!
Die deutsche Geschichte in ihrem langen, wechselvollen Verlauf, im Widerstreit von Fortschritt und Reaktion hat viele weit über den Tag hinaus wirkende Ereignisse gesehen. Darunter waren solche, die große Hoffnungen bei allen weckten, denen eine bessere, friedliche Zukunft unseres Volkes am Herzen lag, und es waren noch häufiger solche, die nicht nur sein eigenes Dasein verdunkelten, sondern fremden Völkern tiefes Unglück, unsagbares Leid, die Verwüstungen des Krieges brachten. Ehemals mochte mancher glauben, daß der verhängnisvolle Kreislauf, in dem eine Ausbeuterordnung lediglich von einer anderen abgelöst, nach einem verlorenen Eroberungsfeldzug jeweils der nächste vorbereitet wurde, nie zu durchbrechen sei. Aber er ist durchbrochen worden.

Die Gründung der Deutschen Demokratischen Republik, des ersten deutschen Staates der Arbeiter und Bauern, vor nunmehr 35 Jahren war ein Wendepunkt in der Geschichte des deutschen Volkes und Europas. Damit besiegelte unser Volk in Ausübung seines Selbstbestimmungsrechts unwiderruflich seine Entscheidung für den Sozialismus, für eine Gesellschaft wahrer Freiheit, Demokratie und Menschenwürde. Es bekundete, ohne Unterschied der Weltanschauung und Religion, vor den Augen der Welt die Entschlossenheit, Faschismus und Reaktion bis auf die Wurzeln auszurotten, konsequent den Weg friedlicher Arbeit zu beschreiten und alles dafür zu tun, daß von deutschem Boden niemals mehr ein Krieg ausgeht.

35 Jahre nach ihrer Gründung können wir feststellen, daß die Deutsche

Demokratische Republik diesen edlen Zielen immer die Treue gehalten hat und sie heute verwirklicht wie seit dem ersten Tag. Im Besitz der politischen Macht, hat die geeinte Arbeiterklasse, geführt von ihrer marxistisch-leninistischen Partei, der Sozialistischen Einheitspartei Deutschlands, verbündet mit den Bauern, der Intelligenz und allen Werktätigen, ein gewaltiges Aufbauwerk vollbracht. Daran bewährte sich die enge, kameradschaftliche Zusammenarbeit aller in der Nationalen Front der DDR versammelten Parteien und Massenorganisationen. Auch auf deutschem Boden wurde bewiesen, welchen Schöpfertums ein Volk fähig ist, das sein Leben ohne Ausbeutung des Menschen durch den Menschen, zum eigenen Wohle einrichtet und ständig verbessert. Dies findet seine überzeugende Bestätigung in der Gegenwart, in der wir nach den Beschlüssen des X. Parteitages der SED weiter die entwickelte sozialistische Gesellschaft gestalten und dabei Aufgaben zu lösen haben, die den Anforderungen in allen Etappen des bisherigen Weges in nichts nachstehen, sie oftmals noch übertreffen.

In der Deutschen Demokratischen Republik sind, gegründet auf tiefgreifende gesellschaftliche Veränderungen und in fleißiger Arbeit geschaffene Werte, binnen dreieinhalb Jahrzehnten soziale Sicherheit und Geborgenheit zu einer festen Lebensqualität geworden. Die Tore zu Wissen und Bildung stehen allen Kindern des Volkes und auch allen Erwachsenen offen. Durch ein leistungsfähiges Gesundheits- und Sozialwesen wird den Bürgern fürsorgliche Betreuung zuteil. Die Gleichberechtigung von Mann und Frau ist nicht nur ein erklärter Grundsatz der Verfassung, sondern wird in der Praxis realisiert. Für die Jugend eröffnen sich klare Perspektiven, sie gestaltet ihr Leben als Erbauer des Sozialismus aktiv mit. Sie ist die Hoffnung und die Zukunft der Nation.

Auferstanden aus den Ruinen des zweiten Weltkrieges, aus dem materiellen und geistigen Chaos der ersten Nachkriegszeit, ist es der Deutschen Demokratischen Republik gelungen, sich unter die zehn stärksten Industrienationen der Welt einzureihen. Sie verfügt über eine hochproduktive Landwirtschaft. Ihr sozialistisches Bildungssystem erweist sich als modern und sehr ertragreich, was ihm bei den Bürgern unseres Landes und nicht zuletzt außerhalb unserer Grenzen viel Ansehen eingebracht hat. Wissenschaft und Kultur entwickeln sich mit Erfolg und leisten dem Wohl der Menschen ihren wertvollen Dienst. Würden Karl Marx und Friedrich Engels dies erleben, bei aller Unvollkommenheit unseres Werkes, es ist ja noch im Werden, sie würden gewiß sagen: Ihr habt es gut gemacht, es ist würdig unseres Manifests, des Manifests der Kommunistischen Partei.

Lange vorüber sind die Zeiten, in denen jene, die sich mit den seit Ende des zweiten Weltkrieges in Europa entstandenen Realitäten nicht abfinden wollen, der DDR den ihr gebührenden, gleichberechtigten Platz im internationalen Leben verweigern und versperren konnten. Unser Staat wurde Mitglied der Organisation der Vereinten Nationen und deren Spezialorganisationen. 132 Länder der Welt unterhalten diplomatische Beziehungen zu ihm. Ständig hat sich die internationale Position unserer sozialistischen DDR gefestigt. Wir erhielten so größere Möglichkeiten, um an der Lösung der brennendsten Probleme, die heute die Völker bewegen, mitzuwirken, konstruktiv mitzuarbeiten.

Darauf war und ist unsere Außen- und Sicherheitspolitik gerichtet. Heute, 35 Jahre nach der Konstituierung unserer Republik, versichern wir allen Völkern in der Welt, daß wir auch künftig unseren Beitrag einbringen werden für eine Welt des Friedens, der Gerechtigkeit und wahrer Menschlichkeit. So stimmen die Ziele unseres sozialistischen Vaterlandes mit den Lebensinteressen aller Völker überein. Das ist ein bedeutsames Ergebnis des von uns zurückgelegten Weges, ist das Bekenntnis eines Staates, der die Zusammenarbeit mit allen erstrebt, die gleich ihm zu einer Politik der Vernunft und des guten Willens bereit sind.

Wann je hat es in der deutschen Geschichte einen Staat gegeben, der mit gleicher Berechtigung von sich hätte sagen können, ein Staat des Volkes zu sein, wie es der unsere ist. Welcher andere deutsche Staat könnte für sich in Anspruch nehmen, was die Deutsche Demokratische Republik charakterisiert: Für alle Zeiten haben hier, im Herzen Europas, Fortschritt und Frieden, Völkerverständigung und Solidarität mit allen Kämpfern für nationale und soziale Befreiung eine sichere Heimstatt gefunden. Das erfüllt unser Volk, das Volk der Deutschen Demokratischen Republik, das eine jahrzehntelange, harte Arbeit dafür geleistet hat, mit tiefer Genugtuung und mit Stolz. Nicht nationale Überheblichkeit, nicht zerstörerische Deutschtümelei, sondern schöpferische Mitarbeit in der Familie der gleichberechtigten sozialistischen Nationen sind die tragende Grundlage seines Handelns für heute und für alle Zeiten.

Verehrte Anwesende!

Gerade aus dem heutigen Anlaß tritt erneut die welthistorische Größe des Sieges der Sowjetunion und der anderen Mächte der Antihitlerkoalition im zweiten Weltkrieg über den deutschen Faschismus vor Augen. In diesem gewaltigen Ringen hatte die UdSSR die Hauptlast getragen. Durch den Sieg über das Hitlerregime, der sich bald zum 40. Male jährt, wurde die Menschheit vor der Barbarei gerettet und auch unser Volk von der braunen Pest befreit.

Ehre und ewiges Gedenken bewahren wir den mehr als 20 Millionen Töchtern und Söhnen des Sowjetlandes, die dafür ihr Leben gegeben haben. Nie werden wir den Mut, die Standhaftigkeit und die ungezählten Opfer vergessen, womit die Soldaten und Partisanen verschiedenster Länder, die Kämpfer des antifaschistischen Widerstandes in dem Land, das sich »Drittes Reich« nannte, die Hitlergegner im Exil die Sache einer besseren Zukunft verfochten haben. Ihr Vermächtnis zu erfüllen ist und bleibt uns heilige Pflicht, die heilige Pflicht der sozialistischen Deutschen Demokratischen Republik.

Nach der Großen Sozialistischen Oktoberrevolution war der Sieg über den Hitlerfaschismus die zweite unvergängliche Befreiungstat während unseres Jahrhunderts, die das Sowjetvolk vollbrachte. Internationale Veränderungen wurden dadurch eingeleitet, in deren Verlauf der Sozialismus zum Weltsystem wurde und ständig mehr an Stärke und Einfluß gewann. Die nationale und soziale Befreiungsbewegung der Völker nahm einen machtvollen Aufschwung. So hat sich das Antlitz des Erdballs weiter gewandelt, und dieser Wandel wird sich, allen Hindernissen, allen zeitweiligen Rückschlägen an einzelnen Abschnitten zum Trotz, fortsetzen.

Die DDR mit ihrer 35jährigen Geschichte ist fester Bestandteil des revolutionären Weltprozesses. Zugleich wirkt ihre erfolgreiche Entwicklung auf ihn ein. Nahe der Schwelle zum 21. Jahrhundert belegt auch das Werden und Wachsen unseres Arbeiter-und-Bauern-Staates die unumstößliche Wahrheit, daß die Zukunft der Menschheit ihr Gepräge durch den Übergang vom Kapitalismus zum Sozialismus erhält. Auch auf deutschem Boden, in der Deutschen Demokratischen Republik, hat der Sozialismus dem Volke ermöglicht, den Sprung aus dem Reich der Notwendigkeit in das Reich der Freiheit zu tun. Hier hat er festen Fuß gefaßt. Das wird immer so bleiben, der Sozialismus wird weiter erstarken, und niemand wird je imstande sein, das Rad der Geschichte auf deutschem Boden zurückzudrehen.

Für alle Zeiten ist die DDR in unzerstörbarer Freundschaft mit der Sowjetunion verbunden, ist sie unlösbar verankert in der sozialistischen Gemeinschaft. Darin liegt ein entscheidendes Fundament ihres Gedeihens während der vergangenen dreieinhalb Jahrzehnte und ebenso ihrer weiteren Fortschritte. Zu unserer besonderen Freude können wir feststellen, daß die Freundschaft mit dem Sowjetland unserem Volke, wie einst Wilhelm Pieck sagte, zur Herzenssache geworden ist. In guten wie in schweren Tagen haben sich die brüderliche Kampfgemeinschaft, die tiefe Gemeinsamkeit und allseitige Zusammenarbeit der SED und der KPdSU, der DDR und der UdSSR bewährt – beim Aufbau des Sozialismus, bei seinem Schutz, im Kampf um die Sicherung des Friedens. So wird es auch in Zukunft sein.

Die Deutsche Demokratische Republik ist die größte Errungenschaft der revolutionären deutschen Arbeiterbewegung und des ganzen werktätigen Volkes. Im Geburtsland der Begründer des wissenschaftlichen Sozialismus, Karl Marx und Friedrich Engels, werden ihre Ideen, werden die Lehren Wladimir Iljitsch Lenins, der ihr Werk fortführte, reale Wirklichkeit. Mit ihrer Entwicklung bewegt sich die DDR in der Tradition alles Progressiven, was unser Volk hervorgebracht hat, wofür all jene stritten, die der Geist des Humanismus, die Ideale des Friedens, der Schaffung einer Gesellschaft, in welcher der Mensch nicht länger ein erniedrigtes, ein verächtliches Wesen ist, beseelten. Sie schöpft aus dem Erbe von Generationen heroischer Vorkämpfer und ist selbst das Werk vieler Generationen, die das neue, das sozialistische Deutschland schaffen.

Auf diesem Wege voran geht die Arbeiterklasse, gehen die Kommunisten, Teil des werktätigen Volkes, eng mit ihm verbunden und seinen Lebensinteressen ergeben. Sie handeln, das Vermächtnis von Karl Liebknecht und Rosa Luxemburg, Ernst Thälmann, Wilhelm Pieck, Otto Grotewohl und Walter Ulbricht hoch in Ehren haltend, getreu dem Sinn des Sozialismus, alles zu tun für das Wohl der Menschen, für das Glück des Volkes, für ein Dasein in gesichertem Frieden.

Die Deutsche Demokratische Republik ist ein politisch stabiler, sozialistischer Staat mit hoher ökonomischer Dynamik, einem anhaltenden Leistungsaufschwung auf allen Gebieten des gesellschaftlichen Lebens. Im Herzen Europas, an der Trennlinie zwischen Sozialismus und Kapitalismus, Warschauer Vertrag und NATO, erfüllt sie ihre internationalistische Verantwortung als ein zuverlässiger Eckpfeiler des Friedens.

An Versuchen, diesen Eckpfeiler zu erschüttern, hat es während der vergangenen 35 Jahre aus westlicher Himmelsrichtung, seitens derer, die von einer Korrektur der Ergebnisse des zweiten Weltkrieges und der Nachkriegsentwicklung in Europa träumen, wahrhaftig nicht gefehlt. Doch ihnen wurde zu jeder Zeit eine entschiedene Abfuhr erteilt. Die Verteidigung unserer sozialistischen Errungenschaften war und bleibt stets auf dem erforderlichen Niveau gesichert. Für Militarismus und Revanchismus besteht nicht die geringste Chance. Die Souveränität und territoriale Integrität der DDR, das sollte völlig klargestellt sein, sind unantastbar. Bei uns liegt die politische Macht der Arbeiter und Bauern in guten Händen. Sie ist durch nichts und niemanden zu erschüttern.

Für das Gedeihen der Deutschen Demokratischen Republik haben die Arbeiterklasse, die Genossenschaftsbauern, die Angehörigen der Intelligenz und alle Werktätigen in dreieinhalb Jahrzehnten eine große Arbeit geleistet, harte Anstrengungen auf sich genommen und auch Opfer gebracht. Besondere Ehre erweisen wir an unserem Nationalfeiertag den Aktivisten der ersten Stunde, jenen Bürgern aller Klassen und Schichten, die daran beteiligt waren, die Grundlagen für die Entwicklung unseres Staates zu schaffen. Wir würdigen die tägliche, fleißige Tätigkeit, die unermüdliche Pflichterfüllung, womit die Bürger in Stadt und Land, in der Produktion, an Stätten der Bildung und der Wissenschaft, im kulturellen Bereich, nicht zuletzt beim militärischen Schutz, bei der Verteidigung dafür gewirkt haben, daß unser Staat zu dem werden konnte, was er heute ist. Daran haben auch die sorbischen Bürger ihren aktiven Anteil. Wir freuen uns auch über die Leistungen im »Friedensaufgebot der FDJ«, die eindrucksvoll zeigen, mit welchem Elan die Jugend das revolutionäre Werk ihrer Väter fortsetzt.

Im Namen des Zentralkomitees der SED, des Staatsrates und des Ministerrates der DDR spreche ich ihnen allen zum 35. Jahrestag der DDR von ganzem Herzen Dank und Anerkennung aus, verbunden mit den besten Wünschen für Gesundheit und weitere Erfolge in der Zukunft. Hohe Wertschätzung und herzlichsten Dank bekunden wir vor allem auch für die Arbeitstaten im sozialistischen Wettbewerb zur Vorbereitung des großen Jubiläums unserer Republik. Durch das Bestreben, aus diesem Anlaß Besonderes zu leisten und so seine Verbundenheit mit dem sozialistischen Vaterland zu dokumentieren, wurden Ergebnisse möglich, wie wir sie bisher noch nicht erreicht haben. Tausende Beispiele müßten genannt werden, materielle, kulturelle und wissenschaftliche Leistungen, von kühnen Lösungen für modernste Wege der Produktion über die neuen Züge im Bild unserer Städte und Dörfer, über viele Werke der Kunst und Literatur, die das Leben bereichern, bis hin zu mannigfaltigen Anstrengungen für die Verbesserung des Alltags der Menschen.

1984 wird das Nationaleinkommen um mehr als 5 Prozent zunehmen, erheblich schneller als geplant. Nach dem Stand der Dinge in diesen Oktobertagen werden die Versprechen eingelöst, ja weit übertroffen, die am Anfang dieses Jahres standen. Der Brief der Generaldirektoren der Kombinate in der Industrie, im Bauwesen, im Transport- und Nachrichtenwesen und der Parteiorganisatoren des Zentralkomitees enthielt die wichtigsten Verpflichtungen. Was die Nettoproduktion angeht, so sah er vor, 1,4 Milliarden Mark über den Plan hinaus zu erzeugen. Heute zeichnet sich für das Jahr 1984 ein Planplus von 2,6 Milliarden Mark ab. Die Steigerungsraten der Nettoproduktion mit über 8,5 Prozent, der Arbeitsproduktivität mit nahezu 8 Prozent zeugen vom gesunden hohen Tempo unserer Wirtschaft. Auch das anspruchsvolle Vorhaben, für 1 Milliarde Mark mehr Konsumgüter zu erzeugen, als der Plan vorsieht, wird voraussichtlich noch um 500 Millionen Mark übertroffen.

Erstmals werden bei uns in einem Jahr 200 000 Wohnungen neugebaut oder modernisiert. Die Genossenschaftsbauern und Arbeiter der Landwirtschaft fuhren mit rund 11,5 Millionen Tonnen, bei 45 Dezitonnen pro Hektar, die bei weitem höchste Getreideernte in der Geschichte der DDR ein. Auch die Ernte aller anderen Früchte des Ackerbaus liegt bedeutend über den bisherigen Leistungen.

Mit Recht können wir sagen, daß der Aufruf zum 35. Jahrestag der DDR in allen gesellschaftlichen Bereichen seinen Widerhall gefunden und eine große Initiative ausgelöst hat. In ihrem Mittelpunkt steht die weitere Verwirklichung der Beschlüsse des X. Parteitages der SED. Schon heute ist zu erkennen, daß das 35. Jahr der DDR zu einem der erfolgreichsten Jahre in ihrer Geschichte gestaltet wird. Das schafft eine gute Ausgangsposition für die bereits in unser Blickfeld gerückte Vorbereitung des XI. Parteitages unserer Sozialistischen Einheitspartei Deutschlands.

Liebe Genossen und Freunde!
Verehrte Gäste!

»Du hast ja ein Ziel vor den Augen« – das galt am schweren Anfang, und das gilt im gegenwärtigen Abschnitt der Entwicklung unserer Republik erst recht. Sehr vieles von dem, was vor dreieinhalb Jahrzehnten noch kühner Entwurf war, ist heute Wirklichkeit. 35 Jahre DDR sind 35 Jahre ununterbrochenen Wirtschaftswachstums. Ohne das hätte sich die sozialistische Gesellschaft niemals so kraftvoll entfalten können. 1949 wurde ein Nationaleinkommen von 24,1 Milliarden Mark produziert. Nach dem jetzigen Stand der Dinge werden es 1984 mehr als 220 Milliarden Mark sein. Mißt man am Vorjahr, so ergibt sich ein Zuwachs von rund 10 Milliarden Mark. Das ist der größte, der seit der Gründung der Republik in einem Jahr erwirtschaftet wurde. Über 70 Prozent des Nationaleinkommens erzeugt die sozialistische Industrie. 1949 betrug die Industrieproduktion 30,6 Milliarden Mark. Im Jubiläumsjahr werden wir etwa 422 Milliarden Mark erreichen. Nicht einmal einen vollen Monat brauchen wir jetzt für die Produktion des ganzen Jahres 1949.

Damals wurden auf den Feldern im Durchschnitt 18,1 Dezitonnen Getreide geerntet. 1984 sind es rund 45 Dezitonnen. Der Bestand unserer Landwirtschaft an Schweinen hat sich in diesem Zeitraum mehr als verdreifacht, an Rindern ist er um fast 80 Prozent angewachsen, die Schlachtviehproduktion ist sogar auf das Siebenfache gestiegen. Diese Ergebnisse wurden erreicht, obwohl die Zahl der in der Landwirtschaft Tätigen statt damals rund 2 Millionen jetzt 840 000 beträgt. Ihre allgemeine und berufliche Bildung hat sich dem hohen Niveau der Industrie ständig angenähert. Auch auf dem Lande können wir also eine gute Bilanz ziehen. Und wir danken dafür vor allem unseren Genossenschaftsbäuerinnen und -bauern.

Den gesellschaftlichen Fortschritt unserer Republik zeichnet Kontinuität aus, und zugleich treten wesentliche Entwicklungsabschnitte in ihm hervor. So war es von großer Tragweite, daß Anfang der siebziger Jahre die Bedingungen dafür bestanden, die entwickelte sozialistische Gesellschaft zu gestalten. Der VIII. Parteitag der SED arbeitete die entsprechenden Zielstellungen aus. Damit begann eine Zeit, in der die Möglichkeiten und Errungenschaften des Sozialismus immer deutlicher wurden. Seine Vorzüge erweisen sich auf allen Gebieten als mächtige, vorwärtstreibende Kraft. Das wird in Zukunft noch stärker unseren Weg bestimmen. Gekennzeichnet wird dieser neue Entwicklungsabschnitt durch den Kurs der Hauptaufgabe in der Einheit von Wirtschafts- und Sozialpolitik. Er lenkte die ökonomische Kraft der Gesellschaft noch mehr auf die Verbesserung der Arbeits- und Lebensbedingungen des Volkes und förderte so in bisher nicht gekanntem Maße die Leistungsbereitschaft und damit zugleich unseren Beitrag zur Sicherung des Friedens. Die volkseigenen Kombinate entstanden, festigten sich und wurden zum Rückgrat der Planwirtschaft. Auf dem Hauptweg, der Intensivierung der Produktion, gelang es, Wissenschaft und Technik ökonomisch wirksamer zu nutzen.

Auch in dieser fortgeschrittenen Entwicklungsphase unseres Landes, angesichts der weltweiten schnellen Entfaltung der Produktivkräfte erwies sich, daß die Arbeiterklasse und ihre Verbündeten die gesellschaftlichen Prozesse zum Wohle des Volkes gut leiten. Nichts hat sich daran geändert, daß im Kapitalismus der Profit die Menschen regiert und auch die kühnsten Entdeckungen zum Mittel dieses Zwecks werden. Nur der Sozialismus setzt alle Errungenschaften schöpferischen Geistes für den Menschen ein und wird das immer effektiver tun.

Was unser Nationaleinkommen betrifft, so wurde seit 1971 mehr erwirtschaftet als in all den Jahren zuvor. Diese Beschleunigung hat ihre Ursachen vor allem in der höheren Qualität unserer sozialistischen Ökonomie. Vervollkommnet wurde die Struktur der Industrie. Die einheimische Rohstoffbasis ist stärker geworden, und die Erneuerung der Produktion, der Maschinen wie der Konsumgüter, vollzieht sich unter dem Einfluß des wissenschaftlich-technischen Fortschritts merklich schneller.

Mancher hat sich nicht vorstellen können, daß die schon 1970 gewaltige Fördermenge an Braunkohle noch weiter ansteigen könnte, aber sie wurde wesentlich erhöht und wird für die Energieerzeugung unserer Republik auf lange Sicht die stabile Basis bilden. Jede zweite Kilowattstunde, die bei uns verbraucht wird, stammt aus Kraftwerken, die nach dem VIII. Parteitag in Betrieb gingen. Tiefgreifend verändert haben sich traditionelle Industriezweige in unserem Land, wie die Metallurgie, die chemische Industrie oder der Maschinenbau. Zugleich sind völlig neue Bereiche hinzugekommen, vor allem eine so zukunftsträchtige Produktion wie die Mikroelektronik. In der zweiten Hälfte der siebziger Jahre begann die DDR, mikroelektronische Bauelemente zu erzeugen. 1980 erreichte ihre Herstellung bereits den Umfang von fast 1 Milliarde Mark, und 1984 beläuft sie sich auf 2,5 Milliarden Mark. Heute kann man sagen, daß unsere Erzeugnisse und Ausrüstungen für die Mikroelektronik auch für die ganze sozialistische Staatengemeinschaft schon ins Gewicht fallen. Sehr anschaulich zeigen sich die neuen technologischen Prozesse wohl am Einzug der Roboter in unsere Betriebe, die in der Volkswirtschaft nun schon eine Anzahl von 35 000 erreicht haben, wovon fast 26 000 seit 1981 produziert wurden. Die so wichtige Produktion industrieller Konsumgüter hat sich seit 1970 nahezu verdoppelt und umfaßt heute ein Volumen von 52 Milliarden Mark.

All das zeigt, daß die sozialistische Planwirtschaft in der Lage ist, die modernen Produktivkräfte zu entwickeln und sie sehr effektiv für das Wohl des Volkes zu nutzen. Wir werden dies künftig im Sinne Lenins noch mehr unter Beweis zu stellen haben. Denn entsprechend seinen Worten in seinem Werk »Die große Initiative« entscheidet die Arbeitsproduktivität letzten Endes über den Sieg der neuen Gesellschaftsordnung.[1]

Ein grundlegender Umschwung wurde auch bei der Intensivierung eingeleitet. Kennzeichnend dafür ist, daß seit 1979 das wirtschaftliche Wachstum mit einem sinkenden Anteil des Produktionsverbrauchs am gesellschaftlichen Gesamtprodukt einhergeht. Soviel auch noch zu tun bleibt, hier zeigt sich, daß wir die großen Veränderungen meistern, die der Übergang zur umfassenden Intensivierung in unserer Volkswirtschaft verlangt. Auch die Arbeitsproduktivität steigt schneller. Mit 8 Prozent wird im Bereich der Industrieministerien 1984 der höchste Zuwachs seit langem erzielt.

Das alles sind Ergebnisse von erheblicher Bedeutung für die Zukunft, die auf dem Wege der vom X. Parteitag beschlossenen ökonomischen Strategie erreicht wurden. Der weitere ökonomische Leistungsanstieg der DDR hängt immer weniger von mehr Arbeitskräften, mehr Material und Energie ab. Damit wurde die wirtschaftliche Handlungsfähigkeit unserer Republik, so darf man sagen, auf eine neue Grundlage gestellt.

Liebe Freunde!

35 Jahre DDR erbrachten zugleich eine überzeugende sozialpolitische Bilanz. Am Anfang standen die Minderung der Wohnungsnot der Ausgebombten und vieler anderer, die kein Dach über dem Kopf hatten, der Kampf gegen Hunger und Seuchen. Für immer ist damals der Satz »Erst mehr arbeiten, dann besser leben« in die grundlegenden Erfahrungen unseres Volkes eingegangen. Erinnern wir uns, daß schon bis zum Jahre 1955 über 338 900 Wohnungen neugebaut worden waren, ganz abgesehen von ungezählten Instandsetzungsmaßnahmen, die in keinem Papier aufgerechnet sind.

An das heutige materielle und kulturelle Lebensniveau der Bürger der DDR war damals allerdings noch nicht zu denken. Anfang der siebziger Jahre wurde es möglich, die Arbeits- und Lebensbedingungen der Men-

---

1 Siehe W. I. Lenin: Die große Initiative. In: Werke, Bd. 29, S. 416.

schen schneller zu verbessern. Darauf orientierte der Kurs der Partei, Wirtschafts- und Sozialpolitik noch enger zu verbinden. Von 1949 bis 1984 wurden in unserem Lande 3 550 000 Wohnungen fertiggestellt. Der weitaus größte Teil davon, nämlich 2 200 000, entstand nach dem VIII. Parteitag. In den Städten und Dörfern kann jeder sehen, welche Kräfte unser Wohnungsbauprogramm mobilisiert hat, das darauf abzielt, die Wohnungsfrage als soziales Problem bis zum Jahre 1990 zu lösen. Mit den Wohnungen zusammen entsteht vieles andere. Wer wollte unterschätzen, was die über 330 000 Kindergartenplätze, mehr als 44 000 Unterrichtsräume und 1 883 Schulturnhallen, die seit 1971 hinzukamen, für unsere Zukunft bedeuten. Jeder dritte Schüler besucht heute eine Schule, die in diesem Zeitraum gebaut wurde.

Besonders deutlich zeigt sich diese gewaltige Aufbauleistung in unserer Hauptstadt Berlin, die bei Kriegsende ein einziges Trümmerfeld war. Doch in 35 Jahren Arbeiter-und-Bauern-Macht wurden hier mehr als 350 000 Wohnungen gebaut. Künftig nimmt das Tempo noch zu. In den nächsten beiden Jahren werden für weitere 200 000 Bürger in Berlin die Wohnbedingungen spürbar verbessert. Die Altbaugebiete werden verstärkt modernisiert. Mit dem Aufbau der traditionsreichen Friedrichstraße wird die Ausgestaltung des historisch gewachsenen Stadtzentrums Berlins im wesentlichen abgeschlossen. Es erstrahlt in neuem Glanz, wovon bereits heute architektonisch eindrucksvolle Bauwerke zeugen, die schöner denn je entstanden sind.

Seit dem VIII. Parteitag erhöhte sich das durchschnittliche monatliche Bruttoarbeitseinkommen der Arbeiter und Angestellten in der sozialistischen Wirtschaft von 755 Mark im Jahre 1970 auf 1 096 Mark in diesem Jahr. Der jährliche Einzelhandelsumsatz stieg von 64,1 Milliarden Mark auf mehr als 106 Milliarden Mark. Sehr zum Positiven verändert wurde die Situation der jungen Ehen und der Familien überhaupt, besonders solcher mit drei und mehr Kindern, durch die mannigfaltigen Förderungsmaßnahmen. Hinzu kommt die mehrfache Erhöhung der Renten, deren Volumen pro Jahr von 9,7 Milliarden Mark 1970 auf 16,4 Milliarden Mark 1984 stieg. So tun wir stets das Möglichste, um die Lebensverhältnisse der Veteranen der Arbeit günstiger zu gestalten.

Schon 1949, als es noch sehr an Unterbringungsmöglichkeiten mangelte, reisten 210 000 Werktätige in Ferienheime des FDGB. 1983 war diese Zahl auf 1 796 000 gestiegen. In den Genuß aller Formen von Urlaubsreisen kamen im vorigen Jahr insgesamt zehn Millionen Bürger.

Vieles noch läßt sich nennen, was das gute soziale Klima in der DDR kennzeichnet. Vollbeschäftigung gehört dazu, sichere Ausbildungsplätze und Berufe für jedes Mädchen und jeden Jungen, stabile Preise für Waren des Grundbedarfs, Mieten und Tarife. In seinem sozialistischen Vaterland lebt unser Volk in sicheren, sich stetig verbessernden sozialen Verhältnissen. Der Sozialismus hat in der Tat das Dasein der Menschen von Grund auf verändert.

In unserer Republik entstand eine Volkswirtschaft, die alle wesentlichen Zweige der modernen Produktion umfaßt. Schon ist zu erkennen, wie Wissenschaft und Technik ihre Struktur künftig noch tiefer prägen werden. Auf diesem Wege wird jene höhere ökonomische Leistungskraft erreicht, die für die weitere Stärkung unserer sozialistischen Gesellschaft und für die Verbesserung des Lebens der Menschen notwendig ist. Dafür besitzen wir heute alle Voraussetzungen.

Gegenwart und Zukunft unseres deutschen Arbeiter-und-Bauern-Staates stehen auf dem Fundament der brüderlichen Zusammenarbeit mit der Sowjetunion und den anderen Mitgliedstaaten des Rates für Gegenseitige Wirtschaftshilfe. Der Warenaustausch mit der UdSSR, unserem größten und wichtigsten Partner, hat mittlerweile 14 Milliarden Rubel im Jahr erreicht. Das könnte man mit einer breiten und festen Brücke vergleichen, die unsere Länder verbindet. Schon im ersten Jahr nach der Gründung der DDR hatten die 300 Millionen Rubel, die unser Handel damals betrug, entscheidende Bedeutung für uns. Bestanden doch die sowjetischen Lieferungen aus so wesentlichen Waren wie Getreide, Walzstahl, Baumwolle, Traktoren oder Lastkraftwagen. Heute umfaßt unser Austausch über 1 500 Positionen. Zum Alltag gehört es, daß jedes Kombinat in unserer Republik seine sowjetischen Partner hat und die wirtschaftlichen Bindungen mit vielen menschlichen Freundschaften einhergehen. In meinem Gespräch mit dem Generalsekretär des Zentralkomitees der KPdSU und Vorsitzenden des Präsidiums des Obersten Sowjets der UdSSR, Konstantin Tschernenko, wurden die Entwicklungslinien dieses Miteinanders bis zum Jahr 2000 vorgezeichnet, und die entsprechenden konkreten Schritte wurden heute hier in Berlin unterzeichnet.

Wie es die Dokumente der Wirtschaftsberatung der Länder des RGW auf höchster Ebene in Moskau vom Juni dieses Jahres vorsehen, arbeiten wir aktiv daran, unsere Außenwirtschaftsbeziehungen mit der Sowjetunion und den anderen Bruderstaaten besonders dynamisch auszubauen. Die Abstimmungen dafür, die bis 1990 und oftmals darüber hinaus reichen, erfolgen bereits gegenwärtig. In der Familie der sozialistischen Staaten, deren Mitglieder zum Nutzen ihrer Völker Güter und Erfahrungen immer fruchtbarer austauschen, hat die Deutsche Demokratische Republik ihren festen Platz und ihre sichere Perspektive. Alle lebenswichtigen Interessen verwirklichen wir in dieser Gemeinsamkeit. Das ist so und wird für alle Zeiten so bleiben.

Liebe Freunde und Genossen!
Verehrte Gäste!

Worauf die Menschen unseres Landes in der Gründungsstunde der DDR ihre sehnlichen Erwartungen richteten, worauf die Völker Europas hofften war vor allem, daß dieser deutsche Staat alles ihm Mögliche tun werde, um den Frieden zu erhalten, ihn zuverlässig und auf Dauer zu sichern. Diesem Ziel schworen wir damals unsere ganze Kraft zu widmen und unseren aktiven Beitrag zu leisten, daß von deutschem Boden nie wieder ein Krieg ausgeht. Seit 35 Jahren richtet die DDR an der Seite der Sowjetunion und der anderen Bruderstaaten unermüdliche, konstruktive Anstrengungen darauf, nicht nur die jetzigen, sondern auch die kommenden Generationen vor den Schrecken eines neuen Krieges zu bewahren.

Der Frieden ist das höchste Gut der Menschheit. Heute drohen ihm durch die Politik der Konfrontation und der Hochrüstung, das Streben nach militärischer Überlegenheit, womit die aggressivsten Kreise des Imperialismus die internationale Situation vergiften, die ernstesten Gefahren seit Ende des zweiten Weltkrieges. Nichts kann wichtiger sein, als zu verhindern, daß die Völker einem nuklearen Inferno ausgeliefert, die Flammen eines atomaren Krieges entfacht werden, in dem es weder Sieger noch Besiegte gäbe, der aber die menschliche Zivilisation auf unserem Erdball vernichten würde.

Durch das Auftauchen neuer nuklearer Erstschlagwaffen der USA, von Pershing II und Cruise Missiles, in Westeuropa sind alle alarmiert, die den Frieden aufrichtig wollen. Um so nachdrücklicher sind sie aufgefordert, jetzt erst recht ihr Handeln zu verstärken, sich gemeinsam über alles Trennende hinweg für konkrete Maßnahmen zur Friedenssicherung einzusetzen. Die Aufstellung dieser Vernichtungsmittel muß gestoppt, die bereits installierten Systeme müssen abgebaut, die Lage, wie sie vor Beginn der Stationierung bestand, muß wiederhergestellt werden, damit es zu fruchtbaren Verhandlungen über die Begrenzung und Reduzierung der Rüstungen kommen kann. Dabei versteht sich von selbst, daß alledem das Prinzip der Gleichheit und der gleichen Sicherheit zugrunde liegen muß.

Die militärstrategische Parität ist eine Errungenschaft der Sowjetunion und der sozialistischen Länder von historischer Bedeutung. Niemals werden wir ihre Zerstörung zulassen. Auf diesem Gleichgewicht beruht die Tatsache, daß Europa das 40. Jahr im Frieden lebt. Es ist die entscheidende Voraussetzung für eine friedliche Zukunft nicht nur unseres Kontinents, sondern der ganzen Welt. Daher finden Maßnahmen der NATO, die es gefährden, zwangsläufig ihre Beantwortung durch die Stationierung operativ-taktischer Raketen größerer Reichweite auch auf dem Territorium der

DDR, die nur dann wieder abgebaut werden können, wenn die Ursache ihrer Aufstellung entfällt.

Wir waren nie Anhänger eines Gleichgewichts des Schreckens und werden es nie sein. Wofür die DDR eintritt und gerade auch in jüngster Zeit vielfältige außenpolitische Aktivitäten unternommen hat, sind die Abrüstung in Ost und West, das Einfrieren und die Beseitigung aller Kernwaffenarsenale, die Rückkehr auf den Weg der Entspannung, die Durchsetzung der friedlichen Koexistenz, zu der es keine annehmbare Alternative gibt. Jeder Schritt weg von der Konfrontation, hin zur Entspannung wird von den Völkern gutgeheißen. Dafür ist der politische Dialog von nicht geringer Bedeutung. Realismus und Vernunft müssen die Oberhand gewinnen, damit die internationale Lage gesundet, Spannungsherde in verschiedensten Regionen des Erdballs durch friedliche Verhandlungen entschärft und keine neuen geschaffen werden.

Ganz in solchem Sinne haben die führenden Repräsentanten der Sowjetunion, der DDR und der anderen Staaten des Warschauer Vertrages in ihrer Deklaration von Prag vom Januar 1983 und in der Moskauer Erklärung vom Juni des gleichen Jahres die bekannten konstruktiven Vorschläge unterbreitet. Es wäre von großer Bedeutung, einen Vertrag über den Verzicht auf die Anwendung militärischer Gewalt und über die Aufrechterhaltung friedlicher Beziehungen abzuschließen. Dieser Vertrag würde die internationale Entwicklung in hohem Maße positiv beeinflussen. Als sehr wesentlich für die Friedenssicherung unterstützen wir auch die Initiativen der Sowjetunion, Übereinkunft über Maßnahmen zu erzielen, die eine Militarisierung des Weltraums verhindern. Nach wie vor erhält die DDR ihre Bereitschaft aufrecht, ihr gesamtes Territorium für die Errichtung einer von atomaren Gefechtsfeldwaffen freien Zone in Mitteleuropa, gemäß dem schwedischen Vorschlag, zur Verfügung zu stellen.

Mehr Waffen, ob auf unserem Erdball oder noch gar im Kosmos, bringen nicht mehr Sicherheit. Das begreifen heute selbst viele derjenigen, die noch immer nicht wahrhaben wollen, daß dem Sozialismus die Zukunft gehört. Aber maßgebliche Kreise der USA und der NATO beschleunigen das Wettrüsten, entwickeln und produzieren ständig neue Waffensysteme, verausgaben Unsummen für die Hochrüstung, die durch reale Schritte zur Abrüstung dem Wohle der Völker, vor allem auch in der dritten Welt, zugute kommen könnten. Mit diesen harten Tatsachen sind sanfte Beteuerungen angeblichen Friedenswillens, etwa zu Wahlzeiten abgegeben, nicht zu vereinbaren. Was einzig entscheidet ist und bleibt der konstruktive, praktische Beitrag zum Frieden, zur Abrüstung nach dem Prinzip der Gleichheit und der gleichen Sicherheit.

Besondere Sorge muß es den Völkern bereiten, namentlich jenen, die zweimal während unseres Jahrhunderts Opfer der Weltkriege waren, wenn jetzt durch die Stationierung der USA-Nuklearraketen in der Bundesrepublik Deutschland die Gefahr entsteht, daß von deutschem Boden abermals ein Krieg ausgeht. Damit kann sich niemand abfinden, der verantwortungsbewußt denkt und handelt, der die Lehren der Geschichte beherzigt. Ermuntert hingegen fühlen sich durch das Auftauchen der Pershing II in der BRD vor allem diejenigen, die den »Fortbestand des Deutschen Reiches in den Grenzen von 1937« verkünden und so auch revanchistische Ansprüche auf Gebiete der Volksrepublik Polen, der ČSSR und der UdSSR anmelden, diejenigen, die darüber schwadronieren, daß die »deutsche Frage noch offen« sei.

Die Geschichte hat längst ihr Wort gesprochen, davon zeugen auch 35 Jahre DDR. Nichts ist mehr offen. Das »Deutsche Reich« ist für immer im Feuer des zweiten Weltkrieges untergegangen. In dessen Ergebnis, im Ergebnis der Nachkriegsentwicklung entstanden und entwickelten sich zwei deutsche Staaten, die sozialistische DDR und die kapitalistische BRD. Sie sind in verschiedene Bündnisse eingeordnet. Es kann, und je eher man das in der BRD einsieht, um so besser, zwischen der DDR und der BRD nur Beziehungen geben, wie sie international zwischen souveränen, voneinander unabhängigen, gleichberechtigten Staaten üblich sind. Dem entspricht auch der Grundlagenvertrag, der festlegt, daß jeder der beiden Staaten über seine inneren und äußeren Angelegenheiten selbst entscheidet.

Die allem übergeordnete Frage ist auch hier die Gewährleistung des Friedens. Europa soll ein atomwaffenfreier Kontinent werden, ein Raum gegenseitig vorteilhafter Zusammenarbeit, nachdem er über lange Zeit ein Zentrum der Unsicherheit war. Stets wirkt die DDR, entsprechend der abgestimmten Politik der sozialistischen Bruderländer, dafür, den Völkern der Welt friedliche Perspektiven zu sichern. Diese konsequente Friedenspolitik verbindet sie mit aktiver solidarischer Unterstützung all jener, die in Lateinamerika, in Afrika und in Asien für nationale und soziale Befreiung kämpfen. Im sozialistischen deutschen Staat, der Deutschen Demokratischen Republik, haben sie jederzeit einen zuverlässigen Freund und Mitstreiter.

Verehrte Gäste!
Meine Damen und Herren des Diplomatischen Korps!
Liebe Freunde und Genossen!

An unserem großen Feiertag, dem 35. Jahrestag der Deutschen Demokratischen Republik, blicken wir mit Zuversicht in die Zukunft, mit der Überzeugung, daß es gelingen wird, die kommenden, wahrhaftig nicht geringen Aufgaben beim weiteren sozialistischen Aufbau zu lösen und unseren Beitrag zur Sicherung des Friedens zu leisten. Alles für das Wohl des Volkes zu tun ist und bleibt unser oberster Leitsatz. So werden wir die vom X. Parteitag der SED abgesteckte Wegstrecke auch weiterhin erfolgreich bewältigen und unsere Ziele so verwirklichen, wie sie dort gestellt wurden. Dabei denken wir voraus. Der nächste Fünfjahrplan für die Zeit von 1986 bis 1990 wird bereits ausgearbeitet.

Wir können uns stützen auf die Ergebnisse und Erfahrungen aus 35 Jahren Deutsche Demokratische Republik, auf die brüderliche Verbundenheit unseres Staates mit der Sowjetunion, seine Verankerung in der sozialistischen Gemeinschaft, auf seine guten Freunde in der ganzen Welt. Zum Kostbarsten gehört, daß das Vertrauen, das Partei, Regierung und Volk verbindet, ein Vertrauen, das wir pflegen und ständig vertiefen, heute fester ist als jemals zuvor. Daraus erwächst eine große Kraft.

Für eine friedliche, glückliche Zukunft unseres Volkes und aller Völker der Welt!

Es lebe der 35. Jahrestag der sozialistischen Deutschen Demokratischen Republik!

Es lebe der Kampf für Frieden und Sozialismus!

Erich Honecker: Reden und Aufsätze, Bd. 10,
Berlin 1986, S. 308–321.

Ihr erfüllt euren Klassenauftrag zu jeder Zeit beispielhaft

*Rede auf einem Kampfmeeting
anläßlich des 35. Jahrestages
der Bildung des Ministeriums für Staatssicherheit
6. Februar 1985*

Genosse Minister!
Liebe Genossinnen und Genossen!
Liebe Gäste!
Im Namen des Zentralkomitees der Sozialistischen Einheitspartei Deutschlands, des Staatsrates und des Ministerrates der Deutschen Demokratischen Republik, im Namen unseres Volkes überbringe ich allen Mitarbeitern des Ministeriums für Staatssicherheit und den Angehörigen des Wachregiments »Feliks Dzierżyński« die herzlichsten Grüße und Glückwünsche. Es erfüllt uns mit Stolz und Genugtuung, wenn wir zum 35. Jahrestag des Ministeriums für Staatssicherheit feststellen können, daß ihr euch, liebe Genossinnen und Genossen, des Klassenauftrages unserer Arbeiter-und-Bauern-Macht zu jeder Zeit und Stunde würdig erwiesen habt. Mit revolutionärer Wachsamkeit steht ihr ein für den Schutz der Errungenschaften unseres sozialistischen Vaterlandes, der Deutschen Demokratischen Republik, und für die Sicherung des Friedens. Für diese beispielhaften Leistungen, für eure Treue zu den Idealen des Marxismus-Leninismus und euren hohen persönlichen Einsatz im Dienste des Volkes danke ich euch im Auftrage der Partei- und Staatsführung auf das herzlichste.

Mit dem Ministerium für Staatssicherheit wurden zum erstenmal in der deutschen Geschichte Sicherheitsorgane ins Leben gerufen, die den Interessen der Mehrheit, den Interessen der herrschenden Arbeiterklasse und des ganzen werktätigen Volkes dienen. Auch die Gründung des Ministeriums am 8. Februar 1950 war ein Schritt zur praktischen Verwirklichung der Leninschen Erkenntnis, wonach eine Revolution nur dann etwas wert ist, wenn sie sich zu verteidigen versteht.[1] Die Geschichte unserer Republik bestätigt, daß die Macht der Arbeiter und Bauern die entscheidende Grundlage für den Aufbau des Sozialismus, für die Gestaltung eines neuen, wahrhaft menschenwürdigen Lebens ist. Ohne diese Macht bleiben Freiheit und Demokratie leere Worte. Nur sie ermöglicht es, alles für das Wohl des Volkes zu tun.

Es entsprach den aus vielen Klassenschlachten gewonnenen Erfahrungen der revolutionären Arbeiterbewegung, daß sich der erste Staat der Arbeiter und Bauern auf deutschem Boden wenige Monate nach dem historischen 7. Oktober 1949 seine Sicherheitsorgane als zuverlässiges Instrument gegen alle Anschläge des Feindes schuf. Folgerichtig gehörten zu ihren Mitbegründern hervorragende Kommunisten und Internationalisten, die durch den Kampf auf Leben und Tod gegangen waren. Im antifaschistischen Widerstand und in den Schützengräben des Spanienkrieges, in den faschistischen Konzentrationslagern und Zuchthäusern, in der Uniform der Roten Armee oder als Partisanen hatten sie den hohen kommunistischen Idealen des kämpferischen Humanismus und der sozialen Gerechtigkeit die Treue gehalten und waren in diesen Klassenauseinandersetzungen gestählt worden.

Einer der Mitbegründer unserer Sicherheitsorgane ist der Kämpfer im antifaschistischen Widerstand und im Freiheitskrieg des spanischen Volkes, ist der Aktivist der ersten Stunde, der zweifache Held der DDR und Träger des Leninordens, unser Freund und Kampfgefährte Genosse Minister Armeegeneral Erich Mielke. Ihm gilt am Tag dieses feierlichen Jubiläums der besondere Dank des Zentralkomitees unserer Partei.

Liebe Genossinnen und Genossen!

Die erfolgreiche Geschichte unserer Deutschen Demokratischen Republik ist auch die Geschichte des zuverlässigen Schutzes ihrer Errungenschaften. Von Anbeginn standen der Partei ergebene Kämpfer bereit, um das Werk des Volkes gegen Diversion, Spionage und Wirtschaftssabotage zu verteidigen. Ihre Einsatzbereitschaft, ihr Mut und ihre Findigkeit, ihr Wissen und ihre Erfahrungen im Klassenkampf wurden zum Vorbild jener nachgeborenen Generationen, die heute Schulter an Schulter mit den lebenserfahrenen Genossen, mit revolutionärer Leidenschaft ihre Pflichten als Tschekisten vorbildlich erfüllen. Im Sinne ihres großen Vorbildes Feliks Dzierżyński, eines guten proletarischen Jacobiners, wie Lenin ihn als Vorsitzenden der Gesamtrussischen Tscheka forderte, erfüllen sie jeden Auf-

---

1 Siehe W. I. Lenin: Bericht in der gemeinsamen Sitzung des Gesamtrussischen Zentralexekutivkomitees, des Moskauer Sowjets, der Betriebskomitees und der Gewerkschaften, 22. Oktober 1918. In: Werke, Bd. 28, S. 115.

trag der Partei und jeden Befehl der Arbeiter-und-Bauern-Macht mit hohem Verantwortungsbewußtsein und fachlicher Meisterschaft.

Wichtiges Unterpfand dafür war, ist und bleibt die Führung der sozialistischen Staatssicherheitsorgane durch die Sozialistische Einheitspartei Deutschlands. Ihr Programm ist die klare Orientierung, die schöpferische Quelle und der entscheidende Gradmesser für jeden Erfolg. Überall dort, wo durch eine gründliche, lebensverbundene ideologische Arbeit das einheitliche und geschlossene Handeln der Kommunisten an der Spitze ihrer Kollektive gewährleistet ist, entwickelt sich jene Übereinstimmung von Wort und Tat, von Wissen und Können, von Planen und Durchsetzungsvermögen, die einen Genossen zum Vorbild für andere werden läßt.

Anläßlich des 35. Jahrestages der DDR wurde eindrucksvoll deutlich, welche hervorragenden Ergebnisse ihr im engen Zusammenwirken mit den anderen Schutz- und Sicherheitsorganen bei der Verwirklichung des gemeinsamen Klassenauftrages erreicht habt. Ihr habt euer Wort gehalten, jetzt erst recht alles für die Sicherung des Friedens zu tun, unser sozialistisches Vaterland weiter allseitig zu stärken, eine hohe politische Stabilität zu garantieren und die staatliche Sicherheit zu gewährleisten.

Diese politische Stabilität unseres Arbeiter-und-Bauern-Staates im Herzen Europas ist von außerordentlicher Bedeutung in der internationalen Klassenauseinandersetzung. Zusammen mit der dynamischen Entwicklung unserer Volkswirtschaft und der Fortsetzung unseres erfolgreichen Kurses der Einheit von Wirtschafts- und Sozialpolitik bildet sie das Fundament, auf dem wir im festen Bündnis mit der Sowjetunion und den anderen Staaten der sozialistischen Gemeinschaft unsere Politik des Friedens kontinuierlich und zielstrebig fortsetzen. Gerade darum auch ist sie dem Gegner ein Dorn im Auge. Deshalb versucht er immer wieder, sie mit allen Mitteln zu untergraben. Er attackiert sie mit politischen, ideologischen und ökonomischen Mitteln und schreckt wie eh und je nicht vor Verleumdung und Sabotage zurück. Um so höher bewerten wir die Tatsache, daß unsere Deutsche Demokratische Republik in einer Zeit erbitterter Konfrontation das 35. Jahr ihrer Existenz zu einem der bisher erfolgreichsten in der Geschichte unseres Landes gestalten konnte.

Die Initiativen und der Fleiß der Werktätigen, die diese Bilanz ermöglichten, wurzeln im tiefen Vertrauensverhältnis zwischen unserer Partei und den Massen. Jeder spürt im Alltag unserer Gesellschaft: Was unsere Partei beschließt, wird mit der Kraft des ganzen Volkes Realität. Für diese Atmosphäre des Vertrauens, des schöpferischen Vorwärtsdrängens und der Zukunftsgewißheit tragen auch die Mitarbeiter der sozialistischen Staatssicherheitsorgane eine große Verantwortung. Selbst aus dem Volk kommend, nehmen sie entscheidend darauf Einfluß, die Erfolge der Werktätigen zu schützen und überall durch eine sachbezogene, in allem den Interessen des Volkes verpflichtete Arbeit das Gefühl der Sicherheit und Geborgenheit zu fördern.

Liebe Genossen und Freunde!

Mit der Einberufung des XI. Parteitages der SED hat für unsere gesamte Gesellschaft eine Zeit intensiver schöpferischer Arbeit begonnen. Im Brennpunkt steht dabei, das dynamische Wachstum der Wirtschaftskraft der DDR zu gewährleisten, den Sozialismus zu stärken und so sein internationales Gewicht im Ringen um eine friedliche Zukunft der Völker zu erhöhen. Zugleich bereiten wir uns auf die Aufgaben bei der weiteren Gestaltung der entwickelten sozialistischen Gesellschaft bis 1990 und darüber hinaus bis zur Jahrtausendwende vor. Die 9. Tagung des Zentralkomitees der SED hat dazu die klare Orientierung gegeben. Auf der kürzlichen Beratung des Sekretariats des Zentralkomitees mit den 1. Sekretären der Kreisleitungen der SED wurde eingehend dargelegt, wie sie zu verwirklichen ist.

Noch einmal haben wir dabei unterstrichen, welch kostbaren Schatz das Vertrauen der Werktätigen zur Politik unserer Partei darstellt. Jeder Kommunist, wo auch immer er wirkt, hat die Pflicht, mit seinem Wissen, seiner Aufgeschlossenheit gegenüber den Anliegen der Bürger, seinem fachlichen Können, seiner politischen Klarheit und Standhaftigkeit dafür zu sorgen, daß dieses Vertrauen ständig gefestigt wird. Die dynamische Entwicklung unserer Volkswirtschaft, die immer engere Verknüpfung der politischen, ökonomischen, militärischen, kulturellen und sozialen Prozesse in unserer Gesellschaft stellen an alle Diensteinheiten und jeden Angehörigen des Ministeriums für Staatssicherheit und des Wachregiments »Feliks Dzierżyński« zunehmende Ansprüche. In allen Parteikollektiven eine Atmosphäre lebendiger ideologischer Arbeit, kämpferischen Geist und hohe Verantwortung, bewußte Disziplin, Mut und Einsatzbereitschaft zu fördern ist daher von großer Bedeutung.

Zu einem Höhepunkt bei der Vorbereitung des XI. Parteitages der SED wird sich der 40. Jahrestag des Sieges über den Hitlerfaschismus und der Befreiung des deutschen Volkes durch die ruhmreiche Sowjetarmee gestalten. Wir bereiten ihn als gemeinsamen Feiertag der Befreier und unseres von der Tyrannei erlösten Volkes vor, begehen ihn gemeinsam mit allen, die in dieser kampferfüllten Zeit für Frieden, Völkerverständigung, sozialen Fortschritt und Humanität einstehen.

Freundschaft mit der Sowjetunion durchglühte unsere Herzen, als wir uns zu Zeiten der Weimarer Republik unter dem Ruf »Heil Moskau« den braunen SA-Banden entgegenstellten. Die Freundschaft zur Sowjetunion hat uns von der ersten Stunde des gesellschaftlichen Neubeginns an begleitet. Sie hat uns bestärkt auf unserem Weg in das neue Kapitel deutscher

Geschichte. Sie war, ist und bleibt ein unverzichtbares Grundanliegen unserer Politik. Die Thälmannsche Kampftradition bestimmt auch das Denken und Handeln der Mitarbeiter unserer sozialistischen Staatssicherheitsorgane. Stets lassen sie sich davon leiten, daß die Haltung zur Partei Lenins und zur Sowjetunion der Prüfstein für klassenmäßige Haltung im Kampf um Frieden und sozialen Fortschritt ist.

Es war der unvergessene deutsche Kommunist und Kundschafter Richard Sorge, der einst schrieb: »Die russische Revolution wies mir den Weg zur internationalen Arbeiterbewegung. Ich beschloß, sie nicht nur theoretisch und ideologisch zu unterstützen, sondern selbst ein aktiver Teilnehmer dieser Bewegung zu werden.« Heute ist diese Haltung in allen Kollektiven der Sicherheitsorgane der DDR lebendig. An der Seite der sowjetischen Tschekisten entwickelten sie sich zu einer zuverlässigen Kampfabteilung in der Auseinandersetzung mit den Feinden der sozialistischen Revolution.

Der sozialistische Patriotismus, seinem Vaterland zu dienen, ist mit dem Auftrag des proletarischen Internationalismus verschmolzen, den Vormarsch des gesellschaftlichen Fortschritts an allen Fronten zu schützen und zu stärken. Dieses Vermächtnis Richard Sorges wurde zur Lebensmaxime ganzer Generationen von Kämpfern an der unsichtbaren Front. Mit den Tschekisten der Sowjetunion und aller Bruderländer führen sie einen unversöhnlichen, erfolgreichen Kampf gegen den gemeinsamen Feind, gegen den Feind des Friedens und der Völkerverständigung, gegen den Feind der Menschheit, gegen den Imperialismus.

Liebe Freunde und Genossen!

Gegenwärtig besteht die wichtigste Aufgabe der Politik, ja jedes verantwortungsbewußten Menschen darin, alles zu tun, um ein nukleares Inferno zu verhindern. In diesem Kampf, der über Krieg oder Frieden, Sein oder Nichtsein der Menschheit entscheidet, ist das militärstrategische Gleichgewicht von größter Bedeutung. Die Deutsche Demokratische Republik leistet zu jeder Zeit alles Notwendige, um diese historische Errungenschaft des Sozialismus unter allen Bedingungen zu gewährleisten. Das entspricht unserer Verantwortung als Kommunisten für das Wohl unseres Volkes und für das Schicksal der Völker der Erde.

Wie die Geschichte beweist, reden wir Kommunisten nicht nur vom Frieden, sondern unternehmen die äußersten Anstrengungen, um ihn zu sichern. Wir entkräften die imperialistische Behauptung von der schicksalhaften Unvermeidbarkeit kriegerischer Auseinandersetzungen, mobilisieren die Menschen gegen die drohende Kriegsgefahr.

Frieden in der Welt zu schaffen, dieser größte Sieg der Völker in der Geschichte der Menschheit, ist ohne Kampf nicht zu erreichen. Vor allem muß das Wettrüsten auf der Erde beendet und seine Ausdehnung auf den Weltraum verhindert werden. Gegen die friedensgefährdende Politik der aggressivsten Kreise des Imperialismus gilt es, eine weltweite Koalition der Vernunft und des Realismus herbeizuführen und in den internationalen Beziehungen eine Wende zum Besseren zu erreichen. Unsere Devise bleibt: Lieber zehnmal verhandeln als einmal schießen.

Die Ergebnisse der Genfer Gespräche zwischen den Außenministern der Sowjetunion und der USA sind ein positiver Schritt, um durch konstruktive Verhandlungen über den gesamten Komplex der Fragen, welche die Nuklear- und Weltraumwaffen betreffen, zu ernsthaften, substantiellen Vereinbarungen zu gelangen. Wir begrüßen diese Ergebnisse. Bei Vernunft und gutem Willen muß es möglich sein, auf dem schwierigen Wege zur Begrenzung und Reduzierung der Rüstungen, insbesondere der nuklearen, voranzukommen. Das entspricht den Lebensinteressen der Völker.

Genosse Minister!

Liebe Genossinnen und Genossen!

Das Zentralkomitee der Sozialistischen Einheitspartei Deutschlands ist zutiefst überzeugt, daß die Tschekisten der Deutschen Demokratischen Republik unter Führung der Partei der Arbeiterklasse auch künftig stets bereit sind, in jeder Situation die Absichten, Pläne und Aktionen des Feindes rechtzeitig aufzuklären und zu durchkreuzen. Wir sind gewiß, unsere Partei, unser sozialistischer Staat und unser Volk können sich immer auf die Mitarbeiter des Ministeriums für Staatssicherheit und die Angehörigen des Wachregiments »Feliks Dzierżyński« verlassen.

Auf Vorschlag des Politbüros des Zentralkomitees der SED und des Präsidiums des Ministerrates der DDR verleihe ich dem Ministerium für Staatssicherheit in Anerkennung und Würdigung seiner hervorragenden Verdienste um die allseitige Stärkung der Deutschen Demokratischen Republik und den zuverlässigen Schutz des Sozialismus den Karl-Marx-Orden und ein Rotes Ehrenbanner des Zentralkomitees der Sozialistischen Einheitspartei Deutschlands.

Möge euch dieses rote Banner unserer Partei mit dem Karl-Marx-Orden bei der Vorbereitung des XI. Parteitages der SED voranwehen und euch zu neuen Erfolgen führen. Dafür wünscht das Zentralkomitee allen Mitarbeitern beste Gesundheit und schöpferische Kraft.

Erich Honecker: Reden und Aufsätze, Bd. 10,
Berlin 1986, S. 527–532.

Würdiges Jubiläum Berlins, das heute den Ehrennamen »Stadt des Friedens« trägt

*Rede auf der konstituierenden Tagung
des Komitees der Deutschen Demokratischen Republik
zum 750jährigen Bestehen von Berlin
7. Februar 1985*

Meine sehr verehrten Damen und Herren!
Liebe Freunde und Genossen!
Wir haben uns hier zusammengefunden, um die 750-Jahr-Feier Berlins als ein bedeutendes nationales und internationales Ereignis würdig vorzubereiten. Zur Mitarbeit im Komitee der DDR, das sich mit dieser Aufgabenstellung heute konstituiert, erklärten sich hervorragende Vertreter aller Bereiche des gesellschaftlichen Lebens bereit. Ich danke Ihnen dafür und begrüße Sie alle sehr herzlich.

Die Vorbereitung des 750jährigen Jubiläums fällt in eine Zeit, in der Berlin mit dem Blick auf den XI. Parteitag der SED als politisches, wirtschaftliches, wissenschaftliches und geistig-kulturelles Zentrum der DDR weiter zielstrebig ausgestaltet wird. Neue hervorragende Leistungen in der Produktion, der Wissenschaft, der Kultur, in allen Bereichen des gesellschaftlichen Lebens werden unter Beweis stellen, wie das Herz dieser Stadt in unserer Zeit zum Wohle ihrer Bürger kräftiger denn je schlägt.

Berlin hat eine lange und wechselvolle Geschichte, tief verwurzelt in der Geschichte des deutschen Volkes, auf vielfältige Weise verknüpft mit der Entwicklung in Europa und in der Welt. Unweit von unserem Tagungsort, zwischen dem heutigen Marx-Engels-Platz und der Spree, zwischen Molkenmarkt und Breite Straße wurden um 1200, in der Blütezeit des Feudalismus, von Kaufleuten und Handwerkern die Schwesterstädte Cölln und Berlin gegründet. Im Oktober 1237 wurde Berlin erstmals urkundlich erwähnt.

In der Folgezeit erlebte die Stadt Perioden des Aufstiegs, aber auch des Niedergangs, verbunden mit Kriegen, die um das Wohl und Wehe der Fürstentümer und ihre Herrschaft, zum Nachteil des Volkes geführt wurden.

Ungeachtet dessen nahm Berlin einen Aufschwung nicht nur wegen seiner günstigen Verkehrslage, sondern vor allem durch die Entwicklung der Industrie, die seit Beginn des 19. Jahrhunderts zum bestimmenden Element wurde.

Mit der bürgerlich-demokratischen Revolution 1848/1849 wurde die Stadt zum Schauplatz großer revolutionärer Kämpfe, in denen die junge Arbeiterklasse als Vorkämpferin für Demokratie und gesellschaftlichen Fortschritt auftrat. Doch die Reaktion, die das Volk niederschlug, war allzu leicht bereit, alles ihrem Drang nach Ausdehnung ihrer Macht und Eroberung fremder Gebiete unterzuordnen. Was sich bereits innerhalb des »Heiligen Römischen Reiches deutscher Nation« in den Kriegen um die Vorherrschaft zwischen Habsburgern und Hohenzollern abgezeichnet hatte, wurde nun unter den Bedingungen des Imperialismus bei der Neuaufteilung der Welt für die Völker zur blutigen Katastrophe.

Geschichtlich betrachtet, erwies sich die Zeit zwischen 1871 und 1914 als eine kurze Atempause vor dem ersten Weltkrieg. Er wurde bekanntlich vom deutschen Imperialismus nicht um des Vaterlandes willen geführt, wie man vorgab, sondern zur Expansion des deutschen Reiches nach Osten und Westen. Mutig erhoben die besten Kräfte der deutschen Arbeiterbewegung und unseres Volkes gerade hier in Berlin, wo Nationalismus und Chauvinismus wogten, ihr Haupt gegen diesen Krieg, riefen sie die Massen zum Kampf für Frieden, Demokratie und Sozialismus.

Zehn Millionen Tote hat der erste Weltkrieg gefordert. Im Kampf gegen seine Entfesselung und für seine Beendigung brachte die revolutionäre Arbeiterbewegung unter Führung von Spartakus unvergeßliche Opfer. Die Erhebung, die im November 1918, ein Jahr nach dem Sieg der Großen Sozialistischen Oktoberrevolution, ausbrach und deren Schauplatz Berlin in besonderem Maße war, wurde von den Herrschenden im Blute erstickt, um dem deutschen Volk, vor allem der Arbeiterklasse, den Weg zu einer sozialistischen Republik zu verlegen. Das alles war nur das Vorspiel zur späteren Niederschlagung der Arbeiterbewegung, die sich anschickte, das Tor in eine bessere Zukunft aufzustoßen, das durch die Weimarer Nationalversammlung verschlossen wurde.

Auf die Novemberrevolution von 1918 folgte eine Zeit, in der, wie es im Volksmund treffend hieß, der Kaiser ging, aber die Generale blieben. Was es bedeutete, daß die Generale blieben, zeigte sich nicht nur an der weiteren Entwicklung Berlins. Es wurde gerade auch deutlich an der Niederwerfung der Arbeiterregierungen 1923 in Thüringen und Sachsen. Auf Befehl des sozialdemokratischen Reichspräsidenten Ebert rückten dort die Reichswehr und die ihr verbündeten Freikorps ein, um diese freigewählten Regierungen zu stürzen.

Das Blutvergießen unter den Kämpfern der Novemberrevolution in den Straßen Berlins, die Ermordung von Karl Liebknecht und Rosa Luxemburg waren Vorboten jenes Weges, der zum Machtantritt des Faschismus im Jahre 1933 führte und auf dem das Hitlerregime seinen Raubzug durch Europa begann. Vorausschauend formulierte Ernst Thälmann: Wer Hitler wählt, wählt den Krieg.

So war die Geschichte Berlins stets mit dem Kampf zwischen Fortschritt und Reaktion, zwischen den Kräften des Friedens und denen des Krieges verbunden. Dieser Kampf fand seinen Höhepunkt in jener welthistorischen Entscheidung, die durch den Sieg der Antihitlerkoalition im zweiten Weltkrieg über den Faschismus, durch die Befreiung des deutschen Volkes von der braunen Barbarei gefällt wurde und an dem das Sowjetvolk den Hauptanteil hatte. Die mehr als 50 Millionen Toten, die der zweite Weltkrieg kostete, sind eine ewige Mahnung zum Frieden. Niemand hat das Recht, diese Mahnung beiseite zu schieben und die heute bestehenden Grenzen, die Grenzen des Friedens sind, in Zweifel zu ziehen. Bestimmte Hitzköpfe im Westen sollten auch nicht übersehen, daß zwischen Volkspolen und der Bundesrepublik Deutschland die Deutsche Demokratische Republik liegt, ein enger, jederzeit zuverlässiger Verbündeter Volkspolens. Das bevorstehende Treffen von USA-Kriegsveteranen in Torgau an der Elbe mit ihren Kameraden aus der Sowjetunion und Bürgern der Deutschen Demokratischen Republik möchten wir als ein Symbol dafür sehen, daß die Völker in Frieden leben wollen und in Frieden leben werden.

Befreit von der faschistischen Tyrannei, konnte unser Volk eine gewaltige historische Chance nutzen. Auf deutschem Boden wurde der erste sozialistische Staat der Arbeiter und Bauern, die Deutsche Demokratische Republik, errichtet. Als seine Hauptstadt entwickelt sich Berlin mit friedlichen, mit wahrhaft verheißungsvollen Perspektiven. In dieser Stadt sind alle progressiven Leistungen und Traditionen der Geschichte lebendig, die zum Fortschritt unseres Volkes und der Menschheit beitragen. Hier nimmt der Sozialismus als Gesellschaftsordnung der Freiheit und der Menschenwürde Gestalt an, steht friedliche Arbeit aller im Zeichen schöpferischer Anstrengungen zum Wohle des Volkes.

Berlin, von wo unter imperialistischer Herrschaft in diesem Jahrhundert zwei Weltkriege ausgingen, trägt heute den Ehrennamen »Stadt des Friedens«. Unter Führung der Arbeiterklasse und ihrer Partei, durch das Zusammenwirken aller mit ihnen verbündeten Kräfte wurde in 35 Jahren DDR mehr für ein besseres, sinnerfülltes Dasein der Bürger Berlins, für ihr hohes materielles und kulturelles Lebensniveau getan und erreicht als in Jahrhunderten früherer Stadtgeschichte. Nie zuvor wurde hier so viel produziert, gebaut und rekonstruiert wie in unserer Zeit, und nie zuvor geschah dies zu dem alleinigen Zweck, dem Wohle des Volkes zu dienen.

Erstmalig ist damit in der Geschichte dieser Stadt und in der Geschichte unseres Volkes der unheilvolle Kreislauf von Fortschritt und Reaktion durchbrochen, geschieht alles für das Volk, mit dem Volk und durch das Volk. Damit wurde jene grundlegende historische Wende vollzogen, die auch den 750. Jahrestag Berlins prägt. Diesen guten Weg setzen wir bei der Vorbereitung des XI. Parteitages der SED konsequent und zielstrebig fort.

Verehrte Anwesende!

Liebe Freunde und Genossen!

Von dieser Stelle aus seien alle, die sich Berlin nahe fühlen, aufgerufen, gemeinsam mit uns die 750-Jahr-Feier Berlins zu begehen. Möge die denkwürdige Wiederkehr seiner ersten urkundlichen Erwähnung, die wir 1987 im Kreise von Freunden aus aller Welt feiern, dem Frieden und der Völkerverständigung dienen. Mögen die Bürger unserer Hauptstadt und an ihrer Seite die Bauleute aus der ganzen Republik mit vorbildlichen Leistungen dazu beitragen, daß Berlin weiter so erblüht, wie wir es jetzt schon tagtäglich erleben. Möge das Jubiläum der Stadt dazu beitragen, den Sozialismus weiter zu stärken und damit den Frieden.

Erich Honecker: Reden und Aufsätze, Bd. 10,
Berlin 1986, S. 533–536.

Eine welthistorische Tat,
die auch das deutsche Volk befreite

Artikel in der »Einheit«
April 1985

Für immer ist dieses Ereignis mit ehernen Lettern in den Annalen der Weltgeschichte verzeichnet, und über die gewaltigen Veränderungen, die es bis zur Gegenwart im internationalen Leben ausgelöst hat, reicht sein Einfluß weit hinaus in die Zukunft. Der Sieg der Sowjetunion und der anderen Staaten der Antihitlerkoalition über den Faschismus rettete die Menschheit vor der Barbarei und befreite die Völker, darunter das deutsche Volk, von der Nazityrannei. So erfüllte sich zugleich, wofür Millionen Freiheitskämpfer verschiedenster Länder, unter ihnen die deutschen Antifaschisten, gestritten hatten. Der Weg, auf dem die braune Bestie schließlich in ihrer eigenen Höhle zur Strecke gebracht wurde, war schwer, opfervoll und heroisch. Sich seiner aus heutiger Sicht zu erinnern, ermöglicht es überhaupt erst, die Größe dessen, was am 8. Mai 1945 geschah, voll zu ermessen und die Aktualität seiner Lehren zu verstehen.

Mit dem Sieg über das Hitlerregime vollbrachte die Sowjetunion eine welthistorische Befreiungstat. An der entscheidenden Front des zweiten Weltkrieges kämpfend, in diesem Krieg die Hauptlast tragend, trieb sie den Aggressor dorthin zurück, von wo er mit seiner Mordbrennerei über Europa hergefallen war. 20 Millionen Söhne und Töchter der Sowjetunion gaben ihr Leben, damit die Völker vom faschistischen Joch befreit wurden und für sie eine Wende zum Guten eintrat. Mögen die Zeiten vergehen, das Andenken an die Helden des Großen Vaterländischen Krieges werden wir stets im Gedächtnis behalten und ehren.

Auch dem deutschen Volk boten Sieg und Befreiung die Chance, das eigene Dasein von Grund auf neu einzurichten, Imperialismus und Militarismus samt der Wurzel auszurotten, Chauvinismus und Völkerverhetzung zu beseitigen, mit der reaktionären Vergangenheit zu brechen und sich auf die Seite des Fortschritts zu stellen. Diese kostbare Chance haben wir bei uns genutzt. In Durchführung des Potsdamer Abkommens haben wir die antifaschistisch-demokratische Umwälzung vollzogen. Nach der Gründung der Bundesrepublik erfolgte die Gründung der Deutschen Demokratischen Republik, des ersten Staates der Arbeiter und Bauern auf deutschem Boden, von dessen erfolgreichem Aufstieg nunmehr schon über dreieinhalb Jahrzehnte Zeugnis ablegen. In Ausübung seines Selbstbestimmungsrechts hat sich unser Volk für den Sozialismus entschieden, gestaltet es unter Führung der SED die entwickelte sozialistische Gesellschaft, und diese Entscheidung ist unwiderruflich.

Sie paart sich mit dem tatkräftigen Willen zum Frieden. Der vom Hitlerfaschismus entfesselte zweite Weltkrieg hat 50 Millionen Menschenleben verschlungen, zahllosen Familien vieler Nationen schmerzlichstes Leid zugefügt, unermeßliche materielle und kulturelle Werte zerstört. Um so mehr betrachten wir es stets als das oberste Gebot unserer Politik, alles zu tun, damit es nie wieder zu einer solchen Kriegskatastrophe kommt und der Frieden dauerhaft gesichert wird. Dieses Bestreben ist für die Bürger unserer Republik zu einem bestimmenden Motiv ihres Denkens und Handelns, ihrer täglichen Arbeit zur Stärkung des sozialistischen Vaterlandes geworden. Guten Gewissens können wir 40 Jahre nach der Befreiung feststellen, daß die DDR ihre Verantwortung als ein Eckpfeiler des Friedens und des Sozialismus in Europa zuverlässig erfüllt.

Aufbruch zu neuen Ufern

Das Hitlerregime, das sich großmäulig einen tausendjährigen Bestand prophezeit hatte, war die reaktionärste und aggressivste Ausgeburt des deutschen Imperialismus und Militarismus. Im Drang nach Weltherrschaft, nach Rohstoffquellen, materiellen Ressourcen fremder Länder ging es, wie im Nürnberger Prozeß dokumentarisch nachgewiesen wurde, über Grenzen und über Leichen. Der gewaltsamen Einverleibung Österreichs und der Tschechoslowakei folgten der verbrecherische Überfall auf Polen und die Unterwerfung der meisten anderen Länder Europas. Schließlich begann die Naziclique mit der Verwirklichung ihres »Plans Barbarossa«, mit dem Angriff auf die Sowjetunion, einem Feldzug der verbrannten Erde ohnegleichen, der darauf abzielte, die Bastion des Sozialismus, den Vortrupp des Menschheitsfortschritts zu beseitigen. Gerade an der Macht und der Kraft des Sowjetlandes, dessen Volk sich unter Führung der KPdSU und Stalins in beispiellosem Heroismus wie ein Mann erhob, ist der deutsche Faschismus schmählich gescheitert. Die Rote Armee, gestützt auf die selbstlose Arbeit aller Werktätigen, schlug, ob vor Moskau, in Stalingrad, vor Leningrad oder im Kursker Bogen, jene Schlachten, die über den Ausgang des zweiten Weltkrieges entschieden. Ihren ruhmvollen Siegeszug krönte sie im Kampf um Berlin dadurch, daß sie das rote Banner auf der Kuppel des Reichstagsgebäudes hißte und das Hitlerregime zur bedingungslosen Kapitulation zwang.

Im gewaltigen Ringen zwischen Imperialismus und Sozialismus erwies sich der Sozialismus als überlegen und unüberwindbar. Er verkörpert den historischen Fortschritt, das Wohl und die Zukunft der Völker. Weder vermochte seinerzeit der Hitlerfaschismus das Rad der Geschichte zurückzudrehen, noch wird dies je irgendwem gelingen. Darin besteht eine der wichtigsten Lehren, die der Sieg der Sowjetunion im zweiten Weltkrieg vermittelt. Der Fortschritt der Menschheit bricht sich trotz aller Widerstände und Rückschläge Bahn.

Im Ergebnis des Sieges der Sowjetunion haben sich auf dem Erdball weitreichende Veränderungen vollzogen. Die Welt von heute ist nicht mehr die Welt von gestern. Gewandelt hat sich das internationale Kräfteverhältnis, wofür von größtem Gewicht war, daß sich der Sozialismus zum Weltsystem entwickelte. Die kommunistische und Arbeiterbewegung nahm einen bedeutenden Aufschwung. Von Mächten des kapitalistischen Profits unterdrückte und ausgepowerte Völker errangen ihre nationale und soziale Befreiung. Zusammengebrochen ist bis auf wenige Ausnahmen das schändliche Kolonialsystem des Imperialismus.

So verbindet sich mit dem 8. Mai 1945 ein Aufbruch zu neuen Ufern, der all das, was die Sowjetunion dafür geleistet hat, mit besonderer Klarheit ins Licht treten läßt. Ihr Sieg war der Triumph des Humanismus, der Freiheit und der Menschenwürde über die schlimmste Reaktion, die man seit dem Mittelalter kannte. Es erwies sich die Lebenskraft der weltverändernden Ideen, die Karl Marx, Friedrich Engels und Wladimir Iljitsch Lenin begründet haben, der Ideen des Sozialismus. Daraus entspringt eine tiefe Ermutigung für alle jene, die eine Zukunft der Menschheit in Frieden und in friedlicher Arbeit erstreben, deren Früchte den Völkern, die sie hervorbringen, selbst zugute kommen.

Gegen den Faschismus hatte die Antihitlerkoalition gekämpft, zugleich hatten sich in vielen Ländern Kräfte verschiedenster Herkunft, politischer Standorte und weltanschaulicher Überzeugungen zusammengefunden, die dasselbe Hauptziel verfolgten – die Vernichtung der braunen Pest. Eine solche Gemeinsamkeit des Handelns, eine solche Breite ganzer Volksbewegungen hatte es vorher nicht gegeben. In dieser Front kämpften von Anfang an deutsche Antifaschisten und schrieben mit ihrer Entschlossenheit und Unbeugsamkeit ein unvergessenes, ehrenvolles Kapitel der Geschichte des Widerstandes, unter ihnen die deutschen Kommunisten, ob in der Illegalität, in Zuchthäusern und Konzentrationslagern, den Interbrigaden oder im Exil.

Die ersten Opfer der braunen Horden waren nach dem Machtantritt Hitlers im Januar 1933 die Kommunisten und Sozialdemokraten. Zum Symbol des Mutes und des Widerstandswillens wurde Ernst Thälmann. Er hatte gewarnt: Wer Hitler wählt, wählt den Krieg, und er hatte später hinter Zuchthausmauern vorausgesagt, was sich dann vollauf bewahrheitete: Stalin bricht Hitler das Genick! Vom Beispiel seiner Standhaftigkeit ließen sich die deutschen Kommunisten leiten, die im Lande selbst den Kampf auch unter schwierigsten Bedingungen fortsetzten. Sie kämpften gemeinsam mit Sozialdemokraten, Gewerkschaftern, Christen, bürgerlichen Demokraten und patriotischen Offizieren, um die Pläne des Hitlerfaschismus zu durchkreuzen. Im Sinne der erstrebten Aktionseinheit aller deutschen Hitlergegner wurden später, im Jahre 1943, auch das Nationalkomitee »Freies Deutschland« und der Bund deutscher Offiziere gegründet. Die Bewegung entwickelte in der Sowjetunion, im »Dritten Reich« und in anderen Ländern eine große Aktivität. Viele kämpften in den Reihen der Roten Armee, in der französischen Résistance, in den Volksarmeen Griechenlands und Jugoslawiens, beim Volksaufstand in der Slowakei, in Polen, Dänemark und zahlreichen anderen Ländern.

Nachdem der Tag des Sieges und der Befreiung gekommen war, bewegte die Menschen inmitten der Ruinen des zweiten Weltkrieges, im materiellen und geistigen Chaos, das der Faschismus hinterlassen hatte, vor allem die Frage, wie es weitergehen solle. Die Antwort gab das Zentralkomitee der KPD mit seinem Aufruf vom 11. Juni 1945, der den Weg zum Aufbau eines neuen Lebens, eines anderen Deutschland wies. Diesen Weg harter Arbeit und tiefgreifender gesellschaftlicher Veränderungen konnten wir erfolgreich beschreiten, weil 1946 in Gestalt der Sozialistischen Einheitspartei Deutschlands die revolutionäre Einheit der Arbeiterklasse geschaffen wurde. Unter ihrer Führung entwickelte sich das feste Bündnis der antifaschistisch-demokratischen Kräfte, das auch diejenigen anzog, die am Ende des Krieges ohne Hoffnung auf eine bessere Zukunft waren.

Das beste Beispiel dafür ist die Gewinnung der Jugend für unsere Ideen. Am 7. Juli 1945 schrieb ich im Zentralorgan der KPD, »Deutsche Volkszeitung«, zur Tätigkeit der antifaschistischen Jugendausschüsse und der von ihnen geschaffenen Jugendgruppen: »Dort sind junge Christen, Sozialisten, Demokraten und Kommunisten mit den Jugendlichen zur gemeinsamen Arbeit vereint, die ehrlich mit dem Ungeist der HJ gebrochen haben und sich in die Reihen der antifaschistischen Front stellten. ... Laßt uns alle die

Hände vereinigen zum Schwur, laßt unser Herz schlagen, unsere Arme und unseren Geist regen für das eine: Für den Aufbau und die Erneuerung unseres Lebens und damit für die Erneuerung und Rettung unseres ganzen Volkes.« Kraftvoll demonstrierten beim Deutschlandtreffen zu Pfingsten 1950 in Berlin 700 000 Mädchen und Jungen aus der DDR und 30 000 junge Menschen aus der BRD ihr Vertrauen zur DDR und ihren festen Willen, für den Frieden zu kämpfen. Sie bekannten sich zum Aufbau eines neuen, des sozialistischen Deutschland in Gestalt unserer Republik.

40 Jahre nach dem Neubeginn ist die DDR ein politisch stabiler, aufstrebender sozialistischer Staat mit hoher wirtschaftlicher Leistungsfähigkeit, dessen Bürger ein beträchtliches materielles und kulturelles Lebensniveau erarbeitet haben. Brüderlich mit der Sowjetunion und den anderen Ländern unserer Gemeinschaft verbunden, bewährt sich unsere Republik als eine wahre Heimstatt des werktätigen Volkes, in der das Wohl der Menschen über allem steht. Sie nimmt ihren gleichberechtigten Platz in der internationalen Arena ein, ist Mitglied der UNO sowie ihrer Spezialorganisationen; 132 Staaten unterhalten diplomatische Beziehungen zu ihr.

Der XI. Parteitag der SED, den die Werktätigen allerorts tatkräftig vorbereiten, wird die Perspektive bei der weiteren Gestaltung der entwickelten sozialistischen Gesellschaft vorzeichnen. Zu Recht kann man mit den Worten unserer Nationalhymne sagen: Auferstanden aus Ruinen und der Zukunft zugewandt. Die Grundlagen dieses großen Aufbauwerkes wurden geschaffen, als wir vor vier Jahrzehnten mit der demokratischen Bodenreform, der Schulreform und der Überführung der Betriebe von Nazis und Kriegsverbrechern in Volkseigentum die Lehren aus der Geschichte zogen und die ersten Schritte zu neuen gesellschaftlichen Verhältnissen taten. So rotteten wir die Wurzeln des Krieges aus und schufen wichtige soziale Voraussetzungen dafür, daß von deutschem Boden, vom Boden der DDR, niemals mehr ein Krieg ausgeht. Die Bildung demokratischer Verwaltungs- und Sicherheitsorgane, einer antifaschistischen Justiz setzte den gesellschaftlichen Umbruch fort.

Auf diesen Fundamenten konnte am 7. Oktober 1949 der erste deutsche Arbeiter-und-Bauern-Staat entstehen. Was seinerzeit noch wie eine kühne Verheißung klang, hat die politische Entwicklung längst bestätigt. Die Gründung der Deutschen Demokratischen Republik war ein Wendepunkt in der deutschen Geschichte und der Geschichte Europas. In einem einheitlichen revolutionären Prozeß wurden die antifaschistisch-demokratische Umwälzung und der Übergang zur sozialistischen Revolution vollzogen.

Von Anfang an handelte unser Staat im engen Bündnis mit der Sowjetunion, was ihm Sicherheit gab und half, seine inneren Aufgaben im Interesse des Volkes zu lösen. Mit jedem Schritt beim sozialistischen Aufbau vertiefte sich dieses Zusammenwirken. Heute nimmt konkrete Gestalt an, was im langfristigen Programm der Zusammenarbeit von DDR und UdSSR in Wissenschaft, Technik und Produktion für die Zeit bis zum Jahre 2000 vereinbart wurde. Das Netz der gesellschaftlichen und persönlichen Bindungen zwischen unseren Ländern, der menschlichen Freundschaften verdichtet sich dabei immer mehr. Man kann unsere Beziehungen als einen anschaulichen Beweis dafür bezeichnen, wie sehr die gute Zusammenarbeit sozialistischer Staaten und die brüderlichen Beziehungen zwischen ihren Völkern dem gesellschaftlichen Fortschritt im eigenen Lande zugute kommen.

In der Entwicklung der DDR, die sich in harten Klassenauseinandersetzungen zwischen Sozialismus und Imperialismus vollzog, traten die Vorzüge der sozialistischen Gesellschaft immer deutlicher zutage. Seit den siebziger Jahren, also seit unser Land voll und ganz im Zeichen der weiteren Gestaltung der entwickelten sozialistischen Gesellschaft steht, gilt das um so mehr. Die Feststellung Lenins, daß letzten Endes die höhere Arbeitsproduktivität über den Sieg der neuen Gesellschaftsordnung entscheidet,[1] hat unter den Bedingungen der Auseinandersetzung zwischen Sozialismus und Kapitalismus in unserer Zeit noch an Aktualität gewonnen. Bei allem, was auf diesem Feld zu tun bleibt, zeigt die sozialistische Planwirtschaft, organisiert auf der Grundlage des Volkseigentums an den Produktionsmitteln, überzeugend die ihr innewohnenden Möglichkeiten.

Ökonomie –
Hauptfeld unseres Kampfes

1985 wird unsere Industrieproduktion im Vergleich zu 1946 rund das 30fache betragen, wobei sie sich, gemessen an 1970, noch einmal verdoppelt haben wird. Betrug die installierte Kraftwerksleistung 1946 rund 2 300 Megawatt, so werden es 1985 22 306 Megawatt sein. Auch auf anderen Gebieten ist der Vergleich der jährlichen Produktion eindrucksvoll: 108,4 Millionen Tonnen Rohbraunkohle am Anfang, 40 Jahre später wird, unter Berücksichtigung der abgegebenen Verpflichtungen, die 300-Millionen-Tonnen-Grenze überschritten. 1946 wurden 0,153 Millionen Tonnen Rohstahl erzeugt, 1985 werden es 7,878 Millionen Tonnen sein. Bei PKW waren es 1 449, jetzt sind es 209 000. In diesen Jahrzehnten vollzog sich nicht nur ein mengenmäßiges Wachstum, sondern wandelten tiefgreifende Veränderun-

---

1 Siehe W. I. Lenin: Die große Initiative. In: Werke, Bd. 29, S. 416.

gen die ökonomische Struktur. Am Anfang stand die Erweiterung der metallurgischen Basis unseres Landes, verbunden mit dem Aufbau des Stahl- und Walzwerkes Brandenburg, dem Ausbau der Maxhütte und der Errichtung des Eisenhüttenkombinates Ost, um nur einiges zu nennen. Eine eigene Werftindustrie der DDR entstand. Systematisch wurden die energetischen Grundlagen unserer Wirtschaft entwickelt. Von Schwarze Pumpe über Trattendorf, Berzdorf, Lübbenau, Vetschau und Boxberg reicht die Reihe der Kraftwerke bis hin zu den ersten Zeugen friedlicher Nutzung der Atomkraft.

Immer mehr verband sich in den letzten Jahren der Strukturwandel unserer Volkswirtschaft mit den Hauptrichtungen des wissenschaftlich-technischen Fortschritts. Elektrotechnik/Elektronik und Gerätebau werden 1985, verglichen mit 1946, die 163fache Produktion erreichen. Die chemische Industrie erzielt den 37fachen, der Maschinen- und Fahrzeugbau den 64fachen Ausstoß. Die zukunftsträchtigen Technologien wie Mikroelektronik, Robotertechnik und elektronische Datenverarbeitung heben sich durch ein noch schnelleres Wachstum ab.

Unter den verschiedensten internationalen Gegebenheiten, in allen Abschnitten der gesellschaftlichen Entwicklung wurde das notwendige dynamische Wachstum gesichert, um das materielle und kulturelle Lebensniveau der Werktätigen zu erhöhen, den Sozialismus in unserem Lande ständig zu stärken und zuverlässig zu schützen. Bekanntlich waren in den ersten Jahrzehnten extensive Faktoren maßgeblich am wirtschaftlichen Wachstum der DDR beteiligt. Jetzt vollzieht sich eine Wende. Sie besteht darin, daß die intensiv erweiterte Reproduktion das wirtschaftliche Wachstum bereits in hohem Maße bestimmt.

Der Hauptfaktor ist, daß produktiver gearbeitet wird. Während sich die Anzahl der Beschäftigten von 6,8 Millionen in den produzierenden Bereichen der Volkswirtschaft im Jahre 1980 nur unerheblich auf 6,9 Millionen im Jahre 1984 erhöhte, stieg in der gleichen Zeit das Nationaleinkommen von 187 Milliarden auf 222 Milliarden Mark.

Entscheidend dabei ist, daß die Senkung des Produktionsverbrauchs zu einem ins Gewicht fallenden Faktor für das Wachstum des Nationaleinkommens wurde. Im vergangenen Jahr resultierten 40 Prozent des Wachstums des Nationaleinkommens aus der Senkung des Produktionsverbrauchs. Möglich war dies, weil in den letzten vier Jahren der spezifische Verbrauch volkswirtschaftlich wichtiger Energieträger, Roh- und Werkstoffe durchschnittlich jährlich um 6 Prozent verringert werden konnte. Das zeugt von qualitativen Veränderungen in unserer Volkswirtschaft, hervorgerufen durch die Bildung und Entwicklung ihrer modernen Organisation, der Kombinate, die vor allem davon getragen sind, die Produktion ständig zu erneuern und moderne Technologien auf dem Wege der Rationalisierung bis hin zu flexiblen automatisierten Fertigungsabschnitten, einschließlich der automatisierten Konstruktions- und Produktionssteuerung, einzuführen. 1984 wurden 23,8 Prozent der Produktion im Bereich der Industrieministerien erneuert, und wir steuern als Ziel im Durchschnitt eine Erneuerungsrate von 30 Prozent an. Es ist erfreulich, daß eine große Zahl von Kombinaten diesen hohen Maßstäben bereits gerecht wird. Auf dem Wege der Veredlung, insbesondere unserer einheimischen Rohstoffe, entstehen so mehr Erzeugnisse mit höherem Gebrauchswert und höherem ökonomischem Ergebnis.

Hervorzuheben ist, daß in der Technologie und bei den Erzeugnissen konsequent und mit Erfolg die Mikroelektronik angewandt wird. Sie nimmt in unserer Volkswirtschaft eine Schlüsselstellung ein. Die DDR gehört zu den wenigen Industrieländern der Welt, die technologische Ausrüstungen für die Produktion mikroelektronischer Bauelemente auf modernem Stand herstellen und ausgewählte Typen von Schaltkreisen produzieren. Gleichzeitig erweist sich, daß die exakte Einhaltung der technologischen Disziplin und der Ordnung im Produktionsprozeß für hohe ökonomische Ergebnisse außerordentlich bedeutsam ist.

Der Weg der Intensivierung wird durch die Senkung der Selbstkosten der Produktion gekennzeichnet. 1984 erreichten wir im Bereich der Industrieministerien mit 2,3 Prozent die bisher höchste Selbstkostensenkung. Zugleich werden wachsende Anstrengungen unternommen, um die zeitliche Auslastung wichtiger Produktionsausrüstungen zu erhöhen. Sie betrug in der Industrie 1984 im Durchschnitt täglich 16,2 Stunden gegenüber 15,6 Stunden im Jahre 1983.

Auch künftig werden wir diesen Weg umfassender Intensivierung mit aller Konsequenz weiter beschreiten, weil nur so jenes hohe Wachstum gewährleistet werden kann, das für die Verwirklichung unserer großen sozialpolitischen Ziele, für die Stärkung des Sozialismus und den Schutz seiner Errungenschaften erforderlich ist. Dafür besitzt die Volkswirtschaft der DDR auf der Grundlage des Erreichten und der neuen Initiativen in Vorbereitung des XI. Parteitages, wie dies in den Verpflichtungen der Generaldirektoren der Kombinate und der Parteiorganisatoren des Zentralkomitees zur Überbietung der Ziele des Volkswirtschaftsplanes 1985 zum Ausdruck kommt, gute Voraussetzungen.

Auch in kapitalistischen Staaten gibt es keine geringen Resultate bei der Entwicklung der Produktivkräfte, ständig zeigt sich aber deutlicher, wie das dort mit erneuter Massenarbeitslosigkeit, sozialer Unsicherheit, Obdachlosigkeit und Armut für viele Werktätige einhergeht. Der Kapitalismus erweist sich als unfähig, die Errungenschaften der Wissenschaft zum Wohle der Menschen zu nutzen.

Im Sozialismus festigen die Einführung moderner Technologien, die sozialistische Rationalisierung und Automatisierung die soziale Sicherheit. Sie kommen der Verbesserung der Arbeits- und Lebensbedingungen zugute. Das Recht auf Arbeit, Bildung und gesundheitliche Betreuung, vielseitige Unterstützungen für die Familie und vor allem die Kinder gehören schon lange zum Alltag der DDR und werden auf immer höherer Stufe verwirklicht. Stetig steigen die Reallöhne. Was menschliches Schöpfertum an neuen Erkenntnissen hervorbringt, wird in den Dienst der Gemeinschaft und des einzelnen gestellt. So lohnt es sich für jeden, gut zu arbeiten.

Von Beginn der siebziger Jahre an, da unsere Partei den Kurs der Hauptaufgabe in der Einheit von Wirtschafts- und Sozialpolitik einleitete, verbreitete sich diese Erfahrung rasch. Seit 1949, um nur ein Beispiel zu nennen, wurden in unserem Lande 3,7 Millionen Wohnungen neugebaut oder modernisiert, wobei die Aufgaben für 1985 berücksichtigt sind. 2,4 Millionen Wohnungen entstanden allein seit dem VIII. Parteitag der SED. Darauf aufbauend, wird bis zum Jahre 1990 noch über 1 Million Wohnungen hinzukommen. Das gute soziale Klima, sein enger Zusammenhang mit Effektivität und persönlichem Engagement hat in starkem Maße zu der hohen Leistungsbereitschaft beigetragen, von der die Volksbewegung zur Vorbereitung des XI. Parteitages einen neuen, überzeugenden Beweis gibt.

Die führende Rolle der Arbeiterklasse ermöglicht es den mit ihr verbündeten Klassen und Schichten der Werktätigen, ihren eigenen schöpferischen Beitrag zur weiteren Gestaltung der entwickelten sozialistischen Gesellschaft zu leisten. Mehrere Generationen haben nun schon Anteil an diesem Werk. Menschen mit verschiedenen weltanschaulichen Positionen wirken gemeinsam für ihr sozialistisches Vaterland, wo sie die gleichen Rechte besitzen und ihre staatsbürgerlichen Pflichten erfüllen. Gerade auch dank der Bündnispolitik unserer Partei war es möglich, die Probleme der sozialistischen Entwicklung in unserem Lande zu lösen und dabei die politisch-moralische Einheit des Volkes zu vertiefen. In den engen und schöpferischen Beziehungen der im Demokratischen Block und in der Nationalen Front zusammenwirkenden Parteien, der SED, der DBD, der CDU, der LDPD und der NDPD, der Massenorganisationen, wie des FDGB, der FDJ, des DFD, und vieler Parteiloser tritt das anschaulich zutage. Das Vertrauen, das die Werktätigen in die Politik unserer Partei und Regierung setzen, ist Ausdruck der Sieghaftigkeit der Lehren von Marx, Engels und Lenin, der engen Beziehungen zwischen unserer Partei und den Massen. Sie gilt es, durch eine vorbildliche, feinfühlige Arbeit weiterhin zu festigen.

Auch künftig bildet die Ökonomie das Feld, auf dem die wichtigsten

Entscheidungen für die Realisierung der Gesellschaftspolitik unserer Partei fallen. Dabei wird die Wechselwirkung von Wirtschaft und Wissenschaft, Bildung und Kultur sowie allen Bereichen des Lebens immer enger, wie es im Programm der SED vorgezeichnet ist. Der Mensch mit seinen Interessen und schöpferischen Möglichkeiten, die Entfaltung seiner Persönlichkeit ist und bleibt dabei für uns das Maß der Dinge.

Frieden, Frieden und nochmals Frieden

40 Jahre nach dem Sieg über den Hitlerfaschismus und der Befreiung sind auf dem europäischen Kontinent vier Jahrzehnte des Friedens gewesen, obwohl es nicht an brisanten Situationen gefehlt hat. Wenn dieser Frieden, das kostbarste Gut der Völker, bewahrt werden konnte, dann vor allem deswegen, weil die Macht und das Potential der Sowjetunion und der sozialistischen Gemeinschaft ständig erstarkten, ihr Einfluß auf das internationale Geschehen zunahm. Heute, da die Fragen von Krieg und Frieden in die nukleare Dimension gerückt sind und die Gefahr einer Selbstvernichtung der Menschheit besteht, kann keine Aufgabe wichtiger sein, als den Frieden zu sichern. Die Welt ist buchstäblich an einem Scheideweg angelangt. Um ihr Abgleiten in ein nukleares Inferno zu verhindern und friedliche Perspektiven für sie zu gewährleisten, muß alles getan werden, was nur immer möglich ist. Mehr denn je kommt es darauf an, gegen den Krieg zu kämpfen, bevor Waffen von unvorstellbarer Zerstörungskraft sprechen und die menschliche Zivilisation auslöschen.

Das ist die Lehre des zweiten Weltkrieges, das Vermächtnis der Antifaschisten. Es gilt, alle Kräfte des Friedens zusammenzuführen, eine Koalition der Vernunft und des Realismus zu schaffen. Da über Sein oder Nichtsein der Menschheit entschieden wird, dürfen keinerlei Differenzen ein Hindernis für gemeinsames Handeln, für einen politischen Dialog sein, der jene stärkt, die in der Gewährleistung des Friedens zu Recht die einzige Alternative zu Konfrontation und Hochrüstung, zur Gefahr eines neuen Weltkrieges sehen. Die Antihitlerkoalition war ein Beispiel, wie Staaten trotz unterschiedlicher Gesellschaftssysteme, weltanschaulicher und politischer Positionen gemeinsam wirken können, um ein übergreifendes Grundinteresse zu verwirklichen, eben die Zerschlagung des Faschismus. Angesichts der Gefahr eines Nuklearkrieges, in dem es weder Sieger noch Besiegte geben und nach dem es unmöglich sein würde, die Auseinandersetzung über gegensätzliche Vorstellungen von der Weltentwicklung auszutragen, ist es am Platze, um so nachhaltiger daran zu erinnern.

Von geradezu geschichtlicher Bedeutung in diesem Kampf ist das Gewicht der Sowjetunion und ihrer führenden Kraft, der KPdSU, ist ihr initiativreiches Eintreten für Rüstungsbegrenzung und Abrüstung. In seiner Rede auf dem Roten Platz, anläßlich des Trauermeetings für Konstantin Tschernenko, hat der Generalsekretär des Zentralkomitees der KPdSU, Michail Gorbatschow, erklärt, daß Partei und Staat ihre Anstrengungen zur Einstellung des Wettrüstens und zur Beseitigung der Gefahr einer weltweiten nuklearen Katastrophe auch weiterhin verstärken und alles tun werden, um den Frieden zu erhalten. Das Recht auf Leben in Frieden und Freiheit, so stellte er fest, ist das wichtigste Menschenrecht. Die Sowjetunion bekräftigte erneut ihre Bereitschaft, gutnachbarliche Beziehungen zu allen Ländern entsprechend den Prinzipien der friedlichen Koexistenz und auf der Grundlage der Gleichberechtigung und gegenseitig vorteilhaften Zusammenarbeit zu unterhalten. Voll und ganz teilen wir den Standpunkt der UdSSR, daß man mit neuen Schritten in diese Richtung den 40. Jahrestag des Sieges und der Befreiung würdig begehen könnte.

Der Drang der aggressivsten imperialistischen Kreise der USA, Weltherrschaft zu erreichen, ihr Kurs der Konfrontation und der Hochrüstung, der Verwandlung westeuropäischer Staaten der NATO, insbesondere der Bundesrepublik Deutschland, in eine Abschußrampe für amerikanische Erstschlagwaffen haben die internationale Lage erheblich verschlechtert und die Kriegsgefahr erhöht. Erneut wurde das Wettrüsten beschleunigt. Mit ihrem ebenso abenteuerlichen wie aussichtslosen Vorhaben, militärstrategische Überlegenheit über den Sozialismus herzustellen, versuchen die Kriegsvorbereiter auf die bisher massivste Weise, die Ergebnisse des zweiten Weltkrieges und der Nachkriegsentwicklung rückgängig zu machen. Sie bedrohen so auch die nationale und soziale Befreiungsbewegung, sei es in Afrika, in Asien oder in der mittelamerikanischen Region.

Doch 1985 sollte erst recht klar sein, daß die Geschichte ihr Urteil gefällt hat und eine Revision dieses Urteils von niemandem bewerkstelligt werden kann. Dazu gehört, daß das »Deutsche Reich« in den Flammen des zweiten Weltkrieges für immer untergegangen ist und auf deutschem Boden zwei souveräne, voneinander unabhängige Staaten entstanden sind, die Deutsche Demokratische Republik und die Bundesrepublik Deutschland. Sie verkörpern die verschiedenen Gesellschaftsordnungen des Sozialismus und des Kapitalismus, gehören unterschiedlichen Bündnissystemen, dem Warschauer Vertrag und der NATO, an. Daß es so ist, und daß es wegen seiner Bedeutung für das internationale Kräftegleichgewicht, für die Stabilität in Europa so bleiben muß, wird heute selbst von Politikern betont, die man keineswegs als Freunde des Sozialismus bezeichnen kann. Fundament für die Festigung der Beziehungen zwischen der DDR und der BRD, auch das steht fest, können nur die Prinzipien der friedlichen Koexistenz, die abgeschlossenen Verträge sein. Wer einem »Fortbestand des Deutschen Reiches in den Grenzen von 1937« das Wort redet und Revanchismus predigt, wird von uns auch künftig jederzeit die notwendige Antwort erhalten, wie die Gründung, Entwicklung und Politik der DDR schon seit Anbeginn eine entscheidende Niederlage für die Revanchisten waren.

In der gemeinsamen Mitteilung über mein Treffen mit Bundeskanzler Kohl am 12. März 1985 in Moskau wird festgestellt, daß die Unverletzlichkeit der Grenzen und die Achtung der territorialen Integrität und der Souveränität aller Staaten in Europa in ihren gegenwärtigen Grenzen eine grundlegende Bedingung für den Frieden sind. Von deutschem Boden darf nie wieder Krieg, von deutschem Boden muß Frieden ausgehen. Es ist zu hoffen, daß diese eindeutige Erklärung, die den Sicherheitsinteressen sowohl der DDR als auch der BRD dient, sich in Zukunft positiv auf die Entwicklung einer friedlichen Zusammenarbeit in Europa auswirken wird. Wie die DDR ganz in diesem Sinne durch ihre konstruktiven Aktivitäten einen international weithin anerkannten Beitrag zur Friedenssicherung leistet, so hat auch die BRD eine historisch zutiefst begründete Pflicht, das Ihre zu tun. Dem direkt entgegengesetzt ist die Stationierung der Pershing II und Cruise Missiles auf dem Territorium der BRD, die unter Mißachtung des erklärten Willens von mehr als 70 Prozent der Bundesbürger erfolgt. Dadurch wird die Kriegsgefahr vergrößert, während es heute kein dringenderes Gebot gibt, als sie zu verringern und zu bannen.

Frieden, Frieden und nochmals Frieden ist der sehnlichste Wunsch, das grundlegende Interesse aller Völker. Davon sind all die vielfältigen, konstruktiven Schritte bestimmt, die von der Sowjetunion, der DDR und den anderen Staaten der sozialistischen Gemeinschaft gerade in der jüngsten Vergangenheit unternommen wurden, um vor allem eine Lösung des Abrüstungsproblems zu erzielen. Von selbst versteht sich, daß dies nur entsprechend dem Grundsatz der Gleichheit und der gleichen Sicherheit vonstatten gehen kann. Vier Jahrzehnte hat das militärstrategische Gleichgewicht gewährleistet, daß die Völker Europas ohne Krieg leben. Zu keiner Zeit werden die Staaten des Warschauer Vertrages seine Veränderung zulassen, wobei auch wir den Standpunkt vertreten, daß eine immer niedrigere Ebene der Waffen erreicht werden muß.

Die in Genf aufgenommenen neuen Verhandlungen zwischen der Sowjetunion und den USA über den gesamten Fragenkomplex der Weltraum- und Nuklearwaffen werden von der DDR begrüßt. Sie stimmen alle, die die Situation realistisch beurteilen, hoffnungsvoll. Als positive Resultate erwarten wir konkrete Maßnahmen zur Rüstungsbegrenzung und Abrüstung, die vor allem die Verwandlung des Weltraums in einen Vorhof der atomaren

Hölle verhindern, das Wettrüsten auf der Erde beenden und dem Hauptziel näherbringen, die Kernwaffen überhaupt abzuschaffen. Was die Sowjetunion angeht, so hat sie sich bekanntlich zu radikalsten Lösungen bereit erklärt, wenn damit die Rüstungsspirale gestoppt und eine Militarisierung des Weltraums ausgeschlossen wird.

Die Friedenssicherung ist eine Lebensnotwendigkeit, und sie ist möglich. Nicht nur die Kriegsgefahr hat sich vergrößert, sondern auch die Kräfte haben an Stärke gewonnen, die ihr entgegentreten und die sie zu beseitigen vermögen. Nicht zuletzt kommt dies im Anwachsen der weltumspannenden Friedensbewegung zum Ausdruck, in deren Reihen unsere DDR und ihre Bürger als zuverlässige Mitstreiter stehen. Mehr Waffen bringen nicht mehr Sicherheit. Daraus leitet sich logisch ab, daß der verhängnisvolle Keislauf durchbrochen werden muß, in dem die Entwicklung immer neuer Massenvernichtungsmittel auf der einen Seite entsprechende Maßnahmen auf der anderen nach sich zieht. Die Abrüstung, die den Frieden dauerhaft stabilisieren und gewaltige Mittel freisetzen würde, wäre für alle Völker ein unermeßlicher Gewinn.

Zum 40. Jahrestag der Befreiung gehen die Gedanken zurück in die Geschichte, wenden sie sich, um wichtige Erfahrungen und Erkenntnisse bereichert, desto engagierter der Gegenwart und Zukunft zu. Die Werktätigen unseres Landes drücken dies durch ihre Taten für das weitere Gedeihen unserer DDR aus, mit denen sie den XI. Parteitag der SED im kommenden Jahr vorbereiten. Je stärker der Sozialismus, um so sicherer der Frieden. Das galt schon bisher, es gilt heute erst recht. Durch hohe Leistungen und fleißige Arbeit in Volkswirtschaft, Wissenschaft und Kultur, bei der Landesverteidigung, in den verschiedensten Bereichen unserer Gesellschaft daran mitzuwirken, daß das Wohl des Volkes gemehrt wird und unser Staat seine internationalistische Verantwortung erfüllt, bereitet dem einzelnen wie uns allen eine tiefe, unersetzliche Genugtuung.

Erich Honecker: Reden und Aufsätze, Bd. 10,
Berlin 1986, S. 564–575.

Die DDR verkörpert die Ideale des antifaschistischen Kampfes

Rede auf der Großkundgebung in Brandenburg
anläßlich des 40. Jahrestages
der Befreiung der antifaschistischen Widerstandskämpfer
aus dem Zuchthaus Brandenburg-Görden
durch die Sowjetarmee
27. April 1985

Liebe Bürger von Brandenburg und Umgebung!
Liebe Kameraden des antifaschistischen Widerstandes!
Liebe Freunde und Genossen!
Vor 40 Jahren schlug für die Antifaschisten aus 19 Ländern Europas, die das Naziregime hier, im Zuchthaus Brandenburg-Görden, eingekerkert hatte, die Stunde der Freiheit. Es war ein erhebender Augenblick, als der erste Panzer der Roten Armee vor das Tor des Zuchthauses rollte. Er und die mit ihm anrückenden Rotarmisten der Vorausabteilungen waren ein Symbol des nahen Sieges der Sowjetunion und ihrer Verbündeten in der Antihitlerkoalition über den Faschismus.

Wir wissen, daß die Stunde der Befreiung, die Stunde der Zerschlagung des Hitlerfaschismus nicht für alle willkommen war. Das ist, wie die Diskussion um den 8. Mai und die SS-Treffen in der Bundesrepublik Deutschland unterstreichen, auch heute noch nicht überall der Fall. Ewig bleibt jedoch im Gedächtnis der Völker haften, daß der Sieg der Roten Armee und der mit ihr verbündeten Armeen in der Antihitlerkoalition die Menschheit vor der Barbarei gerettet hat. Er brachte auch dem deutschen Volk die Befreiung.

Für die Zerschlagung der Nazityrannei, für eine Zukunft in Frieden, Freiheit und Menschenwürde hatten Kommunisten, Sozialdemokraten, Christen, Menschen verschiedenster Herkunft und Bekenntnisse gemeinsam gekämpft. Viele von ihnen waren in der Blüte ihrer Jahre gefoltert, erschlagen und hingerichtet worden.

In Ehrfurcht gedenken wir der mehr als 2000 aufrechten Antifaschisten, die im Zuchthaus Brandenburg-Görden unter dem Fallbeil der faschistischen Henker ihr Leben opferten. Für alle Zeiten unvergessen bleiben die von den Nazischergen hingerichteten Kommunisten Anton Saefkow, Theodor Neubauer, Robert Uhrig, Werner Seelenbinder, Willi Sänger und Bernhard Bästlein. Wir gedenken solcher mutiger Antifaschisten wie des Sozialdemokraten und früheren Vorsitzenden des Freidenkerverbandes Max Sievers, solcher aufrechter Geistlicher wie Dr. Max Josef Metzger und Dr. Alfons Wachsmann, die mit anderen katholischen Pfarrern enthauptet wurden. Wir gedenken der heldenhaften Kämpfer der Sowjetarmee, die hier ermordet wurden, der Menschen aus vielen Ländern Europas, die in Brandenburg-Görden hingerichtet wurden.

Wir werden ihr Andenken stets hoch in Ehren halten und ihr Opfer als Verpflichtung verstehen. Heute wie damals lautet der Schwur: Nie wieder Faschismus, nie wieder Krieg! Wir werden auch künftig alles tun, damit der Frieden für uns, für unsere Kinder und Kindeskinder bewahrt bleibt, damit der Sozialismus zum Wohle der Menschen blüht und gedeiht.

Der Sieg über den Hitlerfaschismus war von welthistorischer Größe. Für ihn vollbrachte die Sowjetunion unter Führung der KPdSU mit beispiellosem Heldentum ihrer Söhne und Töchter im Waffenrock der Roten Armee die gewaltigste Leistung. An der entscheidenden Front des zweiten Weltkrieges warf sie den Aggressor, der ganz Europa mit Mord und Brand überzogen hatte, immer weiter zurück und besiegelte seinen schmählichen Untergang.

20 Millionen Angehörige des Sowjetvolkes fanden den Tod. Mit Ehrfurcht verneigen wir uns vor ihrem Andenken. Unser Gedenken gilt zugleich ihren Mitkämpfern in der Antihitlerkoalition aus Polen, Jugoslawien, Griechenland, Italien, den USA, England, Frankreich, Dänemark und Norwegen, die an den verschiedensten Fronten ihr Leben für die Befreiung von der braunen Pest gaben.

Wenn Herr Dregger, derzeit Chef der CDU/CSU-Bundestagsfraktion, glaubt, den 53 USA-Senatoren Vorwürfe machen zu müssen, weil sie nach wie vor die SS, wie im Nürnberger Prozeß festgestellt, als eine verbrecherische Organisation ansehen, dann zeigt er damit nur, in welche Richtung er die Bundesrepublik Deutschland drängen möchte. Wir, die wir aktiv in den Reihen des deutschen und internationalen Widerstandes gekämpft haben, verneigen uns vor den Helden der Antihitlerkoalition, denn sie legten den Weg frei für eine friedliche und glückliche Zukunft der Menschheit.

Ohne den 8. Mai 1945 wäre die Welt von heute nicht so, wie sie ist. Der Sieg über den Hitlerfaschismus leitete jene Umwälzungen ein, durch die sich der Sozialismus zum Weltsystem entwickelte, die nationale und soziale Befreiungsbewegung der Völker einen machtvollen Aufschwung nahm und die kolonialen Ketten gesprengt wurden. So gewannen Freiheit, Demokratie und Menschenwürde, die das Naziregime mit Füßen getreten hatte, auf vielen Kontinenten feste Positionen. Ungeachtet aller Widerstände wird sich der Fortschritt der Menschheit, wird sich die Freiheit Bahn brechen.

Auch unser Volk konnte vor 40 Jahren einen neuen Weg einschlagen, der zur Gründung der DDR, des ersten sozialistischen Staates der Arbeiter und Bauern auf deutschem Boden, führte. Durch unsere Republik, ihr Blühen und Gedeihen im Zentrum Europas ist die Welt um eine Hoffnung reicher geworden. Die DDR ist die größte Errungenschaft in der Geschichte der revolutionären deutschen Arbeiterbewegung. Hier wurde mit der verhängnisvollen reaktionären Vergangenheit des Imperialismus und Militarismus gebrochen. Die DDR verkörpert die Ideale des antifaschistischen Kampfes. Für sie ist der Frieden oberstes Grundgesetz der Politik, und jeder in der Welt kann darauf vertrauen, daß von unserem neuen, vom sozialistischen Deutschland nie Krieg ausgehen wird.

Was wir in der DDR bisher erreicht haben, was wir heute tun und für morgen planen, hat seine zuverlässige Stütze im Bruderbund mit der Sowjetunion, in unserer immerwährenden Freundschaft. Als fester Bestandteil der sozialistischen Gemeinschaft erfüllt unser Land seine Verantwortung auch in einem weiteren Sinne. Es ist ein stabiler Eckpfeiler des Sozialismus und des Friedens in Europa. So hat die DDR internationale Achtung und Anerkennung erworben, arbeitet sie als gleichberechtigtes Mitglied der Völkerfamilie an der Lösung der drängenden Probleme unserer Zeit.

Liebe Freunde und Genossen!

Der zweite Weltkrieg war die bisher furchtbarste Katastrophe in der Menschheitsgeschichte. Seine wichtigste Lehre besteht darin, einen neuen Krieg zu verhindern, gegen ihn zu kämpfen, bevor die Waffen sprechen. Im Atomzeitalter ist dies zu einer Frage des Überlebens der Menschheit geworden, zur Frage von Sein oder Nichtsein. Niemals darf es geschehen, daß die Völker in ein atomares Inferno stürzen, sich unser Planet in eine radioaktive Einöde verwandelt. Es darf nicht geschehen, daß der Himmel zu einem Vorhof der Hölle wird. Dafür setzen wir uns mit ganzer Kraft ein. Wir werden jederzeit alles tun und nichts unterlassen, um die Gefahr, die der Welt durch die nukleare Aufrüstung droht, zu bannen.

Vor zwei Tagen haben Veteranen des Großen Vaterländischen Krieges und Kriegsteilnehmer aus den USA unter großer internationaler Beteiligung in Torgau, dem Ort der historischen Begegnung vor 40 Jahren, eine bewegende Manifestation abgehalten. Sie erneuerten ihren damals an der Elbe geleisteten Schwur, mit ganzer Kraft dafür zu wirken, daß die Völker, und ganz besonders die der UdSSR und der USA, in Freundschaft leben und für immer den Frieden erhalten. Dieses Treffen ist für uns Mahnung und Verpflichtung zugleich.

Die Staaten der Antihitlerkoalition schlugen, indem sie über alles Trennende hinweg gemeinsam handelten, den Todfeind der Völker, den Hitlerfaschismus. Heute geht es darum, sich zu vereinigen, um den Frieden für die Menschheit zu retten und eine weltweite Koalition der Vernunft und des Realismus gegen die Atomkriegsgefahr zu schaffen. Aus welchem Lager jemand kommt, welches Gesellschaftssystem er für das bessere hält, wie seine weltanschaulichen und politischen Ansichten zu anderen Fragen auch immer sein mögen, all das darf kein Hindernis für ein vernünftiges Neben- und Miteinander von Staaten unterschiedlicher sozialer Ordnung sein. In einem Atomkrieg würde es weder Sieger noch Besiegte geben, diese Erkenntnis muß und wird sich Bahn brechen, denn es geht um die Zukunft aller Völker.

Mit Recht knüpft die Weltöffentlichkeit gegenwärtig große Erwartungen an die neuen Genfer Verhandlungen, die zwischen der Sowjetunion und den USA zur Beendigung des nuklearen Wettrüstens auf der Erde und zur Verhinderung der Militarisierung des Kosmos in Gang gekommen sind. Jeder, der den Frieden liebt und dem Krieg den Weg versperren will, hofft auf positive Ergebnisse, die dazu beitragen, die atomaren Rüstungen zu begrenzen, zu verringern und schließlich überhaupt abzuschaffen.

Mit der jüngsten Initiative des Generalsekretärs des Zentralkomitees der KPdSU, unseres Freundes und Genossen Michail Gorbatschow, hat die UdSSR guten Willen und die Bereitschaft zu praktikablen Maßnahmen signalisiert. In den sowjetischen Vorschlägen liegt eine große Chance für alle Völker, ein wertvoller Impuls für die Weiterführung der Verhandlungen in Genf. Schon jetzt gilt es, wie von der Sowjetunion vorgeschlagen, jegliche Aktivitäten zur Schaffung von Weltraumwaffen einzustellen, die strategischen Kernwaffenrüstungen einzufrieren, die Stationierung von USA-Mittelstreckenraketen in Europa und die Fortsetzung unserer Gegenmaßnahmen zu beenden. Das von der UdSSR eingeführte einseitige Moratorium bringt erneut ihre feste Entschlossenheit zum Ausdruck, dem Frieden den Weg zu bereiten. Das sollte nicht ohne vernünftige Antwort bleiben, die in die gleiche Richtung geht.

Gestern haben die Staaten des Warschauer Vertrages ihr seit 30 Jahren bestehendes, im Dienste des Friedens und der Sicherheit bewährtes Bündnis auf weitere Jahrzehnte verlängert. Nicht wir, so sagte Genosse Gorbatschow, haben die Spaltung Europas und der Nachkriegswelt verursacht. Das taten die Gründer der NATO. Wir werden mit unseren Freunden dazu beitragen, die Spaltung Europas zu überwinden. Unsere abgestimmte Außenpolitik setzt die Gesundung der internationalen Lage, Schritte zur Abrüstung nach dem Grundsatz der Gleichheit und der gleichen Sicherheit an die erste Stelle. So trägt auch die DDR aktiv dazu bei, auf dem Wege der internationalen Zusammenarbeit und des Dialogs realistische Lösungen für die damit verbundenen Probleme zu suchen.

Liebe Brandenburger!
Liebe Freunde und Genossen!
Liebe Mitglieder der FDJ und der Pionierorganisation »Ernst Thälmann«!
Den 40. Jahrestag der Befreiung begehen wir mit dem Blick auf den nahenden XI. Parteitag der SED. So verbinden sich eindrucksvoll Erinnerung an Geschichte, Handeln in der Gegenwart und Pläne für die Zukunft. In alledem ist das Vermächtnis des antifaschistischen Widerstandskampfes, das Vermächtnis jener lebendig, die den großen Sieg über den Faschismus erfochten haben.

Wie ihr, liebe Brandenburger, den April zum Monat höchster Leistungen für die Erfüllung und gezielte Überbietung des Volkswirtschaftsplanes gemacht habt, um unserer Republik mehr Stahl, mehr industrielle Konsumgüter, mehr landwirtschaftliche Erzeugnisse zur Verfügung zu stellen, so läßt sich das ganze Volk der DDR von dem Willen leiten, den Sozialismus zu stärken und damit den Frieden. Dafür möchte ich euch und allen Bürgern unserer Republik im Namen des Zentralkomitees unserer Partei, des Staatsrates und des Ministerrates der DDR herzlich danken, für die großartigen Leistungen, die ihr beim Aufbau des Sozialismus vollbringt.

Unseren brüderlichen Gruß dem ruhmreichen Sowjetvolk und seiner Leninschen Avantgarde, der KPdSU!

Unseren Gruß allen Kämpfern des antifaschistischen Widerstandes, allen Streitern für den Frieden der Welt!

Es lebe der 40. Jahrestag des Sieges über den Hitlerfaschismus und der Befreiung des deutschen Volkes!

Erich Honecker: Reden und Aufsätze, Bd. 10,
Berlin 1986, S. 593–597.

In unserem Lande lebt die Einheit der Antifaschisten fort

*Rede auf der Freundschaftskundgebung
bei der Eröffnung des
»Gedenkmuseums der deutschen Antifaschisten«
in Krasnogorsk bei Moskau
5. Mai 1985*

Teurer Genosse Viktor Wassiljewitsch Grischin!
Teure Genossen Demitschew und Russakow!
Liebe Genossen Veteranen des Großen Vaterländischen Krieges!
Liebe sowjetische Genossen und Freunde!
Kurz vor dem 9. Mai, dem 40. Jahrestag des Sieges der Sowjetunion im Großen Vaterländischen Krieg über den Hitlerfaschismus, wird auf sowjetischem Boden, hier, wenige Kilometer von Moskau entfernt, den deutschen Antifaschisten eine bedeutende Würdigung zuteil. Ihrem opferreichen und mutigen Kampf ist dieses Museum gewidmet, ein eindrucksvolles Symbol des Internationalismus, des Humanismus, der deutsch-sowjetischen Freundschaft. Es ist für mich eine ehrenvolle Aufgabe, Ihnen, liebe sowjetische Genossen, unseren engsten Kampfgefährten, anläßlich dieses Ereignisses die brüderlichsten Grüße und den herzlichen Dank des Zentralkomitees der SED, des Staatsrates und des Ministerrates, aller Werktätigen der Deutschen Demokratischen Republik zu übermitteln.

Vier Jahrzehnte sind vergangen, seit Soldaten der Roten Armee auf dem Reichstag in Berlin das Siegesbanner hißten. Zerschmettert war der deutsche Faschismus, diese reaktionärste und aggressivste, menschenfeindlichste Ausgeburt, die der Imperialismus je hervorgebracht hat. Ihn ereilte die unvermeidliche Niederlage, wie sie allen, die seit 1917 den ersten Arbeiter- und-Bauern-Staat der Welt, das Land Lenins, vernichten wollten, zuteil geworden ist.

Im Kampf der Antihitlerkoalition stand die UdSSR an der entscheidenden Front und trug die schwerste Last. 20 Millionen Sowjetbürger gaben ihr Leben in diesem gewaltigen Ringen für eine friedliche und glückliche Zukunft der Völker, für die Sache des Sozialismus, der Freiheit, Demokratie und Menschenwürde.

Heute ist klarer denn je, daß der Sieg über das Naziregime die Menschheit vor der Barbarei bewahrt hat. Er bewirkte weltweite Veränderungen von historischer Bedeutung. Auch das deutsche Volk wurde dadurch befreit und erhielt die Chance eines grundlegenden Neubeginns. Die Bürger der Deutschen Demokratischen Republik empfinden tiefe, unvergängliche Dankbarkeit für das Sowjetvolk und seine heldenhafte Armee. In Ehrfurcht verneigen sie sich vor den Freiheitskämpfern der verschiedensten Länder. Zu allen Zeiten wird ihr Vermächtnis in unserem Handeln für Frieden und Sozialismus fortleben.

Der Hitlerfaschismus hatte durch die schrecklichen Verbrechen, die er in ganz Europa und insbesondere in der Sowjetunion verübte, den Namen der deutschen Nation mit Schmutz besudelt. Die Ehre unseres Volkes retteten die deutschen Antifaschisten. Gemeinsam kämpften Kommunisten, Sozialdemokraten, Christen und andere Patrioten und Internationalisten gegen Faschismus und Krieg in Spanien, in Hitlerdeutschland, in Zuchthäusern, Konzentrationslagern und im Exil, in den Reihen der Roten Armee und der französischen Résistance, in Partisanenabteilungen und Widerstandsorganisationen anderer Länder.

Hier in Krasnogorsk wurde eine wertvolle Seite in der Geschichte dieses Kampfes geschrieben. Am 12. und 13. Juli 1943 entstand auf Initiative des Zentralkomitees der Kommunistischen Partei Deutschlands und mit tatkräftiger Unterstützung des Zentralkomitees der Kommunistischen Partei der Sowjetunion das Nationalkomitee »Freies Deutschland«. In diesem Gebäude befand sich die Zentrale Antifa-Schule, Stätte der Ausbildung von Kadern für den Neuanfang in einem künftigen besseren Deutschland.

Es schlossen sich deutsche Patrioten zusammen, die das Ziel einte, den Krieg zu beenden, die Hitlerdiktatur zu stürzen und einen demokratischen deutschen Staat zu schaffen, der eine Außenpolitik des Friedens, der Freundschaft mit der Sowjetunion und allen Staaten betreibt. Auch der im September 1943 gegründete Bund Deutscher Offiziere bekannte sich zu den Zielen des Nationalkomitees »Freies Deutschland«.

Überall, wo deutsche Antifaschisten im Kampf standen, in europäischen Ländern und außerhalb Europas, wurde die Idee der Vereinigung aller deutschen Patrioten zum Sturz des Hitlerregimes aufgegriffen. Nach der Befreiung unseres Volkes, bei der Ausrottung von Imperialismus und Militarismus mit ihren Wurzeln, bei der Gestaltung eines neuen Lebens, beim Aufbau des Sozialismus lebte diese Idee in unserem Lande fort. Sie findet ihre Verkörperung im Zusammenschluß aller Parteien und gesellschaftlichen Organisationen in der Nationalen Front der DDR.

Es waren die deutschen Kommunisten, die der Hitlerbande schon vor ihrem Machtantritt entschlossenen Widerstand geleistet hatten und nach 1933 in den ersten Reihen für den Sturz des Naziregimes fochten. Vor allem gegen die Kommunistische Partei Deutschlands richteten die Faschisten Terror und Verfolgung, sie erbrachte die größten Opfer, darunter ihr Führer, unser unvergessener Genosse Ernst Thälmann. Unerschütterlich hielten die Kommunisten der Freundschaft zur Sowjetunion die Treue und waren davon überzeugt, daß die UdSSR dem Hitlerfaschismus den Garaus machen wird. Das gab ihnen Mut und Zuversicht im Kampf sowohl außerhalb als auch innerhalb von Kerkern und Konzentrationslagern.

Sieg und Befreiung vor 40 Jahren öffneten den Weg, der 1949 zur Gründung der Deutschen Demokratischen Republik, des ersten Staates der Arbeiter und Bauern auf deutschem Boden, führte. Die erfolgreiche Entwicklung der DDR dokumentiert, daß sich unser Volk unwiderruflich für den Sozialismus entschieden hat. Brüderlich verbunden mit der Sowjetunion, als fester Bestandteil unserer Gemeinschaft sozialistischer Länder gestaltet sie ihre gute Zukunft, unternimmt sie alles, um dazu beizutragen, daß Europa und die Welt in Frieden leben können. Von unserem neuen, dem sozialistischen Deutschland wird nie wieder ein Krieg ausgehen.

Liebe Freunde und Genossen!

Nach all den Leiden und Verwüstungen, die der vom Hitlerfaschismus angezettelte zweite Weltkrieg den Völkern zugefügt hat, gibt es nichts Wichtigeres, als den Frieden zu erhalten und dauerhaft zu sichern. Diese Aufgabe stellt sich angesichts der Gefahr eines alles vernichtenden Nuklearkrieges, den die imperialistische Politik der Konfrontation und der Hochrüstung heraufbeschwört, mit um so größerer Dringlichkeit. Dafür ist die Stärkung der Macht, der Kraft und der internationalen Autorität des Sozialismus, der Einheit und Geschlossenheit unserer Gemeinschaft von entscheidendem Gewicht.

Voll und ganz unterstützt die DDR jene weitreichenden Vorschläge zum Stopp des Wettrüstens auf der Erde und zur Verhinderung seiner Ausdehnung auf den Weltraum, die der Generalsekretär des Zentralkomitees der KPdSU, unser Freund und Genosse Michail Sergejewitsch Gorbatschow, in jüngster Zeit unterbreitet hat. Beim Treffen der führenden Repräsentanten der Parteien und Staaten des Warschauer Vertrages in der Hauptstadt Volkspolens am 26. April dieses Jahres haben wir unseren gemeinsamen Standpunkt bekräftigt, verstärkte Anstrengungen für die Friedenssicherung zu unternehmen. Dementsprechend wird die DDR auch weiterhin ihrer Verantwortung an der Trennlinie zwischen Sozialismus und Imperialismus, zwischen Warschauer Pakt und NATO zuverlässig gerecht werden. Das schließt die verschiedensten politischen Aktivitäten in der internationalen

Arena ebenso ein wie die ständige Gewährleistung der Verteidigungsbereitschaft auf dem erforderlichen Niveau und in enger Waffenbrüderschaft mit der ruhmreichen Sowjetarmee sowie den anderen Armeen unseres Bündnisses.

Wie die Staaten der Antihitlerkoalition, wie die Antifaschisten seinerzeit zusammen gegangen sind, um den gemeinsamen Feind zu schlagen, so müssen heute diejenigen zusammen gehen, müssen sie sich über Trennendes hinweg vereinen, die einen Nuklearkrieg verhindern wollen. Den jetzigen und den kommenden Generationen sollen die Schrecken des Krieges erspart bleiben. Die Erde soll blühen, statt im Feuer einer atomaren Katastrophe unterzugehen.

Frieden ist der sehnlichste Wunsch, der gerade auch unsere beiden Völker beseelt, und Frieden ist der starke Impuls ihres täglichen Handelns, damit das Werk des sozialistischen Aufbaus zum Wohle der Menschen weiter gedeiht.

Es lebe der 40. Jahrestag des Sieges über den Hitlerfaschismus und der Befreiung des deutschen Volkes!

Es lebe das heldenhafte Sowjetvolk, seine kampferprobte Kommunistische Partei der Sowjetunion, es leben seine ruhmreichen Streitkräfte!

Es lebe die Freundschaft der Deutschen Demokratischen Republik und der Union der Sozialistischen Sowjetrepubliken!

Erich Honecker: Reden und Aufsätze, Bd. 10,
Berlin 1986, S. 598–601.

Mit dem »Ernst-Thälmann-Aufgebot der FDJ« vorwärts zum XI. Parteitag der SED!

Aus der Rede auf dem
XII. Parlament der Freien Deutschen Jugend
im Palast der Republik in Berlin
24. Mai 1985

Liebe Delegierte der Freien Deutschen Jugend!
Liebe Freunde und Genossen!
Werte ausländische Gäste!
Als wir jungen Kommunisten, Sozialdemokraten, Christen, Antifaschisten verschiedener Klassen und Schichten nach der Befreiung unseres Volkes vom Hitlerfaschismus darangingen, die Mehrheit der von den Nazis irregeleiteten deutschen Jugend für neue Aufgaben, für neue Ziele zu gewinnen, schrieb ich im August 1945 in einem Artikel: »Jetzt muß sich die Jugend bewähren; sie muß aktiv helfen, das neue, bessere demokratische Deutschland aufzubauen. Sie muß aus dem vom Nazismus geschändeten Deutschland ein Deutschland gestalten helfen, das in der Welt als Land des Friedens, der Kultur und des Fortschritts sich Achtung erwirbt!«[1] Für die Gründer der Freien Deutschen Jugend, für die Aktivisten der ersten Stunde, für eure Mütter und Väter ist es eine große Freude, zu erleben, daß die Träume von einst heute in unserer Republik Wirklichkeit sind.
Je weiter wir uns vom Gründungstag der Freien Deutschen Jugend, dem 7. März 1946, entfernen und je mehr die Aufgaben der Jugend bei der weiteren Gestaltung der entwickelten sozialistischen Gesellschaft wachsen, um so deutlicher wird die geschichtliche Tragweite der Schaffung der einheitlichen demokratischen Massenorganisation der Jugend. Die Einheit der Jugend und der Grundsatz unserer Jugendpolitik, der jungen Generation Ver-

---

1 Erich Honecker: Die Jugend vor neuen Aufgaben. In: Zur Jugendpolitik der SED. Reden und Aufsätze von 1945 bis zur Gegenwart, Erster Band, Berlin 1985, S. 12.

trauen entgegenzubringen und ihr hohe Verantwortung zu übertragen, sind das Unterpfand des erfolgreichen Voranschreitens der Freien Deutschen Jugend beim Aufbau eines neuen Lebens in unserer Deutschen Demokratischen Republik.

Wenn wir uns den Weg der Jugend seit damals vergegenwärtigen, dann finden wir dafür die Bestätigung. Vom Bau des Dorfes der Jugend im Jahre 1948 in Adelsdorf bei Großenhain führte dieser Weg bis zur Ausgestaltung unserer Hauptstadt mit Hilfe der »FDJ-Initiative Berlin«, vom Verlegen der Wasserleitung für die Maxhütte in Unterwellenborn im Gründungsjahr der DDR bis zum Bau der Gasleitungen auf sowjetischer Erde, vom Kampf um die Grundrechte der jungen Generation in den ersten Nachkriegsjahren bis zur umfassenden Mitarbeit der Jugend an der Gestaltung der sozialistischen Gesellschaft in unserer Republik. Das Leben selbst hat die Richtigkeit dieses Kurses auf vielfältige Weise bestätigt, es hat bestätigt, daß nur der Sozialismus in der Lage ist, der Jugend Ideale zu vermitteln, für die es sich zu kämpfen lohnt.

An den Brennpunkten der gesellschaftlichen Entwicklung, wo es gilt, dem Neuen zum Durchbruch zu verhelfen und unsere Errungenschaften zu vermehren und zu verteidigen, steht der Jugendverband in der ersten Reihe. Die Deutsche Demokratische Republik ist im tatsächlichen Sinne des Wortes ein Staat der Jugend. In unserer sozialistischen Gesellschaft wird die junge Generation gefordert und gefördert. Zugleich bestimmt sie mit ihren Leistungen wesentlich das Vorwärtsschreiten mit.

Durch Taten haben Millionen Jugendliche das Gelöbnis der Nachkriegsgeneration verwirklicht, das wir bei der Gründung der DDR, unseres sozialistischen Arbeiter-und-Bauern-Staates, im Oktober 1949 ablegten: »Wir geloben der Deutschen Demokratischen Republik Treue, weil sie das wahre Haus des Volkes ist und sein wird! ... Wir wollen Baumeister sein an unserem neuen Haus der friedlichen Arbeit und der kämpferischen Humanität!«[2] Und so ist es heute.

Dieser Wille, diese Hoffnung von einst sind die sozialistische Wirklichkeit von heute. Heute gibt es keine wesentliche gesellschaftliche Aufgabe, an deren Lösung nicht auch die Jugend mitwirken kann und mitwirkt. Das ist eine bedeutende historische Errungenschaft des Sozialismus. Nie zuvor gab es auf deutschem Boden eine Gesellschaftsordnung, die ihrer jungen Generation so viel Verantwortung anvertraut und ihr so viele Möglichkeiten zur schöpferischen Selbstverwirklichung bietet. In der Tat ist es so, wie Ernst Thälmann schon 1932 feststellte: »Außer der kommu-

---

2 Dokumente zur Geschichte der Freien Deutschen Jugend, Erster Band, Berlin 1960, S. 268.

nistischen gibt es keine Bewegung, in der der Jugend ein solcher Platz eingeräumt wird.«[3]

Das wird auch in Zukunft nicht anders sein. Bei der Wahrnehmung ihrer wachsenden Verantwortung, bei der Lösung jeder Aufgabe und in jeder Situation können sich die Mitglieder der Freien Deutschen Jugend, können sich alle Jugendlichen der DDR auf unsere Sozialistische Einheitspartei Deutschlands, auf unsere Arbeiter-und-Bauern-Macht verlassen.

Für uns Kommunisten gibt es nichts Schöneres, als unsere Ideale und Erfahrungen des Kampfes für das Glück des Volkes den Nachkommenden zu vermitteln. Wir haben in unserer Jugend vom Sozialismus geträumt. In der Illegalität, im Exil, in Zuchthäusern und Konzentrationslagern haben wir während der nazistischen Gewaltherrschaft bei Einsatz des Lebens unsere Überzeugung bis zum letzten verteidigt. Heute können wir sagen, daß unsere Träume und Hoffnungen von einst in der Deutschen Demokratischen Republik Wirklichkeit wurden.

Das kann man durch vielfältige Beispiele belegen. Euer Parlament ist der beste Beweis dafür. Doch wir bleiben beim Erreichten nicht stehen. Im Kampf um die Freiheit und um das Glück des Volkes und seiner Jugend hat sich unser Blick geweitet. Ihr habt recht, und das war jederzeit der Standpunkt unserer Partei: Das Erreichte ist noch nicht das Erreichbare. Wir wollen vorwärts zu den lichten Höhen des Kommunismus. Dafür gilt es noch viel zu tun. Es kommt darauf an, die entwickelte sozialistische Gesellschaft weiter zu gestalten und so die Voraussetzungen für den allmählichen Übergang zum Aufbau des Kommunismus zu schaffen.

Nun steht ihr in der Stafette der Generationen und kämpft an der Seite der Genossen, an der Seite eurer Eltern, eurer Freunde und Kampfgefährten für die wichtigste Sache im Leben, für den Frieden, für das Glück, für das Wohl des Volkes. Heute wie damals gilt in unserem Lande für die jungen Erbauer des Sozialismus das Lied der Jungen Garde mit dem Hauptinhalt, daß wir zum Kampf geboren sind, zum Kampf für Freiheit und das Recht.

Liebe Freunde!

Die Zeit, in der wir leben, stellt uns wahrhaft große Aufgaben. Noch nie war der Frieden seit dem Ende des zweiten Weltkrieges so gefährdet wie in der Gegenwart. Entweder es gelingt, eine Wende zum Guten herbeizuführen, weg von der imperialistischen Politik der Konfrontation und der Hochrüstung, hin zur Entspannung und zur friedlichen Koexistenz, oder die Menschheit droht in den Abgrund ihrer atomaren Vernichtung zu stürzen.

3 Ernst Thälmann: Arbeitende Jugend im Kampf gegen Faschismus und imperialistischen Krieg. Rede auf der Plenartagung des Zentralkomitees des KJVD, (Berlin) o.J., S. 13.

Niemals zuvor war den Lebenden eine so große Verantwortung übertragen wie den heutigen Generationen, sowohl für sich als auch für ihre Kinder und Kindeskinder.

Zu Recht habt ihr in den Mittelpunkt eures Parlaments die uns alle bewegende Frage der Wahrung der Existenz der Menschheit gestellt. In der Tat, es gibt keine Frage, die wichtiger ist als diese, und die Antwort darauf kann nur lauten, sich über Trennendes hinweg mit allen friedenfördernden Kräften zu vereinen, um gemeinsam ein atomares Inferno zu verhindern, sich rechtzeitig den Kriegstreibern in den Weg zu stellen und jetzt erst recht den Frieden mit allen zur Verfügung stehenden Mitteln zu verteidigen.

Es entspricht der Erfahrung unseres Volkes, wenn ihr euch davon leiten laßt, daß jede Tat für die allseitige Stärkung des Sozialismus zugleich eine verantwortungsbewußte persönliche Tat für den Frieden ist. Es gibt kein besseres Fundament für den Frieden als den Sozialismus. Diese Erkenntnis bestimmt den Inhalt eures Parlaments. Im besten Sinne des Wortes ist es ein Parlament junger Friedenskämpfer, die im Sozialismus ihre Zukunft sehen.

Eure Tagung beweist, wie gut ihr die Lehre der Geschichte verstanden habt. Vor aller Welt manifestiert die Jugend, einig mit allen Bürgern der DDR, ihren festen Willen: Frieden für heute und für alle Zeiten, Frieden für unser Volk und für alle Staaten, Frieden für die heute Lebenden und für jene, die morgen geboren werden. Von deutschem Boden darf niemals wieder Krieg, sondern soll nur noch Frieden ausgehen.

Ihr, liebe Freunde, wißt das Glück zu schätzen, in einem Staat aufzuwachsen, der sich mit all seinem Tun dem ersten Menschenrecht, dem Recht, in Frieden zu arbeiten und zu leben, seit der ersten Stunde verpflichtet fühlt. Im Herzen Europas, von wo einst zwei verheerende Weltbrände ausgingen, entstand mit der Deutschen Demokratischen Republik zum ersten Mal in der deutschen Geschichte ein Staat, von dem nicht Krieg, sondern Frieden ausgeht, der Hand in Hand mit all jenen vorwärtsschreitet, die für Frieden und antiimperialistische Solidarität eintreten.

Die Deutsche Demokratische Republik fördert die Zusammenarbeit und nicht die Zwietracht zwischen den Staaten. Sie tritt Völkerverhetzung und Kriegshysterie entgegen. Die Deutsche Demokratische Republik ringt um eine weltweite Koalition der Vernunft und des Realismus zur Abwendung der Atomkriegsgefahr. In diesem nicht leichten Kampf, der aber nach unserer festen Überzeugung letztendlich erfolgreich sein wird, stehen wir in einer Front mit der entscheidenden Friedensmacht der Welt, der Sowjetunion, den anderen Ländern der sozialistischen Staatengemeinschaft und mit allen in der Welt, die am Frieden interessiert sind.

Bei meiner Begegnung mit dem Generalsekretär des Zentralkomitees der

KPdSU, Genossen Michail Gorbatschow, haben wir den unzerstörbaren Bruderbund zwischen der UdSSR und der DDR mit Nachdruck bekräftigt. Die Freundschaft mit der Sowjetunion gibt uns die Gewißheit einer sicheren Zukunft. Künftig werden wir die Kräfte und Ressourcen beider Länder zur Stärkung des Sozialismus und zum Nutzen unserer Völker noch effektiver vereinen. Damit verwirklichen wir zielstrebig die Vereinbarungen der höchsten Repräsentanten der RGW-Länder vom vergangenen Jahr in Moskau. Das Programm der Zusammenarbeit mit der UdSSR in Wissenschaft, Technik und Produktion bis zum Jahre 2000 und die Abkommen mit den anderen sozialistischen Ländern weisen langfristige Perspektiven friedlicher Kooperation. Sie sind ein großes Bewährungsfeld für die Jugend unserer Zeit, für die Jugend der neuen Zeit überhaupt.

Liebe Delegierte!

Auf dem XI. Parteitag der SED im April kommenden Jahres werden wir entsprechend dem Programm unserer Partei über die weitere Gestaltung der entwickelten sozialistischen Gesellschaft beraten. Wir sind überzeugt, daß der XI. Parteitag ebenso wie die vorherigen Parteitage ein bedeutender Meilenstein in der gesellschaftlichen Entwicklung sein und Beschlüsse von großem Gewicht für unser Land fassen wird. Er wird konkrete Beschlüsse für das weitere Voranschreiten auf dem Weg des Sozialismus und im Kampf für den Frieden erarbeiten.

Dabei gehen wir nach wie vor davon aus, daß die Gestaltung der entwickelten sozialistischen Gesellschaft ein historischer Prozeß tiefgreifender politischer, ökonomischer, sozialer und geistig-kultureller Wandlungen ist. Das bedeutet, alle materiellen, sozialökonomischen und politisch-ideologischen Voraussetzungen zu schaffen, damit der Sinn des Sozialismus, alles zu tun für das Wohl des Volkes, für die Interessen der Arbeiterklasse, der Genossenschaftsbauern, der Intelligenz und der anderen Werktätigen, auf ständig höherer Stufe verwirklicht wird. Die Gestaltung der entwickelten sozialistischen Gesellschaft macht es notwendig, wie es im Programm unserer Partei heißt, »alle Vorzüge und Triebkräfte, alle Seiten und Bereiche des gesellschaftlichen Lebens, die Produktivkräfte und Produktionsverhältnisse, die sozialen und politischen Beziehungen, die Wissenschaft und das Bildungswesen, die sozialistische Ideologie und Kultur, die Gesamtheit der Arbeits- und Lebensbedingungen sowie die Landesverteidigung planmäßig auf hohem Niveau zu entwickeln«[4].

Mit der entwickelten sozialistischen Gesellschaft gilt es, alle Bedingungen zu schaffen, damit sich die gesellschaftlichen Beziehungen und die geistigen Fähigkeiten der Menschen voll entfalten können. Es geht darum, alle Mög-

---

4 Programm der Sozialistischen Einheitspartei Deutschlands, Berlin 1985, S. 25.

lichkeiten zu eröffnen, daß die Menschen ihr Leben inhaltsreich und kulturvoll zu gestalten vermögen, daß das Denken und Handeln der Werktätigen von unserer sozialistischen Ideologie geprägt wird. All das stellt selbstverständlich hohe Anforderungen an die Entwicklung des Bewußtseins, an die Ethik und Moral der jungen Generation, an die lebensnahe Aneignung des wissenschaftlichen Sozialismus, an die kommunistische Erziehung.

Die Entfaltung der Produktivkräfte, bei der immer der Mensch die entscheidende Rolle spielt, bestimmt nicht nur die Dynamik unserer Wirtschaft, sondern das gesamte gesellschaftliche Leben überhaupt. Daraus leiten sich auch qualitativ neue Ansprüche an das Wirken der Freien Deutschen Jugend her.

Die geistige Quelle des gesellschaftlichen Fortschritts ist und bleibt der Marxismus-Leninismus. Es gibt keinen besseren Kompaß als ihn, um als junger Revolutionär seinen Platz und seine Verantwortung in der internationalen Klassenauseinandersetzung zu erkennen. Für uns Kommunisten ist es eine Selbstverständlichkeit, diese jahrzehntelange Erfahrung an euch weiterzugeben, und wir sind uns voll bewußt, daß ihr sie durch eigene Erfahrungen noch bereichern werdet.

Alle Kommunisten, die Lehrer und Erzieher, die Leiter in Betrieben und Genossenschaften, die Hochschullehrer und Vorgesetzten in den bewaffneten Organen sollten es sich angelegen sein lassen, praxisverbunden, mit konkretem Wissen, Verständnis und Geduld das Gespräch mit der Jugend zu führen und auf ihre Fragen überzeugend zu antworten. Der ganzen Gesellschaft kommt es zu, jeder nachwachsenden Generation zu helfen, die Gesetzmäßigkeiten unserer Epoche des weltweiten Übergangs vom Kapitalismus zum Sozialismus zu erkennen. Nur wer seine Verantwortung gegenüber seinem Vaterland und der sozialistischen Gemeinschaft bis ins Herz hinein verstanden hat, wer begriffen hat, daß es keine andere Alternative zur imperialistischen Welt mit ihren Gebrechen gibt als den Sozialismus, der wird heute und immer auf unserer Seite der Barrikade kämpfen, auch wenn die Stürme des Jahrhunderts noch so toben.

Ihr habt in der Diskussion zu Recht betont, wie wichtig es für einen FDJ-Funktionär ist, sich ständig darüber zu informieren, was junge Menschen bewegt, welche Fragen, Argumente und Hinweise sie haben. Um der Jugend voranzugehen, sollte man immer dort sein, wo sie arbeitet, lernt und studiert, wo sie ihr Vaterland schützt, wo sie ihre Freizeit verbringt.

Die Freie Deutsche Jugend hat sich mit Unterstützung unserer Partei, der sozialistischen Schule und ihrer anderen gesellschaftlichen Verbündeten in den vergangenen Jahrzehnten zahlreiche bewährte Möglichkeiten weltanschaulicher Erziehung geschaffen. Genannt seien hier die Mitgliederversammlungen, das FDJ-Studienjahr, die Jugendforen, die Pflege der revolutionären Traditionen. Ich möchte die Gelegenheit nutzen, um den Zirkelleitern im FDJ-Studienjahr, die ja meistens Genossinnen und Genossen unserer Partei sind, besonders zu danken. Sie erfüllen eine wichtige Aufgabe im Gespräch mit der Jugend.

Unsere Aufgabe ist es auch, in einer offenen Atmosphäre aus neuen Einsichten aktive Lebenshaltungen junger Menschen zu fördern. Das setzt eine kontinuierliche und qualifizierte Unterstützung durch die Leitungen unserer Partei voraus. Entscheidend bleibt, wie gründlich und lebensverbunden sich jeder Propagandist vorbereitet, wie überzeugend seine eigene parteiliche Haltung ausstrahlt. Propagandist im FDJ-Studienjahr zu sein heißt, sich als Vertrauensmann einer jungen Generation zu bewähren, die unter weltoffenen Bedingungen ihren Beitrag zum Aufbau des Sozialismus, zur Verteidigung des Friedens mit Erfolg leistet.

In den letzten Jahren ist das Interesse der Jugend an der revolutionären Vergangenheit unseres Landes und an der Geschichte des Sozialismus weiter gewachsen. Der 35. Jahrestag der DDR und der 40. Jahrestag des Sieges über den Hitlerfaschismus und der Befreiung des deutschen Volkes haben dieses Streben gefördert. Zu einem unvergeßlichen Erlebnis wurden für uns alle der Aufmarsch der über 750 000 Teilnehmer am Nationalen Jugendfestival 1984, die eindrucksvolle Abschlußveranstaltung, die Verbundenheit der Jugend mit der revolutionären Geschichte unseres Volkes, mit der Sache des Roten Oktober.

Das Wissen um das historische Gewicht der DDR und der Stolz auf das Erreichte werden jede nachwachsende Generation um so mehr mobilisieren, je gründlicher sie den Ausgangspunkt, die Schwierigkeiten und Hindernisse dieses erfolgreichen Weges kennt und weiß, wie kläglich alle Versuche der Klassenfeinde, uns aufzuhalten, gescheitert sind. Es wird ihnen auch in Zukunft nicht anders ergehen, denn zu keiner Zeit in der Geschichte des deutschen Volkes war die Jugend so im Vollbesitz ihrer Grundrechte wie im 35. Jahr der DDR. Zu keiner Zeit eröffneten sich ihr solche Perspektiven als Facharbeiter, Wissenschaftler oder Staatsmann. Das Wort Arbeitslosigkeit wurde bei uns gestrichen und damit dem Wort Freiheit besondere Bedeutung gegeben.

Für immer weht das Banner der sozialistischen Revolution über unserem Staat der Arbeiter und Bauern. Das Volk der Deutschen Demokratischen Republik und seine Jugend haben sich unwiderruflich für den Sozialismus, für das Bündnis mit der Sowjetunion und der ganzen sozialistischen Völkerfamilie, für die Sache des Friedens und des Sozialismus entschieden.

Erich Honecker: Reden und Aufsätze, Bd. 10,
Berlin 1986, S. 645–649, 653–656.

Aus dem Volk geboren, mit dem Volk verbunden, im Volksinteresse handeln

*Rede auf der Festveranstaltung
des Zentralkomitees der SED,
des Staatsrates und des Ministerrates
der DDR zum 40. Jahrestag
der Deutschen Volkspolizei
im Palast der Republik
28. Juni 1985*

Lieber Genosse Armeegeneral Dickel, Minister des Innern und Chef der Deutschen Volkspolizei!
Liebe Genossinnen und Genossen!
Liebe Gäste!
Mit großer Freude übermittle ich im Namen des Zentralkomitees der SED, des Staatsrates und des Ministerrates der DDR allen Wachtmeistern, Offizieren und Generalen, allen Zivilbeschäftigten und Helfern der Deutschen Volkspolizei sowie der anderen Organe des Ministeriums des Innern die herzlichsten Grüße und Glückwünsche zum 40. Jahrestag der Deutschen Volkspolizei. Vor 40 Jahren entstand zum erstenmal in der Geschichte des deutschen Volkes eine Polizei, die aus dem Volk hervorgegangen, mit dem Volke verbunden ist und im Interesse des Volkes handelt. Sie erfüllt standhaft ihren Auftrag, die öffentliche Ordnung und Sicherheit zu gewährleisten, die revolutionären Errungenschaften und das Leben, die friedliche Arbeit der Werktätigen zu schützen und so zum Gedeihen unseres sozialistischen Vaterlandes, der Deutschen Demokratischen Republik, beizutragen.

Von der antifaschistisch-demokratischen Umwälzung bis zur Gegenwart, in der wir die entwickelte sozialistische Gesellschaft gestalten, haben unsere Schutz- und Sicherheitsorgane, hat die Deutsche Volkspolizei Hervorragendes geleistet, damit die DDR zu dem werden konnte, was sie heute ist. Wie wir alle wissen, ließen es jene, denen der Sieg des Sozialismus auf deutschem Boden, die Errichtung unserer Arbeiter-und-Bauern-Macht ein Dorn im Auge ist, während der vergangenen Jahrzehnte an aggressiven Anfeindungen, an Versuchen verschiedenster Art, unserem Lande zu schaden, wahrhaft an nichts fehlen. Doch mit alledem haben sie ein schmähliches Fiasko erlitten. Unsere DDR, sie blüht und gedeiht, und die Deutsche Volkspolizei trägt ihrerseits dazu bei, daß es auch weiterhin so sein wird.

Alle mußten erleben, daß die DDR in fester Verbundenheit von Partei, Regierung und Volk erfolgreich ihren Weg beschritt und sich als politisch stabiler, wirtschaftlich leistungsfähiger, kulturell aufblühender Staat entwickelte, der mit den Beschlüssen des bevorstehenden XI. Parteitages der SED wiederum größere, bis zum Jahre 2000 reichende Aufgaben in Angriff nehmen wird.

Überblickt man die zurückliegenden vier Jahrzehnte, so kann man zu Recht feststellen, daß die Deutsche Volkspolizei und die Organe des Ministeriums des Innern unter Führung der SED unter allen Bedingungen ihren Verpflichtungen gegenüber der Heimat gerecht geworden sind. Dafür spreche ich ihnen im Namen des Zentralkomitees unserer Partei, des Ministerrates und des Staatsrates der DDR unseren herzlichsten Dank aus.

Angehöriger der Volkspolizei zu sein heißt, ganz im Sinne dieses Ehrennamens dem Volke zu dienen. Für die oftmals nicht leichte, verantwortungsvolle Tätigkeit der Schutz- und Verkehrspolizisten, der Abschnittsbevollmächtigten und der Genossen der Transportpolizei, der Kriminalisten und der Feuerwehrleute empfinden die Werktätigen unseres Landes große Wertschätzung und unterstützen sie tatkräftig. In der Gewährleistung der öffentlichen Ordnung und Sicherheit vereinen sich die Interessen unseres sozialistischen Staates und die seiner Bürger. Zum Ausdruck kommt das gerade auch in der ehrenamtlichen Tätigkeit von Zehntausenden freiwilligen Helfern der Deutschen Volkspolizei, Angehörigen der freiwilligen Feuerwehren, Mitgliedern der verschiedensten gesellschaftlichen Kollektive und Kommissionen in Betrieben, Gemeinden und Wohngebieten sowie der Hausbuchbeauftragten. Wir betrachten diese ehrenamtliche Tätigkeit als einen unverzichtbaren Beitrag zur Entwicklung und Festigung unseres sozialistischen Staates und würdigen sie sehr. Anläßlich des 40. Jahrestages unserer Volkspolizei möchte ich daher allen ehrenamtlichen Helfern ebenfalls recht herzlich danken.

Liebe Genossen und Freunde!

Bei der weiteren Verwirklichung unserer Politik zur Stärkung des Sozialismus und zur Sicherung des Friedens, für die sich in Vorbereitung des XI. Parteitages der SED eine breite Volksbewegung entwickelt, angesichts der künftigen Aufgaben erhöhen sich selbstverständlich auch die Anforderungen an eure Arbeit. Die 10. Tagung des Zentralkomitees unserer Partei hat dafür die Orientierung gegeben. Wir setzen den Kurs der Hauptaufgabe in der Einheit von Wirtschafts- und Sozialpolitik zielstrebig fort und sind fest überzeugt, daß wir, gestützt auf das Vertrauen, das Partei und Volk verbindet, auf den Leistungswillen, das Schöpfertum und die Initiative der Werktätigen, gute Ausgangspositionen für die kommenden Jahre schaffen werden. Es werden Jahre schwerer Arbeit sein, aber auch Jahre der Freude, des weiteren Aufblühens unserer sozialistischen Deutschen Demokratischen Republik.

Dabei übersehen wir nicht, welcher verstärkten Anstrengungen es noch bedarf, um vor allem den Frieden zu verteidigen und ihn dauerhaft zu bewahren. Das ist die wichtigste Voraussetzung, damit das Wohl des Volkes in materieller wie in kultureller Hinsicht gewährleistet und ständig gemehrt werden kann. Wir wollen Frieden auf der Erde und Frieden im Weltraum. Deshalb tun wir gemeinsam mit der UdSSR und den anderen sozialistischen Bruderländern alles, um zu erreichen, daß Zusammenarbeit an die Stelle von Konfrontation tritt, daß die Spirale des Wettrüstens angehalten wird und die Abrüstung vorankommt. Die Verhinderung eines atomaren Infernos ist eine Existenzfrage für die Menschheit und das oberste Gebot der Vernunft, das oberste Gebot einer verantwortungsbewußten Politik.

Liebe Genossinnen und Genossen!

Gemeinsam mit den Genossen der Nationalen Volksarmee, der Grenztruppen der DDR, des Ministeriums für Staatssicherheit sowie der Zollverwaltung, fest verwurzelt im Volk, werden die Angehörigen unserer Volkspolizei, davon sind wir zutiefst überzeugt, auch künftig ihren Beitrag dazu leisten.

Auf Vorschlag des Politbüros des Zentralkomitees der SED und des Präsidiums des Ministerrates der DDR verleihe ich der Deutschen Volkspolizei anläßlich ihres 40. Jahrestages in Würdigung ihrer hervorragenden Verdienste um die allseitige Stärkung der DDR und den zuverlässigen Schutz des Sozialismus den Karl-Marx-Orden und das Rote Ehrenbanner des Zentralkomitees unserer Partei.

Das Zentralkomitee der SED, der Staatsrat und die Regierung der DDR beglückwünschen euch, liebe Genossinnen und Genossen, zu dieser hohen Auszeichnung. Wir sind gewiß, daß euch das Rote Banner der Sozialistischen Einheitspartei Deutschlands mit dem Karl-Marx-Orden zu weiteren Erfolgen in Vorbereitung des XI. Parteitages der SED führen wird.

Es lebe die Deutsche Volkspolizei!

Es lebe unsere Deutsche Demokratische Republik!

Vorwärts, Genossinnen und Genossen, zum XI. Parteitag der Sozialistischen Einheitspartei Deutschlands!

Neues Deutschland (B),
29./30. Juni 1985.

Wir Kommunisten sind angetreten, das friedliche Leben zu schützen

*Ansprache auf der Festveranstaltung
zum 30. Jahrestag
der Nationalen Volksarmee
21. Februar 1986*

Lieber Genosse Minister!
Liebe Genossinnen und Genossen!
Werte Gäste!
Auf dem Wege zum XI. Parteitag der Sozialistischen Einheitspartei Deutschlands begehen wir den 30. Jahrestag der Nationalen Volksarmee als bedeutendes gesellschaftliches Ereignis im Leben unserer Deutschen Demokratischen Republik. Dreißig Jahre Nationale Volksarmee – das sind drei Jahrzehnte zuverlässiger militärischer Pflichterfüllung zum Schutze unseres sozialistischen Vaterlandes, drei Jahrzehnte erfolgreichen Dienstes am Frieden.

Mit großer Freude überbringe ich im Namen des Zentralkomitees der SED, des Staatsrates, des Ministerrates und des Nationalen Verteidigungsrates der DDR allen Soldaten, Unteroffizieren, Maaten, Fähnrichen, Offizieren, Generalen und Admiralen, allen Zivilbeschäftigten und Reservisten unserer Nationalen Volksarmee die herzlichsten Grüße und Glückwünsche.

Es ist mir ein Bedürfnis, der Nationalen Volksarmee für den hervorragenden Beitrag zu danken, den sie an der Seite der ruhmreichen Sowjetarmee und aller im Warschauer Vertrag vereinten Armeen zur Verteidigung unserer revolutionären Errungenschaften leistet. Von größter Bedeutung dabei ist, daß wir mit einem starken Sozialismus den Frieden sichern.

An dieser wahrhaft historischen Entwicklung haben nunmehr bereits mehrere Generationen Anteil. Unvergessen bleiben in unserem Volk die Antifaschisten und Aktivisten der ersten Stunde, die den Grundstein legten für den bewaffneten Schutz unseres Landes. Hervorragendes vollbrachte unsere Freie Deutsche Jugend, die auf ihrem IV. Parlament 1952 die Patenschaft über die bewaffneten Kräfte unserer Arbeiter-und-Bauern-Macht übernahm.

Allen, die zum erfolgreichen Werden und Wachsen unserer Nationalen Volksarmee beigetragen haben, gelten heute unser besonderer Dank, unsere besondere Anerkennung.

Unsere Nationale Volksarmee ist die erste und einzige deutsche Armee, die diesen Namen verdient und in Ehren trägt. Von unserer marxistisch-leninistischen Partei geführt, ist sie aus dem Volke geboren, fest in den Massen verwurzelt und untrennbar mit ihnen verbunden. Sie wird von unseren Freunden als stets verläßlicher Bündnispartner geachtet. Wir sind gewiß, daß unsere Nationale Volksarmee gemeinsam mit den Grenztruppen der DDR und den anderen Schutz- und Sicherheitsorganen auch künftig unter allen Bedingungen ihren Klassenauftrag im Dienste der Arbeiter-und-Bauern-Macht erfüllen wird.

Seit ihrer Gründung ist die Nationale Volksarmee in unzerstörbarer Waffenbrüderschaft mit der Sowjetarmee verbunden. Die Klassen- und Waffenbrüderschaft mit ihr und den Bruderarmeen der anderen sozialistischen Länder erweist sich als eine entscheidende Quelle für die Kampfkraft unserer nationalen Streitkräfte. Die feste Freundschaft mit dem »Regiment nebenan«, mit den Kampfgefährten der GSSD, widerspiegelt den gemeinsamen Willen zur Verteidigung von Sozialismus und Frieden.

Die Angehörigen der Nationalen Volksarmee haben sich mit ausgezeichneten Ergebnissen im Wettbewerb »Soldatentat XI. Parteitag – jederzeit gefechtsbereit für Frieden und Sozialismus« in die große Volksbewegung zur Vorbereitung des XI. Parteitages eingereiht. Sie handeln nach der Erkenntnis, daß den Sozialismus zu verteidigen heißt, die Früchte der friedlichen Arbeit des Volkes zu schützen. Das ist der Sinn des Soldatseins bei uns, wo alles, was wir tun und planen, dem Wohl der Menschen und einem sicheren Frieden dient.

In jeder Familie ist heute zu spüren, wie erfolgreich wir bei der weiteren Gestaltung der entwickelten sozialistischen Gesellschaft, bei der Verwirklichung der Einheit von Wirtschafts- und Sozialpolitik vorankommen. Diese Politik wirkt als bestimmende Triebkraft in der eindrucksvollen Volksbewegung zum XI. Parteitag. In immer breiterem Maße nutzen die Werktätigen die Vorzüge unserer sozialistischen Produktionsverhältnisse, um die Errungenschaften der wissenschaftlich-technischen Revolution in bemerkenswerte volkswirtschaftliche Zuwachsraten umzusetzen. Bei uns werden die Hochtechnologien zum Schlüssel bisher nicht gekannter Steigerungsraten der Arbeitsproduktivität und zugleich für verbesserte Arbeits- und Lebensbedingungen. Unsere ökonomische Strategie ist die Strategie eines dynamischen Wirtschaftswachstums sowie der Sicherung und des kontinuierlichen Ausbaus des materiellen und kulturellen Lebensniveaus des Volkes.

Die Menschen in unserem Land wissen aus eigener Erfahrung, daß unsere Partei verwirklicht, was sie sich vorgenommen hat. Täglich erleben sie, daß sich gute Arbeit lohnt. Darum leisten sie mit immer neuen Initiativen ihren Beitrag zur Stärkung unseres Vaterlandes. Die Bereitschaft, an jedem Platz das Beste zu tun, das Beste zu geben für unseren sozialistischen Friedensstaat, ist ein Bekenntnis zur Tat für die weitere Verwirklichung des Programms der SED. So bereiten wir in einer Atmosphäre des Vertrauens zwischen Partei und Volk, wie es nie enger war, den XI. Parteitag der SED als Höhepunkt im Leben unseres ganzen Volkes vor.

Stets lassen wir uns von der Leninschen Erkenntnis leiten, daß nur die Revolution etwas wert ist, die sich auch zu verteidigen weiß.[1] Wir haben jederzeit das Notwendige getan, um die Errungenschaften des Sozialismus und das friedliche Leben der Werktätigen zu schützen. Dabei berücksichtigten wir immer die Erfordernisse der militärischen Lage und die Aggressionsbereitschaft der NATO-Streitkräfte sowie die Anforderungen aus den tiefgreifenden Veränderungen im Militärwesen. Heute ist die Verteidigungsbereitschaft zu einer Sache des ganzen Volkes geworden. Sie ist Recht und Ehrenpflicht eines jeden Bürgers.

Wir Kommunisten sind angetreten, das friedliche Leben zu schützen, und nicht, um es zu vernichten. Daher ist das annähernde militärstrategische Gleichgewicht, das vor allem durch die großen Anstrengungen der Sowjetunion erreicht wurde, eine Errungenschaft von historischer Tragweite. Seine Gewährleistung ist von entscheidender Bedeutung für einen sicheren Frieden. In ihrer Sofioter Erklärung vom Oktober 1985 haben die Teilnehmerstaaten des Warschauer Vertrages bekräftigt, daß der Sozialismus alles unternimmt, um die nukleare Gefahr zu beseitigen und eine Wende zum Besseren, eine Wende zur Gewährleistung des Friedens zu erreichen.

Liebe Genossinnen und Genossen!

Überzeugender Ausdruck dieses Strebens sind die jüngsten Vorschläge Michail Gorbatschows zur vollständigen Befreiung unseres Planeten von nuklearen Waffen bis zur Jahrtausendwende. Sie haben in der Weltöffentlichkeit soviel zustimmendes Echo gefunden, weil sie einen realen Weg zur Rüstungsbegrenzung und Abrüstung weisen. Durch die Liquidierung der Kernwaffen und die Verhinderung eines »Sternenkrieges« würde niemand verlieren, gewinnen würde die internationale Sicherheit und damit die Friedenshoffnung der Völker. Das neue, umfassende sowjetische Angebot wird

---

1 Siehe W. I. Lenin: Bericht in der gemeinsamen Sitzung des Gesamtrussischen Zentralexekutivkomitees, des Moskauer Sowjets, der Betriebskomitees und der Gewerkschaften, 22. Oktober 1918. In: Werke, Bd. 28, S. 115.

von der Weltöffentlichkeit zu Recht als ein Prüfstein für alle Staaten und Regierungen betrachtet, wie ernsthaft sie bereit sind, guten Worten auch konkrete Taten zur Abrüstung folgen zu lassen.

Die Deutsche Demokratische Republik steht mit ihrer konstruktiven Friedenspolitik und mit ihren vielfältigen Bemühungen zur Realisierung konkreter Maßnahmen für Abrüstung und Entspannung auch in Zukunft an der Seite derer, die sich zu Vernunft, Realismus und gutem Willen bekennen und bereit sind, verantwortungsbewußt die friedliche und vertrauensvolle Zusammenarbeit der Völker zu fördern.

Bei unseren Anstrengungen, den Frieden dauerhaft zu gewährleisten, übersehen wir nicht, daß der Kampf um Sicherheit und Rüstungsbegrenzung kompliziert und zugleich langwierig ist. Wir haben keine Illusionen über die Absichten der aggressivsten imperialistischen Kreise, ihre verlorenen Positionen zurückzuerlangen. Deshalb werden wir die militärpolitischen und militärischen Entwicklungen in der Welt niemals aus dem Auge verlieren.

Gerade weil unsere Politik auf die Erhaltung des Friedens gerichtet ist, leistet die Deutsche Demokratische Republik als sozialistischer Staat ihren Beitrag dazu, daß niemals eine militärstrategische Überlegenheit des Imperialismus zugelassen wird. Unsere Partei und unser sozialistischer Staat werden sich auch künftig für die Stärkung des Warschauer Vertrages einsetzen. Es liegt in der historischen Verantwortung der sozialistischen Gemeinschaft als der entscheidenden politischen und materiellen Kraft zur Verhinderung einer nuklearen Katastrophe, die kriegstreibenden Kräfte endgültig in die Schranken zu verweisen.

An der Seite ihrer Waffengefährten der sozialistischen Bruderarmeen steht unsere Nationale Volksarmee an der sensiblen Trennlinie der beiden Weltsysteme mit hoher Kampfkraft und Gefechtsbereitschaft dafür ein, daß unser Volk sein Recht auf ein Leben in Frieden und Freiheit auch in Zukunft stets zu verteidigen weiß.

Liebe Genossinnen und Genossen!

Auf Vorschlag des Politbüros des Zentralkomitees der SED und des Präsidiums des Ministerrates der DDR verleihe ich der Nationalen Volksarmee in Würdigung ihrer hervorragenden Verdienste um die allseitige Stärkung der DDR und den zuverlässigen Schutz des Sozialismus und des Friedens anläßlich ihres 30. Jahrestages den Karl-Marx-Orden und ein Ehrenbanner des Zentralkomitees der Sozialistischen Einheitspartei Deutschlands. Ich beglückwünsche euch, liebe Genossinnen und Genossen, sehr herzlich zu dieser hohen Auszeichnung und bin gewiß, daß ihr euren Klassenauftrag auch weiterhin zu jeder Zeit in Ehren erfüllen werdet.

Es lebe unsere Nationale Volksarmee!

Es lebe die sozialistische Deutsche Demokratische Republik, unser sozialistisches Vaterland!
Vorwärts zum XI. Parteitag der Sozialistischen Einheitspartei Deutschlands!

Neues Deutschland (B), 22./23. Februar 1986.

Vorwort für den im Moskauer Verlag »Politisdat« herausgegebenen Sammelband Ernst Thälmann: Ausgewählte Aufsätze, Reden, Briefe. Aufsätze und Erinnerungen über ihn

März 1986

Dieser Band ist Ernst Thälmann gewidmet, einem jener Repräsentanten des internationalen Proletariats, die im Lichte der Großen Sozialistischen Oktoberrevolution sich der Aufgaben der neuen Epoche bewußt wurden und, geleitet von den Ideen W. I. Lenins, als Führer der kommunistischen Bewegung, des Kampfes für den Sozialismus eine bedeutende geschichtliche Rolle spielten. Aus Anlaß seines 100. Geburtstages am 16. April 1986 werden einige seiner Artikel, Reden und Briefe sowie Erinnerungen von Kampfgefährten den Lesern in der Sowjetunion vorgestellt, dem Lande, dem Ernst Thälmann bis in den Tod zutiefst verbunden war. Als leidenschaftlicher Vorkämpfer der Freundschaft des deutschen Volkes mit dem Sowjetvolk, des Kampfbündnisses der deutschen Kommunisten mit der Partei Lenins trug er entscheidend dazu bei, die unzerstörbaren Fundamente des Bruderbundes unserer Parteien und Völker zu schaffen. Unter seiner Führung eignete sich die Kommunistische Partei Deutschlands systematisch den Leninismus an, entwickelte sie sich nach dem Vorbild der KPdSU zu einer starken marxistisch-leninistischen Kampfpartei, die in den Jahren der Weimarer Republik Millionen Arbeiter und andere Werktätige um sich scharte und nach der Errichtung des Hitlerregimes die stärkste und aktivste Kraft des antifaschistischen Widerstandes war.

Wie Thälmanns Arbeiten bezeugen, wurde die Oktoberrevolution für ihn zum Leitstern seines politischen Handelns. Der erfolgreiche sozialistische Aufbau in der UdSSR erfüllte ihn mit der Gewißheit, daß der Sozialismus auch auf deutschem Boden siegen werde. Nie habe ich vergessen, mit welcher Zuversicht Ernst Thälmann im November 1932 vor dem Zentralkomitee des Kommunistischen Jugendverbandes diese Überzeugung zum

Ausdruck brachte. Gerade der Blick auf den in der Sowjetunion bereits Realität werdenden Sozialismus verlieh Ernst Thälmann die Kraft, durch seine Standhaftigkeit in elfeinhalb Jahren faschistischer Kerkerhaft zum Symbol des Mutes und des Widerstandswillens zu werden. Als er ermordet wurde, fiel er im Bewußtsein des nahen Sieges der Sowjetunion über den Hitlerfaschismus.

Diese unter Führung der Partei Lenins vollbrachte welthistorische Befreiungstat öffnete auch unserem Volke den Weg in eine glückliche sozialistische Zukunft. Ernst Thälmann lebte fort in der von ihm geführten und gestählten Partei, die in seinem Geiste antrat, sein Vermächtnis zu verwirklichen. Als sich im April 1946 die Kommunistische Partei Deutschlands und die Sozialdemokratische Partei Deutschlands auf revolutionärer Grundlage zur Sozialistischen Einheitspartei Deutschlands vereinigten, erfüllte sich sein unermüdliches Ringen um die Einheit der Arbeiterklasse. Unter Führung der SED entwickelte sich das feste Bündnis aller antifaschistisch-demokratischen Kräfte. Grundlegende Veränderungen wurden vollzogen: die Überführung der Betriebe von Nazis und Kriegsverbrechern in Volkseigentum, die Liquidierung des Großgrundbesitzes in der demokratischen Bodenreform, die Bildung demokratischer Verwaltungs- und Sicherheitsorgane und einer antifaschistischen Justiz, die Schulreform und andere antifaschistisch-demokratische Umgestaltungen. So wurden konsequent die Lehren aus der Geschichte gezogen, Faschismus und Militarismus mit ihren sozialökonomischen Wurzeln, mit ihrer Ideologie ausgerottet und die ersten Schritte zu neuen gesellschaftlichen Verhältnissen getan. Damit wurden zugleich im Osten Deutschlands mit Hilfe der sowjetischen Kommunisten in Uniform die Beschlüsse der Antihitlerkoalition von Jalta und Potsdam realisiert und wichtige soziale Voraussetzungen dafür geschaffen, daß von deutschem Boden nie wieder ein Krieg ausgeht.

Auf diesen Fundamenten errichteten wir am 7. Oktober 1949 die Deutsche Demokratische Republik. Damit entstand der erste deutsche Arbeiter-und-Bauern-Staat, für den die deutschen Kommunisten unter Führung Ernst Thälmanns jahrzehntelang gekämpft hatten. In einem einheitlichen revolutionären Prozeß, in erbitterter Auseinandersetzung mit der imperialistischen Reaktion und ihren Helfershelfern wurde die antifaschistisch-demokratische Umwälzung verwirklicht und die sozialistische Revolution zum Siege geführt. Für den sozialistischen deutschen Staat war die Freundschaft mit dem Lande Lenins von Anbeginn Staatsdoktrin. Stets handelte er im engen Bündnis mit der UdSSR, was ihm Sicherheit gegen den Imperialismus gab und half, seine inneren Aufgaben im Interesse des Volkes zu lösen. Mit jedem Schritt beim sozialistischen Aufbau vertiefte sich unser Zusammenwirken. In dieser Gemeinsamkeit ist die DDR zu einem politisch stabilen sozialistischen Staat mit hochentwickelter Industrie, Landwirtschaft, Bildung und Kultur geworden. Seit dem Beginn der siebziger Jahre schreitet sie auf dem Wege der Gestaltung der entwickelten sozialistischen Gesellschaft voran.

Entscheidend für diese erfolgreiche Entwicklung ist, daß unsere Partei stets dem Marxismus-Leninismus die Treue hielt und allseitig aus den Erfahrungen der kommunistischen Weltbewegung, insbesondere der KPdSU, schöpft. Dabei waren und bleiben uns das Ringen Ernst Thälmanns um die umfassende Aneignung der Lehren von Marx, Engels und Lenin, sein Kampf um die Reinhaltung der marxistisch-leninistischen Prinzipien, gegen revisionistische und nationalistische Entstellungen, seine tiefe Einsicht, daß die Erfahrungen der KPdSU den Weg zum Sieg der Arbeiterklasse und des Sozialismus weisen, immer Beispiel und Verpflichtung. Auch die Geschichte der DDR beweist, daß die Probleme der sozialistischen Entwicklung erfolgreich gemeistert werden, wenn man sich von den allgemeingültigen Gesetzmäßigkeiten des Klassenkampfes und des sozialistischen Aufbaus, von den grundlegenden Erfahrungen der Partei Lenins leiten läßt und sie schöpferisch auf die konkreten historischen und nationalen Bedingungen anzuwenden versteht.

In der DDR haben wir die Frage der Macht ein für allemal zugunsten der Arbeiterklasse und der mit ihr verbündeten Werktätigen gelöst und damit die grundlegende Voraussetzung für den erfolgreichen Aufbau des Sozialismus auf deutschem Boden geschaffen. Unablässig stärken wir die Arbeiter-und-Bauern-Macht. Ernst Thälmann hatte immer wieder ins Bewußtsein gerufen, daß die Freiheit, das Wohl, das Glück der Werktätigen untrennbar an ihre politische Macht geknüpft sind. Die Arbeiterklasse, wenn sie die Macht errungen hat, darf sie nie wieder aus ihren Händen geben. In unwandelbarer Treue zu diesem Thälmannschen Vermächtnis haben wir die Arbeiter-und-Bauern-Macht stets mit aller Konsequenz gesichert. Niemandem wurde je gestattet und wird es je gestattet werden, mit ihr zu spielen oder sie anzutasten.

Alle unsere Erfolge wurden durch harte Arbeit, in ständiger scharfer Klassenauseinandersetzung mit dem Imperialismus erzielt. Sie sind das Ergebnis der Anstrengungen von Millionen Werktätigen, die für die Politik der Partei gewonnen wurden und sie durch ihre Taten verwirklichen. Die Grundlage dafür besteht in der schon im »Manifest der Kommunistischen Partei« festgestellten, von Ernst Thälmann immer wieder unterstrichenen Tatsache, daß die Kommunisten keine von den Interessen ihrer Klasse getrennten Interessen verfolgen, daß die Partei nichts Höheres kennt als die Interessen der Arbeiterklasse, des werktätigen Volkes. Im Mittelpunkt der Politik unserer Partei stehen der Mensch mit seinen materiellen und kulturellen Bedürfnissen, die Entfaltung seiner Persönlichkeit und die Entwicklung sozialistischer gesellschaftlicher Beziehungen. Thälmanns Grundforderung, unter den Massen zu wirken, sie für die Unterstützung der Politik der Partei zu gewinnen, bestimmt in vollem Maße die Politik der SED in der Gegenwart. Geleitet von dem Grundsatz, daß der Sozialismus für alle da ist und alle braucht, sind wir bestrebt, alle Menschen zu erreichen und sie in die Lösung der Aufgaben einzubeziehen. In großen Leistungen und Masseninitiativen für die Stärkung des Sozialismus und die Sicherung des Friedens äußern sich die enge Verbundenheit der Bürger mit ihrem sozialistischen Staat, das Vertrauen zwischen Partei und Volk, das heute fester ist denn je.

Auch hierin orientiert sich unsere Partei am Vorbild Ernst Thälmanns, der selbst auf vollendete Weise die Massenverbundenheit eines Kommunisten verkörperte. Davon legen die in diesem Band enthaltenen Erinnerungen beredtes Zeugnis ab. Wie kein anderer deutscher Arbeiterführer seiner Zeit genoß Ernst Thälmann das Vertrauen von Millionen. Stets suchte er den persönlichen Kontakt zu den Arbeitern, aber auch zu Menschen aus anderen Schichten, vor allem dort, wo sie arbeiten und leben. Im lebendigen, vertrauensvollen Gespräch mit ihnen sah er eine unersetzliche Grundlage politischer Entscheidungsfindung. Dieser Thälmannsche Führungsstil setzte Maßstäbe, von denen wir deutschen Kommunisten uns immer leiten lassen werden. Der unmittelbare Gedanken- und Erfahrungsaustausch macht am deutlichsten spürbar, wie die Politik der Partei verstanden wird und sich die Werktätigen mit ihr identifizieren. Er läßt die Wirklichkeit so sehen, wie sie ist, das Erreichte realistisch einschätzen, die Möglichkeiten für das weitere Voranschreiten sachlich und nüchtern beurteilen und so die nächsten Schritte in der Gewißheit festlegen, daß sie mit der Kraft und der Initiative des Volkes bewältigt werden. Darin sehen wir die Voraussetzung für jeden Erfolg. Aus allen diesen Gründen betrachten wir das tiefe Vertrauen der Werktätigen zur Politik der Partei als unseren kostbarsten Schatz, den es sorgfältig zu pflegen und zu mehren gilt.

In den schöpferischen Taten der Arbeiterklasse, aller Werktätigen unseres Landes und seiner Jugend ist Ernst Thälmanns Werk lebendig. Wir erfüllen sein Vermächtnis im umfassenden und tiefsten Sinne, indem wir weiter die entwickelte sozialistische Gesellschaft gestalten. Im Sinn des Sozialismus, alles zu tun für das Wohl des Volkes, erblicken wir das Grundmotiv der revolutionären Arbeiterbewegung, das Thälmanns ganzes Wirken als Arbeiterfunktionär und Führer der KPD durchdrang. Um diesem Sinn des Sozialismus entsprechend zu handeln, verwirklichen wir die Politik der Hauptaufgabe, das materielle und kulturelle Lebensniveau des Volkes weiter zu erhöhen und durch ein hohes Entwicklungstempo der sozialistischen

Produktion, die Erhöhung der Effektivität, den wissenschaftlich-technischen Fortschritt und das Wachstum der Arbeitsproduktivität die Voraussetzungen dafür zu schaffen. Unser klares Bekenntnis zum Sinn des Sozialismus wie die Festlegung der Hauptaufgabe zeigen, daß der Mensch mit seinen Interessen und schöpferischen Möglichkeiten, die Entfaltung seiner Persönlichkeit für uns das Maß der Dinge ist und bleibt.

Eine entscheidende Grundlage aller unserer Erfolge und das unerschütterliche Fundament für das weitere erfolgreiche Voranschreiten des Sozialismus in unserem Lande bildet die Freundschaft und allseitige Zusammenarbeit mit der UdSSR. Bei der Gestaltung der entwickelten sozialistischen Gesellschaft hat diese Gemeinsamkeit ein Ausmaß erreicht wie nie zuvor. Sie findet ihren Ausdruck im Vertrag über Freundschaft, Zusammenarbeit und gegenseitigen Beistand vom 7. Oktober 1975. Große Bedeutung kommt dem 1984 unterzeichneten langfristigen Programm der Zusammenarbeit in Wissenschaft, Technik und Produktion bis zum Jahre 2000 zu.

Brüderlich mit der Sowjetunion und den anderen Ländern der sozialistischen Gemeinschaft verbunden, bewährt sich unsere Republik als eine wahre Heimstatt des werktätigen Volkes. Indem der Sozialismus für die Menschen soziale Sicherheit, Freiheit, Zukunftsgewißheit, steten sozialen Fortschritt, ein gesundes gesellschaftliches Klima gewährleistet, beweist er seine Überlegenheit über den Imperialismus. Um so verständlicher ist, daß man den Sozialismus stärken muß, um dadurch das Wohl des Volkes und den Frieden zu sichern. Je stärker der Sozialismus, um so sicherer der Frieden. Wenn der Frieden in Europa schon 40 Jahre bewahrt werden konnte, dann vor allem deswegen, weil die Macht und das Potential der Sowjetunion und der sozialistischen Gemeinschaft ständig erstarkten, ihr Einfluß auf das internationale Geschehen zunahm. Heute, da die Gefahr einer Selbstvernichtung der Menschheit in einem nuklearen Weltkrieg besteht, kann nichts wichtiger sein, als den Frieden zu verteidigen und ihn dauerhaft zu stabilisieren. Es gilt, alle Kräfte des Friedens zusammenzuführen, eine weltweite Koalition der Vernunft und des Realismus zu schaffen.

Auf Grund des Anwachsens der Stärke des Sozialismus und der Kräfte des Friedens bestehen reale Möglichkeiten, das Konzept jener zu durchkreuzen, die der imperialistischen Politik der Konfrontation und der Hochrüstung huldigen. Mehr denn je kommt es darauf an, die bereits von Ernst Thälmann nach dem ersten Weltkrieg unablässig erläuterte Lehre zu beherzigen, daß man den Kampf gegen den Krieg führen muß, bevor die Waffen sprechen. Man kann den Krieg nur verhindern, wenn man seinen imperialistischen Anstiftern rechtzeitig in den Arm fällt. Von geschichtlicher Bedeutung in diesem Ringen ist das Gewicht der Sowjetunion, in der schon Thälmann den sicheren Hort und das festeste Bollwerk für die Politik des

Friedens sah, ist ihr initiativreiches Eintreten für die Beendigung des Wettrüstens auf der Erde und die Verhinderung seiner Ausdehnung auf den Weltraum, für Rüstungsbegrenzung und Abrüstung nach dem Prinzip der Gleichheit und der gleichen Sicherheit. Voll und ganz teilen wir den Standpunkt der UdSSR und unterstützen ihre Initiativen. Die DDR leistet ihren konstruktiven Beitrag zur gemeinsam abgestimmten Außenpolitik der sozialistischen Gemeinschaft und erfüllt ihre internationalistische Verantwortung.

Unter Führung Ernst Thälmanns entwickelte sich die Kampfgemeinschaft der deutschen Kommunisten mit der Partei Lenins zu einem engen, unzerstörbaren Bruderbund. Heute ist die Freundschaft zur Sowjetunion für Millionen Bürger unserer Republik Herzenssache. Sie ist eng verknüpft mit allen Stationen des Lebensweges der Menschen. Von klein an, in Kindergarten und Schule, in den Reihen der Thälmann-Pioniere und des Jugendverbandes wachsen sie in diesem Geiste auf. Als Soldaten erleben sie die Waffenbrüderschaft mit der ruhmreichen Sowjetarmee, im Arbeitskollektiv die sozialistische Gemeinschaftsarbeit über Ländergrenzen hinweg. Für alle Zeiten ist die DDR in unverbrüchlicher Freundschaft mit der Sowjetunion verbunden. Wir folgen der Thälmannschen Kampftradition, daß das Verhältnis zur Sowjetunion und zur KPdSU der Prüfstein für revolutionäres Denken und Handeln, der Maßstab klassenmäßiger Haltung im Kampf um Frieden und sozialen Fortschritt ist.

In der UdSSR wird das Andenken Ernst Thälmanns, wie wir wissen, hoch in Ehren gehalten, was unsere Partei, das Volk der DDR vor allem auch als eine Verpflichtung empfinden. Kurz vor dem 40. Jahrestag des Sieges über den Hitlerfaschismus nahm ich mit innerer Bewegung an der Grundsteinlegung für ein Ernst-Thälmann-Denkmal im Zentrum Moskaus auf dem nach ihm benannten Platz teil. Diese erneute Würdigung erfüllt uns mit großer Freude und Stolz. Sie symbolisiert unsere internationalistische Gemeinsamkeit im Kampf für die edle Sache des Kommunismus, des Friedens und des Fortschritts der Menschheit. Möge der vorliegende Band ein Beitrag dazu sein, diese brüderliche Gemeinsamkeit weiter zu festigen und weiter zu vertiefen.

Manuskript.

Mut, Standhaftigkeit und Beispiel
der Märzkämpfer
werden unvergessen bleiben

*Aus der Rede auf der Großkundgebung
aus Anlaß des 65. Jahrestages
der Märzkämpfe der deutschen Arbeiterklasse
in Halle
21. März 1986*

Liebe Bürger von Halle!
Liebe Freunde und Genossen des Bezirkes Halle!
Liebe Mitglieder der Freien Deutschen Jugend!
Auf unserer heutigen Großkundgebung würdigen wir das Andenken der Helden des deutschen Proletariats, die vor 65 Jahren ihr Leben für die Sache des Friedens, der Freiheit und des Sozialismus gaben. Mit ihrem Blut, das sie der heiligsten Sache der Welt opferte, schrieb die Arbeiterklasse Mitteldeutschlands ein heroisches Kapitel in der Geschichte der deutschen Arbeiterbewegung. Die Lage der Arbeiter war damals schwer. Die herrschenden Kreise versuchten, sie bis aufs Blut auszusaugen. Sie schickten starke Polizeiverbände ins Gebiet. Der Terror schien kein Ende zu nehmen.
Zu diesem Zeitpunkt schlugen die revolutionären Arbeiter im Mansfelder Gebiet, bei Leuna, im Hallenser Gebiet eine gewaltige Klassenschlacht. Sie verteidigten die Errungenschaften der deutschen Novemberrevolution, sie verteidigten die Interessen und Rechte des werktätigen Volkes gegen Militarismus und Imperialismus. In diesem erbitterten Kampf setzten sie ihr Leben ein für eine Gesellschaft ohne Ausbeutung und Unterdrückung, ohne Krieg und Militarismus, für Freiheit, Demokratie und gesellschaftlichen Fortschritt. Ihr Mut und ihre Standhaftigkeit, ihr Beispiel werden für immer unvergessen sein.
Liebe Freunde und Genossen!
Mit tiefer Befriedigung können wir heute feststellen, daß das edle Ziel der Helden der Märzkämpfe doch noch erreicht wurde. In der Deutschen Demokratischen Republik entwickelt sich erfolgreich der erste deutsche Ar-

beiter-und-Bauern-Staat. In ihm ist alles, was des Volkes Hände schaffen, auch des Volkes eigen. Er hat das Wohl des Menschen zum obersten Gesetz seiner Politik erhoben und setzt seine ganze Kraft für eine friedliche Zukunft ein. Er ist Teil der großen Gemeinschaft, mit der Sowjetunion und den anderen sozialistischen Bruderländern fest und für immer verbunden.

Damit erfüllen wir das Vermächtnis der revolutionären Kämpfer der deutschen Arbeiterbewegung. Wir erfüllen das Vermächtnis der Helden der Roten Armee und der anderen Armeen der Antihitlerkoalition, die den Sieg über den Hitlerfaschismus errangen und so auch uns die Befreiung brachten. Wir werden ihr Vermächtnis auch in Zukunft in Ehren erfüllen, indem wir helfen, den Frieden zu sichern und den Sozialismus auf deutschem Boden zu stärken.

Der in wenigen Wochen beginnende XI. Parteitag der Sozialistischen Einheitspartei Deutschlands wird dazu einen wichtigen Beitrag leisten. In seinem Mittelpunkt steht unser weiterer Kampf um die Sicherung des Friedens und die Stärkung der DDR durch die weitere Gestaltung der entwickelten sozialistischen Gesellschaft. Unsere Partei wird, davon könnt ihr stets ausgehen, Aufgaben in Angriff nehmen, die dem Wohle der Menschen dienen. Eng verbunden mit dem Volk, wird sie dazu beitragen, das Leben noch lebenswerter zu machen.

Liebe Freunde und Genossen!

Beim Treffen der revolutionären Arbeiter am 20. März 1927 in Leuna-Kröllwitz und in Merseburg erklärte unser unvergessener Ernst Thälmann: »Die Arbeiterklasse vergißt ihre tapferen Kämpfer nicht! Uns bindet eine starke Klassenliebe und Solidarität. Überall, wo wir unsere Toten ehren, die im Kampf blieben, rufen uns die Fanfaren zu neuem Kampf.«[1] Ja, er hatte recht, die Fanfaren riefen tatsächlich zu neuem Kampf. Ernst Thälmann forderte dazu auf, diesen Kampf zielbewußt und konsequent fortzusetzen, bis er vom endgültigen Siege, vom Siege des Sozialismus gekrönt wird. Die Lehren der Ereignisse des März 1921 waren von großer Bedeutung für die deutsche Arbeiterbewegung, für die Entwicklung der Kommunistischen Partei Deutschlands als marxistisch-leninistische Partei, für die Gewinnung breiter Massen zum Sturz des Kapitalismus und zur Errichtung der Arbeiter-und-Bauern-Macht.

Im halleschen Industriegebiet, wo die KPD den stärksten Einfluß hatte, provozierte damals die Monopolbourgeoisie die revolutionären Arbeiter zum bewaffneten Kampf. Um diesen Anschlag auf die Errungenschaften der Novemberrevolution von 1918 abzuwehren, tat die KPD alles für das

---

1 Zit. in: Geschichte der Fabriken und Werke, Bd. VIII.: Kämpfendes Leuna (1916–1945). Die Geschichte des Kampfes der Leuna-Arbeiter, Teil I, 1. Halbbd. (1916–1933), Berlin 1961, S. 417/418.

Zustandekommen der proletarischen Einheitsfront. Heldenhaft leisteten die Arbeiter der an Zahl und Bewaffnung weit überlegenen Soldateska des imperialistischen Staates Widerstand. Sie griffen zum Mittel des Generalstreiks, an dem sich im ehemaligen Regierungsbezirk Merseburg über 150 000 von ihnen, zwei Drittel des Industrieproletariats, beteiligten.

150 Arbeiter fielen in den Kämpfen, viele wurden danach ermordet, rund 6 000 eingekerkert, 4 000 von ihnen zu insgesamt 3 000 Jahren Zuchthaus- und Gefängnisstrafen verurteilt. Die Reaktion hielt blutige Abrechnung. Das dürfen und werden wir niemals vergessen. Es ist uns Mahnung, auch in Zukunft dafür zu sorgen, daß die revolutionären Errungenschaften, über die heute die Arbeiterklasse und alle Werktätigen der DDR verfügen, niemals angetastet werden. Wir werden diese Errungenschaften heute und in aller Zukunft verteidigen.

Liebe Freunde und Genossen!

In der DDR ist der mehr als hundertjährige Kampf des deutschen Proletariats durch den Sieg des Sozialismus gekrönt worden. Hier wurde die Arbeiter-und-Bauern-Macht errichtet, nach der Ernst Thälmann strebte, für die die Kommunisten, die besten Söhne und Töchter unseres Volkes ihr Leben wagten und ihr Leben gaben. Unser sozialistisches Vaterland zu stärken, unsere Kräfte nicht zu schonen, damit es ständig weiter aufblüht und gedeiht, darin sehen wir, darin sieht gerade auch die junge Generation der DDR den tiefen Sinn der täglichen Arbeit und eine Verpflichtung.

Neues Deutschland (B), 22./23. März 1986.

Die entscheidende Lehre aus der Geschichte der deutschen Arbeiterbewegung

Artikel in der »Einheit«
April 1986

Vor vierzig Jahren, am 21. April 1946, besiegelten Wilhelm Pieck und Otto Grotewohl mit ihrem symbolischen Händedruck auf dem Vereinigungsparteitag von KPD und SPD zur Sozialistischen Einheitspartei Deutschlands die Überwindung der unseligen Spaltung der Arbeiterklasse. Es war ein großer, bewegender Augenblick, der Beginn eines neuen Kapitels in der Geschichte der deutschen Arbeiterbewegung. Damit wurde die entscheidende Lehre aus der Vergangenheit gezogen, daß die Arbeiterklasse ihre historische Mission, Totengräber einer alten Welt der Ausbeutung und Unterdrückung, Baumeister der neuen, der sozialistischen Welt wahrer Freiheit und Menschenwürde zu sein, nur erfüllen kann, wenn sie ihre Einheit auf revolutionärer Grundlage herstellt. Sie kann nur siegreich sein unter Führung ihres einheitlichen, bewußten und organisierten Vortrupps, der Partei, die sich vom Marxismus-Leninismus leiten läßt, ihn schöpferisch auf die konkreten Bedingungen des jeweiligen Landes anwendet und im festen Bündnis mit den Bauern und allen Werktätigen handelt.

Die SED hat seitdem einen Weg zurückgelegt, dessen Ergebnisse das historische Gewicht der damals getroffenen Entscheidung in vollem Ausmaß verdeutlichen. Mit der Kraft der geeinten Arbeiterklasse, die alle anderen Werktätigen um sich scharte, wurde das Leben unseres Volkes durch die antifaschistisch-demokratische Umwälzung und die sozialistische Revolution bis hin zur Gestaltung der entwickelten sozialistischen Gesellschaft von heute grundlegend zum Besseren verändert. Als erster sozialistischer Staat der Arbeiter und Bauern auf deutschem Boden entstand die Deutsche Demokratische Republik und nahm einen kontinuierlichen Aufstieg. Politisch stabil und mit wirtschaftlicher Dynamik voranschreitend, belegt sie einen vorderen Platz unter den leistungsstärksten Industrienationen der Erde. Weltweit völkerrechtlich anerkannt und international gleichberechtigt, gehört sie zu den entschiedensten Verteidigern des Friedens, zu denen, die sich für Zusammenarbeit statt Konfrontation, für Abrüstung und Entspannung einsetzen. Ihre brüderliche, für alle Zeiten unerschütterliche Verbundenheit mit der Sowjetunion, ihre Verankerung in der sozialistischen Staatengemeinschaft sind das feste Fundament ihrer guten Entwicklung. Bei alledem kann sie bis zur Jahrtausendwende Aufgaben auf einem ungleich höheren Niveau und von einer Tragweite in Angriff nehmen, die sich damals auch bei kühnster Phantasie kaum jemand vorzustellen vermochte.

Überblickt man die von unserer Partei geleistete Arbeit und die Resultate ihrer Politik, die in oftmals härtester Auseinandersetzung mit den imperialistischen Gegnern des Sozialismus erzielt wurden, so ist augenfällig, daß sie ihre historische Bewährungsprobe bestanden hat. Die SED hat auf innen- und außenpolitischem Gebiet reiche Erfahrungen gewonnen, ist an den Anforderungen der Zeit gewachsen und hat ihre Reihen gestärkt. Mit Recht kann man feststellen, daß sich die SED als erfolgreichste Partei auf deutschem Boden erwiesen hat. Auf der Grundlage ihres Programms verwirklicht unser Volk die Ideen von Karl Marx und Friedrich Engels in deren Geburtsland, setzt es die unsterbliche Leninsche Lehre in die Tat um. Es richtet in einem Leben, das frei ist von der Ausbeutung des Menschen durch den Menschen, sein Schöpfertum und seine Leistungen auf Ziele, die seinem eigenen Wohl dienen. Indem wir, entsprechend den zu erwartenden Beschlüssen des XI. Parteitages der SED, weiter die entwickelte sozialistische Gesellschaft in der DDR gestalten, schaffen wir grundlegende Voraussetzungen für den allmählichen Übergang zum Kommunismus.

Die Gründung der SED erwies sich, um es mit einem Wort von Wilhelm Pieck auf dem I. Parteitag der SED auszudrücken, als »der unerschütterliche Fels«,[1] auf dem unser Volk sein glückliches Dasein zu erbauen vermochte. Nach dem Sieg der Sowjetunion sowie ihrer Verbündeten über den Hitlerfaschismus, nach der Befreiung war es oberstes Gebot, die Einheit der Arbeiterklasse zu schaffen und sie fest zu schmieden. Die vom Imperialismus und Opportunismus verursachte Spaltung der deutschen Arbeiterbewegung, die zu Beginn des ersten Weltkrieges gänzlich aufgebrochen war, hatte verhängnisvolle Folgen für die deutsche Arbeiterklasse und das deutsche Volk, ganz zu schweigen von den internationalen Auswirkungen. Um

---

1 Protokoll des Vereinigungsparteitages der Sozialdemokratischen Partei Deutschlands (SPD) und der Kommunistischen Partei Deutschlands (KPD) am 21. und 22. April 1946 in Berlin, Berlin 1946, S. 100.

den aggressiven deutschen Imperialismus zu bändigen, bedurfte es vor allem der einheitlich und entschlossen handelnden Kraft der Arbeiterklasse. Diese Erkenntnis, für die sich die Kommunistische Partei Deutschlands unter Führung Ernst Thälmanns im Kampf gegen Imperialismus, Militarismus und Kriegsgefahr unentwegt eingesetzt hatte, brach sich vollends Bahn an den Fronten des antifaschistischen Widerstandes im Lande und im Exil, in den Zuchthäusern und Konzentrationslagern der Nazis, wo Kommunisten, Sozialdemokraten, Gewerkschafter und andere Antifaschisten gepeinigt und gemeuchelt wurden. Die Einheit der Arbeiterklasse zu schaffen war das Vermächtnis unzähliger Kämpfer gegen die faschistische Barbarei. Unmittelbar nach der Befreiung vom Hitlerfaschismus erwies sich der Wille zur Einheit der Arbeiterklasse in deren Parteien und Organisationen stärker und drängender denn je.

Auch in jenen Tagen und Monaten beherzigte die Kommunistische Partei Deutschlands die historische Erfahrung, daß eine stabile, dauerhafte Einheit nur auf revolutionärer Grundlage möglich ist und durch die Aktionseinheit im Kampf für gemeinsame Ziele vorbereitet werden muß. In ihrem Aufruf vom 11. Juni 1945 wies die KPD allen antifaschistisch-demokratischen Kräften den Weg, um Hunger, Not und Verzweiflung zu überwinden. Damit gab sie den werktätigen Massen Vertrauen zur eigenen Kraft und Hoffnung auf eine bessere Zukunft. Der Berliner Zentralausschuß der SPD, an dessen Spitze Otto Grotewohl stand, stimmte in seinem Aufruf vom 15. Juni 1945 dem Aktionsprogramm der KPD zu. Es waren Voraussetzungen für eine Zusammenarbeit geschaffen wie nie zuvor in der Geschichte der deutschen Arbeiterbewegung.

Der Aufruf der KPD orientierte auf die Schaffung antiimperialistisch-demokratischer Verhältnisse, auf die restlose Vernichtung der sozialökonomischen, politischen und geistigen Wurzeln von Faschismus und Militarismus. Aus der sorgfältigen Analyse der objektiven und subjektiven Bedingungen des Klassenkampfes ging hervor, daß die Voraussetzungen für eine sofortige sozialistische Revolution nicht gegeben waren. Doch wurde bereits in diesem Dokument die Möglichkeit der Weiterführung der antifaschistisch-demokratischen Umwälzung zur sozialistischen Revolution hervorgehoben. Von ausschlaggebender Bedeutung war, daß die Arbeiterklasse unter Führung der revolutionären Vorhut ihre Hegemonie zu verwirklichen, entscheidende Machtpositionen zu erobern und dabei das Bündnis mit den anderen Werktätigen zu schmieden hatte. So konnte die antifaschistisch-demokratische Einheitsfront beider Arbeiterparteien praktisch erprobt, konnte die Vereinigung von KPD und SPD zu einer revolutionären Kampfpartei, zur SED, politisch-ideologisch und organisatorisch vorbereitet werden.

Vielfältige Aufgaben mußten, oft in zugespitzten Situationen des Klassenkampfes, von Kommunisten und Sozialdemokraten gemeinsam, im Bunde mit anderen Aktivisten der ersten Stunde, gemeistert werden. Dankbar erinnern wir uns, daß wir uns dabei auf den Schutz der Sowjetarmee, auf den Rat und die Hilfe ungezählter sowjetischer Kommunisten stützen konnten. Die Erfolge blieben nicht aus. Mit der demokratischen Bodenreform wurden feste Fundamente für das Bündnis zwischen der Arbeiterklasse und der werktätigen Bauernschaft gelegt. Darin bestand ein erster Höhepunkt der Umwälzungen, die in erbittertem Klassenkampf durchgesetzt wurden. Daß einheitliche demokratische Massenorganisationen, vor allem der Freie Deutsche Gewerkschaftsbund und die Freie Deutsche Jugend, ins Leben gerufen worden waren, trug maßgeblich zur Einheit der Arbeiterklasse, zur Herausbildung einheitlicher revolutionärer Kampfpositionen bei. So war die Gründung unserer Sozialistischen Einheitspartei ein eng mit dem Leben verbundener, zutiefst demokratischer Prozeß.

Die imperialistischen Mächte ließen nichts unversucht, den Willen zur Einheit zu diffamieren, zu lähmen und zu brechen. Geblendet vom Antikommunismus, fiel es manchen schwer, die imperialistische Strategie zu durchschauen. Doch gegen den Drang nach Vereinigung, den Willen von Millionen, die geschichtlichen Lehren zu beherzigen, war kein Kraut gewachsen. In der geistigen Auseinandersetzung, die sich mit der Vereinigung verband und geduldig, mit überzeugenden Argumenten geführt wurde, ging es darum, das gemeinsame Handeln für die Klasseninteressen der Arbeiter und aller Werktätigen zu erreichen. Deshalb galt es, den Einfluß bürgerlicher, insbesondere opportunistischer und revisionistischer Ideologie, die sich seit Beginn des Jahrhunderts in der deutschen Arbeiterbewegung ausgebreitet hatte, zu überwinden.

Die SED darf mit Recht von sich sagen, daß sie die revolutionären Traditionen der deutschen Arbeiterbewegung, des Bundes der Kommunisten, der revolutionären deutschen Sozialdemokratie und der Kommunistischen Partei Deutschlands verkörpert und fortsetzt. Als Partei der Arbeiterklasse und des werktätigen Volkes, als freiwilliger Kampfbund von Gleichgesinnten stellte sie ihre Fähigkeit zur politischen Führung der Gesellschaft unter Beweis. Sie erarbeitete und realisierte eine Strategie und Taktik, dank deren der Sozialismus, übereinstimmend mit dem revolutionären Weltprozeß, auch auf deutschem Boden, in der DDR, festen Fuß faßte und unser Staat sich zu einem zuverlässigen Eckpfeiler des Sozialismus und des Friedens im Herzen Europas entwickelte.

Im Manifest des Vereinigungsparteitages gelobte unsere Partei, für das Wohlergehen des Volkes, das höchste Gebot der gerechten Sache der Arbeiterbewegung, zu kämpfen und zu arbeiten. Hierauf waren unser Wille und unsere Tat jederzeit gerichtet. Eng verbunden mit allen Werktätigen, in freundschaftlicher Zusammenarbeit mit den in der Nationalen Front der DDR vereinten Parteien und Massenorganisationen wies und beschritt unsere Partei einen Weg, auf dem es für den einzelnen zur Erfahrung wurde, daß sich seine gute Arbeit lohnt. Soziale Sicherheit, Vollbeschäftigung, hohe Bildung und gleiche Chancen für alle, aktive Mitwirkung an der Leitung und Planung, an der Nutzung und Mehrung der Schätze der Wissenschaft und Kultur kennzeichnen bei uns das tägliche Leben des Volkes, stimulieren die Bereitschaft, durch große Leistungen unser sozialistisches Vaterland weiter zu stärken.

Mit dem Kurs der Hauptaufgabe in der Einheit von Wirtschafts- und Sozialpolitik wurde der Zeitraum seit dem VIII. Parteitag der SED zu einem besonders erfolgreichen Abschnitt des gesellschaftlichen Voranschreitens gestaltet. Die DDR behauptete und festigte, trotz vielfältiger internationaler Turbulenzen, ihren vorderen Platz unter den Industrienationen. Weltweit völkerrechtlich anerkannt, nimmt sie, nicht zuletzt als Mitglied der UNO, gleichberechtigt am internationalen Leben teil. Ihre Bürger sind in einem der freiesten Länder der Erde zu Hause, entfalten ihr Schöpfertum für Ziele, die dem Wohle der Menschen dienen. Krisenerscheinungen, Massenarbeitslosigkeit, »neue Armut«, wie sie für den Alltag im Kapitalismus charakteristisch sind, kennen sehr viele bei uns nur noch aus der Geschichte und vom Hörensagen.

Wahrhaft frei kann der Mensch nur sein, wenn er nicht mehr dem Wolfsgesetz unterliegt, das dort, wo der Profit regiert, alle Sphären des Lebens beherrscht. Zu seiner vollen Größe vermag er sich nur zu erheben, wenn ihm die Möglichkeit geboten wird, in der Arbeit, die der Gesellschaft und ihm selber nutzt, seine Fähigkeiten und Talente anzuwenden, zu erproben und auszubilden. Ebendiese reale Möglichkeit schafft der Sozialismus, wie er unter Führung der Arbeiterklasse und ihrer Partei, der SED, in der DDR erbaut wird. Indem sich unsere Partei den ständig höheren Anforderungen seiner Entwicklung stellt, rechtzeitig Lösungen für neu heranreifende Fragen findet und dabei stets die Zusammenhänge zwischen den nationalen und den internationalen Erfordernissen und Prozessen gebührend berücksichtigt, weist sie ihre Politik als wohlbegründet und vertrauenswürdig aus. Es ist ein Kurs, der den Interessen des Volkes entspricht.

Mit unserem Parteiprogramm verfügen wir über eine langfristige, bewährte Orientierung, die auch in die Beratungen und Beschlüsse des XI. Parteitages einfließen wird. Kernstück unserer Gesellschaftspolitik ist die ökonomische Strategie, in deren Zentrum die umfassende Intensivierung, vor allem durch die Verbindung der Vorzüge des Sozialismus mit der wissenschaftlich-technischen Revolution, steht. Ausgehend von den guten

Ergebnissen, die erreicht wurden, und den Notwendigkeiten einer dynamischen Entwicklung der modernen Produktivkräfte, wird unser Parteitag festlegen, was zu tun ist, um das weitere Wirtschaftswachstum zu gewährleisten, das uns in die Lage versetzt, das materielle und kulturelle Lebensniveau des Volkes planmäßig zu erhöhen. Mehr denn je wird dieses ökonomische Wachstum heute von der Nutzung modernster Erkenntnisse der Wissenschaft und Technik wie der Mikroelektronik, der Robotertechnik, der CAD/CAM-Systeme, der Informatik, der Lasertechnik und der Biotechnologie bestimmt, die wir breit anwenden.

International beschleunigt sich der Prozeß einer stürmischen Entwicklung der Produktivkräfte, der umfassenden Einführung und Anwendung der Hochtechnologie. Damit Schritt zu halten, auf wesentlichen Gebieten Spitzenpositionen zu erkämpfen ist für unser Land eine gebieterische Notwendigkeit. Wir stellen uns dieser Herausforderung der Zukunft, ohne darüber etwa die Aufgaben der Gegenwart zu vernachlässigen, und erschließen neue weite Felder schöpferischen Handelns, auf denen die Vorzüge des Sozialismus immer stärker zum Tragen kommen. Nach wie vor bleibt es dabei, daß der Mensch mit seinen Fähigkeiten, Interessen und Bedürfnissen im Mittelpunkt steht.

Zu den charakteristischen Vorzügen unserer Gesellschaft zählt ein gut funktionierendes, modernes System der sozialistischen Planwirtschaft. Seiner stetigen Vervollkommnung hat unsere Partei jederzeit große Aufmerksamkeit gewidmet. Mit wachsender Effektivität verkörpert es auf der Grundlage des demokratischen Zentralismus die Verbindung der zentralen staatlichen Leitung und Planung mit der Eigeninitiative und -verantwortung der Kombinate, Betriebe und Genossenschaften, dem schöpferischen Elan der Werktätigen und ihrer Kollektive.

Ein Garant unseres Voranschreitens sind unser für alle Zeiten unzerstörbarer Bruderbund mit der KPdSU und der Sowjetunion, die feste Verankerung der DDR in der sozialistischen Gemeinschaft. Mit dem langfristigen Programm der Zusammenarbeit zwischen der DDR und der UdSSR auf dem Gebiet von Wissenschaft, Technik und Produktion bis zum Jahr 2000 sowie den entsprechenden Programmen, die mit den anderen Bruderstaaten vereinbart wurden, erschließen unsere Länder eine neue Etappe der ökonomischen und wissenschaftlich-technischen Zusammenarbeit und der sozialistischen ökonomischen Integration. Dasselbe gilt für die Beschlüsse der Wirtschaftsberatung der Mitgliedsländer des RGW auf höchster Ebene sowie das Komplexprogramm des wissenschaftlich-technischen Fortschritts der Mitgliedsländer des RGW bis zum Jahr 2000.

So kann man mit Fug und Recht feststellen, daß wir über alle Voraussetzungen, die notwendige Kraft und die klare Orientierung verfügen, auch dem gerecht zu werden, was der kommende Zeitabschnitt von uns verlangt. Dabei werden sich die Kommunisten immer ihrer hohen Verantwortung bewußt sein und entsprechend handeln. Mit der festen Einheit und Geschlossenheit ihrer Reihen, der Hingabe ihrer Mitglieder an die große Sache des Sozialismus, bereichert um wertvolle theoretische Erkenntnisse und praktische Erfahrungen aus vierzigjähriger Tätigkeit, zeigt sich unsere Partei imstande, auch komplizierteste Aufgaben der gesellschaftlichen Entwicklung zu meistern. Zugleich schöpft sie aus den Erfahrungen der KPdSU und anderer Bruderparteien, der kommunistischen Weltbewegung, dieser den Erdball umspannenden, unter verschiedensten Bedingungen kämpfenden, ständig weiter erstarkenden großen Kraft des Fortschritts.

Der XXVII. Parteitag der KPdSU war ein hervorragendes Ereignis auf dem kampferfüllten, ruhmreichen Weg der sowjetischen Kommunisten beim Aufbau der sozialistischen Gesellschaft und von hoher internationaler Ausstrahlungskraft. Mit seinen Beschlüssen zur planmäßigen und allseitigen Vervollkommnung des Sozialismus sowie über die Hauptrichtungen der sozialökonomischen Entwicklung bis zum Jahr 2000 hat er ein Aktionsprogramm festgelegt, durch dessen Verwirklichung das geistige und materielle Potential der UdSSR gewaltig anwächst. Das ist von grundlegender Bedeutung für das Wohl des Sowjetvolkes und zugleich von entscheidendem weltpolitischem Gewicht. In meiner Ansprache auf dem XXVII. Parteitag habe ich es gewürdigt und die immerwährende brüderliche Verbundenheit der SED mit der KPdSU, der DDR mit der UdSSR bekräftigt, die ein Fundament des erfolgreichen Werdegangs unseres ersten sozialistischen Staates der Arbeiter und Bauern auf deutschem Boden und unserer Partei, unserem Volk Herzenssache ist.

Eh und je hat die SED in der Verteidigung des Friedens, in ihrem Beitrag zur Gewährleistung einer glücklichen Perspektive für die heutigen und die künftigen Generationen eine ihrer wichtigsten Aufgaben gesehen. Das um so mehr in der Gegenwart, da es gilt, die Menschheit vor einem Atomkrieg, ob vom Weltraum aus oder auf der Erde, zu bewahren und das gemeinsame Handeln aller am Frieden interessierten, verständigungsbereiten Kräfte auf dieses Ziel zu richten. Voll und ganz unterstützen wir daher das von Michail Gorbatschow unterbreitete, vom XXVII. Parteitag der KPdSU beschlossene umfassende Programm zur Befreiung der Welt von allen Atomwaffen bis zum Jahr 2000 sowie das umfassende Programm zur Schaffung eines Systems der internationalen Sicherheit. Hierdurch bietet sich der Menschheit eine geradezu historische Chance, die tödliche Gefahr eines atomaren Holocaust abzuwenden, Gewalt und Kriege aus den internationalen Beziehungen zu verbannen und das friedliche Zusammenleben, die Zusammenarbeit von Staaten unterschiedlicher sozialer Systeme zur verbindlichen Norm werden zu lassen.

Die sowjetischen Vorschläge verdeutlichen, daß die Bedrohung der Völker einzig von denjenigen ausgeht, die in ihrem Drang nach militärstrategischer Überlegenheit und nach Weltherrschaft nicht nur die nuklearen Vernichtungsarsenale auf der Erde ständig weiter aufstocken, sondern auch den Weltraum mit verheerenden Waffensystemen bestücken wollen. Gerade weil sie dem entgegenwirken und die Wege zum Frieden im Kosmos wie auf der Erde weisen, haben diese Vorschläge ein so nachhaltiges, zustimmendes Echo in der internationalen Öffentlichkeit gefunden. Durch sie können sich alle in ihrer Haltung bestärkt fühlen, die das »Sternenkriegs«-Projekt der USA entschieden ablehnen, weil es einem Wettrüsten größten Ausmaßes samt den daraus entstehenden Risiken Tür und Tor öffnet, während dessen Beendigung für die Menschheit existenznotwendig geworden ist.

Nimmt man die Geschichte unserer Partei, so wird man kein Kapitel darin entdecken, das nicht mit umfangreichen, unermüdlichen und konstruktiven Anstrengungen zur Friedenssicherung verknüpft wäre. Entsprechend der im Bündnis des Warschauer Vertrages abgestimmten Außen- und Sicherheitspolitik haben wir gerade auch in jüngster Vergangenheit nicht wenig unternommen, um durch Dialog und Zusammenarbeit auf die Gesundung der angespannten internationalen Lage, auf die Entwicklung von Beziehungen der friedlichen Koexistenz hinzuwirken. So haben wir auch die Ergebnisse des Genfer Gipfeltreffens zwischen Michail Gorbatschow und Ronald Reagan, trotz der weiterbestehenden ernsten Meinungsunterschiede, als insgesamt positiv begrüßt. Wenn es um die Erhaltung des Friedens geht, werden die SED und die DDR stets in der ersten Reihe derer sein, die alles tun, damit der Menschheit die unvorstellbare Katastrophe eines Atomkrieges erspart bleibt. Von deutschem Boden darf nie wieder Krieg ausgehen, vom Territorium der DDR wird nie ein Krieg ausgehen. Möge auch die BRD die sie bindende, von ihr anerkannte Verpflichtung in dieser Richtung erfüllen.

Mit den Beschlüssen des XI. Parteitages geht unsere Partei in das fünfte Jahrzehnt ihrer Tätigkeit als führende politische Kraft der sozialistischen Gesellschaft in der DDR. In unserem Tun lebendig sind der Geist und das Vermächtnis Ernst Thälmanns, dessen 100. Geburtstag bevorsteht. Er gab ein leuchtendes Beispiel unbeugsamer Kampfentschlossenheit und standhaften Eintretens für Frieden und Sozialismus, gegen Krieg und Reaktion, ein Beispiel inniger verständnisvoller Verbundenheit mit seinen Klassengenossen und allen Werktätigen. Ernst Thälmann war ein wahrhafter Patriot und proletarischer Internationalist, ein leidenschaftlicher, unbeirrbarer

Freund der Sowjetunion. Ihm eifert gerade auch die jüngere Generation unseres Landes in den Reihen der Freien Deutschen Jugend nach, und wir freuen uns, wie tatkräftig sie sich als Mitgestalter der entwickelten sozialistischen Gesellschaft bewährt. Viele ihrer besten Vertreter wurden in Vorbereitung des XI. Parteitages Kandidaten unserer Partei.

Die Kommunisten unseres Landes werden ihrem ehrenvollen Namen gerecht, indem sie bei der Verwirklichung unserer auf das Wohl des Volkes und den Frieden gerichteten Politik überall vorangehen, sich im Ringen um hohe Leistungen zur Stärkung des Sozialismus an die Spitze stellen, den Werktätigen unsere Politik erklären, sie zu schöpferischem Handeln gewinnen und zugleich von ihnen lernen, kurz gesagt, indem sie sich als Vertrauensleute der Werktätigen erweisen. Wo ein Genosse ist, da ist die Partei. So bin ich zutiefst davon überzeugt, daß es dem großen, kampfgestählten, erfahrenen und initiativreichen Kollektiv unserer Partei gelingen wird, die Beschlüsse des XI. Parteitages der SED zum Wohle des Volkes mit Erfolg zu realisieren, unsere sozialistische Deutsche Demokratische Republik in der Gemeinschaft der Bruderländer weiter zu stärken und einen großen Beitrag zur Sicherung des Friedens zu erbringen.

Einheit, 1986, Heft 4/5, S. 291–296.

Die Ideen von Marx und Engels haben in der DDR für immer ihre Heimstatt gefunden

*Aus der Rede auf der Kundgebung
anläßlich der Einweihung
des Marx-Engels-Forums
in Berlin
4. April 1986*

Liebe Berlinerinnen und Berliner!
Verehrte Mitglieder des Diplomatischen Korps!
Liebe Genossen und Freunde!
Im Herzen Berlins weihen wir heute, kurz vor dem XI. Parteitag der Sozialistischen Einheitspartei Deutschlands, ein städtebauliches und künstlerisches Ensemble ein, das den größten Söhnen des deutschen Volkes, Karl Marx und Friedrich Engels, gewidmet ist. Das Marx-Engels-Forum im historischen Kern der Hauptstadt der Deutschen Demokratischen Republik zeugt vom meisterlichen Können der daran beteiligten Künstler und Bauleute. Es wird zu einem weiteren Anziehungspunkt für die Berliner und ihre Gäste aus aller Welt werden. Dieses Forum kündet mit künstlerischen Mitteln davon, daß die Ideen der Begründer des wissenschaftlichen Sozialismus in der Deutschen Demokratischen Republik, dem sozialistischen Staat der Arbeiter und Bauern auf deutschem Boden, für immer ihre Heimstatt gefunden haben.

Karl Marx und Friedrich Engels ehren wir als die beiden großen Revolutionäre und genialen Wissenschaftler, deren weltgeschichtliche Bedeutung vor allem darin besteht, daß sie die Entwicklungsgesetze der menschlichen Gesellschaft aufgedeckt und den gesetzmäßigen Sieg des Sozialismus nachgewiesen haben. In der Arbeiterklasse erkannten sie die berufene Kraft, diese geschichtlich notwendige Umwälzung zu vollziehen. Sie setzten ihre Erkenntnis in die Tat um, organisierten die revolutionäre Vorhut der internationalen Arbeiterbewegung in Gestalt des Bundes der Kommunisten und der Internationalen Arbeiterassoziation und rüsteten die Arbeiterklasse und ihre Parteien mit den theoretischen Waffen für die Erfüllung ihrer historischen Mission aus.

Für nicht wenige Erkenntnisse, aus denen der wissenschaftliche Sozialismus entstand, wurden hier in Berlin Grundlagen gelegt. Nur einige hundert Meter von dieser Stätte entfernt erwarben sich Marx und Engels als junge Männer in den Hörsälen der Berliner Universität wichtige Voraussetzungen für die spätere Ausarbeitung der wissenschaftlichen Weltanschauung der Arbeiterklasse und für die streitbare Auseinandersetzung mit den Dunkelmännern ihrer Zeit. Und ich will daran erinnern, daß Engels im Jahre 1893 den Arbeitern Berlins das ehrenvolle Zeugnis ausstellte, sie hätten sich an die Spitze der revolutionären Arbeiterzentren Europas gesetzt.

Die Ideen von Karl Marx und Friedrich Engels wurden von Wladimir Iljitsch Lenin weiterentwickelt und bereichert. Zum erstenmal in der Geschichte wurden sie in der Großen Sozialistischen Oktoberrevolution von den russischen Arbeitern und Bauern unter Führung der Partei Lenins verwirklicht. Nach dem Sieg der Sowjetunion und der mit ihr in der Antihitlerkoalition verbündeten Völker über den Faschismus wurden diese Ideen in weiten Teilen Europas, Asiens und in Lateinamerika gesellschaftliche Realität, sie faßten auch in Afrika Fuß. Heute stellt das sozialistische Weltsystem die bedeutendste Errungenschaft der internationalen Arbeiterklasse dar.

Liebe Freunde und Genossen!

Wir empfinden Freude und Stolz darüber, daß das revolutionäre Vermächtnis von Marx, Engels und Lenin auch in der Deutschen Demokratischen Republik realisiert wird. Hier im sozialistischen deutschen Staat erfüllt die Arbeiterklasse ihre historische Mission, gestaltet sie im Bündnis mit den Bauern und allen anderen Werktätigen erfolgreich die enwickelte sozialistische Gesellschaft, lenkt sie Staat, Wirtschaft und Kultur. Hier wird alles für das Wohl des Volkes, für das Glück des Menschen getan.

Im Zentrum der theoretischen und politischen Tätigkeit von Marx und Engels stand ihr Ringen um die Schaffung und Festigung der revolutionären Kampfpartei der Arbeiterklasse. Darunter verstanden sie eine bewußte Vorhut der Arbeiterklasse, die, wie Marx und Engels schon im »Manifest der Kommunistischen Partei« klarstellten, »keine von den Interessen des ganzen Proletariats getrennten Interessen«[1] hat.

Von dieser Erkenntnis hat sich die Sozialistische Einheitspartei Deutschlands stets leiten lassen. Sie verkörpert die ruhmreichen Traditionen des Bundes der Kommunisten und der revolutionären deutschen Sozialdemokratie. Sie setzt das Werk der Partei Ernst Thälmanns fort und erfüllt das

---

1 Karl Marx/Friedrich Engels: Manifest der Kommunistischen Partei. In: Werke, Bd. 4, S. 474.

Vermächtnis des antifaschistischen Widerstandskampfes. Alles, was wir in den vergangenen Jahrzehnten beim Aufbau der sozialistischen Gesellschaft erreicht haben, war nur unter der Führung unserer zielklaren, eng mit den Massen verbundenen marxistisch-leninistischen Kampfpartei möglich, die im April 1946 mit der Vereinigung von KPD und SPD zur Sozialistischen Einheitspartei Deutschlands geschaffen wurde.

Mit Genugtuung können wir auf dieser Kundgebung feststellen: Das Werden und Wachsen unseres Arbeiter-und-Bauern-Staates, die sozialistischen Errungenschaften aller Werktätigen sind untrennbar verbunden mit den Leistungen der SED. Sie wurde, wie das Leben zeigt, ihrer Verantwortung als führende Kraft der Gesellschaft jederzeit gerecht. Auch bei uns erweist sich der Sozialismus als die Gesellschaftsordnung, die allein den Interessen und dem Wohl des Volkes dient, die soziale Geborgenheit und hohen Bildungsstand, Freiheit, Demokratie und Menschenwürde für alle Werktätigen garantiert.

Gewiß ist noch eine große Arbeit zu leisten, um das Programm der SED in den verschiedensten Lebensbereichen zu verwirklichen. Aber die bisherigen Ergebnisse, die Millionen umfassende Masseninitiative zur Vorbereitung des XI. Parteitages der SED bestärken uns in der Überzeugung, daß wir unsere Ziele Schritt für Schritt erreichen werden. Auch das Erblühen der Hauptstadt der DDR bezeugt das. Berlin hat seinen Traditionen des Kampfes gegen Militarismus, Faschismus und Krieg viele eindrucksvolle Kapitel des sozialistischen Aufbaus hinzugefügt. Es trägt in Ehren und mit Recht den Namen »Stadt des Friedens«.

Liebe Genossen und Freunde!

Heute gibt es keine dringendere Lebensfrage für die Menschheit als die Sicherung des Friedens, als die Verhütung eines atomaren Infernos. Darauf richten wir unser ganzes Streben. Schon Marx und Engels wiesen wissenschaftlich nach, daß die Arbeiterklasse zum Erreichen ihrer Ziele keinen Krieg, sondern Frieden braucht. Davon kündet die Geschichte der revolutionären Arbeiterbewegung und des Sozialismus seit Lenins Friedensdekret von 1917 bis zum gegenwärtigen Friedensprogramm der Sowjetunion und der sozialistischen Gemeinschaft.

Die von unserem Freund und Genossen Michail Gorbatschow unterbreiteten, vom XXVII. Parteitag der KPdSU bekräftigten Vorschläge zur Befreiung der Welt von allen Atomwaffen bis zur Jahrhundertwende, zur Schaffung eines Systems der internationalen Sicherheit sind von wahrhaft historischer Bedeutung. Sie weisen der Menschheit den Weg in eine Zukunft ohne Furcht vor Vernichtung, ohne atomare Bedrohung, sei es auf der Erde oder aus dem Kosmos. Damit entsprechen sie der Friedenssehnsucht der Völker, aller derjenigen, die sich für die Zukunft des Menschheitsgeschlechts verantwortlich fühlen.

Mit ganzer Kraft, mit allen uns zu Gebote stehenden Möglichkeiten werden wir uns stets für den Frieden einsetzen. Für uns Kommunisten bleibt es dabei, wie es in dem alten Arbeiterlied »Brüder, seht die rote Fahne« so treffend heißt: »Arbeit, Brot und Völkerfrieden – das ist unsere Welt!«

Unser Parteitag wird den Kommunisten, wird allen Bürgern der Deutschen Demokratischen Republik neue, schöne Aufgaben stellen. Gestützt auf die schöpferisch weiterentwickelte Theorie von Marx, Engels und Lenin, ermutigt durch die begeisternde Initiative der Werktätigen in Stadt und Land, brüderlich verbunden mit der Sowjetunion und den anderen Staaten der sozialistischen Gemeinschaft, werden wir die neuen Aufgaben anpacken. Wir werden es mit dem Elan und Optimismus tun, die unserem großen Werk des Sozialismus und des Kampfes um den Frieden entsprechen.

Es lebe der Marxismus-Leninismus, das revolutionäre Banner des Kampfes um Frieden, Demokratie und Sozialismus!

Vorwärts, liebe Freunde und Genossen, vorwärts liebe Berliner zum XI. Parteitag der Sozialistischen Einheitspartei Deutschlands!

Neues Deutschland (B), 5./6. April 1986.

Aus dem Bericht des Zentralkomitees der Sozialistischen Einheitspartei Deutschlands an den XI. Parteitag der SED

17. April 1986

Liebe Genossinnen und Genossen!
Das Zentralkomitee unserer Partei hat auf seiner letzten Tagung am 11. April zur Durchführung der Beschlüsse des X. Parteitages Stellung genommen. Es hat mich beauftragt, den Delegierten des XI. Parteitages Rechenschaft über die Tätigkeit des Zentralkomitees zwischen den beiden Parteitagen abzulegen und zugleich Vorschläge für die Arbeit der Partei bis zum Jahre 1990 und darüber hinaus zur Beratung und Beschlußfassung zu unterbreiten. Das ist keine leichte Aufgabe, da über die Innen- und Außenpolitik der DDR, wie sie das Zentralkomitee seit dem X. Parteitag behandelt hat, stets nicht nur unsere Partei, sondern die ganze Öffentlichkeit umfassend, ja man kann sagen, bis ins Detail informiert wurde.

Gemeinsam mit allen Bürgern der DDR haben die Mitglieder und Kandidaten der SED aktiv für die Verwirklichung der Beschlüsse des X. Parteitages der SED gearbeitet. Wenn wir alles, was sich seit dem X. Parteitag durch unser Zutun entwickelt hat, auf des Lebens goldene Waage legen, dann können wir auf diesem unserem XI. Parteitag feststellen: Unsere Partei hat Wort gehalten. Wir haben die Beschlüsse des X. Parteitages erfüllt.

Wir haben sie erfüllt in einer Zeit, die an uns, an unsere Partei, an unser Volk oftmals hohe Anforderungen stellte. Wir haben in einer Zeit, die von harten internationalen Auseinandersetzungen gekennzeichnet war, in einer Welt, die nach einer Periode der Entspannung in eine Situation schärfster internationaler Konfrontation geriet, unser Schiff zuverlässig durch die Brandung gesteuert. Eine große solidarische Unterstützung gaben uns dabei die Partei Lenins, die KPdSU, die Sowjetunion, die sozialistischen

Bruderländer, die gleich uns mit Erfolg den erhabenen Zielen des Sozialismus und Kommunismus entgegenstreben.

Überblickt man die letzten fünf Jahre, so können wir bei aller gebotenen Bescheidenheit sagen, daß dank der schöpferischen Arbeit unseres Volkes, der Arbeiter, der Bauern, der Intelligenz und der anderen Werktätigen, sich in der Deutschen Demokratischen Republik, ungeachtet vielfältiger imperialistischer Störmanöver, der Sozialismus weiterentwickelt hat. Er ist zwar noch nicht vollkommen, wir sind jedoch gut vorangekommen.

Wenn in der internationalen Arena oft die Frage gestellt wird, was realer Sozialismus ist, so kann man mit Stolz auf unser gemeinsames Werk verweisen. Es gibt keinen Zweifel: Als einer der beiden Staaten, die im Ergebnis des zweiten Weltkrieges und der Nachkriegsentwicklung auf deutschem Boden entstanden, hat die DDR etwas vollbracht, das von ihren Freunden gewürdigt wird, von ihren Feinden nicht übersehen werden kann. Anstelle der alten Gesellschaftsordnung haben wir eine neue errichtet.

Im Gegensatz zur Bundesrepublik Deutschland haben wir in der Deutschen Demokratischen Republik, an der sensiblen Trennlinie zwischen zwei verschiedenen sozialen Systemen in Europa, zwischen dem Warschauer Vertrag und der NATO unter weltoffenen Bedingungen eine Gesellschaft geschaffen, in der die Ausbeutung des Menschen durch den Menschen beseitigt ist, in der sich die schöpferischen Kräfte des Volkes voll entfalten können. Unser Volk hat auf Grund der Entwicklung der Produktivkräfte und der sozialistischen Produktionsverhältnisse einen Lebensstandard erzielt wie noch nie in seiner Geschichte. Arbeitslosigkeit ist für uns ein Begriff aus einer anderen, fremden Welt. Gewährleistet sind bei uns soziale Sicherheit und Geborgenheit, Vollbeschäftigung, gleiche Bildungschancen für alle Kinder des Volkes. Als wichtigste Aufgabe betrachten wir die Erhaltung des Friedens und damit die Aussicht auf eine gesicherte Zukunft.

Kurz und gut, mit vollem Recht dürfen wir sagen, daß die herrschende Klasse, die Arbeiterklasse, im Bündnis mit den Bauern, der Intelligenz und allen Werktätigen eine Gesellschaft gestaltet hat, die sich sehen lassen kann. Das wurde erreicht dank des unerschütterlichen Vertrauensverhältnisses zwischen Partei und Volk. Es wurde erreicht durch den Fleiß, die Disziplin, das Können und die Leistungen der Werktätigen in Stadt und Land. In den vergangenen 40 Jahren hat unsere Partei, hat die Arbeiterklasse gelernt, die Gesellschaft zu leiten. Die damit vollzogenen Veränderungen in der Wirklichkeit unseres Landes sprechen für sich. Deutlich wird dies auch an den Ergebnissen der letzten fünf Jahre, in denen die Werktätigen ein Nationaleinkommen von 1,087 Billionen Mark erzeugt haben, das zu über 90 Prozent durch die Steigerung der Arbeitsproduktivität erwirtschaftet wurde. Wie man die Dinge auch immer betrachtet, für den Aufstieg der DDR, für den Aufstieg unserer Volkswirtschaft, für das materielle und kulturelle Lebensniveau der Menschen sind die geistigen Potenzen unseres Volkes von entscheidender Bedeutung. Seit Gründung der DDR haben 1,9 Millionen Bürger ein Studium an Hoch- oder Fachschulen absolviert. Bei uns sind sie nicht arbeitslos, während allein in der BRD Zehntausende, die solche Bildungsstätten besucht hatten, keine entsprechende Beschäftigung finden und stempeln gehen müssen. Es gibt bei uns keine Rotstiftpolitik auf sozialem Gebiet, bei der Auswahl der Kandidaten für die Volksvertretungen keine Bestechungsaffären durch Banken und Konzerne. Was es in der Deutschen Demokratischen Republik gibt, das sind Vollbeschäftigung, zunehmender Volkswohlstand, soziale Gerechtigkeit, die ausschließliche und volle Demokratie des Volkes in wahrer Freiheit.

Das neue Leben ist auferstanden aus Ruinen und der Zukunft zugewandt. Der Sieg der Antihitlerkoalition über den Faschismus, zu dem die Sowjetunion den größten Beitrag leistete, brachte auch dem deutschen Volk die Befreiung. Er öffnete den Weg in eine neue Zukunft. Der 40. Jahrestag der Befreiung war ein Meilenstein bei der Vorbereitung des XI. Parteitages und hat der Initiative der Menschen unseres Landes starke Impulse verliehen. Mit dem erfolgreichen Aufbau des Sozialismus, das bleibt auch weiterhin gültig, bewahren und verwirklichen wir das Vermächtnis aller, die für die Rettung der Menschheit vor der braunen Barbarei, für eine bessere Zukunft der Völker gekämpft haben.

Partei und Volk sind bei uns durch tiefes Vertrauen verbunden, handeln gemeinsam zum Wohle des Volkes und haben bewiesen, daß sie in solcher Gemeinsamkeit allen Anforderungen der Zeit gerecht werden. Die SED ist die Partei von Karl Marx und Friedrich Engels, Wilhelm Liebknecht und August Bebel, ist die Partei von Karl Liebknecht und Rosa Luxemburg, deren Andenken mehr als 250 000 Berliner in den ersten Januartagen dieses Jahres wieder mit einer machtvollen Demonstration für Frieden und Sozialismus ehrten. Die SED ist die Partei von Ernst Thälmann, von Wilhelm Pieck, Otto Grotewohl und Walter Ulbricht. In der mehr als hundertjährigen Tradition der revolutionären deutschen Arbeiterbewegung stehend, setzt sie diese Tradition in der Gegenwart fort und bereichert sie durch ihre schöpferische Tätigkeit zum Wohle des Volkes. Unzerstörbare Kampfgemeinschaft verbindet die SED mit der KPdSU und den Bruderparteien der anderen sozialistischen Länder, sie gehört fest zur kommunistischen Weltbewegung. Mitglied unserer Partei zu sein, in ihren Reihen für die edle Sache des Sozialismus und Kommunismus zu wirken, ist für uns Ehre und

Verpflichtung, ist der Sinn unseres Lebens, berechtigt jeden von uns zu Stolz, heißt für jeden von uns, ein Sohn des Volkes zu sein und zu bleiben.
Liebe Genossinnen und Genossen!
Seit dem X. Parteitag hat sich vieles in unserem Land und in der Welt verändert. Die internationale Lage hat sich durch den Hochrüstungs- und Konfrontationskurs maßgeblicher Kreise der USA und der NATO zugespitzt. Angesichts dieser die Existenz der Menschheit bedrohenden Vorgänge sah und sieht es unsere Partei als entscheidende Aufgabe an, durch ihr Tun und Handeln ihren Beitrag zur Minderung der Kriegsgefahr zu leisten. Bei Begegnungen mit Persönlichkeiten des Westens unterschiedlichster politischer Richtungen wurde im Rahmen des Dialogs nach Wegen gesucht, dies zu erreichen. Rückblickend kann man sagen, daß unsere Politik von unserem Volke gut verstanden worden ist und sich auf die internationale Situation, auf das Eintreten für friedliche Perspektiven günstig ausgewirkt hat.

Eine neue Etappe in unserer Friedenspolitik eröffnen das initiativreiche Herangehen der Sowjetunion an die weltpolitischen Fragen, ihre umfassenden Programme für die Befreiung der Welt von allen Atomwaffen bis zum Jahr 2000 und für die Schaffung eines Systems der internationalen Sicherheit. Mit diesen von Michail Gorbatschow verkündeten, vom XXVII. Parteitag der KPdSU beschlossenen Vorschlägen stimmen wir in jeder Beziehung überein und beteiligen uns an ihrer Verwirklichung. Sie liegen ganz im Sinne unseres Ideals einer Welt ohne Waffen und ohne Gewalt, einer Welt, in der jedes Volk frei über seinen Entwicklungsweg, seine Lebensweise entscheidet. Überall finden sie ein großes, zustimmendes Echo. Dagegen fehlen Anzeichen einer Bereitschaft der USA, den Weg der nuklearen Abrüstung einzuschlagen, auf Atomtests, auf SDI zu verzichten. Dieser destruktiven Politik erweist die Regierung der BRD Unterstützung, was ihre Beziehungen zu den sozialistischen Ländern, einschließlich zur DDR, kompliziert und den Interessen der Sicherheit und Zusammenarbeit in Europa Schaden zufügt.

Um dem zu entsprechen, was man nach dem ersten Gipfeltreffen zwischen Michail Gorbatschow und Ronald Reagan sowie ihrer Gemeinsamen Erklärung den »Geist von Genf« genannt hat, sind unseres Erachtens nicht nur Worte, sondern Taten erforderlich. Erforderlich ist der ernsthafte Wille, nicht in den Denkschablonen der Konfrontation und des Strebens nach militärischer Überlegenheit zu verharren, sondern auf neue Weise an die Dinge heranzugehen, neue Formen und Verfahren in den Beziehungen zwischen den verschiedenen sozialen Systemen, Staaten und Regionen zu finden. Jede auch noch so geringe Chance gilt es zu suchen und zu nutzen, um die Tendenz einer ständigen Erhöhung der Kriegsgefahr zu stoppen, sie umzukehren zur ständigen Stabilisierung des Friedens.

Die Welt von heute ist von tiefgreifenden Veränderungen zugunsten des Fortschritts, von gegenläufigen Tendenzen und vielfältigen Widersprüchen geprägt. Machtvoll erstarkten die Positionen des Sozialismus, der sich auf eine hochentwickelte Wirtschaft, eine solide wissenschaftliche Basis und ein zuverlässiges Verteidigungspotential stützen kann. Die nationale und soziale Befreiungsbewegung errang neue Erfolge.

Zu keiner früheren Zeit boten sich dem Fortschritt der Menschheit durch die stürmische Entwicklung der Produktivkräfte so gewaltige Möglichkeiten. Aber niemals zuvor wurden Waffen von solcher Zerstörungskraft hervorgebracht und angehäuft wie heute. Der Sozialismus stellt den Frieden an erste Stelle und löst auch die kompliziertesten Probleme der wissenschaftlich-technischen Revolution im Interesse und zum Wohle der Menschen. Zugleich tritt immer deutlicher zutage, daß der Imperialismus, dessen aggressivste Kreise mit dem Risiko eines Atomkrieges spielen, zu einem Hemmnis der gesellschaftlichen Entwicklung geworden ist.

Ihn charakterisiert, daß sich die großen Monopole der leistungsfähigsten kapitalistischen Staaten zu internationalen Machtgebilden entwickelt haben, die mit ihren Polypenarmen Länder, ja ganze Kontinente umklammern. Heute beherrschen sie nahezu 40 Prozent der Industrieproduktion, rund 60 Prozent des Außenhandels und mehr als drei Viertel des technologischen Potentials der kapitalistischen Wirtschaft. Das Tempo der Zentralisation des Kapitals hat sich erhöht. In diesen Sog geraten viele Tausende kleine und mittlere Unternehmen. Von 1980 bis 1984 wurden in den USA rund 140 000 Firmenbankrotte registriert. In Japan waren es im gleichen Zeitraum über 90 000 und in der BRD fast 70 000.

Zwischen den großen Monopolen und den kapitalistischen Ländern, den drei Hauptzentren des modernen Imperialismus, USA, Westeuropa und Japan, tobt eine, wie es bürgerliche Politiker nennen, »gigantische technologische Schlacht«. Dabei erweitern sich die wissenschaftlich-technischen Potentiale teilweise beträchtlich. Zugleich türmen sich neue Widersprüche auf, die zu massiven Störungen in der kapitalistischen Weltwirtschaft führen.

Während in der kapitalistischen Hemisphäre lautstark von Wirtschaftswachstum geredet wird, hält die Massenarbeitslosigkeit nicht nur an, sondern steigt weiter. Gegenwärtig sind in 24 kapitalistischen Ländern, die der Organisation für wirtschaftliche Zusammenarbeit und Entwicklung (OECD) angehören, mehr als 30 Millionen Menschen arbeitslos. Wenn man die Arbeitslosen und Kurzarbeiter hinzurechnet, die in den offiziellen Statistiken nicht erfaßt werden, dann sind es sogar 40 bis 60 Millionen.

Mehr als 40 Prozent der registrierten Arbeitslosen gehören der Altersgruppe unter 24 Jahren an.

Für nicht wenige hat dies alles dazu geführt, daß sie in eine »neue Armut« abgesunken sind. Von ihr werden gegenwärtig in den kapitalistischen Hauptländern bis zu 20 Prozent der Bevölkerung bedroht. In der BRD sind etwa 2,5 Millionen Menschen auf Sozialhilfe angewiesen, in Großbritannien schätzungsweise 8 Millionen. In den USA leben 34 Millionen Menschen unterhalb der offiziellen Armutsgrenze. So könnte man noch vieles nennen, was die Gebrechen des Systems offenbart, in dem nicht der Mensch, sondern der Profit über alles geht.

Liebe Genossinnen und Genossen!

In den letzten Jahren ist die Gemeinschaft der sozialistischen Staaten weiter vorangekommen. Unsere Länder traten in einen neuen, höheren Abschnitt ihrer Entwicklung ein und nehmen Aufgaben von großer Tragweite für die Zukunft in Angriff. Sie werden bestimmt durch die Notwendigkeit, Wissenschaft und Technik zu beschleunigen, durch all das, was die Gestaltung der sozialistischen Gesellschaft, die historische Auseinandersetzung mit dem Imperialismus und der Kampf um die Sicherung des Friedens verlangen. Insgesamt wurden Voraussetzungen geschaffen, um die ökonomischen, wissenschaftlich-technischen und politischen Potenzen des Sozialismus in neuer Qualität zu entfalten. Das ist die Grundlage dafür, die Sozialpolitik zielstrebig zu realisieren und die Verteidigung stets auf dem jeweils notwendigen Niveau zu gewährleisten.

Durch die Verlängerung der Gültigkeit des Warschauer Vertrages wurde die Entschlossenheit demonstriert, unser Bündnis als Zentrum der außenpolitischen Koordinierung, als zuverlässigen Schutzschild gegen alle Angriffe und Erpressungsversuche des Imperialismus zu festigen. Auf der Tagung des Politischen Beratenden Ausschusses in Sofia im Oktober 1985 haben wir vereinbart, den Mechanismus der außenpolitischen Koordinierung weiter zu vervollkommnen, um unsere Zusammenarbeit wirksamer und operativer zu gestalten.

Genossinnen und Genossen!

Die friedliebende Außenpolitik der Deutschen Demokratischen Republik entspringt dem humanistischen Wesen unserer sozialistischen Gesellschaftsordnung. Sie ist auf die Gewährleistung günstiger äußerer Bedingungen für die weitere Gestaltung der entwickelten sozialistischen Gesellschaft in der DDR gerichtet.

In den kommenden Jahren gelten folgende vorrangige Ziele und Richtungen für die internationale Politik unserer Partei und unserer Republik:

1. Konsequentes Wirken für die Aktivierung und das gemeinsame Handeln aller Kräfte des Friedens, der Vernunft und des Realismus mit dem

Ziel, durch effektive Schritte der Rüstungsbegrenzung und Abrüstung einen Kernwaffenkrieg abzuwenden, die Militarisierung des Weltraums zu verhindern, die Kernwaffen abzuschaffen und die Konfrontation durch die Zusammenarbeit der Staaten zu überwinden.

2. Zielstrebiger Ausbau des Bruderbundes mit der Sowjetunion und den anderen sozialistischen Ländern, umfassender Beitrag zur allseitigen Stärkung und Erhöhung der Macht und der internationalen Ausstrahlungskraft des Sozialismus durch die immer vollkommenere Entfaltung seiner Vorzüge.

3. Aktive antiimperialistische Solidarität mit allen um ihre nationale und soziale Befreiung kämpfenden Völkern, Entwicklung gleichberechtigter und freundschaftlicher Beziehungen mit allen befreiten Staaten, Unterstützung ihres Kampfes um eine neue internationale Wirtschaftsordnung auf der Grundlage der Gleichberechtigung.

4. Konsequentes Bemühen um den Ausbau von Beziehungen der friedlichen Koexistenz zu den kapitalistischen Staaten, Aufrechterhaltung und Entwicklung eines sachlichen politischen Dialogs und gegenseitig vorteilhafter Zusammenarbeit auf der Grundlage der allgemein anerkannten Prinzipien und Normen des Völkerrechts und der gegenseitigen Berücksichtigung der legitimen Interessen.

5. Wir setzen uns ein für
– die vollständige Einstellung der Nukleartests als den ersten Schritt, um die Welt von Atomwaffen zu befreien,
– den Stopp der Stationierung und die schrittweise Demontage der in Europa bereits aufgestellten Nuklearsysteme,
– die Beseitigung aller Mittelstreckenraketen in Europa,
– die Schaffung von kern- und chemiewaffenfreien Zonen,
– die Errichtung einer von atomaren Gefechtsfeldwaffen freien Zone in Mitteleuropa,
– eine radikale Gesundung der internationalen Lage und die zuverlässige Gewährleistung der Sicherheit der Völker.

Dem UNO-Jahr des Friedens 1986 sollen Jahre des Friedens für alle kommenden Generationen folgen.

Liebe Genossinnen und Genossen!

Die Tatsache, daß die DDR nun schon über anderthalb Jahrzehnte eine kontinuierliche ökonomische und soziale Entwicklung gewährleistet, darf man zu Recht als ein historisches Zeugnis dafür bezeichnen, was der reale Sozialismus vermag. Bei unseren Erfolgen übersehen wir jedoch keineswegs, daß das Erreichte noch nicht das Erreichbare ist. Deshalb sollten überall die fortschrittlichsten Erfahrungen zum Allgemeingut aller werden.

Unser Hauptkampffeld ist die Einheit von Wirtschafts- und Sozialpolitik.

Wir sind dafür, diesen Kurs fortzuführen. Dabei widmen wir unser Augenmerk insbesondere jenen Wirtschaftsabschnitten, die das Tempo bestimmen. Vor allem ist es wichtig, noch mehr als bisher die Wissenschaft mit der Produktion und die Produktion mit der Wissenschaft zu verbinden. Das betrifft insbesondere die Meisterung der Spitzentechnologien. Es gibt keinen Grund, auf diesem Gebiet zurückzubleiben, vielmehr gilt es, überholte Methoden in der Technologie zu verlassen und bei Spitzenerzeugnissen auf breiter Basis, mit Hilfe der neuesten wissenschaftlichen Erkenntnisse noch stärker als bisher voranzukommen.

Ende der siebziger, Anfang der achtziger Jahre standen wir vor der Frage, wie es weitergehen soll. Sollten wir jenen Gehör schenken, die für ein Abbremsen des Tempos waren, oder denjenigen, die dafür waren, die umfassende Intensivierung, den Kurs der Einheit von Wirtschafts- und Sozialpolitik weiter durchzuführen. Wir haben diesen Kurs gewählt, und die Ergebnisse sind heute offen sichtbar.

Das Zentralkomitee schlägt vor, auf dem XI. Parteitag die ökonomische Strategie unserer Partei mit dem Blick auf das Jahr 2000 zu beraten und zu beschließen. Sie liegt auch dem Entwurf der Direktive des Fünfjahrplanes 1986 bis 1990 zugrunde, den Genosse Willi Stoph behandeln wird. Es ist vorgesehen, in diesem Zeitraum ein Nationaleinkommen von 1,3 Billionen Mark zu erzeugen, das wiederum zu über 90 Prozent durch die Steigerung der Arbeitsproduktivität erwirtschaftet werden soll.

In der Zeit vor dem Parteitag wurden die Ergebnisse unserer ökonomischen Strategie gründlich analysiert. Besonders wertvoll waren dafür die Erfahrungen der besten Kombinate. Es wurde eine Reihe von Studien angefertigt, woran ein weiter Kreis von Leitungskadern der Wirtschaft, von Gesellschaftswissenschaftlern und Naturwissenschaftlern beteiligt war. Wie die Fakten bestätigen, ist es mit Hilfe unserer Wirtschaftsstrategie gelungen, die Wende zur umfassenden Intensivierung der Produktion zu vollziehen und einen tiefgreifenden Erneuerungsprozeß der Produktion einzuleiten. Auf wesentlichen Abschnitten hat die DDR mit dem angestiegenen internationalen Tempo der wissenschaftlich-technischen Revolution Schritt gehalten und selbst Spitzenpositionen erreicht.

Indem bereits auf dem X. Parteitag die ökonomische Strategie in wichtigen Grundzügen ausgearbeitet wurde, setzte unsere Partei ihre bewährte Praxis fort, rechtzeitig auf heranreifende Probleme zu reagieren, so mit dem Leben Schritt zu halten und sozusagen in vorbeugender Weise erkennbaren Entwicklungsproblemen zu begegnen. Auch bei der Verwirklichung der gefundenen Lösungen wurde weiteren heranreifenden Fragen Aufmerksamkeit geschenkt, wurden Entscheidungen vorbereitet und die notwendigen Beschlüsse gefaßt. Das hat uns vor manchem Tempoverlust bewahrt und uns auf wichtigen Gebieten Tempogewinn eingebracht. Dabei lassen die weiter zunehmende Dynamik in der Entwicklung der Produktivkräfte, aber auch manche von uns nicht beeinflußbaren internationalen Entwicklungstendenzen gewiß keinen Mangel an neu auftauchenden Fragen entstehen. Stets gilt es deshalb, die gesamte Arbeit der Partei und des Staates bis hin in jedes einzelne Kombinat in Richtung auf diese vorausschauende Arbeit zu qualifizieren. Die Verantwortung dafür ist groß.

Ein solches Reagieren setzt die Bereitschaft und die Fähigkeit der Kommunisten, der verantwortlichen Leiter voraus, sich auf das Neue einzustellen, nicht in alten Gewohnheiten zu verharren, sondern aktiv und schöpferisch nach den entsprechenden Lösungen zu suchen, bei auftretenden Problemen nicht abzuwarten, sondern selbst Vorschläge zu ihrer Lösung zu unterbreiten. Das ist der Arbeitsstil, den wir in noch stärkerem Maße benötigen. In diesem Herangehen an die weitere Ausarbeitung der ökonomischen Strategie unserer Partei, an die weiteren Schritte zur Vervollkommnung der Leitung, Planung und wirtschaftlichen Rechnungsführung in unserer Volkswirtschaft kommt zugleich das schöpferische Herangehen an die marxistisch-leninistische Theorie und ihre Entwicklung zum Ausdruck. Auch künftig haben wir die sozialistischen Produktionsverhältnisse so auszugestalten, daß sie die dynamische Entwicklung der Produktivkräfte im Interesse der Stärkung des Sozialismus fördern.

Den Hauptteil des Leistungsanstiegs unserer Wirtschaft erbringt weiterhin die Industrie. Diese Dynamik wird von der Bewältigung der wissenschaftlich-technischen Revolution getragen, für die wir gut gerüstet sind, stellen doch beispielsweise die meisten flexiblen automatisierten Fertigungssysteme, die zu Ehren unseres Parteitages geschaffen wurden, internationale Spitzenleistungen dar.

Die installierte Technik stammt vielfach aus dem eigenen Rationalisierungsmittelbau der Kombinate und ergänzt jene Ausrüstungen, die von der elektrotechnischen und elektronischen Industrie sowie dem Maschinenbau hergestellt bzw. aus der Sowjetunion und den anderen sozialistischen Ländern eingeführt wurden. Diese hochmodernen Objekte zeigen, wie die DDR, ein entwickeltes sozialistisches Industrieland, die Arbeitsproduktivität mit Hilfe der Technik unserer Zeit in bisher nicht gekanntem Maße zu steigern vermag.

Schon bis zum Jahre 1990 soll der Anteil automatisch gefertigter Produkte verdreifacht werden. Komplexe Automatisierung wird nicht nur die Großserienproduktion, sondern auch die mittleren und kleinen Serien erfassen. Immer mehr wird sie das technologische Niveau, die Produktivität und Effektivität der Industrie entscheidend bestimmen. Wir setzen die flexiblen automatisierten Fertigungssysteme in größerem Ausmaß ein als bisher vorgesehen und machen sie zum Ausgangspunkt einer rationellen Organisation der Arbeit im ganzen Betrieb. An diesen Abschnitten gilt es, die Arbeitsproduktivität auf das Fünf- bis Sechsfache zu steigern und die Kosten um 15 bis 20 Prozent zu senken.

Zu den genannten Systemen kommen die rechnergestützte Planung und technische Vorbereitung hinzu, ferner rechnergestützte Steuerungs- und Überwachungssysteme einschließlich der Qualitätskontrolle und der vorbeugenden Instandhaltung. So haben wir eine Entwicklung in Angriff genommen, die in den nächsten 10 bis 15 Jahren über verschiedene Stufen hinweg bis hin zu immer mehr automatisierten Fabriken führt. Die schon jetzt bestehenden bedienungsarmen Abteilungen bestätigen dies.

Der Elektrotechnik/Elektronik und dem Maschinenbau, welche die industrielle Struktur der DDR wesentlich bestimmen, kommt die Aufgabe eines Wegbereiters zu. Die Erneuerung der eigenen Produktion muß die in anderen Bereichen fördern und stimulieren. Nehmen wir die Mikroelektronik, deren umfassende Anwendung im Mittelpunkt dieser Umwälzungen steht. Es gilt, die vorhandenen Technologien noch besser zu nutzen und den Schritt zu höheren Stufen vorzubereiten, wobei wir uns am gegenwärtigen und heute absehbaren internationalen Niveau orientieren. Die erste Adresse dieser Anforderungen sind die bedeutenden Zentren der mikroelektronischen Produktion unseres Landes. Darüber hinaus stehen alle Kombinate der Elektrotechnik/Elektronik und der metallverarbeitenden Industrie, aber auch andere Kombinate vor der Notwendigkeit, eigene Kapazitäten auf diesem Gebiet zu schaffen. Um die Größenordnung zu veranschaulichen, sei angeführt, daß die Fertigung mikroelektronischer Baugruppen und Geräte in unserer Volkswirtschaft 1986 bereits 30,5 Milliarden Mark betragen und bis 1990 auf mindestens 42 Milliarden Mark steigen wird.

Die Mikroelektronik durchdringt die ganze Volkswirtschaft, sie charakterisiert zunehmend das Niveau der verschiedensten Erzeugnisse und Verfahren. Vor allem deshalb müssen beispielsweise leistungsbestimmende Baugruppen mehr und mehr von den Finalproduzenten selbst erzeugt werden. Zulieferungen, die für den Gebrauchswert des Produkts ausschlaggebend sind, werden in die Fertigungspalette der Anwender eingehen, sonst wäre der Erneuerungsprozeß in seinem heutigen Tempo und in seiner Qualität nicht sicher genug zu beherrschen. Dadurch wird das Produktionsprofil von Kombinaten verändert. Umgekehrt werden sogenannte Zulieferkombinate bestimmte Linien bis zum Fertigerzeugnis fortführen.

Von 1986 bis 1990 werden weitere 75 000 bis 80 000 Industrieroboter erzeugt und eingesetzt. In wachsendem Maße dringen sie auch in die Montage-, Transport- und Umschlagprozesse vor. Wir haben in allen Kombinaten begonnen, rechnergestützte Arbeitsplätze für die Konstruktion, die technologische Produktionsvorbereitung und Steuerung einzuführen. Diese neue Technik ermöglicht es, die Produktivität der Projektanten, Konstrukteure und Technologen um 100 bis 500 Prozent zu steigern und die Kosten in der technologischen Produktionsvorbereitung zu halbieren. Bei der Überleitung neuer Erzeugnisse in die Produktion kann so die Hälfte bis drei Viertel der Zeit gespart werden.

In den zurückliegenden Monaten gelang es, den Bestand an CAD/CAM-Arbeitsstationen in der DDR zu verdoppeln, so daß es jetzt bereits rund 11 200 solcher rechnergestützter Arbeitsstationen gibt. Das Tempo wird weiter beschleunigt. Während wir ursprünglich davon ausgegangen waren, in diesem Jahr 2 500 davon dem Plan zugrunde zu legen, werden es nun über 15 000 sein. Für den Fünfjahrplan waren zuerst 26 000 bis 28 000 CAD/CAM-Arbeitsstationen vorgesehen, die sich jetzt auf 85 000 bis 90 000 erhöhen.

Wir erwarten von der ökonomischen Nutzung dieser modernen Technik eine höhere Effektivität der Arbeit der Konstrukteure, Projektanten, Formgestalter und Techniker, darüber hinaus eine flexiblere und effektivere Gestaltung des gesamten Arbeitsprozesses. Ähnliches gilt für die CAD/CAM-Zentren an Hochschulen und anderen wissenschaftlichen Einrichtungen. Der Gesamtnutzen wird sich nach vorläufigen Berechnungen in Höhe von mehreren Milliarden Mark bewegen. Zugleich öffnet diese neue Technik wesentlich größeren Spielraum für die schöpferische Tätigkeit vieler Ingenieurkader und Ökonomen. Bereits Ende des Jahres 1986 werden es 100 000 Werktätige sein, die solche CAD/CAM-Stationen in ihrer Arbeit nutzen, bis zum Ende des Fünfjahrplanes etwa fünfmal soviel.

Hier werden qualitative Veränderungen in unserer Ökonomie eingeleitet, für die überall Voraussetzungen zu schaffen sind. Das beginnt bei der Mikroelektronik und betrifft eine Vielzahl von wichtigen Baugruppen, einschließlich hochauflösender Farbbildröhren.

Die Industrie der DDR kann sich auf wissenschaftliche Ergebnisse und eine breite Palette von Erfahrungen, vor allem auf die mikroelektronische Basis stützen. Von großer Bedeutung ist zugleich die Zusammenarbeit mit der Sowjetunion und den anderen Ländern des RGW. Innerhalb weniger Jahre gilt es, auf diesem Gebiet einen qualitativ neuen Schritt in Richtung zum höchsten Technologieniveau zu tun. Große Anstrengungen sind notwendig, um die Softwareproduktion zu organisieren, sowohl bei den Herstellern der modernen Computer als auch bei deren Anwendern. Um die in kurzer Zeit zur Verfügung stehenden vielen rechnergestützten Arbeitsplätze, wie die Computertechnik überhaupt, effektiver zu nutzen, ist es notwendig, die Schaffung eines entsprechenden Datennetzes zu beschleunigen und insbesondere auf dem Gebiet der Lichtleiterübertragung schneller voranzukommen. Bei der Entwicklung und Anwendung der modernen Rechentechnik versprechen wir uns wesentliche Fortschritte gerade vom Ausbau der Forschungskooperation mit den Einrichtungen der Akademie der Wissenschaften der DDR sowie den Universitäten und Hochschulen.

Mikroelektronisch gesteuerte Maschinen und massenhafter Einsatz von Robotern lassen im Sozialismus den Menschen wirklich zum Meister der Produktion werden, zum Beherrscher der Technik. Der sozialistische Charakter der Arbeit prägt sich weiter aus. In diesem Fünfjahrplan ist vorgesehen, an 1,2 bis 1,3 Millionen Plätzen Inhalt und Bedingungen der Arbeit günstiger zu gestalten und für 440 000 bis 450 000 Werktätige Arbeitserschwernisse zu beseitigen.

Eine Grundvoraussetzung für die Dynamik des Leistungsanstiegs bildet der effektive Einsatz aller Energieträger, Roh- und Werkstoffe. Für die DDR hat es sich als günstig erwiesen, sich zunehmend auf einheimische Rohstoffe zu stützen, die Sekundärrohstoffe eingeschlossen. Der springende Punkt ist, sie nicht nur effektiv zu gewinnen, sondern ebenso zu nutzen und zu veredeln. Vor allem betrifft das unsere Rohbraunkohle. Schon jetzt stellt sie mit einem Anteil von 70,4 Prozent am Primärenergieverbrauch den wichtigsten Energieträger der Volkswirtschaft dar, und in diesem Fünfjahrplan werden wir ihr Aufkommen weiter erhöhen. Zugleich sollen 1990, nicht zuletzt im Interesse der Umwelt, 15 Prozent der Elektroenergie in Kernkraftwerken erzeugt werden.

An der Spitze aller Überlegungen steht jedoch, mit Hilfe von Wissenschaft und Technik Energieeinsparungen in der Wirtschaft zu erreichen, die mit 80 Millionen Tonnen 1990 gegenüber 1985 ein wesentlich höheres Äquivalent an Braunkohle verkörpern als bisher vorgesehen. Das verlangt ein ganzes volkswirtschaftliches Programm. Von diesem Punkt aus bestimmen wir dann die Schritte, die Förderung von Rohbraunkohle weiterzuentwickeln. Den Rohstoff Braunkohle heißt es immer höher zu veredeln. Das Zentralkomitee kann dem XI. Parteitag mitteilen, daß im Kombinat Schwarze Pumpe mit dem erfolgreichen Probebetrieb eines neuen Vergasungsverfahrens eine wichtige Etappe bei der Herstellung von Synthesegas aus Salzkohle abgeschlossen wurde. Das öffnet gewissermaßen ein Tor, um künftig alle Braunkohlequalitäten stoffwirtschaftlich vielfältig zu nutzen. Uns geht es auch darum, die bei der Förderung von Rohstoffen anfallenden Begleitstoffe zu gewinnen und einzusetzen.

Jetzt ist die Zeit herangereift, um die gesamte chemische Industrie mit der Veredlung zu durchdringen. Bekanntlich ist es gelungen, bei der Erdölverarbeitung die Ausbeute an hellen Produkten durch tiefere Spaltung von 49,5 Prozent im Jahre 1980 auf 62,9 Prozent im Jahre 1985 zu steigern.

Kurz vor unserem Parteitag hat im Kombinat Leuna-Werke »Walter Ulbricht« ein großer Komplex den Dauerbetrieb aufgenommen, mit dem es möglich ist, das eingesetzte Erdöl vollständig zu hellen Produkten zu verarbeiten. Aus der gleichen Menge Erdöl werden jetzt doppelt soviel Treibstoff und 3,3mal soviel Ausgangsprodukte für hochveredelte Chemieerzeugnisse hergestellt. 1990 wird in der DDR bei der Verarbeitung des zur Verfügung stehenden Erdöls ein Anteil an hellen Produkten von 75 Prozent erzielt. Im Maßstab einer ganzen Volkswirtschaft ist das ein Ergebnis, das international seinesgleichen sucht.

Wir gehen konsequent den Weg der Modernisierung unserer chemischen Industrie in Richtung auf höchste Veredlung nach modernsten Technologien. In den Kombinaten der chemischen Industrie verfügen wir über hocheffektive automatisierte Verfahren und Produktionsprozesse, die den gegenwärtigen Weltstand mitbestimmen. Von diesen Spitzentechnologien schrittweise zu vollständig automatisierten, optimierten und störungsfrei arbeitenden Produktionskomplexen, ja ganzen Betrieben überzugehen charakterisiert die Entwicklung bis zum Jahr 2000.

Große Perspektiven eröffnen sich der Biotechnologie. Seit Mitte der achtziger Jahre werden auf diesem Gebiet Forschung und Produktion mit dem Ziel beschleunigt, die Herstellung biotechnologischer Erzeugnisse bis 1990 in der Volkswirtschaft auf das Dreifache gegenüber 1985 zu erhöhen. So wird diese Schlüsseltechnologie zu einer entscheidenden Potenz der chemischen Industrie zur Hochveredlung ihrer Ausgangsstoffe und eröffnet breite gesamtwirtschaftliche Möglichkeiten. Andererseits erwachsen daraus Anforderungen an eine hochpräzise Verarbeitungstechnik. Generell leiten sich aus den dargelegten Aufgaben in Menge und Güte beträchtliche Ansprüche an den Chemieanlagenbau ab.

Unsere metallurgische Industrie befindet sich in einem umfassenden Übergang zur Veredlungsmetallurgie. Diesen Weg beschreiten wir weiter und legen dabei internationale Maßstäbe zugrunde. Das Zentrum bildet unser Konverterstahlwerk »Ernst Thälmann« im Eisenhüttenkombinat Ost, das modernste Europas. Mit der Warmbreitbandstraße, die wir gemeinsam mit der UdSSR im Eisenhüttenkombinat Ost errichten, wird der volle metallurgische Zyklus von der Aufbereitung der Erze bis zur Herstellung hochveredelter Bleche und Bänder geschlossen. Der Anteil hochveredelter Sortimente am Produktionsprogramm wird im Jahre 1990 in diesem Zweig 90 Prozent erreichen.

Äußerst wichtige Technologien der Zukunft, bei denen es kaum vergleichbare internationale Erfahrungen und Ergebnisse gibt und die nach ihrer Einführung bedeutende ökonomische Vorteile bringen können, werden beispielsweise mit dem Feststoffkonverter in der Maxhütte Unterwellenborn erprobt. Wir unterstützen all diese Bestrebungen, über Bekanntes hinauszugehen und so effektivste Lösungen im Interesse der DDR zu finden. In gleicher Richtung entwickelt sich die Buntmetallurgie, was für die Mikroelektronik unerläßlich ist. So hat der Produktionsbeginn von Siliziumscheiben großer Abmessungen nach modernsten Technologien außerordentliche Bedeutung. Zu Ehren unseres Parteitages stellten die Werktätigen des Freiberger VEB Spurenmetalle die ersten davon aus der Versuchsproduktion bereit.

Immer mehr mitbestimmt wird das Profil der Volkswirtschaft von der Konsumgüterproduktion. Bis 1990 sehen unsere Pläne vor, diese Produktion auf 130 bis 132 Prozent zu steigern. Jährlich sind 30 bis 40 Prozent der Erzeugnisse zu erneuern, bei der Jugendmode 70 Prozent.

Der Industriewarenumsatz soll überdurchschnittlich steigen, und zwar jährlich um mehr als 5 Prozent. Dabei berücksichtigen wir, daß der Bedarf besonders an technischen Industriewaren stark anwächst und sich vorrangig auf solche Sortimente konzentriert wie die Unterhaltungselektronik, die Haushalt- und Heimwerkertechnik, die Wohnraumgestaltung und den Freizeitbedarf. Stets geht es um gute Qualität und ausreichende Stückzahlen. Ein äußerst wichtiges politisches Anliegen bleibt es, zuverlässig mit Waren des Grundbedarfs, den 1 000 kleinen Dingen und Ersatzteilen zu versorgen. Erzeugnissen für Kinder gilt besondere Aufmerksamkeit.

Die Dienstleistungen und Reparaturen sollen auf 128,1 Prozent erhöht werden. Vor allem bei Leistungsarten, wo der Bedarf besonders schnell steigt, gilt es, den Kundenwünschen schneller und besser zu entsprechen. Auch die stadtwirtschaftlichen Dienstleistungen sind gemäß den Anforderungen des Umweltschutzes, der Sauberkeit, Hygiene und Ordnung in den Städten und Gemeinden weiter planmäßig zu entwickeln. Vor allem in unserer Hauptstadt Berlin, in den Bezirks- und Kreisstädten sowie in den Arbeiterzentren sind den Bürgern neue attraktive Dienstleistungen anzubieten. Die volkseigenen Dienstleistungskombinate und -betriebe werden wir weiter zu Zentren der Versorgung der Bevölkerung und der gesellschaftlichen Bedarfsträger entwickeln.

Unsere Partei wird auch in Zukunft das Handwerk fördern, das mehr als zwei Drittel aller Dienstleistungen und Reparaturen für die Bevölkerung erbringt. Die Ausbreitung der Hochtechnologien engt die Bedeutung des Handwerks nicht ein, sondern gibt ihm neue Wirkungsfelder. Während der Vorbereitung des XI. Parteitages wurden schon 1985 unter Berücksichtigung von Vorschlägen der befreundeten Parteien weitere Förderungsmaßnahmen beschlossen, um die Intensivierung auch im genossenschaftlichen und privaten Handwerk voranzubringen.

Auch die Leistungsfähigkeit des Handels ist auf diesem Weg zu stärken.

Viel hängt davon ab, daß mit den zunehmenden Warenfonds auch der größte Nutzen für die Versorgung erreicht wird. Dazu gehören kundenfreundliche Öffnungszeiten der Geschäfte und Gaststätten sowie zeitsparende Einkaufsmöglichkeiten und wachsende Serviceleistungen. Immer mehr ausschlaggebend wird jetzt der veränderte Bedarf der Bevölkerung, was von den Käufern besonders begehrt ist, als vordringlich empfunden und gern gekauft wird. Bedarfsgerechte Produktion und kundengerechtes Angebot, das ist der Maßstab. Zugleich geht es uns um eine angenehme Verkaufsatmosphäre, um größere Aufmerksamkeit für die Wünsche der Käufer, mit einem Wort, um die Verbesserung des ganzen Klimas in diesem Bereich.

Besonders am Herzen liegen uns weitere Fortschritte in der Arbeiterversorgung, ebenso in der Schülerspeisung, ihrer Qualität und ihrem Niveau. Wir ermutigen die örtlichen Staatsorgane, den ihnen übertragenen größeren Entscheidungsraum im Dienste der Bürger voll auszunutzen, seien es die Versorgung mit Backwaren oder Molkereierzeugnissen, die Eigenversorgung mit Obst und Gemüse, die Entwicklung der Gaststätten, der Erholungsgebiete, der Märkte oder auch die Öffnungszeiten.

Liebe Genossinnen und Genossen!

Die Bauleute leisten einen wachsenden Beitrag zur Stärkung der materiell-technischen Basis unserer Volkswirtschaft und realisieren zusammen mit vielen anderen Werktätigen unser großes Wohnungsbauprogramm. Bis 1990 soll die Nettoproduktion im Bauwesen auf 130 bis 132 Prozent steigen. Wirtschaftlichkeit und Qualität des Bauens erhalten einen immer höheren Stellenwert. Was die 8. Baukonferenz im Juni vergangenen Jahres dazu beschlossen hat, besitzt nach wie vor volle Gültigkeit. Hervorzuheben ist die volkswirtschaftliche Bedeutung der Devise »Arbeitszeit ist Leistungszeit«, welche die Haltung der Bauarbeiter zunehmend prägt. Mit dem Anstieg der Produktivität muß die Verbesserung der Arbeits- und Lebensbedingungen, besonders auf den Baustellen, einhergehen.

Der Industriebau erhöht seine Produktion bis zum Ende des Fünfjahrplanes auf 120 Prozent. Immer wesentlicher wird, die Vorhaben effektiv zu realisieren, vor allem durch die Modernisierung und Rekonstruktion der vorhandenen Bausubstanz. Bei neuen Investitionen sollte der spezifische Bauaufwand um 10 Prozent verringert werden. In den nächsten fünf Jahren rechnen wir durchschnittlich mit 15 Prozent niedrigeren Bauzeiten. Grundsätzlich sollen Investitionsvorhaben in zwei Jahren fertiggestellt sein.

In diesem Fünfjahrplan ist vorgesehen, weitere 1 064 000 Wohnungen neu zu bauen oder zu modernisieren. Gewaltige Mittel gibt unser Staat dafür aus, woraus sich die Verpflichtung ableitet, sie noch rationeller, mit größeren sozialen Ergebnissen einzusetzen. Dem innerstädtischen Bauen wenden wir uns noch stärker zu, was dem Antlitz der Städte und Gemeinden sehr zugute kommt. Nehmen wir alles in allem, dann werden in dem historisch kurzen Zeitraum von 20 Jahren rund 3,5 Millionen Wohnungen neugebaut oder modernisiert sein. Das verbessert die Wohnverhältnisse für fast 10,5 Millionen Bürger.

Damit wird bis 1990 die Wohnungsfrage als soziales Problem gelöst und so ein altes Ziel der revolutionären Arbeiterbewegung Wirklichkeit. Jeder Bürger wird über angemessenen Wohnraum verfügen. Durch Neubau und Modernisierung wird die Qualität des Wohnungsbestandes ständig weiter erhöht.

Es bleibt bei stabilen, niedrigen Mieten, unabhängig vom wachsenden Einkommen. Selbstverständlich wissen wir, daß die Zeit nicht stehenbleibt. Auch im Sozialismus werden die Ehen nicht im Himmel, sondern auf der Erde geschlossen. Junge Leute kommen in ein Alter, in dem sie sich von den Eltern räumlich trennen und Wohnungen brauchen. Kinder brauchen Kinderkrippen, Kindergärten und Schulen. Wenn wir die Wohnungsfrage bis 1990 als Kernstück unseres sozialpolitischen Programms gelöst haben, wird der soziale Wohnungsbau weiter gefördert, wird die Erhöhung der Wohnkultur noch stärker in den Vordergrund treten.

Größte Sorgfalt sollte weiterhin bei der Standortwahl walten. Dem komplexen Ausbau der Gemeinschaftseinrichtungen für die soziale und kulturelle Betreuung, für Dienstleistungen und die gastronomische Versorgung kommt der gleiche Rang zu wie dem Wohnungsbau selbst. Verbessert werden muß die stadttechnische Infrastruktur, besonders in den Klein- und Mittelstädten. Leistungsfähigkeit und Attraktivität des öffentlichen Nahverkehrs sind zu erhöhen. Ein Hauptanliegen der Städte und Kreise sollte sein, für einen erheblichen Leistungsanstieg des kreisgeleiteten Bauwesens zu sorgen.

Mit der Kraft der ganzen Republik werden wir Berlin, die Hauptstadt der DDR, des ersten sozialistischen Staates auf deutschem Boden, weiter ausgestalten. Das hier Geleistete wird einen würdigen Platz in der 750jährigen Geschichte Berlins einnehmen. Gerade in der Hauptstadt werden die großen politischen, sozialen und ökonomischen Errungenschaften zum Ausdruck bringen, daß der Sozialismus nicht, wie einige Konservative des Westens behaupten, ein »Irrtum der Geschichte« ist, sondern die Zukunft der Menschheit repräsentiert. Wie diese Zukunft letztlich aussieht, kann jeder nicht nur in dem von Karl Marx und Friedrich Engels ausgearbeiteten »Manifest der Kommunistischen Partei«, sondern auch in solchen Arbeiten von Friedrich Engels wie »Die Entwicklung des Sozialismus von der Utopie zur Wissenschaft« und »Der Ursprung der Familie, des Privateigentums und des Staats« nachlesen.

Die dynamische Entwicklung aller Bereiche unserer Volkswirtschaft stellt selbstverständlich an die Leistungsfähigkeit, Zuverlässigkeit und Effektivität der Infrastruktur höhere Anforderungen. Im Verkehrswesen kommt es darauf an, die steigende Produktion mit einem sinkenden spezifischen Transportaufwand zuverlässig zu bewältigen. Bis 1990 sollen weitere 1 500 Kilometer Hauptstrecken elektrifiziert und der Anteil der elektrischen Zugbeförderung auf rund 60 Prozent erhöht werden. Aufgenommen wird der Fährverkehr zwischen Mukran und Klaipeda. Damit einhergehen muß die umfassende Einführung moderner Transporttechnologien, des Container- und Palettentransports. Im Personenverkehr sind die Qualität, Pünktlichkeit und Zuverlässigkeit weiter zu verbessern. Dabei stehen der Berufsverkehr sowie der Nahverkehr in der Hauptstadt und in den industriellen Ballungsgebieten im Vordergrund.

Untrennbar mit alledem verbunden ist der weitere Schutz der natürlichen Umwelt. Wir wenden bedeutende Mittel auf, um in Industrie und Landwirtschaft die entsprechenden Kapazitäten zu erweitern oder neu zu errichten. Immer mehr setzen wir Technologien ein, die eine Rückgewinnung von Werkstoffen und ihren Wiedereinsatz im wirtschaftlichen Kreislauf ermöglichen. Der sparsamste Einsatz von Ressourcen bietet zusätzlich Gewähr für eine verbesserte Qualität der Luft und der Gewässer sowie den Schutz der Wälder.

Liebe Genossinnen und Genossen!

In der Agrarpolitik verfolgen wir das Ziel, unsere Landwirtschaft als leistungsfähigen Teil der Volkswirtschaft weiter zu entwickeln. Dabei stützen wir uns auf das bewährte Bündnis der Arbeiterklasse mit den Genossenschaftsbauern. Aufblühende Dörfer, hohe Erträge und Leistungen auf dem Acker und im Stall sind eng miteinander verbunden. Durch die Entwicklung der Kooperation, deren Räte in wachsendem Maße größere Verantwortung für die Produktion übernehmen, wurden die besten Voraussetzungen geschaffen, um die zeitweise vorhandene Trennung von Pflanzen- und Tierproduktion zum Nutzen der Bauern zu überwinden.

Den Genossenschaftsbauern von heute charakterisieren eine hohe Qualifikation, ein ausgeprägtes Verantwortungsbewußtsein für die Bearbeitung und Pflege des Bodens und die Betreuung der Tierbestände, für den effektivsten Einsatz der landwirtschaftlichen Maschinen und Ausrüstungen, der agrochemischen Produkte und der Futtermittel. Er nutzt die bäuerlichen Erfahrungen wie die fortgeschrittene Agrarwissenschaft und kennt sich in den Daten der Ökonomie gut aus. Die Klasse der Genossenschaftsbauern in der DDR verkörpert jahrzehntelange Erfahrungen erfolgreicher sozialistischer Entwicklung. Voll ist sie sich der Tatsache bewußt, daß die weitere Entfaltung der Vorzüge des Sozialismus auch die Perspektive der sozialistischen Landwirtschaft und der Bauern gewährleistet. Damit sind wir imstande, auch in der Landwirtschaft jene qualitativ neuen Schritte wie in der ganzen Volkswirtschaft zu gehen.

In Zukunft werden wir der Pflanzenproduktion noch größere Aufmerksamkeit zu schenken haben. So sieht der Fünfjahrplan 1986 bis 1990 vor, die Hektarerträge durchschnittlich jährlich um 1,7 Prozent und die tierische Produktion um 1,4 Prozent zu erhöhen. Die Erträge sind zu stabilisieren und auszubauen. Am Ende des Fünfjahrplans sollen bis 52 Dezitonnen Getreideeinheiten je Hektar erreicht werden. Das verlangt, eine Getreideernte von 12 Millionen Tonnen zu erzielen. Bei allen Kulturarten sind höhere Erträge notwendig. Es kommt darauf an, sowohl das wirtschaftseigene Futteraufkommen zu erhöhen als auch den Obst- und Gemüseanbau umfassend zu fördern. Die langfristigen Programme geben die Richtschnur für die Menge, Struktur und Qualität. Zugleich gewinnt die Weiterverarbeitung landwirtschaftlicher Erzeugnisse durch die LPG und VEG sowie die Einrichtungen der VdgB an Gewicht.

Was die tierische Produktion betrifft, so verlangt die Befriedigung des gesellschaftlichen Bedarfs, Inlandverbrauch und Export zusammengenommen, für 1990 ein staatliches Aufkommen von 2,62 bis 2,65 Millionen Tonnen Schlachtvieh, 7,35 bis 7,55 Millionen Tonnen Milch, 4,8 bis 4,9 Milliarden Eiern und 8500 bis 9000 Tonnen Schafwolle. Dabei geht der Plan im allgemeinen von gleichbleibenden Tierbeständen aus. Der vorgesehene Zuwachs soll ausschließlich aus der Leistungssteigerung je Tier fließen, lediglich die Schafbestände werden im Interesse der Wollproduktion erhöht. Es ist ein zwingendes ökonomisches Gebot, alles gewachsene Futter effektiv zu verwerten und die Futterreserven weiter zu erschließen.

Auch in Zukunft findet die individuelle Produktion in den persönlichen Hauswirtschaften der Genossenschaftsbauern und Arbeiter und im Verband der Kleingärtner, Siedler und Kleintierzüchter unsere volle Unterstützung. Auf Dauer hat sie ihren festen Platz in unseren Bilanzen und ergänzt die gesellschaftliche Produktion sehr wirksam. Bis 1990 werden 150000 Kleingärten neu geschaffen, davon 20000 für die Hauptstadt Berlin. In diesem Prozeß werden zugleich die Beziehungen der Kleingartenanlagen und Siedlungen zum gesellschaftlichen Leben in den Wohngebieten immer enger.

Der Plan 1986 bis 1990 setzt wesentliche Fortschritte auf dem Wege der Intensivierung voraus. Im Kern handelt es sich darum, die Erzeugung pflanzlicher und tierischer Produkte je Hektar schneller zu steigern als den Aufwand an lebendiger und vergegenständlichter Arbeit. Sehr viel hängt davon ab, die Zusammensetzung dieser Fonds den Notwendigkeiten noch mehr anzupassen und ihre Qualität zu erhöhen. Bringt man alles auf einen

Nenner, so verlangen stabile Zuwachsraten der Produktion eine hohe Ökonomie beim Einsatz von Material, Energie und Grundfonds, eine bessere Qualität der Erzeugnisse, neue Verfahren und Technologien sowie die optimale Organisation der Arbeit. Umfassende Intensivierung der Landwirtschaft betrifft vor allem die Mechanisierung, Chemisierung und Melioration, eng verbunden mit der Ausschöpfung aller Kräfte der Natur.

Die enge Verbindung von Agrarwissenschaft und Landwirtschaft wird die Wachstumsfaktoren zunehmend stimulieren. Dazu muß das langfristige Programm der Agrarforschung noch wirksamer realisiert werden. Die Hoch- und Fachschulen der Landwirtschaft werden wir neu profilieren, um mehr anwendungsbereites Wissen zu vermitteln.

Die Investitionen konzentrieren wir weiter auf die Pflanzenproduktion. In der Tierproduktion stehen die Rationalisierung und Rekonstruktion von Ställen und Anlagen an erster Stelle. In der Nahrungsgüterwirtschaft bilden die verlustarme Verwertung und höhere Veredlung der agrarischen Rohstoffe den Schwerpunkt.

Wenn wir die wichtigsten Richtungen der weiteren Gestaltung der Produktionsverhältnisse auf dem Lande charakterisieren, dann ist vor allem eine Feststellung zu treffen. Die LPG und VEG der Pflanzen- und Tierproduktion sind und bleiben die Grundeinheiten der gesellschaftlichen Organisation der Produktion auf dem Lande. Die Kooperation wird vertieft, was vor allem mit der Übernahme und der ständig besseren Wahrnehmung wirtschaftsleitender Funktionen durch die Kooperationsräte einhergeht. In den LPG kommt es darauf an, die genossenschaftliche Demokratie weiter auszuprägen und den Einfluß der Mitgliederversammlungen bei Grundsatzentscheidungen zu erhöhen.

Von den VEG erwarten wir, daß sie als Stützpunkte der Arbeiterklasse auf dem Lande mit ihren Leistungen wesentliche Impulse für die umfassende Intensivierung der gesamten Landwirtschaft geben. Noch überzeugender werden sie als Schrittmacher des Neuen hervortreten. Wachsende Bedeutung erlangt die Zusammenarbeit in den Kooperationsverbänden, die auf die Überleitung wissenschaftlich-technischer Erkenntnisse großen Einfluß ausübt. Es ist eine Ordnung zur Einbeziehung der Kooperationsverbände in den staatlichen Entscheidungsprozeß auszuarbeiten.

Die Agrar-Industrie-Vereinigungen sind eine entwickelte Form der Kooperation. Auch in ihnen sind und bleiben die LPG und VEG Grundeinheiten der Agrarproduktion, die in Kooperationsräten zusammenwirken. Sie sollten vor allem durch wirtschaftsleitende Tätigkeit den wissenschaftlich-technischen Fortschritt verbindlich und mit hoher ökonomischer Wirksamkeit durchsetzen. Zugleich gewinnt die Tätigkeit der Räte für Landwirtschaft und Nahrungsgüterwirtschaft in den Kreisen an Gewicht.

Die im Verlaufe der Agrarpreisreform geschaffenen Kosten- und Erlösverhältnisse werden grundsätzlich beibehalten. Anzustreben ist, die Agrarpreise, die ab 1986 gelten, bis 1990 nicht wesentlich zu verändern. Als nötig erweist sich, schneller theoretischen Vorlauf für die Vervollkommnung der ökonomischen Regelungen zu schaffen. Insbesondere betrifft das Arbeiten zur Differentialrente und zur Ökonomie der Grundfonds und der lebendigen Arbeit. Unsere Partei beabsichtigt, die Maßnahmen der Leitung, Planung und wirtschaftlichen Rechnungsführung aller am Agrar-Industrie-Komplex beteiligten Zweige der Volkswirtschaft künftig noch stärker zu koordinieren.

Es wächst die Rolle der VdgB als sozialistische Massenorganisation der Genossenschaftsbauern und -gärtner, was nicht zuletzt darin zum Ausdruck kommt, daß sie Kandidaten für die Wahl zur Volkskammer aufstellt. Wir führen die Tradition der Kreisbauernkonferenzen fort und schlagen vor, für 1987 den XIII. Bauernkongreß der DDR einzuberufen und in Schwerin durchzuführen.

Auch in Zukunft sehen wir ein wichtiges Anliegen darin, das Dorf als Zentrum landwirtschaftlicher Produktion und bäuerlichen Lebens zu entwickeln und durch die verschiedensten Maßnahmen den wesentlichen Unterschied zwischen Stadt und Land zu überwinden. Wir lieben das Dorf, es ist ein anderes Dorf als zu Kaisers Zeiten, als zu Zeiten der Weimarer Republik, als zu Zeiten des Nazismus, in denen es zu den rückständigsten Gebieten gehörte und in Herren und Knechte geteilt war. Das sozialistische Dorf wird noch schöner werden. Für jedes ist auf der Grundlage von Ortsgestaltungskonzeptionen eine konkrete Perspektive auszuarbeiten. Alle gesellschaftlichen Kräfte, ja die ganze Dorfbevölkerung werden sie gemeinsam verwirklichen.

Die energische Unterstützung der LPG, VEG und der im Dorf ansässigen Betriebe braucht auch der Bau von mehr Wohnungen und Krippenplätzen auf dem Lande. Im Zusammenhang damit sind die Eigenversorgung im Territorium und die Weiterverarbeitung von Agrarprodukten zu fördern. Wichtig sind die Gewährleistung der Versorgung in den Dörfern mit Waren des täglichen Bedarfs, die notwendigen Gemeinschaftseinrichtungen, ihre Pflege und Instandhaltung, bis hin zu niveauvoll gestalteten Gaststätten und Kultureinrichtungen.

Die staatlichen Organe sollten sich noch aufmerksamer der Frage annehmen, wie vor allem in LPG mit noch niedrigem Produktionsniveau das gesellschaftliche Arbeitsvermögen rationeller zu nutzen ist und junge Kader angesiedelt werden können. Die Dorfjugend, besonders die Söhne und Töchter der Genossenschaftsbauern, für einen landwirtschaftlichen Beruf zu gewinnen, die Jugendlichen gut auszubilden und sie im Dorf seßhaft zu machen, das alles gehört dazu, die Klasse der Genossenschaftsbauern in unserer sozialistischen Gesellschaft zu entwickeln.

Viel hängt von den Werktätigen der Nahrungsgüterwirtschaft ab. In enger Zusammenarbeit mit dem Handel gilt es, der wachsenden Nachfrage der Bürger nach neuen, hochwertigen Nahrungsmitteln schneller zu entsprechen. Noch schneller als bisher heißt es dafür die eigene Rationalisierungsmittelproduktion zu erweitern.

Liebe Genossinnen und Genossen!

Bei all unseren Plänen und ihrer Realisierung können wir uns auf feste Vereinbarungen über die weitere Vertiefung der sozialistischen ökonomischen Integration stützen. Die brüderliche Zusammenarbeit mit der UdSSR wird immer stärker von den Erfordernissen der Intensivierung geprägt, woraus sich höhere Anforderungen an das wissenschaftlich-technische Niveau der Erzeugnisse, an die Qualität und an die gewissenhafte Einhaltung der Verträge ergeben. Es spricht für das hohe Niveau dieser Zusammenarbeit, daß für diesen Fünfjahrplanzeitraum ein gegenseitiger Warenaustausch in Höhe von über 380 Milliarden Mark vereinbart wurde. In der Welt gibt es keine langfristige Vereinbarung, die ein derart gewaltiges Volumen auch nur annähernd erreicht.

Die Dynamik der gegenseitigen Lieferungen beruht in zunehmendem Maße auf einer Forschungs- und Produktionskooperation, die nahezu alle Zweige umfaßt. In den Vordergrund treten die Entwicklung und effektive Nutzung moderner Schlüsseltechnologien, die Produktion neuer Erzeugnisse mit Weltniveau sowie die Zusammenarbeit bei der Konsumgüter- und Nahrungsmittelproduktion. Das Potential des Maschinenbaus und der anderen Zweige der verarbeitenden Industrie der DDR wird noch mehr auf den Bedarf der UdSSR und der anderen sozialistischen Länder orientiert.

Unsere Exportleistungen bilden zugleich eine wichtige Voraussetzung, um auch weiterhin die notwendigen Importe von Roh- und Brennstoffen sowie Maschinen, Anlagen und Ausrüstungen aus der Sowjetunion zu sichern. Für 1986 bis 1990 konnte so die Fortsetzung der sowjetischen Rohstofflieferungen im wesentlichen auf dem erreichten hohen Niveau vereinbart werden. Einen hervorragenden Platz nehmen die Lieferungen von 85,4 Millionen Tonnen Erdöl, 36 Milliarden Kubikmetern Erdgas, 16 Millionen Tonnen Walzstahl, 650 000 Tonnen Aluminium, 490 000 Tonnen Zellstoff, 425 000 Tonnen Baumwolle und von anderen Rohstoffen ein. Diese wertvollen Rohstoffe, die eine unverzichtbare Grundlage unserer wirtschaftlichen Entwicklung bilden, sind so effektiv wie möglich zu nutzen. Im Interesse ihrer langfristigen Rohstoffversorgung wird sich die DDR weiterhin daran beteiligen, Investitionsobjekte der Rohstoff- und Energieproduktion in der UdSSR zu errichten. Neue Möglichkeiten ergeben sich für die weitere Erhöhung des Imports hochproduktiver Ausrüstungen und kompletter Anlagen aus der Sowjetunion.

Im Rahmen der sozialistischen ökonomischen Integration wird die DDR die Zusammenarbeit mit allen Ländern des RGW erweitern. Davon zeugt die kontinuierliche Erhöhung der gegenseitigen Warenlieferungen, die bis 1990 vereinbart werden konnte. Ausgebaut wird die ökonomische Zusammenarbeit mit der Republik Kuba, der Sozialistischen Republik Vietnam und anderen außereuropäischen sozialistischen Ländern. Bei der Gestaltung der Wirtschaftsbeziehungen mit der Volksrepublik China geht die DDR davon aus, daß sich die wirtschaftliche und wissenschaftlich-technische Zusammenarbeit durch die Nutzung der auf vielen Gebieten vorhandenen Möglichkeiten weiter vertieft und ihr zunehmend ein langfristiger Charakter verliehen wird, wie es dem Willen unserer beiden Völker entspricht. Mit dem Handelsabkommen für die Jahre 1986 bis 1990 bestehen dafür wichtige Grundlagen.

Gestützt auf die sozialistische ökonomische Integration, setzen wir uns für den weiteren Ausbau der Wirtschaftsbeziehungen mit allen Staaten des nichtsozialistischen Wirtschaftsgebietes ein, die an gleichberechtigter, gegenseitig vorteilhafter ökonomischer Zusammenarbeit interessiert sind. Wir lassen uns davon leiten, daß wirtschaftliche Beziehungen der Politik der friedlichen Koexistenz dienen.

Die Deutsche Demokratische Republik verfügt über ein gut funktionierendes System der sozialistischen Planwirtschaft. Es erweist sich als leistungsfähig, dynamisch und flexibel. Seine Bestandteile und Instrumentarien richten sich darauf, die ökonomische Strategie unserer Partei zu verwirklichen. Im Zeichen der Intensivierung fördert es so nicht allein mengenmäßige Fortschritte, sondern vor allem die bedarfsgerechte Produktion in hoher Qualität, mit niedrigen Kosten. Im Sinne dieser Wirtschaftspolitik wirken die zentrale Planung und Bilanzierung, die Leistungsbewertung nach den 4 Hauptkennziffern, insbesondere der Nettoproduktion, die wirtschaftliche Rechnungsführung mit Preisen, Kosten, Finanz- und Kreditbeziehungen, die leistungsorientierte Lohnpolitik und das Vertragssystem.

Natürlich verlangt das Leben, das Erreichte zu vervollkommnen. Dabei bleiben die grundlegenden ökonomischen Prozesse fest in der Hand des Staates. Die zentrale staatliche Leitung und Planung garantiert, daß überall die Arbeit auf ein gemeinsames Ziel gerichtet ist. Die gesamtgesellschaftlichen Interessen kommen im Fünfjahrplan sowie in den jährlichen Volkswirtschafts- und Staatshaushaltsplänen verbindlich zum Ausdruck. Wesentlich ist, die zentrale staatliche Leitung und Planung immer wirkungsvoller mit der schöpferischen Aktivität der Werktätigen, der eigenverantwortlichen Tätigkeit der Kombinate, Betriebe, Genossenschaften und der örtlichen Staatsorgane zu verknüpfen. Sozialistischer Wettbewerb, die umfassende Plandiskussion, die breite Anwendung erprobter Methoden der sozialistischen Betriebswirtschaft und präzise Leistungsvergleiche bilden unverzichtbare Teilstücke dieser Mitarbeit.

Das Rückgrat der sozialistischen Planwirtschaft der DDR sind die Kombinate mit ihren Betrieben. In Industrie und Bauwesen, im Transport- und Nachrichtenwesen sowie in der bezirksgeleiteten Industrie haben sie sich als moderne Form der Leitung der sozialistischen Großproduktion unter den Bedingungen der Intensivierung sehr gut bewährt. Ganz entscheidend entspringt die Effektivität der Kombinate der einheitlichen Leitung aller wichtigen Phasen des Reproduktionsprozesses. Vor allem wurde die organische Verbindung von Produktion und Wissenschaft auf ökonomischer Grundlage hergestellt. Mehr und mehr werden so die Kombinate zu Katalysatoren einer hohen Dynamik in Wissenschaft und Technik und der wirtschaftlichen Verwertung ihrer Ergebnisse.

Genossinnen und Genossen!

Gestattet mir, das Wesen und den Inhalt der ökonomischen Strategie in einigen Schwerpunkten zusammenzufassen.

Erstens. Die ökonomische Strategie unserer Partei mit dem Blick auf das Jahr 2000 ist darauf gerichtet, die Vorzüge des Sozialismus noch wirksamer mit den Errungenschaften der wissenschaftlich-technischen Revolution zu verbinden, die selbst in eine neue Etappe eingetreten ist. Mikroelektronik, moderne Rechentechnik und rechnergestützte Konstruktion, Projektierung und Steuerung der Produktion bestimmen mehr und mehr das Leistungsvermögen einer Volkswirtschaft. In enger Wechselwirkung damit breiten sich andere Schlüsseltechnologien aus, wie flexible automatische Fertigungssysteme, neue Bearbeitungsverfahren und Werkstoffe, die Biotechnologie, die Kernenergie und die Lasertechnik. Das sind gewaltige Herausforderungen und zugleich Chancen, die Produktion rasch zu erneuern, ihre Qualität zu erhöhen und den Aufwand in einem Maße zu senken, wie das bisher nicht möglich war. Auf diesem Felde fallen die Entscheidungen über das Wachstumstempo der Arbeitsproduktivität, von denen abhängt, wie unsere Ökonomie den Bedürfnissen der Menschen, den vielfältigen inneren Erfordernissen der Entwicklung unseres Landes gerecht wird und sich in der Welt behaupten kann. Damit reifen auch neue Voraussetzungen heran, die Stellung der Werktätigen im Produktionsprozeß zu verändern, ihnen interessantere schöpferische Aufgaben zu übertragen, ihre Arbeitsbedingungen immer günstiger zu gestalten, wie das eines sozialistischen Betriebes würdig ist.

Die internationale Entwicklung der Produktivkräfte vollzieht sich zunehmend rascher, und so können wir uns das Tempo nicht aussuchen. Es heißt, den Wettlauf mit der Zeit zu bestehen, an wichtigen Punkten Vorsprung zu erzielen und dadurch hohe ökonomische und soziale Ergebnisse zu realisieren. Bekanntlich haben sich die Jenaer Zeiss-Werker verpflichtet, bereits jetzt wesentliche Ausrüstungen für die Produktion von 1-Megabit-Speicherschaltkreisen zu produzieren und Ausrüstungen für die Herstellung von 4-Megabit-Speicherschaltkreisen vorzubereiten. Das Wesen dieser Zielstellung ist, innerhalb weniger Jahre auf einem entscheidenden Feld in der DDR das fortgeschrittenste Niveau zu erreichen. Das hat in unserem ganzen Land Zeichen gesetzt.

Hier zeigen sich Wirkungen einer neuen Stufe der organischen Verbindung von Wissenschaft und Produktion. In ihrem Zentrum stehen die Kombinate. Zusammen mit den Einrichtungen der Akademie der Wissenschaften der DDR und des Hochschulwesens organisieren sie den Kampf um Spitzenpositionen. Dazu hat das Politbüro bekanntlich wegweisende Beschlüsse gefaßt. Immer tieferen Einfluß auf alle diese Prozesse gewinnt das wachsende geistige Potential unseres Landes, das seine Hauptquelle in dem hochentwickelten einheitlichen sozialistischen Bildungssystem hat.

Zweitens. Unsere ökonomische Strategie hat zum Inhalt, die Steigerung der Arbeitsproduktivität zu beschleunigen. Darin vor allem muß sich die Beherrschung der Schlüsseltechnologien ausweisen. Immer mehr Kombinate erzielen jährlich Zuwachsraten der Arbeitsproduktivität von 10 Prozent und mehr. Sie setzen damit die gültigen Maßstäbe für die kommenden Jahre. Alle Faktoren der Steigerung der Arbeitsproduktivität müssen wirksam genutzt werden. Wo der Aufwand an lebendiger und an vergegenständlichter Arbeit sinkt, wo gleichzeitig die Qualität der Erzeugnisse steigt, sind die wirtschaftlichen Resultate am besten. Das zeigt sich im Wachstum des Nettoprodukts und des Nationaleinkommens.

Die Arbeitsproduktivität schneller zu steigern erfordert, noch konsequenter nach dem Gesetz der Ökonomie der Zeit zu handeln. Heute, da die Wirtschaft zum Hauptfeld der Auseinandersetzung zwischen den beiden Gesellschaftssystemen geworden ist und bleiben soll, bedeutet Zeitgewinn zugleich Kraftgewinn für den Sozialismus. Mit weniger Aufwand mehr Qualitätsprodukte herzustellen, neue Erzeugnisse schneller in die Produktion zu überführen, Spitzenleistungen rasch zu realisieren und dabei gute wirtschaftliche Ergebnisse zu erzielen, das alles heißt Zeitgewinn für den Sozialismus. Höchste Ökonomie der Zeit, dieser Anspruch gilt für alle Kombinate und Betriebe, für alle Bereiche unserer Volkswirtschaft.

Drittens. Unsere ökonomische Strategie zielt darauf ab, das Wachstum der Produktion bei sinkendem spezifischem Aufwand an Roh- und Werkstoffen sowie Energieträgern zu gewährleisten. Der Anteil des Produktionsverbrauchs am Gesamtprodukt muß weiter sinken, was das Wachstum des Nationaleinkommens beschleunigt. Diesen Prozeß fortzusetzen verlangt in immer stärkerem Maße neue technologische Lösungen. Vor allem moderne Produktionsverfahren werden die künftigen Fortschritte der Material- und Energieökonomie bringen. Andererseits gilt es, den Einsatz von Energie, Rohstoff und Material im volkswirtschaftlichen Kreislauf so ökonomisch wie möglich zu organisieren. Die Abfall- und Abprodukte müssen in ihn zurückfließen. Dieses Prinzip gilt es auf weitere Arten von Sekundärrohstoffen auszudehnen.

Die Bedeutung einheimischer Rohstoffe nimmt ständig zu. Braunkohle, einheimische Erze und besonders Silikatrohstoffe gewinnen noch an wirtschaftlichem Wert für unser Land. So beginnen wir in diesem Fünfjahrplan die Produktion von Aluminium aus einheimischen Tonen. Große Aufmerksamkeit verdient, neue Werkstoffe zu entwickeln und zu erzeugen, in erster Linie aus dem eigenen Aufkommen. Schon erreichte Spitzenpositionen, wie bei einzelnen Glas-Keramik-Werkstoffen, sind auszubauen und vor allem in breitem Umfang wirtschaftlich zu nutzen.

Rohstoffe ökonomisch einzusetzen heißt in allererster Linie, sie weitgehend zu veredeln. Mit jedem Kilogramm Material muß ein immer höherer Erlös erzielt werden, das ist der Maßstab. Der Weg dahin führt über qualifizierte Arbeit und wissenschaftlich-technische Höchstleistungen. Das Wirtschaftswachstum der DDR wird zunehmend von der Veredlung der Produktion bestimmt werden. So erhalten große Wirtschaftsbereiche ein neues Gesicht, ähnlich wie sich unsere Metallurgie zur Veredlungsmetallurgie wandelte.

Viertens. Unsere ökonomische Strategie schließt ein, in der Volkswirtschaft durchgängig eine Qualitätsproduktion zu erreichen, die hohen internationalen Maßstäben entspricht. Qualitätsbestimmend sind heute das wissenschaftlich-technische Niveau der Erzeugnisse, ihr Gebrauchswert, ihre Funktionstüchtigkeit und ihr Design. Als ebenso wesentlich erweisen sich modernste Herstellungsverfahren, die darüber entscheiden, ob der innere und äußere Bedarf an Qualitätsprodukten in den nötigen Stückzahlen und auf rationelle Weise gedeckt werden kann. Alle Förderung verdient die Masseninitiative, die eine fehlerlose Produktion anstrebt. Nicht nur einige, sondern alle Erzeugnisse sollen von hoher Qualität sein, wie aus gleichem Holz geschnitzt für die Versorgung der Bevölkerung wie für den Export.

Qualität kennt keinen Stillstand. So verbindet sich ihre Steigerung mit einer hohen Erneuerungsrate der Produktion, die etwa 30 Prozent pro Jahr betragen muß. Wer nicht immer aufs neue nach Spitzenleistungen strebt, bleibt im internationalen Wettstreit auf der Strecke. Ständig Bestes bieten, das allein sichert auch gute wirtschaftliche Erlöse.

Fünftens. Die ökonomische Strategie unserer Partei räumt der sozialistischen Rationalisierung einen hohen Rang ein. Sie geht in großer Breite vonstatten und wird immer mehr von modernsten technischen Mitteln charakterisiert. So stellt sie einen Hauptweg dar, die Arbeitsproduktivität zu steigern. Zugleich bietet sie Arbeitern, Wissenschaftlern und Technikern ein weites Feld schöpferischer Betätigung und verbessert die Arbeitsbedingungen. Wesentlich ist, rasch die höhere Stufe der sozialistischen Rationalisierung zu erreichen, welche durch die Anwendung moderner Schlüsseltechnologien ermöglicht wird. Beispiele dafür liefern die Einführung der CAD/CAM-Technik und die Schaffung flexibler automatisierter Fertigungsabschnitte, in die Industrieroboter organisch eingefügt sind.

Durch die rechnergestützte Konstruktion, Projektierung und technologische Vorbereitung wird die Arbeit Hunderttausender von Menschen in diesem Bereich um ein Mehrfaches produktiver werden. Damit erschließt sich für die ökonomische Leistungskraft der DDR ein Potential, das in seiner Ausstrahlung noch kaum abzuschätzen ist. Die generelle Anwendung dieser Technik stellt die intensiv erweiterte Reproduktion in den Kombinaten und Betrieben auf eine neue, effektivere Grundlage.

Bewährt hat sich, die Rationalisierungsmittel in enger Verbindung mit dem technologischen Prozeß der Anwender zu entwickeln und diese Aufgabe nicht zu verselbständigen. Der eigene Rationalisierungsmittelbau wird quantitativ und qualitativ entschieden verstärkt. Generell wird die Mikroelektronik eingesetzt, damit Rationalisierungsmittel Teilstücke modernster Automatisierungstechnik bilden können. Der eigene Rationalisierungsmittelbau wird zu einer wesentlichen materiell-technischen Basis für die breite Anwendung der modernen Schlüsseltechnologien. Sein Anteil an den Investitionen wächst weiter. Er bildet den Ausgangspunkt für die intensiv erweiterte Reproduktion der Kombinate, die dort dafür ihr eigenes Potential einsetzen. Die sozialistische Rationalisierung wird künftig immer stärker den Handel, die Sparkassen, die Banken, die Versicherungen und andere Bereiche erfassen. Auch hier werden Personal- und Bürocomputer, wird die modernste Rechentechnik die materiell-technische Basis tiefgreifend verändern und große wirtschaftliche Effekte bringen.

Sechstens. Unsere ökonomische Strategie richtet sich auf eine hohe Effektivität der Arbeit. Viele Faktoren stehen dabei in enger Beziehung zueinander. Die Einsparung an Arbeitszeit muß mit der Senkung des Produktionsverbrauchs in allen Bestandteilen einhergehen. Die Grundfonds, dieses wertvolle Volksvermögen, sind ständig angewachsen, weshalb ihre bestmögliche Nutzung für die Effektivität von größter Bedeutung ist. Der Anteil der Schichtarbeit wird steigen, und entsprechend den jeweiligen Bedingungen soll sie in den Betrieben, landwirtschaftlichen Produktionsgenossenschaften und vielen wissenschaftlichen Einrichtungen zunehmend angewendet werden.

Neueste wissenschaftliche Erkenntnisse schneller zu verwerten, teure Forschungsmittel besser zu nutzen erfordert das auch in der Forschung, der Entwicklung und vor allem der Projektierung. Gerade um Werktätige für die Schichtarbeit zu gewinnen gilt es, die Schwedter Initiative noch nachhaltiger zu fördern.

Siebentens. Unsere ökonomische Strategie stellt bedeutend höhere Anforderungen an die Investitionstätigkeit. Der wesentliche Anteil der Investitionen dient der Modernisierung der Grundfonds, wobei vorhandene Baulichkeiten genutzt werden. Erst im Zusammenhang damit führen die Vorhaben der Spitzentechnik zur notwendigen Stärkung unserer materiell-technischen Basis. Der Anteil der Rationalisierungsinvestitionen wird weiter vergrößert. Konsequenter als bisher muß dieser Weg genutzt werden, um neueste Erzeugnisse in hohen Stückzahlen nach modernsten Verfahren zu produzieren.

Ein Anliegen von staatspolitischer Bedeutung ist es, die mit dem Plan beschlossenen Investitionsvorhaben zur Stärkung der materiell-technischen Basis der DDR exakt durchzuführen. Alle entsprechenden Kombinate und Betriebe, der Auftragnehmer, der Minister und die territorialen Staatsorgane haben zu gewährleisten, daß jedes bestätigte Objekt termingerecht in Betrieb geht. Zu diesem Zweck sind die entsprechenden Instrumentarien der Leitung, Planung und der wirtschaftlichen Rechnungsführung voll anzuwenden.

Achtens. Unsere ökonomische Strategie sieht eine noch stärkere Entwicklung der Konsumgüterproduktion vor. Konsumgüter, die dem Bedarf entsprechen, in hoher Qualität und ausreichender Menge zu erzeugen muß noch mehr zur Sache der ganzen Volkswirtschaft werden. Das ist eine wichtige Seite der Verantwortung der Kombinate. In jedem von ihnen sind leistungsstarke Kapazitäten dafür zu schaffen und auszubauen. Von den großen Kombinaten bis zu den Handwerksbetrieben, von den Chancen der modernen Technologien bis zu meisterlichen Erfahrungen und Traditionen, unser Land verfügt über ein reiches und vielgestaltiges Potential auf diesem Gebiet. Ideenreiche Formgestalter, versierte Modeschöpfer, vor allem aber geschickte Arbeiterinnen und Arbeiter sind in unseren Produktionsstätten tätig. So haben wir alles, um mehr neue, schöne und gebrauchstüchtige Erzeugnisse für die Bevölkerung und den Export zu fertigen.

Neuntens. Unsere ökonomische Strategie ist auf einen kontinuierlichen und dynamischen Leistungsanstieg zugeschnitten. Die gesellschaftspolitischen Ziele, die Verbesserung des materiellen und kulturellen Lebensniveaus der Menschen in unserem Lande erfordern ein starkes und beständiges Wirtschaftswachstum. Dieses Wachstum wird immer stärker von den Wechselbeziehungen der Wirtschaft zu den verschiedenen gesellschaftlichen Bereichen beeinflußt, wobei an erster Stelle die gegenseitige Durchdringung von Wissenschaft und Produktion zu nennen ist. Das sozialistische Bildungswesen und seine weitere Entwicklung üben großen Einfluß auf die Wirtschaft aus. Andererseits leiten sich aus dem Fortschritt der modernen Produktivkräfte Anforderungen an Bildung und Weiterbildung ab. In vielfältiger Weise zeigen sich diese Zusammenhänge auf zahlreichen Gebieten bis hin zur Freizeitgestaltung. Eine Wirtschaft, deren Kraft zunehmend auf der Fähigkeit der Menschen beruht, hochmoderne Technologien zu beherrschen, braucht zu ihrem Gedeihen ein schöpferisches Klima im gesamten gesellschaftlichen Leben.

Zehntens. Unsere ökonomische Strategie mit dem Blick auf das Jahr 2000 soll die intensiv erweiterte Reproduktion ständig vertiefen und auf dauerhafte Grundlagen stellen. Die Notwendigkeit dafür leitet sich aus den objektiven Entwicklungsgesetzen des Sozialismus ab. Zugleich ermöglicht es die sozialistische Planwirtschaft in unserer Deutschen Demokratischen Republik, die moderne Technik und vor allem die Schlüsseltechnologien in den Dienst dieser Aufgabe zu stellen. Unser Volk, das Herr seiner Betriebe und Forschungsstätten ist, läßt die Springquellen der Wissenschaft immer wirksamer für die wirtschaftliche Kraft, den gesellschaftlichen Reichtum und den sozialen Fortschritt unseres Landes fließen. Jedes Jahrfünft wird so eindrucksvoller bezeugen, daß nur der Sozialismus die gewaltigen Produktivkräfte unseres Jahrhunderts zum Wohle der Menschen zu nutzen vermag.

Liebe Genossinnen und Genossen!

Die Wissenschaftler unseres Landes haben mit bedeutsamen Ergebnissen zum hohen Leistungsanstieg unserer Volkswirtschaft, zur Entwicklung moderner Produktivkräfte und zur Bereicherung des geistig-kulturellen Lebens beigetragen. Dabei erhöhten sich der Anteil und das Gewicht von Spitzenergebnissen der Akademie- und Hochschulforschung. Auch in der Grundlagen- und Erkenntnisforschung gab es Resultate, die dem langfristigen wissenschaftlichen Vorlauf dienen.

Im bevorstehenden Zeitabschnitt sind von der Grundlagenforschung Impulse zu erwarten, die zu Spitzenleistungen in Wissenschaft und Technik führen, unseren realen Bedingungen und Möglichkeiten Rechnung tragen, sich auf die Schwerpunkte der ökonomischen Strategie und des gesellschaftlichen Fortschritts richten. Dem entspricht die »Konzeption zur langfristigen Entwicklung der naturwissenschaftlichen, mathematischen und technischen Grundlagenforschung im Bereich der Akademie der Wissenschaften der DDR und des Ministeriums für Hoch- und Fachschulwesen für den Zeitraum 1986 bis 1990 und darüber hinaus bis zum Jahr 2000«.

Wir können sagen, daß die Wissenschaft der Deutschen Demokratischen Republik mit der Zeit geht. Ihre Ziele leitet sie aus unseren gesellschaftlichen, insbesondere den ökonomischen Erfordernissen der Stärkung des Sozialismus ab. Sie nimmt aktiv teil am weltweiten Prozeß, die Grenzen der Erkenntnisse in Naturwissenschaft und Technik immer weiter hinauszuschieben. Noch zu keiner Zeit hatte unsere Wissenschaft solche Perspektiven und Möglichkeiten. Zugleich erwachsen ihr neue Aufgaben, die für jeden Wissenschaftler eine Herausforderung an das Niveau und das Tempo ihrer Lösung sind. An unseren Akademien, im Hochschulwesen und in den Kombinaten der Industrie sowie in anderen Bereichen gibt es ein nicht unbeträchtliches wissenschaftliches Potential. Es muß in qualitativ neuer Weise, mit wesentlich höheren Ergebnissen zum Tragen gebracht werden.

Wir sind uns dabei des Verständnisses der Wissenschaftler gewiß. Progressives, kühnes wissenschaftliches Denken, das sich an gesellschaftlichen Erfordernissen orientiert, ist für die Besten von ihnen bereits zur Norm geworden. Dieser Geist sollte sich überall durchsetzen. Dabei gewinnt die Gestaltung der Beziehungen zwischen Kombinaten und Einrichtungen der Akademie der Wissenschaften der DDR und des Hochschulwesens auf der Grundlage langfristiger, stabiler und verbindlicher Verträge nicht nur ökonomisches Gewicht, sondern hat auch weitgehende positive Rückwirkungen auf die Entwicklung der Wissenschaften selbst. Der Wissenschaft kommt die Verantwortung zu, in der fortwährenden Auseinandersetzung des Menschen mit der Natur das »belebende Feuer« zu sein.

Die mathematisch-naturwissenschaftliche und technische Grundlagenforschung ist auf solche Schwerpunkte zu konzentrieren wie die Informationsverarbeitung und -technik, eine hocheffektive Mensch-Maschine-Kommunikation sowie flexible und rechnergestützte Automatisierungslösungen. Wichtig ist der wissenschaftliche Vorlauf auf dem Gebiet der Mikro- und der Optoelektronik für neue Verfahren und Technologien, einschließlich der Lichtleiter- und Lasertechnik. Höchste Aufmerksamkeit verdient die wissenschaftliche Arbeit für die Erkundung, Gewinnung und Verwertung einheimischer Rohstoffe, für die Entwicklung hochproduktiver Verfahren zu ihrer höheren Veredlung, insbesondere auf dem Gebiet der Karbochemie, sowie für die Herstellung von Werkstoffen auf der Basis einheimischer Rohstoffe. Auch in die Forschungsarbeit auf dem Gebiet der Biotechnologie, der Anwendung verschiedener biologischer Verfahren, einschließlich gentechnischer Methoden zur Gewinnung hochveredelter Produkte, setzen wir große Erwartungen. Besondere Intensivierungseffekte erwachsen aus der Gestaltung geschlossener Stoffkreisläufe.

Ein zunehmender Teil des Forschungspotentials ist dafür einzusetzen, unsere Erkenntnisse über die Gesetzmäßigkeiten in Natur und Gesellschaft zu vertiefen, neue Wirkprinzipien und technologische Verfahren zu erkunden sowie neue Entwicklungstrends zu erkennen. Beim kühnen Vorstoß in wissenschaftliches Neuland, der immer mit einem gewissen Risiko verbunden ist, darf keinerlei Kurzsichtigkeit geduldet werden. Nicht sofort verwertbare Ergebnisse sind ein Potential, das an die Reaktionsfähigkeit und Flexibilität der Volkswirtschaft hohe Anforderungen stellt.

Die wissenschaftlich-technische Revolution mit den Vorzügen des Sozialismus zu verbinden erfordert vor allem auch die Zusammenarbeit der Natur- und Technikwissenschaften mit den Gesellschaftswissenschaften. Es muß die Erkenntnis vertieft werden, daß die naturwissenschaftlichen, technischen und technologischen Lösungen im Forschungsprozeß immer auch mit vielfältigen sozialen Erfordernissen und Wirkungen verknüpft sind. Deshalb sollten solche gesellschaftlichen Faktoren wie Arbeitsinhalte und -bedingungen, Bildung und Qualifikation, soziale Beziehungen, Persönlichkeitsentwicklung, Gesundheit, Umwelt, die internationale Position der DDR und anderes mehr bei allen Vorhaben der Grundlagenforschung ständig beachtet werden.

Jeder wissenschaftliche Erfolg ist bekanntlich zuerst das Ergebnis harter, qualifizierter Arbeit. Auch heute werden höchste Leistungen in Wissenschaft und Technik von Menschen getragen, die sich durch schöpferische Neugier, kritische Phantasie, außergewöhnlichen Fleiß und kooperative Arbeitsweise auszeichnen. Mehr denn je kommt es darauf an, überholte Gewohnheiten abzulegen, weniger aussichtsreiche Arbeitsrichtungen zu verlassen, alle Reserven zu nutzen und sich ständig an den neuen Erfordernissen zu messen. Dazu ist, vor allem bei den jungen Wissenschaftlern, die Fähigkeit mehr zu fördern, Trends künftiger Entwicklungen zu erkennen und die Erfolgsaussichten zu bestimmen.

Echte Spitzenleistungen erfordern Spitzenkräfte und können nur in einer geistigen Atmosphäre entstehen, die durch die Überzeugung vom politischen und ökonomischen Gewicht der eigenen Arbeit geprägt ist, durch Ehrlichkeit und Bescheidenheit, genaues Prüfen und Beschreiten neuer Wege. Falsche Rücksichtnahme und Schönfärberei führen zum Mittelmaß, letztlich zu wissenschaftlichen und ökonomischen Verlusten. Überall brauchen wir eine Atmosphäre, die Kämpfer für den wissenschaftlich-technischen Fortschritt erzieht. Jeder Wissenschaftler hat die Pflicht, seine eigenen Leistungen konsequent am Weltstand zu messen.

Mit der Erfüllung des Zentralen Forschungsplanes der marxistisch-leninistischen Gesellschaftswissenschaften der DDR 1981 bis 1985 wurden wertvolle Beiträge zur theoretischen Arbeit und zur praktischen Politik unserer Partei geleistet. Jetzt sind unsere Gesellschaftswissenschaftler aufgefordert, die Forschungen zu Entwicklungstendenzen, Gesetzmäßigkeiten und Triebkräften des Sozialismus als einheitlichem sozialem Organismus noch umfassender und tiefgründiger zu betreiben. Im Zentrum stehen die Wechselbeziehungen von Politik, Ökonomie, Ideologie, Wissenschaft, Kultur und Landesverteidigung sowie die Analyse der inneren und äußeren Einflußfaktoren auf die Entwicklung wie die Geschichte des Sozialismus in der DDR. Das alles macht es notwendig, die interdisziplinäre, komplexe Arbeitsweise, einschließlich der Gemeinschaftsarbeit von Gesellschaftswissenschaften und Naturwissenschaften, technischen und medizinischen Wissenschaften, entschieden zu verstärken. Praxisbezogenheit und Praxiswirksamkeit sind ein entscheidender Maßstab für wissenschaftliche Qualität.

Eine vorrangige Aufgabe, insbesondere für die Politökonomen und Wirtschaftswissenschaftler, besteht in der weiteren Erforschung der Bedingungen zur Durchsetzung der ökonomischen Strategie unserer Partei, für die weitere Gestaltung der Leitung und Planung der Volkswirtschaft. Es sind Arbeiten vorzulegen, welche die Erfordernisse und Triebkräfte ökonomischen Wachstums durch die weitere Beschleunigung des wissenschaftlich-technischen Fortschritts und durch die Intensivierung der Volkswirtschaft erschließen. Große Beachtung sollte der Analyse, Begründung und Propagierung der Werte und Vorzüge des Sozialismus gewidmet werden.

Seit 1981 schlossen 348 700 Absolventen, darunter 85 800 Ingenieure, ihr Studium an den Universitäten, Hoch- und Fachschulen ab. In der Weiterbildung absolvierten 367 400 Hoch- und Fachschulkader, das sind 66 Prozent mehr als im vergangenen Fünfjahrplanzeitraum, postgraduale Studien, Lehrgänge und andere hochschultypische Veranstaltungen. Über 140 Studienpläne und fast 1 200 Lehrprogramme wurden entsprechend den neuen Anforderungen überarbeitet und eingeführt. Der Übergang von der vier- zur fünfjährigen Ausbildung von Diplomlehrern für die Oberschulen ist erfolgreich vollzogen. Große Leistungen wurden bei der Ausbildung ausländischer Bürger, insbesondere aus Entwicklungsländern, vollbracht, deren Zahl, verglichen mit dem Zeitraum von 1976 bis 1980, auf 170 Prozent stieg.

Vorrangiges Anliegen der Universitäten, Hoch- und Fachschulen muß es sein, den notwendigen Bildungsvorlauf für die weitere Gestaltung der entwickelten sozialistischen Gesellschaft zu schaffen. Dementsprechend ist das Studium so zu vervollkommnen, daß die praxisverbundene Aneignung fundierter, fortgeschrittenster Grundlagen- und Spezialkenntnisse mit einer gründlichen politischen und weltanschaulichen Bildung einhergeht. Die selbständige wissenschaftliche Arbeit der Studenten als eine tragende

Säule unserer Bildungskonzeption ist weiter zu fördern. Kernfrage bleibt die Erziehung zum sozialistischen Klassenstandpunkt.

Zur langfristigen Vervollkommnung der Hoch- und Fachschulbildung wurden mit der Konzeption zur Gestaltung der Aus- und Weiterbildung der Ingenieure und Ökonomen in der DDR grundlegende Orientierungen gegeben. Ihre schrittweise Verwirklichung berührt grundsätzliche Linien der perspektivischen Gestaltung unseres Hoch- und Fachschulwesens insgesamt. Vorgesehen ist die weitere Profilierung seiner Einrichtungen. So sind die Technischen Hochschulen in Karl-Marx-Stadt und Magdeburg zu Technischen Universitäten zu entwickeln. Es ist mit der Umwandlung von Ingenieurschulen in Technische Hochschulen zu beginnen. Dies muß mit der weiteren Ausgestaltung unseres wissenschaftlich-technischen Bildungspotentials einhergehen.

Liebe Genossinnen und Genossen!

Entsprechend dem Auftrag des X. Parteitages, die Jugend auf die anspruchsvollen Aufgaben vorzubereiten, die die Weiterführung der sozialistischen Revolution stellt, vollziehen sich weitreichende Prozesse der inhaltlichen Ausgestaltung unseres Bildungswesens. Aus der umfassenden Sicht auf die weitere Gestaltung der entwickelten sozialistischen Gesellschaft sind qualitativ neue, höhere Anforderungen an die Bildung und Erziehung der jungen Generation gestellt, ist die Aufgabe abgeleitet, die Anlagen und Fähigkeiten eines jeden Kindes optimal auszubilden. Die sozialistische Gesellschaft wird selbst um so reicher, je reicher sich die Individualität ihrer Mitglieder entfaltet, und sie schafft dafür mit ihrem Fortschreiten immer günstigere Bedingungen.

Wir haben immer wieder hervorgehoben, daß der Sozialismus alle schöpferischen Fähigkeiten und Begabungen braucht, daß er massenhaft allseitig gebildete, hochbefähigte, talentierte Persönlichkeiten benötigt und hervorbringt. Unser Bildungswesen, unsere Lehrer und Erzieher haben entsprechend den im Parteiprogramm gestellten Aufgaben für die kommunistische Erziehung wirksamen Einfluß darauf genommen, unsere Jugend zu befähigen, den ständig wachsenden Ansprüchen an qualifizierte Arbeit, an bewußtes politisches Engagement, an Wissen und Können, an politisch-moralische Haltung im eigenen und im gesellschaftlichen Interesse gerecht zu werden.

Das im Parteiprogramm formulierte Erziehungsziel, die »Erziehung und Ausbildung allseitig entwickelter Persönlichkeiten, die ihre Fähigkeiten und Begabungen zum Wohle der sozialistischen Gesellschaft entfalten, sich durch Arbeitsliebe und Verteidigungsbereitschaft, durch Gemeinschaftsgeist und das Streben nach hohen kommunistischen Idealen auszeichnen«[1],

---

1 Programm der Sozialistischen Einheitspartei Deutschlands, Berlin 1985, S.66/67.

ist den Zehntausenden Pädagogen unseres Landes Ziel und Richtung für ihr tägliches unermüdliches Wirken bei der Erziehung unserer Jugend. Im Wissen darum, daß Bildungs- und Kulturniveau, Bereitschaft zu hoher Leistung und schöpferischer Arbeit, hohes sozialistisches Bewußtsein, eine klassenmäßige Haltung, sozialistische moralische Eigenschaften und Verhaltensweisen zunehmend an Bedeutung gewinnen, sowohl in der materiellen Produktion als auch in allen anderen Sphären des gesellschaftlichen Lebens, und daß sie nicht zuletzt die persönliche Lebenshaltung der Menschen bestimmen, bemühen sich unsere Lehrer und Erzieher um eine hohe Qualität der Bildungs- und Erziehungsarbeit.

Wir haben eine eng mit dem Leben verbundene zehnklassige allgemeinbildende polytechnische Oberschule geschaffen, in der Lernen und produktive Arbeit miteinander verbunden sind und die allen Kindern eine hohe Allgemeinbildung vermittelt. Sie verfügt mit dem auf breite Grundlagenbildung ausgerichteten obligatorischen Unterricht und dem die Allgemeinbildung vertiefenden und weiterführenden fakultativen Unterricht über die notwendige Flexibilität, um auf Anforderungen aus der dynamischen Entwicklung unserer Gesellschaft rechtzeitig zu reagieren, den Ansprüchen in der nachfolgenden Berufsausbildung bzw. im weiterführenden Bildungswesen gerecht zu werden. Dieser Vorzug unseres einheitlichen sozialistischen Bildungswesens ist stärker auszuprägen und zur Geltung zu bringen.

Ausgehend davon, daß die entscheidende Konsequenz aus der weiteren Gestaltung der entwickelten sozialistischen Gesellschaft darin besteht, die Jugend auf die Arbeit, auf das Leben in der sozialistischen Gesellschaft umfassend vorzubereiten, geht es auch künftig darum, unserer Schuljugend ein breites, solides und ausbaufähiges Fundament der Allgemeinbildung zu vermitteln, sie im Geiste unserer kommunistischen Weltanschauung und Moral zu erziehen, die Grundlagen für die allseitige Entwicklung der Persönlichkeit, für Disponibilität und schöpferische Leistungsfähigkeit sicher zu legen, die die künftigen Facharbeiter, Ingenieure und Wissenschaftler benötigen.

Seit dem X. Parteitag wurden neue Lehrpläne und Lehrbücher in den Schulen eingeführt. In umfassender Weise werden die Lehrer auf die Realisierung der sich daraus ergebenden höheren Anforderungen vorbereitet. Die sich damit vollziehende Profilierung von Inhalt und Niveau der Allgemeinbildung bewahrt alles Bewährte und ist zugleich an vorausschaubaren Perspektiven und Anforderungen orientiert. Bei der Ausarbeitung der Konsequenzen für Bildung und Erziehung aus der weiteren Gestaltung der entwickelten sozialistischen Gesellschaft, eingeschlossen die Ansprüche aus der wissenschaftlich-technischen Revolution, ist davon auszugehen, daß die Gesamtheit der Erfordernisse beachtet werden muß, wie sie sich aus der Entwicklung der Produktion, der Wissenschaft, der sozialistischen Demokratie, der Entfaltung des geistig-kulturellen Lebens ergeben.

Entscheidende Bedeutung gewinnt die Aufgabe, das grundlegende Wissen und Können fest und solide zu vermitteln, damit die Jugend beim weiteren Wissenserwerb darauf aufbauen kann, und die Fähigkeit der Schüler auszubilden, Wissen selbst zu erwerben und in der Praxis anzuwenden, ihr Bedürfnis zu entwickeln, selbständig weiterzulernen. In diesem Zusammenhang erlangen solche für die Erhöhung der Qualität der Arbeit in der Schule wesentlichen Fragen ein großes Gewicht, wie die geistige Aktivität der Schüler, wie elementare wissenschaftliche Denk- und Arbeitsweisen noch besser ausgebildet werden, wie die Jugend zur Liebe zur Wissenschaft erzogen, ihr Interesse an Technik und Produktion entwickelt wird.

Die Vorbereitung der Schuljugend auf die Meisterung der Anforderungen des wissenschaftlich-technischen Fortschritts ist eine Aufgabe, die durch die Bildungs- und Erziehungsarbeit in ihrer Gesamtheit geleistet werden muß. Die rasche Entwicklung in Wissenschaft, Technik und Produktion stellt höhere Anforderungen an die Beherrschung von grundlegenden Theorien und wissenschaftlichen Denk- und Arbeitsweisen, an die Verfügbarkeit der grundlegenden Kenntnisse über Gesetzmäßigkeiten auf dem Gebiet der Mathematik, der Naturwissenschaften und Technik sowie der Gesellschaftswissenschaften, an die Fähigkeit zu selbständigem, schöpferischem Lernen und Arbeiten. So wurden bzw. werden die Lehrgänge für Mathematik, Physik, Chemie, Biologie und die polytechnischen Disziplinen so profiliert, daß die Schüler die Zusammenhänge von Wissenschaft, Technik, Produktion und Gesellschaft erkennen, grundlegende Entwicklungslinien des wissenschaftlich-technischen Fortschritts und der ökonomischen Strategie gründlicher verstehen. In die polytechnische Ausbildung der Schüler wurden aus der Sicht der Allgemeinbildung Inhalte aus der Elektronik, der Mikroelektronik, der Informationselektrik, der Automatisierung der Produktion neu aufgenommen. Damit soll der Schuljugend technisches, technologisches und ökonomisches Wissen und Können vermittelt werden, das zugleich eine Voraussetzung für die inhaltliche Weiterentwicklung der Berufsbildung darstellt.

Um bei den Schülern Grundlagen für ein elementares Verständnis der Informatik und informationsverarbeitenden Technik zu schaffen, sind vor allem die im mathematischen, naturwissenschaftlichen und polytechnischen Unterricht liegenden Möglichkeiten auszuschöpfen. Der Vorzug, daß unsere Schule eine polytechnische ist, bietet umfassende materielle und kadermäßige Möglichkeiten, die Schüler in den Betrieben, in den polytechnischen Zentren und in der Produktion, im Zusammenwirken mit der Berufsausbildung und mit wissenschaftlichen Einrichtungen an Probleme der Informatik, der Automatisierung, einschließlich der Arbeit mit Computern, heranzuführen.

Eine erstrangige Aufgabe ist und bleibt die weitere inhaltliche Profilierung des gesellschaftswissenschaftlichen Unterrichts. Aufbauend auf den schon erreichten Erkenntnissen und Erfahrungen bei der Arbeit mit neuen Lehrmaterialien, wie für den Staatsbürgerkundeunterricht, ist die Arbeit in diesen Fächern so weiterzuführen, daß gesellschaftstheoretische Kenntnisse konkreter und überzeugungswirksamer vermittelt werden und die Wirksamkeit dieses Unterrichts für die klassenmäßige Orientierung der Schüler, für ihre politisch-ideologische Erziehung erhöht wird.

Besondere Bedeutung kommt unter dieser Sicht dem Geschichtsunterricht zu, der mit dem Ziel inhaltlich weiter zu profilieren ist – und die Arbeiten dazu sind begonnen –, die Kenntnisse der Schüler über wesentliche historische Tatsachen und Abläufe sowie gesetzmäßige Zusammenhänge zu vertiefen und ein konkretes wissenschaftlich begründetes Geschichtsbild, besonders auch über die Geschichte der DDR, zu vermitteln, das von hoher Wirksamkeit für die Erziehung unserer Jugend ist und dazu beitragen soll, daß sie gegenwärtige und künftige gesellschaftliche Entwicklungen besser versteht. Es ist zu begrüßen, daß im Rahmen des fakultativen Unterrichts in der zehnklassigen Schule eine Einführung in die marxistisch-leninistische Philosophie vorbereitet wurde.

Die neuen Programme für den Literaturunterricht und die Arbeit in den anderen künstlerischen Fächern müssen die aktive Auseinandersetzung mit Werken der Literatur und Kunst noch besser für die Persönlichkeitsentwicklung der Schüler, ihre Erziehung zur kommunistischen Moral, für das Verständnis der sozialistischen Werte zur Wirkung bringen. Große Aufmerksamkeit schenken wir weiterhin der Qualifizierung unseres Muttersprach-Unterrichts und der weiteren Entwicklung des Fremdsprachen-Unterrichts, besonders der Erhöhung der Qualität des Russisch-Unterrichts.

Es ist eine wichtige Aufgabe unserer Schule und der Gesellschaft, die Jugend zu einer gesunden Lebensweise zu erziehen, ihre körperliche Leistungsfähigkeit zu entwickeln. Dazu ist die Wirksamkeit des Sportunterrichts und der außerunterrichtlichen sportlichen Betätigung weiter zu erhöhen.

Es ist von Bedeutung, daß auch in der zehnklassigen Schule weitere Schritte zur Entwicklung des fakultativen Unterrichts gegangen werden. Er bietet Möglichkeiten der Differenzierung, der Vertiefung und der Erweiterung der Allgemeinbildung über den obligatorischen Unterricht hinaus. Damit wird der gerade in dieser Altersstufe erforderlichen Ausprägung spezifischer Neigungen, Interessen, Begabungen und Talente entsprechend den gesellschaftlichen Erfordernissen besser Rechnung getragen.

Die Ausarbeitung neuer Lehrpläne und Schulbücher wird so fortgeführt, daß ein Gesamtlehrplanwerk für die zehnklassige allgemeinbildende polytechnische Oberschule neu ausgearbeitet bis 1990 vorliegt. Damit wird eine für eine längere Zeit gültige, ausbaufähige Allgemeinbildung auf hohem Niveau gewährleistet. Dieser Prozeß der inhaltlichen Weiterentwicklung der Allgemeinbildung ist mit einer großen Arbeit unserer Pädagogen verbunden, den Unterricht und die gesamte pädagogische Arbeit weiter zu qualifizieren.

Für die Persönlichkeitsentwicklung sind die gesellschaftlichen Bedingungen und Möglichkeiten für eine sinnvolle Freizeitgestaltung noch umfassender mit dem Ziel zu erschließen, bei den Schülern vielfältige Interessen zu wecken und zu befriedigen, ihnen Neues nahezubringen, die Liebe zur Wissenschaft, Kunst, Literatur und zum Sport zu entwickeln, Begabungen und Talente zu fördern.

Ausgehend davon, daß die sich heute und künftig vollziehenden Prozesse in unserer Gesellschaft höhere Ansprüche an die Verhaltensweisen der Menschen, ihre Aktivität, ihr Verantwortungsbewußtsein, ihre schöpferische Tätigkeit und Kollektivität, an solche Eigenschaften wie Disziplin, Pflichtbewußtsein, Zuverlässigkeit und Gemeinschaftssinn stellen, erfordern in der Erziehungsarbeit Fragen des Gesamtverhaltens der Jugend, ihrer Erziehung zur Hilfsbereitschaft, Kameradschaftlichkeit, Bescheidenheit, die Erziehung ihres Charakters, ihrer Gefühle unsere Aufmerksamkeit. Mit der Sicht auf gegenwärtige und künftige Kampfbedingungen gilt es, unsere Jugend klassenmäßig zu erziehen, die Liebe und den Stolz auf ihr sozialistisches Vaterland immer erneut auszuprägen und zu vertiefen, ihrer Erziehung zum proletarischen Internationalismus, zur unverbrüchlichen Freundschaft mit der Sowjetunion und zur aktiven Solidarität stets größtes Augenmerk zu schenken.

Im Zentrum der politisch-moralischen Erziehung steht zu Recht die Frage, wie die Schüler zu aktiven Menschen erzogen werden, deren Handeln und Verhalten von Verantwortungsbewußtsein für das gesellschaftliche Ganze und für sich selbst geprägt ist. Von unschätzbarem Wert für die Ausprägung einer Erziehung, die darauf gerichtet ist, daß der Jugend die Arbeit zum Nutzen der Gesellschaft zur Lebensgewohnheit wird, erweist sich, daß in unserem Lande in immer umfassenderer Weise die sozialistischen Betriebe in der Industrie, im Bauwesen und in der Landwirtschaft zu Bildungs- und Erziehungsstätten der Schüler geworden sind, in denen die Schüler selbst produktiv tätig werden und durch die Teilnahme am Kampf der Arbeiterklasse um hohe Produktionsergebnisse erleben, was von ehrlicher, gewissenhafter und aufopferungsvoller Arbeit abhängt.

Vieles in unserer Erziehungsarbeit hängt davon ab, wie alle, die mit der

Jugend arbeiten, es verstehen, diese zu fordern, wie sie es verstehen, prinzipienfest und einfühlsam mit den Jugendlichen zu arbeiten. Es hat sich immer als richtig erwiesen, der Jugend Verantwortung zu übertragen, ihre politische Aktivität zu fordern und zu fördern, den Jugendlichen etwas zuzutrauen.

Unser Staat der Arbeiter und Bauern hat sich weiter entwickelt, die sozialistische Staatsmacht hat ihre Autorität kontinuierlich erhöht. Hauptrichtung, in der sie sich entwickelt, ist die weitere Entfaltung und Vervollkommnung der sozialistischen Demokratie. Heute übt nahezu jeder dritte Bürger eine ehrenamtliche staatliche oder gesellschaftliche Funktion aus. Die immer umfassendere Einbeziehung aller Bürger in die Lösung öffentlicher Angelegenheiten gehört zu den bedeutendsten demokratischen Traditionen unseres Staates.

Seit dem X. Parteitag wurden bekanntlich entscheidende Gesetze zur Gestaltung der entwickelten sozialistischen Gesellschaft in der DDR verabschiedet. Wir verfügen jetzt über ein umfassendes Gesetzeswerk, das allen Bürgern die gleichen Rechte und Freiheiten garantiert, die Würde des Menschen schützt und sein Handeln im Sinne des sozialen Fortschritts fördert.

Für den Ministerrat und seine Organe geht es vor allem darum, die komplexe Leitung volkswirtschaftlich entscheidender Prozesse zu vervollkommnen, die Langfristigkeit in seiner Arbeit zu erhöhen, eine noch wirksamere Kontrolle der beschlossenen Aufgaben zu organisieren und die Erfahrungen der Besten zum Allgemeingut aller zu machen. Die Anforderungen an die Koordinierungsfunktion des Ministerrates nehmen zu. Jetzt ist es erforderlich, das Gesetz über den Ministerrat entsprechend den Veränderungen, die sich in unserem Lande in den siebziger und achtziger Jahren vollzogen haben, zu überarbeiten.

Unter unseren Bedingungen ist Kommunalpolitik im besten Sinne des Wortes Politik für und mit der Gemeinschaft. Jeder Bürger kann unmittelbar auf die Entscheidungen von örtlichem Belang Einfluß nehmen. Das Gesetz über die örtlichen Volksvertretungen zielt darauf, unter breiter Einbeziehung der Werktätigen, durch die Gemeinschaftsarbeit von Volksvertretungen, Betrieben und Einrichtungen die Möglichkeiten der Territorien für Leistungswachstum und Bürgerwohl noch intensiver zu nutzen.

Um die sozialistische Demokratie weiter zu entfalten, ist das Miteinander der örtlichen Staatsorgane, der Bürger und ihrer Volksvertretungen von großem Gewicht. Viel hängt dafür von der Arbeit der Bürgermeister ab. Regelmäßige, rechtzeitige und konkrete Information der Bürger über jene Fragen, die ihre örtliche Lebenssphäre betreffen, beteiligt sie frühzeitig an Entscheidungen und Lösungswegen. Auch in Zukunft bleibt es ein Grundsatz unseres Handelns, in Ordnung zu bringen, was noch nicht in Ordnung ist. Dabei rechnen wir weiterhin mit dem engagierten Wirken der über 250 000 Volkskontrolleure der Arbeiter-und-Bauern-Inspektion.

Die Rechte der Bürger, ihre Vorschläge und kritischen Hinweise zu beachten und ihre berechtigten Interessen zu wahren ist verpflichtendes Gebot für jeden, der in unserem Staat Verantwortung trägt. Mit aller Deutlichkeit sei daher gesagt, wer sich gegenüber den Anliegen der Menschen gleichgültig verhält, handelt politisch verantwortungslos. Manche Eingabe an die zentralen Partei- und Staatsorgane wäre bei sorgfältiger Prüfung und verantwortungsbewußter Klärung an Ort und Stelle schnell und unbürokratisch bereits auf örtlicher Ebene zu regeln gewesen. Enge Verbundenheit mit den Werktätigen, Aufrichtigkeit, Konsequenz und Gerechtigkeit im Umgang mit den Menschen, eine wissenschaftliche Arbeitsweise, strikte Beachtung der Gesetze und hohe Staatsdisziplin sollten heute überall zum Berufsethos eines Funktionärs unseres Arbeiter-und-Bauern-Staates gehören.

Einen anerkannten Beitrag zur Festigung der sozialistischen Gesetzlichkeit leisten die Justizorgane. Mit der verantwortungsbewußten Handhabung von Recht und Gesetz nach dem Grundsatz, daß alle Bürger vor dem Gesetz gleich sind, wird die Gewißheit der Bürger gestärkt, daß die Rechtssicherheit in unserem Staat ein Wesensmerkmal des Sozialismus ist.

Genossinnen und Genossen!

Unsere Partei hat stets den Gewerkschaften eine große Aufmerksamkeit gewidmet. Mit seinen fast 9,5 Millionen Mitgliedern ist der Freie Deutsche Gewerkschaftsbund zur umfassendsten Klassen- und Massenorganisation der Arbeiterklasse geworden. Besondere Bedeutung kommt dabei den mehr als 2,5 Millionen Vertrauensleuten zu, die mit großen Rechten und Pflichten ausgestattet sind und eine außerordentlich erfolgreiche Arbeit leisten.

Entsprechend den Erfahrungen vergangener Jahre haben wir uns dafür entschieden, die weitere Entwicklung der sozialistischen Demokratie in den Betrieben bis hin zum Arbeitskollektiv vor allem über den Ausbau der Rechte und der Verantwortung der Gewerkschaften zu vollziehen. Deshalb verdienen die Plandiskussion, die Arbeit mit dem Betriebskollektivvertrag, die Tätigkeit der Vertrauensleute und ihre Vollversammlungen große Aufmerksamkeit.

Die Rolle der Gewerkschaften als Schulen des Sozialismus, als Motoren des sozialistischen Wettbewerbs und Interessenvertreter der Werktätigen wird sich ständig erhöhen. Verbunden mit dem Einzug der modernsten Technik in die Produktion, sind die Gewerkschaften bestrebt, neue Wege in der schöpferischen Anwendung der Leninschen Wettbewerbsprinzipien zu beschreiten. Dadurch soll die Kraft des sozialistischen Wettbewerbs für das Wachstum der Produktivität, die Verallgemeinerung der Erfahrungen der Besten und für die Herausbildung sozialistischer Denk- und Verhaltensweisen voll wirksam werden. In besonderem Maße sind die Gewerkschaften herausgefordert, ihren ganzen Einfluß geltend zu machen, damit der Einsatz der Schlüsseltechnologien überall ohne Ausnahme, klug und umfassend zur weiteren Verbesserung der Arbeits- und Lebensbedingungen genutzt wird. Die Gewerkschaften haben jede Unterstützung, wenn sie energisch dafür eintreten, daß die umfassende Intensivierung mit der Entwicklung der sozialistischen Arbeitskultur, der Bildung, des Urlaubs und der Freizeitgestaltung in ihrer ganzen Breite und Vielfalt einhergeht.

Die von unserer Partei beharrlich verfolgte Linie, alles zu tun, damit die Frauen von ihren gleichen Rechten auch in vollem Umfang Gebrauch machen können, hat erfreuliche Ergebnisse gezeigt. Das wird an den großen fortschrittlichen Veränderungen deutlich, die sich in der gesellschaftlichen Stellung der Frau vollzogen haben und die an allen maßgeblichen Positionen nachzuweisen sind. So erhöhte sich die Zahl der Frauen und Mädchen, die berufstätig sind, lernen und studieren, auf 4,9 Millionen. Dies sind 91,3 Prozent der arbeitsfähigen weiblichen Bevölkerung unseres Landes. Bereits 81,5 Prozent aller berufstätigen Frauen verfügen über eine abgeschlossene Berufsausbildung. Besonders freut uns, daß 40 Prozent aller Teilnehmer an Weiterbildungsmaßnahmen zur Beherrschung neuer wissenschaftlich-technischer Anforderungen Frauen sind. Ihr Anteil an verantwortlichen Funktionen in Staat und Wirtschaft stieg auf über 34 Prozent.

Dank der aktiven Mitwirkung aller gesellschaftlichen Kräfte, insbesondere der Gewerkschaften, des Demokratischen Frauenbundes Deutschlands, der Freien Deutschen Jugend, der staats- und wirtschaftsleitenden Organe, wurden Voraussetzungen geschaffen, damit die Frauen berufliches und gesellschaftliches Engagement mit ihren Verpflichtungen als Mütter besser vereinbaren können und das Leben der Familien erleichtert wird. Als Staatsbürgerinnen, Werktätige und Mütter leisten die Frauen einen beruflichen und gesellschaftlichen Beitrag, der hoch anzuerkennen ist. Zugleich können die Frauen überzeugt sein, daß unsere Partei sich weiterhin für ihre spezifischen Belange einsetzen wird, für die Förderung ihrer Fähigkeiten und ihres Mutes, Neues zu wagen.

Genossinnen und Genossen!

Interessenvertretung des ganzen Volkes durch die Arbeiterklasse und ihre Partei schließt bei uns die unverwechselbaren eigenen Beiträge unserer Bündnispartner in den verschiedensten gesellschaftlichen Lebensbereichen ein. Die Beziehungen zwischen der Arbeiterklasse und allen anderen Klassen und Schichten haben sich vertieft, die politisch-moralische Einheit des Volkes hat sich weiter gefestigt. Jeden Bürger, unabhängig von seiner sozialen Herkunft, seiner Weltanschauung und seinem religiösen Bekenntnis, in die Lösung der gesellschaftlichen Belange einzubeziehen wird auch künftig unser Handeln bestimmen.

Als eine stabile Säule unserer Bündnispolitik erweist sich die gereifte, von wachsendem Vertrauen getragene Zusammenarbeit der Parteien und Massenorganisationen im Demokratischen Block, in der Nationalen Front der DDR, in den Volksvertretungen, überall, wo gesellschaftliche Aufgaben zu lösen sind. Auf bewährte Weise vereinen dabei Kommunisten, Mitglieder der mit uns befreundeten Parteien und Parteilose ihre schöpferischen Kräfte und sind enger einander verbunden denn je.

Dem politischen Wirken der befreundeten Parteien zur Wahrnehmung gesellschaftlicher Mitverantwortung gilt unsere hohe Wertschätzung. Im Staatsrat und in der Regierung arbeiten wir gut zusammen. Mit der Demokratischen Bauernpartei Deutschlands, der Christlich-Demokratischen Union Deutschlands, der Liberal-Demokratischen Partei Deutschlands, der National-Demokratischen Partei Deutschlands wissen wir Kampfgefährten an unserer Seite, die wie wir nur ein Ziel kennen, für das Wohl und die Interessen des ganzen Volkes tätig zu sein. Es ist uns ein Bedürfnis, unseren Mitstreitern aus den befreundeten Parteien für die in Vorbereitung unseres Parteitages übergebenen Überlegungen, Erfahrungen und Vorschläge herzlich zu danken.

Unser Zusammenwirken hat eine weite Perspektive. Für die Wahrnehmung ihrer Mitverantwortung ergeben sich für die Angehörigen der befreundeten Parteien aus der Realisierung unserer Wirtschafts- und Sozialpolitik, insbesondere des Wohnungsbauprogramms, der Aufgaben im Handel, bei Reparaturen und Dienstleistungen sowie in anderen Bereichen große Möglichkeiten.

Über 388 000 Bürger, Mitglieder aller Parteien und Parteilose, wirken heute in den 19 100 Ausschüssen der Nationalen Front eng mit den Volksvertretungen und ihren Abgeordneten, mit Betrieben, Genossenschaften und anderen Einrichtungen, mit Handwerkern und Gewerbetreibenden, mit kirchlichen Amtsträgern und christlichen Kreisen zusammen. Wichtigstes Anliegen der Ausschüsse ist es, mit den Bürgern das vertrauensvolle politische Gespräch zu führen, sie über kommunale Angelegenheiten zu informieren, dazu ihre Vorschläge, Anregungen und Kritiken aufzugreifen. Vor allem sind sie bestrebt, deren Bereitschaft zur schöpferischen demokratischen Mitarbeit in nützliche Taten für die weitere Verbesserung der Arbeits- und Lebensbedingungen, für die Verschönerung der Städte und Dörfer umzusetzen und das Interesse an einem niveauvollen geistig-kulturellen Leben und an sportlicher Betätigung zu fördern.

Liebe Genossinnen und Genossen!

Das Werden und Wachsen unseres Arbeiter-und-Bauern-Staates, die sozialistischen Errungenschaften aller Werktätigen sind untrennbar verbunden mit den Leistungen der Sozialistischen Einheitspartei Deutschlands. Sie wurde, wie das Leben zeigt, ihrer Verantwortung als führende Kraft der Gesellschaft jederzeit gerecht. Auch bei uns erweist sich der Sozialismus als die Gesellschaftsordnung, die allein den Interessen und dem Wohl des Volkes dient, soziale Geborgenheit und hohen Bildungsstand, Freiheit, Demokratie und Menschenwürde für alle Werktätigen garantiert.

Gewiß ist noch eine große Arbeit zu leisten, um das Programm der SED in den verschiedensten Lebensbereichen zu verwirklichen. Aber die bisherigen Ergebnisse, die Millionen umfassende Masseninitiative zur Vorbereitung des XI. Parteitages, die Berichterstattung von 150 Kombinaten zum XI. Parteitag bestärken uns in der Überzeugung, daß wir unser Ziel Schritt für Schritt erreichen werden. Wir haben den Traditionen des Kampfes der deutschen Arbeiterklasse gegen Militarismus, Faschismus und Krieg viele eindrucksvolle Kapitel des sozialistischen Aufbaus und des Kampfes um den Frieden hinzugefügt.

Wenn man sich vor Augen hält, was wir uns für die kommenden Jahre vornehmen, dann tritt noch deutlicher zutage, daß sich die führende Rolle der Partei beim Aufbau des Sozialismus ständig erhöht. Wir gehen der Zukunft mit der Gewißheit entgegen, daß unsere Partei dieser Verantwortung gerecht wird. Sie handelt einheitlich und geschlossen, ist gewachsen, hat weiter an Kampfkraft gewonnen und viele wertvolle Erfahrungen gesammelt. Zielstrebig realisiert sie ihre Strategie und Taktik.

Die SED ist die Partei der Arbeiterklasse und des ganzen Volkes, sie kommt aus dem Volk, sie gehört zum Volk und stellt ihre ganze Kraft in den Dienst am Volk. Als bewußter, organisierter Vortrupp der Arbeiterklasse und aller Werktätigen lenkt und mobilisiert sie das Schöpfertum und die Initiative der Massen bei der Gestaltung eines Daseins, in dem der Mensch ein Mensch sein kann und ihm die Früchte seiner Arbeit selbst zugute kommen.

Unsere Partei ist ein lebendiger Organismus, der mit neuen Aufgaben wächst. Ihre enge Verbindung zum Leben der Arbeiterklasse und des gesamten Volkes widerspiegelt sich auch darin, daß ihr ein ständiger Strom der besten Kräfte zufließt. Von den 2 304 121 Mitgliedern und Kandidaten unserer Partei sind 58,1 Prozent ihrer sozialen Herkunft nach Arbeiter, 4,8 Prozent sind Genossenschaftsbauern und 22,4 Prozent Angehörige der Intelligenz.

Auf die große Bewegung und die Volksaussprache zur Vorbereitung des XI. Parteitages sind die Parteiwahlen wie ein zündender Funke übergesprungen. Sie standen im Zeichen offener, konstruktiver und kämpferischer Beratungen, wobei die bisherigen Ergebnisse der Tätigkeit einer Prüfung unterzogen und die künftigen Vorhaben festgelegt wurden. Kritik und Selbstkritik auf allen Ebenen nehmen als ein Entwicklungsgesetz der Partei ihren festen Platz im innerparteilichen Leben ein. Davon konnte sich jeder anhand der vom Zentralkomitee veröffentlichten Berichte und Einschätzungen über die persönlichen Gespräche mit jedem Parteimitglied, die Wahlen in den Grundorganisationen und die Delegiertenkonferenzen, die Mitgliederbewegung der SED überzeugen. Er konnte sich eingehend damit vertraut machen, was der XI. Parteitag erörtern und worüber er Beschlüsse fassen wird. Das erklärt, warum die Parteiwahlen über ihre Bedeutung für das innerparteiliche Leben hinaus in der gesamten Gesellschaft solches Interesse gefunden und auf die Aktivität der Menschen ausgestrahlt haben.

Unsere Partei ist aus dem Zeitabschnitt seit dem X. Parteitag vor allem deshalb weiter gestärkt hervorgegangen, weil sie ihre vertrauensvolle Verbundenheit mit den Massen festigte, ihren Arbeitsstil noch lebensnaher gestaltete und ihren organisierten Einfluß in allen Bereichen der Gesellschaft erhöhte. Konsequent wenden wir das Prinzip des demokratischen Zentralismus an, das alle Bedingungen und Vorzüge enthält, durch einheitliches Handeln vom Zentralkomitee bis zu den Grundorganisationen die Kräfte zu vervielfachen und sie auf die Lösung jener Fragen zu konzentrieren, die im Interesse der ganzen Gesellschaft vorrangig sind. Dabei kommt der allseitigen Entfaltung des innerparteilichen Lebens, der freimütigen, konstruktiven Erörterung aller Parteiangelegenheiten wachsendes Gewicht zu. Je umfassender und aktiver die Genossen in diese Beratung, in die Durchführung und Kontrolle der Parteibeschlüsse einbezogen werden, je gründlicher sie sich mit unserer Weltanschauung, mit der Strategie und Taktik, mit der Geschichte der Partei vertraut machen, desto mehr prägt sich ihr verantwortungsbewußtes, diszipliniertes Handeln aus.

Wir bleiben dabei, das Wachstum der Partei, getreu den Leninschen Prinzipien der individuellen Auswahl und Aufnahme neuer Kämpfer, auf die qualitativen Faktoren zu richten, und setzen den Weg des geringfügigen zahlenmäßigen Wachstums fort. Im Vordergrund steht die Aufnahme der bewußtesten Produktionsarbeiter und Genossenschaftsbauern. Die neuen Kampfgefährten sollen in der überwiegenden Mehrzahl vorbildliche Mitglieder des sozialistischen Jugendverbandes, insbesondere aus Jugendbrigaden und Jugendforscherkollektiven, sein.

Bei der Verteilung der Parteikräfte gehen wir davon aus, daß der Einfluß der Partei in allen Bereichen der Gesellschaft, vor allem in den Zentren der Arbeiterklasse, in den Stätten der sozialistischen Großproduktion, stabil gewährleistet und dabei den grundlegenden Veränderungen in der Struktur der Volkswirtschaft Rechnung getragen wird. Die Fortschritte bei der Stärkung des Parteieinflusses in Forschung, Entwicklung, Konstruktion und Projektierung gilt es weiter auszubauen. Als sehr wichtig erachten wir einen stabilen Parteikern in jenen Reproduktionsabschnitten, wo Schlüsseltechnologien entwickelt und produktiv angewandt werden.

Die politische Massenarbeit der Partei erzielt ihre Wirksamkeit vor allem dadurch, daß sie aufs engste mit der gesellschaftlichen Praxis, mit dem täglichen Kampf um die Friedenssicherung, mit dem Leben der Menschen verbunden ist. So betrachten wir das Gespräch der Kommunisten mit allen Bürgern über die Grundfragen unserer Zeit, über die sie bewegenden Anliegen und Probleme als Aufgabe, die nirgendwo vernachlässigt werden darf. Sehr genau sollten dabei die konkreten Bedingungen und neuen Anforderungen beachtet werden. Nicht zu übersehen ist die Tatsache, daß heute in der DDR bereits Generationen leben, denen die sozialistische Lebensweise eigen ist, deren Denken und Handeln, deren Gewohnheiten von einem sozialistischen Verhältnis zur Arbeit, von viel Bildung, Wissen und Informationen geprägt werden.

Mehr denn je gilt es, den Leistungswillen der Werktätigen, ihr Wissen und ihre berufliche Meisterschaft, Aufgeschlossenheit für das Neue und solche Traditionen unserer Arbeiterklasse und Intelligenz wie Fleiß, Zuverlässigkeit und Disziplin zu fördern. Engagiertes Eintreten für den wissenschaftlich-technischen Fortschritt, für die Durchsetzung unserer ökonomischen Strategie ist heute Ausdruck revolutionären Denkens und Handelns. In den abrechenbaren Ergebnissen der Werktätigen widerspiegelt sich letztlich auch die Wirksamkeit der politischen Massenarbeit unserer Partei. Sie ist um so größer, je mehr jeder Kommunist seiner Verantwortung gerecht wird, Vertrauensmann des Volkes zu sein, getreu dem Grundsatz, wo ein Genosse ist, da ist die Partei.

Presse, Rundfunk und Fersehen der DDR erfüllen ihren Auftrag, die Bürger umfassend über unsere Politik, über das innen- und außenpolitische Geschehen zu informieren, ihre wachsenden geistig-kulturellen Ansprüche zu befriedigen und ihre aktive Teilnahme am gesellschaftlichen Leben sowie den Erfahrungsaustausch zu fördern.

Dies ist um so wichtiger, als die Massenmedien heute in der weltweiten Auseinandersetzung um Frieden, Freiheit und sozialen Fortschritt als Instrumente der Politik sowohl der einen wie der anderen Seite eine immer größere Rolle spielen. In Anbetracht der vor uns stehenden Aufgaben stellt das selbstverständlich große Ansprüche an die weitere Erhöhung ihres Niveaus.

Eine herausragende Leistung ist der Fernsehfilm »Ernst Thälmann«, der zu einem bewegenden politischen und künstlerischen Erlebnis wurde. Dafür gilt den Schöpfern, die diesen Film dem XI. Parteitag widmeten, unser herzlicher Dank. Das Fernsehen hat sich damit selbst hohe Maßstäbe gesetzt, und wir sind gewiß, daß der mit dem Thälmann-Film gegebene kraftvolle Impuls für die Erhöhung der Qualität in großer Breite genutzt wird.

Liebe Genossinnen und Genossen!

An unserer Seite steht eine Jugend, die sich von kommunistischen Idealen leiten läßt. Die junge Generation gehört zu den aktivsten Kämpfern für das Wohl der Werktätigen und für den Frieden. So erweist sie sich des Vermächtnisses der besten Söhne und Töchter des deutschen Volkes, der Streiter für Freiheit und Recht, gegen Krieg und Faschismus würdig. Mit großer staatsbürgerlicher Verantwortung setzt sie das Werk der Aktivisten der ersten Stunde an der Seite ihrer Väter und Mütter fort. Ihr erklärtes Lebensziel besteht darin, sich mit hohem Wissen und fachlichem Können, mit ihrer jugendlichen Unrast und ihrem revolutionärem Drang nach Neuem als Erbauer der sozialistischen Gesellschaft zu erweisen.

Unsere Politik des Vertrauens und der Verantwortung für die Jugend garantiert ihr Entfaltungsmöglichkeiten und soziale Errungenschaften wie keiner anderen jungen Generation in der deutschen Geschichte. Folgerichtig hat die Jugend den guten Weg unseres Arbeiter-und-Bauern-Staates zu allen Zeiten durch ihre Taten bewußt mitgestaltet. Wir Kommunisten sind stolz darauf, daß auf den Barrikaden der sozialistischen Revolution neben dem roten Banner unserer Partei immer auch die blaue Fahne der Freien Deutschen Jugend weht. Die junge Thälmannsche Garde bewährt sich als Helfer und Kampfreserve der SED. Das Leben beweist, daß Jugend und Sozialismus zusammengehören. Nichts und niemand wird unsere Kampfgemeinschaft mit der jungen Generation jemals trennen können.

Was die junge Generation kann und wie hingebungsvoll sie sich für ihr sozialistisches Vaterland, die Deutsche Demokratische Republik, einsetzt, das zeigte sie erneut eindrucksvoll beim »Ernst-Thälmann-Aufgebot der FDJ« und der »Pionierexpedition – Rote Fahne«. Sie hat auf den Ruf unseres X. Parteitages in allen gesellschaftlichen Bereichen mit Aktivitäten geantwortet, die das schnelle Tempo unserer Entwicklung wesentlich mitbestimmen und den zuverlässigen Schutz des Sozialismus garantieren.

Der Lebenssinn der Kommunisten wird immer mehr zur Lebenshaltung der Jugend. Das wird auch dadurch unterstrichen, daß in Vorbereitung des XI. Parteitages auf Vorschlag der Freien Deutschen Jugend 107 000 FDJ-Mitglieder als Kandidaten in unsere Partei aufgenommen wurden. Erlaubt mir, liebe Delegierte, diese jungen Genossinnen und Genossen in unseren Reihen herzlich zu begrüßen. Heute sind fast ein Viertel aller unserer Mitglieder und Kandidaten jünger als 30 Jahre. So wird erneut deutlich, daß unsere Partei sowohl mit ihrem Programm als auch in ihrer Zusammensetzung auch eine Partei der Jugend ist.

Wohin man in unserem Lande schaut, überall ist die Jugend mit ihren Initiativen zur Stärkung des Sozialismus gegenwärtig. Die Jugend der DDR hat die Herausforderung der wissenschaftlich-technischen Revolution angenommen. Das zeigen die über 45 000 Jugendbrigaden, die Ergebnisse der Bewegung der »Messe der Meister von morgen« und die mehr als 4 000 Jugendforscherkollektive, die zu den Bahnbrechern der Schlüsseltechnologien gehören.

Undenkbar ist ohne die Jugend die rasche und attraktive Ausgestaltung unserer Hauptstadt. Inzwischen arbeiten über 20 000 junge Delegierte aus allen Bezirken im Rahmen der »FDJ-Initiative Berlin«. Zusammen mit ihren erfahrenen Kollegen helfen zahlreiche Jugendkollektive entscheidend mit bei der Elektrifizierung der Eisenbahn, bei der Intensivierung der Chemiefaserindustrie und bei der Entwicklung der Tierproduktion. In der Sowjetunion sind sie dabei, Erdgas- und Rohstoffvorkommen zu erschließen. Zehntausende Jugendliche sind dem Auftrag ihres Jugendverbandes und ihres Herzens gefolgt und vollbringen an den Brennpunkten unserer Volkswirtschaft und als junge Internationalisten in den Freundschaftsbrigaden der FDJ im Ausland hervorragende Leistungen. Dafür gebührt ihnen besonderer Dank.

Anregender gestaltet der Jugendverband das geistig-kulturelle, touristische und sportliche Leben in seinen Grundorganisationen und Jugendklubs. Er fördert beispielhaft die Entwicklung eines dem Sozialismus tief verbundenen künstlerischen Nachwuchses. Seit der Kulturkonferenz der FDJ im Oktober 1982 gestaltet sich die Partnerschaft der FDJ und der Kulturschaffenden immer fruchtbarer.

Erfolgreich leitet der Jugendverband die kommunistische Erziehung in der Pionierorganisation »Ernst Thälmann«. Die Pionierleiter, die Lehrer, Erzieher und Patenbrigaden setzen sich gemeinsam mit den FDJ-Mitgliedern engagiert dafür ein.

Von unserem XI. Parteitag wenden wir uns an die Mitglieder der Freien Deutschen Jugend, an alle Jugendlichen der Deutschen Demokratischen Republik: Ihr, die ihr heute jung seid, werdet in der Blüte eures Lebens das Banner der Errungenschaften des Sozialismus auf deutschem Boden über die Schwelle des neuen Jahrtausends tragen. Bereitet euch darauf vor! Mit eurer Arbeit und eurer Verteidigungsbereitschaft, mit eurem Wissen und Können, mit eurem Fleiß und eurem Schöpfertum bestimmt ihr den künftigen Weg unseres Arbeiter-und-Bauern-Staates mit.

Studiert den Marxismus-Leninismus, lernt aus der Geschichte, übernehmt die revolutionären Erfahrungen der Generationen vor euch und geht auf ihrem Wege mit eigenen Schritten voran.

Befähigt euch, jederzeit der stürmischen Entwicklung von Wissenschaft und Technik gewachsen zu sein. Tragt mit unbedingtem Leistungswillen und höchster Arbeitsmoral dazu bei, die Wirtschaftsstrategie unserer Partei umfassend zu verwirklichen. Bewährt euch in den Jugendbrigaden, Jugendforscherkollektiven und Jugendobjekten, in der Bewegung der »Messe der Meister von morgen« und bei den ökonomischen Initiativen der FDJ als Initiatoren des Neuen. Die wissenschaftlich-technische Revolution zu meistern, ist heute eine Aufgabe von revolutionärer Bedeutung für die gesamte junge Generation.

Stärkt durch eure Tat den Sozialismus. Nur er garantiert der jungen Generation ein Leben in Frieden und Freiheit, in Menschenwürde und sozialer Sicherheit. Entwickelt und erprobt euer Talent, entfaltet eure Fähigkeiten und nehmt bewußt teil an der Verwirklichung der Politik unserer Partei. Erschließt euch die Schätze der Wissenschaft, der Kultur und Kunst als ständige Weggefährten eures Lebens. Bereichert sie mit neuen eigenen Schöpfungen.

Stellt euch mit euren Freunden in der Sowjetunion und in den anderen Ländern der sozialistischen Gemeinschaft den neuen Dimensionen der sozialistischen Integration. Festigt die Freundschaft mit der fortschrittlichen Jugend aller Nationen und steht in antiimperialistischer Solidarität fest an der Seite der Völker, die um ihre nationale und soziale Befreiung kämpfen.

Das Leben im Sozialismus ist für jeden eine große Chance. Lernt und arbeitet, arbeitet und lernt so, daß jeder von euch in Wort und Tat als sozialistischer Patriot und proletarischer Internationalist, als schöpferischer Mitgestalter und standhafter Verteidiger der sozialistischen Revolution auf deutschem Boden bestehen kann. Vereint alle eure Kräfte im Kampf um die Lösung der wichtigsten Aufgabe der Gegenwart – die Sicherung des Friedens. Je stärker der Sozialismus, desto sicherer der Frieden; je sicherer der Frieden, desto klarer die Zukunft der Jugend.

Unsere Partei ist gewiß, daß ihr auch bei der Verwirklichung der Beschlüsse des XI. Parteitages mit in den ersten Reihen kämpfen werdet für die allseitige Stärkung unseres sozialistischen Vaterlandes und die Sicherung des Friedens. Ihr habt das Wort unserer Partei, daß wir jederzeit an eurer Seite stehen.

Liebe Genossinnen und Genossen!

Erneut bringen wir unsere tiefe internationalistische Verbundenheit mit allen kommunistischen und Arbeiterparteien, allen Kräften des Friedens und des Fortschritts in der Welt zum Ausdruck. Wir danken den Kommunisten, den Klassenbrüdern, allen Gefährten im Kampf um die lichten

Ideale des Menschheitsfortschritts auf den verschiedensten Kontinenten für die uns erwiesene Solidarität. In ihrem Kampf, das versichern wir, können sie sich stets auf uns, auf die Deutsche Demokratische Republik und die Sozialistische Einheitspartei Deutschlands auch weiterhin verlassen.

Heute wirkt die kommunistische Bewegung als weltweite Bewegung von selbständigen, gleichberechtigten revolutionären Parteien in nahezu 100 Ländern. Inspiriert und vereint durch die Ideen von Karl Marx, Friedrich Engels und Wladimir Iljitsch Lenin, verbunden durch großartige Traditionen und reiche Erfahrungen des heroischen Freiheitskampfes der Arbeiterklasse und der Völker, gestärkt durch die historischen Errungenschaften des realen Sozialismus, kämpfen die Kommunisten für gemeinsame Ziele und Ideale, für Frieden, nationale und soziale Befreiung der Völker, für Sozialismus und Kommunismus. Die kommunistischen und Arbeiterparteien haben sich, teilweise unter schwierigsten Bedingungen, als hervorragende, selbstlose Vertreter der Interessen der Arbeiterklasse, aller Ausgebeuteten und Unterdrückten, als Verfechter der Existenzinteressen der Menschheit bewährt.

Vor allem in der festen Kampfgemeinschaft mit der KPdSU sieht die SED das Unterpfand erfolgreicher Tätigkeit beim sozialistischen Aufbau und im Ringen um den Frieden. Von der effektiven Zusammenarbeit der marxistisch-leninistischen Parteien in den Bruderländern hängt wesentlich ab, wie es gelingt, die Anziehungskraft und den internationalen Einfluß des Sozialismus zu erhöhen, die gesellschaftspolitischen Aufgaben seiner Entwicklung zu bewältigen und zur Sicherung des Weltfriedens beizutragen.

Die Vertiefung des internationalen Zusammenwirkens der Kommunisten gründet sich heute auf Selbständigkeit und Eigenverantwortung jeder Partei bei der Ausarbeitung und Durchführung ihrer Politik, bei der schöpferischen Suche nach Lösungen für ihre konkreten Aufgaben unter Berücksichtigung der nationalen und internationalen Bedingungen. Unterschiede im Herangehen an diese Aufgabe und mögliche Meinungsverschiedenheiten dürfen den gemeinsamen Kampf, die gemeinsame Verantwortung nicht beeinträchtigen.

Unvergessen bleibt die Internationale Wissenschaftliche Konferenz »Karl Marx und unsere Zeit – der Kampf um Frieden und sozialen Fortschritt« im April 1983 in Berlin. An dem wertvollen Erfahrungsaustausch beteiligten sich Vertreter von 145 kommunistischen und Arbeiterparteien, revolutionären Vorhutparteien, nationalrevolutionären Parteien und Befreiungsbewegungen, sozialistischen und sozialdemokratischen Parteien aus 111 Ländern.

Seit vielen Jahren entwickelt die SED auch Beziehungen zu sozialdemokratischen und sozialistischen Parteien kapitalistischer Länder. Im Zusammenhang mit der verstärkten Kriegsgefahr und der Notwendigkeit, gemeinsam dagegen zu handeln, haben diese Kontakte eine Ausdehnung erfahren und eine höhere Qualität erreicht. Wir begrüßen das gewachsene Engagement der Sozialistischen Internationale und ihrer Mitgliedsparteien für die Einstellung des Wettrüstens und für Abrüstung, namentlich die Stellungnahme ihrer Tagung im Oktober 1985 in Wien gegen die »Sternenkriegs«-Pläne der USA. Aufmerksam registrieren wir die Änderungen in den sicherheitspolitischen Vorstellungen der Mehrzahl sozialistischer bzw. sozialdemokratischer Parteien, so auch der SPD. Kommunisten und Sozialdemokraten sind, unbeschadet bestehender ideologischer und gesellschaftspolitischer Meinungsverschiedenheiten, wichtige Partner im Kampf für die Durchsetzung einer Politik des Augenmaßes, der Vernunft und des Realismus im Interesse des Friedens.

Ergebnisse solcher nützlicher Aktionen sind das Kommuniqué anläßlich meiner Gespräche mit dem Vorsitzenden der SPD, Willy Brandt, vom September vergangenen Jahres und die gemeinsame Initiative von SED und SPD zur Schaffung einer von chemischen Waffen freien Zone in Mitteleuropa. Gegenwärtig beraten Arbeitsgruppen von SED und SPD, angeregt durch Olof Palme, dessen Vermächtnis wir ehren, Vorschläge zur Schaffung einer von atomaren Gefechtsfeldwaffen freien Zone in Mitteleuropa.

Auch weiterhin werden wir konstruktive, der Sache des Friedens dienende Beziehungen mit allen Parteien und progressiven Kräften in der Welt fördern und vertiefen.

Liebe Genossinnen und Genossen!

Vor 40 Jahren, am 21. April 1946, besiegelten Wilhelm Pieck und Otto Grotewohl auf dem Vereinigungsparteitag der KPD und der SPD zur SED durch ihren historischen Händedruck das Ende der unseligen Spaltung der deutschen Arbeiterklasse und die Herstellung ihrer Einheit. Das war ein Ereignis von großer historischer Bedeutung. So entstand die Kraft, die fähig war, unser Volk auf dem Weg in ein neues Leben, bei der antifaschistisch-demokratischen Umwälzung und der sozialistischen Revolution, beim Aufbau des Sozialismus zu führen.

Vier Jahrzehnte mit ihren gewaltigen Veränderungen in der gesellschaftlichen Wirklichkeit unseres Landes legen Zeugnis davon ab, daß die SED ihrer Verantwortung gerecht geworden ist. Die Größe und Schönheit des Werkes, für das Partei und Volk gemeinsam tätig sind, inspiriert gleichermaßen diejenigen, die schon im ersten Viertel unseres Jahrhunderts auf den Barrikaden des revolutionären Kampfes gestanden haben, diejenigen, die im Widerstand gegen die braune Barbarei ihr Leben wagten, diejenigen, die 1945 und danach in die Reihen der Erbauer einer neuen Zukunft traten, und diejenigen, die bereits im Sozialismus geboren wurden und in ihm aufwachsen.

Entsprechend dem, was unser XI. Parteitag beschließen wird, gestalten wir weiter die entwickelte sozialistische Gesellschaft und schaffen so grundlegende Voraussetzungen für den allmählichen Übergang zum Kommunismus, wie es im Programm unserer Partei vorgezeichnet ist. Wir tun alles, damit unser Volk, damit die Welt in Frieden leben kann. Der Gemeinschaft der sozialistischen Bruderländer und der revolutionären Weltbewegung fest verbunden, erfüllen wir unsere internationalistische Verantwortung.

XI. Parteitag der SED, Berlin, 17. bis 21. April 1986. Bericht des Zentralkomitees der Sozialistischen Einheitspartei Deutschlands an den XI. Parteitag der SED. Berichterstatter: Genosse Erich Honecker, Berlin 1986, S. 5–8, 11–13, 19/20, 25–44, 48–65, 74–78, 83–89, 90–92.

Der 13. August 1961 ebnete den Weg von der Konfrontation zur Entspannung

*Rede auf dem Kampfappell
zum 25. Jahrestag der Errichtung
des antifaschistischen Schutzwalls
13. August 1986*

Genossen Kämpfer!
Genossen der Nationalen Volksarmee, der Grenztruppen der DDR, der Deutschen Volkspolizei und des Wachregiments »Feliks Dzierżyński«!
Liebe Berlinerinnen und Berliner!
Werte Gäste!
Heute vor 25 Jahren hat die Arbeiter-und-Bauern-Macht auf deutschem Boden in Übereinstimmung mit ihren Verbündeten im Warschauer Pakt die Grenzen der Deutschen Demokratischen Republik gegenüber Berlin (West) und der BRD, die bis dahin offen waren, unter Kontrolle genommen. Das hat unserem Volk, hat den Völkern Europas den Frieden gerettet. Mit dieser historischen Tat wurde die Freiheit unseres Volkes bewahrt und der Grundstein für das weitere Erblühen unseres sozialistischen Staates gelegt.

Sie, Genossen Kämpfer, sind hier im Herzen unserer Hauptstadt angetreten, um unsere Bereitschaft zu bekunden, Sozialismus und Frieden standhaft zu verteidigen. Die gesicherte Macht der Arbeiterklasse und des ganzen werktätigen Volkes ist die kostbarste Errungenschaft in der Geschichte der revolutionären deutschen Arbeiterbewegung. Im Interesse unseres Volkes und der Sicherung des Friedens werden wir diese Macht jederzeit wirksam schützen.

Es ist mir ein tiefes Bedürfnis, Ihnen, den Teilnehmern des Kampfappells, und allen Angehörigen der Kampfgruppen sowie der anderen bewaffneten Organe unseres Landes die herzlichen Grüße und den Dank des Zentralkomitees der Sozialistischen Einheitspartei Deutschlands, des Staatsrates und des Ministerrates der Deutschen Demokratischen Republik zu übermitteln.

Besonders danken wir jenen Genossinnen und Genossen, die als Angehörige der bewaffneten Organe unserer Republik oder als Kämpfer in der Uniform der Kampfgruppen in den Augusttagen des Jahres 1961 mit in vorderster Front standen. Ihre Treue zu unserem Arbeiter-und-Bauern-Staat, ihre Einsatzbereitschaft und Zuverlässigkeit waren entscheidende Garantien für unseren gemeinsamen Erfolg in dieser historischen Aktion zum Schutze des Friedens.

Unser brüderlicher Gruß und Dank gilt unseren Freunden aus der Sowjetunion und den anderen Staaten des Warschauer Vertrages. Sie standen, wie zu jeder Stunde, auch am 13. August 1961 fest an unserer Seite. Wie wir im Bündnis gemeinsam den Sozialismus aufbauen, so sorgen wir Schulter an Schulter für seinen zuverlässigen Schutz.

Heute ist es, nicht zuletzt auch dank des Wirkens der DDR, zu einer allgemein anerkannten Erfahrung geworden, daß die Unverletzlichkeit der Grenzen und die Achtung der territorialen Integrität und Souveränität aller Staaten in Europa in ihren gegenwärtigen Grenzen eine grundlegende Bedingung für den Frieden sind. Dabei ist es gut, sich an die gefahrvolle und komplizierte Situation des Sommers 1961 zu erinnern. Die Erfahrungen der Vergangenheit bleiben ein unersetzlicher Schatz auf dem Weg in die Zukunft. Die Kenntnis der Geschichte hilft vor allem auch der heranwachsenden Generation, die Gegenwart besser zu verstehen und ihre Aufgaben zu meistern.

In den Jahren 1960/1961 hatte sich die internationale Lage zugespitzt. Der Imperialismus folgte seiner illusionären Doktrin vom Zurückrollen des Sozialismus. Mit NATO-Manövern wurde die Aggression gegen die DDR geprobt, die gewaltsame Änderung des Status quo in Europa angestrebt. Westberlin war in dieser Konzeption eine besondere Rolle zugedacht. Westliche Politiker hatten Westberlin zur »Frontstadt«, zum »Pfahl im Fleische der DDR«, zum »Brückenkopf des kalten Krieges« deklariert. Sie verstiegen sich sogar dazu, die Stadt als »billigste Atombombe« zu bezeichnen.

In riesigem Umfang wurde Währungsspekulation betrieben, große materielle Werte wurden verschoben, gut ausgebildete Fachkräfte abgeworben, um die Wirtschaft der DDR zu destabilisieren. Alledem haben wir am 13. August 1961 einen Riegel vorgelegt. Die Träume Springers, man werde am »Tag X« mit klingendem Spiel durch das Brandenburger Tor ziehen, erwiesen sich als Schäume.

Unser Volk hat nicht zugelassen, daß die Ergebnisse seiner fleißigen Aufbauarbeit weiter über die offene Grenze nach dem Westen abflossen. Die

Gegner des ersten Arbeiter-und-Bauern-Staates auf deutschem Boden hatten – wie sich herausstellte – die Rechnung ohne den Wirt gemacht.

Unsere Maßnahmen vom 13. August 1961 dienten dem Frieden. Sie ebneten, das kann man heute mit vollem Recht sagen, den Weg von der Konfrontation zur Entspannung. Sie dienten der Sicherheit und der Zusammenarbeit in Europa. Sie dienten dem Frieden.

Liebe Freunde und Genossen!

Das seitdem geschaffene europäische Vertragssystem hat, wie wir alle erleben konnten, die Proben der Zeit bestanden. Die DDR ist dafür, dieses Vertragssystem zu festigen und weiter auszubauen. Sie wird immer unter denen zu finden sein, die im Interesse der Völker verantwortungsbewußt nach Wegen der Friedensbewahrung, des Abbaus der Konfrontation suchen. Es bleibt bei unserem Standpunkt, daß es besser ist, zehnmal, ja hundertmal miteinander zu verhandeln, als auch nur einmal aufeinander zu schießen.

Die im Budapester Appell der Staaten des Warschauer Vertrages enthaltenen Vorschläge sind ein konstruktives und umfassendes Verhandlungsangebot für Abrüstung und Entspannung. Sie entsprechen den Hoffnungen der Völker auf eine friedliche Zukunft unseres Planeten. Der erste Schritt zur Abrüstung ist die vollständige Einstellung der Nukleartests, wie das die Sowjetunion nun schon seit über einem Jahr beispielgebend praktiziert.

Mit ganzer Kraft unterstützen wir die Vorschläge des Generalsekretärs des Zentralkomitees der KPdSU, Michail Gorbatschow, die der Menschheit die reale Chance geben, den Frieden zu bewahren, das Wettrüsten auf der Erde zu stoppen und es im Kosmos gar nicht erst zuzulassen. Dafür zu sorgen, daß die Welt bis zum Jahre 2000 atomwaffenfrei wird, das ist und bleibt das erste Gebot der Politik der DDR, das ist und bleibt auch das erste Gebot unseres Wirkens in der internationalen Arena.

Ein starker und zuverlässig geschützter Sozialismus dient der Sicherung des Friedens. Aus dieser Erkenntnis haben Millionen Werktätige unseres Landes die Verwirklichung der Beschlüsse des XI. Parteitages der Sozialistischen Einheitspartei Deutschlands unter das Motto gestellt »Mein Arbeitsplatz ist mein Kampfplatz für den Frieden«. Die von den Kollektiven der Jugendtaktstraße »Fritz Heckert« ausgelöste Initiative, den diesjährigen Weltfriedenstag mit Höchstleistungen zu begehen, wird von diesem hohen Anspruch getragen.

Wir können mit Stolz auf das gemeinsame Werk blicken, das wir seit den Augusttagen 1961 vollbracht haben. In diesem Vierteljahrhundert hat sich der Sozialismus in der DDR in zuverlässig geschützten Grenzen für jeden sichtbar zum Wohle unseres Volkes entfaltet. Im Jahre 1961 produzierten wir ein Nationaleinkommen von 77,9 Milliarden Mark. 1985 erreichte es ein Volumen von 234,8 Milliarden Mark. Vor 25 Jahren ernteten unsere

Bauern 4,8 Millionen Tonnen Getreide bei einem mittleren Hektarertrag von 21,7 Dezitonnen. 1985 waren es 11,6 Millionen Tonnen bei einem Durchschnittsertrag von 46,2 Dezitonnen je Hektar.

Damals haben wir rund 92 000 Wohnungen neugebaut beziehungsweise modernisiert. 1985 verbesserten wir mit über 212 000 neuen und modernisierten Wohnungen die Wohnverhältnisse von 637 000 Bürgern. Vor 25 Jahren betrug das monatliche Realeinkommen pro Kopf der Bevölkerung 357 Mark. Im Jahre 1985 erreichte es 970 Mark. So wäre noch vieles zu nennen.

Mit der Verwirklichung der Beschlüsse des XI. Parteitages der SED haben wir im I. Halbjahr 1986 dank der engen Verbindung von Wissenschaft und Produktion, der schöpferischen Atmosphäre in unserem Volk einen weiteren Leistungszuwachs erzielt. Das produzierte Nationaleinkommen stieg gegenüber dem gleichen Zeitraum des Vorjahres um 4,3 Prozent, zu mehr als 90 Prozent durch die Erhöhung der Arbeitsproduktivität und durch die Senkung der Selbstkosten um durchschnittlich 2 Prozent. So wird das Bild des realen Sozialismus in der DDR von wirtschaftlichem und sozialem Fortschritt bestimmt. Das sind die Beschlüsse des XI. Parteitages der SED in Aktion.

Liebe Freunde und Genossen!

Unser Volk ist stolz auf die Angehörigen der Kampfgruppen der Arbeiterklasse und aller bewaffneten Organe unseres Staates. Mit hoher Einsatzbereitschaft sorgen sie dafür, daß jeder Tag für Tag seiner friedlichen Arbeit nachgehen kann. Sie leisten oftmals harten Dienst, opfern nicht wenige Stunden ihrer wohlverdienten Freizeit und finden bei alledem das Verständnis und die Unterstützung ihrer Familien. Das schätzen wir hoch ein. Gerade am heutigen Tag möchten wir dafür unsere Anerkennung und unseren Dank aussprechen.

Was Sie schützen, Genossen, haben Sie mitgeschaffen. Was Sie verteidigen, sind auch Ihre Lebensziele und die Zukunftsträume Ihrer Kinder. Sie stellen sich der großen, edlen Pflicht, die jedem verantwortungsbewußten Menschen auferlegt ist und zu der wir uns aus freiem Willen bekennen. Es ist der Sinn unseres Lebens, für das Wohl und das Glück des ganzen Volkes zu arbeiten und zu kämpfen.

Liebe Freunde und Genossen, liebe Berlinerinnen und Berliner!

Ich wünsche Ihnen auch künftig in der Arbeit, in der Ausbildung, bei der Stärkung der Verteidigungsbereitschaft unseres sozialistischen Vaterlandes den besten Erfolg.

Es lebe unsere Deutsche Demokratische Republik!

Es lebe der Frieden und der Sozialismus!

Neues Deutschland (B), 14. August 1986.

Wofür Thälmann kämpfte,
ist in der DDR Wirklichkeit geworden

*Rede auf der Kundgebung
zur Einweihung des Denkmals
für Ernst Thälmann
in Moskau
3. Oktober 1986*

Teurer Genosse Michail Sergejewitsch Gorbatschow!
Teure Freunde und Genossen!
Liebe Moskauer!
Für uns deutsche Kommunisten ist heute ein bewegender Tag. Wir freuen uns, diesen Tag mit Ihnen, liebe Moskauer, gemeinsam zu begehen. Die Einweihung dieses würdigen Denkmals für Ernst Thälmann ist gleichzeitig ein Ausdruck der unerschütterlichen Bande, die die SED und die KPdSU, die DDR und die UdSSR im Kampf für Frieden und Sozialismus verbinden.

Ernst Thälmann war es, der in Fortsetzung großer revolutionärer Traditionen von Anbeginn in der Sowjetunion das Land erkannte, in dem als erstem der Welt durch die Beseitigung der Ausbeutung des Menschen durch den Menschen, durch den Aufbau des Sozialismus ein bisher unbetretenes Feld für eine bessere Zukunft der Menschheit erschlossen wurde, ein Land, das sich entsprechend seiner neuen sozialen Ordnung zu einem Bollwerk des Friedens und des Fortschritts entwickeln würde. Mit diesem Denkmal werden das Leben und Wirken eines großen Menschen, eines Revolutionärs geehrt, für dessen Freiheit in den Jahren von 1933 bis 1939 in allen Hauptstädten der Welt die Volksmassen aufmarschierten und dessen Denken und Handeln noch heute, 42 Jahre nach seiner kaltblütigen Ermordung durch die braune Soldateska, tiefen Einfluß auf unseren Kampf für Frieden und Sozialismus ausübt.

Ernst Thälmann, dieser große Sohn des deutschen Volkes und glühende Internationalist, war, wie wir alle wissen, aufs engste mit der Partei Lenins, mit dem Land des Roten Oktober verbunden. Sein ganzes Leben weihte er der Verwirklichung der weltverändernden Ideen von Marx, Engels und Lenin. Dieser edlen Sache blieb er treu bis in den Tod. »Kommunismus«, so schrieb er, der hinter Kerkermauern zu einem leuchtenden Symbol des Widerstandes gegen das verbrecherische Hitlerregime wurde, »ist die Lehre von der Befreiung der Arbeiterklasse. Die Befreiung der Arbeiterklasse ist aber die Befreiung des ganzen Volkes! Dafür mein ganzes Leben gekämpft zu haben, darauf bin ich stolz.«[1]

Ernst Thälmanns Vermächtnis, das dürfen wir mit voller Berechtigung sagen, ist in der Deutschen Demokratischen Republik, im ersten Staat der Arbeiter und Bauern auf deutschem Boden, Wirklichkeit geworden. Hier hat der Sozialismus unwiderruflich festen Fuß gefaßt. Die Saat der Befreiung, die der Sieg der Sowjetunion und der anderen Staaten der Antihitlerkoalition legte, ist aufgegangen. Im 37. Jahr des Bestehens der Deutschen Demokratischen Republik gestaltet unser Volk seine Gegenwart und Zukunft mit sichtbarem Erfolg. Die Freundschaft zur Sowjetunion ist unserem Volk zu einer Herzenssache geworden.

Teure Genossen!

Der XI. Parteitag unserer Partei, auf dem wir Sie, lieber Genosse Michail Sergejewitsch Gorbatschow, zu unserer Freude begrüßen konnten, hat die weiteren Perspektiven für die Gestaltung der entwickelten sozialistischen Gesellschaft in unserem Lande vorgezeichnet. Diese Beschlüsse, die Fortsetzung unseres Kurses der Einheit von Wirtschafts- und Sozialpolitik, der die ökonomischen Leistungen mit der Erhöhung des materiellen und kulturellen Lebensniveaus verbindet, inspirieren die Atmosphäre im ganzen Land. Viel wurde bereits erreicht. Allein bis Ende August erhöhte sich das produzierte Nationaleinkommen um 4,3 Prozent bei gleichzeitiger Senkung der Selbstkosten in der Industrie um zwei Prozent, wobei der Zuwachs des Nationaleinkommens zu über 90 Prozent durch die Steigerung der Arbeitsproduktivität, das heißt durch die Anwendung modernster Technologien, erzielt wurde.

Doch wir geben uns damit nicht zufrieden, sondern nehmen sowohl in der Wirtschaft als auch in Wissenschaft und Technik, in Bildung und Kultur neue, größere Aufgaben in Angriff. Im täglichen politischen Gespräch mit den Werktätigen, durch ihre breite Einbeziehung in die Realisierung unserer Politik legt unsere Partei schöpferische Kräfte frei und festigt zugleich das enge Vertrauensverhältnis mit dem Volk.

Arbeite mit, plane mit, regiere mit, das ist der Grundsatz, der die schöpferische Arbeit unseres Volkes bei der Gestaltung der entwickelten sozialistischen Gesellschaft durchdringt. Hauptinhalt unserer Wirtschaftsstrategie mit dem Blick auf das Jahr 2000 ist, die Intensivierung der Produktion wei-

---

[1] Ernst Thälmann. Bilder, Dokumente, Texte, Berlin 1986, S. 347.

ter zu vertiefen und in diesem Sinne die Vorzüge des Sozialismus mit den Errungenschaften der wissenschaftlich-technischen Revolution zu verknüpfen. Der Leistungszuwachs, die Steigerung der Arbeitsproduktivität sollen dabei zunehmend aus der modernen Hochtechnologie fließen. Hier geht es auf immer mehr Feldern um Spitzenleistungen, die sich im internationalen Wettbewerb behaupten. Wissenschaftlich-technischer Fortschritt muß im Sozialismus stets mit der Verbesserung der Arbeits- und Lebensbedingungen einhergehen. Davon lassen wir uns leiten.

Hält man sich die Erfordernisse unserer Zeit vor Augen, vor denen die sozialistische Staatengemeinschaft insgesamt und jedes ihrer Länder stehen, so wird deutlich, daß auch die Zusammenarbeit der DDR und der UdSSR ein höheres Stadium erreicht. Besonders eindrucksvoll entfaltet sich aufgrund der stabilen und dynamischen Entwicklung der Volkswirtschaft der DDR diese Zusammenarbeit auf ökonomischem und wissenschaftlich-technischem Gebiet.

Bekanntlich ist die UdSSR seit 1949 der größte Außenhandelspartner der DDR. Ihrerseits nimmt die DDR ebenfalls den ersten Platz im Außenhandel der Sowjetunion ein. Entsprechend unserem langfristigen Abkommen für die Jahre von 1986 bis 1990 wird der gegenseitige Warenaustausch einen Umfang von mehr als 82 Milliarden Rubel erreichen. Das ist das größte Abkommen, das je zwischen zwei Ländern abgeschlossen wurde.

Besondere Bedeutung kommt dem langfristigen Programm der Entwicklung unserer Zusammenarbeit auf dem Gebiet von Wissenschaft, Technik und Produktion bis zum Jahre 2000 zu. Dabei gilt es, die effektivsten Wege der Verwirklichung zu beschreiten. Die DDR wird die gemeinsamen Vereinbarungen auch weiterhin gewissenhaft realisieren und aktiv dazu beitragen, neue Möglichkeiten der Zusammenarbeit zu erschließen.

Liebe Freunde und Genossen!
Liebe Moskauer!

Der XXVII. Parteitag der KPdSU, an dem ich die Ehre hatte teilzunehmen, hat mit seinen Beschlüssen zur Beschleunigung der sozialökonomischen Entwicklung der UdSSR einen Abschnitt großer revolutionärer, schöpferischer Arbeit eingeleitet. In einem enormen Ausmaß wird das materielle und geistige Potential der Sowjetunion wachsen. Das dient dem Wohl des Sowjetvolkes und ist zugleich von gewaltigem Gewicht für die internationale Position der Sowjetunion, ja, des Sozialismus überhaupt. Bei der weiteren Verwirklichung der vom XXVII. Parteitag festgelegten Politik wünschen wir den Kommunisten und allen sowjetischen Werktätigen vollen Erfolg.

Wir würdigen das lebendige Vermächtnis Ernst Thälmanns vor allem auch dadurch, daß wir alles, was uns möglich ist, tun, damit ein sicherer

Frieden gewährleistet wird. Leidenschaftlich warnte Ernst Thälmann seinerzeit: »Wer Hitler wählt, wählt den Krieg.« Der Weltbrand, den der Faschismus ausgelöst hat, brachte den Völkern unsägliches Leid. An seinem Ende, als die braune Pest ausgetilgt war, schworen wir, nicht zu ruhen und nicht zu rasten in den Anstrengungen für die dauerhafte Erhaltung des Friedens. Von deutschem Boden, so unser Schwur, darf nie wieder Krieg ausgehen. Dafür steht die DDR seit dem Tag ihrer Gründung ein, und dafür wird sie auch in Zukunft kämpfen.

Heute, angesichts der Gefahr einer nuklearen Selbstvernichtung der Menschheit, ist der Frieden noch lebensnotwendiger denn je. Wir kämpfen für ihn an der Seite der Sowjetunion. Durch ihre unermüdlichen, konstruktiven Initiativen leistet sie den Interessen aller Völker einen unermeßlichen, einen historischen Dienst. Voll und ganz unterstützen wir die vielfältigen Vorschläge, die Michail Sergejewitsch Gorbatschow im Sinne unseres gemeinsamen Ideals unterbreitet hat, eine Welt ohne Krieg und ohne Waffen zu erreichen.

Das von den Staaten des Warschauer Vertrages in Budapest gemeinsam verkündete komplexe Programm der Abrüstung bei nuklearen wie bei konventionellen Waffen, des Dialogs, der Rückkehr zur Entspannung und der Entwicklung einer gegenseitig vorteilhaften Zusammenarbeit aller Länder ist auch für uns die Grundlage praktischen Handelns. Dabei sind wir über alles Trennende hinweg bereit, mit jedem zusammenzugehen, der Vernunft und Realismus an den Tag legt und die gleichen Ziele verfolgt.

Als ein Ereignis von außerordentlich großer Bedeutung für die weitere Entwicklung in der Welt bewertet unser Volk das bevorstehende Treffen zwischen Generalsekretär Gorbatschow und Präsident Reagan in der Hauptstadt Islands. Wir begrüßen dieses Treffen, das auf Vorschlag Michail Gorbatschows zustande kam, in der Hoffnung, daß auf ihm konstruktive Festlegungen getroffen werden, die Schritte in Richtung Abrüstung und Entspannung ermöglichen.

Das Beispiel, das die Sowjetunion mit der mehrmaligen Verlängerung ihres Moratoriums für nukleare Tests gegeben hat, ermutigt die Friedenskräfte der Welt. Um so nachdrücklicher fordern sie, daß auch die USA auf weitere Atomversuche verzichten. Keine neuen Massenvernichtungsmittel, Stopp des Wettrüstens auf der Erde und seine Nichtausdehnung auf den Weltraum, konkrete Schritte zur Abrüstung, nicht Konfrontation, sondern Kooperation sind unsere Devise, Frieden, Frieden und nochmals Frieden.

Liebe Freunde und Genossen!
Liebe Moskauer!
An diesem denkwürdigen Tag, an dem wir Ernst Thälmann ehren und

auf diesem machtvollen Meeting erneut unsere brüderliche Verbundenheit bekräftigen, rufe ich Ihnen zu:

Es lebe das große Sowjetvolk!

Es lebe die Kommunistische Partei der Sowjetunion, ihr Zentralkomitee und sein Generalsekretär, Genosse Michail Sergejewitsch Gorbatschow!

Es lebe unsere gemeinsame Sache des Sozialismus und Kommunismus!

Es lebe der Kampf für den Frieden!

Freundschaftsbesuch Erich Honeckers in der Sowjetunion.
Treffen mit Michail Gorbatschow.
Kundgebung zur Einweihung des Denkmals
für Ernst Thälmann in Moskau.
Moskau, 3. Oktober 1986,
Berlin 1986, S. 16–21.

Allen Bürgerinnen und Bürgern der DDR ein friedliches und glückliches neues Jahr

Artikel im »Neuen Deutschland«
31. Dezember 1986

An der Schwelle zum neuen Jahr, die wir bald überschreiten, grüße ich alle Bürgerinnen und Bürger der Deutschen Demokratischen Republik herzlich und verbinde damit meine besten Wünsche für 1987. Ich denke an all das, was das Wohlbefinden eines jeden von uns ausmacht, an Gesundheit, Erfolg in der beruflichen Tätigkeit, Glück und Gelingen der nützlichen Vorsätze im persönlichen wie im gesellschaftlichen Sinne.

Wenn man das 1986 Erreichte gewissenhaft prüft, dann darf man sagen, daß wir durch gemeinsame Arbeit vieles geschaffen haben, das die Zuversicht rechtfertigt, auch die keineswegs geringeren Anforderungen im neuen Jahr zu bewältigen. Vor allem wollen wir das Unsere tun, damit der Frieden bewahrt und gefestigt wird. Unsere sozialistische Deutsche Demokratische Republik soll weiter aufblühen, unsere Anstrengungen sollen Früchte tragen zum Wohle des Volkes.

Auf innen- wie auf außenpolitischem Gebiet ist die Verwirklichung der Beschlüsse des XI. Parteitages der SED in vollem Gange. Hohe Leistungen wurden vollbracht, die stabile und dynamische Wachstumsraten in unserer Volkswirtschaft ermöglichten und für die weitere Gestaltung der entwickelten sozialistischen Gesellschaft zu Buche schlagen. Anwendung der Schlüsseltechnologien, Streben nach wissenschaftlich-technischem Spitzenniveau, Steigerung der Arbeitsproduktivität und Senkung des Verbrauchs an Energie und Material – das charakterisiert den sozialistischen Wettbewerb und ist an den guten Ergebnissen erkennbar, mit denen der Volkswirtschaftsplan 1986 abgerechnet werden kann.

An der Jahreswende ist es mir ein Bedürfnis, allen von ganzem Herzen zu danken, die, auf welchem Gebiet auch immer, zur erfolgreichen Gesamtbilanz beigetragen haben. Dieser Dank gilt den Arbeitern, den Genossenschaftsbauern, den Wissenschaftlern und Forschern, den Kulturschaffenden, gilt den Frauen, unserer prächtigen Jugend und den Veteranen der Arbeit. Insbesondere gilt er auch den Angehörigen unserer bewaffneten Kräfte, die jederzeit für den zuverlässigen Schutz unserer Errungenschaften und ein friedliches Leben sorgen.

Auch im jetzt zu Ende gehenden Jahr hat sich die DDR auf die brüderliche Verbundenheit und Zusammenarbeit mit der Sowjetunion und den anderen Ländern der sozialistischen Gemeinschaft stützen können und vieles in deren Weiterentwicklung eingebracht. Das Treffen der führenden Repräsentanten sozialistischer Staaten des RGW in Moskau war für den Ausbau dieses Zusammenwirkens von fundamentaler Bedeutung. Es hat eine neue Phase in den Beziehungen zwischen unseren Parteien und Ländern eingeleitet.

Im Kampf für einen sicheren Frieden hat die DDR auch 1986 einen festen Kurs gesteuert und nicht wenige Aktivitäten unternommen. Es bestätigte sich, daß die Politik des Dialogs und der Zusammenarbeit wegbereitend wirkt, um zu jenen Vereinbarungen zu gelangen, von denen die Entschärfung der Weltlage, konkrete Maßnahmen zur Abrüstung und normale, berechenbare internationale Beziehungen abhängen. Gebannt ist die Gefahr eines Nuklearkrieges noch immer nicht, sie vergrößert sich vielmehr durch das Festhalten der USA an SDI und das Abrücken Washingtons von SALT II. Den Teufelskreis des Wettrüstens zu durchbrechen liegt im Interesse der ganzen Menschheit, und dafür wird unsere Republik auch weiterhin beharrlich wirken.

Beim Treffen Michail Gorbatschows mit Ronald Reagan in Reykjavik trat deutlicher denn je zutage, daß praktische Vereinbarungen über die Abrüstung nicht nur notwendig, sondern auch möglich sind. In den Bemühungen um ihr Zustandekommen darf man keinen Augenblick nachlassen. Die von Michail Gorbatschow unterbreiteten Vorschläge, die Welt bis zum Jahr 2000 von allen Atomwaffen zu befreien, die Vorschläge der Staaten des Warschauer Vertrages für die konventionelle Abrüstung vom Atlantik bis zum Ural weisen den Weg dazu. Sie ermutigen alle Kräfte der Vernunft und des Realismus, wirken denjenigen entgegen, die der Hochrüstung und der Konfrontation den Vorzug geben, von militärischer Überlegenheit träumen und daher zu abenteuerlichen Risiken bereit sind.

Heute ist es erst recht zu verstehen, was vom weiteren Erstarken des Sozialismus abhängt. Der Leistungsbilanz der DDR im vergangenen Jahr kommt besonderer Wert auch deswegen zu, weil sie vom guten Beginn unseres neuen Fünfjahrplans zeugt. Das produzierte Nationaleinkommen stieg um 4,3 Prozent, was vor allem durch die Steigerung der Arbeitsproduktivität und die Senkung des Produktionsverbrauchs erreicht wurde. Die Intensivierung der Produktion vertiefte sich weiter. Zuallererst kommt darin zum Ausdruck, daß Wissenschaft und Technik, Schlüsseltechnologien wie die Mikroelektronik und die elektronische Rechentechnik das Wirtschaftswachstum immer stärker tragen. Unsere ökonomische Strategie, deren Dreh- und Angelpunkt die Verbindung der Vorzüge des Sozialismus mit den Errungenschaften der wissenschaftlich-technischen Revolution ist, wird erfolgreich verwirklicht. Auch die Landwirtschaft erzielte 1986 ein sehr gutes Ergebnis, denken wir nur an den Hektarertrag bei Getreide von 46,4 Dezitonnen.

Mit dem wirtschaftlichen Leistungsanstieg gingen wichtige Verbesserungen des materiellen und kulturellen Lebensniveaus einher. An erster Stelle sei genannt, daß in den vergangenen 12 Monaten über 215 000 neugebaute und rekonstruierte Wohnungen an die Bürger übergeben werden konnten. Noch günstiger gestaltet wurden die Bedingungen für junge Familien, für Mutter und Kind. Das Volksbildungswesen wurde weiter vervollkommnet, die gesundheitliche Betreuung ausgebaut. Die Nettogeldeinnahmen der Bevölkerung erhöhten sich um 4,5 Prozent. Dies geschah bei gleichbleibend niedrigen Preisen für Waren des Grundbedarfs, für Mieten, Tarife und Dienstleistungen, an denen wir weiterhin festhalten.

Alles in allem können wir zu Recht sagen, die Arbeit hat sich gelohnt. 1986 war für unser Volk ein gutes Jahr. Nun setzen wir diesen Weg zielstrebig fort. Leicht wird das wiederum nicht sein, denn die Bedürfnisse der Menschen selbst, die Gestaltung der entwickelten sozialistischen Gesellschaft stellen hohe Anforderungen. 1987 gilt es, das beträchtliche Tempo ökonomischen Wachstums fortzusetzen und an bedeutenden Abschnitten noch zu erhöhen. Die Kennziffern des Volkswirtschaftsplanes umreißen, wie wir im kommenden Jahr den Kurs der Einheit von Wirtschafts- und Sozialpolitik realisieren. Entscheidend ist, die Schlüsseltechnologien noch schneller zu entwickeln, breiter anzuwenden und effektiver als bisher zu nutzen. Was 1986 gelang, spornt um so mehr an, noch zielstrebiger in die internationale Spitze der Leistungsfähigkeit vorzustoßen und an wesentlichen Punkten Vorsprung zu erzielen.

Es wachsen die Ansprüche an Qualität und Zuverlässigkeit der Arbeit, an den exakten Rhythmus von Produktion und Vertragserfüllung, an Neuerergeist und Initiative. Immer deutlicher wird dabei das Gewicht der Vorleistungen, die unsere Schulen und Hochschulen in diesem Sinne vollbringen. Wo die Produktion schöpferisches Denken und Handeln verlangt, wachsen auch die Ansprüche der Menschen an Kunst und Kultur. So durchdringt dieser gesellschaftliche Prozeß, der den Inhalt unseres Fünfjahrplans prägt, alle Bereiche des Lebens.

1987 wird ein Jahr großer Ereignisse und nicht weniger Bewährungsproben in unserer Arbeit, in unserem Kampf sein. Einen besonderen Höhepunkt bringt der 70. Jahrestag des Sieges des Roten Oktober, der die Geschicke der Menschheit in neue Bahnen gelenkt hat. Zu den welthistorischen Veränderungen zugunsten des Sozialismus und des gesellschaftlichen Fortschritts, die er einleitete, gehören auch das Entstehen und die Entwicklung unserer Deutschen Demokratischen Republik. Sie bewährt sich als ein stabiler Eckpfeiler des Friedens und des Sozialismus im Herzen Europas.

Mit den Beschlüssen des XI. Parteitages verfügen wir auch im neuen Jahr über eine zuverlässige Anleitung zum Handeln. Im ganzen Land wird das neue Jahr davon gekennzeichnet sein, daß wir den bewährten Kurs der Einheit von Wirtschafts- und Sozialpolitik zum Wohle des Volkes weiter realisieren, erfolgreich die entwickelte sozialistische Gesellschaft gestalten und aktiv zur Sicherung des Weltfriedens beitragen. Das ist des persönlichen Engagements, der tatkräftigen Mitarbeit aller wert. So nutzt jeder der gemeinsamen Sache und sich selbst.

Neues Deutschland (B), 31. Dezember 1986.

Die Aufgaben der Parteiorganisationen bei der weiteren Verwirklichung der Beschlüsse des XI. Parteitages der SED

*Aus dem Referat
auf der Beratung des Sekretariats
des Zentralkomitees der SED
mit den 1. Sekretären der Kreisleitungen
am 6. Februar 1987 in Berlin*

Genossinnen und Genossen!
Angesichts der Lage in den Ländern des Kapitals und ihrer negativen Auswirkungen, insbesondere auf die »dritte Welt«, ist es geradezu ein Glück für alle Völker, daß mit dem siegreichen Oktober eine neue Epoche in der Geschichte der Menschheit begann. Man kann über die Sowjetunion, über ihre Entwicklungsphasen reden, wie man will, eines ist und bleibt klar: Der Sieg des Roten Oktober, der Aufstieg der Sowjetunion zu einer erstklassigen Weltmacht ist ein Ereignis von wahrhaft welthistorischer Bedeutung. Es gab der Menschheit neue Hoffnung.
  Gemeinsam mit der Kommunistischen Partei der Sowjetunion und dem ganzen Sowjetvolk, mit der internationalen kommunistischen Bewegung, mit allen fortschrittlichen Menschen begehen wir 1987 den 70. Jahrestag der Großen Sozialistischen Oktoberrevolution, der Weltenwende vom Kapitalismus zum Sozialismus. Im Beschluß des Politbüros zur Würdigung dieses Jubiläums wird hervorgehoben, daß die Große Sozialistische Oktoberrevolution ein Sieg der Lehre von Marx, Engels und Lenin war, mit dem der Menschheit die Perspektive ihrer nationalen und sozialen Befreiung gewiesen wurde. Unvergessen sind die heroischen Taten, die das Sowjetvolk, geführt von der Partei Lenins, seitdem vollbrachte: die Errichtung des ersten sozialistischen Staates der Arbeiter und Bauern auf unserer Erde, die Industrialisierung, die Kollektivierung, die Revolution auf dem Gebiet der Ideologie, Bildung und Kultur, der unter großen Opfern errungene Sieg über den Faschismus, die friedlichen Heldentaten im Kosmos, die Herstellung und Sicherung des militärstrategischen Gleichgewichts als der entscheidenden Voraussetzung für die Bewahrung des Friedens.

Dem Vermächtnis von Karl Liebknecht und Rosa Luxemburg, dem Vermächtnis Ernst Thälmanns folgend, ist für uns deutsche Kommunisten das Bündnis mit der Sowjetunion seit eh und je eine prinzipielle Frage des Klassenstandpunktes. Mit dem ruhmreichen Sieg der Sowjetarmee über den Hitlerfaschismus wurde auch unserem Volk der Weg in seine neue Zukunft eröffnet. Jahr um Jahr erstarkt die unverbrüchliche Kampfgemeinschaft der SED und der KPdSU, der DDR und der UdSSR, fest verankert im Bruderbund der sozialistischen Länder. Gemeinsam verwirklichen wir das langfristige Programm der wissenschaftlich-technischen Zusammenarbeit zwischen unseren beiden Ländern bis zum Jahr 2000.

Für den weiteren Vormarsch des Sowjetvolkes auf den Bahnen des Sozialismus war der XXVII. Parteitag der KPdSU ein Ereignis von historischer Bedeutung und großer internationaler Ausstrahlungskraft. Indem das Sowjetvolk die Beschlüsse dieses Parteitages und das Volk der DDR die des XI. Parteitages der SED verwirklichen, erfüllen sie, getreu den Idealen des Roten Oktober, ihre Pflicht für die Stärkung des Weltsozialismus und die Sicherung des Friedens.

Der Sozialismus, die sozialistische Gemeinschaft, eng verbunden mit der Sowjetunion, entfaltet gerade in unserer Zeit sein gewaltiges materielles und geistiges Potential mit imponierender Kraft ständig weiter. Es geht darum, daß jedes Land entsprechend seinen konkreten Bedingungen einen aktiven, schöpferischen Beitrag zur Umsetzung der gemeinsam erarbeiteten Grundpositionen leistet. Dazu trägt die enge Zusammenarbeit der Bruderländer im Rahmen des Warschauer Vertrages und des RGW bei, was in den Ergebnissen des Moskauer Arbeitstreffens der Generalsekretäre und Ersten Sekretäre der Bruderparteien sozialistischer Länder im November 1986 seinen Ausdruck fand. Mit diesem Treffen erhielt die von den gemeinsamen Klassenzielen getragene Zusammenarbeit unserer Parteien und Staaten gemäß den Prinzipien der Gleichheit, Unabhängigkeit und Selbständigkeit, der Verantwortung unserer Parteien gegenüber den eigenen Völkern neue Impulse.

Angesichts der komplizierten internationalen Lage wird um so klarer sichtbar, welche Bedeutung der Entwicklung und dem Ausbau der Beziehungen und der Zusammenarbeit zwischen allen Ländern des sozialistischen Weltsystems zukommt. Das entspricht den Interessen jedes von ihnen, dient der Festigung der Positionen des Sozialismus im Weltmaßstab und der Erhaltung des Friedens. In diesem Zeichen standen auch meine offiziellen Freundschaftsbesuche in der Volksrepublik China, in der Koreanischen Demokratischen Volksrepublik und in der Mongolischen Volksrepublik. Die 3. Tagung des Zentralkomitees hat die Bedeutung dieser Reise in die drei sozialistischen Länder Asiens gewürdigt. Meine Gespräche während dieser Reise und die abgeschlossenen Vereinbarungen eröffnen gute Möglichkeiten und weitreichende Perspektiven für das noch engere Zusammenwirken unserer Parteien und Staaten.

Von größter politischer, ökonomischer und strategischer Tragweite für das weitere Voranschreiten und die Stärkung der Ausstrahlungskraft des Sozialismus ist heute in allen sozialistischen Ländern die Gewährleistung einer stabilen, dynamischen wirtschaftlichen und sozialen Entwicklung auf der Grundlage der modernsten Errungenschaften des wissenschaftlich-technischen Fortschritts. Dabei muß jedes Land seinen Entwicklungsstand und seine spezifischen Gegebenheiten berücksichtigen, was natürlich mit sich bringt, daß es auch Unterschiede im Herangehen gibt. Der Aufbau des Sozialismus ist ein ständiger Prozeß der schöpferischen Suche nach den besten Lösungen, die den nationalen Bedingungen entsprechen und damit auch in der internationalen Arena ins Gewicht fallen.

Genossinnen und Genossen!

Die 1970 bei uns begonnenen grundlegenden Veränderungen in der Leitung, Planung und wirtschaftlichen Rechnungsführung, bei denen wir uns zunächst die Aufgabe stellten, die Volkswirtschaft der DDR zu konsolidieren und, ausgehend davon, eine dynamische Entwicklung einzuleiten, haben sich bewährt. Sie führten zur Schaffung und zum systematischen Ausbau der Kombinate in der Industrie und im Bauwesen, zu einer breiten Entfaltung der Schöpferkraft der Werktätigen, der freien Entwicklung ihrer Initiative. Auch in der Landwirtschaft kam es durch die qualitativen Veränderungen im Genossenschaftswesen, durch die Kooperationsbeziehungen zwischen der Pflanzen- und Tierproduktion zu einem Aufschwung. Das alles führte dazu, daß die Leistungen unserer Volkswirtschaft heute beispielhaft dastehen.

Bereits mit den Beschlüssen des VIII. Parteitages im Jahr 1971 nahmen wir die Umstellung der Volkswirtschaft auf die Intensivierung, die enge Verbindung von Produktion und Wissenschaft in Angriff. Das hat erfreuliche Ergebnisse erbracht. Ohne diese Beschlüsse des VIII. Parteitages, auf Grund deren sich die Einheit von Wirtschafts- und Sozialpolitik immer mehr festigte, wäre die Entwicklung der Produktivkräfte, die von einer beträchtlichen Steigerung der Arbeitsproduktivität begleitet wurde, nicht denkbar gewesen. Zugleich gestalteten wir die sozialistischen Produktionsverhältnisse weiter aus.

In diesem Sinne erklärten wir auf dem VIII. Parteitag: Wir kennen nur ein Ziel, das die gesamte Politik unserer Partei durchdringt, alles zu tun für das Wohl des Menschen, für das Glück des Volkes, für die Interessen der Arbeiterklasse und aller Werktätigen. Das ist der Sinn des Sozialismus. Dafür arbeiten und kämpfen wir.

Bei alledem ließen wir uns von Karl Marx leiten, der schrieb: »Von allen Produktionsinstrumenten ist die größte Produktivkraft die revolutionäre Klasse selbst.«[1] Sie kann nicht eliminiert werden durch noch so moderne technische Systeme, denn diese leben nicht in einem Vakuum, nicht losgelöst von der Gesellschaft, vom Menschen. Die Entwicklung der Produktivkräfte hängt wesentlich von den gesellschaftlichen und personellen Faktoren ab. Es sind die Produktionsverhältnisse, die darüber entscheiden, ob sie sich gegen den Menschen kehren oder seinen Bedürfnissen dienen. Bei uns dienen sie seinen Bedürfnissen.

Der klare Kurs unserer Partei war Ergebnis der vollen Hinwendung zu den Massen, verbunden mit der immer breiteren Entfaltung der sozialistischen Demokratie. Nur dadurch, daß sich die Volksmassen unseren Kurs der Einheit von Wirtschafts- und Sozialpolitik voll und ganz zu eigen machten und ihn aktiv verwirklichten, konnten die Voraussetzungen für die neue Phase unserer Entwicklung geschaffen werden, in die wir mit den Beschlüssen des XI. Parteitages eingetreten sind. Heute übt jeder dritte Bürger der DDR eine ehrenamtliche Funktion aus. Vor unseren Volkswahlen im vorigen Jahr hatte jeder die Möglichkeit, die Kandidaten der Nationalen Front auszuwählen, auf die Liste zu setzen oder abzulehnen. Bei den Wahlen selbst konnte er jenen seine Stimme geben, die sein Vertrauen hatten, sowie jene streichen, die es nicht besaßen. Unsere Volksvertreter haben das Vertrauen ihrer Wähler. Wichtig ist, es durch tägliche Arbeit immer aufs neue zu erringen.

Wenn es um die sozialistische Demokratie in der DDR geht, dann ist sie durch nichts zu ersetzen. Dann ist nicht zuletzt auf solche wichtigen Gesetzeswerke zu verweisen wie das Arbeitsgesetzbuch, das Zivilgesetzbuch, das Gesetz über die örtlichen Volksvertretungen, auf deren umfassende öffentliche Beratung vor ihrer Annahme durch die Volkskammer. Sozialistische Demokratie – das ist bei uns auch die Mitarbeit in einer Vielzahl gesellschaftlicher Funktionen, in Kommissionen und Ausschüssen der Volksvertretungen, in Elternbeiräten, in Vertrauensleutevollversammlungen zum Abschluß der Betriebskollektivverträge, in Arbeitsschutzkommissionen, Wohnungskommissionen, Küchenkommissionen und anderes mehr. Allein die Mitgliederzahl der Parteien und Massenorganisationen beträgt, wenn man die Doppelmitgliedschaft abzieht, rund 11,6 Millionen.

Darin liegt eine große Kraft, liegt der Hebel für den weiteren gesellschaftlichen Fortschritt in unserem Land. Bürgerlichen Liberalismus haben wir stets entschieden zurückgewiesen. Unsere Demokratie ist Ausdruck der Tatsache, wie tief das sozialistische Gedankengut im Volke verwurzelt ist.

1 Karl Marx: Das Elend der Philosophie. In: Karl Marx/Friedrich Engels: Werke, Bd. 4, S. 181.

Liebe Genossinnen und Genossen!

Überall in der Deutschen Demokratischen Republik herrscht eine Atmosphäre des Kampfes um die allseitige Verwirklichung der Beschlüsse des XI. Parteitages. Mit dem breiten Erfahrungsaustausch auf der 3. Tagung des Zentralkomitees wurde der Weg gewiesen, auf dem wir die dynamische Entwicklung in allen Bereichen des gesellschaftlichen Lebens fortsetzen. Die neuen Initiativen im sozialistischen Wettbewerb sind von dem verpflichtenden Anspruch gekennzeichnet, Tag für Tag hohe Leistungen zum Wohle des Volkes und für den Frieden zu vollbringen.

In diesem Sinne kommt es darauf an, den Fünfjahrplan für die Entwicklung der Volkswirtschaft der DDR in den Jahren 1986 bis 1990 zum Arbeitsprogramm unserer Partei und des ganzen Volkes zur Verwirklichung der Beschlüsse des XI. Parteitages zu machen. Die Einheit von Wirtschafts- und Sozialpolitik als Kern der ökonomischen Strategie mit dem Blick auf das Jahr 2000 bleibt unser Hauptkampffeld.

Liebe Genossinnen und Genossen!

Die Ergebnisse unserer Arbeit, die Art und Weise, in der sie erzielt wurden, sind nicht nur von großem materiellem Wert. Sie enthalten Erkenntnisse und Erfahrungen von grundsätzlichem Gewicht für den weiteren Weg. Die Wirklichkeit der DDR von heute beweist, daß die sozialistische Planwirtschaft dem Wohl des Menschen und der Stärkung des Sozialismus dient. Auf das Erreichte sind wir stolz. Zugleich wissen wir, daß die Möglichkeiten, die dem sozialistischen Gesellschaftssystem innewohnen, noch größer sind. Es hat sich bewährt, auf heranreifende Fragen rechtzeitig zu reagieren und kühn neue Wege zu beschreiten, um der schöpferischen Arbeit der Menschen stets freien Raum zu geben.

Ein solch kühner Schritt, das wird mit dem Blick auf die kommenden Erfordernisse nur um so klarer, war die Bildung und die Entwicklung der Kombinate in der zentralgeleiteten und in der bezirksgeleiteten Wirtschaft. Auch dabei haben wir uns von Karl Marx leiten lassen, der als die Grundlage für höhere Produktivität die »Umwandlung vereinzelter und gewohnheitsmäßig betriebner Produktionsprozesse in gesellschaftlich kombinierte und wissenschaftlich disponierte Produktionsprozesse« bezeichnete.[2]

Die Kombinate der DDR stellen unter Beweis, daß die Arbeiterklasse unter Führung ihrer Partei, organisiert durch die sozialistische Staatsmacht, imstande ist, komplizierteste technische, ökonomische und soziale Prozesse der Großindustrie unter den Bedingungen der modernen Zeit zum Wohle des Menschen zu bewältigen.

Dabei ist das Erreichte noch nicht das Erreichbare. Unsere sozialistische

2 Karl Marx: Das Kapital. Erster Band. In: Karl Marx/Friedrich Engels: Werke, Bd. 23, S. 656.

Gesellschaftsordnung eröffnet nicht nur die Möglichkeit, sie erlegt uns auch die Pflicht auf, die Errungenschaften der wissenschaftlich-technischen Revolution noch besser zu nutzen, Produktion und Effektivität zu steigern. Gerade in den zurückliegenden Monaten wurde auf wesentlichen Gebieten viel erreicht. Nun gilt es, kühn zur Spitze vorzustoßen, wie es die Beschlüsse des XI. Parteitages vorsehen. Dazu werden wir die volkswirtschaftliche Verantwortung der Kombinate mit ihren Betrieben weiter stärken. Die vom Politbüro zur Qualifizierung der Leitung, der Planung und der wirtschaftlichen Rechnungsführung beschlossenen Maßnahmen sind von großer Bedeutung. Sie eröffnen den Kombinaten und Betrieben neue Möglichkeiten, die qualitativen Faktoren des Wachstums zu nutzen, und stärken ihre Verantwortung für die intensiv erweiterte Reproduktion.

Auf der Grundlage des Planes wird die wirtschaftliche Rechnungsführung einschließlich der Eigenerwirtschaftung von Mitteln für die erweiterte Reproduktion in Mark und Valuta angewendet. Planung und wirtschaftliche Rechnungsführung bilden eine Einheit, womit gesichert wird, daß die Arbeit aller Glieder unserer Planwirtschaft sich auf die gesamtgesellschaftlichen Interessen richtet. Wir gehen davon aus, daß die Kombinate von Generaldirektoren nach dem Prinzip der Einzelleitung geleitet werden, bei kollektiver Beratung mit dem Leitungskollektiv, der Parteiorganisation, der Gewerkschaft, dem Jugendverband und anderen demokratischen Organisationen. Entscheidungen werden also unter Berücksichtigung der Hinweise und Vorschläge, der Erfahrungen aus der schöpferischen Arbeit der Kollektive gründlich vorbereitet. Danach werden sie diszipliniert verwirklicht.

Was die Werktätigen von jedem sozialistischen Leiter zu Recht erwarten, sind eine klare Aufgabenstellung, eine gute Organisation der Arbeit und nicht zuletzt ein stets offenes Ohr für die Sorgen und Anliegen des einzelnen. Das Zusammenwirken der Kollektive auf diese Weise zu gewährleisten macht die eigentliche Aufgabe jedes sozialistischen Leiters aus. »Gemeinsame Beratung – aber persönliche Verantwortung«, in diesen knappen Worten hat Lenin formuliert, worum es bei der Einzelleitung geht.[3]

Bei der weiteren Vervollkommnung unserer Planwirtschaft gehen wir unbeirrbar vom Prinzip des demokratischen Zentralismus aus. Wie der Staat das Hauptinstrument beim Aufbau des Sozialismus ist, ebenso ist der Plan das Hauptinstrument zur Leitung der Volkswirtschaft. Die in ihm festgelegten Aufgaben haben Gesetzeskraft. Sie werden verbindlich für alle Verantwortungsbereiche bis hin zu den Kombinaten und Betrieben vorgegeben.

Wie wir alle wissen, kommt den Gewerkschaften eine ausschlaggebende

---

3 W. I. Lenin: Die Neue Ökonomische Politik und die Aufgaben der Ausschüsse für politisch-kulturelle Aufklärung. In: Werke, Bd. 33, S. 50.

Rolle zu. Ihrer Arbeit, besonders im Verlaufe der gegenwärtigen Wahlen, mit denen der 11. FDGB-Kongreß vorbereitet wird, ist alle Unterstützung zu geben. Die Formen der demokratischen Teilnahme der Gewerkschaften und ihrer Mitglieder am Leben in den Betrieben sind bekanntlich außerordentlich weitreichend und vielfältig. Über 1,5 Millionen Gewerkschaftsmitglieder leisten als Vertrauensleute, Arbeitsschutzobleute, Sozialbevollmächtigte, Kultur- und Sportorganisatoren in den Arbeitskollektiven eine hoch zu schätzende Arbeit, wodurch die Entwicklung der Initiative, das politische und moralische Klima in den Arbeitskollektiven stark beeinflußt werden.

Über 112 000 Arbeiterkontrolleure der Gewerkschaften kontrollieren in enger Zusammenarbeit mit der Arbeiter-und-Bauern-Inspektion regelmäßig die Plandurchführung und die Verbesserung der Arbeits- und Lebensbedingungen. Von ihnen gehen bedeutende Impulse zur Beseitigung von Mängeln und zur Aufdeckung von Reserven aus. Eine große Arbeit leisten die Gewerkschaften auch bei der Anleitung und Qualifizierung der über 27 000 Konfliktkommissionen mit ihren 250 000 Mitgliedern. Mehr als 90 Prozent der Arbeitsrechtsstreitfälle konnten in den letzten Jahren durch ihre Tätigkeit geklärt werden.

Diese gesamte demokratische Mitwirkung der Werktätigen am ökonomischen, kulturellen und politischen Leben reicht weit über die Betriebe hinaus. Es ist ein fester Bestandteil des Systems unserer sozialistischen Planwirtschaft, daß die aus den gesellschaftlichen und staatlichen Zielen abgeleiteten Planaufgaben für jeden einzelnen Betrieb auf gewerkschaftlichen Mitgliederversammlungen zur Diskussion stehen. Bei der Ausarbeitung des Fünfjahrplans und des Volkswirtschaftsplans 1987 hat sich das wiederum bewährt. Daran nahmen im vergangenen Jahr zum Beispiel über 86 Prozent der Gewerkschaftsmitglieder teil. Etwa jeder vierte Werktätige hat sich an dieser Diskussion beteiligt. Insgesamt wurden 777 240 Vorschläge unterbreitet, die sowohl auf die weitere Leistungssteigerung als auch auf die Verbesserung der Arbeits- und Lebensbedingungen gerichtet sind und wesentlich zur Qualifizierung der Plandokumente beigetragen haben.

Verantwortungsbewußt haben die Gewerkschaften die neuen Wettbewerbsbeschlüsse vorbereitet. Diese Beschlüsse wurden intensiv in Versammlungen der Gewerkschaftsgruppen beraten und von den Vertrauensleutevollversammlungen gefaßt. Es sind anspruchsvolle Kampfprogramme der Belegschaften zur weiteren Verwirklichung der Beschlüsse unseres XI. Parteitages.

Was der einzelne für die Gesellschaft leistet, bestimmt das Maß der Anerkennung seiner Arbeit durch die Gesellschaft. Das sozialistische Leistungsprinzip ist und bleibt das grundlegende Prinzip der Verteilung der Arbeitsergebnisse im Sozialismus. Es bringt bei unserem konkreten historischen Stand der Entwicklung das höchste Maß sozialer Gerechtigkeit zum Ausdruck. Das Prinzip »Jeder nach seinen Fähigkeiten, jedem nach seiner Leistung« hat schon Karl Marx in seiner »Kritik des Gothaer Programms« begründet. Die Gleichheit, so unterstrich er, besteht darin, »daß an *gleichem Maßstab*, der Arbeit, gemessen wird«[4].

Mit der Entwicklung des Wohnungsbaus, der Volksbildung, des Gesundheitswesens und weiterer Bereiche werden die gesellschaftlichen Leistungen für alle Bürger ausgebaut. Zugleich werden nach Maßgabe der Arbeitsergebnisse hohe Leistungen des einzelnen für alle gefördert und anerkannt. So stellen wir im realen Leben immer besser unter Beweis, daß der Sozialismus soziale Sicherheit, Freiheit und Menschenwürde für alle gewährleistet und der menschlichen Persönlichkeit alle Entfaltungsmöglichkeiten bietet. Das motiviert unser Volk zur Verwirklichung der Aufgaben, die sich aus den Beschlüssen des XI. Parteitages herleiten.

Das System unserer sozialistischen Planwirtschaft funktioniert gut, ist leistungsfähig und flexibel. Sein Rückgrat bilden die Kombinate. Die DDR entwickelt sich als fester Bestandteil der sozialistischen Gemeinschaft, die ständig erstarkt. Das Ausmaß unserer Zusammenarbeit und die Tiefe der Verflechtung mit der UdSSR sind einmalig in der Welt. Unser marxistisch-leninistisches Parteiprogramm, die Beschlüsse des XI. Parteitages weisen den sicheren Weg zur Bewältigung des qualitativ neuen Abschnitts bei der Gestaltung der entwickelten sozialistischen Gesellschaft in der DDR. Fester denn je sind Partei, Staat und Volk miteinander verbunden.

Liebe Genossinnen und Genossen!

Kräftiges wirtschaftliches Wachstum stellt auch künftig die grundlegende Voraussetzung dafür dar, das materielle und kulturelle Lebensniveau des Volkes planmäßig zu verbessern, den Sozialismus allseitig zu stärken und seine Verteidigung zuverlässig zu gewährleisten. Ganz in diesem Sinne arbeiten wir daran, die Intensivierung unserer Wirtschaft mehr und mehr umfassend zu gestalten und ihr dauerhafte Grundlagen zu geben. Darum steht an erster Stelle unserer ökonomischen Strategie die Aufgabe, die Vorzüge des Sozialismus noch wirksamer mit den Errungenschaften der wissenschaftlich-technischen Revolution zu verbinden. Zu berücksichtigen ist dabei, daß diese selbst in eine neue Etappe eingetreten ist.

Wir haben mit der wachsenden Dynamik der Produktivkräfte Schritt zu halten und im Wettlauf mit der Zeit an wichtigen Punkten Vorsprung zu erzielen. Das ist der Weg, die Produktion weiter kräftig zu steigern, dabei

---

4 Karl Marx: Kritik des Gothaer Programms. In: Karl Marx/Friedrich Engels: Werke, Bd. 19, S. 20.

den Produktionsverbrauch zu senken, also kurz gesagt, hohe ökonomische und soziale Ergebnisse zu erreichen. Hier geht es um eine neue Qualität ökonomischen Wachstums. Sie ist charakterisiert durch den hohen Stellenwert der Aufgabe, die Springquellen der Wissenschaft für unsere ökonomische Kraft, für den gesellschaftlichen Reichtum und den sozialen Fortschritt immer reicher fließen zu lassen. Auf entscheidenden Gebieten wurden dafür vorausschauend materielle und geistige Bedingungen geschaffen. Nur der Sozialismus vermag die gewaltigen Produktivkräfte unseres Jahrhunderts zum Wohle des Menschen zu nutzen. Diesen Beweis führen wir, und mit jedem Jahr wird er mehr Überzeugungskraft erhalten.

Liebe Genossinnen und Genossen!

Die weitere Entfaltung und Vervollkommnung der sozialistischen Demokratie ist und bleibt die Hauptrichtung, in der sich unsere sozialistische Staatsmacht entwickelt. Mit den Volkswahlen vom 8. Juni 1986 wurden die Beschlüsse des XI. Parteitages zum Regierungsprogramm und Handlungsauftrag für alle staatlichen Organe. Nach dem bewährten Grundsatz »Arbeite mit, plane mit, regiere mit!« gilt es, immer mehr Bürger mit konkreter Verantwortung in die Leitung von Staat und Gesellschaft einzubeziehen. Wie entscheidend die konsequente Verwirklichung des Leninschen Prinzips des demokratischen Zentralismus für das erfolgreiche Zusammenwirken und die Tätigkeit aller Organe der sozialistischen Staatsmacht ist, zeigt das Leben ständig neu. Wir lassen uns von der in unserem Parteiprogramm beschlossenen Orientierung leiten, unseren Staat der Arbeiter und Bauern auf deutschem Boden unablässig zu stärken.

Heute wirken in unserem Land über 525 000 Bürger als Abgeordnete, Nachfolgekandidaten, Kommissions- und Aktivmitglieder direkt daran mit, Entscheidungen der Volksvertretungen vorzubereiten, durchzuführen und zu kontrollieren. Eine beispielhafte Arbeit im Interesse aller Bürger leisten die über 114 000 Kommunisten mit dem Mandat eines Abgeordneten in den örtlichen Volksvertretungen sowie die fast 60 000 Genossinnen und Genossen in den örtlichen Räten.

Wir gehen davon aus, daß die Sekretariate der Kreisleitungen noch stärker darauf Einfluß nehmen, die Rolle der Volksvertretungen als gewählte Machtorgane zu erhöhen und die Werktätigen noch umfassender in staatliche und gesellschaftliche Entscheidungsprozesse einzubeziehen. Die Parteiorganisationen in den staatlichen Organen sollen dafür Sorge tragen, daß die Volksvertretungen zu Foren des Erfahrungsaustausches über die besten Lösungen unserer bürgernahen Kommunalpolitik werden.

Seit Annahme des Gesetzes über die örtlichen Volksvertretungen hat sich nachhaltig bestätigt, wie nützlich und wie notwendig es für das Voranschreiten unserer Gesellschaft ist, zentrale staatliche Leitung und örtliche

Initiative eng zu verbinden. Davon ausgehend, stellte die Beratung unseres Zentralkomitees und des Ministerrates mit den Vorsitzenden der Räte der Kreise, den Oberbürgermeistern und Stadtbezirksbürgermeistern die Aufgabe, mit der Verwirklichung der Beschlüsse des XI. Parteitages eine neue Qualität in unserer Kommunalpolitik zu erreichen. Vor allem geht es darum, durch gezielte und wohldurchdachte territoriale Rationalisierung die örtlichen Bedingungen für die immer bessere Nutzung von Wissenschaft und Technik zu schaffen. Voraussetzung dafür ist eine effektive sozialistische Gemeinschaftsarbeit zwischen den örtlichen Staatsorganen und den Kombinaten, Betrieben, Genossenschaften und Einrichtungen.

Die Kreisleitungen sollten konsequent darauf hinwirken, daß die im Leistungsvergleich zwischen allen Kreisen zutage getretene Differenziertheit zielstrebig durch eine an den Bestwerten orientierte staatliche Leitung abgebaut wird. Der im Staatsrat der DDR behandelte Bericht des Bezirkstages Cottbus über Erfahrungen bei der Verwirklichung der Beschlüsse des XI. Parteitages unterstrich, wie konkret sich der historische Prozeß tiefgreifender politischer, ökonomischer, sozialer und geistig-kultureller Wandlungen unserer Gesellschaft in jedem Territorium vollzieht. Das bedarf einer komplexen Leitung mit strategischem Weitblick und ständiger demokratischer Impulse. Unsere Bezirksleitungen und Kreisleitungen haben die gewählten Machtorgane unseres sozialistischen Staates bei der vollen Wahrnehmung ihrer Rechte und Pflichten, die im Gesetz über die örtlichen Volksvertretungen fixiert sind, jederzeit zu unterstützen. Auch auf kommunalpolitischem Gebiet geht es nicht mehr allein um gute Einzelbeispiele, sondern um durchweg dauerhaft gute Leistungen.

Jeder von uns weiß, in welchem Maße kommunale Leistungen das Wohlbefinden und die staatsbürgerliche Mitverantwortung der Bürger beeinflussen. Nichts wirkt so vielseitig und unmittelbar auf ihren Alltag ein wie die Ergebnisse der Kommunalpolitik. Der für das Dienstleistungswesen im Bezirk Erfurt formulierte Arbeitsauftrag »Stets zu Diensten« sollte zur Arbeitshaltung aller werden, die für das störungsfreie Funktionieren kommunaler Lebensprozesse Verantwortung tragen. Ob bei der Modernisierung, Rekonstruktion oder Reparatur von Wohnungen, im Handel, in der Versorgung oder in der Stadtwirtschaft, bei der gesundheitlichen und sozialen Betreuung oder im Bildungswesen, in der Kultur oder im Freizeitbereich – überall sollte so gearbeitet werden, daß die Bürger praktisch erleben, wie untrennbar volkswirtschaftliche Leistungsentwicklung, Verbesserung der Arbeits- und Lebensbedingungen und Vervollkommnung unserer sozialistischen Demokratie zusammenhängen. Dadurch wird das Vertrauensverhältnis zwischen Staat und Bürger gefördert.

Liebe Genossinnen und Genossen!
Mit allen im Demokratischen Block der Parteien und Massenorganisationen und in der Nationalen Front der DDR zusammenwirkenden gesellschaftlichen Kräften können wir feststellen, daß die Sozialistische Einheitspartei Deutschlands auch mit ihren auf die Vertiefung der Bündnisbeziehungen gerichteten Beschlüssen des XI. Parteitages den wachsenden Anforderungen bei der weiteren Gestaltung der entwickelten sozialistischen Gesellschaft unter unseren konkreten nationalen Bedingungen gerecht wird. Unsere gemeinsame Erfahrung besagt, daß die dem Wohle des Volkes und dem Frieden dienende Politik um so erfolgreicher ist, je mehr die Angehörigen aller Klassen und Schichten bewußt an ihrer Realisierung mitwirken.

Die Interessenvertretung des ganzen Volkes durch die Arbeiterklasse und ihre Partei schließt die Beiträge ihrer Bündnispartner ein. Indem wir auch künftig die Bedingungen dafür schaffen, daß sich jedem Bürger, unabhängig von sozialer Herkunft, weltanschaulichem oder religiösem Bekenntnis, breite Möglichkeiten für aktives Mitwirken an der Lösung gesellschaftlicher Belange erschließen, verwirklichen wir dieses grundlegende Prinzip unserer Politik und erbringen damit einen auch über die Grenzen unseres Landes hinaus anerkannten Beitrag zur Bereicherung des Erfahrungsschatzes des Marxismus-Leninismus.

Die mit uns befreundeten Parteien, die Demokratische Bauernpartei Deutschlands, die Christlich-Demokratische Union Deutschlands, die Liberal-Demokratische Partei Deutschlands und die National-Demokratische Partei Deutschlands, haben ihrem einhelligen Wort, die Beschlüsse des XI. Parteitages der SED zur eigenen Sache zu machen, die Tat folgen lassen. Unsere vertrauensvolle Zusammenarbeit wurde verstärkt. Sie entwickelt sich besonders dort, wo gesellschaftliche Aufgaben im Interesse aller Bürger zu lösen sind. Das ist gut so, und das wird auch in Zukunft seine Fortsetzung finden. Gegenwärtig bereiten diese Parteien im Geiste großer gesellschaftlicher Mitverantwortung ihre Parteitage vor, um für die weitere Stärkung unseres sozialistischen Vaterlandes die eigenen Bündnisbeiträge bis zum Jahre 1990 und darüber hinaus zu beraten und zu beschließen. Volle Unterstützung erweisen wir den Aktivitäten der befreundeten Parteien, in Stadt und Land mit ihren spezifischen Möglichkeiten zur weiteren Verbesserung der Reparatur-, Dienst- und Versorgungsleistungen noch wirksamer beizutragen.

Unsere Freunde in den anderen Parteien und in den Massenorganisationen können davon ausgehen, daß es unser unumstößliches Prinzip bleiben wird, alle grundsätzlichen Fragen der Innen- und Außenpolitik miteinander zu beraten und die notwendigen Vereinbarungen zu ihrer Realisierung zu treffen. Das gilt für die Gespräche, die wir mit den Vorsitzenden der befreundeten Parteien und dem Präsidenten des Nationalrates der Nationalen Front der DDR führen, ebenso wie für die vielfältigen Kontakte, die in den Bezirken und Kreisen zur täglichen Praxis unserer Zusammenarbeit geworden sind. Viele Mitglieder und Funktionäre aus den befreundeten Parteien üben in unserer sozialistischen Gesellschaft verantwortliche Funktionen aus, und auch künftig werden bewährte und qualifizierte Kader dieser Parteien bei der Lösung unserer gemeinsamen Aufgaben ihren Platz einnehmen. Ständig sollten die Kreisleitungen unserer Partei die Zusammenarbeit mit den Leitungen der befreundeten Parteien und der Massenorganisationen in ihrem Blickfeld haben.

Bei allen in der Nationalen Front der DDR vereinten gesellschaftlichen Kräften können wir eine bedeutende Aktivierung der politischen Massenarbeit und der Bürgerinitiative feststellen. Hunderttausende Bürger in den Ausschüssen der Nationalen Front, ihren Arbeitsgruppen, Kommissionen und Aktivs sowie in den Hausgemeinschaften sind mit großem Einsatz in den Wohngebieten für das Wohl der Menschen tätig. Dieser verdienstvollen ehrenamtlichen Arbeit, vor allem nach Feierabend und an den Wochenenden, zollen wir hohe Anerkennung. Solche bisher einmaligen Ergebnisse, wie sie 1986 in der Bürgerinitiative »Schöner unsere Städte und Gemeinden – Mach mit!« erzielt wurden, zeugen von enger Verbundenheit mit der sozialistischen Heimat.

In Kürze wird der Nationalrat der Nationalen Front zusammentreten, um die Ziele der Bürgerinitiative bis zum Jahre 1990 zu beschließen. Die Verwirklichung dieses Aktionsprogramms aller politischen und sozialen Kräfte unseres Landes ist auf einen Aufschwung der politischen Arbeit in den Wohngebieten, auf weitere spürbare Fortschritte bei der Verbesserung der Arbeits- und Lebensbedingungen, insbesondere der Wohnverhältnisse und der Verschönerung des Antlitzes der Städte und Dörfer, gerichtet.

Es ist charakteristisch für unsere sozialistische Deutsche Demokratische Republik, daß Millionen und aber Millionen Bürger in den Parteien und Massenorganisationen, in den Volksvertretungen, in den verschiedenen Verbänden und Interessengruppen, gesellschaftlichen Kommissionen und Aktivs, in den Haus- und Wohngemeinschaften mitwirken und dabei ihre demokratischen Rechte wahrnehmen. Wir bauen auf die Aktivitäten der Mitglieder des Freien Deutschen Gewerkschaftsbundes, der Freien Deutschen Jugend und der Pionierorganisation »Ernst Thälmann«, des Demokratischen Frauenbundes Deutschlands, der Vereinigung der gegenseitigen Bauernhilfe, des Kulturbundes der DDR, der Gesellschaft für Deutsch-Sowjetische Freundschaft, der Domowina, der Volkssolidarität, des Deutschen Turn- und Sportbundes, der Gesellschaft für Sport und Technik, des

Verbandes der Kleingärtner, Siedler und Kleintierzüchter, des Deutschen Roten Kreuzes der DDR, der Kammer der Technik, der URANIA, des Bundes der Architekten, der Elternaktivs und Elternbeiräte, der Gesellschaften für Natur und Umwelt und für Denkmalpflege im Kulturbund, der Verkaufsstellenausschüsse, der Konsumgenossenschaften, des Anglerverbandes, der Jagdgesellschaften. Wir denken an das Engagement der Handwerker und Gewerbetreibenden, an die Leistungen der Volks- und Berufskünstler, an die Mitwirkung der Helfer der Volkspolizei und der Kameraden der freiwilligen Feuerwehr. Mit einem Wort, diese breite Mitarbeit des Volkes kennzeichnet unsere sozialistische Wirklichkeit. Das entspricht dem Geist und den Beschlüssen des XI. Parteitages.

Liebe Genossinnen und Genossen!

Unser Parteiprogramm verpflichtet jedes Mitglied der Sozialistischen Einheitspartei Deutschlands, »ein aktiver Kämpfer an der ideologischen Front« zu sein. Jeder Kommunist, wo immer er arbeitet und lebt, muß den Marxismus-Leninismus als Anleitung zum bewußten Handeln für die Interessen der Arbeiterklasse und aller anderen Werktätigen verbreiten und verfechten. Er muß im Geiste des sozialistischen Patriotismus und proletarischen Internationalismus handeln, die Treue zum Sozialismus, das sozialistische Staatsbewußtsein festigen, für die Stärkung des Bruderbundes mit der Sowjetunion und die Stärkung der sozialistischen Staatengemeinschaft wirken. Er wird die Überlegenheit des Sozialismus, seine Werte und Errungenschaften, seine revolutionären Traditionen und die großen, bahnbrechenden Leistungen, die wir vollbracht haben, propagieren, wird den Stolz auf das Erreichte in die Herzen und Hirne der Menschen tragen.

Unser Parteiprogramm läßt also keinen Zweifel daran, wie wichtig und notwendig die ideologische Arbeit jedes Kommunisten, jeder Parteiorganisation ist. Sie ist in der Tat das Herzstück der Parteiarbeit. Das Wichtigste besteht darin, daß alle Mitglieder der Partei unsere bewährte Innen- und Außenpolitik den Werktätigen in persönlichen Gesprächen vor Ort, am Arbeitsplatz, im Wohngebiet, in den Massenorganisationen erläutern, daß sie das Denken, Fühlen und Handeln der Bürger fördern, ihre Initiativen und schöpferischen Fähigkeiten zur Lösung der großen Aufgaben im Kampf um den Frieden, um die weitere Stärkung des Sozialismus entwickeln und zugleich allen Einflüssen der bürgerlichen Ideologie, der imperialistischen Hetzpropaganda entschieden und ohne Schwanken entgegentreten.

Unsere Partei hat der ideologischen Arbeit stets ihre besondere Aufmerksamkeit gewidmet, doch in der Gegenwart kommt es darauf an, ein höheres Niveau, eine größere Ausstrahlung und Wirksamkeit dieser Arbeit zu erreichen. Warum müssen wir uns diese Aufgabe stellen?

Ich habe schon darüber gesprochen, daß die äußeren Bedingungen kompliziert sind, die internationale Lage nach wie vor durch ernste Spannungen gekennzeichnet ist, deren Beherrschung viel Geschick und vor allem einen wachsenden Druck aller friedliebenden Kräfte erfordert. Innenpolitisch wollen wir einen bedeutenden Fortschritt bei der Gestaltung der entwickelten sozialistischen Gesellschaft erreichen. Das sind große Aufgaben. Ohne Klarheit in den Köpfen, ohne ein festes sozialistisches Bewußtsein, einen unerschütterlichen Klassenstandpunkt sind sie nicht zu bewältigen. Hier wird unsere ideologische Arbeit voll gefordert.

Welche Fragen sollten wir dabei besonders hervorheben?

Erstens ist es notwendig, den untrennbaren Zusammenhang von Sozialismus und Frieden bewußt zu machen. Reykjavik hat gezeigt, daß nur der Sozialismus ein Friedensprogramm besitzt, dessen Verwirklichung zur Beseitigung aller Kernwaffen führt, reale Schritte zur Rüstungsbegrenzung und Abrüstung sowie zur Schaffung eines Systems internationaler Sicherheit bedeutet. Daher sollten wir jede Möglichkeit nutzen, um dieses sozialistische Friedensprogramm allen Bürgern der DDR bekanntzumachen, es im Ausland zu verbreiten und auf seiner Grundlage den Dialog zu führen.

Dies verlangt zugleich die entschiedene Auseinandersetzung mit allen Versuchen der USA-Administration und der NATO, die in Reykjavik erzielten Vereinbarungen preiszugeben. Das abgekartete Spiel, scheinbar zur Abrüstung auf der Erde bereit zu sein und gleichzeitig nach der Militarisierung des Weltraums zu streben, muß in unserer ideologischen Arbeit entlarvt werden. Dabei werden wir auch nicht darauf verzichten, die Hilfsdienste anzuprangern, die von mancher Seite durch Interviews in Zeitschriften und Fernsehstationen der BRD zu diesem Spiel geleistet werden. Wird doch de facto gefordert, das SDI-Programm der USA hinzunehmen, obgleich seine Gefährlichkeit für den Weltfrieden nachgewiesen ist.

Die Härte des Kampfes um den Frieden erfordert in allen ideologischen Grundpositionen eine solche Prinzipienfestigkeit, die es uns ermöglicht, eine große Flexibilität und einen weiten Handlungsspielraum im Kampf um den Frieden und sozialen Fortschritt zu gewährleisten. Friedliche Koexistenz ist niemals ideologische Koexistenz.

Zweitens müssen in unserer ideologischen Arbeit die Ergebnisse der politischen, ökonomischen, sozialen und geistig-kulturellen Entwicklung der DDR seit dem VIII. Parteitag konkret, durch Fakten nachgewiesen werden, damit deutlich wird, daß das heute Erreichte in harten Kämpfen, durch bedeutende Initiativen und große Anstrengungen der Arbeiter, Genossenschaftsbauern, der Intelligenz und der anderen Werktätigen unter Führung der Partei errungen wurde.

Wir haben nicht den geringsten Grund zu verschweigen, daß unser seit Anfang der siebziger Jahre eingeschlagener Kurs der umfassenden Intensivierung der Volkswirtschaft, dessen Kernstück der wissenschaftlich-technische Fortschritt ist, sich als richtig erwiesen und bewährt hat. Jährlich verzeichnen wir ein hohes Wachstum des Nationaleinkommens. Wir kennen keine Arbeitslosigkeit, sondern Vollbeschäftigung. Wir verwirklichen ein Wohnungsbauprogramm sowie viele weitere sozialpolitische Maßnahmen, die Millionen Bürgern bessere Lebensbedingungen ermöglichen. Im Bildungs-, Gesundheits- und Sozialwesen, auf den Gebieten von Kultur, Körperkultur und Sport und in anderen gesellschaftlichen Bereichen wurden Leistungen erzielt, die auch international Beachtung finden.

Daher brauchen wir unser Licht nicht unter den Scheffel zu stellen, sondern können in der ideologischen Arbeit mit Stolz auf das dank unserer marxistisch-leninistischen Politik Erreichte, auf die sozialistischen Errungenschaften verweisen, ohne zu verschweigen, daß noch große Aufgaben zu bewältigen sind und vieles im täglichen Leben, in den gesellschaftlichen Beziehungen noch in Ordnung gebracht werden muß.

Drittens gehört es zu den Aufgaben der ideologischen und theoretischen Arbeit, die ökonomische Strategie, insbesondere die Notwendigkeit der Entwicklung und Anwendung von Schlüsseltechnologien, umfassend und gründlich zu erklären. Nur so kann das Gesetz der »Ökonomie der Zeit« beherrscht und ökonomisches Denken gefördert, kann die technologische Schlacht gewonnen werden. Im Parteiprogramm heißt es: »Wo immer ein Kommunist arbeitet und lebt – er wird konsequent für die Verwirklichung der Hauptaufgabe eintreten, er wird die schöpferische Initiative, eine hohe Einstellung zur Arbeit und zum gesellschaftlichen Eigentum, alle sozialistischen Denk- und Verhaltensweisen aktiv und beispielgebend fördern!«[5]

Noch enger sollten wir die Art und Weise der Durchführung der wissenschaftlich-technischen Revolution mit der Menschenrechtsfrage verbinden. Die Tatsache, daß der wissenschaftlich-technische Fortschritt im Sozialismus dem Wohlstand, der Gesundheit und den geistigen Bedürfnissen dient, ist doch ein Ausdruck gesicherter Menschenrechte. Umgekehrt sind die schlimmen sozialen Folgen des wissenschaftlich-technischen Fortschritts im Kapitalismus Arbeitslosigkeit, neue Armut, massenhafte und systematisch betriebene Menschenrechtsverletzung.

Viertens sollten wir noch überzeugender zeigen, wie die sozialen und kulturellen Rechte im Sozialismus verwirklicht werden. Sie mußten nicht im Kampf gegen den Staat und die Unternehmer ertrotzt werden, sondern wurden in einem engen, vertrauensvollen Miteinander aller Klassen, Schichten und sozialen Gruppen geschaffen. Sie sind für alle Bürger verwirklicht, niemand ist davon ausgeschlossen. Es gibt keine soziale Degra-

---

5 Programm der Sozialistischen Einheitspartei Deutschlands, Berlin 1986, S. 96.

tion, keine »Randgruppen« und »sozial Geächteten«. Der Sozialismus braucht alle und hat Platz für alle. Die sozialen und kulturellen Rechte sind nicht nur »kollektivistische Prinzipien«, wie der Gegner oft behauptet, sondern reale Möglichkeiten für jeden einzelnen, ein sinnvolles Leben in sozialer Sicherheit und Geborgenheit zu gestalten.

Was die politischen und persönlichen Rechte im Sozialismus betrifft, so haben wir keinerlei Grund zur Zurückhaltung in der politisch-ideologischen Arbeit. Auch hier ist der Sozialismus dem Kapitalismus haushoch überlegen. Wir dürfen auf diesem Gebiet dem Gegner nicht das Feld überlassen. Marx hat bewiesen, daß Freiheit und Menschenrechte keine abstrakten Dinge, sondern konkrete Klassenfragen sind. Es geht immer um die Frage: Freiheit, Demokratie und Menschlichkeit für eine Minderheit von Ausbeutern und Profitmachern oder für die Mehrheit des Volkes.

Zuweilen entsteht selbst bei wohlmeinenden Diskussionspartnern und Bündnisgenossen die Auffassung, der Sozialismus habe zwar im Bereich der Wirtschaft, der Wissenschaft, des Kosmos, der sozialen und kulturellen Rechte viel zu bieten, im Bereich der politischen, persönlichen Rechte, der Demokratie sei ihm aber der Kapitalismus noch voraus. Das stimmt natürlich nicht. Aber wir müssen es noch besser verstehen, das Funktionieren der sozialistischen Demokratie »vor Ort« zu zeigen, in den Betrieben, Genossenschaften und Schulen, in den Wohngebieten, in der Tätigkeit der Parteien, Massenorganisationen und Verbände. Tatsache ist, daß nur durch die schöpferische Tätigkeit der Volksmassen unter Führung der Partei eine DDR geschaffen werden konnte, wie sie heute ist und morgen, für alle Zukunft sein wird.

Das bezieht sich auch auf die sogenannten persönlichen Rechte und Freiheiten, die im Sozialismus, entgegen allen imperialistischen Verdrehungen, einen hohen Stellenwert genießen, wie das Recht auf Unantastbarkeit der Persönlichkeit, der Freiheit und Würde sowie der Anspruch auf deren Schutz, das Recht auf Achtung, Schutz und Förderung der Ehe und Familie, die Gewissens-, Glaubens- und Bekenntnisfreiheit, die Unverletzlichkeit des Post- und Fernmeldegeheimnisses, das Recht auf Freizügigkeit, das Recht auf persönliches Eigentum sowie umfassende Rechtssicherheiten für jeden Bürger. Zum erstenmal in der Geschichte wurden im Sozialismus diese Rechte als Ausdruck übereinstimmender Grundinteressen zwischen Individuum und Gesellschaft gestaltet.

Selbstverständlich sind mit den Menschenrechten im Sozialismus auch staatsbürgerliche Pflichten verbunden. Das brauchen wir ebensowenig zu verschweigen wie die Tatsache, daß es ein »Recht«, die Gesetze zu mißachten, nicht geben wird, so sehr das der Gegner auch wünscht. Ausübung von Menschenrechten heißt bei uns Mitgestaltung des Sozialismus.

Fünftens erfordert ideologische Arbeit ständige Wachsamkeit, um das Eindringen antimarxistischer, antisozialistischer bürgerlicher Ideologien zu verhindern. Nach wie vor gilt der Leninsche Grundsatz: bürgerliche oder sozialistische Ideologie. Ein Mittelding gibt es hier nicht. Die Kommunisten sind verpflichtet, Angriffen auf die Politik der Partei, auf den sozialistischen Staat der Arbeiter und Bauern entschieden entgegenzutreten, gegen Entstellungen und Verfälschungen der marxistisch-leninistischen Theorie und der Geschichte der revolutionären Arbeiterbewegung Stellung zu nehmen, ganz gleich, woher sie kommen.

Sechstens erfordert die ideologische und theoretische Arbeit eine, wie es in unserem Parteiprogramm heißt, »offensive und beweiskräftige Auseinandersetzung mit allen Erscheinungsformen der Ideologie und Politik des Imperialismus«[6]. Es ist unverkennbar, daß die Gegner des Rüstungsabbaus und der Entspannung, die Feinde des Sozialismus äußerste Anstrengungen unternehmen, um die Massen in den kapitalistischen Ländern im antikommunistischen Sinne zu manipulieren und um in die sozialistischen Länder ideologisch einzudringen.

Zu diesem Zwecke wurde eine breite Kampagne über die angebliche Verletzung der Menschenrechte in den sozialistischen Ländern entfacht, werden von den konservativen Politikern und Ideologen der BRD wüste Verleumdungen gegen unsere Partei, gegen die DDR in die Welt gesetzt. Alle Register der verlogenen Propaganda werden gezogen, um von den Gebrechen und Verbrechen des Imperialismus abzulenken und die Massen irrezuführen, alle längst von Motten zerfressenen nationalistischen und revanchistischen Fetzen hervorgeholt. Ihre Benutzer haben offensichtlich den Sinn für die geschichtliche Wahrheit und Realität verloren. Das Gefährliche ist nur, daß sie besonders bei Bürgern der BRD ein Geschichtsbild formen, das die Verbrechen des Nazismus bagatellisiert und bewußt antisozialistische Instinkte weckt.

Wir nehmen diese gegnerischen Aktivitäten ernst, können jedoch feststellen, daß sie einer defensiven Position entspringen. Denn während wir mit Recht sagen können, daß die Politik der DDR konsequent auf das Wohl des Volkes gerichtet ist, daß sie das Recht auf Frieden verteidigt, das Recht auf Arbeit durch Vollbeschäftigung garantiert, daß sie allen gleiche Bildungschancen und das Recht auf Mitwirkung an den staatlichen und gesellschaftlichen Angelegenheiten gewährleistet, lautet die Bilanz des Kapitalismus: Massenarbeitslosigkeit, Ruin von werktätigen Bauern, Gewerbetreibenden, kleinen und mittleren Unternehmern, Sozialabbau, Mietwucher,

---

6 Ebenda.

Obdachlosigkeit, Rassismus, Berufsverbote, Angriffe auf die Gewerkschaften, Verfolgung der Kommunisten, der Anhänger des Friedens.

Die gegenwärtige Situation stellt auch unseren marxistisch-leninistischen Gesellschaftswissenschaftlern die Aufgabe, ihre theoretische Arbeit zu vertiefen, für den ideologischen Kampf der Partei noch mehr beweiskräftige aktuelle und lebendig geschriebene Beiträge in Wort und Bild zu erarbeiten. Der Zentrale Plan der gesellschaftswissenschaftlichen Forschung bis 1990 gibt dafür eine klare Orientierung.

Unsere heutige Beratung ist also auch eine Aufforderung an jeden Kommunisten, an alle Leitungen und Grundorganisationen, an alle Genossen im Staatsapparat und in den Massenorganisationen, an alle Gesellschaftswissenschaftler, die ideologische und theoretische Arbeit auf ein höheres Niveau zu heben und eine Offensive der Ideen des Friedens und des Sozialismus zu entfalten.

Bei der Meisterung der innen- und außenpolitischen Aufgaben leisten »Neues Deutschland«, unsere Bezirkszeitungen, Presse, Fernsehen, Rundfunk und die Nachrichtenagentur ADN eine vielseitige und wirksame Arbeit. Ihrer großen gesellschaftlichen Verantwortung werden unsere Massenmedien vor allem dadurch gerecht, daß sie umfassend, aktuell und sachkundig über das Geschehen in unserem Land und in der Welt informieren, zur politischen Orientierung, zur Bildung und zur Unterhaltung der Bürger beitragen. Als kollektiver Propagandist, Agitator und Organisator sind sie Organe der politischen Führung durch die Partei, dienen sie dem sozialistischen Staat, erfüllen sie ihre Aufgaben zur Entwicklung des sozialistischen Bewußtseins, sind sie Tribüne des Erfahrungsaustausches. So wirken unsere Massenmedien in einer Zeit großer gesellschaftlicher Aufgaben und zugespitzter politischer und ideologischer Auseinandersetzung in der Welt aktiv für Frieden und Sozialismus.

Gerade in unserer konkreten Situation kommt es ganz besonders darauf an, in Presse, Rundfunk und Fernsehen die Qualität und Aktualität der Information weiter zu erhöhen und unsere Politik, unsere Ideologie so interessant und überzeugend zu verbreiten, daß so viele Menschen wie möglich diesseits und jenseits unserer Grenzen von unseren Ideen des Friedens und des gesellschaftlichen Fortschritts erreicht werden.

Von großem Wert ist es, daß täglich Werktätige aller Klassen und Schichten in unseren Massenmedien zu Wort kommen und über ihre Initiativen, Erfahrungen, Leistungen und politischen Motivationen sprechen. Hier vollzieht sich jener öffentliche gesellschaftliche Erfahrungsaustausch, der zeigt, wie die Werktätigen Großes vollbringen und dabei auch schwierigste Aufgaben bewältigen, daß vor dem Erfolg der selbstlose Einsatz für die Sache steht.

Genossinnen und Genossen!

Die Beschlüsse des Politbüros und des Sekretariats des Zentralkomitees zur marxistisch-leninistischen Bildungsarbeit orientieren die Bildungseinrichtungen des Zentralkomitees, der Bezirks- und Kreisleitungen darauf, das Studium der Werke von Marx, Engels und Lenin mit der Aneignung unseres Parteiprogramms, des Berichtes des Zentralkomitees an den XI. Parteitag und der Beschlüsse des Zentralkomitees zu verbinden. So sollen die Genossen immer besser befähigt werden, unsere Theorie in der politischen Praxis anzuwenden.

Wenn jährlich über 65 000 Genossinnen und Genossen die Kreis- und Betriebsschulen des Marxismus-Leninismus absolvieren, dann wird klar, welche Rolle sie für die Stärkung der Kampfkraft unserer Partei spielen. Entsprechend dem Charakter dieser Schulen ist die gesamte Aus- und Weiterbildung auf die Lehre von der Partei, ihrer Führungsprinzipien und Kampferfahrungen sowie ihres massenverbundenen Arbeitsstils zu richten. Dabei ist die Verallgemeinerung der besten Erfahrungen im innerparteilichen Leben und bei der Gestaltung einer wirksamen Massenarbeit, der Arbeit mit Kampfprogrammen, Führungsbeispielen und Leistungsvergleichen zum festen Bestandteil der Bildungs- und Erziehungsarbeit zu machen.

Im Parteilehrjahr 1986/87 eignen sich 1,8 Millionen Kommunisten mit gutem Erfolg den theoretischen Gehalt und den praktischen Erfahrungsschatz des Berichts des Zentralkomitees an den XI. Parteitag an. Die Seminare erfüllen ihre Aufgabe vor allem dann, wenn sie Foren einer lebendigen Diskussion über aktuelle Fragen der marxistisch-leninistischen Theorie und Politik sind, Argumente für das tägliche politische Gespräch im Arbeitskollektiv und im Wohngebiet vermitteln. Selbstverständlich gebührt auch weiterhin der niveauvollen Kandidatenschulung für unsere jüngsten Kampfgefährten größte Aufmerksamkeit. Jeder Propagandist sollte dabei beachten, daß die Teilnehmer bereits über ein erhebliches Maß an politischem Wissen verfügen. Nahezu die Hälfte der Parteimitglieder haben Kurse an Parteischulen besucht. Die Jüngeren bringen umfangreiche Kenntnisse aus der Schule, dem Hoch- und Fachschulstudium und dem FDJ-Studienjahr mit.

Auch bei dem Abschnitt des differenzierten Studiums, der im kommenden Herbst beginnt, ist die Führung durch die Sekretariate der Kreisleitungen und die Leitungen der Grundorganisationen ausschlaggebend für die Wirksamkeit der Seminare und Studienkurse. Das regelmäßige Auftreten der 1. Sekretäre der Kreisleitungen und anderer leitender Genossen vor den 109 000 Propagandisten gewährleistet, daß die Behandlung der Themen hilft, die konkreten Aufgaben der Parteiarbeit im jeweiligen Verantwortungsbereich gut zu lösen.

Starke Impulse vermittelt das Wissen um die revolutionären Traditionen der deutschen Arbeiterbewegung, den Kampf der KPD unter Führung Ernst Thälmanns, den heroischen antifaschistischen Widerstand gegen die Hitlerdiktatur, das Werden und Wachsen der Deutschen Demokratischen Republik. Auch künftig gilt es, in unserer Geschichtspropaganda ein klares, wissenschaftliches Bild der deutschen Geschichte und der Weltgeschichte zu vermitteln.

Unter den Motiven staatsbürgerlichen Verhaltens stehen die Liebe zur Heimat, das Wohlbefinden in den Städten und Dörfern gewiß nicht an letzter Stelle. Es ist bekannt, welches Schindluder der deutsche Imperialismus mit dem edlen Begriff der Heimat getrieben hat und auch heute noch treibt. Solange das werktätige Volk zwar den Reichtum der Heimat schafft, ihn aber nicht besitzt, kann Heimatliebe auch nicht ihre vollständige Erfüllung finden.

Die Liebe zu unserer Heimat setzt großartige Ideen und Taten für ihre materielle und kulturelle Entwicklung frei. Besonders anschaulich wird dies anläßlich des 750jährigen Bestehens Berlins, aber auch in zahlreichen anderen Städten und Gemeinden, die in diesen Monaten ihre Jahrestage begehen. Die geschichtlichen Bilanzen sind selbstverständlich in jedem Ort verschieden, aber eines haben alle gemeinsam. Die Jahrzehnte unter der Arbeiter-und-Bauern-Macht auf deutschem Boden, namentlich die Jahre seit dem VIII. Parteitag, waren die erfolgreichsten.

Erich Honecker: Die Aufgaben der Parteiorganisationen
bei der Verwirklichung der Beschlüsse des XI. Parteitages der SED.
Aus dem Referat des Generalsekretärs des ZK der SED
und Vorsitzenden des Staatsrates der DDR
auf der Beratung des Sekretariats des Zentralkomitees der SED
mit den 1. Sekretären der Kreisleitungen am 6. Februar 1987,
Berlin 1987, S. 18–22, 25–29, 81–83, 90–93, 97–104.

Inhalt

Vorbemerkung ... 5

Unsere Partei – die große umgestaltende Kraft der Gesellschaft. Aus dem Artikel in der »Einheit«, März 1971 ... 11

Die weltverändernde Lehre des Marxismus-Leninismus war, ist und bleibt der zuverlässige Kompaß des Wirkens unserer Partei. Aus dem Bericht des Zentralkomitees an den VIII. Parteitag der Sozialistischen Einheitspartei Deutschlands, 15. Juni 1971 ... 16

Marx, Engels und Lenin weisen uns den sicheren Weg. Rede bei der Enthüllung des Karl-Marx-Denkmals in Karl-Marx-Stadt, 9. Oktober 1971 ... 53

Fragen von Wissenschaft und Politik in der sozialistischen Gesellschaft. Aus dem Artikel in »Probleme des Friedens und des Sozialismus«, Dezember 1971 ... 58

Die führende Rolle der Partei der Arbeiterklasse. Aus dem Artikel in der »Prawda«, 28. März 1972 ... 71

Die UdSSR und die DDR sind untrennbar verbunden. Aus dem Artikel in der »Einheit«, November 1972 ... 76

Der erstarkende Weltsozialismus – Beweis für die Richtigkeit und Lebenskraft der Lehren des Kommunistischen Manifests. Aus der Begrüßungsrede auf der Internationalen Wissenschaftlichen Konferenz des Zentralkomitees der SED in Berlin zum 125. Jahrestag des »Manifests der Kommunistischen Partei«, 15. März 1973 ... 86

Die DDR – staatliche Verkörperung der besten Traditionen der deutschen Geschichte. Aus dem Bericht des Politbüros an die 9. Tagung des Zentralkomitees der SED, 28. Mai 1973 — 89

Wir tragen das Banner der Revolution voran. Ansprache auf einem Beisammensein mit FDJ-Sekretären von ausgezeichneten Grundorganisationen, 23. Juli 1973 — 94

Das revolutionäre Volk ist unaufhaltsam und siegreich. Ansprache auf einer Jugendkundgebung in Santiago de Cuba, 22. Februar 1974 — 97

Auf dem Weg der sozialistischen Revolution. Artikel in »Probleme des Friedens und des Sozialismus«, Oktober 1974 — 101

Zusammenschluß um die SED – sichere Gewähr für das Glück der Jugend. Interview der »Jungen Welt« aus Anlaß des 70. Jahrestages der organisierten deutschen Arbeiterjugendbewegung, 10. Oktober 1974 — 117

Der Marxismus-Leninismus – Bauplan unserer neuen Welt. Aus der Rede zur Eröffnung des Parteilehrjahres 1974/75 in Karl-Marx-Stadt, 21. Oktober 1974 — 124

Die sozialistische Gesellschaft in der DDR wird auf dem unerschütterlichen Fundament des Marxismus-Leninismus erbaut. Aus dem Bericht des Politbüros an die 13. Tagung des Zentralkomitees der SED, 12. Dezember 1974 — 136

Für alle Zeiten werden die Namen sowjetischer Helden in Ehrfurcht genannt. Rede auf der Gedenkkundgebung in Brandenburg, 26. April 1975 — 143

30 Jahre erfolgreiche Gewerkschaftsarbeit. Artikel in der Zeitschrift »Die Arbeit«, Juni 1975 — 148

Das Bündnis der Arbeiter und Bauern war, ist und bleibt Eckpfeiler unserer Politik. Aus der Rede auf der Festveranstaltung zum 30. Jahrestag der demokratischen Bodenreform in Schwerin, 5. September 1975 — 156
   Erfüllt wurde, wofür seit Müntzer gestritten — 157
   Erfahrungen der KPdSU kamen uns stets zugute — 158
   Der Sozialismus siegte auch auf dem Lande — 159
   Arbeiter und Bauern im Bündnis fest vereint — 164
   Hauptaufgabe – unser konsequenter Kurs — 166

Sein Vermächtnis wurde in unserer Republik erfüllt. Aus der Rede auf der Festveranstaltung des Zentralkomitees der SED zum 100. Geburtstag von Wilhelm Pieck, 2. Januar 1976 — 168
   Kampf und Leben im Dienst seiner Klasse — 169
   Führer des antifaschistischen Widerstandskampfes — 173
   Schmied der Einheit — 174

Auf sicherem Kurs. Artikel in der »Einheit« zum 30. Jahrestag der Gründung
der SED, März 1976 177
    Revolutionäre Einheit ermöglichte Sieg der Arbeiterklasse 179
    Die Grundfrage der Macht 182
    Im Bruderbund mit der Sowjetunion 184
    Neue Perspektiven sind gewiesen 185

Unsere Partei wurde ihrer Verantwortung stets gerecht. Ansprache auf dem
Treffen mit Veteranen der Arbeiterbewegung anläßlich des 30. Jahrestages der
Vereinigung von KPD und SPD zur SED, 20. April 1976 188

Unsere Partei ist für das Volk da. Aus dem Bericht des Zentralkomitees an
den IX. Parteitag der Sozialistischen Einheitspartei Deutschlands, 18. Mai 1976   193

Die Schatzkammer der historischen Erfahrungen der Partei Lenins. Artikel in
der »Prawda«, 22. Februar 1977 236
    I. 238
    II. 240
    III. 244

Die sozialistische Revolution in der DDR und ihre Perspektiven. Aus der
Rede auf der propagandistischen Großveranstaltung zur Eröffnung des Parteilehrjahres 1977/78 in Dresden, 26. September 1977 246
    Sicherung des Friedens – Grundfrage unserer Zeit 247
    Gegner der Entspannung wollen Fortschritte blockieren 249
    Keine akzeptable Alternative zur friedlichen Koexistenz 252
    Unbewältigte Vergangenheit und instabile Lage in der BRD 252
    In der DDR wurden die Jahre seit 1945 gut genutzt 254
    Der fundamentale Unterschied zwischen den beiden Gesellschaftssystemen   255
    Die sozialistische Ordnung erkämpft die Menschenrechte 257
    Beschlüsse des IX. Parteitages der SED – Maßstab unser aller Arbeit . 258
    Es bleibt bei unserem Programm des Wachstums, des Wohlstandes und der
    Stabilität 259
    Die große Bedeutung der sozialistischen Rationalisierung 261
    Tiefgreifende Wandlungen im geistig-kulturellen Leben 263

Der Rote Oktober war stets Leitstern und Kraftquell für die deutschen Kommunisten. Vorwort zu dem Buch »Unser stärkstes Argument. Funktionäre der
KPD über Werden und Wachsen des Sowjetlandes 1917–1945«, Oktober 1977   266

Die Aufgaben der Partei bei der weiteren Verwirklichung der Beschlüsse des
IX. Parteitages der SED. Aus dem Referat auf der Beratung des Sekretariats
des Zentralkomitees der SED mit den 1. Sekretären der Kreisleitungen,
17. Februar 1978 275

Der Marxismus-Leninismus ist das Banner des Sieges. Rede auf der Kundgebung in Karl-Marx-Stadt anläßlich des 160. Geburtstages von Karl Marx, 5. Mai 1978 284

Die Gestaltung der entwickelten sozialistischen Gesellschaft – eine Aufgabe von historischer Größe, Artikel in der »Einheit«, Juli 1978 289
   I. 289
   II. 294

Die Ideale und Träume der Arbeiterjugend verwirklicht. Ansprache beim Treffen mit ehemaligen Jugendfunktionären der deutschen Arbeiterbewegung, 25. Mai 1979 302

Die Kulturpolitik unserer Partei wird erfolgreich verwirklicht. Rede auf einer Beratung mit Kultur- und Kunstschaffenden der DDR, 22. Juni 1979 306
   Der Kulturbund ist eine inspirierende Kraft im Leben des Volkes 306
   Konstruktiver Beitrag zur Gestaltung der sozialistischen Gesellschaft der DDR 307
   Für immer verbunden mit der UdSSR und den anderen Bruderländern 308
   Gesicherte Perspektive für die junge Generation 309
   Bei uns kann jeder seine Persönlichkeit entfalten 310
   Die DDR hat Stabilität und Zukunfträchtigkeit unter Beweis gestellt 311
   Die Ideologie der Arbeiterklasse wurde zur bestimmenden Ideologie in der sozialistischen Nation 311
   Wir halten die Tradition des antifaschistischen Kampfes stets hoch 313
   Gewachsenes Interesse der Werktätigen an Kunst und Kultur 314
   Lebendige Aneignung unseres reichen Erbes 315
   Die Kultur des Volkes hat in unserem Staat ihre wahre Heimat 317
   Ideologischer Kampf nimmt an Schärfe zu 318
   Die Festigung der Macht bleibt das Bestimmende 318
   Mit künstlerischer Meisterschaft bei der Ausbildung von kommunistischen Idealen mitwirken 319
   Der Platz zwischen den Fronten ist der Platz der Verlierer 320
   Hohe Anforderungen an unsere Literatur- und Kunstkritik 322
   Der Kulturbund kann auch künftig auf volle Unterstützung rechnen 322

30 Jahre DDR – überzeugender Beweis für die Sieghaftigkeit der Ideen des Marxismus-Leninismus. Aus der Rede auf der Festveranstaltung zum 30. Jahrestag der DDR, 6. Oktober 1979 324

Wir haben die historische Chance genutzt. Artikel in der »Einheit«, Mai 1980 336

Die deutsche Arbeiterbewegung hatte immer ein lebendiges Verhältnis zur Geschichte. Aus dem Interview des Präsidenten des Verlagshauses Pergamon Press Limited und Herausgeber der Buchreihe »Leaders of the World«, Robert Maxwell, 4. Juli 1980 346

So lehrte uns Lenin. Antwort auf Fragen der sowjetischen Zeitschrift »Sozialismus: Theorie und Praxis« anläßlich des 110. Geburtstages W. I. Lenins, Juli 1980 349
    Lenin in Ihrem Leben 349
    Der Leninismus und das historische Schicksal Ihres Landes 350

Enges Vertrauensverhältnis verbindet unsere Partei mit der jungen Generation. Rede auf der Festveranstaltung zur Auszeichnung der Jugendhochschule »Wilhelm Pieck« mit dem Karl-Marx-Orden, 15. September 1980 352

Die SED – marxistisch-leninistische Avantgarde der Arbeiterklasse und des ganzen werktätigen Volkes. Aus dem Artikel in der »Einheit«, April 1981 361
    Das Entscheidende: Eroberung der politischen Macht 363
    Theorie und Praxis verbunden 365
    Unsere Partei entwickelte sich selbst weiter 366

Gerüstet für die Herausforderungen der achtziger Jahre. Aus dem Bericht des Zentralkomitees der Sozialistischen Einheitspartei Deutschlands an den X. Parteitag der SED, 11. April 1981 369

Daß es die Sowjetunion gibt, ist ein Glück für die gesamte Menschheit. Aus der Rede auf der Festveranstaltung des Zentralkomitees der SED, des Staatsrates und des Ministerrates der DDR zum 60. Jahrestag der Gründung der Union der Sozialistischen Sowjetrepubliken in der Deutschen Staatsoper, 17. Dezember 1982 414
    Die Geburt der UdSSR war ein Ereignis von Weltbedeutung 415
    Fest geschart um die Partei Lenins 416
    Große Ermutigung für die deutschen Kommunisten 417
    Heute produziert die UdSSR ein Fünftel der Weltindustrieproduktion 418
    Der Sieg über den Faschismus war eine gewaltige Befreiungstat 420
    Die brüderliche Verbundenheit mit dem Sowjetland ist bei uns überall lebendig 421
    Der Kapitalismus ist nicht fähig, Lebensfragen der Völker zu lösen 422
    Kein Land der Erde hat so viel für den Frieden getan 423
    Stationierung neuer USA-Raketen schafft eine veränderte strategische Lage 424

Rede auf der Internationalen Wissenschaftlichen Konferenz des Zentralkomitees der SED »Karl Marx und unsere Zeit – der Kampf um Frieden und sozialen Fortschritt« in Berlin, 11. April 1983 427

Schlußwort auf der Internationalen Wissenschaftlichen Konferenz des Zentralkomitees der SED »Karl Marx und unsere Zeit – der Kampf um Frieden und sozialen Fortschritt« in Berlin, 16. April 1983 446

Die DDR erfüllt ihre internationalistische Pflicht im Kampf um den Frieden. Gespräch mit der Sonderkorrespondentin der Wochenzeitschrift »Ogonjok« Novella Iwanowa, 19. September 1983 — 450

Lutherehrung – Manifestation der Humanität und des Friedens. Interview der BRD-Zeitschrift »Lutherische Monatshefte«, Oktober 1983 — 468

Über den gesetzmäßigen Charakter der Wirklichkeit. Beitrag für die Anthologie: Was ist Wirklichkeit? — 478

Die XII. Weltfestspiele werden dem Kampf um Frieden kräftige Impulse verleihen. Antworten auf Fragen des Korrespondenten der »Komsomolskaja Prawda«, 21. Juli 1984 — 489

In der DDR haben für alle Zeit Fortschritt und Frieden, Völkerverständigung und Solidarität eine sichere Heimstatt. Rede auf der Festveranstaltung zum 35. Jahrestag der Deutschen Demokratischen Republik im Palast der Republik, 6. Oktober 1984 — 501

Ihr erfüllt euren Klassenauftrag zu jeder Zeit beispielhaft. Rede auf einem Kampfmeeting anläßlich des 35. Jahrestages der Bildung des Ministeriums für Staatssicherheit, 6. Februar 1985 — 516

Würdiges Jubiläum Berlins, das heute den Ehrennamen »Stadt des Friedens« trägt. Rede auf der konstituierenden Tagung des Komitees der Deutschen Demokratischen Republik zum 750jährigen Bestehen von Berlin, 7. Februar 1985 — 522

Eine welthistorische Tat, die auch das deutsche Volk befreite. Artikel in der »Einheit«, April 1985 — 526
   Aufbruch zu neuen Ufern — 527
   Ökonomie – Hauptfeld unseres Kampfes — 531
   Frieden, Frieden und nochmals Frieden — 535

Die DDR verkörpert die Ideale des antifaschistischen Kampfes. Rede auf der Großkundgebung in Brandenburg anläßlich des 40. Jahrestages der Befreiung der antifaschistischen Widerstandskämpfer aus dem Zuchthaus Brandenburg-Görden durch die Sowjetarmee, 27. April 1985 — 539

In unserem Lande lebt die Einheit der Antifaschisten fort. Rede auf der Freundschaftskundgebung bei der Eröffnung des »Gedenkmuseums der deutschen Antifaschisten« in Krasnogorsk bei Moskau, 5. Mai 1985 — 544

Mit dem »Ernst-Thälmann-Aufgebot der FDJ« vorwärts zum XI. Parteitag der SED! Aus der Rede auf dem XII. Parlament der Freien Deutschen Jugend im Palast der Republik in Berlin, 24. Mai 1985 — 548

Aus dem Volk geboren, mit dem Volk verbunden, im Volksinteresse handeln. Rede auf der Festveranstaltung des Zentralkomitees der SED, des Staatsrates und des Ministerrates der DDR zum 40. Jahrestag der Deutschen Volkspolizei im Palast der Republik, 28. Juni 1985 555

Wir Kommunisten sind angetreten, das friedliche Leben zu schützen. Ansprache auf der Festveranstaltung zum 30. Jahrestag der Nationalen Volksarmee, 21. Februar 1986 558

Vorwort für den im Moskauer Verlag »Politisdat« herausgegebenen Sammelband Ernst Thälmann: Ausgewählte Aufsätze, Reden, Briefe. Aufsätze und Erinnerungen über ihn, März 1986 563

Mut, Standhaftigkeit und Beispiel der Märzkämpfer werden unvergessen bleiben. Aus der Rede auf der Großkundgebung aus Anlaß des 65. Jahrestages der Märzkämpfe der deutschen Arbeiterklasse in Halle, 21. März 1986 569

Die entscheidende Lehre aus der Geschichte der deutschen Arbeiterbewegung. Artikel in der »Einheit«, April 1986 572

Die Ideen von Marx und Engels haben in der DDR für immer ihre Heimstatt gefunden. Aus der Rede auf der Kundgebung anläßlich der Einweihung des Marx-Engels-Forums in Berlin, 4. April 1986 581

Aus dem Bericht des Zentralkomitees der Sozialistischen Einheitspartei Deutschlands an den XI. Parteitag der SED, 17. April 1986 585

Der 13. August 1961 ebnete den Weg von der Konfrontation zur Entspannung. Rede auf dem Kampfappell zum 25. Jahrestag der Errichtung des antifaschistischen Schutzwalls, 13. August 1986 634

Wofür Thälmann kämpfte, ist in der DDR Wirklichkeit geworden. Rede auf der Kundgebung zur Einweihung des Denkmals für Ernst Thälmann in Moskau, 3. Oktober 1986 638

Allen Bürgerinnen und Bürgern der DDR ein friedliches und glückliches neues Jahr. Artikel im »Neuen Deutschland«, 31. Dezember 1986 643

Die Aufgaben der Parteiorganisationen bei der weiteren Verwirklichung der Beschlüsse des XI. Parteitages der SED. Aus dem Referat auf der Beratung des Sekretariats des Zentralkomitees der SED mit den 1. Sekretären der Kreisleitungen am 6. Februar 1987 in Berlin 647

Honecker, Erich: Revolutionäre Theorie und geschichtliche Erfahrungen in der Politik der SED / Erich Honecker. Inst. für Marxismus-Leninismus beim ZK d. SED. – Berlin: Dietz Verl., 1987. – 673 S.: 26 Abb.

ISBN 3-320-00889-7

Mit 26 Abbildungen
Fotos: ADN-Zentralbild/25: Franke (1), Gahlbeck (1), Koard (6), Link (2), Löwe (1), Mittelstädt (10), Murza (2), Rudolph (1), Schindler (1); Schmidtke (1)
Lizenznummer 1 · LSV 0296
Einband und Schutzumschlag: Werner Geisler
Printed in the German Democratic Republic
Gesamtherstellung: INTERDRUCK
Graphischer Großbetrieb Leipzig,
Betrieb der ausgezeichneten Qualitätsarbeit, III/18/97
Best.-Nr.: 738 298 2

00850